Tratado da União de Fato

Tratado da União de Fato

TRATADO DE LA UNIÓN DE HECHO

2021

Coordenadores

Regina Beatriz Tavares da Silva
Atalá Correia
Alicia García de Solavagione

ALMEDINA

TRATADO DA UNIÃO DE FATO/ TRATADO DE LA UNIÓN DE HECHO
ANGOLA | ARGENTINA | BRASIL | CHILE | COLÔMBIA | ESPANHA | PERU | PORTUGAL | URUGUAI – ESTUDOS EM PORTUGUÊS E ESPANHOL

COORDENAÇÃO: Regina Beatriz T. da Silva, Atalá Correia e Alicia García de Solavagione

DIRETOR ALMEDINA BRASIL: Rodrigo Mentz
EDITORA JURÍDICA: Manuella Santos de Castro
EDITOR DE DESENVOLVIMENTO: Aurélio Cesar Nogueira
ASSISTENTES EDITORIAIS: Isabela Leite e Larissa Nogueira

DIAGRAMAÇÃO: Almedina
DESIGN DE CAPA: Roberta Bassanetto

ISBN: 9786556272047
Abril, 2021

Dados Internacionais de Catalogação na Publicação (CIP)
(Câmara Brasileira do Livro, SP, Brasil)

Tratado da união de fato = tratado de la unión de hecho / coordenação Regina Beatriz T. da Silva , Atalá Correia , Alicia García de Solavagione. -- 1. ed. -- São Paulo : Almedina, 2021.

ISBN 978-65-5627-204-7

1. Casamento 2. Direito 3. Direito de família - Legislação - Brasil I. Silva, Regina Beatriz T. da. II. Correia, Atalá. III. Solavagione, Alicia García de.

21-56080 CDU-347.6(81)

Índices para catálogo sistemático:

1. Brasil : Direito de família : Direito civil 347.6(81)

Aline Graziele Benitez - Bibliotecária - CRB-1/3129

Este livro segue as regras do novo Acordo Ortográfico da Língua Portuguesa (1990).

EDITORA: Almedina Brasil
Rua José Maria Lisboa, 860, Conj.131 e 132, Jardim Paulista | 01423-001 São Paulo | Brasil
editora@almedina.com.br
www.almedina.com.br

SOBRE OS COORDENADORES

Regina Beatriz Tavares da Silva

Pós-Doutora em Direito da Bioética pela Faculdade de Direito da Universidade de Lisboa (FDUL). Doutora em Direito e Mestre em Direito Civil pela Faculdade de Direito da Universidade de São Paulo (USP). Presidente e Fundadora da Associação de Direito de Família e das Sucessões (ADFAS).

Atalá Correia

Doutor e Mestre em Direito Civil pela Universidade de São Paulo. Presidente da Seção Estadual do Distrito Federal da Associação de Direito de Família e das Sucessões (ADFAS).

Alicia García de Solavagione

Doutora em Direito e Ciências Sociais pela Universidade Nacional de Córdoba. Presidente da Comissão Argentina de Direito de Família e das Sucessões e Membro Honorário da Associação de Direito de Família e das Sucessões (ADFAS).

Participação especial

Ricardo Domingo Bepmale

Membro da Associação de Direito de Família e das Sucessões (ADFAS)

SOBRE OS AUTORES

Alejandra Illanes Valdés

Mestre em Direito de Família pela Universidade Autônoma de Barcelona. Mestre em Direito pela Pontifícia Universidade Católica de Valparaíso.

Alexis Alberto Mondaca Miranda

Doutor em Direito pela Pontifícia Universidade Católica de Valparaíso, Chile.

Alicia García de Solavagione

Doutora em Direito e Ciências Sociais pela Universidade Nacional de Córdoba. Mediadora pela Escola de Mediadores do Ministério da Justiça da Nação Argentina. Fiscal nas áreas Civil, Comercial e Trabalhista do Poder Judiciário de Córdoba. Fiscal da Câmara do Foro de Família, em distintos períodos, do Poder Judiciário de Córdoba. Professora Titular por concurso de Direito Privado VI – Família e Sucessões da Faculdade de Direito da Universidade de Córdoba. Membro do Instituto de Direito Civil da Academia Nacional de Direito e Ciências Sociais de Córdoba. Membro da Comissão de análise do projeto de unificação do Código Civil e Comercial da Nação Argentina, em matéria de Direito de Família, na Academia Nacional de Direito e Ciências Sociais de Córdoba. Membro pleno da Academia Iberoamericana de Derecho de Familia y de las Personas. Membro da International Society Of Family Law. Presidente da Comissão Argentina de Direito de Família e das Sucessões e Membro Honorário da Associação de Direito de Família e das Sucessões (ADFAS).

Analucía Torres Flor

Mestre em Direito com especialidade em Direito Civil e Direito Judicial e da Magistratura pela Universidade de Austral (Buenos Aires-Argentina). Professora da Faculdade de Direito da Universidade Católica San Pablo de Arequipa- Peru.

André Gonçalo Dias Pereira

Doutor em Direito Civil, Universidade de Coimbra; Professor da Faculdade de Direito, Universidade de Coimbra. Presidente da Comissão Portuguesa de Biodireito e Membro Honorário da Associação de Direito de Família e das Sucessões (ADFAS).

Atalá Correia

Doutor e Mestre em Direito Civil pela Universidade de São Paulo. Professor do Instituto Brasileiro de Ensino, Desenvolvimento e Pesquisa (IDP). Juiz de Direito no Tribunal de Justiça do Distrito Federal e Territórios. Presidente da Seção Estadual do Distrito Federal da Associação de Direito de Família e das Sucessões (ADFAS).

Beatriz Ramos Cabanellas

Professora Titular de Direito Privado I e VI da Faculdade de Direito da Universidade da República e Professora Titular de Direito de Família e Direito da Filiação e Sucessório da Universidade Católica do Uruguai.

Carlos Alberto Dabus Maluf

Professor Titular de Direito Civil na Faculdade de Direito da USP. Mestre, Doutor e Livre-Docente pela Faculdade de Direito da USP. Conselheiro do Instituto dos Advogados de São Paulo – IASP. Conselheiro Científico da ADFAS. Advogado em São Paulo.

Carlos Alberto Garbi

Consultor e advogado. Pós-Doutor pela Universidade de Coimbra em ciências jurídico-empresariais. Mestre e Doutor em Direito Civil pela PUC-SP. Professor e Chefe do Departamento de Direito Privado e Social das FMU/SP – Faculdades Metropolitanas Unidas de São Paulo. Desembargador aposentado do Tribunal de Justiça de São Paulo. Vice-Presidente da Associação de Direito de Família e Sucessões (ADFAS).

Columba del Carpio Rodríguez

Doutora em Direito pela Universidade de Granada (Espanha), Mestre em Direito Constitucional e Tutela Jurisdicional pela Universidade Nacional de San Agustín de Arequipa-Peru, Professora Principal de Pré e Pós-Graduação do UNSA, Professora Associada da Academia de Magistrados, Ex-Juíza da Suprema Corte de Justiça de a República do Peru, Membro da Rede Latino-Americana de Antropologia Jurídica e Membro da Academia Iberoamericana de Derecho de Familia y de la Persona. Membro honorário da Associação de Direito de Família e das Sucessões (ADFAS).

Cristina Dias

Presidente da Comissão Portuguesa de Direito de Família e Sucessões da Associação de Direito da Família (ADFAS). Professora associada com agregação da Escola de Direito da Universidade do Minho. Presidente da Escola de Direito da Universidade do Minho. Licenciada em Direito pela Universidade do Minho. Mestrado em Ciências Jurídico-Civilísticas na Faculdade de Direito da Universidade de Coimbra. Doutoramento em Ciências Jurídico-Civilísticas na Universidade do Minho. Membro integrado do JusGov – Centro de Investigação para a Justiça e Governação. Presidente da Comissão Portuguesa de Direito de Família e Sucessões e Membro Honorário da Associação de Direito da Família (ADFAS).

Eduardo de Oliveira Leite

Doutor em Direito Privado pela Faculdade de Direito da Universidade de Paris (Nouvelle Sorbonne), Pós-Doutor em Direito de Família pelo Centre du Droit de la Famille da Universidade de Lyon (França); Professor Titular – Faculdade de Direito da UFPR/PR., Professor Titular de Direito de Família da UEM/PR., Professor Adjunto de Direito Civil da UTP/PR., Membro fundador, Conselheiro Científico e Presidente da Seção Estadual da ADFAS/PR. Advogado, Professor, Parecerista e Escritor.

Graciela Medina

Doutora em Jurisprudência. Juíza da Cámara Civil e Comercial Federal. Presidente da Asociación Argentina de Derecho Comparado. Vicepresidente da Academia Iberoamericana de Derecho de Familia y de las personas. Professora Titular de Família e Sucessões da Faculdade de Direito da Universidade de Buenos Aires. Membro Honorário da Associação de Direito de Família e das Sucessões (ADFAS).

Ilva Myriam Hoyos Castañeda

Doutora em Direito pela Universidade de Navarra (Espanha). Doutora em Jurisprudência pela Universidade Colegio Mayor de Nuestra Señora del Rosario. Professora de Filosofia do Direito, Direitos Humanos, Introdução ao Direito, Direito Constitucional na Universidade da Sabana. Juiza da Primeira Seção da Câmara de Contencioso Administrativo do Conselho de Estado. Membro da Academia Colombiana de Jurisprudência. Membro da Academia Ibero-americana de Direito da Família e das Pessoas.

Ives Gandra da Silva Martins

Professor Emérito das Universidades Mackenzie, UNIP, UNIFIEO, UNIFMU, do CIEE/O ESTADO DE SÃO PAULO, das Escolas de Comando e Estado-Maior do Exército - ECEME, Superior de Guerra - ESG e da Magistratura do Tribunal Regional Federal – 1ª Região; Professor Honorário das Universidades Austral (Argentina), San Martin de Porres (Peru) e Vasili Goldis (Romênia); Doutor Honoris Causa das Universidades de Craiova (Romênia) e das PUCs-Paraná e Rio Grande do Sul, Catedrático da Universidade do Minho (Portugal); Presidente do Conselho Superior de Direito da FECOMERCIO - SP; ex-Presidente da Academia Paulista de Letras-APL e do Instituto dos Advogados de São Paulo-IASP. Conselheiro Científico e Membro Honorário da Associação de Direito de Família e das Sucessões (ADFAS).

Marcela Aspell

Doutora em Direito e Ciências Sociais pela Universidade de Buenos Aires. Pesquisadora principal do Conselho Nacional e Investigações Científicas e Técnicas. Conicet. Professora Emérita da Universidade Nacional de Córdoba.

Membro da Academia Nacional de História e Vice-Presidente da Academia Nacional de Direito e Ciências Sociais de Córdoba.

María José Bravo Bosch

Professora de Direito Romano na Universidade de Vigo e Professora de Direito Comum no Campus de Ourense. Professora Visitante nas Universidades de Messina (Itália), Cagliari (Itália) e Fortaleza (Brasil). Autora de 4 livros e mais de 100 artigos e capítulos de livros sobre diferentes assuntos, como Direito Administrativo Romano, Direito Privado e Status Legal das Mulheres em Roma. Coeditora de vários livros sobre temas relacionados com a mulher em Roma. Presidente da Comissão Espanhola da História Romana do Direito de Família e das Sucessões e Membro Honorário da Associação de Direito de Família e das Sucessões (ADFAS).

Pedro Ambrósio dos Reis Fançony

Mestre em Ciências Jurídico-Civilísticas pela Universidade de Coimbra.

Rafael Santa María D'Angelo

Doutor em Direito pela Pontifícia Universidade Latan de Roma. Professor sênior Da Faculdade de Direito da Universidade Católica de San Pablo de Arequipa- Peru.

Regina Beatriz Tavares da Silva

Pós-Doutora em Direito da Bioética pela Faculdade de Direito da Universidade de Lisboa (FDUL). Doutora em Direito e Mestre em Direito Civil pela Faculdade de Direito da Universidade de São Paulo (USP). Professora Titular do Centro Universitário 7 de Setembro (UNI7). Titular da Cadeira n. 39 da Academia Paulista de Letras Jurídicas (APLJ). Membro pleno da Academia Iberoamericana de Derecho de Familia y de las Personas. Membro da Comissão Especial de Assessoria à Relatoria Geral do Projeto do atual Código Civil, na Câmara dos Deputados. Participou de outros projetos legislativos, como o Projeto de Lei do atual Código de Processo Civil. Sócia fundadora do escritório de advocacia Regina Beatriz Tavares da Silva Sociedade de Advogados. Presidente e Fundadora da Associação de Direito de Família e das Sucessões (ADFAS).

Rossana Martingo Cruz

Vice-Presidente da Comissão Portuguesa de Direito de Família e Sucessões da Associação de Direito de Família e Sucessões (ADFAS). Professora Auxiliar convidada na Escola de Direito da Universidade do Minho e Professora Adjunta convidada na Escola Superior de Gestão do Instituto Politécnico do Cávado e do Ave. Licenciada em Direito pela Faculdade de Direito da Universidade do Porto. Mestre em Direito das Pessoas e da Família pela Faculdade de Direito da Universidade de Coimbra. Doutora em Ciências Jurídico-Privatísticas pela Escola de Direito da Universidade do Minho. Membro integrado do JusGov – Centro de Investigação para a Justiça e Governação. Vice-Presidente da Comissão Portuguesa de Direito de Família e Sucessões da Associação de Direito de Família e Sucessões (ADFAS).

SOBRE LOS AUTORES

Alejandra Illanes Valdés

Máster en Derecho de Familia, Universidad Autónoma de Barcelona. Magíster en Derecho, Pontificia Universidad Católica de Valparaíso, Chile.

Alexis Alberto Mondaca Miranda

Doctor en Derecho por la Pontificia Universidad Católica de Valparaíso, Chile.

Alicia García de Solavagione

Doctora en Derecho y Ciencias Sociales por la Universidad Nacional de Córdoba. Mediadora por la Escuela de Mediadores del Ministerio de Justicia de la Nación Argentina. Fiscal en las áreas Civil, Comercial y Laboral del Poder Judicial de Córdoba. Profesora Titular por concurso de "Derecho Privado VI – Familia y Sucesiones" de la Facultad de Derecho de la Universidad de Córdoba. Miembro del Instituto de Derecho Civil de la Academia Nacional de Derecho y Ciencias Sociales de Córdoba. Miembro de la Comisión de Análisis del Proyecto de Unificación del Código Civil y Comercial de la Nación Argentina, en materia de Derecho de Familia, en la Academia Nacional de Derecho y Ciencias Sociales de Córdoba. Miembro pleno de la Academia Iberoamericana de Derecho de Familia y de las Personas. Miembro de la International Society Of Family Law. Presidente de la Comisión Argentina de Derecho de Familia y Sucesiones y Miembro Honorario de la Associação de Direito de Família e das Sucessões – ADFAS.

Analucía Torres Flor

Magíster en Derecho con especialidad en Derecho Civil y Derecho Judicial y de la Magistratura por la Universidad Austral (Buenos Aires-Argentina). Profesora de la Facultad de Derecho de la Universidad Católica San Pablo de Arequipa, Perú.

André Gonçalo Dias Pereira

Doctor en Derecho Civil, Universidad de Coimbra; Profesor de Facultad de Derecho, Universidad de Coimbra. Presidente de la Comisión Portuguesa de Bioderecho y Miembro Honorario de la Associação de Direito de Família e das Sucessões (ADFAS).

Atalá Correia

Magíster y Doctor en Derecho Civil por la Universidad de São Paulo – USP. Profesor del Instituto Brasileiro de Ensino, Desenvolvimento e Pesquisa (IDP). Juez de Derecho en el Tribunal de Justicia del Distrito Federal y Territorios. Presidente de la Sección del Distrito Federal de la Associação de Direito de Família e das Sucessões - ADFAS.

Beatriz Ramos Cabanellas

Profesora Titular de Derecho Privado I y VI de la Facultad de Derecho de la Universidad de la República y Profesora Titular de Derecho de Familia y Derecho Filiatorio y Sucesorio de la Universidad Católica del Uruguay.

Carlos Alberto Dabus Maluf

Profesor Titular de Derecho Civil en la Faculdade de Direito de USP. Magíster, Doctor y Libre Docente por la Faculdade de Direito de USP. Consejero del Instituto dos Advogados de São Paulo – IASP. Consejero Científico de la Associação de Direito de Família e de Sucessões – ADFAS. Abogado en São Paulo.

Carlos Alberto Garbi

Consultor y abogado. Pos-Doctor por la Universidad de Coimbra en Ciencias Jurídico-empresariales. Magíster y Doctor en Derecho Civil por la PUC-SP. Profesor de Derecho Privado y Social en la FMU/SP – Facultades

Metropolitanas Unidas de São Paulo. Ex Vocal de Cámara del Tribunal de Justicia de São Paulo. Vice-Presidente de la Associação de Direito de Família e Sucessões (ADFAS).

Columba del Carpio Rodríguez

Doctora en Derecho por la Universidad de Granada, España. Miembro Honorario de la Associação de Direito de Família e das Sucessões (ADFAS).

Cristina Dias

Profesora Asociada con agregación de la Facultad de Derecho de la Universidad del Miño. Presidente de la Escuela Derecho de la Universidad del Miño. Licenciada en Derecho por la Universidad del Miño. Máster en Ciencias Jurídicas - Civilistas por la Facultad de Derecho de la Universidad de Coimbra. Doctora en Ciencias Jurídicas y Civiles por la Universidad del Miño. Miembro integrado de JusGov - Centro de Investigación para la Justicia y la Gobernanza. Presidente de la Comisión Portuguesa de Derecho de Familia y Sucesión y Miembro Honorario de la Associação de Direito de Família e das Sucessões (ADFAS).

Eduardo de Oliveira Leite

Doctor en Derecho Privado por la Facultad de Derecho de la Universidad Sorbonne Nouvelle de París. Post-Doctorado en Derecho de Familia por el Centre du Droit de la Famille de la Universidad de Lyon (Francia). Profesor Titular de la Facultad de Derecho de UFPR/PR. Profesor Titular de Derecho de Familia en la UEM/PR. Profesor Adjunto de Derecho Civil en UTP/PR. Fundador, Consejero Científico y Presidente de la ADFAS/PR. Abogado, Profesor, Jurista, Consultor y Escritor.

Graciela Medina

Doctora en Jurisprudencia. Juez de la Cámara Civil y Comercial Federal. Presidente de la Asociación Argentina de Derecho Comparado. Fundadora y Vice-presidente de la Academia Iberoamericana de Derecho de Familia y de las Personas. Profesora Titular de Familia y Sucesiones de la Facultad de Derecho de la Universidad de Buenos Aires. Miembro Honorario de la Associação de Direito de Família e das Sucessões (ADFAS).

Ilva Myriam Hoyos Castañeda

Doctora en Derecho por la Universidad de Navarra (España). Doctora en Jurisprudencia por el Colegio Mayor Universidad de Nuestra Señora del Rosario. Catedrático de Filosofía del Derecho, Derechos Humanos, Introducción al Derecho, Derecho Constitucional en la Universidad de la Sabana. Juez de la Sección Primera de la Sala en lo Contencioso Administrativo del Consejo de Estado. Miembro de la Academia Colombiana de Jurisprudencia. Miembro de la Academia Iberoamericana de Derecho de Familia y de las Personas.

Ives Gandra da Silva Martins

Profesor Emérito de las Universidades Mackenzie, UNIP, UNIFIEO, UNIFMU, CIEE / ESTADO DE SÃO PAULO, Escuelas de Comando y Estado Mayor del Ejército - ECEME, Superior de Guerra - ESG y Poder Judicial del Tribunal Regional Federal - 1ª Región. Profesor Honorario de las Universidades Austral (Argentina), San Martín de Porres (Perú) y Vasili Goldis (Rumania). Doctor Honoris Causa de las Universidades de Craiova (Rumanía) y de las PUCs-Paraná y Rio Grande do Sul. Catedrático de la Universidad del Miño (Portugal). Presidente del Consejo Superior de Derecho de FECOMERCIO – SP. Ex presidente de la Academia Paulista de Letras-APL y del Instituto de Abogados de São Paulo-IASP. Consejero Científico y Miembro de Honor de la Associação de Direito de Família e das Sucessões (ADFAS).

Marcela Aspell

Doctora en Derecho y Ciencias Sociales por la Universidad de Buenos Aires. Investigadora Principal del Consejo Nacional e Investigaciones Científicas y Técnicas (Conicet). Profesora Emérita de la Universidad Nacional de Córdoba. Miembro de Número de la Academia Nacional de Historia y Vice-Presidente de la Academia Nacional de Derecho y Ciencias Sociales de Córdoba.

María José Bravo Bosch

Profesora de Derecho Romano en la Universidad de Vigo y Profesora de Derecho Común en el Campus de Ourense. Profesora Visitante en las Universidades de Messina (Italia), Cagliari (Italia) y Fortaleza (Brasil). Autora de 4 libros y más de 100 artículos y capítulos de libros sobre diferentes asuntos, como Derecho Administrativo Romano, Derecho Privado y Status Legal de las Mujeres en Roma. Coeditora de varios libros sobre temas relacionados con la mujer en Roma. Presidente de la Comisión Española de la Historia Romana del Derecho de Familia y Sucesiones y Miembro Honorario de la Associação de Direito de Família e das Sucessões (ADFAS).

Pedro Ambrósio dos Reis Fançony

Máster en Ciencias Jurídicas y Civilistas, Universidad de Coímbra, Portugal.

Rafael Santa María D'Angelo

Doctor en Derecho por la Pontificia Universidad Lateranense de Roma. Profesor Principal de la Facultad de Derecho de la Universidad Católica San Pablo de Arequipa, Perú.

Regina Beatriz Tavares da Silva

Pos-doctora en Derecho de Bioética por la Facultad de Direito da Universidade de Lisboa (FDUL). Doctora en Derecho y Magíster en Derecho Civil por la Faculdade de Direito da Universidade de São Paulo (USP). Profesora Titular del Centro Universitário 7 de Setembro (UNI7). Titular de la Silla n. 39 de la Academia Paulista de Letras Jurídicas – APLJ. Miembro Pleno de la Academia Iberoamericana de Derecho de Familia y de las Personas. Miembro de la Comisión Especial de Asesoría a la Relatoría General del Proyecto del actual Código Civil, en la Cámara de los Diputados. Ha participado de otros proyectos legislativos, como el Proyecto de Ley del actual Código de Proceso Civil. Socia Fundadora del estudio de abogados Regina Beatriz Tavares da Silva Sociedade de Advogados. Abogada con inscripción en la Ordem dos Advogados do Brasil/São Paulo y en la Ordem dos Advogados de Portugal. Presidente y Fundadora de la Associação de Direito de Família e das Sucessões (ADFAS).

Rossana Martingo Cruz

Profesora Asistente en la Facultad de Derecho de la Universidad del Miño, Profesora Adjunta Invitada en la Escuela de Administración del Instituto Politécnico de Cávado y Ave. Máster en Derecho Personas y Familia por la Facultad de Derecho de la Universidad de Coimbra. Doctorado en Ciencias

Jurídico-Privatistas por la Facultad de Derecho de la Universidad del Miño. Miembro integrado de JusGov - Centro de Investigación para la Justicia y la Gobernanza. Vicepresidente de la Comisión Portuguesa de Derecho de Familia y Sucesiones de la Associação de Direito de Família e das Sucessões (ADFAS).

APRESENTAÇÃO

Apesar da pandemia que assolou o mundo em 2020 e do isolamento social imposto pelas normas sanitárias, a ADFAS – Associação de Direito de Família e das Sucessões reuniu professores, advogados, promotores, procuradores e juízes, para trabalhar em prol de um objetivo comum. Gestada em tão diferenciado período, esta obra pretende desenvolver estudo de direito comparado, cuja questão central reside na avaliação da experiência jurídica quanto ao tema da união familiar de fato, em países que partilham da mesma base jurídica.

É importante criar espaços de diálogos entre os países da tradição iberoamericana no que diz respeito a seus ordenamentos jurídicos. O ganho daí advindo é múltiplo. Ao mesmo passo em que se oferece o exemplo da experiência nacional, para que outros países possam evitar equívocos no aprimoramento de suas regras, é possível aos brasileiros questionar se nossas escolhas legislativas trilharam o melhor caminho.

Os estudos mais comuns de direito comparado debruçam-se notadamente sobre a experiência europeia num esforço de padronização do direito para fins de facilitação de circulação das pessoas que integram aquele bloco econômico. A perspectiva aqui adotada é diversa e, nesse ponto, inovadora. Era essencial aos idealizadores do presente Tratado melhor compreender a realidade iberoamericana, ou seja, da península ibérica e de vários países sulamericanos. Assim, além de professores do Brasil, de Portugal e da Espanha, integraram o grupo professores de diversos países da América Latina, entre os quais, Argentina, Colômbia, Chile, Peru e Uruguai. Com grata felicidade, o projeto foi abraçado por professor de Angola, o que adicionou uma perspectiva africana a este Tratado.

A escolha dos participantes recaiu sobre renomados profissionais em seus países. A ADFAS tratou de encaminhar a cada um deles questionário padronizado, com indagações sobre os principais aspectos práticos imbricados no tema das uniões de fato, o que permitiu diálogo e comparação a partir dos problemas ali expostos. Assim, como metodologia de trabalho, optou-se por avaliação funcional, vale dizer, comparativa dos diversos sistemas a partir de problemas comuns. O que se quis, em síntese, foi entender como cada país resolve os litígios que surgem em uniões familiares de fato.

Em cerca de 60 dias, a ADFAS organizou o Congresso Internacional sobre a União de Fato no Cenário Internacional. Entre 29 de junho e 3 de julho de 2020, 25 juristas dos 10 países pesquisados e cerca de 1.500 participantes de diversas partes do mundo puderam devotar tempo para a análise da união familiar de fato.

Participaram do evento Maria Carolina Nomura Santiago, Diretora de Mídias da ADFAS, e Ricardo Domingo Bepmale, membro da ADFAS, que, com primorosas sínteses traduzidas das palestras, possibilitaram a perfeita compreensão do público.

A troca de profundos conhecimentos e largas experiências entre os juristas dos países participantes daquele Congresso Internacional foi registrada e permanece à disposição dos interessados por meio do canal que a ADFAS mantém no YouTube.[1] Mais que isso, os debates ali havidos proporcionaram a realização deste Tratado.

É necessária uma palavra sobre a nomenclatura. Adotamos a expressão "união de fato" ("unión de hecho"), para retratar a realidade das relações que se formam no plano de fato, sem as formalidades matrimoniais. O fenômeno é plurifacetado, com características distintas nos países analisados, de modo que optamos por adotar, no título desta obra, a expressão que traz o significado dessa entidade familiar na maior parte dos países retratados. Portugal e Angola tratam-nas como "união de facto". No Brasil, a expressão utilizada pelo legislador é "união estável". Na Argentina, a expressão utilizada é "unión convivencial". No Chile, há "unión convivencial" advinda do "acuerdo de unión civil". No Peru, também é comum a expressão "unión de hecho".

[1] https://www.youtube.com/c/AdfasOrgBr/videos

A lei colombiana regula a "unión marital de hecho". No Uruguai, a expressão é "unión concubinaria".

Para que o diálogo fosse amplo, optamos ainda pela tradução dos diversos capítulos. Cada contribuição poderá ser lida na língua de preferência do leitor, português ou espanhol, conforme for o caso. O enorme trabalho de tradução jamais seria possível sem a inestimável colaboração de Ricardo Domingo Bepmale, procurador de justiça da Corte Suprema de Justiça da Nação Argentina e advogado argentino, a quem expressamos nossos agradecimentos pelas versões para a língua espanhola dos textos de André Gonçalo Dias Pereira, Carlos Alberto Dabus Maluf, Carlos Alberto Garbi, Cristina Dias, Eduardo de Oliveira Leite, Ives Gandra da Silva Martins, Pedro Ambrosio dos Reis Fançony, Regina Beatriz Tavares da Silva e Rossana Martingo Costa Serra Cruz.

As traduções dos textos de autoria de Alexandra Llanes Valdés, Alexis Alberto Mondaca Miranda, Alicia Garcia de Solavagione, Analucía Torres Flor, Beatriz Ramos Cabanellas, Columba del Carpio Rodríguez, Graciela Medina, Ilva Myriam Royos Castañeda, Maria José Bravo Bosch, Rafael Santa María D'Angelo, assim como as versões da Apresentação e do texto União Familiar de Fato e seu Estudo Comparatístico foram encomendadas à bacharel em letras Lorena de Oliveira.

O tema apresenta dificuldades próprias, pois nem sempre é possível transpor com precisão certas expressões para outro idioma. Quando necessário, incluímos notas de tradução, assinalando-as com a abreviatura N.T. Também optamos por verter, em tradução livre, as diversas citações de modo a facilitar, assim, a compreensão integral da obra. De todo o modo, sempre que lhe parecer necessário, o leitor terá a mão o texto original do autor, sanando dúvidas que possam surgir.

Este, portanto, é um material imprescindível para a melhor compreensão da união de fato e do seu papel no Direito de Família, no Direito das Sucessões e em outras áreas correlatas.

Regina Beatriz Tavares da Silva
Atalá Correia
Alicia García de Solavagione

PRESENTACIÓN

Pese la pandemia que ha asolado al mundo en 2020 y del aislamiento social impuesto por las normas sanitarias, ADFAS – Asociación de Derecho de Familia y de las Sucesiones – ha reunido profesores, abogados, promotores, procuradores y jueces, para trabajar por un objetivo común. Gestada en un período tan distinto, esta obra pretende desarrollar un estudio de derecho comparado, cuya cuestión central reside en la evaluación de la experiencia jurídica en lo que se refiere al tema de unión familiar de hecho en países que comparten la misma base jurídica.

Es importante crear espacios de diálogos entre los países de tradición Iberoamericana relativos a sus ordenamientos jurídicos. De ahí se obtienen múltiples beneficios. Mientras se ofrece el ejemplo de la experiencia brasileña para que otros países puedan evitar equívocos en el perfeccionamiento de sus reglas, es posible a los nacionales cuestionar si nuestras elecciones legislativas van por la mejor ruta.

Los estudios más comunes de derecho comparado se centran especialmente sobre la experiencia europea en un esfuerzo de estandarización del derecho para fines de facilitación de circulación de las personas que integran aquel bloque económico. La perspectiva que aquí se adopta es diversa y, en ese punto, innovadora. A los idealizadores del presente Tratado se hacía esencial comprender mejor la realidad iberoamericana, o sea, de la península ibérica y de varios países sudamericanos. Así, además de profesores de Brasil, de Portugal y de España, han integrado el grupo profesores de diversos países de América Latina, entre los cuales Argentina, Colombia, Chile, Perú y Uruguay. Con grata felicidad, el proyecto fue abrazado incluso por un profesor de Angola, lo que ha añadido una perspectiva africana a este Tratado.

La elección de los participantes ha recaído sobre renombrados profesionales en sus países. ADFAS envió a los invitados un cuestionario estándar, con indagaciones sobre los principales aspectos prácticos imbricados en el tema de las uniones de hecho, lo que ha permitido diálogo y comparación a partir de los problemas allí expuestos. Así, como metodología de trabajo, se ha optado por una evaluación funcional, vale decir comparativa, de los diversos sistemas a partir de problemas comunes. Lo que se buscó, en síntesis, fue entender cómo cada país resuelve los litigios que surgen en la unión familiar de hecho.

A lo largo de aproximadamente 60 días, ADFAS ha organizado el Congreso Internacional acerca de la Unión de Hecho en el Escenario Internacional. Entre el 29 de junio y el 3 de julio de 2020, 25 juristas de los 10 países encuestados y algo así como 1.500 participantes de diversas partes del mundo han podido destinar tiempo para el análisis de la unión familiar de hecho.

Participaron del evento Maria Carolina Nomura Santiago, Directora de Medios de Comunicación de ADFAS, y Ricardo Domingo Bepmale, miembro de ADFAS, que, con excelentes síntesis traducidas de las exposiciones, posibilitaron la perfecta comprensión del público.

El intercambio de profundos conocimientos y amplias experiencias entre los juristas de los países participantes de aquel Congreso Internacional fue registrada y permanece a disposición de los interesados por medio del canal que ADFAS mantiene en YouTube[1]. Más allá de eso, los debates que allí se dieron han posibilitado la realización de este Tratado.

Se hace necesaria una palabra sobre la nomenclatura. Hemos adoptado la expresión "unión de hecho" para retratar la realidad de las relaciones que se forman en el plan de hecho, sin las formalidades matrimoniales. El fenómeno tiene múltiples facetas, con diferentes características en los países analizados, de modo que hemos optado por adoptar, en el título de esta obra, la expresión que trae el significado de esa entidad familiar en la mayor parte de los países retratados. Portugal y Angola las tratan como "união de facto" (uniones de hecho). En Brasil, la expresión utilizada por el legislador es "união estável" (unión estable). En Argentina, "unión convivencial". En Chile hay "unión convivencial" proveniente del "acuerdo de unión civil". En Perú también es

[1] https://www.youtube.com/c/AdfasOrgBr/videos

común la expresión "unión de hecho". La ley colombiana regula la "unión marital de hecho". En Uruguay la expresión utilizada es "unión concubinaria".

Para que el diálogo se amplíe, hemos optado también por la traducción de los diversos capítulos. Se podrá leer cada contribución en la lengua de preferencia del lector, español o portugués, según corresponda. El masivo trabajo de traducción jamás hubiera sido posible sin la inestimable colaboración de Ricardo Domingo Bepmale, procurador de justicia de la Corte Suprema de Justicia de la Nación y abogado argentino, a quien expresamos nuestros agradecimientos por las versiones para la lengua española de los textos de André Gonçalo Dias Pereira, Carlos Alberto Dabus Maluf, Carlos Alberto Garbi, Cristina Dias, Eduardo de Oliveira Leite, Ives Gandra da Silva Martins, Pedro Ambrosio dos Reis Fançony, Regina Beatriz Tavares da Silva y Rossana Martingo Costa Serra Cruz.

Las traduciones de los textos de autoría de Alexandra Llanes Valdés, Alexis Alberto Mondaca Miranda, Alicia Garcia de Solavagione, Analucía Torres Flor, Beatriz Ramos Cabanellas, Columba del Carpio Rodríguez, Graciela Medina, Ilva Myriam Royos Castañeda, María José Bravo Bosch, Rafael Santa María D'Angelo, así como las versiones de la Presentación y del texto Unión Familiar de Hecho y su Estudio Comparativo fueron encomendadas a la graduada en letras Lorena de Oliveira.

Cuando fue necesario, hemos incluido notas de traducción, señalándolas con la abreviatura N.T. También hemos optado por verter, en traducción libre, las diversas citas de modo a facilitar, así, la comprensión integral de la obra. De todos modos, podrá el lector volver al texto original del autor siempre que lo considere necesario a fin de subsanar dudas que puedan surgir.

Este, por lo tanto, es un material imprescindible para la mejor comprensión de la unión de hecho y su papel en el Derecho de la Familia, en el Derecho de las Sucesiones y en otras áreas relacionadas.

Regina Beatriz Tavares da Silva
Atalá Correia
Alicia García de Solavagione

SUMÁRIO/SUMARIO

1. UNIÃO FAMILIAR DE FATO E SEU ESTUDO COMPARATÍSTICO

Regina Beatriz Tavares da Silva
Atalá Correia
Alicia García de Solavagione

Introdução

O esforço de comparação assenta-se sobre algumas premissas. Ao comparatista cabe, em primeiro lugar, intuir que haja diversidade no mundo. Só é possível comparar o que não é igual. Ademais, é necessário perceber que há alguma semelhança entre sistemas adotados em diversos países. Não é possível comparar algo que seja completamente único. Havendo múltiplas situações que não são perfeitamente idênticas, mas que, a seu modo, atendem a finalidades comuns, daí é possível construir o conhecimento inovador. A comparação é, portanto, um método que valoriza a particularidade de situações diversas como fonte de reflexão, categorização, generalização e aprendizagem. Os diversos problemas particulares revelam a universalidade de algumas soluções.

A presente obra evidencia que os diversos países reconhecem relações familiares para além do casamento. As uniões de fato passaram a ser admitidas, conforme os povos perceberam que nem todas as relações de família advêm do casamento. Não há uma união de fato que cruze fronteiras com características únicas. Tampouco, há uniões de fato completamente distintas.

Nosso objetivo é, portanto, o de destacar a diversidade de regulamentos que as uniões de fato recebem ao redor de diversos países. Ao final ficará claro que inúmeros são os problemas comuns entre essas realidades. Entretanto, as nações estruturam respostas assemelhadas, que podem ser agrupadas conforme suas características principais. O jurista, munido desses conhecimentos, pode olhar para sua realidade e perguntar se solução melhor não haveria, a exemplo de outros países.

Não nos cabe aqui minudenciar os detalhes relativos à realidade de cada um dos países envolvidos na pesquisa: Angola, Argentina, Brasil, Colômbia, Chile, Espanha, Peru, Portugal e Uruguai. É relevante, contudo, apresentar um quadro geral e uma síntese do que se pode comparar. Este primeiro capítulo presta-se a essa função introdutória. O leitor poderá, na medida do seu interesse, aprofundar-se sobre a legislação de cada país, analisando as reflexões dos diversos juristas que contribuíram com o presente Tratado.

Dessa forma, a seguir, preocupamo-nos em apresentar os dilemas comuns que o tema da união de fato traz à tela.

Dilemas da regulação da união de fato

As relações familiares são biológica e afetivamente necessárias e pré-condicionam a existência e a qualidade de vida da pessoa humana. Seus estudos permeiam várias ciências, como a história, a antropologia, a sociologia e a psicologia, sendo no Direito que se encontram as regras de sua organização, por ser o campo onde a finalidade principal é exatamente esta.

Estamos preocupados com a família em seus variados aspectos, mas concentramos nossas atenções no âmbito jurídico, pois é neste que lhe são atribuídos efeitos do plano do "dever-ser". Ao Direito cabe a regulamentação dos laços familiares, dos deveres e direitos pessoais e patrimoniais, e de seus efeitos na dissolução em vida e *mortis causa*. De modo geral, o direito está preocupado com a formalização dessas uniões familiares, com os laços de parentesco daí advindos e os deveres recíprocos (como fidelidade, respeito e assistência), com as consequências patrimoniais e, finalmente, com a sua dissolução.

O direito pode regular as uniões familiares de modo único e amplo, a despeito de terem sido, ou não, iniciadas por ritos formais. Tome-se o exemplo histórico do direito romano. As fontes romanas não nos legaram regras a tratar da cerimônia do casamento. Por isto, os romanistas reconhecem a família a partir da manifestação de consentimento inicial (ou contínuo a depender da visão) e da comunhão de vida (ou posse no estado de casado) até que haja um divórcio, quando este é admitido.[1] Ora, nesse cenário, a unanimidade das famílias (ou quase maioria) está abrangida por esse regulamento.

Para atribuir efeitos jurídicos às relações familiares, o Direito precisa eleger certos elementos fáticos e, assim, define a família e cumpre sua finalidade de organização da sociedade. Se qualquer fato pudesse representar uma relação familiar, ao puro desejo subjetivo daqueles que o praticam, não haveria uma definição jurídica possível de família e, desse modo, estaríamos, na melhor das hipóteses, no plano do direito das obrigações, com todos os méritos que tem esta área do Direito Civil, mas obviamente suas fontes não se confundem com as do Direito de Família.

A família é, portanto, aquela que se forma sem impedimentos de ordem consanguínea e moral, além da etária. Se não se atribui efeitos jurídicos ao adultério, à bigamia ou à poligamia, o Direito não está punindo essas relações, outrossim, consoante os anseios sociais, está realizando seu dever organizacional desse núcleo social essencial que é a família[2].

[1] José Carlos Moreira Alves leciona, por exemplo, que, para que surgisse o casamento no direito romano "bastava a vontade inicial (*consensus*) dos nubentes, sem quaisquer formalidades (apenas a partir do direito pós-clássico é que, em algumas hipóteses ... se exige certo formalismo), e o matrimônio perdurava até que um dos cônjuges desejasse rompê-los, pois ... em Roma, sempre se admitiu o divórcio por vontade unilateral (mesmo no direito justianianeu, se um dos cônjuges repudiasse o outro sem motivo, ele poderia sofrer sanções, mas o casamento se dissolvia), a qualquer tempo, sem formalismo, e independentemente da existência de motivos fixados, previamente, em lei" (MOREIRA ALVES, José Carlos. *Direito Romano.* 16ª ed. Rio de Janeiro: Forense, 2014, p. 642-641). Eduardo C. Silveira Marchi destaca que se tratava de adotar o conceito social de matrimônio, pois "era a sociedade romana – e não o direito – a determinar se um homem e uma mulher estariam casados ou não" (MARCHI, Eduardo C. Silveira. Matrimonio Moderno e matrimônio romano clássico – divórcio e 'soneto de felicidade'. In *Família e Pessoa:* Uma questão de princípios. Regina Beatriz Tavares da Silva e Ursula Cristina Basset (org). São Paulo: YK, 2018, p. 317-335, em particular p. 323).

[2] Sobre o direito romano, José Carlos Moreira Alves destaca que "foi em virtude das leis matrimôniais do tempo de Augusto (*Lex Iulia et Papia Poppaea de maritandis ordinibus* e *Lex Iulia de adulteriis*) que o concubinato passou a ser levado em consideração pelo direito, ainda que de maneira indireta" (MOREIRA ALVES, op. cit., p. 672). O professor indica que as relações concubinárias eram, então, toleradas. No seu entender "é certo, porém, que, no direito clássico, o concubinato não produzia efeitos jurídicos de qualquer natureza" (idem).

Conquanto a situação seja bastante evidente, é importante destacar que o Direito, ao regular as relações familiares, separando-as dos contratos e dos demais institutos de direito privado, só pode assim proceder diante do conceito de família. Esse conceito é aquele que advém do direito natural ou ainda aquele aprovado nos parlamentos. O Direito define, portanto, o que é família para fins de regular-lhe os efeitos. Se qualquer relação pudesse ser considerada como familiar, independentemente de impedimentos e requisitos, deixaria de existir o Direito de Família, que passaria a ser despiciendo. O Direito de Família é, e sempre será, indispensável na organização social, por tratar da célula *mater* da sociedade, sendo as tentativas de suprimi-lo historicamente infrutíferas[3].

O Direito define a família, regulando os seus efeitos, e, ao assim proceder, deixa fora de seu alcance outras situações que chamaremos de relações de fato. Essa situação gera discussões das mais variadas ordens. Numa tentativa de organizar os temas que daí surgem, as disputas em torno do tema podem ser assim divididas: (i) justificação da formalização; (ii) justiça dos impedimentos

[3] Como se sabe, Frederick Engels via a família moderna como artefato para assegurar a transmissão da propriedade e a exploração das classes trabalhadoras. Consequentemente, a supressão da propriedade retiraria o papel da família, tornando-a desnecessária (ENGELS, Friedrich. A origem da família, da propriedade privada e do Estado. São Paulo: Edições Nosso Livro, S.D., p. 212). O tema tornou-se relevante nos meses subsequentes à Revolução Russa, com bolcheviques renomados a acreditar que a família logo se tornaria peça de museu. A. M. Kollontay, em sua Crítica do Movimento Feminista, propunha que o Estado assumisse as tarefas domésticas, com alimentação deslocando-se das cozinhas para refeitórios e educação para creches e escolas públicas. E, então, se questionava: "But what will remain of the family after all these labours of individual housekeeping have disappeared? We still have the children to deal with. But here also the State of the working komrades will come to the rescue of the family by creating a substitute for the family. Society will gradually take charge of all that formerly devolved on parents" (apud SCHLESINGER, Rudolf (ed). *The Family in the USSR:* documents and readings. London: Routledge, 1949, p. 63). Não obstante, refletindo a tensão entre a ideologia e a sociedade real, o direito de família nunca chegou a ser abandonado. O Código de Família de 1918 manteve a estrutura familiar, exigindo idade mínima para o casamento e monogamia, vendando-se ainda relações consanguíneas (a tradução desta lei pode ser vista em SCHLESINGER, op. cit., p. 33). Essa legislação surgiu como um arranjo temporário até que houvesse condições de que o Estado assumisse amplamente o papel das famílias (GOLDMAN, Wendy Z. *The State, Women and Revolution.* Soviet Family Policy and Social Life – 1917-1936. Cambridge: Cambridge U. Press, 1993, p. 1). O referido Código vigorou até 1926, sendo posteriormente substituído por outro Código. O direito de família nunca foi abandonado naquele país.

matrimoniais; (iii) razoabilidade das diferenças impostas pelo tratamento legal. O primeiro ponto exige avaliar se é justo que os nubentes sujeitem-se a uma cerimônia religiosa ou laica e que suportem os custos daí advindos. Em torno dele surgem disputas sobre o tempo exigido para a formação das famílias (somente a partir de um tempo de convivência prévia ou após passado certo lapso do divórcio anterior). Também é necessário ponderar se o legislador pode impor convivência sobre o mesmo teto para os cônjuges. Por outro lado, o segundo ponto levante questões sobre a idade núbil, sobre a admissibilidade de casamentos consanguíneos, entre parentes afins, casamento entre membros de classes sociais diversas (quando estas existem), sobre bigamia, poligamia, incesto e homossexualidade. Nesse campo se estabelecem dúvidas sobre a autonomia do direito frente a questões morais, sobre a possibilidade de valores morais únicos, universais, e sobre problemas contramajoritários. Por fim, o terceiro ponto exige reflexão sobre a razoabilidade de impor consequências jurídicas diversas para famílias jurídicas e de fato.

O cenário brasileiro: vantagens e desvantagens

Pode-se dizer que o Brasil tem um largo histórico de prestígio às famílias advindas do matrimônio[4]. Com isso, situações familiares de fato, chamadas de concubinato, eram reguladas pelo direito obrigacional[5], fossem elas puras, com conviventes em união desimpedida, ou impuras, ditas adulterinas ou incestuosas, a depender do impedimento violado.

[4] Venceslau Tavares Costa Filho destaca que isso se dá a partir de 1890. Durante a vigência das Ordenações Filipinas afirma que eram reconhecidos os casamentos religiosos, mas também as uniões de fato. Com efeito, até então se dispunha o seguinte: "serão meeiros, provando que estiveram em casa teúda e manteúda; ou em casa de seu pai, ou em outra, em pública voz e fama de marido e mulher por tanto tempo, que, segundo Direito, baste para presumir Matrimonio entre elles, posto se se não provem as palavras de presente" (Livro IV, Título XLVI) (COSTA FILHO, Venceslau Tavares. Assimetria da sucessão em relação à união estável e casamento (parte 1). Disponível em https://www.conjur.com.br/2016-out-10/direito-civil-atual-assimetria-sucessao-relacao-uniao-estavel-casamento-parte, acesso em 1.8.2020).

[5] BARROS MONTEIRO, Washington de; TAVARES DA SILVA, Regina Beatriz. *Curso de Direito Civil*. Direito de Família. 43ª. Ed. São Paulo: Saraiva, 2016, p. 71. O enunciado n. 380, da Súmula do Superior Tribunal de Justiça, aprovado em 03/04/1964, destacava que "comprovada a existência de sociedade de fato entre os concubinos, é cabível a sua dissolução judicial, com a partilha do patrimônio adquirido pelo esforço comum".

Essa situação perdurou até 1988. Então, em termos práticos, 1/3 (um terço) das situações familiares de fato não estava abrangida pelo direito de família. Valem ser verificados os dados levantados pelo recenseamento demográfico de 1980. Naquele ano, o país contava 119.002.706 de habitantes. Um total de 6.861.681 pessoas eram casadas com registro civil, o que representava 45% das relações familiares. Eram 3.399.560 as pessoas casadas somente no religioso, ou 22% das uniões familiares. As demais uniões familiares abrangiam 4.939.528. Dito de outro modo, cerca de 1/3 (um terço) das pessoas que conviviam havia mantido relação não formal[6].

A preocupação com a situação levou a Constituição Federal de 1988 a criar o instituto da união estável[7], que, ao longo do tempo, recebeu tratamento jurídico variável, ora mais amplo, ora mais restritivo[8].

Tomemos novamente em consideração os dados oficiais. Em 2010, o Brasil contava 190.755.799 habitantes, dos quais 56.435.253 eram casados, 2.809.917 separados judicialmente, 5.019.321 divorciados, 8.063.404 viúvos. Do total de casados, 53.233.548 viviam em comunhão de vidas, o que revela um contingente de 3.201.705 de pessoas casadas sem conviver – o que permite inferir estivessem separadas de fato, sem formalização da dissolução conjugal.

[6] BRASIL. *IX Recenseamento Geral do Brasil* – 1980. Volume 1 – Tomo 4 – Número 1. Rio de Janeiro: IBGE, 1983, p. 17. Disponível em https://biblioteca.ibge.gov.br/visualizacao/periodicos/72/cd_1980_v1_t4_n1_br.pdf, acesso em 1.8.2020.

[7] Art. 226, §3º, CF. "Para efeito da proteção do Estado, é reconhecida a união estável entre o homem e a mulher como entidade familiar, devendo a lei facilitar sua conversão em casamento".

[8] A partir da Lei 8.971/94, companheiro passou a ser aquele que, sem impedimentos, matinha relação por mais de 5 anos ou tinha filhos. Por esta lei, o companheiro passou a ter usufruto e direito sucessório. O art. 2º, III, da referida lei, estabelecia que "na falta de descendentes e de ascendentes, o(a) companheiro(a) sobrevivente terá direito à totalidade da herança". A lei só assegurava a meação por oportunidade da morte, confundindo um conceito com o outro. O art. 3º estabelecia que "quando os bens deixados pelo(a) autor(a) da herança resultarem de atividade em que haja colaboração do(a) companheiro, terá o sobrevivente direito à metade dos bens". A Lei 9.278/1996 prescindiu do elemento temporal na definição de união estável, pois "reconheceu como "entidade familiar a convivência duradoura, pública e contínua, de um homem e uma mulher, estabelecida com objetivo de constituição de família" (art. 1º). Essa lei regulou melhor a meação, estabelecendo que "os bens móveis e imóveis adquiridos por um ou por ambos os conviventes, na constância da união estável e a título oneroso, são considerados fruto do trabalho e da colaboração comum, passando a pertencer a ambos, em condomínio e em partes iguais, salvo estipulação contrária em contrato escrito" (art. 5º). Em termos sucessórios, apenas criou um direito real de habitação.

Desses dados ainda é possível inferir, um total de 27.847.162 pessoas vivendo em uniões familiares não advindas do casamento. Em outras palavras, 34% das pessoas que convivem maritalmente não formalizaram sua união[9].

Percebe-se, portanto, que em 30 anos o percentual de famílias vivendo em uniões familiares de fato manteve-se praticamente estável, variando de 32% para 34%. Entretanto, alterou-se o tratamento legal. Essa fatia dos relacionamentos passou a ser albergada pela união estável[10].

A partir de 1988 é preciso fazer uma distinção importante. Passou-se a dar amparo, sob o Direito de Família, para uniões não advindas do casamento, ou seja, que se constituíam de modo informal. A doutrina vem apontando, com razão, tratar-se de uma reaproximação entre o direito moderno e o direito romano, que não previa formalidades para a constituição e desconstituição das relações familiares[11].

Por ser albergada pelo direito, a união estável não é simplesmente família de fato. Trata-se de união informal, regulada pelo direito. Sob certa perspectiva, esse tipo de relação está a meio passo do matrimônio, situação formal e bem regulada.

Estamos, portanto, diante de uma relação familiar que se forma sem procedimentos solenes, mas que é aceita e regulada pelo direito. Em muitos países essas relações persistem sendo chamadas "uniões de fato", tal como em Portugal. No Brasil, optou-se pela denominação "união estável". Na Argentina, a expressão adotada na lei é "unión convivencial".

Atualmente, para configurar a união estável basta a convivência entre duas pessoas, de forma pública[12], contínua e duradoura, com o fim de constituir família[13]. Dispensa-se formalização por escrito, a existência de prole e a

[9] Os dados estão disponíveis em https://censo2010.ibge.gov.br/, acesso em 1.8.2020.

[10] Uma outra fonte de dados, o registro de casamentos revela leve alta entre 2015 e 2019. Em 2015, foram feitos 891.549 registros de casamento; em 2019, 942.936 registros (conf. https://transparencia.registrocivil.org.br/registros, acesso em 3.8.2019).

[11] Eduardo C. Silveira MARCHI fala-nos de uma volta ao passado e do "moderno matrimônio do antigo direito romano" (Op. cit., p. 328).

[12] "A união não pode conservar-se em sigilo" (BARROS MONTEIRO e TAVARES DA SILVA, *op. cit.*, p. 73)

[13] Art. 1.723, CC/2002. É reconhecida como entidade familiar a união estável entre o homem e a mulher, configurada na convivência pública, contínua e duradoura e estabelecida com o objetivo de constituição de família.

coabitação sob o mesmo teto[14]. De igual modo, a jurisprudência passou a admitir união estável entre pessoas do mesmo sexo[15].

Com isso, concubinárias passaram a ser apenas as uniões que não preenchem os requisitos da união estável. Aliás, relevante é notar que a norma contida no art. 1.727, CC deve ser interpretada em conjunto com aquela prevista no art. 1.723, parágrafo 1º, CC. Segundo o art. 1.727[16], numa interpretação literal, quem mantivesse estado civil de casado, embora estivesse separado de fato, não poderia constituir união estável. Em interpretação sistemática com o art. 1.723[17], parágrafo primeiro, a conclusão é de que quem mantiver

§ 1º A união estável não se constituirá se ocorrerem os impedimentos do art. 1.521; não se aplicando a incidência do inciso VI no caso de a pessoa casada se achar separada de fato ou judicialmente.

§ 2º As causas suspensivas do art. 1.523 não impedirão a caracterização da união estável.

14 Nos termos do enunciado n. 382, da Súmula do e. STF, aprovada em 03/04/1964, "a vida em comum sob o mesmo teto, 'more uxorio', não é indispensável à caracterização do concubinato". O Superior Tribunal de Justiça chegou a ponderar que "a Lei n. 9.278/1996 não enumera a coabitação como um elemento indispensável, um requisito essencial, à formação da união estável (*vide* Súm. n. 382-STF)", embora não negasse "ser ela um dado relevante para perquirir a intenção de constituir família" (STJ, 3ª T, REsp 275.839-SP, Rel. originário Min. Ari Pargendler, Rel. para acórdão Min. Nancy Andrighi, j. em 2/10/2008). Como a união estável é informal, aproxima-se do casamento romano.

15 O Supremo Tribunal Federal destacou que "o sexo das pessoas, salvo disposição constitucional expressa ou implícita em sentido contrário, não se presta como fator de desigualação jurídica", que "a Constituição de 1988, ao utilizar-se da expressão "família", não limita sua formação a casais heteroafetivos nem a formalidade cartorária, celebração civil ou liturgia religiosa", que "a referência constitucional à dualidade básica homem/mulher, no §3º do seu art. 226, deve-se ao centrado intuito de não se perder a menor oportunidade para favorecer relações jurídicas horizontais ou sem hierarquia no âmbito das sociedades domésticas", que "a Constituição não interdita a formação de família por pessoas do mesmo sexo", não havendo "direito dos indivíduos heteroafetivos à sua não-equiparação jurídica com os indivíduos homoafetivos". Diante disso, "ante a possibilidade de interpretação em sentido preconceituoso ou discriminatório do art. 1.723 do Código Civil, não resolúvel à luz dele próprio, faz-se necessária a utilização da técnica de 'interpretação conforme à Constituição'", para "excluir do dispositivo em causa qualquer significado que impeça o reconhecimento da união contínua, pública e duradoura entre pessoas do mesmo sexo como família" (STF, ADI 4277, Rel. Ayres Britto, Pleno, j. 05/05/2011).

16 Art. 1.727, CC/2002. "As relações não eventuais entre o homem e a mulher, impedidos de casar, constituem concubinato".

17 Art. 1.723, § 1º, CC/2002. "A união estável não se constituirá se ocorrerem os impedimentos do art. 1.521; não se aplicando a incidência do inciso VI no caso de a pessoa casada se achar separada de fato ou judicialmente".

estado civil de casado sem comunhão de vidas conjugal pode constituir união estável. Somente se qualifica como concubinato, conforme previsão legal do art. 1.727, CC, a situação de quem é casado e mantém a comunhão de vidas, relacionando-se com terceira pessoa, caso em que aplica-se o direito obrigacional[18]. O concubinato não é criminalizado. O adultério deixou de ser crime no Brasil por força da Lei n. 11.106, de 28.3.2005. Entretanto, o concubinato não tem efeito jurídico no campo familiar. Para além disso, há algumas vedações expressas: (i) proibição de doar[19], testar[20], perda de direito alimentar[21] e de seguro de vida[22].

Vale destacar também que o Código Civil de 2002 previu tratamento diverso aos direitos sucessórios oriundos de casamento em face da herança na

[18] O que significa a formação de sociedade de fato e partilha de patrimônio formado com esforço comum. A jurisprudência impõe restrições a indenizações. O STJ chegou a decidir que "inviável a concessão de indenização à concubina, que mantivera relacionamento com homem casado, uma vez que tal providência eleva o concubinato a nível de proteção mais sofisticado que o existente no casamento e na união estável, tendo em vista que nessas uniões não se há falar em indenização por serviços domésticos prestados, porque, verdadeiramente, de serviços domésticos não se cogita, senão de uma contribuição mútua para o bom funcionamento do lar, cujos benefícios ambos experimentam ainda na constância da união. Na verdade, conceder a indigitada indenização consubstanciaria um atalho para se atingir os bens da família legítima, providência rechaçada por doutrina e jurisprudência. Com efeito, por qualquer ângulo que se analise a questão, a concessão de indenizações nessas hipóteses testilha com a própria lógica jurídica adotada pelo Código Civil de 2002, protetiva do patrimônio familiar, dado que a família é a base da sociedade e recebe especial proteção do Estado (art. 226 da CF/88), não podendo o Direito conter o germe da destruição da própria família (...)".(STJ, REsp 988.090/MS, Rel. Min. Luis Felipe Salomão, 4ª T, j. 02/02/2010, DJe 22/02/2010).

[19] Art. 550, CC/2002. A doação do cônjuge adúltero ao seu cúmplice pode ser anulada pelo outro cônjuge, ou por seus herdeiros necessários, até dois anos depois de dissolvida a sociedade conjugal.

Art. 1.642, CC/2002. "Qualquer que seja o regime de bens, tanto o marido quanto a mulher podem livremente: (...) V – reivindicar os bens comuns, móveis ou imóveis, doados ou transferidos pelo outro cônjuge ao concubino, desde que provado que os bens não foram adquiridos pelo esforço comum destes, se o casal estiver separado de fato por mais de cinco anos"

[20] Art. 1.801, CC/2002. "Não podem ser nomeados herdeiros nem legatários: (...) III – o concubino do testador casado, salvo se este, sem culpa sua, estiver separado de fato do cônjuge há mais de cinco anos (...)"

Art. 1.803, CC/2002. "É lícita a deixa ao filho do concubino, quando também o for do testador".

[21] Art. 1.708, CC/2002. "Com o casamento, a união estável ou o concubinato do credor, cessa o dever de prestar alimentos".

[22] Art. 793, CC/2002. "É válida a instituição do companheiro como beneficiário, se ao tempo do contrato o segurado era separado judicialmente, ou já se encontrava separado de fato".

união estável. Algumas perplexidades surgiam daí com aparência de serem justificadas. Efetivamente era mera aparência porque é indiscutível a diferença constitutiva e dissolutória entre a união estável e o casamento. Enquanto a união estável se forma e desconforma no plano dos fatos, o casamento é solene em sua constituição e dissolução. Foi por isto que o Código Civil distinguiu os efeitos sucessórios da união estável daqueles atribuídos ao casamento. Enquanto na união estável foram previstos efeitos sucessórios adstritos ao acervo de bens adquirido durante a relação (art. 1.790, CC), no casamento foram atribuídos direitos sucessórios sobre todo o patrimônio exclusivo do cônjuge falecido (art. 1.829, CC). De evidência solar a razão dessa diferença, já que em relação fática o patrimônio que compõe a herança estava limitado aos bens adquiridos durante a união de fato, conservando-se, inclusive, a autonomia da vontade na eleição deste tipo de relação ou da relação conjugal, com efeitos sucessórios mais abrangentes.

Uma série de disputas judiciais foram travadas até que o Supremo Tribunal Federal (STF) chamou a si o tema, concluindo que é inconstitucional a distinção de regimes sucessórios entre cônjuges e companheiros, sem votação unânime e com votos majoritários que não levaram em consideração as diferenças constitutivas e dissolutórias dessas relações[23]. A seguinte tese de repercussão geral foi firmada sem unanimidade no STF: "É inconstitucional a distinção de regimes sucessórios entre cônjuges e companheiros prevista no art. 1.790 do CC/2002, devendo ser aplicado, tanto nas hipóteses de casamento quanto nas de união estável, o regime do art. 1.829 do CC/2002.".

[23] Na ocasião, o STF decidiu que "a Constituição brasileira contempla diferentes formas de família legítima, além da que resulta do casamento", incluindo-se "as famílias formadas mediante união estável, hetero ou homoafetivas", e que "não é legítimo desequiparar, para fins sucessórios, os cônjuges e os companheiros, isto é, a família formada pelo casamento e a formada por união estável". Assim sendo, "o art. 1790 do Código Civil, ao revogar as Leis nº 8.971/1994 e nº 9.278/1996 e discriminar a companheira (ou o companheiro), dando-lhe direitos sucessórios bem inferiores aos conferidos à esposa (ou ao marido), entra em contraste com os princípios da igualdade, da dignidade humana, da proporcionalidade como vedação à proteção deficiente e da vedação do retrocesso". Daí concluiu que "no sistema constitucional vigente, é inconstitucional a distinção de regimes sucessórios entre cônjuges e companheiros, devendo ser aplicado, em ambos os casos, o regime estabelecido no art. 1.829 do CC/2002". (STF, RE 646721, Rel. Marco Aurélio, Rel. p/ Acórdão Roberto Barroso, Pleno, j. 10/05/2017).

É necessário, contudo, reconhecer que o Supremo Tribunal Federal não realizou a total equiparação de efeitos sucessórios entre a união estável e o casamento. A liberdade testamentária foi conservada na união estável, em que não se aplica o 1.845, CC[24], que elenca os herdeiros necessários, ou seja, aqueles que não podem ser afastados por disposição testamentária, entre os quais não estão os companheiros. E vale dizer que foi a provocação da ADFAS, que participou do controle de constitucionalidade como *amicus curiae*, que possibilitou a manifestação do STF em que a Corte Suprema deixou claro que a decisão anterior não abrangia a regra do art. 1.845, CC: "A repercussão geral reconhecida diz respeito apenas à aplicabilidade do art. 1.829 do Código Civil às uniões estáveis. Não há omissão a respeito da aplicabilidade de outros dispositivos a tais casos.". Assim, é aplicável a ordem de vocação hereditária do casamento à união estável prevista no art. 1.829, CC, desde que não haja a exclusão do companheiro ou da companheira por meio de testamento realizado pelo respectivo convivente[25].

À essa ressalva outras são acrescidas, como a disposição legal da reserva da quarta parte hereditária o cônjuge, em caso de prole extensa, prevista no art. 1.832, CC que não se aplica à união estável[26].

Destacam-se, ainda, outras diferenças entre os dois regimes. Diferentemente do que ocorre no casamento, considera-se válida a fiança prestada por um dos conviventes sem a autorização do outro[27]. De igual modo, não se exige outorga uxória ou marital[28] do companheiro[29].

[24] Art. 1.845. São herdeiros necessários os descendentes, os ascendentes e o cônjuge.

[25] TAVARES DA SILVA, Regina Beatriz. *A liberdade testamentária de quem vive em união estável.* Disponível em http://adfas.org.br/2020/05/06/liberdade-testamentaria-de-quem-vive-em-uniao-estavel/, acesso em 1.08.2020. Ao julgar dois Embargos de Declaração, sendo que os da ADFAS pugnavam pela não aplicação do art. 1.845, CC, no RE 646721, sendo relator, Min. Roberto Barroso, Pleno, j. 26/10/2018, Dje 10.12.2018, ficou esclarecida a inaplicabilidade do instituto da herança necessária na união estável.

[26] Art. 1.832. Em concorrência com os descendentes (art. 1.829, inciso I) caberá ao cônjuge quinhão igual ao dos que sucederem por cabeça, não podendo a sua quota ser inferior à quarta parte da herança, se for ascendente dos herdeiros com que concorrer.

[27] "Ainda que a união estável esteja formalizada por meio de escritura pública, é válida a fiança prestada por um dos conviventes sem a autorização do outro. Isso porque o entendimento de que a 'fiança prestada sem autorização de um dos cônjuges implica a ineficácia total da garantia' (Súmula 332 do STJ), conquanto seja aplicável ao casamento, não tem aplicabilidade em relação à união estável. De fato, o casamento representa, por um lado, uma entidade

familiar protegida pela CF e, por outro lado, um ato jurídico formal e solene do qual decorre uma relação jurídica com efeitos tipificados pelo ordenamento jurídico. A união estável, por sua vez, embora também represente uma entidade familiar amparada pela CF – uma vez que não há, sob o atual regime constitucional, famílias estigmatizadas como de 'segunda classe' –, difere-se do casamento no tocante à concepção deste como um ato jurídico formal e solene. Aliás, nunca se afirmou a completa e inexorável coincidência entre os institutos da união estável e do casamento, mas apenas a inexistência de predileção constitucional ou de superioridade familiar do casamento em relação a outra espécie de entidade familiar. Sendo assim, apenas o casamento (e não a união estável) representa ato jurídico cartorário e solene que gera presunção de publicidade do estado civil dos contratantes, atributo que parece ser a forma de assegurar a terceiros interessados ciência quanto a regime de bens, estatuto pessoa, patrimônio sucessório, etc. Nesse contexto, como a outorga uxória para a prestação de fiança demanda absoluta certeza por parte dos interessados quanto à disciplina dos bens vigente, e como essa segurança só é obtida por meio de ato solene e público (como no caso do casamento), deve-se concluir que o entendimento presente na Súmula 332 do STJ – segundo a qual a 'fiança prestada sem autorização de um dos cônjuges implica a ineficácia total da garantia' –, conquanto seja aplicável ao casamento, não tem aplicabilidade em relação à união estável. Além disso, essa conclusão não é afastada diante da celebração de escritura pública entre os consortes, haja vista que a escritura pública serve apenas como prova relativa de uma união fática, que não se sabe ao certo quando começa nem quando termina, não sendo ela própria o ato constitutivo da união estável. Ademais, por não alterar o estado civil dos conviventes, para que dela o contratante tivesse conhecimento, ele teria que percorrer todos os cartórios de notas do Brasil, o que seria inviável e inexigível" (STJ, REsp 1.299.866-DF, Rel. Min. Luis Felipe Salomão, julgado em 25/2/2014).

[28] Art. 1.647, CC. Ressalvado o disposto no art. 1.648, nenhum dos cônjuges pode, sem autorização do outro, exceto no regime da separação absoluta: I – alienar ou gravar de ônus real os bens imóveis; II – pleitear, como autor ou réu, acerca desses bens ou direitos; III – prestar fiança ou aval; IV – fazer doação, não sendo remuneratória, de bens comuns, ou dos que possam integrar futura meação.

[29] "1. Mostra-se de extrema relevância para a construção de uma jurisprudência consistente acerca da disciplina do casamento e da união estável saber, diante das naturais diferenças entre os dois institutos, quais os limites e possibilidades de tratamento jurídico diferenciado entre eles. 2. Toda e qualquer diferença entre casamento e união estável deve ser analisada a partir da dupla concepção do que seja casamento – por um lado, ato jurídico solene do qual decorre uma relação jurídica com efeitos tipificados pelo ordenamento jurídico, e, por outro, uma entidade familiar, dentre várias outras protegidas pela Constituição. 3. Assim, o casamento, tido por entidade familiar, não se difere em nenhum aspecto da união estável – também uma entidade familiar -, porquanto não há famílias timbradas como de "segunda classe" pela Constituição Federal de 1988, diferentemente do que ocorria nos diplomas constitucionais e legais superados. Apenas quando se analisa o casamento como ato jurídico formal e solene é que as diferenças entre este e a união estável se fazem visíveis, e somente em razão dessas diferenças entre casamento – ato jurídico – e união estável é que o tratamento legal ou jurisprudencial diferenciado se justifica. 4. A exigência de outorga uxória a determinados negócios jurídicos

A informalidade prevalece no que diz respeito à união estável. A solução legal, que não exige prazo mínimo de convivência prévia e tampouco acordo escrito, tem o mérito de abranger a enorme gama de famílias que se formam a margem de solenidades, com ou sem filhos. Todavia, a abrangência da regra praticamente retira a possibilidade de convivência comum descompromissada ou por mero afeto.

As disputas judiciais que cercam o tema são especialmente frequentes no que diz respeito ao início e final do relacionamento. Sem um marco preciso sobre o início da união estável, são comuns as disputas em que um dos conviventes pretende dizer que mantinha convivência *more uxorio* e haver partilha de bens, ou por outro lado, negar que a união existiu em certo período e, com isso, excluir bens adquiridos em período que antecedeu a união familiar. Muitas vezes é difícil separar o que é namoro do que é união estável[30]. Adultos que se relacionam afetivamente são levados a assinar documentos para afirmar

transita exatamente por este aspecto em que o tratamento diferenciado entre casamento e união estável é justificável. É por intermédio do ato jurídico cartorário e solene do casamento que se presume a publicidade do estado civil dos contratantes, de modo que, em sendo eles conviventes em união estável, hão de ser dispensadas as vênias conjugais para a concessão de fiança. 5. Desse modo, não é nula nem anulável a fiança prestada por fiador convivente em união estável sem a outorga uxória do outro companheiro. Não incidência da Súmula n. 332/STJ à união estável. 6. Recurso especial provido" (STJ, REsp 1299866/DF, Rel. Min. Luis Felipe Salomão, 4ª T, j. 25/02/2014, DJe 21/03/2014)

[30] "Portanto, relações de caráter meramente afetivo não configuram união estável. Simples relações sexuais, ainda que repetidas por largo espaço de tempo, não constituem união estável. A união estável, que é manifestação aparente de casamento, caracteriza-se pela comunhão de vidas entre duas pessoas, no sentido material e imaterial, isto é, pela constituição de uma família" (BARROS MONTEIRO e TAVARES DA SILVA, op. cit., p. 70). Na jurisprudência, já se decidiu que "o fato de namorados projetarem constituir família no futuro não caracteriza união estável, ainda que haja coabitação. Isso porque essas circunstâncias não bastam à verificação da *affectio maritalis*. O propósito de constituir família, alçado pela lei de regência como requisito essencial à constituição da união estável – a distinguir, inclusive, esta entidade familiar do denominado "namoro qualificado" –, não consubstancia mera proclamação, para o futuro, da intenção de constituir uma família. É mais abrangente. Deve se afigurar presente durante toda a convivência, a partir do efetivo compartilhamento de vidas, com irrestrito apoio moral e material entre os companheiros. É dizer: a família deve, de fato, estar constituída. Tampouco a coabitação, por si, evidencia a constituição de uma união estável (ainda que possa vir a constituir, no mais das vezes, um relevante indício). A coabitação entre namorados, a propósito, afigura-se absolutamente usual nos tempos atuais, impondo-se ao Direito, longe das críticas e dos estigmas, adequar-se à realidade social" (STJ, REsp 1.454.643-RJ, Rel. Min. Marco Aurélio Bellizze, julgado em 3/3/2015, DJe 10/3/2015).

que não convivem, mas apenas namoram. As cortes são chamadas a dizer que noivado não configura união estável[31]. Do mesmo modo, sem solenidade para o encerramento, aqueles que convivem em união estável frequentemente envolvem-se em disputas sobre direitos sucessórios, sobre pensões alimentícias e sobre da partilha de bens adquiridos após o fim do relacionamento[32].

De modo mais incipiente, surgem disputas que pretendem superar, por meio de interpretação equivocada, a impossibilidade de atribuição de direitos a uma relação paralela a uma união estável, com o fito de que o instituto abranja a poligamia[33]. Há problemas também relacionados ao reconhecimento

[31] "(...) o Direito Civil Brasileiro não reconhece efeito jurídico aos esponsais, ainda que estabelecido o noivado com certo grau de estabilidade. Entendeu-se que no noivado não comparecem os pressupostos da união estável, que se caracteriza pela convivência diária, prolongada, com dedicação recíproca e colaboração de ambos os companheiros no sustento do lar" (TJDFT, 20070610033393APC, 2ª Turma Cível Rel. Des. Waldir Leôncio Júnior, j. 27/08/2008).

[32] O problema, no direito brasileiro, eventualmente se estende para o casamento, cuja dissolução pode se dar de modo informal, sem um marco temporal claro, o que também merece certa preocupação, em razão da regra constante do art. 1.723, parágrafo 1º, CC.

[33] A jurisprudência do Superior Tribunal de Justiça, responsável por unificar o entendimento sobre o direito pátrio, tem asseverado que não se pode reconhecer a existência de famílias paralelas. Confira-se: "Esta Corte Superior já pacificou o entendimento de que a existência de impedimento para o casamento disposto no art. 1.521 do Código Civil impede a constituição de união estável e, por consequência, afasta o direito ao recebimento de pensão por morte, salvo quando comprovada a separação de fato dos casados, o que, contudo, não configura a hipótese dos autos" (STJ, AgRg no REsp 1418167/CE, Rel. Ministro Napoleão Nunes Maia Filho, 1ª T, j. 24/03/2015, DJe 17/04/2015); "1. Para a existência jurídica da união estável, extrai-se, da exegese do § 1º do art. 1.723 do Código Civil de 2002, fine, o requisito da exclusividade de relacionamento sólido. Isso porque, nem mesmo a existência de casamento válido se apresenta como impedimento suficiente ao reconhecimento da união estável, desde que haja separação de fato, circunstância que erige a existência de outra relação afetiva factual ao degrau de óbice proeminente à nova união estável. 2. Com efeito, a pedra de toque para o aperfeiçoamento da união estável não está na inexistência de vínculo matrimonial, mas, a toda evidência, na inexistência de relacionamento de fato duradouro, concorrentemente àquele que se pretende proteção jurídica, daí por que se mostra inviável o reconhecimento de uniões estáveis simultâneas. 3. Havendo sentença transitada em julgado a reconhecer a união estável entre o falecido e sua companheira em determinado período, descabe o reconhecimento de outra união estável, simultânea àquela, com pessoa diversa" (STJ, REsp 912.926/RS, Rel. Min. Luis Felipe Salomão, 4ª. T, j. 22/02/2011, DJe 07/06/2011). Vale destacar que o Plenário do STF iniciou julgamento de recurso extraordinário, com repercussão geral reconhecida (Tema 529), em que se discute a possibilidade de reconhecimento jurídico de união estável e de relação homoafetiva concomitantes, com a consequente divisão de pensão previdenciária por morte. Um senhor manteve relações afetivas concomitantes com uma senhora e um outro

da filiação advinda de um relacionamento informal, pois a presunção 'pater ist est' tem naturais dificuldades de implementação nesse campo diante da natureza fática da relação[34].

Assim, sem ter o controle preciso sobre a existência, o início e o fim da união estável, cabe ao Estado-julgador dizer quem vive sob união estável. Se isso não é, em si um problema, pois toda regra exige interpretação prévia na sua aplicação pelo julgador, é inegável que, neste cenário, o juiz não detém parâmetros precisos para aplicação do direito de família na união estável, o que gera insegurança jurídica.

A comparação

Ao se debruçar sobre o direito comparado, algumas tendências puderam ser observadas. Inicialmente, façamos um panorama geral dos ordenamentos jurídicos que são objeto desta obra. Ao longo deste Tratado, outros capítulos serão dedicados aos detalhes de cada um dos países contemplados pela pesquisa.

senhor por longo período. Com o falecimento do primeiro, a companheira obteve decisão judicial definitiva do reconhecimento da união estável e, em decorrência disso, o direito à percepção integral da pensão por morte. Posteriormente, o companheiro também tentou ver reconhecida sua relação com o de cujus, mas teve sua pretensão negada, ao fundamento de ser incompatível o deferimento de status jurídico a duas uniões estáveis, ante a existência do princípio da monogamia. A ADFAS foi admitida como 'amicus curiae', postulando a impossibilidade de reconhecimento da concomitância. O STF iniciou o julgamento dessa questão. O relator, ministro Alexandre de Moraes, negou provimento ao recurso extraordinário, no que foi acompanhado pelos ministros Ricardo Lewandowski e Gilmar Mendes. Entenderam eles que a preexistência de casamento ou de união estável de um dos conviventes, ressalvada a exceção do art. 1.723, § 1º, do Código Civil (CC), impede o reconhecimento de novo vínculo referente ao mesmo período, concomitante, inclusive para fins previdenciários, em virtude da consagração da monogamia pelo ordenamento jurídico constitucional brasileiro. Em divergência, o ministro Edson Fachin deu provimento ao recurso, tendo sido acompanhado pelos ministros Roberto Barroso, Rosa Weber, Cármen Lúcia e Marco Aurélio. Em seguida, o ministro Dias Toffoli pediu vista dos autos, aguardando-se, na data da revisão final desta obra, a designação da segunda parte do julgamento (STF, RE 1045273/SE, rel. Min. Alexandre de Moraes, 1ª parte do j. em 25.9.2019).

[34] Nesse sentido, vide KÜMPEL, Vitor Frederico. *Presunção pater is na união estável.* Disponível em https://www.migalhas.com.br/coluna/registralhas/245882/presuncao-pater-is-na-uniao-estavel, acesso em 1.08.2020.

Em Angola, a união de fato representa a realidade vivenciada por grande parte da população. Assim, a Constituição daquele país alberga a convivência heterossexual, exclusiva, monogâmica, entre duas pessoas capazes, de modo contínuo e público, em residência comum e com esforços conjuntos[35]. Exigem-se três anos de convivência prévia. Reunidos os requisitos legais, os efeitos são próprios do casamento.

Na Argentina, as "uniones convivenciales" apresentam características distintas do matrimônio, abrangendo relações entre pessoas do mesmo sexo[36]. Não são atribuídos efeitos familiares às relações poligâmicas. De modo geral, as "uniones convivenciales" estabelecem obrigações mínimas e destinam-se àqueles que pretendem conviver sem compromissos matrimoniais. Assim, diferentemente do casamento, não há direitos hereditários, não há comunhão de bens, o direito real de habitação termina em dois anos após a dissolução, não há presunção legal de filiação. Não há formalidades necessárias para constituição, mas as "uniones convivenciales" só se estabelecem com prazo mínimo de 2 anos de convivência prévia e efeitos jurídicos podem daí decorrer se houver pacto escrito e com as formalidades previstas no ordenamento legal desse país.

Na Colômbia, o direito de família trata das "uniones maritales de hecho" em sua Constituição e em leis específicas. Exige-se convivência mínima de dois anos, independentemente de formalidade registral, com dever de fidelidade, monogamia, a abranger também casais homossexuais[37]. Os conviventes

[35] Art. 35, Constituição Angolana. "Família, casamento e filiação. 1. A família é o núcleo fundamental da organização da sociedade e é objecto de especial protecção do Estado, quer se funde em casamento, quer em união de facto, entre homem e mulher".

[36] Art. 509, Código Civil Argentino. "Ambito de aplicación. Las disposiciones de este Título se aplican a la unión basada en relaciones afectivas de carácter singular, pública, notoria, estable y permanente de dos personas que conviven y comparten un proyecto de vida común, sean del mismo o de diferente sexo".
Art. 510 Código Civil Argentino. "Requisitos. El reconocimiento de los efectos jurídicos previstos por este Título a las uniones convivenciales requiere que: a) los dos integrantes sean mayores de edad; b) no estén unidos por vínculos de parentesco en línea recta en todos los grados, ni colateral hasta el segundo grado; c) no estén unidos por vínculos de parentesco por afinidad en línea recta; d) no tengan impedimento de ligamen ni esté registrada otra convivencia de manera simultánea; e) mantengan la convivencia durante un período no inferior a dos años".

[37] Art. 1º, Ley 54, de 1990. "A partir de la vigencia de la presente Ley y para todos los efectos civiles, se denomina Unión Marital de Hecho, la formada entre un hombre y una mujer, que sin estar casados, hacen una comunidad de vida permanente y singular. Igualmente, y para

têm direitos patrimoniais próximos ao dos cônjuges. O convivente sobrevivente é herdeiro *ab intestato* e necessário. Não há direito real de habitação.

O Chile só passou a tratar do tema em 2015[38]. Até então, as uniões de fato eram reguladas por precedentes jurisprudenciais em que se lhes aplicavam princípios gerais de direito. Essa situação, que deixava parte das famílias sem clareza de seus direitos, aliada com o anseio por regulamentação das uniões entre pessoas do mesmo sexo e uma condenação pela Corte Interamericana de Direitos Humanos são fatos que conjuntamente levaram aquele país a adotar o "acuerdo de unión civil". Optou-se naquele país por solução formal. Sem a celebração do pacto de união civil entre duas pessoas que compartilham uma habitação e desejam regular os efeitos de sua vida afetiva, não se reconhece a entidade familiar. Exige-se monogamia e exclusividade, com impedimentos para pessoas que já estejam anteriormente em um matrimônio ou em outra união convivencial. Vale, como regra, a separação de bens. Ao convivente supérstite asseguram-se direitos equivalentes ao do cônjuge. Ao final do relacionamento, podem ser estabelecidos alimentos compensatórios.

A República do Paraguai[39] trata da união estável como a união voluntária entre homem e mulher capazes, não se aceitando uniões do mesmo sexo, de modo estável, público e singular, sem impedimentos[40]. Exige-se quatro anos para configuração se não há filhos; se há filhos, considera-se cumprido o requisito temporal na data de nascimento do primogênito. Se os conviventes mantêm vida comum há mais de 10 anos, seus efeitos equiparam-se ao de um casamento mediante o seu reconhecimento judicial. Aplica-se o regime de comunhão parcial (*comunidad de gananciales*). Há direitos hereditários.

todos los efectos civiles, se denominan compañero y compañera permanente, al hombre y la mujer que forman parte de la unión marital de hecho"

38 Art.1º, Ley n. 20.830, de 2015. "El acuerdo de unión civil es un contrato celebrado entre dos personas que comparten un hogar, con el propósito de regular los efectos jurídicos derivados de su vida afectiva en común, de carácter estable y permanente. Los contrayentes se denominarán convivientes civiles y serán considerados parientes para los efectos previstos en el artículo 42 del Código Civil".

39 Conquanto não haja um capítulo dedicado ao Paraguai, pareceu-nos relevante incluir algumas observações sobre o seu cenário legal nesta introdução.

40 Articulo 51, 2, Constitución del Paraguay. "Las uniones de hecho entre el hombre y la mujer, sin impedimentos legales para contraer matrimonio, que reúnan las condiciones de estabilidad y singularidad, producen efectos similares al matrimonio, dentro de las condiciones que estableza la ley".

Há dever de fidelidade. Em caso de separação, aquele que não tenha condição de manter-se pode postular alimentos.

No Peru, apesar da maior parte da população viver em união de fato, a situação não era regulada anteriormente a 1.984, o que comumente levava ao abandono de mulheres e filhos sem patrimônio, restando-lhes apenas ações de enriquecimento sem causa. Aos poucos, passaram a reconhecer à mulher certos direitos. A partir do Código Civil de 1984, foi reconhecida a união estável entre homem e mulher, sem impedimentos matrimoniais, que residem conjuntamente, à semelhança do que se passa no casamento, e formam uma sociedade de bens[41]. Vale o regime de comunhão parcial (*sociedad de gananciales*). Exige-se convivência prévia de dois anos contínuos. Na dissolução, admitem-se alimentos compensatórios e a partilha dos bens aquestos. O instituto não abrange casais homossexuais. Os conviventes devem manter fidelidade, assistência mútua e coabitação. Os direitos sucessórios são semelhantes aos dos cônjuges.

No Uruguai, a Lei n. 18.246 regula o tema das uniões de fato, exigindo convivência prévia de cinco anos para sua caracterização[42]. A lei não trata propriamente do dever de fidelidade, mas é certo que a relação deve ser exclusiva, ou seja, monogâmica. Estão abrangidas as relações homossexuais. Com o reconhecimento judicial da união, nasce a sociedade de bens, sendo oponível a terceiros com o registro público. O lar de convivência goza

[41] Art. 326, Código Civil peruano. "La unión de hecho, voluntariamente realizada y mantenida por un varón y una mujer, libres de impedimento matrimonial, para alcanzar finalidades Ministerio de Justicia y derechos Humanos 190 y cumplir deberes semejantes a los del matrimonio, origina una sociedad de bienes que se sujeta al régimen de sociedad de gananciales, en cuanto le fuere aplicable, siempre que dicha unión haya durado por lo menos dos años continuos".

[42] Art. 1º, Ley n. 18.246. "(Ámbito de aplicación).- La convivencia ininterrumpida de al menos cinco años en unión concubinaria genera los derechos y obligaciones que se establecen en la presente ley, sin perjuicio de la aplicación de las normas relativas a las uniones de hecho no reguladas por ésta".

Art. 2º, Ley n. 18.246. " (Caracteres).- A los efectos de esta ley se considera unión concubinaria a la situación de hecho derivada de la comunidad de vida de dos personas -cualquiera sea su sexo, identidad, orientación u opción sexual- que mantienen una relación afectiva de índole sexual, de carácter exclusiva, singular, estable y permanente, sin estar unidas por matrimonio entre sí y que no resulta alcanzada por los impedimentos dirimentes establecidos en los numerales 1º, 2º, 4º y 5º del Artículo 91 del Código Civil".

de proteção, com direito real de habitação se preenchidos certos requisitos. Os conviventes figuram em segundo lugar na ordem de vocação hereditária, mas não são herdeiros necessários. De todo o modo, ao cônjuge são assegurados direitos ainda mais amplos.

Dadas as características particulares do Reino da Espanha, o levantamento de dados conduzido na pesquisa abrangeu a lei galega. Na Galícia, são tratadas como famílias de fato as uniões duas pessoas maiores, capazes, que convivam com a intenção de permanência em uma relação afetiva análoga ao casamento e que se inscrevam no registro adequado[43]. Sem registro, não há proteção legal. Não há um prazo mínimo para que se forme essa união de fato. Veda-se a inscrição registral de casais que tenham entre si laços familiares determinados, que sejam anteriormente casados ou que mantenham uniões de fato paralelas. Veda-se a poligamia. O pacto abrange as relações entre pessoas do mesmo sexo. As partes devem estabelecer o regime patrimonial de sua relação. A depender do tempo de convivência, pode ser reconhecido direito a alimentos. Resguarda-se, assim como em outras regiões da Espanha, o direito sucessório *ab intestato* e a herança necessária. A doutrina assevera que os direitos dos cônjuges são ainda mais amplos, destacando que não há, portanto, equiparação ao casamento.

Em Portugal, a união de facto não exige formalização, razão pela qual dela derivam efeitos jurídicos amenos, especialmente voltados para proteger os conviventes em caso de morte e separação[44]. Exige-se monogamia,

[43] D.A. 3ª, Ley 2, de 14.6.2006. "(...) 2. Tendrán la condición de parejas de hecho las uniones de dos personas mayores de edad, capaces, que convivan con la intención o vocación de permanencia en una relación de afectividad análoga a la conyugal y que la inscriban en el Registro de Parejas de Hecho de Galicia, expresando su voluntad de equiparar sus efectos a los del matrimonio. No pueden constituir parejas de hecho: a) Los familiares en línea recta por consanguinidad o adopción. b) Los colaterales por consanguinidad o adopción hasta el tercer grado. c) Los que estén ligados por matrimonio o formen pareja de hecho debidamente formalizada con otra persona. 3. Los miembros de la unión de hecho podrán establecer válidamente en escritura pública los pactos que estimen convenientes para regir sus relaciones económicas durante la convivencia y para liquidarlas tras su extinción, siempre que no sean contrarios a las leyes, limitativos de la igualdad de derechos que corresponden a cada conviviente o gravemente perjudiciales para cada uno de los mismos".

[44] Art. 1º, 2, Lei n. 7, de 11.05.2001. "A união de facto é a situação jurídica de duas pessoas que, independentemente do sexo, vivam em condições análogas às dos cônjuges há mais de dois anos".

convivência prévia de dois anos em situação análoga a dos cônjuges, idade mínima de 18 anos, não concomitância com outra relação familiar e ausência de parentesco entre os conviventes. A solução abrange as relações homossexuais. Não decorre dela presunção de paternidade nem há regime de bens. A relação patrimonial entre os conviventes é aquela própria do direito das obrigações, vedado o enriquecimento sem causa. Há proteção do lar familiar após a dissolução da relação familiar. Não há direitos sucessórios *ab intestato*, mas o supérstite pode pleitear alimentos do espólio.

Do contraste entre essas realidades, algumas observações gerais devem ser traçadas. Em primeiro lugar, quase todos os países pesquisados apresentaram regras nacionais para o tema das uniões de fato, o que é bastante razoável, pois tanto estados unitários quanto federações prestigiam a ampla circulação de cidadãos em seu território. A Espanha é exceção a esta regra, com conjunção de regras nacionais e locais.

Todos os países preveem regras legisladas, muito embora pontualmente complementadas pela interpretação judicial, para regular famílias que, sem serem advindas do matrimônio, preenchem requisitos mais ou menos amplos e que são denominadas uniões de fato. As situações que sequer preenchem os requisitos para caracterizar a união de fato são reguladas por direito obrigacional, com vedação de enriquecimento sem causa.

Quatro países não equiparam as famílias matrimoniais e as uniões de fato quanto a suas consequências (Argentina, Espanha, Portugal e Uruguai). O Paraguai condiciona a equiparação às uniões de fato com mais de dez anos de duração, o que significa dizer que sem esse requisito temporal não há tratamento equivalente. Cinco países (Angola, Brasil, Colômbia, Chile[45] e Peru) dispensam às uniões de fato tratamento bastante similar àquele que se vê no casamento, mas não idênticos.

Com relação ao prazo, seis países exigem prazo mínimo para configuração das uniões de fato. Exigem dois anos de convivência: Argentina, Colômbia[46],

[45] Embora não haja ali casamento para pessoas do mesmo sexo, apenas "acuerdo de unión civil".

[46] Como esclarece a Professora Ilva Myrian Hoyos Castañeda, no capítulo que integra este livro, a jurisprudência da Câmara Cível da Suprema Corte, ao longo do tempo, enfraqueceu este requisito temporal, considerando que a lei não exige tempo prévio de convivência para que a união seja criada, mas dois anos para que a sociedade patrimonial seja presumida entre

Peru e Portugal; três anos, Angola; cinco anos, Uruguai. Não estabelecem prazo mínimo: Brasil, Chile e Espanha. Paraguai dá tratamento diferenciado à questão, pois exigem-se quatro anos para a configuração da união estável, salvo se houver filhos, quando se cumpre o prazo com o nascimento da prole. Ainda no Paraguai, após 10 anos, a união é equiparada ao casamento.

No Brasil, não é demais lembrar, já se exigiu prazo mínimo de cinco anos para o estabelecimento da união estável ou o nascimento de filho comum, requisito que deixou de ser exigido em 1996. Parte da doutrina criticava essa solução diante da dificuldade da prova da duração da convivência[47]. Sem embargo, sem exigência de duração mínima, é de se imaginar que dificuldades como aquelas vividas pela realidade brasileira se repitam em outras jurisdições, notadamente para separar o que é namoro, noivado e uniões de fato.

A exigência da formalização prévia, com a assinatura de um pacto de convivência, dá segurança jurídica para dizer quando começa e quando termina o relacionamento, minimizando-se a interferência judicial quanto ao ponto. Prestigia-se a autonomia privada. A Argentina estabelece uniões convivenciais registradas ou não. Para as últimas, os efeitos são abrandados. Angola, Brasil, Peru, Paraguai, Portugal e Uruguai não exigem formalização da união estável, que pode ser reconhecida judicialmente. Colômbia, Chile e a Espanha exigem formalização da união de fato.

Percebe-se, dessa forma, que os países podem dispensar um prazo mínimo como condição prévia da união estável sem grandes problemas desde que exijam formalização de um pacto de convivência. Isso, entretanto, deixa os conviventes entre as formalidades do casamento e da união de fato.

Há, todavia, o outro lado da moeda e isso não pode ser observado. Do confronto acima indicado, é fácil perceber que todos os países trabalham com as variáveis de tempo e formalização para caracterizar a união estável, de modo que quando não se exige um pacto de união familiar, o tempo mínimo possibilita que as partes possam entender quando passaram a viver em família. O Brasil é a única exceção a essa tendência, com a característica adicional que aproxima os efeitos das duas formas de família (casamento e união estável).

companheiros permanentes. De toda a sorte, com essas considerações, os efeitos patrimoniais da união estável sujeitam-se ao biênio.

[47] AZEVEDO, Álvaro Villaça. Estatuto da Família de Fato. De acordo com o atual Código Civil. 3ª ed. São Paulo: Atlas, 2011, p. 300.

Apenas para ser mais preciso, Colômbia e Chile também preveem consequências parecidas para as famílias matrimoniais e em união de fato. Entretanto, no Chile as "uniones civiles" devem ser registradas. A Colômbia exige convivência prévia de dois anos para configuração da "unión marital de hecho".

Conclusões

Desse conjunto de características, percebe-se que o Brasil, sem elementos precisos, prestigia a função judicial no dizer o direito de família. Os julgadores têm o poder de decidir sobre quem vive ou não em união estável. As partes, ao contrário, têm poucos meios para dizer que não estão abrangidos pelo direito de família. É muito difícil, entre nós, que uma mulher, convivendo há décadas e com filhos comuns, seja tratada com direitos e deveres diversos daqueles atribuídos à esposa no casamento. Isso claramente visa à sua proteção, evitando que seja abandonada a própria sorte, para cuidar dos filhos e sem condições patrimoniais. Por outro lado, o jovem estudante que decidiu compartilhar sua habitação estudantil com sua namorada, poderá ver contra si reconhecida a união estável, com o peso do regime matrimonial, inclusive para fins sucessórios. Casais de namorados mais maduros são impedidos de exercer o direito ao afeto em suas relações, sob pena de serem considerados companheiros com partilha de bens e pensão alimentícia, além de seus filhos exclusivos terem de repartir com o companheiro sobrevivo os bens construídos ao longo de toda uma vida da qual não participou este convivente que sobreviveu, salvo se o falecido recebeu assistência jurídica e realizou testamento excludente.

Em poucas palavras, os brasileiros optaram por um regime em que a união estável é um casamento informal. Não se trata de um regime em que a união estável é um primeiro passo em direção ao casamento, no qual pode ser convertido, como haveria de ser em atendimento à Constituição da República Federativa do Brasil[48]. Sem formalidades, as partes não detêm controle preciso

[48] Tornou-se letra morta o trecho final do art. 226, §3º, CF, segundo o qual deverá "a lei facilitar sua conversão [da união estável] em casamento". Foi desconsiderado, portanto, o alerta da melhor doutrina: "Não houve – e nem haverá – equiparação entre as duas noções, pois diversas, como das regras da hermenêutica jurídica se pode detectar: a) a primeira, de que não lobriga a lei palavras inúteis (ora, a Carta de 1988 usa 'família', no caput do art. 226,

sobre suas fronteiras. A solução brasileira é diversa daquela que se verifica em outros países, em que as uniões de fato funcionam como uma alternativa ao casamento, com regime jurídico mais leve e com maior prestígio à autonomia das partes.

O desafio que se lança aos brasileiros é, portanto, o de compatibilizar a proteção da família com a segurança jurídica. A pesquisa de direito comparado permite claramente observar esse quadro. Os pesquisadores e legisladores estrangeiros, ao propor melhorias em seu direito pátrio, também saberão avaliar e desfrutar da experiência brasileira.

Referências

AZEVEDO, Álvaro Villaça. Estatuto da Família de Fato. De acordo com o atual Código Civil. 3ª ed. São Paulo: Atlas, 2011.

BARROS MONTEIRO, Washington de; TAVARES DA SILVA, Regina Beatriz. *Curso de Direito Civil.* Direito de Família. 43ª. Ed. São Paulo: Saraiva, 2016.

BRASIL. *IX Recenseamento Geral do Brasil* – 1980. Volume 1 – Tomo 4 – Número 1. Rio de Janeiro: IBGE, 1983.

BITTAR, Carlos Alberto. Inconstitucionalidade das leis sobre concubinato. *Revista de informação legislativa,* v. 33, n. 131, p. 89-93, jul./set. 1996. Disponível em http://www2.senado.leg.br/bdsf/handle/id/176480, acesso em 1.08.2020.

CONSTANTINESCO, Leotin-Jean. *Tratado de Direito Comparado*: introdução ao direito comparado. Maria Cristina de Cicco (org.). Rio de Janeiro: Renovar, 1998.

COSTA FILHO, Venceslau Tavares. *Assimetria da sucessão em relação à união estável e casamento (parte 1).* Disponível em https://www.conjur.com.br/2016-out-10/direito-civil-atual--assimetria-sucessao-relacao-uniao-estavel-casamento-parte, acesso em 1.8.2020).

COSTA FILHO, Venceslau Tavares. Equiparação de efeitos de união estável a casamento está em debate no STF. Disponível em https://www.conjur.com.br/2017-abr-03/direito-civil-atual-equiparacao-efeitos-uniao-estavel-casamento-debate, acesso em 1.08.2020.

e entidade familiar, nos §§ 3º e 4º); b) a segunda, de que a própria Constituição faculta, sob certas condições, a conversão da relação concubinária em casamento (§ 3º), e, portanto, a convolação de 'entidade familiar' em 'família'. Choca-se com a *mens legis* a referida diretriz, que, em verdade, almeja conferir tratamento igual a relações jurídicas absolutamente diversas, contrariando, assim, a própria natureza das coisas", era o que já alertava o sábio jurista, que precocemente nos deixou, o Professor Carlos Alberto Bittar (BITTAR, Carlos Alberto. Inconstitucionalidade das leis sobre concubinato. *Revista de informação legislativa*, v. 33, n. 131, p. 89-93, jul./set. 1996. Disponível em http://www2.senado.leg.br/bdsf/handle/id/176480, acesso em 1.08.2020).

ENGELS, Friedrich. *A origem da família, da propriedade privada e do Estado*. São Paulo: Edições Nosso Livro, S.D.

GOLDMAN, Wendy Z. *The State, Women and Revolution.* Soviet Family Policy and Social Life – 1917-1936. Cambridge: Cambridge U. Press, 1993

KÜMPEL, Vitor Frederico. *Presunção pater is na união estável.* Disponível em https://www.migalhas.com.br/coluna/registralhas/245882/presuncao-pater-is-na-uniao-estavel, acesso em 1.08.2020.

MARCHI, Eduardo C. Silveira. Matrimonio Moderno e matrimônio romano clássico – divórcio e 'soneto de felicidade'. In *Família e Pessoa:* Uma questão de princípios. Regina Beatriz Tavares da Silva e Ursula Cristina Basset (org). São Paulo: YK, 2018, p. 317-335.

MOREIRA ALVES, José Carlos. *Direito Romano.* 16ª ed. Rio de Janeiro: Forense, 2014.

SCHLESINGER, Rudolf (ed). *The Family in the USSR:* documents and readings. London: Routledge, 1949.

SERRA CRUZ, Rossana Martingo Costa. A união de facto em Portugal: caracterização reflexiva. In *Família e Pessoa:* Uma questão de princípios. Regina Beatriz Tavares da Silva e Ursula Cristina Basset (org). São Paulo: YK, 2018, p. 657-678.

TAVARES DA SILVA, Regina Beatriz. *A liberdade testamentária de quem vive em união estável.* Disponível em http://adfas.org.br/2020/05/06/liberdade-testamentaria-de-quem--vive-em-uniao-estavel/, acesso em 1.08.2020.

1. UNIÓN FAMILIAR DE HECHO Y SU ESTUDIO COMPARATIVO

Regina Beatriz Tavares da Silva
Atalá Correia
Alicia Garcia de Solavagione

Introducción

El esfuerzo de comparación se basa sobre algunas premisas. Al comparatista cabe, en primer lugar, intuir que haya diversidad en el mundo. Sólo es posible comparar lo que no es igual. Además, es necesario percibir que hay alguna similitud entre sistemas adoptados en diversos países. No es posible comparar algo que sea completamente único. Si hay múltiples situaciones que no son perfectamente idénticas, pero que, a su modo, sirven a propósitos comunes, de ahí es posible construir el conocimiento innovador. La comparación es, por lo tanto, un método que valora la particularidad de situaciones diversas como fuente de reflexión, categorización, generalización y aprendizaje. Los diversos problemas particulares revelan la universalidad de algunas soluciones.

La presente obra evidencia que los diversos países reconocen relaciones familiares más allá del casamiento. Las uniones de hecho pasaron a ser admitidas, conforme los pueblos han percibido que no todas las relaciones de familia provienen del casamiento. No hay una unión de hecho que cruce fronteras con características únicas. Tampoco, hay uniones de hecho completamente distintas.

Nuestro objetivo es, por lo tanto, el de destacar la diversidad de regulaciones que las uniones de hecho reciben en distintos países. Al final quedará claro que son innumerables los problemas comunes entre esas realidades. Sin embargo, las naciones estructuran respuestas semejantes, que pueden ser agrupadas de acuerdo con sus características principales. El jurista, munido de conocimientos en derecho comparado, puede mirar su propia realidad y cuestionarse si no habría una solución mejor, tomando como ejemplo otros países.

No nos cabe aquí desmenuzar los detalles relativos a la realidad de cada uno de los países involucrados en la encuesta: Angola, Brasil, Colombia, Chile, España, Perú, Portugal y Uruguay. No obstante, es relevante presentar un cuadro general y una síntesis de lo que se puede comparar. Este primer capítulo se presta a esa función introductoria. El lector podrá, de acuerdo con su interés, profundizar sobre la legislación de cada país, analizando las reflexiones de los diversos juristas que han participado en el presente Tratado.

De esta manera, a continuación, nos ocupamos en presentar los dilemas comunes que el tema de la unión de hecho genera en el escenario jurídico.

Dilemas de regulación de la unión de hecho

Las relaciones familiares son biológica y afectivamente necesarias y constituyen condición previa para la existencia y la calidad de vida de la persona humana. Sus estudios permean varias ciencias, como la historia, la antropología, la sociología y la psicología, y es en el Derecho que se encuentran las reglas de su organización, por ser el campo cuya principal finalidad es exactamente esta.

Estamos preocupados por la familia en sus variados aspectos, pero concentramos nuestras atenciones en el ámbito jurídico, por ser al cual se atribuyen efectos en el plan del "deber ser". Al Derecho cabe la reglamentación de los lazos familiares, de los deberes y derechos personales y patrimoniales, y de sus efectos en la disolución en vida y *mortis causa*. De modo general, el derecho está preocupado por la formalización de esas uniones familiares, con los lazos de parentesco de ahí provenientes y los deberes recíprocos (como fidelidad, respeto y asistencia), con las consecuencias patrimoniales y, finalmente, con su disolución.

El derecho puede regular las uniones familiares de modo único y amplio, independientemente de que hayan sido iniciadas por ritos formales o no. Tomemos el ejemplo histórico del derecho romano. Las fuentes romanas no nos han legado reglas que traten sobre la celebración del matrimonio. Por esto, los romanistas reconocen la familia a partir de la manifestación del consentimiento inicial (o continuo dependiendo de la visión) y de la comunión de vida (posesión de estado de casado) hasta que haya un divorcio, cuando este es admitido[1]. Así que, en ese escenario, la mayoría de las familias (o casi la mayoría) está abarcada por esa corriente.

Para atribuir efectos jurídicos a las relaciones familiares, el Derecho necesita elegir ciertos elementos fácticos y, así, define la familia y cumple su finalidad de organización de la sociedad. Si cualquier hecho pudiera representar una relación familiar, al puro deseo subjetivo de aquellos que lo practican, no habría una definición jurídica posible de familia y, de ese modo, estaríamos, en la mejor de las hipótesis, en el plan del derecho de las obligaciones, con todos los méritos que tiene tal área del Derecho Civil, pero obviamente sus fuentes no se confunden con las del Derecho de Familia.

La familia es, por lo tanto, aquella que se forma sin impedimentos consanguíneos y morales, además de los etarios. Si no se atribuyen efectos jurídicos al adulterio, a la bigamia o a la poligamia, el Derecho no está puniendo esas relaciones, sino que, de acuerdo con los deseos sociales,

[1] José Carlos Moreira Alves señala, por ejemplo, que, para que surgiera el casamiento en el derecho romano "bastaba la voluntad inicial (*consensus*) de los contrayentes, sin cualesquiera formalidades (apenas a partir del derecho post clásico que, en algunas hipótesis ... se exige cierto formalismo), y el matrimonio perduraba hasta que uno de los cónyuges deseara romperlo, pues ... en Roma, siempre se admitió el divorcio por voluntad unilateral (aunque en el derecho justiniano, si uno de los cónyuges repudiase al otro sin motivo, podría sufrir sanciones, pero el casamiento se disolvía), a cualquier tempo, sin formalismo, y sin tener en cuenta de la existencia de motivos fijados, previamente, en ley" (MOREIRA ALVES, José Carlos. *Direito Romano.* 16ª ed. Rio de Janeiro: Forense, 2014, p. 642-641). Eduardo C. Silveira Marchi destaca que se trataba de adoptar el concepto social de matrimonio, pues "era la sociedad romana – y no el derecho – el que debería determinar si un hombre y una mujer estarían casados o no" (MARCHI, Eduardo C. Silveira. Matrimonio Moderno e matrimônio romano clásico – divórcio e 'soneto de felicidade'. In *Família e Pessoa:* Uma questão de princípios. Regina Beatriz Tavares da Silva e Ursula Cristina Basset (org). São Paulo: YK, 2018, p. 317-335, em particular p. 323).

está realizando su deber organizacional de ese núcleo social esencial que es la familia[2].

Si bien la situación sea considerablemente evidente, es importante destacar que el Derecho, al regular las relaciones familiares, separándolas de los contratos y de los demás institutos del derecho privado, sólo así corresponde abordar el concepto de familia. Ese concepto es aquel proveniente del derecho natural o aún aquel aprobado en los parlamentos. El Derecho define, por lo tanto, lo que es familia a fin de regularle los efectos. Si cualquier relación pudiera de hecho ser considerada como familiar, sin considerar impedimentos y requisitos, dejaría de existir el Derecho de Familia, que pasaría a ser desechado por su inocuidad. El Derecho de Familia es, y siempre será, indispensable en la organización social por tratar de la célula *mater* de la sociedad, de manera que las tentativas de suprimirlo históricamente han sido infructuosas[3].

[2] Sobre el derecho romano, José Carlos Moreira Alves destaca que "fue en virtud de las leyes matrimoniales del tiempo de Augusto (*Lex Iulia et Papia Poppaea de maritandis ordinibus* e *Lex Iulia de adulteriis*) que el concubinato pasó a ser llevado en consideración por el derecho, aunque de manera indirecta" (MOREIRA ALVES, op. cit., p. 672). El profesor indica que las relaciones de concubinato eran entonces toleradas. En su entendimiento "es cierto, sin embargo, que, en el derecho clásico, el concubinato no producía efectos jurídicos de cualquier naturaleza" (ídem).

[3] Como se sabe, Frederick Engels veía a la familia moderna como artefacto para asegurar la transmisión de la propiedad y la exploración de las clases trabajadoras. Consecuentemente, la supresión de la propiedad sacaría el papel de la familia, haciéndola innecesaria (ENGELS, Friedrich. *A origem da família, da propriedade privada e do Estado.* São Paulo: Edições Nosso Livro, S.D., p. 212). El tema se hizo relevante en los meses subsiguientes a la Revolución Rusa, con bolcheviques renombrados a creer que la familia rápidamente se volvería pieza de museo. A. M. Kollontay, en su *Crítica do Movimento Feminista,* proponía que el Estado asumiera las tareas domésticas, con la alimentación desplazándose de las cocinas a los comederos y la educación para guarderías y escuelas públicas. Y, entonces, se cuestionaba: "Pero, ¿qué quedará de la familia después de que todos estos trabajos de limpieza individual hayan desaparecido? Todavía tenemos a los niños con los que lidiar. Pero aquí también el Estado de los compañeros trabajadores vendrá al rescate de la familia mediante la creación de un sustituto para la familia. La sociedad se hará cargo gradualmente de todo lo que antes se basaba en los padres" (apud SCHLESINGER, Rudolf (ed). *The Family in the USSR:* documents and readings. London: Routledge, 1949, p. 63). Sin embargo, reflexionando la tensión entre la ideología y la sociedad real, el derecho de familia nunca ha llegado a ser abandonado. El Código de Familia de 1918 mantuvo la estructura familiar, exigiendo edad mínima para el casamiento y monogamia, prohibiendose además relaciones consanguíneas (la traducción de esta ley puede ser vista en SCHLESINGER, op. cit., p. 33). Esa legislación surgió como un arreglo temporario hasta que hubiera condiciones de que el Estado asumiera ampliamente el papel

El Derecho define la familia, regulando sus efectos y, al hacerlo, deja fuera de su alcance otras situaciones que llamaremos relaciones de hecho. Esa situación genera discusiones de los más variados aspectos. En el intento de organizar los temas que de ahí surgen, las disputas alrededor del tema pueden ser así divididas: (i) justificación de la formalización. (ii) justicia de los impedimentos matrimoniales; (iii) razonabilidad de las diferencias impuestas por el tratamiento legal. El primer punto exige evaluar si es justo que los contrayentes se sujeten a una ceremonia religiosa o laica y que soporten los costes que de ahí provienen. En su alrededor surgen disputas sobre el tiempo exigido para la formación de las familias (solamente a partir de un tiempo de convivencia previa o pasado cierto lapso del divorcio anterior). También es necesario ponderar si el legislador puede imponer convivencia sobre el mismo techo para los cónyuges. Por otro lado, el segundo punto levanta cuestiones sobre la edad núbil, sobre la admisibilidad de casamientos consanguíneos, entre parientes afines, casamiento entre miembros de clases sociales diversas (cuando estas existen), sobre bigamia, poligamia, incesto y homosexualidad. En ese campo se establecen dudas sobre la autonomía del derecho frente a cuestiones morales, sobre la posibilidad de valores morales únicos, universales, y sobre problemas *contramayoritarios* (actos que anulan acciones de otros poderes con el objetivo de salvaguardar la Constitución). Por fin, el tercer punto exige reflexión sobre la razonabilidad de imponer consecuencias jurídicas diversas para familias jurídicas y familias de hecho.

El escenario brasileño: ventajas y desventajas

Se puede decir que Brasil tiene un largo historial de preferencia por las familias provenientes del matrimonio[4]. Por eso, situaciones de hecho, llamadas de

de las familias (GOLDMAN, Wendy Z. *The State, Women and Revlution.* Soviet Family Policy and Social Life – 1917-1936. Cambridge: Cambridge U. Press, 1993, p. 1). El referido Código estuvo en vigor hasta 1926, y fue sustituido por otro Código. El derecho de familia nunca ha sido abandonado en aquel país.

[4] Venceslau Tavares Costa Filho destaca que eso se da a partir de 1890. Durante la vigencia de las *Ordenaciones Filipinas*, afirma que eran reconocidos los casamientos religiosos, pero también se reconocían las uniones de hecho. En efecto, hasta entonces se disponía lo siguiente: "serán aparceros, comprobando que estuvieron en casa tenida y mantenida; o en casa de

concubinato, eran reguladas por el derecho obligacional[5], fueran ellas puras, con convivientes en unión libre, o impuras, dichas adulterinas o incestuosas, dependiendo del impedimento violado. Esa situación perduró hasta 1988. Entonces, en términos prácticos, 1/3 (un tercio) de las situaciones familiares de hecho no estaba abarcada por el derecho de familia. Vale la pena verificar los datos relevados por el censo demográfico de 1980. En aquel año, el país contaba 119.002.706 de habitantes. Un total de 6.861.681 personas eran casadas por el registro civil, lo que representaba el 45% de las relaciones familiares. Eran 3.399.560 las personas casadas solamente por la Iglesia, es decir 22% de las uniones familiares. Las demás uniones familiares abarcaban 4.939.528. Dicho de otro modo, cerca de 1/3 (un tercio) de las personas que convivían había mantenido una relación[6].

La preocupación por la situación llevó a que la Constitución Federal de 1988 creara el instituto de la *união estável*[7], (la unión estable), que a lo largo del tiempo recibió tratamiento jurídico variable, ora más amplio, ora más restrictivo[8].

su padre, o en otra, en pública voz y fama de marido y mujer por tanto tiempo, que, según Derecho, baste para presumir Matrimonio entre ellos, puesto si no se prueben las palabras del presente" (Libro IV, Título XLVI) (COSTA FILHO, Venceslau Tavares. Assimetria da sucessão em relação à união estável e casamento (parte 1). Disponible en https://www.conjur.com.br/2016-out-10/direito-civil-atual-assimetria-sucessao-relacao-uniao-estavel-casamento--parte, acesso em 1.8.2020).

[5] BARROS MONTEIRO, Washington de; TAVARES DA SILVA, Regina Beatriz. *Curso de Direito Civil*. Direito de Família. 43ª. Ed. São Paulo: Saraiva, 2016, p. 71. El enunciado n. 380, de la *Súmula* del Superior Tribunal de Justicia, aprobado en 03/04/1964, destacaba que "comprobada la existencia de sociedad de hecho entre los concubinos, cabe su disolución judicial, con el reparto del patrimonio adquirido por el esfuerzo común".

[6] BRASIL. *IX Recenseamento Geral do Brasil* – 1980. Volume 1 – Tomo 4 – Número 1. Rio de Janeiro: IBGE, 1983, p. 17. Disponible en https://biblioteca.ibge.gov.br/visualizacao/periodicos/72/cd_1980_v1_t4_n1_br.pdf, acceso en 1.8.2020.

[7] Art. 226, §3º, CF. "Para efecto de la protección del Estado, se reconoce la unión estable entre el hombre y a mujer como entidad familiar, debiendo la ley facilitar su conversión en casamiento".

[8] A partir de la Ley 8.971/94, compañero ha pasado a ser aquel que, sin impedimentos, mantenía relación por más de 5 años o tenía hijos. Por esta ley, el compañero ha pasado a tener usufructo y derecho sucesorio. El art. 2°, III, de la referida ley, establecía que "en la falta de descendentes y de ascendentes, el(la) compañero(a) sobreviviente tendrá derecho a la totalidad de la herencia". La ley solo aseguraba la división de bienes en partes iguales por oportunidad de la muerte, confundiendo un concepto con el otro. El art. 3º establecía que

Tomemos de nuevo en consideración los datos oficiales. En 2010, Brasil contaba 190.755.799 habitantes, de los cuales 56.435.253 eran casados, 2.809.917 separados judicialmente, 5.019.321 divorciados, 8.063.404 viudos. Del total de casados, 53.233.548 vivían en comunión de vidas, lo que revela un contingente de 3.201.705 de personas casadas sin convivir – lo que permite inferir que estuvieran separadas de hecho, sin formalización de la disolución conyugal. De esos datos se puede aun inferir un total de 27.847.162 personas viviendo en uniones familiares no procedentes del casamiento. En otras palabras, el 34% de las personas que conviven maritalmente no ha formalizado su unión[9].

Se percibe, por lo tanto, que en 30 años el porcentual de familias viviendo en uniones familiares de hecho se mantuvo prácticamente estable, variando del 32% para el 34%. Sin embargo, se ha alterado el tratamiento legal. Esa parcela de las relaciones ha pasado a ser albergada por la *união estável* (unión estable)[10].

A partir de 1988 es necesario hacer una distinción importante. Se ha pasado a amparar, bajo el Derecho de Familia, a las uniones que no provenían del casamiento, o sea, que se constituían de modo informal. La doctrina ha apuntado, con razón, que se trata de un acercamiento entre el derecho moderno y el derecho romano, que no preveía formalidades para la constitución y disolución de las relaciones familiares[11].

"cuando los bienes dejados por el(la) autor(a) de la herencia resulten de actividad en que haya colaboración del(la) compañero, tendrá el sobreviviente derecho a la mitad de los bienes". La Ley 9.278/1996 prescindió del elemento temporal em la definición de unión estable, pues "ha reconocido como "entidad familiar la convivencia duradera, pública y continua, de un hombre y una mujer, establecida con objetivo de constitución de familia" (art. 1º). Esa ley ha regulado mejor la división de benes, estableciendo que "los bienes muebles e inmuebles adquiridos por uno o por ambos los convivientes, en la constancia de la unión estable y a título oneroso, son considerados fruto del trabajo y de la colaboración común, pasando a pertenecer a ambos, en condominio y en partes iguales, salvo estipulación contraria en contrato escrito" (art. 5º). En términos sucesorios, solamente creó un derecho real de habitación.

[9] Los datos están disponibles en https://censo2010.ibge.gov.br/, acceso en 1.8.2020.

[10] Una otra fuente de datos, el registro de casamientos revela leve alta entre 2015 y 2019. En 2015, se hicieron 891.549 registros de casamiento; en 2019, 942.936 registros (conf. https://transparencia.registrocivil.org.br/registros, acceso en 3.8.2019).

[11] Eduardo C. Silveira Marchi nos dice de un regreso al pasado y del "moderno matrimônio do antigo direito romano" (Op. cit., p. 328). En ese mismo sentido, AZEVEDO, op. cit., p. 7.

Por ser albergada por el derecho, la unión estable no es simplemente familia de hecho. Se trata de unión informal, regulada por el derecho. Bajo cierta perspectiva, ese tipo de relación está a medio paso del matrimonio, situación formal y bien regulada.

Estamos, por lo tanto, delante de una relación familiar que se forma sin procedimientos solemnes, pero que es aceptada y regulada por el derecho. En muchos países esas relaciones siguen siendo llamadas "uniones de hecho", tal como en Portugal. En Brasil, se ha optado por la denominación "*união estável*". En Argentina, la expresión adoptada en la ley es "*unión convivencial*".

Actualmente, para configurar la unión estable basta la convivencia entre dos personas, de forma pública[12], continuada y duradera, con el fin de constituir familia[13]. Se dispensa la formalización por escrito, la existencia de prole y la cohabitación bajo el mismo techo[14]. De igual modo, la jurisprudencia ha pasado a admitir la unión estable entre personas del mismo sexo[15].

[12] "La unión no puede conservarse en secreto" (BARROS MONTEIRO e TAVARES DA SILVA, *op. cit.*, p. 73)

[13] Art. 1.723, CC/2002. Se reconoce como entidad familiar a la unión estable entre el hombre y la mujer, configurada en la convivencia pública, continúa y duradera establecida con el objetivo de constitución de familia.

§ 1º La unión estable no se constituirá si ocurren los impedimentos del art. 1.521; no se aplica la incidencia del inciso VI cuando la persona casada se encuentre separada de hecho o judicialmente.

§ 2º Las causas suspensivas del art. 1.523 no impedirán la caracterización de la unión estable.

[14] En los términos del enunciado n. 382, de la Súmula del e. STF, aprobada en 03/04/1964, "la vida en común bajo un mismo techo, 'more uxorio', no es indispensable a la caracterización del concubinato". El Superior Tribunal de Justicia ha llegado a ponderar que "la Ley n. 9.278/1996 no enumera la coabitación como un elemento indispensable, un requisito esencial, a la formación de la unión estable (*vide* Súm. n. 382-STF)", aunque no negara "ser ella un dato relevante para investigar la intensión de constituir familia" (STJ, 3ª T, REsp 275.839-SP, Rel. originário Min. Ari Pargendler, Rel. para acórdão Min. Nancy Andrighi, j. em 2/10/2008). Como la unión estable es informal, se acerca al casamiento romano.

[15] El Supremo Tribunal Federal ha destacado que "el sexo de las personas, salvo disposición constitucional expresa o implícita en sentido contrario, no se presta como factor de desigualdad jurídica", que "la Constitución de 1988, al utilizarse de la expresión "familia", no limita su formación a parejas heteroafectivas ni a la formalidad notarial, celebración civil o liturgia religiosa", que "la referencia constitucional a la dicotomía básica hombre/mujer, en el §3º de su art. 226, se debe a la intención central de no perder la más mínima oportunidad para favorecer relaciones jurídicas horizontales o sin jerarquía en el ámbito de las sociedades domésticas", que "la Constitución no impide la formación de familia por personas del mismo sexo", no habiendo "derecho de los individuos heteroafectivos a su no-equiparación jurídica con los

Por eso, concubinarias han pasado a ser solamente las uniones que no llenan los requisitos de la unión estable. Además, es relevante señalar que la norma contenida en el art. 1.727, CC debe ser interpretada en conjunto con aquella prevista en el art. 1.723, párrafo 1º, CC. Según el art. 1.727[16], en una interpretación literal, quien mantuviera estado civil de casado, aunque estuviera separado de hecho, no podría constituir unión estable. En interpretación sistemática con el art. 1.723[17], párrafo primero, la conclusión es que quien mantiene estado civil de casado sin comunión de vida conyugal puede constituir unión estable. Solamente califica como concubinato, conforme previsión legal del art. 1.727, CC, la situación de quien es casado y mantiene la comunión de vidas, relacionándose con tercera persona, caso en que se aplica en derecho obligacional[18]. El concubinato no es criminalizado. El adulterio ha dejado de ser crimen en Brasil por fuerza de la Ley n. 11.106, del 28.3.2005.

individuos homoafectivos". Así, "ante la posibilidad de interpretación en sentido prejuicioso o discriminatorio del art. 1.723 del Código Civil, no resoluble a propia luz, se hace necesaria la utilización de la técnica de 'interpretación conforme a la Constitución'", para "excluir del dispositivo en causa cualquier significado que impida el reconocimiento de la unión continua, pública y duradera entre personas de mismo sexo como familia" (STF, ADI 4277, Rel. Ayres Britto, Pleno, j. 05/05/2011).

16 Art. 1.727, CC/2002. "Las relaciones no eventuales entre el hombre y la mujer, impedidos de casarse, constituyen concubinato".

17 Art. 1.723, § 1º, CC/2002. "La unión estable no se constituirá si ocurren los impedimentos do art. 1.521; no aplicándose la incidencia del inciso VI en el caso de que la persona casada se encuentre separada de hecho o judicialmente".

18 Lo que significa la formación de sociedad de hecho y reparto de patrimonio formado con esfuerzo común. La jurisprudencia impone restricciones a indemnizaciones. El STJ ha llegado a decidir como "inviable la concesión de compensación a la concubina, que hubiera mantenido relacionamiento con hombre casado, un vez que tal providencia eleva el concubinato a nivel de protección más sofisticado que el existente en el casamiento y en la unión estable, ya que en esos casos no hay que hablar de compensación por servicios domésticos prestados, porque verdaderamente, de servicios domésticos no se trata, sino de una contribución mutua para el buen funcionamiento del hogar, de cuyos beneficios ambos experimentan aún en la constancia de la unión. En verdad, conceder dicha compensación constituiría un atajo para adquirir las características de la familia legítima, providencia rechazada por doctrina y jurisprudencia. En efecto, por cualquier ángulo que se analice la cuestión, la concesión de indemnizaciones en esas hipótesis entra en conflicto con la propia lógica jurídica adoptada por el Código Civil de 2002, que protege el patrimonio familiar, dado que la familia es la base de la sociedad y recibe especial protección del Estado (art. 226 da CF/88); no puede el derecho contener el germen de su destrucción de la propia familia (...)".(STJ, REsp 988.090/MS, Rel. Min. Luis Felipe Salomão, 4ª T, j. 02/02/2010, DJe 22/02/2010).

Sin embargo, el concubinato no tiene efecto jurídico en el campo familiar. Además, hay algunas restricciones expresas: (i) prohibición de donar[19], testar[20], pérdida de derechos alimentarios[21] y de seguro de vida[22].

Vale destacar también que el Código Civil de 2002 ha previsto tratamiento diverso a los derechos sucesorios derivados del matrimonio, en cuanto a la herencia en la unión estable. Algunas perplejidades surgían de ahí con apariencia de verse justificadas. Efectivamente era mera apariencia porque es indiscutible la diferencia constitutiva y disolutiva entre la unión estable y el matrimonio. Mientras la unión estable se forma y se forma y cesa en el plan de los hechos, el casamiento es solemne en su cese y disolución. Fue por ello que el Código Civil ha distinguido los efectos sucesorios de la unión estable de aquellos atribuidos al casamiento. Mientras en la unión estable se previeron efectos sucesorios adscritos al acervo de bienes adquiridos durante la relación (art. 1.790, CC), en el casamiento se atribuyeron derechos sucesorios sobre todo el patrimonio exclusivo del cónyuge fallecido (art. 1.829, CC). Es clara y evidente la razón de esa diferencia, ya que en relación fáctica el patrimonio que compone la herencia estaba limitado a los bienes adquiridos durante la unión de hecho, conservándose, incluso, la autonomía de la voluntad en la elección de este tipo de relación o de la relación conyugal, con efectos sucesorios más amplios.

[19] Art. 550, CC/2002. La donación del cónyuge adúltero a su cómplice puede ser anulada por otro cónyuge, o por sus herederos necesarios, hasta dos años después de la disolución de la sociedad conyugal.
Art. 1.642, CC/2002. "Cualquiera sea el régimen de bienes, tanto el marido como la mujer pueden libremente: (...) V – reivindicar los bienes comunes, muebles o inmuebles, donados o transferidos por el otro cónyuge al concubino, siempre que se pruebe que los bienes no hayan sido adquiridos por su esfuerzo común, si la pareja estuviera separada de hecho por más de cinco años"."

[20] Art. 1.801, CC/2002. "No se pueden nombrar herederos ni legatarios: (...) III – el concubino del testador casado, salvo si este, sin culpa, esté separado de facto del cónyuge por más de cinco años (...)"
Art. 1.803, CC/2002. "Es lícito donar al hijo de la concubina, cuando también lo es del testador".

[21] Art. 1.708, CC/2002. "Con el casamiento, la unión estable o el concubinato del acreedor, cesa el deber de prestar alimentos".

[22] Art. 793, CC/2002. "Es válida la institución del compañero como beneficiario, si al tiempo del contrato el asegurado estaba legalmente separado o ya estaba separado de hecho".

Una serie de disputas judiciales fue trabada hasta que el Supremo Tribunal Federal (STF) se abocó al tema concluyendo que es inconstitucional la distinción de regímenes sucesorios entre cónyuges y compañeros, sin votación unánime y con votos mayoritarios que no consideraron las diferencias constitutivas y disolutorias de esas relaciones[23]. La siguiente tesis de repercusión general fue firmada sin unanimidad en el STF: "Es inconstitucional la distinción de regímenes sucesorios entre cónyuges y compañeros prevista en el art. 1.790 del CC/2002, debiendo aplicarse, tanto en las hipótesis de matrimonio como en las de unión estable, el régimen del art. 1.829 del CC/2002.".

Sin embargo, es necesario reconocer que el Supremo Tribunal Federal no ha realizado la total equiparación de efectos sucesorios entre la unión estable y el matrimonio. La libertad testamentaria fue conservada en la unión estable, en que no se aplica el 1.845, CC[24], que enumera los herederos necesarios, o sea, aquellos que no pueden ser apartados por disposición testamentaria, entre los cuales no están los compañeros. Y vale decir que fue la intervención de ADFAS, que ha participado del control de constitucionalidad como *amicus curiae*, que ha posibilitado la manifestación del STF en que la Corte Suprema ha dejado claro que la decisión anterior no abarcaba la regla del art. 1.845, CC: "La repercusión general reconocida versa solamente sobre la aplicabilidad del art. 1.829 del Código Civil a las uniones estables. No hay omisión respecto a la aplicabilidad de otros dispositivos a tales casos.". Así, es aplicable el orden de vocación hereditaria del matrimonio a la unión estable prevista en el

[23] En la ocasión, el STF decidió que "la Constitución brasileña contempla diferentes formas de familia legítima, además de la que resulta del matrimonio", incluyéndose "las familias formadas mediante unión estable, hetero u homoafectivas", y que "no es legítimo deshacer la equiparación, para fines sucesorios, los cónyuges y los compañeros, es decir, la familia formada por el casamiento y la formada por unión estable". Así, "el art. 1790 del Código Civil, al revocar las Leyes nº 8.971/1994 e nº 9.278/1996 y discriminar la compañera (o compañero), dándole derechos sucesorios muy inferiores a los conferidos a la esposa (o al marido), contrasta con los principios de la igualdad, de la dignidad humana, de la proporcionalidad como estanquidad a la protección deficiente y de la protección del retroceso". De ahí concluyó que "en el sistema constitucional vigente, es inconstitucional la distinción de regímenes sucesorios entre cónyuges y compañeros, debiendo aplicarse, en ambos los casos, el régimen establecido en el art. 1.829 do CC/2002". (STF, RE-646721, Rel. Marco Aurélio, Rel. p/ Acórdão Roberto Barroso, Pleno, j. 10/05/2017).

[24] Art. 1.845. Son herederos necesarios los descendientes, los ascendientes y el cónyuge.

art. 1.829, CC, a condición de que no haya exclusión del compañero o de la compañera por medio de testamento realizado por el respectivo conviviente[25].

A esa reserva se añaden otras, como la disposición legal de la reserva de la cuarta parte hereditaria al cónyuge, en caso de prole extensa, prevista en el art. 1.832, CC que no se aplica a la unión estable[26].

Se destacan, además, otras diferencias entre los dos regímenes. A diferencia de lo que ocurre en el casamiento, se considera válida la fianza prestada por uno de los convivientes sin la autorización o asentimiento del otro[27]. De igual modo, no se exige otorga *uxória* o marital[28] del compañero[29].

[25] TAVARES DA SILVA, Regina Beatriz. *A liberdade testamentária de quem vive em união estável.* Disponible en http://adfas.org.br/2020/05/06/liberdade-testamentaria-de-quem-vive-em--uniao-estavel/, acceso en 1.08.2020. Al juzgar dos Embargos de Declaración, siendo que los de la ADFAS pugnaban por la no aplicación del art. 1.845, CC, no RE-646721, siendo relator, Min. Roberto Barroso, Pleno, j. 26/10/2018, Dje 10.12.2018, aclaró la inaplicabilidad del instituto de la herencia necesaria en la unión estable.

[26] Art. 1.832, CC. En concurrencia con los descendentes (art. 1.829, inciso I) cabrá al cónyuge cuota igual a la de los que suceden por cabeza, no siendo permitido que su cuota sea inferior a la cuarta parte de la herencia, si es ascendente de los herederos con que concurre.

[27] "Aunque la unión estable esté formalizada por medio de escritura pública, es válida la fianza prestada por uno de los convivientes sin la autorización del otro. Eso porque el entendimiento de que la 'fianza prestada sin autorización de uno de los cónyuges implica la ineficacia total de la garantía' (Súmula 332 do STJ), si bien sea aplicable al matrimonio, no se aplica a la unión estable. De hecho, el casamiento representa, por un lado, una entidad familiar protegida por la CF y, por otro lado, un acto jurídico formal y solemne del cual adviene una relación jurídica con efectos tipificados por el ordenamiento jurídico. La unión estable, por su vez, aunque también represente una entidad familiar amparada por la CF – una vez que no hay, bajo el actual régimen constitucional, familias estigmatizadas como de 'segunda clase' –, se difiere del casamiento respecto a la concepción de este como un acto jurídico formal y solemne. De hecho, nunca se afirmó la completa e inexorable coincidencia entre los institutos de la unión estable y del casamiento, sino que la inexistencia de predilección constitucional o de superioridad familiar del casamiento en relación con otra especie de entidad familiar. Así que, solamente el casamiento (y no la unión estable) representa acto jurídico cartulario y solemne que genera presunción de publicidad del estado civil de los contratantes, atributo que parece ser la forma de asegurar a terceros interesados ciencia en relación al régimen de bienes, estatuto persona, patrimonio sucesorio, etc. En ese contexto, como la otorga *uxória* para la prestación de fianza demanda absoluta certeza por parte de los interesados respecto a la disciplina de los bienes vigente, y como esa seguridad solo se obtiene por medio de acto solemne y público (como en el caso do casamiento), se debe concluir que el entendimiento presente en la Súmula 332 del STJ – según la cual la 'fianza prestada sin autorización de uno de los cónyuges implica la ineficacia total de la garantía' –, aunque se pueda aplicar al casamiento, no tiene aplicabilidad a la unión estable. Además, esa conclusión no es alejada ante

La informalidad prevalece en lo que respecta a la unión estable. La solución jurídica, que no exige plazo mínimo de convivencia previa ni tampoco acuerdo escrito, tiene el mérito de abarcar a la enorme gama de familias que se forman al margen de solemnidades, con hijos o no. A pesar de eso, la amplitud de la regla prácticamente retira la posibilidad de convivencia común sin compromiso o por mero afecto.

la celebración de escritura pública entre los consortes, teniendo en cuenta que la escritura pública sirve apenas como prueba relativa de una unión fáctica, que no se sabe al cierto cuando empieza o termina, de manera que no es la propia el acto constitutivo de la unión estable. Se añade aun que, por no alterar el estado civil de los convivientes, para que de ella el contratante tuviera conocimiento, este tendría que recorrer todas las oficinas de notas de Brasil, lo que sería inviable e inexigible" (STJ, REsp 1.299.866-DF, Rel. Min. Luis Felipe Salomão, juzgado em 25/2/2014).

[28] Art. 1.647, CC. Resguardado lo dispuesto en el art. 1.648, ninguno de los cónyuges puede, sin autorización del otro, excepto en el régimen de la separación absoluta: I – alienar o gravar de carga real los bienes inmuebles; II – pleitear, como autor el reo, acerca de esos bienes o derechos; III – prestar fianza o aval; IV – hacer donación, no siendo remuneratoria, de bienes comunes, o de los que puedan integrar futura aparcería.

[29] "1. Es extremamente relevante para la construcción de una jurisprudencia consistente acerca de la disciplina del casamiento y de la unión estable saber, delante de las naturales diferencias entre los dos institutos, cuáles son los límites y posibilidades de tratamiento jurídico diferenciado entre ellos. 2. Toda y cualquier diferencia entre casamiento y unión estable debe ser analizada a partir de la doble concepción de lo que sea casamiento – por un lado, acto jurídico solemne del cual transcurre una relación jurídica con efectos tipificados por el ordenamiento jurídico, y, por otro, una entidad familiar, entre varias otras protegidas por la Constitución. 3. Así, el casamiento, tenido por entidad familiar, no se difiere en ningún aspecto de la unión estable – también una entidad familiar -, una vez que no hay familias timbradas como de "segunda clase" por la Constitución Federal de 1988, diferentemente de lo que ocurría en los diplomas constitucionales y legales superados. Apenas cuando se analiza el casamiento como acto jurídico formal y solemne es que las diferencias entre este y la unión estable se hacen visibles, y solamente debido a esas diferencias entre casamiento – acto jurídico – y unión estable es que el tratamiento legal o jurisprudencial diferenciado se justifica. 4. La exigencia de otorga *uxória* a determinados negocios jurídicos transita exactamente por este aspecto en que el tratamiento diferenciado entre casamiento y unión estable es justificable. Es por medio del acto jurídico legal y solemne del matrimonio que se presume la publicidad del estado civil de los contrayentes, de modo que, si son ellos convivientes en unión estable, habrán de ser dispensadas las venias maritales para la concesión de fianza. 5. De ese modo, no es nula ni anulable la fianza prestada por fiador conviviente en unión estable sin la otorga *uxória* del otro compañero. No incidencia de la Súmula n. 332/STJ a la unión estable. 6. Recurso especial provisto" (STJ, REsp 1299866/DF, Rel. Min. Luis Felipe Salomão, 4ª T, j. 25/02/2014, DJe 21/03/2014)

Las disputas judiciales que rodean el tema son especialmente frecuentes con respecto al inicio y final del relacionamiento. Sin un marco exacto sobre el inicio de la unión estable, son comunes las disputas en las que uno de los convivientes pretende decir que mantenía convivencia *more uxorio* y haber reparto de bienes, o, por otro lado, negar que la unión ha existido en cierto período y, con eso, excluir bienes adquiridos en período que ha antecedido la unión familiar. Muchas veces es difícil separar lo que es noviazgo de lo que es unión estable[30]. Adultos que se relacionan afectivamente son llevados a firmar documentos para afirmar que no conviven, sino que solamente son novios. Las Cortes suelen decir que el noviazgo no configura unión estable[31]. Del mismo modo, sin solemnidad para el cese, aquellos que conviven en unión estable frecuentemente se involucran en disputas sobre derechos sucesorios, sobre pensiones alimenticias y sobre el reparto de bienes adquiridos tras el fin del relacionamiento[32].

[30] "Por tanto, relaciones de carácter meramente afectivo no configuran unión estable. Simples relaciones sexuales, aunque repetidas por largo espacio de tiempo, no constituyen unión estable. La unión estable, que es manifestación aparente de casamiento, es caracterizada por la comunión de vidas entre dos personas, en el sentido material e inmaterial, es decir, por la Constitución de una familia" (BARROS MONTEIRO e TAVARES DA SILVA, op. cit., p. 70). En la jurisprudencia, ya se ha decidido que "el hecho de que novios proyecten constituir familia en el futuro no caracteriza unión estable, aunque haya cohabitación. Eso porque esas circunstancias no bastan a la verificación de la *affectio maritalis.* El propósito de constituir familia, alzado por la ley de regencia como requisito esencial a la Constitución de la unión estable – a distinguir, incluso, esta entidad familiar del denominado "noviazgo cualificado" –, no consubstancia mera proclamación, para el futuro, de la intención de constituir una familia. Es más amplio. Debe hacerse presente durante toda la convivencia, a partir del efectivo intercambio de vidas, con irrestricto apoyo moral y material entre los compañeros. Es decir: la familia debe, de hecho, estar constituida. Tampoco la cohabitación, por si, puede evidenciar la Constitución de una unión estable (aunque pueda venir a constituir, en la mayor parte de las veces, un relevante indicio). La cohabitación entre novios, es más, se muestra absolutamente usual en los tiempos actuales, y se impone al Derecho, lejos de las críticas y de los estigmas, la adecuación a la realidad social" (STJ, REsp 1.454.643-RJ, Rel. Min. Marco Aurélio Bellizze, juzgado em 3/3/2015, DJe 10/3/2015).

[31] "(...) El Derecho Civil Brasileño no reconoce efecto jurídico a los esponsales, aunque establecido el compromiso con cierto grado de estabilidad. Se ha entendido que en el compromiso no comparecen los presupuestos de la unión estable, que se caracteriza por la convivencia diaria, prolongada, con dedicación recíproca y colaboración de ambos los compañeros en la manutención del lar" (TJDFT, 20070610033393APC, 2ª Turma Cível Rel. Des. Waldir Leôncio Júnior, j. 27/08/2008).

[32] El problema en el derecho brasileño, eventualmente se extiende para el casamiento, cuya disolución se puede dar de modo informal, sin un marco temporal claro, lo que también merece alguna preocupación, debido a la regla constante del art. 1.723, parágrafo 1º, CC.

De modo más incipiente, hay disputas que pretenden superar, por medio de interpretación equivocada, la imposibilidad de atribuir derechos a una relación paralela a una unión estable, con la intención de que el instituto abarque la poligamia[33].

[33] La jurisprudencia del Superior Tribunal de Justicia, responsable por unificar el entendimiento sobre el derecho patrio ha aseverado que no se puede reconocer la existencia de familias paralelas. A ver: "Esta Corte Superior ya ha pacificado el entendimiento de que la existencia de impedimento para el casamiento dispuesto en el art. 1.521 del Código Civil impide la constitución de unión estable y, por consecuencia, aleja el derecho al recibimiento de pensión por muerte, salvo cuando comprobada la separación de hecho de los casados, lo que, sin embargo, no configura la hipótesis de los autos" (STJ, AgRg no REsp 1418167/CE, Rel. Ministro Napoleão Nunes Maia Filho, 1ª T, j. 24/03/2015, DJe 17/04/2015); "1. Para la existencia jurídica de la unión estable, se extrae, de la exegesis del § 1º do art. 1.723 del Código Civil de 2002, fine, el requisito de la exclusividad de relacionamiento sólido. Eso porque, siquiera la existencia de casamiento válido se presenta como impedimento suficiente al reconocimiento de la unión estable, siempre que haya separación de hecho, circunstancia que erige la existencia de otra relación afectiva factual al escalón de óbice prominente a la nueva unión estable. 2. Con efecto, el parámetro para el perfeccionamiento de la unión estable no está en la inexistencia de vínculo matrimonial, sino, evidentemente, en la inexistencia de relacionamiento de hecho duradero, concurrentemente a aquel que se pretende protección jurídica, de ahí porque se muestra inviable el reconocimiento de uniones estables simultaneas. 3. Habiendo sentencia transitada en juzgado a reconocer la unión estable entre el fallecido y su compañera en determinado período, no cabe el reconocimiento de otra unión estable, simultánea a aquella, con persona diversa" (STJ, REsp 912.926/RS, Rel. Min. Luis Felipe Salomão, 4ª. T, j. 22/02/2011, DJe 07/06/2011). Vale destacar que el Plenario del STF ha iniciado juicio de recurso extraordinario, con repercusión general reconocida (Tema 529), en que se discute la posibilidad de reconocimiento jurídico de unión estable y de relación homoafectiva concomitantes, con la consecuente división de pensión de previdencia por muerte. Un señor mantuvo relaciones afectivas concomitantes con una señora y un otro señor por largo periodo. Con el fallecimiento del primero, la compañera obtuvo decisión judicial definitiva del reconocimiento de la unión estable y, por eso, el derecho a la percepción integral de la pensión por muerte. Posteriormente, el compañero también ha intentado que se viera reconocida su relación con el *de cujus*, pero tuvo su pretensión negada, de ser incompatible el diferimiento de estatus jurídico a dos uniones estables, ante la existencia del principio de la monogamia. La ADFAS fue admitida como 'amicus curiae', postulando la imposibilidad de reconocimiento de la concomitancia. El STF inició el juicio de esa cuestión. El relator, ministro Alexandre de Moraes, negó proveimiento al recurso extraordinario, en lo que fue acompañado por los ministros Ricardo Lewandowski y Gilmar Mendes. Entendieron ellos que la preexistencia de casamiento o de unión estable de uno de los convivientes, reservada la excepción del art. 1.723, § 1º, do Código Civil (CC), impide el reconocimiento de nuevo vínculo referente al mismo periodo, concomitante, incluso para fines de previdencia, debido a que existe la consagración de la monogamia por el ordenamiento jurídico constitucional brasileño. En divergencia, el ministro Edson Fachin dio proveimiento al recurso, habiendo

Hay problemas también relacionados al reconocimiento de la filiación proveniente de un relacionamiento informal, pues la presunción *'pater ist est'* tiene naturales dificultades de implementación en ese campo delante de la naturaleza fáctica de la relación[34].

Así, sin tener el control exacto sobre la existencia, el inicio y el fin de la unión estable, cabe al Estado-juzgador decir quién vive bajo unión estable. Si eso no es un problema per se, pues toda regla exige interpretación previa en su aplicación por el juzgador, es innegable que, en este escenario, el juez no tiene parámetros precisos para la aplicación del derecho de familia en la unión estable, lo que genera inseguridad jurídica.

La comparación

Con la necesidad de incorporar el derecho comparado, algunas tendencias pudieron ser observadas. Inicialmente, hagamos un panorama general de los ordenamientos jurídicos que son objeto de esta obra. A lo largo de este Tratado, otros capítulos serán dedicados a los detalles de cada uno de los países contemplados por la encuesta.

En Angola, la unión de hecho representa la realidad vivenciada por gran parte de la población. Así, la Constitución de aquel país alberga la convivencia heterosexual, exclusiva, monogámica, entre dos personas capaces, de modo continuo y público, en residencia común y con esfuerzos conjuntos[35]. Son exigidos tres años de convivencia previa. Reunidos los requisitos legales, los efectos son propios del casamiento.

sido acompañado por los ministros Roberto Barroso, Rosa Weber, Cármen Lúcia y Marco Aurélio. En seguida, el ministro Dias Toffoli pidió vista de los autos, y se aguardaba, en la fecha revisión final de esta obra, la designación de la segunda parte del juicio (STF, RE 1045273/SE, rel. Min. Alexandre de Moraes, 1ª parte do j. em 25.9.2019).

34 En ese sentido, véase KÜMPEL, Vitor Frederico. *Presunção pater is na unión estable.* Disponible en https://www.migalhas.con.br/coluna/registralhas/245882/presuncao-pater-is-na--uniao-estavel, acceso en 1.08.2020.

35 Art. 35, Constitución Angolana. "Familia, casamiento y filiación. 1. L familia es el núcleo fundamental de la organización de la sociedad y es objeto de especial protección del Estado, tanto si se funde en casamiento, como en unión de facto, entre hombre y mujer".

En Argentina, las uniones convivenciales presentan características distintas del matrimonio, abarcando relaciones entre personas del mismo sexo[36]. No son atribuidos efectos familiares a las relaciones poligámicas. De modo general, las uniones convencionales establecen obligaciones mínimas y se destinan a aquellos que pretenden convivir sin compromisos matrimoniales. Así, a diferencia del matrimonio, no hay derechos hereditarios, no hay comunión de bienes, el derecho real de habitación termina en dos años después de la disolución, no hay presunción jurídica de filiación. No hay formalidades necesarias para su constitución, pero las uniones convencionales solo se establecen con plazo mínimo de dos años de convivencia previa y los efectos jurídicos pueden provenir de ahí si hay un pacto escrito y con las formalidades previstas en el ordenamiento jurídico de ese país.

En Colombia, el derecho de familia trata de las "uniones maritales de hecho" en su Constitución y en leyes específicas. Se exige convivencia mínima de dos años, independientemente de formalidad registral, con deber de fidelidad, monogamia, abarcando también parejas homosexuales[37]. Los convivientes tienen derechos patrimoniales similares a los de los cónyuges. El conviviente sobreviviente es heredero *ab intestato* y necesario. No hay derecho real de habitación.

[36] Art. 509, Código Civil Argentino. "Ámbito de aplicación. Las disposiciones de este Título se aplican a la unión basada en relaciones afectivas de carácter singular, pública, notoria, estable y permanente de dos personas que conviven y comparten un proyecto de vida común, sean del mismo o de diferente sexo".
Art. 510 Código Civil Argentino. "Requisitos. El reconocimiento de los efectos jurídicos previstos por este Título a las uniones convivenciales requiere que: a) los dos integrantes sean mayores de edad; b) no estén unidos por vínculos de parentesco en línea recta en todos los grados, ni colateral hasta el segundo grado; c) no estén unidos por vínculos de parentesco por afinidad en línea recta; d) no tengan impedimento de ligamen ni esté registrada otra convivencia de manera simultánea; e) mantengan la convivencia durante un período no inferior a dos años".

[37] Art. 1º, Ley 54, de 1990. "A partir de la vigencia de la presente Ley y para todos los efectos civiles, se denomina Unión Marital de Hecho, la formada entre un hombre y una mujer, que, sin estar casados, hacen una comunidad de vida permanente y singular. Igualmente, y para todos los efectos civiles, se denominan compañero y compañera permanente, al hombre y la mujer que forman parte de la unión marital de hecho"

Chile solo ha pasado a tratar del tema en 2015[38]. Hasta entonces, las uniones de hecho eran regladas por precedentes jurisprudenciales en que se les aplicaban principios generales del derecho. Esa situación, que dejaba parte de las familias sin claridad en sus derechos, aliada con los deseos por reglamentación de las uniones entre personas del mismo sexo y una condena de la Corte Interamericana de Derechos Humanos son hechos que, en conjunto, llevaron a aquel país a adoptar el "acuerdo de unión civil" como solución formal, pues, sin la celebración del pacto de unión civil entre dos personas que comparten una habitación y desean regular los efectos de su vida afectiva, no se reconoce la entidad familiar. Se exige monogamia y exclusividad, con impedimentos para personas que ya estén anteriormente en un matrimonio o en otra unión convivencial. Vale, como regla, la separación de bienes. Al conviviente supérstite se aseguran derechos equivalentes a los del cónyuge. Al final de la relación, se pueden solicitar alimentos compensatorios.

La República de Paraguay[39] trata de la unión estable como la unión voluntaria entre hombre y mujer capaces, no aceptándose uniones del mismo sexo, de modo estable, público y singular, sin impedimentos[40]. Se exigen cuatro años para configuración si no hay hijos; si los hay, se considera cumplido requisito temporal en la fecha de nacimiento del primogénito. Si mantienen los convivientes vida común hace más de 10 años, sus efectos son equiparados al de un casamiento por medio del reconocimiento judicial. Se aplica el régimen de comunión parcial (comunidad de gananciales). Hay derechos hereditarios. Hay deber de fidelidad. En caso de separación, aquel que no tenga condición de mantenerse puede postular alimentos.

38 Art.1º, Ley n. 20.830, de 2015. "El acuerdo de unión civil es un contrato celebrado entre dos personas que comparten un hogar, con el propósito de regular los efectos jurídicos derivados de su vida afectiva en común, de carácter estable y permanente. Los contrayentes se denominarán convivientes civiles y serán considerados parientes para los efectos previstos en el artículo 42 del Código Civil".

39 Si bien no haya un capítulo dedicado a Paraguay, nos pareció relevante incluir algunas observaciones sobre su escenario legal en esta introducción.

40 Artículo 51, 2, Constitución del Paraguay. "Las uniones de hecho entre el hombre y la mujer, sin impedimentos legales para contraer matrimonio, que reúnan las condiciones de estabilidad y singularidad, producen efectos similares al matrimonio, dentro de las condiciones que establezca la ley".

En Perú, a pesar de que la mayor parte de la población viva en unión de hecho, la situación no era regulada antes de 1984, lo que comúnmente llevaba al abandono de mujeres e hijos sin patrimonio, restándoles solamente acciones de enriquecimiento sin causa. Poco a poco, pasaron a reconocer a la mujer, determinados derechos. A partir del Código Civil de 1984, se reconoció la unión estable entre hombre y mujer, sin impedimentos matrimoniales, que residen conjuntamente, de manera semejante a la que se pasa en el casamiento, y forman una sociedad de bienes[41]. Vale el régimen de comunión parcial (*sociedad de gananciales*). Se exige convivencia previa de dos años continuos. En la disolución, se admiten alimentos compensatorios y el reparto de los bienes adquiridos. El instituto no abarca parejas homosexuales. Los convivientes deben mantener fidelidad, asistencia mutua y cohabitación. Los derechos sucesorios son semejantes a los de los cónyuges.

En Uruguay, la Ley n. 18.246 regula el tema de las uniones de hecho, exigiendo convivencia previa de cinco años para su caracterización[42]. La ley no trata propiamente del deber de fidelidad, pero es cierto que la relación debe ser exclusiva, o sea, monogámica. Están, abarcadas las relaciones homosexuales. Con el reconocimiento judicial de la unión, nace la sociedad de bienes, siendo oponible a terceros con el registro público. El lar de convivencia goza de protección, con derecho real de habitación si son cumplidos ciertos requisitos. Los convivientes figuran en segundo lugar en el orden de vocación

[41] Art. 326, Código Civil peruano. "La unión de hecho, voluntariamente realizada y mantenida por un varón y una mujer, libres de impedimento matrimonial, para alcanzar finalidades Ministerio de Justicia y derechos Humanos 190 y cumplir deberes semejantes a los del matrimonio, origina una sociedad de bienes que se sujeta al régimen de sociedad de gananciales, en cuanto le fuere aplicable, siempre que dicha unión haya durado por lo menos dos años continuos".

[42] Art. 1º, Ley n. 18.246. "(Ámbito de aplicación). – La convivencia ininterrumpida de al menos cinco años en unión concubinaria genera los derechos y obligaciones que se establecen en la presente ley, sin perjuicio de la aplicación de las normas relativas a las uniones de hecho no reguladas por ésta".

Art. 2º, Ley n. 18.246. "(Caracteres). – A los efectos de esta ley se considera unión concubinaria a la situación de hecho derivada de la comunidad de vida de dos personas -cualquiera sea su sexo, identidad, orientación u opción sexual- que mantienen una relación afectiva de índole sexual, de carácter exclusiva, singular, estable y permanente, sin estar unidas por matrimonio entre sí y que no resulta alcanzada por los impedimentos dirimentes establecidos en los numerales 1º, 2º, 4º y 5º del Artículo 91 del Código Civil".

hereditaria, pero no son herederos necesarios. De todos modos el cónyuge tiene asegurados derechos más amplios.

Dadas las características particulares del Reino de España, el relevamiento de datos obtenido en la encuesta ha abarcado la ley gallega. En Galicia, son tratadas como familias de hecho las uniones de dos personas mayores, capaces, que convivan con la intención de permanencia en una relación afectiva análoga al casamiento y que se inscriban en el registro adecuado[43]. Sin registro, no hay protección judicial. No hay plazo mínimo para que se forme esa unión de hecho. Es vedada la inscripción registral de parejas que tengan entre si lazos familiares determinados, que sean anteriormente casadas o que mantengan uniones de hecho paralelas. Es vedada la poligamia. El pacto abarca las relaciones entre personas de mismo sexo. Las partes deben establecer el régimen patrimonial de su relación. Dependiendo del tiempo de convivencia, se puede reconocer el derecho a alimentos. Se resguarda, así como en otras regiones de España, el derecho sucesorio *ab intestato* y la herencia necesaria. La doctrina dice que los derechos de los cónyuges son aún más amplios y asevera que no hay, por lo tanto, equiparación al casamiento.

En Portugal, la unión de hecho no exige formalización, razón por la cual los efectos jurídicos de ella derivados son tenues, especialmente orientados a proteger a los convivientes en caso de muerte y separación[44]. Se exige monogamia, convivencia previa de dos años en situación análoga a de los cónyuges, edad mínima de 18 años, no concomitancia con otra relación familiar y

[43] D.A. 3ª, Ley 2, de 14.6.2006. "(...) 2. Tendrán la condición de parejas de hecho las uniones de dos personas mayores de edad, capaces, que convivan con la intención o vocación de permanencia en una relación de afectividad análoga a la conyugal y que la inscriban en el Registro de Parejas de Hecho de Galicia, expresando su voluntad de equiparar sus efectos a los del matrimonio. No pueden constituir parejas de hecho: a) Los familiares en línea recta por consanguinidad o adopción. b) Los colaterales por consanguinidad o adopción hasta el tercer grado. c) Los que estén ligados por matrimonio o formen pareja de hecho debidamente formalizada con otra persona. 3. Los miembros de la unión de hecho podrán establecer válidamente en escritura pública los pactos que estimen convenientes para regir sus relaciones económicas durante la convivencia y para liquidarlas tras su extinción, siempre que no sean contrarios a las leyes, limitativos de la igualdad de derechos que corresponden a cada conviviente o gravemente perjudiciales para cada uno de los mismos".

[44] Art. 1º, 2, Lei n. 7, de 11.05.2001. "La unión de facto es la situación jurídica de dos personas que, independientemente del sexo, vivan en condiciones análogas a las de los cónyuges por más de dos años".

ausencia de parentesco entre los convivientes. La solución abarca las relaciones homosexuales. No proviene de ella la presunción de paternidad y tampoco hay régimen de bienes. La relación patrimonial entre los convivientes es aquella propia del derecho de las obligaciones, vedado el enriquecimiento sin causa. Hay protección del hogar familiar después de la disolución de la relación familiar. No hay derechos sucesorios *ab intestato*, pero el supérstite puede solicitar alimentos en determinados casos.

Del contraste entre esas realidades, algunas observaciones generales deben ser trazadas. En primer lugar, casi todos los países encuestados presentaron reglas nacionales para el tema de las uniones de hecho, lo que es muy razonable, pues tanto estados unitarios como federaciones prestigian la amplia circulación de ciudadanos en su territorio. España es la excepción a esta regla, con conjunción de reglas nacionales y locales.

Todos los países prevén reglas legisladas, pero complementadas por interpretación judicial, para regular familias que, aunque no sean originadas en el matrimonio, cumplen requisitos más o menos amplios y que son denominadas uniones de hecho. Las situaciones que no llegan a cumplir tales requisitos para caracterizar la unión de hecho son regladas por el derecho privado obligacional, con prohibición de enriquecimiento sin causa.

Cuatro países no equiparan las familias matrimoniales y las uniones de hecho respecto a sus consecuencias (Argentina, España, Portugal y Uruguay). Paraguay condiciona la equiparación de las uniones de hecho con una convivencia superior a 10 años de duración, lo que significa decir que sin ese requisito temporal no hay tratamiento equivalente. Cinco países (Angola, Brasil, Colombia, Chile[45] y Perú) dispensan a las uniones de hecho tratamiento bastante similar a aquel observado en el casamiento, pero no idénticos.

Con relación al plazo, seis países exigen plazo mínimo para configuración de las uniones de hecho. Exigen dos años de convivencia: Argentina, Colombia[46], Perú y Portugal; tres años, Angola; cinco años, Uruguay. No establecen

[45] Sin embargo no hay ahí matrimonio para personas del mismo sexo, solamente "acuerdo de unión civil".

[46] Como señala la profesora Ilva Myrian Hoyos Castañeda, en el capítulo que integra este libro, la jurisprudencia de la Sala de Casación Civil dela Corte Suprema, con el tiempo, debilitó este requisito temporal, al considerar que la ley no exige un plazo de convivencia previo para que la unión sea creada, pero dos años para que la sociedad patrimonial se presuma entre

plazo mínimo: Brasil, Chile y España. Paraguay da tratamiento diferenciado a la cuestión, pues se exigen cuatro años para la configuración de la unión estable, salvo si hay hijos, cuando se cumple el plazo con el nacimiento de la prole. Aún en Paraguay, pasados 10 años, la unión es equiparada al casamiento.

No está de más recordar que en Brasil ya ha existido plazo mínimo de cinco años para el establecimiento de la unión estable o nacimiento de hijos comunes. Estos requisitos dejaron de exigirse en 1996. Parte de la doctrina criticaba esa solución ante de la dificultad de la prueba de la duración de la convivencia[47]. Sin embargo, sin exigencia de la duración mínima, es de imaginarse que dificultades como aquellas vividas por la realidad brasileña se repitan en otras jurisdicciones, principalmente para separar lo que es noviazgo, compromiso y uniones de hecho.

La exigencia de la formalización previa, con la firma de un pacto de convivencia, da seguridad jurídica para decir cuándo empieza y cuándo termina el relacionamiento, mitigándose la interferencia judicial respecto al punto. Se prioriza la autonomía privada. Argentina establece uniones convivenciales registradas o no. Para las últimas, los efectos son escasos. Angola, Brasil, Perú, Paraguay, Portugal y Uruguay no exigen formalización de la unión estable, que puede ser reconocida judicialmente. Colombia, Chile y España exigen formalización de la unión de hecho.

Se percibe, de esa forma, que los países pueden dispensar un plazo mínimo como condición previa de la unión estable, sin grandes problemas siempre que exijan formalización de un pacto de convivencia. Eso, sin embargo, deja a los convivientes entre las formalidades del casamiento y de la unión de hecho.

Hay, todavía, el otro lado de la moneda y eso no puede ser observado. Del cotejo arriba indicado, es fácil percibir que todos los países trabajan con las variables de tiempo y formalidades para caracterizar la unión estable, de modo que cuando no se exige un pacto de unión familiar, el tiempo mínimo posibilita que las partes puedan entender cuándo pasaron a ser una unión de hecho. Brasil es la única excepción a esa tendencia, con la característica adicional que acerca los efectos de las dos formas de familia (matrimoniales

compañeros permanentes. Con estas consideraciones, los efectos patrimoniales de la unión estable están sujetos al bienio.

[47] AZEVEDO, Álvaro Villaça. Estatuto da Família de Fato. De acordo com o atual Código Civil. 3ª ed. São Paulo: Atlas, 2011, p. 300.

y unión estable). Solamente para especificar un poco más, Colombia y Chile también prevén consecuencias parecidas para las familias matrimoniales y en unión de hecho. Sin embargo, en Chile las uniones civiles deben ser registradas. Colombia exige convivencia previa de dos años para configurar la unión marital de hecho.

Conclusiones

De ese conjunto de características, se percibe que Brasil, sin elementos precisos, prioriza la función judicial en la conceptualización del derecho de familia y sus instituciones. Los juzgadores tienen la discrecionalidad de decidir sobre quién vive o no en unión estable. Las partes, al contrario, tienen pocos medios para decir que no están abarcados por el derecho de familia. Es muy difícil, entre nosotros, que una mujer, conviviendo hace décadas y con hijos comunes, sea tratada con derechos y deberes diferentes de aquellos atribuidos a la esposa en el casamiento. Eso claramente hace su protección, evitando que sea abandonada a la propia suerte, para cuidar de los hijos y sin condiciones patrimoniales. Por otro lado, el joven estudiante que ha decidido compartir su habitación estudiantil con su novia, podrá ver contra si reconocida la unión estable, con el peso del régimen matrimonial, incluso para fines sucesorios. Parejas de novios más maduros son impedidos de ejercer el derecho al afecto en sus relaciones, bajo pena de ser considerados compañeros con reparto de bienes y pensión alimenticia, además de que sus hijos exclusivos tienen que repartir con el compañero supérstite los bienes construidos a lo largo de toda una vida de la cual no ha participado tal conviviente que ha sobrevivido, salvo si el fallecido hubiera recibido asistencia jurídica y haya realizado testamento excluyente.

En pocas palabras, los brasileños optaron por un régimen en el que la unión estable es un casamiento informal. No se trata de un régimen en el que ese tipo de unión es un primer paso hacia el matrimonio, como habría de ser en atendimiento a la Constitución de la República Federativa de Brasil[48].

[48] Se hizo letra muerta el fragmento final del art. 226, §3º, CF, según deberá "la ley facilitar su conversión [de la unión estable] en casamiento". Fue desconsiderado, por lo tanto, el alerta

Sin formalidades, las partes no detienen control ante sus fronteras. La solución brasileña es diversa de aquella verificada en otros países, en los cuales las uniones de hecho funcionan como una alternativa al casamiento, con régimen más leve y con mayor prestigio a la autonomía de las partes.

El desafío lanzado a los brasileños es, por lo tanto, el de compatibilizar la protección de la familia con la seguridad jurídica. La encuesta de derecho comparado permite claramente observar ese cuadro. Los investigadores y legisladores extranjeros, al proponer mejoras en su derecho patrio, también sabrán evaluar y disfrutar de la experiencia brasileña.

Referencias

AZEVEDO, Álvaro Villaça. Estatuto da Família de Fato. De acordo com o atual Código Civil. 3ª ed. São Paulo: Atlas, 2011

BARROS MONTEIRO, Washington de; TAVARES DA SILVA, Regina Beatriz. *Curso de Direito Civil.* Direito de Família. 43ª. Ed. São Paulo: Saraiva, 2016.

BRASIL. *IX Recenseamento Geral do Brasil* – 1980. Volume 1 – Tomo 4 – Número 1. Rio de Janeiro: IBGE, 1983.

BITTAR, Carlos Alberto. Inconstitucionalidade das leis sobre concubinato. *Revista de informação legislativa,* v. 33, n. 131, p. 89-93, jul./set. 1996. Disponível em http://www2.senado.leg.br/bdsf/handle/id/176480, acesso em 1.08.2020.

CONSTANTINESCO, Leotin-Jean. *Tratado de Direito Comparado*: introdução ao direito comparado. Maria Cristina de Cicco (org.). Rio de Janeiro: Renovar, 1998.

COSTA FILHO, Venceslau Tavares. *Assimetria da sucessão em relação à união estável e casamento (parte 1).* Disponível em https://www.conjur.com.br/2016-out-10/direito-civil-atual--assimetria-sucessao-relacao-uniao-estavel-casamento-parte, acesso em 1.8.2020).

de la mejor doctrina: "No hubo – ni habrá – equiparación entre las dos nociones, pues diversas, como de las reglas de la hermenéutica jurídica se puede detectar: a) la primera, de que no observa la ley palabras inútiles (la Carta de 1988 usa 'familia', en el *caput* del art. 226, y entidad familiar, en los §§ 3º e 4º); b) la segunda, de que la propia Constitución faculta, bajo ciertas condiciones, la conversión de la relación concubinaria en casamiento (§ 3º), y, por tanto, la *convolação* (paso de un estado civil a otro) de 'entidad familiar' en 'familia'. Se choca con a *mens legis* la referida directriz, que, de hecho, pretende dar un trato igualitario a relaciones jurídicas absolutamente diversas, contrariando, así, la propia naturaleza de las cosas", era lo que ya alertaba el sabio jurista, que tan temprano nos ha dejado, el Profesor Carlos Alberto Bittar (BITTAR, Carlos Alberto. Inconstitucionalidade das leis sobre concubinato. *Revista de informação legislativa*, v. 33, n. 131, p. 89-93, jul./set. 1996. Disponible em http://www2.senado.leg.br/bdsf/handle/id/176480, acceso em 1.08.2020).

COSTA FILHO, Venceslau Tavares. Equiparação de efeitos de união estável a casamento está em debate no STF. Disponível em https://www.conjur.com.br/2017-abr-03/direito-civil-atual-equiparacao-efeitos-uniao-estavel-casamento-debate, acesso em 1.08.2020.

ENGELS, Friedrich. *A origem da família, da propriedade privada e do Estado*. São Paulo: Edições Nosso Livro, S.D.

GOLDMAN, Wendy Z. *The State, Women and Revolution*. Soviet Family Policy and Social Life – 1917-1936. Cambridge: Cambridge U. Press, 1993

KÜMPEL, Vitor Frederico. *Presunção pater is na união estável*. Disponível em https://www.migalhas.com.br/coluna/registralhas/245882/presuncao-pater-is-na-uniao-estavel, acesso em 1.08.2020.

MARCHI, Eduardo C. Silveira. Matrimonio Moderno e matrimônio romano clássico – divórcio e 'soneto de felicidade'. In *Família e Pessoa:* Uma questão de princípios. Regina Beatriz Tavares da Silva e Ursula Cristina Basset (org). São Paulo: YK, 2018, p. 317-335.

MOREIRA ALVES, José Carlos. *Direito Romano*. 16ª ed. Rio de Janeiro: Forense, 2014.

SCHLESINGER, Rudolf (ed). *The Family in the USSR:* documents and readings. London: Routledge, 1949.

SERRA CRUZ, Rossana Martingo Costa. A união de facto em Portugal: caracterização reflexiva. In *Família e Pessoa:* Uma questão de princípios. Regina Beatriz Tavares da Silva e Ursula Cristina Basset (org). São Paulo: YK, 2018, p. 657-678.

TAVARES DA SILVA, Regina Beatriz. *A liberdade testamentária de quem vive em união estável*. Disponível em http://adfas.org.br/2020/05/06/liberdade-testamentaria-de-quem-vive-em-uniao-estavel/, acesso em 1.08.2020.

1. ÁFRICA

ANGOLA

1. UNIÃO DE FACTO EM ANGOLA

Pedro Ambrósio dos Reis Fançony

Introdução

Em Angola a maior parte da população vive em união de facto por razões de cultura e de tradição, mas também económicas e até, à inexistência de órgãos de registo civil necessários a legalização da união (1).

As estatísticas do ano 2000 indicam que em Luanda, capital de Angola, 50% de adultos vivia em união de facto e só 17% eram unidos pelo casamento.

Este conjunto de situações que fundamentam a união de facto levam a que as normas a criar pelo direito estejam de acordo com o contexto das relações sociais e concepções sócio-políticas que quiserem regular. Ora, as leis de Angola, neste sentido, estão de acordo com o contexto e realidade angolanas.

1. A união de Facto e a Constituição

A união de facto em Angola tem protecção constitucional. Só a união heterossexual. As uniões de facto homossexuais não têm cobertura jurídica (2).

Para produzir efeitos legais a união de facto tem que reunir certos requisitos. São pressupostos legais para o reconhecimento de uma união de facto:

a **continuidade**, a **capacidade** e a **singularidade.** O tempo exigido para que uma união de facto, uma vez reconhecida produza os efeitos do casamento são três anos de convivência consecutiva. No que respeita à **capacidade**, a idade núbil atinge-se aos 18 anos; é necessária também a ausência de impedimentos matrimoniais; entre eles a heterossexualidade.

A **singularidade** exige que a união de facto tenha a aparência de um casamento, isto é, uma relação exclusiva, monogâmica (3).

Reunindo os três pressupostos a união de facto pode ser reconhecida por vontade das partes e vai produzir os efeitos de um casamento válido. Em caso de silêncio, o regime económico do casamento é da comunhão dos bens adquiridos.

Faltando algum requisito, ainda assim a união de facto pode ser reconhecida, mas não produzirá os efeitos do casamento, expecto o da presunção de paternidade. Neste caso a lei remete para o instituto do enriquecimento sem causa para a partilha dos bens comuns e atribuição da residência familiar.

Significa que para aquelas uniões que não preencham os pressupostos legais (continuidade, capacidade e singularidade) não imperam as normas do Código da Família, mas a remissão para o Código Civil (4) e (5).

O procedimento, segundo o instituto do enriquecimento sem causa veio a proteger a mulher nas situações sempre dramáticas que se colocam, finda a união. São por demais conhecidos em Angola casos em que o parceiro não dissolveu o casamento embora já não conviva com o cônjuge, com quem viveu durante 5 anos, mas de quem já estava separado há mais de 20 anos (isso pode acontecer, por negligência, comodidade, dificuldades burocráticas ou freio a um segundo casamento, dada a má experiência do casamento anterior). Este, entretanto, logo após a separação, encetou uma união de facto com uma outra mulher com quem vive em comunhão de mesa, cama e habitação desde a separação, isto é, a quase 20 anos, em união singular, numa verdadeira "união de facto", mas não "de jure". Tudo o que possuem vem de esforço de ambos. Ocorrendo a morte do parceiro que após esses 20 anos não dissolvera o laço matrimonial, pode acontecer que a mulher de quem ainda não se divorciara, e os respectivos filhos se atirem aos bens, deixando a ora companheira, mas na realidade a verdadeira mulher (20 anos de estabilidade!) e os filhos havidos dessa relação, sem nada.

2. Formas do reconhecimento das uniões de facto

Pela especificidade de Angola há dois géneros de reconhecimento nas uniões de facto que não preencham os pressupostos: por mútuo acordo e por morte ou por ruptura.

O primeiro é um reconhecimento administrativo e é realizado nos órgãos de registo civil, sem celebração, solenidade ou rito algum que faça lembrar o casamento. Produz os efeitos do casamento, mas não dá direito a nacionalidade.

O reconhecimento por morte ou ruptura só pode ser feito finda relação e é da competência dos tribunais. O reconhecimento por morte produz os efeitos da dissolução do casamento por morte. O reconhecimento por ruptura tem os efeitos da dissolução de casamento por divórcio.

O grande mérito, na união de facto em Angola, encontra-se aquando da ruptura. Em função dos intricados interesses desenvolvidos durante a convivência, há quase sempre litígios na partilha. Durante a comunhão de vida um dos companheiros ou ambos não quiseram a intromissão do Estado e este não se intrometeu. O Estado cumpriu o seu dever de não violar os direitos de personalidade dos seus cidadãos. O facto de os cidadãos não quererem a presença do Estado na sua relação, não supõe que quando eles ou algum deles careça de defesa, o Estado se desinteresse deles. A posição do Estado numa relação deste tipo deve ser a de permanente tensão: aparecer logo que seja requerido. No momento do rompimento de uma união de facto há interesses que são tutelados constitucionalmente pelo Estado (por exemplo o interesse dos filhos menores e a protecção do mais fraco) que, em geral, é a mulher que sai mais empobrecida. Outro dos interesses vitais é atribuição da residência familiar, num momento de fortes paixões; o seu interesse específico para os filhos e, de modo particular, para a pessoa a quem é atribuída a o poder paternal, não tem sido de entendimento fácil.

3. O Direito Consuetudinário e o Casamento

Uma franja da população angolana segue o direito consuetudinário e, por isso, realiza o casamento costumeiro sob as deferentes formas segundo razões geográficas diferenciadas. A equiparação do casamento sob regras costumeiras ao casamento civil chancelado na Constituição da República de Angola, coloca dificuldades, especialmente a idade núbil, a monogamia e o consentimento da mulher. Um casamento costumeiro só seria *secundum legem* se respeitasse a idade núbil, a monogamia e o consentimento da mulher.

Esse seria passível de reconhecimento na ordem jurídica angolana.

Contudo, o casamento costumeiro não é um matrimónio sem regras. Tem normas muito estritas. Com a devida vénia reproduzo extractos do trabalho do renomado antropólogo angolano, Ruy Duarte de Carvalho sobre o grupo etnolinguístico Kuvale, numa das suas obras de referência "Vou Lá Visitar Os Pastores":

> ... Acabou por bater na mulher a propósito de uma disputa doméstica sobre o uso de uma faca, atingiu-a nas vistas, ela fugiu para o Virei para tratar-se lá, aí intervém um tio a quem ela foi queixar-se, agora o tio vem e pergunta ao homem porque é que não a acompanhou ao hospital, assim você vai pagar 25 cabeças de multa, estragou as vistas da minha sobrinha. Aqui estiveram a ver, não estragou nada as vistas da mulher, está só magoada. Assim matou só esse carneiro que se chama *tyivuvulula*, é reconhecer que bateu, dar o sinal que aceita a acusação, e deve pagar um boi só pela agressão, é o *ayivoka*, é um só. Agora vamos ver. Se a mulher não melhorar das vistas então sim, tem que pagar 20 cabeças, passa a ser uma *maka* grande. O tio aceitou, está bem, ele paga esse boi e pode voltar com a mulher dele.
>
> ... Os que trocou para a segurar-lhe comida, panos, mantas, encargos que na vida doméstica cabem ao marido e com as doenças, os tratamentos que ela fez, kurikutila, sacrifícios domésticos de animais, consultas a tyimbandas makumukas, tudo encargos dele. Se gastou ehakos dele ou gado dos seus pais ou dos avós, tudo isso entra na conta. E assim pode atingir 20 cabeças.

No caso em questão Ruy Duarte de Carvalho diz que o novo marido entregou cerca de 36 bois a família do ex-marido. Chama ainda a atenção de a movimentação de tanto boi não deve ser entendida "pela estrita regra da prestação em si", porque no contexto kuvale "um casamento não é nunca um trato entre dois sujeitos, um homem e uma mulher, mas antes a expressão de uma plataforma de relação entre dois grupos matrilineares.

> ... Nas relações conjugais contam porém, pelo menos a nível formal, porque na prática há sempre lugar para toda a ordem de desvios, com uma rectaguarda familiar, linhageira, muito ciosa da sua protecção pessoal e na dos seus direitos.
>
> Um homem que agrida ainda que por acidente, a parte inferior do corpo da mulher, da cintura para baixo que é onde ele próprio se reproduz, mas é onde se reproduz também a *eanda* dela, está a arranjar gravíssimos problemas para si mesmo e, por extensão para a própria *eanda*. Vai haver muita discussão entre *mahanda* em causa e vai haver grossa multa, vai circular muito gado e vai mexer com a vida de muita gente.

4. Características Gerais da União de Facto em Angola

Heterossexualidade

Esta é uma das caraterísticas comuns às uniões de facto (com exclusão das uniões homossexuais). É uma aproximação do natural (possibilidade de acasalamento macho-fêmea) com o formal (casamento formalizado) para corresponder ao modelo marital. Não são recognoscíveis casamentos homossexuais. Por isso, o modelo marital tem de ser um reflexo do casamento.

Semelhança ao casamento

Para que possa ser equiparada ao casamento ou, pelo menos, produza efeitos do casamento de uma forma aproximada, precisa de ter aparência de um casamento; este só acontece entre homem e mulher. Para um terceiro, a convivência entre dois homens ou duas mulheres ainda que duradoura não tem aparência de um casamento.

Significa também que para tal semelhança deve haver a "ausência de elementos negativos" como o incesto, menoridade, casamento anterior ou união de facto reconhecida, mas não dissolvida. Por outras palavras, deverá ser uma união de facto sem existência de impedimentos ao casamento.

Residência comum

Os companheiros da união de facto vivem na mesma casa com o *animus* de que aquela é a sua residência familiar, isto é, intensão de uma permanência duradoura um com o outro, numa economia e afeição comuns; constitui o ponto fixo de apoio estrutural à família.

Economia comum

Há economia comum quando os parceiros colocam os encargos gerais da vida familiar sob responsabilidade comum," usam comummente os instrumentos do governo doméstico"

Mesmo quando os companheiros têm diferentes contas bancárias há uma economia comum. Basta que haja participação nos gastos para "ocorrer os encargos gerais da vida familiar", tais como despesas de arrendamento, de alimentação e saúde, viatura usada por ambos. Edith Möschl entende que a economia comum não é só o lado material da relação a dois; é também o partilhar de alegrias e tristezas, prestar serviços um ao outro, distrair-se e gozar férias um com o outro.

Comunhão sexual

Obedece ao princípio de comportamento sexual livre, que pertence à liberdade de intimidade que os companheiros gozam. No casamento também é assim, lado a lado com o querer ou não querer ter filhos. Pode inclusivamente acontecer que haja causas físicas e psíquicas que impossibilitem a sexualidade. A nova visão do casamento (cujo modelo é imprescindível à união de facto) é de que a sexualidade diz respeito à vida privada dos cônjuges e, por extensão, aos companheiros. A maritalidade da união de facto não torna obrigatória a sexualidade, tal como no casamento. Há que ter em conta, o facto de companheiros terminarem o relacionamento sexual mesmo que habitem quartos diferentes não significa que a união de facto haja cessado.

O importante é que vivam na mesma casa. Os hábitos no interior de cada habitação podem variar de casal para casal, de parceiro para parceiro e até de país para país. É o caso de companheiros ou cônjuges manterem vida sexual um com o outro, mas dormirem em quartos diferentes. Ainda assim é de considerar que existe uma comunhão sexual.

Não faz, contudo, parte da comunhão sexual um longo relacionamento sexual no sentido de pura relação íntima. Do mesmo modo dois parceiros sexuais que sejam obrigados a viverem juntos porque se relacionam sexualmente com frequência, não formam uma união de facto. Faltam-lhe outros requisitos, como interesse económico comum, *afectio maritalis.*

Fidelidade

A doutrina austríaca tem a opinião de que não existe "um dever de fidelidade em uniões de facto. Considera tal situação como a mais importante diferença entre o casamento e a união de facto. Esse não parece ser o ponto de vista, nem da doutrina nem da realidade angolana e, seguramente, não o é também, da doutrina alemã.

Todavia, a doutrina austríaca actua com uma ressalva: "se os companheiros quiserem de modo sério encetar uma vida em comum, serão sexualmente fiéis". Isso seria tido como uma regra não escrita.

Em Angola, a união de facto supõe imediatamente fidelidade, ao menos pela realidade social. O comportamento é o de marido e mulher, tal como o comportamento dos cônjuges. Além disso, a fidelidade da mulher, mesmo em união de facto, coloca o companheiro perante os sempre relevantes tabus africanos da virilidade. Outro indicativo é a violência doméstica que quase sempre se segue à tomada de conhecimento do facto, pelo companheiro enganado, excepto no grupo etnolinguístico *Kuvale.* Mas quase nunca, após tais violências, as mulheres tomam a iniciativa de se irem embora. Na ruptura, são por hábito repudiadas pelos maridos.

Um angolano, em união de facto, espera da sua companheira, e esta dele, um comportamento similar ao de casados, isto é: fiel, respeitoso, carinhoso, atencioso, cooperante, assistente. Além disso, em Angola há presunção de paternidade mesmo quando uma união de facto não esteja reconhecida, facto improvável se se entendesse não existir o dever de fidelidade.

Na Alemanha o princípio é claramente o da fidelidade da relação:

O Tribunal Constitucional Federal considerou até como a principal característica de uma união de facto a exclusividade da relação, isto é, pertença a único companheiro.

Segundo o ponto de vista de Weitzman, "se os companheiros conscientes da responsabilidade mútua e dos filhos comuns da sua união de facto não quiserem perigar essa relação, não devem relacionar-se sexualmente com terceiro. A Constituição não defende libertinagem". "Além disso, uma tal obrigação é sempre livremente revogável".

Weitzman acrescenta que a união de facto "não começa, como no casamento com eficácia no momento do acto constitutivo. Não nasce de um acto jurídico determinado, como relação de facto; consolida o seu perfil através do único meio por que pode fazê-lo: o tempo. O casamento nasce de um acto formal constitutivo, a união de facto não nasce, confirma-se pela sua duração".

Relacionamento Duradouro (estabilidade)

As diferentes legislações, têm posições diferentes sobre a continuidade das relações no tempo. O Código da Família de Angola aponta um mínimo de 3 anos. Entretanto a Áustria teve o cuidado de não fixar um prazo como requisito, deixando isso para ser visto caso a caso. A Espanha aponta de 1 a 2 anos. A Catalunha, Aragão e Navarra fixam 1 ano. A Holanda não indica o tempo. Portugal tem como requisito de durabilidade 2 anos; curiosamente o prazo fixado por Portugal parece ser o único que tem uma base argumentativa forte, pois, é igual ao da Nova Zelândia; segundo Edith Möschl a Nova Zelândia estabeleceu o limite de 2 anos porque ao fim de 3 anos os casamentos começam a manifestar-se mais estáveis; a maioria de divórcios acontece nos primeiros dois anos de casamento.

Projecto Integral de Vida

A união é "tendencialmente perpétua" os companheiros juntam-se para toda a vida em comum. Têm em vista um lar para os dois. Planeiam a dois a sua vida futura; não pensam separar-se constituem uma família (entendida como fenómeno natural). Portam-se em sociedade como marido e mulher, aliás, ele apresenta-a como: "minha esposa", "minha mulher" e ela a ele "meu esposo", "meu marido", "meu companheiro". Mas não necessariamente. Importa o *"animus convivendi"* e o *"animus conubii"*

Os companheiros partilham as suas vidas de um modo estável e continuo, criam um lugar, têm projectos comuns, podem partilhar dinheiro, património, trabalhos etc., traduzido em algo como "a vida afectiva comum, facilmente distinguível, mas dificilmente quantificável".

Publicidade ou notoriedade

A relação a dois deve ser notória. Este requisito é realizado nos tribunais Angola através do "conselho da família". A notoriedade fundamenta a teoria da aparência e propicia a defesa do mais fraco em caso de litígio.

Em Israel (onde desde 1949 a unia de facto produz efeitos), o requisito de notoriedade foi perdendo importância, tendo sido substituído pela simples constatação de se tratarem como marido e mulher: não é necessário que a relação seja notória; basta que os companheiros tratem um ao outro como marido ou como mulher. Em França a lei também não exige notoriedade por considerar uma intromissão nas vidas privadas.

Sentimento de pertença um ao outro

É de carácter emocional. É a convicção de que "ela é minha", mas também de que "eu pertenço a ela". Mas como é de difícil prova exige-se uma comunidade anímica fundada "na alegria e no sofrimento". Contudo, o tribunal deve partir das características externas (semelhança ao casamento, comunhão sexual, durabilidade, etc.).

O sentimento de pertença um ao outro torna-se relevante na apreciação do tribunal quando, em circunstâncias tais, o relacionamento duradouro não puder ser avaliado; por exemplo, no caso de dois companheiros pretenderem viver juntos para sempre, sentirem pertencer um ao outro, mas de um curto período (2 meses por exemplo) um deles vier a perecer por atropelamento. Aliás não é nenhuma anormalidade.

Esta fatalidade é o suporte do casamento póstumo em França: quando, reunidas as provas de que tudo indicava que se a morte não tivesse ocorrido o casamento teria tido lugar. É o mesmo dizer "se a morte não tivesse ocorrido os companheiros preencheriam o requisito de convivência duradoura".

Pode faltar em muitos casos um outro requisito que "depende dos fenómenos, do costume"; pode haver amores secretos e serem união de facto. "o que se encontra, em todo caso, é uma certa intensão de estabilidade"

A doutrina angolana ainda não se orienta nesta direcção. É, porém de crer que com o desenvolvimento do instituto da união de facto a doutrina venha a abraçar este aspecto interno a par dos requisitos externos.

Portugal e Alemanha dão toda a relevância ao *"animus"*.

Precariedade

A união de facto pode terminar a qualquer momento.

Conclusão

A Constituição da República de Angola só permite o casamento monogâmico.

Nas sociedades tradicionais subsistem ligações poligâmicas, mas não com carácter geral. Nas cidades que é onde vive a maior parte da população, rege a monogamia, mesmo nos bairros periféricos.

A juventude urbana actual e a rural letrada rejeita a poligamia.

1. UNIÓN DE HECHO EN ANGOLA

Pedro Ambrosio de los Reyes de la Fançony

Introducción

En Angola, la mayoría de la población vive en una unión de hecho por razones de cultura y tradición, pero también económicas e incluso la ausencia de organismos de registro civil necesarios para la legalización de la unión (1).

Las estadísticas del 2000 indican que, en Luanda, la capital de Angola, el 50% de los adultos vivían en una unión de hecho y sólo el 17% estaban unidos por matrimonio.

Este conjunto de situaciones que subyacen a la unión de hecho en realidad lleva a que las normas que se deben crear por la ley se ajusten al contexto de las relaciones sociales y a las concepciones sociopolíticas que quieran regular. Sin embargo, las leyes de Angola, en este sentido, están de acuerdo con el contexto y la realidad angoleñas.

1. La Unión de Hecho y la Constitución

La unión de hecho en Angola tiene protección constitucional pero solo cuando sea heterosexual. Las uniones homosexuales de hecho no tienen cobertura legal (2).

Para producir efectos jurídicos, la unión debe cumplir ciertos requisitos. Son requisitos previos legales para el reconocimiento de una unión de hecho: **la continuidad,** la **capacidad** y la **singularidad.** El tiempo necesario para que una unión de hecho, una vez reconocida, produzca los efectos del matrimonio es de tres años de convivencia consecutiva. Con respecto a la **capacidad,** la edad nupcial se alcanza a los 18 años; también es necesaria la ausencia de impedimentos matrimoniales, entre ellos la heterosexualidad.

La **singularidad** requiere que la unión tenga de hecho la apariencia de un matrimonio, es decir, una relación exclusiva y monógama (3).

Al reunir los tres presupuestos, la unión de hecho puede ser reconocida por la voluntad de las partes y producirá los efectos de un matrimonio válido. En caso de silencio, el régimen económico del matrimonio es la comunión de los bienes adquiridos.

Pese a la falta de algún requisito, aún así la unión de hecho puede ser reconocida, pero no producirá los efectos del matrimonio, salvo la presunción de paternidad. En este caso, la ley se refiere al instituto de enriquecimiento injusto para el reparto de bienes comunes y la asignación de residencia familiar.

Significa que para aquellas uniones que no cumplen los supuestos jurídicos (continuidad, capacidad y singularidad) no rigen las normas del Código de Familia, sino la referencia al Código Civil (4) y (5).

El procedimiento, según el instituto de enriquecimiento injusto llegó a proteger a la mujer en las situaciones siempre dramáticas que surgen al fin de la unión. Son demasiado conocidos en Angola los casos en que el compañero no ha disuelto el matrimonio a pesar de que ya no viva con el cónyuge, con el que ha vivido durante 5 años, pero de quién ya se había separado por más de 20 años (esto puede suceder por negligencia, comodidad, dificultades burocráticas o freno a un segundo matrimonio, por la mala experiencia del matrimonio anterior). Y este, tras la separación, comenzó una unión de hecho con otra mujer con la que vive en comunión de mesa, cama y vivienda desde la separación, es decir, hace casi 20 años, en una unión singular, en una verdadera "unión de hecho", pero no "de jure". Todo lo que poseen proviene de ambos esfuerzos. Con la muerte del compañero que después de estos 20 años no había disuelto el vínculo matrimonial, puede suceder que la mujer de la que aún no se había divorciado, bien como sus respectivos hijos, se lancen a la obtención de los bienes, dejando a la ahora compañera, pero en realidad la mujer real (20 años de estabilidad!) y los niños que había de esa relación,sin nada.

2. Formas de reconocimiento de las uniones de hecho

Debido a la especificidad de Angola hay dos tipos de reconocimiento en las uniones de hecho que no cumplen con las presunciones: por mutuo acuerdo y por muerte o por ruptura.

El primero es un reconocimiento administrativo y se lleva a cabo en los organismos de registro civil, sin celebración, solemnidad o cualquier rito que recuerde al matrimonio. Produce los logros del matrimonio, pero no da derecho a la nacionalidad.

El reconocimiento por muerte o ruptura sólo se puede hacer después de la relación y es competencia de la jurisdicción de los tribunales. El reconocimiento por muerte produce los efectos de la disolución del matrimonio por muerte. El reconocimiento por ruptura tiene los efectos de la disolución del matrimonio por divorcio.

El gran mérito, en la unión de hecho en Angola, se da en el momento de la ruptura. Debido a los intrincados intereses desarrollados durante la convivencia, casi siempre hay disputas en el reparto. Durante la comunión de la vida uno de los compañeros o ambos no querían la intrusión del Estado y este no se entrometió. El Estado ha cumplido con su deber de no violar los derechos de la personalidad de sus ciudadanos. El hecho de que los ciudadanos no quieran la presencia del Estado en su relación no supone que cuando ellos, o alguno de ellos, carecen de defensa, el Estado les demuestre desinterés. La posición del Estado en tal relación debe ser la de la tensión permanente: aparecer tan pronto se le solicite. En el momento de la desintegración de una unión de hecho hay intereses que están constitucionalmente protegidos por el Estado (por ejemplo, el interés de los niños menores de edad y la protección de los más débiles) que, en general, es la mujer que sale más empobrecida. Otro interés vital es la asignación de residencia familiar, en un momento de fuertes pasiones; su interés específico por los hijos y, en particular, por la persona a la que se atribuye la *patria potestad*, no ha sido de fácil entendimiento.

3. Derecho consuetudinario y el matrimonio o casamiento

Una franja de la población angoleña sigue el derecho consuetudinario y, por lo tanto, realiza la boda habitual bajo distintas formas de acuerdo con diferentes zonas geográficas. La igualdad del matrimonio bajo las normas consuetudinarias al matrimonio civil de la Constitución de la República de Angola pone dificultades, especialmente a la edad, la monogamia y el consentimiento de la mujer. Un matrimonio consuetudinario sólo sería un matrimonio *secundum legem* si respetara la edad nupcial, la monogamia y el consentimiento de la mujer.

Esto estaría sujeto a reconocimiento en el ordenamiento jurídico angoleño.

Sin embargo, el matrimonio habitual no es un matrimonio sin reglas. Tiene reglas muy estrictas. Con la debida venia reproduzco extractos de la obra del renombrado antropólogo angoleño, Ruy Duarte de Carvalho sobre el grupo etnolingüístico Kuvale, en una de sus obras de referencia "Voy a visitar a los pastores":

> Terminó golpeando a la mujer debido a una disputa interna sobre el uso de un cuchillo, la golpeó en la vista, ella huyó a la Virei para tratarse allí, interviene un tío a quien ella ha ido a quejarse, ahora el tío viene y le pregunta al hombre ¿por qué no la acompañaste al hospital, así que usted pagará 25 cabezas de multa, destruyó la vida de mi sobrina. Aquí has estado observando, no se estropeó la vida de la mujer en absoluto, solo está herida.
> Así que mató sólo a esta oveja que se llama *tyivuvulula,* es reconocer que golpeó, dar el signo que acepta el cargo, y debe pagar a un buey sólo para la agresión, es el *ayivoka,* es uno. Ahora, veamos, si la mujer no mejora desde las vistas así que sí, tiene que pagar 20 cabezas, pasa a ser un gran *maka.* El tío dijo que sí, está bien, él paga ese buey y puede volver con la mujer.
>
> Los que cambió para sostener su comida, telas, mantas, encargos que en la vida doméstica están a cargo del marido y con las enfermedades, los tratamientos que hizo, *kurikutila,* sacrificios de animales domésticos, consultas con *tyimbandas makumukas,* todos encargos de él. Si se

> gasta *ehakos* de él o ganado de sus padres o abuelos, todo esto va a la cuenta. Y así puede llegar a 20 cabezas.

En el caso en cuestión, Ruy Duarte de Carvalho dice que el nuevo marido entregó unos 36 bueyes a la familia de su exmarido. También llama la atención sobre el movimiento de tanto buey no debe entenderse "por la regla estricta de la propia prestación", porque en el contexto kuvale "un matrimonio nunca es un trato entre dos sujetos, un hombre y una mujer, sino más bien la expresión de una plataforma de relación entre dos grupos matrilineales.

> Las relaciones conyugales, sin embargo, cuentan, por lo menos a nivel formal, porque en la práctica hay siempre lugar para todo el orden de las desviaciones, con una retaguardia familiar – linaje – muy celosa de su protección personal y la de sus derechos.
> Un hombre que golpea, incluso por accidente, el cuerpo inferior de la mujer, cintura para abajo que es donde se reproduce a sí mismo, pero es donde su *eanda* también se reproduce, es para meterse en problemas muy serios para sí mismo y, por extensión a la propia *gestante*. Va a haber mucha discusión entre *mahanda* preocupada y va a haber importantes bienes, en juego y va a circular una gran cantidad de ganado y va a meterse con la vida de mucha gente.

4. Características generales de la Unión de hecho en Angola

Heterosexualidad

Esta es una de las características comunes a las uniones de hecho (excluyendo las uniones homosexuales). Es una aproximación de lo natural (posibilidad de apareamiento hombre-mujer) con el formal (matrimonio formalizado) para corresponder al modelo marital. Los matrimonios homosexuales no son reconocidos. Así que el modelo marital tiene que ser un reflejo del matrimonio.

Similitud con el matrimonio

Para ser equiparado con el matrimonio o al menos producir sus efectos de una manera aproximada, es necesario parecer un matrimonio; esto sólo sucede entre un hombre y una mujer. Para un tercero, la convivencia entre dos hombres o dos mujeres, aunque dure, no tiene apariencia de matrimonio.

También significa que para tal similitud debe haber la "ausencia de elementos negativos" como el incesto, los menores de edad, el matrimonio anterior o la unión de hecho reconocida, pero no disuelta. En otras palabras, debe ser una unión de hecho sin la existencia de impedimentos para el matrimonio o casamiento.

Residencia común

Los compañeros de la unión de hecho viven realmente en la misma casa con el *animus* que esta es su residencia familiar, es decir, la intención de una estancia duradera entre sí, en una economía y afecto comunes; constituye el punto fijo de apoyo estructural a la familia.

Economía común

Existe una economía común cuando los compañeros ponen las cargas generales de la vida familiar bajo una responsabilidad común; "comúnmente utiliza los instrumentos del gobierno doméstico".

También cuando los compañeros tienen diferentes cuentas bancarias hay una economía común. Basta con que haya participación en los gastos para "concurrir con los gastos generales de la vida familiar", tales como alquiler, gastos de alimentación, salud, y, vehículo utilizado por ambos. Edith Moschl entiende que la economía común no es sólo el lado material de la relación entre parejas, es también el intercambio de alegrías y penas, prestando servicios unos a otros, distrayéndose unos a otros y disfrutando de vacaciones juntos.

Comunión sexual

Obedece el principio del comportamiento sexual libre, que pertenece a la libertad de intimidad que disfrutan los compañeros. En el matrimonio también es así, codo con codo con querer o no querer tener hijos. Incluso puede suceder que haya causas físicas y psíquicas que hacen imposible la sexualidad. La nueva visión del matrimonio (cuyo modelo es esencial para la unión de hecho) es que la sexualidad se refiere a la vida privada de los cónyuges y, por extensión, a los compañeros. La maritalidad de la unión no hace obligatoria la sexualidad, como en el matrimonio. Hay que tener en cuenta que el hecho de que los compañeros terminen su relación sexual incluso si viven en cuartos diferentes no significa que la unión haya cesado.

Lo importante es que vivan en la misma casa. Los hábitos dentro de cada vivienda pueden variar de pareja en pareja, de compañero y compañera e incluso de país a país. Es el caso de compañeros o cónyuges que mantienen la vida sexual entre sí, pero durmieron en diferentes habitaciones. Todavía hay que considerar que hay una comunión sexual.

No es, sin embargo, parte de la comunión sexual una larga relación sexual en el sentido de la relación pura de la misma. Del mismo modo, dos parejas sexuales que se ven obligadas a vivir juntas porque se relacionan sexualmente a menudo, no forman una unión de hecho. Carece de otros requisitos, como el interés económico común, *afectio maritalis*.

Fidelidad

La doctrina austriaca considera que "no hay deber de fidelidad en las uniones de hecho. Considera que esta es la diferencia más importante entre el matrimonio y la unión de hecho. Este no parece ser el punto de vista, ni de la doctrina ni de la realidad angoleña, y ciertamente no es también de la doctrina alemana.

Sin embargo, la doctrina austriaca actúa con una sola advertencia: "si los compañeros quieren iniciar seriamente una vida en común, serán sexualmente fieles". Eso se tomaría como una regla no escrita.

En Angola, la unión de hecho implica inmediatamente fidelidad, al menos por la realidad social. El comportamiento es el de marido y mujer, así como el comportamiento de los cónyuges. Además, la fidelidad de las mujeres, incluso en unión de hecho, antepone el compañero ante los tabúes africanos siempre relevantes de la virilidad. Otra indicación es la violencia doméstica que casi siempre sigue el conocimiento del hecho por parte del compañero engañado, excepto en el grupo etnolinguístico *Kuvale*. Pero casi nunca, después de esa violencia, las mujeres toman la iniciativa de irse. En las rupturas, son por hábito repudiadas por los maridos.

Un angoleño, en unión de hecho, espera de su compañera, y está de él, un comportamiento similar al de casados, es decir: fiel, respetuoso, cariñoso, atento, cooperativo, asistente. Además, en Angola existe una presunción de paternidad incluso si no se reconoce una unión de hecho, un hecho inviable si se entendiera que no había ningún deber de fidelidad.

En Alemania, el principio es claramente el de la fidelidad de la relación:

El Tribunal Constitucional Federal incluso consideró como la característica principal de una unión de hecho la exclusividad de la relación, es decir, perteneciente a un solo compañero.

Según Weitzman, "si los compañeros conscientes de la responsabilidad mutua y de los hijos comunes de su unión de hecho no quisieran poner en peligro esa relación, no deben relacionarse sexualmente con un tercero. La Constitución no aboga por el "libertinaje". "Además, tal obligación es siempre libremente revocable."

Weitzman añade que la unión de hecho "no comienza, como en el matrimonio de manera efectiva en el momento del acto constitutivo. No nace de un acto jurídico determinado como una relación de hecho; consolida su perfil a través del único medio por el que puede hacerlo: el tiempo. El matrimonio nace de un acto constitutivo formal, la unión en realidad no nace, se confirma por su duración».

Relación Duradera (estabilidad)

Las diferentes leyes tienen diferentes posiciones sobre la continuidad de las relaciones a lo largo del tiempo. El Código de Familia de Angola señala un mínimo de 3 años. Sin embargo, Austria tuvo cuidado de no fijar un plazo como requisito, dejando que esto se viera caso por caso. España tiene como objetivo de 1 a 2 años. Cataluña, Aragón y Navarra fijan 1 año. Los Países Bajos no indican el tiempo. Portugal tiene como requisito de durabilidad 2 años. Curiosamente, el plazo fijado por Portugal parece ser el único que tiene una base argumentativa sólida, porque es el mismo que el de Nueva Zelanda. De acuerdo con Edith Moschl, Nueva Zelanda estableció el plazo de 2 años porque después de 3 años los matrimonios comienzan a manifestarse más estables; la mayoría de los divorcios tienen lugar en los dos primeros años de matrimonio.

Proyecto de Vida Integral

La unión es "tendencialmente perpetua", los compañeros se unen para toda la vida en común. Tienen un hogar para los dos. Planifican su vida futura para dos; no creo que con la idea de separarse se constituya una familia (entendido como un fenómeno natural). Se comportan en la sociedad como marido y mujer, de hecho, él la presenta como: "mi esposa", y ella a él como "mi marido", "mi compañero". Pero no necesariamente. Importa el *"animus convivendi"* o el *"animus conubii"*

Los compañeros comparten sus vidas de una manera estable y continua, crean un lugar, tienen proyectos comunes, pueden compartir dinero, patrimonio, trabajo, etc., traducidos en algo así como "vida afectiva común, fácilmente distinguible, pero difícil de cuantificar".

Publicidad o notoriedad

La relación de dos debe ser notoria. Este requisito se lleva a cabo en los Tribunales de Angola a través del "consejo familiar". La notoriedad subyace a la teoría de la apariencia y proporciona la defensa de los más débiles en caso de litigio.

En Israel (donde desde 1949 la unión de hecho ha tenido efecto), el requisito de notoriedad ha perdido importancia, habiendo sido sustituido por la mera constatación de ser tratado como marido y mujer: no es necesario que la relación sea notoria; es suficiente que los compañeros se traten como marido o mujer. En Francia, la ley tampoco exige notoriedad por considerarla una intrusión en la vida privada.

Sentimiento de pertenencia de uno al otro

Es de naturaleza emocional. Es la convicción de que "ella es mía/o", pero también que "yo pertenezco a ella/el". Pero como es difícil de probar, se requiere una comunidad anímica fundada "en la alegría y el sufrimiento". Sin embargo, el tribunal debe partir de las características externas (similitud con el matrimonio, comunión sexual, durabilidad, etc.).

El sentimiento de pertenecer unos a otros tiene relieve en la apreciación del tribunal cuando, en tales circunstancias, la relación duradera no puede ser evaluada; por ejemplo, en el caso de dos compañeros que tienen la intención de vivir juntos para siempre, sienten que pertenecen entre sí, pero en un corto período (2 meses por ejemplo) uno de ellos viene a perecer atropellado. Por cierto, no es anormalidad.

Esta fatalidad es el apoyo del matrimonio póstumo en Francia: cuando, reunidas las evidencias de que todo indicaba que si la muerte no hubiera ocurrido el matrimonio habría tenido lugar. Lo mismo decir "si no se hubiera producido la muerte uno de los compañeros cumpliría el requisito de una convivencia duradera".

En muchos casos, puede faltar otro requisito que "depende de los fenómenos, de la costumbre"; puede haber amores secretos y ser unión de hecho. "lo que es, en cualquier caso, una cierta intención de estabilidad".

La doctrina angoleña aún no está orientada en esta dirección. Sin embargo, es de creer que con el desarrollo del instituto de unión de hecho, la doctrina abarcará este aspecto interno junto con los requisitos externos.

Portugal y Alemania dan toda relevancia al *"animus"*.

Precariedad

La unión de hecho puede terminar en cualquier momento.

Conclusión

La Constitución de la República de Angola sólo permite el matrimonio monógamo.

En las sociedades tradicionales subsisten vínculos polígamos, pero no con carácter general ni mayoritario. En las ciudades donde vive la mayoría de la población, las reglas adoptadas son de la monogamia, incluso en los barrios periféricos.

La juventud urbana de hoy y la juventud rural alfabetizada rechazan la poligamia.

2. AMÉRICA DO SUL

ARGENTINA

1. UNIÓN CONVIVENCIAL EN LA REPÚBLICA ARGENTINA

Alicia García de Solavagione

Introducción. Silencio legislativo

Agradezco a la Prof. Regina Beatriz Tavares da Silva, prestigiosa jurista y brillante estadista de Brasil, por embarcarme en esta apasionante obra ecuménica.

Argentina incorpora las uniones de facto, con la denominación *uniones convivenciales,* como institución con efectos civiles a partir de la sanción del nuevo Código Civil y Comercial de la Nación, en Agosto de 2015. Si bien es cierto que existían con anterioridad ciertos beneficios de la seguridad social hacia los concubinos, y también la cobertura de prestaciones médicas de las obras sociales.

Frente al hecho social de la unión marital de hecho o situación *more uxorio,* se presentaban legislaciones que, sistematizadas, podemos distinguir del siguiente modo:

1. **Posición abstencionista,** o prescindente, que omitían toda normativa sobre la unión de hecho. Ej.: el Código francés que no reguló ningún efecto del llamado concubinato, respaldado por la frase atribuida a Napoleón, quien ante el Consejo de Estado sentenció: "Los concubinos prescinden de la ley; la ley prescinde de ellos". La redacción original del Código Civil argentino se enroló en esta postura. Fundamento:

no era tan sólo evitar la igualación de efectos con el matrimonio, lo cual era cierto al evitarse de este modo la incentivación de la unión de hecho, sino que por más duradero, prolongado y estable que resulte el concubinato, el mismo no deja de ser lo que los juristas romanos conceptualizaban como *res facti*. Es decir, una cierta situación jurídica que tiene por fundamento un hecho que duraba -como el matrimonio *sine manu*- lo que la voluntad de quienes hacían la vida marital querían.

2. **Posición sancionadora:** No solo desconocía efectos jurídicos al concubinato, sino que además se combatían esas uniones, mediante desincentivos fiscales (Planiol y Ripert).
3 **Posición equiparadora:** En el polo opuesto se encuentran las leyes que confieren a las uniones de hecho, después de cumplidos determinados requisitos, los mismos efectos que al matrimonio. Se equiparan los derechos de los contrayentes a la de los convivientes, sin distinción.
4. **Posición proteccionista:** La legislación contempla determinadas situaciones puntuales, y reconoce ciertos derechos emergentes de la unión fáctica en casos específicos, pero no idénticos a la de los cónyuges. Por ejemplo, los convivientes carecen de vocación hereditaria[1].

1. Su regulación

Como adelantáramos, se regularon las *uniones convivenciales* en nuestro país recién en el año 2015, definiéndoselas como aquellas:

1.1. Uniones basadas en relaciones afectivas: el concepto provoca incertidumbre por la falta de precisión lingüística, lo que genera incerteza jurídica. Este desconocimiento del alcance de su significado y por sobre todo, la ausencia de contenido jurídico de "la afectividad", corre el severo riesgo de relaciones *in fraudem legis*, pudiendo darse el caso de dos personas que, viviendo bajo el mismo techo y estando conectadas por una relación afectiva, no sean pareja.

[1] Azpiri, Jorge O. *Uniones de Hecho*. Ed. Hammurabi. Buenos Aires, Argentina, 2003, p. 48 y ss.

Derecho desiderativo[2]. Las "relaciones afectivas" con *sustractum jurídico.* No se establece en la dogmática jurídica el alcance de la locución "afectividad". Argentina estrena así, en el novel código, una nueva forma de demanda social, que es el *derecho desiderativo* a la afectividad en las uniones estables. Este derecho al "deseo", nace como respuesta a la necesidad de dar solución inmediata a hechos, con la ilusión de un bienestar urgente. Hemos sostenido que: "deseo no equivale a derecho"[3].

Es deseable precisar el significado y alcance de la afectividad: si se refiere a la voluntad interna; a un acto volitivo sustancial; a un acto volitivo insustancial con efectos jurídicos; meros caprichos, etc., con el fin de dar certeza a las relaciones familiares[4]. En el anteproyecto de reforma a la Ley de Matrimonio Civil nº 23.515, que incorpora en Argentina el divorcio vincular y la separación personal del año 1987, el Dr. Horacio Sueldo presentó en el Senado el art. 21, estableciendo que "los esposos se deben entre sí amor, fidelidad, respeto, colaboración y auxilio en sus necesidades". La moción no tuvo éxito y fue rechazada[5].

1.2. **De carácter singular**: la unión es singular, pues en nuestra legislación local no se podrá tener más de una, ni tampoco podrán estar unidos en matrimonio y en unión convivencial al mismo tiempo.

En la actualidad existen sistemas jurídicos de familia según los modos culturales vigentes. La familia monogámica, la poligámica y las grupales o colectivas (propia de los pueblos originarios). La familia monogámica rige en los países occidentales. La monogamia exige que la unión sea de un solo hombre con una sola mujer, o de dos varones o dos mujeres, según la ley 26.618

[2] Término creado por la suscripta, a fin de incorporar todos aquellos deseos que carecen de relevancia jurídica, y a pesar de ello, la ley considera que pueden ser abarcados por la norma positiva. Vaya como ejemplo, lo establecido en el art. 425, inc. b) del CCCN.

[3] Costa-Lascoux, Jacqueline. *Mujer, procreación y bioética*, en *Historia de mujeres, El siglo XX, la nueva mujer.* T. 10. Ed. Taurus, España, p. 205.

[4] García de Solavagione, Alicia. *Estudio del Proyecto de Unificación del CCCN en Materia de Derecho de Familia.* Academia Nacional de Derecho y Ciencias Sociales de Córdoba. Octubre 2012. Córdoba, Argentina. Ver en el link: http://www.acaderc.org.ar/estudio-del-proyecto--de-unificacion-del-codigo-civil-y-comercial-de-la-nacion-en-materia-de-derecho-de-familia

[5] Fanzolato, Eduardo Ignacio. *Alimentos y reparaciones en la separación y en el divorcio.* Ed. Depalma. Buenos Aires, Argentina, 1991, p. 5 y ss.

de matrimonio igualitario. Ello implica que un mismo individuo no puede tener simultáneamente uniones matrimoniales o fácticas juridizadas con distintas personas. La familia monogámica es una de las características relevantes del mundo occidental receptada en todas las legislaciones de los países de raíz romano-germánica; en los países de la *Common Law*; en los países eslavos; en China y en la mayoría de las naciones asiáticas y africanas que sufrieron la influencia de la cultura cristiana occidental (Japón, Corea del Sur, India, Sudáfrica, Angola, etc.) con excepción de los mormones.

Por lo tanto, es cierto que ha sufrido duros embates la familia conyugalizada, jamás se ha dejado de lado el sistema cultural occidental basado una uniones monogámicas o de exclusividad sexual. Dos sujetos casados no pueden poseer concomitantemente diferentes estados de familia, jurídicos o fácticos. Al respecto sostiene el Maestro Ferrer, referido más bien al matrimonio aunque es aplicable a las uniones:

> Se mantiene, entonces, el carácter monogámico en el sentido expuesto, es decir, de la unión de dos personas, solamente. Hasta ahora no se ha puesto en causa la monogamia. El contexto ético-jurídico vigente en las sociedades occidentales excluye la poligamia. El impedimento de ligamen (arts. 160 y 166, inc. 6º, C.C.) protege al matrimonio monogámico[6].

No todo lo que es legal o lícito, es legítimo. Sólo será legítimo lo que se compadece con los principios fundamentales de Orden Público. Nos referimos al Orden Público que se convierte así en el principio informador del sistema jurídico y, el primer orden público, es la Constitución Nacional. Si bien la libertad sexual y de fecundación o de procreación son otras tantas manifestaciones de la libertad propia del hombre, no se debe olvidar que el infinito o exagerado respeto a las prerrogativas del individuo, a su dignidad y al libre desarrollo de su personalidad, hace correr el riesgo de que un legislador o juez ensoberbecido llegue a consagrar la "deificación" del individuo por el derecho. El insigne jurista cordobés, Prof. Fanzolato, continúa expresando que:

[6] Ferrer, Francisco A. M. *Nuevo régimen legal del matrimonio civil. Ley 26.618*. Rubinzal Culzoni Editores. Santa Fe, Argentina, 2010, p. 67.

Los individuos responsables deben preocuparse por difundir y defender los sanos principios de la moral pública contra la propaganda liberadora de ciertos colectivos que actúan embozados bajo el difuso rótulo de "reivindicación de la libertad y dignidad del hombre", que impacta y allana una mayor captación de adherentes, en particular en la población de países que han vivido largos años, bajo gobiernos de fuerza[7].

1.3. **Pública.**

1.4. **Notoria**: conocida por la comunidad.

1.5. **Estable.**

1.6. **Permanente**: es decir que debe prolongarse en el tiempo, como mínimo dos años. Debe haber una exteriorización básica de la existencia de un proyecto en común. La convivencia tiene un sentido profundo y espiritual, basada en el amor y el afecto, como sentimiento y como operación de la voluntad. Existe una fusión de vidas para compartir el mismo destino vital. De allí la existencia de un plazo legal mínimo.

1.7. **De dos personas que conviven y comparten un proyecto de vida en común, sean del mismo o diferente sexo.**

1.8. **Para que produzca efectos jurídicos, se requiere que:**

- Los dos integrantes sean mayores de edad.
- No estén unidos por vínculos de parentesco en línea recta en todos los grados, ni colateral hasta el segundo grado.
- No estén unidos por vínculos de parentesco por afinidad en línea recta.
- No tengan impedimento de ligamen ni esté registrada otra convivencia de manera simultánea. A este respecto, luce claro que Argentina

[7] Fanzolato, Eduardo Ignacio. *Derecho de Familia*. Tomo I. Ed. Advocatus. Córdoba, Argentina, 2007, p. 66.

considera la monogamia como una condición de orden público, sin excepción.

- Mantengan la convivencia durante un período no inferior a dos años.

2. Existencia de dos tipologías de uniones convivenciales

Argentina sistematizó las uniones *more uxorio*, de modo particular, producto de la preocupación legislativa por eventuales repercusiones sociales. Es así, que se observan requisitos de forma más exigentes en las uniones fácticas, que las requeridas en el matrimonio.

Existen las uniones convivenciales registradas y las uniones convivenciales meramente fácticas o no registradas. El código deja bien en claro que tanto: la existencia de la unión convivencial, su extinción, y los pactos que los integrantes de la pareja hayan celebrado, se inscriben en el registro civil de cada jurisdicción.

2.1. Esta inscripción es al solo efecto probatorio es decir no hace nacer una relación jurídica (esto es, carece de efectos constitutivos), sino que solo prueba la relación. En cambio, sí es imprescindible la registración de la unión convivencial cuando se otorguen los efectos previstos para la protección de la vivienda familiar.

2.2. No procede una nueva inscripción registral de la unión convivencial sin la previa cancelación de la preexistente. En otras palabras, no pueden haber dos uniones convivenciales registradas simultáneamente: se cancela registralmente una para estar habilitado a formar otra. De este modo se evita la incertidumbre jurídica de no saber cuál es la unión convivencial "válida" (art. 512 del CCCN).

2.3. Pactos de convivencia: Los convivientes pueden regular sus relaciones futuras mediante un contrato -basado en la autonomía de su voluntad-, ya sea de contenido patrimonial como extrapatrimonial. Son contratos bilaterales, que se completan con el acuerdo de partes cuya forma escrita es indispensable. Y son personales, no delegados (art. 513).

2.4. Estos pactos no pueden dejar sin efecto la columna vertebral de estas uniones, como son los deberes de asistencia, de contribución a los gastos del hogar (art. 514), la responsabilidad de las deudas frente a terceros y la protección de la vivienda familiar y los muebles indispensables de ésta. Régimen patrimonial primario, básico o de potestades domésticas.

2.5. Para que este Pacto tenga oponibilidad a terceros, debe ser inscripto en el Registro del Estado Civil de las Personas y en el Registro General de la Propiedad.

2.6. **Límites:** los pactos de convivencia no pueden ser contrarios al orden público, ni al principio de igualdad de los convivientes, ni afectar derechos fundamentales de cualquiera de los integrantes de la unión convivencial (art. 515).

2.7. Los pactos pueden ser modificados y rescindidos por acuerdo de ambos convivientes. El cese de la convivencia extingue de pleno derecho el contrato hacia el futuro. Otorga entonces efectos *ex nunc.*

3. Efectos de la unión convivencial durante la convivencia

3.1. Los efectos de la unión convivencial se regirán por los términos del contrato convivencial. A falta de pacto: cada integrante de la unión ejercerá libremente la administración y disposición de bienes personales de su titularidad (art. 518 del CCCN).

3.2. Se deja a salvo en el código, art. 519 del CCCN, que los convivientes se deben asistencia durante la convivencia.

3.3. El art. 520 impone la obligación de subvenir los gastos cotidianos. La novedad: el reciente código hace recaer la responsabilidad entre ambos convivientes de forma solidaria la obligación de pagar las deudas que el otro hubiera contraído, para solventar los gastos comunes durante la convivencia, denominado "Régimen Patrimonial Primario" o de "Potestades Domésticas", o "Básico". Es de Orden Público la solidaridad de las cargas familiares.

3.4. **Protección de la vivienda convivencial (art. 522).** Se otorga exclusivamente para las uniones convivenciales registradas. Para poder disponer de ella necesita el asentimiento del otro. El juez puede autorizar la disposición del bien si es prescindible y el interés de la familia no resulta comprometido. La vivienda familiar no puede ser ejecutada después de la inscripción de la unión convivencial por deudas contraídas por ambos convivientes sin el asentimiento del otro.

3.5. **Distribución de los bienes.** A falta de pacto, los bienes adquiridos durante la convivencia se mantienen en el patrimonio al que ingresaron, sin perjuicio de la aplicación de los principios generales relativos al enriquecimiento sin causa, la interposición de personas y otros (art. 528).

4. En resumen, en Argentina, el concubinato

- No tiene fuerza expansiva,
- No genera un estado de familia, ni efectos civiles de parentesco,
- No genera vocación hereditaria, ni se le reconoce legítima alguna,
- Sólo se reconocen -por razones de seguridad social- determinados derechos previsionales y, el derecho real de habitación en relación a la vivienda, en caso de que esté registrada.

5. Cese de la unión convivencial

5.1. **Son causas del cese de la unión convivencial**:

a) por la muerte de uno de los convivientes,
b) por la sentencia firme de ausencia con presunción de fallecimiento de uno de los convivientes,
c) por matrimonio o nueva unión convivencial de uno de sus miembros,
d) por el matrimonio de los convivientes,
e) por mutuo acuerdo,

f) por voluntad unilateral de alguno de los convivientes notificada fehacientemente al otro y,
g) por el cese de la convivencia mantenida.

La interrupción de la convivencia no implica su cese si obedece a motivos laborales u otros similares, siempre que permanezca la voluntad de vida en común.

Es importante diferenciar entre cese de la convivencia y cese de la unión convivencial. El cese de la convivencia supone la interrupción de la cohabitación, el alejamiento; es una cuestión de hecho. El cese de la unión convivencial es un concepto más amplio, tal como el quiebre de la unión y su finalización como instituto reconocido jurídicamente.

Es importante resaltar que no se reconocen derechos sucesorios entre convivientes, con lo cual, a la muerte de uno de ellos se extinguen todos los efectos del pacto que habían realizado, con excepción del derecho real de habitación a favor del supérstite.

6. Compensación económica

Cesada la convivencia, el conviviente que sufre un desequilibrio manifiesto, que signifique un empeoramiento de su situación económica con causa de la convivencia y su ruptura, tiene derecho a una compensación. Esta puede consistir en una prestación única o en una renta por un tiempo determinado que no puede ser mayor a la duración de la unión convivencial.

Puede pagarse con dinero, con el usufructo de determinados bienes o de cualquier otro modo que acuerden las partes o en su defecto decida el juez.

6.1. **Perfiles jurídicos de la** prestación compensatoria**.** Novedosa institución: rasgos jurídicos asignados por su ideólogo francés.

La prestación compensatoria se presenta como una institución jurídica novedosa cuya naturaleza es la adecuada para sustituir a los anacrónicos alimentos entre ex cónyuges. Aparece en Europa en el cuarto final del siglo XX, acusando diversidad de fundamentos y escasas raíces doctrinarias anteriores.

Las reformas legislativas familiares en Francia, Dinamarca, Gran Bretaña, Italia, España y Alemania la adoptan, aunque con distintas características, asignándole funciones específicas y acomodando su particular fisonomía jurídica a la idiosincrasia y condicionamientos sociales de cada país.

Decía Carbonnier, ideólogo de la institución en Francia, que:

> una parte considerable de los dolores del divorcio son los del posdivorcio. Se piensa, especialmente, en la pensión alimentaria, mediocre, mal pagada, generadora de conflictos que renacen sin tregua. La pensión alimentaria después del divorcio es una miseria jurídica que pesa duramente sobre las mujeres divorciadas.

6.2. **Clasificación de las prestaciones compensatorias:**

a) Según el tipo de beneficio que procuran, se distinguen las prestaciones compensatorias civiles respecto de las previsionales, de Derecho Público. A su vez, las civiles, de acuerdo a su fundamento, se catalogan en prestaciones correctoras de la disparidad económica y prestaciones reparadoras del enriquecimiento sin causa.
b) Por su origen pueden ser legales o convencionales, las que no deben, necesariamente, sujetarse al régimen de las prestaciones fijadas por los jueces. Los acuerdos privados se respetarán mientras no afecten intereses superiores ni derechos de terceros.
c) Según que se determinen al disolverse un matrimonio o una convivencia estable se podrá hablar de prestación compensatoria posdivorcial o de prestación compensatoria posconvivencial.

6.2.1. **La prestación compensatoria civil** consiste en el pago de un monto global o de una cantidad periódica -generalmente mensual-, temporaria o vitalicia, que uno de los divorciados debe abonar al otro:

a) Para subsanar el desmedro en el nivel de vida económico social que sufre a causa del divorcio, o
b) Para compensarlo por aquellos aportes en servicios o en bienes que, por su especial naturaleza, no pueden ser justipreciados ni saldados

en las operaciones de liquidación y partición del régimen patrimonial matrimonial o de la comunidad convivencial.

6.2.2. **Las prestaciones compensatorias previsionales** son abonadas a los cónyuges divorciados o convivientes separados, por el respectivo sistema de retiro o jubilación mediante un cálculo compensatorio de los aportes realizados por uno o por ambos ex esposos durante la vida conyugal, buscando que los dos se beneficien igualitariamente de las cotizaciones pagadas por ellos a título individual mientras duró el matrimonio o la convivencia. Son prestaciones previsionales con montos compensados.

6.3. Tal como lo adelantamos, teniendo en cuenta los fundamentos y propósitos de las leyes respectivas, surge la existencia de al menos tres clases de prestaciones compensatorias, que pueden o no coexistir según la reglamentación de cada país, a saber:

6.3.1. **Para corregir la dispar situación emergente del divorcio o el cese de la convivencia.** Con la prestación se procura subsanar el menoscabo económico que, por cualquier causa-origen, genera el divorcio o el cese de la unión a uno de sus integrantes. La ley intenta compensar el desequilibrio procurando, mediante la prestación, mantener una posición socioeconómica similar de los divorciados / separados, durante un tiempo prudencial, a fin de permitir al más desprotegido una reinserción normal en el respectivo ámbito generador de recursos existenciales (situación objetiva).

Se consagra así, una verdadera compensación de equidad, por lo que el resarcimiento no tiene que ser necesariamente integral como se propicia en materia de responsabilidad por daños. La obligación de reparar no se establece a título del reproche que merece quien incurre en conducta antijurídica. Se trata de una indemnización de equidad impuesta al conviviente que, después del cese de la unión, no sufre mengua en su nivel de vida.

6.3.2. **Para compensar servicios benevolentes no liquidados al extinguirse el régimen de bienes.**

En este supuesto, la prestación se impone para corregir el empobrecimiento que sufrió uno de los esposos/convivientes, como consecuencia de la tácita división de las funciones durante la convivencia y que le impide la reasunción inmediata de una ocupación remunerada o el ejercicio profesional interrumpido, percibiendo como compensación un monto global o una renta hasta que pueda obtener, por sus propios medios, los ingresos necesarios que aseguren su autosuficiencia. El factor de atribución se funda en el principio del enriquecimiento sin causa.

6.3.3. **Para compartir los derechos o expectativas previsionales originados en cabeza de los esposos durante el matrimonio o la convivencia matrimonial.**

Se funda en principios de equidad de la convivencialidad. A ese fin apunta el Comité de Ministros de los Estados Miembros del Consejo de Europa, cuando en las Recomendaciones (R. 89-1) tendientes a lograr la autonomía económica de los separados, que aconseja dictar una reglamentación apropiada de los regímenes de aseguramiento por vejez, a fin de que los convivientes se beneficien de una manera igual, de las cotizaciones pagadas durante la convivencia. Lo que se busca con esta recomendación es que cada uno de los convivientes pueda participar en las expectativas previsionales que haya adquirido el otro, con su trabajo, durante la vigencia de la unión.

6.4. **Características comunes de las prestaciones compensatorias civiles:**

La concesión de estas prestaciones puede tener un origen convencional o legal: pero en general presentan las siguientes características:

1) Según el ordenamiento que las regula, las prestaciones compensatorias civiles tienen una índole patrimonial resarcitoria porque surgen: a) del perjuicio, del retroceso en las condiciones económicas y sociales de vida, o b) del empobrecimiento indebido del beneficiario y del correlativo enriquecimiento sin causa del obligado, y no de la situación de necesidad del acreedor, como en los alimentos. Si no se da el daño (la disparidad económica que ocasiona la ruptura matrimonial) o el empobrecimiento-enriquecimiento correlativos, no hay fundamento fáctico parla prestación, aunque quien la pretenda se encuentre en situación carenciada.

2) Se prescinde en absoluto de la culpa como requisito de imputación. El factor de atribución varía según la clase de prestación compensatoria regulada en los distintos ordenamientos que la receptan. En algunos países la conducta incorrecta de una de las partes excepcionalmente puede fundar una negativa a otorgarla a favor del culpable, por ejemplo, en Francia, el derecho a obtener una prestación compensatoria por dispar situación económica sólo se le niega al cónyuge único culpable de la quiebra conyugal, aunque con posibilidad de otorgamiento excepcional, en ciertos casos, de una prestación sustitutiva (indemnización compensatoria). En cambio la prestación compensatoria por enriquecimiento sin causa, que es el tipo reglamentado en el Código civil de Quebec, procede aunque el solicitante sea el culpable del desquicio conyugal y aunque, por gozar de una sólida posición económica, no la necesite. El pago de la compensación no es un "premio" ni un consuelo, ni una "donación forzada", sino que es el pago de lo que adeuda civilmente quien se enriqueció sin causa; por ende, es inconcebible que el pago dependa de la conducta que el pretenso credirrentista haya observado durante la convivencia.
3) Por idénticas razones, la caducidad o pervivencia del derecho a la prestación no debería estar subordinada a la decisión posterior de contraer nuevas nupcias, de vivir en unión estable o de permanecer sin vínculos jurídicos o fácticos al respecto. En Quebec es un derecho que no caduca durante el tiempo fijado, aunque en el transcurso de ese lapso el beneficiario se haya vuelto a casar (porque es indemnizatoria); con igual fundamento, se establece su perduración en caso de fallecer el debirrentista (art. 427 del Cod. Civ. de Québec). En Francia, en donde la prestación tiene un fundamento distinto, tampoco se extingue por las nuevas nupcias del beneficiario, aunque sea frecuente incluir en los convenios propios del divorcio por petición conjunta una cláusula que prevea el cese de la renta en tales casos (diferente a lo que sucede en Gran Bretaña e Italia, países donde la prestación caduca si el titular contrae nuevas nupcias).
4) Las circunstancias apuntadas distinguen visceralmente la prestación compensatoria de una prestación alimentaria, respecto de la cual el

juego de tales situaciones puede determinar que no nazca, o se restrinja el derecho, o que caduque (arts. 210, 211 y 218 del CC vigente).

5) La determinación de la naturaleza jurídica creditoria y no alimentaria de estas prestaciones no es una sutileza ni un bizantinismo, sino que es decisiva para esclarecer el régimen jurídico al cual están sometidas, especialmente, su disponibilidad, duración, embargabilidad, privilegios, la variabilidad del monto, régimen de caducidad del derecho, etc.

Ello así, de la índole patrimonial indemnizatoria de la prestación, se derivan las siguientes consecuencias:

1) Tratándose de un derecho "inherente al patrimonio", admite su transmisión activa o pasiva *inter vivos* y *mortis causa*; si fuera alimentario sería "inherente a la persona", *intuitu personae*, y, consecuentemente, intransmisible. Si no hubiera precisión judicial respecto al término de vigencia, deberá interpretarse que la renta es vitalicia respecto del beneficiario; pero si se hubiera fijado una duración determinada, en caso de deceso del credirrentista titular, sus herederos podrían exigir el pago hasta completar el plazo.
2) Siendo un derecho patrimonial disponible, admite su renuncia expresa o tácita que tendrá pleno valor siempre que no se alegue y demuestre algún vicio del consentimiento.
3) La reglamentación facultativa en los Convenios regulatorios de los efectos del divorcio (en aquellos países en que, como en España, resultan obligatorios tales acuerdos) es un elemento más que contribuye a fundamentar el carácter negocial de estas prestaciones, ya que su regulación es meramente potestativa de las partes, las cuales no están obligadas a convenirlas.
4) La misma disponibilidad determina que sea posible la transacción y compensación; en cambio los alimentos cuyo fin asistencial es subvenir las necesidades mínimas son esencialmente indisponibles, como característica propia de las obligaciones alimentarias *ex–lege*.
5) Admite limitación temporal porque tiene la naturaleza de una indemnización y no está subordinada a la necesidad del acreedor.

6) La prestación compensatoria, debido a su naturaleza patrimonial, propia de un resarcimiento, y al principio de que no hay privilegio sin texto (como el que existe respecto de los alimentos), carece de prioridad o privilegio para ser cobrada en el marco de la reglamentación del orden de pago de los acreedores después de pronunciada la liquidación judicial de los bienes del deudor.
7) Es embargable y el derecho cae en la quiebra del acreedor y del deudor. Algunos autores sostienen que puedes ser inembargable hasta el monto de cubrir las necesidades alimentarias básicas de subsistencia. Lo que supere ese monto podría ser embargado.
8) Siendo reparatoria debería abonarse en un pago único y definitivo como se acostumbra a cancelar las indemnizaciones de los daños ocasionados. La finalidad perseguida al establecer la preferencia del pago global, a destajo, a tanto alzado, es lograr que el deudor pueda liberarse definitivamente desembolsando un precio final invariable sin tener que arrastrar durante toda la vida, o por un largo período, las consecuencias y los malos recuerdos del matrimonio disuelto y las pretensiones de reajuste de los montos. La idea es propia de la doctrina del *clean break* que aconseja regular de una vez y para siempre, si es posible en la misma sentencia de divorcio, todas las relaciones económicas liquidatorias y futuras entre los cónyuges que se divorcian.
9) El pago único, global o *a forfait*, se encuentra reconocido en algunas legislaciones como la francesa, inglesa y la italiana. Sin embargo los propios autores franceses reconocen que, al admitir que excepcionalmente se paguen en mensualidades, esta forma es la que se practica en el 80% de los casos, muchas veces por falta del dinero disponible y otras como una especulación económica pues, teniendo el capital, el obligado paga la mensualidad con el producido o con los intereses de ese capital.
10) En principio el monto de la prestación es inmutable, sea de la cantidad global como de la mensualidad cuando se admite e impone el pago en forma de renta periódica.
11) Constituyendo un crédito común, es posible garantizar el pago. El Juez puede obligar al esposo deudor a constituir una prenda o dar una caución o fianza para garantizar el pago de la renta.

12) En cuanto a la oportunidad para solicitarla, el derecho caduca si no se demanda la prestación en breve lapso que varía según la estructura normativa. La caducidad sólo se explica en virtud del principio de concentración de los efectos del divorcio en la época de la sentencia con el fin de favorecer la paz social y familiar. Ello no sería viable si la prestación tuviera naturaleza alimentaria, y que este deber aflora jurídicamente cuando están dadas las condiciones fácticas y jurídicas para su exigibilidad (necesidad y pudiencia), y no está sujeto a prescripción o caducidad alguna. El derecho alimentario se mantiene latente hasta que aparecen los presupuestos que lo tornan requerible.

6.5. **Fijación Judicial de la compensación económica. Caducidad**

El juez determina la procedencia y el monto de la compensación económica sobre la base de diversas circunstancias, entre otras: El estado patrimonial de cada uno de los convivientes al inicio y la finalización de la relación, la dedicación que cada conviviente brindó a la familia y a la crianza y educación de los hijos, la edad y el estado de salud de los convivientes y de los hijos, la capacitación laboral y la posibilidad de acceder a un trabajo de cada uno, la colaboración prestada a las actividades mercantiles industriales o profesionales del otro conviviente, etc.

7. Breve análisis de la legislación en la República Federativa de Brasil[8]

En el ordenamiento jurídico de Brasil se otorgan efectos a la unión concubinaria a través de dos leyes, la ley 8.971/94 y la ley 9.278/96.

En suma, se reconoce como una entidad familiar la convivencia duradera, pública y continua de un hombre y una mujer establecida con el objetivo de constituir una familia (art. 1, ley 9278). Las condiciones, pues, para las llamadas "uniones libres" son: a) dualidad de sexos, b) estabilidad y c) publicidad.

En particular, la ley 8.971 del año 1994 reconoce a los convivientes, cuya vida en común hubiera durado más de cinco años, o tuviesen hijos, y se tratara

[8] Efectuado en colaboración con el Profesor Dr. Martín Andrés Flores, Docente de Derecho Privado VI, Familia y Sucesiones. Director de las asignaturas "Proceso Sucesorio" y "Teoría General Alimentaria" en la Facultad de Derecho de la U.N.C., Argentina.

de personas solteras, jurídicamente separadas, divorciadas o viudas, un derecho sucesorio que tiene la máxima amplitud cuando el causante no tiene descendientes o ascendientes.

En este supuesto, el conviviente supérstite tiene derecho a la totalidad de la herencia. Cuando hay hijos del fallecido o comunes, el compañero sobreviviente tiene derecho al usufructo de la cuarta parte de los bienes del *de cujus* y al usufructo sobre la mitad de los bienes, si sobreviven ascendientes (art. 2). Empero, aun habiendo descendientes o ascendientes, cuando los bienes de la herencia resultaren de la actividad y colaboración del compañero, tendrá el sobreviviente derecho a la mitad de los bienes (art. 3).

Posteriormente la ley brasileña 9.278/96 fijó las consecuencias personales y patrimoniales nacidas de las convivencias de pareja, estableciendo los siguientes derechos y deberes entre los convivientes:

a) respeto y consideración mutuos,
b) asistencia moral y material recíproca,
c) guarda, sustento y educación de los hijos comunes (art. 2).
d) Los bienes muebles o inmuebles adquiridos por uno o por ambos convivientes, a título oneroso, son considerados fruto del trabajo y la colaboración común y pertenecen a ambos en condominio o en partes iguales, salvo estipulación contraria por escrito. Cesa la presunción establecida en esta norma si la adquisición patrimonial ocurre con el producto de bienes adquiridos con anterioridad al inicio de la unión.
e) La administración del patrimonio común compete a ambos convivientes, salvo estipulación contraria por escrito (art. 5). Disuelta la unión por rescisión, uno de los convivientes debe prestar asistencia al otro en caso de necesidad a título de alimentos (art. 7).
f) Disuelta la unión por muerte de uno de los dos convivientes, el sobreviviente tiene el derecho real de habitación sobre la vivienda destinada a la residencia familiar, si no se ha casado o formado una nueva unión (art. 7).

Por último, el Código Civil del Brasil del año 2002, replica algunas de estas disposiciones, en particular en los artículos 1724 y ss; y 1790. Pero cabe aclarar que no estableció un plazo a los efectos de considerar a la unión de hecho con efectos civiles.

A saber, el referido dispositivo normativo estipula: "Las relaciones personales entre los compañeros obedecerán a los deberes de lealtad, respeto y asistencia, de guarda, sustento y educación de los hijos" (art. 1724). Se acepta que las parejas de convivientes estables reglamenten las cuestiones patrimoniales de su vida en común a través de un convenio escrito. Si no hubieran celebrado ningún acuerdo, se aplicará a las relaciones patrimoniales en lo que cupiera el régimen de comunidad parcial de los bienes (art. 1725).

En materia de derecho sucesorio regula la participación del compañero supérstite en la sucesión del compañero muerto, sobre los bienes obtenidos onerosamente durante la existencia de la unión estable, enumerando los diferentes casos de participación cuando concurriere con los hijos comunes, con los no comunes, o con otros parientes llamados por ley a la sucesión (art. 1790).

Algunas reflexiones

El Supremo Tribunal Federal (STF) en una sentencia de fecha 10/5/2017 sobre la base de la postura sustentada por el Ministro Roberto Barroso, consideró que: "En el sistema constitucional actual, la diferenciación del régimen de sucesión entre cónyuges y parejas es inconstitucional y el régimen establecido en el art. 1829 del Código Civil debe aplicarse en ambos casos"[9].

Conforme las disposiciones referenciadas precedentemente, y la doctrina del STF, surge de manifiesto la intención de transplantar derechos propios de la institución matrimonial a la regulación de las uniones de hecho. Luego de peripecias procesales, se presenta la Asociación de Derecho de Familia y Sucesión (ADFAS) como *amicus curiae* del Tribunal, con la finalidad de mantener la libertad testamentaria del *de cujus* y así lograr que su porción de libre disponibilidad sea total, en los casos de quienes viven en una unión de hecho.

[9] Tavares da Silva, Regina Beatriz. *La equiparación del esposo y compañero en sucesión por STF se limita a la orden de la vocación hereditaria.* In adfas.org.br/2018/11/22/equiparacao-de-conjuge--e-companheiro-na-sucessao-pelo-stf-limita-se-a-ordem-de-vocacao-hereditaria/

Luce clara la necesidad imperiosa de proteger al fallecido, como hizo ADFAS, quien de querer matrimonializarse con su compañera/o, lo hubiera hecho y de ese modo dejar sus bienes *post mortem* a su conviviente. La equiparación de efectos conyugales y convivenciales, a nuestro juicio, implica desconocer la naturaleza jurídica de ambas instituciones: matrimonio y convivencia fáctica. Atribuirle los mismos efectos es incorrecto. Sostiene la prestigiosa jurista Regina Beatriz Tavares da Silva, presidente de ADFAS[10]:

> Por lo tanto, en Brasil tenemos la libertad testamentaria de quienes viven en una unión estable, con la preservación del régimen de propiedad elegido por los compañeros, manteniendo sus efectos, siempre y cuando los compañeros cuiden de firmar un testamento que regule los efectos de la sucesión en la muerte, con exclusión de la pareja.

Según la RAE, equiparar, es "Considerar o hacer igual o equivalente a otra persona o cosa". Nos interrogamos si es posible, desde la ciencia del derecho, equiparar sin más, a la institución matrimonial con las uniones de hecho o concubinarias. En términos jurídicos: ¿podemos igualar los "Actos Jurídicos" con "Hechos, juridizados o no", como fuente de Derechos y Deberes?

Si es de antaño, que conforme a la naturaleza jurídica y funciones, el concubinato ha sido siempre de orden inferior al matrimonio[11], incluso,

[10] Tavares da Silva, Regina Beatriz. *La libertad testamentaria de los que viven en una unión estable.* Adfas.org.br/2020/05/06/liberdade-testamentaria-de-quem-vive-em-uniao-estavel/

[11] Cabe recordar que en el derecho romano, se hacía una distinción entre el matrimonio y el concubinato, en el que se hallaba ausente la *affectio maritalis,* o sea el ánimo de contraer matrimonio. La admisión del concubinato tuvo razón de ser en la existencia de distintas prohibiciones para contraer matrimonio, entre ciertas personas, de acuerdo con el cargo que ejercían, como ocurría, por ejemplo, con relación a los Senadores. Podemos recordar la figura de la "barragana" del derecho español, donde en aquella época se distinguían tres clases de uniones entre varones y mujeres. En primer lugar, el matrimonio, celebrado con las solemnidades legales y religiosas de la época; en segundo lugar, el matrimonio "a yuras" o matrimonio juramentado, casamiento legítimo, pero oculto, clandestino, y por decirlo así, un matrimonio de conciencia, que inducía perpetuidad y las mismas obligaciones que el solemne, del cual no se distinguía sino en la falta de solemnidad y publicidad; y en tercer lugar, la "barraganía", que era la unión o enlace de soltero, donde a las barraganas se las consideraban como mujeres de segundo orden.

su nacimiento, como hecho jurídicamente relevante y regulado, fue producto de aquellos que se encontraban imposibilitados para contraer matrimonio.

Es entonces que no se explica la intención ni necesidad de equiparar, cuando en la mayor parte de los países del globo, los ordenamientos jurídicos, receptan el divorcio vincular. Es por ello que actualmente no resulta válido afirmar que la unión de hecho tenga su principal causa en la imposibilidad de contraer un nuevo matrimonio.

Aquellos que defienden la equiparación, utilizan como herramienta argumentativa, la nota tipificante y "supuestamente compartida" entre el matrimonio y las uniones de hecho, que es la "estabilidad".

Aquí se observa un marcado error, ya que claramente las regulaciones no refieren a lo mismo. Estabilidad en el matrimonio no es, ni puede ser nunca, igual a la estabilidad en las uniones de hecho.

En el matrimonio la presunción está dada a favor de la "voluntad" de estabilidad, pues el derecho presupone que quien contrae matrimonio ha decidido iniciar una relación estable y duradera en el tiempo, y en principio, indefinida. Nada aquí tiene que ver el solo transcurso del tiempo. Es la propia voluntad de los cónyuges, expresada al momento de contraer matrimonio, de emplazarse en un estado de familia que le otorga estabilidad, sin pensar en un plazo, porque nadie, en términos legales, puede casarse a plazo.

Es por ello que la estabilidad a la que refieren las uniones concubinarias es reducida al transcurso del tiempo, para diferenciarse de uniones circunstanciales, y así poder hacerse de un conjunto de derechos.

En suma, a los plazos mínimos es a lo que se refiere la estabilidad en las uniones de hecho, porque de lo contrario, no podríamos identificar qué situación de hecho se encuentra regulada y cual no, como puede suceder en el régimen del Brasil donde el CC no establece plazos mínimos, ni mucho menos su registración

En estos términos y con gran claridad, Talavera Fernández, en su obra "Fundamentos para el reconocimiento jurídico de las uniones homosexuales. Propuestas de regulación en España", señala:

> En el matrimonio la presunción está del lado de la voluntad de estabilidad, pues el derecho presupone cosas; cosa que, en cambio, no ocurre en la unión libre, en la cual la presunción está del lado de

> la provisionalidad y la transitoriedad. Al no haber nacido la unión de hecho ligada a un vínculo o a un compromiso expreso, la única prueba consistente de que esa relación no fue, simplemente, un encuentro transitorio entre dos personas, sino que se estableció con una voluntad de permanencia, solo puede estar dada por el transcurso del tiempo[12].

En armonía, Sambrizzi sostiene que:

> En la uniones de hecho no existe la estabilidad propia del compromiso que los esposos aceptan en el matrimonio sino, en todo caso, una estabilidad que puede calificarse como de "impropia", pudiendo afirmarse que en la unión matrimonial dicho requisito constituye una exigencia necesaria para cumplir sus fines fundamentales, lo que requiere la existencia de una unión duradera. Sin compromiso, difícilmente exista estabilidad. Si se admite que la familia es la base de la sociedad y que el matrimonio es la mejor forma de constituir una familia, por su estabilidad y, en consecuencia, su perdurabilidad en el tiempo, parece claro que a la sociedad le interesa que la familia se constituya a través del matrimonio[13].

Retomando la idea de equiparar, y por medio de la cual se intentan aplicar efectos y derechos inherentes al matrimonio en las uniones de hecho, sin ningún tipo de escala, directamente trasplantar, es que se observa una nota curiosa, y que son en su mayoría, derechos de inminente carácter patrimonial.

Intentar otorgar los mismo efectos, es como intervertir un título, que el concubinato por el mero transcurso del tiempo se haga de derechos propios de la institución matrimonial es muy peligroso. La mera "afectividad" y el transcurso del tiempo no pueden ser la fuente de las instituciones. Y más en un régimen, como el brasileño, donde parecería que se intenta regular la

[12] Talavera Fernández, Pedro A. *Fundamentos para el reconocimiento jurídico de las uniones homosexuales. Propuestas de regulación en España*. Madrid, 1999, pág. 29.

[13] Sambrizzi, Eduardo A. *Tratado de derecho de familia*. Tomo IV, 2da. ed. actualizada. Ed. La Ley, Bs. As., 2018, p. 256.

totalidad de las uniones de hecho, con limites difusos, y frente al peligro del sin número de situaciones que pueden darse en la práctica.

El estatuto del Brasil otorga derechos sucesorios a las uniones de hecho, sin la existencia mínima de un registro[14]. El juicio sucesorio es un proceso universal especial, inseguro, ya que el llamamiento hereditario implica correr el riesgo de que aparezcan parientes desconocidos, o incluso, pese a su existencia, no saber ellos del fallecimiento del causante. ¿Cómo acreditará el conviviente en estos casos su vocación hereditaria?

Creemos que esto atenta, sin lugar a dudas, con el principio de seguridad jurídica, no solo para los parientes del causante, sino para terceros esto es, los acreedores del muerto.

Insistimos, no se trata de manipular corporaciones cual rompecabezas, donde se toman piezas que resultan convenientes para armar una institución, eso es ajeno al derecho de familia; y más en esta sociedad posmoderna, bajo la era del individualismo, donde hay una clara minusvalía de deberes por sobre los derechos.

Intentar tomar derechos inherentes al matrimonio para ser aplicados a las uniones de hecho es una clara conducta desleal, ajena a la naturaleza de los derechos subjetivos familiares y la noción de familia.

En otro orden de ideas, si quienes no tienen impedimentos para casarse entre sí eligen en cambio convivir sin contraer matrimonio, es porque han preferido voluntariamente seguir ese camino, eludiendo de tal forma la aplicación de normas que les resultan inconvenientes, o no satisfactorias.

Por lo que el hecho de querer imponérselas aun contra su voluntad por medio de la regulación de la convivencia de pareja, no solo atenta contra sus propios intereses, sino también contra el concepto de libertad individual, que debe ser preservada.

[14] Solari, Néstor E. *Uniones de hecho. Tendencias Legislativas.* En RDF Nº 23, La Ley. Bs. As., 2002, p. 146. Los autores se muestran partidarios de legislar las uniones de hecho, pero únicamente para aquellos que se encuentren inscriptos en un registro especial que se debe crear a tales efectos, por cuanto de otra manera, dicen, se estaría imponiendo un régimen forzoso por la mera convivencia, lo que, en verdad, significaría "prohibir uniones libres", consagrando de tal manera "un matrimonio forzoso impuesto por la ley, al lado del matrimonio voluntario asumido por las partes libremente en el respectivo Registro Civil".

Por otra parte, Sambrizzi nos refiere a que la extensión a las uniones de hecho de las ventajas que la sociedad concede a los cónyuges, constituye una estimulación que incita a su mantenimiento, además de atentar contra los intereses generales de la sociedad, que está interesada en preservar la existencia de una familia estable, para lo cual nada mejor que haber asumido el compromiso de contraer matrimonio para toda la vida, lo que redunda asimismo en el bien de los hijos, que tienen el derecho de nacer, crecer y educarse en una familia regularmente constituida[15].

Souto Paz[16] pone de relieve, a su vez, la existencia de una cierta contradicción por parte de quienes rechazan la legitimación social que resulta del matrimonio y, en lugar de ello, optan por la unión de hecho, pretendiendo al mismo tiempo obtener los beneficios sociales y jurídicos que se reconocen al matrimonio.

Como corolario, quiero afirmar que no debe costar tanto respetar la naturaleza y funciones jurídicas de las instituciones. Como científicos del derecho, ¿podemos permitirnos forzar instituciones?, utilizando el matrimonio como una especie de formula elástica para legitimar uniones de orden inferior.

El matrimonio no es una fórmula de goma; como acto jurídico, es aquel que produce mayores efectos en el sistema normativo; es señero en bases; crea relaciones jurídicas familiares; es un acto de primer orden en el derecho de familia; es por ello que no alcanza con el transcurso del tiempo, implica un acto solemne de manifestación del consentimiento.

La institución matrimonial posee un gran sustrato de normativa de Orden Público, y otorga seguridad jurídica, con amplio marco de protección, imponiendo así, deberes por sobre derechos, ordenando la vida familiar y otorgando estabilidad constitutiva.

Referencias

AZPIRI, Jorge O. *Uniones de Hecho*. Ed. Hammurabi. Buenos Aires, Argentina, 2003.

Costa-Lascoux, Jacqueline. *Mujer, procreación y bioética,* en *Historia de mujeres, El siglo XX, la nueva mujer.* T. 10. Ed. Taurus. España.

15 Sambrizzi, Eduardo A. *Op. Cit.*, pág. 267 y 268.

16 Souto Paz, José A. *Derecho matrimonial.* Ed. Marcial Pons, Madrid, 2000, pág. 24.

FANZOLATO, Eduardo Ignacio. *Alimentos y reparaciones en la separación y en el divorcio*. Ed. Depalma. Buenos Aires, Argentina, 1991.

FANZOLATO, Eduardo Ignacio. *Derecho de Familia*. Tomo I. Ed. Advocatus. Córdoba, Argentina, 2007.

FERRER, Francisco A. M. *Nuevo régimen legal del matrimonio civil. Ley 26.618*. Rubinzal Culzoni Editores. Santa Fe, Argentina, 2010.

GARCÍA DE SOLAVAGIONE, Alicia. *Estudio del Proyecto de Unificación del CCCN en Materia de Derecho de Familia*. Academia Nacional de Derecho y Ciencias Sociales de Córdoba. Octubre 2012. Córdoba, Argentina. http://www.acaderc.org.ar/ estudio-del-proyecto--de-unificacion-del-codigo-civil-y-comercial-de-la-nacion-en-materia-de-derecho--de-familia

SAMBRIZZI, Eduardo A. *Tratado de derecho de familia*. Tomo IV, 2da. ed. actualizada. Ed. La Ley. Bs. As., 2018.

SOLARI, Néstor E. *Uniones de hecho. Tendencias Legislativas*. En Revista de Derecho de Familia Nº 23. Ed. La Ley. Bs. As., 2002.

SOUTO PAZ, José A. *Derecho matrimonial*. Ed. Marcial Pons. Madrid, 2000.

TAVARES DA SILVA, Regina Beatriz. *La libertad testamentaria de los que viven en una unión estable*. In Adfas.org.br/2020/05/06/liberdade-testamentaria-de-quem-vive-em-uniao-estavel/

TALAVERA FERNÁNDEZ, Pedro A. *Fundamentos para el reconocimiento jurídico de las uniones homosexuales. Propuestas de regulación en España*. Madrid, 1999.

1. UNIÃO CONVIVENCIAL NA REPÚBLICA ARGENTINA

Alicia García de Solavagione

Introdução. Silêncio legislativo

Agradeço à Prof.ª Regina Beatriz Tavares da Silva, prestigiada jurista e brilhante estadista do Brasil, por me colocar nesse emocionante trabalho ecumênico.

A Argentina incorpora as uniões de fato, com o *nome de uniones convivenciales*[1], como instituição com efeitos civis a partir da sanção do novo Código Civil e Comercial da Nação, em agosto de 2015, embora antes já houvesse certos benefícios de Previdência Social para aqueles que viviam em concubinato, bem como a cobertura de benefícios médicos das obras sociais.

Diante do fato social da união conjugal de fato ou situação *more uxorio,* foram apresentadas legislações que, sistematizadas, podemos distinguir da seguinte forma:

1. **Posição Abstencionista,** ou omissiva, que omitiam todas as normativas sobre a união de fato. Ex: o Código francês que não regulamentava qualquer efeito do chamado concubinato, apoiado pela frase atribuída a Napoleão, que perante o Conselho de Estado sentenciava: "Os concubinos prescindem a lei; a lei prescinde deles". A redação original do Código Civil Argentino foi embasada neste posicionamento.

[1] Optou-se por traduzir o termo por *uniões convivenciais* a fim de manter maior aproximação com o idioma original.

Fundamento: não bastava apenas evitar a equiparação dos efeitos com o casamento, o que seria axiomático ao evitar-se, dessa forma o incentivo da união de fato, mas por mais durável, prolongado e estável que fosse o concubinato, não deixaria de ser o que os juristas romanos conceituaram como *res facti*. Ou seja, uma certa situação jurídica que se baseia em um fato que durava – como o casamento sine *manu* – de acordo com a vontade daqueles que compunham a vida conjugal.

2. **Posição de sanção:** Não só negava efeitos jurídicos às uniões de fato, como também as combatiam, por meio de desincentivos fiscais (Planiol e Ripert).
3. **Posição equiparante:** No polo oposto estão as leis que conferem às uniões de fato, depois de cumpridos certos requisitos, os mesmos efeitos do casamento. Os direitos dos contraentes são equiparados aos dos conviventes, sem distinção.
4. **Posição protecionista:** A legislação prevê certas situações específicas e reconhece certos direitos emergentes da união de fato em casos específicos, mas não idênticos, aos dos cônjuges. Por exemplo, os conviventes não têm vocação hereditária[2].

1. Sua regulação

Como vimos, as *uniões convivenciais* em nosso país foram regulamentadas apenas em 2015, definindo-as como aquelas:

1.1. Uniões baseadas em relações afetivas: o conceito causa incerteza devido à falta de precisão linguística, o que gera insegurança jurídica. Esse desconhecimento do escopo de seu significado e, sobretudo, a ausência de conteúdo jurídico do conceito de "afetividade", gera o grave risco de relacionamentos em *fraudem legis,* podendo ocorrer de duas pessoas que, vivendo sob o mesmo teto e sendo conectadas por uma relação afetiva, não sejam um casal.

[2] Azpiri, Jorge O. *Uniones de hecho*. Ed. Hammurabi. Buenos Aires, Argentina, 2003, p. 48 e ss.

Direito desiderativo[3]. As "relações afetivas" com *sustractum jurídico*. O alcance do termo "afetividade" não está estabelecido pela dogmática jurídica. Assim, a Argentina estreia, no novo código, uma forma de demanda social, que é o direito desiderativo à afetividade em uniões estáveis. Esse direito ao "desejo" nasceu em resposta à necessidade de dar solução imediata a fatos, visando um bem-estar urgente. Temos sustentado que "desejo não equivale a direito"[4].

É desejável especificar o significado e o escopo da afetividade: se se refere à vontade interna, a um ato volitivo substancial, ato volitivo insubstancial com efeitos jurídicos; meros caprichos etc., a fim de dar certeza às relações familiares[5]. Na minuta da reforma à Lei do Casamento Civil nº 23.515, que incorpora na Argentina o divórcio vincular e separação pessoal, do ano de 1987, o Dr. Horacio Sueldo apresentou no Senado o artigo 21, estabelecendo que "os esposos devem uns aos outros: amor, fidelidade, respeito, colaboração e ajuda em suas necessidades". A moção não teve sucesso e foi rejeitada[6].

1.2. De caráter singular: a união é única, pois em nossa legislação local não se poderá ter mais de uma, nem se poderá estar unido em casamento e em união convivencial ao mesmo tempo.

Atualmente existem sistemas jurídicos familiares de acordo com os modos culturais vigentes. A família monogâmica, a polígama e as grupais ou coletivas (típicas dos povos originais). A família monogâmica é regra nos países ocidentais. A monogamia exige que a união seja de um só homem com uma só mulher, ou de dois homens ou duas mulheres, de acordo com a lei 26.618 de casamento igualitário. Isso implica que o mesmo indivíduo não pode ter formalizadas simultaneamente uniões matrimoniais ou factuais com pessoas

[3] Termo criado pela escritora, a fim de incorporar todos aqueles desejos que não têm relevância jurídica, e que, no entanto, a lei considera que podem ser cobertos pela norma positiva. Tome-se como exemplo, o estabelecido no artigo 425 inc. b) da CCCN.

[4] Costa-Lascoux, Jacqueline. *Mujer, procreación y bioética*, Em *Historia de mujeres, El siglo XX, la nueva mujer.* T. 10. Ed. Taurus, Espanha, p. 205.

[5] García de Solavagione, Alicia. *Estudio del Proyecto de Unificación del CCCN en Materia de Derecho de Familia.* Academia Nacional de Derecho y Ciencias Sociales de Córdoba. Octubre 2012. Córdoba, Argentina. Ver en el link: http://www.acaderc.org.ar/estudio-del-proyecto-de-unificacion-del-codigo-civil-y-comercial-de-la-nacion-en-materia-de-derecho-de-familia

[6] Fanzolato, Eduardo Ignacio. *Alimentos y reparaciones en la separación y en el divorcio.* Ed. Depalma. Buenos Aires, Argentina, 1991, p. 5 y ss.

diferentes. A família monogâmica é uma das características relevantes do mundo ocidental, aceita em todas as leis dos países de raiz romano-germânica; nos países da *Common Law;* nos países eslavos; na China e na maioria das nações asiáticas e africanas que sofreram a influência da cultura cristã ocidental (Japão, Coreia do Sul, Índia, África do Sul, Angola, etc.), com exceção dos mórmons.

Embora certamente tenha a família conjugal passado por duros embates, jamais foi abandonado o sistema cultural ocidental com base em uniões monogâmicas ou exclusividade sexual. Dois sujeitos casados não podem concomitantemente possuir diferentes estados de família, jurídicos ou factuais. A esse respeito, mestre Ferrer defende, referindo-se ao casamento, embora se aplique às uniões:

> O caráter monogâmico é então mantido no sentido exposto, ou seja, da união de duas pessoas, apenas. Até agora, a monogamia não foi colocada em causa. O contexto ético-jurídico vigente nas sociedades ocidentais exclui a poligamia. O impedimento de vínculo (arts. 160 e 166, inc. 6o, C.C.) protege o casamento monogâmico[7].

Nem tudo o que é legal ou lícito é legítimo. Só será legítimo o que respeita os princípios fundamentais da Ordem Pública. Referimo-nos à ordem pública que, assim, torna-se o princípio informativo do sistema jurídico e, a primeira ordem pública, é a Constituição Nacional. Embora a liberdade sexual e de fecundação ou de procriação sejam outras tantas manifestações da própria liberdade do homem, não se deve esquecer que o respeito infinito ou exagerado pelas prerrogativas do indivíduo, sua dignidade e o livre desenvolvimento de sua personalidade, dão margem ao risco de que um legislador ou juiz, por soberba, seja capaz de consagrar a "deificação" do indivíduo pelo direito. O ilustre jurista de Córdoba, Prof. Fanzolato, continua a afirmar que:

> Os indivíduos responsáveis devem se preocupar em disseminar e defender os princípios saudáveis da moralidade pública contra a propaganda

[7] Ferrer, Francisco A.M. *Nuevo régimen legal del matrimonio civil. Ley 26.618*. Rubinzal Culzoni Editores. Santa Fé, Argentina, 2010, p. 67.

libertina de certos grupos que atuam sob o rótulo de "reivindicação da liberdade e dignidade do homem", o que impacta e pavimenta maior recrutamento de adeptos, particularmente na população de países que viveram longos anos sob governos ditatoriais[8].

1.3. Pública.

1.4. **Notória**: conhecida pela comunidade.

1.5. **Estável.**

1.6. **Permanente**: ou seja, deve prolongar-se no tempo, pelo menos por dois anos. Deve haver uma externalização básica da existência de um projeto comum. A convivência tem um significado profundo e espiritual, baseado no amor e no afeto, como sentimento e como operação da vontade. Há uma fusão de vidas para compartilhar o mesmo destino vital. Por isso a existência de um prazo legal mínimo.

1.7. **De duas pessoas que convivem e compartilham um projeto de vida comum, sejam de sexos iguais ou diferentes.**

1.8. **Para produzir efeitos legais, é necessário que:**

- Os dois membros sejam maiores de idade.
- Não estejam unidos por laços de parentesco em linha reta em todos os graus, nem colateral até o segundo grau.
- Não estejam unidos por vínculo de parentesco de afinidade em linha reta.
- Não tenham impedimento de vínculo nem esteja registrada outra convivência simultaneamente. Nesse sentido, é evidente que a Argentina considera a monogamia como uma condição de ordem pública, sem exceção.
- Mantenham a convivência por um período não inferior a dois anos.

[8] Fanzolato, Eduardo Ignacio. *Derecho de Familia*. Tomo I. Ed. Diabo. Córdoba, Argentina, 2007, p. 66.

2. Existência de dois tipos de uniões de convívio

A Argentina sistematizou as uniões *more uxorio,* em particular, devido à preocupação legislativa com possíveis repercussões sociais. Assim, os requisitos são observados de forma mais exigente em uniões de fato do que as requeridas no casamento.

Existem uniões de convivenciais registradas e uniões convivenciais puramente factuais ou não registradas. O código deixa claro que tanto a existência da união convivencial, sua extinção e os pactos que os membros do casal tenham celebrado são inscritos no registro civil de cada jurisdição.

2.1. Esta inscrição possui apenas propósito probatório, ou seja, não dá origem a uma relação jurídica (ou seja, não tem efeitos constitutivos), sendo que apenas comprova a relação. Por outro lado, o registro da união de convivência é essencial quando os efeitos previstos para a proteção da moradia familiar sejam concedidos.

2.2. Não há novo registro de união convivencial sem o cancelamento prévio da pré-existente. Em outras palavras, não pode haver duas uniões de convivência registrados simultaneamente: é preciso registrar o cancelamento de uma para habilitar-se a formar outra. Assim, evita-se a insegurança jurídica de não saber qual é a união convivencial "válida" (art. 512 da CCCN).

2.3. Pactos de convivência: Os conviventes podem regular suas relações futuras por meio de um contrato – baseado na autonomia de sua vontade – seja de conteúdo patrimonial ou extrapatrimonial. São contratos bilaterais, que se completam com o acordo das partes cuja forma escrita é indispensável. E são pessoais, não delegados (art. 513).

2.4. Esses pactos não podem tirar o efeito da espinha dorsal dessas uniões, como os deveres de assistência, de contribuição às despesas domiciliares (art. 514), a responsabilidade pelas dívidas com terceiros e a proteção da habitação familiar e de seus móveis essenciais. Regime patrimonial primário, básico ou de potestade doméstica.

2.5. Para que este Pacto seja oponível a terceiros, deve ser registrado no Cadastro do Estado Civil de Pessoas e no Registro Geral de Bens.

2.6. **Limites:** os pactos de convivência não podem ser contrários à ordem pública, nem ao princípio da igualdade dos conviventes, nem afetar os direitos fundamentais de qualquer um dos membros da união convivencial (art. 515).

2.7. Os pactos podem ser modificados e rescindidos de acordo com ambos os conviventes. A cessação da convivência extingue o contrato para o futuro. Outorga, então, efeitos *ex nunc*.

3. Efeitos da união convivencial durante a convivência

3.1. Os efeitos da união convivencial serão regidos pelos termos do contrato convivencial. Na ausência de um pacto: cada membro da união exercerá livremente a administração e a alienação de bens pessoais de sua titularidade (art. 518 da CCCN).

3.2. Assegura-se no código, art. 519 da CCCN, que os conviventes se devem assistência durante a convivência.

3.3. O artigo 520º impõe a obrigação de subsidiar as despesas cotidianas. A novidade: o código recente torna solidária a responsabilidade entre os dois conviventes ante a obrigação de pagar as dívidas que o outro tenha contraído para cobrir as despesas comuns durante a convivência, denominadas "Regime Patrimonial Primário" ou "Potestades Domésticas", ou "Básico". A solidariedade dos encargos familiares é de ordem pública.

3.4. **Proteção da habitação convivencial (art. 522).** É concedida exclusivamente para uniões convivenciais registradas. Para dela dispor, faz-se necessário consentimento do outro. O juiz pode autorizar a disposição do bem se for prescindível e o interesse da família não estiver comprometido. A habitação da família não pode ser executada após o registro da união de convivência por dívidas incorridas por ambos os conviventes sem o parecer favorável do outro.

3.5. **Distribuição dos bens.** Na ausência de pacto, os bens adquiridos durante a convivência são mantidos no patrimônio ao qual ingressaram, sem prejuízo da aplicação dos princípios gerais relativos ao enriquecimento injusto, à desconsideração de atos praticados por interposta pessoa e outros (art. 528).

4. Em suma, na Argentina, o concubinato

- Não tem força expansiva,
- Não gera um estado familiar, nem efeitos civis de parentesco,
- Não gera uma vocação hereditária, nem é reconhecida como legítima,
- Apenas são reconhecidos – por razões previdenciárias – determinados direitos previdenciários, e o direito real de habitação em relação à moradia são reconhecidos, desde que a união seja registrada.

5. Cessação da união convivencial

5.1. São causas da cessação da união convivencial:

a) pela morte de um dos conviventes,
b) pela firme sentença de ausência com presunção de morte de um dos conviventes,
c) por casamento ou nova união convivencial de um de seus membros,
d) pelo casamento dos conviventes,
e) por acordo mútuo,
f) por vontade unilateral de um dos conviventes desde que fortemente notificada ao outro e,
g) pela cessação da convivência mantida.

A interrupção da convivência não implica cessação se for por motivos de trabalho ou similares, desde que a vontade de manter vida em comum permaneça.

É importante diferenciar entre cessação da convivência e cessação da união convivencial. A cessação da convivência implica a interrupção da coabitação, o afastamento do lar; é uma questão de fato. A cessação da união convivencial é um conceito mais amplo, tal qual a quebra da união e sua finalização como instituto legalmente reconhecido.

É importante notar que não são reconhecidos direitos de herança entre os conviventes, portanto, com a morte de um deles todos os efeitos do pacto realizado são extintos, exceto o direito real de habitação em favor do sobrevivente.

6. Compensação financeira

Uma vez que a convivência cesse, o convivente que sofre um desequilíbrio manifesto, o que significa uma piora de sua situação econômica, devido à convivência e sua ruptura, tem direito à indenização. Isso pode consistir em uma prestação única ou uma renda por um determinado período, que não pode ser maior do que a duração da união convivencial.

Pode ser pago com dinheiro, com o usufruto de certos bens ou de qualquer outra forma acordada pelas partes ou decidida de outra forma pelo juiz.

6.1. **Perfis legais da** prestação compensatória**.** Nova instituição: traços legais marcados por seu ideal francês.

A prestação compensatória é apresentada como uma nova instituição jurídica cuja natureza é adequada para substituir alimentos anacrônicos entre ex-cônjuges. Aparece na Europa no último quarto do século XX, com base em fundamentos diversos e poucas raízes doutrinárias anteriores. Reformas legislativas familiares na França, Dinamarca, Grã-Bretanha, Itália, Espanha e Alemanha adotam, embora com características diferentes, atribuindo-lhes funções específicas e acomodando sua fisionomia jurídica particular à idiossincrasia e condicionamentos sociais de cada país.

Dizia Carbonnier, ideólogo da instituição na França, que:

> uma parte considerável das dores do divórcio são as do pós-divórcio. Pensa-se, em particular, na pensão alimentícia, medíocre, mal paga, geradora de conflitos que renascem sem trégua. Pensão alimentícia pós-divórcio é uma miséria legal que pesa duramente sobre as mulheres divorciadas.

6.2. Classificação das prestações compensatórias:

a) Dependendo do tipo de benefício que buscam, as prestações compensatórias civis se distinguem das previdenciárias, de direito público. Por sua vez, os civis, segundo seu fundamento, são classificados como benefícios corretivos da disparidade econômica e benefícios restauradores do enriquecimento sem causa.
b) Por sua origem, podem ser legais ou convencionais, sendo que não devem, necessariamente, sujeitar-se ao regime das prestações fixadas pelos juízes. Os acordos privados serão respeitados desde que não afetem os interesses ou direitos superiores de terceiros.
c) Dependendo se eles são determinados quando se dissolve um casamento ou uma convivencial estável, pode-se tratar de prestação compensatória pós-divorcial ou de prestação compensatória pós-convivencial.

6.2.1. **O benefício compensatório civil** consiste no pagamento de um valor total ou um valor periódico – geralmente mensal – temporário ou vitalício, que um dos divorciados deve pagar ao outro:

a) Para reparar o desfavorecido en nível de vida econômico social sofrido devido ao divórcio, ou
b) Para compensar por aquelas contribuições em serviços ou bens que, por sua particularidade, não podem ser justificados nem liquidados nas operações de liquidação e partição do regime patrimonial matrimonial ou da comunidade convivencial.

6.2.2. **As prestações compensatórias previdenciárias são pagas a** cônjuges divorciados ou conviventes separados, pelo respectivo sistema de aposentadoria por meio de um cálculo compensatório das contribuições feitas por um ou ambos ex-cônjuges durante a vida conjugal, buscando que os dois se beneficiem igualmente das contribuições pagas por eles individualmente durante a duração do casamento ou convivência. São prestações previdenciárias com montantes de compensação.

6.3. Como vimos, tendo em conta os fundamentos e propósitos das respectivas leis, existem pelo menos três tipos de prestações compensatórias, que podem ou não coexistir, de acordo com as regulamentações de cada país, a saber:

6.3.1. **Corrigir a situação emergente díspar do divórcio ou cessação da convivência.** Com a prestação, busca-se reparar o prejuízo econômico que, por qualquer motivo, resulte do divórcio ou cessação da união a um de seus membros. A lei tenta compensar o desequilíbrio, buscando, por meio da prestação, manter uma posição socioeconômica semelhante dos divorciados/separados, por um período razoável de tempo, a fim de permitir aos mais desprotegidos uma reintegração normal na respectiva área geradora de recursos existenciais (situação objetiva).

Assim, consagra-se verdadeira compensação por equidade, de modo que o ressarcimento não precisa ser necessariamente integral como se propicia em matéria de responsabilidade por danos. A obrigação de reparação não é estabelecida a título de reprovação que qualquer um que incorra em conduta antijurídica merece. Trata-se de uma indenização de equidade imposta ao convivente que, após a cessação da união, não sofre diminuição em seu padrão de vida.

6.3.2. **Para compensar os serviços benevolentes não liquidados quando o regime de bens é extinto.**

Neste caso, o benefício é imposto para corrigir o empobrecimento sofrido por um dos cônjuges/conviventes, em decorrência da divisão de funções durante a convivência e que o impede de exercer imediatamente uma ocupação remunerada ou exercício profissional interrompido, recebendo como compensação um montante global ou uma renda até que possa obter, por meios próprios, a renda necessária para garantir sua autossuficiência. O fator de atribuição baseia-se no princípio do enriquecimento sem causa.

6.3.3. **Para compartilhar os direitos ou expectativas previdenciárias durante o casamento ou durante a convivência conjugal.**

Baseia-se em princípios de equidade da convivência. Para tanto, a Comissão dos Ministros dos Estados-Membros do Conselho da Europa salienta, quando, nas Recomendações (R. 89-1), tendente a alcançar a autonomia econômica dos separados, que aconselha ditar regulação adequada dos regimes de aposentadoria por idade, de modo que os conviventes se beneficiem, de forma igualitária, das contribuições pagas durante a convivência. O que se busca com essa recomendação é que cada um dos conviventes possa participar das expectativas previdenciárias que o outro tenha adquirido, com seu trabalho, durante a vigência da união.

6.4. **Características comuns dos benefícios compensatórios civis:** A concessão dessas prestações pode ter origem convencional ou legal, mas, em geral, possuem as seguintes características:

1) De acordo com a lei que as rege, as prestações compensatórias civis têm natureza patrimonial ressarcitória porque surgem: (a) do prejuízo, do retrocesso nas condições de vida econômica e social, ou (b) do empobrecimento indevido do beneficiário e do correlativo enriquecimento sem causa do obrigado, e não da situação de necessidade do credor, como na alimentação. Se não ocorrer o dano (a disparidade econômica causada pelo rompimento do casamento) ou o empobrecimento-enriquecimento correlativos e, não há base factual para a prestação, mesmo que a pessoa pretendida esteja em situação de carência.
2) A culpa como requisito de imputação é prescindível. O fator de atribuição varia dependendo do tipo de benefício compensatório regulado nos diferentes sistemas que o recebem. Em alguns países, a conduta incorreta de uma das partes pode excepcionalmente basear uma recusa em concedê-lo em favor do culpado. Por exemplo, na França, o direito de obter uma prestação compensatória por situação econômica díspar é negado apenas ao único cônjuge culpado de falência conjugal, embora com a possibilidade de concessão excepcional, em certos casos, de uma prestação substitutiva (indenização compensatória). Por outro lado, o benefício compensatório por enriquecimento sem causa, que é o tipo regulamentado no Código Civil de Quebec, procede mesmo que o requerente seja culpado pelo desmonte conjugal e, ainda que, por gozar de uma forte posição econômica, não precise dele. O pagamento da indenização não é nem um "prêmio" nem um

consolo, nem uma "doação forçada", mas sim o pagamento do que é civilmente devido por aquele que foi enriquecido sem justa causa; é, portanto, inconcebível que o pagamento dependa da conduta que o pretenso credor tenha observado durante a convivência.

3) Pelas mesmas razões, a caducidade ou permanência do direito ao benefício não deve estar sujeita à decisão posterior de contrair novas núpcias, de viver em união estável ou de permanecer sem vínculos legais ou factuais a esse respeito. Em Quebec é um direito que não expira durante o tempo fixado, ainda que no decorrer desse período o beneficiário tenha se casado novamente (por ser compensatório); com igual fundamento, estabelece-se sua permanência em caso de morte do devedor (art. 427 do Cod. Civ. de Quebec). Na França, onde o benefício tem uma base diferente, também não é extinto pelas novas núpcias do beneficiário, embora seja comum incluir nos acordos de divórcio, por petição conjunta, uma cláusula que preveja a cessação de renda nesses casos (diferente do que ocorre na Grã-Bretanha e na Itália, países onde o benefício expira se o titular contrai novas núpcias).
4) As circunstâncias apontadas distinguem visceralmente o benefício compensatório de um benefício alimentar, sobre a qual o juízo de tais situações pode determinar que o dever não nasça, ou seja restrito, ou que expire (arts. 210, 211 e 218 do atual CC).
5) A determinação da natureza jurídica creditória e não alimentar desses benefícios não é uma sutileza ou bizantinismo; pelo contrário, é crucial para esclarecer o regime jurídico a que estão sujeitos, especialmente, sua disponibilidade, duração, apreensão, privilégios, variabilidade do montante, sistema de revogação do direito etc.

Assim, as seguintes consequências decorrem da natureza patrimonial compensatória da prestação:

1) No caso de direito "inerente ao patrimônio", admite sua *transmissão ativa ou passiva inter vivos* e *mortis causa*; se fosse alimento seria "inerente à pessoa", *intuitu personae*, e, consequentemente, intransmissível. Se não houver exatidão judicial em relação ao prazo de validade, os

rendimentos serão interpretados como vitalícios em relação ao beneficiário; mas se uma duração fixa tiver sido estabelecida, no caso de morte do credor titular, seus herdeiros poderão exigir o pagamento até que o prazo seja concluído.

2) Sendo um direito patrimonial disponível de ativos, admite sua renúncia expressa ou tácita que terá pleno valor, desde que não se alegue e demonstre qualquer vício de consentimento.
3) A regulamentação é facultativa nas Convenções Regulatórias dos efeitos do divórcio (nos países onde esses acordos são obrigatórios, como na Espanha), sendo este outro elemento que contribui para fundamentar o caráter negocial de tais prestações, uma vez que a sua regulamentação é meramente potestativa para as partes, que não são obrigadas a convencioná-las.
4) A mesma disponibilidade determina que a transação e compensação é possível; por outro lado, os alimentos cujo propósito de cuidado é subsidiar as necessidades mínimas são essencialmente indisponíveis, como característica das obrigações alimentares *ex-lege*.
5) Admite limitação de tempo porque tem a natureza da compensação e não está subordinado à necessidade do credor.
6) A prestação compensatória, em razão de sua natureza patrimonial, própria de um ressarcimento, e do princípio de que não há privilégio sem texto (como o que versa sobre os alimentos), carece de prioridade ou privilégio para ser cobrado em concurso de credores após a liquidação judicial dos bens do devedor.
7) É penhorável e sujeita-se à falência do credor e do devedor. Alguns autores argumentam que pode ser impenhorável até o montante das necessidades alimentarias básicas de subsistência. O que exceder essa quantia poderia ser penhorado.
8) Sendo reparatória deveria ser paga em um único e definitivo pagamento, como é costume para reparar a indenização por danos. A finalidade almejada no estabelecimento da preferência pelo pagamento total, de acordo com o estabelecido e fixado, é conseguir que o devedor possa ser definitivamente liberado quando desembolsa o preço final imutável, sem ter que arrastar por uma vida inteira, ou por um longo período, as consequências e memórias ruins do casamento dissolvido

e as reivindicações de reajuste dos valores. A ideia é típica da doutrina da *ruptura limpa (clean break)* que aconselha regularizar de uma vez por todas, se possível, no mesmo julgamento do divórcio, todas as relações econômicas liquidantes e futuras entre os cônjuges divorciados.

9) O pagamento único, global ou *a forfait* está reconhecido em algumas legislações, como a francesa, a inglesa e a italiana. No entanto, os próprios autores franceses reconhecem que, ao admitirem que sejam, excepcionalmente, pagos mensalmente, essa é forma praticada em 80% dos casos, muitas vezes por falta de dinheiro disponível e, em outras, como especulação econômica porque, tendo o capital, a pessoa obrigada pode pagar a mensalidade com o lucro produzido ou com seus juros.

10) Em princípio, o montante do benefício é imutável, seja do valor total ou da mensalidade quando o pagamento é permitido e imposto na forma de renda periódica.

11) Constituindo um crédito comum, o pagamento pode ser garantido. O Juiz pode obrigar a parte devedora a constituir uma garantia ou a dar um depósito caução ou a apresentar fiador para garantir o pagamento da renda.

12) Quanto à oportunidade para solicitação, o direito expira se o benefício não for exigido em breve período, o que varia de acordo com a estrutura regulatória. A caducidade apenas é explicada com base no princípio da concentração dos efeitos do divórcio à época da sentença, a fim de promover a paz social e familiar. Isso não seria viável se o benefício fosse de natureza alimentícia, dever este que surge legalmente quando são reunidas as condições factuais e legais para sua aplicabilidade (necessidade e possibilidade), sem estar sujeito a prescrição ou decadência. O direito alimentício permanece latente até que apareçam os orçamentos que o tornem exigível.

6.5. Fixação judicial de compensação financeira. Expiração.

O juiz determina o mérito e o montante da compensação financeira com base em diversas circunstâncias, entre elas: O *status* patrimonial de cada um dos conviventes no início e no final da relação, a dedicação que cada um deu à família e à criação e educação dos filhos, a idade e o estado de saúde dos conviventes e dos filhos, a formação profissional e a possibilidade de acesso ao trabalho de cada um, a colaboração dada às atividades comerciais, industriais ou profissionais do outro convivente etc.

7. Breve análise da legislação na República Federativa do Brasil[9]

No ordenamento jurídico brasileiro, os efeitos à união concubinária são concedidos por meio de duas leis: a Lei 8.971/94 e a Lei 9.278/96.

Em suma, a convivência duradoura, pública e contínua de um homem e uma mulher estabelecida com o objetivo de constituir uma família é reconhecida como entidade familiar (art. 1, Lei 9.278). As condições, portanto, para as chamadas "uniões livres" são: a) dualidade dos sexos, b) estabilidade e c) publicidade.

Em particular, a Lei 8.971 de 1994 reconhece aos conviventes, cuja vida comum tenha durado mais de cinco anos, ou gerado filhos, em sendo pessoas solteiras, legalmente separadas, divorciadas ou viúvas, um direito sucessório que tem a maior amplitude quando o falecido não tem descendentes ou ascendentes.

Neste caso, o convivente sobrevivente tem direito à totalidade da herança. Quando há filhos do falecido ou comuns, o companheiro sobrevivente tem direito ao usufruto de um quarto dos bens do *de cujus* e ao usufruto sobre dos bens, no caso de ascendentes vivos (art. 2). No entanto, mesmo que haja descendentes ou ascendentes, quando os bens da herança resultam da atividade e colaboração do companheiro, o sobrevivente terá direito a metade deles (art. 3).

[9] Realizado em colaboração com o Professor Dr. Martín Andrés Flores, Professor de Direito Privado VI, Família e Sucessões. Diretor das disciplinas "Processo sucessório" e "Teoria Geral da Alimentação" na Faculdade de Direito da U.N.C., Argentina.

Posteriormente, a lei brasileira de nº 9.278/96 estabeleceu as consequências pessoais e patrimoniais decorrentes da convivência de casais, estabelecendo os seguintes direitos e deveres entre os conviventes:

a) Respeito e consideração mútuos,
b) assistência moral e material recíproca,
c) manter, sustentar e educar os filhos comuns (art. 2).
d) Os bens móveis ou imóveis adquiridos por um ou por ambos os conviventes, a título oneroso, são considerados o resultado do trabalho e colaboração comuns e pertencem a ambos, tanto em condomínio quanto em partes iguais, salvo estipulação contrária por escrito. A presunção prevista nesta norma cessa se a aquisição patrimonial ocorrer com o produto de bens adquiridos antes do início da união.
e) A administração dos bens comuns é de responsabilidade de ambos os conviventes, salvo estipulação em contrário por escrito (art. 5). A união é dissolvida por rescisão, um dos conviventes deve prestar auxílio ao outro em caso de necessidade alimentícia (art. 7).
f) Dissolvida a união por morte de um dos dois conviventes, o sobrevivente tem o direito real de habitação sobre a unidade habitacional destinada à residência familiar, desde que não se tenha formado nova união nem tenha contraído novo matrimônio (art. 7).

Por fim, o Código Civil Brasileiro de 2002 replica algumas dessas disposições, em especial nos artigos 1724 e ss; e 1790. Mas deve-se esclarecer que não estabeleceu um prazo para a os efeitos de considerar a união de fato com efeitos civis.

A saber, o referido dispositivo normativo estipula: "As relações pessoais entre companheiros devem obedecer aos deveres de lealdade, respeito e assistência, de guarda, sustento e educação dos filhos" (art. 1724). Aceita-se que casais de conviventes estáveis governem as questões patrimoniais de sua vida comum através de um pacto escrito. Se nenhum acordo for celebrado, aplica-se às relações patrimoniais o mesmo que ao regime parcial de bens (art. 1725).

Em matéria de direito de herança, regulamenta a participação do companheiro sobrevivente na sucessão do companheiro morto, sobre os bens obtidos onerosamente durante a existência da união estável, listando os diferentes casos de participação quando concorrer com filhos comuns ou com outros parentes chamados por lei à sucessão (art. 1790).

Algumas reflexões

O Supremo Tribunal Federal (STF) em acórdão datado de 10/05/2017 sobre a base da postura sustentada pelo ministro Roberto Barroso, considerou que: "No atual sistema constitucional, a diferenciação do regime sucessório entre cônjuges e casais é inconstitucional e o regime estabelecido no artigo 1829 do Código Civil deve ser aplicado em ambos os casos"[10].

De acordo com as disposições acima referidas, e a doutrina do STF, é evidente a intenção de transplantar direitos próprios da instituição matrimonial para a regulamentação das uniões de fato. Após experiências processuais, a Associação de Direito de Família e Sucessões (ADFAS) é apresentada como *amicus curiae* ou amigos do Tribunal, a fim de manter a liberdade testamentária do *de cujus e*, assim, conseguir que sua quota de livre disponibilidade seja total, nos casos daqueles que vivem em uma união de fato.

É evidente a necessidade imperiosa de proteger o falecido, como fez ADFAS, que, se quisesse casar com seu companheiro, e o teria feito, para, assim, eixar seus bens *post-mortem* para seu convivente. A equiparação dos efeitos conjugais e convivenciais, em nossa opinião, implica desconhecer a natureza jurídica de ambas as instituições: casamento e convivência de fato. Atribuir-lhes os mesmos efeitos é incorreto. A prestigiada jurista Regina Beatriz Tavares da Silva, presidente da ADFAS, argumenta[11]:

> Portanto, no Brasil temos a liberdade testamentária de quem vive em união estável, com a preservação do regime de comunhão escolhido pelos companheiros, mantendo seus efeitos, desde que tomem o cuidado de firmar um testamento que regule os efeitos da sucessão em caso de morte, à exclusão do casal.

[10] Tavares da Silva, Regina Beatriz. *La equiparación del esposo y compañero en sucesión por STF se limita a la orden de la Vocación Hereditaria.* adfas.org.br/2018/11/22/equiparacao-de-conjuge-e--companheiro-na-sucessao-pelo-stf-limita-se-a-ordem-de-vocacao-hereditaria/

[11] Tavares da Silva, Regina Beatriz. *La libertad testamentaria de los que viven en una unión estable.* Adfas.org.br/2020/05/06/liberdade-testamentaria-de-quem-vive-em-uniao-estavel/

De acordo com a Real Academia Espanhola, equiparar é "considerar ou fazer igual ou equivalente a outra pessoa ou coisa". Questionamos se é possível, a partir da ciência do direito, apenas equiparar a instituição matrimonial com as uniões de fato ou concubinárias. Em termos jurídicos: podemos combinar "Atos Jurídicos" com "Fatos, juridizados ou não", como fonte de Direitos e Deveres?

Tradicionalmente – de acordo com a natureza jurídica e as funções – o concubinato sempre foi de uma ordem inferior ao casamento. Seu nascimento, como fato legalmente relevante e regulamentado, foi o produto daqueles que não puderam se casar[12].

É então que a intenção e a necessidade de equiparação não é explicada, quando na maioria dos países do mundo, os sistemas jurídicos abrigam o divórcio vincular. É por isso que atualmente não é válido dizer que a união realmente tem sua principal causa na impossibilidade de se contrair um novo casamento.

Aqueles que defendem a equiparação, usam como instrumento argumentativo, a nota tipificante e "supostamente compartilhada" entre o casamento e as uniões de fato, que é a "estabilidade".

Aqui vê-se um erro evidente, pois claramente os regulamentos não se referem à mesma coisa. A estabilidade no casamento não é, e nunca pode ser, igual à estabilidade nas uniões de fato.

No casamento, a presunção é dada em favor da "vontade" de estabilidade, uma vez que a lei pressupõe que o casado decidiu iniciar uma relação estável e duradoura ao longo do tempo, e, em princípio, indefinida. Nada aqui tem

[12] Cabe recordar que no Direito romano, se fazia uma distinção entre o casamento e o concubinato, no qual estava ausente o *Affectio maritalis*, ou seja, o desejo de se casar. A admissão do concubinato teve motivos para estar na existência de diferentes proibições para contração de matrimônio, entre certas pessoas, de acordo com o cargo que ocupavam, como ocorria, por exemplo, em relação aos senadores.
Podemos lembrar a figura da "*barragana*" do direito espanhol, onde naquela época se distinguiam três tipos de uniões entre homens e mulheres. Primeiro, o casamento, celebrado com as solenidades legais e religiosas da época; em segundo lugar, o casamento "com yuras" ou casamento juramentado, casamento legítimo, mas oculto, clandestino, e por assim dizer, um casamento de consciência, que induzia a perpetuidade e as mesmas obrigações que o solene, do qual se distinguia apenas pela falta de solenidade e publicidade; e, em terceiro lugar, a "barraganía", que era a união ou enlace de solteiro, no qual as barraganas eram consideradas como mulheres da segunda ordem.

a ver com o curso do tempo. É a própria vontade dos cônjuges, expressas no momento da contração de matrimônio, de serem colocados em um estado de família que lhe outorga estabilidade, sem pensar em um prazo, pois ninguém, em termos legais, pode se casar a prazo.

É por isso que a estabilidade a que as uniões convivenciais se referem é reduzida ao longo do tempo, a fim de diferenciar-se das uniões circunstanciais, de modo que um conjunto de direitos possa ser feito.

Em suma, a estabilidade nas uniões de fato refere-se aos prazos mínimos, pois caso contrário, não seríamos capazes de identificar qual situação é de fato regulamentada e qual não o é, como pode acontecer no regime brasileiro, no qual o Código Civil não estabelece prazos mínimos, muito menos seu registro.

Nestes termos e com grande clareza, Talavera Fernández, em seu trabalho " Fundamentos para el reconocimiento jurídico de las uniones homosexuales. Propuestas de regulación en España ", assinala:

> No casamento, a presunção está do lado da vontade de estabilidade, pois o direito pressupõe coisas; o que, por outro lado, não acontece na livre união, na qual a presunção está do lado da provisionalidade e da transitoriedade. Uma vez que a união não nasceu de fato ligada a um vínculo ou a um compromisso expresso, a única prova consistente de que essa relação não era simplesmente um encontro transitório entre duas pessoas, mas foi estabelecida com vontade de permanecer, só pode ser dada pela passagem tempo[13].

Em harmonia, Sambrizzi argumenta que:

> Nas uniões de fato não há a estabilidade própria do compromisso que os esposos aceitam no casamento, mas, de todo modo, uma estabilidade que pode ser descrita como "imprópria", e pode-se dizer que na união matrimonial essa exigência constitui um requisito necessário para cumprir seus propósitos fundamentais, o que exige a existência de uma união duradoura. Sem compromisso, dificilmente há estabilidade.

[13] Talavera Fernández, Pedro A. *Fundamentos para el reconocimiento jurídico de las uniones homosexuales. Propuestas de regulación en España*. Madrid, 1999, pág. 29.

> Se admitimos que a família seja a base da sociedade e que o casamento seja a melhor forma de constituir uma família, devido à sua estabilidade e, consequentemente, sua durabilidade ao longo do tempo, parece claro que a sociedade está interessada que a família seja constituída através do casamento[14].

Retomando a ideia de equiparar, pela qual são feitas tentativas de aplicar efeitos e direitos inerentes ao casamento a uniões de fato, sem qualquer escala, diretamente transplantando, observa-se uma nota curiosa, e que são, em sua maioria, direitos de iminente caráter patrimonial.

Tentar conceder os mesmos efeitos é como inverter a ordem das coisas. É muito perigoso que o concubinato, pelo o mero transcurso de tempo, apresente direitos próprios da instituição matrimonial. A mera "afetividade" e o transcurso do tempo não podem ser a fonte das instituições, principalmente em um regime, como o brasileiro, onde isso pareceria que se está tentando regular todas as uniões de fato, com limites difusos, a despeito de inúmeras situações que podem ocorrer na prática.

O ordenamento brasileiro concede direitos de herança a uniões de fato, sem a existência mínima de um registro[15]. O juízo sucessório é um processo universal especial e inseguro, pois a vocação hereditária implica correr o risco de que apareçam parentes desconhecidos, ou que, apesar de sua existência, não saberem do falecimento do 'de cujus'. Como o convivente provaria sua vocação hereditária nesses casos?

Acreditamos que isso atenta, sem dúvida, ao princípio da segurança jurídica, não apenas aos familiares do falecido, mas a terceiros, ou seja, aos credores do morto.

[14] Sambrizzi, Eduardo A. *Tratado de derecho de familia*. Tomo IV, 2da. E. Atualizado. Ed. A Lei, Bs. As., 2018, p. 256.

[15] Solari, Néstor E. *Uniones de hecho. Tendencias Legislativas*. En RDF Nº 23, La Ley. Bs. As., 2002, p. 146. Os autores se mostram partidários de regular as uniões de fato, porém unicamente para aqueles que se encontram inscritos em um registro especial que se deve criar para tais efeitos, dado que, de outra maneira, se estaria impondo um regime forçoso pela mera convivência, o que, na verdade significaria "proibir uniões livres", consagrando de tal maneira "um casamento forçado imposto pela lei, ao lado do matrimonio voluntario assumido pelas partes livremente no respectivo Registro Civil".

Insistimos, não se trata de manipular organizações como quebra-cabeças, onde se tomam peças que são convenientes para montar uma instituição; isso é alheio ao direito de família; principalmente nesta sociedade pós-moderna, sob era do individualismo, na qual há uma clara desvantagem dos deveres sobre os direitos.

Tentar tomar direitos inerentes ao casamento para serem aplicados às uniões de fato é uma clara conduta injusta, alheia à natureza dos direitos familiares subjetivos e da noção de família.

Em outra ordem de ideias, se aqueles que não têm impedimento de se casar escolhem viver juntos sem casamento, é porque voluntariamente preferiram seguir esse caminho, esquivando-se à aplicação de regras que lhes são inconvenientes ou insatisfatórias.

Assim, querer impor-lhes, contra sua vontade, através da regulamentação da convivência de casal, não só atenta contra seus próprios interesses, como também contra o conceito de liberdade individual, que deve ser preservado.

Além disso, Sambrizzi nos refere que a extensão às uniões de fato das vantagens que a sociedade concede aos cônjuges, constitui um estímulo que incentiva sua manutenção, além de atacar os interesses gerais da sociedade, que está interessada em preservar a existência de uma família estável, para a qual nada melhor do que ter assumido o compromisso de contrair casamento por toda a vida , o que também resulta no bem dos filhos, que têm o direito de nascer, crescer e educar-se em uma família regularmente constituída[16].

Souto Paz destaca, por sua vez, a existência de certa contradição por parte daqueles que rejeitam a legitimidade social que resulta do casamento e, em vez disso, optam pela união de fato, ao mesmo tempo em que buscam obter os benefícios sociais e legais reconhecidos ao casamento[17].

Como corolário, gostaria de dizer que não deve custar tanto respeitar a natureza e as funções jurídicas das instituições. Como cientistas de direito, podemos forçar as instituições, usando o casamento como uma espécie de fórmula elástica para legitimar uniões de ordem inferior?

O casamento não é uma fórmula de borracha; como ato jurídico, é aquele que tem o maior efeito sobre o sistema regulatório; é fincado em bases; cria

16 SambrizziEduardo A. *Op. Cit.*, p. 267 e 268.

17 Souto Paz, José A. *Derecho matrimonial.* Ed. Marcial Pons, Madrid, 2000, 24.

relações jurídicas familiares; é um ato de primeira classe no direito de família; é por isso que não se alcança ao longo do tempo, implica um ato solene de manifestação de consentimento.

A instituição matrimonial possui um grande substrato nas normas de Ordem Pública, e concede segurança jurídica, com amplo quadro de proteção, impondo assim deveres sobre direitos, ordenando a vida familiar e concedendo estabilidade constitutiva.

Referências

AZPIRI, Jorge O. *Uniones de Hecho*. Ed. Hammurabi. Buenos Aires, Argentina, 2003.

COSTA-LASCOUX, Jacqueline. *Mujer, procreación y bioética*, en *Historia de mujeres, El siglo XX, la nueva mujer*. T. 10. Ed. Taurus. Espanha.

FANZOLATO, Eduardo Ignacio. *Alimentos y reparaciones en la separación y en el divorcio*. Ed. Depalma. Buenos Aires, Argentina, 1991.

FANZOLATO, Eduardo Ignacio. *Derecho de Familia*. Tomo I. Ed. Advocatus. Córdoba, Argentina, 2007.

FERRER, Francisco A. M. *Nuevo régimen legal del matrimonio civil. Ley 26.618*. Rubinzal Culzoni Editores. Santa Fe, Argentina, 2010.

GARCÍA DE SOLAVAGIONE, Alicia. *Estudio del Proyecto de Unificación del CCCN en Materia de Derecho de Familia*. Academia Nacional de Derecho y Ciencias Sociales de Córdoba. Octubre 2012. Córdoba, Argentina. In http://www.acaderc.org.ar/ estudio-del--proyecto-de-unificacion-del-codigo-civil-y-comercial-de-la-nacion-en-materia-de--derecho-de-familia

Sambrizzi, Eduardo A. *Tratado de derecho de familia*. Tomo IV, 2da. ed. atualizada. Ed. La Ley. Buenos Aires, 2018.

SOLARI, Néstor E. *Uniones de hecho. Tendencias Legislativas*. In Revista de Derecho de Familia Nº 23. Ed. La Ley. Buenos Aires. As., 2002.

SOUTO PAZ, José A. *Derecho matrimonial*. Ed. Marcial Pons. Madri, 2000.

TAVARES DA SILVA, Regina Beatriz. *La libertad testamentaria de los que viven en una unión estable*. In Adfas.org.br/2020/05/06/liberdade-testamentaria-de-quem-vive-em-uniao-estavel/

TALAVERA FERNÁNDEZ, Pedro A. *Fundamentos para el reconocimiento jurídico de las uniones homosexuales. Propuestas de regulación en España*. Madrid, 1999.

2. UNIONES CONVIVENCIALES

Graciela Medina

Introducción y objetivos[1]

Hasta hace dos décadas atrás las "uniones de hecho" eran uniones heterosexuales que obedecían en general a la imposibilidad de contraer matrimonio, a la ignorancia de las leyes, a motivos religiosos, o/a problemas pluriculturales. En esa época una gran mayoría de la población las consideraba con disfavor, las denominaba inmorales y en general los convivientes no adoptaban esta forma de convivencia por una decisión voluntaria, sino por la imposibilidad de casarse, el desconocimiento de las leyes, problemas económicos o culturales.

[1] **Bibliografía Clásica**: BORGONOVO, Oscar, El Concubinato, Hammurabi, Buenos Aires 1980; BOSSERT Gustavo, Régimen legal del concubinato, 4ª edición actualizada y ampliada, Astrea, Buenos Aires 1997.
Bibliografía **de la reforma:** BURGOS BARANDA, María Cecilia, Uniones conviviencales. Interrogantes sobre el texto proyectado, Cuaderno Jurídico Familia, agosto 2012, número 31, pág. 6, El derecho; GIOVANNETTI, Patricia y ROVEDA, Eduardo, Las uniones convivienciales en el anteproyecto de reforma del Código Civil y Comercial de la Nación, en elDial.com, DC188A, 04/06/12; GIOVANNETTI, Patricia y ROVEDA, Eduardo Regulación especial para las uniones conviviencales, ponencia en el XVII Congreso Internacional de derecho familiar, las familias y los desafíos sociales, La Ley/Abeledo Perrot, Buenos Aires 2012, pág. 378; KRASNOW, Adriana N. en Comentarios al proyecto del Código civil y comercial de la Nación 2012, Rivera, Julio César, Director, Medina Graciela, Coordinadora, Las Uniones Conviviencales, pág. 371 y ss. Abeledo Perrot, Buenos Aires 2012; SOLARI, Néstor E. Las Uniones conviviencales en el proyecto, Revista de derecho de familia y las personas, La Ley, Julio 2012, Pág. 98.

Hoy la situación mundial ha variado ya que con la adopción por la mayoría de las legislaciones del mundo del divorcio vincular ha desaparecido el impedimento para contraer matrimonio civil, (causa importante de las uniones concubinarias) por otra parte el nivel cultural ha mejorado, por lo que salvo en limitadas comunidades su existencia ya no responde a causas de impedimentos legislativos o de bajo nivel cultural, sino a decisión de los miembros de la pareja.

No obstante la desaparición o disminución de sus antiguas causas, ni su número, ni su problemática ha menguado. Por el contrario numéricamente las uniones de hecho son cuantitativamente más numerosas y a sus conocidos conflictos se ha unido en la actualidad la cuestión de las uniones de hecho homosexuales.

En la Argentina, desde la reglamentación en el año 2003 de las Uniones Civiles en la Ciudad Autónoma de Buenos Aires la cantidad de matrimonios ha disminuido, dando paso al auge de las uniones civiles. Así, según el informe de la Dirección General de estadísticas y censos de la Ciudad Autónoma de Buenos Aires denominado "La tendencia de las uniones civiles en la ciudad de Buenos Aires 2003/2013"[2] en el año 2003, en la Ciudad de Buenos Aires por cada unión civil había 217 matrimonios, mientras que en el 2013 la relación fue de 1 a 1. Más categórico todavía es lo que muestra el informe respecto de la cantidad de certificados de convivencia tramitados en el mismo período, que superó por primera vez a la de matrimonios: 12.712 a 11.206. Por otra parte, entre 1990 y 2013[3], la cantidad de matrimonios convencionales en la ciudad cayó de 21.966 por año a 11.642, según un informe anterior de la Dirección General de Estadística y Censos. Este número se ha mantenido estable así advertimos que en el año 2018 la cantidad de matrimonio fue de 10893[4], mientras que en igual periodo de tiempo el número de certificados de Uniones Convivenciales fue de 563 y de uniones libres registradas 8626.

El incremento numérico de parejas de hecho ha venido acompañado e un incremento en la aceptación social de este tipo de convivencia; así nos encontramos que las "parejas de hecho" configuran hoy un fenómeno de causa,

[2] http://estatico.buenosaires.gov.ar/areas/hacienda/sis_estadistico/ir_2014_779.pdf

[3] Matrimonios en la Ciudad de Buenos Aires. Años 1990 – 2013, https://www.estadisticaciudad.gob.ar/eyc/?p=39037, consultado el 11 de Junio del 2019

[4] https://www.estadisticaciudad.gob.ar/eyc/?p=68174

trascendencia y aceptación diferente al que tenía hace 30 o 20 años, lo que fundamentan la importancia y necesidad de legislar sobre esta realidad como lo hace el Código Civil y Comercial Argentino, en el capítulo referido a la Unión Convivencial.

Por otra parte en el ámbito de los derechos humanos y del derecho constitucional, se propugna el respeto a la autonomía de la voluntad n la elección de la forma de organización familiar y el reconocimiento de distintos modelos de familias.

En este contexto resulta imposible que el legislador adopte una postura abstencionista ante una realidad creciente y que cuenta con reconocimiento social; es por ello que la Argentina regula las uniones de hecho, en el Código Civil y Comercial del 2015, abandonado la postura seguida por Vélez Sarsfield de no legislar al respecto.

En este artículo nos proponemos describir sintéticamente la regulación de la unión convivencial en el Código Civil y Comercial Argentino.

1. Nociones generales de la "Unión Convivencial"

La nueva legislación argentina regula las uniones de hechos denominándolas "Unión Convivencial", con características distintas al matrimonio y con igualdad para las uniones entre personas de igual y diferente sexo.

La legislación considera que hay *"unión convivencial"* cuando durante dos años existe entre dos personas *relaciones afectivas de carácter singular, pública, notoria, estable y permanente que conviven y comparten un proyecto de vida común sean del mismo o de diferente sexo.*

Están excluidas de tal regulación las relaciones poligámicas, y los tríos o relaciones de más de dos personas vulgarmente conocidas como "poliamor", que resultan contrarias al orden público interno.

2. Similitudes y diferencias entre uniones heterosexuales y homosexuales

En ambos casos los caracteres comunes son la estabilidad, la publicidad, la comunidad de vida o cohabitación y la singularidad.

Los componente de ambas uniones tienen iguales derechos, por aplicación analógica del principio contenido en el art 402 del CCyCN, que dice que *"ninguna norma puede ser interpretada o aplicada en el sentido de limitar, restringir o excluir o suprimir la igual de derecho de los integrantes del matrimonio, y los efectos que este produce sea constituido por dos personas de igual o de diferente sexo."*

Y la diferencia radica en que las parejas heterosexuales pueden tener hijos entre sí y con exclusión de terceros, mientras que las parejas de igual sexo requieren acceder a técnicas de fecundación asistida o a la adopción, o a la colaboración de una persona de otro sexo.

Otra distinción aunque de menor importancia jurídica es la diferencia cuantitativa, es una constante mundial que las parejas de hecho homosexuales son mucho menos que las heterosexuales.

Pero lo más importante es la igualdad de sus miembros y la igualdad de efectos entre uniones de personas de igual y diferente sexo.

2.1 Similitudes y diferencias con el matrimonio

La unión convivencial y el matrimonio tienen importantes diferencias en la Argentina sobre todo en el aspecto patrimonial, fundado en que se ha pretendido preservar la autonomía de la voluntad de quienes no quieren adquirir los compromisos matrimoniales y prefieren vivir libremente su unión, en estos casos se establecen obligaciones mínimas a los convivientes que están contenidas en lo que se denomina un *"régimen primario de bienes"*, que es similar para los cónyuges cualquiera sea el régimen patrimonial que elijan y para los convivientes, Este régimen, mínimo de obligaciones solidarias durante la convivencia que es la única obligación que las personas que conviven no pueden dejar de lado por voluntad de las partes, es similar para convivientes y para cónyuges.

Los esposos y los unidos de hecho no tienen iguales obligaciones patrimoniales, justamente porque las parejas que conviven pudiendo casarse no lo eligieron y el estado tiene que preservar la libertad de casarse y de no hacerlo.

Hoy existe un gran replanteo de esta posición y un gran sector de la doctrina propugna que los convivientes deberían tener derechos hereditarios y que tendrían que ser considerados herederos forzosos con fundamento en que la base del derecho hereditario del cónyuge está dada en el afecto presunto y en la protección de la familia, afecto que también existe en las uniones de hecho que constituyen familias que deben ser protegidas. En este sentido muchos autores propician acordarle al conviviente carácter de heredero forzoso, aunque en un orden distinto al que tiene el cónyuge, posterior a los colaterales pero que excluyendo al fisco a falta de otros herederos forzosos.

Sin embargo, esta no fue la posición adoptada por el Código Civil Argentino que prefirió proteger la autonomía de la voluntad de quienes quieren vivir libremente y otorgar derechos hereditarios a quien acepta un régimen obligatorio y forzoso.

En concreto las diferencias entre el matrimonio y la unión convivencial residen en que:

- El matrimonio genera derechos hereditarios entre los cónyuges mientras que los convivientes carecen de ellos.
- La celebración del matrimonio establece entre los cónyuges el régimen de comunidad de bienes salvo que hubiesen pactado el régimen de separación de bienes. El régimen de comunidad establecido legalmente produce que a la disolución del matrimonio los cónyuges tienen derecho al 50% de los bienes adquiridos durante la convivencia que se presumen gananciales. Los convivientes no tienen establecido legalmente el régimen de comunidad de bienes, y por lo tanto a la disolución los convivientes carecen de derechos a la mitad de los bienes adquiridos en la convivencia, salvo que lo hubieran pactado expresamente, cuestión que en la práctica no acontece.
- La vivienda familiar a la disolución de la unión convivencial solo puede ser atribuida por el plazo de dos años desde que cesa la convivencia[5], mientras que en el supuesto de matrimonio la atribución de la vivienda familiar a su finalización no tiene un término legal establecido sino que se determina según las circunstancias[6].

[5] Art. 526. A la finalización de la convivencia el uso del inmueble que fue sede de la unión convivencial puede ser atribuido a uno de los convivientes en los siguientes supuestos: a) si tiene a su cargo el cuidado de hijos menores de edad, con capacidad restringida, o con discapacidad; b) si acredita la extrema necesidad de una vivienda y la imposibilidad de procurársela en forma inmediata, El juez debe fijar el plazo de la atribución, el que no puede exceder del plazo de dos años.

[6] Art. 443. Atribución del uso de la vivienda. Pautas. Uno de los cónyuges puede pedir la atribución de la vivienda familiar, sea el inmueble propio de cualquiera de los cón-yuges o ganancial.

- En caso de muerte el cónyuge sobreviviente tiene derecho real de habitación de pleno derecho sin necesidad de pedirlo sobre el inmueble que fuera sede del hogar conyugal, independientemente de su derecho hereditario, sin necesidad de tener que demostrar que no tiene otra vivienda, sin límite de plazo alguno, mientras que en el supuesto de la unión convivencial[7] el derecho real de habitación al supérstite le es acordado por dos años, debiendo acreditar que carece de vivienda propia habitable o de bienes suficientes que aseguren el acceso a ésta.
- La compensación económica es similar para cónyuges y convivientes salvo en dos cuestiones. La primera es que los convivientes pueden solicitar la compensación económica en caso de muerte de su pareja y los cónyuges no. La segunda que la compensación económica que se establece en cuotas en el matrimonio carece de plazo para el pago; mientras que en la unión convivencial el plazo, no puede ser mayor al de la duración de la unión convivencial.
- El matrimonio hace presumir la filiación de los hijos que nacen después de su celebración (art 566 del CCyCN) mientras que en la unión convivencial no existe una presunción legal de filiación extramatrimonial y esta queda determinada por el reconocimiento, por el consentimiento previo, informado y libre al uso de las técnicas de reproducción humana asistida, o por la sentencia en juicio de filiación que la declare tal (art 570 del CCyCN).

El juez determina la procedencia, el plazo de duración y efectos del derecho sobre la base de las siguientes pautas, entre otras: a) la persona a quien se atribuye el cuidado de los hijos; b) la persona que está en situación económica más desventajosa para proveerse de una vivienda por sus propios medios; c) el estado de salud y edad de los cónyuges; d) los intereses de otras personas que integran el grupo familiar.

[7] Art. 527. Atribución de la vivienda en caso de muerte de uno de los convivientes. El conviviente supérstite que carece de vivienda propia habitable o de bienes suficientes que aseguren el acceso a ésta, puede invocar el derecho real de habitación gratuito por un plazo máximo de dos años sobre el inmueble de propiedad del causante que constituyó el último hogar familiar y que a la apertura de la sucesión no se encontraba en condominio con otras personas.

2.2 Requisitos

Los requisitos para tener por configurada una unión convivencial están establecidos en el artículo 510 del CCyCN que dispone que se necesita que: a) los dos integrantes sean mayores de edad; b) no estén unidos por vínculos de parentesco en línea recta en todos los grados, ni colateral hasta el segundo grado; c) no estén unidos por vínculos de parentesco por afinidad en línea recta; d) no tengan impedimento de ligamen ni esté registrada otra convivencia de manera simultánea; e) mantengan la convivencia durante un período no inferior a dos años.

a) Edad.
   El artículo 510 inc. a) establece como requisito para la existencia de la unión convivencial la mayoría de edad de ambos contrayentes. Esta es la edad establecida para la celebración del matrimonio, con la diferencia que la falta de edad legal para casarse puede ser dispensada por autorización judicial o autorizado por los progenitores cuando se tratara de mayores de 16 años.
   En el supuesto de unión convivencial, no se ha previsto dispensa alguna para celebrarla, y si en la práctica una persona menor de edad conviviera maritalmente, esta unión carecería de los efectos de la unión convivencial y fundamentalmente no podría ser registrada, con lo cual no tiene la protección de la vivienda familiar prevista en el art. 522 del CCyCN, ni sus contrayentes pueden celebrar pactos de convivencia, ni inscribirlos.
b) Parentesco en línea recta en todos los grados, ni colateral hasta el segundo grado.
   No pueden realizar una unión convivencial con efectos jurídicos las personas que estén unidas por lazos de parentesco consanguíneo, por adopción o derivados de la voluntad procreacional en línea recta en todos los grados y en línea colateral hasta el segundo grado.
   Ello implica que no van a ser considerado convivientes a los efectos del CCyCN las uniones con los padres, los abuelos, o los hermanos porque se las considera incestuosas.

Un sector de la doctrina encabezado por el Dr. Córdoba requería la protección para las uniones convivenciales simplemente familiares entre hermanos que muchas veces conviven de adultos en una relación solidaria y familiar.

El CCyCN no reconoce esta protección porque establece como requisito para la existencia de la unión convivencial la falta de parentesco colateral hasta el segundo grado es decir que si hay parentesco colateral no existe unión convivencial.

c) Parentesco por afinidad.

La unión convivencial no puede ser establecida con los ex suegros y en general con todas aquellas personas con las que exista parentesco por afinidad en línea recta en todos los grados.

Como el parentesco por afinidad solo se da en el matrimonio, para que exista este impedimento el conviviente debe estar casado y divorciado. En ese caso así como no se podría casar con sus ex suegros, ni con los hijos por afinidad, tampoco se puede unir convivencialmente con ellos. En cambio cualquier persona puede unirse convivencialmente con los padres o el hijo de una conviviente anterior

d) Ligamen u otra unión convivencial

El matrimonio anterior, mientras subsista, y la existencia de otra unión convivencial son impedimentos para una nueva unión convivencial y su violación priva de efectos civiles a la unión Dicha prohibición tiene su fundamento en la monogamia que es un principio aceptado en las legislaciones occidentales derivados de la igualdad.

e) Mantener la convivencia por un periodo no inferior a dos años.

El quinto y último requisito es que se mantenga la convivencia durante un período no inferior a dos años.

Este requisito está unido al carácter de estable que se le reconoce a las uniones de hecho para que surtan efectos. Resulta lógico que no cualquier unión afectiva puede producir las obligaciones que el CCyCN prevé para las uniones convivenciales. Así no se justifica que recién comenzada una relación en común los convivientes sean responsables frente a terceros por las deudas que uno de ellos hubiera contraído con terceros para solventar las necesidades del hogar o el sostenimiento y la educación de los hijos no comunes conforme al art. 461 y 521 ya que esta responsabilidad es consecuencia de la solidaridad que se deben los miembros de una familia estable y no las partes de una relación circunstancial.

El plazo de dos años para conferirle efectos a la convivencia es un plazo que surge de la decisión del legislador y resulta una decisión prudente porque permite diferenciar las uniones accidentales, temporarias o a prueba de las verdaderas uniones familiares.

2.3 Inscripción

Se prevé la inscripción de las uniones convivenciales para facilitar su prueba. Así lo establece el art. 511 al decir que *"la existencia de la unión convivencial, su extinción y los pactos que los integrantes de la pareja hayan celebrado, se inscriben en el registro que corresponda a la jurisdicción local, sólo a los fines probatorios"*.

La inscripción es, en principio, al sólo efecto probatorio. Esto significa que en caso de no estar inscripta si los convivientes o ex convivientes pretenden ejercer los derechos derivados del instituto, deberán probar su existencia por cualquier medio de prueba.

La inscripción debe ser solicitada por ambos convivientes, eso cierra la posibilidad de inscripción unilateral una vez finalizada la unión.

Decíamos que en principio la inscripción es al solo efecto probatorio porque existen derechos derivados de la unión que exigen la inscripción para su ejercicio, así en la protección de la vivienda familiar prevista en los arts. 250[8] y 522[9], CCyCN. En este sentido el inmueble afectado como vivienda familiar no puede ser transmitido, ni gravado sin el consentimiento del otro conviviente, sólo cuando la unión convivencial estuviere inscripta.

[8] Art. 250. Transmisión de la vivienda afectada. El inmueble afectado no puede ser objeto de legados o mejoras testamentarias, excepto que favorezcan a los beneficiarios de la afectación prevista en este Capítulo. Si el constituyente está casado o vive en unión convivencial inscripta, el inmueble no puede ser transmitido ni gravado sin la conformidad del cónyuge o del conviviente; si éste se opone, falta es incapaz o tiene capacidad restringida, la transmisión o gravamen deben ser autorizados judicialmente

[9] Art. 522. Si la unión convivencial ha sido inscripta, ninguno de los convivientes puede, sin el asentimiento del otro, disponer de los derechos sobre la vivienda familiar, ni de los muebles indispensables de ésta, ni transportarlos fuera de la vivienda.

Además, en cuanto a los efectos de la unión hacia terceros el art. 517 establece la obligatoriedad de la inscripción.

2.4 Pactos de convivencia

El régimen argentino contiene la posibilidad de realizar "*pactos de convivencia*" destinados a regular aspectos relativos a la unión. Estos pactos encuentran su fundamento en el respeto a la autonomía de la voluntad pero estos convenios están limitados por el orden público[10] y existen materias donde no puede acordarse derechos menores a los establecidos por el Código Civil y Comercial.

Así los pactos no pueden dejar sin efecto lo dispuesto sobre asistencia recíproca (art 519), la obligación de contribución con los gastos domésticos (art 520) ni lo establecido sobre la responsabilidad por deudas contraídas por unos de los convivientes para solventar los gastos del hogar o mantenimiento y educación de los hijos y tampoco lo dispuesto sobre la protección de la vivienda familiar. Estos ítems conforman el régimen primario que es inderogable por la voluntad de las partes y aplicables a cualquier tipo de convivencia que ellas decidan someterse.

Los pactos de convivencia son convenios destinados a regular relaciones futuras entre los convivientes, su contenido puede ser patrimonial o extrapatrimonial, se trata de contratos bilaterales, que se completan con el solo acuerdo de las partes (consensuales), cuya forma escrita es requerida.

El artículo 514 dispone que los pactos de convivencia pueden regular, entre otras cuestiones: a) la contribución a las cargas del hogar durante la vida en común; b) la atribución del hogar común, en caso de ruptura; c) la división de los bienes obtenidos por el esfuerzo común, en caso de ruptura de la convivencia.

Tal como se encuentra redactada la norma la enumeración dada es solamente enunciativa, pudiendo pactarse otras cuestiones que no se encuentren mencionadas.

Con relación a los convivientes los pactos tienen efectos desde su celebración sin necesidad de inscripción alguna.

[10] Medina, Graciela, "*Orden público en el derecho de familia*" Publicado en: LA LEY 10/11/2015, 1. LA LEY 2015-F, 742, Cita Online: AR/DOC/3974/2015.

Para que los pactos de convivencia tengan efectos con relación a terceros, deben ser inscriptos tanto en el Registro de uniones convivenciales como en cada Registro local que corresponda a los bienes (art. 517).

2.5 Efectos de las uniones convivenciales durante la convivencia

a) Relaciones patrimoniales:
   i. Propiedad de los bienes: Cada uno de los convivientes conserva la propiedad de los bienes que adquiere durante la convivencia. Aunque puede pactarse que los bienes adquiridos durante la unión deban inscribirse en condominio o que los bienes adquiridos durante la convivencia se compartan a la finalización, estos pactos son minoritarios y casi nadie los realiza. Sin embargo, si es común que durante la convivencia los bienes se adquieran en condominio.
   ii. Administración y disposición de los bienes: Cada uno de los convivientes tiene la libre administración y disposición de los bienes adquiridos durante la unión (art. 518). La única restricción a este poder de disposición recae sobre la vivienda familiar y su ajuar y lo analizaremos más adelante (art. 522).
   iii. Régimen primario de bienes entre convivientes.

El "Régimen Primario" está constituido por el conjunto de normas, referidas a la economía de la pareja conviviente que se aplican de forma imperativa a toda unión convivencial registrada o no registrada y que tienen por objeto tanto asegurar un sistema solidario que obligue a ambos convivientes a satisfacer las necesidades del hogar y asegure a los acreedores que esas deudas serán solventadas con el patrimonio de los dos convivientes, como proteger la vivienda familiar y los bienes que la componen.

Estas normas comunes a todas las uniones convivenciales han sido incorporadas en forma imperativa basadas en el principio de la solidaridad familiar.

En concreto establecen las siguientes obligaciones de orden público:

a. Contribución a los gastos del hogar: Los convivientes tiene la obligación de contribuir a contribuir a su propio sostenimiento, el del hogar y el de los hijos comunes, de acuerdo a sus ingresos. Por gastos del hogar debe entenderse lo indispensable para la subsistencia de los habitantes de la vivienda.

b. Sostenimiento de los hijos comunes y no comunes.

Ambos convivientes deben contribuir a las necesidades del hogar, de los hijos comunes y de los hijos del otro cónyuge que conviven con ambos.

El sistema del CCyCN parte de considerar que la convivencia familiar lleva inherente la presencia de ciertas necesidades de sus miembros y determina que los bienes de ambos convivientes se hayan sujeto a su satisfacción en proporción a sus recursos. Tal deber deriva directamente de los principios de colaboración y solidaridad combinados con los de libertad e igualdad. De manera general podemos apreciar que el deber de contribución está referido a los gastos de mantenimiento o subsistencia de la familia entendida en sentido restringido es decir los convivientes y los hijos, sin perjuicio de comprender a los familiares cuando conviven en la misma vivienda.

En definitiva, ambos convivientes deben contribuir a las necesidades de los hijos comunes y de los hijos incapaces de uno de los cónyuges que convivan con ellos. Tal contribución no es exactamente igual porque en el caso de los hijos comunes, la obligación se extiende, aun cuando no convivan con los padres en los siguientes supuestos:

- Durante la menor edad, y mientras exista obligación alimentaria es decir hasta los 21 años (art. 658, CCyCN).
- Durante la incapacidad, en caso de incapaces.
- Hasta los 25 años mientras estudien o se capaciten (art. 663, CCyCN).
- Siempre que le falten medios para alimentarse y que no sea posible adquirirlo con su trabajo (art. 622, CCyCN).

Mientras que para el supuesto de hijos de uno solo de los convivientes, para que exista deber de contribución deben:

- Convivir en el hogar común.
- Ser incapaces.
- No se extiende al supuesto en que no convivan en el hogar convivencial.
- No se extiende al caso de hijo mayor que se capacita.

- No comprende a los hijos no comunes que no tengan medios para alimentarse.

c. Responsabilidad por las deudas frente a terceros: Los convivientes son solidariamente responsables por las deudas que uno de ellos hubiera contraído con terceros para solventar las necesidades ordinarias del hogar, o el sostenimiento y la educación de los hijos comunes y los menores o incapaces hijos de cualquiera de los convivientes siempre que convivan en el hogar convivencial.
Por necesidades ordinarias del hogar debe entenderse, entre otras, a las necesidades médicas del grupo familiar, adquisición de bienes muebles para el hogar, vestimenta para todos los integrantes, gastos de vacaciones familiares y educación, etc.

d. Asistencia: Los convivientes se deben recíprocamente asistencia y no pueden dejar de lado este deber convencionalmente. Ella abarca una faz moral y otra material.
La asistencia moral es el respeto y cuidado mutuo entre los convivientes, la atención especial en el trato cotidiano, compartiendo sus emociones, alegrías, sufrimientos en el cuidado ante una enfermedad y en los emprendimientos laborales.
En la faz material los convivientes tienen el derecho-deber de prestarse alimentos recíprocos durante la convivencia.

e. Protección de la vivienda familiar: Al hogar en el que los convivientes asienten su unión se lo denomina "*hogar convivencial*" o "*vivienda familiar*". Al igual que la vivienda matrimonial, se encuentra protegida por el art. 14 bis de la Constitución Nacional.
La protección de la vivienda familiar sede de la unión convivencial se encuentra regulada en el art. 522 del CCyCN., que establece: "*Protección de la vivienda familiar. Si la unión convivencial ha sido inscripta, ninguno de los convivientes puede, sin el asentimiento del otro, disponer de los derechos sobre la vivienda familiar, ni de los muebles indispensables de ésta, ni transportarlos fuera de la vivienda. El juez puede autorizar la disposición del bien si es prescindible y el interés familiar no resulta comprometido. Si no media esa autorización, el que no ha dado su asentimiento puede demandar la nulidad del acto dentro del plazo de caducidad de seis meses de haberlo conocido, y siempre que continuase la convivencia*".

El art. 522 del CCyCN es una norma de orden público que no puede ser dejada sin efecto por la voluntad de las partes. De su redacción surge una doble protección: a) entre convivientes; y b) frente a terceros.
Es requisito esencial para que la norma que analizamos sea de aplicación la inscripción de la unión convivencial.

f. Protección de la vivienda familiar entre convivientes: Para disponer de este bien el titular registral deberá contar con el asentimiento del otro conviviente.
El consentimiento del conviviente es necesario tanto para realizar actos que impliquen la disposición material del bien, como cuando se intente comprometer su destino como en el caso de constituir hipoteca sobre él.
También se requiere del asentimiento para el caso de disposición de los bienes muebles indispensables, como también para transportarlos fuera de ella. Como muebles indispensables deberá entenderse todos aquéllos que sean imprescindibles para las necesidades básicas de las personas que allí habiten.

g. Protección de la vivienda sede de la unión convivencial frente a terceros: La vivienda de los convivientes se encuentra muy protegida de la agresión de terceros acreedores. Como regla general, prohíbe la ejecución de la vivienda familiar de uniones registradas por deudas contraídas después de la inscripción de la unión, excepto que dichas deudas hayan sido tomadas por ambos convivientes o por uno de ellos, con el asentimiento del otro (art. 522, último párrafo).
Para que el bien no pueda ser ejecutado por los acreedores, hay que distinguir dos circunstancias: a) el momento en que las deudas fueran contraídas y b) el deudor de dichas obligaciones.
Así esta protección no alcanza a las deudas anteriores a la registración. La vivienda podrá ser ejecutada por las deudas posteriores a la registración cuando hayan sido contraídas por ambos convivientes, o por uno de ellos pero con el asentimiento del otro. Un claro ejemplo de esto sería las deudas con garantía hipotecaria; siendo el gravamen un acto de disposición, el asentimiento del otro conviviente resultará indispensable para la validez del acto.

2.6 Cese de la unión convivencial

Las causas de cese de la unión son: a) la muerte de uno de los convivientes; b) la sentencia firme de ausencia con presunción de fallecimiento de uno de los convivientes; c) matrimonio o nueva unión convivencial de uno de sus miembros; d) el matrimonio de los convivientes entre sí; e) el mutuo acuerdo; f) la voluntad unilateral de alguno de los convivientes notificada fehacientemente al otro; g) el cese de la convivencia mantenida.

a) Muerte de uno de los convivientes y sentencia firme de ausencia con presunción de fallecimiento.
La muerte de uno de los convivientes o la sentencia que declara la ausencia con presunción de fallecimiento hace cesar la unión convivencial y, en consecuencia todos sus efectos.

b) Matrimonio o nueva unión convivencial.
El supuesto más frecuente de fin de la unión es el caso en que los convivientes decidan casarse entre sí, pero también se encuentran previstos los casos donde uno de los miembros de la pareja contrae matrimonio con otra persona o inicia otra unión convivencial.
Es bastante frecuente que las parejas convivan durante un período más o menos prolongado para luego contraer matrimonio, en estos casos cesan los efectos de la unión y el pacto por ellos celebrados, y entran en vigencia las reglas del matrimonio.
El caso de matrimonio con un tercero, el supuesto no arroja dudas porque existirá un acta que pruebe la nueva unión, en cambio en el caso de la nueva unión convivencial con un tercero aparece como complejo, por tratarse de situaciones de hecho.

c) Mutuo acuerdo.
Aquí la unión convivencial cesa por la voluntad de ambas partes, dejándose sin efecto la unión a futuro, excepto las cuestiones relativas al cese de la convivencia (compensaciones económicas, distribución de bienes y la atribución del hogar convivencial).

d) Voluntad unilateral.
Cesa también la unión por la voluntad unilateral de alguno de los convivientes notificada fehacientemente al otro. La notificación deberá ser

por carta documento, acta notarial o cualquier medio que le otorgue certeza. El cese se produce a partir de la notificación al otro conviviente, extinguiendo a partir de allí los efectos de la unión.

e) Cese de la convivencia.

La última causa es el cese de la convivencia La interrupción de la cohabitación no implica su cese si obedece a motivos laborales u otros similares, siempre que permanezca la voluntad de vida en común.

Entonces, para que el cese de la unión produzca efectos deben cumplirse dos requisitos: 1) la interrupción continúa de la cohabitación sin causa justificada; y 2) la falta de voluntad de vida en común.

Si se interrumpe transitoriamente y en forma justificada la convivencia, no se define el cese de la unión, aunque se configure tal suspensión de la convivencia, como regla general.

El cese de la unión convivencial se produce con la finalización de la convivencia salvo que el fin de la convivencia tenga una causa justificada

El cese de la unión convivencial es muy importante porque a partir de ella cesan los efectos de la unión previstos en la ley (arts. 523 a 528, Código Civil y Comercial) y comienzan a correr los plazos de caducidad para reclamar las compensaciones económicas y el plazo de duración del otorgamiento de la vivienda familiar. Por ello es muy importante precisar la fecha exacta en que finalizó la unión convivencial por cese de la convivencia.

2.7 Efectos del cese de la unión convivencial

a) Compensación económica: El conviviente que sufre un desequilibrio manifiesto que signifique un empeoramiento de su situación económica con causa adecuada en la convivencia y su ruptura, tiene el derecho a peticionar una compensación económica contra el otro conviviente (524 CCyCN).

La única diferencia que se advierte con la compensación económica prevista para el matrimonio es que en éste caso cuando la compensación se establezca en una renta periódica, su plazo no puede exceder el tiempo que haya durado la unión convivencial.

b) Distribución de los bienes. Los convivientes tienen la posibilidad de pactar la manera de distribución de los bienes en caso de ruptura a través del pacto convivencial. A falta de éste, los bienes adquiridos durante la convivencia se mantienen en el patrimonio al que ingresaron (art. 528).

Sin perjuicio de ello puede suceder que la pareja no celebró pacto, y uno de ellos adquirió un bien al cual, durante la convivencia ambos le realizaron mejoras. Al momento de la culminación de la unión convivencial, el bien quedará íntegramente en el patrimonio de uno de ellos, enriquecido en su valor, en parte, por el esfuerzo del otro conviviente. O supongamos que un bien fue adquirido por ambos pero inscripto a nombre de uno sólo de ellos. Para este tipo de situaciones los convivientes, se encuentran sometidos a las normas generales del derecho civil como el enriquecimiento sin causa, la interposición de personas y cualquier otra acción que pudieren corresponder.

c) Atribución del uso de la vivienda familiar: De conformidad con lo dispuesto en el art. 514, inc. b. en cuanto a la atribución del hogar al cese de la convivencia prevalece la autonomía de la voluntad. En este orden de ideas, los convivientes podrán acordar: 1) a qué conviviente se le va atribuir el uso de la vivienda; 2) establecer o no un plazo de duración; 3) establecer un canon locativo a favor del otro conviviente de acuerdo a la titularidad del bien; 4) restringir la disposición del inmueble durante un plazo determinado; etc.

Puede suceder que lo oportunamente pactado no satisfaga las necesidades de vivienda de uno de los convivientes, supongamos que se acordó la atribución del hogar a favor de uno de los convivientes y, al concluir la unión conviviencial, es el otro quien se encuentra necesitado de vivienda, sin trabajo o enfermo y sin posibilidad de acceder a una vivienda ¿Puede éste solicitar se deje sin efecto lo estipulado por las partes y pedir la atribución del hogar en su favor?, si bien la cuestión no está resuelta expresamente, entendemos que si han cambiado sustancialmente las condiciones en las que se realizó el pacto, sin culpa, el conviviente con necesidades de vivienda podrá atacar el pacto y solicitar le sea atribuida.

A falta de pacto, el art. 526 regula los supuestos en que podrá ser atribuido a uno de los convivientes el hogar que fue sede del hogar convivencial, a saber: a) quien tiene a cargo el cuidado de hijos menores de edad, con capacidad restringida, o con discapacidad; o b) quien acredite extrema necesidad de una vivienda y la imposibilidad de procurársela en forma inmediata.

Concretamente el artículo 526 dice *Atribución del uso de la vivienda familiar. El uso del inmueble que fue sede de la unión convivencial puede ser atribuido a uno de los convivientes en los siguientes supuestos: a) si tiene a su cargo el cuidado de hijos menores de edad, con capacidad restringida, o con discapacidad; b) si acredita la extrema necesidad de una vivienda y la imposibilidad de procurársela en forma inmediata.*

El juez debe fijar el plazo de la atribución, el que no puede exceder de dos años a contarse desde el momento en que se produjo el cese de la convivencia, conforme a lo dispuesto en el artículo 523.

A petición de parte interesada, el juez puede establecer: una renta compensatoria por el uso del inmueble a favor del conviviente a quien no se atribuye la vivienda; que el inmueble no sea enajenado durante el plazo previsto sin el acuerdo expreso de ambos; que el inmueble en condominio de los convivientes no sea partido ni liquidado. La decisión produce efectos frente a terceros a partir de su inscripción registral.

Si se trata de un inmueble alquilado, el conviviente no locatario tiene derecho a continuar en la locación hasta el vencimiento del contrato, manteniéndose él obligado al pago y las garantías que primitivamente se constituyeron en el contrato.

El art 526 no aclara si esos hijos deben ser comunes o no. Creemos que puede atribuírsele también cuando existan hijos de uno sólo de ellos, siempre que sean menores, o con capacidad restringida o discapacidad, se encuentre bajo el cuidado de quien solicita esta atribución y hayan convivido con la pareja.

También la norma autoriza la atribución del hogar a quien acredite *"la extrema necesidad de una vivienda y la imposibilidad de procurársela en forma inmediata"*. Entendemos que el fundamento de esta cuestión es proteger a la parte que se encuentre más débil al momento de la ruptura de la unión convivencial. Kelmelmajer de Carlucci, al estudiar la atribución del hogar en el divorcio, afirma que no debe descartarse la salud de los cónyuges, la actividad laboral, profesional o empresarial que cada uno despliega dentro del inmueble, es decir, a la parte más necesitada de protección.

Una de las características de este uso de la vivienda es que es limitado en el tiempo, por ello el Juez debe fijar un plazo para su uso. Así se dispone que el plazo de uso de la vivienda no puede ser mayor al que hubiere durado la convivencia, estableciendo además, un plazo máximo de dos años.

En su tercer párrafo el artículo 526 autoriza al Juez -a petición de parte- a establecer: a) una renta compensatoria por el uso del inmueble a favor del conviviente a quien no se atribuye la vivienda; b) que el inmueble no sea enajenado durante el plazo previsto sin el acuerdo expreso de ambos; c) que el inmueble en condominio de los convivientes no sea partido ni liquidado.

Agregamos que la norma debió incluir supuesto de limitaciones al uso de la vivienda como darla en locación o usufructo.

En cuanto a la renta compensatoria ella puede ser procedente en el caso en que el bien sea de propiedad del conviviente a quien no se le atribuye la vivienda; o cuando se encuentre en condominio.

Cuando el bien sea de propiedad de ambos convivientes, cualquiera de ellos, podrá solicitarle al Juez que éste no sea partido ni liquidado.

Finalmente, el art 526 del CCyCN regula la atribución del hogar familiar cuando el bien sea arrendado. Así el conviviente no locatario tiene derecho a continuar en la locación hasta el vencimiento del contrato, manteniéndose el obligado al pago y las garantías que primitivamente se constituyeron en el contrato.

Las condiciones del contrato se mantienen hasta su vencimiento, con lo cual el plazo de la atribución del hogar, no se circunscribe al tiempo en que duró la convivencia o al plazo máximo de dos años, sino que queda supeditada al vencimiento contractual.

El principal obligado al pago, como los garantes impuestos en el contrato de locación se mantienen hasta su culminación, con todos los derechos y obligaciones a su cargo. Esta circunstancia es muy importante porque se imponen a los garantes condiciones no pactadas y al locador se lo obliga a continuar un contrato con quien no es parte.

Creemos que esta es una norma de orden público y que no puede ser dejada de lado por locador y locatario.

El derecho otorgado se extingue por cambios en las circunstancias que llevaron a su fijación, también por el cumplimiento del plazo que hubiere sido establecido y por las causas de indignidad previstas en materia sucesoria (art. 2281).

d) Atribución de la vivienda en caso de muerte de uno de los convivientes: En el supuesto de muerte de unos de los convivientes, se otorga al supérstite la posibilidad de invocar contra los herederos del difunto el derecho real de habitación.

El artículo 527 dice *Atribución de la vivienda en caso de muerte de uno de los convivientes. El conviviente supérstite que carece de vivienda propia habitable o de bienes suficientes que aseguren el acceso a ésta, puede invocar el derecho real de habitación gratuito por un plazo máximo de dos años sobre el inmueble de propiedad del causante que constituyó el último hogar familiar y que a la apertura de la sucesión no se encontraba en condominio con otras personas. Este derecho es inoponible a los acreedores del causante.*

Se extingue si el conviviente supérstite constituye una nueva unión convivencial, contrae matrimonio, o adquiere una vivienda propia habitable o bienes suficientes para acceder a ésta.

Para que este derecho pueda ser invocado, el art. 527 del CCyCN impone los siguientes requisitos: a) Que el conviviente carezca de vivienda propia habitable o de otros bienes para asegurar el acceso a ella; b) que el inmueble sobre el cual se pretende invocar el derecho real de habitación sea de propiedad exclusiva del conviviente fallecido; c) que dicho bien fuera sede del hogar convivencial; y d) que al momento de la apertura de la sucesión no se encontrara en condominio con otras personas.

No se requiere que el acervo hereditario del causante se componga de un solo inmueble habitable, sino que es el conviviente sobreviviente quien debe carecer de bienes inmueble u otros recursos para proporcionarse un hogar. Este derecho real es gratuito, pero a diferencia del régimen matrimonial, no es vitalicio. La norma dispone de un plazo máximo de dos años, vencido el cual, el bien podrá ser partido entre los herederos del causante. Nada obsta a que éstos inscriban la declaratoria

de herederos sobre ese bien, pero el inmueble se encuentra afectado por un derecho real de habitación por un plazo determinado, que también deberá ser inscripto en el Registro de la Propiedad inmueble.-
El derecho real de habitación será inoponible a los acreedores del causante.
El derecho se extingue por el vencimiento del término y aún antes de éste cuando el conviviente supérstite constituye una nueva unión convivencial o contrae matrimonio; o b) adquiere una vivienda propia habitable o cuenta con bienes suficientes para acceder a esta.

2. UNIÕES CONVIVENCIAIS

Graciela Medina

Introdução e objetivos[1]

Até duas décadas atrás, "uniões de fato" eram uniões heterossexuais que geralmente se deviam à impossibilidade de casamento, ignorância das leis, motivos religiosos e/ou problemas multiculturais. Naquela época, grande parte da população os considerava com desfavor, chamava-os de imorais e, em geral, os coabitados não adotavam essa forma de convivência por decisão voluntária, mas pela impossibilidade de casar-se, ignorância das leis, problemas econômicos ou culturais.

[1] **Bibliografia Clássica:** BORGONOVO, Oscar, El Concubinato, Hammurabi, Buenos Aires 1980; BOSSERT Gustavo, Régimen legal del concubinato, 4ª edición actualizada y ampliada, Astrea, Buenos Aires 1997.
Bibliografia da reforma: BURGOS BARANDA, María Cecilia, Uniones conviviencials. Interrogantes sobre el texto proyectado, Cuaderno Jurídico Familia, agosto 2012, número 31, pág. 6, El derecho; GIOVANNETTI, Patricia y ROVEDA Eduardo, Las uniones convivienciales en el anteproyecto de reforma del Código Civil y Comercial de la Nación, en elDial.com, DC188A, 04/06/12; GIOVANNETTI, Patricia y ROVEDA, Eduardo Regulación especial para las uniones convivienciales, ponencia en el XVII Congreso Internacional de derecho familiar, las familias y los desafíos sociales, La Ley/Abeledo Perrot, Buenos Aires 2012, pág. 378; KRASNOW, Adriana N. en Comentarios al proyecto del Código civil y comercial de la Nación 2012, Rivera, Julio César, Director, Medina Graciela, Coordinadora, Las Uniones Convivienciales, pág. 371 y ss. Abeledo Perrot, Buenos Aires 2012; SOLARI, Néstor E. Las Uniones convivienciales en el proyecto, Revista de derecho de familia y las personas, La Ley, Julio 2012, Pág. 98.

Hoje, a situação global mudou porque, com a adoção do divórcio vincular pela maioria das legislações do mundo, desapareceu o impedimento para contração de casamento civil (importante causa das uniões concubinárias); por outro lado, o nível cultural melhorou, de modo que, exceto em comunidades limitadas, sua existência não responde mais às causas de impedimentos legislativos ou de baixo nível cultural , mas por decisão dos conviventes.

Apesar do desaparecimento ou diminuição de suas antigas causas, nem seu número nem seus problemas diminuíram. Pelo contrário, numericamente, as uniões de fato são quantitativamente mais abundantes e aos seus conflitos mais conhecidos somam-se agora as questões das uniões de fato homossexuais.

Na Argentina, desde a regulamentação, em 2003, das Uniões Civis na Cidade Autônoma de Buenos Aires, o número de casamentos diminuiu, dando lugar ao aumento das uniões civis. Assim, de acordo com o relatório da Direção Geral de Estatística e Censos da Cidade Autônoma de Buenos Aires, intitulado "*La tendencia de las uniones civiles en la ciudad de Buenos Aires 2003/2013*"[2] em 2003, na Cidade de Buenos Aires, para cada união civil havia 217 casamentos, enquanto em 2013 a relação era de 1 para 1. Mais categórico ainda é o que mostra o relatório sobre o número de certificados de coabitação processados no mesmo período, que primeiro superou o dos casamentos: 12.712 para 11.206. Além disso, entre 1990 e 2013[3], o número de casamentos convencionais na cidade caiu de 21.966 por ano para 11.642, segundo relatório anterior da Direção-Geral de Estatística e Censo. Esse número manteve-se estável, por isso notamos que em 2018 o montante de casamentos foi de 1089[4], enquanto, no mesmo período, o número de certificados de *Uniones Convivenciales* foi de 563 e de uniões gratuitas registradas, 8626.

O crescimento numérico de casais em união de fato tem sido acompanhado pelo aumento da aceitação social desse tipo de convivência; assim, constatamos que os "casais de fato" hoje formam um fenômeno de causa, transcendência e aceitação diferente do que existia há 30 ou 20 anos, o que

[2] http://estatico.buenosaires.gov.ar/areas/hacienda/sis_estadistico/ir_2014_779.pdf

[3] Casamentos na cidade de Buenos Aires. Anos 1990 – 2013, https://www.estadisticaciudad.gob.ar/eyc/?p=39037, consultado no dia 11 Junho 2019

[4] https://www.estadisticaciudad.gob.ar/eyc/?p=68174

justifica a importância e a necessidade de legislar sobre essa realidade como faz o Código Civil e Comercial argentino, no capítulo sobre a União Convivencial.

Além disso, no campo dos direitos humanos e do direito constitucional, o respeito à autonomia do testamento é defendido na escolha da forma de organização familiar e no reconhecimento de diferentes modelos das famílias.

Nesse contexto, é impossível que o legislativo tome uma posição abstencionista diante de uma realidade crescente e reconhecimento social; é por isso que a Argentina regula as uniões de fato no Código Civil e Comercial de 2015, abandonando a posição de Vélez Sarsfield de não legislar sobre o assunto.

Neste artigo propomos descrever sinteticamente a regulamentação da união de convivência no Código Civil e Comercial argentino.

1. Noções Gerais da União Convivencial

A nova legislação argentina regulamenta as uniões de fato, chamadas de "*Uniones Convivenciales*", com características diferentes do casamento e com igualdade para uniões entre pessoas de sexos iguais e diferentes.

A legislação considera que existe *"união de coexistência"* quando durante dois anos há entre duas pessoas relações *afetivas de natureza singular, pública, notória, estável e permanente que coexistem e compartilham um projeto de vida comum, sejam do mesmo sexo ou de diferentes sexos.*

As relações polígamas e os trios ou relações de mais de duas pessoas, vulgarmente conhecidas como "poliamor", que são contrárias à ordem pública interna, estão excluídos dessa regulamentação.

2. Semelhanças e diferenças entre uniões heterossexuais e homossexuais

Em ambos os casos, as marcas comuns são estabilidade, publicidade, comunidade de vida ou coabitação e singularidade.

Os componentes de ambas as uniões têm direitos iguais, por aplicação análoga do princípio contido no art 402 do CCyCN, que afirma que *"nenhuma regra pode ser interpretada ou aplicada no sentido de limitar, restringir ou excluir ou eliminar o direito igualitário dos membros do casamento, e os efeitos por este produzidos, seja ele constituído por duas pessoas de sexo igual ou diferente"*[5].

Quanto ao que difere entre essas uniões temos que casais heterossexuais podem ter filhos entre si com a exclusão de terceiros, enquanto pares de sexo igual exigem acesso a técnicas de fertilização assistida, adoção ou a colaboração de uma pessoa de outro sexo. Outra distinção, embora de menor importância legal, é a diferença quantitativa: é uma constante global que casais de fato homossexuais existem em número muito menor que casais heterossexuais.

Mas o mais importante é a igualdade de seus membros e os efeitos iguais entre uniões de pessoas de sexo igual e diferente.

2.1 Semelhanças e diferenças com o casamento

A união convivencial e o casamento têm diferenças importantes na Argentina especialmente no aspecto patrimonial, fundamentado na pretensão de preservar a autonomia da vontade daqueles que não querem adquirir compromissos matrimoniais e preferem viver sua união livremente. Nestes casos, obrigações mínimas são estabelecidas aos conviventes, contidas no que se denomina um *"regime primário de bens"*, semelhante para os cônjuges qualquer que seja o regime patrimonial que escolherem e para os conviventes. Esse regime, mínimo de obrigações solidárias durante a convivência e que se constitui em única obrigação que as pessoas que convivem não podem deixar de lado independente da vontade das partes, é semelhante para conviventes e cônjuges.

Casados e "unidos de fato" não têm obrigações econômicas iguais, justamente porque casais que coabitam podendo casar-se não o escolheram, e cabe ao Estado preservar a liberdade de se casar tanto quanto a de não o fazer.

Hoje há uma grande reformulação dessa posição e uma boa parte da doutrina defende que os conviventes deveriam ter direitos hereditários e que eles teriam que ser considerados herdeiros necessários, pois o direito hereditário do cônjuge funda-se no afeto presumido e na proteção à família, afeto existente também nas uniões de fato que constituem famílias que devem ser protegidas. Nesse sentido, muitos autores tendem a reconhecer o companheiro, dando-lhe caráter de herdeiro necessário, ainda que em uma ordem diferente

[5] Traduzimos.

daquela atribuída ao cônjuge, posterior aos herdeiros colaterais, mas excluindo o Estado na ausência de outros herdeiros necessários.

No entanto, essa não foi a posição adotada pelo Código Civil argentino, que preferiu proteger a autonomia da vontade daqueles que querem viver livremente e conceder direitos hereditários àqueles que aceitam um regime obrigatório e forçado.

Em particular, as diferenças entre o casamento e a união convivencial residem em que:

- O casamento gera direitos hereditários entre os cônjuges, enquanto que os conviventes não os têm.
- A celebração do casamento estabelece entre os cônjuges o sistema de comunhão de bens, a menos que eles tenham concordado com o esquema de separação de bens. O regime de comunhão legalmente estabelecido faz com que, na dissolução do casamento, os cônjuges tenham direito a 50% dos bens adquiridos durante a convivência, que se presumem aquestos. Os conviventes não se inserem automaticamente no sistema de comunhão de bens e, portanto, na dissolução, não têm direito à metade dos bens adquiridos na convivência, a menos que o tenham expressamente acordado, uma situação que não ocorre na prática.
- O direito de habitação familiar quando da dissolução da união convivencial só pode ser atribuído pelo período de dois anos a partir do fim da[6] convivência, enquanto no suposto de casamento, a atribuição do direito de habitação não tem um prazo legal estabelecido, mas é determinada de acordo com as circunstâncias[7].

[6] Art. 526. Finalizada a convivência, o uso do imóvel que foi sede da união convivencial pode ser atribuído a um dos conviventes nas seguintes suposições: a) se tem sob sua responsabilidade o cuidado de filos menores de idade, com capacidades reduzidas ou com deficiência; b) se comprovada a extrema necessidade de uma moradia e na impossibilidade de tê-la de forma imediata, o juiz deve fixar o prazo da atribuição, não podendo exceder o período de dois anos.

[7] Art. 443. Atribuição do uso da habitação. Pautas. Um dos cônjuges pode pedir a atribuição da habitação familiar, seja o imóvel próprio de qualquer um dos cônjuges, seja ele aquesto.
O juiz determina a procedência, o prazo de duração e efeitos do direito sobre a base das seguintes pautas, entre outras: a) a pessoa a quem se atribui o cuidado dos filhos; b) a pessoa

- Em caso de morte, o cônjuge sobrevivente tem direito real de habitação de pleno direito sem necessidade de solicitá-lo sobre o bem imóvel sede do lar conjugal, independentemente de seu direito hereditário, sem necessidade de provar que não tem outra moradia, sem qualquer limite de prazo, enquanto no caso da união convivencial, [8] o direito real de habitação ao sobrevivente é acordado por dois anos, havendo a necessidade de comprovar a carência de moradia própria em estado habitável ou bens suficientes que assegurem o acesso a esta.
- A compensação financeira é semelhante para cônjuges e conviventes, exceto em duas questões. A primeira é que os estes podem buscar compensação financeira em caso de morte de seu companheiro enquanto aqueles não podem fazê-lo. A segunda é que a compensação financeira fixada em parcelas no casamento não tem um prazo para ser paga, enquanto que, na união convivencial, o prazo não pode ser maior que a duração da convivência.
- O casamento faz presumir a filiação dos filhos nascidos após sua celebração (art. 566 do CCyC) enquanto na união convivencial não há presunção legal de filiação extramatrimonial, sendo essa determinada pelo reconhecimento, por consentimento prévio, informado e livre ao uso de técnicas de reprodução humana assistida, ou pelo julgamento de afiliação que assim o declare (art. 570 do CCyCN).

2.2 Requisitos

Os requisitos para a constituição de uma união convivencial estão estabelecidos no artigo 510, do CCyCN, o qual prevê que: a) os dois integrantes sejam maiores de idade; b) não sejam ligados por vínculos de parentesco de

que está em situação econômica mais desvantajosa para prover-se de moradia por seus próprios meios; c) o estado de saúde e idade dos cônjuges; d) os interesses de outras pessoas que integram o grupo familiar.

[8] Art. 527. Atribuição da habitação em caso de norte de um dos conviventes. O convivente sobrevivente que não possui habitação própria habitável ou bens suficientes que assegurem o acesso a esta pode invocar o direito real de habitação gratuito por um prazo máximo de dois anos sobre o imóvel de propriedade do falecido que constituiu o último lar da família e que à abertura da sucessão não se encontrasse em condomínio com outras pessoas.

linha reta em todos os graus, nem colateral até o segundo grau; c) não sejam unidos por vínculo de parentesco por afinidade de linha reta; d) não tenham impedimento para casamento anterior não diluído ou outra coabitação registrada simultaneamente; e) manter a coabitação por um período não inferior a dois anos.

a) Idade

   O artigo 510 inc. a) estabelece como requisito para a existência da união convivencial a maioridade de ambos os contraentes. Esta é a idade estabelecida para a celebração do casamento, com a diferença de que a falta de idade legal para se casar pode ser dispensada por autorização judicial ou autorizada pelos pais quando se trate de maiores de 16 anos.

   No caso da união convivencial, não se prevê privilégio algum para celebrá-la e, se na prática uma pessoa menor convivesse maritalmente, essa união não teria os efeitos da união convivencial e, fundamentalmente, não poderia ser registrada, por isso não tem a proteção da habitação familiar prevista no artigo 522 do CCyCN, nem seus contraentes poderiam celebrar pactos de convivência, tampouco registrá-los.

b) Parentesco em linha reta em todas as séries, nem colateral até o segundo grau.

   As pessoas que estão unidas por laços de parentesco sanguíneo, adoção ou derivados de desejo de procriação, em linha reta em todas as séries e em linha colateral até o segundo grau, não podem realizar uma união convivencial com efeitos legais.

   Isso implica que não serão considerados coabitantes para efeitos do estabelecido no CCyCN, aqueles que se unirem com pais, avós ou irmãos porque tais uniões são consideradas incestuosas.

   Uma seção da doutrina liderada pelo Dr. Córdoba exigia proteção para uniões simplesmente familiares entre irmãos que muitas vezes vivem como adultos em uma relação familiar e de apoio.

   O CCyCN não reconhece essa proteção porque estabelece como requisito para a existência de união convivencial a falta de parentesco colateral até o segundo grau, ou seja, se houver parentesco colateral não há união convivencial.

c) Parentesco por afinidade.

A união convivencial não pode ser estabelecida com os ex-sogros e, em geral, com todos aqueles com os quais haja parentesco por afinidade em linha reta em todos os graus.

Uma vez que o parentesco de afinidade só ocorre no casamento, para que tal impedimento exista, a pessoa viva deve ser casada e divorciada. Nesse caso, assim como não se pode casar com ex genros, nem com enteados, não se pode unir em convivência com eles. Entretanto, qualquer um pode unir-se convivencialmente com os pais ou filho de um convivente anterior.

d) Ligação anterior ou outra união convivencial.

O casamento anterior, enquanto persiste, e a existência de outra união de coabitação são impedimentos para uma nova união convivencial e sua violação priva a união dos efeitos civis. Tal proibição é baseada na monogamia, princípio aceito na legislação ocidental derivada da igualdade.

e) Manter a convivência por um período não inferior a dois anos.

O quinto e último requisito é que a coabitação seja mantida por um período não inferior a dois anos.

Essa exigência está associada ao caráter estável que é reconhecido às uniões de fato para que entrem em vigor. Obviamente, não é qualquer união afetiva que pode produzir as obrigações previstas pelo CCyCN para as uniões convivenciais. Assim, não se justifica que, logo ao iniciar uma relação em comum, os conviventes sejam responsáveis diante de terceiros pelas dívidas que um deles tenha contraído com terceiros para atender às necessidades do lar ou o apoio e educação de crianças não comuns, nos termos dos artigos 461 e 521. A responsabilidade é consequência da solidariedade devida por membros de uma família estável e não por partes de uma relação circunstancial.

O prazo de dois anos para conferir efeitos sobre a convivência é um prazo decorrente da decisão do legislativo, e é uma decisão prudente, pois torna possível diferenciar uniões acidentais, temporárias ou à prova das verdadeiras uniões familiares.

2.3 Registro

A inscrição das uniões convivenciais está prevista para facilitar sua comprovação. Isso consta no artigo 511, segundo o qual *"a existência da união convivencial, sua extinção e os convênios que os membros do casal tenham celebrado, são inscritos no registro correspondente à jurisdição local, apenas para fins probatórios"*[9].

A inscrição é, em princípio, apenas para fins probatórios. Isso significa que, se não for registrado se os conviventes ou ex conviventes pretendem exercer os direitos derivados do instituto, eles deverão comprovar sua existência por qualquer meio de prova.

O registro deve ser solicitado por ambos os conviventes, o que impede a possibilidade de registro unilateral ao fim da união.

Dissemos que, em princípio, o registro é para fins probatórios apenas porque existem direitos derivados da união que exigem registro para seu exercício, tal como a proteção da moradia familiar prevista, nos arts. 250[10] e 522[11] do CCyCN. Nesse sentido, o imóvel afetado como moradia familiar não pode ser transferido nem gravado sem o consentimento do outro convivente, mas isso exige que a união convivencial esteja registrada.

Além disso, no que diz respeito aos efeitos da união a terceiros, o artigo 517 prevê a obrigatoriedade do registro.

2.4 Pactos de Coabitação

O regime argentino contém a possibilidade de *"pactos de coabitação"* destinados a regular aspectos relacionados à união. Esses pactos baseiam-se no respeito à autonomia da vontade, mas essas convenções são limitadas pela ordem

[9] Tradução nossa.

[10] Art. 250. Transmissão da moradia afetada. O imóvel afetado não pode ser objeto de legados ou deixas testamentárias, exceto se favorecerem os beneficiários da afetação prevista neste Capítulo. Se o constituinte está casado ou vive em união convivencial inscrita, o imóvel não pode ser transmitido nem gravado sem o consentimento do cônjuge ou convivente; caso este se oponha, esteja ausente, seja incapaz ou tenha capacidade reduzida, a transmissão ou gravame devem ser autorizados judicialmente.

[11] Art. 522. Se a união convivencial foi inscrita, nenhum dos conviventes pode, sem o consentimento do outro, dispor dos direitos sobre a habitação familiar nem dos móveis indispensáveis a esta, nem transportá-los para fora do lar.

pública[12] e há questões em que não se podem acordar direitos inferiores aos estabelecidos pelo Código Civil e Comercial.

Assim, os pactos não podem tornar ineficazes as disposições relativas à assistência recíproca (art.519), à obrigação de contribuir para as despesas domiciliares (art.520) ou à responsabilidade por dívidas incorridas por um dos conviventes para cobrir os custos da casa ou manutenção e educação das crianças, tampouco à proteção da moradia familiar. Esses itens formam o regime primário que é insuperável pela vontade das partes e aplicável a qualquer tipo de convivência que elas decidam submeter-se.

Os pactos de convivência são acordos destinados a regular as relações futuras entre os conviventes. Seu conteúdo pode ser patrimonial ou extrapatrimonial. São contratos bilaterais, que se formam pelo simples consenso das partes (consensuais), cuja forma requerida é a escrita.

O artigo 514 prevê que os pactos de convivência podem regular, entre outros: (a) a contribuição para os encargos do lar durante a vida em comum; b) atribuição do domicílio comum, em caso de ruptura; c) a divisão dos bens obtidos pelo esforço comum aofim da convivência.

A regra está redigida como uma enumeração, de forma meramente enunciativa e outras questões que não são mencionadas podem ser acordadas.

Em relação aos conviventes, os pactos têm efeitos desde sua conclusão, sem a necessidade de qualquer registro.

Para que os acordos de convivência tenham efeitos em relação a terceiros, devem ser registrados tanto no *Registro de uniones convivenciales* quanto em cada Registro Local correspondente aos bens (art. 517).

2.5 Efeitos das uniões convivenciais durante a convivência

a) Relações patrimoniais:
    i. Propriedade dos bens: Cada um dos conviventes conserva a propriedade dos bens que adquire durante a convivência. Embora se possa ajustar que os bens adquiridos durante a união devem ser registrados em condomínio ou que os bens adquiridos durante a

[12] Medina, Graciela, "O*rden público en el derecho de familia*" Publicado en: LA LEY 10/11/2015, 1. LA LEY 2015-F, 742, Cita Online: AR/DOC/3974/2015.

convivência serão compartilhados ao final, esses pactos são minoritários e quase ninguém os faz. Entretanto,é comum que, durante a convivência, os bens sejam adquiridos em condomínio.

ii. Administração e destinação dos bens: Cada um dos conviventes tem a livre administração e destinação dos bens adquiridos durante a união (art. 518). A única restrição a esse poder de disposição recai sobre a casa da família e ao seu mobiliário, tema que será analisado mais adiante (art. 522).

iii. Regime Primário de bens entre conviventes.

O "Regime Primário" consiste no conjunto de regras relativas à economia do casal coabitante, que são aplicados imperativamente a qualquer união convivencial registrada ou não registrada. Visam: garantir um sistema de solidariedade que obrigue ambos coabitantes a atender às necessidades do lar, assegurar aos credores que as dívidas serão pagas com o patrimônio dos dois, proteger a casa da família e os bens que a compõem.

Essas regras comuns a todas as uniões convivenciais foram incorporadas de modo imperativo com base no princípio da solidariedade familiar.

Concretamente, estabelecem as seguintes obrigações de ordem pública:

b. Contribuição para as despesas domésticas: os conviventes têm a obrigação de contribuir para o seu próprio sustento, o da família e o das crianças comuns, de acordo com sua renda. Para as despesas domiciliares, deve-se entender o essencial para a subsistência dos habitantes da moradia.

c. Sustento de crianças comuns e não comuns.

Ambos os conviventes devem contribuir para as necessidades do lar, filhos comuns e filhos do outro cônjuge que vivam com ambos.

O sistema CCyCN considera que a convivência familiar inerentemente envolve a presença de certas necessidades de seus membros e, assim, determina que os bens de ambos conviventes sejam sujeitos à sua satisfação, de modo proporcional aos seus recursos. Tal dever deriva diretamente dos princípios de colaboração e solidariedade combinados com os da liberdade e da igualdade. Em geral, percebe-se que o dever de contribuição diz respeito aos custos de manutenção ou subsistência da família compreendidos em sentido restrito, ou seja, os conviventes e as crianças, sem prejuízo de compreender os familiares quando vivem na mesma moradia.

Em suma, os convintentes devem contribuir para as necessidades de crianças comuns ou unilaterais, isto é, filhos incapazes de um dos conviventes e que com eles vivam. Tal contribuição não é exatamente a mesma porque, no caso das crianças comuns, a obrigação se estende, mesmo que não morem com os pais nos seguintes casos:

- Durante a menor idade e enquanto houver uma obrigação alimentar, ou seja, até 21 anos (art. 658, CCyCN).
- Durante a incapacidade, quando for o caso.
- Até os 25 anos enquanto estudem ou se capacitem (art. 663, CCyCN).
- Sempre que lhes faltem meios para alimentar-se e que não seja possível adquiri-los com seu trabalho (art. 622, CCyCN).

No que diz repseito a filhos de apenas um dos conviventes, para que haja um dever de contribuição, eles devem:

- Viver em casa comum.
- Ser incapazes.
- Não se aplica a obrigação quando não vivam na casa comum.
- Não se aplica a obrigação no caso de filho maior que estuda.
- Não inclui crianças não comuns que não tenham meios para se alimentar.

d. Responsabilidade por dívidas com terceiros: Os coabitantes são solidariamente responsáveis pelas dívidas que um deles tenha adquirido perante terceiros para atender às necessidades comuns da família ou para o apoio e educação de filhos comuns, bem como menores e deficientes, filhos de qualquer dos conviventes enquanto viverem juntos na casa familiar.

   As necessidades ordinárias do domicílio devem ser compreendidas, entre outras coisas, como as necessidades médicas do grupo familiar, aquisição de bens móveis para a casa, vestuário para todos os membros, despesas de férias familiares e educação etc.

e. Assistência: Os conviventes devem prestar assistência uns aos outros e não podem deixar esse dever de lado convencionalmente. Ela detém uma face moral e outra material.

   A assistência moral é o respeito e o cuidado mútuo entre os conviventes, atenção especial no tratamento diário, compartilhando suas emoções, alegrias, sofrimentos no cuidado de doenças e esforços de trabalho.

   Na face material, os coabitantes têm o dever de fornecer alimentos recíprocos durante a convivência.

f. Proteção à moradia familiar: a casa em que conviventes estabelecem sua união se denomina *"hogar convivencial"* ou "casa familiar". Como na habitação matrimonial, é protegida pelo artigo 14-A da Constituição Nacional.

   A proteção casa familiar, sede da união convivencial, está regulamentada no artigo 522 do CCyCN., que estabelece: *"Proteção da moradia familiar. Se a união convivencial foi registrada, nenhum dos conviventes pode, sem o consentimento do outro, dispor dos direitos sobre a casa da família, nem de seus móveis essenciais, nem transportá-los para fora desta. O juiz pode autorizar a disposição de bem que seja dispensável e o interesse familiar não for comprometido. Se essa autorização não foi obtida, aquele que não tiver dado seu parecer favorável pode pedir a nulidade do ato dentro do prazo de caducidade de seis meses, a partir do conhecimento da situação, e desde que a convivência continue"*[13].

   O artigo 522 do CCyCN é uma norma de ordem pública, que não pode perder seu efeito pela vontade das partes. De sua redação surge dupla proteção: (a) entre conviventes e b) ante terceiros.

   É um requisito essencial para aplicação na norma a inscrição da união convivencial.

g. Proteção da casa da família entre conviventes: Para se desfazer deste imóvel, o titular do registro deve ter o parecer favorável do outro convivente.

   Seu consentimento é necessário tanto para realizar atos envolvendo a disposição do bem, quanto para comprometer seu destino ou no caso de constituir uma hipoteca sobre ele.

[13] Tradução nossa.

Também é exigido consentimento no caso disposição dos bens móveis indispensáveis, bem como para transportá-los para fora da habitação. Como mobiliário indispensável se devem entender todos aqueles que são essenciais para as necessidades básicas das pessoas que ali residem.

h. Proteção da sede habitacional da união convivencial contra terceiros: A moradia dos conviventes está bastante protegida contra terceiros credores. Como regra geral, proíbe-se a execução da casa familiar, de uniões convivenciais registradas, por dívidas incorridas após o registro da união, a menos que tais dívidas tenham sido tomadas tanto por ambos os conviventes quanto por um deles com o parecer favorável do outro. (art. 522 último parágrafo).
Para que o bem não seja executado pelos credores, duas circunstâncias devem ser distinguidas: (a) o momento em que as dívidas foram contraídas e (b) o devedor dessas obrigações.
Assim, essa proteção não se estende a dívidas anteriores ao registro da união.
A casa pode ser executada pelas dívidas após o registro quando tiverem sido contratadas por ambos os conviventes, ou por um deles com o parecer favorável do outro. Um exemplo claro disso seriam as dívidas garantidas por hipotecas; como a cobrança é um ato de disposição, o parecer favorável do outro coproprietário será indispensável para a validade do ato.

2.6 Cessação da união convivencial

As causas do término da união são: a) a morte de um dos conviventes; b) o julgamento final de ausência com a presunção de morte de um dos conviventes; c) casamento ou nova união convivencial de um de seus membros; d) o casamento dos convinentes entre si; e) acordo mútuo; f) vontade unilateral de um dos conviventes que tenha sido amplamente notificada ao outro; g) A cessação da convivência mantida.

a) Morte de um dos conviventes e sentença final de ausência com presunção de morte.

A morte de um dos conviventes ou o acórdão declarando a ausência com presunção de morte faz com que a união convivencial cesse e, consequentemente, todos os seus efeitos.

b) Casamento ou nova união convivencial.

A situação mais comum de fim da união é o caso em que os conviventes decidem se casar entre si, mas também há casos em que um dos membros do casal se casa com outra pessoa ou inicia outra união convivencial.

É bastante comum que os casais vivam por um período mais ou menos longo e depois se casem. Nestes casos, os efeitos da união e do pacto celebrado por eles cessam e as regras do casamento entram em vigor.

No caso do casamento com terceiros, a situação não suscita dúvidas, porque haverá um registro comprovando a nova união, mas, em vez disso, no caso da nova união convivencial com um terceiro há complexidade, pois é situação factual.

c) Acordo mútuo.

Aqui, a união convivencial cessa pela vontade de ambas as partes, deixando sem efeito a união a partir de então para o futuro, exceto pelas questões relativas à cessação da convivência (compensação econômica, distribuição de bens e atribuição da casa convivencial).

d) Vontade unilateral.

A União também cessa pela vontade unilateral de um dos conviventes, desde que amplamente notificada ao outro. A notificação será documentada em carta, ata notarial ou qualquer meio que lhe dê certeza. A cessação ocorre a partir da notificação ao outro convivente, extinguindo-se a partir de então os efeitos da união.

e) Cessação da convivência.

A última causa é a cessação da convivência. A interrupção da coabitação não implica sua cessação se houver motivos de trabalho ou similares, desde que permaneça a vontade de manter vida em comum. Assim, para a cessação da união produzir efeitos, dois requisitos devem ser atendidos: (1) interrupção contínua da coabitação sem justa causa; e 2) a falta de vontade de vida em comum.

Se a convivência for temporária e justificadamente interrompida, a cessação da união não é definida, mesmo que tal suspensão da convivência seja estabelecida como regra geral.

A cessação da união convivencial ocorre com o fim da convivência, a menos que para este haja uma causa justificável.

A cessação da união convivencial é muito importante porque, a partir dela, cessam os efeitos da união previstos na lei (arts. 523 a 528, Código Civil e Comercial) e os prazos de caducidade começam a correr para reivindicar a compensação econômica e para a outorga da moradia familiar. Por isso, é muito importante especificar a data exata em que a união convivencial terminou por cessação da convivência.

2.7 Efeitos da cessação da união convivencial

a) Compensação econômica: O coabitante que sofre de um desequilíbrio manifesto, o que significa uma piora de sua situação econômica com causa na convivência e sua ruptura, tem o direito de solicitar compensação financeira contra o outro convivente (524 CCyCN).
A única diferença que se observa com a compensação financeira prevista para o casamento é que, neste caso, quando a compensação for estabelecida em renda periódica, seu período não pode exceder à duração da união convivencial.

b) Distribuição de bens. Os conviventes têm a possibilidade de concordar com a forma de distribuição dos bens em caso de ruptura através do pacto de convivência. Na ausência deste, os bens adquiridos durante a convivência são mantidos patrimônio em que ingressaram (art. 528). Sem prejuízo disso, pode acontecer que o casal não tenha celebrado um pacto, e um deles adquiriu um bem em que, durante a convivência, ambos introduziram melhorias. No momento de dissolução da união, o bem permanecerá inteiramente no patrimônio de um deles, enriquecido em seu valor, em parte, pelo esforço do outro convivente. Ou suponha-se que um bem foi adquirido por ambos, mas matriculado em nome de apenas um deles. Para esses tipos de situações, os conviventes estão sujeitos às regras gerais do direito civil, como o enriquecimento sem causa, gestão de negócios ("interposición de personas") e quaisquer outras ações que possam corresponder.

c) Atribuição do uso da moradia familiar: De acordo com as disposições do artigo 514, inc. b. no que diz respeito à atribuição do lar quando da cessação da convivência, prevalece a autonomia da vontade. Nesta ordem de ideias, os conviventes poderão concordar: 1) a quem deve ser atribuído o uso da habitação; (2) estabelecer ou não estabelecer um termo; (3) estabelecer uma taxa locativa em favor do outro convivente de acordo com a titularidade do bem; (4) restringir a disposição do imóvel durante um período especificado; etc.

Pode acontecer que o acordo inicial não atenda às necessidades habitacionais de um dos conviventes. Suponha-se que a atribuição da casa a um deles tenha sido acordada e, ao término da união de convívio, é a outra que precisa de moradia, por motivo de desemprego ou doença e sem a possibilidade de acesso a moradia. Pode este solicitar desconsideração do estipulado anteriormente entre as partes e pedir a atribuição da casa em seu favor? Embora a questão não seja expressamente resolvida, entendemos que, se as condições sob as quais o pacto foi feito mudarem substancialmente, sem culpa, a parte com necessidades habitacionais poderá contestar o pacto e solicitar que o bem lhe seja atribuído.

Na ausência de convênio, o artigo 526 regulamenta as situações em que o domicílio que era sede do lar pode ser atribuído a um dos conviventes, ou seja: (a) a quem é responsável pelo cuidado de filhos menores, com capacidade restrita, ou com deficiência; ou (b) a quem comprove a extrema necessidade de moradia e a impossibilidade de procurá-la de forma imediata.

Especificamente, o artigo 526 diz que *o uso do imóvel que foi sede da união convivencial pode ser atribuído a um dos conviventes nos seguintes casos: a) se for responsável pelo cuidado de crianças menores, com capacidade restrita, ou com deficiência; b) se provar a extrema necessidade de um lar e a impossibilidade de procurá-lo de forma imediata.*

O julgador deve estabelecer o prazo de atribuição, que não pode exceder dois anos a partir do término da coabitação, de acordo com o artigo 523.

A pedido de uma parte interessada, o juiz pode estabelecer: uma renda compensatória para o uso do imóvel em favor do convivente a que não se atribua moradia; a vedação de alienação por período específico, salvo acordo expresso de ambos; que o imóvel havido em copropriedade não seja partilhado nem liquidado. A decisão tem efeitos contra terceiros a partir de seu registro.

No caso de um imóvel alugado, o convivente não locatário tem o direito de continuar no local até o término do contrato, mantendo-se a obrigação de pagamento e as garantias que foram originalmente constituídas no contrato.

O art. 526 não esclarece se trata de filhos comuns ou não. Acreditamos que também possa ser atribuído o imóvel em caso de haver filhos de apenas um deles, desde que sejam menores, ou com capacidades restritas ou com deficiência, que estejam sob os cuidados da pessoa que solicita essa atribuição e que tenham vivido com o parceiro.

A regra também autoriza a atribuição do lar àqueles que comprovam "a extrema necessidade *de moradia e a impossibilidade de procurá-la de forma imediata*". Entendemos que a base desta questão é proteger a parte que se encontre mais frágil no momento da quebra da união convivencial. Kelmelmajer de Carlucci, ao estudar a atribuição do domicílio no divórcio, afirma que não se deve desconsiderar a saúde dos cônjuges, a atividade de trabalho, profissional ou empresarial que cada um implanta dentro do imóvel, ou seja, a mais necessitada de proteção.

Uma das características desse uso da casa é sua limitação no tempo, portanto, o Juiz deve estabelecer um prazo para seu uso. Assim, prevê-se que o período de uso da casa não pode superior ao da convivência passada, estabelecendo-se também um prazo máximo de dois anos.

Em seu terceiro parágrafo, o artigo 526 autoriza o Juiz – a pedido de uma das partes – a estabelecer: a) renda compensatória para o uso do imóvel em favor do convivente a quem não for atribuída a moradia; b) proibição de alienação por determinado período, salvo acordo expresso; c) que o imóvel em copropriedade não seja dividido ou liquidado. Acrescentamos que a regra deveria ter incluído limitações sobre o uso da moradia, vedando sua locação ou usufruto a terceiros.

Quanto à renda compensatória, pode ser fixada caso o bem pertença ao convivente a quem a habitação não seja atribuída; ou quando ele seja coproprietário.

Quando o bem pertence a ambos os conviventes, qualquer um deles pode solicitar ao Juiz que não haja partilha nem liquidação.

Por fim, o art. 526 do CCyCN regulamenta a atribuição da casa da família quando o bem é alugado. Assim, o convivente não locatário tem o direito de continuar no local até o término do contrato, mantendo-se a obrigação de pagamento e as garantias que foram originalmente constituídas no contrato.

Os termos do contrato são mantidos até o seu vencimento, de modo que o prazo de atribuição do domicílio, não se limita ao tempo em que a convivência durou ou ao período máximo de dois anos, mas está sujeito ao vencimento contratual.

O principal obrigado a pagar, assim como os fiadores, são mantidos até sua conclusão, com todos os direitos e obrigações às seu encargo. Esta circunstância é muito importante porque condições não acordadas são impostas aos fiadores e o locador é obrigado a continuar um contrato com quem não é parte. Acreditamos que esta é uma regra da ordem pública e que não pode ser afastada pelo locador e locatário.

O direito de habitação é extinto por mudanças nas circunstâncias que levaram ao seu reconhecimento, assim como pelo cumprimento do período estabelecido e também pelas causas de indignidade previstas em matéria sucessória (art. 2281).

d) Atribuição da casa em caso de morte de um dos conviventes: No caso da morte de um dos conviventes, se outorga ao supérstite a possibilidade de opor contra os herdeiros do falecido o direito real de habitação.

O artigo 527 estabelece que o *sobrevivente que não tenha moradia própria habitável ou bens suficientes para garantir o acesso a esta, pode invocar direito real de habitação gratuito por um período máximo de dois anos sobre o imóvel de propriedade do falecido que constituiu o último lar da família e que, na abertura da sucessão, não se encontrava em condomínio com outras pessoas. Este direito não é oponível contra credores do falecido. Se extingue se o convivente sobrevivente constituir uma nova união convivencial, contrair casamento, ou adquirir uma casa própria habitável ou bens suficientes para havê-la.*

Para que esse direito seja invocado, o artigo 527 do CCicCN impõe os seguintes requisitos: a) que o convivente careça de moradia própria habitável ou de outros bens para garantir o acesso a ela; b) que o imóvel sobre a qual se deseje invocar o direito real de moradia seja propriedade exclusiva do convivente falecido; c) que o dito bem fosse a sede do lar convivencial; e d) que no momento da abertura da sucessão, não se encontrasse em condomínio com outras pessoas.

Não é obrigatório que o acervo hereditário do falecido seja composto de um único imóvel, mas sim que o convivente sobrevivente de fato necessite de bens imóveis ou outros recursos para proporcionar-lhe um lar. Este direito real é gratuito mas, ao contrário do regime conjugal, não é para a vida toda. A regra tem um prazo máximo de dois anos, que, expirados, permite que o bem possa ser dividido entre os herdeiros do falecido. Nada os impede de inscrever a declaração de herdeiros sobre esse imóvel, porém este é afetado por um direito real de habitação por um determinado período, que também deve ser registrado no Registro Imobiliário.

O direito real de habitação não é oponível contra os credores do falecido.

O direito se extingue pelo término de seu prazo e mesmo antes disto quando o convivente sobrevivente constitui uma nova união convivencial ou contrai casamento; ou b) adquire uma casa própria habitável ou possui bens suficientes para havê-la.

3. AMANCEBAMIENTOS Y AMISTADES ILÍCITAS EN LOS CONTEXTOS FAMILIARES INDIANOS DEL ÚLTIMO CUARTO DEL SIGLO XVIII EN CÓRDOBA DEL TUCUMÁN

Marcela Aspell

Hombres necios que acusáis
a la mujer sin razón
sin ver que sois la ocasión
de lo mismo que culpáis.
Sor Juana Inés de la Cruz.

1. La experiencia americana

La experiencia americana, recorrida por procesos de intensa vitalidad, demuestra como en estos confines del imperio español, la ordenada arquitectura jurídica del *ius commune* se adaptaba plásticamente, a un mundo cuya lejanía con el centro político de la Monarquía, el generalizado carácter lego de quienes ejercían la magistratura, las estructuras judiciales, señaladas por significativas carencias, y sus protagonistas que interactuaban en un escenario primitivo, pasional y desbordado imponían sus propias reglas[1].

[1] El tema ha sido desarrollado por Marcela Aspell en: "*Los factores de distorsión de los mecanismos del control social de la población rural en la jurisdicción de Córdoba del Tucumán. Asperezas. Conflictos.*

La sencillez procedimental, la sumariedad y la ausencia de la aplicación ortodoxa de patrones formales en el trámite de las causas, que potencian el empleo del arbitrio judicial, no excluyen sin embargo, el conocimiento y la utilización de un núcleo básico de presupuestos mínimos de orden procesal que se supone conocido por todos y que aplica, aún, la misma justicia lega.

En este contexto las relaciones familiares se expresan en tratos que escapan a los cánones tridentinos. La sobrevida de las uniones regulares anatemizadas por la Iglesia y perseguidas por las autoridades proliferaron pese a los rigores del control.

A los textos normativos se unían las precisas admoniciones de una literatura moral y de edificación cristiana, que había producido ya obras de significación, conocidas en los ambientes indianos por su presencia en las bibliotecas conventuales y de particulares[2].

Ejemplo de ello fue el exquisito texto, regalo de bodas del agustino Fray Luis de León, escrito para guía de cabecera de doña María Varela Osorio, que enumeraba las virtudes que debía poseer y demostrar la mujer que accedía al matrimonio. El volumen, que se convirtió en la obligada lectura de las jóvenes casaderas, ofrece a su vez un retrato y un paradigma del ideal de la mujer en el matrimonio:

> *"Ese nuevo estado en que Dios ha puesto a vuesa merced sujetándola a las leyes del santo matrimonio, aunque es como un camino real más abierto y menos trabajoso que otros, pero no carece de sus dificultades y malos pasos, y es camino adonde se tropieza también y se peligra y se yerra y que tiene necesidad de guía como los demás. Porque el servir al marido y el gobernar la familia y la crianza de los hijos y la cuenta que justamente con esto se debe al temor de Dios y la guarda y limpieza de la conciencia todo lo cual pertenece al estado y oficio de la mujer que se casa, obras son que cada una de por si pide mucho cuidado y que todas juntas sin particular favor del cielo no se pueden cumplir. En lo cual se*

Soluciones". En Revista de Historia del Derecho Numero 30. Instituto de Investigaciones de Historia del derecho, Buenos Aires, 2002.

2 Desde los trabajos pioneros de M. Pablo Cabrera: *"Cultura y beneficencia durante la Colonia"*, Córdoba, 1929 y Guillermo Furlong: *"La cultura femenina en la época colonial"*. Buenos Aires, 1951, el tema de las lecturas femeninas ha sido tratado, central o referencialmente, para nuestra jurisdicción, en numerosas investigaciones cuya precisa enumeración excede el marco de este trabajo.

engañan muchas mujeres que piensan que el casarse no es más que dejar la casa del padre y pasarse a la del marido; y salir de servidumbre y venir en libertad y regalo. Y pensan que con parir un hijo de cuando en cuando, y con arrojarle luego de si en los brazos de un ama son cabales y perfectas mujeres"[3]

Con el mismo espíritu, otros autores, nacidos en el tránsito de los siglos XV a XVI habían efectuado, bajo idénticas motivaciones, decisivos aportes sobre las virtudes que fundaban la institución del matrimonio canónico.

De este modo entre los años 1450 a 1650 aparecen en España, escritos generalmente por hombres de la iglesia, alrededor de una treintena de textos religiosos y morales dedicados a adoctrinar a los esposos, algunos de los cuales lograrían alcanzar múltiples ediciones.

Así se pronunciaron entre otros Fray Martín de Córdoba[4], Fray Fernando de Talavera[5], Juan Luis Vives[6], coincidiendo sustancialmente, aunque difirieran

[3] Define el matrimonio como un oficio comparable al de un mercader o un soldado. Le adjudica en consonancia tareas específicas. Después de pasar revista a aspectos tan minuciosos tales como la obligación de madrugar de las casadas,... *con una hermosa descripción de las delicias que suele traer consigo la mañana*, cuidando de abastecer la casa y conservar lo que el marido adquiriera, ejercer la piedad con los pobres y necesitados *pero cuidando en ver a quien admite en su casa,* demostrando buen trato y apacible condición con sirvientas y criadas, el velar por la educación de los hijos, etc.,indicaba: "*Que como a las aves les es naturaleza el volar, así a las casadas han de tener por dote natural en que no puede haber quiebra, el ser buenas y honestas, y han de estar persuadidas que lo contrario es suceso aborrecible y desventurado y hecho monstruoso, o, por mejor decir que no han de imaginar que puede suceder lo contrario mas que ser el fuego frío o la nieve caliente, entendiendo que al quebrar la mujer a su marido la fe es perder las estrellas su luz y caerse los cielos y quebrantar sus leyes la naturaleza y volverse todo en aquella confusión antigua y primera*" Fray Luis de León:*La perfecta casada*. Barcelona, 1962, pág. 64.

[4] Fray Martín Alfonso de Córdoba (siglo XV), Prior del Monasterio de Santa María del Prado erigido en las cercanías de Valladolid y luego primer Arzobispo de Granada, es un Agustino que escribe "*Vergel de Nobles Doncellas*" para consulta de la futura reina Isabel la Católica, de quien fue su confesor. La obra que conoce los honores de la impresión en 1500 vuelve a ser editada en 1542. Privilegia el estado virginal, aún cuando reconoce que las mujeres deben casarse para propagar la especie. Vergüenza, piedad, recato, orden y afabilidad son las virtudes femeninas donde la mujer debe esmerarse para alejarse de las imperfecciones propias de su sexo: la inconstancia, obstinación, locuacidad e intemperancia. Concluía que las mujeres "*deberían procurar convertirse en hombres en lo que respecta a virtud*", sentencia que denuncia claramente su concepto de la superioridad moral masculina. *Jardín de Nobles Doncellas*. Colección Joyas Bibliográficas. Madrid, 1953

[5] Fray Hernando de Talavera (1428 – 1507) es un fraile Jerónimo, prior del Monasterio de Nuestra Señora del Prado en Valladolid, obispo de Ávila y arzobispo de Granada, Confesor

en algunos aspectos puntuales, con las exhortaciones que predicaba el ya citado Fray Luis de León [7] o el más tolerante Fray Vicente de Mexía.[8]

Mayor y Consejero de Isabel la Católica escribía en el siglo XV su célebre "Tratado sobre la demasía en vestir y calzar, comer y beber", redactado en 1477 e impreso en forma de compendio, entre otras obras suyas, en un incunable granadino de alrededor de 1496. Su parecer condenatorio de ciertas modas que juzgaba deshonestas apuntaba a: "*que no trajesen los varones ni las mujeres cierto traje deshonesto, los varones camisones con cabezones labrados, ni las mujeres grandes ni pequeñas, casadas ni doncellas, hiciesen verdugos de nuevo ni trajesen aquella demasía que ahora usan en caderas y los sastresque no lo hiciesen dende en adelante so esa misma pena*" Hernando de Talavera: *De vestir y de calzar. Tratado provechoso que muestra como en el vestir e calzar comúnmente se cometen muchos pecados y aun también en el comer y en el beber* Biblioteca de Autores Españoles, Volumen XVI, pág. 59. Amén a ello escribía: "*De cómo han de vivir las monjas de San Bernardo en su monasterio de Ávila*"; "*Muy provechoso tratado contra el murmurar y decir mal de otro en su absencia...*" y "*Provechoso tratado de cómo debemos haber cuidado de espender muy bien el tiempo, y en qué manera lo habemos de espender para que no se pierda momento*" con una pluma más pragmática que teórica escribe esta obrita donde recomienda que la práctica de la oración ocupe indispensablemente la décima parte de la vigilia femenina diaria, amén del trabajo, en tanto los esparcimientos virtuosos se reducían a la lectura y a la música. "*De como se ha de ordenar el tiempo para que sea bien expendido. Avisación a la Muy Noble Señora Doña María Pacheco, Condesa de Benabente.* Escritores Místicos Españoles I. Nueva Biblioteca de Autores Españoles, Madrid. Casa Editora Bailly Balliere, 1911, vol. XVI. En todos estos textos el jerónimo toledano multiplicaba los consejos para el buen vivir de la mujer, cuidado la modestia de su vestido y su moderada alimentaciónque necesariamente debía atender solo al principio de necesidad.

6 El humanista valenciano Juan Luis Vives 1492-1540, en su "*Formación de la Mujer Cristiana*", obra impresa por primera vez en 1524 traducida a varias lenguas y reeditada más de cincuenta veces antes del 1600, expresa con cruda misoginia: "*que todo lo bueno y lo malo de este mundo proviene de las mujeres*", prevaleciendo lo segundo por sobre lo primero como consecuencia de la falta de educación femenina. Privilegia asimismo el estado virginal que asimila a la mujer a la Iglesia y a la Virgen María. La santidad y la fidelidad de la esposa santifican incluso la infidelidad de su marido. Reducidas al ámbito doméstico, debían procurar las mujeres bendecir el hogar con la ajustada práctica de sus virtudes. Define al amor conyugal con trazos recios. "*En el amor conyugal debe haber una fuerte mezcla de culto, de reverencia y de acatamiento. No sólo la práctica y costumbres de nuestros antepasados, más aún todas la instituciones, y todas la leyes divinas y humanas, la misma naturaleza, da voces y manda expresamente que la mujer debe estar subordinada al marido y obedecerle*". *Formación de la Mujer Cristiana.* Aguilar Editor. Madrid, 1947. pág. 1085.

7 La obra del agustino Fray Luis de León (1527-1591) se imprime por primera vez en 1583 y se reedita sucesivamente varios años después. La perfección de la mujer, es para Fray Luis conservarse como una joya pura y fiel a su esposo, y aunque el estado virginal es el ideal, al detallar los menesteres de la buena gestión conyugal, que una buena y amante esposa debía cumplir y que describimos en la nota 2, no olvidaba enumerar las *joyas personales*: Mesura y prudencia en el habla, *no hablar mucho* "*El mejor consejo que les podemos dar es rogarles que callen y que ya que son poco sabias, se esfuercen a ser mucho calladas. Que como dice el sabio: Si calla el necio, a las veces será tenido por sabio y cuerdo*"amen de despojarse de afeites, galas y atavíos innecesarios,

Pero pese a los cuidados, la institución del matrimonio canónico, debió convivir, en los extensos territorios indianos, con otras formas de relación, entre las que se encontraba la *barragania, las uniones esporádicas y el amancebamiento*, todas ellas recorridas, en ocasiones, por la sombra del *adulterio.*

Es posible advertir en la conformación social indiana la existencia de varios modelos de relaciones familiares que guardan entre sí un intrincado sistema de relaciones con las estructuras del poder político, un modelo paradigmático, recostado en la legitimidad tridentina, inserta en la tradición cristiana y formas de relación irregular, basadas en el consentimiento mutuo de los novios y donde no está ausente tampoco, la intención de legitimarlos en el futuro.

La *barragania* suponía cierta estabilidad en la unión y alguna proyección de permanencia, pero no era la única que forma existente, otros encuentros, que se inscribían en el escenario de las uniones temporales, multiplican su presencia en nuestra jurisdicción.

Las uniones irregulares, señaladas en las actas procesales bajo los términos de *ilícita amistad,* comprendían un abanico que oscilaba entre las uniones esporádicas, cuya abundancia, la historiografía sobre el tema atribuyó, a los tiempos tempranos de la conquista no obstante su prolongación en los siglos sucesivos, unida a los *amancebamientos* que asimismo presuponen una intención de unión perdurable en el tiempo. Una y otra podía estar a su vez recorridas por la figura del *adulterio* cuando uno o ambos de los miembros de la pareja revestía la condición de casado.

En este último caso, las actas procesales que referencian el tema, apenas descubren la punta de un complejo ovillo donde siempre se agazapa, embozada, una historia con ribetes de tragedia. Hombres trashumantes, soldados, comerciantes,gentes marginales y sin arraigo en algún momento decidían ocultar su pasado, falsear su identidad, cambiar de residencia, de actividad o de rumbo y celebraban nuevas nupcias con el terrible imponderable de

frecuentando los sacramentos y cultivando el recato y el retiro constante en el hogar. *La Perfecta Casada.* Op. cit.

[8] Autor del "*Saludable Instrucción del Estado del Matrimonio*" donde insiste en que la mujer casada no es esclava de su marido y *desde la hora en que se une a él, ha de ser señora de su casa y de sus bienes y familia. "Como quien de Dios le fue dada por compañera y ayudadora y tan llegada y semejante a él*" Citado porMarilo Vigil: *La vida de las mujeres en los siglos XVI y XVII.* Madrid, 1994, pag 95.

que el lance fuera descubierto y arrojara sobre si las redes de la justicia real o inquisitorial.

La sobrevida de estas uniones presenta ciclos aleatorios.

Fueron intensamente perseguidos para lograr su legitimidad canónica o su disolución pero aun así muchas de estas uniones sobrevivieron largos años.

2. El amor en los tiempos sigilosos

Pues como ha de estar templada
La que vuestro amor pretende
Si la que es ingrata ofende,
Y la que es fácil enfada
Sor Juana Inés de la Cruz

Monótono y tardo transcurría el agobiante verano de 1782, y tras el lentísimo estío comenzaron a transcurrir los dorados días del otoño y fue entonces cuando Miguel Ortiz vecino aquerenciado en la ciudad, con mujer española y numerosa prole, puso sus ojos en una mulata llegada de Chile, prometida de un hacendado lejano, a quien ella misma no tardó en olvidar, para marchar al campo con su nuevo amor, iniciando una larga trama de persecuciones y desencuentros que involucraron a la española engañada y a la mulata rozagante, *con escándalo de los vecinos e hiriendo la vindicta publica*, provocando la intervención de las autoridades y hasta la del propio cura del partido y que concluyó abruptamente, en la primavera del1784, cuando el marido adúltero se ahogó en un remolino de aguas sucias y revueltas, intentando atravesar a nado, un río crecido y pertinaz que lo separaba de sus afanes.

¿Que llevaba a un hombre y una mujer con habilidad nupcial a vivir amancebados?

Los protagonistas tienen la respuesta. En algunas sumarias, aluden a una *pasión desaforada* que los empujó sin prudencia ni razón uno en brazos del otro, las apremiantes necesidades económicas que acuciaban a mujeres solas y abandonadas, por constituir el hombre el único sostén de la mujer, por la costumbre de verse y necesitarse, el haber tenido hijos, el propio oficio errante del hombre, que lo llevaba a permanecer largo tiempo fuera del hogar, para el caso del marido que guardaba su manceba en una hacienda lejana al hogar conyugal o que por periodos prolongado en razón de su oficio de comerciante, tropero, soldado.etc residía habitualmente, fuera del mismo.

Son uniones inseguras y frágiles pero las asiste una tenacidad de náufrago, que las convierte en duraderas y capaces de sortear con éxito los códigos morales y legales de la época. Produjeron centenares de folios judiciales, sermones y bandos de policía, estancias en cárceles y presidios y generaron lágrimas, el espanto del rechazo social, severas admoniciones y ... miles de retoños naturales.

Y con un empecinamiento feroz tornaron a entretejerse nuevamente,una vez superados los azares del cumplimiento de las penas de destierros, presidios y depósitos en casa honesta y segura con que alcaldes y jueces comisionados separaron a las mancebas de sus enamorados y obstinados compañeros.

El amancebamiento guardaba empero un alto impacto social porque atentaba contra el orden ético de la sociedad, por ello se habla de *"escándalo"*, de *"injuria pública"*, de *"grave ofensa a la moral pública a las buenas costumbres y a la religión* " y se denuncian estas circunstancias al iniciarse la cabeza del proceso.

Afincadas en un mismo espacio geográfico, el de Córdoba del Tucumán, ciudad mediterránea, cruce de caminos y nudo de comunicaciones para los peregrinos que recorrían las rutas hacia Buenos Aires, Asunción, Santiago o Lima, alejada del teatro de las guerras pero permanente frontera con el indio, cabecera del obispado y sede de la Universidad, una ciudad indiana donde el siglo XVIII trazó perfiles muy particulares, y donde las uniones irregulares se inscribieron, generalmente, a su vez, en definidos contextos de marginalidad y violencia, de los que dan buena cuenta el examen de los expedientes judiciales vinculados al tema, provenientes de la sección *Crimen* del Archivo Histórico de la Provincia de Córdoba, arrojando una vívida y esclarecedora luz sobre el universo de los *amancebamientos, amistades y tratos ilícitos* que referían las formas de la convivencia libre.

En este universo rural intrincado y diversificado, recorrido por procesos de intensa vitalidad, se intenta analizar el trámite procesal que adoptaron las causas penales por amancebamientos labradas en la segunda mitad del siglo XVIII unido a cuestiones de violencia suscitadas en el preciso contexto de dichas relaciones familiares.

En todas las instancias procesales hay una constante que se repite una y otra vez: la presencia de la *pública fama*

El insoportable peso de la *pública fama*, que no dependía de pruebas, ni requería formalidades procesales, y que podía albergar tanto una genérica valoración individual, como alguna información puntual, condicionaba los procesos penales con una tozudez de náufrago.

La *pública fama* disparaba en ocasiones la propia substanciación de las causas. Abundan los casos en que la prisión de los reos acusados de mancebía se respalda en la misma pública fama que atenazaba a homicidas, vagos y *manlentretenidos*, ladrones, robadores de mujeres, cuadrilleros y abigeos crónicos, refugiados en el amparo que ofrecían las serranías y montes, hombres conocidos y temidos por los vecinos, quienes, a su vez, se constituyen en los más activos testigos en las sumarias que inician los jueces de hermandad y los jueces comisionados y donde los mismos vecinos, víctimas de lesiones, injurias, abigeos, robos, variados atropellos, etc. participan como auxiliares en las partidas que prestan su concurso al magistrado

La movilidad de la campaña es extrema, pero también funcionan aceleradamente los complejos mecanismos de la delación. Nada ni nadie puede ocultarse eficazmente en las poblaciones rurales. Los vecinos hablan, recuerdan, relacionan. Refieren aspectos mínimos, detalles y coincidencias fortuitas que logran, al fin, reconstruir los tablados de revueltos rompecabezas, viajeros y forasteros que fatigan los caminos relatan sus encuentros y descubrimientos, en la extensa e intrincada red de tambos y postas.

Hablan con idéntico entusiasmo, por sus bocas, de lo que conocen y han visto con sus ojos, pero también narran lo que tienen por sabido de pública fama. Es habitual en la compulsa de la prueba testimonial de los expedientes de crimen de tiempos indianos encontrar las expresiones: "*ha oydo decir, se lo conoce por su pública fama de, lo dice porque todo el partido lo sabe*", etc.

Amen a ello en la ciudad los ojos vigilan tras las ventanas la vida de los vecinos:

> "*que entra a la casa de la viuda al anochecer y sale de ella con la primera luz, ... que vive con una mujer casada desde que falta su marido,que la visita a deshoras en su casa, ... que se encuentran en el monte porque dejan los caballos atados*

juntos a la vera del río, ... que acude a su casa a la siesta con grave desvergüenza de los vecinos pues deja atado el caballo".

Los ojos vigilan y las voces delatan hasta los mínimos detalles que permiten reconstruir los afanes y de los amantes para lograr el ansiado encuentro[9].

Los vecinos son asimismo los principales clamores, que acusan a los protagonistas de los delitos de *ilícita amistad.* Pertenecen generalmente al círculo intimo de los amancebados, son sus parientes, amigos, allegados ocompañeros de labor, en un nudo de inmediatez y proximidad que derrumbay perfora las débiles fronteras de la intimidad

Bañarse juntos en el río, internarse en los montes, comer juntos en la misma mesa, andar en las ancas del caballo de amante, entrar estos a deshoras a la casa de la mujer pretendida, lavar y almidonar ella la ropa del compañero son los signos inequívocos del *mal vivir* que sustentan las declaraciones de los testigos[10].

[9] Una situación similar describe María Emma Mannarelli en la Lima del siglo XVII: "*Las miradas extrañas penetraban en los espacios de los aposentos donde los cuerpos se juntaban. Hombres y mujeres hurgan en la intimidad del prójimo. Los encuentros clandestinos son registrados por ojos curiosos. Un pulpero limeño hacia principios del siglo XVII confesaba ante el fiscal eclesiástico como Catalina González, pulpera también estaba en pecado publico con Melchor de Cintar, un comerciante portugués, soltero de treinta años. A pesar de que estaba camino a Tierra Firme hacia cuatro años que según los testigos, veía y trataba a catalina. Otro de los testigos, del mismo oficio, decía que había visto a los amantes {"muchas veces juntos con sus propios ojos en una cama y comer en una mesa muchas vezes de que le a paresido muy mal*" en Emma Mannarelli *Pecados públicos. La ilegitimidad en Lima, siglo XVII*, Lima, Perú, Centro de la Mujer Peruana Flora Tristán, 1994, pág. 112.

[10] Así ocurre en la instrucción iniciada de oficio por el Juez Pedáneo Juan José de Aliaga contra el pardo José Félix Echenique por amancebamiento. El testimonio de Javier Vega destaca "*que hace seis meses más o menos vio a dicho José Félix en una función o fiesta que hubo en lo de Segundo Monge... que tenía en ancas a su cuñada llamada la Niña y que entonces oyó decir a uno de los concurrentes que vivía amancebada con ella*" detalles que reproducen en los dichos del testigo Juan Díaz admirándose este "*que habiéndole mandado la Justicia al pardo libre Echenique, que no pasase del puesto para adelante, hacia donde ella vivía andaba con ella en ancas*" Otro de los testigos que depone en la causa, Antonio Acosta afirma por su parte "*que hará como cinco años poco más o menos que oía y oyó a varias personas estar amancebado el contenido Echenique con su cuñada llamada La Niña, casada pero que no ha sabido de cierto hasta ahora cuatro meses, pues con motivo de haberse mudado el declarante a vivir con su familia a donde habita la citada cuñada de José Félix vio por sus ojos llegar a deshoras de la noche a pie y arrimarse a la casa de ella, estando sola dentro de la casa"* Otra testigo dice conocer el amancebamiento de muchos años "*solo por pública voz*" Archivo Histórico de la Provincia de Córdoba (En adelante AHPC) Criminales Año 1810 Legajo 118 Expediente 10.

Entonces las Justicias actúan, la sumaria que forma cabeza del proceso, iniciada de oficio o a pedido de parte, dispara los mecanismos de la punición. Se ordena la detención del reo, se lo asegura en la cárcel capitular, se le toma la confesión, se receptan bajo juramento las testimoniales de quienes pueden arrojar alguna luz sobre los hechos que se investigan, se ordena el diligenciamiento y la substanciación de los elencos de pruebas que ofrecen las partes, concluida las mismas, se abren los autos para las alegaciones de los Fiscales y Defensores, tras las cuales, finalmente, con el dictamen previo de los Asesores Letrados en los casos de envergadura, se elevan los autos a sentencia.

En otros casos, hay un concreto cargo formulado por denuncias o querellas de moradores, menoscabados por un accionar determinado. Pero en el trámite inmediato de los procesos vuelven a aparecer las mismas voces que acusan al reo *por su fama*.

El examen de los expedientes judiciales, provenientes de la sección *Crimen*, del Archivo Histórico de la Provincia de Córdoba, arroja una vívida y esclarecedora luz sobre el universo de los amancebados.

Son mujeres que se alzaron contra la reconocida autoridad de la familia y el convento como espacios de mediación y encuentro entre componentes individuales e institucionales, el estado y las jerarquías eclesiásticas.

En estos espacios primarios, en los confines mismos de la monarquía española en América comienza brotar, rechazando los criterios sociales establecidos para la elección matrimonial, un sentimiento fuertemente arraigado en una clara conciencia de libertades individuales que les asisten en correspondencia con sus sentimientos y por los cuales desafían las estructuras de poder.

La libre elección matrimonial basada en el único respaldo del sentimiento amoroso podía enfrentar el orden social cuya preservación "*dependía del recorte sistemático de la elección individual*" [11]

Pero el verdadero disparador de las causas judiciales iniciadas contra los amancebados no es, en la generalidad de los procesos labrados en la jurisdicción en estudio, intrínsecamente la *ilícita amistad*. El amancebamiento suele

[11] Verena Stolcke: *Racismo y Sexualidad en la Cuba Colonial*, Madrid, Alianza Editorial 1992, pág. 110.

ser denunciado, como un matiz más de una personalidad transgresora cuando existen a su vez otros delitos, cuatropea, robo, injurias, algún homicidio.

En todos los casos sorprende la larga data que registran estas uniones libres: *que vive en ilícita amistad hace 7 años, que ha vivido con escándalo de todo el vecindario catorce años, que ha mucho mantiene su manceba con grave injuria a la vindicta publica*, etc.

Ello parece demostrar, que más allá de una pasión pasajera, el amancebamiento constituyo también, una forma de unión estable que en ocasiones logró desarrollar estrategias de supervivencia similares a las habituales en los matrimonios canónicos.

¿Cuales son mujeres acusadas del amancebamiento? Generalmente las mujeres solas, sólo muy excepcionalmente registra *ilícita amistad* una mujer casada que convive habitualmente con su marido, si en cambio se inscriben como mancebas las viudas, las abandonadas, las mujeres jóvenes de clase social baja y las que interactúan en un universo multiétnico.

El tema de las viudas había suscitado la particular atención de los moralistas, en una época donde debido a la temprana mortandad existían núcleos considerables de ellas.

Vives definía a la viuda como:" *desamparada, desolada, indecisa y flotante como navío sin gobernador, llevada de acá para allá desorientada y sin consejo, como niño a quien el ayo fue quitado.* Juzgaba que debían vivir encerradas "*y si alguna que otra veztendrá necesidad de salir de casa, salga tapadas mostrando en su traje y habito lo que son en realidad y su nombre indica*"[12] rigores que compartían Francisco de Osuna, Fray Martín de Azpilcueta, Juan de Soto, Juan de Pineda y Alonso de Andrade, contrarios incluso a la celebración de segundas bodas [13] autorizaban, excepcionalmente, solo en casos de viudas jóvenes... "*porque si no se sienten con fuerza de guardar continencia y dar buen ejemplo de honestidad: porque más vale casarse y vivir en santo matrimonio, que dar ocasión de murmuración*"[14]

[12] Juan Luis Vives op. citLibro III. De las viudas, pág. 1157 y siguientes.

[13] "*La mujer no peca en se casar, mas si enviudase mejor hará en permanecer en vida de castidad*" predicaba, citando a San Pablo, el jesuita sevillano Juan de Pineda (1558-1637) autor en 1632 del "*Index novus librorum prohibitorum et expurgatorum*". Conforme Marilo Vigil op. cit., pág. 198.

[14] Ídem, pág.197.

El navarro Martin de Azpilcueta (1492-1586) Catedrático de Salamanca y Coimbra, imponía a las viudas el encierro forzoso, excusándolas incluso de oír misa durante quince días o un mes, después del fallecimiento del esposo[15].

El franciscano salmantino Francisco de Osuna (1492-1540) recomendaba la humildad en el vestido de las viudas y en lo posible utilizar hábito, reducidas al estado de vejez *"como personas que ya se les ha pasado la flor del mundo"* [16]

Pero las viudas, no podían, escapar generalmente al desamparo económico y afectivo, que les significaba su estado y que las convertía, junto a las abandonadas, en seguras candidatas de las relaciones *de ilícita amistad* o *amancebamiento.*

Las voces de estas mujeres, protagonistas de los expedientes judiciales por causas de amancebamiento, aunque encorsetadas en un ropaje legal rígidamente formulario difieren, están las quejosas, las que protestan de su virtud que admiten lastimeramente haber sido seducidas bajo una promesa de matrimonio incumplida, pese a sus muchos afanes y trabajos por concretarla, pero están también las que reconocen espontáneamente haber decidido libremente compartir una unión irregular a sabiendas del pecado que importaba.

Los amantes no niegan su condición de tal, ni tratan de disimularla, por el contrario la reconocen y afrontan el inevitable y aciago peso de las consecuencias que han a sobrevenir[17].

El máximo recurso al que en ocasiones echan mano es referir que al presente ya no mantienen la relación sexual cuestionada, que la misma ha sido el mal fruto de un arrebato de pasión enterrado en el pasado.

Afloran confusos sentimientos de vergüenza, dolor, culpa.

En la tristeza del pecado esta la penitencia.

En todos los casos hay un reconocimiento explícito de la culpa de los amantes, se habla de la "*fragilidad de la carne de la debilidad del hombre ante la*

[15] *Manual de confesores y penitentes* o *Enchirindion confessariorum*. Edición portuguesa, Coímbra, 1550; Edición en castellano, Salamanca, 1556;

[16] Francisco de Osuna OFM: *Abecedario Espiritual.* (Hay varias ediciones)

[17] La excepción la constituye el pardo libre José Félix Echenique que a pesar de los dichos contestes de las testimoniales vertidas en la instrucción de la causa niega el amancebamiento que se le imputa mantener con su cuñada... *"a quien solo en una función de mucho concurso, alzó en ancas públicamente pero solo por pasar un arroyo... y que si es cierto que llegó una noche a deshoras a la casa de su dicha cuñada a pie fue... porque su ida era para ver a Antonio Acosta que vivía en la misma casa"*. AHPC Criminales Año 1810 Legajo 118 Expediente 10.

ceguera de la pasión, de la torpeza de la conducta, he cometido *acto torpe,* mantuve *torpes tocamientos, torpes deseos, amistad ilícita, amor deshonesto, conducta censurable, desliz vergonzoso no he podido domeñar mis torpes apetitos"* confiesa un marido en 1796, una mujer engañada enrostra, indignada a su marido, *"el haberse entregado al vicio de la sensualidad",* las expresiones parecen acercarse a un ritual de dolorosa penitencia más que a unas rutinas procesales, los protagonistas no aluden jamás a la felicidad del amor compartido o al goce sexual.

Lo que queda de estas historias de vida es el lenguaje escrito que no puede evitar reunir el bagaje de los recursos teóricos, metáforas e imágenes del lenguaje literario o de una fraseología judicial que se intercalan formando parte del discurso pero que aun así permite conocer los segmentos de historias cotidianas de estructuras familiares débilesdonde no siempre está presente la figura del padre y las mujeres jóvenes cumplen con habitualidad los mecanismos de supervivencia cotidiana fuera del núcleo del hogar: lavan ropa en el río, buscan leña en el monte, cuidan y arrean el ganado.

En los caminos, en el lecho de los ríos secos, en la espesura de los montes, se inician las relaciones clandestinas de la *ilícita amistad.*

Pero en todas las causas hay una constante, los hombres acusados de ilícita amistad conocían a la mujer con la que habían construido su relación y ella era asimismo producto de un largo cortejo.

A los alcaldes y jueces comisionados les interesa siempre reconstruir el secuenciamiento completo de la causa que investigan. *Qué ha pasado, cómo ha pasado, en qué preciso orden se han ido escalonando los acontecimientos. Y porqué.*

Es decir se inquiere prolijamente *el que, el cómo y el porqué.*

El 2 de abril de 1789 el Alcalde Ordinario de Primer Voto, Francisco Antonio González, tomaba declaración a Josef Ramón Rodríguez, preso en la Real Cárcel del Cabildo, natural de Río Tercero, de edad de treinta años, *"que no tiene oficio ninguno y que se mantiene conchabándose"*, acusado de haber robado una mujer.

Los testigos convocadas por el Juez para deponer en la causa, conocen al procesado y lo identifican con lujo de detalles como *"bagamundo, osioso y dañino, pendencioso hurtador de animales agenos",* coincidiendo en el conocimiento de las razones que habían desencadenado el robo de la mujer *"que avia urtado a la mujer con fin de casarse con ella por no aver querido dársela su madre, que la avia traído rovada con el fin de casarse con ella y que el motivo que tuvo para traerla fue el no haver querido su padre dársela para casarse, aviendosela pedido"*

El reo se defiende argumentando la promesa de casamiento que diera a la mujer robada antes de la fuga. Refiere que cuando Francisca Rodríguez hija de Juan de la Cruz Rodríguez y de Isabel Sosa, vecinos de Río Segundo salió con él, lo hizo voluntariamente y sin mediar violencia alguna, *"pues al despedirse de ella y retirarse a su pago la mujer le lloro haciéndole presente los trabaxos que padecía en su casa después de haberla pedido, que valía más se la llebase i ocurrieran al cura que los casase, lo que executo acordonado hora para la fuga".*

El pintoresco relato prosigue señalando el acusado los motivos que habían disuelto su voluntad de contraer matrimonio con la mujer robada

> *"Que fueron en efecto a la casa de un tío suyo llamado Pedro Rodríguez desde donde se conduxo el que declara a casa del cura Don Vicente Ferreira y relacionándole lo acaecido le aconsejovolver a la ciudad que por falta de medios desistió del intento pasando a dejar la dicha Francisca en casa de un tío suyo llamado Antonio Rodríguez que vive en la cañada del Sauce, curato de Calamuchita y pasando el que declara al tercero a dar cumplimiento de unos días de servicio que le debía y habiendo concluido se volvió para la casa donde estaba la dicha Francisca en la que lo prendieron"*

El rapto fue así el medio utilizado para resolver el disenso paterno o materno al matrimonio. Las razones argüidas por los padres para oponerse al matrimonio de la hija son generalmente las diferencias de clase social el deshonor o la desarreglada conducta que teñía la vida del pretendiente y que podía afectar el honor familiar.

Los que protagonizan estos delitos son habituales moradores de la cárcel, vagos, cuatreros, procesados por robos y hurtos de variada índole.

Josef Ramón había estado preso ya en dos ocasiones, la primera, *"por haberle quitado un poncho a un muchacho llamado Francisco, porque este le había quitado a su vez un caballo".* Los reos son asimismo reincidentes en el caso remanido de robos de mujeres.

Josef Ramón había robado años antes a Bernardina Basquez hija del Maestre de Campo Basquez por cuya razón había estado seis meses y medio en la Real Cárcel de la ciudad

El preciso ámbito de lo doméstico cobija asimismo los casos de violencia familiar.

El ladrón de mujeres Josef Ramón Rodríguez procesado en 1789 por el robo de una mujer, es a su vez primo tercero de la niña que hurta bajo palabra de casamiento.

En realidad el robo de la mujer es el corolario de un complicado cortejo amoroso que se inicia en el mismo lugar donde reside la cortejada, involucra a su familia y se desencadena ante la resistencia familiar a concretar la unión de los novios. Aunque asimismo se impone aclarar que en los casos de amancebamiento no siempre existe la explícita voluntad de contraer matrimonio. En estos casos el rapto es solo el capitulo anterior al inicio de un largo concubinato. Pero esta circunstancia no escapa a la percepción familiar que suele anticiparlo en sus denuncias a las autoridades. Cuando el padre o la madre de la joven se presenta ante los magistrados judiciales a denunciar la desaparición de una hija suelen aportar todos los detalles que llevan inevitablemente a su aprehensión. El entorno familiar e intimo de la joven es perfectamente consciente que ella ha huido con su pretendiente y conoce a la perfección los recursos a los que puede haber echado mano y recovecos donde pudo haberes refugiado.

De todos modos vivir oculto y escapado era una alternativa difícil de sobrellevar en el escenario de las ciudades indianas. Los vecinos guardan una permanente e irrenunciable vocación de vigilancia que los lleva a erigirse en celosos custodios de la moral pública. Manifiestan repetidamente su firme rechazo a todas las formas de transgresión social. Informan, proporcionan, suministran toda suerte de datos, detalles, pistas, pequeños partículas ínfimas pero decisivas de un complicado rompecabezas, que por fin reconstruyen tenazmente, segmento a segmento. Protestan enérgicamente de su fe religiosay su celo cristiano que los impulsa a perseguir el mal ejemplo y la vida licenciosa.

Pero si una relación de amancebamiento se disimulaba, e incluso podía registrar años, sin que operasen los controles, hasta su conexión con otro delito, el robo de mujeres y la huida de estas suelen ser las causas que disparan sin excusas el accionar de la justicia.

Así ocurre cuando Mariano Rojo del Partido de Río Segundo, "*vagamundo, ocioso y que carece de los bienes suficientes para su mantenimiento y que no tiene más ejercicio que el de andar de esta manera ejecutando varios daños en las haciendas de campo de los vecinos* roba de la casa de sus padres a María Medina *con grandísimo escándalo de dicho vecindario sin ningún temor de Dios ni pérdida de su alma"*[18].

Del mismo modo, la audacia de andar *haciendo alarde de tener consigo en el monte una mujer robada*, convence en 1790, al Juez Pedáneo del Río de los Iriartes, Miguel Ignacio Carranza a salir en búsqueda del negro Juan Soto

> *"que no tiene otro ejercicio que el de andar vago cometiendo robos y otros excesos que de la vagancia emanan como fuente perenne de todos los vicios, siendo uno de los más perjudiciales en el Partido, porque no teniendo domicilio fijo ni arraigo que lo impida poner en ejecución los designios que le proporciona su montaraz vida, con grave perjuicio del vecindario"*[19].

El auto de oficio y cabeza de proceso que el Juez mandó levantar atendía precisamente esta causa, dejando a salvo las prisiones que el reo había sufrido en diferentes tiempos por su tenaz ociosidad.

Un testigo que actúa simultáneamente en el prendimiento del negro, testifica las circunstancias precisas de su detención, *"que lo hallaron al reo con una india llamada María en el rancho de un mulato llamado Joaquín, esclavo de Don Pedro de Carranza, casado con la hermana de dicha india"*[20].

La prueba testimonial acreditó sin fisuras, la *pública fama* de vagabundo y ladrón del negro Juan Soto, casado en Los Molinos, en casa de Francisca Soto, *"que no tiene bienes ni hacienda para mantenerse y que no se sabe se haya conchabado jamás con persona alguna porque su ejercicio es andar vagamundo por los partidos, públicamente conocido por ladrón"*[21].

El robo de mujeres aparece con frecuencia en los expedientes tramitados por ociosidad y *malentretenimiento.*

Basilio Sánchez testigo de cargo en la causa que el Juez Pedáneo, Tiburcio Valeriano de Olmos le inicia en 1790, a Juan de Dios Cancino, relata como el reo *"cuatrero de amplio exercicio ... que corre por español que no tiene oficio ninguno que de criatura trabajaba en carpintería y que luego que murió el padre de esta que era carpintero nunca más ha trabajado y que no tiene tierras ni otras haciendas de que*

18 A.H.P.C. Criminales. 1790 Legajo 51 Expediente 12.

19 A.H.P.C. Criminales. 1790 Legajo 51 Expediente 20

20 Ídem.

21 Ídem.

subsistir" ha robado una punta de mulas en compañía de un fulano criollo, llamado Lencinitas, amén de tres caballos a Domingo Ramallo cargando continuamente armas prohibidas como un sable muy afilado y que siempre le ha visto entretenerse afilando armas y también cargando un trabuco[22].

El testimonio de Sánchez evoca múltiples robos de mujeres, principiando por Isidora Senturión, mujer de Francisco Flores, con quien Cancino "*ha bibido arraigado y vive que hará poco la tuvo en los montes con hijos y todo y por este causa se ha desterrado el marido de esta mujer que por vergüenza handa ausente muchos años*"[23].

Pero no fue este el único robo de mujer que registraba el cuatrero. Reconoció asimismo el testigo el robo que efectuara años después en la persona de la propia esposa del juez que salió a perseguirle, "*salió Cancino a Nicolás de la Cruz siendo Ministro del Juez y trayendo este en las ancas a María de los Ángeles Díaz lo volteo del caballo al descuido y le quito la mujer y a mas, las armas. Que la llevo al monte donde la había tenido, Todo a fin de demostrar su osadía y hacer burla a la justicia*".

Más adelante evocó intentos que padecieron las propias hijas del declarante Aguedita, Gregoria y Juana un mediodía de fuego en que volvió de su trabajo en el campo, y mandó a sus hijas diesen agua a su caballo de un pozo que hay a la vista desde las casas. Advirtiendoluego que un hombre conversaba con sus hijas, mandó a otra para decirle que se retirara, circunstancia que al no verificarse impulsó al propio Sánchez a salir en busca de sus hijas topándose con el reo quien le espetó: "*Amigo hágame el favor de retirarse que no me gusta venga Ud. aquí*". La pelea se precipita en el inicial puntazo que le tiró Cancino a Sánchez, hiriéndolo en el brazo con el sable para parar la lluvia de golpes que también caía sobre las hijas, hasta que la tenaz resistencia de estas, sumada a la una hermana decidida, de nombre Juana, que se unió al combate y la propia Pascuala, mujer de Sánchez, lograron reducirlo dando en tierra con Cancino y bregando con él en el suelo, hiriendo Cancino al declarante las manos por quitarle la espada que estaba muy afilada. Pero quitándole esta y el trabuco lo lograron atar e inmediatamente dio voz a la Justicia para entregarle el preso[24].

Otro testigo Agustín Gómez evoca los mismos avatares, que comprometieron los amores con Isidora a quien Cancino tuvo como mujer propia por el

22 A.H.P.C. Criminales. 1790. Legajo 51. Expediente 19.

23 Ídem.

24 Ídem.

Río Segundo y luego por los montes con sus hijos para luego emparejarse con María de los Ángeles Díaz quien se huyó de la casa del Juez de Río Primero con Mariano Gómez. Recuerda que llevando Nicolás de la Cruza dicha Díaz en sus ancas por mandato del Juez le alcanzó Cancino y volteando a Nicolás su caballo le quitó a dicha niña y un trabuco y un sable y todo se lo llevó[25].

En 1764 respondiendo a los repetidos informes *"de personas dignas de toda fe y creencia por su religiosa profesión pidiéndome con celo cristiano remedie el mal exemplo que da Don Juan Vicente Piñeiro viviendo escandalosamente amancebado con abandono de sus hijos mujer y familia"* el Gobernador y Capital General del Tucumán, Juan Manuel Campero, mandaba iniciar cabeza de proceso, contra el nombrado vecino que reunía una curiosa calidad, era un regidor miembro del Cabildo de la ciudad de Córdoba quien por la jerarquía del cargo debía precisamente dar con su buen proceder dar ejemplo a los demás, por lo que reservando proporcionar los medios más honestos y convenientes a evitar dicho escándalo que sede en ofensa de su Magestad Divina, servicio del rey y agravio de la vindicta pública se ordenó constar dicho amancebamiento por información sumaria sin figura de juicio que cause estrépito para que en su virtud tomar los arbitrios que dicte la prudencia y la mejor administración de justicia.

La instrucción de la causa contó con testigos de singular calidad como el Alguacil Mayor del Cabildo Nicolás García Pillado quien afirmo que "*de notoriedad común* sabia y le constaba *"que se hallaba don Juan Vicente Piñeiro viviendo con escándalo en esta ciudad con una viuda que ignoraba su nombre de cosa de seis años y asimismo con la misma notoriedad le consta del abandono de su mujer y familia habiendo dado algún escándalo en la ciudad"*

El Maestre de Campo, Santiago de Allende fue más contundente en su testimonio. Dijo *"que save y le consta que desde que fue Alcalde don Juan Vicente Piñeiro a vivido licenciosamente y con escándalo del pueblo con doña Prudencia Gaitan con total abandono de su casa y familia y que asimismo le consta que en varias ocasionescon empeño vinieron sus hijos a llevarlo ya con motivo de enfermedad grave de su consorte y otros motivos y no han sido estos poderosos para que salga de esta ciudad al reparo de su casa como devia y sin embargo de haber dado escándalo se a disimulado este a lo que juzga este declarante por su oficio"*

[25] Ídem.

En la jurisdicción en estudio, casos como el citado, constituyen siempre una excepción, el amancebamiento se entramaba generalmente en las capas del tejido social más bajo, aunque no dejan de existir los contrastes de hombres de los segmentos medio o medio alto que se amanceban con mujeres de clase social baja, o de castas, mulatas, mestizas, cuarteronas. No hemos encontrado casos de mujeres de clase social alta acusadas en causas de amancebamientos[26].

¿Cómo se castiga el delito de la *ilícita amistad*?

En la generalidad de los casos, las sentencias disponen el destierro de los amancebados varones y el depósito en casa honesta de las mujeres.

Es decir que se intenta poner distancias entre los amantes.

Así sucede cuando Fernando de Arce y Bustillo Juez nombrado por el partido de los ríos primero y segundo inicia sumaria información por informes que le eran llegados *de personas fidedignas* que Santiago Ximenez a quien remite con cepo a prisión, nacido en Los Arroyos, de edad *entre treinta y cinco o cuarenta años*, vivía con la nota de trato ilícito con una mujer casada[27].

Los testigos convocadosacreditaron que de "*público y notorio*" sabían tenía el reo trato ilícito con una mujer casada y que el propio marido, encontrándola en su misma casalo había herido. Agregan asimismo que aunque las iglesias y las capillas se hallan d*istantes de estas inmediaciones* nunca lo han visto concurriendo a ellas.

Corrida vista al Fiscal, se solicita el extrañamiento de Ximenez a las poblaciones de frontera, y así lo resuelve el Juez, apercibiéndole severamente que la pena se le doblaría, si volvía a aparecer por el Partido.

[26] Una situación parecida observa María Emma Mannarelli para la Lima borbónica: "*Las relaciones extraconyugales involucraron directa o indirectamente a una gama social muy amplia: desde caballeros y doñas hasta indios y esclavos. Se trata de un verdadero caleidoscopio social. Pero se aprecia un predominio de los grupos medios y los sectores subalternos del orden social colonial. Las clases sociales altas se ven tenuemente expresadas en este tipo de conflicto. La mayoría de los hombres pertenecían a los sectores medios, principalmente medianos y pequeños comerciantes, burócratas de bajo rango y artesanos. Mientras que en el caso de las mujeres acusadas estas provenían mayormente de sectores sociales mas bajos, especialmente fueron mujeres de castas, mulatas, mestizas, zambas, que se desempeñaban como costureras, lavanderas, pulperas, etc. Algunas mujeres indias también fueron enjuiciadas por amancebamientos, igual que algunas mujeres que ostentaban el calificativo de doñas. Las mujeres esclavas prácticamente no figuraron en los juicios*" conformeMaría Emma Mannarelli *Pecados públicos*. Cit pág. 117.

[27] A.H.P.C. Criminales, Legajo 42, Expediente 28.

No faltan empero los azotes para el enamorado tenaz y las condenas a cadena en los fortines de frontera o en los trabajos en las obras publicas de la ciudad en tanto en ocasiones, algún amancebado contumaz sufrió asimismo la pena de bajeles.

Los lugares del destierro son las vecinas poblaciones de frontera en consonancia con una decidida política de fomento de dichas áreas despobladas.

No hay secuencias documentales completas que permitan estudiar la conducta llevada por los condenados en estas áreas de destierro. Es posible sin embargo reconstruir alguna cuando el reo vuelve al sitio de la condena a reunirse con la manceba, elección que le significaba un nuevo enfrentamiento con la justicia.

Para cortar la proliferación de uniones libres las autoridades fomentaron la celebración del matrimonio, precisando en la misma substanciación de las causas, que celebrado el sacramento del matrimonio, quedarían los amancebados en libertad.

Algún autor ha interpretado que la menguada severidad en la determinación de las penas, bien pudo haber sido indicativa de un generalizado sentimiento de tolerancia social frente a la multiplicación del problema[28].

Alguna vez fue puesto en libertad un amancebado que argumentó, haber celebrado promesa de esponsales.

No abundan en cambio, los casos en que más de una pareja de ilícita amistad convivan en la misma vivienda como ocurrió, cuando el Alcalde de Primer Voto, Sargento Mayor Ambrosio Funes inició en 1799 la sumaria información de estilo tras la denuncia formulada por un pardo, según la cual Manuel Palacios y Bernabé Carrizo vivían en una casa de la ciudad en *escandalosa ilícita amistad* con María del Transito Vázquez y Micaela Antonia Mello.

Amparándose en la espesa sombra de la noche, fue enviada una partida sigilosa para proceder a su apresamiento de los amantes y efectivamente, irrumpiendo los soldados al mando del Ministro Cornejo en la vivienda señalada, sorprendieron *"al dicho Carrizo acostado en la sala junto a Micaela Mello desnuda y a Juan Manuel Palacios con María Vázquez en el aposento o cancel de dicha*

[28] *"Los hombres tuvieron que pagar una suma pequeña de pesos. Las mujeres usualmente fueron condenadas a un encierro temporal corto. No se han encontrado casos de castigos infamantes tales como la pérdida del derecho a usar determinada prendas o azotes o a caminar desnudas por la calle"* ConformeMaría Emma Mannarelli *Pecados públicos.* op. cit,pág. 127.

casa igualmente solos y a oscuras... de donde los sacaron atados a los hombres y a las mujeres sueltas, y las condujeron a la casa del dicho Alcalde y levantándose de la cama el dicho Alcalde que ya se había acostado, las trajo personalmente y las entrego en esta Real Cárcel del Cabildo al Alcalde don Vicente Crespillo".

No era esta la primera vez que actuaba la justicia. Juan Manuel Palacios y María Vázquez, amantes empecinados habían sido detenidos un año atrás, por haber sido hallados durmiendo junto en un *guario* de las inmediaciones en tanto Micaela había sido presa por el Teniente del Gobernador por haberse andado huida con un desertor de Buenos Aires.

Los reos no ocultaron su situación. Manuel Palacios que confesó ser mayor de veinticinco años, de estado civil soltero, sin oficio, natural de San Agustín, Partido de Calamuchita admitió tener por causa de su prisión *"el haber estado de mal vivir desde hace unos días con una mujer parda, libre y soltera, María Transito en compañía asimismo de Bernabé Carrizo que también llevo otra mujer llamada Micaela".*

Su amigo Bernabé también admitió *"ejercitar el mismo pecado en un cuarto que se comunicaba con la sala donde lo hacía Palacios".*

En cuanto a las mujeres una indignada Micaela Mello protestó enérgicamente la mal atribuida condición de *parda*, argumentando *"que se tiene por señora española, que su oficio es el trabajo de sus manos con lo que se mantiene,* reconociendo asimismo otros *malvivires de su pasado"* que asimismo la habían arrojado en la cárcel, años atrás, por su ilícita amistad con Balentín Medina.

Nada sabemos del tramite posterior que observaron estos obrados porque designado el Fiscal para la instrucción de la misma se excusa *"porque sus muchas ocupaciones le impedían tomar el trámite de los autos"*, excusa que rechaza el Alcalde ordenando su intervención bajo pena de 25 pesos de multa. Y allí queda interrumpido el expediente.

Como reaccionaban las cónyuges ofendidos por los tratos ilícitos.

En ocasiones, hay una protesta enraizada hacia la defensa de su propia honra, honra que la pecaminosa conducta del marido ha ofendido, *"Su mal vivir me ha deshonrado"* argumenta una esposa atribulada al descubrir el amancebamiento de su marido con mujer de condición inferior. El recato sexual se erige, pues, en la piedra basal donde reposa la raíz misma de la honra femenina.

La honra de la mujer descansaba en su circunspección, honestidad, decoro, cautela, prudencia, virtudes y modestia en el hablar y en el vestir, en sus gestos y conducta social. La honra que legitimaba su virginidad si era soltera o en su fidelidad sexual si era casada.

Pero también, las mujeres, cuando se presentan aminoran la conducta de sus volátiles cónyuges hablan de "*las miserias de una baja pasión*" que pudo haberlos confundido empujándolos en brazos de una odiada rival, protestan de haberlos perdonado y argumentan un razonamiento de hierro *no tengo medios para mantener las obligaciones de minumerosa familia.* La necesidad se impone, el hombre debe volver al tálamo nupcias porque es imperioso mantener a la sufrida prole.

El intento por rehacer la vida maridable está presente en todas las actas procesales y disimula, en ocasiones, maltratos y castigos. La esposa del pardo libre José Félix Echenique le confía a su vecina Mercedes Saavedra los pesares de la mala vida que lleva soportando estoicamente "*desde hace cinco a seis años*" por la ilícita amistad que su marido mantenía con su cuñada, abandonando al grupo familiar, describiéndole el estado que registraban sus sufridas espaldas, expuestas *en llaga viva,* por los jocundos castigos que el marido le había propinado por haberlo sorprendido una mañana en la cama, con Casilda, su cuñada[29]. Pese al castigo, ella siempre le aguardaba.

Otra esposa engañada dispuesta a perdonar y recomenzar la vida en común es María Rosa Juárez quien se presenta ante el Alcalde de primer voto de la ciudad de Córdoba Isidoro Gutiérrez solicitando la libertad inmediata de su marido, Javier Farías, preso en la Real Cárcel por los cargos de *amistad ilícita.* María Rosa argumenta que el largo tiempo cumplido en la cárcel la sido suficiente para purgar los delitos cometidos con los trabajos públicos cumplidos en la cadena. Pero le empuja además, la clara conciencia "*de estar experimentando muchas miserias, abandonada mi familia y mendigando con suma pobreza el alimento necesario*".

Por ello solicita la pronta libertad de mi marido *a quien estoy dispuesta a seguir por tener reconocido su arrepentimiento y le tengo por perdonado su agravio.*

Con la conformidad del Regidor Defensor de Pobres se dispone la libertad del reo a quien se apercibe "*que si en lo sucesivo repite sus delitos sé tendrán presentes los de esta causa para su mayor castigo.*"

[29] AHPC Criminales Año 1810. Legajo 118. Expediente 10.

Por su parte, la conducta de los maridos engañados oscila entre la indiferencia, la indignación y la pena.

Algunos huyen, acumulando olvidos y distancias superadores del dolor de las pérdidas y la picota de los recuerdos.

Los vecinos que conocen al dedillo los pesares ajenos y que nopueden dejar de tomar partido por quien resulta la víctima de las ofensas, evocan los agravios, disculpando estas huidas *"anda huido de su pago por las vergüenzas del mal vivir de su mujer."*

Otros acuden a sacerdotes y autoridades para que los ayuden a salvaguardar la pesada carga de un honor mancillado y una felicidad esquiva.

De este modo reacciona Manuel Antonio Carranza quien en 1799 se presenta ante el juez José Atanasio Noriegadel partido de los Reartes solicitando la prisión de Francisco Fernández *"por tener indicios claros que este andaba en amistad ilícita con mi mujer haciéndole también daño a sus haciendas"*[30].

Relata cómo fue anoticiado del mal vivir de su mujer por la propia madre del pretendiente de su mujer *"quien le aviso que tuviese cuidado de su mujer que ella misma lo había visto en mala amistad"*[31].

El marido ofendido principio por separarse de su esposa a quien depositó en la casa de su hermano José Andrés Carranza pero hasta allí mismo llegó Fernández para encontrarse con la mujer que lo desvelaba, enfrentando el cónyuge ofendido a su rival a puñaladas, pero ni siquiera estas guapezas pudieron disuadirlo de rondar la casa donde vivía la mujer, a quien días después volvió a encontrar el esposo, *"escondida detrás de la huerta platicando con su amante"*.

Terció entonces en estos avatares, el cura del partido, quien tras cavilar sobre el punto, depositó a la infiel dama en casa honesta, para luego de un tiempo volverla a juntar con su marido, el que resolvió encerrarla en la sala de su casa, de *"donde solo la hacía sacar con una criada"*, pero toda guarda era inútil, estéril e infecunda [32] porque los amantes continuaban sus furtivos encuentros

[30] AHPC Criminales Año 1799. Legajo 107. Expediente 8.

[31] Ibídem.

[32] *"Madre, la mi madre,*
guardas me poneis.
Que si yo no me guardo.
No me guardareis".

Copla popular que aparece en las obras de Cervantes: *El Celoso Extremeño,* también en *La Entretenida* asimismo en *La Aldeguela* de Lope de Vega *y en Céfalo y Pocris* de Calderón de la *"y esta vida ilícita es pública en todo el vecindario"*, como también los robos de hacienda que se multiplicaban en los campos del marido, no pudiendo prender a Fernández *"porque siempre ella se arreglaba para mandarle aviso de las partidas que venían en su busca"*.

Solo era previsible un final, y éste se precipita con la muerte de Fernández, enfrentando con su daga a los alcaldes de hermandad, en un entrevero a campo traviesa, del que resultó *destripado*, expirando con el puñal en la mano y los ojos abiertos por el dolor y el asombro, clavados en las estrellas ya mortecinas del amanecer.

Otro marido engañado que acude a las justicias es el cabo de Escuadra José González, vecino y residente del paraje de La Toma quien acude a la justicia persiguiendo la prisión de Juan Cruz Oliva *"por el delito público y escandaloso de amancebamiento que mantiene desde hace seis años con mi mujer Bernarda Aguirre"* [33]

Solicita que se convoquen los testigos de estilo para que acreditado el delito que denuncia *"se le aplique al reo el más serio castigo para que a los de semejante naturaleza le sirva del más serio escarmiento"* [34]

Los testigos que acuden a declarar acreditan los extremos de la pecaminosa relación El testigo Pascual dice que sabe y le consta por publica voz el escandaloso amancebamiento que mantiene Oliva con la mujer de González y que el mismo los ha visto juntos detrás de la casa a la hora de la oración en una ocasión en que González sorprendió a los amantes siendo herido por la daga que cargaba Oliva.

Ambrosio Torres afirmo *"que es público y notorio el amancebamiento,* que le constaba *"que Oliva le ronda la casa a González, que el mismo estando en la casa de González ha hallado a Juan de la Cruz como a horas de cenar, detrás de la casa, pues dice el que declara que habiendo toreado los perros salió con González a ver porque causa embestían los perros, y dice el que declara lo encontró al consabido Juan de la Cruz Oliva, con una daga en la mano y le tiró tres puñaladas al enunciado González y que le consta que siempre peligra la vida del ya referido González"* [35]

Barca. ConformeRicardo del Arco Garay: *La Sociedad española en las obras dramáticasde Lope de Vega*, Madrid, 1942. pág. 888.

[33] AHPC Criminales Año 1800 Legajo 86 Expediente 23.

[34] Ídem.

[35] Ídem.

Todos los testigos coinciden en estos detalles, la persistencia con que Juan Cruz rondaba la casa de su amada, esperando el ansiado momento en que el marido abandonaba la vivienda para pernoctar en ella, o la oscuridad de la noche para concertar un furtivo encuentro en la huerta y los montes que rodeaban la casa, encuentros por su parte que conocían y comentaban todos en el vecindario.

El "*ilícito público comercio*" que mantenían los amantes había obligado al Juez del Partido Don Pedro Vázquez de Novoa a apercibir a Oliva "*le desocupare el partido por las constantes quejas que tenia de los vecinos y conocer que estar el matrimonio bastantes descompuesto*" [36]

Llevado Juan Cruz Oliva a prestar declaración reconoce "*durante seis o siete años haber mantenido ilícita amistad con la mujer de José González sobre quien protesta no haber tenido nunca intención de herirlo que solo lo lastimo al pelearse cuando fue sorprendido en su casa*" [37]

Pero no todo era romanticismo y pasión en estas uniones entretejidas por el simple consentimiento ausente de los rigores formularios. Aunque la generalidad de los malos tratos denunciados ante las autoridades se inscriben en el ámbito de los matrimonios legítimamente celebrados, existen asimismo referencias de castigos en el escenario del amancebamiento que no alcanzan a organizarse como querellas.

Ana María Taborda es una viuda joven requerida insistentemente por José Antonio Barrera con quien finalmente traba *ilícita amistad.*

Al intentar cortar esta situación, sufre el castigo del amante despechado, pero la defensa del reo, que finalmente convence al magistrado, disminuye la entidad del relato "*dijo que no la ha llevado por la fuerzasino por su voluntad, que no la ha castigado ninguna vez, sino que en una ocasión le dio dos moquetes porque se juntó con una mujer que no quería que se juntase... que aquella noche le ató las manos con un trapo... de modo que ella misma se desató al instante*",conducta que no le trajo al declarante zozobras ni sospechas porque lo mismo solía ella hacer con el "*cuándo jugaban*".

María Justa Sueldo es la mujer legítima de Vicente Roldan, esposos y vecinos ambos del Río Primero. En 1790 se presenta argumentando:

[36] Ídem.

[37] Ídem.

> *"que hace siete años unimos nuestras voluntades con el lazo del santo matrimoniotodo ese tiempo he servido con el amor y la fidelidad digna de una consorte que voluntariamente abrazo el santo yugo no ha sido bastante esta buena ley para que mi citado marido aiga como yo lo esperaba correspondido sino agradecido igual antes si llevado de sus indómitas costumbres y áspero genio siempre me a agraviado e injuriado no solo faltándome a los precisos alimentos de que se mantiene mi decenciasino dándome en vez de gracias por mi comunicado servicio la paga en malos tratos, muchos palos y otros malos tratamientos hasta erirme en distintos ocasiones con palos y piedrassiendo el motivo el no traerle a su deseo lo que apetecía mi costa, por mantenernos de mis manos y no alcanzar el trabajo a llenar su gusto y vicios a oprque se aprehendia sus repetidos robos y malos hechos, en especial quanto faltando a mi compaña muchos días me era constante estava entretenido en otros brazos, pues tan sin riendas sigue en sus infamias que se a dado ocasiónde levantarse de noche de mi lado y pasarse a la casa de su manceba. Todo lo e llevado con la mayor paciencia pero el último atentado me a sido imposible disimularlo es el caso Señor que sin más motivo que su infame inclinación"*

El largo relato disimula matices, que oculta celosamente la esposa quejosa, entre ellos, la circunstancia de mantener *ilícita amistad* con un mozo del partido, a quien la presencia del marido incomodaba.

Hay un argumento que se repite en todas las sentencias de los alcaldes: lo que se busca no es castigar sino salvar las almas del pecado.

El propósito de unir en matrimonio a los amancebados solteros es la primera medida que intentan lograr las autoridades que intervienen en el trámite sumario de la causa.

Además el matrimonio funciona siempre como el remedio adecuado para salvar la pérdida del honor familiar de la mujer mancillada por la deshonra de haber mantenido una relación sexual fuera de los cánones tridentinos.

El destierro del varón amancebado es la pena frecuente, algún caso que comprometía el futuro de un hijo de familia se resolvió por contrario imperio obligando al depósito de la mujer de menor clase social en casa honesta y segura.

La agresividad sexual que se suele presentar como una fuente importante del prestigio masculino no basta en todos los casos para obligar al hombre a contraer matrimonio con la mujer con la que ha convivido.

En algún caso se condeno al dotar a la manceba desflorada bajo promesa de matrimonio evitando la celebración de las nupcias por la notoria deferencia social de los amancebados

3. ¡Ay, estos pesares del control!

Heredando la tradición romano justinianea y la tradición cristiana[38], la familia fue definida en las Siete Partidas de Alfonso el Sabio *"aun decimos que por esta palabra familia se entiende el señor de ella y su mujer y todos los que viven bajo el quien ha mandamiento así como los hijos y los sirvientes y los otros criados".*

Las Partidas regularon también otras formas de unión entre ellas la institución de la *barraganía.*

De este modo, el título XIV de la Partida Cuarta definía a la barragana *"que vive en pecado mortal,* recordando sin embargo que los *sabios antiguos que fizieron las leyes* consintieron *que algunos las pudieran aver fin pena temporal, porque touvieron que era menos mal de auer una que muchas. E por que lo hijos que nacieran de ellas fuesen más ciertos"*[39].

Las Partidas prohibían la *barraganía* de vírgenes, menores de doce años, viudas honestas y de buena reputación[40], del mismo modo que se prohibía a los hombres nobles y de gran linaje, recibir *ar o a ningún* por barraganas a mujeres viles, tales como taberneras, regateras o alcahuetas, así como sus hijas, ni otra persona, ninguna de ellas que son llamadas viles por razón de si misma o por razón de aquellos de donde descendieron, porque no sería

[38] Juzga Enrique Gacto como las Partidas *"forcejearon durante bastante tiempo con un derecho de familia muy diferente, un derecho tradicional recogido en los fueros, técnicamente mas imperfecto pero todavía fuertemente arraigado entre la población española, por virtud de esa vocación de permanencia..* "Situación que interpreta el autor que citamos, en 1505 con las Leyes de Toro" *que paradójicamentederogaron ciertos contenidos del ordenamiento alfonsino para consagrar tradiciones castellanas*" lo que facilitó, concluye, *'la pacifica aceptación de las Partidas, es decir del derecho romano, en todo lo no corregido por ellas"* Conforme Enrique Gacto: *Sobre el modelo jurídico del grupo familiar en el siglo XIX*, Separata de Historia Instituciones Documentos, Numero 25. Publicaciones de la Universidad de Sevilla, Sevilla, 1998. pág. 219 y siguientes.

[39] Las Siete Partidas de Alfonso el Sabio Titulo XIIII, Partida IV. Salamanca, Andrea de Potonariis, 1555

[40] Ídem, Ley II Titulo XIIII, Partida IV.

"cofa guisada q la sangre de los nobles fueffe embargada nin ayutada a tan viles mugeres" [41]

Pero las formas de la convivencia libre albergaban otros modelos, donde se inscribían relaciones más esporádicas, pero igualmente reprobadas por el derecho castellano [42] y muy en la mira de la compleja arquitectura de los mecanismos indianos del control social.

Mayor severidad guardaba la pena, cuando la *ilícita amistad* involucraba a una persona casada, porque en este caso se ingresaba en el terreno del adulterio, particularmente grave si el impedimento de ligamen comprometía a la mujer, por la diferencia en la punición para uno y otro de los cónyuges si incurrían en la calidad de adúlteros.

El Fuero Real había diseñado un patrón punitivo con disposiciones de extrema severidad. Se ha juzgado que otorgaba prácticamente jurisdicción al cabeza de familia: "*Si el padre en su casa fallare alguno con su fija o el hermano con la hermana, que no haya padre ni madre o el pariente propincuo que en casa la tuviere, puédela matar sin pena, si quisiere, e aquel que con ella fallare e pueda matar al uno de ellos si quisiere o dejar al otro*" [43]

La normativa guardaba otros alcances para el accionar del marido víctima de un adulterio: "*Si la mujer casada fiziere adulterio, ella y el adulterador, amos sean en poder del marido, e faga dellos lo que quisiere e de quanto han, assi que no puedan matar al uno y dejar al otro, pero si fijos derechos ovieren amos o el uno dellos hereden sus bienes e si por aventura la mujer no fue en culpa, e fuere forzada, no haya pena*" [44]

En cuanto a la mujer desposada, que se identificaba como aquella que había celebrado con toda solemnidad nupcias legitimas, se regulaba que en caso de cometer bigamia o adulterio los adúlteros con sus bienes "*sean metidos en poder del esposo, assi que sean sus siervos a, mas que no los pueda matar e otrossi de sus bienes que faga lo que quisiere, si ninguno dellos no hoviere fijos derechos*"prohibiéndole entonces ejecutar la pena de muerte, pero reduciendo a los adúlteros a la afrentosa condición de siervos.

[41] Ídem, Ley III, Titulo XIIII, Partida IV.

[42] Amancebamientos de alguna permanencia, o uniones ocasionales, estigmatizados ambas en las actas procesales bajo el vergonzoso rótulo de*"ilícita amistad"*.

[43] Ley VI del Titulo VII, Libro IV del Fuero Real.

[44] Ley I, Titulo VII, Libro IV del Fuero Real

Definido más tarde el adulterio en Las Partidas como *"el yerro que un ome faze a sabiendas yaziendo con muger casada o desposada con otro"*[45]

La legislación alfonsina había decidido que el adulterio cometido por el marido *"con mujer extraña"*, no habilitaba a la esposa ofendida el ejercicio de ninguna acción judicial, porque el adulterio del marido no deshonraba el hogar doméstico ni introducía en él, a un hijo extraño a la familia.

La pena reservada para el marido adúltero, probado que fuera su delito, era la de muerte, en tanto, a la mujer adúltera le aguardaban los azotes públicos y el encierro en algún monasterio de dueñas *"e además de esto debe perder la dote e las arras que le fueron dadas por razón del casamiento e deben ser del marido"*[46]

La pena se agravaba si el adulterio de la mujer era cometido con siervo[47].

Las Partidas autorizaban al padre que sorprendiere en situación de adulterio a su hija *"con algún ome,en su casa o en la de su yerno,*a matar a ambos *pero no debe matar al uno e dexar al otro"*[48].

Pero *¿qué derechos asistían a un marido que sorprendía a su mujer en flagrante adulterio?*

Si el amante era *"ome vil"*, podía el marido matarlo sin pena alguna, en tanto si el compañero de la mujer infiel *"fuere tal a quien el marido de la muger dede guardar e fazer reverencia como si fuesse su señor o ome que lo oviesse fecho libre, o si fuesse ome honrado o de gran lugar no lo debe matar por ende mas fazer afrenta de cómo lo fallo con su mujer e acusarlo dello ante el judgador del lugar e despues quel judgador supiere la verdad debe dar pena de adulterio"*.

Por su parte, los textos de la Nueva Recopilación insistieron en el diseño de este delicado equilibrio: Si la mujer casada cometiese adulterio, *"ella y el adulterador, ambos sean en poder del marido y faga dellos lo que quisiese y de quanto han así que no pueda matar al uno y dexar al otro"*[49], circunstancia que habían

[45] ÍdemLey I Titulo XVII Partida VI.

[46] Ídem Ley XV del Titulo XVII de la Partida VII.

[47] Los amantes debían ser castigados con el fuego, solo el fuego podía borrar los rastros del deshonor. Ley 15 Titulo XVII Partida VII.

[48] Ley XIII del Titulo XVII de la Partida VII. *"E la razón porque se movieron los fabios antiguos a otorgar al padre efte poder de matar a ambos e non al uno es efta, porque puede el ome auer fofpecha que el padre aura dolor de matar fu fija eftorcera al varón por razón della"*.

[49] Ley I del Titulo XX Libro VIII de laNueva Recopilación. El Ordenamiento de Alcalá, por su parte había dispuesto: " *Contienese en el libro de las leyes que si la muger que fuere desposada hiciere adulterio con alguno que ambos a dos sean metidos en poder del esposo, asi que sean sus siervos, pero*

precisado aun más nítidamente las Leyes de Toro: "*El marido no puede acusar de adulterio a uno de los adúlteros, siendo vivos, más que a ambos adultero y adultera los haya de acusar*"[50].

Un doble patrón moral juzgaba pues el adulterio femenino y el masculino, ello estaba en consonancia con los alcances del código de honor que defendían los moralistas entre los cuales Vives es un ejemplo elocuente:

> *"La castidad que tú tienes no es tuya sino de tu marido el cual te la entregó y puso en tu mano y te la encomendó y mando que la guardases más que a tu vida propia. La castidad de la mujer casada debe ser aun mayor que la de la soltera, porque si de casada la manchas y corrompes mira a cuantos ofendes con un mismo pecado... el uno es Dios autor del matrimonio que os unió y en cuya divinidad y nombre santísimo juraste la pureza del tálamo el otro es tu marido próximo a Dios a quien te consagraste por entero en quien violas todos los amores y todas las piedades pues tu eres para el lo que fue Eva para Adán hija, hermana, compañera, esposa Tu infidelidad equivale a poner las manos en ti misma. Disuelves la unión más estrecha de todas las uniones, desatas el más sagrado vinculo que existe entre los hombres. Tú la quebrantas con tu marido y con aquel pecho que debiera serte más caro que no el tuyo propio. Ensucias a la Iglesia limpísima que prestó sus manos para enlazar los vuestros, dirimes una sociedad civil, violas las leyes y ofendes a la patria hieres a tu padre con azote amarguísimo, golpeas a tu madre, a tus hermanas, a tus hermanos, a tus próximos parientes, a tus afines, a tus deudos, eres para tus iguales dechado y ejemplo de maldad, marcas con hierro de vergüenza a todo tu linaje y madre dementisima y fierísimapones a tus hijos en tanto aprieto que no pueden ni oír el nombre de su madre sin sonrojo ni el de su padre sin recelo. Ataste a ti misma con perjurio y sacrilegio pues por ser el sacramento y por el voto vuestros cuerposestán consagrados a Dios"*[51].

que no los pueda matar: y por que esto es exemplo y manera para muchos dellas hacer maldad y meter en ocasión y vergüenza a los que fueren desposados en ellas, porque no puedan casar en vida dellas, por ende tenemos por bien, por excusar este yerro, que pase de aquí en adelante en esta manera: que toda muger que fuere desposada por palabras de presente con hombre que sea de catorce años cumplidos y ella de doce años acabados e hiciere adulterio, si el esposo los hallare en uno que los pueda matar, si quisiere, ambos a dos, así que no pueda matar al uno y dexar el otro, pudiendo a ambos a dos matar

50 Ley 80 de Toro. Ídem Ley II Titulo XX Libro VIII de la Nueva Recopilación.

51 Juan Luis Vives: *Formación de la Mujer Cristiana*. Madrid, Editorial Aguilar, 1947, pág. 1077.

Y hasta un iconoclasta como Benito Feijoo no pudo sustraerse en el siglo XVIII a la valoración elogiosa del autocontrol femenino, la guarda de la honra, custodiada y salvaguardada en los rubores y reparos femeninos: "*Sobre las buenas cualidades expresadas resta a las mujeres la más hermosa y más trascendentes de todas que es la vergüenza; gracia tan característica de aquel sexo... esta es la mayor ventaja que las mujeres hacen a los hombres. Es la vergüenza una valla que entre la virtud y el vicio puso la naturaleza*"[52].

Los moralistas de los siglos medievales habían insistido en el icono de una mujer ideal inspirada en la imagen de la Virgen María, recreando la imagen de una madre que encarnaba la pureza, la abstinencia, la dedicación al hogar, donde ladevoción, fortaleza, castidad, sumisión al esposo, mansedumbre, obediencia eran las mejores herramientas para enfrentar aquella "*infirmitas*" de la literatura pastoral y didáctica dirigida a la mujer, aludiendo su debilidad intrínseca que la privaba de toda firmeza, consideraciones que se robustecían en los textos sagrados en la Ética y en la *Política* de Aristóteles, uno y otros recreados infinidad de veces, hasta por los mismos comentaristas. "*El alma sigue la constitución del cuerpo, las mujeres tienen el cuerpo muelle e inestable, las mujeres son inestables y mudables en la voluntad y en el deseo*"[53].

> "*Mudables de cuerpo e inquietas de alma las mujeres necesitan custodia... La custodia esta para indicar todo lo, que puede y debe hacerse para educar a las mujeres en los buenos hábitos y para salvar su alma: reprimir, vigilar, enclaustrar, pero también proteger, preservar, cuidar. Las mujeres custodiadas son amadas y protegidas como un bien inestimable, ocultos como un tesoro frágil y precioso, vigiladas como un peligro siempre acechante, enclaustrada como un mal que no se puede evitar de otra manera*"[54].

[52] Benito Jerónimo Feijoo y Montenegro, "*Defensa de las Mujeres*" en Biblioteca de Autores Españoles. Desde la Formación del Lenguaje hasta Nuestros Días. Madrid. M. Rivadaneira Impresor, 1863. Pág. 52.

[53] Egidio Romano: *De regimine principum libri III, apud Bartholomaenum Zanettum*, Romae 1607. Citado por Carla Casagrande, "*La Mujer Custodiada*" en "Historia de la Mujeres" Tomo III. Madrid. Taurus, 1992. pág. 112.

[54] Ídem..

Como castigo del pecado original Eva no podía sustraerse al mandato bíblico que la acompañaba desde su descenso del Paraíso: "*Estarás bajo la potestad de tu marido y el te dominara*"[55].

> "*Castidad, humildad, modestia, sobriedad, silencio, laboriosidad, misericordia, custodia: durante siglos, las mujeres han oído repetir estas palabras. Las han escuchado de los predicadores en las iglesias, las han oído de los familiares en las casas, las han encontrado en los libros que se escribían para ellas. Con el curso del tiempo, las mujeres que escuchaban estas palabras fueron cambiando, pues eran mujeres distintas y a menudo distantes entre sí: reinas, religiosas, ricas, burguesas, campesinas pobres, siervas, madres de familia, núbiles. Cambiaban los hombres que las pronunciaban: predicadores, filósofos, teólogos, funcionarios de corte, laicos cultos, unos tras otros, tomaban la palabra y hablaban a las mujeres y de las mujeres. Cambiaban también los modos de hablar a las mujeres: a veces se recurría a la palabra hablada, otras a la escrita; a veces se escogía un tono imperioso y genéricamente asertivo, otras veces se recurría a los consejos persuasivos y más personales. Pero las palabras seguían siendo sustancialmente las mismas*"[56].

El esposo fue definido como "*la figura central en el universo de la mujer casada*"[57]. La esposa le debía fidelidad, el casto amor conyugal destinado a la procreación y ayuda espiritual para la salvación[58].

Pero el esposo también estaba sujeto a una precisa normatividad que exigía que todo hombre casado, de cualquier estado o condición que tuviese concubina pública "*perdería el quinto de sus bienes hasta la cantidad de diez mil*

[55] Génesis 3-16

[56] Carla Casagrande: op. cit. pag 128-129.

[57] Silvana Vecchio: "*La buena esposa*" En Historia de las Mujeres" Tomo III. pág. 138.

[58] Tomas de Chobham indicaba que la esposa debe erigirse en la predicadora de su marido, hablándole "*con dulzura si es cruel e impío y opresor de los pobres, debe invitarlo a la misericordia; si es ladrón, debe disuadirlo de robar; si es avaro, debe inclinarlo a la generosidad y hacer limosnas a escondidas con los bienes comunes*" Conforme Tomas de Chobham: *Summa Confessorum*. Paris 1968. pág. 375. Lo expresado por el teólogo inglés y Sub Decano de Salisbury, nacido en 1160, se inscribe en el mandato de lo ordenado en 82la primera Carta de San Pablo a los Corintios:"*Si una mujer está casada con marido infiel y él se contenta de vivir con ella, que no repudie al marido, pues el marido infiel queda santificado en la mujer*" Corintios I. 7, 13-14

maravedíes por cada vez que se la halle con ella", debiendo la Justicia depositar en poder de uno o dos parientes abonados de lamujer concubina, a fin de que si esta quisiera casarse y vivir honestamente, *"se le dé en dote a su marido, que con ella casare, aunque ha de estar depositada un año si quiere entrar religiosa en un convento para su manutención en un convento y si no admitiera una u otra posibilidad habiendodemostrado vivir honestamenteun año entero después de haber abandonado su mala vida, ha de entregársele la expresada cantidad para que pueda mantenerse con ella con la salvedad de que retornando la mujer a la vida torpe o deshonesta se aplicara por partes iguales al fisco, al Juez y al acusador"*[59].

Del mismo modo, Enrique III ordenó en 1400, *"que quien sacare de su casa una mujer casada y la tuviere públicamente por manceba"*, si no la entregare a la justicia, siendo requerida por ella o por el marido, además de la pena impuesta por el derecho habría de perder la mitad de sus bienes, aplicados al fisco, pena que asimismo se imponía, al marido que teniendo mujer legitima, en vez de vivir con ella lo hiciera con alguna manceba[60].

Las penas aumentaban considerablemente cuando atendían el castigo del bígamo, que conforme las Partidas se reducía al destierro por cinco años y la confiscación de sus bienes en beneficio de los hijos habidos. Juan I en las Cortes de Birbiesca de 1387 le agrega, además, la marca del hierro candente en la frente en forma de letra de *Q*[61].

[59] Ley V, Titulo XIX del Libro VIII de la Nueva Recopilación;Ídem, Ley I del Titulo XXVI del Libro XII de la Novísima Recopilación.

[60] Ley VI del Titulo XIX del Libro VIII de la Nueva Recopilación, Ídem en Ley II Titulo XXVI Libro XII de la Novísima Recopilación. Un capítulo especial mereció la regulación de las *mancebías* mantenidas por Clérigos y Ministros de la Iglesia, castigadas con penas graduales que Juan I decidió en Birbiesca en 1387, y confirmaron, mas tarde, el Rey don Fernando y la Reina Isabel en Toledo en 1480, oscilando para la manceba entre la pena de un marco de plata, el destierro y la pena de azotes en caso de reincidencia, por cuanto *"Deshonesta y reprobada cosa es en Derecho que los clérigos y ministros de la Santa Iglesia, que son elegidos en suerte de Dios, mayormente sacerdotes, en quien debe haber toda limpieza, ensucien el templo consagrado con malas mugeres teniendo manceba públicamente y por que es cosa decente quitar toda ocasión, así a las personas eclesiásticas como religiosas y a los hombres casados porque no estén públicamente amancebados ni hallen mugeres que lo quieran estar con ellos"* Ley III del Titulo XXVI del Libro XII de la Novísima Recopilación y siguientes.

[61] *"Muchas veces acaesce, que algunos que son casados o desposados por palabras de presente, siendo sus mugeres o esposas vivas, no teniendo a Dios ni a nuestras justicias, se casan o desposan otra vez y porque es cosa de gran pecado y mal ejemplo..."* argumentaba el texto respectivo de la Ley VI del Titulo XXVIII, Libro XII. Novísima Recopilación. Enrique Gacto ha estudiado los alcances de las

Don Alfonso X le confiere al delito el carácter de aleve[62], estigma que mantuvieron Enrique III y Carlos I *con el perdimiento de la mitad de sus bienes*[63].

El Concilio de Trento había intentado erigirse en una barrera cierta contra la bigamia[64]. Para las celebraciones que intentaban llevar a cabo la comisión del delito de bigamia él, o los futuros bígamos debían indispensablemente falsear su identidad, ocultar su situación, borrar o disimular todo rastro que condujera a su identificación por ello fue frecuente su comisión entre gentes marginales y con amplio desarraigo social.

Pese a los cuidados y a la misma meticulosidad normativa, las situaciones de bigamia se multiplicaban. Don Carlos y Doña Juana admitían en Valladolid en 1548 la indeseada frecuenciacon que se sucedía la bigamia: "*que muchos malos hombres se atreven a casar dos veces*" razón por la cual mutaban la pena alfonsina de destierro en una isla por cinco años,por igual tiempo cumplido en galeras[65], pena que a su vez elevó, por Pragmática del 3 de mayo de 1566, Felipe II *a diez años de servicio de galeras y vergüenza pública*[66].

opiniones disidentes interpretando el signo Q. Afirma el distinguido historiador: "*Para unos Montalvo cambio por un circulo con una barra hacia abajo, es decir por una Q lo que originariamente había sido un circulo con una barra hacia arriba, esto es una "B" inicial de bígamo, otros pensaron que debía ser un 10 o sea una barra y un circulo a la misma altura, al lado, como signo de que sintieron mal de la fe, o lo que es lo mismo de los mandamientos. Covarrubias afirma haber visto en vetustas disposiciones castellanas que la marca de una cruz, testimonio de que los marcados pecaron contra ella. Algunos sostienen, por fin que se trataba de un dos en números romanos, dos barras paralelas, cifra indicativa de que se casaron dos veces*".Enrique Gacto El delito de bigamia y la Inquisición española en *Sexo barroco y otras transgresiones modernas*, Alianza Editorial, Madrid, 1990. pág. 140 – 141.

62 Ídem, Ley VII del Titulo XXVIII

63 Ídem.

64 Afirma Enrique Gacto: "*El control sobre la institución matrimonial quedó completado con las pruebas de soltería, fehaciente a juicio del párroco que bendijera la unión. Con la institucionalización de las proclamas hechas ante la comunidad de fieles en días festivos y por ultimo con la regulación de los registros parroquiales, donde quedaban consignados los matrimonios con minucioso detalle de cuantos hubieran intervenido en su tramitación y celebración*" Enrique Gacto: *El Delito de bigamia y la Inquisición Española*. En Anuario de Historia del Derecho Español, Tomo LXXXVII , Madrid, 1987. pág.468

65 La pena de galeras, por las condiciones extremas en que era ejercida, suponía un considerable agravamiento del castigo dispuesto para los bígamos. Por ello "*quienes defendían la tesis de que el Santo Oficio debía ocuparse privativamente del conocimiento del delito de bigamia, utilizaron el dato de las frecuentes condenas al remo como argumento frente a los autores partidarios de que fuera competente la jurisdicción secular, que acusaban a la Inquisición de imponer penas tan suaves que no asustaban mi disuadían al pueblo a cometer tal crimen*" Conforme Gacto *op. cit.* pág. 141-143.

66 Ley VIII del Titulo XX del Libro VIII de la Nueva Recopilación Ídem Ley IX del Titulo XXVIII del Libro XII de la Novísima Recopilación. Un caso instruido y sentenciado por el

Se ha interpretado que la doctrina de los autores [67] se inclinó por recomendar la sustitución de la pena de galeras por la de exilio, cuando el delito no llegaba a perfeccionarse, reduciendo incluso las galeras a tres años y disminuyendo los azotes, aunque no la vergüenza, cuando el segundo matrimonio no sehubiera consumado y con mayor razón si precisamente, el arrepentimiento fuera la causa de este retracto.

En el supuesto que el reohubiera contraído el segundo matrimonio bajo los efectos de la coacción, el error, la fuerza o el miedo grave, la pena podía disminuirse a menos de cinco años, en todos los casos se suprimía el castigo cuando iniciado el *iter criminis* el actor abandona la prosecución de los actos necesarios para llegar a la celebración del nuevo matrimonio también se agravaba considerablemente en caso de reincidencia o multireincidencia.

La *Recopilación de Leyes de Indias* introdujo algunas precisiones para la regulación del amancebamiento o el adulterio en territorio americano.

Auditor de Guerra de la plaza de Madrid contra un soldado inválido, casado por segunda vez, en vida de su primera consorte que había motivado el interés del Tribunal del Santo Oficio de la Inquisición, determinó la declaraciónefectuadapor Carlos III en la Real Cédula del 5 de febrero de 1770, advirtiendo severamente a los Inquisidores *"que en los casos que ocurran de esta naturaleza observen las leyes del Reyno, que no embaracen a las Justicias Reales el conocimiento de estos delitos que les corresponden según ellas y que se contengan en el uso de sus facultades, para entender solamente de los delitos de heregía y apostasía sin infamar con prisiones a mis vasallos, no estando primero manifiestamente probados"*. Ley X del TituloXXVIII del Libro XII de la Novísima Recopilación. La cuestión planteada ponía nuevamente sobre el tapete una antigua disputa planteada por constituir, la bigamia, conforme con la doctrina bajomedieval, un delito de fuero mixto susceptible de ser instruido por la jurisdicción secular o la canónica en razón de su precedencia en el conocimiento de los hechos. El establecimiento del Tribunal del Santo Oficio de la Inquisición determinó una decisiva atracción de la jurisdicción inquisitorial, atento la presunción que el bigamia contuviera la duda sobre la sacramentalidad del matrimonio. Refiere Enrique Gacto los esfuerzos de canonistas (Villadiego, Simancas y Gregorio López) paradeterminar las respectivas competencias de los fueros eclesiásticos y civiles; si el segundo matrimonio había sido contraído públicamente, podía revelar una creencia errónea del sacramento respectivo, en tanto si el autor lo ocultaba no había posible error de fe, porque al ocultar la celebración o falsear los hechos, el bígamo revelaba conocer que estaba delinquiendo. Enrique Gacto *El Delito de Bigamia* cit págs 465 a 492.

[67] Carena: *Tractatus de Officio Sanctissimae Inquisitionis et modo procedendi inm causis fidei*; García de Trasmiera D: *De polygamia et polyviria Libri IIIPanhormi* 1638. Citado por Enrique Gacto op. cit.

Así se dispuso que en el tratamiento del delito de adulterio las autoridades debían proceder contra las mestizas del mismo modo que contra las mujeres españoles aplicándoles *las leyes de estos reynos de Castilla* sin diferencia alguna[68].

En territorios indianos, la pena del marco, como otras penas pecuniarias, debían ser aplicadas doblemente, con la expresa excepción de los casos que por leyes de esta Recopilación, fuere señalada cantidad cierta en que se guardara lo dispuesto[69].

La norma se excepcionaba con los indios amancebados "*porque no convenía castigarlos con tanto rigor ni en penas pecuniarias* razón por la cual el texto de la Recopilación concluía *ordenando a nuestras justicias y encargamos a los prelados eclesiásticos que no las impongan ni ejecuten tales penas y las hagan volver y restituir*"[70].

Se prohibía el prendimiento de mujer acusada de mancebía con clérigo, fraile u hombre casado, sin que precediese *formal información* donde constara el delito[71].

Especial cuidado se brindó a la guarda de la honestidad de las mujeres indias, disponiéndose que las naturales amancebadas debían ser apremiadas por las Justicia "*para volver a sus pueblos a servir señalándoseles salario competente*"[72], en tanto, *los que navegan y caminan por mar o tierra* tenían prohibido llevar consigo mujeres indias, tanto casadas como solteras "e*n que Dios es deservido y peligra la honestidad*"[73].

El titulo XXI del Libro IX dedicado a regular las conductas y alojamientos de capitanes, alféreces, sargentos y soldados, ordenaba al capitán, en su Ley XXI, ejercitar particular cuidado *para que los soldados de su compañía no sacasenmujeres de los lugares donde estuvieren, ni las tengan por mancebas...* y todos *vivan cristianamente y en todo orden y disciplina*"[74].

La multiplicación de los amancebamientos entretejidos en la compleja geografía humana de los territorios de ultramar trasladó la problemática a la legislación local.

68 Recopilación de Leyes de Indias Ley IV,VII, Título VIII Libro VII.

69 Ídem, Ley V, Título VIII Libro VII.

70 Ídem, Ley VI, Título VIII, Libro VII.

71 Ídem, Ley VII, Título VIII, Libro VII.

72 Ídem, Ley VIII, Título VIII, Libro VII.

73 *Mandamos a los virreyes y gobernadores que provean el remedio conveniente de forma que se escuse todo mal ejemplo*. Ley XLVIII, Titulo I, Libro VI.

74 Ídem, Ley XXI, Titulo XXI Libro IX.

En tal sentido, los *Bandos de buen gobierno* no pudieron evitar regular sobre el tema.

Convencido el gobernador Intendente de Córdoba del Tucumán que *"la raíz de todos los males es la ociosidad de la que resulta la perbersion de muchos incautos... subscisten los amancebamientos, juegos y embriaguezes"* encomendaba a los jueces pedaneos y comisionados celar *"vigilantemtente quanto conviene para ebitar los públicos emancebamientos, amonestando hasta tercera vez a los que sin temor de Dios ni respeto a la real justicia vivan tan licensiosamente y desordenadamente y por que en estos casos suelen ocurrir algunas grabes circunstancias que piden consejo para precaber mayores daños y consultara el comisionado con el cura y bicario del beneficio el más oportuno, y congruente medio de embarazar estos pecados con aquella prudencia, moderación y pulso que exija la naturaleza, condición y estado de los cómplices, que toda precaución es necesaria"*[75].

Un nuevo Bando del Gobernador Sobremonte, fechado en Córdoba el 13 de enero de 1790, recordaba *a los estantes y havitantes de esta ciudad... que esta asimismo prohibido ... la dilatada separación de los maridos de sus mugeres y de estas de aquellos... En esta inteligencia todos los jueces tendrán muy presente dichos artículos para celar su cumplimiento, exigiendo las multas que se hallan impuestas en los vandos anteriores"*[76]

La preocupación evidenciada en la norma no constituía una disposición aislada, el 20 de marzo de 1792 otro Bando del mismo gobernador al mismo tiempo en que insistía con puntuales medidas de moralidad pública, que prohíban bañarse juntos los hombres y las mujeres ni permitir "*corrillos de aquellas con lavanderas ni estas usen desnudez notable y deshonesta con pretexto de la faena de labar"* [77] se preocupaba *"por la dilatada separación de los maridos de sus mugeres, y estas de aquellos de que tomaran razón los alcaldes de varrio cada uno, con el suyo para pasar a este gobierno la noticia correspondiente con expresión del tiempo que hace que están separados, destino de los ausentes y demás circunstancias que justifiquen la legitimidad de la separación"*[78].

[75] Marcela González de Martínez: *Control Social en Córdoba. La papeleta de Conchabo. 1772-1892 Documentos para su Estudio.* Centro de Estudios Históricos, Serie Documental, pag. 14, Córdoba 1994

[76] Ídem, pág. 17 y 18.

[77] Ídem, pág. 25.

[78] Ídem pág. 24. Idénticos términos se repitieron en el Bando del 6 de mayo de 1793 del mismo Gobernador Intendente Marques de Sobremonte pág. 34.

4. Las voces de las mujeres en el Siglo XVIII

En un Siglo XVIII comprometido con los ideales de la educación como el mejor instrumento para provocar el cambio social, no faltan las voces que insisten en la necesidad de la educación de las mujeres.

El Padre Feijoo abre camino con su rotunda *Defensa de las Mujeres* donde sostiene:

> *"Ya es tiempo de salir de las asperezas de la Física a las amenidades de la Historia, y persuadir con ejemplos, que no es menos hábil el entendimiento de las mujeres, que el de los hombres, aun para las ciencias más difíciles... Mi voto, pues, es, que no hay desigualdad en las capacidades de uno y otro sexo. Pero si las mujeres para rebatir a importunos despreciadores de su aptitud para las Ciencias, y Artes quisieren pasar de la defensiva a la ofensiva, pretendiendo por juego de disputa superioridad respecto de los hombres, pueden usar de los argumentos propuestos arriba, donde de las mismas máximas físicas, con que se pretende rebajar la capacidad de las mujeres, mostramos que con más verisimilitud se infiere ser la suya superior a la nuestra"*[79].

Dos resueltas mujeres que viven y sufren la España del Siglo XVIII, con voces más decididas exhortan a educar a sus congéneres.

La aragonesa Josefa Amar y Borbón nacida en 1749 en Zaragoza, hija de un medico, Catedrático de Anatomía José Amar Arguedas y de una madre Ignacia Borbón, cuyo padre y abuelo también se habían desempeñado como médicos de fama[80].

[79] Benito Jerónimo Feijoo y Montenegro. *Teatro Crítico Universal*. Tomo I. Discurso XVI "*Defensa de las Mujeres*" Hay numerosas ediciones.

[80] Josefa pertenecía a una familia de médicos afamados. Su abuelo materno Miguel Borbón y Berné, se desempeñó como Cirujano en el Hospital de Nuestra Señora de Gracia, asimismo fue Catedrático y médico de Fernando VI, Vicepresidente del Real Tribunal del Protomedicato de Castilla en 17465 y Protomédico de Cataluña, en tanto su bisabuelo materno, Felipe Borbón, Catedrático y afamado profesional es el autor del célebre texto:"*Medicina doméstica*"

Instruida esmeradamente en Madrid, en ambientes vecinos a la Corte se convirtió muy pronto en "*una niña educada, casada discreta y viuda entregada a los ejercicios de caridad*"[81].

Su "*Discurso en defensa de del talento de las mujeres y de su actitud para el gobierno*" inicialmente presentado en la Junta de Damas de Madrid a la que ingresó en 1887, que apareció luego publicado en la revista *Memorial Literario* y su posterior "*Discurso sobre la educación física y moral de las mujeres*" (1790) presentados a la Real Sociedad Económica Aragonesa de Amigos del País sostienen la igualdad de los sexos y el derecho a la educación de las mujeres.

En este último texto Josefa Amar y Borbón manifiesta:

> "*La instrucción es conveniente a todos y no deben eximirse de esta regla a las mujeres por la conveniencia que puede traerles para alternar sus ocupaciones y hacer más grato el retiro. La labor y el gobierno domestico es un empleo preciso, pero sin faltar a él se pueden hallar varios huecos, que si no se ocupan y útilmente se hacen enfadosos, y se procura buscar la distracción a cualquier precio*"[82].

Convencida de que el intelecto no guardaba género, pero prisionera de su tiempo "*en una visión conservadora y conformista*"[83], de una clase social acomodada, apela a un discurso recorrido por contradicciones, que en ocasiones se presenta como un alarde de erudición, donde sin saltar ninguna regla, la modestia de la admonición citada halla su claro límite en el indelegable cuidado del hogar al que la mujer no puede renunciar. Porque para Josefa, la instrucción de la mujer no le quita el desempeño de sus labores especificas del gobierno domestico de la casa, sino que la provee de herramientas para desempeñar el mismo con mayor perfección.

La matritense Inés Joyes es también una mujer inquieta que vive en la España del Siglo XVIII.

[81] María Victoria López Cordón: Introducción En Josefa Amar y Borbon: "*Discurso sobre la educación física y moral de las mujeres*" Edición de María Victoria López Cordón. Madrid. Ediciones Cátedra 1994. pág. 46.

[82] Josefa Amar y Borbón : "*Discurso sobre la educación física y moral de las mujeres*" Madrid. Ediciones Cátedra 1994.pag 170.

[83] María Victoria López Cordón: Introducción. En Josefa Amar y Borbón: "*Discurso sobre la educación física y moral de las mujeres*" Edición de María Victoria López Cordón. Madrid. Ediciones Cátedra 1994.pag 47

Nacida en Madrid el 27 de diciembre de 1731 descendía de una familia irlandesa refugiada en el continente por las malandanzas de las guerras jacobitas.

Esmeradamente educada, su fluido manejo del inglés y del francés le permitió afrontar la primera traducción conocida de la novela de Samuel Johnson: "*Rasselas, Príncipe de Abisinia*", donde Inés a los 67 años de edad, se animó a incluir un texto propio, "*Apología de las mujeres*", que constituiría uno de los primeros alegatos feministas escritos en España.

En la apretadas pero contundentes páginas de la "*Apología de las Mujeres*" Inés denuncia la escasa educación de las mujeres, la desigualdad entre los géneros y la hipocresía de la moral sexual de la época.

Afirma: "*Los hombres en general las quieren ignorantes, porque así solo mantienen la superioridad que se figuran tener*"[84].

E insiste:

> "*Yo quisiera desde lo alto de algún monte donde fuera posible que me oyesen todas, darles uconsejo. Oíd mujeres les diría, no os apoquéis, vuestras almas son iguales a las del sexo que os quiere tiranizar, usad de las luces que el Creador os dio. A vosotras si queréis se podrá dar la reforma de las costumbres, que sin vosotras nunca llegara. Respetaos a vosotras mismas y os respetaran*"[85].

Narrada en forma epistolar y dedicada a sus hijas Inés sostiene que para que una madre sepa educar a sus hijos "*desarraigando las semillas de los vicios e inclinándolos a la virtud... sería menester que fuesen las mujeres algo mas instruidas de lo que por desgracia se pretende*"[86].

Aunque la obra no circuló en la España de su tiempo, es posible inferir que Inés, poliglota, curiosa e informada leyera a su contemporánea Mary Wollstonecraft y su "*Vindicación de los derechos de la mujer*", y que ello explicara ciertos rasgos comunes de su obra, con nuestra "*Apología de las mujeres*".

Aun así, la alfabetización creciente de la mujer abre a las señoras, al mundo exquisito del libro.

[84] Inés Joyes: "Apología de las Mujeres". en Mónica Bolufer Peruga: "*La vida y la escritura en el Siglo XVIII*" Universidad de Valencia. 2008. pág. 296.

[85] Ídem pág. 297.

[86] Ídem pág. 295.

Las mujeres leen, forman sus bibliotecas [87], las exhiben con cuidado y con orgullo, las convierten en núcleos de sociabilidad temprana pues se reúnen en ellas en tertulias literarias que multiplican el impacto de los textos que se leen.

¿Que leen?

A las siempre recomendada literatura religiosa, aconsejada por confesores y directores espirituales: devocionarios, catecismos, piadosas hagiografías y obras de divulgación moral y religiosa se suman textos poéticos, novelas, cuentos, y dramas teatrales que no tardan en convertirse en oportunos negocios editoriales, originando colecciones seriadas como la "*Biblioteca entretenida de las damas o colección de cuentos y novelas morales y ejemplares traducidos del francés e inglés para honesto y útil recreo*", editada en 1798 en dos volúmenes o la "*Biblioteca selecta de las damas*", que impresa entre los años 1805 a 1817, albergó 13 rollizos y rotundos volúmenes.

La literatura de novelas abre asimismo los márgenes de una industria del libro, que con tropiezos prospera en el escenario de las ciudades. Se reeditan obras de éxito, se traducen textos escogidos, se inician colecciones seriadas que aseguran el interés del lector, garantizando la ansiada compra del libro que continua el relato[88].

Esta actitud concita las amonestaciones de los moralistas que no dudan en reprender severamente a la mujer que lee.

Tal es el caso del austero e inflexiblecapuchino fray Rafael Vélez y su tratadito: "*Los libros en las manos de las señoras*", que enfrentó Luis Antonio Verney en las páginas de su "*Educación de las Mujeres*".

No fue Fray Rafael el único en reprender la lectura femenina.

En su conocido "*Estragos de la lujuria y sus remedios*" el aragonés, Calificador del Santo Oficio de la Inquisición en Aragón y Examinador Sinodal del Arzobispado de Zaragoza, Fray Antonio Arbiol sostenía:

[87] Daisy Rípodas Ardanaz ha estudiado en el mundo americano el ejemplo de doña María Antonia del Rio y Arnedo asidua lectora, traductora y escritora, dueña de una importante biblioteca indiana, cuyos azares se relatan en: "*Una ignorada escritora de la Charcas finicolonial. María Antonia de Rio y Arnedo*" Academia Nacional de la Historia. Investigaciones y Ensayos Numero 43. Buenos Aires, 1993.

[88] Emilio Palacios Fernández: *La mujer y las letras en la España del Siglo XVIII*. Madrid, 2002.

> *"En materia de lujuria, nada han de disimular los padres a sus hijos, si no quieren perderlos Ni aspecto torpe, ni palabra deshonesta, ni acción liviana, ni equivoco de torpe sentido, ni graciosidad de impureza les han de permitir jamás, ni que en su presencia se digan, ni que se cuenten fabulas amatorias ni se lean comedias profanas, porque las criaturas antes aprenden lo bueno que lo malo"*[89]

Pero el camino ya estaba abierto y las damas no se detendrían jamás. La ilustrada gaditana Beatriz Cienfuegos, editora del periódico "*La Pensadora Gaditana*", una de las primeras publicaciones periodísticas escritas por una mujer, una figura singularmente relevante en el Cádiz de la Ilustración, aconseja a las señoras sobre lecturas oportunas.

Un mismo parecer asume nuestra conocida Josefa Amar y Borbón en la obra que hemos referenciado.

El teatro aporta lo suyo. Las señoras asisten gozosas al teatro dieciochesco, máxime con el arribo de la comedia sentimental que critica Margarita Hickey:

> "*...amores empalagosos, insípidos y fastidiosos, con que los amantes y amados se derriten mutuamente de amor sin ningún fruto ni provecho, pues no dirigen sus amores a algún fin heroico y de provecho*" [90]

Se abre paso una literatura para mujeres que plantea esquejes de la problemática femenina atrayendo su atención.

"*La Leandra*" de Antonio Valladares de Sotomayor; "*La Serafina*" de José Mor de Fuentes, "*La Eumenia o la madrileña*" deGaspar Zavala y Zamora; "*La filosofa por amor*" de Francisco de Tojar;el ciclo de las populares obras de Leandro Fernández de Moratín "*La petimetra*", "*La mojigata*" y la celebérrima "*El sí de las niñas*", quizá la obra que mejor analiza los conflictos de la educación de las niñas y la libre elección matrimonial, temas todos que reflejan agudamente estereotipos sociales y adelantan caminos de reflexión crítica.

[89] Fray Antonio Arbiol: "*Estragos de la lujuria y sus remedios*". Zaragoza, 1738. pág. 97.

[90] Margarita Hickdey: "*Poesías varias sagradas, morales y profanas o amorosas*". Madrid, Imprenta Real, 1789, pág. VII

"*El sí de las niñas*" fue recreado en tierras americanas en los tiernos lides de la comedia "*La Industria contra la Fuerza*", escrita en el año 1805 en Córdoba del Tucumán por el sevillano Cristóbal de Aguilar, Secretario del Marqués de Sobremonte, Gobernador Intendente de Córdoba del Tucumán, analizando los mismos nudos que trataba la dramaturgia española.

A uno y otro lado del Atlántico se vivía pues en el mismo *espejo roto de la memoria* que avecinaba el estruendo de una transformación.

Estas mujeres inician el larguísimo camino hacia la conquista de sus derechos, luchando por igualdad de los sexos, principiando por lograr mayores espacios en la relación matrimonial:

Y es justamente en América, donde a comienzos del Siglo XIX el abogado bonaerense Francisco Bruno de Rivarola argumentaba:

> "*Si el bello sexo estudiara metódicamente y por principios la ciencia de la religión católica y de la fidelidad, si se le enseñara cuanto es necesario a su nobilísima condición para desempeñar los diversos estados y ocupaciones de la vida civil en que puede hallarse, si desde la juventud se le formase el corazón y las costumbres, y si desde entonces aprendiese a despreciar lo frívolo y a estimar lo que sólo es digno de aprecio, los hijos tendrían dignas madres que fuesen sus maestros y dechados, a quienes de continuo inspiraran amor a la religión y a V. M., y estos, con tales modelos desde los primeros años de su tierna educación se formarían religiosos, fieles vasallos e irresistibles a los más fuertes ataques de impiedad e infidencia. Los esposos disfrutarían la satisfacción de poseer una compañera prudente, discreta, sabia en la ciencia doméstica, agenciosa y siempre ocupada en cosas de utilidad e importancia, enemiga de toda frivolidad y pasatiempo*"[91].

Entretanto, ¿q*ué opciones ten*ía una mujer que transitaba el S*iglo XVIII?.*

Los tiempos habían transcurrido pero la alternativa c*asamiento o convento* parecían todavía las únicas posibles.

[91] Conforme Francisco Bruno de Rivarola "*Religión y Fidelidad Argentina*" *(1809)*. Instituto de Investigaciones de Historia del Derecho. Buenos Aires, 1983, pág. 117

Aún en tiempos sensibles al cambio la zaragozana Josefa Amar y Borbón razonaba:

> *"El fruto de la buena educación parece que debe tener su complemento en la elección del estado, así porque del acierto de éste depende la mayor o menor felicidad, como por entonces coronan los padres su trabajo y alivian el peso principal de sus fatigas...Las mujeres sólo tienen dos estados para elegir, el de monjas o casadas, y aunque hablando en rigor no tienen más los hombres, pero hay notable diferencia de que un soltero usa su libertad y no le impide para ninguna carrera y una soltera es un cero, que comúnmente sirve de embarazo hasta en su misma casa y para sí es una situación miserable, pues aun cuando se halle en edad en que prudentemente puede valerse de su libertad, sin perjuicio de sus costumbres, la opinión pública que es más poderosa que todas las razones, la mira siempre como a una persona a quien no le está bien hacer lo que a las casadas y a las viudas"* [92].

Lope de Vega pone en boca de una joven casadera, que se resiste a convertirse en esclava de su cuñada, una sentida protestasobre el destino femenino:

Es justo que tome estado
Un hombre de tu valor
Antes que? ¡Qué rigor!
Pues él, fuerza que, casado,
Esclava venga yo a ser
De una muy necia cuñada
Que a la suegra mas descansada
....
¿Sin ser mi padre me das
madrastra? Mas no podrás,
que hoy quiero me señales
monasterio y alimentos[93].

92 Josefa Amar y Borbón, op. cit pág. 226
93 Félix Lope de Vega y Carpio: *Noche de San Juan.*

Durante mucho tiempo se interpretó que el amancebamiento practicado en Indias era una respuesta casi natural al desbalance demográfico operado entre ambos mundos o el desborde sexual ante las prácticas poligámicas, naturales y propias de las organización social de los naturales de América[94].

Y si bien esta circunstancia bien pudo haber operado decisivamente en los primeros años del establecimiento de las redes de conquista y colonización no puede mantenerse por valido el mismo criterio con idéntico rigor en el siglo XVIII parece más propio para estos tiempos considerar factores de intensamovilidad de la población o como algún autor ha dicho de cierta flexibilización en la estructura social[95].

La figura guardaba mayor arraigo en las clases sociales bajas, donde se imponía una cercanía de edades y de convivencia multiétnica.

Vagos, cuatreros, arrimados, robadores de hacienda y de mujeres, mestizos, mulatos, pardos, encontraron en estas formas de sociabilidad consentida los lazos afectivos que nutrían su vida.

La situación parecía ser común en todos los escenarios del ancho espacio indiano. La descripción de la Bogotá dieciochesca bien puede aplicarse a nuestra Córdoba del Tucumán.

> *"La ciudad colonial localizaba el poder y el prestigio en un espacio privilegiado: la plaza mayor. En su entorno no solo estaban ubicadas las edificaciones que servían de sede a los poderes administrativos y religiosos sino que se asentaban los solares más prestigiosos. A distancia quedaban confinadas los estratos más bajos. En algunos casos esta periferia era el asiento de una población muy heteróclita. Allí en las casas más humildes posaban transeúntes, pequeños comerciantes itinerantes o de manera más permanente inquilinos de tiendas y aposentos... El acolchamiento de manzanas cerradas por calles y los ineludibles pastizales hacían que lo rural y lo urbano se confundiera de manera persistente. Este hecho protegía los encuentros furtivos de los amantes. También hacia que cualquier comunicación de hombre y mujer fuera motivo de sospecha. Bastaba un encuentro o conversación en un solar o en un lugar despoblado para ser*

[94] Pablo Rodríguez:*Seducción, amancebamiento y abandono en la Colonia*. Bogotá Fundación Simón y Lola Guberek, 1991, pág. 74.

[95] Ídem pág. 75.

> *acusado de comunicación ilícita. En parte había razón, las censuras debían ser esquivadas. Los caminos y el ríose hicieron lugares legendarios del encuentro amoroso. Varios de nuestros amancebados fueron sorprendidos ejecutando actos escandalosos a la orilla del río por rapaces alguaciles*"[96].

Los amancebados rompían las reglas cristianas, sociales, morales y jurídicas y esta ruptura provocaba el escándalo y la censura social que desataba la persecución judicial. Los alcaldes que invadían alcobas y acechaban entre los montes la furtiva presencia de los amancebados hacían suya la indignación popular contra quien se animaba a transgredir los patrones establecidos del comportamiento social y religioso.

Y si bien la iglesia intentaba llevar adelante la celebración canónica de las uniones irregulares, a fin de superar el pecado y alcanzar la gracia del sacramento, el peso de las desigualdades sociales aconsejó, en ocasiones, imponer la separación de las parejas prohibiéndoles su relación, para lo cual adoptaron el recurso de separarlas en lugares distantes que imposibilitaran la cohabitación.

Hay siempre un intento de minimizar el escándalo desterrar a los adúlteros, amancebados o casar rápidamente a aquellos que conservan intacta su habilidad nupcial.

Pero las penas no logran desapartar estas historias de encendiday fulminante pasión.

Las amancebadas, son mujeres fieles, solícitas y amantes compañeras que no registran demasiados maltratos, y que resisten con ferocidad el depósito en casa honesta, arañan, injurian, insultan y lesionan a los jueces comisionados y a los curas cuando tornan estos a separarlas de sus hombres, urden infinidad de trampas, recursos y diversas argucias para burlar la odiada guarda de la honra y unirse nuevamente a sus compañeros.

Arrojados al destierro, el presidio, los trabajos en obras públicas a ración y sin sueldo o con la carga accesoria del grillete, sus compañeros mantenían el mismo propósito, aun a riesgo de enfrentar nuevos procesos judiciales, los que inevitablemente así ocurren desafiando el orden establecido.

[96] Ídem pág. 76 y 77.

Los amantes reescribían en su propia historia de lágrimas, pesaresy desencuentros aquellos versos españoles anónimos:

Mal haya el primero
Mal haya el segundo
Mal haya el tercero
Que empezó en el mundo
A ser casamentero.

Que le maldigamos
Es cosa muy justa
Al traidor le gusta
De engañar a entramos
A Dios le pidamos
Que muere el primero
Que empezó en el mundo
a ser casamentero.

Infierno en la tierra
Nos dejo el traidor
Vida con dolor
Y perpetua guerra
Dos vivos entierra
aquel tapacero
Que empezó en el mundo
A ser casamentero. [97]

[97] Citado por Suzy Bermúdez Q: *Hijas, esposas y amantes. Genero, clase, etnia y edad en la historia de América Latina.* Santa Fe de Bogotá, Colombia, Ediciones Uniandes, 1994.

3. RELAÇÕES DE MANCEBIA E AMIZADES ILÍCITAS NOS CONTEXTOS FAMILIARES INDÍGENAS DO ÚLTIMO QUARTO DO SÉCULO XVIII EM *CÓRDOBA DEL TUCUMÁN*

Marcela Aspell

Nota explicativa em português:

Com detalhamento e espanhol erudito, a Professora Doutora Marcela Aspell narra a complexa estrutura das relações de mancebia e das ditas "amizades ilícitas" na antiga sociedade de *Córdoba del Tucumán*, com descrição pormenorizada do cotidiano das comunidades indígenas. Optou-se pela apresentação desta nota tendo em vista que a tradução do texto original, na língua espanhola, ao português comprometeria o sentido e a arte da narrativa construída pela autora.

BRASIL

1. A UNIÃO DE FATO "DURADOURA" – EM BUSCA DO TEMPO PERDIDO

Carlos Alberto Garbi

Depois de mais de trinta anos de vigência da Constituição de 1988, ainda existem dúvidas sobre a interpretação do seu art. 226.

A família, como declara a Constituição, é a base da sociedade e tem especial proteção do Estado. Para efeito da proteção do Estado, é reconhecida a união estável entre o homem e a mulher como entidade familiar, devendo a lei facilitar sua conversão em casamento (art. 226, § 3º).

Esta união é aquela estabelecida com o objetivo de constituir família. Não fosse assim, não se poderia falar de uma entidade familiar. Decorre obviamente desse dispositivo a interpretação no sentido de que a entidade familiar, merecedora da especial proteção do Estado, é aquela que tem "estabilidade".

Para dar densidade a este dispositivo da Constituição, o Código Civil de 2002 estabeleceu que "é reconhecida como entidade familiar a união estável entre o homem e a mulher, configurada na convivência pública, contínua e duradoura e estabelecida com o objetivo de constituição de família" (art. 1.723).

A estabilidade, para o Código Civil, exige "duração" da união. É a respeito deste requisito, que entendemos o mais relevante para a caracterização da união estável, que pretendemos fazer esta breve abordagem.

O direito civil infraconstitucional brasileiro não tinha contemplado nenhuma regulação importante para a união de fato até a Lei nº 8.971/1994, já na vigência da Constituição de 1988. Para cuidar do direito a alimentos e da sucessão do companheiro, enunciava a Lei de 1994, no seu art .1º, o seguinte: "A companheira comprovada de um homem solteiro, separado judicialmente, divorciado ou viúvo, que com ele viva há mais de cinco anos, ou dele tenha prole, poderá valer-se do disposto na Lei nº 5.478, de 25 de julho de 1968, enquanto não constituir nova união e desde que prove a necessidade."

A estabilidade da união se definia na Lei de 1994 pela duração da convivência por mais de cinco anos, ou pela existência de prole comum. Seguiu a Lei os passos já firmes da jurisprudência, que sempre exigiu, até então, duração de mais de cinco anos para a união de fato.

Logo depois, a Lei nº 9.278/1996, a propósito de regular o § 3º, do art. 226, da Constituição Federal, eliminou do direito brasileiro o requisito temporal (cinco anos), que há pouco havia sido estabelecido, e deixou de dar relevância para a existência de prole comum. Estabeleceu, no seu art. 1º, que "É reconhecida como entidade familiar a convivência duradoura, pública e contínua, de um homem e uma mulher, estabelecida com objetivo de constituição de família."

Esta mudança atendeu a uma crítica que se fazia à existência de uma medida de tempo (cinco anos) rígida para a caracterização da estabilidade da união. Os juristas sustentavam que outros elementos poderiam determinar a estabilidade da união, independentemente do tempo de convivência. Esta interpretação deu maior relevância a outros elementos caracterizadores da união de fato, em prejuízo da "duração", concedendo liberdade mais ampla ao intérprete no reconhecimento da união estável.

Sucede que a liberdade que a Lei de 1996 concedeu ao intérprete, pelo modelo aberto que seguiu, bem serviu ao indevido reconhecimento de efeitos plenos da união estável a relacionamentos que não adquiriram efetiva estabilidade. Foi tão longe essa interpretação, passando ao largo da duração, que trouxe o temor da possibilidade de reconhecimento de efeitos às relações afetivas eventuais, e ainda não estabilizadas, tudo agravado pela falta de outros requisitos formais para o reconhecimento da união estável, como o registro exigido pela legislação de muitos países. Não é incomum, a partir dessa interpretação larga que se formou, a recomendação de advogados à elaboração de um contrato escrito de namoro para prevenir efeitos indesejados a uma relação eventual. Uma distorção que trouxe efeitos sociais negativos ao relacionamento afetivo entre as pessoas.

O Código Civil de 2002 seguiu a Lei de 1996 e não foi rígido com a medida de tempo da convivência, embora firme na exigência de duração (convivência contínua e duradoura). Essa duração é uma medida de tempo, que se verifica, evidentemente, *a posteriori*. No casamento, ao contrário, a estabilidade se dá *a priori*, desde a celebração, por força do vínculo jurídico decorrente do ato e não do fato[1].

A doutrina nunca se afastou da interpretação que exige a duração da união para a atribuição de efeitos jurídicos. Nesse sentido podemos lembrar Sílvio de Salvo Venosa e Cláudia Rodrigues: "Consequência dessa estabilidade é a característica de ser duradoura, como menciona o legislador ordinário. Não há como conceituar uma relação concubinária como estável se não tiver se protraído no tempo. O decurso por um período mais ou menos longo é retrato dessa estabilidade na relação do casal"[2].

Certo, no entanto, como afirma Arnaldo Rizzardo, "que o período de convivência não poderá ser efêmero ou curto. Para a caracterização da união estável, necessária a sua duração por alguns anos, revelando-se consolidada no tempo, de modo a se apresentar como uma unidade familiar firme, estabelecida e duradoura, segundo se verá abaixo. Não se tem como consolidado aquilo que não é sólido, e só se considera sólido o que ficou solidificado, isto é, pela ação do tempo, dos anos, se tornou seguro, firme, ficou duro, estável, imbatível. Este significado não abrange as uniões efêmeras, superficiais e de curta duração. (...) Impõe-se uma certa durabilidade da relação. Embora não se encontre estabelecido um padrão de tempo exato, um certo período de duração mínimo se requer. De acordo com o observado antes, não mais persiste um lapso de tempo mínimo. Entrementes, não há de se convalidar efêmeras uniões, ou curtos espaços de tempo de convivência dos quais se extraiam direitos no âmbito alimentício e sucessório. O período de tempo deve situar-se num mínimo em torno de cinco anos, posto que, em nosso direito, esse o lapso temporal que sempre serviu de parâmetro para o reconhecimento de vários direitos, como os de natureza previdenciária, o que é lembrado por Rodrigo

[1] É uma distinção bem anotada por **Guilherme Calmon Nogueira da Gama**, em notável monografia sobre o tema, com apoio na doutrina de Noemia Alves Fardin (O Companheirismo: uma espécie de família. 2ª edição. São Paulo : Editora Revista dos Tribunais, 2001, p. 158).

[2] VENOSA, Sílvio Salvo, RODRIGUES, Cláudia. *Código civil interpretado*, 3º edição, Ed. Atlas, 2013, p. 2008.

da Cunha Pereira: "Por este ou aquele motivo, o certo é que convencionou-se este lapso de tempo, corroborado ainda pelas normas da Previdência Social que sempre se referenciou em cinco anos para caracterizar o concubinato para os efeitos de seus benefícios"[3].

Duradouro, escreveu Zeno Veloso, "é a qualidade do que dura, que se prolonga no tempo, que permanece por um período mais ou menos longo." Se o Código não marcou um tempo certo, um período mínimo, "todavia, algum tempo é necessário"[4].

Mais incisivo, o Desembargador Luiz Augusto Gomes Varjão afirmou: "O reconhecimento da união estável acarreta consequências jurídicas muito importantes, tais como presunção de meação de bens, o direito a alimentos e à sucessão. Somente pode ser considerada estável uma união sólida e duradoura. Ora, uma união que dure dois, três ou quatro anos não pode ser considerada sólida. O relacionamento entre os parceiros pode ter sido excelente, mas não resistiu ao tempo"[5].

A doutrina, desde que entrou em vigência a Lei n. 9.278/96 (depois derrogada pelo CC/2002), dispensando o tempo mínimo de convivência para a caracterização da união estável, já afirmava que "há de ser uma convivência duradoura, isto é, *que dura muito, ou pode durar muito; durável* (AURÉLIO). A jurisprudência irá verificar se, no caso em concreto, o convívio deve ou não ser considerado duradouro, para caracterizar a união estável. É provável que a jurisprudência venha a considerar como convivência duradoura aquela em torno dos dois anos, levando em conta que esse prazo é o exigido para que se requeira o divórcio direto, com o rompimento do vínculo do casamento (art. 40 da Lei do Divórcio)" (J. M. Leoni Lopes de Oliveira. *Alimentos e Sucessão – no casamento e na união estável.* Ed. Lumen Júris, p. 104)[6].

Essa interpretação, com bons fundamentos, é seguida por Guilherme Calmon Nogueira da Gama: "Deve ser lembrado que em matéria de casamento,

3 RIZZARDO, Arnaldo. Direito de Família, 10ª Edição, Ed. Forense, 2019, p. 855.

4 AZEVEDO, Álvaro Villaça. *Código Civil Comentado*, vol. XVII, Ed. Atlas, p. 111-113.

5 VARJÃO, Luiz Augusto Gomes. *União Estável – requisitos e efeitos.* Ed. Juares de Oliveira, p. 100.

6 Embora tenha desaparecido o requisito temporal para o divórcio direto, a lição da doutrina continua válida, porque leva em consideração o tempo mínimo necessário para que se tenha por consolidado o rompimento da sociedade conjugal em razão da separação de fato, como ocorre em outro momento no Código Civil, como veremos a seguir.

a despeito da inexistência de prazo para a sua caracterização, posto que o mesmo gera efeitos assim que contraído, sendo registrado no Cartório respectivo, na hipótese de sua dissolução (divórcio) fundada em separação de fato, a Constituição Federal expressamente diminuiu o prazo para dois anos. Por critério de política legislativa e atendendo a princípios jurídicos como o de promover a segurança social, o legislador constituinte observou que o período de dois anos é razoável para se aferir a perda da *affectio maritalis* na união matrimonial. **O mesmo critério deve ser levado em conta no que se refere à constituição da família através do companheirismo, considerando-se como prazo razoável para a solidez e estabilidade da união o período de dois anos**" [destacamos em negrito] (*O Companheirismo – uma espécie de família*. Editora Revista dos Tribunais, 2ª ed., p. 161-162).

A falta do requisito temporal no Código Civil para a definição de estabilidade da união estável, não autoriza o seu reconhecimento, e todos os seus efeitos jurídicos, sem a comprovação da estabilidade dessa relação que se adquire pelo tempo.

Embora tenha optado o legislador por um modelo aberto, ao deixar a rigidez do requisito temporal, não foi autorizado ao intérprete desprezar a estabilidade para o reconhecimento da união estável. É certo que esta estabilidade pode ser demonstrada não só pela duração da união. A Lei de 1994 conferia à existia de prole comum, como ocorre com a legislação de outros países, uma forte demonstração de estabilidade. No entanto, seguramente, é a duração desta relação o elemento mais importante na caracterização da união estável prevista na Constituição, que não pode ser dispensada mesmo no caso da existência de prole comum ou de outros elementos.

E a questão que se coloca a respeito da duração é a busca da medida de tempo necessária para o reconhecimento da estabilidade. É a busca do tempo que se perdeu e se esgarçou na interpretação de parte da doutrina, e em alguns julgados, a partir do modelo aberto escolhido pelo legislador brasileiro, que levou a emprestar indevidamente efeitos a relações que não são estáveis, com graves consequências para a segurança das relações jurídicas e reflexos importantes nas relações pessoais.

Registra-se a hipótese, recentemente julgada pelo Egrégio Superior Tribunal de Justiça, na qual se reconheceu nas instâncias inferiores a união estável, e todos os seus efeitos, a um relacionamento efêmero, de dois meses:

"RECURSO ESPECIAL. CIVIL. FAMÍLIA. RECONHECIMENTO DE UNIÃO ESTÁVEL POS MORTEM. ENTIDADE FAMILIAR QUE SE CARACTERIZA PELA CONVIVÊNCIA PÚBLICA, CONTÍNUA, DURADOURA E COM OBJETIVO DE CONSTITUIR FAMÍLIA (ANIMUS FAMILIAE). DOIS MESES DE RELACIONAMENTO, SENDO DUAS SEMANAS DE COABITAÇÃO. TEMPO INSUFICIENTE PARA SE DEMONSTRAR A ESTABILIDADE NECESSÁRIA PARA RECONHECIMENTO DA UNIÃO DE FATO. 1. O Código Civil definiu a união estável como entidade familiar entre o homem e a mulher, "configurada na convivência pública, contínua e duradoura e estabelecida com o objetivo de constituição de família" (art. 1.723). 2. Em relação à exigência de estabilidade para configuração da união estável, apesar de não haver previsão de um prazo mínimo, exige a norma que a convivência seja duradoura, em período suficiente a demonstrar a intenção de constituir família, permitindo que se dividam alegrias e tristezas, que se compartilhem dificuldades e projetos de vida, sendo necessário um tempo razoável de relacionamento. 3. Na hipótese, o relacionamento do casal teve um tempo muito exíguo de duração – apenas dois meses de namoro, sendo duas semanas em coabitação -, que não permite a configuração da estabilidade necessária para o reconhecimento da união estável. Esta nasce de um ato-fato jurídico: a convivência duradoura com intuito de constituir família. Portanto, não há falar em comunhão de vidas entre duas pessoas, no sentido material e imaterial, numa relação de apenas duas semanas. 4. Recurso especial provido." (REsp 1761887/MS, Rel. Ministro LUIS FELIPE SALOMÃO, QUARTA TURMA, julgado em 06/08/2019, DJe 24/09/2019)

Situações como esta, que representam enorme distorção na interpretação da Constituição Federal, não podem encontrar abrigo na jurisprudência, daí a necessidade de se estabelecer um *índice de estabilidade das uniões livres*, como sustenta o jurista espanhol Eduardo Estrada Alonso[7].

Em busca da duração (tempo) perdida, podemos encontrar no direito brasileiro indicações seguras. Com efeito, o *Regulamento do Imposto de Renda e Proventos de qualquer Natureza*, aprovado pelo Decreto n. 9.580, de 22 de

[7] A opinião de Eduardo Estrada Alonso é citada por Carlos Alberto Menezes Direito, que defende prazo de dois a cinco anos para a união estável (*Da união estável como entidade familiar.* Revista dos Tribunais | vol. 667/1991 | p. 17-23 | Maio/1991). Também é apoiada por Guilherme Calmon Nogueira da Gama (op. cit., p. 195).

novembro de 2018, estabelece no seu art. 71, § 1º, o seguinte: "Poderão ser considerados como dependentes, observado o disposto no § 3º do art. 3º e no parágrafo único do art. 4º (Lei nº 9.250, de 1995, art. 35): I – o cônjuge; II – o companheiro ou a companheira, desde que haja vida em comum por mais de **cinco anos** ou por período menor se da união resultou filho;". (grifamos)

A lei n. 8.213, de 24 de julho de 1991, alterada pelo Lei n. 13.135/2015, que disciplina o direito previdenciário, estabelece expressamente que são necessários **dois anos**, pelo menos, para a caracterização da união estável, para qualquer benefício previdenciário.

O Código Civil, no seu art. 1.830, só reconhece direito sucessório a outro quando a separação de fato do cônjuge dura mais de dois anos, *in verbis*: "Somente é reconhecido direito sucessório ao cônjuge sobrevivente se, ao tempo da morte do outro, não estavam separados judicialmente, nem separados de fato há mais de dois anos, salvo prova, neste caso, de que essa convivência se tornara impossível sem culpa do sobrevivente."

Infere-se da Lei o entendimento no sentido de que, para que se possa reconhecer efeitos jurídicos decorrentes da *affectio maritalis* com o novo companheiro, ou seja, o rompimento efetivo das relações do casamento anterior, é necessário lapso de tempo para a sua consolidação, que deve durar mais de dois anos. Logo, não se pode aceitar tempo inferior a dois anos, salvo raras exceções, para a caracterização de uma união que tem efeitos importantes sobre a pessoa e seu patrimônio, especialmente sobre a sua sucessão.

O tempo de dois anos também é considerado pelo Código Civil, no art. 25, para reconhecer o cônjuge separado de fato como curador do ausente: "O cônjuge do ausente, sempre que não esteja separado judicialmente, ou de fato por **mais de dois anos** antes da declaração da ausência, será o seu legítimo curador." (grifamos)

O Código Civil também só considera a ruptura da vida em comum depois de dois anos, no caso do art. 1.572, § 2º, *in verbis*: "O cônjuge pode ainda pedir a separação judicial quando o outro estiver acometido de doença mental grave, manifestada após o casamento, que torne impossível a continuação da vida em comum, desde que, após uma duração de **dois anos**, a enfermidade tenha sido reconhecida de cura improvável." (grifamos)

No mesmo sentido previa o Código Civil o divórcio direto depois de dois anos, como estabelece o art. 1.580, *in verbis*: "Decorrido um ano do trânsito em julgado da sentença que houver decretado a separação judicial, ou da decisão concessiva da medida cautelar de separação de corpos, qualquer das partes poderá requerer sua conversão em divórcio. [...] § 2º O divórcio poderá ser requerido, por um ou por ambos os cônjuges, no caso de comprovada separação de fato por mais de **dois anos**." (grifamos)

Como bem sustenta Guilherme Calmon Nogueira da Gama, com base na previsão de dois anos da Constituição Federal para o divórcio direto, como índice para verificação da irreversibilidade da situação fática, "o prazo de dois anos foi considerado razoável e plausível para se aferir a instabilidade do casamento, proporcionando, assim, a sua pronta dissolução. O mesmo espírito na fixação desse prazo de dois anos (para a descaracterização da *affectio maritalis*) deve ser considerado para efeito de estabilidade das uniões extramatrimoniais, ou seja, o período necessário e razoável para a construção da *affectio maritalis* entre os companheiros"[8]. Embora a sua interpretação tenha sido baseada no texto da Constituição Federal anterior à Emenda nº 66/2010, seu raciocínio continua válido.

Cabe lembrar, ainda, que a Lei do Divórcio (Lei nº 6.515/77), sabidamente restritiva, estabelecia que a separação consensual dos cônjuges só poderia ocorrer depois de dois anos do casamento, o que indicava o tempo necessário à estabilização da união (art. 4º), mesmo matrimonial.

Está no próprio Código Civil e em outros diplomas do nosso ordenamento, como visto, a interpretação que se deve dar a uma relação duradoura no Direito de Família. Essa medida de tempo mínimo de dois anos é defendida pela doutrina e adotada igualmente no direito estrangeiro.

Em Portugal, embora abolida a exigência da diversidade de sexo para a caracterização da união estável, continua havendo, entre outros, o requisito temporal de dois anos para a sua configuração. É o que estipula o art. 1.º da Lei 7/2001, com alterações posteriores promovidas pela Lei 23/2010: "Artigo 1.º [...] 1 – A presente lei adopta medidas de protecção das uniões de facto. 2 – A união de facto é a situação jurídica de duas pessoas que, independentemente do sexo, vivam em condições análogas às dos cônjuges **há mais de dois anos**". (grifamos)

8 Op. cit., p. 199-200.

No Novo Código Civil e Comercial argentino, a "união convivencial", como é designada, exige igualmente dois anos de duração para ser reconhecida, e mesmo assim, **sem direito sucessório**: "**Artículo 510. Requisitos.** El reconocimiento de los efectos jurídicos previstos por este Título a las uniones convivenciales requiere que: a) los dos integrantes sean mayores de edad; b) no estén unidos por vínculos de parentesco en línea recta en todos los grados, ni colateral hasta el segundo grado; c) no estén unidos por vínculos de parentesco por afinidad en línea recta; d) no tengan impedimento de ligamen ni est. registrada otra convivencia de manera simultánea; e) mantengan la convivencia durante **un periodo no inferior a dos años**." (grifamos)

A questão do tempo assume importância enorme no direito brasileiro, que ao contrário de outros países, empresta à união de fato efeitos plenos, inclusive sucessórios. É preciso atentar, neste ponto, para o fato de que o nosso direito sucessório perdeu a sua *ratio* quando deixou de perceber que o casamento já não é um vínculo indissolúvel. E a união de fato seguiu uma tendência de equiparação, sem ter em conta essa mudança importante na família. No entanto, a lei continua a favorecer tanto o cônjuge, e por empréstimo, o companheiro, sobreviventes, que tiveram uma curta jornada de vida ao lado do autor da herança, em flagrante e injusto desrespeito ao direito da descendência.

Como afirma Pasquale Laghi, "não se mostra adequado tratar igualmente o companheiro de um dia e aquele de uma vida"[9]. O injusto tratamento que o direito brasileiro confere à descendência foi apontado em artigo que produzimos em sede acadêmica, publicado *in* "Proposições para um novo direito sucessório no Brasil, em obra coordenada por Regina Beatriz Tavares da Silva e Ursula Cristina Basset, sob o título "Família e pessoa: uma questão de princípios", pela ADFAS – Associação de Direito de Família e Sucessões e pela *Academia Iberoamericana de Derecho de Familia y de las Personas* (Editora YK, São Paulo, 2018), e também pelo Conjur [10-11].

[9] LAGHI, Pasquale. *Famiglie "ricomposte" e successione necessaria: problematiche atuale, soluzioni negoziali e prospettive de iure condendo.* Rivista Contratto e impresa, n. 4/2017, p. 1.371.

[10] Carlos Alberto Garbi. Artigo intitulado "Mudar o vigente regime sucessório brasileiro é urgente". Acessível em: parte 1 – https://www.conjur.com.br/2019-mar-11/mudar-vigente-regime-sucessorio-brasileiro-urgente ; parte 2 – https://www.conjur.com.br/2019-mar-18/mudar-regime-sucessorio-vigente-brasil-urgente-parte; acessado em 07/05/2019 as 21:09 .

[11] Andrea Fusaro assinala a forte influência que as codificações em geral receberam do direito francês há dois séculos, especialmente a garantia da legítima em favor de descendentes e

Em outras palavras, atribuir direito sucessório ao cônjuge ou ao companheiro supérstites em igualdade de condições com a descendência do autor da herança (concorrência), sem distinguir situações ou exigir o mínimo de duração da relação de convivência, não se mostra consentâneo com a *ratio* do direito sucessório que deve prevalecer, fundada em favorecimento de vínculos duradouros[12].

Por estas razões, e a despeito do quanto o nosso direito sucessório está distante da atual fenomenologia da família, não se pode prescindir da exigência de um mínimo de duração para emprestar efeitos importantes à união de fato.

Um outro aspecto interessante dessa questão está no uso de escrituras de declaração de união estável lavradas quando decidem as partes estabelecer convivência. A escritura de declaração de união estável neste caso apenas reconhece a intenção das partes de convivência a partir daquele momento (assinatura da escritura). Não é nada mais do que um contrato de convivência. Mas a estabilidade, que exige duração, depende do tempo e só pode ser verificada *a posteriori*. A escritura pública não é prova da união estável. O documento não constitui a relação jurídica atributiva de direitos, como ocorre no casamento, porque a união estável é **relação de fato**, que depende de duração.

Bem assinala Guilherme Calmon Nogueira da Gama que "a característica da estabilidade da união extramotrimonial é fundamental para a sua qualificação como espécie de família, a partir da adjetivação constitucional atribuída ao companheirismo. Nas palavras de Noemia Alves Fardin, *a estabilidade diz respeito ao estado da união estável. Não se trata, entretanto, de uma estabilidade* a priori *tal qual acontece com o casamento. Verifica-se* a posteriori, *seu prolongamento no tempo é que fornecesá a sua evidência*". Tal união deve ser sólida, durável,

ascendentes e a consequente limitação da autonomia privada do testador. Sucede que o tempo passado denuncia a não adequação do desse direito sucessório em face da modificação do cenário social e econômico, se mostrando indiferente a diversas situações de necessidade e mérito na sucessão e ineficiente a respeito das exigências da família recomposta ou reconstruída (*"L'espansione dell'autonomia privata in âmbito successorio nei recenti interventi legislativi francesi ed italiani". Tendenze del Diritto Privato in Prospettiva Comparatistica*, G.Giappichelli Editore – Torino, 2015, p. 277-278).

12 No direito norte-americano o *Uniform Probate Code*, editado em 1969 e adotado por vários estados, estabelece um percentual de participação do cônjuge na herança proporcional ao tempo de convivência, chegando a 100% apenas depois de 15 anos (acessível em : http://www.uniformlaws.org/Act.aspx?title=Probate%20Code).

não sendo efêmera, instável ou passageira. No direito comparado, a estabilidade também é exigida para o reconhecimento de relações companheiros, como apontam Carbonier, no Direito francês, e Bossert, no Direito argentino." (*O Companheirismo – uma espécie de família.* 2ª edição. Editora RT., p. 158-159).

Nesse sentido a opinião de Rolf Madaleno: "os integrantes de uma união estável promovem a autorregulamentação do seu relacionamento, no plano econômico e existencial, e a contratação escrita do relacionamento de união estável não representa a validade indiscutível da convivência estável, porque o documento escrito pelos conviventes está condicionado à correspondência fática da entidade familiar e dos pressupostos de reconhecimento (CC, art. 1.723), ausentes os impedimentos previstos para o casamento (CC, art. 1.521), porque não pode constituir uma união estável quem não pode casar, com as ressalvas do § 1º do artigo 1.723 do Código Civil"[13-14].

Encontram-se na jurisprudência decisões negando a união estável de pouco mais de um ano. O Tribunal de Justiça do Rio Grande do Sul, pelo voto do Des. Sérgio Fernando de Vasconcellos Chaves, em julgamento que teve a participação da Des. Maria Berenice Dias, por votação unânime, negou o reconhecimento da união que se apresentava com mais de um ano, afirmando-se que aquele período não era suficiente à caracterização da união estável, que deve ser duradoura.

13 MADALENO, Rolf. *Direito de Família.* 7ª edição. Editora Forense, 2016, p. 1.159.

14 Destaca-se ainda a interpretação dos Tribunais: "a escritura pública de declaração de união estável não possui força probante absoluta acerca do relacionamento que se pretende reconhecer como entidade familiar, podendo seu conteúdo declaratório ser desconsiderado quando não retratar a verdade dos fatos ou, mesmo retratando-a, quando estes fatos, como no caso aqui examinado, não consagram a relação com a natureza pretendida". (TJRS, Ap. n. 70076137819, Rel. Des. Ricardo Moreira Lins Pastl, dj. 12/04/2018). E também: "PREVIDÊNCIA. Pensão. IPESP. Mandado de segurança. Morte de contribuinte que, segundo alegado na inicial, seria companheira do impetrante. União estável não demonstrada nos autos. Inexistência de prova preconstituída do alegado. Escritura pública de declaração de união estável que prova a declaração, não, porém, o fato declarado. Ordem que deve ser denegada, sem prejuízo da possibilidade de utilização das vias ordinárias pelo impetrante, onde ele terá oportunidade de produzir as provas necessárias ao reconhecimento do alegado direito. Recursos oficial, que se considera interposto, e voluntário providos para denegar a segurança". (TJSP, Ap. n. 9091040-32.2008.8.26.0000, Rel. Des. Antonio Carlos Villen, Dje 24/03/2010)

Extrai-se do julgado o seguinte: "Destaco que a Constituição Federal não fixou tempo mínimo para o reconhecimento de uma união *more uxorio* para ser considerada como estável e merecer, por conseguinte, a proteção legal. A jurisprudência, no primeiro momento, tratou de buscar a essência da relação, a partir do fato concreto, para descobrir se ali havia ou não um 'casamento de fato', sendo que alguns julgados reclamavam um tempo mínimo de dois anos, como razoável para exteriorizar a estabilidade, sendo que a Lei nº 8.971/94 passou a exigir o prazo de cinco (5) anos, que depois foi afastado pela Lei nº 9.278/96. Mas, ainda assim, é fundamental que seja duradouro e estável, o que não aconteceu na situação *sub judice*." (TJRS, Ap. n. 70 007 030 984, dj. 03/12/2003).

A união de fato, para que se constitua como união estável geradora de efeitos jurídicos, exige duração, requisito que não pode ser desprezado, ao lado de outros, sob pena de grave distorção. Essa duração deve atender a um mínimo de tempo que o nosso ordenamento positivo sinalizada muito claramente em dois anos, e só depois de cumprido esse mínimo de tempo de convivência se pode atribuir a ela os efeitos previstos em lei.

É interessante, neste ponto, chamar a atenção para um aspecto pouco apreciado na jurisprudência brasileira. É que os efeitos da união estável não podem ser retroativos ao momento em que se iniciou a convivência, porque esta união só estará apta a produzir efeitos quando alcançar a "duração" exigida para a sua estabilidade. No entanto, é comum encontrar nos julgados o reconhecimento de efeitos retroativos, como se ao momento do início da união se pudesse emprestar os efeitos do casamento, que é ato, e não fato. Essa interpretação é perigosa e pode resultar em efeitos indesejados a relações que durante muito tempo foram eventuais e não adquiriram estabilidade.

A união de fato é regulada em quase todos os países com restrições, como pudemos ver nas excelentes exposições deste Congresso. Raramente se empresta à união de fato os efeitos do casamento. A interpretação da doutrina e da jurisprudência brasileiras tem seguido uma tendência de igualdade entre a união estável e o casamento. Todavia, se é possível estabelecer igualdade de tratamento e efeitos jurídicos entre a união estável e o casamento, e a nosso ver essa igualdade não está definida na lei brasileira, não se pode aceitar seguramente a ideia de igualdade na sua constituição, que erra ao tomar o fato pelo ato e desprezar a "duração" como elemento indispensável à sua caracterização.

Referências

DIREITO, Carlos Alberto Menezes. Da união estável como entidade familiar. Revista dos Tribunais. Vol. 667/1991.

FUSARO, Andrea. L'espansione dell'autonomia privata in âmbito successorio nei recenti interventi legislativi francesi ed italiani. Tendenze del Diritto Privato in Prospettiva Comparatistica. Torino: G.Giappichelli Editore, 2015.

GAMA, Guilherme Calmon Nogueira da. Gama, O Companheirismo: uma espécie de família. 2ª edição. São Paulo: Editora Revista dos Tribunais, 2001.

RIZZARDO, Arnaldo. Direito de familia. 10ª Edição. Rio de Janeiro: Editora Forense, 2019.

GARBI, Carlos Alberto. Proposições para um novo direito sucessório no Brasil. Em obra coordenada por Regina Beatriz Tavares da Silva e Ursula Cristina Basset, sob o título "Família e pessoa: uma questão de princípios", por ADFAS – Associação de Direito de Família e Sucessões y por Academia Iberoamericana de Derecho de Familia y de las Personas. São Paulo: Editora YK, 2018.

GARBI. Carlos Alberto. Mudar o vigente regime sucessório brasileiro é urgente. (Acessado en: parte 1 – https://www.conjur.com.br/2019-mar-11/mudar-vigente-regime--sucessorio-brasileiro-urgente; parte 2 – https://www.conjur.com.br/2019-mar-18/mudar-regime-sucessorio-vigente-brasil-urgente-parte)

LAGHI, Pasquale. Famiglie "ricomposte" y successione necessaria: problematiche attuale, soluzioni negoziali y prospecttive de iure condendo. Rivista Contratto e impresa, n. 4/2017.

MADALENO, Rolf. Direito de família. 7ª ed. Rio de Janeiro: Editora Forense, 2016.

VARJÃO, Luiz Augusto Gomes. União estável – requisitos e efeitos. São Paulo: Editora Juarez de Oliveira, 2004.

VENOSA, Sílvio Salvo; RODRIGUES, Cláudia. Código civil interpretado. 3ª edição. São Paulo: Atlas, 2013.

VELOSO, Zeno. Código civil comentado. Coord. AZEVEDO, Álvaro Villaça. Vol. XVII. São Paulo: Atlas, 2004.

1. LA UNIÓN DE HECHO "DURADERA" – EN BUSCA DEL TIEMPO PERDIDO

Carlos Alberto Garbi

Después de más de treinta años de la Constitución de 1988, todavía hay dudas sobre la interpretación de su art. 226.

La familia, como declara la Constitución, es la base de la sociedad y tiene una protección especial del Estado. A los efectos de la protección del Estado, se reconoce la unión estable entre el hombre y la mujer como entidad familiar, y la ley debe facilitar su conversión en matrimonio (Art. 226, inciso 3º).

Esta unión es la establecida con el objetivo de formar una familia. Si no fuera así, no se podría hablar de una entidad familiar. Evidentemente, de este dispositivo se desprende la interpretación en el sentido de que la entidad familiar, merecedora de una protección especial del Estado, es aquella que tiene "estabilidad".

Para dar densidad a esta disposición de la Constitución, el Código Civil de 2002 estableció que "la unión estable entre el hombre y la mujer es reconocida como entidad familiar, configurada en convivencia pública, continua y duradera y establecida con el objetivo de la constitución familiar" (art. 1.723) (traducción libre).

La estabilidad, para el Código Civil, requiere "duración" de la unión. Con respecto a este requisito, que entendemos más relevante para la caracterización de la unión estable, tenemos la intención de hacer este breve enfoque.

El derecho civil infra constitucional brasileño no había contemplado ninguna regulación importante para la unión de facto hasta la Ley nº 8.971/1994, ya en vigor de la Constitución de 1988. Para cuidar el derecho de alimentos y la sucesión del compañero, la Ley de 1994, en su artículo 1°, establece lo siguiente: "El compañero probado de ser un hombre soltero, legalmente separado, divorciado o viudo, que ha vivido con el durante más de cinco años, o tiene descendencia en ella, puede hacer uso de las disposiciones de la Ley nº 5.478 del 25 de julio de 1968, siempre y cuando no constituya una nueva unión y siempre que demuestre la necesidad" (traducción libre).

La estabilidad de la unión se definió en la Ley de 1994 por la duración de la convivencia durante más de cinco años, o por la existencia de descendencia común. Siguió la Ley los ya firmes pasos de la jurisprudencia, que siempre ha exigido, hasta entonces, una duración de más de cinco años para la unión de facto.

Poco después, la Ley nº 9.278/1996, relativa a la regulación del inciso 3º del art. 226, de la Constitución Federal, eliminó de la ley brasileña el requisito temporal (cinco años), que acababa de ser establecido, y dejó de dar relevancia a la existencia de descendencia común. Se estableció. en su art. 1°, que "la convivencia duradera, pública y continua de un hombre y una mujer, establecida con el propósito de la constitución familiar, es reconocida como una entidad familiar" (traducción libre).

Este cambio se encontró con una crítica que se hizo a la existencia de una medida rígida del tiempo (cinco años) para la caracterización de la estabilidad de la unión. Los juristas argumentaron que otros elementos podían determinar la estabilidad de la unión, independientemente del momento de la convivencia. Esta interpretación dio mayor relevancia a otros elementos que caracterizan la unión de hecho, en detrimento de la "duración", otorgando una mayor libertad al intérprete en el reconocimiento de una unión estable.

De ello se deduce que la libertad concedida por la Ley de 1996 al intérprete, por el modelo abierto que siguió, sirvió bien al reconocimiento indebido de los efectos plenos de la unión estable a las relaciones que no adquirieron estabilidad efectiva. Esta interpretación llegó tan lejos, pasando por la duración, que llevó el temor a la posibilidad de reconocer los efectos a las eventuales relaciones afectivas, y aún no estabilizada, todo agravado por la falta de otros requisitos formales para el reconocimiento de una unión estable, como el registro exigido por la legislación de muchos países. No es raro, a partir de esta amplia interpretación que ha formado, la recomendación de los abogados de redactar un contrato por escrito para evitar efectos no deseados a una relación eventual. Una distorsión que trajo efectos sociales negativos a la relación afectiva entre las personas.

El Código Civil de 2002 siguió la Ley de 1996 y no fue rígido con la medida del tiempo de convivencia, aunque firme en el requisito de duración (convivencia continua y duradera). Esta duración es una medida del tiempo, que es, por supuesto, *a posteriori*. En el matrimonio, por el contrario, la estabilidad tiene lugar a *priori*, desde la celebración, debido al vínculo legal derivado del acto y no del hecho[1].

La doctrina nunca se ha apartado de la interpretación que requiere la duración de la unión para la atribución de efectos jurídicos. En este sentido podemos recordar a Sílvio de Salvo Venosa y Cláudia Rodrigues: "La consecuencia de esta estabilidad es la característica de ser duradero, como ha mencionado el legislador ordinario. No hay manera de conceptualizar una relación concubinaria como estable si no se ha prolongado en el tiempo. El curso durante un período más o menos largo es una imagen de esta estabilidad en la relación de la pareja" (traducción libre)[2].

Sin embargo, lo cierto, como afirma Arnaldo Rizzardo, "que el período de convivencia no puede ser efímero o corto. Para la caracterización de la unión estable, su duración es necesaria durante unos años, siendo consolidada en el tiempo, con el fin de presentarse como una unidad familiar firme, establecida y duradera, como se verá a continuación. No se consolida lo que no es sólido, y sólo lo que se solidificó se considera sólido, es decir, por la acción del tiempo, de los años, se convirtió en seguro, firme, duro, estable, imbatible. Este significado no abarca las uniones efímeras, superficiales y de corta duración (...) Se requiere una cierta durabilidad de la relación. Aunque no se establece un patrón de tiempo exacto, se requiere un cierto período de duración mínima. De acuerdo con lo que se ha observado antes, ya no persiste un lapso mínimo.

[1] Es una distinción bien señalada por **Guilherme Calmon Nogueira da Gama**, en una notable monografía sobre el tema, con apoyo en la doctrina de Noemia Alves Fardin (*O Companheirismo: uma espécie de família*. 2ª edição. São Paulo : Editora Revista dos Tribunais, 2001, p. 158).

[2] VENOSA, Sílvio Salvo, RODRIGUES, Cláudia. *Código civil interpretado*, 3ª edição. Ed. Atlas, 2013, p. 2008.

Mientras tanto, no es necesario hacer hincapié en las uniones efímeras, ni en los espacios cortos de tiempo de convivencia de los que se extraen derechos en el ámbito de los alimentos y la sucesión. El período de tiempo debe ser de un mínimo de cinco años, ya que, a nuestro derecho, este lapso de tiempo que siempre ha servido como parámetro para el reconocimiento de diversos derechos, como los de naturaleza de la seguridad social, que es recordado por Rodrigo da Cunha Pereira: "Por esta o aquella razón, es cierto que este lapso de tiempo ha sido corroborado, también apropiado por las normas de seguridad social que siempre se han referido en cinco años para caracterizar al concubinato a los efectos de sus prestaciones" (traducción libre)[3].

Duradero, escribió Zeno Veloso, "es la calidad de lo que dura, que perdura en el tiempo, que permanece por un período más o menos largo". Si el Código no ha establecido un tiempo determinado, un período mínimo, "sin embargo, se requiere algún tiempo" (traducción libre)[4].

Más incisivo, el Juez Luiz Augusto Gomes Varjão afirmo: "El reconocimiento de la unión estable conlleva consecuencias jurídicas muy importantes, como la presunción del uso de los bienes, el derecho a los alimentos y la sucesión. Sólo una unión sólida y duradera puede considerarse estable. Sin embargo, una unión que dure dos, tres o cuatro años no puede considerarse sólida. La relación entre los integrantes puede haber sido excelente, pero no duró en el tiempo" (traducción libre)[5].

La doctrina, desde que entró en vigencia la ley nº 9.278/96 (posteriormente derogada por CC/2002), dispensando el tiempo mínimo de convivencia para la caracterización de la unión estable, ya ha declarado que "debe ser una convivencia duradera, es decir, *que dure mucho tiempo, o puede durar;* puede ser muy durable (AURÉLIO). La jurisprudencia comprobará si, en este caso concreto debe considerarse que la convivencia es duradera para caracterizar la unión estable. Es probable que la jurisprudencia considere como una convivencia duradera que, en torno a los dos años, teniendo en cuenta que este período es el requisito de la solicitud de divorcio directo, con la ruptura del vínculo matrimonial (art. 40 de la Ley de Divorcio)" (traducción libre).

3 RIZZARDO, Arnaldo. *Direito de Familia.* 10ª Edição. Ed. Forense, 2019, p. 855.

4 AZEVEDO, Álvaro Villaça. *Código Civil comentado.* Vol. XVII, Ed. Atlas, 2004, p. 111-113.

5 VARJÃO, Luiz Augusto Gomes. *União estável – requisitos e efeitos.* Ed. Juares de Oliveira, 2004, p. 100.

(J. M. Leoni Lopes de Oliveira. *Alimentos e sucessão – no casamento e na união estável*. Ed. Lumen Júris, p. 104)[6].

Esta interpretación, con buenos fundamentos, es seguida por Guilherme Calmon Nogueira da Gama: "Hay que recordar que en materia de casamiento, a pesar de la falta de plazo para su caracterización, ya que genera efectos tan pronto como se contrata, quedando inscrita en la respectiva Oficina de Registro, en la hipótesis de su disolución (divorcio) basada en la separación de hecho, la Constitución Federal acortó expresamente el plazo a dos años. Por criterio de política legislativa y teniendo en cuenta principios jurídicos como la promoción de la seguridad social, el legislador constituyente señaló que el plazo de dos años es razonable para evaluar la pérdida de *affectio maritalis* en la unión matrimonial. **El mismo criterio debe tenerse en cuenta con respecto a la constitución de la familia a través del compañerismo, considerando como un tiempo razonable para la solidez y estabilidad de la unión el período de dos años"** [destacamos en negrita] (traducción libre) (op. cit. p. 161-162).

La falta del requisito temporal en el Código Civil para la definición de la estabilidad de la unión estable no autoriza su reconocimiento, y todos sus efectos jurídicos, sin prueba de la estabilidad de esa relación que se adquiere por el tiempo.

Aunque el legislador optó por un modelo abierto, al dejar la rigidez del requisito temporal, no se permitió al intérprete ignorar la estabilidad para el reconocimiento de la unión estable. Es cierto que esta estabilidad puede demostrarse no sólo por la duración de la unión. La Ley de 1994 dio a los hijos comunes, al igual que con la legislación de otros países, una fuerte demostración de estabilidad. Sin embargo, sin duda, la duración de esta relación es el elemento más importante en la caracterización de la unión estable prevista en la Constitución, que no puede prescindir ni siquiera en el caso de la existencia de descendencia común u otros elementos.

Y la pregunta que surge sobre la duración es la búsqueda de la medida de tiempo necesaria para el reconocimiento de la estabilidad. Es la búsqueda del

[6] Aunque el requisito de tiempo para el divorcio directo ha desaparecido, la lección de la doctrina sigue siendo válida, porque tiene en cuenta el tiempo mínimo necesario para consolidar la ruptura de la sociedad conyugal debido a la separación de hechos, como ocurre en otro momento en el Código Civil, como veremos a continuación.

tiempo que se perdió y deshilachó en la interpretación de parte de la doctrina, y en algunos juzgados, del modelo abierto elegido por el legislador brasileño, lo que llevó a dar efectos indebidos a relaciones que no son estables, con graves consecuencias para la seguridad de las relaciones jurídicas y reflexiones importantes en las relaciones personales.

Se registra la hipótesis, recientemente juzgada por el Superior Tribunal de Justicia, en la que la unión estable fue reconocida en los tribunales inferiores, y todos sus efectos, a una relación efímera de dos meses: "RECURSO ESPECIAL FAMILIA CIVIL. RECONOCIMIENTO DE LA UNIÓN ESTABLE POS MORTEM. ENTIDAD FAMILIAR CARACTERIZADA POR UNA CONVIVENCIA PÚBLICA, CONTINUA Y DURADERA Y CON EL OBJETIVO DE ESTABLECER UNA FAMILIA (ANIMUS FAMILIAE). DOS MESES DE RELACIÓN, DOS SEMANAS DE CONVIVENCIA. TIEMPO INSUFICIENTE PARA DEMOSTRAR LA ESTABILIDAD NECESARIA PARA EL RECONOCIMIENTO DE LA UNIÓN DE HECHO. 1. El Código Civil definió la unión estable como una entidad familiar entre el hombre y la mujer, "configurada en convivencia pública, continua y duradera y establecida con el objetivo de la constitución familiar" (art. 1.723). 2. En relación con el requisito de estabilidad para la configuración de la unión estable, aunque no se prevé un tiempo mínimo, la norma exige que la convivencia sea duradera, en un período suficiente para demostrar la intención de formar una familia, de permitir que se compartan alegrías y penas, que se compartan las dificultades y los proyectos de vida, que requieran un tiempo de relación razonable. 3. En la hipótesis, la relación de la pareja duró un tiempo muy corto – sólo dos meses de enamoramiento, teniendo dos semanas de convivencia – lo que no permite la configuración de la estabilidad necesaria para el reconocimiento de la unión estable. Esto nace de un acto-hecho jurídico: la convivencia duradera con la intención de formar una familia. Por lo tanto, no se habla de comunión de vidas entre dos personas, en el sentido material e inmaterial, en una relación de sólo dos semanas. 4. Recurso especial proveído" (REsp 1761887/MS, Rel. Ministro LUIS FELIPE SALOM-O, CUARTA SECCIÓN, juzgado el 06/08/2019, DJe 24/09/2019) (traducción libre).

Situaciones como ésta, que representan una enorme distorsión en la interpretación de la Constitución Federal, no pueden encontrar refugio en la jurisprudencia, de ahí la necesidad de establecer un *índice de estabilidad de las uniones libres*, como el sostenido por el jurista español Eduardo Estrada Alonso[7].

En busca de la duración perdida (tiempo), podemos encontrar en la ley brasileña indicaciones seguras. De hecho, el Reglamento del Impuesto sobre la *Renta e Ingresos de cualquier Naturaleza*, aprobado por el Decreto nº 9.580, de 22 de noviembre de 2018, establece en el artículo 71, inciso 1º, lo siguiente: "Pueden ser considerados dependientes, sujeto a lo dispuesto en el inciso 3º del Art. 3º y en el único párrafo del art. 4º (Ley nº 9.250, 1995, art. 35): I – el cónyuge; II – el compañero o compañera, siempre que haya vida en común por más de **cinco años** o por un período más corto si de la unión resultó como un hijo" (enfatizamos) (traducción libre).

La Ley nº 8.213, de 24 de julio de 1991, modificada por la Ley nº 13.135/2015, que regula el Derecho de la Seguridad Social, establece expresamente que se necesitan al menos **dos años** para caracterizar la unión estable para cualquier prestación de seguridad social.

El Código Civil, en su artículo 1830, sólo reconoce el derecho de sucesión a otro cuando la separación de facto del cónyuge dura más de dos años, *in verbis:* "El derecho de sucesión al cónyuge sobreviviente sólo se reconoce si, en el momento de la muerte del otro, no fueran separados legalmente, ni separados de hecho durante más de dos años, a menos que la prueba, en este caso, de que la convivencia había hecho imposible sin culpa del sobreviviente" (traducción libre).

La ley deduce el entendimiento de que, para reconocer los efectos jurídicos resultantes del *affectio maritalis* con el nuevo compañero/a, es decir, la ruptura efectiva de las relaciones del matrimonio anterior, es necesario el tiempo para su consolidación, que debe durar más de dos años. Por lo tanto, no se puede aceptar menos de dos años, salvo excepciones raras, para la caracterización de una unión que tiene efectos importantes en la persona y su patrimonio, especialmente en su sucesión.

[7] La opinión de Eduardo Estrada Alonso es citada por Carlos Alberto Menezes Direito, quien aboga de dos a cinco años por una unión estable (*Da união estável como entidade familiar.* Revista dos Tribunais. Vol. 667/1991, p. 17-23, Maio/1991). También cuenta con el apoyo de Guilherme Calmon Nogueira da Gama (op. cit., p. 195).

El tiempo de dos años también es considerado por el Código Civil, en el art. 25, reconocer al cónyuge separado de hecho como fideicomisario del ausente: "El cónyuge del ausente, siempre que no esté legalmente separado, o de hecho durante **más de dos años** antes de la declaración de ausencia, será su legítimo fideicomisario" (enfatizamos) (traducción libre).

El Código Civil también sólo considera la ruptura de la vida en común después de dos años, en el caso del art. 1.572, inciso 2°, *in verbis:* "El cónyuge también puede solicitar la separación legal cuando el otro se vea afectado por una enfermedad mental grave, manifestada después del matrimonio, lo que hace imposible continuar su vida común, siempre que, después de dos años de duración, la enfermedad haya sido reconocida como una cura improbable **dos años**" (enfatizamos) (traducción libre).

En el mismo sentido, el Código Civil preveía el divorcio directo después de dos años, según lo establecido en el Art. 1.580, *en verbis:* "Un año después de la sentencia firme que ha decretado la separación legal, o la decisión de concesión de la medida de protección para la separación de cuerpos, cualquiera de las partes podrá solicitar su conversión en divorcio. [...] 2º divorcio podrá ser solicitado, por uno o ambos cónyuges, en caso de separación de hecho demostrada durante más de **dos años**" (enfatizamos) (traducción libre).

Como sostiene Guilherme Calmon Nogueira da Gama, sobre la base de la disposición de dos años de la Constitución Federal para el divorcio directo, como índice para verificar la irreversibilidad de la situación fáctica, "el período de dos años se consideró razonable y plausible para evaluar la inestabilidad del matrimonio, proporcionando así su pronta disolución. El mismo espíritu en el establecimiento de este período de dos años (para la caracterización errónea del *affectio maritalis)* debe considerarse para el efecto de estabilidad de las uniones extramatrimoniales, es decir, el período necesario y razonable para la construcción del affectio marital entre las parejas" (traducción libre). Aunque su interpretación se basó en el texto de la Constitución Federal anterior a la Enmienda nº 66/2010, su razonamiento sigue siendo válido[8].

También vale la pena recordar que la Ley de Divorcio (Ley No 6.515/77), conocida como restrictiva, estableció que la separación consensuada de los

[8] Op. cit., p. 199-200.

cónyuges sólo podía ocurrir después de dos años de matrimonio, que indicaba el tiempo necesario para la estabilización de la unión (art. 4), incluso matrimonial.

Está en el propio Código Civil y en otros diplomas de nuestro ordenamiento, como se ve, la interpretación que debe darse a una relación duradera en el derecho de familia. Esta medida de tiempo mínimo de dos años es defendida por la doctrina y adoptada por igual en el derecho extranjero.

En Portugal, aunque se suprime el requisito de diversidad de género para la caracterización de la unión estable, sigue habiendo, entre otros, el requisito temporal de dos años para su configuración. Eso es lo que el art. 1º de la Ley 7/2001, con modificaciones posteriores promovidas por la Ley 23/2010: "Artículo 1º [...] I – Esta Ley adopta medidas para proteger a las uniones de facto. 2 – La unión de facto es la situación jurídica de dos personas que, independientemente de su género, han vivido en condiciones similares a las de los cónyuges **durante más de dos años**" (enfatizamos) (traducción libre).

En el Nuevo Código Civil y Comercial Argentino, la "unión convivencial", como se le llama, también requiere dos años de duración para ser reconocida, y aún así, **sin derecho de herencia**: "Artículo **510. Requisitos.** El reconocimiento de los efectos jurídicos previstos por este Título a las uniones convivenciales requiere que: a) los dos integrantes sean mayores de edad; b) no estén unidos por vínculos de parentesco en línea recta en todos los grados, ni colateral hasta el segundo grado; c) no estén unidos por vínculos de parentesco por afinidad en línea recta; d) no tengan impedimento de ligamen ni est. registrada otra convivencia de manera simultánea; e) mantengan la convivencia durante **un periodo no inferior a dos años**" (enfatizamos).

La cuestión del tiempo supone una enorme importancia en la legislación brasileña, que, a diferencia de otros países, presta a la unión efectos plenos, incluida la sucesión. Es necesario prestar atención, en este punto, al hecho de que nuestra ley de sucesión perdió su *ratio* cuando dejó de darse cuenta de que el matrimonio ya no es un vínculo indisoluble. Y la unión siguió una tendencia a equiparar, sin tener en cuenta este importante cambio en la familia. Sin embargo, la ley sigue favoreciendo tanto al cónyuge, y en préstamo, al compañero, sobrevivientes, que tuvieron un corto tiempo de vida junto al autor de la herencia, en flagrante e injusto desprecio por el derecho de descendencia.

Como afirma Pasquale Laghi, "no es apropiado tratar de igual manera al compañero de un día y el de toda una vida" [9] (traducción libre). El trato injusto que la ley brasileña confiere a la descendencia fue señalado en un artículo que producimos en la sede académica, publicado *in "Proposições para um novo direito sucessório no Brasil"*, en una obra coordinada por Regina Beatriz Tavares da Silva e Ursula Cristina Basset, sob o título *"Família e pessoa: uma questão de princípios"*, por ADFAS – Associação de Direito de Família e Sucessões y por Academia Iberoamericana de Derecho de Familia y de las Personas (Editora YK, São Paulo, 2018), y también por el Conjur [10-11].

En otras palabras, la atribución de derechos de herencia al cónyuge o compañero supérstite en igualdad de condiciones con la descendencia del autor de la herencia (concurrencia), sin distinguir situaciones ni exigir la duración mínima de la relación de convivencia, no es compatible con la *relación* de la ley de sucesiones que debe prevalecer, fundada a favor de vínculos duraderos[12].

Por estas razones, y a pesar de que nuestra ley de sucesión dista mucho de la fenomenología actual de la familia, no se puede prescindir de la exigencia de un mínimo de duración para dar efectos importantes a la unión de hechos.

Otro aspecto interesante de esta cuestión es el uso de las Escrituras Públicas de declaración de unión estable, elaboradas cuando las partes deciden

[9] LAGHI, Pasquale. *Famiglie "ricomposte" y successione necessaria: problematiche atuale, soluzioni negoziali y prospecttive de iure condendo.* Rivista Contratto e impresa, n. 4/2017, p. 1.371.

[10] Carlos Alberto Garbi. Artículo titulado *"Mudar o vigente regime sucessório brasileiro é urgente"*. Accesible en: parte 1 – https://www.conjur.com.br/2019-mar-11/mudar-vigente-regime-sucessorio-brasileiro-urgente ; parte 2 – https://www.conjur.com.br/2019-mar-18/mudar-regime-sucessorio-vigente-brasil-urgente-parte; consultado el 07/05/2019 a las 21:09 .

[11] Andrea Fusaro señala la fuerte influencia que las codificaciones en general recibieron de la ley francesa hace dos siglos, especialmente la garantía de legítima en favor de los descendientes y ascendientes y la consiguiente limitación de la autonomía privada del probador. De ello se deduce que el tiempo pasado denuncia la no adecuación de este derecho sucesorios en vista del cambio del escenario social y económico, siendo indiferente a diversas situaciones de necesidad y mérito en la sucesión e ineficiente con respecto a las exigencias de la familia recompuesta o reconstruida *("L'espansione dell'autonomia privata in âmbito successorio nei recenti interventi legislativi francesi ed italiani". Tendenze del Diritto Privato in Prospettiva Comparatistica,* G.Giappichelli Editore – Torino, 2015, p. 277-278).

[12] En la ley de los EE. UU., el *Código Uniforme de Sucesión*, editado en 1969 y adoptado por varios estados, establece un porcentaje de la participación del cónyuge en herencia proporcional al momento de la convivencia, llegando al 100% sólo después de 15 años (accesible en: http://www.uniformlaws.org/Act.aspx?title=Probate%20Code).

establecer la convivencia. La escritura de una declaración de unión estable en este caso sólo reconoce la intención de los convivientes a partir de ese momento (firma de la escritura). No es más que un contrato de convivencia. Pero la estabilidad, que requiere duración, depende del tiempo y sólo se puede comprobar *a posteriori*. La escritura pública no es una prueba de unión estable. El documento no constituye la relación jurídica atributiva a los derechos, como ocurre en el matrimonio, porque la unión estable es una relación de **hecho,** que depende de la duración.

Guilherme Calmon Nogueira da Gama bien señala que "la característica de la estabilidad de la unión extramotrimonial es fundamental para su calificación como una especie de familia, desde la adjeción constitucional atribuida al compañero. En palabras de Noemia Alves Fardin, *la estabilidad se refiere al estado de la unión estable. Sin embargo, esto no es una* estabilidad a priori como *lo es con el casamiento. Se verifica* a posteriori, *su prolongación en el tiempo es que proporciona sus pruebas".* Tal unión debe ser sólida, duradera, no efímera, inestable o fugaz. En derecho comparado, también se requiere estabilidad para el reconocimiento de las relaciones con compañeros, como señala Carbonier en el derecho francés y Bossert en el derecho argentino" (op. cit., p.158-159) (traducción libre).

En este sentido, la opinión de Rolf Madaleno: "Los integrantes de una unión estable promueven la autorregulación de su relación, a nivel económico y existencial, y la contratación escrita de la relación de unión estable no representa la validez indiscutible de la convivencia estable, porque el documento escrito por los convivientes está condicionado a la correspondencia fáctica de la entidad familiar y las presupuestos de reconocimiento (CC, art. 1.723), a falta de los impedimentos previstos para el casamiento (CC, art. 1.521), porque no puede constituir una unión estable quien no pueda casarse, con las excepciones del artículo 1.723 del Código Civil"[13-14] (traducción libre).

[13] MADALENO, Rolf. *Direito de família*. 7ª ed. Editora Forense, 2016, p. 1.159.

[14] También se destaca la interpretación de los Tribunales: "la escritura pública de declaración de unión estable no tiene fuerza probatoria absoluta sobre la relación que se pretende reconocer como entidad familiar, y su contenido declarativo puede ser ignorado cuando no describe la verdad de los hechos o, incluso retratándola, cuando estos hechos, como en el caso examinado en el presente documento, no consagran la relación con la naturaleza prevista" (traducción libre) (TJRS, Ap. n. 70076137819, Rel. Ricardo Moreira Lins Pastl, dj. 12/04/2018). Y también: "SEGURIDADE SOCIAL. Pension. IPESP. Orden de seguridad. Muerte del contribuyente

Las decisiones que niegan la unión estable de poco más de un año se encuentran en la jurisprudencia. El Tribunal de Justicia de Rio Grande do Sul, por votación del Des. Sérgio Fernando de Vasconcellos Chaves, en un juicio que con tuvo la participación de Des. Jubilada Maria Berenice Dias, por votación unánime, negó el reconocimiento de la unión que se presentó con más de un año, afirmando que ese período no era suficiente para caracterizar la unión estable, que debe ser duradera.

Se extrae de la sentencia lo siguiente "Me gustaría afirmar que la Constitución Federal no ha fijado un tiempo mínimo para que el reconocimiento de una unión *more uxorio* sea considerado estable y, por lo tanto, merezca protección jurídica. La jurisprudencia, al principio, trató de buscar la esencia de la relación, del hecho concreto, para averiguar si había o no un "matrimonio de facto", y algunos juzgados reclamaron un tiempo mínimo de dos años, como razonable para externalizar la estabilidad, pero la Ley n 8.971/94 comenzó a exigir el período de cinco (5) años, que más tarde fue eliminado por la Ley n 9.278/96. Pero aún así, es fundamental que sea duradero y estable, lo que no ocurrió en la situación *sub judice*" (traducción libre) (TJRS, Ap. n. 70 007 030 984, dj. 03/12/2003).

De hecho, la unión de hecho, para constituirse como una unión estable que genera efectos jurídicos, requiere duración, requisito que no puede descartarse, junto con otros, bajo pena de distorsión grave. Y esta duración debe cumplir un mínimo de tiempo que nuestro orden positivo señaló muy claramente en dos años, y sólo después de cumplir este mínimo de tiempo de convivencia se le pueden atribuir los efectos previstos por la ley.

Es interesante, en este punto, llamar la atención sobre un aspecto poco apreciado en la jurisprudencia brasileña. Es que los efectos de la unión estable no pueden ser retroactivos al momento en que comenzó la convivencia, porque esta unión sólo podrá producir efectos cuando alcance la "duración"

que, como se alega en la inicial, sería compañero del demandante. Unión no se muestra en el archivo. Falta de pruebas preconstituciones de lo alegado. La escritura pública de la declaración de unión estable que prueba la declaración, no, sin embargo, el hecho declarado. Orden que debe ser denegada, sin perjuicio de la posibilidad de uso de medios ordinarios por el demandante, donde tendrá la oportunidad de presentar las pruebas necesarias para el reconocimiento del supuesto derecho. Apelaciones oficiales, que se consideran presentadas, y voluntarias para negar la seguridad". (TJSP, Ap. n. 9091040-32.2008.8.26.0000, Rel. Antonio Carlos Villen, Dje 24/03/2010)

necesaria para su estabilidad. Sin embargo, es común encontrar en los juzgados el reconocimiento de los efectos retroactivos, como si en el momento del comienzo de la unión se pudieran prestar los efectos del matrimonio, que es actos, y no de hecho. Esta interpretación es peligrosa y puede resultar en efectos no deseados en las relaciones que han sido ocasionales durante mucho tiempo ocasionales y no han adquirido estabilidad.

La unión de hecho o unión estable está regulada en casi todos los países con restricciones, como pudimos ver en las excelentes exposiciones de este Congreso Internacional organizado por ADFAS (Asociación de Derecho de Familia y de las Sucesiones) que tuvo la participación de más de veinte expositores de los entre lo que se contó con la presencia virtual de integrantes de cuatro continentes, el que a su vez dio lugar al presente tratado. Rara vez presta a la unión de hecho también llamada unión estable los efectos del matrimonio. La interpretación de la doctrina y la jurisprudencia brasileñas ha seguido una tendencia de igualdad entre la unión estable y el casamiento. Sin embargo, si es posible establecer la igualdad de trato y efectos jurídicos entre la unión estable y el matrimonio, y en nuestra opinión esta igualdad no está definida en el derecho brasileño, ciertamente no se puede aceptar la idea de igualdad en su constitución, que se equivoca al tomar el hecho por el acto sin tener en cuenta la "duración" como un elemento indispensable para su caracterización.

Referencias

DIREITO, Carlos Alberto Menezes. Da união estável como entidade familiar. Revista dos Tribunais. Vol. 667/1991.

FUSARO, Andrea. L'espansione dell'autonomia privata in âmbito successorio nei recenti interventi legislativi francesi ed italiani. Tendenze del Diritto Privato in Prospettiva Comparatistica. Torino : G.Giappichelli Editore, 2015.

GAMA, Guilherme Calmon Nogueira da. Gama, O Companheirismo: uma espécie de família. 2ª edição. São Paulo : Editora Revista dos Tribunais, 2001.

RIZZARDO, Arnaldo. Direito de familia. 10ª Edição. Rio de Janeiro : Editora Forense, 2019.

GARBI, Carlos Alberto. Proposições para um novo direito sucessório no Brasil. In obra coordinada por Regina Beatriz Tavares da Silva e Ursula Cristina Basset, sob el título "Família e pessoa: uma questão de princípios", por ADFAS – Associação de Direito de Família e Sucessões y por Academia Iberoamericana de Derecho de Familia y de las Personas. São Paulo: Editora YK, 2018.

GARBI. Carlos Alberto. Mudar o vigente regime sucessório brasileiro é urgente. (Accesible en: parte 1 – https://www.conjur.com.br/2019-mar-11/mudar-vigente-regime--sucessorio-brasileiro-urgente ; parte 2 – https://www.conjur.com.br/2019-mar-18/mudar-regime-sucessorio-vigente-brasil-urgente-parte)

LAGHI, Pasquale. Famiglie "ricomposte" y successione necessaria: problematiche atuale, soluzioni negoziali y prospecttive de iure condendo. Rivista Contratto e impresa, n. 4/2017.

MADALENO, Rolf. Direito de família. 7ª ed. Rio de Janeiro : Editora Forense, 2016.

VARJÃO, Luiz Augusto Gomes. União estável – requisitos e efeitos. São Paulo : Editora Juarez de Oliveira, 2004.

VENOSA, Sílvio Salvo; RODRIGUES, Cláudia. Código civil interpretado. 3ª edição. São Paulo : Atlas, 2013.

VELOSO, Zeno. Código civil comentado. Coord. AZEVEDO, Álvaro Villaça. Vol. XVII. São Paulo : Atlas, 2004.

2. UNIÃO ESTÁVEL NO DIREITO BRASILEIRO

Carlos Alberto Dabus Maluf

Introdução

O direito brasileiro reconhece diversas modalidades de família. Entre elas, situa-se família formada pela união estável, de caráter informal, mas que todavia merece alguma revisão doutrinária posto que seus ditames basilares ainda encontram-se em alguns aspectos obscurecidos, e carentes de regulamentação.

1. Evolução histórica e noções gerais do instituto

A família formada pela união estável, vigente desde os tempos romanos, foi admitida pelas leis matrimoniais de Augusto: *Leis Julia e Papia Poppaea*, passando então a ser considerada pelo direito, ainda que de maneira indireta, chegando a ter em Roma o valor de um quase casamento, pois quando formada por um homem e uma mulher de classe social elevada, presumia-se que casados fossem. Podia, entretanto, ser constituída sem formalidades e com natureza lícita entre as pessoas de classes mais baixas[1].

[1] ALVES, José Carlos Moreira – Direito Romano, 6..ed., Rio de Janeiro: Forense, 2003, v.2, p.320 e 321.

Na medievalidade, o Cristianismo combateu o chamado concubinato, insurgindo-se contra a tolerância por ele desfrutada, até ser condenado no Concílio de Trento[2].

Posteriormente, a generalização do fato social fez com que ela fosse reconhecida juridicamente, entrando na modernidade no quadro legislativo de alguns países da comunidade internacional, como Portugal, Espanha, França, Alemanha, Itália, Argentina, entre outros. Na atualidade, recebe amparo constitucional, no artigo 226 § 3º da Constituição Federal.

A união estável pode ser entendida como a entidade familiar constituída entre duas pessoas que convivem em posse do estado de casado, que se converteu em relação jurídica em virtude da Constituição, que lhe atribuiu dignidade de entidade familiar própria, com seus direitos e deveres.

O Código Civil brasileiro regula, no seu Livro IV, Título III, a união estável nos artigos 1723 a 1727, encontrando-se também disposições esparsas em outros capítulos quanto a certos efeitos, como o direito sucessório dos companheiros – art. 1790 – e a obrigação alimentar – art. 1694.

Entretanto, não previu a Lei Civil atual, um prazo temporal mínimo para a constituição da união estável, o que entendemos que seja um retrocesso, posto que deixa o instituto de grande envergadura e consequências jurídicas como este a descoberto, podendo suscitar manifestações constitutivas fraudulentas de uma ou de ambas as partes.

Define-se união estável, à luz do artigo 1723 do Código Civil, como a entidade familiar entre o homem e a mulher, configurada na convivência pública, contínua e duradoura, e estabelecida com o objetivo de constituição da família. Essa característica, entretanto, veio a ser desobrigada tendo em vista recente decisão emanada do STF acolhendo as relações homoafetivas como união estável.

Impõe-se para a constituição da união estável, tal como disposto no artigo 1723 § 1º do Código Civil, a observância dos impedimentos previstos no artigo 1521 do Código Civil e dos deveres recíprocos entre os companheiros elencados no artigo 1724 do referido Diploma Legal. Não vigoram, entretanto,

[2] MONTEIRO, Washington de Barros; TAVARES DA SILVA, Regina Beatriz– Curso de direito civil, 43.ed., São Paulo:Saraiva,2016, p.69 e ss.

as causas suspensivas previstas no artigo 1523, tal como dispõe o artigo 1723 § 2º do mesmo Diploma Legal[3].

Consiste, portanto, a união estável, na ligação marcada pela ausência da celebração do casamento, mas que apresente o *animus* de se manter uma comunhão de vida estável, durável e pública, com aparência de casamento, onde se atribui aos companheiros o dever de lealdade similarmente ao dever de fidelidade dos cônjuges, entendendo-se assim, que a fidelidade é parte do dever de lealdade, sendo esta inerente aos deveres relacionais entre as partes, pois a confiança é elemento imprescindível na solidariedade familiar.

Da mesma forma que não é necessária a coabitação para configurar a união estável, como preveem a Sumula 382 do STF " a vida em comum sobre o mesmo teto *more uxorio* não é indispensável para a caracterização do concubinato" e a lei 9278/96. Nesse sentido entendeu a Terceira Turma do STJ como demonstra o julgamento do REsp 275839.

Pertence à própria estrutura da união estável o fato de que o início da convivência se dá sem a observância de qualquer formalidade de celebração, mas pelas consequências que encerra equipara-se, em verdade, a um casamento de fato, pois vivem os conviventes como se fossem marido e mulher, sem o ser.

Desta sorte, **" para que se configure união estável é necessária a efetiva formação da família, não sendo suficiente o simples objetivo de constituí-la como existe no namoro e no noivado, assim, é a união estável a manifestação aparente do casamento, caracterizando-se pela comunhão de vidas".**

Envolve ainda a permanência estável da relação, sem interrupções, sendo essencial para a sua constituição: a convivência contínua, duradoura e pública; a capacidade civil dos companheiros, para a sua validade em virtude dos efeitos que produz e a inexistência de impedimentos matrimoniais, salvo, no caso de casamento, se houver separação de fato.

Diferentemente do casamento que se realiza em um único ato, a união estável é oriunda de vários fatos que se concretizam com o passar do tempo e apresenta, como aquele, natureza monogâmica.

[3] MALUF, Adriana caldas do Rego Freitas Dabus – Novas modalidades de família na pós-modernidade, São Paulo: Atlas, 2010, p.106.

O Código Civil de 1916 não regulamentou a família de fato, e assim, à luz da legislação da época, ficava a companheira desamparada, no que tange aos efeitos patrimoniais decorrentes da dissolução das uniões de fato, o que levou à formação de jurisprudência atinente ao tema, resultando na Súmula n.380 do Supremo Tribunal Federal: " comprovada a existência de sociedade de fato entre os concubinos, é cabível a sua dissolução judicial com partilha do patrimônio adquirido pelo esforço comum".

O primeiro passo para a legalização da união estável veio com o Decreto n.4737 de setembro de 1942, que dispôs sobre o reconhecimento dos filhos naturais. Depois deste, diversos outros benefícios foram paulatinamente sendo concedidos às companheiras, decorrentes de lei[4].

A Constituição Federal brasileira de 1988 legitimou a união estável, conferindo-lhe o *status familiae*. A partir desta, foi promulgada a Lei n. 8.971 de 29.12.1994, que estabeleceu os requisitos da união estável, impôs o prazo de cinco anos de duração da união ou existência de prole, sendo ainda a primeira lei a reconhecer o direito a alimentos; representou, outrossim, importante avanço para o reconhecimento do direito à meação na partilha de bens, abandonando a ideia de divisão de bens, na proporção do esforço empregado para sua aquisição.

A Lei 9.278 de 10.5.1996 reconheceu como entidade familiar a convivência pública, duradoura e contínua entre o homem e a mulher com a finalidade de constituir família- apontando em seu artigo 1°, como requisitos para a união estável, a dualidade de sexos, a publicidade, a continuidade, a durabilidade da relação, estabelecendo direitos e deveres de cunho pessoal e patrimonial aos conviventes[5].

A doutrina amplia essa conceituação, inserindo: a finalidade de constituição da família, a estabilidade, a unicidade de vínculo, a notoriedade,

[4] Decreto-Lei n.7036/44; Lei n.4242/63; Lei paulista de n.2699/54; Lei n.4069/62, diversas leis em matéria previdenciária tornaram-se protetivas da união estável (Lei n.4297/63 revogada pela Lei n.5698/71; Lei n.6194/74 alterada pela Lei n.8441/92; lei n.8212/91 com redação dada pela Lei n.9032/95; Lei n.6015/73.

[5] MONTEIRO, Washington de Barros; TAVARES DA SILVA, Regina Beatriz – Curso de direito civil, p.80; MALUF, Adriana Caldas do Rego Freitas Dabus – Direito das famílias amor e bioética, Rio de Janeiro: Elsevier, 2012, p. 281 e ss

o informalismo, a ausência de impedimentos matrimoniais, a convivência *more uxório, a affectio maritalis.*

Pode-se ver, assim, que muitos reflexos do casamento encontram-se consignados na união estável, tendo em vista a socialização do direito.

Pode-se, assim, concluir, que a família formada pela união estável, representa um fato natural e bastante presente na sociedade através dos tempos históricos, legitimada pela jurisprudência, por leis especiais até encontrar respaldo constitucional, rompendo desta forma com a injustiça, com o casuísmo, com o preconceito, permitindo que o homem inserido na tipologia de família que melhor lhe convier, possa tendo sua intrínseca dignidade valorizada, desenvolver os atributos inerentes à sua personalidade[6].

2. Natureza jurídica da união estável

A união estável tem a natureza jurídica de um contrato não solene, elaborado por escrito, ou verbal. Assim, uma das características principais da união estável é a ausência de formalismos para sua constituição, pois independe de qualquer solenidade para tanto, bastando apenas o início da vida em comum.

Uma grande característica da referida entidade familiar é a constituição da prova do seu início, justamente por não conter, como no casamento uma data-base inicial a partir da qual todos os efeitos oriundos da composição familiar começarão a fluir.

Nesse sentido, é de grande profilaxia a elaboração de um contrato de convivência, que funcionará como um marco inicial de sua existência, além de propiciar a regulamentação do regime de bens que venham a compor o patrimônio familiar[7].

[6] MALUF, Adriana Caldas do Rego Freitas Dabus – Direito das famílias amor e bioética, Rio de Janeiro: Elsevier, 2012, p. 282

[7] MALUF, Carlos Alberto Dabus; MALUF, Adriana Caldas do Rego Freitas Dabus – Curso de direito de família, 3.ed, São Paulo: Saraiva, 2018 , p.367 e ss

3. Requisitos para a configuração da união estável

Vários são os requisitos para a configuração da união estável. Apresentam-se sob a forma de pressupostos objetivos e subjetivos, que se apresentam a seguir:

Seus elementos constitutivos são: a **inexistência de impedimentos matrimoniais; coabitação**, neste quesito são discordes as opiniões doutrinárias, visto que como coabitação está implícita a ideia de manutenção de relações sexuais entre os conviventes, e não exatamente a convivência sob o mesmo teto conjugal, que não é requisito para a configuração da união estável, os conviventes podem até não coabitar, mas é indispensável a comunhão de vidas; a **lealdade** , consistente em gênero de que a fidelidade é espécie, está intimamente ligada ao comportamento intrínseco do casal; **convivência pública, continua e duradoura,** reconhecida a convivência pública, elencada nos requisitos constitutivos da união estável à luz do art. 1723 do Código Civil, guarda aproximação com o estado de casados, uma vez que deve a companheira ter o nome, o trato e a fama de esposa. A continuidade da convivência não significa a ausência de eventuais separações de fato ou transitórias, ocorrência que não chega a ser incomum na vida a dois. Se a separação já efetivou-se o fato não será descaracterizador, mas apenas motivo para a dissolução da entidade familiar; **objetivo de constituição de família, apresentando portanto affectio maritalis,** indica deste modo um grande demonstrativo de solidariedade, afeição, confiança, amor. Não é entretanto, essencial de procriação[8].

[8] "Tem sido o entendimento majoritário neste tribunal que não é o amor e não são os amantes que a lei protege. A Carta Constitucional é muito clara em seu art. 226 – a família merece especial proteção do Estado, a questão não é saber se houve ou não amor, e se esse amor foi prolongado, mas, sim, se fundaram ou não um núcleo familiar, se essa relação constituiu ou não uma família... do mero relacionamento afetivo e sexual, sem vida em comum, não se retira qualquer sequela patrimonial" (TJRS, EI 70003119187, 4ª Câm., Rel. Des. Sergio Fernando de Vasconcellos Chaves, j. 12-4-2002, n. 214, out. 2002). "UNIÃO ESTÁVEL. AUSÊNCIA DOS PRESSUPOSTOS LEGAIS. *AFFECTIO MARITALIS* INEXISTENTE. 1. Não constitui união estável o relacionamento amoroso entretido pelo casal sem a intenção clara de constituir um núcleo familiar. 2. A união estável assemelha-se a um casamento de fato e deve indicar uma comunhão de vida e de interesses, reclamando não apenas publicidade e estabilidade, mas, sobretudo, um nítido caráter familiar, evidenciado pela *affectio maritalis*. 3. Não ficando comprovada a comunhão de vidas e interesses e ausente prova cabal da intenção de constituir família, a improcedência da ação se impõe. Recurso desprovido (SEGREDO DE JUSTIÇA)" (Ap. Cív., 70029105780, 7ª Câm. Cív., TJRS, Rel. Sérgio Fernando de Vasconcellos Chaves,

Quanto à **diversidade de sexos**, referida no art. 1723 do Código Civil, em votação ocorrida em 05.05.2011, o STF autorizou o reconhecimento da união estável entre pessoas do mesmo sexo, o que representou uma significativa modificação no quadro jurídico nacional. Em 25.10.2011 o STJ autorizou o casamento de duas mulheres no sul do pais.

Antes desse reconhecimento, já vinha a jurisprudência outorgando direitos análogos à união estável aos parceiros homossexuais.

Representa, um construído diário de uma intenção: manter-se ungido á uma unidade familiar.

Quanto a instituição de plúrimas uniões estáveis, temos que em observância aos princípios constitucionais e de moralidade pública, a família, em suas várias formas de constituição na atualidade requer alguns comportamentos positivos das partes, entre eles, sempre se encontrou a fidelidade e/ou a lealdade.

Nesse sentido, a doutrina dominante e grande parte da jurisprudência entende pelo descabimento de outra modalidade de família concomitantemente ao casamento.

Mas, o que ocorre nos casos em que existem vários relacionamentos paralelos compostos pelos requisitos basilares da união estável presentes no art. 1723 do Código Civil?

Quanto aos requisitos da união estável, temos que o requisito da exclusividade não vem expressamente consignado no art. 1723 do Código Civil, mas constitui para boa parte da doutrina um elemento essencial para a formação familiar.

Obedece a formação da união estável aos padrões morais vigentes que se baseiam na confiança e na lealdade – referente também a fidelidade. Impõe-se

j. 30-9-2009). "APELAÇÃO CÍVEL. RECONHECIMENTO DE UNIÃO ESTÁVEL. REQUISITOS. ART. 1.723 DO CC. ÔNUS DA PROVA É DA AUTORA. NAMORO X UNIÃO ESTÁVEL. INEXISTÊNCIA DOS REQUISITOS LEGAIS. A ausência do Ministério Público em audiência não acarreta nulidade do feito, desde que regularmente intimado para o ato. O reconhecimento da união estável depende de provas nos autos, pela autora, de que o relacionamento noticiado foi além de um namoro para, em tudo e perante todos, se assemelhar ao casamento. O namoro, mesmo significando possibilidade de futuro casamento, não pode ser confundido com união estável, sobretudo quando inexistente a coabitação, além do *intuitu familiae*. APELAÇÃO DESPROVIDA" (Ap. Cív. 70026125476, 7ª Câm. Cív., TJRS, Rel. Des. André Luiz Planella Villarinho, j. 25-3-2009).

nesse sentido a unicidade de vínculo, não sendo possível desta forma juridicamente a formação de uma segunda união estável concomitante.

Nesse sentido é a nossa posição pois entendemos que sem esta não se formaria a família sobre sólido alicerce passível de suportar as intempéries inerentes à própria vida.

Assim sendo, se umas das partes, paralelamente à união estável mantiver relação com terceira pessoa este elo poderá caracterizar-se como concubinato. Este poderá provocar, por caracterizar deslealdade, a dissolução da união estável.

O que é possível, em nosso entendimento, é a configuração da união estável putativa, caso a outra parte desconheça o vínculo anterior de convivência do outro companheiro, participando assim, de todas as benesses jurídicas que lhe seriam devidas como companheiro. No entanto, se neste segundo par formado, a parte tiver conhecimento da prévia união estável formada, nenhum direito legal lhe será devido, aproximando-se assim, aos efeitos do concubinato[9].

4. União estável e namoro qualificado – uma diferenciação

Como diferenciar a união estável e do simples namoro? Quais as consequências jurídicas de um e de outro? Quais os direitos dos companheiros na união estável? E dos namorados?

Diferente da união estável que tem previsão constitucional no art. 226 § 3º e vem regulada pelo Código Civil, nos artigos 1723 a 1727, o namoro não tem respaldo legal no direito brasileiro. Assim sendo, não há requisitos a serem observados para sua formação, a não ser os requisitos morais, impostos pela própria sociedade e pelos costumes.

Portanto, para que configure o início do namoro, basta que duas pessoas iniciem um relacionamento amoroso, o que abrange desde encontros casuais, até relacionamentos mais sérios, em que há publicidade, fidelidade e uma possível intenção de casamento ou constituição de união estável no futuro.

[9] MALUF, Carlos Alberto Dabus; MALUF, Adriana Caldas do Rego Freitas Dabus – Curso de direito de família, 3.ed, São Paulo: Saraiva, 2018 , p.369 e ss

A doutrina divide o namoro em simples e qualificado. O namoro simples é facilmente diferenciado da união estável, pois não possui pelo menos algum de seus requisitos básicos. É, por exemplo, o namoro às escondidas, o namoro casual, o relacionamento aberto.

Já o namoro qualificado apresenta a maioria dos requisitos também presentes na união estável. Trata-se, na prática, da relação amorosa e sexual madura, entre pessoas maiores e capazes, que apesar de apreciarem a companhia uma da outra, e por vezes até pernoitarem na casa de seus namorados, não tem o objetivo de constituir família". Por esse motivo é tão difícil, na prática, encontrar as diferenças entre a união estável e o namoro qualificado.

Entretanto, muito embora as semelhanças existentes entre ambos, **o que os diferencia é o objetivo principal de constituir família – presente na união estável e ausente no namoro qualificado**[10].

Interessante caso foi julgado pelo STJ no Recurso Especial n. 1.454.643/RJ, da lavra do Min. Marco Aurélio Belizze, entendendo pela improcedência do pedido de reconhecimento e dissolução da união estável c/c partilha de imóvel adquirido em período anterior ao casamento dos litigantes, visto entender constituir o relacionamento entre ambos, para o período pretendido, simples namoro qualificado e, portanto, sem nenhum respaldo no âmbito do direito de família, o que não ensejaria por via de consequência o direito à partilha de bem exclusivo do varão.

Teria, nesse sentido, o Estado o direito de declarar a existência de entidades familiares, mesmo sem o *animus* de uma das partes da relação? Poderia então essa relação amorosa, sem objetivo de constituição de família, produzir efeitos e consequências legais e patrimoniais, tais como alimentos, partilha de bens, herança, entre outros?

Para que se forme a união estável, o relacionamento amoroso deve ser contínuo e não casual; precisa ter o *animus* de constituir família; deve ser público – a discrição não desconstitui a união estável, o que não se admite é a união secreta; a união deve ser duradoura; deve estar marcada pelo dever de fidelidade, pela habitação comum, pela convivência *more uxorio,* pela presença de relações sexuais.

[10] MALUF, Carlos Alberto Dabus; MALUF, Adriana Caldas do Rego Freitas Dabus – Curso de direito de familia, p.372 e ss

Convém ressaltar que para a efetiva caracterização da união estável não é necessário que todos os elementos supracitados estejam presentes, mas é indispensável a vontade de constituir família.

A coabitação não é requisito para se constituir a união estável. Dessa forma, um casal pode conviver em união estável, mesmo que em casas diferentes. Na prática, porém, a união estável só vai configurar-se nesses casos quando a residência em casas separadas tiver uma causa justa, como por motivos profissionais.

Além disso, deve ser observada a inexistência de impedimentos matrimoniais, previstos nos incisos do art. 1.521 do CC.

Assim, para a constituição da união estável, o casal deve manifestar a sua vontade de constituir família, vivendo nesse sentido como se casado fosse. Isso significa dizer que deve haver assistência moral e material recíproca irrestrita, esforço conjunto para concretizar sonhos em comum, participação real nos problemas e desejos do outro etc.

No namoro qualificado, por outro lado, embora possa existir um objetivo futuro de constituir família, não há ainda essa comunhão de vida. Apesar de se estabelecer uma convivência amorosa pública, contínua e duradoura, um dos namorados, ou os dois, ainda preserva sua vida pessoal e sua liberdade. Os seus interesses particulares não se confundem no presente, e a assistência moral e material recíproca não é totalmente irrestrita[11].

[11] "APELAÇÃO CÍVEL. UNIÃO ESTÁVEL. AUSÊNCIA DE REQUISITOS LEGAIS. RELACIONAMENTO AMOROSO PARALELO AO CASAMENTO DO AUTOR. MONOGAMIA. IMPOSSIBILIDADE DE RECONHECIMENTO. A existência de relacionamento amoroso entre a autora e o *de cujus*, em período paralelo à vigência do casamento dele com a esposa, da qual jamais se separou, não preenche os requisitos previstos no art. 1.723 do CC/02, mormente em observância ao princípio da monogamia existente na legislação brasileira, não podendo ser reconhecido como união estável. APELAÇÃO DESPROVIDA" (Ap. Cív., 70043767193, 7ª Câm. Cív., TJRS, Rel. Des. André Luiz Planella Villarinho, j. 14-12-2011). "FAMÍLIA. UNIÃO ESTÁVEL. RECONHECIMENTO. Situação retratada que não caracteriza união estável, reconhecida como entidade familiar, nos termos do que dispõe a Lei n. 9.278/96 (ART. 1º), REPRODUZIDO NO ART. 1.723 DO CCB/02. Ausência de prova a determinar um juízo de convencimento de que efetivamente houve uma união estável entre os conviventes, com os requisitos do *affectio maritalis*. Ação improcedente, Sentença confirmada. Apelação desprovida" (Ap. Cív. 70044668663, 7ª Câm. Cív., TJRS, Rel. Roberto Carvalho Fraga, j. 14-12-2011). "A união estável e entidade familiar, e o casamento civil é tomado como paradigma para balizar as relações econômicas e pessoais entre os concubinos. A participação da mulher na partilha dos bens não decorre necessariamente da participação econômica, mas da condição

5. União estável e concubinato – uma diferenciação

Como formação social natural, as primeiras uniões entre o homem e a mulher ocorriam de maneira espontânea, informal, sem nenhum ordenamento específico que a regulasse. Seriam, na prática, relações puramente concubinárias. Posteriormente, os costumes e a organização jurídica da sociedade trouxeram a formalização legal da família, mas, ao lado desta, subsistiram as uniões informais, concubinárias[12].

Assim, "ao lado das *iustae nuptiae cum ou sine manu* , de que se valiam os cidadãos romanos, pelo *ius civile,* para constituírem suas famílias legítimas, também havia em Roma, o *concubinatus,* marcando-se este pela convivência estável do homem e da mulher, sem a *affectio maritalis* e a *honor matrimonii*"[13].

Leciona Moreira Alves que, em Roma, reconhecia-se o concubinato quando houvesse uma relação estável extraconjugal entre um homem e uma mulher. Relação esta, que no período republicano era ignorada pelo direito. Manifesta-se, entretanto, pela posse do estado de casado e pela apreciação social; desta sorte, as relações públicas e notórias entre pessoas de classes sociais diferentes, impedidas de casar licitamente, configuravam concubinato.

No direito clássico, o concubinato não produzia efeitos jurídicos de qualquer natureza, situação que se modificou no período pós-clássico, sob a égide dos Imperadores Cristãos, que o transformaram em instituto jurídico, embora mantendo inferiorizada a figura da concubina e sua prole, para assim valorizar o casamento convencional (Constantino proíbe as doações à concubina e aos filhos naturais e admite, em caráter excepcional, a legitimação de casamento

de companheira, e o carinho, o apoio, a dedicação ao lar, os cuidados com o companheiro, o estímulo nos momentos difíceis e o compartilhar deles, o dividir sonhos e angústias, enfim, a própria arte da convivência configura justificativa moral plena para a divisão do patrimônio adquirido durante a vida em comum. O período de namoro não se soma ao da união estável, como o de noivado não acresce ao de casado. A coabitação sob o mesmo teto e um dos elementos caracterizadores da união qualificada como estável. Recurso provido em parte. 2. Não integra o rol de bens partilháveis o telefone adquirido pelo varão antes da convivência, sendo descabida a pretensão cautelar" (Ap. Cív. 597107036, 7ª Câm. Cív., TJRS, Rel. Sérgio Fernando de Vasconcellos Chaves, j. 6-8-1997).

[12] OLIVEIRA, Euclides de – União Estável – do concubinato ao casamento, São Paulo: Método, 2003, p.71.

[13] AZEVEDO, Álvaro Villaça – Estatuto da família de fato, 2. ed. São Paulo: Ed. Jurídica Brasileira/Atlas, 2002, p.167.

subsequente. Posteriormente são aceitas pequenas doações à concubina, com Teodósio II e Valentiniano III. Anastácio torna estável o instituto da legitimação do casamento posterior).

No período justinianeu estabeleceram-se as seguintes condições para a existência do concubinato: presença de idade conjugal, inexistência de impedimentos matrimoniais quanto ao parentesco e a afinidade, monogamia. Nesta fase começaram a ser admitidas as doações à concubina, e a possibilidade da legitimação dos filhos pela *legitimatio*, passando desta forma os filhos a adquirir a condição de filhos legítimos[14].

No direito brasileiro, ao lado do casamento religioso, sempre existiu o casamento de fato, que corresponde ao casamento clandestino, marcado pela simples convivência do homem com a mulher, oriundo das Ordenações do Reino, até a edição do Decreto 181/1890 que secularizou o casamento , fazendo com que o formalismo tomasse conta da legislação brasileira em matéria de casamento.

Concubinato é a união do homem e da mulher fora do casamento, de caráter estável, mais ou menos prolongada, para o fim da satisfação sexual, assistência mútua e dos filhos comuns e que implica uma presumida fidelidade da mulher ao homem.

Pode ser então compreendido como a união livre estabelecida entre o homem e a mulher, com intuito de vida comum, sem a observância das formalidades do casamento, correspondendo por isso à chamada união livre ou informal que abrange tanto as situações de vida em comum de pessoas desimpedidas de casar, como as uniões paralelas ao casamento ou adulterinas.

Diferencio a concubina da companheira: " concubina, é a amante, a mulher dos encontros velados, frequentada pelos homens casados, que convivem ao mesmo tempo com sua esposa legítima, é a mulher do lar clandestino, oculto, velado aos olhos da sociedade, como prática de bigamia, paralelamente ao lar legalmente constituído. Já a companheira, é a mulher que se une ao homem, já separado da esposa e que apresenta à sociedade como legitimamente casado". Sua característica marcante está na convivência de fato, contínua e duradoura, que se demonstra aos olhos da sociedade como se casados fossem.

14 ALVES, José Carlos Moreira – Direito Romano, p.320 a 322.

Existe aqui o pressuposto da fidelidade, da exclusividade. O vínculo entre os companheiros imita o casamento[15].

Tendo-se em vista uma evolução histórica do instituto, o primeiro diploma legal a reconhecer direitos aos companheiros foi o Dec. 2681 de 1912, o qual, em seu art. 22, reconhece à concubina o direito de ser beneficiaria de indenização pela morte do companheiro.

O Código Civil de 1916 fez poucas referências ao concubinato, sendo deixada à margem da lei as formas de união consideradas ilegítimas, restringindo os direitos dos concubinos e privilegiando a família tradicional.

Sob sua égide, foram promulgados: o Decreto n.4737 de 24 de setembro de 1942 que tornou possível o reconhecimento do filho havido fora do casamento após o desquite dos pais; a Lei n. 883 de 21 de outubro de 1949, que ampliou os casos de reconhecimento da filiação para todos os casos de dissolução da sociedade conjugal. Essa questão tornou-se definitivamente superada com a entrada em vigor da Constituição de 1988 que equiparou todos os filhos entre si.

O Dec.-lei n.7036 de 10 de novembro de 1944 equiparou a companheira à esposa nos casos de acidente de trabalho; a Lei n.4242 de 17 de julho de 1963 inseriu o concubino como dependente do imposto de renda do chefe de família desde que não respondesse este pelo sustento do ex-cônjuge.

No campo da previdência social, o concubinato recebe amparo na Lei n.8.213 de 24 de julho de 1991, art. 16, I e do Dec. n. 3.048 de 6 de maio de 1999, art 16, I permitindo a inclusão dos companheiros como beneficiários do Regime Geral da previdência Social.

A regularização da família fora do casamento foi feita pelas leis: Lei n. 8.971 de 29 de dezembro de 1994 e Lei n. 9.278 de 10 de maio de 1996.

Vê-se assim, que mesmo antes das mudanças ocorridas na esfera legislativa, a questão da vida concubinária evoluía rumo ao reconhecimento judicial da sociedade de fato.

O Código Civil de 2002, que por um lado reduziu as discriminações referentes aos concubinos, traz uma distinção entre *concubinato* – art. 1727 "as relações não eventuais entre o homem e a mulher, impedidos de casar,

[15] MALUF, Carlos Alberto Dabus – Doação em favor da concubina. Tribuna do Direito, out 1994, p.23.

constituem concubinato" – e *união estável* – art. 1723 "é reconhecida como entidade familiar a união estável entre o homem e a mulher, configurada na convivência pública, contínua e duradoura e estabelecida com o objetivo de constituição de família. Dispõe o § 1º- A união estável não se constituirá se ocorrerem os impedimentos do artigo 1521; não se aplicando a incidência do inciso VI no caso de a pessoa casada se achar separada de fato ou judicialmente, e o § 2º- As causas suspensivas do art 1523 não impedirão a caracterização da união estável[16].

O Código Civil reduziu as discriminações incidentes sobre os concubinos, mesmo em relação ao concubinato adulterino. Não é mais previsto o impedimento matrimonial do artigo 183,VII, do Código anterior, nem se penalizam mais os filhos advindos dessa união, em face da Constituição Federal que equiparou todos os filhos. Algumas penalidades entretanto, continuam vigorando no novo diploma legal, como: a proibição de doação do cônjuge adúltero ao seu cúmplice, com a possibilidade de esta ser anulada pelo outro cônjuge ou por seus herdeiros necessários, até dois anos depois de dissolvida a sociedade conjugal (art 550); a invalidade da instituição do companheiro como beneficiário de seguro da pessoa, se ao tempo do contrato o segurado não estava separado judicialmente, nem separado de fato (art 793); nulidade do testamento em favor do concubino por testador casado, salvo se separado de fato há mais de cinco anos (arts 1801, III e 1900,V do CC) ; ilicitude de beneficiar filho do concubino por testamento, salvo se este for comum ao testador[17].

Leciona Regina Beatriz Tavares da Silva que os artigos 1727 e 1723 §1º do Código Civil encontram-se em contradição por possibilitar a constituição de união estável àqueles que, embora impedidos de casar, estão separados de fato, pois neste caso extingue-se a sociedade conjugal, mas permanece o vínculo conjugal impedindo o novo casamento[18].

Tendo em vista estes valores, além das soluções jurídicas encontradas – a partilha de bens e a indenização –, o concubinato vem sendo valorizado na

16 OLIVEIRA, Euclides de – União Estável – do concubinato ao casamento, p.83. Indica que persistem no Código Civil algumas regras restritivas aos direitos dos concubinos, notadamente no plano patrimonial, tal como preveem os artigos 550, 1642, V,793,1801, III,1900,1803.

17 OLIVEIRA, Euclides de Oliveira – União Estável do concubinato ao casamento, p.83 e 84

18 TAVARES DA SILVA, Regina Beatriz – Código Civil Comentado, 10ª ed., São Paulo: Saraiva, 2016, p.1804.

contemporaneidade, perdendo o seu caráter ilícito. "Assim decidiu o STJ sobre a concessão de seguro de vida realizado em favor da concubina por homem casado que manteve concomitantemente as duas famílias havendo inclusive prole comum em ambas, advindo de uma solução isonômica atendendo-se à melhor aplicação do direito[19].

6. Efeitos da união estável: direitos e deveres dos companheiros

Quanto aos deveres dos companheiros na união estável, podemos aduzir que estes estão presentes no art. 1724 do Código Civil "as relações pessoais entre os companheiros obedecerão aos deveres de lealdade, respeito e assistência, e de guarda, sustento e educação dos filhos".

Pela nomenclatura utilizada, pode levar o interprete à conclusão de que os direitos e deveres oriundos da união estável são diferentes dos presentes no casamento, pois enquanto para a união estável se preconiza lealdade, respeito e assistência, no casamento se encontram a fidelidade recíproca, vida comum no domicilio conjugal e mútua assistência à luz do art. 1566 do Código Civil.

Partindo de uma análise sociológica vemos que a Constituição Federal em seu art. 226 traduz: "a família base da sociedade tem especial proteção do Estado". No § 3º do mesmo artigo, prevê "para efeito de proteção do Estado, é reconhecida a união estável entre o homem e a mulher como entidade familiar, devendo a lei facilitar sua conversão em casamento". O art. 1727 do Código Civil dispõe "as relações não eventuais entre o homem e a mulher, impedidos de casar, constituem concubinato".

Entendemos desta forma, que fica clara a analogia entre a união estável e o casamento no que tange à monogamia, transcrita no texto legal sob o nome de fidelidade. Em nosso entendimento, fidelidade e lealdade tem um senso comum e se inspiram nas mesmas bases. Representam outrossim o cerne da dignidade da pessoa humana e a segurança da própria família, pois pensamos: quando foi protegida no direito pátrio ou mesmo nas sociedades ocidentais a família poligâmica? Como poderia o Código Civil fomentar a introdução da

[19] MALUF, Carlos Alberto Dabus; MALUF, Adriana caldas do Rego Freitas Dabus – Curso de direito de familia, p. 384 e ss

poligamia em seu quadro de família? Como regular uma família sem respeito, consideração e mútua assistência? Um dos requisitos da união estável não é a publicidade? Como existiria a relação sem contato físico?[20]

Nesse sentido vemos que a convivência more uxório é presente na união estável, que inclui uma comunhão de vidas no sentido material e imaterial, em situação similar às pessoas casadas, envolvendo outrossim, a soma de interesses da vida em conjunto. E nesse sentido, embora o art. 1723 do Código Civil não se refira expressamente à coabitação ou vida em comum sob o mesmo teto, a inserção na vida do outro companheiro, constitui uma característica bem marcante na união estável.

Muito embora a união estável seja uma relação de fato, constituída com o passar do tempo e, portanto, sem possuir um marco inicial estabelecido para sua formação, visando, a salvaguarda da família e, nesse sentido, a proteção dos companheiros, a exemplo das regras existentes no casamento, como as dispostas no art. 1.566 do Cód. Civil, estabelece o art. 1.724 do Código Civil vigente deveres de cunho imaterial e material aos participantes dessa relação, assim, " as relações pessoais entre os companheiros obedecerão aos deveres de lealdade, respeito e assistência, e de guarda, sustento e educação dos filhos"[21].

A Lei n. 9.278/96, conhecida como Estatuto da União Estável, já regulava em seu art. 2º, os deveres decorrentes da união estável nos seguintes termos: "São direitos e deveres iguais dos conviventes: I – respeito e consideração mútuos; II – assistência moral e material recíproca; III – guarda, sustento e educação dos filhos comuns".

O Código Civil de 2002 atribuiu em seu art. 1724, já transcrito, os mesmos direitos e deveres pessoais aos cônjuges e aos companheiros. Nesse sentido, o dever de lealdade, então acrescido, equipara-se ao conteúdo ínsito ao dever de fidelidade existente no casamento presente no art. 1.566, I, de modo a vedar a manutenção de relações que tenham em vista a satisfação do instinto sexual fora da união estável.

Não podia proceder de forma diversa o legislador, uma vez que a família na sociedade ocidental é essencialmente monogâmica, sendo, por isso, vedada a

[20] MALUF, Carlos Alberto Dabus; MALUF, Adriana Caldas do Rego Freitas Dabus – Curso de direito de família, p. 391 e ss

[21] TAVARES DA SILVA, Regina Beatriz – Código Civil comentado, p.1814.

manutenção de uniões paralelas mesmo que eventuais, inclusive no que tange à atribuição de efeitos pertinentes à união estável a duas relações mantidas concomitantemente por um dos companheiros. Nesse caso somente uma das uniões deve ser havida como estável, embora devam sempre ser preservados os direitos dos filhos.

Pode-se traduzir como deveres recíprocos dos companheiros, a lealdade, o respeito, a mútua assistência, além da guarda e da educação dos filhos.

O dever de lealdade, é um princípio de ordem moral, como leciona Paulo Nader. Assim sendo, seu conceito confunde-se com o de fidelidade, que por sua vez não está adstrito ao campo das relações amorosas. Ser leal, assim como ser fiel no âmbito relacional significa ser confiável[22].

Quebrar o dever de lealdade como o de fidelidade, indica a manutenção de relacionamento afetivo e sexual com outrem, mas não só, pois englobam um caráter comportamental global de carinho, respeito e assistência com o outro.

O dever de respeito pertence à esfera das relações sociais, e encontra-se intrinsecamente ungido à vida dos casais. Respeitar o outro significa " aceitar suas limitações, tratá-lo com cortesia e civilidade", e também consideração mútuos. O flerte com outrem diante do companheiro representa um marco importante de desrespeito.

O dever de assistência tem duplo aspecto: material e imaterial, assim como ocorre no casamento. No aspecto material, a assistência configura-se no auxílio econômico recíproco, na constante contribuição para os encargos dos envolvidos na união, compreendendo a prestação de alimentos naturais e civis, ou seja, de recursos necessários à alimentação propriamente dita, à saúde, à habitação, ao vestuário, ao transporte e ao lazer. Esse dever engloba a obrigação alimentar, mas não se condiciona, como esta última, aos pressupostos de possibilidades do devedor e necessidades do credor, estabelecidos no art. 1.694, § 1º, do Código Civil , submetendo-se, isto sim, à posição social e econômica dos companheiros e sendo exigível em todos os momentos da união.

Dissolvida a união estável, consoante preveem os arts. 1.694 e s. do mesmo diploma legal, a assistência material passa a ser prestada ao companheiro, a título de alimentos.

[22] NADER, Paulo – Curso de direito civil, p.505.

A assistência imaterial, por sua vez, refere-se ao dever de amparo e respeito, visando a proteção da dignidade do ser humano e o respeito aos seus direitos personalíssimos, como o direito à vida, integridade psicobiofísica, honra – objetiva e subjetiva -, liberdade e segredo, intimidade, entre outros. Devem, portanto, os companheiros serem solidários um ao outro, contribuindo para o mútuo bem-estar físico e moral[23].

Tal como lecionam Washington de Barros Monteiro e Regina Beatriz Tavares da Silva " a ofensa à honra pode ser real, quando praticada por meio de gestos ou atos, e verbal, quando perpetrada por palavras; classifica-se, ainda, como direta e indireta, esta última decorrente de comportamento que afeta por via oblíqua a dignidade do companheiro, em virtude da solidariedade de honras existente na união estável; exemplos de ofensa indireta a esse bem da personalidade são a toxicomania, a embriaguez habitual, o vício do jogo, a prática de crime"[24].

Também a liberdade, o segredo e a intimidade, direitos da personalidade, devem ser protegidos no âmbito da união estável. O direito à autonomia pessoal dentre os limites previstos em lei, manifestados pelo pensamento, prática religiosa, exercício de atividade profissional, modalidade de relacionamento social e familiar. Entre os limites à liberdade individual decorrentes da união estável, encontra-se liberdade sexual, em razão da lealdade que devem guardar os companheiros. Deve-se resguardar a intimidade do cônjuge, bem como demais manifestações atinentes aos direitos personalíssimos em geral.

Estão, enfim, os companheiros obrigados a amparar-se mutuamente, quer sob o aspecto material, contribuindo cada qual com os recursos necessários para o sustento de ambos, quer sob o aspecto moral, compartilhando alegrias e tristezas, nos momentos bons e difíceis.

Quanto aos filhos comuns, assim como os cônjuges, os conviventes estão obrigados a tê-los sob sua guarda, sustentá-los e educá-los, colaborando ambos com os recursos de que dispõem, cuidando para que tenham formação cultural e moral e se desenvolvam em ambiente sadio, livre de influências perniciosas. Desse modo, assim como nos outros deveres, o atual Código

[23] MALUF, Carlos Alberto Dabus; MALUF, Adriana Caldas do Rego Freitas Dabus – Curso de direito de família, p. 391 e ss

[24] MONTEIRO, Washington de Barros; TAVARES DA SILVA, Regina Beatriz – Curso de direito civil, p.65

acolheu o princípio constitucional da absoluta igualdade entre homens e mulheres, ditado no art. 5º, I, da Constituição Federal[25].

Quanto aos direitos dos companheiros, podemos aduzir que estes abrangem " um complexo de direitos de cunho pessoal e de natureza patrimonial, esparsos pela legislação ordinária", dentre os quais se salientam: o direito aos alimentos; o direito à meação e regime de bens; o direito á sucessão hereditária[26].

7. União estável em outros sistemas

A formação da família vem recebendo diversos contornos no âmbito do direito alienígena. Assim, além da família tradicional, formada através do casamento valido, também a união estável ocupa o seu espaço legal.

Assim sendo, sob a égide do **direito espanhol**, podemos aduzir com Luiz Diez Picazo e Antonio Gullon que "a família como instituição representa um grupo social por excelência, regulada em toda a sua plenitude pelo direito. Conheceu uma radical evolução em sua formação, pertencendo a sua constituição ao plano da intimidade do indivíduo"[27].

Nesse sentido, leciona Adriana Caldas do Rego Freitas Dabus Maluf que " ao lado da família matrimonial, encontram-se as uniões de fato – parejas de hecho – formadas por pessoas de mesmo sexo ou de sexo diferente, que se caracterizam pela convivência estável *more uxório* de pessoas do mesmo sexo ou não; gozam de estabilidade, publicidade. Podem ser registradas ou não, e gozam de proteção legal"[28].

Leciona Maria Bravo, que na Espanha não existe um prazo preestabelecido para que se caracterize a união estável, e subsiste o dever de fidelidade

[25] MONTEIRO, Washington de Barros; TAVARES DA SILVA, Regina Beatriz– Curso de direito civil, p.66; MALUF, Carlos Alberto Dabus; MALUF, Adriana Caldas do Rego Freitas Dabus – Curso de direito de família, p. 391 e ss

[26] MALUF, Carlos Alberto Dabus; MALUF, Adriana Caldas do Rego Freitas Dabus – Curso de direito de família, p. 395 e ss

[27] DIEZ-PICAZO, Luis; GULLON, Antonio – Sistema de derecho civil: derecho de familia, v. 4, p. 37 a 39

[28] MALUF, Adriana Caldas do Rego Freitas Dabus – Novas modalidades de família na pós modernidade, p. 237

entre os companheiros (tal como dispõe o art. 5º do Dec 248;2007), nessa modalidade familial.

Devem ainda as partes serem maiores de idade, capazes, que exista a vontade suprema de formação contínua, duradoura e visível da família análoga à sociedade conjugal. Na Galicia, a união estável deve ser registrada à luz do que dispõe o Decreto 248/2007 de 14 de junho.

Como no Brasil, também na Espanha encontra a constituição da união estável algumas limitações legais em face de idade das partes, da capacidade; a inexistência de vinculo familiar em linha reta de consanguinidade; não serem as partes casadas; não estarem as partes ungidas à anterior união estável registrada e manifestar sua vontade de constituir família através da união estável.[29]

Á luz do **direito português**, como à luz do direito brasileiro, a família é a base da sociedade, e engloba todas as pessoas que sejam ligadas por vínculo de casamento, parentesco, afinidade, filiação e formação de união estável, ali denominada, união de facto. Em 15 de março de 2001, a Assembleia da República Portuguesa votou um texto de lei que estendia a proteção a casais do mesmo sexo, reconhecendo-lhes o direito à união estável[30].

Posteriormente, a Lei n. 7/2001 de 11 de maio institui as Medidas de Proteção da União de Facto.

Anteriormente a esta, vigia em solo português, a Lei 135/99 de 28 de agosto que veio dar proteção legal a pessoas de sexo diferente que vivam em comunhão de fato há mais de dois anos e que não tenham vínculo matrimonial.

Diferente do que ocorre em solo brasileiro e em solo espanhol, a lei portuguesa impõe para a constituição da união estável um intervalo temporal de dois anos de convivência análoga à convivência marital.

Não há no direito português a necessidade estrita da observância de requisitos formais para a caracterização da união estável, entretanto, para que as partes possam observar de alguns dos direitos previstos em lei, terão que fazer prova da existência do vínculo relacional.

Não existe o dever de fidelidade previsto na lei portuguesa para os companheiros, sendo observadas as limitações contidas no art. 2196 do Código

[29] BOSCH, María José Bravo – Congresso internacional da ADFAS – União de Fato no cenário internacional < acesso em 02.08.2020>

[30] MALUF, Adriana Caldas do Rego Freitas Dabus – Novas modalidades de família na pós modernidade, p. 245

Civil português quanto à disposição de bens em face daquele com quem se cometeu adultério.

Tal como nos diversos países da comunidade internacional, há o reconhecimento da união estável entre pessoas do mesmo sexo.

Sintetiza Rossana Martingo Costa Serra Cruz que "a regra no direito português é a da não equiparação entre o cônjuge e o companheiro, embora haja a exceção para o caso de adoção de crianças"[31].

No âmbito do direito extra comunitário, o **direito argentino**, também prevê a família formada pela união estável, ali denominada – uniones convencionales.

Estas vem reguladas pelo Codigo Civil e Comercial, como bem retrata Graciela Medina, que aduz que para que tenha visibilidade jurídica, a referida união de fato tem que observar o prazo temporal de dois anos, aproximando-se assim, das disposições contida s no Codigo Civil português.

Embora a união estável ali possa se formar sem a observância de aspectos formais, para que o casal possa ter alguns benefícios reconhecidos é necessário que seja feita a prova da referida união, sendo necessário o registro pactual da convivência de fato como preveem os artigos 250, 517 e 522 do CC e CN.

Não há obrigação de fidelidade entre os conviventes mas sim obrigação de coabitação. Não há à luz do direito argentino a proibição da realização de doação entre os companheiros.

É previsto em solo argentino o reconhecimento das uniões estáveis entre pessoas do mesmo sexo.

É vedado no país o poliamorismo e inexiste a equiparação entre os direitos do cônjuge e do companheiro, sendo a principal diferença o direito sucessório inexistente entre os companheiros, que observam também regime da separação de bens[32].

[31] SERRA CRUZ, Rossana Martingo Costa – Congresso internacional da ADFAS – União de Fato no cenário internacional < acesso em 02.08.2020>

[32] MEDINA, Graciela – Congresso internacional da ADFAS – União de Fato no cenário internacional < acesso em 02.08.2020>

Conclusão

Em face do exposto podemos concluir que houve na comunidade internacional o reconhecimento de uma modalidade de família muito importante e numerosa: a família informal.

A mudança dos costumes fez com que fosse flexibilizada a formação da família e culminou com o reconhecimento constitucional de diversas modalidades de família: a família casamentaria, a família formada pela união estável, a família homoafetiva, a família monoparental, entre outras. Algumas arestas, no entanto, devem ainda ser aparadas a fim de que se estabeleça a justiça e a paz social.

Tendo em vista a evolução dos costumes, da globalização e do incremento do dialogo internacional, a estrutura protetiva da família, notadamente da família informal, desenvolve-se analogamente nos diversos países de tradição romano germânica, havendo a proteção das partes, o respeito à ordem, aos bons costumes e à moralidade pública, fazendo assim com que o homem, para pensar com Hanna Arendt possa se sentir em casa no mundo.

Referências

ALVES, José Carlos Moreira – Direito Romano, 6. Ed, Rio de Janeiro: Forense, 2003, v. 2.

AZEVEDO, Alvaro Vilaça – Estatuto de família de fato. 2. ed. São Paulo: Ed. Jurídica Brasileira/ Atlas, 2002

BOSCH, María José Bravo – Congresso internacional da ADFAS – União de Fato no cenário internacional. Em: http://adfas.org.br/2020/07/06/1o-congresso-internacional-da--adfas-pela-web-confira-video-de-todos-os-dias/ Acceso el 02.08.2020.

DIEZ-PICAZO, Luis; GULLON, Antonio – Sistema de derecho civil: derecho de familia, v. 4

MALUF, Adriana caldas do Rego Freitas Dabus – Novas modalidades de família na pós--modernidade, São Paulo: Atlas, 2010

MALUF, Adriana Caldas do Rego Freitas Dabus – Direito das famílias amor e bioética, São Paulo/Rio de Janeiro: Campus/Elsevier, 2011

MALUF, Carlos Alberto Dabus – Doação em favor da concubina. Tribuna do Direito, out 1994

MALUF, Carlos Alberto Dabus; MALUF, Adriana Caldas do Rego Freitas Dabus – Curso de direito de família, 3.ed., São Paulo: Saraiva, 2018

MEDINA, Graciela – Congresso internacional da ADFAS – União de Fato no cenário internacional. Em: http://adfas.org.br/2020/07/06/1o-congresso-internacional-da--adfas-pela-web-confira-video-de-todos-os-dias/ Acceso el 02.08.2020.

MONTEIRO, Washington de Barros; TAVARES DA SILVA, Regina Beatriz– Curso de direito civil, 43.ed., São Paulo: Saraiva, 2016.

NADER, Paulo – Curso de direito civil : direito de família. Rio de Janeiro: Gen/ Forense, 2010. v. 5.

OLIVEIRA, Euclides de Oliveira – União Estável do concubinato ao casamento, 6. Ed, São Paulo: Método, 2003.

SERRA CRUZ, Rossana Martingo Costa – Congresso internacional da ADFAS – União de Fato no cenário internacional. En: http://adfas.org.br/2020/07/06/1o-congresso-internacional-da-adfas-pela-web-confira-video-de-todos-os-dias/ .Acceso el 02.08.2020.

TAVARES DA SILVA, Regina Beatriz – Código Civil comentado (Coord), 10.ed., São Paulo: Saraiva, 2016.

2. UNIÓN ESTABLE EN EL DERECHO BRASILEÑO

Carlos Alberto Dabus Maluf

Introducción

La legislación brasileña reconoce varios tipos de familia. Entre ellos, hay una familia formada por la unión estable, de carácter informal, pero que sin embargo merece alguna revisión doctrinal ya que sus dictados básicos todavía están en algunos aspectos oscurecidos, y carecen de regulación.

1. Evolución histórica y nociones generales del instituto

La familia formada por la unión estable, en vigor desde la época romana, fue admitida por las leyes matrimoniales de Augusto: *Las leyes Julia y Papia Poppaea,* pasando a considerarse por la ley, aunque indirectamente, llegando a tener en Roma el valor de un casi-matrimonio, pues cuando estaba formado por un hombre y una mujer de alta clase social, se asumía que estaban casados. Sin embargo, podría constituirse sin formalidades y con carácter lícito entre las personas de clases bajas[1].

[1] ALVES, José Carlos Moreira – Direito Romano, 6.ed., Rio de Janeiro:Forenses, 2003, v.2, p.320 y 321.

En la época medieval, el cristianismo combatió el llamado concubinato, levantándose contra la tolerancia de la que gozaba, hasta condenarlo en el Concilio de Trento[2].

Posteriormente, la generalización del hecho social hizo que fuera reconocida jurídicamente, entrando en la modernidad en el marco legislativo de algunos países de la comunidad internacional, como Portugal, España, Francia, Alemania, Italia, Argentina, entre otros. Actualmente, recibe apoyo constitucional, en el artículo 226, § 3º, de la Constitución Federal brasileña.

La unión estable debe entenderse como la entidad familiar constituida entre dos personas que viven en posesión del estado de casado, que se ha convertido en una relación jurídica en virtud de la Constitución, que le atribuye la dignidad como entidad familiar propia, con sus derechos y deberes.

El Código Civil brasileño regula, en su Libro IV, Título III, la unión estable en los artículos 1723 a 1727, y también hay disposiciones escasas en otros capítulos con respecto a ciertos efectos, como el derecho sucesorio de los compañeros – art. 1790 – y la obligación alimentaria – art. 1694.

Sin embargo, no preveía el actual Derecho Civil, un plazo mínimo para la constitución de la unión estable, lo que, creemos, es un retroceso, ya que deja al descubierto el instituto como este de gran envergadura y consecuencias jurídicas, lo que puede dar lugar a manifestaciones constitutivas fraudulentas de una o ambas partes.

La unión estable se define, a la luz del artículo 1723 del Código Civil, como la entidad familiar entre hombre y mujer, configurada en convivencia pública, continua y duradera, y establecida con el objetivo de constitución familiar. Esta característica, sin embargo, llegó a ser desobligada debido a la reciente decisión adoptada por el STF de acoger las relaciones homoafectivas como unión estable.

Es necesario para la constitución de la unión estable, conforme a lo dispuesto en el artículo 1723, § 1º, del Código Civil, la observancia de los impedimentos previstos en el artículo 1521 del Código Civil y de los deberes recíprocos entre los compañeros enumerados en el artículo 1724 de dicho Diploma Legal. Sin embargo, no se aplican las causas suspensivas previstas en

[2] MONTEIRO De Barros; TAVARES DA SILVA, Regina Beatriz– Curso de Direito Civil,43ª ed., São Paulo:Saraiva,2016, p.69 y ss.

el artículo 1523, tal como dispone el artículo 1723, § 2º, del mismo Diploma Legal[3].

Consiste, pues, en la unión estable, en el marco de la ausencia de la celebración del matrimonio, pero que presenta el *animus* de mantener una comunión de vida estable, duradera y pública, con la apariencia del matrimonio, donde se les atribuye a los compañeros el deber de lealtad de manera similar al deber de fidelidad de los cónyuges, entendiendo así que la fidelidad forma parte del deber de lealtad, inherente a los deberes relacionales entre las partes, ya que la confianza es un elemento indispensable en la solidaridad familiar.

De esta manera es que la convivencia no es necesaria para configurarla unión estable, como predijo la *Súmula* 382 del STF "la vida en común bajo el mismo techo *more uxorio* no es indispensable para la caracterización del concubinato" y la ley 9278/96. En este sentido, entendió la Tercera Vara del STJ como lo demuestra la sentencia de REsp 275839.

Pertenece a la estructura misma de la unión estable que el comienzo de la convivencia se lleva a cabo sin la observancia de ninguna formalidad de celebración, pero por las consecuencias que conlleva se equipara, en verdad, a un matrimonio de hecho, porque viven la vida como si fueran marido y mujer, sin serlo.

Así, **"para constituir una unión estable, la formación efectiva de la familia es necesaria, y el simple objetivo de constituirla tal como existe en el noviazgo y en el compromiso no es suficiente, por lo tanto, la unión estable es la manifestación aparente del matrimonio, caracterizado por la comunión de vidas".**

También implica la permanencia estable de la relación, sin interrupciones, siendo esencial para su constitución: convivencia continua, duradera y pública; la capacidad civil de las parejas, para su validez en virtud de los efectos que produce y la ausencia de impedimentos matrimoniales, excepto, en el caso del matrimonio, si existe una separación de hecho.

A diferencia del matrimonio que tiene lugar en un solo acto, la unión estable proviene de varios hechos que se materializan con el paso del tiempo y presentan, como aquel, naturaleza monógama.

[3] MALUF, Adriana caldas do Rego Freitas Dabus – Novas modalidades de família na pós-modernidade, São Paulo: Atlas, 2010, p.106.

El Código Civil de 1916 no regulaba realmente la familia, y así, a la luz de la legislación de la época, se quedaba desamparada la compañera, con respecto a los efectos patrimoniales resultantes de la disolución de las uniones de hecho, lo que condujo a la formación de la jurisprudencia relacionada con el tema, dando lugar a la *Súmula* n.380 del STF: "probada la existencia de una sociedad de facto entre los concubinos, es posible disolver su situación jurídica con el reparto de los bienes adquiridos por el esfuerzo común".

El primer paso hacia la legalización de la unión estable llegó con el Decreto No 4737 de septiembre de 1942, que preveía el reconocimiento de los hijos naturales. Después de esto, varios otros beneficios fueron otorgados gradualmente a las compañeras, resultante de la ley[4].

La Constitución Federal de Brasil de 1988 legitimó la unión estable, confiriendo su *status familiae.* A partir de esto, se promulgó la Ley No 8971 de 29.12.1994, que estableció los requisitos de unión estable, impuso un período de cinco años de duración de la unión o existencia de descendencia, siendo todavía la primera ley para reconocer el derecho a los alimentos; ha representado, además, un importante avance para el reconocimiento del derecho a la participación en el reparto de bienes, abandonando la idea de división de bienes, en proporción al esfuerzo empleado para su adquisición.

La Ley 9278 de 10.5.1996 reconoce como entidad familiar la convivencia pública, duradera y continua entre el hombre y la mujer con el fin de establecer una familia; señalando en su artículo 1º, como requisitos para la unión estable, la dualidad de los sexos, la publicidad, la continuidad, la durabilidad de la relación, el establecimiento de derechos y deberes de carácter personal y patrimonial a los convivientes[5].

La doctrina amplía esta conceptualización, insertando: el propósito de la constitución familiar, la estabilidad, la singularidad del vínculo, la notoriedad,

[4] Decreto-Ley n.7036/44; Ley No 4242/63; Ley de Sao Paulo n.2699/54; Ley n. 4069/62, varias leyes en materia de seguridad social se hicieron protectivas de la unión estable (Ley n.4297/63 derogada por la Ley n.5698/71; Ley n.6194/74 modificada por la Ley No 8441/92; ley n.8212/91 con redacción dada por la Ley n.9032/95; Ley No 6015/73.

[5] MONTEIRO, Washington de Barros; TAVARES DA SILVA, Regina Beatriz – Curso de Direito Civil, p.80; MALUF, Adriana Caldas do Rego Freitas Dabus – Direito das famílias: amor e bioética, Rio de Janeiro: Elsevier, 2012, p. 281 y ss.

el informalismo, la ausencia de impedimentos matrimoniales, la convivencia *more uxorio, a affectio maritalis.*

Se puede ver, por lo tanto, que muchos reflejos del casamiento están consignados a la unión estable, con vistas a la socialización del derecho.

Así, se puede concluir que la familia formada por unión estable representa un hecho natural y muy presente en la sociedad a través de la historia, legitimada por la jurisprudencia, por leyes especiales hasta encontrar el apoyo constitucional, rompiendo de esta forma con la injusticia, con las decisiones basadas en casos y no en principios establecidos por el derecho, con prejuicio, permitiendo al hombre insertado en la tipología de familia que mejor le convenga, teniendo valorada su dignidad intrínseca, desarrollando los atributos inherentes a su personalidad[6].

2. Naturaleza jurídica de la unión estable

La unión estable tiene la naturaleza jurídica de un contrato no solemne, escrito o verbal. Así, una de las principales características de la unión estable es la ausencia de formalismos para su constitución, porque no depende de ninguna solemnidad para ello, sólo del inicio de la vida en común.

Una gran característica de esta entidad familiar es la constitución de la prueba de su inicio, precisamente porque no contiene, como en el casamiento, una fecha base inicial de la que comenzarán a fluir todos los efectos derivados de la composición familiar.

En este sentido, es de gran profilaxis la elaboración de un contrato de convivencia, que actuará como hito inicial de su existencia, además de proporcionar la regulación del régimen de bienes que vengan a comprender el patrimonio familiar[7].

[6] MALUF, Adriana Caldas do Rego Freitas Dabus – Direito das famílias amor e bioética, Rio de Janeiro: Elsevier, 2012, p. 281 y ss.

[7] MALUF, Carlos Alberto Dabus; MALUF, Adriana Caldas do Rego Freitas Dabus – Curso de Direito de Família, 3ª ed. São Paulo, 2018, p.367 y ss.

3. Requisitos para una configuración de la unión estable

Hay varios requisitos para una configuración de unión estable. Se presentan en la forma de presupuesto objetivos y subjetivos, que se demuestran a continuación:

Sus elementos constitutivos son: la **ausencia de impedimentos matrimoniales; la convivencia**, en este sentido son discordantes las opiniones doctrinales, ya que, como convivencia está implícita la idea de mantener relaciones sexuales entre los convivientes, y no exactamente la convivencia bajo el mismo techo conyugal, que no es un requisito para la configuración de la unión estable, puede que los convivientes ni siquiera vivan bajo el mismo techo, pero es indispensable la comunión de vidas; **la lealtad,** consistente en el género de la cual la fidelidad es especie, está estrechamente ligada al comportamiento intrínseco de la pareja; **convivencia pública, continúa y duradera,** reconocida la convivencia pública, basada en las exigencias constitutivas de la unión estable a la luz del art. 1723 del Código Civil, mantiene la cercanía al estado de casado, ya que la compañera debe tener el nombre, el trato y la fama de la esposa. La continuidad de la convivencia no significa la ausencia de separaciones de hecho o transitorias, una ocurrencia que no es infrecuente en la vida de pareja. Si la separación ya ha tenido lugar, el hecho no será un caracterizador, sino sólo una razón para la disolución de la entidad familiar; **objetivo de la constitución de familia, presentando así** affectio maritalis, una gran demostración de solidaridad, afecto, confianza, amor. Sin embargo, no es esencial para la procreación (nº 8)[8].

[8] "Ha sido la mayoría de entendimiento en esta corte que no es amor y no son los amantes los que la ley protege. La Carta Constitucional es muy clara en su art. 226 – La familia merece una protección especial del Estado, la cuestión no es si había o no amor, y si este amor se prolongó, sino si fundaron o no un núcleo familiar, independientemente de que esta relación constituya o no una familia... de la mera relación afectiva y sexual, sin vida en común, no se elimina ninguna secuela patrimonial" (TJRS, EI 70003119187, 4ª Câmara Cível., Rel. Sergio Fernando de Vasconcellos Chaves, j. 12-4-2002, n. 214, octubre. 2002). «UNIÓN ESTABLE. AUSENCIA DE SUPUESTOS LEGALES. *AFFECTIO MARITALIS* Inexistente. 1. La relación amorosa entretenida por la pareja sin la clara intención de constituir un núcleo familiar no constituye una unión estable. 2. La unión estable se asemeja a un matrimonio de hecho y debe indicar una comunión de vida e intereses, reclamando no sólo publicidad y estabilidad, sino sobre todo un claro carácter familiar, evidenciado por la *Affectio maritalis.* 3. Dado que la comunión de vidas e intereses no está probada y sin prueba plena de la intención de

En cuanto a la **diversidad de sexos,** mencionada en el art. 1723 del Código Civil, en una votación celebrada el 5.5.2011, el STF autorizó el reconocimiento de la unión estable entre personas del mismo sexo, lo que representó un cambio significativo en el marco jurídico nacional. El 25.10.2011 el STJ autorizó el matrimonio de dos mujeres en el sur del país.

Antes de este reconocimiento, la jurisprudencia ya había concedido derechos análogos a la unión estable con las parejas homosexuales.

Representa, una construcción diaria de una intención: permanecer ungido a una unidad familiar.

En cuanto a la institución de plurales uniones estables, debemos observar, en cumplimiento de los principios constitucionales y la moral pública, la familia, en sus diversas formas de constitución hoy, requiere algunas conductas positivas de las partes, entre ellos, siempre se ha encontrado fidelidad y/o lealtad.

En este sentido, la doctrina dominante y gran parte de la jurisprudencia es entendida por la no participación de otra familia concomitantemente con el casamiento.

Pero ¿qué sucede en los casos en que existen diversas relaciones paralelas compuestas por los requisitos básicos de unión estable presentes en el art. 1723 del Código Civil?

En cuanto a los requisitos de la unión estable, tenemos que el requisito de exclusividad no está expresamente consagrado en el art. 1723 del Código Civil, sino que constituye para gran parte de la doctrina un elemento esencial para la formación familiar.

establecer una familia, se impone la acción infundada. Apelación desprovista (SECRETO DE JUSTICIA)" (Ap. Cív, n. 70029105780, 7ª Câmara Cível, TJRS, Rel. Sérgio Fernando de Vasconcellos Chaves, j. 30-9-2009). «APELACIÓN CIVIL. RECONOCIMIENTO DE LA UNIÓN ESTABLE. Requisitos. ART. 1.723 DEL CC. LA CARGA DE LA PRUEBA ES DE LA AUTORA. ENAMORAMIENTO X UNION ESTABLE. INEXISTENCIA DE REQUISITOS LEGALES. La ausencia Ministerio Público en una audiencia no implica la nulidad del logro, siempre que sea citado regularmente para el acto. El reconocimiento de la unión estable depende de la evidencia en el expediente, por la autora, de que la relación reportada estaba más allá de un noviazgo para, en todo y ante todos, parecerse al casamiento. Las citas, aunque signifique incluso la posibilidad de matrimonio futuro, no pueden confundirse con una unión estable, especialmente cuando la convivencia no existe, además de la *intuitu familiae*. RECURSO DESAPROBADO" (Ap. Cív. n. 70026125476, 7ª Câmara Cível, TJRS, Rel. André Luiz Planella Villarinho, j. 25-3-2009).

Obedece la formación de la unión estable a las normas morales vigentes que se basan en la confianza y la lealtad, refiriéndose también a la fidelidad. En este sentido, se requiere la unidad del vínculo, y por lo tanto no es posible legalmente formar una segunda unión estable, concomitante.

En esto sostuvimos nuestra posición porque entendemos que sin esto no se formaría la familia sobre cimientos sólidos que puedan soportar las tempestades interminables inherentes a la vida misma.

Por lo tanto, si una de las partes, paralelamente a la unión estable, mantiene una relación con una tercera persona, este vínculo puede caracterizarse como concubinato. Esto puede causar, al caracterizar la deslealtad, la disolución de la unión estable.

Lo que es posible, en nuestra opinión, es la configuración de la unión estable putativa, si la otra parte no conoce el vínculo previo de convivencia del otro compañero, participando así en todos los beneficios legales que se le deban como compañero. Sin embargo, si en esta segunda pareja que se forma, la otra parte es consciente de la unión estable anterior formada, no se le debe ningún derecho legal, acercándose así a los efectos del concubinato[9].

4. Unión estable y enamoramiento calificado – una diferenciación

¿Cómo diferenciar entre la unión estable y las citas simples o amoríos? ¿Cuáles son las consecuencias legales de uno y otro? ¿Cuáles son los derechos de los compañeros en la unión estable? ¿Y los novios?

A diferencia de la unión estable que tiene disposición constitucional en el art. 226, § 3º y está regulado por el Código Civil, en los artículos 1723 al 1727, las citas casuales o enamoramientos no tienen apoyo legal en la legislación brasileña. Por lo tanto, no hay requisitos que deben observarse para su formación, excepto los requisitos morales impuestos por la propia sociedad y las costumbres.

Por lo tanto, con el fin de configurar el inicio de un amorío o enamoramiento, basta con que dos personas inicien una relación amorosa, que va

[9] MALUF, Carlos Alberto Dabus; MALUF, Adriana Caldas do Rego Freitas Dabus – Curso de Derecho De Familia, 3.ed. São Paulo:Hail, 2018, p.369 y Ss

desde los encuentros casuales, hasta las relaciones más serias, en las que hay publicidad, fidelidad y una posible intención de casamiento o constitución de unión estable en el futuro.

La doctrina las divide en simples y calificados. Las citas simples o enamoramientos se diferencian fácilmente de la unión estable, ya que no tiene al menos ninguno de sus requisitos básicos. Es, por ejemplo, salir con la enamorada/o a las escondidas, las salidas casuales y las relaciones abiertas.

Por otro lado, los enamoramientos calificados tienen la mayoría de los requisitos también presentes en la unión estable. Es, en la práctica, el amor maduro y la relación sexual, entre personas más grandes y capaces, que, a pesar de disfrutar de la compañía del otro, y a veces incluso pasar la noche en casa de sus novios, no pretende constituir una familia. Por eso es tan difícil, en la práctica, encontrar las diferencias entre la unión estable y los enamoramientos calificados.

Sin embargo, aunque existen similitudes entre ellos, **lo que los diferencia es el objetivo** principal de formar **una familia** – presente en la unión estable y ausente en **el enamoro o enamoramiento calificados**[10].

Un caso interesante fue juzgado por la Suprema Corte de Justicia en Recurso Especial n. 1.454.643/RJ, la redacción del Min. Marco Aurélio Belizze, entendiendo por la improcedencia de la solicitud de reconocimiento y disolución de la unión estable con el reparto del inmueble adquirido en el período anterior al matrimonio de los litigantes, ya que considera constituir la relación entre ambos, durante el período deseado, el simple enamoramiento calificado y, por lo tanto, sin ningún apoyo en el contexto del derecho de familia, lo que no daría lugar, por consiguiente, al derecho de reparto del bien exclusivo del hombre.

¿Tendría el Estado, en este sentido, el derecho a declarar la existencia de entidades familiares, incluso sin *el animus* de una de las partes de la relación? ¿Podría esta relación amorosa, sin el propósito de la constitución familiar, producir efectos y consecuencias legales y patrimoniales, como alimentos, reparto de bienes, herencia, entre otros?

[10] MALUF, Carlos Alberto Dabus; MALUF, Adriana Caldas do Rego Freitas Dabus – Curso de Derecho Familia, p.372 y Ss

Para formar una unión estable, la relación amorosa debe ser continua y no casual; necesita tener el *animus* de formar una familia; debe ser pública – la discreción no invalida la unión estable, lo que no se permite, eso sí, es la unión secreta; la unión debe ser duradera; debe estar marcada por el deber de fidelidad, por la vivienda común, por la convivencia *more uxorio,* por la presencia de relaciones sexuales.

Cabe destacar que para la caracterización efectiva de la unión estable no es necesario que todos los elementos mencionados anteriormente estén presentes, pero la voluntad de formar una familia es indispensable.

La convivencia no es un requisito para constituir una unión estable. De esta manera, una pareja puede vivir junta en una unión estable, incluso en diferentes casas. En la práctica, sin embargo, la unión estable sólo se configurará en tales casos cuando la residencia en casas separadas tenga una causa justa, por ejemplo, por razones profesionales.

Además, debe observarse la ausencia de impedimentos matrimoniales previstos en los incisos del art. 1.521 del CC.

Así, para la constitución de unión estable, la pareja debe manifestar su voluntad de formar una familia, viviendo en este sentido como si estuviera casada. Esto significa que debe haber asistencia moral y material recíproca sin restricciones, un esfuerzo conjunto para realizar sueños comunes, participación real en los problemas y deseos del otro, etc.

En los enamoramientos calificados, por otro lado, aunque puede haber un objetivo futuro de formar una familia, todavía no existe tal comunión de vida. A pesar de establecer una convivencia pública, continua y duradera, uno de los novios, o ambos, todavía conserva su vida personal y su libertad. Sus intereses particulares no se confunden en el presente, y la asistencia moral y material mutua no está totalmente irrestricta[11].

[11] "APARATO CIVIL. UNIÓN ESTABLE. AUSENCIA DE REQUISITOS LEGALES. RELACIÓN AMOROSA PARALELA AL MATRIMONIO DEL AUTOR. MONOGAMIA. IMPOSIBILIDAD DE RECONOCIMIENTO. La existencia de una relación amorosa entre la autora y el *de cujus,* en un período paralelo a la validez de su matrimonio con su esposa, del que nunca se separó, no cumple los requisitos establecidos en el art. 1.723 del CC/02, especialmente en cumplimiento del principio de monogamia existente en la legislación brasileña, y no puede ser reconocida como una unión estable. RECURSO DESAPROBADO" (Ap. Cív., 70043767193, 7ª Câm. Cív., TJRS, Rel. Des. André Luiz Planella Villarinho, j. 14-12-2011). «FAMILIA. UNIÓN ESTABLE. RECONOCIMIENTO. Situación retratada que no caracteriza

5. Unión estable y concubinato – una diferenciación

Como formación social natural, las primeras uniones entre el hombre y la mujer ocurrieron espontáneamente, informalmente, sin ningún orden específico para regularla. En la práctica, serían relaciones puramente concubinarias. Más tarde, las costumbres y la organización legal de la sociedad trajeron la formalización legal de la familia, pero, junto a ella, las uniones informales, concubinarias, permanecieron[12].

Así, "además del *iustae nuptiae cum o sine manu*, del cual se valían los ciudadanos romanos, por el *ius civile*, para constituir sus legítimas familias, también habia en Roma, el *concubinatus*, marcado por la convivencia estable del hombre y la mujer, sin el *affectio maritalis* y el honor *matrimonii*"[13].

Enseña Moreira Alves que Roma reconocía el concubinato cuando hubiera una relación extramatrimonial estable entre un hombre y una mujer. Relación esta, que en el período republicano fue ignorada por la ley. Se manifiesta, sin embargo, por la posesión del estado de casado y por la apreciación social;

la unión estable, reconocida como una entidad familiar, de conformidad con los términos de la ley No 9.278/96 (ART. 1º), REPRODUCIDO EN ART. 1.723 del CCB/02. Falta de pruebas para determinar un juicio de convicción de que efectivamente había una unión estable entre los vivos, con los requisitos de la *Affectio maritalis*. Acción infundada, sentencia confirmada. Apelación desprovista" (Ap. Cív. n. 70044668663, 7ª Câmara Cível, TJRS, Rel. Roberto Carvalho Fraga, j. 14-12-2011). «La unión estable y la entidad familiar, y el matrimonio civil se toman como un paradigma para guiar las relaciones económicas y personales entre los concubinos. La participación de las mujeres en el reparto de bienes no es necesariamente el resultado de la participación económica, sino de la condición de compañerismo, el apoyo, la dedicación al hogar, el cuidado de la pareja, el estímulo en los momentos difíciles y el compartirlos, compartiendo sueños y ansiedades, en síntesis, el arte mismo de la convivencia constituye una justificación moral completa para la división del patrimonio adquirido durante la vida común. El período de citas no se suma al de la unión estable, ya que el período de compromiso no se suma al de casados. Convivencia bajo el mismo techo y uno de los elementos de caracterización de la unión calificada como estable. Apelación prevista en parte. 2. De la lista de bienes compartibles, no forma parte el teléfono adquirido por el hombre antes de la convivencia, y la reclamación cautelar no es razonable» (Ap. Civil n. 597107036, 7ª Câm. Cível, TJRS, Rel. Sérgio Fernando de Vasconcellos Chaves, j. 6-8-1997).

[12] OLIVEIRA, Euclides de – União Estável – do concubinato ao casamento, São Paulo: Método, 2003, p.71.

[13] AZEVEDO, Álvaro Villaça – Estatuto da família de fato, 2. ed. São Paulo: Ed. Jurídica Brasileira/Atlas, 2002, p.167.

de este tipo, las relaciones públicas y las notorias entre personas de diferentes clases sociales, impedidas de casarse legalmente, constituían un concubinato.

En el derecho clásico, el concubinato no producía efectos jurídicos de ningún tipo, situación que cambió en el período postclásico, bajo la égida de los emperadores cristianos, que lo transformaron en un instituto jurídico, manteniendo inferior a la figura de la concubina y su descendencia, para valorar el matrimonio convencional (Constantino prohíbe las donaciones a la concubina y a los hijos naturales y admite, en un carácter excepcional, la legitimación del matrimonio posterior. Más tarde, se aceptan pequeñas donaciones a la concubina, con Teodosio II y Valentiniano III. Anastasio establece el instituto de legitimación del matrimonio posterior).

En el período Justiniano, se establecieron las siguientes condiciones para la existencia de concubinato: presencia de la edad conyugal, falta de impedimentos maritales con respecto al parentesco y la afinidad, monogamia. En esta etapa, las donaciones a la concubina comenzaron a ser admitidas, y la posibilidad de la legitimación de los niños por *legitimatio,* pasando así los niños a adquirir la condición de hijos legítimos[14].

En el derecho brasileño, junto con el casamiento religioso, siempre ha habido un casamiento de facto, que corresponde al matrimonio clandestino, marcado por la simple convivencia de hombres y mujeres, proveniente de las Ordenaciones del Reino, hasta la edición del Decreto 181/1890 que secularizó el matrimonio, haciendo que el formalismo se haya hecho cargo de la legislación brasileña sobre el casamiento.

El concubinato es la unión de hombres y mujeres fuera del matrimonio, de carácter estable, más o menos prolongado, para el fin de la satisfacción sexual, la asistencia mutua y los hijos comunes y que implica una supuesta fidelidad de la mujer al hombre.

Se entiende entonces como la libre unión establecida entre el hombre y la mujer, con la intención de la vida común, sin la observancia de las formalidades del matrimonio, correspondiendo así a la llamada unión libre o informal que abarca tanto las situaciones comunes de vida de las personas sin obstáculos de casarse, como las uniones paralelas al matrimonio o a los adulterinos.

[14] ALVES, José Carlos Moreira – Direito Romano, p.320 a 322.

Diferencio la concubina de la compañera: "La concubina, es la amante, la mujer de los encuentros velados, frecuentada por hombres casados, que viven al mismo tiempo con su legítima esposa, es la mujer del hogar clandestino, escondida, velada a los ojos de la sociedad, como práctica de la bigamia, paralela al hogar legalmente constituido. La compañera, por otro lado, es la mujer que se une al hombre, ya separado de su esposa y que presenta a la sociedad como legítimamente casado". Su característica llamativa está en la convivencia de hecho, continua y duradera, que se demuestra a los ojos de la sociedad como si estuvieran casados. Aquí está la presunción de fidelidad, de exclusividad. El vínculo entre los compañeros imita al casamiento[15].

Teniendo en vista la evolución histórica del instituto, el primer diploma jurídico a reconocer derechos a los compañeros fue el 2681 de diciembre de 1912, que, en su art. 22, reconoce a la concubina el derecho a ser indemnizada por la muerte de su compañero.

El Código Civil de 1916 hizo pocas referencias al concubinato, dejando al margen de la ley las formas de unión consideradas ilegítimas, restringiendo los derechos de las concubinas y privilegiando a la familia tradicional.

Bajo su égida, fueron promulgados: Decreto n. 4737 de 24 de septiembre de 1942, que hizo posible el reconocimiento del niño que se produjo fuera del matrimonio después del divorcio de los padres; Ley No 883 de 21 de octubre de 1949, que amplió los casos de reconocimiento de la filiación para todos los casos de disolución de la sociedad conyugal. Esta cuestión se ve definitivamente superada con la entrada en vigor de la Constitución de 1988, que equiparó a todos los niños entre sí.

El Dec. Ley n 7036 de 10 de noviembre de 1944 equiparó la compañera a la esposa en casos de accidente de trabajo; la Ley No 4242 de 17 de julio de 1963 insertó el concubino como dependiente del impuesto sobre la renta del jefe de familia, siempre que no respondiera a esto por la manutención del excónyuge.

En el ámbito de la seguridad social, el concubinato recibe apoyo en la Ley n. 8213, de 24 de julio de 1991, art. 16, I y del decreto n. 3048, de 6 de mayo de 1999, art. 16, permitiendo la inclusión de los compañeros como beneficiarios del Sistema General de la Seguridad Social.

15 MALUF, Carlos Alberto Dabus. Doação em favor da concubina. Tribuna do Direito, out 1994, p.23.

La regularización de la familia fuera del matrimonio fue hecha por las leyes: Ley n.8971 de 29 de diciembre de 1994 y Ley N. 9278 de 10 de mayo de 1996.

Así, incluso antes de los cambios en el ámbito legislativo, la cuestión de la vida concubinaria evolucionó hacia el reconocimiento judicial de la sociedad de facto.

El Código Civil de 2002, que por un lado redujo la discriminación referente a los concubinos, aporta una distinción entre *el concubinato* – art. 1727 "las relaciones no eventuales entre el hombre y la mujer, impedidas del matrimonio, constituyen concubinato" – y la *unión* estable – art. 1723" es reconocida como una entidad familiar la unión estable entre el hombre y la mujer, configurada en convivencia pública, continua y duradera y establecida con el objetivo de la constitución familiar. Dispone el Párrafo I – La unión estable no se constituirá si se producen los impedimentos del artículo 1521; la incidencia del inciso VI no se aplica en el caso de que la persona casada esté separada de hecho o judicialmente, y el artículo II- Las causas suspensivas del art. 1523 no impedirán la caracterización de la unión estable[16].

El Código Civil redujo la discriminación derivada de los concubinos, incluso en relación con el concubinato adulterino. Ya no se prevé el impedimento matrimonial del artículo 183, VII del Código anterior, ni se penalizan más los hijos procedentes de esa unión, frente a la Constitución Federal que ha equiparado a todos los hijos. Algunas sanciones, sin embargo, siguen aplicándose en el nuevo diploma legal, tales como: la prohibición de la donación del cónyuge adúltero a su cómplice, con la posibilidad de que sea anulada por el otro cónyuge o por sus herederos necesarios, hasta dos años después de disuelta la sociedad conyugal (Art. 550); la invalidez de la institución del compañero como beneficiario del seguro de la persona, si en el momento del contrato el asegurado no estaba legalmente separado o separado de hecho (art. 793); nulidad del testamento en favor del concubino por testador casado, a menos que se haya separado de hecho hace más de cinco años (arts. 1801, III

[16] OLIVEIRA, Euclides de. União Estável – do concubinato ao casamento, p.83. Indica que algunas normas que restringen los derechos de los concubinos persisten en el Código Civil, en particular en el plan patrimonial, según lo dispuesto en los artículos 550, 1642, V,793,1801, III,1900,1803.

y 1900, V del CC); ilicitud de beneficiar al hijo de la concubina por testamento, a menos que sea común al testador[17].

Regina Beatriz Tavares da Silva enseña que los artículos 1727 y 1723, §1º, del Código Civil se encuentran en contradicción por permitir la constitución de una unión estable para aquellos que, aunque se les impide casarse, están separados de hecho, porque en este caso la sociedad conyugal se extingue, pero permanece el vínculo conyugal impidiendo el nuevo matrimonio[18].

En vista de estos valores, además de las soluciones jurídicas encontradas – el reparto de bienes y la indemnización – el concubinato ha sido valorado en los tiempos contemporáneos, perdiendo su carácter ilícito. "Así decidió el STJ sobre la concesión de un seguro de vida llevado a cabo en favor de la concubina por un hombre casado que mantuvo concomitantemente a las dos familias, habiendo, incluso, descendencia común en ambas, proveniente de una solución isonómica dada la mejor aplicación del derecho[19].

6. Efectos de la unión estable: derechos y deberes de los compañeros

En cuanto a los deberes de los compañeros en la unión estable, podemos añadir que están presentes en el art. 1724 del Código Civil "las relaciones personales entre compañeros obedecerán los deberes de lealtad, respeto y asistencia, y de custodia, sustento y educación de los hijos".

Por la nomenclatura utilizada, puede llevar al intérprete a la conclusión de que los derechos y deberes derivados de la unión estable son diferentes de los presentes en el matrimonio, pues mientras que para la unión estable se aboga por la lealtad, el respeto y la asistencia, en el matrimonio hay fidelidad recíproca, vida común en el hogar conyugal y asistencia mutua a la luz del art. 1566 del Código Civil.

Partiendo de un análisis sociológico vemos que la Constitución Federal en su art. 226 traduce: "la familia base de la sociedad tiene una protección

[17] OLIVEIRA, Euclides de Oliveira. União Estável – do concubinato ao casamento, p.83 y 84

[18] TAVARES DA-SILVA, Regina Beatriz. Código Civil Comentado, 10ª ed. São Paulo: Saraiva, 2016, p.1804.

[19] MALUF, Carlos Alberto Dabus; MALUF, Adriana caldas do Rego Freitas Dabus – Curso de Direito de Família, p. 384 y ss.

especial del Estado". En el § 3º del mismo artículo, se establece que "para efecto de protección del Estado, se reconoce la unión estable entre el hombre y la mujer como entidad familiar, y la ley debe facilitar su conversión en matrimonio". El Art. 1727 del Código Civil establece que "las relaciones no eventuales entre el hombre y la mujer, impedidos de casarse, constituyen concubinato".

Entendemos de esta manera que la analogía entre la unión estable y el matrimonio con respecto a la monogamia es clara, transcrita en el texto legal bajo el nombre de la fidelidad. En nuestro entendimiento, la fidelidad y la lealtad tienen un sentido común y se inspiran en los mismos fundamentos. También representan el núcleo de la dignidad de la persona humana y la seguridad de la propia familia, porque pensamos: ¿cuándo fue protegida en la ley o está protegida la familia polígama en las sociedades occidentales? ¿Cómo podría el Código Civil fomentar la introducción de la poligamia en su afiliación familiar? ¿Cómo regular una familia sin respeto, consideración y asistencia mutua? ¿Uno de los requisitos de una unión estable no es la publicidad? ¿Cómo habría una relación sin contacto físico?[20]

En este sentido vemos que la convivencia *more uxório* está presente en la unión estable, que incluye una comunión de vidas en el sentido material e inmaterial, en una situación similar a las personas casadas, que involucran, además, la suma de intereses de la vida en común. Y en este sentido, aunque el art.1723 del Código Civil no se refiere expresamente a la convivencia o la vida común bajo el mismo techo, la inserción en la vida del otro compañero constituye unas características muy marcantes en la unión estable.

Aunque la unión estable es una relación de hecho, constituida con el paso del tiempo y, por lo tanto, sin tener un marco inicial establecido para su formación, visando la protección de la familia y, en este sentido, la protección de los compañeros, como las normas existentes en el matrimonio, según lo dispuesto en el art. 1.566 del Código Civil, establece el artículo 1.724 del Código Civil vigente deberes de naturaleza inmaterial y material para los participantes de esta relación, por lo tanto, "las relaciones personales entre

[20] MALUF, Carlos Alberto Dabus; MALUF, Adriana Caldas do Rego Freitas Dabus – Curso de Direito de Família, p. 391 y ss.

los compañeros obedecerán los deberes de lealtad, respeto y asistencia, y de custodia, apoyo y educación de los hijos"[21].

La Ley No 9.278/96, conocida como Estatuto de la Unión Estable, ya regulaba en el artículo 2º los deberes derivados de la unión estable en los siguientes términos: "Son derechos y deberes iguales de los convivientes: I – respeto mutuo y consideración; II – asistencia moral y material recíproca; III – custodia, sustento y educación de los hijos comunes ."

El Código Civil de 2002 atribuye en su artículo 1724, ya transcrito, los mismos derechos y deberes personales a los cónyuges y a los compañeros. En este sentido, el deber de lealtad, entonces añadido, se equipara al contenido de la fidelidad existente en el matrimonio presente en el art. 1.566, I, para prohibir el mantenimiento de relaciones que tienen en vista la satisfacción del instinto sexual fuera de la unión estable.

El legislador no podría proceder de manera diferente, ya que la familia de la sociedad occidental es esencialmente monógama, por lo que está prohibido el mantenimiento de uniones paralelas, aunque eventuales, incluso en lo que respecta a la asignación de efectos pertinentes para la unión estable a dos relaciones mantenidas simultáneamente por uno de los compañeros. En este caso sólo una de las uniones debe considerarse estable, aunque siempre deben preservarse los derechos de los hijos.

Se pueden traducir como deberes recíprocos de los compañeros, lealtad, respeto, asistencia mutua, además del cuidado y la educación de los hijos.

El deber de lealtad es un principio de orden moral, como enseña Paul Nader. Por lo tanto, su concepto se confunde con el de la fidelidad, que a su vez no está unido al campo de las relaciones amorosas. Ser leal, además de ser fiel en la esfera relacional significa ser digno de confianza[22].

Romper el deber de lealtad como el de la fidelidad indica el mantenimiento de las relaciones afectivas y sexuales con otros, pero no sólo, porque abarcan un carácter comportamental global de afecto, respeto y asistencia con el otro.

El deber de respeto pertenece a la esfera de las relaciones sociales, y es intrínsecamente ungido a la vida de las parejas. Respetar al otro significa "aceptar sus limitaciones, tratarlas con cortesía y civilidad", y también consideración

[21] TAVARES DA SILVA, Regina Beatriz. Código Civil Comentado, p.1814.

[22] NADER, Paulo – Curso de Direito Civil; 505.

mutua. Coquetear con los demás delante de su pareja representa un hito importante de falta de respeto.

El deber de asistencia tiene un doble aspecto: material e inmaterial, como ocurre en el matrimonio. En el aspecto material, la asistencia se configura en ayuda económica recíproca, en la contribución constante a las cargas de los implicados en la unión, incluida la provisión de alimentos naturales y civiles, es decir, los recursos necesarios para la alimentación misma, la salud, la vivienda, la ropa, el transporte y el ocio. Esta obligación abarca la obligación de manutención, pero no está condicionada, como esta última, a los supuestos de las posibilidades del deudor y de las necesidades de los acreedores, tal como se establece en el art. 1.694, § 1º del Código Civil, sometiéndose, eso sí, a la situación social y económica de los compañeros y siendo requeridos en todo momento de la unión.

Disuelta la unión estable, como lo proporcionan los arts. 1.694 y s. del mismo plexo legal, la asistencia material se proporciona ahora al compañero, a título de alimentos.

La asistencia inmaterial, a su vez, se refiere al deber de amparo y respeto, con el objetivo de la protección de la dignidad del ser humano y de la respetuosidad de sus derechos personalísimos, tales como el derecho a la vida, la integridad psicobiofísica, el honor – objetivo y subjetivo -, libertad y secreto, intimidad, entre otros. Por lo tanto, los compañeros deben ser solidarios unos con otros, contribuyendo a su mutuo bienestar físico y moral[23].

Como enseñan Washington de Barros Monteiro y Regina Beatriz Tavares da Silva, "la ofensa al honor puede ser real, cuando se practica a través de gestos o actos, y verbal, cuando se perpetra con palabras; este último también se clasifica como directo e indirecto, como resultado de comportamientos que afectan a la dignidad del compañero por medios oblicuos, debido a la solidaridad de los honores existentes en la unión estable; ejemplos de ofensa indirecta a este bien de la personalidad son la drogadicción, la embriaguez habitual, la adicción al juego, la práctica de crimen"[24].

[23] MALUF, Carlos Alberto Dabus; MALUF, Adriana Caldas do Rego Freitas Dabus – Curso de Direito de Família, p. 391 y ss.

[24] MONTEIRO, Washington de Barros; TAVARES DA SILVA, Regina Beatriz. Curso de Direito Civil, p.65

También la libertad, el secreto y la intimidad, los derechos de la personalidad deben protegerse en el ámbito de la unión estable. El derecho a la autonomía personal entre los límites previstos por la ley, manifestado por el pensamiento, la práctica religiosa, el ejercicio de la actividad profesional, la modalidad de actividad social y familiar. Entre los límites a la libertad individual que surgen de la unión estable está la libertad sexual, debido a la lealtad que deben mantener a sus compañeros. La intimidad del cónyuge debe ser salvaguardada, así como otras manifestaciones relacionadas con los derechos muy personales en general.

Y luego, en definitiva, los compañeros se obligan a apoyarse mutuamente, tanto en el aspecto material, aportando a cada uno los recursos necesarios para el sustento de ambos, como bajo el aspecto moral, compartiendo alegrías y penas, en buenos y difíciles momentos.

En cuanto a los hijos comunes, así como a los cónyuges, los que viven juntos están obligados a tenerlos bajo su custodia, sostenerlos y educarlos, colaborando tanto con los recursos que tienen, cuidando de que tengan formación cultural y moral y se desarrollen en un ambiente saludable, libre de influencias dañinas. Así, como en otros deberes, el actual Código aceptó el principio constitucional de igualdad absoluta entre hombres y mujeres, dictado en el art. 5º, I, de la Constitución Federal[25].

En cuanto a los derechos de los compañeros, podemos añadir que abarcan "un complejo de derechos de carácter personal y patrimonial, esparcidos por la legislación ordinaria", entre los que se destacan: el derecho a los alimentos; el derecho a la mediación y al régimen de bienes; el derecho a la sucesión hereditaria[26].

7. Unión estable en otros sistemas

La formación de la familia ha recibido varios contornos dentro del ámbito de la ley extranjera. Así, además de la familia tradicional, formada a través del matrimonio válido, también la unión estable ocupa su espacio legal.

[25] MONTEIRO, Washington de Barros; TAVARES DA SILVA, Regina Beatriz – Curso de Direito Civil, p.66; MALUF, Carlos Alberto Dabus; MALUF, Adriana Caldas do Rego Freitas Dabus – Curso de Direito de Família, p. 391 y ss.

[26] MALUF, Carlos Alberto Dabus; MALUF, Adriana Caldas do Rego Freitas Dabus – Curso de Direito de Família, p. 395 y ss.

Por lo tanto, bajo la égida de **la ley española,** podemos aducir con Luiz Diez Picazo y Antonio Gullon que "la familia como institución representa un grupo social por excelencia, regulado en toda su plenitud por la ley. Experimentó una evolución radical en su formación, perteneciendo su constitución al plan de intimidad del individuo"[27].

En este sentido, Adriana Caldas do Rego Freitas Dabus Maluf enseña que "junto a la familia matrimonial, están las uniones de hecho – parejas de hecho – formadas por personas del mismo sexo o sexo diferente, que se caracterizan por la convivencia estable *de more uxório de* personas del mismo sexo o no; disfrutan de estabilidad, publicidad. Pueden registrarse o no, y gozar de protección legal"[28].

Enseña María Bravo, que en España no existe un plazo preestablecido para caracterizar la unión estable, y el deber de fidelidad entre los compañeros permanece (según lo dispuesto en el art. 5º del Dec. 248/2007) en esta modalidad familiar.

Las partes también deben ser mayores de edad, capaces, de que exista la voluntad suprema de formación continua, duradera y visible de la familia análoga a la sociedad conyugal. En Galicia, la unión estable debe registrarse a la luz del Decreto 248/2007, de 14 de junio.

Al igual que en Brasil, también en España encuentra la constitución de la unión estable algunas limitaciones legales en vista de la edad de las partes, de la capacidad; la ausencia de un vínculo familiar en una línea recta de consanguinidad; no ser las partes casadas; no ser las partes ungidas a anterior unión estable registrada y manifestar su voluntad de establecer familia a través de la unión estable[29].

A la luz del Derecho **portugués,** como a la luz del derecho brasileño, la familia es la base de la sociedad, y abarca a todas las personas que están conectadas por un vínculo de casamiento, parentesco, afinidad, afiliación y

[27] DIEZ-PICAZO, Luis (2009). GULLON, Antonio – Sistema de Derecho Civil: Derecho De Familia, v. 4, p. 37 a 39

[28] MALUF, Adriana Caldas do Rego Freitas Dabus – Novas modalidades de família na pós-modernidade, p. 237

[29] BOSCH, María José Bravo – ADFAS Congreso Internacional – Unión de Hechos en el escenario Internacional. En: <http://adfas.org.br/2020/07/06/1o-congresso-internacional-da-adfas-pela-web-confira-video-de-todos-os-dias/> Acceso el 02.08.2020.

formación de una unión estable, aquí denominada, unión de facto. El 15 de marzo de 2001, la Asamblea de la República Portuguesa votó un texto de ley que ampliaba la protección a las parejas del mismo sexo, reconociendo su derecho a una unión estable[30].

Posteriormente, la Ley n 7/2001, del 11 de mayo, establece las Medidas de Protección de la Unión de Facto.

Antes de esto, regía en el suelo portugués, Ley 135/99 de 28 de agosto que vino a dar protección legal a las personas de diferente sexo que viven en comunión de hecho durante más de dos años y que no tienen vínculo matrimonial.

A diferencia de lo que ocurre en suelo brasileño y en suelo español, la ley portuguesa impone para la constitución de la unión estable un intervalo de tiempo de dos años de convivencia análoga a la convivencia marital.

No existe en el derecho portugués la estricta necesidad de cumplir los requisitos formales para la caracterización de la unión estable, sin embargo, para que las partes respeten algunos de los derechos previstos por la ley, tendrán que demostrar la existencia del vínculo relacional.

No hay ningún deber de fidelidad previsto en el derecho portugués para los compañeros, y las limitaciones contenidas en el art. 2196 del Código Civil portugués en cuanto a la provisión de bienes frente a aquel con quien se cometió adulterio.

Al igual que en los diversos países de la comunidad internacional, se reconoce la unión estable entre personas del mismo sexo.

Resume Rossana Martingo Costa Serra Cruz que "la regla en la ley portuguesa es la de no equiparación entre el cónyuge y el compañero, aunque existe la excepción para el caso de adopción de hijos"[31].

En el ámbito del derecho extra comunitario, el Derecho Argentino también prevé la familia formada por la unión estable, allí denominada uniones convencionales.

Estas están reguladas por el Código Civil y Comercial, como bien retrata Graciela Medina, quien aduce que para que tenga visibilidad jurídica, dicha

[30] MALUF, Adriana Caldas do Rego Freitas Dabus – Novas modalidades de família na pós modernidade, p. 245

[31] SERRA CRUZ – Congreso Internacional de ADFAS – Unión de Hechos en el escenario Internacional. En: <http://adfas.org.br/2020/07/06/1o-congresso-internacional-da-adfas-pela-web-confira-video-de-todos-os-dias/> Acceso el 02.08.2020.

unión debe observar de hecho el plazo de dos años, acercándose así a las disposiciones contenidas en el Código Civil portugués.

Aunque la unión estable allí se puede formar sin la observancia de los aspectos formales, para que la pareja pueda tener algunos beneficios reconocidos es necesario probar la unión, siendo necesario el registro del pacto de convivencia de hecho como se prevé en los artículos 250, 517 y 522 del CC y CN.

No hay obligación de fidelidad entre los convivientes, sino una obligación de convivencia o cohabitación. No hay, a la luz de la legislación argentina, prohibición de donación entre los compañeros.

El reconocimiento de uniones estables entre personas del mismo sexo está previsto en suelo argentino.

El poliamorismo está prohibido en el país y no existe la igualación entre los derechos del cónyuge y el compañero, la principal diferencia es el derecho sucesorio inexistente entre los compañeros, que también observan el régimen de separación de bienes[32].

Conclusión

En vista de lo anterior, podemos concluir que en la comunidad internacional existe el reconocimiento de una modalidad familiar muy importante y numerosa: la familia informal.

El cambio de costumbres hizo más flexible la formación de la familia y culminó en el reconocimiento constitucional de diversas modalidades familiares; el matrimonio familiar, la familia formada por la unión estable, la familia homo afectiva y la familia monoparental. Algunos bordes, sin embargo, todavía necesitan ser recortados para establecer la justicia y la paz social.

En vista de la evolución de las costumbres, la globalización y el aumento del diálogo internacional, la estructura protectora de la familia, en particular de la familia informal, se desarrolla de forma análoga en los diversos países de tradición romano germánica, con la protección de las partes, el respeto al

[32] MEDINA, Graciela – Congreso Internacional ADFAS – Unión de Hechos en el escenario Internacional. En: <http://adfas.org.br/2020/07/06/1o-congresso-internacional-da-adfas--pela-web-confira-video-de-todos-os-dias/> Acceso el 02.08.2020.

orden, las buenas costumbres y la moral pública, para que el hombre, pensando con Hannah Arendt, pueda sentirse como en casa en el mundo.

Referencias

ALVES, José Carlos Moreira – Direito Romano, 6. Ed, Rio de Janeiro: Forense, 2003, v. 2.

AZEVEDO, Alvaro Vilaça – Estatuto de família de fato. 2. ed. São Paulo: Ed. Jurídica Brasileira/ Atlas, 2002

BOSCH, María José Bravo – Congresso internacional da ADFAS – União de Fato no cenário internacional. En: <http://adfas.org.br/2020/07/06/1o-congresso-internacional-da--adfas-pela-web-confira-video-de-todos-os-dias/> Acceso el 02.08.2020.

DIEZ-PICAZO, Luis; GULLON, Antonio – Sistema de derecho civil: derecho de familia, v. 4

MALUF, Adriana caldas do Rego Freitas Dabus – Novas modalidades de família na pós--modernidade, São Paulo: Atlas, 2010

MALUF, Adriana Caldas do Rego Freitas Dabus – Direito das famílias amor e bioética, São Paulo/Rio de Janeiro: Campus/Elsevier, 2011

MALUF, Carlos Alberto Dabus – Doação em favor da concubina. Tribuna do Direito, out 1994

MALUF, Carlos Alberto Dabus; MALUF, Adriana Caldas do Rego Freitas Dabus – Curso de direito de família, 3.ed., São Paulo: Saraiva, 2018

MEDINA, Graciela – Congresso internacional da ADFAS – União de Fato no cenário internacional. En: <http://adfas.org.br/2020/07/06/1o-congresso-internacional-da--adfas-pela-web-confira-video-de-todos-os-dias/> Acceso el 02.08.2020.

MONTEIRO, Washington de Barros; TAVARES DA SILVA, Regina Beatriz– Curso de direito civil, 43.ed., São Paulo: Saraiva, 2016.

NADER, Paulo – Curso de direito civil : direito de família. Rio de Janeiro: Gen/ Forense, 2010. v. 5.

OLIVEIRA, Euclides de Oliveira – União Estável do concubinato ao casamento, 6. Ed, São Paulo: Método, 2003.

SERRA CRUZ, Rossana Martingo Costa – Congresso internacional da ADFAS – União de Fato no cenário internacional. En: <http://adfas.org.br/2020/07/06/1o-congresso-internacional-da-adfas-pela-web-confira-video-de-todos-os-dias/> Acceso el 02.08.2020.

TAVARES DA SILVA, Regina Beatriz – Código Civil comentado (Coord), 10.ed., São Paulo: Saraiva, 2016.

3. UNIÃO DE FATO E DIREITO SUCESSÓRIO: O ART. 1.790 DO CÓDIGO CIVIL BRASILEIRO

Eduardo de Oliveira Leite

1. O reconhecimento da união de fato pelo texto constitucional de 1988

A primeira consideração que se impõe, quando tratamos do tema "união de fato" no Direito brasileiro é saber quando esta figura fática ganhou o aval do mundo jurídico e se tornou, *ipso iuris* um instituto jurídico. Ou seja, quando o "fato" adentrou no Direito produzindo efeitos e obrigações.

Este reconhecimento, como sabido, foi gestado lentamente e partiu do mais absoluto repúdio – quando doutrina e jurisprudência viam nesta figura nada mais que mero concubinato – até o reconhecimento expresso (visível na Constituição Federal de 1988) como uma espécie do gênero maior, dito "entidade familiar", que recebeu o título de "união estável". Com efeito, o constituinte de 1988 pressionado pela realidade social e pelas novas formas de conjugalidade, foi compelido a alargar a noção meramente jurídica do "casamento" a outras realidades que, embora não jurídicas, passaram a compor o universo do mundo jurídico por meio da alegação de "direitos" invocados pelos companheiros.

Claro está que a assimilação de uma situação eminentemente fática não ocorreu de modo tranquilo como poder-se-ia imaginar. Quando o constituinte de 1988 considerou a "união estável" como entidade familiar, no art. 226, § 3º[1] passível de ser convertida em casamento (" *devendo a lei facilitar a sua conversão em casamento*") deixou bem claro que esta entidade familiar não é igual ao casamento, por isso, ressaltou a possibilidade (e a intenção de facilitar sua conversão) de converter a situação fática (união estável) em casamento. E quando assim sinalizou, deixou devidamente estabelecido que esta "união"[2] não é igual ao casamento (não se convertem coisas iguais) mas que, para gozar de todos os direitos e prerrogativas do casamento precisa ser convertida em casamento[3].

Ou seja, o texto constitucional era claro na ideia de diferenciar as duas realidades (bastando ler a dicção do art. 226, § 3º) e o espírito dos redatores da Constituição Federal de 1988 pendia na mesma direção sendo suficiente, para tal, examinar o texto do relatório final do Projeto do novo Código Civil, elaborado pelo Deputado Ricardo Fiuza, que assim dispunha: "as diretrizes imprimidas à elaboração do Projeto, fiéis, nesse ponto, às regras constitucionais e legais vigorantes, (...) impõem um tratamento diversificado, no plano sucessório, das figuras do cônjuge supérstite e do companheiro sobrevivo, notadamente se ocorrer qualquer superposição ou confusão de direitos à sucessão aberta." Logo, a postura que assumimos, quando da promulgação do

[1] "Art. 226. *A família, base da sociedade, tem especial proteção do Estado.*

....

§ 3º. Para efeito da proteção do Estado, é reconhecida união estável entre o homem e a mulher como entidade familiar, devendo a lei facilitar sua conversão em casamento."

[2] O termo "união estável" empregado pelo constituinte e de 1988, refere-se à união livre entre homem e mulher desimpedidos. Ora, se é "livre" porque desvinculada do ambiente normativo que domina a matéria do Direito de Família, não pode ser "estável". O que é "livre", por natureza, foge dos estritos ditames legais e, por isso mesmo, pode facilmente cair na instabilidade. A doutrina estrangeira, com razão, sempre encarou este tipo de união, com reserva, porque, estruturada na total liberdade dos companheiros, pode ser dissolvida a qualquer momento, mesmo que o motivo seja torpe. Logo, o correto seria nomear esta união como "livre". União livre, ou "união de fato", mas não união estável, como pretendeu o constituinte de 1988. A sua fragilidade é tão notória que o constituinte precisou agregar o adjetivo "estável" à união para cercá-la de maior autoridade e mais fácil reconhecimento no mundo jurídico.

[3] No mesmo sentido a doutrina de Flávio Tartuce: "Diante do que consta do texto constitucional, sempre nos filiamos ao entendimento segundo o qual a união estável *não seria igual* ao casamento, uma vez que institutos iguais não se convertem um no outro. Justamente por isso é que havia um tratamento diferenciado no tocante ao Direito das Sucessões." (TARTUCE, Flávio. *Direito das Sucessões*, 13ª ed., p. 279) embora se posicione diversamente após a decisão do STF que reconheceu a inconstitucionalidade do art. 1.790 do Código Civil, quando a união estável foi equiparada ao casamento para os fins sucessórios.

(novo) Código Civil, em 2002, retratava a manifesta intenção do legislador em diferenciar o tratamento sucessório do companheiro em relação ao cônjuge, face às diferenças existentes entre as duas realidades.

Antes da conversão esta "união" é reconhecida pela lei como fato capaz de gerar efeitos jurídicos, mas não goza de todos os atributos da sociedade conjugal. Prova do aqui afirmado ocorre nas ações de partilha de bens na ruptura da união estável; antes de requerer a partilha do patrimônio os companheiros precisam provar a ocorrência da união (por falta de documento formal comprobatório de sua união) promovendo a ação de reconhecimento de união estável, para em momento posterior pretender a divisão do patrimônio amealhado.

A união estável, na objetiva definição de Glanz, é "a união duradoura entre homem e mulher formadora de família sem casamento"[4]. União à margem do casamento, mas como formação social inquestionável, não mais poderia ser marginalizada pela Constituição.

Com a conquista de seu reconhecimento no ambiente constitucional, este microssistema, que girava fora do reconhecimento do mundo jurídico, foi apreendido pelo direito infraconstitucional, o que se efetivou, primeiramente, com a publicação de duas leis (8.971/1994 e a Lei 9.278/1996) e, posteriormente, com a redação do novo Código Civil de 2002. O microssistema, que orbitava fora do Direito, ganhou assento e reconhecimento (ainda que limitado) no sistema codificado, no Título III, do Livro de Direito de Família, sob a denominação de União Estável (arts. 1.723[5]a 1.727). Nestes artigos o legislador definiu a união estável (art. 1.723), estabeleceu os deveres dos companheiros (art. 1.724), enfrentou a questão das relações patrimoniais (art. 1.725), apresentou meio de operacionalizar a conversão da união estável em casamento (art. 1.726) e reafirmou a diferença entre concubinato e união estável (art. 1.727).

A mera leitura dos artigos invocados deixa claro o esforço do legislador em assimilar esta nova figura, agora jurídica, embora se socorrendo dos elementos caracterizadores do casamento (que o constituinte guindou como modelo

4 GLANZ, Semy. *União estável*. In: RT 676/15.

5 "Art. 1.723. É reconhecida como união entidade familiar a união estável entre o homem e a mulher, configurada na convivência pública, contínua e duradoura e estabelecida com o objetivo de constituição de família."

primeiro e essencial de vínculo jurídico entre um homem e uma mulher). Assim, a título de exemplo do aqui afirmado, quando estabelece os deveres entre companheiros (art. 1.724) se reporta aos deveres de ambos os cônjuges no casamento (art. 1.566) como, igualmente, ao tratar das relações patrimoniais entre os companheiros (art. 1.725) se socorre, sem vacilar, do regime da comunhão parcial de bens (art. 1.658), que é o regime legal hoje vigente no Brasil, salvo *"contrato escrito entre os companheiros"*. A propósito, a exceção da possibilidade de contrato escrito entre os companheiros, (portanto, diverso do regime de comunhão parcial) é prova cabal de que legislador reconhece expressamente a liberdade dos companheiros em determinar as regras que regem a sua união.

Como já tivemos oportunidade de afirmar[6] – e nunca é demais repetir – o que caracteriza a união de fato é a sua liberdade. Uma liberdade que nasce no mundo fático, mas que desagua inevitavelmente no mundo jurídico (no momento da ruptura, ou da desunião). O que caracteriza a união de fato (livre, ou estável, como quiserem), o que faz realmente a sua essência é a sua liberdade: liberdade de constituição, liberdade de organização, mas, sobretudo, liberdade de dissolução.

Logo, quem opta pela união de fato, está fazendo uma escolha de não aceitação da normatividade (regras do Direito de Família) como meio regulador e determinador dos seus interesse privados. É a supremacia dos interesses egoísticos dos companheiros que se sobrepõe à norma geral de conduta (Direito de Família) estabelecida para reger os interesses maiores da sociedade. As relações dos companheiros pertencem ao domínio no "não direito", do "não jurídico", escapando ao constrangimento e à regulamentação.

Estranhamente, porém (na medida em que materializa uma gritante contradição de escolha feita pelos companheiros) quando ocorre a dissolução da união de fato, os companheiros não vacilam em invocar as regras de Direito de Família para reger seus direitos garantidores de proteção quer de ordem pessoal, quer de ordem patrimonial (direito a alimentos, direito à herança) entre outros.

[6] LEITE, Eduardo de Oliveira. *A (des) união estável*. *In:* Eduardo de Oliveira Leite (Coord.) Estudos de Direito de Família e Pareceres de Direito Civil, p. 276-277, passim.

Isto é, a fronteira entre o mundo fático e o mundo jurídico é muito tênue o que explica – em grande parte – a perplexidade que ainda domina diversos questionamentos enfrentados pelo Poder Judiciário, sem solução pacífica, quer da doutrina, quer da jurisprudência. Ou seja, a união estável apresenta uma característica fática material que se impõe, mesmo fora do Direito, e só adentra no mundo jurídico mediante uma solicitação. Dito de outra forma, não é o fato em si que produz o efeito, mas o pedido das partes envolvidas direcionado ao Poder Judiciário que desencadeia a "juridicidade" da união estável. Antes disso, ela só existe no mundo dos fatos.

2. A tentativa legislativa de apreender um fato que não quer adentrar no mundo jurídico

Nunca é demais repetir que, para aqueles que pretendem viver uma vida em comum, abrem-se duas opções: casar, organizando sua vida de acordo com a norma jurídica e submetendo-se aos direitos e obrigações daí decorrentes, ou levar vida livre – fora da normatividade própria do mundo jurídico. Nesta segunda hipótese inserem-se as uniões estáveis. Mas também é igualmente certo que o legislador não poderia desconhecer esta realidade fática que acaba atingindo, mais cedo ou mais tarde, o mundo jurídico.

Por isso, à medida que a união estável deixou de ser marginal (a partir de 1988) para se tornar uma escolha de modo de vida, o interesse do Direito cresceu por esta forma de união, correspondendo seu apogeu na tentativa de regulamentação da mera situação fática.

O crescimento inquestionável desta forma de vida em comum no caso brasileiro, fez com que o legislador reagisse colocando um freio no egoísmo e no individualismo dos companheiros, garantindo a convivência pacífica da sociedade. O que caracteriza a vida em sociedade é exatamente o limite das ações humanas que não podem encontrar no puro individualismo liberdade para vingar, sob o risco de se instaurar o caos.

Tal situação de total liberdade, contrária aos ideais sociais e jurídicos de uma sociedade organizada, encontrou limite inicial na promulgação da Lei 8.971/94 (*Regula o direito dos companheiros a alimentos e à sucessão*) que assim dispôs no seu artigo 2º:

> *"Art. 2º. As pessoas referidas no artigo anterior participarão da sucessão do(a) companheiro(a) nas seguintes condições:*
> *I – o(a) companheiro(a) sobrevivente terá direito, enquanto não constituir nova união, ao usufruto de quarta parte dos bens do de cujus, se houver filhos, ou comuns;*
> *II – o(a) companheiro(a) sobrevivente terá direito, enquanto não constituir nova união, ao usufruto da metade dos bens do de cujus, se não houver filhos, embora sobrevivam ascendentes;*
> *III – na falta de descendentes e de ascendentes, o(a) companheiro(a) sobrevivente terá direito à totalidade da herança."*

Independente das previsíveis vacilações que, naturalmente, acompanham as grandes mudanças de conduta, a união estável ganhava foros de constitucionalidade de forma a, no mínimo, não mais agasalhar nenhuma dúvida que o novo instituto era, a partir de então reconhecido no mundo jurídico brasileiro. Pela Lei, "o companheiro viúvo passou a ser convocado à herança do falecido convivente na falta de descendentes ou ascendentes, assumindo, pois, posição similar à do cônjuge, em terceiro lugar na preferência sucessória"[7].

Dois anos depois, em 1996, é promulgada nova lei – Lei 9.278/1996 (*Regula o § 3º do art. 226 da Constituição Federal*) que, na ótica de seu idealizador, o Prof. Álvaro Villaça Azevedo, veio complementar a lei anterior de 1994 o que, certamente gerou perplexidades no ambiente jurídico nacional.

Com relação ao regime de bens na união estável dispunha o art. 5º da seguinte forma:

> *"Art. 5º. Os bens móveis e imóveis adquiridos por um ou por ambos os conviventes, na constância da união estável e a título oneroso, são considerados fruto do trabalho e da colaboração comum, passando a pertencer a ambos, em condomínio e em parte iguais, salvo estipulação contrária em contrato escrito."*

E o parágrafo único do art. 7º assim dispunha:

[7] CAHALI, Francisco José e HIRONAKA, Giselda Maria Fernandes Novaes. *Direito das Sucessões. 4ª ed.*, p. 209.

"Parágrafo único. Dissolvida a união estável por morte de um dos conviventes, o sobrevivente terá direito real de habitação, enquanto viver ou não constituir nova união ou casamento, relativamente ao imóvel destinado à residência da família."

Da leitura dos dois dispositivos ressalta nítida a intenção do legislador de regulamentar a união atribuindo efeitos de segurança aos companheiros por ocasião da ruptura. Assim, em matéria sucessória, que aqui nos interessa, se a Lei 9.278/96 complementava as disposições da lei anterior (8.971/94), o(a) companheiro(a) passou a cumular, em matéria sucessória, o usufruto e a propriedade plena (previstos na Lei 8.971/94) e o direito real de habitação (previsto n Lei 9.278/96), o que ficou consagrado pela jurisprudência dos Tribunais superiores que passou a admitir a cumulação de direitos decorrentes do direito sucessório.

Ressalte-se, entretanto, que ao assim dispor em matéria sucessória, o legislador infraconstitucional deixou suficientemente claro que a sucessão dos companheiros não se confunde com a sucessão dos cônjuges, em inquestionável reprodução da intenção do constituinte de 1988 de não igualar situações diferentes de vida em comum.

Com o advento do Código Civil (2002) a matéria das uniões estáveis ganhou relevo no Título III do Livro dedicado ao Direito de Família (nos arts. 1.723 a 1.727) e no art. 1.790, o reconhecimento expresso do direito sucessório dos companheiros. Ou, como doutrinou de forma objetiva, Zeno Veloso, ao afirmar, "A Constituição de 1988 deu dignidade, mandou proteger, reconheceu a união estável entre o homem e a mulher como entidade familiar, respeitável a todos os títulos, merecedora de amparo, deferência, consideração"[8]. E a legislação infraconstitucional seguiu a mesma orientação.

Assim dispõe o art. 1.790 do Código Civil de 2002:

"Art. 1.790. A companheira ou o companheiro participará da sucessão do outro, quanto aos bens adquiridos onerosamente na vigência da união estável, nas condições seguintes:

[8] VELOSO, Zeno. *União estável – Doutrina, Legislação, Direito Comparado, Jurisprudência*, p. 109.

> *I – se concorrer com filhos comuns, terá direito a uma quota equivalente à que por lei for atribuída ao filho;*
> *II – se concorrer com descendentes só do autor da herança, tocar-lhe-á a metade do que couber a cada um daqueles;*
> *III – se concorrer com outros parentes sucessíveis, terá direito a um terço da herança;*
> *IV – não havendo parentes sucessíveis, terá direito à totalidade da herança."*

Conforme crítica por nós feita nos *Comentários ao Código Civil*[9], na edição inicial de 2003, o artigo foi equivocadamente inserido nas "Disposições Gerais" do Livro das Sucessões quando, nada tem a ver com Disposições Gerais e, muito menos, na abertura de um Livro do Código Civil.

Vencida esta crítica inicial passemos à dicção do disposto no artigo sob comento. Dúvida não há que o legislador tratou diferentemente os direitos sucessórios dos cônjuges e dos companheiros. Impõe-se aqui, novamente, a releitura do que consta no relatório final do Deputado Ricardo Fiuza ao afirmar que os direitos sucessórios do cônjuge supérstite e do companheiro sobrevivo são diferentes.

Ao se referir expressamente aos bens *adquiridos onerosamente,* o legislador silenciou sobre os bens adquiridos a título gratuito, provocando perplexidade inicialmente ressaltada pelo casal Nery: "É de se indagar se, em face da limitação do CC 1.790 *caput,* o legislador ordinário quis excluir o companheiro da sucessão desses bens fazendo com que a sucessão deles fosse deferida ao poder público"[10]. Para o casal de juristas a resposta negativa se impõe, concluindo que "a qualidade sucessória do companheiro é de sucessor legítimo..."[11].

Na mesma direção pendeu nossa posição em 2003: "não seria justo que o ente público arrecadasse todo o patrimônio do morto, em manifesto desconhecimento da vida em comum do companheiro sobrevivente com o *de cujus.* É esse interesse de ordem privada e não aquele (de ordem pública) que deve ser priorizado"[12].

9 LEITE, Eduardo de Oliveira. *Comentários ao novo Código Civil – Direito das Sucessões – arts. 1.784 a 2.027,* vol. XXI, p. 60.

10 NERY JUNIOR, Nelson e NERY, Rosa Maria de Andrade. *Código Civil Comentado. 6ª ed.*, p. 1.117.

11 NERY JUNIOR, Nelson e NERY, Rosa Maria de Andrade. Idem, ibidem.

12 LEITE, Eduardo de Oliveira. *Comentários ao novo Código Civil,* P. 69-70.

Quanto à aquisição *onerosa* pretendida pelo legislador se insurgiu a doutrina de Zeno Veloso, considerando a limitação "extremamente injusta" invocando para legitimar sua postura um exemplo típico retirado do cotidiano brasileiro: "a companheira de muitos anos de um homem rico, que possuía vários bens na época que iniciou o relacionamento afetivo, não herdará coisa alguma do companheiro, se este não adquiriu (onerosamente) outros bens durante o tempo de convivência. Ficará essa mulher – se for pobre – literalmente desamparada, a não ser que o falecido (...) tivesse feito um testamento que a beneficiasse"[13]. Em obra anterior[14], o jurista paraense, já afirmava que o artigo sob comento incidia "na eiva da inconstitucionalidade, violando princípios fundamentais, especialmente o da dignidade da pessoa humana, o da igualdade, o da não discriminação."

O argumento da inconstitucionalidade do artigo 1.790 também encontrou receptividade na voz de outros civilistas nacionais. Assim, a doutrina de Pablo Gagliano e Rodolfo Pamplona Filho[15], de Cristiano Chaves de Farias e Nelson Rosenvald[16], de Flávio Tartuce[17] e de Silvio de Salvo Venosa[18] entre outros estudiosos da matéria.

Mas será o art. 1.790 do Código Civil efetivamente inconstitucional?

É o que examinaremos a seguir.

[13] VELOSO, Zeno. *Código Civil Comentado.* (Coord. Ricardo Fiuza e Regina Beatriz Tavares da Silva) 8ª ed., p. 2.010.

[14] VELOSO, Zeno. *Direito hereditário do cônjuge e do companheiro,* p. 185.

[15] "O mal localizado, pessimamente redigido e (...) inconstitucional art. 1.790 do texto original do Código Civil brasileiro conferia à companheira(o) viúva(o) – em total dissonância com o tratamento dispensado ao cônjuge –um direito sucessório limitado aos bens adquiridos onerosamente no curso da união (o que poderia resultar na aquisição da herança pelo próprio Município) além de colocá-la(o) em situação inferior aos colaterais do morto (um tio, ou um primo, por exemplo)". *Novo Curso de Direito Civil – Direito das Sucessões, 7ª ed.,* p.236.

[16] "... onde há proteção sucessória para o cônjuge, tem de existir, por igual, para o companheiro. Pensar diferente, nesse caso, importaria em colidir, frontalmente, com a Carta Maior, fazendo pouco de seus ideais solidários" (*Curso de Direito Civil. Direito das Sucessões,* p. 281)

[17] (com relação ao § III do art. 1.790) "... há julgados que reconhecem a inconstitucionalidade dessa previsão, por colocar o companheiro em posição desfavorável em relação a parentes longínquos, com os quais muitas vezes não se têm contato social". (*Da sucessão do companheiro: o polêmico art. 1.790 do CC e suas controvérsias principais. In:* https://www.mpam.mp.br/centros-de-apoio-sp-947110907/civel/artigos/familia-e-sucessoes/2608).

[18] "Felizmente, esse dispositivo (art. 1.790) já foi, ainda que com certo retardo, extirpado de nosso ordenamento mercê sua inconstitucionalidade declarada pelo STF." (*Direito Civil. Sucessões.* 18ª ed., p. 167).

3. A declaração de inconstitucionalidade do art. 1.790 do Código Civil

A grande ocorrência de posições doutrinárias divergentes e soluções jurisprudenciais contraditórias a respeito da exata exegese do art. 1.790 do CC preparava o ambiente favorável a uma tomada de posição pelas cortes superiores, sobre o complexo tema, o que veio a ocorrer em 2017.

Com efeito, o julgamento dos Recursos Extraordinários 647.721-RS e 878.694-MG (ambos de repercussão geral), pelo Min. Luís Roberto Barroso resolveu – em termos – as indagações que afligiam o mundo jurídico nacional. Com efeito, a ementa inicial (maio de 2015) do Recurso 878.694-MG, assim dispunha: "possui caráter constitucional a controvérsia acerca da validade do art. 1.790 do Código Civil que prevê ao companheiro direitos sucessórios distintos daqueles outorgados ao cônjuge pelo art. 1.829 do mesmo Código. Questão de relevância social e jurídica que ultrapassa os interesses subjetivos da causa. Repercussão geral reconhecida."

A Associação de Direito de Família e das Sucessões (ADFAS) e o Instituto Brasileiro de Direito de Família (IBDFAM) participaram na qualidade de *amicus curiae* (amigo da Corte) nesses julgamentos emblemáticos, que terminaram por igualar os regimes sucessórios da união estável e do casamento.

Em 31 de agosto de 2016, o Supremo Tribunal Federal começou a julgar a controvérsia, em sede de repercussão geral. Em 2017 o julgamento retomou com decisão e tese firmada neste sentido: "No sistema constitucional vigente, é inconstitucional a distinção de regimes sucessórios entre cônjuges e companheiros, devendo ser aplicado, em ambos os casos, o regime estabelecido no art. 1.829[19] do CC/2002."

A ementa da importante decisão assim dispôs:

> "Direito constitucional e civil. Recurso extraordinário. Repercussão geral. Inconstitucionalidade da distinção de regime sucessório entre

[19] "*Art. 1.829. A sucessão legítima defere-se na ordem seguinte:*
I – *aos descendentes, em concorrência como cônjuge sobrevivente, salvo se casado este com o falecido* no *regime da comunhão universal, ou no da separação obrigatória de bens (art. 1.640, parágrafo* único); ou *se, no regime da comunhão parcial, o autor da herança não houver deixado bens parti*culares;"

> cônjuges e companheiros. 1. A Constituição brasileira contempla diferentes formas de família legítima, além da que resulta do casamento. Nesse rol incluem-se as famílias formadas mediante união estável.. 2. Não é legítimo desequiparar, para fins sucessórios, os cônjuges e os companheiros, isto é, a família formada pelo casamento e a família formada pela união estável. Tal hierarquização entre entidades familiares é incompatível com a Constituição. 3. Assim sendo, o art. 1.790 do Código Civil, ao revogar as Leis nºs. 8.971/94 e 9.278/96 e discriminar a companheira (ou companheiro), dando-lhe direitos sucessórios bem inferiores aos conferidos à esposa (ou ao marido), entra em contraste com os princípios da igualdade, da dignidade humana, da proporcionalidade com vedação à proteção deficiente e da vedação do retrocesso. 4. Com a finalidade de preservar a segurança jurídica, o entendimento ora afirmado é aplicável apenas aos inventários judiciais em que não tenha havido trânsito em julgado da sentença de partilha, e às partilhas extrajudiciais em que ainda não haja escritura pública.5. Provimento do recurso extraordinário. Afirmação em repercussão geral, da seguinte tese: 'No sistema constitucional vigente, é inconstitucional a distinção de regimes sucessórios entre cônjuges e companheiros, devendo ser aplicado, em ambos os casos, o regime estabelecido no art. 1.829 do CC/2002." (STF, Recurso Extraordinário 878.694/MG, Tribunal Pleno, Rel. Min. Luís Roberto Barroso, j. 10.05.2017, pulicado no *Informativo* nº 864 da Corte).

Em que pese a acurada análise do STF em pôr fim à enorme polêmica que dividia não só a doutrina nacional mas, igualmente, os julgamentos conflitantes entre os Tribunais estaduais, o *decisum* não correspondeu às expectativas, nem da ADFAS, nem do IBDFAM, na medida em que igualou realidades dicotômicas, notoriamente reconhecidas pelo texto constitucional que, no art. 226 admite diversas espécies de entidades familiares (ou melhor, diversas formas de conjugalidade, na nossa visão familiarista). Mas em embargos de declaração, há de se reconhecer que a ADFAS foi vitoriosa, ao ser consagrada sua tese de que a autonomia da vontade deve ser conservada às pessoas, na escolha da união conjugal ou estável, sendo conservada a liberdade testamentária dos companheiros, sem a incidência do art. 1.845 do Código Civil, ou seja, sem a aplicação do instituto da herança necessária à união estável, sendo facultado aos companheiros o testamento excludente[20].

Com efeito, assim se manifestou a presidente da ADFAS, Regina Beatriz Tavares da Silva afirmando que: "Se a Constituição determina que dois caminhos levam a um mesmo lugar, isto é, se tanto o casamento como a união estável formam entidades familiares, o legislador tem ampla margem para disciplinar cada um desses caminhos de modo a permitir que as pessoas que queiram atingir o destino – a constituição de entidade familiar – tenham à sua disposição alternativas reais, e não apenas aparentes, de caminhos a escolher"[21].

De igual forma manifestou-se Rodrigo da Cunha Pereira, na qualidade de presidente do IBDFAM afirmando que o entendimento do STF redundou em interferência indevida do Estado nas relações familiares, pelo que "acabou a liberdade de não casar"[22]. A liberdade de opção – própria da dignidade humana – fica bem resgatada quando Cunha Pereira afirma "Se estou vivendo com alguém, quero fugir das regras rígidas do casamento, busco uma alternativa a ele para constituir minha família (...) Com essa decisão, as uniões estáveis tornaram-se um casamento forçado." E sobre a repetida tentativa (com resultado sempre questionável) arremata: "... a regulamentação da união estável é mesmo paradoxal: quanto mais é regulamentada para aproximá-la do casamento, mais se afasta de sua ideia original, que é exatamente não s submeter a determinadas regras."

Ambas as críticas são plenamente procedentes e merecem reflexão vez que, é sabido, a Constituição reconheceu a união estável como entidade familiar mas não a igualou ao casamento. São entidades familiares distintas. Nesse

20 TAVARES DA SILVA, Regina Beatriz. A liberdade testamentária de quem vive em união estável. Disponível em http://adfas.org.br/2020/05/06/liberdade-testamentaria-de-quem--vive-em-uniao-estavel/, acesso em 1.08.2020. Ao julgar dois Embargos de Declaração, sendo que os da ADFAS pugnavam pela não aplicação do art. 1.845, CC, no RE 646721, sendo relator, Min. Roberto Barroso, Pleno, j. 26/10/2018, Dje 10.12.2018, ficou esclarecida a inaplicabilidade do instituto da herança necessária na união estável.

21 TAVARES DA SILVA, Regina Beatriz. *Regime sucessório da união estável não é inconstitucional*. Disponível em: http://www.conjur.com.br/2017-mai-19/regime-sucessorio-uniao-estavel-nao--inconstitucional. Acesso em 15 de junho de 2020.

22 PEREIRA, Rodrigo da Cunha. *STF acabou com a liberdade de não casar ao igualar união estável ao casamento*. Disponível em: http://www.conjur.com.br/2017-mai-19/rregime-sucessorio--uniao-estavel-nao-inconstitucional. Acesso em 15 de junho de 2020.

sentido, a dicção do art. 226 é claríssima e não admite exegese quer extensiva, quer restritiva: a união estável e uma espécie de entidade familiar convivendo ao lado de outras (casamento, família monoparental, etc.), portanto, por questão de logicidade, não se pode igualar a união estável ao casamento. São realidades dicotômicas e que têm por premissa objetivos diversos. A propósito, os votos divergentes dos ministros Marco Aurélio, Dias Toffoli e Ricardo Lewandowski, embora vencidos, revestem-se de transcendental importância na análise da matéria[23].

O Ministro Dias Toffoli assim justificou o seu voto pelo desprovimento dos recursos: "a liberdade e a autonomia da vontade dos conviventes hão de ser respeitadas e não foi por outro motivo que o casamento civil passou a ser questionado a partir da década de 1960, principalmente pelos jovens, que passaram a entender que deveria existir maior liberdade nas relações familiares."

O argumento é plenamente sustentável quer na sua vertente histórica (a revolução de maio de 68[24] tinha como corolário básico a liberdade nas relações familiares e, também, a liberdade total de optar pela forma de viver independente de padrões (burgueses) pré-estabelecidos, quer na vertente ideológica que não mais reconheceu o casamento como a única forma de vida em comum.

Além do mais, como reiteradamente por nós afirmado, quem opta pela união estável "está fazendo uma escolha de não aceitação da normatividade (regras de Direito de Família) como meio regulador e determinador de seus interesses privados. É a supremacia dos interesses pessoais dos companheiros que se sobrepõe à norma geral de conduta (Direito de Família) estabelecida para reger os interesses maiores da sociedade[25]. Isto quer dizer que, "enquanto

[23] Por questões de ordem espacial os votos dos Ministros citados deixam de ser transcritos na sua integralidade, sendo apenas reproduzidos nas passagens mais relevantes ao aqui analisado.

[24] Ver, nesse sentido, nosso trabalho – *Origem e evolução do casamento* – especialmente a Parte III, Capítulo I, Seção III. Nesta passagem do livro afirmamos: "... na medida em que a concepção de casamento se transmuda, passando da antiga noção de sacrifício para a noção de total companheirismo (...) unir-se a alguém e ter filhos passou a ser encarado com absoluta naturalidade, sem preconceitos, sem tabus, sem *partis pris*, ou ideias pré-concebidas" (Obra citada, p. 333). No mesmo sentido, Philipe Ariès. História social da criança e da família, p. 47 em diante.

[25] LEITE, Eduardo de Oliveira. *A (des)união estável*. *In:* Estudos de Direito de Família e Pareceres de Direito Civil, p. 279.

no casamento os cônjuges se obrigam a ter uma vida em comum, cujo conteúdo essencial o Código Civil modela"[26], na união estável, a ocorrência de uma pura relação de fato define-se pela existência, ou seja, o que na comunhão conjugal representa deveres fundamentais dos cônjuges (coabitação, assistência recíproca, etc.) na união estável não corresponde à imposição de deveres. "Os companheiros não têm obrigação de vida em comum (tanto é que o art. 1.724 silenciou sobre esta obrigação) de modo que esta se assenta na vontade do casal cotidianamente renovada"[27].

Como bem apreciado pelo Min. Dias Toffoli, "Embora criterioso e bem fundamentado o voto do Min. Relator, após nova reflexão sobre o conteúdo dos autos e da questão central posta no extraordinário, com a devida vênia, penso não existir a inconstitucionalidade apontada." E, mais adiante, reafirmando a diferença dos dois institutos: "A parte final do § 3º do art. 226 da Constituição da República, ao estabelecer que a lei facilitará a conversão da união estável em casamento deixou claro que 'uma coisa é uma coisa e outra é outra coisa"[28].

O argumento invocado pelo Min. Marco Aurélio também merece cuidadosa apreciação já que tangencia questão não menos delicada e que pode gerar efeitos desastrosos decorrentes da equiparação da sucessão na união estável à sucessão no casamento. Diz ele, "a prevalecer a ótica direcionada (da equiparação dos institutos) é possível que ocorram efeitos perversos e contrários à proteção da união estável e aos casais companheiros."

[26] OLIVEIRA, José Lamartine Correa de e MUNIZ, Francisco José Ferreira. *Direito de Família (Direito matrimonial)*, p. 79.

[27] LEITE, Eduardo de Oliveira. Obra citada, ibidem. E José Lamartine Correa de Oliveira e Francisco José Ferreira Muniz. Obra citada, ibidem.

[28] Nesse sentido já havia se manifestado o Min. Barbosa Moreira: "A norma do § 3º do art. 226 de maneira alguma atribuiu ao homem ou à mulher, em união estável, situação jurídica totalmente equiparada à de homem casado ou à de mulher casada. Ao admitir-se tal equiparação, teria desaparecido por completo a diferença entre união estável não formalizada e o vínculo matrimonial. Isso, porém, é insustentável à luz do próprio texto: se as duas figuras estivessem igualadas, não faria sentido estabelecer que a lei deve facilitar a conversão da união estável em casamento. Não é possível converter uma coisa em outra, a menos que sejam desiguais: se já são iguais, é desnecessário e inconcebível a conversão". (TJ-RJ, Ac. un. da 5ª CC, de 06.08.1991, Ap. nº 1.123/911, Rel. Des. Barbosa Moreira. In: ADV- Seleções Jurídicas. *O direito de Família nos Tribunais*, vol. IV, Concubinato, p. 16. Igualmente em nossos *Comentários*, p. 58.

Com efeito, a decisão do STF compele os companheiros a assumir a postura de cônjuges quando é sobejamente sabido que a pretensão de quem optou pela união estável vai em sentido diametralmente oposto. Aqui sim poder-se-ia falar em inconstitucionalidade, pois a decisão está obrigando os companheiros a se inserir em modelo por eles rejeitado, por eles não querido.

Por isso, arremata Regina Beatriz Tavares da Silva, com total procedência: "Ao tomarem notícia da novidade (...) trazida pela decisão do STF, que impõe aos companheiros o mesmo regime sucessório do casamento civil, é mais provável que os companheiros não queiram casar e que por isso vivam em união estável, acabem se casando, ou, receosos e pressionados pela exacerbada gravidade que a relação acaba de adquirir graças ao STF, acabem, isto sim, dissolvendo a relação. Se a segunda opção for a que soar mais provável, o leitor pode começar a vislumbrar os perversos efeitos da decisão"[29].

A posição do Min. Ricardo Lewandowski (RE 646.721-RS) também merece reflexão na medida em que resgata, com absoluta procedência, o fundamento diverso da união estável e do casamento. Assim: "... a mim me parece que há uma clara distinção entre essas duas situações, entre esses dois institutos (...) que ficou consignada, a meu ver de maneira cristalina, no art. 226, § 3º da Constituição. (...) Ou seja, (...) o constituinte distinguiu entre esses dois institutos distintos, claramente distintos (...) Então, essa distinção que o constituinte fez (...) justifica o tratamento diferenciado no que diz respeito ao regime sucessório das pessoas que optam por uma dessas duas situações ou por um desses dois regimes." E, finalizando seu raciocínio, "eu entendo, mais uma vez, que nós devemos deferência ao legislador, *in dubio pro legislatore.*"

Embora votos vencidos, as posições sustentadas respeitaram a intenção do constituinte de 1988 que, em momento algum pretendeu equiparar ou igualar situações dicotômicas e que, por isso mesmo, merecem tratamento diferenciado, sob risco de se comprometer a validade do texto constitucional.

[29] TAVARES DA SILVA, Regina Beatriz. Obra citada, p. 2/6.

4. O direito sucessório dos companheiros de 2002 a 2017

Durante 15 (quinze) anos, a saber da data da entrada em vigor do novo Código Civil de 2002 até a declaração de inconstitucionalidade (em 2017) do art. 1.790 do mesmo Código, o direito sucessório dos companheiros passou a ser regido pelas disposições do art. 1.790. Ou seja, o legislador de 2002, seguindo a orientação do constituinte de 1988, cindiu os direitos sucessórios em dois núcleos distintos: para os companheiros aplicava-se o disposto no art. 1.790 e para os cônjuges, o disposto no art. 1.829.

Em linhas gerais, como bem apreciou Carlos Roberto Gonçalves, o disposto no art. 1.790 "restringe o direito do companheiro aos bens que tenham sido *adquiridos onerosamente* na vigência da união estável; faz distinção entre a concorrência do companheiro com filhos comuns ou só do falecido; prevê o direito apenas à metade do que couber aos que descenderem apenas do autor da herança e estabelece um terço na concorrência com herdeiros de outras classes que não os descendentes do falecido; não beneficia o companheiro com quinhão mínimo na concorrência com os demais herdeiros nem o inclui no rol dos herdeiros necessários; concorre com um terço também com os colaterais e só é chamado a recolher a totalidade da herança na falta destes. O cônjuge, porém, prefere aos parentes, da linha transversal com exclusividade"[30].

Embora a matéria já se encontre vencida pela declaração de inconstitucionalidade (em 2017) a análise – resumida – dos argumentos e críticas veiculados durante o período apreciado merece análise na medida em que o material doutrinário gerado durante estes quinze anos serviu, também, de parâmetro aos elementos invocados pelo STF quando da apreciação da alegada inconstitucionalidade do art. 1.790.

Dispõe o *caput* do art. 1.790:

> *"A companheira ou o companheiro participará da sucessão do outro, quanto aos bens adquiridos onerosamente na vigência da união estável, nas condições seguintes"*

[30] GONÇALVES, Carlos Roberto. *Direito Civil brasileiro.7. Direito das Sucessões*, p. 190-191.

A limitação do direito hereditário do companheiro aos bens adquiridos onerosamente durante a união estável gerou imediata reação do mundo jurídico brasileiro que via aí tratamento discriminatório inaceitável entre as duas categorias de relacionamento. Assim, "Não se compreende a limitação do direito hereditário do companheiro aos bens adquiridos onerosamente (...) quando se considera que o companheiro já tem direito de meação sobre tais bens, em face do regime da comunhão parcial previsto no art. 1.725[31] do Código Civil. Deveria beneficiar-se da herança, isto sim, apenas sobre os bens particulares do falecido, exatamente como se estabelece em favor do cônjuge sobrevivente (art. 1.829)"[32]; o art. 1.790 do Código Civil "em total dissonância com o tratamento dispensado ao cônjuge – um direito sucessório limitado aos bens adquiridos *onerosamente* no curso da união (...) além de colocá-la(o) em situação inferior aos colaterais do morto..."[33]; ainda: "... o *caput* do comando enunciava que somente haveria direitos quanto aos *bens adquiridos onerosamente* durante a união (...) em total discrepância no tocante ao cônjuge..."[34]; ainda: "onde há proteção sucessória para o cônjuge, tem de existir por igual, para o companheiro. Pensar diferente, nesse caso, implicaria em colidir, frontalmente, com a Carta Maior, fazendo pouco de seus ideais solidários"[35].

Como se pode perceber todas as críticas invocadas socorrem-se da premissa da igualdade entre união estável e casamento o que fica perfeitamente afastado quer pelo texto constitucional, quer pelo texto infraconstitucional (que seguiu a orientação da Constituição Federal de 1988).

Como bem resgatou o voto do Min. Dias Toffoli, na exposição de motivos do art. 1.790, ficou explicitado que:

[31] Resgate-se, entretanto, que o teor do art. 1.725 invocado pelo autor refere-se ao regime de comunhão parcial de bens, quando não houver contrato escrito entre os companheiros optando por outro regime de bens. Logo, a comunhão parcial de bens não é sempre aplicada às uniões estáveis. Além do mais a analogia em relação aos bens particulares do falecido foi prevista para o cônjuge sobrevivente e não para os companheiros.

[32] OLIVEIRA, Euclides de. *Concorrência sucessória e a nova ordem de vocação hereditária.* In: Revista Brasileira de Direito de Família, vol. 29, p. 39.

[33] GAGLIANO, P.S. e PAMPLONA FILHO, R. Obra citada, p. 236.

[34] TARTUCE, Flávio. Obra citada, p. 285,286.

[35] FARIAS, C.C. de e ROSENVALD, N. Obra citada, p. 281.

> "... as diretrizes imprimidas à elaboração do Projeto, fiéis nesse ponto às regras constitucionais e legais vigorantes, aconselham, ou melhor dizendo, **impõem um tratamento diferenciado, no plano sucessório, das figuras do cônjuge supérstite e do companheiro sobrevivo,** notadamente se ocorrer qualquer superposição ou confusão de direitos à sucessão aberta."[36] (Grifamos)

Ou seja, "Poderia o legislador ter optado em fazer a união estável equivalente ao casamento em matéria sucessória, mas não o fez. Preferiu estabelecer um sistema sucessório isolado, no qual o companheiro supérstite nem é equiparado ao cônjuge (...) embora haja o reconhecimento constitucional, as semelhanças entre o casamento e a união estável restringem-se apenas aos elementos essenciais"[37].

Também no documento sobre a Memória Legislativa do Código Civil constata-se que o Congresso não equiparou os efeitos sucessórios para os dois institutos. Assim:

> "É de se reconhecer que persiste uma certa desigualdade de tratamento sucessório entre os cônjuges no regime matrimonial e entre os companheiros numa união estável (...) o companheiro sobrevivente de uma união estável não se beneficiará dos mesmos direitos sucessórios atribuídos ao cônjuge sobrevivo (...) não se pode admitir que o convivente tenha tratamento privilegiado em relação ao cônjuge, *mesmo porque este não foi o espírito do constituinte de 1988*"[38].

Por derradeiro, não se pode olvidar – como fizemos questão de frisar na primeira parte deste estudo – que a característica da união estável, o que move a opção dos companheiros à união estável, é a mais absoluta liberdade de organizar seu relacionamento sem se submeter aos ditames formais do casamento. Ora, se esta é a premissa fundamental não há como equiparar ou igualar a união estável ao casamento. São entidades familiares

[36] Voto do Min. Dias Toffoli no RE 878.694/MG, p. 5.

[37] VENOSA, S. de S. Obra citada, p. 159.

[38] PASSOS, Edilenice; LIMA, João Alberto de Oliveira. *Memória Legislativa do Código Civil: Tramitação na Câmara dos Deputados.* Segundo Turno. Vol. 4, p. 72-74.

distintas como clara e inquestionavelmente desejado pelo constituinte de 1988 (Art. 226, § 1º e § 3º).

> **"I – se concorrer com filhos comuns, terá direito a uma quota equivalente à que por lei for atribuída ao filho;**
>
> **II – se concorrer com descendentes só do autor da herança, tocar-lhe-á a metade do que couber a cada um daqueles;"**

Afastada a polêmica quanto à redação destes incisos – que se refere aos *filhos* (inciso I) enquanto o inciso II se refere aos *descendentes*, a exegese dos referidos incisos sempre gerou enorme polêmica no meio jurídico brasileiro o que é constatável na existência de, pelo menos, quatro correntes distintas que procuraram determinar a *ratio* dos dispositivos sob comento.

Para uma primeira corrente[39], tanto se o(a) companheiro(a) concorresse com descendentes comuns (de ambos) ou se concorresse com descendentes só do autor da herança (descendente exclusivo) todos (comuns e exclusivos) seriam tratados como se fossem comuns. Sob esta perspectiva o(a) companheiro(a) ficava em situação privilegiada já que concorrendo com quota igual a dos descendentes.

Mas não era esta a dicção do art. 1.790, que estabelecia regimes sucessórios diferentes para situações diferentes.

Conforme tivemos oportunidade de apreciar, quando da entrada em vigor do novo Código Civil (2002), se o(a) companheiro(a) supérstite concorre com filhos comuns tem direito à mesma quota atribuída aos filhos. Tudo indica "que a quota a que se refere o art. 1.790, I, equivale à mesma proporção a que se refere o art. 1.829,I, quando trata da ordem de vocação hereditária"[40].

Assim, se da união estável resultou o nascimento de 3 (três) filhos e a mãe é a companheira supérstite, tocará um quarto para cada um dos 4 (quatro) herdeiros.

[39] São adeptos deste entendimento: Caio Mario da Silva Pereira, Christiano Cassetari, Francisco Cahali, Inácio de Carvalho Neto, Jorge Fujita, José Fernando Simão, Luiz Paulo Vieira de Carvalho, Maria Berenice Dias, Maria Helena Daneluzzi, Marcelo Truzzi Otero, Mário Delgado, Roberto Senise Lisboa, Rodrigo da Cunha Pereira, Rolf Madaleno e Silvio de Salvo Venosa.

[40] LEITE, Eduardo de Oliveira. *Comentários ao novo Código Civil*, p. 72.

Quanto ao inciso II, "a concorrência com descendentes só do autor da herança lhe atribui direito apenas à metade do que couber àqueles filhos, partindo-se do pressuposto que a ausência de filiação comum lhe dá direito 'pela metade"[41].

Mas ainda ficava o crucial questionamento: E se o(a) companheiro(a) concorrer com filhos comuns e exclusivos do falecido? "Não houve previsão legal para a hipótese, mas tudo indica que a solução pode ser encontrada no inciso II do mesmo art. 1.790. Assim, se os filhos são comuns, recebe o(a) companheiro(a) a quota equivalente à dos filhos; se, ao contrário, concorre com filho só do falecido (diz-se, exclusivo) terá direito à metade do que àqueles for atribuído e por lei, por não ser genitor(a) daqueles descendentes"[42].

Para uma segunda corrente[43], concorrendo o(a) companheiro(a), ao mesmo tempo, com descendentes comuns e exclusivos do autor da herança, consideram-se todos os descendentes como se fossem exclusivos, só do autor da herança. O argumento invocado pelos defensores desta corrente é muito simples; como a sucessão é do falecido, os descendentes devem ser tratados como se fossem só dele, só do falecido. Embora a exegese faça *tabula rasa* da dicotomia existente entre os dois incisos (com disposições diferentes) a proposta foi bem aceita – especialmente na jurisprudência nacional – a partir da ideia que entre tutelar o interesse do(a) companheiro(a) e filhos, deve-se sempre preferir estes últimos, uma vez que o(a) companheiro(a) já estaria beneficiado com a metade da quota atribuída aos descendentes.

Para uma terceira corrente, seguida por Mário Roberto Carvalho de Faria, havendo concorrência com filhos comuns e exclusivos aplicar-se-ia o inciso III do art. 1.790 do Código Civil, por meio de uma interpretação extensiva à expressão *outros parentes sucessíveis,* constante no art. 1.790. Esta corrente afasta a incidência dos incisos I e II (por tratarem de situações específicas) e favorece a aplicação do inciso III, embora incorrendo em manifesta desvantagem do(a) companheiro(a) supérstite que só teria direito a 1/3 (um terço) da herança.

41 LEITE, Eduardo de Oliveira. *Comentários...*, p. 74.

42 LEITE, E. de O. *Comentários...*, p. 74 (com as alterações feitas na última edição).

43 São adeptos deste entendimento: Euclides de Oliveira, Gustavo René Nicolau, Maria Helena Diniz, Sebastião Amorim e Zeno Veloso.

Para a quarta corrente[44], o impasse se resolve por meio de fórmulas matemáticas. A Fórmula Tusa foi apresentada por seu idealizador, Gabriele Tusa, em 2005 e está baseada no critério da ponderação. Na mesma esteira de Gabriele Tusa, a fórmula empregada por Flávio Monteiro de Barros também partia de uma premissa matemática, baseada em duas fases de cálculo, o que dificultava sobremaneira sua aplicação prática nas situações concretas levadas ao Poder Judiciário. Talvez o dado matemático, ao qual os juristas não estão afeitos, tenha afastado as duas propostas na operacionalização dos problemas gerados pela concorrência dúplice.

A diversidade de propostas apresentadas revela, de forma cabal, que a concorrência do(a) companheiro(a) com os demais descendentes, nunca adentrou no terreno da pacificação, nem no terreno doutrinário e, muito menos, no jurisprudencial, revelando falhas quer na redação do art. 1.790, quer na clareza de suas intenções sempre provocadoras das mais diversas exegeses, geradoras de insegurança jurídica.

"III – se concorrer com outros parentes sucessíveis, terá direito a 1/3 (um terço) da herança;"

No inciso III, o art. 1.790 apresenta disposição nova, não encontrável na legislação anterior, ao deferir ao companheiro(a), concorrendo com outros parentes sucessíveis, o direito a um terço da herança.

Conforme, igualmente, nossa doutrina manifestada em 2003, o inciso é justificável, na medida em que prioriza a pretensão do(a) companheiro(a) que, na ótica do codificador, contribuiu na aquisição do patrimônio. Mas, também de acordo com crítica por nós levantada em 2003, "causa, porém, espécie, quando se refere ao direito de um terço da herança em inquestionável retrocesso, pois, se na união estável, a regra às relações patrimoniais é o regime da comunhão parcial de bens (art. 1.725), o direito do(a) companheiro(a) no direito sucessório diz respeito à metade do patrimônio e não, certamente, a um terço"[45]. Esta crítica inicial foi retomada pela

[44] Representada por Gabriele Tusa (chamada "Fórmula Tusa") e por Flávio Augusto Monteiro de Barros.
[45] LEITE, Eduardo de Oliveira. *Comentários...*, p.76.

quase totalidade dos doutrinadores nacionais que viam no citado inciso discriminação inaceitável.

Para ressaltar a crítica por nós feita, assim nos manifestamos, "causa estranheza que o(a) companheiro(a) que viveu toda uma existência ao lado do outro tenha direito a apenas um terço da herança, a favor dos outros parentes sucessíveis que, em princípio, em nada contribuíram na aquisição do dito patrimônio. Equivocou-se o legislador, talvez em decorrência do temor de atribuir ao companheiro maiores vantagens que o cônjuge"[46].

Finalmente, o inciso IV assim dispõe:

> **"IV – Na falta de descendentes e ascendentes, o(a) companheiro(a) sobrevivente terá direito à totalidade da herança."**

De forma mais concisa e objetiva o Código se refere à ausência de herdeiros sucessíveis (*... não havendo parentes sucessíveis...)* e repete a fórmula empregada pela Lei 8.971/94 à totalidade da herança (*...terá direito à totalidade da herança).*

Com a decisão do Supremo Tribunal Federal, o art.1.790 perde sua potencialidade e não mais de aplica às questões sucessórias decorrentes da união estável que passam, desde 2017, a ser regidas pelo disposto no art. 1.829. Resgate-se, porém, que apesar da declaração de inconstitucionalidade, o referido art. 1.790 ainda não foi revogado, o que só poderá ocorrer após manifestação do Poder Legislativo brasileiro. É forçoso, porém, reconhecer que o art. 1.790 perdeu sua aplicabilidade prática.

5. A possível concorrência sucessória entre o cônjuge e o companheiro.

A hipótese é comum no plano fático e previsível na esfera jurídica, em decorrência do disposto no art. 1.723, § 1º[47], embora não tenha sido objeto de

[46] LEITE, Eduardo de Oliveira. Idem, ibidem. No mesmo sentido o exemplo de Zeno Veloso acima citado (p. 7, nota de rodapé nº 14).

[47] *"Art. 1.723. É reconhecida como entidade familiar a união estável entre o homem e a mulher...*
§ 1º. A união estável não se constituirá se ocorrerem os impedimentos do art. 1.521; não se aplicando a incidência do inciso VI no caso de a pessoa casada se achar separada de fato ou judicialmente."

apreciação pela decisão do STF que priorizou a questão polêmica da concorrência dos filhos (descendentes) com o companheiro(a) supérstite.

A situação é comum em nosso país. Assim, um homem separado de fato pode viver em união estável com outra mulher (conforme dicção legal do art. 1.723, § 1º). Aí surge a questão: em caso de sua morte, quem irá suceder os seus bens? A esposa, com quem ainda mantém vínculo matrimonial formal (porque a separação foi fática, portanto, sem o aval da lei), ou a companheira, com quem vive efetivamente no plano material?

A ausência de dispositivo legal capaz de enfrentar o impasse provocado no mundo fático gerou, como não poderia deixar de ser, posições doutrinárias capazes de apresentar soluções viáveis e justas aos interesses das partes, sem desconsiderar o disposto no art. 1.830[48] que inadmite a concorrência à herança do cônjuge sobrevivente quando estiver separado há mais de dois anos.

Assim, uma primeira corrente, representada por Euclides de Oliveira, solucionava o impasse dividindo o patrimônio do morto em partes iguais entre o cônjuge e o companheiro[49]. A proposta tem a seu favor a ideia da divisão igualitária entre as pretendentes, mas gera um regime de mancomunhão não favorável à solução do impasse, além de fomentar permanente conflito.

Conforme já tivemos oportunidade de nos manifestar[50], em crítica à disposição constante nos arts. 1.575 e 1.581, se na separação judicial o legislador acena com a necessidade de partilhamento dos bens é para evitar qualquer resquício de manutenção condominial quanto ao patrimônio do casal, eterna fonte de conflitos. A ruptura da sociedade conjugal quer também autonomia financeira, o que só pode se atingir com o devido partilhamento dos bens do casal (embora o art. 1.581, em manifesta e criticável contradição permita o

[48] *"Art. 1.830. Somente é reconhecido direito sucessório ao cônjuge sobrevivente se, ao tempo da morte do outro, não estavam separados judicialmente, nem separados de fato há mais de 2 (dois) anos, salvo prova, neste caso, de que essa convivência, se tornara impossível sem culpa do sobrevivente."*

[49] OLIVEIRA, Euclides. Obra citada, p. 182.

[50] LEITE, Eduardo de Oliveira. *Direito Civil Aplicado – vol. 5 – Direito de Família*, p. 146-147. Entre outros argumentos invocados contra a postura do legislador nacional, assim afirmamos: "Quem milita na área de família sabe perfeitamente bem que o ponto crucial das rupturas repousa na partilha de bens, de forma que não se poderia conceder o divórcio sem antes estar resolvida a questão patrimonial (...) de nada adianta conceder o divórcio e deixar pendente a questão patrimonial (partilha) que pode se arrastar durante anos. O casal está divorciado formalmente, mas continua, de fato, vinculado pelas questões patrimoniais."

divórcio, sem que haja prévia partilha de bens). A regra do partilhamento, por óbvio, devia abranger tanto a separação quanto o divórcio.

Ora, manter a ex-esposa e a atual companheira em regime condominial de bens será fonte permanente de litígio e insegurança jurídica, o que indica o afastamento da proposta.

Uma segunda corrente, defendida por José Luiz Gavião de Almeida, solucionava o impasse invocando o princípio constante no inciso III do art. 1.790. Assim, segundo o autor, o companheiro teria direito a um terço dos bens adquiridos onerosamente durante a união estável. Os bens remanescentes seriam atribuídos ao cônjuge e aos descendentes[51].

A terceira corrente, por nós sustentada juntamente com a doutrina de Guilherme Calmon Nogueira da Gama, defende a ideia de uma exegese conciliadora. Assim: "Trata-se, sim, de, através de uma exegese conciliadora, atender às expectativas legítimas de ambas as partes interessadas na mantença de suas dignidades pessoais, num primeiro momento e, indiretamente, dos efeitos decorrentes do direito sucessório"[52]. Se os interesses em jogo são duplos, ambas as partes precisam ser atendidas pela lei, sob o risco de ai sim, ocorrer tratamento discriminatório.

Assim, a solução, na ótica de Guilherme Calmon Nogueira da Gama, "será a de considerar, nesta hipótese excepcional, que companheiro e cônjuge herdam conjuntamente a herança deixada pelo falecido, devendo-se considerar a conjunção aditiva 'e' no inciso III do art. 1.603 do Código Civil, para o fim de se deferir a sucessão legítima, desde que, é claro, não haja testamento (ou o testamento não se refira a todo patrimônio), descendente, ou ascendente"[53].

E a nossa doutrina conclusiva, "Evidentemente, o cônjuge sobrevivente não ficará privado de sua eventual meação sobre o patrimônio adquirido na constância do casamento. E o companheiro, da mesma forma e pela mesma razão, não terá direito à comunhão, já que bens adquiridos anteriormente à união estável"[54].

51 ALMEIDA, José Luiz Gavião de. *Código Civil Comentado*, vol. XVII I, p. 217.

52 LEITE, Eduardo de Oliveira. *Comentários* ..., p. 294.

53 GAMA, Guilherme Calmon Nogueira da. *Companheirismo – uma espécie de família*, p. 432.

54 LEITE, Eduardo de Oliveira. *Comentários* ..., p. 294.

A quarta corrente, sustentada por Christiano Cassetari, Maria Berenice Dias e Francisco José Cahali, atribuía todos os bens, a título de herança, para a companheira, assim concluindo em consideração ao afeto vivo que caracterizaria, fática e materialmente, a união estável. Nessa hipótese, a esposa separada de fato seria totalmente excluída da herança, o que não nos parece sustentável porque nulifica o relacionamento anteriormente existente entre marido e mulher que, até o momento da separação também devia ser dominado por afeto vivo.

Uma quinta solução é apresentada por Flávio Tartuce, a partir da proposta doutrinária de José Fernando Simão[55], conjugando a terceira e quarta correntes. Considerando a literalidade do art. 1.830 do Código Civil, bem como a orientação jurisprudencial dominante, assim doutrina Tartuce: "... a separação de fato põe fim ao regime de bens, o patrimônio do falecido deveria ser dividido em dois montes. O primeiro monte seria composto pelos bens adquiridos na constância fática do casamento. Sobre tais bens, somente o cônjuge teria direito de herança. A segunda massa de bens seria constituída pelos bens adquiridos durante a união estável. Quanto aos bens adquiridos onerosamente durante a união, a companheira teria direito à herança. Em relação aos bens adquiridos a outro título durante a união estável, o cônjuge teria direito à herança"[56].

A proposta, que reproduz em grande parte a solução por nós apresentada em 2003, nos parece sustentável porque sem cair no radicalismo criticável do tudo para o cônjuge, nada ao companheiro (ou o contrário) mantém incólume a ideia de bom senso, razoabilidade e justiça levando em consideração a ocorrência de duas situações, a do casamento e a do companheirismo, ambas devendo ser respeitadas e reconhecidas pela ordem civil, com suas peculiaridades próprias. Não se trata de se dividirem os bens, de forma igualitária, entre a esposa e a companheira, mas sim, de atribuir a cada uma o montante de bens adquiridos em cada uma das situações vivenciadas pela esposa e pela companheira, respectivamente.

[55] SIMÃO, José Fernando. *Direito Civil. Direito das Sucessões*, p. 236-237.

[56] TARTUCE, Flávio. *Direito Civil. Direito das Sucessões*, p. 311.

A questão ainda suscita sérios questionamentos confirmando a conclusão de Zeno Veloso, no sentido de que "estamos longe de ter a completa elucidação do problema que, no momento presente, está impregnado de perplexidade, confusão. Só a jurisprudência, mansa e pacífica, dará a palavra final"[57].

6. O direito sucessório dos companheiros após 2017

Com a declaração de inconstitucionalidade do art. 1.790 do Código Civil e a aplicação em ambos os casos (para cônjuges e companheiros) do sistema sucessório previsto no art. 1.829 do Código Civil, o (a) companheiro(a) passa a figurar ao lado do cônjuge na ordem de sucessão legítima.

Assim dispõe o art. 1.829 do Código Civil:

> *"A sucessão legítima defere-se na ordem seguinte:*
> *I – aos descendentes, em concorrência com o cônjuge sobrevivente, salvo se casado este no regime da comunhão universal de bens, ou no da separação obrigatória de bens (art. 1.640, parágrafo único); ou se, no regime da comunhão parcial, o autor da herança não houver deixado bens particulares;*
> *II – aos ascendentes, em concorrência com o cônjuge;*
> *III – ao cônjuge sobrevivente;*
> *IV – aos colaterais."*

Face à decisão do STF a primeira consideração que se impõe é se adequar – mediante releitura do artigo 1.829 – a redação do artigo que passa a exigir que, "onde se lê 'cônjuge' dever-se-á ler 'cônjuge ou companheiro'. Essa leitura se espraia por todo o livro de Sucessões"[58].

Se em ambos os casos, casamento e união estável, deve ser aplicado o estabelecido no art. 1.829, de imediato é possível afirmar (embora com enorme perplexidade) que o(a) companheiro(a) concorre com os descendentes

[57] VELOSO, Zeno. *Direito hereditário do cônjuge e do companheiro*, p. 97.

[58] Este é também o entendimento de José Fernando Simão: "Assim, a redação do art. 1.829, onde se lê atualmente `cônjuge` se lerá `cônjuge ou companheiro". *E então o STF decidiu o destino do art. 1.790 do CC?* (parte 2). In: Consultor Jurídico (25 de dezembro de 2016). Acesso em: 17/06/2020.

de acordo com o regime de bens adotado (art. 1.829, I), também concorre com os ascendentes, independente do regime de bens (art. 1.829, II); na falta de descendentes e ascendentes, assim como recebe a herança por inteiro (art. 1.829, III) excluindo os colaterais até o quarto grau. A restrição do *caput* do art. 1.790 – quanto aos bens adquiridos onerosamente – desaparece por força do disposto no art. 1.829 que não faz depender o direito sucessório desta exigência.

Esta primeira abordagem decorrente da decisão do STF merece melhor detalhamento para bem se compreender a extensão da modificação operada que, com a devida vênia, acabou com a união estável (e, portanto suprimiu o inciso III do art. 226 da CF/1988) equiparando-a por tudo e em tudo ao casamento.

Assim, com relação a concorrência do(a) companheiro(a) com os descendentes (art. 1.829, I) merecem destaque as seguintes considerações. O dispositivo legal gera a equivocada impressão que o cônjuge (ou companheiro, agora) concorre sempre com os descendentes – regra geral – que é, num segundo momento do inciso I "esvaziada" pelas exceções decorrentes do regime de bens adotado pelos cônjuges ou pelos companheiros.

Assim, se os companheiros adotaram, por meio de escritura pública ou contrato de convivência, o regime de comunhão universal de bens (1ª exceção do inciso I do art. 1.829) desaparece a possibilidade da concorrência. É que detentor da metade do patrimônio (meação) não lhe cabe ainda herdar parte da legítima, geradora de um *bis in idem* afastado pelo legislador. A propósito, vale aqui a ressalva de Miguel Reale, sempre atual: "quem é meeiro, não é herdeiro".

Ato imediato o legislador afasta da concorrência o cônjuge ou companheiro vivendo sob o regime de separação de bens, já que neste regime não há patrimônio comum. O cônjuge ou companheiro sobrevivente não tem direito à meação do outro, porque o regime repudia a divisão do que nunca foi comum. Além do mais, desde o momento em que a Súmula 377 do STF[59] pôs fim à polêmica da comunicabilidade dos bens aquestos no regime da separação

[59] Súmula 377 do STF: "No regime da separação legal de bens, comunicam-se os adquiridos na constância do casamento."

legal de bens (atual, art. 1.641 do CC) não há que se falar em concorrência com os demais herdeiros.

Portanto, os bens particulares de cada um (cônjuge ou companheiro) continuam pertencendo exclusivamente às categorias citadas e, quanto aos aquestos serão meeiros (em decorrência da Súmula 377) inexistindo qualquer possibilidade de concorrência com os descendentes.

Se os companheiros optarem pelo regime de comunhão parcial de bens, que, em princípio aplica-se às uniões estáveis em decorrência do disposto no art. 1.725[60], a exceção do inciso I comporta duas hipóteses distintas que geram efeitos igualmente diferentes. Se não optaram, ficaram silentes, ou se não formalizaram o regime de bens, aplica-se a comunhão parcial de bens.

A regra geral dispõe que o cônjuge ou companheiro sobrevivente não concorre com os demais descendentes, porque já meeiro (nos aquestos) quando o autor da herança não houver deixado bens particulares.

Se o autor da herança houver deixado bens particulares (a *contrario sensu* da regra geral) conclui-se que o cônjuge sobrevivente concorre com os descendentes. Neste sentido, a doutrina de Maria Helena Diniz que corrobora, sem vacilar, com a nossa doutrina. Assim afirma a civilista paulista: "... como observa Eduardo de Oliveira Leite, ao excetuar os três regimes (comunhão universal de bens, comunhão parcial de bens e separação obrigatória de bens), o legislador só abriu a possibilidade, efetivamente, do cônjuge sobrevivente concorrer como herdeiro necessário, com os descendentes quando o autor da herança houver deixado bens particulares, no regime da comunhão parcial, pois, nos demais casos, o cônjuge será meeiro ou simplesmente retomará a sua massa de bens particulares"[61].

Logo, a única hipótese possível do companheiro concorrer com os descendentes ocorre no regime da comunhão parcial de bens quando o autor da herança houver deixado bens particulares. Em todas as demais hipóteses, a possibilidade de concorrência com os descendentes fica afastada pelo legislador.

60 *"Art. 1.725. Na união estável, salvo contato escrito entre os companheiros, aplica-se às relações patrimoniais, no que couber, o regime da comunhão parcial de bens."*

61 DINIZ, Maria Helena. *Curso de Direito Civil brasileiro – 6. Direito das Sucessões*, 23. ed., p. 136.

Na concorrência com os descendentes do autor da herança, o companheiro, na qualidade de herdeiro, receberá quinhão igual ao dos descendentes e se for ascendente dos descendentes herdeiros, a sua quota não poderá ser inferior à quarta parte da herança, em decorrência do disposto no art. 1.832 do Código Civil[62].

Quanto ao inciso II, o(a) companheiro(a) será herdeiro independente do regime de bens escolhido, resguardada sua meação (de acordo com o regime de bens) o(a) companheiro(a) dividirá com os ascendentes o patrimônio deixado pelo autor da herança, sendo sua quota determinada conforme previsão expressa do art. 1.837 do Código Civil. Assim, concorrendo com ascendente em primeiro grau, ao cônjuge tocará 1/3 (um terço) da herança e se só houver um ascendente, ou se maior for aquele grau, caber-lhe-á a metade da herança.

Na falta de ascendentes e descendentes o(a) companheiro(a) terá direito à totalidade dos bens, nada cabendo aos colaterais. Os colaterais somente herdarão na ausência de companheiro(a) sobrevivente.

Como se pode perceber, os efeitos sucessórios dos companheiros deixam de pertencer à esfera privada dos mesmos, não mais se sujeitam à vontade dos companheiros e passam a ser "engessados" no sistema sucessório decorrente do casamento, por imposição do Poder Judiciário (leia-se, do Supremo Tribunal Federal). Em outras palavras, igualando cônjuges e companheiros para efeitos sucessórios, o STF "impôs uma hierarquização das entidades familiares totalmente dissonante da previsão constitucional e em total descumprimento aos princípios da liberdade de constituir família e da afetividade"[63].

A guinada radical decorrente da declaração de inconstitucionalidade do art. 1.790 e da consequente equiparação (leia-se igualdade imposta pelo STF) produz efeito totalmente distinto daquele perseguido pelo constituinte de 1988.

[62] *"Art. 1.832. Em concorrência com os descendentes (art. 1.829, inciso I) caberá ao cônjuge quinhão igual ao dos que sucederem por cabeça, não podendo a sua quota ser inferior à quarta parte da herança, se for ascendente dos herdeiros com quem concorrer."*

[63] ANDRADE, Raissa Nacer Oliveira de. *Efeitos sucessórios decorrentes da união estável, após o julgamento do Recurso Extraordinário nº 878.694 no Supremo Tribunal Federal*, p. 14/26.

7. Primeiras conclusões

A. A união estável é antes "a expressão de uma escolha dos parceiros de não se vincular aos laços do casamento"[64]. Claro está – e fica difícil interpretar de outra forma – que a recusa de se engajar aos vínculos matrimoniais revela de forma inequívoca a intenção de não submeter suas relações às leis civis, preferindo as leis da afeição e da lealdade espontânea. Por isso, o fato de se comportar como cônjuges não dá aos companheiros o direito de usufruir o estatuto do casamento. Em outras palavras: o fato de viver como pessoas casadas durante um certo lapso temporal não transforma a união de fato em uma união de direito. A prosperar este argumento estar-se-ia desconsiderando o casamento, em manifesta inconstitucionalidade;

B. A Constituição Federal reconheceu a união estável como entidade familiar mas não a igualou ao casamento. São entidades familiares distintas. Nesse sentido, a dicção do art. 226 da CF é claríssima e não admite exegese quer extensiva, quer restritiva: a união estável é uma espécie de entidade familiar convivendo ao lado de outra (casamento, família monoparental, etc.) portanto, por questões de coerência e logicidade, não se pode igualar a união estável ao casamento, assim como não se pode igualar os efeitos sucessórios decorrentes do casamento àqueles da união estável. São realidades dicotômicas e que têm por premissa intenções diversas. Logo, o tratamento diferenciado não implica em discriminação – como se tem repetido aleatoriamente – mas em mero reconhecimento de efeitos diversos a situações distintas.

C. A aplicação do regime estabelecido no art. 1.829 do CC aos efeitos sucessórios decorrentes das uniões estáveis vai gerar uma série de questionamentos aos operadores do direito, em prova manifesta de que a postura do STF não pôs fim às dúvidas suscitadas mas, gerou maior perplexidade ao já complexo tema. Assim, esta aplicação se limita

[64] MARTY-SCHMID, H. *La situation patrimoniale des concubins à la fin de l'union libre.* Etude de droit suisse, français et allemand, p. 15.

tão somente à questão sucessória entre cônjuges e companheiros ou se estende a todos os dispositivos do Livro de Sucessões? Em outras palavras: O STF ao julgar inconstitucional o art. 1.790 alçou ao patamar de herdeiros necessários os companheiros? Os companheiros poderiam afastar os efeitos sucessórios por testamento? Tudo indica que a resposta afirmativa se impõe conforme decisão do STF, posterior ao acórdão, em decorrência da interposição de Embargos de Declaração pela ADFAS, no sentido da inexistência de herança necessária na união estável, podendo o companheiro ser excluído por testamento. Matéria – reconheça-se – estar ainda longe da unanimidade desejada.

D. A decisão do STF igualou cônjuges e companheiros – ao menos quanto aos efeitos sucessórios (herança ou legado) – passando a se aplicarem aos companheiros as mesmas regras previstas aos cônjuges, de forma que, para ambas as hipóteses devem ser consideradas as disposições do art. 1.829 do Código Civil, face ao reconhecimento da inconstitucionalidade do art. 1.790 do CC. Em decorrência desse *decisum*, a nova regra passa a ser aplicada tanto para os processos judiciais de inventário em andamento, quanto para os inventários administrativos que ainda dependem da escritura de partilha. Quanto aos processos com trânsito em julgado assim como os inventários administrativos, com partilha escriturada, respeitar-se-á a coisa julgada. Diante da situação posta, onde fica a segurança jurídica face ao disposto no art. 1.787 do Código Civil?

E. Por derradeiro, pergunta-se: não teria sido melhor o STF ter se restringido apenas à inconstitucionalidade do inciso III do art. 1.790 do CC, como alertava, com total razão, a esmagadora doutrina brasileira, em vez de se reportar à integralidade do disposto naquele artigo? Assim decidindo, esta é a questão crucial, o STF resolveu os impasses decorrentes do art. 1.790 do CC ou, contrariamente à expectativa nacional, aumentou a perplexidade do mundo jurídico brasileiro? Estas e outras questões cruciais ainda aguardam respostas dos estudiosos do Direito de Família brasileiro, mas parece legítimo prever que o tão almejado consenso na complexa matéria está longe de ser atingido.

Referências

ALMEIDA, José Luiz Gavião de. *Código Civil Comentado* (Coord. De Álvaro Villaça Azevedo. São Paulo: Atlas, 2003.

ANDRADE, Raissa Nacer Oliveira de. *Efeitos sucessórios de decorrentes da união estável, após o julgamento do Recurso Extraordinário nº 878.694 no Supremo Tribunal Federal.* In: https://ambitojuridico.com.br/cadernos/direito-de-familia/efeitos-sucessorios-decorrentes--da-uniao-estavel-apos-o-julgamento-do-recurso-extraordinario-n-878-694-so-supremo-tribunal-federal/ . Acesso em: 05/06/2020.

ARIÈS, Philippe. *História social da criança e da família.* 2ª ed., Rio de Janeiro: Zahar Editores, 1981.

CAHALI, Francisco José e HIRONAKA, Giselda Maria Fernandes Novaes. *Direito das Sucessões. 4ª ed.* São Paulo: Revista dos Tribunais, 2012.

DINIZ, Maria Helena. *Curso de Direito Civil brasileiro. 6. Direito das Sucessões.* 23ª ed., São Paulo: Saraiva, 2009.

FARIAS, Cristiano Chaves e ROSENVALD, Nelson. *Curso de Direito Civil. Direito das Sucessões.* São Paulo: Atlas, 2015.

GAGLIANO, Pablo Stolze e PAMPLONA FILHO, Rodolfo. *Novo Curso de Direito Civil – Direito das Sucessões. 7ª ed.*, São Paulo: Saraiva, 2020.

GAMA, Guilherme Calmon Nogueira da. *Companheirismo – uma espécie de família.* 2. ed., São Paulo: Revista dos Tribunais, 2001.

GONÇALVES, Carlos Roberto. *Direito Civil brasileiro. 7. Direito das sucessões.* 4. ed., São Paulo: Saraiva, 2010.

LEITE, Eduardo de Oliveira. *A (des)união estável.* In: Eduardo de Oliveira Leite (Coord.) Estudos de Direito de Família e Pareceres de Direito Civil. Rio de Janeiro: Forense, 2011, p. 275-297.

LEITE, Eduardo de Oliveira. *Comentários ao novo Código Civil – Do Direito das Sucessões – arts. 1.784 a 2.027.* Rio de Janeiro: Forense, 2003.

LEITE, Eduardo de Oliveira. *Tratado de Direito de Família. Origem e evolução do casamento.* Curitiba: Juruá Editora, 1991.

LEITE, Eduardo de Oliveira. *Direito Civil Aplicado – vol. 5. Direito de Família.* São Paulo: Revista dos Tribunais, 2005.

MARTY-SCHMID, H. *La sistuation patrimoniale des concubins à la fin de l'union libre.* Etude de droit suisse, français et allemand. Genève: Librarie Droz, 1986.

NERY JUNIOR, Nelson e NERY, Rosa Maria de Andrade. *Comentários ao Código Civil. 6ª ed.*, São Paulo: Revista dos Tribunais, 2008.

OLIVEIRA, Euclides de. *Concorrência sucessória e a nova ordem de vocação hereditária.* In: Revista Brasileira de Direito de Família. Porto Alegre: Síntese, abr./maio 2005.

OLIVEIRA, José Lamartine Correa de e MUNIZ, Francisco José Ferreira. *Direito de Família (Direito matrimonial).* Curitiba: Juruá, 2002.

PASSOS, Edilenice e LIMA, João Alberto de Oliveira. *Memória Legislativa do Código Civil: Tramitação na Câmara dos Deputados.* Segundo turno. Vol. 4. Brasília: Senado Federal, 2012.

PEREIRA, Rodrigo da Cunha. *STF acabou com a liberdade de não casar ao igualar união estável ao casamento.* Disponível em: http//www.conjur.co.br/2017-jun-14/rodrigo-cunha--pereira-stf-acabou-liberdade-não-casar. Acesso em: 16 de junho de 2020.

TAVARES DA SILVA, Regina Beatriz. *Regime sucessório da união estável não é inconstitucional.* Disponível em: http://www.conjur.com.br/2017-mai-19/regime-sucessorio-uniao--estavel-nao-inconstitucional. Acesso em: 16 de junho de 2020.

SIMÃO, José Fernando. *Direito Civil – Direito das Sucessões.* 6. ed., São Paulo: Método, 2013.

SIMÃO, José Fernando. *E então o STF decidiu o destino do artigo 1.790 do CC?* (Parte 2) *In:* Consultor Jurídico, 25 de dezembro de 2016. Acesso em 17/06/20020.

TARTUCE, Flávio. *Direito das sucessões.* 13ª ed. rev., atual. e ampl. Rio de Janeiro: Gen – Forense, 2020.

VELOSO, Zeno. *União estável – Doutrina, Legislação, Direito Comparado, Jurisprudência.* Belém: Editora Cejup, 1997.

VELOSO, Zeno. *Comentários ao Código Civil.* (Coord. Ricardo Fiuza e Regina Beatriz Tavares da Silva) 8ª ed., São Paulo: Saraiva, 2012.

VELOSO, Zeno. *Direito hereditário do cônjuge e do companheiro.* São Paulo: Saraiva, 2010.

VENOSA, Silvio de Salvo. *Direito Civil. Sucessões.* 18ª ed., São Paulo: Atlas, 2017.

3. UNIÓN DE HECHO Y DERECHO SUCESORIO: ART. 1.790 DEL CÓDIGO CIVIL BRASILEÑO

Eduardo de Oliveira Leite

1. El reconocimiento de la unión de hecho por el texto constitucional de 1988

La primera consideración que se impone, cuando se trata del tema "unión de hecho" en la ley brasileña es saber cuándo esta figura fáctica ganó el respaldo del mundo legal y se convirtió *en, ipso iuris* un instituto legal. Es decir, cuando el "hecho" entró en la ley produciendo efectos y obligaciones.

Este reconocimiento, como se conoce, se gestionó lentamente y comenzó desde el repudio más absoluto -cuando la doctrina y la jurisprudencia vieron en esta figura nada más que mero concubinato- hasta el reconocimiento expreso (visible en la Constitución Federal de 1988) como una especie del género mayor, llamada "entidad familiar", que recibió el título de "unión estável". De hecho, el constituyente de 1988 presionado por la realidad social y las nuevas formas de conyugalidad, se vio obligado a extender la noción meramente jurídica de "casamiento" hay otras realidades que, aunque no eran legales, comenzaron a componer el universo del mundo legal a través de la reivindicación de "derechos" invocados por los herederos de los compañeros.

Por supuesto, la asimilación de una situación eminentemente fáctica no se produjo tan silenciosamente como uno podría imaginar. Cuando el constituyente de 1988 consideró la "unión estable" como una entidad familiar, en el art. 226, apartado 3 [1] que puede convertirse en matrimonio ("la *ley debe facilitar su conversión en matrimonio*") dejó claro que esta entidad familiar no es igualal matrimonio, por lo que hizo hincapié en la posibilidad (y la intención de facilitar su conversión) de convertir la situación fáctica (unión estable) en matrimonio. Y cuando señalo, dejado correctamente establecido que esta "unión" no es igual al [2] matrimonio (no convierta cosas iguales) sino que para disfrutar de todos los derechos y prerrogativas del matrimonio necesita ser convertido en matrimonio[3].

Es decir, el texto constitucional fue claro en la idea de diferenciar las dos realidades (simplemente leyendo la dicción del art. 226, inciso 3º) y el espíritu de los redactores de la Constitución Federal de 1988 iban en la misma dirección y bastaban, a tal fin, para examinar el texto del informe final del Proyecto del nuevo Código Civil, preparado por el Diputado Ricardo Fiuza, que así disponía: "las directrices impresas para la elaboración del Proyecto, fieles, en este punto, a las normas constitucionales y jurídicas vigentes, (...) imponen un trato diversificado, a nivel de sucesión, de las figuras del cónyuge supérstite y del compañero superviviente, en particular si existe alguna superposición o confusión de derechos a la sucesión abierta." Por lo tanto,

[1] "Art. 226. *La familia, la base de la sociedad, tiene una protección especial del Estado.*
§ 3º. A los efectos de la protección del Estado, *la unión de hecho es reconocida entre hombres y mujeres como entidad familiar, y la ley debe facilitar su conversión en matrimonio*".

[2] El término "unión estable" empleado por el constituyente y 1988 se refiere a la libre unión entre el hombre y la mujer sin obstáculos. Si es "libre" porque está separado del entorno normativo que domina la cuestión del Derecho de Familia, no puede ser "estable". Lo que es "libre", por naturaleza, huye de los estrictos dictados legales y, por esta razón, puede caer fácilmente en la inestabilidad. La doctrina extranjera, con razón, siempre se ha enfrentado a este tipo de unión, con reserva, porque, estructurada en la libertad total de los compañeros, se puede disolver en cualquier momento, incluso si la razón es torpe. Por lo tanto, lo correcto sería nombrar a esta unión como "libre". Unión libre, o "unión de facto", pero no unión estable, como pretende el constituyente de 1988. Su fragilidad es tan notoria que el constituyente tuvo que añadir el adjetivo "estable" a la unión para rodearla con mayor autoridad y un reconocimiento más fácil en el mundo legal.

[3] En el mismo sentido, la doctrina de Flavio Tartuce: "En vista de lo que contiene el texto constitucional, siempre nos hemos unido al entendimiento de que la unión estable *no sería igual al* matrimonio, ya que los institutos iguales no se convierten entre sí. Precisamente por eso hubo un trato diferenciado con respecto a la Ley de Sucesión". (TARTUCE, Flavio. *Direito das Sucessões*, 13º ed., p. 279) aunque se posiciona de manera diferente después de la decisión del Tribunal Supremo que reconoció la inconstitucionalidad del art. 1790 del Código Civil, cuando la unión estable se equiparó al matrimonio a efectos de sucesión.

la actitud que asumimos, cuando la promulgación del (nuevo) Código Civil en 2002, retrató la intención manifiesta del legislador de diferenciar el tratamiento de sucesión del compañero en relación con el conyuge, en vista de las diferencias entre las dos realidades.

Antes de la conversión esta "unión" es reconocida por la ley como un hecho capaz de generar efectos jurídicos, pero no disfruta de todos los atributos de la sociedad conyugal. Prueba de lo expuesto en el presente documento las corridas en las acciones de reparto de bienes en la ruptura de la unión estable; antes de solicitar el reparto del patrimonio que los compañeros necesitan para probar la ocurrencia de la unión (por falta de documento formal que acredite su unión) promoviendo la acción de reconocimiento de la unión estable, para en un momento posterior pretender la división del patrimonio atesorado.

La unión estable, en la definición objetiva de Glanz, es "la unión duradera entre un hombre y una mujer que forma la familia sin matrimonio"[4]. Unión al margen del matrimonio, pero como incuestionable formación social, que ya no podía ser marginada por la Constitución.

Con la conquista de su reconocimiento en el entorno constitucional, este micro escaneo, que giraba fuera del reconocimiento del mundo jurídico, fue tomado por el derecho infra constitucional, que se llevó a cabo por primera vez con la publicación de dos leyes (8.971/1994 y Ley 9.278/1996) y, más tarde, con la redacción del nuevo Código Civil de 2002. El microsistema, que orbitaba fuera de la ley, ganó asiento y reconocimiento (aunque limitado) en el sistema codificado, en el Título III, del Libro de Derecho de Familia, bajo el nombre de Unión Estable (arts. 1.723 a [5] 1.727). En estos artículos, el legislador definió la unión estable (art. 1.723), estableció los deberes de los compañeros (art. 1.724), se enfrentó a la cuestión de las relaciones de propiedad (art. 1.725), presentó un medio para poner en práctica la conversión de la unión estable en matrimonio (art. 1.726) y reafirmó la diferencia entre concubinato y unión estable 1.727).

La mera lectura de los artículos invocados deja claro el esfuerzo del legislador para asimilar esta nueva figura, ahora legal, aunque basándose en

[4] GLANZ, Semy. *União estável.* En: RT 676/15.

[5] "El art. 1.723. *La unión de una unión estable entre el hombre y la mujer es reconocida como una entidad familiar, configurada en convivencia pública, continua y duradera y establecida con el objetivo de la constitución familiar.*"

los elementos que caracterizan el matrimonio (que el constituyente guiñó como un primer y esencial modelo de vínculo jurídico entre un hombre y una mujer).) Así, como ejemplo de lo aquí expuesto, cuando establece los deberes entre los compañeros (art. 1.724) se refiere a los deberes de ambos cónyuges en matrimonio (art. 1.566) ya que, también, cuando se trata de relaciones patrimoniales entre compañeros (art. 1.725) sólo se aplica, sin vacilación, el régimen de comunión parcial de bienes (art. 1.658), que es el régimen jurídico en vigor en Brasil, excepto el "contrato escrito entre *compañeros*". Para ello, la excepción de la posibilidad de un contrato escrito entre los acompañantes (por lo tanto, diferente del régimen de comunión parcial) es una prueba completa de que el legislador reconoce expresamente la libertad de los compañeros para determinar las normas que rigen su unión.

Como ya hemos tenido la oportunidad de afirmar [6] -y nunca esta demasiado repetir- lo que caracteriza a la unión de hecho es su libertad. Una libertad que nace en el mundo fáctico, pero no el mundo que inevitablemente fluye hacia el mundo legal (en el momento de la ruptura o la desunión). Lo que caracteriza la unión de hecho (libre, o estable, como desean), lo que realmente hace su esencia es su libertad: libertad de constitución, libertad de organización, pero, sobre todo, libertad de disolución.

Por lo tanto, aquellos que eligen la unión de hecho, están tomando una decisión de no aceptación de la normatividad (reglas del Derecho de Familia) como regulador y determinante de sus intereses privados. Es la supremacía de los intereses egoístas de los compañeros lo que se sobrepone la norma general de conducta (Derecho de Familia) establecida para gobernar los mayores intereses de la sociedad. Las relaciones de los enamorados regir al dominio en el "no-derecho", el "no legal", escapando de la verguenza y la regulación.

Extrañamente, sin embargo (en la medida en que materializa una evidente contradicción de elección hecha por los compañeros) cuando se produce la disolución de la unión de hecho, los compañeros no dudan en invocar las reglas del Derecho de Familia para regular sus derechos a garantizar la protección tanto de un orden personal como de una orden patrimonial (derecho a los alimentos, derecho a la herencia) entre otros.

[6] LEITE, Eduardo de Oliveira. *A (des)união estável. En:* Eduardo de Oliveira Leite (Coord.) Estudos de Direito de Família e Pareceres de Direito Civil, p. 276-277, passim.

Esto es, la frontera entre el mundo fáctico y el mundo legal es muy tenue, lo que explica, en gran medida, la perplejidad que todavía domina varias cuestiones a las que se enfrenta el poder judicial, sin una solución pacífica, que es la doctrina, ni la jurisprudencia. Es decir, la unión estable presenta una característica fáctica material que se impone, incluso fuera de la ley, y sólo entra en el mundo legal a petición. En otros casos, no es el hecho en sí mismo lo que produce el efecto, sino la petición de las partes involucradas dirigida al poder judicial lo que desencadena la "juridicidad" de la unión estable. Antes de eso, ella sólo existe en el mundo de los hechos.

2. El intento legislativo de tomar un hecho que no quiere entrar en el mundo jurídico

Nunca es demasiado repetir que, para aquellos que tienen la intención de vivir una vida en común, se abren dos opciones: casarse, organizar su vida de acuerdo con la norma legal y someterse a los derechos y obligaciones que se derivan de ella, o llevar una vida libre – através de la normatividad propia del mundo legal. En esta segunda hipótesis, se insertan uniones estables. Pero también es igualmente seguro que el legislador no podría ignorar esta realidad fáctica que termina llegando, tarde o más, al mundo jurídico.

Por lo tanto, a medida que la unión estable dejó de ser marginal (a partir de 1988) para convertirse en una opción de vida, el interés de la ley creció por esta forma de unión, correspondiente a su apogeo en el intento de regular la mera situación fáctica.

El crecimiento incuestionable de este modo de vida común en el caso brasileño hizo que el legislador reaccionara poniendo freno al egoísmo y al individualismo de los compañeros, asegurando la convivencia pacífica de la sociedad. Lo que caracteriza la vida en la sociedad es exactamente el límite de las acciones humanas que no pueden encontrar en el individualismo puro la libertad de vengarse, a riesgo de instaurar el caos.

Esta situación de libertad total, contraria a los ideales sociales y jurídicos de una sociedad organizada, encontró un límite inicial en la promulgación de la Ley 8.971/94 (Regula el derecho de los compañeros a los alimentos y la *sucesión)* que así prevé el artículo 2º:

> *"El art. 2º. Las personas a que se refiere el artículo anterior participarán en la sucesión del acompañante en las siguientes condiciones:*
> *I – el compañero/a sobreviviente tendrá derecho, hasta que constituya una nueva unión, al disfrute de una cuarta parte de los bienes de los cujus, si hay hijos, o común;*
> *II – el compañero superviviente tendrá derecho, hasta que constituya una nueva unión, al disfrute de la mitad de los bienes de los cujus, si no hay hijos, aunque los ascendientes sobrevivan;*
> *III – en ausencia de descendientes y ascendientes, el compañero/a sobreviviente tendrá derecho a toda la herencia."*

Independientemente de las vacilaciones previsibles que, por supuesto, acompañan a los grandes cambios de conducta, la unión estable ganó constitucionalidad para, al menos, ya no cubrir ninguna duda de que el nuevo instituto fue reconocido, a partir de entonces en el mundo jurídico brasileño. Por ley, "el compañero viudo comenzó a ser convocado a la herencia del difunto que vive en ausencia de descendientes o ascendientes, asumiendo, por lo tanto, una posición similar a la del cónyuge, tercero en la preferencia de sucesión"[7].

Dos años más tarde, en 1996, se promulga una nueva ley – La Ley 9.278/1996*(Regula el artículo 3º del art. 226 de la Constitución Federal)* que, desde la perspectiva de su creador, el Prof. Álvaro Villaça Azevedo, llegó a complementar la ley anterior de 1994 que sin duda generaba perplejidades en el entorno jurídico nacional.

Con respecto al régimen de bienes en la unión estable, el art. 5º de la siguiente manera:

> *"Art. 5º. Los bienes muebles e inmuebles adquiridos por uno o ambos de los convivientes, en la constancia de la unión estable y a título oneroso, se consideran el resultado del trabajo y la colaboración común, convirtiéndose en pertenecientes tanto, en condominio y en partes iguales, a menos que se estipule lo contrario en un contrato escrito."*

[7] CAHALI, Francisco José e HIRONAKA, Giselda María Fernandes Novaes. *Direito das Sucessões. 4º ed.*, p. 209.

Y el único párrafo del art. 7º así disponía:

> *"Párrafo único. Disuelta de la unión estable por la muerte de uno de los convivientes, el sobreviviente tendrá un derecho real de habitación, mientras viva o no constituya o no una nueva unión o casamiento, en relación con los inmuebles destinados a la residencia familiar."*

A partir de la lectura de los dos dispositivos, la intención del legislador de regular la unión es clara, asignando efectos de seguridad a los compañeros en el momento de la ruptura. Así, en materia de sucesión, que nos interesa aquí, si la Ley 9.278/96 completaba las disposiciones de la ley anterior (8.971/94), el compañero comenzó a acumular, en materia de sucesión, usufructo y plena propiedad (prevista en la Ley 8.971/94) y el derecho real a la vivienda (previsto en la Ley 9.278/96), consagrada en la jurisprudencia de los tribunales superiores que comenzaron a admitir la acumulación de derechos derivados del derecho sucesorio.

Sin embargo, debe decirse que, en la medida en que está disponible en materia sucesivamente, el legislador infra constitucional ha dejado suficientemente claro que la sucesión de los compañeros no se confunde con la sucesión de los cónyuges, en una reproducción incuestionable de la intención del constituyente de 1988 de no equiparar diferentes situaciones de vida común.

Con la llegada del Código Civil (2002) la cuestión de las uniones estables ganó protagonismo en el Título III del Libro dedicado al Derecho de Familia (en los arts. 1.723 a 1.727) y en el art. 1.790, el reconocimiento expreso de los derechos sucesorios de los compañeros. O, como doctrinó en forma objetiva, Zeno Veloso, al afirmar: "La Constitución de 1988 dio dignidad, había protegido, reconocidola unión estableentre el hombre y la mujer como entidad familiar, respetable a todos de forma títulos, merecedor de amparo, deferencia, consideración"[8]. Y la legislación infra constitucional siguió la misma dirección.

Así dispone art. 1.790 del Código Civil de 2002:

[8] VELOSO, Zeno. *União estável – Doutrina, Legislação, Direito Comparado, Jurisprudência*, p. 109.

> *"Art. 1.790. El compañero/a participará en la sucesión del otro, en cuanto a los bienes adquiridos onerosamente en el término de la unión estable, en las siguientes condiciones:*
> *I si compite* con *hijos comunes, tendrás derecho a una cuota equivalente a la que se asigna por ley al niño;*
> *II – si compite con los descendientes del autor de la herencia solo, le tocará la mitad* de lo que se ajusta a cada uno *de ellos;*
> *III – si compite con otros parientes sucesores, tendrás derecho a un tercio de la herencia;*
> *IV – si no* hay *parientes sucesorios, tendrá derecho a toda la herencia."*

Con las críticas hechas por nosotros en *los Comentarios al Código Civil* en la edición inicial de [9] 2003, el artículo se insertó erróneamente en las "Disposiciones Generales" del Libro de Sucesiones cuando, no tiene nada que ver con las Disposiciones Generales y, mucho menos, en la apertura de un Libro del Código Civil.

Después de esta crítica inicial pasamos a la dicción de las disposiciones del artículo en estudio. No cabe duda de que el legislador ha tratado los derechos sucesorios de los cónyuges y de los compañeros de manera diferente. Aquí es necesario, nuevamente, volver a leer lo que figura en el informe final del Diputado. Ricardo Fiuza al afirmar que los derechos sucesorios del cónyuge superstite y del compañero superviviente son diferentes.

Al referirse expresamente a los bienes *adquiridos onerosamente,* el legislador silenció los bienes adquiridos de forma gratuita, causando perplejidad inicialmente subrayada por la pareja. Nery: "Hay que preguntarse si, ante la limitación del CC 1.790, *caput,* el legislador ordinario quería excluir al compañero de la sucesión de estos bienes, haciendo que la sucesión de los mismos se diferiera al poder público"[10]. Para el par de juristas se impone la respuesta negativa, concluyendo que "la calidad de sucesión del compañero es un sucesor legítimo..."[11].

[9] LEITE, Eduardo de Oliveira. *Comentários ao novo Código Civil – Do Direito das Sucessões – arts. 1.784 a 2.027,* vol. XXI, p. 60.

[10] NERY JUNIOR, Nelson y NERY, Rosa Maria de Andrade. *Código Civil Comentado. 6a ed.,* p. 1.117.

[11] NERY JUNIOR, Nelson y NERY, Rosa Maria de Andrade. Idem, ibidem.

En la misma dirección, se apoyó nuestra posición en 2003: "no sería justo que el poder público cobrara todos los bienes del difunto, en manifiesto desconocimiento de la vida común del compañero sobreviviente con el de *cujus*. Es este interés privado y no el (de orden público) lo que debe ser priorizado"[12].

En cuanto a la *onerosa* adquisición deseada por el legislador, surgió la doctrina de Zeno Veloso, considerando la limitación "extremadamente injusta" invocando para legitimar su postura un ejemplo típico tomado de la vida cotidiana se estalló la doctrina brasileña: "el compañero de muchos años de un hombre rico, que poseía varios bienes en el momento en que comenzó la relación afectiva, no heredará nada de su pareja, si no adquirió (onerosamente) otros bienes durante el tiempo de convivencia. Esta mujer permanecerá, si es pobre, literalmente indefensa, a menos que el difunto... haya hecho un testamento que la beneficiase"[13]. En un trabajo anterior[14], el jurista de Pará, ya declaró que el artículo en observación se centraba "en la linea de la inconstitucionalidad, violando principios fundamentales, especialmente el de la dignidad de la persona humana, la de la igualdad, la de la no discriminación".

El argumento de la inconstitucionalidad del artículo 1.790 también encontró receptividad en la voz de otros civilistas nacionales. Así, la doctrina de Pablo Gagliano y Rodolfo Pamplona [15] Filho, de Cristiano Chaves de Farias y Nelson Rosenvald [16] de Flávio Tartuce [17] y de Silvio de Salvo Venosa[18] entre otros estudiosos de la materia.

[12] LEITE, Eduardo de Oliveira. *Comentários ao novo Código Civil*, p. 69-70.

[13] VELOSO, Zeno. *Código Civil Comentado.* (Coord. Ricardo Fiuza y Regina Beatriz Tavares da Silva) 8a ed., p. 2.010.

[14] VELOSO, Zeno. *Derecho hereditario del cónyuge y la pareja*, p. 185.

[15] "El mal localizado, mal escrito y (...) inconstitucional art. 1.790 del texto original del Código Civil brasileño conferido a la compañía de la viuda – en total disonancia con el trato dado al cónyuge – un derecho de herencia limitado a los bienes adquiridos onerosamente en el curso de la unión (lo que podría dar lugar a la adquisición de la herencia por el propio Ayuntamiento) además de colocarla en una situación inferior a la garantía del difunto (tío, u um primo, por ejemplo)". *Novo Curso de Direito Civil – Direito das Sucessões, 7a ed.*, p.236.

[16] "... cuando exista protección de sucesión para el cónyuge, debe existir por igual para la pareja. Pensar diferente, en este caso, sería importante chocar, frontalmente, con la Gran Carta, haciendo poco de sus ideales de solidaridad" (*Curso de Direito Civil. Direito das Sucessões*, pág. 281)

[17] (con respecto al §3º, del art. 1.790) "... hay jueces que reconocen la inconstitucionalidad de esta predicción, por colocar a la pareja en una posición desfavorable en relación con parientes lejanos, con los que a menudo no tienen contacto social". (Da sucessão do companheiro: o

¿Pero será el art. 1.790 del Código Civil efectivamente inconstitucional? Eso es lo que vamos a examinar a continuación.

3. La declaración de inconstitucionalidad del art. 1.790 del Código Civil

La gran ocurrencia de posiciones doctrinales divergentes y soluciones jurisprudenciales contradictorias con respecto a la exégesis exacta del art. 1.790 C.C. preparaba el entorno favorable para una posición de los a tribunales superiores, sobre el tema complejo, que se produjo en 2017.

Con efecto, los juzgamientos de los Recursos Extraordinarios 647.721-RS y 878.694-MG (ambos de repercusión general) del Min. Luís Roberto Barroso resolvió en términos las cuestiones que aquejaban al mundo jurídico nacional. De hecho, la enmienda inicial (mayo 2015) del Recurso 878.694-MG, así disponía: "la controversia sobre la validez del art. 1.790 del Código Civil que otorga al compañero derechos de herencia distintos de los otorgados al cónyuge por art. 1.829 del mismo Código. Una cuestión de relevancia social y jurídica que va más allá de los intereses subjetivos de la causa. Repercusión general reconocida."

La Asociación de Derecho De Familia y Sucesiones (ADFAS) y el Instituto Brasileño de Derecho Familiar (IBDFAM) participaron como *amicus curiae* (amigos del Corte) en este emblemático juicio, que terminó igualando los regímenes sucesorios de unión estable y matrimonio.

El 31 de agosto de 2016, la Corte Suprema comenzó a juzgar la controversia, ante la repercusión general. En 2017 el juicio se reanudó con una decisión y tesis firmada en este sentido: "En el sistema constitucional actual, es inconstitucional distinguir los regímenes de sucesión entre cónyuges y compañeros, y el régimen establecido en el art. 1.829 [19] CC/2002."

polêmico art. 1.790 do CC e suas controvérsias principais. *En:* https://www.mpam.mp.br/centros-de-apoio-sp-947110907/civel/artigos/familia-e-sucessoes/2608).

[18] "Afortunadamente, este dispositivo (art. 1.790) ya ha sido, aunque con cierto retraso, descartado de nuestra orden debido a su inconstitucionalidad declarada por la Corte Suprema." (*Direito Civil. Sucessões*. 18a ed., p. 167).

[19] *"Art. 1.829. La sucesión legítima es en el siguiente orden:*
I – *Para descendientes, en conmcurrencia com el cónyuge sobreviviente, a menos que esté casado con el fallecido en el régimen de comunión universal, o en el de la separación obligatoria de bienes (art. 1.640, páragrafo único); o si, bajo el régimen de comunión parcial, el autor de la herencia no ha dejado bienes particlares"*

La enmienda de la importante decisión así dispone:

> "Derecho constitucional y civil. Recurso Extraordinario. Repercusión general. Inconstitucionalidad de la distinción del régimen sucesorio entre cónyuges y compañeros. 1. La Constitución brasileña contempla diferentes formas de familia legítima, además de las resultantes del matrimonio. Esta lista incluye familias formadas por unión estable. 2. No es legítimo des equiparar, con fines sucesorios, a los cónyuges y a los compañeros, es decir, la familia formada por el matrimonio y la familia formada por la unión estable. Dicha jerarquía entre entidades familiares es incompatible con la Constitución. 3. Por lo tanto, el art. 1.790 del Código Civil, derogando las Leyes. n 8.971/94 y 9.278/96 y discriminar al compañero/a, dando sus derechos de herencia muy inferiores a los conferidos a la esposa (o esposo), contrasta con los principios de igualdad, dignidad humana, proporcionalidad con la prohibición de la mala protección y la prohibición de la regresión. 4. Con el fin de preservar la seguridad jurídica, el entendimiento aquí afirmado se aplica únicamente a los inventarios judiciales en los que no ha habido un tránsito definitivo de la orden de reparto, y a las acciones extrajurídicas en las que no hay escritura pública.5. Disposición del recurso extraordinario. Afirmación en repercusión general, de la siguiente tesis: «En el sistema constitucional actual, es inconstitucional distinguir los regímenes sucesorios entre cónyuges y compañeros, y en ambos casos debe aplicarse el régimen establecido en el artículo 1.829 de la cc/2002." (STF, Recurso Extraordinario 878.694/MG, Tribunal Completo, Rel. Min. Luís Roberto Barroso, j. 10.05.2017, pulicado no *Información* No 864 de la Corte).

A pesar del análisis preciso del STF para poner fin ala enorme controversia que dividió no sólo la doctrina nacional, sino, igualmente, las sentencias contradictorias entre los Tribunales de Estado, el *decisumo* no corresponden con las expectativas, ni de ADFAS, ni de IBDFAM, en la medida en que igualó las realidades dicotómicas, notoriamente reconocidas por el texto constitucional que, en el art. 226 admite varias especies de entidades familiares (o más bien, diversas formas de conyugalidad, en nuestra visión familiarista).

De hecho, así se manifestó la presidenta de ADFAS, Regina Beatriz Tavares da Silva, que dijo: "Si la Constitución determina que dos caminos conducen al mismo lugar, es decir, si tanto el matrimonio como la unión estable forman entidades familiares, el legislador tiene un amplio margen para disciplinar cada uno de estos caminos con el fin de permitir que las personas que quieren llegar al destino – la constitución de una entidad familiar – tengan a su disposición alternativas reales, y no sólo aparentes, de elegir"[20].

Del mismo modo, se expresó Rodrigo da Cunha Pereira, como presidente del IBDFAM, declaró que la comprensión del STF resultó en una injerencia indebida del Estado en las relaciones familiares, por lo que "la libertad de no casarse"[21]. La libertad de elección, propia de la dignidad humana, está bien rescatada cuando Cunha Pereira afirma: "Si estoy viviendo con alguien, quiero escapar de las estrictas reglas del matrimonio, busco una alternativa a ella para constituir mi familia (...) Con esta decisión, las uniones estables se convirtieron en un matrimonio forzado". Y en el intento repetido (con un resultado siempre cuestionable) termina: " ... la regulación de la unión estable es incluso paradójica: cuanto más se regula para acercarlo al matrimonio, más se desvían de su idea original, que es precisamente no someterse a ciertas reglas."

Ambas críticas están plenamente fundadas y merecen una reflexión ya que, se sabe, la Constitución reconoció la unión estable como entidad familiar, pero no la equiparó al matrimonio. Son entidades familiares distintas. En este sentido, la dicción del art. 226 es muy claro y no admite exégesis ni extensas ni restrictivas: la unión estable y una especie de entidad familiar que vive junto a otras (matrimonio, familia monoparental.etc...), por tanto, en aras de la lógica, no se puede equiparar la unión estable al matrimonio. Son dicotómicas de la realidad y que tienen una premisa objetivadiferente. Por cierto, los votos divergentes de los ministros Marco Aurelio, Dias Toffoli y Ricardo Lewandowski, aunque derrotados, son de importancia trascendental en el análisis del asunto[22].

[20] SILVA, Regina Beatriz Tavares da. *Regime sucessório da união estável não é inconstitucional.*. Disponible en: http://www.conjur.com.br/2017-mai-19/regime-sucessorio-uniao-estavel-nao-inconstitucional. Consultado el 15 de junio de 2020.

[21] PEREIRA, Rodrigo da Cunha. *STF acabou com a liberdade de não casar ao igualar união estável ao casamento.* Disponible en: http://www.conjur.com.br/2017-mai-19/rregime-sucessorio-uniao-estavel-nao-inconstitucional. Consultado el 15 de junio de 2020.

[22] Por razones espaciales, los votos de los ministros mencionados ya no se transcriben en su totalidad, siendo sólo reproducidos en los pasajes más relevantes a los analizados aquí.

El Ministro Dias Toffoli justificó así su voto para desestimar los recursos: "la libertad y autonomía de la voluntad de los convivientes debe ser respetada y no fue por otra razón que el matrimonio civil comenzó a ser cuestionado a partir de la década de 1960, especialmente por los jóvenes, que comenzaron a tender a que hubiera una mayor libertad en las relaciones familiares".

El argumento es plenamente sostenible tanto en su aspecto histórico (la revolución del 68 de mayo [23] tuvo como su libertad corolaria básica en las relaciones familiares y también la libertad total de elegir la forma de vivir independiente de los estándares preestablecidos (burgueses), o en el aspecto ideológico que ya no reconocía el matrimonio como el único modo de vida común.

Además, como hemos dicho repetidamente, aquellos que optan por una unión estable "están tomando una decisión de no aceptación de la normatividad (normas de derecho de familia) como regulador y determinante algunos de sus intereses privados. Es la supremacía de los intereses personales de los compañeros lo que anula la norma general de conducta (Derecho de Familia) establecida para regir losmayores intereses de lasociedad[24]. Esto significa que, "en el matrimonio los cónyuges están obligados a tener una vida en común, cuyo contenido esencial modela el Código Civil"" en la[25] unión estable, la ocurrencia de una relación pura de hecho se define por la existencia, es decir, lo que en la comunión conyugal representa deberes fundamentales de los cónyuges (cohabitación, asistencia recíproca, etc.) en la unión estable no se corresponde con la imposición de derechos. "Los compañeros no tienen la obligación de vivir en el mismo domicilio (tanto que el Art. 1724 se silencia esta obligación) para que esto se base en la voluntad de la pareja diariamente renovada"[26].

[23] Para ver, en este sentido, nuestro trabajo – *Origen y evolución del matrimonio* – Especialmente la Parte III, Capítulo I, Sección III. En este pasaje del libro afirmamos: "... en la medida en que la concepción del matrimonio se transmude a sí misma, pasando de la antigua noción de sacrificio a la noción de compañía total (...) unirse a alguien y tener hijos comenzó a ser visto con absoluta naturalidad, sin prejuicios, sin tabúes, sin *Partes Tomado*, o ideas preconcebidas" (p. 333). En el mismo sentido, ARIÈS, Philippe. *História social da criança e da família*, p. 47 en adelante.

[24] LEITE, Eduardo de Oliveira. *A (des)união estável.*, p. 279.

[25] OLIVEIRA, José Lamartine Correa de y MUNIZ, Francisco José Ferreira. *Direito de Família (Direito matrimonial)*, p. 79.

[26] LEITE, Eduardo de Oliveira Leite. Trabajo citado, ibidem. Y José Lamartine Correa de Oliveira y Francisco José Ferreira Muniz. Trabajo citado, ibidem.

Muy apreciado por el Min. Dias Toffoli, "aunque el voto cuidadoso y fundado del Relator, después de una reflexión más profunda sobre el contenido del expediente y la pregunta central formulada en lo extraordinario, con el debido respeto, creo que no hay inconstitucionalidad señalada". Y, más tarde, reafirmando la diferencia de los dos institutos: "La parte final del inciso 3º del art. 226 de la Constitución de la República, al establecer que la ley facilitará la conversión de la unión estable en matrimonio dejó claro que "una cosa es una cosa y otra es otra cosa"[27].

El argumento del Min. Marco Aurelio también merece una cuidadosa consideración, ya que se trata de una cuestión no menos delicada y que puede generar efectos desastrosos derivados de la igualdad de sucesión en la unión estable con la sucesión en el matrimonio. Dice, "para prevalecer la óptica dirigida (de la igualdad de institutos) es posible que haya efectos perversos y contrarios a la protección de la unión estable y de las parejas compañeros".

De hecho, la decisión del STF obliga a los cónyuges a asumir la posición de los cónyuges cuando se sabe ampliamente que la pretensión de quienes optaron por unión estable va en la dirección diametralmente opuesta. Aquí sí se podría hablar de inconstitucionalidad, porque la decisión está obligando a los compañeros a insertarse a ir en modelo rechazado por ellos, por ellos no querido.

Para ello, concluye Regina Beatriz Tavares da Silva, con total procedencia: "Cuando escuchan la noticia (...) presentado por la decisión del Supremo Tribuna Federal, que impone a los compañeros el mismo régimen de sucesión del matrimonio civil, es más probable que los cónyuges no quieran casarse y que precisamente por esta razón vivan en unión estable, terminen casándose,

[27] En este sentido, el min. Barbosa Moreira ya había expresado: "La norma del número 3 del art. 226 en modo alguno atribuyó al hombre o a la mujer, en una unión estable, una situación jurídica totalmente equivalente a la de un hombre casado o la de una mujer casada. Al admitir tal igualdad, la diferencia entre la unión estable no formalizada y el vínculo matrimonial habría desaparecido por completo. Esto, sin embargo, es insostenible a la luz del propio texto: si se igualan las dos cifras, no tendría sentido establecer que la ley debería facilitar la conversión de la unión estable en matrimonio. No es posible convertir una cosa en otra a menos que sean desiguales: si ya son iguales, la conversión es innecesaria e inconcebible". (TJ-RJ, Ac. un. da 5a CC, de 06.08.1991, Ap. No. 1.123/911, Rel. Des. Barbosa Moreira. En: ADV- Selecciones Legales. *Derecho de familia en los Tribunales*, iv, Concubinato, p. 16. También en nuestro *Comentarios* página 58.

o, asustados y presionados por la gravedad exacerbada que la relación acaba de adquirir gracias al STF, terminen, sí, disolviendo la relación. Si la segunda opción es la que suena más probable, el lector puede comenzar a vislumbrar los efectos perversos de la decisión"[28].

La posición del Min. Ricardo Lewandowski (RE-646.721-RS) también merece una reflexión en la medida en que rescata, con procedencia absoluta, la base diversa de la unión estable y el matrimonio. Así: "... Me parece que hay una clara distinción entre estas dos situaciones, entre estos dos institutos... que fue consignada, en mi opinión de una manera cristalina, en el art. 226, inciso 3º de la Constitución. (...) Es decir, ... el constituyente distinguió entre estos dos institutos distintos, claramente distintos (...) Así, esta distinción que hizo el constituyente (...) justifica el trato diferenciado con respecto al régimen de sucesión de las personas que eligen una de estas dos situaciones o para uno de estos dos regímenes." Y, concluyendo su razonamiento: "Entiendo, una vez más, que debemos la deferencia al legislador, *en dubio pro legislatore*".

Sin embargo de los votos vencidos, las posiciones sostenidas respetaron la intención del constituyente de 1988, que en ningún momento pretendía equiparar o igualar situaciones dicotómicas y, por lo tanto, merecen un trato diferenciado, en riesgo de comprometer la validez del texto constitucional.

4. El Derecho Sucesorio de los compañeros de 2002 a 2017

Durante 15 (quince) años, a saber, la fecha de entrada en vigor del nuevo Código Civil de 2002 hasta la declaración de inconstitucionalidad (en 2017) del art. 1.790 del mismo Código, la ley sucesoria de los compañeros llegó a regirse por las disposiciones del art.1.790. Es decir, el legislador de 2002, siguiendo la orientación del constituyente de 1988, dividió los derechos de herencia en dos núcleos distintos: para los compañeros se aplicaron las disposiciones del art. 1.790 y para los cónyuges, según lo dispuesto en el art. 1.829.

En términos generales, como apreció Carlos Roberto Gonçalves, las disposiciones del art. 1.790" restringe el derecho del compañero a los bienes que han sido *adquiridos onerosamente* en el término de la unión estable; distingue

[28] SILVA, Regina Beatriz Tavares da. Trabajo citado, p. 2/6.

entre la competencia de una pareja con hijos comunes o sólo del difunto; prevé el derecho únicamente a la mitad de lo que es apropiado para aquellos que descienden sólo del autor de la herencia y establece un tercio en competencia con herederos de clases distintas de los descendientes de los fallecidos; no beneficia al compañero con una participación mínima en competencia con los demás herederos ni lo incluye en la lista de los herederos necesarios; compite con un tercio también con los colaterales y sólo está llamado a cobrar toda la herencia en ausencia de estos. El cónyuge, sin embargo, prefiere parientes, línea transversla con exclusividad"[29].

Aunque el asunto ya está vencido por la declaración de inconstitucionalidad (en 2017) el análisis -resumido- de los argumentos y las críticas transmitidas durante el período evaluado merece un análisis en la medida en que el material doctrinal generado durante estos quince años también sirvió de parámetro a los elementos invocados por el Supremo Tribunal Federal al evaluar la supuesta inconstitucionalidad del art. 1.790.

Dispone el *caput* del art 1.790: *"El compañero/a participará en la sucesión del otro, en cuanto a los bienes adquiridos onerosamente en la vigencia de la unión estable, en las siguientes condiciones:"*

La limitación del derecho hereditario del compañero a los bienes adquiridos onerosamente durante la unión estable generó una reacción inmediata del mundo jurídico brasileño, que vio un trato discriminatorio inaceptable entre las dos categorías de relación en ese país. Por lo tanto, " no se entiende la limitación del derecho hereditario del compañero a los bienes adquiridos onerosamente (...) cuando se considera que el compañero ya tiene derecho a la mediación sobre tales bienes, habida cuenta del régimen de comunión parcial previsto en el art. 1.725[30] del Código Civil. Debe beneficiarse de la herencia, es decir,sólo en los bienes particulares del difunto, exactamente como se establece a favor del cónyuge sobreviviente (art. 1.829)"[31];

[29] GONÇALVES, Carlos Roberto. Direito Civil Brasileiro. *7. Direito das Sucessões,* p. 190-191.

[30] Se rescata, sin embargo, que el contenido del art. 1.725 invocado por el autor se refiere al régimen de comunión parcial de bienes, cuando no existe un contrato escrito entre la becarios que optan por otro régimen de propiedad. Por lo tanto, la comunión parcial de bienes no siempre se aplica a las uniones estables. Además, la analogía en relación con la propiedad privada del difunto estaba prevista para el cónyuge sobreviviente y no para los compañeros.

[31] OLIVEIRA, Euclides de. *Concorrência sucessória e a nova ordem de vocação hereditária.* En: Revista Brasileira de Direito de Família, vol. 29, p. 39.

el art. 1790 del Código Civil "en total disonancia con el trato dado al cónyuge – un derecho sucesoritario limitado a los bienes *adquiridos onerosamente* en el curso de la unión (...) además de ponerlo en una situación inferior a los colaterales del difunto..." [32]; todavía: "... el *caput* del mandato declaró que sólo habría derechos en cuanto a los bienes *adquiridos onerosamente* durante la unión (...) en total discrepancia con respecto al cónyuge..."[33]; también: "cuando haya protección de herencia para el cónyuge, tiene que existir por igual, para el compañero. Pensar diferente, en este caso, implicaría colisionar, frontalmente, con la Carta Mayor, haciendo poco de sus ideales de solidaridad"[34].

Como se puede ver, todas las críticas invocadas son la premisa de la igualdad entre la unión estable y el matrimonio, que se encuentra separado perfectamente ya sea por el texto constitucional o por el texto infra constitucional (que siguió la guía de la Constitución Federal de 1988).

Qué bien rescató el voto del Min. Dias Toffoli, en la exposición de motivos de art. 1.790, se dejó claro que:

> "... las directrices impresas para la elaboración del Proyecto, fieles en este punto a las normas constitucionales y *jurídicas vigentes, aconsejan, o más bien, imponen un trato diferenciado, en el nivel de sucesión, de las figuras del cónyuge superstite y del compañero sobreviviente*, en particular si se produce algún solapamiento o confusión de derechos a la sucesión abierta"[35]. (Grifamos)

Es decir, "El legislador podría haber optado por hacer que la unión estable fuera equivalente al matrimonio en materia de sucesión, pero no lo hizo. Prefirió establecer un sistema de sucesión aislado, en el que el compañero supérstite ni siquiera se equipara con el cónyuge (...) aunque hay reconocimiento constitucional, de las similitudes entre el matrimonio y la unión estable se limitan sólo a los elementos esenciales"[36].

[32] GAGLIANO, P.S. y PAMPLONA FILHO, R. Obra citada, p. 236.

[33] TARTUCE, Flavio. Obra citada, p. 285.286.

[34] FARIAS y ROSENVALD. Obra citada, p. 281.

[35] Voto del Min. Dias Toffoli en RE 878.694/MG, p. 5.

[36] VENOSA, Obra citada, p. 159.

También en el documento sobre la Memoria Legislativa del Código Civil se señala que el Congreso no equiparó los efectos de sucesión para los dos institutos.

Así "hay que reconocer que existe una cierta desigualdad de trato de sucesión entre los cónyuges en el régimen matrimonial y entre los compañeros en una unión estable (...) el compañero sobreviviente de una unión estable no se beneficiará de los mismos derechos de herencia asignados al cónyuge sobreviviente (...) no se puede aceptar que la persona viva tenga un trato privilegiado en relación con el cónyuge, *incluso porque este no era el espíritu del constituyente de 1988.*"[37].

Por último, no se puede olvidar -como hemos subrayado en la primera parte de este estudio- que la característica de la unión estable, es que mueve la opción de los compañeros a una unión estable, es la libertad más absoluta para organizar su relación sin someterse a los dictados formales del matrimonio. Si esta es la premisa fundamental, no hay manera de equiparar o equiparar la unión estable con el matrimonio. Son entidades familiares distintas, tal como lo desea de manera clara e incuestionable por el constituyente de 1988 (Art. 226, s 1º y 3º).

> **"*I –* si *concurre* con *niños comunes, tendrás derecho a una cuota equivalente a la que se asigna por ley al niño;***
>
> ***II – si concurre con los descendientes sólo por* el autor de la *herencia, le tocará la* mitad de lo que se ajuste a cada uno *de ellos;*"**

Lejos de la controversia con respecto a la redacción de estos párrafos, que se refiere a los *niños* (punto I) mientras que el punto II se refiere a los *descendientes,* la exégesis de estos incisos siempre ha generado una enorme controversia en el entorno jurídico brasileño, lo que se nota en la existencia de al menos cuatro corrientes distintas que buscaban determinar la *ratio* de los dispositivos comentados.

[37] PASSOS, Edilenice e LIMA, João Alberto de Oliveira. *Memória Legislativa do Código Civil: Tramitação na Câmara dos Deputados.* Segundo turno. Vol. 4, p. 72-74.

Para una primera [38] corriente, si el compañero/a compartiese con descendientes comunes (de ambos) o compitiese con descendientes sólo del autor de la herencia (descendiente exclusivo) todos (comunes y exclusivos) serían tratados como si fueran comunes. Desde esta perspectiva, el socio se encontraba en una situación privilegiada ya que competía con una parte igual a la de los descendientes.

Pero esta no era la dicción del art. 1.790, que estableció diferentes esquemas de sucesión para diferentes situaciones.

Como tuvimos la oportunidad de evaluar, cuando entró envigor el nuevo Código Civil (2002), si el compañero/a supérstite compite con los hijos comunes tiene derecho a la misma cuota asignada a los hijos. Todo indica "que la cuota mencionada en el art. 1.790, I, es igual a la misma proporción que el art. 1.829, I, cuando se trata del orden de la vocación hereditaria"[39].

Por lo tanto, si la unión estable dio lugar al nacimiento de 3 (tres) hijos y la madre es la compañera supérstite, tocará un cuarto para cada uno de los 4 (cuatro) herederos.

En cuanto al punto II, "la concurrencia con los descendientes sólo del autor de la herencia le da sólo la mitad de lo que pertenece a esos hijos, suponiendo que la ausencia de afiliación común le da derecho a lamitad"[40].

Pero la pregunta crucial se mantuvo: ¿Qué pasa si el compañero/a concurre con los hijos comunes y exclusivos del difunto? "No había ninguna disposición legal para la hipótesis, pero todo indica que la solución se puede encontrar en el punto II del mismo art. 1.790. Así, si los hijos son comunes, la pareja recibe la cuota equivalente a la de los hijos; si, por el contrario, concurre con e hijo del difunto (se dice exclusivo) tendrá derecho a la mitad de lo que se asigna a esos y por ley, por no ser el padre/ madre de esos descendientes"[41].

[38] Son partidarios de este entendimiento: Caio Mario da Silva Pereira, Christiano Cassetari, Francisco Cahali, Inácio de Carvalho Neto, Jorge Fujita, José Fernando Simón, Luiz Paulo Vieira de Carvalho, María Berenice Dias, María Helena DaneluzziMarcelo Truzzi Otero, Mario Delgado, Roberto Senise Lisboa, Rodrigo da Cunha Pereira, Rolf Madaleno y Silvio de Salvo Venosa.

[39] LEITE, Eduardo de Oliveira. *Comentários ao novo Código Civil*, p. 72.

[40] LEITE, Eduardo de Oliveira. *Comentarios...*, p. 74.

[41] LEITE, Eduardo de Oliveira. *Comentarios...*, p. 74 (con los cambios realizados en la última edición).

Para una segunda [42] corriente, concurriendo el compañero/a, al mismo tiempo, con descendientes comunes y exclusivos del autor de la herencia, todos los descendientes se consideran como si fueran exclusivos, sólo del autor de la herencia. El argumento invocado por los defensores de esta corriente es muy simple; como la sucesión es del difunto, los descendientes deben ser tratados como si fueran sólo suyos, sólo de los difuntos. Aunque la exégesis *tabula rasa* de la dicotomía existente entre los dos incisos (con disposiciones diferentes) la propuesta fue bien aceptada –especialmente en la jurisprudencia nacional– sobre la base de la idea de que entre la protección del interés de el/la compañera y los hijos, uno siempre debería preferir esta última, ya que la/el compañero ya se beneficiaría de la mitad de la cuota atribuido a los descendientes.

Para una tercera corriente, seguido por Mário Roberto Carvalho de Faria, con concurrencia con hijos comunes y exclusivos, se explica en el inciso III de art. 1.790 del Código Civil, mediante una interpretación extendida a la expresión otros *parientes sucesivos,* contenidos en el art. 1.790. Esta corriente elimina la incidencia de los sujetos I y II (porque se ocupan de situaciones específicas) y favorece la aplicación del punto III, aunque incurrir en una desventaja manifiesta del compañero/a supérstite que sólo tendría derecho a 1/3 (un tercio) de la herencia.

Para la cuarta corriente[43], el interbloqueo se resuelve a través de fórmulas matemáticas. La Fórmula Tusa fue presentada por su creador, Gabriele Tusa, en 2005 y se basa en el criterio de ponderación. A raíz de Gabriele Tusa, la fórmula utilizada por Flávio Monteiro de Barros también partía de una premisa matemática, basada en dos fases de cálculo, lo que dificultó en gran medida su aplicación de práctica en las situaciones concretas llevadasal Poder Judicial. Tal vez los datos matemáticos, a los que no se hacen los juristas, han suprimido las dos propuestas en la puesta en práctica de los problemas generados por la doble concurrencia.

[42] Son seguidores de este entendimiento: Euclides de Oliveira, Gustavo René Nicolau, Maria Helena Diniz, Sebastião Amorim y Zeno Veloso.

[43] Representada por Gabriele Tusa (chamada "Fórmula Tusa") y por Flávio Augusto Monteiro de Barros.

La diversidad de propuestas presentadas revela, de manera completa, que la concurrencia del compañero/a con los demás descendientes nunca entró en el campo de la pacificación, ni en la tierra doctrinal y, mucho menos, en la jurisprudencia, revelando defectos tanto en la redacción del art. 1.790, ya sea en la claridad de sus intenciones provocando siempre la exégesis más diversa, generando inseguridad jurídica.

"III – si concurre con otros parientes sucesorios, tendrá derecho a 1/3 (un tercio) de la herencia;"

En el punto III, el art. 1.790 presenta una nueva disposición, no constatada en la legislación anterior, al aplazar al compañero/a, concurriendo con otros parientes sucesorios, el derecho a un tercio de la herencia.

Como, igualmente, nuestra doctrina manifestada en 2003, el elemento es justificable, en la medida en que prioriza la afirmación del compañero que, desde el punto de vista del codificador, contribuyó a la adquisición del patrimonio. Pero, también según las críticas que planteamos en 2003, "causa, sin embargo, amable, cuando se refiere al derecho de un tercio de la herencia en la regresión incuestionable, porque, si está en unión estable, la regla a las relaciones patrimoniales y el régimen de comunión parcial de bienes (art. 1.725), el derecho de un compañero/a en derecho de sucesiones se refiere a la mitad de la herencia y ciertamente no a una tercera"[44]. Esta crítica inicial fue tomada por casi todos los adoctrinadores nacionales que vieron una discriminación inaceptable en el mencionado inciso.

Para poner de relieve las críticas de nosotros, nosotros manifiestamos, "es extraño que el compañero/a que vivió toda una existencia al lado del otro tenga derecho a sólo un tercio de la herencia, en favor de los otros parientes sucesivos que, en principio, no contribuyeron en nada a la adquisición de dicho patrimonio. El legislador se equivocó, tal vez por el temor de dar a la pareja mayores ventajas que al cónyuge"[45].

[44] LEITE, Eduardo de Oliveira. *Comentarios...*, p.76.

[45] LEITE, Eduardo de Oliveira. Idem, ibidem. En el mismo sentido, el ejemplo de Zeno Veloso mencionado anteriormente (p. 7, nota 14).

Por último, el punto IV dispone:

> ***"IV – En ausencia de descendientes y ascendientes, el compañero sobreviviente tendrá derecho a toda la herencia."***

Más conciso y objetivamente, el Código se refiere a la ausencia de herederos sucesores (*... no hay parientes sucesorios...)* y repite la fórmula utilizada por la Ley 8.971/94 a toda la herencia (*... derecho a la herencia completa).*

Con la decisión del Supremo Tribunal Federal, el art.1.790 pierde su potencial y ya no se aplica a las cuestiones de sucesión derivadas de la unión estable que, desde 2017, se rigen por las disposiciones del art. 1.829. Se recupera, sin embargo, que, a pesar de la declaración de inconstitucionalidad, dicho art. 1.790 aún no han sido derogado, lo que sólo puede ocurrir después de que se haya manifestado el Poder Legislativo brasileño. Sin embargo, es necesario reconocer que el art. 1790 ha perdido su aplicabilidad práctica.

5. La posible concurrencia sucesoria entre el cónyuge y el compañero/a

La hipótesis es común en el ámbito fáctico y previsible enel ámbito jurídico, debido a las disposiciones del art. 1.723, inciso 1 [46] , aunque no fue objeto de apreciación por la decisión del STF que priorizó la controvertida cuestión de concurrencia de los hijos (descendientes) con el compañero supérstite.

La situación es común en nuestro país. Por lo tanto, un hombre separado puede, de hecho, vivir en una unión estable con otra mujer (según la dicción legal del art. 1.723, apartado 1). Entonces surge la pregunta: en caso de su muerte, ¿quién sucederá con sus bienes? La esposa, con quien todavía mantiene un vínculo matrimonial formal (porque la separación era fáctica, por lo tanto, sin el respaldo de la ley), o la compañera, ¿con quien efectivamente vive en el plano material?

[46] *"Art. 1.723. La unión estable entre el hombre y la mujer es reconocida como una entidad familiar...* N.º *1. La unión estable no constituirá si los impedimentos del art. 1.521; no aplicar la incidencia del punto VI en caso de que la persona casada se encuentre separada de facto o judicialmente."*

La ausencia de un dispositivo jurídico para hacer frente al estancamiento causado en el mundo fáctico generó, como no podía dejar de ser, posiciones doctrinales capaces de presentar soluciones viables y justas los intereses de las partes, sin descuidar las disposiciones del art. 1830 [47] que inadmite la concurrencia a la herencia del cónyuge sobreviviente cuando ha estado separado durante más de dos años.

Así, una primera corriente, representada por Euclides de Oliveira, resolvió el estancamiento dividiendo el patrimonio del difunto en partes iguales entre el cónyuge y el compañero/a [48] . La propuesta tiene a su favor la idea de la igualdad de división igualitaria entre los parientes, pero genera una región de mancomunión no favorable a la solución al estancamiento, además de fomentar el conflicto permanente.

Como ya hemos tenido la oportunidad de expresarnos[49], en la crítica de la disposición contenida en las arts.1.575 y 1.581, si en la separación legal el legislador insiste con la con la necesidad de compartir los bienes es evitar cualquier remanente de mantenimiento de condominios en cuanto al patrimonio de los convivientes, fuente eterna de conflictos. La ruptura de la sociedad conyugal también quiere autonomía financiera, que sólo puede lograrse con el reparto adecuado de los bienes del matrimonio (aunque el art. 1.581, en contradicción manifiesta y crítica permite el divorcio, sin reparto previo de bienes). La regla de compartir, por supuesto, debía abrigar tanto la separación como el divorcio.

Sin embargo, mantener a la exesposa y al actual compañera en un régimen de propiedad de condominios será una fuente permanente de litigio e inseguridad jurídica, lo que indica la eliminación de la propuesta.

[47] *"Art. 1.830. Los derechos de sucesión del cónyuge sobreviviente sólo se reconocen si, en el momento de la muerte del otro, no se separaron legalmente o de facto durante más de dos (2) años, a menos que se demuestre, en este caso, que tal convivencia se había vuelto imposible sin la culpa del sobreviviente."*

[48] OLIVEIRA, Euclides. Trabajo citado, p. 182.

[49] LEITE, Eduardo de Oliveira. *Derecho Civil Aplicado – vol. 5 – Derecho de Familia,* pág. 146-147. Entre otros argumentos invocados en contra de la posición de la legislatura nacional, afirmamos: «Cualquiera que militades en el área familiar sabe perfectamente que el punto crucial de las rupturas radica en la distribución de bienes, por lo que el divorcio no podría concederse sin ser resuelto primero la cuestión de la propiedad (...) no tiene sentido conceder el divorcio y dejar a la espera de la emisión de capital (compartir) que puede prolongarse durante años. La pareja está formalmente divorciada, pero sigue estando, de hecho, obligada por problemas de propiedad».

Una segunda corriente, defendida por José Luiz Gavião de Almeida, resolvió el estancamiento invocando el principio contenido en el punto III del art. 1.790. Así, según el autor, el acompañante tendría derecho a un tercio de los bienes adquiridos onerosamente durante la unión estable. Los bienes restantes se asignarían al cónyuge y a los descendientes[50].

La tercera corriente, apoyada por nosotros junto con la doctrina de Guilherme Calmon Nogueira da Gama, defiende la idea de una exégesis conciliatoria. Por lo tanto: "Más bien, se trata de, a través de una exégesis conciliadora, satisfacer las expectativas legítimas de ambas partes interesadas en mantener su dignidad personal, de primera e indirectamente, de los efectos derivados de la ley de sucesiones"[51]. Si los intereses en juego son dobles, ambas partes deben ser satisfechas por ley, a riesgo de que exista un trato discriminatorio.

Por lo tanto, la solución, desde el punto de vista de Guilherme Calmon Nogueira da Gama, "será considerar, en esta hipótesis excepcional, que el compañero y el cónyuge heredan conjuntamente la herencia dejada por el difunto, y deben considerar la conjunción aditiva 'y' en el punto III del art. 1.603 del Código Civil, con el fin de separar la sucesión legítima, siempre que, por supuesto, no haya voluntad (o la voluntad no se refiera a todos el patrimonio), descendente o ascendente"[52].

Y nuestra doctrina concluyente: "Por supuesto, el cónyuge sobreviviente no será privado de su eventual mediación sobre los bienes adquiridos en la constancia del matrimonio. Y el compañero, de la misma manera y por la misma razón, no tendrá derecho a la comunión, de los bienes adquiridos antes de la unión estable"[53].

La cuarta corriente, apoyada por Christiano Cassetari, Maria Berenice Dias y Francisco José Cahali, atribuyó todos los bienes, por herencia, a la compañera, concluyendo así teniendo en cuenta el afecto vivo que caracterizaría, de hecho y materialmente, la unión estable. En esta hipótesis, la esposa alejada de hecho sería totalmente excluida de la herencia, lo que no nos parece sostenible porque anula la relación existente anteriormente entre

50 ALMEIDA, José Luiz Gavião de. *Código Civil Comentado*, Vol.. XVII I, p. 217.
51 LEITE, Eduardo de Oliveira. *Comentarios*... pág. 294.
52 GAMA, Guilherme Calmon Nogueira da. *Companheirismo – uma espécie de família*, p. 432.
53 LEITE, Eduardo de Oliveira. *Comentários*... pág. 294.

marido y esposa que, hasta el momento de la separación, también debe estar dominada por el afecto vivo.

Flávio Tartuce presenta una quinta solución, a partir de la propuesta doctrinal de José Fernando Simão[54], combinando la tercera y cuarta corriente. Teniendo en cuenta la literalidad del art. 1830 del Código Civil, así como la orientación jurisprudencial dominante, así la doctrina Tartuce:"... la separación de hecho pone fin al régimen de bienes, el patrimonio del difunto debe dividirse en dos montos. El primer monto consistiría en los bienes o el patrimonio adquiridos en la constancia fáctica del matrimonio. En esos bienes, sólo el cónyuge tendría derecho a herencia. La segunda masa de bienes consistiría en los bienes adquiridos durante la unión estable. En cuanto a los bienes adquiridos onerosamente durante la unión estable, el compañero tendría derecho a la herencia. En relación con los bienes adquiridos en otra capacidad durante la unión permanente, el cónyuge tendría derecho a la herencia"[55].

La propuesta, que reproduce en gran medida la solución que presentamos en 2003, nos parece sostenible porque sin caer en el radicalismo crítico de todo para el cónyuge, nada para la pareja (o el contrario) mantiene ilesa la idea del sentido común, la razonabilidad y la justicia tomando y la consideración de las situacionesduas, la del matrimonio y el compañerismo, ambos deban ser respetados y por el orden civil, con sus peculiaridades. No se trata de dividir los bienes, por igual, entre la esposa y la compañera, sino de atribuir a cada una la cantidad de bienes adquiridos en cada una de las situaciones experimentadas por la esposa y la compañera, respectivamente.

La cuestión también plantea serias cuestiones que confirman la conclusión de Zeno Veloso, en el sentido de que "estamos lejos de tener el esclarecimiento completo del problema que, en este momento, está impregnado de perplejidad, confusión. Sólo la jurisprudencia, mansa y pacífica, dará la última palabra"[56].

[54] SIMÃO, José Fernando. *Direito Civil – Direito das Sucessões*, p. 236-237.

[55] TARTUCE, Flavio. Direito Civil. *Direito das Sucessões*, p. 311.

[56] VELOSO, Zeno. *Direito hereditário do cônjuge e do companheiro*, p. 97.

6. El derecho sucesorio de los compañeros después de 2017

Con la declaración de inconstitucionalidad del art. 1.790 del Código Civil y la aplicación en ambos casos (para cónyuges y compañeros) del sistema de sucesión previsto en el art. 1.829 del Código Civil, la compañera/o se encuentra al lado del cónyuge en el orden de sucesión legítima.

Así dispone el art. 1.829 del Código Civil:

> *"La sucesión legítima se reparte en el siguiente orden:*
> *I – para descendientes, en concurrencia con el cónyuge sobreviviente, excepto casados en el régimen de comunión universal de bienes, o en el caso de separación obligatoria de bienes (art. 1.640, párrafo único); o si, en el régimen de comunión parcial, el autor de la herencia no ha dejado bienes particulares;*
> *II – a los ascendientes, en concurrencia con el cónyuge;*
> *III – al cónyuge sobreviviente;*
> *IV – a los colaterales*

Habida cuenta de la Decisión del Supremo Tribunal Federal, la primera consideración que se requiere es adaptar, releyendo el artículo 1.829, la redacción del artículo que ahora exige que, "cuando diga 'cónyuge', diga 'cónyuge o compañero'. Esta lectura se extiende por todo el libro de Sucesión"[57].

Si en ambos casos, el casamiento y la unión estable, deben aplicarse lo establecido en el art. 1.829, es inmediatamente posible afirmar (aunque con gran perplejidad) que el compañero/a compite con los descendientes de acuerdo con el régimen de bienes adoptados (art. 1.829, I), también compite con los ascendientes, independientemente del régimen de bienes (art. 1.829, II); en ausencia de descendientes y ascendientes, así como recibe toda la herencia (art. 1.829, III) excluyendo los colaterales hasta el cuarto grado. La restricción del *caput* del art. 1.790, en cuanto a los bienes adquiridos onerosamente, desaparece en virtud de las disposiciones del art. 1.829 que no hace que el derecho de herencia dependa de este requisito.

[57] Este es también el entendimiento de José Fernando Simão: "Así, la escritura del art. 1.829, que actualmente dice «cónyuge», dirá «cónyuge o pareja». *E então o STF decidiu o destino do artigo 1.790 do CC?* (Parte 2. En: Consultor Jurídico (25 de diciembre de 2016). Acceso: 17/06/2020.

Este primer enfoque resultante de la Decisión de la Supremo Tribunal Federal merece un mejor detalle para comprender el alcance de la modificación que, con el debido tiempo, terminó con la unión estable (y por lo tanto suprimió el punto III del art. 226 del CF/1988) equiparándolo para todo y en todo al casamiento.

Así, con respecto a la concurrencia del compañero con los descendientes (art. 1.829, I) merecen destacar las siguientes consideraciones. El dispositivo legal genera la impresión errónea de que el cónyuge (o compañero, ahora) siempre compite con los descendientes – por regla general – es decir, en un segundo momento del punto **I** que "basadas" por las excepciones derivadas del régimen de bienes adoptado por los cónyuges o compañeros.

Así, si los compañeros adoptaron, mediante una escritura pública o un contrato de convivencia, el régimen de comunión universal de bienes (1ª excepción del punto I del art. 1.829) desaparece la posibilidad de concurrencia. Es que el titular de la mitad del patrimonio (mediación) aún no ha heredado parte de lo legítimo, generando un *bis in idem* eliminado por el legislador. Por cierto, vale la pena aquí la salve de Miguel Reale, siempre actual: "quien es mediador, no es heredero".

Acto inmediato el legislador elimina de la concurrencia la cónyuge o compañero que vive bajo el régimen de separación de bienes, ya que en esta régimen no hay patrimonio común. El cónyuge o pareja sobreviviente no tiene derecho a la mediación del otro, porque el régimen repudia la división de lo que nunca ha sido común. Además, desde el momento en que la Súmula 377 de la STF puso fin a la controversia de la [58] comunicación de bienes a la polémica de la separación legal de bienes (actual, art. 1.641 de la CC) no hay necesidad de hablar de concurrencia con los demás herederos.

Por lo tanto, los bienes particulares de cada uno (cónyuge o compañero) siguen perteneciendo exclusivamente a las categorías mencionadas y, en cuanto a los gananciales serán divididos en la mitad (como resultado de la Súmula 377) sin posibilidad de concurrencia con los descendientes.

Si los compañeros optan por el régimen de comunión parcial de bienes, que en principio se aplica a las uniones estables como resultado de las disposiciones

[58] Resumen 377 de la Corte Suprema: "Bajo el régimen de separación legal de bienes, se comunican los adquiridos en la constancia del matrimonio."

del art. 1.725 [59], la excepción al punto I contiene dos hipótesis distintas que generan efectos igualmente diferentes. Si no eligieron, guardaron silencio o si no formalizaron el régimen de bienes, se aplica la comunión parcial de bienes.

La regla general establece que el cónyuge o compañero sobreviviente no concurre con los otros descendientes, porque ya es uno (en el a estos) cuando el autor de la herencia no ha dejado bienes particulares.

Si el autor de la herencia ha dejado bienes particulares (contrariamente a *la* regla general) se concluye que el cónyuge sobreviviente concurre con los descendientes. En este sentido, la doctrina de María Helena Diniz que corrobora, sin dudarlo, con nuestra doctrina. Así afirma la civilista de Sao Paulo: "... como señala Eduardo de Oliveira Leite, con excepción de los tres regímenes (comunión universal de bienes, comunión parcial de bienes y separación obligatoria de bienes), el legislador sólo abrió la posibilidad, efectivamente, del cónyuge sobreviviente de concurrir como heredero necesario, con los descendientes cuando el autor de la herencia ha dejado la bienes particulares, bajo el régimen de comunión parcial, porque, en otros casos, el cónyuge tendrá la mitad de los bienes (su a porción conyugal) o simplemente retomará su masa de bienes particulares[60].

Por lo tanto, la única hipótesis posible del compañero de concurrir con los descendientes se produce en el régimen de comunión parcial de bienes cuando el autor de la herencia ha dejado los bienes particulares. En todos los demás casos, el legislador descarta la posibilidad de concurrir con los descendientes queda. apartada por el legislador.

En concurrencia con los descendientes del autor de la herencia, el compañero, como heredero, recibirá la misma parte que los descendientes y si es ascendiente de los descendientes herederos, su cuota no podrá ser inferior a la cuarta parte de la herencia, como resultado de las disposiciones del art. 1.832 del Código Civil[61].

[59] *"Art. 1.725. En la unión estable, a menos que el contacto escrito entre los compañeros, el régimen de comunión parcial de bienes se aplica a las relaciones de propiedad."*

[60] DINIZ, María Helena. *Curso de Direito Civil brasileiro. 6. Direito das Sucessões*, 23. ed., p. 136.

[61] *"El art. 1.832. En competencia con los descendientes (art. 1.829, punto I) será el cónyuge la misma parte que los que tienen éxito por cabeza, y su cuota no puede ser inferior a la cuarta parte de la herencia, si es ascendente de los herederos con los que compite."*

En cuanto al inciso II, el compañero/a será heredero independiente del régimen de bienes elegido, protegido su mediación (según el régimen de bienes) el compañero/a compartirá con los ascendientes los bienes dejados por el autor de la herencia, y su cuota se determina de acuerdo con la disposición expresa del art. 1.837 del Código Civil. Así, concurriendo con ascendiente en primer grado, al cónyuge le tocará 1/3 (un tercio) de la herencia y si sólo hay un ascendente, o si mayor es ese grado, será hasta él la mitad de la herencia.

En ausencia de ascendientes y descendientes, el compañero/a tendrá derecho a todos los bienes le corresponderá a los colaterales. Los colaterales sólo heredarán en ausencia de compañero/a superviviente.

Como se puede ver, los efectos de sucesión de los compañeros ya no pertenecen a su esfera privada, ya no están sujetos a la voluntad de sus compañeros y se convierten en "ingresados" en el sistema de sucesión resultante del casamiento, por imposición del Poder Judicial (lectura, del STF). En otras palabras, equiparando a los cónyuges y compañeros con fines sucesorios, el STF "impuso una jerarquía de entidades familiares totalmente disonantes de la disposición constitucional y en total incumplimiento de los principios de libertad que para constituir familia y de la afectividad"[62].

La guiñada radical resultante de la declaración de inconstitucional del art. 1.790 y la consecuencia de la igualdad (igualdad de lectura impuesta por el STF) tiene un efecto totalmente diferente del perseguido por el constituyente de 1988.

7. Primeras conclusiones

A. La unión estable es más bien "la expresión de una elección de parejas para no vincularse a los lazos del casamiento"[63]. Por supuesto, es – y es difícil interpretar otra forma– que la negativa a en enlazar lazos matrimoniales revela inequívocamente la intención de no someter sus

[62] ANDRADE, Raissa Nacer Oliveira de. *Efeitos sucessórios de decorrentes da união estável, após o julgamento do Recurso Extraordinário nº 878.694 no Supremo Tribunal Federal,* p. 14/26.

[63] MARTY-SCHMID, H. *La sistuation patrimoniale des concubins à la fin de l'union libre.* Etude de droit suisse, français et allemand., p. 15.

relaciones a las leyes civiles, prefiriendo las leyes del afecto y la lealtad espontánea. Por lo tanto, el hecho de comportarse como cónyuges no da a las parejas el derecho a disfrutar de la condición de matrimonio. En otras palabras: el hecho de vivir como personas casadas durante un cierto lapso no transforma la unión en una unión de derecho. De prosperar este argumento sería ignorar el matrimonio, en manifiesta inconstitucionalidad;

B. La Constitución Federal reconoció la unión estable como una entidad familiar, pero no la equiparó al matrimonio. Son entidades familiares distintas. En este sentido, la dicción del art. 226 de la CF es muy clara y no permite la exégesis ni extensa ni restrictiva: la unión estable es una especie de entidad familiar que vive junto a otra (matrimonio, familias monoparentales, etc.), por lo tanto, por razones de coherencia y lógica, no se puede equiparar la unión estable al matrimonio, del mismo modo que los efectos de sucesión derivados del matrimonio no pueden equipararse a los de la unión estable. Son realidades dicotómicas y tienen como premisa diferentes intenciones. Por lo tanto, el trato diferenciado no implica discriminación, como se ha repetido al azar, sino en el mero reconocimiento de diferentes efectos en diferentes situaciones.

C. La aplicación del régimen establecido en el Art. 1.829 CC a los efectos de sucesión derivados de uniones estables generará una serie de preguntas a los operadores de la ley, con clara prueba de que la postura del STF no puso fin a las dudas planteadas, suscitadas, sino que generó una mayor perplejidad al tema ya complejo. Por lo tanto, ¿se limita esta duda únicamente a la cuestión de la sucesión entre cónyuges y compañeros o se extiende a todas las disposiciones del Libro de Sucesión? En otras palabras: ¿El STF al considerar inconstitucional el art. 1.790 coloca a los compañeros al nivel de herederos necesarios? ¿Podrían los compañeros descartar los efectos de herencia por testamento? Todo indica que la respuesta afirmativa se impone de acuerdo con la decisión del STF, después de la sentencia, debido a la presentación de Los Embargos de Declaración por ADFAS, en el sentido de la inexistencia de herencia necesaria en la unión estable estable, y el acompañante puede ser excluido por testamento. La materia – debe ser reconocida – todavía está lejos de la unanimidad deseada.

D. La Decisión del STF igualó a los cónyuges y compañeros -al menos en lo que respecta a los efectos de la sucesión (herencia o legado)- y las mismas normas para los cónyuges se aplican a los ambas las hipótesis deben ser consideradas cónyuges, para ambas hipótesis, deben considerarse las disposiciones del art. 1.829 del Código Civil, habida cuenta del reconocimiento de la inconstitucionalidad del art. 1.790 de la CC. Como resultado de este *decisum,* la nueva regla se aplica ahora tanto para los procedimientos de inventario en curso como para los inventarios administrativos que todavía dependen de la escritura de partida de bienes. En cuanto al procedimiento con sentencia final, así como los inventarios administrativos, con el intercambio reservado, lo que se juzga será respetado. Habida cuenta de la situación planteada, ¿dónde está la seguridad jurídica a la vista de las disposiciones del art. 1.787 del Código Civil?

E. Por último, la pregunta es: ¿no habría sido mejor que el STF se hubiera limitado únicamente a la inconstitucionalidad del inciso III del art. 1.790, CC, ya que contrariamente a la expectativa nacional, aumentó la perplejidad del mundo jurídico brasilero, en lugar de referirse a la integralidad de las disposiciones de ese artículo? Así, decidiendo, esta cuestión crucial, el STF resolvió los impases derivados del art. 1.790 CC o, contrariamente a las expectativas nacionales, aumentó la perplejidad del mundo jurídico brasileño Estas y otras preguntas cruciales aún están a la espera de respuestas de los estudiosos del Derecho de Familia brasileños, pero parece legítimo predecir que el tan esperado consenso sobre el complejo asunto está lejos de lograrse.

Referencias

ALMEIDA, José Luiz Gavião de. *Código Civil Comentado* (Coord. De Álvaro Villaça Azevedo. São Paulo: Atlas, 2003.

ANDRADE, Raissa Nacer Oliveira de. *Efeitos sucessórios de decorrentes da união estável, após o julgamento do Recurso Extraordinário nº 878.694 no Supremo Tribunal Federal.* In: https://ambitojuridico.com.br/cadernos/direito-de-familia/efeitos-sucessorios-decorrentes-da-uniao-estavel-apos-o-julgamento-do-recurso-extraordinario-n-878-694-so-supremo-tribunal-federal/ . Acesso em: 05/06/2020.

ARIÈS, Philippe. *História social da criança e da família.* 2ª ed., Rio de Janeiro: Zahar Editores, 1981.

CAHALI, Francisco José e HIRONAKA, Giselda Maria Fernandes Novaes. *Direito das Sucessões. 4ª ed.* São Paulo: Revista dos Tribunais, 2012.

DINIZ, Maria Helena. *Curso de Direito Civil brasileiro. 6. Direito das Sucessões.* 23ª ed., São Paulo: Saraiva, 2009.

FARIAS, Cristiano Chaves e ROSENVALD, Nelson. *Curso de Direito Civil. Direito das Sucessões.* São Paulo: Atlas, 2015.

GAGLIANO, Pablo Stolze e PAMPLONA FILHO, Rodolfo. *Novo Curso de Direito Civil – Direito das Sucessões. 7ª ed.,* São Paulo: Saraiva, 2020.

GAMA, Guilherme Calmon Nogueira da. *Companheirismo – uma espécie de família.* 2. ed., São Paulo: Revista dos Tribunais, 2001.

GONÇALVES, Carlos Roberto. *Direito Civil brasileiro. 7. Direito das sucessões.* 4. ed., São Paulo: Saraiva, 2010.

LEITE, Eduardo de Oliveira. *A (des)união estável.* In: Eduardo de Oliveira Leite (Coord.) Estudos de Direito de Família e Pareceres de Direito Civil. Rio de Janeiro: Forense, 2011, p. 275-297.

LEITE, Eduardo de Oliveira. *Comentários ao novo Código Civil – Do Direito das Sucessões – arts. 1.784 a 2.027.* Rio de Janeiro: Forense, 2003.

LEITE, Eduardo de Oliveira. *Tratado de Direito de Família. Origem e evolução do casamento.* Curitiba: Juruá Editora, 1991.

LEITE, Eduardo de Oliveira. *Direito Civil Aplicado – vol. 5. Direito de Família.* São Paulo: Revista dos Tribunais, 2005.

MARTY-SCHMID, H. *La sistuation patrimoniale des concubins à la fin de l'union libre.* Etude de droit suisse, français et allemand. Genève: Librarie Droz, 1986.

NERY JUNIOR, Nelson e NERY, Rosa Maria de Andrade. *Comentários ao Código Civil. 6ª ed.,* São Paulo: Revista dos Tribunais, 2008.

OLIVEIRA, Euclides de. *Concorrência sucessória e a nova ordem de vocação hereditária.* In: Revista Brasileira de Direito de Família. Porto Alegre: Síntese, abr./maio 2005.

OLIVEIRA, José Lamartine Correa de e MUNIZ, Francisco José Ferreira. *Direito de Família (Direito matrimonial).* Curitiba: Juruá, 2002.

PASSOS, Edilenice e LIMA, João Alberto de Oliveira. *Memória Legislativa do Código Civil: Tramitação na Câmara dos Deputados.* Segundo turno. Vol. 4. Brasília: Senado Federal, 2012.

PEREIRA, Rodrigo da Cunha. *STF acabou com a liberdade de não casar ao igualar união estável ao casamento.* Disponível em: http//www.conjur.co.br/2017-jun-14/rodrigo-cunha--pereira-stf-acabou-liberdade-não-casar. Acesso em: 16 de junho de 2020.

SILVA, Regina Beatriz Tavares da. *Regime sucessório da união estável não é inconstitucional.* Disponível em: http://www.conjur.com.br/2017-mai-19/regime-sucessorio-uniao--estavel-nao-inconstitucional. Acesso em: 16 de junho de 2020.

SIMÃO, José Fernando. *Direito Civil – Direito das Sucessões.* 6. ed., São Paulo: Método, 2013.

SIMÃO, José Fernando. *E então o STF decidiu o destino do artigo 1.790 do CC?* (Parte 2) *In:* Consultor Jurídico, 25 de dezembro de 2016. Acesso em 17/06/20020.

TARTUCE, Flávio. *Direito das sucessões.* 13ª ed. rev., atual. e ampl. Rio de Janeiro: Gen – Forense, 2020.

VELOSO, Zeno. *União estável – Doutrina, Legislação, Direito Comparado, Jurisprudência.* Belém: Editora Cejup, 1997.

VELOSO, Zeno. *Comentários ao Código Civil.* (Coord. Ricardo Fiuza e Regina Beatriz Tavares da Silva) 8ª ed., São Paulo: Saraiva, 2012.

VELOSO, Zeno. *Direito hereditário do cônjuge e do companheiro.* São Paulo: Saraiva, 2010.

VENOSA, Silvio de Salvo. *Direito Civil. Sucessões.* 18ª ed., São Paulo: Atlas, 2017.

4. UNIÃO ESTÁVEL NA CONSTITUIÇÃO

Ives Gandra da Silva Martins

O artigo 226 da Constituição Brasileira tem a seguinte dicção, no seu "caput": 'Art. 226. A família, base da sociedade, tem especial proteção do Estado."

Os constituintes, de rigor, deram especial relevância à vida familiar, dedicando todo o Capítulo VII do Título VIII à família, criança, adolescente e idoso (artigos 226 a 230).

Nenhuma sociedade pode viver sem valorizá-la. E esta depende, fundamentalmente, da vivência de valores[1].

No passado, Deus, Pátria e Família formatavam o comportamento das pessoas e, mesmo nas tiranias e monarquias absolutas, tal concepção, que os homens valorizavam, dava alento à sociedade. O conforto da família, a esperança de uma pátria melhor e a certeza de Deus acompanhou sempre o

[1] Pinto Ferreira ensina: "A família é uma célula social, tem por importância básica na estrutura da sociedade, é a própria base da sociedade. Diversas teorias explicativas da origem do Estado salientam inclusive que tal unidade política resulta apenas de uma associação ou ampliação da família.
Ela recebe uma proteção especial do Estado, pois com o seu amparo se aperfeiçoa e se aprimora a própria instituição política. O homem quando nasce é de imediato membro de uma família e pertence à unidade política de importância que é o Estado. Para efeito de proteção do Estado a família é entendida mesmo com um sentido mais amplo na Constituição de 1988. A unidade familiar é reconhecida como a união estável entre o homem e a mulher, devendo a lei facilitar a sua conversão em casamento" (Comentários à Constituição Brasileira, 7º volume, Ed. Saraiva, 1995, p. 338).

homem, em sua aventura pela terra, nada obstante o fantástico suceder de maus governantes, quase sempre os grandes destiladores de maus costumes[2].

A família, nos tempos atuais, sofre ataques de todos os lados [3].

Felizmente, o constituinte, em momento de rara lucidez, fez questão de acentuar, no "caput" do primeiro artigo do capítulo VII do Título VIII, que a família é a base da sociedade, cabendo ao Estado protegê-la[4].

Mais do que isto, impôs, o constituinte, ao Estado, o dever de protegê-la de forma "especial", adjetivo que dá força maior à norma[5].

Os parágrafos seguintes são dedicados à gratuidade da celebração do casamento entre homem e mulher e de natureza civil (§ 1°)[6], dos efeitos civis

[2] Escrevi: "Estou convencido de que o homem pretérito sabia o que era a felicidade por encontrá-la em valores pelos quais valia a pena lutar, enquanto o homem atual, deixando de voltar-se para fora e encerrando-se dentro de si mesmo e de seu egoísmo, não sabe aproveitar as conquistas do século.
Antes, o homem vivenciava circunstâncias e realidades que lhe transcendiam. Era mais carente de recursos, porém menos carente de convicções. O homem de hoje, com mais acesso a tudo e com padrão de vida melhor que no passado, abismou-se em si mesmo e em sua auto realização, perdendo a dimensão libertadora dos valores, para substituí-los pela tortura do egoísmo que o faz alienado de tudo e de todos e que não suporta o sucesso, pelo tédio que causa, ou o insucesso, pela frustração que gera" (Uma Visão do Mundo Contemporâneo, Ed. Pioneira, 1997, p. 53).

[3] José Carlos Cal Garcia esclarece: "O texto manteve, fiel à tradição brasileira, a família como base da sociedade. Além da união estável entre o homem e a mulher, a Constituição define, como entidade familiar, a comunidade formada por qualquer dos pais e seus descendentes" (Linhas Mestra da Constituição de 1988, Ed. Saraiva, 1989, p. 218).

[4] Jacques Leclercq esclarece: "Revelação e direito natural na moral familiar. Fala-se correntemente de uma doutrina cristã acerca do matrimônio e da família. Essa doutrina cristã da família é uma das manifestações mais características do nexo existente entre a revelação e a moral natural (v. Leclercq, Leçons, t. I, nº 14). Os princípios novos oferecidos pela revelação reduzem-se a pouca coisa. No Antigo Testamento, a lei de Moisés perfilhou e consagrou a instituição familiar tal como vigorava entre os judeus, desde o tempo dos Patriarcas. Descobre-se nela um esforço no sentido de purificar a instituição familiar, mas não se pode dizer que introduza princípios novos (v. nºs 16 e 17). No Nove Testamento, a instituição foi ainda mais purificada, mas, como novidade, só se encontra a elevação do matrimônio à dignidade de sacramento, e porventura a sua indissolubilidade absoluta (v. nº 18). Fora disso, o ensinamento cristão apenas adota e purifica o que poderíamos chamar a tradição humana, isto é, a concepção da família comum a todos os povos civilizados" (A Família, Ed. Quadrante/USP, p. 9).

[5] "Especial, adj. Próprio, peculiar, excelente" (Minidicionário da Língua Portuguesa, Silveira Bueno, 3ª ed., Ed. Lisa, 1988, p. 264).

[6] "§ 1º O casamento é civil e gratuita a celebração."

do casamento religioso (§ 2°)[7]; reconhece a entidade familiar conformada apenas ou pela mulher ou pelo homem, se houver prole (§ 4º)[8]; a igualdade de direitos e deveres a serem exercidos pelo homem e pela mulher (§ 5º)[9]; a dissolução do casamento pelo divórcio (§ 6º)[10]; o planejamento familiar e responsabilidade do casal na educação de sua prole (§ 7º)[11], em que o aborto não consta e, por fim, a assistência obrigatória do Estado a cada membro da família (§ 8º)[12].

O parágrafo terceiro é, todavia, dedicado à união de fato pelo constituinte denominada de união estável. Tem a seguinte dicção:

> "§ 3º Para efeito da proteção do Estado, é reconhecida a união estável entre o homem e a mulher como entidade familiar, devendo a lei facilitar sua conversão em casamento."

O § 3º segue a mesma linha enunciada nos parágrafos mencionados de proteção à família[13].

[7] "§ 2º O casamento religioso tem efeito civil, nos termos da lei. "

[8] "§ 4º Entende-se, também, como entidade familiar a comunidade formada por qualquer dos pais e seus descendentes."

[9] "§ 5º Os direitos e deveres referentes à sociedade conjugal são exercidos igualmente pelo homem e pela mulher."

[10] "§ 6º O casamento civil pode ser dissolvido pelo divórcio.

[11] "§ 7º Fundado nos princípios da dignidade da pessoa humana e da paternidade responsável, o planejamento familiar é livre decisão do casal, competindo ao Estado propiciar recursos educacionais e científicos para o exercício desse direito, vedada qualquer forma coercitiva por parte de instituições oficiais ou privadas"

[12] "§ 8º O Estado assegurará a assistência à família na pessoa de cada um dos que a integram, criando mecanismos para coibir a violência no âmbito de suas relações."

[13] Gregorio Delgado escreve: "Partiendo de las conexiones existentes entre persona y sociedad, se subraya el contexto de la sociedad actual en la que desaparece lo sagrado, lo religioso y los valores humanos naturales encuentran todo su valor y significado. En ella el matrimonio civil adquiere una verdadera importancia y compromete o afecta profundamente a la persona. Fuera de cualquier posible apreciación subjetiva del interesado, tal compromiso (matrimonio civil) debe considerarse como factor que señala de manera fundamental e individuante a la persona" (Error y matrimonio canónico, Eunsa, Pamplona, Espanha, 1975, p. 77).

Nitidamente, o Estado protege o casamento[14] e estimula que seus cidadãos e pessoas aqui residentes constituam sua família, formalmente, através de matrimônio[15].

O constituinte, todavia, não poderia desconhecer uma realidade dos dias atuais, qual seja, a da união sem vínculos formais entre um homem e uma mulher, com a prole decorrencial que pode advir dessa união.

Por esta razão, estende a proteção do Estado à família não constituída pelo casamento, mas pela união estável de um homem e de uma mulher, considerando tal união uma entidade familiar [16].

Como se percebe há todo um tratamento constitucional de proteção à entidade familiar – o constituinte apenas cuidou da união entre um homem e uma mulher - seja a união estável sem vínculo matrimonial, seja o que mais desejou, ou seja, que este vínculo fosse o desiderato final dos que estavam apenas em uma relação de fato.

A Suprema Corte do país, como se fosse um poder constituinte derivado, alargou tal relação apenas permitida entre homem e mulher, na conformação da Lei Maior, para pares do mesmo sexo e discute, agora, se poderia criar um novo tipo de família multi parental, com um número mais amplo de "pais" e

[14] A equipe da Price Waterhouse assim comenta o dispositivo: "Este dispositivo é uma inovação no ordenamento jurídico atual.
O texto constitucional vigente admite como entidade familiar não só aquela constituída pelos laços do matrimônio, na forma da lei, como também a união estável, de fato, entre homem e mulher.
O reconhecimento da sociedade conjugal de fato é ao mesmo tempo um avanço e a constatação de uma realidade que merece a proteção do Estado. Com efeito, reconhecida constitucionalmente a união conjugal de fato, a lei deve facilitar sua conversão em casamento" (A Constituição do Brasil 1988, Ed. Price Waterhouse, 1989, p. 833).

[15] José Afonso da Silva explicita: "Não é mais só pelo casamento que se constitui a entidade familiar. Entende-se, também como tal, a comunidade formada por qualquer dos pais e seus descendentes e, para efeito de proteção do Estado, também, a união estável entre homem e mulher, cumprindo à lei facilitar sua conversão em casamento. Em qualquer desses casos, os direitos e deveres referentes à sociedade conjugal são exercidos igualmente pelo homem e pela mulher, especificando aqui o direito de igualdade entre ambos, já consignado no art. 5º I (art. 226)" (Curso de Direito Constitucional Positivo, Revista dos Tribunais, 5a. ed., 1989, p. 709).

[16] José Carlos Cal Garcia esclarece: "A Constituição define a família como aquela resultante do casamento. As propostas que ampliavam esse conceito, visando a reconhecer, para fins de proteção do Estado, como entidade familiar, a união estável entre o homem e a mulher, foram aceitas pelo Plenário" (Linhas mestras da Constituição de 1988, Ed. Saraiva, 1989, p. 218).

"mães", vivendo, "a la Engels", como uma família em que, afetivamente, todos pertenceriam a todos.

Embora não tenha qualquer espécie de preconceito contra os homossexuais, critiquei à época a decisão da Suprema Corte, preferindo a solução do Conselho Constitucional da França, que é seu Tribunal para tais questões, que rejeitou participasse o Poder Judiciário da criação de um novo tipo de relacionamento afetivo com a conformação matrimonial, declarando que os interessados deveriam procurar a Assembleia Nacional, não as Cortes Judiciais.

Por esta razão, tenho procurado alertar a insegurança jurídica que pode causar tal assunção de funções legislativas e executivas que a Suprema Corte tem assumido no Brasil, ainda com mais intensidade no presente, em que o mundo está envolvido no maior problema sobrevivencial desde que o homem existe.

A crise mundial provocada pelo corona vírus está longe de uma solução, visto que, apesar dos esforços de cientistas de todo o mundo, não se encontrou, ainda, uma vacina contra a insidiosa doença. Restam muitas dúvidas sobre seu espectro, não se tendo, inclusive, certeza de que aqueles, teoricamente, imunizados, se poderão ou não contrair novamente a doença e nem mesmo se esta pode retornar com maior virulência, mesmo nos países já com infecções em pleno declínio.

Se o problema concernente a saúde continua grave e preocupante, o problema econômico não é menor, exigindo uma reformulação dos padrões clássicos de planejamento para compensar, em termos de elevada queda do PIB, a alavancagem da recuperação futura, na qual alguns elementos de difícil contenção e compressão permanecem, apesar do preço que a sociedade está pagando, como é o do custo burocrático dos governos mundiais.

A queda do PIB em todos os países provoca uma menor receita tributária para sustentar uma máquina administrativa pesada que exige os mesmos recursos pré-pandemia de uma sociedade fragilizada, com redução de disponibilidades para investimentos e com um sensível aumento do desemprego no mundo.

As políticas econômicas globalizadas cedem terreno às políticas nacionais, à luz da necessidade das nações de enfrentarem os efeitos deletérios da crise, em nível não simétrico.

A exigência de preservação em cada país de sua força produtora gera um retorno, pelo menos provisório, à teoria de "Mateus, primeiro os teus", visto que ajuda dos países mais ricos ou de organismos internacionais aos emergentes ou nações mais pobres terá redução considerável, além de sensível impacto no comércio internacional.

Todos os governos do mundo enfrentam os mesmos dilemas.

O Brasil acrescentou uma terceira crise, desde a saída cinematográfica do Ministro Sérgio Moro, que, como magistrado passou à história do Brasil no combate à corrupção, ou seja, uma crise política, na qual os três poderes estão envolvidos, até mesmo em manifestações de seus dirigentes à imprensa, que, como quarto poder da sociedade, envolveu-se também com tomada de posição sobre a conjuntura nacional.

Começo pela presidência. Eleito pelas redes sociais, contra a maioria dos grandes veículos de comunicação, terminou se indispondo com a clássica mídia --não saberia dizer se por ação ou reação – passando a ter a imprensa, em grande parte, contra ele. Desta forma, só o que não vai bem no governo é noticiado. Exemplifico com o noticiário sobre o corona vírus. O Brasil, por sua população, tem, em números absolutos, o segundo maior número de mortes do mundo. Em números relativos, todavia, temos um número menor de mortos que E.U.A., Suiça, Inglaterra, Espanha e Itália, nada obstante mais de 100 mil mortos e, aproximadamente, três milhões de brasileiros curados. Os dados positivos não são trazidos ao público pela maioria da grande imprensa. Outro exemplo: o maior programa social da história do Brasil, ou seja, os 600 reais distribuídos para, aproximadamente, 30 milhões de brasileiros, que exigiu uma logística fantástica em montagem e rapidez, só é lembrado pelos poucos milhares de pessoas que ainda não os receberam. Corresponderá até o fim do ano a mais de duas dezenas de anos de Bolsa Família.

O Poder Judiciário, cujos ministros, indiscutivelmente, são competentes e idôneos, na adoção do "consequencialismo jurídico", que se auto outorgou de invadir competências de atribuições e legislativas de outros poderes, viu todos seus ministros, escolhidos pelos presidentes anteriores, sentirem-se com a missão civilizatória de corrigir o que consideravam errado na atuação dos outros poderes, com o que passaram a ter uma atuação, além da Constituição, de caráter também político, estimulada pelo apoio da mídia anti presidente, levando as declarações do presidente e de ministros do Pretório

Excelso, constantemente, serem objeto de posicionamentos não jurídicos. Já não falam só nos autos, mas também fora deles.

O Legislativo, por outro lado, a todo momento, por meras suspeitas, vê seus parlamentares, apoiadores do presidente, serem investigados, sofrerem buscas e apreensões, perdendo, pela não defesa de sua autonomia e liberdade de expressão, protagonismo no debate Judiciário versus Executivo.

Os três poderes foram tratados no Título IV da Constituição Federal, muito embora a defesa do Estado e das instituições democráticas, em momentos de crise, tenha sido disciplinada no Título V. Tem este a seguinte dicção: "Da Defesa do Estado e das Instituições Democráticas", dividido em quatro partes (Estado de Defesa, de Sítio, Forças Armadas e Segurança Pública).

Estamos num Estado democrático de direito (artigo primeiro) onde os poderes devem ser harmônicos e independentes (artigo segundo).

Estou convencido que chegou o momento de os três poderes dialogarem a bem do país, pois as soluções para os desafios atuais poderão ser comprometidas pela inoportunidade desta crise entre poderes. Temos necessidade de duas reformas fundamentais para permitir o Brasil começar a levantar-se da violenta queda do PIB, desemprego e perda de competitividade. De uma reforma tributária e de uma reforma administrativa. Na primeira, abandonaria as grandes mudanças constitucionais e passaria para uma reforma simplificadora da legislação ordinária para facilitar a compreensão da caótica legislação brasileira. Seria mais simples, mais rápida e mais útil. Na segunda, se não fizermos uma lipoaspiração no tamanho da burocracia e da Federação, reduzindo a esclerosada máquina administrativa, o Brasil estará condenando, para benefício de uns poucos, gerações futuras de brasileiros.

O momento é de efetiva crise econômica e de saúde. Que os nossos dirigentes discutam os problemas de divergências políticas quando a nau da Federação tiver deixado o tormentoso mar das duas crises, pois, caso contrário, o mar sorverá a nau com seus passageiros.

Neste quadro, todavia, o mais relevante é voltar o Suprema Tribunal Federal a ser o "guardião da Constituição" e não um "constituinte derivado". E, indiscutivelmente, na questão da união de fato, definitivamente, abortar a iniciativa das "multi famílias", como se a volta aos "costumes afetivos" da civilização neandertalense fosse a grande conquista da modernidade.

4. UNIÓN ESTABLE EN LA CONSTITUCIÓN

Ives Gandra da Silva Martins

El artículo 226 de la Constitución Brasileña tiene la siguiente dicción, en su "caput": *"Art. 226. La familia, base de la sociedad, tiene una protección especial del Estado."*

Los constituyentes, de rigor, dieron especial relevancia a la vida familiar, dedicando todo el Capítulo VII del Título VIII a la familia, el niño, el adolescente y el anciano (artículos 226 a 230).

Ninguna sociedad puede vivir sin valorarla. Y esto depende, fundamentalmente, de la vivencia de valores[1].

En el pasado, Dios, la Patria y la Familia dieron forma al comportamiento de las personas e, incluso en tiranías y monarquías absolutas, tal concepción, que los hombres valoraban, daba aliento a la sociedad. La comodidad de la familia, la esperanza de una patria mejor y la certeza de Dios siempre ha

[1] Pinto Ferreira enseña: "La familia es una célula social, tiene como importancia básica en la estructura de la sociedad, es la base misma de la sociedad. Varias teorías explicativas del origen del Estado incluso señalan que tal unidad política sólo resulta de una asociación o expansión de la familia.
Recibe una protección especial del Estado, porque con su apoyo se mejora y mejora la propia institución política. El hombre cuando nace es un miembro inmediato de una familia y pertenece a la importante unidad política que es el Estado. Para efecto de protección del Estado, la familia misma se entiende con un significado más amplio en la Constitución de 1988.
La unidad familiar es reconocida como la unión estable entre el hombre y la mujer, y la ley debe facilitar su conversión en matrimonio" (Comentarios a la Constitución brasileña, 7º volumen, Ed. Saraiva, 1995, p. 338).

acompañado al hombre, en su aventura por la tierra, a pesar de la fantástica sucesión de gobernantes malvados, casi siempre los grandes destiladores de malas costumbres[2].

La familia, en la actualidad, sufre ataques de todos los lados[3].

Afortunadamente, el constituyente, en un momento de rara lucidez, subrayó, en el "caput" del primer artículo del Capítulo VII del Título VIII, que la familia es la base de la sociedad, y que le cabe al Estado protegerla[4].

Más que eso, el constituyente impuso al Estado el deber de protegerla de manera "especial", un adjetivo que da mayor fuerza a la norma[5].

Los párrafos siguientes están dedicados a la celebración gratuita del matrimonio entre el hombre y la mujer y de carácter civil (§ 1°)[6], de los efectos

[2] Escribí: "Estoy convencido de que el hombre pasado sabía lo que era la felicidad al encontrarla en valores por los que vale la pena luchar, mientras que el hombre presente, al no salir y cerrarse dentro de sí mismo y de su egoísmo, no sabe cómo aprovecharse de los logros del siglo. Antes, el hombre experimentaba circunstancias y realidades que lo trascendían. Era más carente de recursos, pero menos carente de convicciones. El hombre de hoy, con más acceso a todo y con un mejor nivel de vida que en el pasado, se ha abismado a sí mismo y en su autorrealización, perdiendo la dimensión liberadora de los valores, para reemplazarlos por la tortura del egoísmo que lo hace alejarse de todo y de todos y que no soporta el éxito, por el aburrimiento que causa, ni el fracaso, por la frustración que genera" (Uma Visão do Mundo Contemporâneo, Ed. Pioneira, 1997, p. 53).

[3] José Carlos Cal García explica: "El texto mantuvo, fiel a la tradición brasileña, la familia como base de la sociedad. Además de la unión estable entre el hombre y la mujer, la Constitución define, como entidad familiar, la comunidad formada por cualquiera de los padres y sus descendientes" (Directrices de la Constitución de 1988, Ed. Saraiva, 1989, p. 218).

[4] Jacques Leclercq aclara: "Revelación y derecho natural en la moral familiar. Se habla constantemente de una doctrina cristiana sobre el matrimonio y la familia. Esta doctrina cristiana de la familia es una de las manifestaciones más características del nexo existente entre la revelación y la moral natural (véase Leclercq, Leones, NuevosT. Yo, no 14). Los nuevos principios que ofrece la revelación se reducen a poca cosa. En el Antiguo Testamento, la ley de Moisés perfiló y consagró la institución familiar tal como lo había sido entre los judíos desde la época de los Patriarcas. Se descubre un esfuerzo en ella para purificar la institución familiar, pero no se puede decir que introduzca nuevos principios (v. No. 16 y 17). En el Nuevo Testamento, la institución ha sido purificada aún más, pero como novedad sólo hay la elevación del matrimonio a la dignidad de sacramento, y tal vez su absoluta indisolubilidad (v. 18). Fuera de esto, la enseñanza cristiana sólo adopta y purifica lo que podríamos llamar la tradición humana, es decir, la concepción de la familia común a todos los pueblos civilizados" (The Family, Ed. Quadrante/USP, pág. 9).

[5] "Especial adjetivo, peculiar, excelente" (Minidicionário da Língua Portuguesa, Silveira Bueno, 3a ed., Ed. Lisa, 1988, p. 264).

[6] "§ 1º El casamento es civil y gratuita la celebración."

civiles del matrimonio religioso (§ 2°)[7]; reconoce la entidad familiar formada únicamente o por la mujer o por el hombre, si hay descendencia (§ 4º)[8]; la igualdad de derechos y deberes que deben ejercer el hombre y la mujer (§ 5º)[9]; la disolución del matrimonio por divorcio (§ 6º)[10]; la planificación familiar y la responsabilidad de la pareja en la educación de sus hijos (§7º)[11], en los que no se incluye el aborto y, por último, la asistencia obligatoria del Estado a cada miembro de la familia (§ 8º)[12].

Sin embargo, el tercer párrafo está dedicado a la unión de hecho por el constituyente llamada unión estable. Tiene la siguiente dicción:

> *"§ 3º Para los efectos de la protección del Estado, se reconoce la unión estable entre el hombre y la mujer como entidad familiar, y la ley debe facilitar su conversión en matrimonio."*

O § 3º sigue la misma línea que se establece en los párrafos mencionados de la protección de la familia[13].

7 "§ 2º El casamiento religioso tiene efecto civil, en los términos de la ley. "

8 "§ 4º La comunidad formada por cualquier de los padres y sus descendientes también se entiende como una entidad familiar."

9 "§ 5º Los derechos y deberes relativos a la sociedad conyugal son ejercidos igualmente por el hombre y la mujer."

10 "§ 6º El matrimonio civil puede disolverse por divorcio."

11 "§ 7º – Fundada en los principios de la dignidad de la persona humana y de la paternidad responsable, la planificación familiar es una decisión libre de la pareja, y corresponde al Estado proporcionar recursos educativos y científicos para el ejercicio de este derecho, prohibida cualquier forma coercitiva por parte de instituciones oficiales o privadas. "

12 "§ 8º El Estado garantizará la asistencia a la familia en la persona de cada uno de los que la integran, creando mecanismos para frenar la violencia dentro de sus relaciones."

13 Gregorio Delgado escribe: "Partiendo de las conexiones existentes entre persona y sociedad, se el contexto de la sociedad en la que la que la vez lo sagrado, lo religioso y los valores humanos naturales en qué lugar todo su valor y significado. En ella el matrimonio civil adquiere una importancia compromete y afecta o afecta profundamente a la persona. Fuera de cualquier posible apreciación subjetiva del interesado, tal compromiso (matrimonio civil) debe considerarse como un factor que tiene de manera fundamental e individiduante a la persona" (Error y canon, Eunsa, Pamplona, España, 1975, p. 77).

Claramente, el Estado protege el casamiento[14] y alienta a sus ciudadanos y residentes aquí a constituir formalmente su familia a través del matrimônio[15].

El constituyente, sin embargo, no podía ignorar una realidad de la actualidad, es decir, la de la unión sin lazos formales entre un hombre y una mujer, con la prole que puede venir de esta unión.

Por esta razón, extiende la protección del Estado a la familia no constituida por el casamiento, sino por la unión estable de un hombre y una mujer, considerando tal unión como una entidad familiar[16].

Como se percibe, existe todo un tratamiento constitucional de la protección a la entidad familiar – el constituyente sólo se ocupó de la unión entre un hombre y una mujer – ya sea la unión estable sin vínculo matrimonial, o sea lo más deseado, es decir, que este vínculo fuera el deshidrato final de aquellos que sólo estaban en una relación de hecho.

La Suprema Corte del país, STF como si se tratara de un poder constituyente derivado, extendió tal relación apenas permitida entre el hombre y la mujer, en la conformación de la Ley Mayor, para parejas del mismo sexo y discute, ahora, si podría crear un nuevo tipo de familia multi parental,

[14] El equipo de la Precio Waterhouse así comenta el dispositivo: "Este dispositivo es una innovación en el sistema legal actual.
El texto constitucional actual admite como entidad familiar no sólo la constituida por los lazos matrimoniales, en forma de ley, sino también la unión estable, de hecho, entre el hombre y la mujer.
El reconocimiento de la sociedad conyugal es a la vez un avance y la realización de una realidad que merece la protección del Estado. En efecto, constitucionalmente reconocida la unión matrimonial de hecho, la ley debe facilitar su conversión en matrimonio" (La Constitución de Brasil 1988, Ed. Precio Waterhouse, 1989, p. 833).

[15] José Afonso da Silva explicita: "Ya no es sólo por matrimonio que la entidad familiar está constituida. También se entiende como tal, la comunidad formada por cualquiera de los padres y sus descendientes y, para fines de protección del Estado, también, la unión estable entre el hombre y la mujer, cumpliendo con la ley para facilitar su conversión en matrimonio. En cualquiera de estos casos, los derechos y deberes relativos a la sociedad conyugal también son ejercidos por el hombre y la mujer, especificando aquí el derecho de igualdad entre los dos, ya consagrado en el art. 5º I (art. 226)" (Curso de Direito Constitucional Positivo, Revista dos Tribunais, 5a. ed., 1989, p. 709).

[16] José Carlos Cal García explica: "La Constitución define a la familia como el resultado del matrimonio. Las propuestas que ampliaron este concepto, con el objetivo de reconocer, para fines de protección del Estado, como entidad familiar, la unión estable entre hombre y mujer, fueron aceptadas por el Plenario" (Linhas mestras da Constituição de 1988, Ed. Saraiva, 1989, p. 218).

con un número más amplio de "padres" y "madres", viviendo, "a la Engels", como una familia en la que, afectivamente, todos pertenecerían a todos.

Aunque no haya ningún tipo de prejuicio contra los homosexuales, critiqué a la época la decisión de la Suprema Corte, prefiriendo la solución del Consejo Constitucional de Francia, que es su Tribunal para tales cuestiones, que rechazó la participación del Poder Judiciario en la creación de un nuevo tipo de relación afectiva con la formación matrimonial, declarando que las partes interesadas deben buscar la Asamblea Nacional, no los Tribunales de Justicia

Por esta razón, he tratado de advertir la inseguridad jurídica que puede causar tal asunción de funciones legislativas y ejecutivas que la Corte Suprema ha asumido en Brasil, aún más intensamente en el presente, en el que el mundo está involucrado en el mayor problema de sobrevivencia desde que el hombre existe.

La crisis mundial causada por el coronavirus dista mucho de tener una solución, ya que, a pesar de los esfuerzos de científicos de todo el mundo, aún no se ha encontrado una vacuna contra la enfermedad insidiosa. Hay muchas dudas sobre su espectro, no hay, incluso, como estar seguro de que aquellos, teóricamente, inmunizados, puedan o no contraer la enfermedad de nuevo ni si esta puede volver con mayor virulencia, incluso en países que ya tienen infecciones en pleno descenso.

Si el problema de la salud sigue siendo grave y preocupante, el problema económico no es menor y requiere una reformulación de las normas de planificación clásicas para compensar, en términos de elevada caída del PBI, el apalancamiento de la recuperación futura, en el que algunos elementos de difícil contención y compresión permanezcan, a pesar del precio que la sociedad está pagando, como es el del coste burocrático de los gobiernos mundiales.

La caída del PIB en todos los países provoca más bajos ingresos fiscales para sostener una máquina pesada que requiere los mismos recursos pre-pandemia de una sociedad fragilizada, con una reducción de la disponibilidad para la inversión y con un aumento sensible del desempleo en el mundo.

Las políticas económicas globalizadas ceden terreno a las políticas nacionales, a la luz de la necesidad de que las naciones se enfrenten los efectos nocivos de la crisis, a nivel no simétrico.

El requisito de preservación en cada país de su fuerza productora genera un retorno, al menos provisional, en la teoría de "Mateus, primero los tuyos", ya que la ayuda de los países más ricos u organizaciones internacionales a las naciones emergentes o más pobres tendrá una reducción considerable, además de un impacto significativo en el comercio internacional.

Todos los gobiernos del mundo se enfrentan a los mismos dilemas.

Brasil acrecentó una tercera crisis, desde la salida cinematográfica del ministro Sergio Moro, quien, como magistrado, entró en la historia de Brasil en la lucha contra la corrupción, es decir, una crisis política, en la que participan las tres potencias, incluso en manifestaciones de líderes a la prensa, que, como cuarto poder de la sociedad, se ha involucrado también en tomar una posición sobre la coyuntura nacional.

Empiezo con la presidencia. Elegido por las redes sociales, contra la mayoría de los principales medios de comunicación, terminó por indisponerse con los clásicos medios de comunicación – no sabría decir si por acción o reacción – pasando a tener la prensa, en gran parte, contra él. De esta forma, sólo lo que no va bien en el gobierno se informa. Ejemplifico con las noticias sobre el coronavirus. Brasil, por su población, tiene, en números absolutos, el segundo mayor número de muertes en el mundo. En números relativos, sin embargo, todavía, tenemos un menor número de muertes que Estados Unidos, Suiza, Inglaterra, España e Italia; a pesar de más de 100.000 muertos, tenemos, tres millones de brasileños curados. Los datos positivos no son traídos al público por la mayoría de la prensa convencional. El otro ejemplo: el programa social más grande en la historia de Brasil, es decir, los 600 reales distribuidos aproximadamente a 30 millones de los brasileños, que requerían una fantástica logística en montaje y velocidad, sólo es recordado por los pocos miles de personas que aún no los recibieron. Corresponderá, hasta finales de año, a más de dos decenas de años de *Bolsa Família*.

El Poder Judiciario, cuyos ministros, indiscutiblemente, son competentes e idóneos, en la adopción del "cosecuencialismo jurídico", que se auto otorgó para invadir competencias y asignaciones legislativas de otros poderes, vio a todos sus ministros, escogidos por presidentes anteriores, sintiéndose con la misión civilizadora de corregir lo que consideraban erróneo en el desempeño de los demás poderes, con los cuales comenzaron a tener una actuación, para más allá de la Constitución, también de carácter político, estimulado por el apoyo de los medios de comunicación, antipresidente, llevando las declaraciones del presidente y los ministros del Pretori Excelso, constantemente, a ser objeto de posicionamientos no jurídicos. Ya no hablan en los autos, sino también fuera de ellos.

El legislativo, por otra parte, en todo momento, por meras sospechas, ve a sus parlamentarios, partidarios del presidente, ser investigados, sufren búsquedas e incautaciones, perdiendo, al no defender su autonomía y libertad de expresión, protagonismo en el debate entre el Poder Judicial versus el Executivo.

Los tres poderes fueron tratados en el Título IV de la Constitución Federal, aunque la defensa del Estado y de las instituciones democráticas, en tiempos de crisis, se ha disciplinado el Título V. Tiene este la siguiente dicción: "De la Defensa del Estado y de las instituciones Democráticas", divididas en cuatro partes (Estado de Defensa, de Sitio, Fuerzas Armadas y Seguridad Pública).

Estamos en un Estado Democrático de Derecho (artículo primero) donde los poderes deben ser armónicos e independientes (artículo segundo).

Y estoy convencido de que ha llegado el momento de que los tres poderes dialoguen por el bien del país, porque las soluciones a los desafíos actuales pueden verse comprometidas por la inoportunidad de esta crisis entre poderes. Necesitamos dos reformas fundamentales que permitan a Brasil empezar a aumentar a partir de la violenta caída del PIB, el desempleo y la pérdida de competitividad. De una reforma tributaria y de una reforma administrativa. En la primera, abandonaría los grandes cambios constitucionales y pasaría a una reforma simplificada de la legislación ordinaria para facilitar la comprensión de la caótica legislación brasileña. Sería más simple, más rápido y útil. La segunda, si no hacemos una liposucción en el tamaño de la burocracia y la Federación, reduciendo la esclerosada máquina administrativa, Brasil estará condenando, en beneficio de unas cuantos, generaciones futuras de brasileños.

El momento es de efectiva crisis económica y sanitaria. Que nuestros líderes discutan los problemas de las divergencias políticas cuando el navío de la federación ha abandonado el mar tormentoso de las dos crisis, pues, de lo contrario, el mar absorberá al navío con sus pasajeros.

En este contexto, sin embargo, lo más relevante es que vuelva a ser el Supremo Tribunal Federal el "guardián de la Constitución" y no un "constituyente derivado". Y indiscutiblemente, en el tema de la unión de hecho, abortar definitivamente la iniciativa de las "familias multi", como si el regreso a las "costumbres afectivas" de la civilización neandertal fuera el gran logro de la modernidad.

5. A FROUXIDÃO DOS REQUISITOS DA UNIÃO ESTÁVEL E A EQUIPARAÇÃO DE SEUS EFEITOS AOS DO CASAMENTO NO DIREITO BRASILEIRO

Regina Beatriz Tavares da Silva

1. A história legislativa dos requisitos da união de fato no Direito brasileiro

Há tempos preocupa a regulamentação legal da união de fato, a chamada união estável em terras brasileiras. As preocupações vêm desde a Lei 9.278 de 10 de maio de 1996, que revogou a Lei 8.971 de 29 de dezembro de 1994,– que vigorava há menos de dois anos até então, e acabou por servir de base ao Código Civil de 2002, em razão das limitações regimentais do Congresso Nacional no processo legislativo do Projeto de Lei 634 de 1975, em sua última fase de tramitação na Câmara dos Deputados.

O processo legislativo das leis federais brasileiras é bicameral, de modo que, se começar na Câmara dos Deputados, como ocorreu com o Projeto de lei do atual Código Civil, uma vez aprovado, deve ser remetido ao Senado Federal, onde cabem amplas modificações, retornando à primeira Casa do Congresso Nacional, para nova votação, fase em que, se receber outras alterações, será novamente enviado à apreciação dos Senadores, para depois novamente retornar à apreciação dos Deputados, já que sua aprovação final deve ocorrer na Casa em que teve início.

O Projeto de Código Civil, cuja tramitação iniciou-se em 11 de junho de 1975 e perdurou por longos 27 anos, após ser aprovado na primeira fase da Câmara dos Deputados em 16 de maio de 1984, foi remetido ao Senado e, sob a relatoria de Josaphat Marinho, recebeu a inclusão das proposições legislativas sobre a união estável, em razão do disposto no art. 226 da Constituição Federal de 1988, em que se apresentavam os seguintes requisitos: convivência *more uxorio*, com duração mínima de cinco anos e possibilidade de redução a três anos diante do nascimento de filho comum, aplicando-se os mesmos impedimentos do casamento.

Ao retornar à Câmara dos Deputados, o Projeto de Código Civil recebeu a relatoria de Ricardo Fiuza, que solicitou a esta articulista que reunisse especialistas, em denominada Comissão de Juristas, para realizar o seu aperfeiçoamento legislativo, quando lhe foi atribuída a análise de proposições legislativas referentes ao Livro do Direito de Família, entre as quais as da regulamentação da união estável, e ao Título da Responsabilidade Civil do Livro do Direito das Obrigações.

Pela referida Comissão de Juristas foi considerado excessivo o prazo de 5 anos de convivência constante da redação do projeto no Senado, ainda que com sua redução a 3 anos na hipótese de existência de um filho, quando esta articulista insistiu em inserção de prazo legal, com sua redução, em qualquer caso, para dois anos, portanto, menor do que o que constava da redação da outra Casa do Congresso nacional, e na manutenção do requisito da convivência *more uxorio* nos moldes da redação senatorial.

O prazo de cinco anos da redação senatorial era baseado na Lei 8971 de 29 de dezembro de 1984, mas já se entendia naquela época ser muito extenso, daí a razão da sugestão feita de sua diminuição para dois anos, com ou sem a existência de filho comum. A unicidade domiciliar ou moradia sob o mesmo teto, *more uxorio*, como se casados fossem os companheiros, parecia essencial entre os requisitos da união estável, tendo em vista sua equiparação de efeitos, em dissolução em vida, aos do casamento. Afinal, se a entidade familiar da união estável deve ter aparência de casamento, sabendo-se que no casamento existe o dever de coabitação – mesma morada ou mesmo domicílio – aceitando-se a duplicidade domiciliar somente diante de razões pessoais, familiares e profissionais justificadas (Código Civil, art. 1.569), assim deveria também prever a norma legal da união de fato.

Recebido o apoio dos Juristas Carlos Alberto Dabus Maluf e Joel Dias Figueira Junior, que também compunham a referida Comissão, os demais membros que estavam presentes nas discussões presenciais sobre o Projeto de Lei foram contrários às propostas da signatária deste artigo e argumentavam que o art. 226 da Constituição Federal não estabelecia prazo e tampouco a unicidade domiciliar e que, portanto, não caberia à lei federal estabelecer esses requisitos.

Em reiteração argumentativa, por parecer desarrazoado o argumento utilizado pelos demais membros presentes naquela ocasião, esta articulista declinou de suas propostas ao ouvir do Deputado Fiuza que a finalização na tramitação do processo legislativo, na conformidade do regimento do Congresso Nacional, antes citado, estava limitada às adequações em relação às alterações legislativas promulgadas desde a apresentação do projeto de lei no ano de 1975, de modo que deveria ser seguida a redação do art. 1º da Lei 9.278 de 1996.

Caso se realizasse a diminuição do prazo de cinco para dois anos de duração da relação para produzir efeitos familiares, o projeto de lei deveria retornar ao Senado, sendo que a opção da relatoria do projeto de Código Civil via a necessidade de aprovação de um novo Código Civil, em face do "cipoal" de normas até então existentes em leis de natureza extravagante ou extraordinária, vigentes deste a entrada em vigor do Diploma Civil anterior, do ano de 1916. Não se queria um *ping pong* legislativo, com retorno do projeto, em bloco, ao Senado, possíveis novas alterações, diante da natural criatividade dos legisladores, nova volta à Câmara dos Deputados, com tantas outras modificações e um processo legislativo sem fim.

Em suma, por causa das limitações regimentais do Congresso Nacional, operadas pela Resolução 1/2000, que alterou a Resolução 1/70, segundo a qual na Casa em que se finaliza a tramitação de um projeto de lei não cabe a alteração da redação projetada na outra Casa, cabendo somente a integração das inovações legislativas ocorridas durante o curso de sua tramitação, além das correções de redação e de inconstitucionalidades, para evitar que o projeto retornasse, em bloco e, portanto, na sua totalidade ao Senado, a Comissão de Juristas optou pela integração no projeto de Código Civil da redação da última lei sobre união estável vigente.

Foi assim que o Código Civil – Lei n. 10.406, de 10 de janeiro de 2002 – constou o mesmo texto legal, com meras modificações redacionais, do art. 1º da Lei 9.278, de 10 de maio de 1996[1]: Art. 1.723. *É reconhecida como entidade familiar a união estável entre o homem e a mulher, configurada na convivência pública, contínua e duradoura e estabelecida com o objetivo de constituição de família.*

E, para completar os equívocos da regulamentação legal dos requisitos da união estável, o supra referido art. 1.723 estabelece que em seu § 1 que A união estável não se constituirá se ocorrerem os impedimentos do art. 1.521; não se aplicando a incidência do inciso VI no caso de a pessoa casada se achar separada de fato ou judicialmente. Segundo o art. 1.521, VI, não podem casar as pessoas casadas, mas podem constituir união estável se estiverem separadas legalmente ou separadas apenas de fato. Com efeito, a lei permite que o separado de fato constitua união estável com outra pessoa, o que pode até fazer sentido, pois a ausência de comunhão de vidas no casamento é um fato que põe fim à vida conjugal e aos direitos e deveres pessoais decorrentes do casamento, entre os quais está o dever de fidelidade recíproca, mas as confusões patrimoniais decorrentes dessa permissão legal são inúmeras, afinal a quem pertence o patrimônio havido durante uma separação de fato: ao cônjuge de quem o companheiro não se separou legalmente ou se divorciou ou ao novo consorte? Mediante interpretação sistemática do Código Civil, pode-se concluir que o regime de bens da nova união, constituída mediante separação de fato de um de seus partícipes que mantém o estado civil de casado, é o da separação obrigatória de bens, em razão do disposto no art. 1.641 do mesmo diploma civil, pelo qual é obrigatório este regime no casamento das pessoas que o contraírem com inobservância das causas suspensivas da celebração do casamento, entre as quais está a do divorciado enquanto não houver sido homologada ou decidida a partilha dos bens do casal, conforme art. 1.523, III do Código Civil[2].

Mas os problemas da pobreza dos requisitos de constituição da união estável previstos em lei vão além do acima exposto, como se verá a seguir.

[1] "É reconhecida como entidade familiar a convivência duradoura, pública e contínua, de um homem e uma mulher, estabelecida com objetivo de constituição de família.".

[2] V. MONTEIRO, Washington de Barros e TAVARES DA SILVA, Regina Beatriz. *Curso de Direito Civil, v. 2: direito de família*. São Paulo: Almedina, no prelo.

2. A insegurança jurídica da união estável: requisitos frouxos e efeitos robustos

A união de fato ou união estável é um dos institutos que gera mais interpretações e, por conseguinte, a maior insegurança jurídica no Brasil, o que decorre de um grande paradoxo: requisitos frouxos e efeitos jurídicos equiparados aos do casamento.

Reitere-se que a norma legal dispõe que o objetivo e constituição de família, em relação pública, duradoura e contínua, tem o condão de configurar uma união estável (Código Civil, art. 1.723), em acatamento às normas regimentais do Congresso nacional na época da tramitação do projeto legislativo, que possibilitavam a inserção de disposições legais já em vigor, ou seja, a romântica e irresponsável norma da Lei 9.278/1998, como esclarecido no capítulo anterior.

Enquanto o casamento, como ato solene, é precedido de proclamas, com formalidades na sua celebração e na sua dissolução em vida, a união estável tem natureza fática, constituindo-se e extinguindo-se sem qualquer formalidade, o que denota, com certa facilidade, os graves problemas que pode causar a equiparação em efeitos dos dois institutos, com os riscos de enriquecimento indevido de quem pretenda aproveitar-se das ,falhas legais.

Os Tribunais brasileiros, em que se prega a "desjudicialização", são atolados de demandas sobre uniões estáveis e, por maior que seja a qualidade dos Magistrados brasileiros, em conhecimentos e cuidados nos julgamentos, a insegurança jurídica desse instituto é desvendada a quem viveu este tipo de relação quando ocorre a sua dissolução.

Exemplo de judicialização, com dúvidas que assolam as partes e levam o poder judiciário a "ginásticas" argumentativas das mais complexas, é demonstrada no acórdão do Tribunal de Justiça de São Paulo[3] sobre o caso Luiza Brunet e Lírio Parisotto, comentado em artigo anterior ao conhecimento do teor do julgado com base nas notícias midiáticas[4]. Com a divulgação do acórdão, podem ser confirmadas as confusões acarretadas pela norma legal nas vivências afetivas, que levam a processos judiciais longos, com dolorosos

[3] TJSP, 5ª Câmara de Direito Privado, Apelação Cível nº 1094671-33.2016.8.26.0100, Relator Des. Erickson Gavazza Marques, j. 21/08/2020.

[4] TAVARES DA SILVA, Regina Beatriz. Namoro ou união estável? Eis a questão! In http://adfas.org.br/2020/08/24/namoro-ou-uniao-estavel-eis-a-questao/. Acesso em 24/08/2020.

dramas para as partes envolvidas. Tendo morado em cidades diferentes durante mais do que 3 anos, a relação se mantinha pública ou notória, mas o *animus* de constituição de família era duvidoso, segundo Luiza Brunet havia essa vontade, segundo Lírio Parisotto tratava-se apenas de um namoro. Segundo o acórdão não houve a comprovação da intenção de constituição de família e foram completados os fundamentos do improvimento ao pedido de Luiza Brunet com a falta de esforço comum, ou seja, de contas bancárias e cartões de créditos conjuntos, ou de economia doméstica comum. Daí verifica-se que a falta de requisito legal sobre a unicidade domiciliar, cria outros requisitos que não são legais, mas da alternativa judicial, como a economia comum.

A insegurança jurídica causada pela norma legal para os casais brasileiros é altamente preocupante, levando pessoas a optar pelo celibato sentimental, para evitar problemas futuros. Isto é efetivamente o desprestígio legal ao afeto de uma norma que aparentemente incentiva esse sentimento e protege a afetividade. Desprotege e afasta as pessoas, isto sim, a norma legal brasileira.

Sobre a possibilidade de configuração de união estável sem a unicidade domiciliar, não se pode negar que a regulamentação legal não prevê a convivência sob o mesmo teto como requisito da união estável. Mas, há de ser levado em conta que 'quem casa quer casa', ou seja, a regra geral é de que quem quer constituir uma família, seja por casamento, seja por união estável, vive sob o mesmo teto.

Exceções não podem ser transformadas em regras, de modo que, nos mesmos termos do casamento em que somente diante de circunstâncias excepcionais os cônjuges podem manter domicílios diversos – razões pessoais, profissionais e familiares –conforme estabelecido no Código Civil (art. 1.569)[5], deve ser admitida a configuração de união estável com duplicidade domiciliar.

Aliás, deve-se apontar o equívoco na argumentação favorável à possibilidade de constituição de união estável sob tetos ou em casas diversas sem a existência das hipóteses de justa causa pessoal, profissional e familiar, com base na Súmula 382 do Supremo Tribunal Federal (STF), do ano de 1964, segundo a qual: *A vida em comum sob o mesmo teto, 'more uxorio', não é indispensável*

[5] Código Civil, art. 1.569. O domicílio do casal será escolhido por ambos os cônjuges, mas um e outro podem ausentar-se do domicílio conjugal para atender a encargos públicos, ao exercício de sua profissão, ou a interesses particulares relevantes.

à caracterização do concubinato. O equívoco interpretativo consiste na falta de contextualização temporal desta súmula, editada em época na qual a relação de fato não era havida como entidade familiar na legislação e, portanto, não tinha os efeitos familiares da obrigação de alimentos e da presunção legal do esforço comum do regime da comunhão de bens. Somente em 1988, com a Constituição da República Federativa do Brasil, foi a união de fato alçada ao patamar legal de entidade familiar, passando a denominar-se união estável, e foi somente em 1994 que a Lei 8971 passou a atribuir-lhe direitos de pensão alimentícia e sucessórios, ampliados a direitos patrimoniais na dissolução em vida em 1996 pela Lei 9.278. Portanto, em 1964, data da edição da Súmula 382 pelo STF, a união de fato, então chamada de concubinato, não produzia os efeitos de um casamento, sendo tratada naquela época como uma relação de cunho obrigacional, razão pela qual nada importava a morada sob o mesmo teto ou a unicidade domiciliar na atribuição de direitos oriundos de sociedade de fato, em que se exigia a prova do esforço comum, sem a presunção legal da comunhão parcial de bens, disposta no art. 5º da referida Lei 9.278 de 1996 e atualmente no art. 1.725 do Código Civil[6].

3. Efeitos da união estável na dissolução em vida

Em total descompasso com a frouxidão dos pressupostos da união estável, no Brasil é realizada a equiparação de seus efeitos ao casamento civil na dissolução em vida, o que também é fruto daquela desafortunada Lei 9.278 de 1996.

O regime de bens previsto em lei na união estável (Código Civil, art. 1.725) é o mesmo do casamento (Código Civil, art. 1.640, *caput*), a comunhão parcial ou comunhão de aquestos, em que se comunica tudo que é adquirido onerosamente durante a relação (Código Civil, artigos 1.658 a 1.666).

É devida pensão alimentícia, de natureza assistencial, além de eventual prestação compensatória, pelo companheiro que tem possibilidades em prol do quem tem necessidades (Código Civil, art. 1.724 c/c art. 1.694, *caput* e § 1º)[7].

[6] *Ibidem.*

[7] "Direito civil. Família. Recurso especial. Ação de reconhecimento e dissolução de sociedade de fato c.c. pedido de alimentos. União estável. Caracterização. Situação de dependência econômica da alimentanda caracterizada. Obrigação de prestar alimentos configurada.

E, como se não bastasse, uma situação de fato passou a ser equiparada pelo Supremo Tribunal Federal ao ato solene do casamento também em efeitos sucessórios em tese de repercussão geral firmada nos Recursos Extraordinários números 646.721/RS e 878.694/MG[8]. O companheiro passou a ter os mesmos direitos hereditários do cônjuge, ou seja, da pessoa casada, excetuada a liberdade testamentária de quem vive em união estável, ou seja, a inaplicabilidade da herança necessária do cônjuge ao companheiro, com não inclusão dos conviventes no elenco do art. 1.845 do Código Civil, graças aos argumentos

Redução do valor com base nos elementos fáticos do processo. Restrições legais ao dever de prestar alimentos entre os companheiros não declaradas no acórdão impugnado. Inviabilidade de análise da questão. Imutabilidade da situação fática tal como descrita pelo Tribunal estadual. – Discute-se a obrigação de prestar alimentos entre companheiros, com a peculiaridade de que o recorrente fundamenta suas razões recursais: (i) em alegada quebra, por parte da recorrida, dos deveres inerentes às relações pessoais entre companheiros, notadamente o dever de respeito (art. 1.724 do CC/02) ; (ii) no suposto "procedimento indigno" da ex-companheira em relação ao credor de alimentos (art. 1.708, parágrafo único, do CC/02); e, acaso não acolhidos os pleitos antecedentes, (iii) na redução dos alimentos para apenas os indispensáveis à subsistência da alimentanda, sob a perspectiva de que a situação de necessidade resultaria de culpa da pleiteante (art. 1.694, § 2º, do CC/02). – Contudo, muito embora a tese apresentada pelo recorrente seja compatível com o ordenamento jurídico vigente, verifica-se, que o TJ/AC, em sua versão dos fatos "imutável nesta sede especial", não imputou, à recorrida, qualquer comportamento indigno ou que tenha desrespeitado os deveres entre companheiros, tampouco declarou que a situação de necessidade resultaria de culpa da alimentanda, de modo que se mostra inviável a análise da lide sob os contornos apresentados pelo recorrente. – Fundamentado no princípio da solidariedade familiar, o dever de prestar alimentos entre cônjuges e companheiros reveste-se de caráter assistencial, em razão do vínculo conjugal ou de união estável que um dia uniu o casal, não obstante o rompimento do convívio, encontrando-se subjacente o dever legal de mútua assistência. – Considerando-se que o TJ/AC revisou, em termos fáticos, a questão, reduzindo o valor a patamar compatível com as necessidades e possibilidades ostentadas pelas partes, nada há para retocar no acórdão recorrido, que assegurou à ex-companheira o direito de receber alimentos, com base na situação de dependência por ela vivenciada, ao longo de aproximadamente 29 anos, em relação ao recorrente, forte no art. 7º da Lei n.º 9.278/96, vigente na época do rompimento da união estável, reputando o percentual de 8% sobre os vencimentos do ex-companheiro, como suficiente para a manutenção e sobrevivência da recorrida. – Assinale-se, por fim, que o revolvimento do substrato fático do processo, circunscrito ao que se extrai do acórdão recorrido, que definiu as variáveis extraídas das necessidades da credora e possibilidades do devedor de alimentos, é vedado na via recursal eleita, a teor da Súmula 7 do STJ" (STJ, REsp 995.538/AC, 3ª Turma, Rel. Minª Nancy Andrighi, j. 04/03/2010).

[8] STF, Recurso Extraordinário n. 646.721/RS e Recurso Extraordinário n. 878.694/MG, Plenário, Rel. Ministro Luís Roberto Barroso, j. 10/05/2017.

da ADFAS, na qualidade de *amicus curiae*, como será posteriormente analisado. Fixou-se a seguinte tese de repercussão geral: *É inconstitucional a distinção de regimes sucessórios entre cônjuges e companheiros prevista no art. 1.790 do CC/2002, devendo ser aplicado, tanto nas hipóteses de casamento quanto nas de união estável, o regime do art. 1.829 do CC/2002.*

Em suma, diante de uma norma legal feita de maneira açodada, a Lei 9.278/1996, com um romanticismo que não deveria ter lugar no ordenamento legal, norma esta que teve de ser repetida no Código Civil de 2002, pelas razões já esclarecidas, cabem interpretações as mais variadas e desatinadas.

4. Declaração de namoro

Previamente, antes de desenvolver este título, é necessário estabelecer o significado de "namoro" no Brasil, que não é mesmo em todos os países.

Na Argentina e na Espanha o "namoro" dos brasileiros é denominado "noviazco" ou "noivado". Denomina-se desta maneira a relação entre duas pessoas que se encontram unidas simplesmente pelo afeto, nada mais.

Por outro lado, no Brasil o "noivado" é o chamado "compromisso" na Argentina e na Espanha. Consiste em compromisso verbal de constituir, num tempo determinado, uma família, em que os integrantes do casal costumam colocar mutuamente um anel na mão direita, e, no momento do casamento, mudam o anel para a mão esquerda. No noivado brasileiro ou compromisso dos países indicados, o casal se compromete, transcorrido um determinado tempo e fixando uma data especial, ao casamento e à formação de uma família.

Há algum tempo atrás, antes de um casamento, existiam duas etapas bem diferenciadas – namoro e noivado – que faziam parte dos costumes brasileiros. Naquela época não havia como confundir namoro ou noivado com entidade familiar. Os namorados e noivos não dormiam um na casa do outro, se houvesse relação sexual esta era praticada em outros locais que não o domicílio dos mesmos.

Com a mudança dos costumes, namorados e noivos passaram a pernoitar no domicílio de um e de outro, inclusive na presença de seus pais quando jovens. Quanto ao simbolismo do anel, logo no início da relação afetiva, passou a haver o costume de colocá-lo em dedos da mão direita, mesmo que não haja pretensão de casamento em determinado prazo. Jovens e até mesmo pessoas mais maduras passaram a realizar o chamado *teste drive* antes do casamento, morando juntos.

Ao mesmo tempo, a união estável, que era excepcional, passou a ser adotada com mais frequência pelos casais.

Tudo isso trouxe graves problemas na identificação do que é efetivamente a união estável, especialmente, dos seus requisitos frouxos previstos na lei. Dois namorados ou noivos passaram a confundir-se com companheiros, já que a norma legal estabelece o objetivo de constituição de família como requisito da união estável e sequer dispõe sobre a convivência como se casados fossem, com morada sob o mesmo teto.

A fim de evitar que de um namoro ou noivado possa advir enriquecimento indevido caso um dos partícipes da relação tencione locupletar-se em seu término, esta articulista, no final da tramitação do atual Código Civil brasileiro, apresentou a ideia de um meio de prova para os namorados se precaverem: a declaração de namoro.

Para não sair do lugar comum, vieram críticas apressadas sobre essa ideia. Foi, então, que publiquei artigo pelo qual reiterei o esclarecimento de que não se trata de contrato, porque a natureza da relação de namoro não é jurídica, é, outrossim, somente afetiva[9]. Um contrato cria, modifica ou extingue um negócio jurídico, nos termos dos artigos 421 e seguintes do Código Civil, portanto, obviamente, não pode servir a uma relação que não tem efeitos jurídicos, o namoro.

No supra referido artigo foi apresentada a natureza jurídica desse documento em que se pode declarar, reciprocamente, a existência de relação afetiva que não seja uma entidade familiar: a declaração de namoro. E citado o seu fundamento no art. 107 do Código Civil, já que se trata de ato pelo qual duas pessoas afirmam que namoram e ainda não constituíram família, que pode ser realizado por meio de documento particular ou por escritura pública a ser lavrado em tabelionato de notas, preferencialmente na presença de duas testemunhas que confirmam o namoro e a inexistência de união estável entre os declarantes[10].

[9] TAVARES DA SILVA, Regina Beatriz. Declaração de namoro: ato válido. In Folha Online, São Paulo, 01 nov. 2003. Disponível em https://www1.folha.uol.com.br/folha/cotidiano/ult95u66401.shtml Acesso em 02/08/2010.

[10] *Ibidem*.

Entretanto, sempre foi frisado por esta articulista, que não se pode desvirtuar a finalidade daquela declaração. Ela somente terá validade se retratar a realidade, de simples namoro, sem constituição de família. Afinal, não há como transformar o vinho (união estável) em água (namoro)[11].

E, mesmo com esses esclarecimentos, continuaram os equívocos, talvez advindos da ignorância, talvez propositais, infelizmente o que não é nada incomum nos meios supostamente jurídicos. E tais equívocos frutificam até hoje, o que é de pasmar, quando se apresenta esse tipo de declaração, que é somente um meio de prova e que vale somente até a data da sua assinatura[12]. Mas, continuemos, na ADFAS, neste grupo de juristas preocupados com os rumos turvos ou turvados que algumas matérias de direito de família e das sucessões podem tomar, esclarecendo os erros em que são induzidos ou induzem alguns incautos los portadores de má-fé.

A lei brasileira propicia o enriquecimento indevido de quem quer aproveitar-se no fim da relação ou, mesmo, vingar-se de quem desfez a relação afetiva.

O Superior Tribunal de Justiça[13] passou a usar a expressão "namoro qualificado" para classificar a relação que não chega a ser uma união estável, mas que

[11] *Ibidem.*

[12] TAVARES DA SILVA, Regina Beatriz. *Contrato de namoro. In* Associação de Direito de Família e das Sucessões – ADFAS, São Paulo, 21 set. 2016. Disponível em: http://adfas.org.br/2016/09/21/contrato-de-namoro/. Acesso em 28/07/2020

[13] "RECURSO ESPECIAL E RECURSO ESPECIAL ADESIVO. AÇÃO DE RECONHECIMENTO E DISSOLUÇÃO DE UNIÃO ESTÁVEL, ALEGADAMENTE COMPREENDIDA NOS DOIS ANOS ANTERIORES AO CASAMENTO, C.C. PARTILHA DO IMÓVEL ADQUIRIDO NESSE PERÍODO. 1. ALEGAÇÃO DE NÃO COMPROVAÇÃO DO FATO CONSTITUTIVO DO DIREITO DA AUTORA. PREQUESTIONAMENTO. AUSÊNCIA. 2. UNIÃO ESTÁVEL. NÃO CONFIGURAÇÃO. NAMORADOS QUE, EM VIRTUDE DE CONTINGÊNCIAS E INTERESSES PARTICULARES (TRABALHO E ESTUDO) NO EXTERIOR, PASSARAM A COABITAR. ESTREITAMENTO DO RELACIONAMENTO, CULMINANDO EM NOIVADO E, POSTERIORMENTE, EM CASAMENTO. 3. NAMORO QUALIFICADO. VERIFICAÇÃO. REPERCUSSÃO PATRIMONIAL. INEXISTÊNCIA. 4. CELEBRAÇÃO DE CASAMENTO, COM ELEIÇÃO DO REGIME DA COMUNHÃO PARCIAL DE BENS. TERMO A PARTIR DO QUAL OS ENTÃO NAMORADOS/NOIVOS, MADUROS QUE ERAM, ENTENDERAM POR BEM CONSOLIDAR, CONSCIENTE E VOLUNTARIAMENTE, A RELAÇÃO AMOROSA VIVENCIADA, PARA CONSTITUIR, EFETIVAMENTE, UM NÚCLEO FAMILIAR, BEM COMO COMUNICAR O PATRIMÔNIO HAURIDO. OBSERVÂNCIA. NECESSIDADE. 5. RECURSO ESPECIAL PROVIDO, NA PARTE CONHECIDA; E RECURSO ADESIVO PREJUDICADO. 1. O conteúdo normativo constante dos arts. 332 e 333, II, da lei adjetiva civil, não foi objeto de discussão

ou deliberação pela instância precedente, circunstância que enseja o não conhecimento da matéria, ante a ausência do correlato e indispensável prequestionamento. 2. Não se denota, a partir dos fundamentos adotados, ao final, pelo Tribunal de origem (por ocasião do julgamento dos embargos infringentes), qualquer elemento que evidencie, no período anterior ao casamento, a constituição de uma família, na acepção jurídica da palavra, em que há, necessariamente, o compartilhamento de vidas e de esforços, com integral e irrestrito apoio moral e material entre os conviventes. A só projeção da formação de uma família, os relatos das expectativas da vida no exterior com o namorado, a coabitação, ocasionada, ressalta-se, pela contingência e interesses particulares de cada qual, tal como esboçado pelas instâncias ordinárias, afiguram-se insuficientes à verificação da *affectio maritalis* e, por conseguinte, da configuração da união estável. 2.1 O propósito de constituir família, alçado pela lei de regência como requisito essencial à constituição da união estável – a distinguir, inclusive, esta entidade familiar do denominado "namoro qualificado" –, não consubstancia mera proclamação, para o futuro, da intenção de constituir uma família. É mais abrangente. Esta deve se afigurar presente durante toda a convivência, a partir do efetivo compartilhamento de vidas, com irrestrito apoio moral e material entre os companheiros. É dizer: a família deve, de fato, restar constituída. 2.2. Tampouco a coabitação, por si, evidencia a constituição de uma união estável (ainda que possa vir a constituir, no mais das vezes, um relevante indício), especialmente se considerada a particularidade dos autos, em que as partes, por contingências e interesses particulares (ele, a trabalho; ela, pelo estudo) foram, em momentos distintos, para o exterior, e, como namorados que eram, não hesitaram em residir conjuntamente. Este comportamento, é certo, revela-se absolutamente usual nos tempos atuais, impondo-se ao Direito, longe das críticas e dos estigmas, adequar-se à realidade social. 3. Da análise acurada dos autos, tem-se que as partes litigantes, no período imediatamente anterior à celebração de seu matrimônio (de janeiro de 2004 a setembro de 2006), não vivenciaram uma união estável, mas sim um namoro qualificado, em que, em virtude do estreitamento do relacionamento projetaram para o futuro – e não para o presente –, o propósito de constituir uma entidade familiar, desiderato que, posteriormente, veio a ser concretizado com o casamento. 4. Afigura-se relevante anotar que as partes, embora pudessem, não se valeram, tal como sugere a demandante, em sua petição inicial, do instituto da conversão da união estável em casamento, previsto no art. 1.726 do Código Civil. Não se trata de renúncia como, impropriamente, entendeu o voto condutor que julgou o recurso de apelação na origem. Cuida-se, na verdade, de clara manifestação de vontade das partes de, a partir do casamento, e não antes, constituir a sua própria família. A celebração do casamento, com a eleição do regime de comunhão parcial de bens, na hipótese dos autos, bem explicita o termo a partir do qual os então namorados/noivos, maduros que eram, entenderam por bem consolidar, consciente e voluntariamente, a relação amorosa vivenciada para constituir, efetivamente, um núcleo familiar, bem como comunicar o patrimônio haurido. A cronologia do relacionamento pode ser assim resumida: namoro, noivado e casamento. E, como é de sabença, não há repercussão patrimonial decorrente das duas primeiras espécies de relacionamento. 4.1 No contexto dos autos, inviável o reconhecimento da união estável compreendida, basicamente, nos dois anos anteriores ao casamento, para o único fim de comunicar o bem então adquirido exclusivamente pelo requerido. Aliás, a aquisição de apartamento, ainda que tenha se destinado à residência dos então namorados, integrou, inequivocamente, o projeto do casal de, num futuro próximo, constituir fica numa zona cinzenta, o que ocorreu como um arremedo jurisprudencial a uma norma legal que gera insegurança jurídica. O namoro qualificado é detalhadamente estudado por Carlos Alberto Dabus Maluf e Adriana Caldas do Rego Freitas Dabus[14].

5. Outras mazelas causadas pela frouxidão dos requisitos legais da união estável: o chamado "poliamor" e as tentativas de sua institucionalização

Dessa regulamentação aberta da norma legal brasileira surgiram outras interpretações desastrosas, como que ali caberia a poligamia, ou seja que três, quatro ou cinco pessoas, o número que fosse, poderiam viver com filhos menores em "união estável", com os mesmos efeitos do casamento entre os partícipes dessa relação e também perante a previdência social pública (INSS) ou privada, perante o seguro ou plano de saúde, perante o clube desportivo etc. A ADFAS conseguiu dar um basta a essa interpretação que duas tabeliãs de notas brasileiras estavam fazendo, por meio de pedido de providências dirigido ao Conselho Nacional de Justiça[15]. A ADFAS socorreu-se da Constituição Federal nesse pedido de providências julgado procedente sob a relatoria do Ministro João Otávio de Noronha, ou seja, da norma constitucional constante do art. 226, parágrafo 3º, pela qual a união estável é formada somente por duas pessoas[16]. Os fundamentos da ADFAS tiveram de ir mais longe, pela

efetivamente a família por meio do casamento. Daí, entretanto, não advém à namorada/noiva direito à meação do referido bem. 5. Recurso especial provido, na parte conhecida. Recurso especial adesivo prejudicado." (STJ, REsp 1.454.643/RJ, 3.ª T., relator Ministro Marco Aurélio Bellizze, j. 03/03/2015).

[14] V. MALUF, Carlos Alberto Dabus; MALUF, Adriana Caldas do Rego Freitas Dabus. A união estável e o namoro qualificado: uma diferenciação. *Revista de Direito de Família e das Sucessões*, São Paulo: ADFAS, v. 9, n. 3, p. 52-68, jul.-set./2016.

[15] CNJ, Pedido de providências n. 0001459-08.2016.2.00.0000, 48ª Sessão Extraordinária, Rel. Ministro João Otávio de Noronha, j. 26/06/2018, cuja petição inicial e v. acórdão estão publicados *in* http://adfas.org.br/2018/06/26/cnj-julga-procedente-o-pedido-de-providencias-da-adfas-de-vedacao-de-lavratura-de-escrituras-publicas-de-relacoes-poliafetivas-como-unioes-estaveis/. Acesso em 02/08/2020.

[16] A norma constitucional estabelece que "Para efeito da proteção do Estado, é reconhecida a união estável entre o homem e a mulher como entidade familiar, devendo a lei facilitar sua conversão em casamento", tendo o Supremo Tribunal Federal dado interpretação conforme a Constituição Federal para excluir qualquer significado do artigo 1.723 do Código Civil,

oposição realizada ao seu pedido de providências, ao ponto de demonstrar que a soberania nacional não pode ser atingida por costumes de outros países que adotam a poligamia[17].

Outras ideias igualmente destruidoras da família surgiram da descuidada norma legal sobre os requisitos da união estável, como a atribuição de direitos aos cúmplices de adultério ou amantes, como nos Projetos de Lei denominados Estatuto das Famílias, PLC n. 2.285/2007 e PLS n. 470/2013, ambos elaborados pelo Instituto Brasileiro de Direito de Família (IBDFAM) e arquivados no Congresso Nacional na data da última revisão deste artigo, após os alertas desta articulista aos Deputados (no primeiro) e da ADFAS aos Senadores (no segundo), da proposta legislativa posta em parágrafo de um artigo, para tentar esconder a proposição de que ao término da mancebia fossem concedidos ao cúmplice do adultério direitos à pensão alimentícia, à partilha de bens e à indenização[18]. Em mais uma tentativa de destroçar a família, o Projeto de Lei intitulado Estatuto das Famílias do Século XXI (PLC n. 3.369/2015)

antes citado, que impeça o reconhecimento da união entre pessoas do mesmo gênero como entidade familiar. Aqui recorde-se que esse acórdão da Suprema Corte, em todos os votos de seus Ministros, afirma que as uniões homossexuais, para serem havidas como entidades familiares, devem ser monogâmicas, exceto o voto do Ministro relator que não se refere claramente à monogamia. Aqui devemos ter presente que um acórdão, por ser proveniente de um órgão colegiado, vale pelo conjunto de votos proferidos e não somente pelo voto do relator (STF, ADI 4.277/DF e ADPF 132, Rel. Ministro Ayres Britto, Tribunal Pleno, j. 05/05/2011).

[17] V. memoriais da ADFAS e julgamento completo do Conselho Nacional de Justiça In http://adfas.org.br/2018/06/27/julgamento-completo-do-pedido-da-adfas-ao-cnj-para-a-vedacao-de-escrituras-de-poliamor-como-uniao-estavel/ . Acesso em 02/08/2020. V. TAVARES DA SILVA, Regina Beatriz. Monogamia: princípio estruturante do casamento e da união estável. In TAVARES DA SILVA, Regina Beatriz e BASSET, Ursula (Coordenadoras). Família e Pessoa: uma questão de princípios. São Paulo: YK, 2018, p. 571/617

[18] PLC n. 2.285/2007: Art. 64. A união estável não se constitui: I – entre parentes na linha reta, sem limitação de grau; II – entre parentes na linha colateral até o terceiro grau, inclusive; III – entre parentes por afinidade em linha reta. Parágrafo único. A união formada em desacordo aos impedimentos legais não exclui os deveres de assistência e a partilha de bens; e PLS n. 470/2013: Art. 14. As pessoas integrantes da entidade familiar têm o dever recíproco de assistência, amparo material e moral, sendo obrigadas a concorrer, na proporção de suas condições financeiras e econômicas, para a manutenção da família. Parágrafo único: A pessoa casada, ou que viva em união estável, e que constitua relacionamento familiar paralelo com outra pessoa, é responsável pelos mesmos deveres referidos neste artigo, e, se for o caso, por danos materiais e morais. TAVARES DA SILVA, Regina Beatriz. Estatuto das famílias retoma proposições desastrosas. In http://adfas.org.br/2013/11/19/estatuto-das-familias-retoma-proposicoes-desastrosas/ Acesso em 02/08/2020.

propôs que qualquer relação em que houvesse afeto fosse havida como familiar, de modo a considerar o adultério como união familiar e atribuir-lhe todos os direitos correspondentes pelo Poder Público[19]; este Projeto de Lei, após debate em emissora de rádio entre o respectivo deputado relator e esta articulista[20] foi retirado da pauta de Comissão da Câmara dos Deputados.

O que é mais grave, a ideia de atribuição de direitos aos amantes chegou ao Supremo Tribunal Federal no Recurso Extraordinário 1.045.273/SE. O tema de repercussão geral foi proposto e relatado pelo hoje aposentado Ministro Ayres Brito[21], com ementa indutora em erro porque levava a crer, num primeira vista, que se tratava de debate sobre a possibilidade de reconhecimento jurídico de união estável homoafetiva, como se esta matéria estivesse novamente em pauta no STF, mesmo diante do julgamento anteriormente realizado pela mesma Suprema Corte, na ADPF 132 e na ADI 4277, em 05 de maio de 2011, pelo qual foi reconhecida a possibilidade de constituição de união estável por duas pessoas do mesmo gênero, em interpretação do art. 1.723 do Código Civil. Não teria cabimento rediscutir na mesma Corte se a relação entre duas pessoas do mesmo gênero poderia ou não constituir uma união estável, o que

[19] Art. 2º São reconhecidas todas as formas de união entre duas ou mais pessoas que para este fim se constituam e que se baseiem no amor, na socioafetividade, independentemente de consanguinidade, gênero, orientação sexual, nacionalidade, credo ou raça, incluindo seus filhos ou pessoas que assim sejam consideradas. Parágrafo único. O Poder Público proverá reconhecimento formal e garantirá todos os direitos decorrentes da constituição de famílias na forma definida no *caput*. V. BORGARELLI, Bruno de Ávila: Et ideo facit sicut jumenta: sobre o 'Estatuto das Famílias do Século XXI' (PLC 3.369/2015). In http://adfas.org.br/2019/10/08/et-ideo-facit-sicut-jumenta-sobre-o-estatuto-das-familias-do-seculo-xxi-plc-3-369-2015/ . Acesso em 02 de agosto de 2020. V. TAVARES DA SILVA, Regina Beatriz: Direitos para amantes propostos no PL Estatuto das Famílias do Século XXI estão em pauta no STF. In http://adfas.org.br/2019/09/19/beneficios-previdenciarios-para-amantes/ . Acesso em 02 de agosto de 2020.

[20] http://adfas.org.br/2019/08/22/professora-regina-beatriz-debateu-com-o-deputado-tulio--gadelha/ . Acesso em 02/08/2020.

[21] CONSTITUCIONAL. CIVIL. PREVIDENCIÁRIO. UNIÃO ESTÁVEL HOMOAFETIVA. UNIÕES ESTÁVEIS CONCOMITANTES. PRESENÇA DA REPERCUSSÃO GERAL DAS QUESTÕES CONSTITUCIONAIS DISCUTIDAS. Possuem repercussão geral as questões constitucionais alusivas à possibilidade de reconhecimento jurídico de união estável homoafetiva e à possibilidade de reconhecimento jurídico de uniões estáveis concomitantes. (STF, Pleno, ARE 656.298-SE, Rel. Min. Ayres Britto, j. 01.03.2012).

foi devidamente esclarecido pela ADFAS, em sua qualidade de *amicus curiae,* no Recurso Extraordinário 1.045.273/SE[22].

Mais estupefatos ficamos ao ver que a ementa leva à seguinte dúvida: uma relação por ser homossexual poderia quebrar o princípio da monogamia? Ou seja, por ser relação entre dois homens, caberia a sua existência como união estável ao lado de uma outra relação em forma de união estável de um deles com uma mulher? Afinal, recordemos que em 05 de maio de 2011, o STF expressou que a relação entre pessoas do mesmo gênero deve ser assemelhada a uma relação heterossexual para ser considerada união estável e produzir os respectivos efeitos jurídicos. Portanto, o STF marcou a monogamia na união estável homossexual. E o fez em acatamento ao que consta da Constituição Federal, que, em seu art. 226, parágrafo 3º, segue o princípio da monogamia, ao qualificar como entidade familiar a união estável entre duas pessoas, no texto constitucional "o homem e a mulher" e na interpretação do STF "dois homens" ou "duas mulheres"[23].

O tema nº 529, firmado mediante a relatoria do Ministro Ayres Brito – "Possibilidade de reconhecimento jurídico de união estável e de relação homoafetiva concomitantes, com o consequente rateio de pensão por morte" – recebeu a relatoria do Ministro Alexandre de Moraes, que proferiu brilhante

[22] http://adfas.org.br/2019/09/26/regina-beatriz-faz-sustentacao-oral-no-stf/ . Acesso em 02/08/2020.

[23] Ministra Cármen Lúcia: "Pede-se seja obrigatório o reconhecimento, no Brasil, da legitimidade da união entre pessoas do mesmo sexo, como entidade familiar, desde que atendidos os requisitos exigidos para a constituição da união estável entre homem e mulher e que os mesmos direitos e deveres dos companheiros nas uniões estáveis estendam-se aos companheiros nas uniões entre pessoas do mesmo sexo.". Voto do Ministro Ricardo Lewandowski: "...reconhecida a união homoafetiva como entidade familiar aplicam-se a ela as regras do instituto que lhe é mais próximo, qual seja, a união estável heterossexual, mas apenas nos aspectos em que são assemelhados...". Voto do Ministro Gilmar Mendes: "... por isso, nesse momento, limito-me a reconhecer a existência da união entre pessoas do mesmo sexo... e, com suporte na teoria do pensamento do possível, determinar a aplicação de um modelo de proteção semelhante – no caso, o que trata da união estável –, naquilo que for cabível, nos termos da fundamentação aqui apresentada, sem me pronunciar sobre outros desdobramentos...". Voto do Ministro Cezar Peluso: "... E se deve preenchê-la, segundo as regras tradicionais, pela aplicação da analogia, diante, basicamente, da similitude – não da igualdade –, da similitude factual entre ambas as entidades de que cogitamos: a união estável entre o homem e a mulher e a união entre pessoas do mesmo sexo. E essa similitude entre ambas situações é que me autoriza dizer que a lacuna consequente tem que ser preenchida por algumas normas na solução da questão posta.".

voto, seguido de outros também muito bem lavrados pelos Ministros Gilmar Mendes e Ricardo Lewandowski – adotando, o Relator, acompanhado de seus citados pares, os argumentos expostos em *amicus curiae* da ADFAS, e acentuando que não cabe a atribuição de direitos previdenciários no concubinato[24], este o verdadeiro tema que estava em pauta no STF: "A questão constitucional a ser decidida está restrita à possibilidade de reconhecimento, pelo Estado, da coexistência de duas uniões estáveis paralelas e o consequente rateio da pensão por morte entre os companheiros sobreviventes, independentemente de serem hétero ou homoafetivas.".

Na mesma sessão de julgamento, ocorrida em 25 de setembro de 2019, no RE acima citado, a divergência foi aberta pelo Ministro Luiz Edson Fachin, seguido pelo Ministro Luís Roberto Barroso, pela Ministra Rosa Weber, pela Ministra Cármen Lúcia e pelo Ministro Marco Aurélio Mello, em que se chegou a afirmar que na união estável não há os mesmos impedimentos do casamento (Código Civil, art. 1.521), cabendo atribuição de direitos previdenciários numa relação paralela, ou seja, numa mancebia[25], quando o Ministro Dias Toffoli pediu vista dos autos, suspendendo-se o julgamento[26].

Outro argumento da referida divergência no Supremo Tribunal Federal, foi o de que o Direito Previdenciário é autônomo e não se atrela à normas de Direito de Família e Sucessões. Consoante exposto pela ADFAS, na qualidade de *amicus curiae*, muito embora esse ramo do Direito seja autônomo em relação ao Direito de Família e Sucessões, suas fontes estão nos conceitos familiares: não existe pensão previdenciária por morte sem que haja parentesco ou laços de casamento ou união estável[27]. Se assim não fosse, caberia a atribuição de

[24] http://adfas.org.br/2019/09/26/regina-beatriz-faz-sustentacao-oral-no-stf/ . Acesso em 02/08/2020.

[25] TAVARES DA SILVA, Regina Beatriz. Pensão previdenciária para amantes: a visão do direito e da psicanálise. In http://adfas.org.br/2020/12/08/pensao-previdenciaria-para-amantes-a-visao-do-direito-e-da-psicanalise/ Acesso em 09/12/2020.

[26] TAVARES DA SILVA, Regina Beatriz. Relações Paralelas em Pauta. In http://adfas.org.br/2019/09/26/relacoes-paralelas-em-pauta-no-stf/. Acesso em 02/08/2020. STF inicia julgamento sobre divisão de pensão por morte e uniões estáveis concomitantes. In http://adfas.org.br/2019/09/26/stf-inicia-julgamento-sobre-divisao-de-pensao-por-morte-e-unioes-estaveis-concomitantes/. Acesso em 02/08/2020.

[27] TAVARES DA SILVA, Regina Beatriz. Amantes têm direito à pensão previdenciária?. In http://adfas.org.br/2017/11/27/amantes-tem-direito-a-pensao-previdenciaria/. Acesso em 02/08/2020.

direitos previdenciários a terceiros, que não os cônjuges e os parentes relacionados na Lei Geral da Previdência Social (Lei n. 8.213 de 24 de julho de 1991), quiçá poder-se-ia atribuir o benefício previdenciário da pensão por morte a um vizinho ou a um funcionário doméstico pelo qual se tivesse afeto com esta interpretação da divergência desconforme à Constituição Federal, cujo art. 226, parágrafo 3º estabelece expressamente a monogamia nas relações de união estável.

A divergência aberta no STF pretendia desigualar os dois institutos, afirmando que somente no casamento não caberiam direitos aos concubinos ou amantes e que na união estável não existiriam impedimentos à atribuição de direitos à mancebia, porque o concubinato previsto em lei, como relação extraconjugal, estaria limitado, em interpretação literal, quando não está, a quem tiver impedimento para o casamento (Código Civil, art. 1.727). Esta seria uma inaceitável incongruência. após o julgamento dos Recursos Extraordinários n. 878.694/MG e n. 646.721/RS, ocorrido em 10 de maio de 2017, em que o STF firmou a tese de que a união estável e o casamento passaram a ter os mesmos efeitos sucessórios na ordem de vocação hereditária, excetuada a liberdade testamentária dos companheiros, ou seja, a inaplicabilidade da herança necessária na união estável com a não inclusão dos conviventes no elenco do art. 1.845 do Código Civil, como será a seguir detalhado. Este argumento da ADFAS, expresso em memoriais apresentados após a 1ª sessão de julgamento do RE em análise, foi acolhido pelo Ministro Dias Toffoli em seu brilhante voto, quando aponta a crescente atribuição de efeitos jurídicos similares aos dois institutos: casamento e união estável[28].

Não olvidemos, como mencionou o Relator, Ministro Alexandre de Moraes, que os direitos previdenciários abrem as portas para a atribuição de outros direitos, acentuando ser de clareza solar que o Recurso versou sobre matéria que se apoia no Direito de Família, embora tenha repercussão no Direito Previdenciário. Não se tratava de questão simplesmente previdenciária, como quis fazer crer a divergência. Ainda que autônomos, o Direito Previdenciário e o Direito de Família dialogam entre si, de forma que é impossível concluir

[28] TAVARES DA SILVA, Regina Beatriz. O posicionamento do Ministro Dias Toffoli sobre o tema de repercussão geral em pauta no STF (RE 1.045.273/SE). In http://adfas.org.br/2020/12/16/o-posicionamento-do-ministro-dias-toffoli-sobre-o-tema-de-repercussao-geral-em-pauta-no-stf-re-1-045-273-se/ Acesso em 17/12/2020.

pela inclusão de concubino como beneficiário de pensão *post mortem* porque a união estável, assim como o casamento, é regida pelo princípio da monogamia, conforme reafirmado pelo Relator em seu magistral voto.

Assim, destacou o Ministro Relator que pouco importa a longevidade da relação de mancebia ou bigamia, pois que tanto o STF quanto o Superior Tribunal de Justiça (STJ) têm reafirmado o teor da legislação constitucional e infraconstitucional, que veda o reconhecimento de relacionamentos simultâneos para os fins de Direito (RE 397.762, j. em 3/6/2008; RE 590.779, j. em 10/2/2009, ambos de Relatoria do Ministro Marco Aurélio), como havia sido acentuado no feito pela ADFAS, com ampla pesquisa jurisprudencial, em suas peças de *amicus curiae*[29].

Em 11 de dezembro de 2020, o processo desse RE voltou à pauta, em última sessão de julgamento, quando os Ministros Toffoli, Nunes Marques e Luiz Fux votaram com o Relator, Ministro Alexandre de Moraes[30], firmando-se a seguinte tese de repercussão geral

> "A preexistência de casamento ou de união estável de um dos conviventes, ressalvada a exceção do artigo 1723, §1º do Código Civil, impede o reconhecimento de novo vínculo referente ao mesmo período, inclusive para fins previdenciários, em virtude da consagração do dever de fidelidade e da monogamia pelo ordenamento jurídico-constitucional brasileiro".

No voto do Ministro Dias Toffoli encontramos fundamentos muito relevantes que sustentaram a tese estabelecida, inclusive a demostrar que a boa fé não pode ser considerada para a atribuição de efeitos a duas relações estáveis concomitantes, já que o casamento celebrado em bigamia e com boa fé só produz efeitos até a sua anulação, nos termos do art. 1.561 del Código Civil,

[29] Pensão previdenciária para amantes e a jurisprudência do STF e do STJ. In http://adfas.org.br/2018/05/30/pensao-previdenciaria-para-amantes-e-a-jurisprudencia-do-stf-e-do-stj/ . Acesso em 02/08/2020.

[30] TAVARES DA SILVA, Regina Beatriz. O STF julga que amantes não têm direito à pensão previdenciária: a tese proposta pelo Ministro Relator ALEXANDRE DE MORAES. In http://adfas.org.br/2020/12/16/o-stf-julga-que-amantes-nao-tem-direito-a-pensao-previdenciaria--a-tese-proposta-pelo-ministro-relator-alexandre-de-moraes/ Acesso em 17/12/2020.

não se aceitando dois casamentos simultâneos, salvo a hipótese prevista no art. 1.723, parágrafo 1º do mesmo Diploma Legal[31].

Observamos que os votos dos Ministros Nunes Marques e Luis Fux, que acompanharam o Relator Ministro Alexandre de Moraes e foram preferidos na segunda sessão, realizada de maneira virtual entre os dias 11.12.2020 a 18.12.2020, não foram analisados neste texto porque ainda não estavam disponibilizados na data da sua última revisão.

Em suma, diante da lei federal romantizada e incompleta, para não dizer equivocada, a contaminação desses defeitos legislativos acabam acarretando até mesmo interpretações desconformes à Constituição Federal, como aquela aberta pela divergência no RE 1.045.273/SE, com a tentativa de institucionalização da bigamia, como enfatizou o Ministro Relator Alexandre de Moraes.

6. Quando se iniciam os efeitos da união estável diante dos requisitos previstos em lei?

Se a lei não estabelece prazo, não deixa de prever que a relação deve ser duradoura, isto é inegável. Assim, não são alguns dias, tampouco alguns meses que possam configurar uma união estável, por maior encurtamento do tempo que esteja consolidado hoje na sociedade tecnológica em que vivemos.

Hoje em dia tudo tem de ser rápido, *express*, de uma celeridade que dói na "alma" de quem não consegue sequer refletir tendo de dar respostas rápidas por *whatsapp*, *e-mail* e outros meios de comunicação.

Mas, não é por isso que alguns meses de relacionamento afetivo possa conferir a uma união a estabilidade que o próprio nome do instituto leva. Imaginemos que o prazo de dois anos seria um prazo razoável de duração para a configuração de uma união estável. Se for assim, ou mesmo que os sinais dos tempos considerem prazo menor, o requisito da durabilidade está previsto na lei.

[31] TAVARES DA SILVA, Regina Beatriz. O posicionamento do Ministro Dias Toffoli sobre o tema de repercussão geral em pauta no STF (RE 1.045.273/SE). In http://adfas.org.br/2020/12/16/o-posicionamento-do-ministro-dias-toffoli-sobre-o-tema-de-repercussao-geral-em-pauta-no-stf-re-1-045-273-se/ Acesso em 17/12/2020.

Como, então, se para a configuração da união estável exige, a lei, que seja duradoura a relação, os efeitos jurídicos patrimoniais na dissolução em vida e *post mortem* podem retroagir ao início da relação sem o preenchimento daquele requisito? Se um dos partícipes no início da relação recebeu seus salários, ou bônus, ou distribuição de lucros, aplicando parte ou a totalidade desses rendimentos em conta bancária, sabendo-se que os proventos do trabalho se comunicam quando saírem da fonte pagadora[32], interpretação que é feita da lei civil (Código Civil, art. 1.659, inciso VI, e art. 1.660, inciso V), esse bem consistente na aplicação financeira seria comunicável ao outro partícipe? Segundo o que a jurisprudência tem entendido, sem maiores reflexões, a resposta é sim.

É preciso preencher os requisitos do art. 1.723 do Código Civil, inclusive o da durabilidade, embora sem um prazo previsto em lei, para que uma união estável inicie a produção de seus efeitos, única forma de amenizar o erro legislativo de não prever o início dos e oferecer alguma segurança jurídica ao instituto em tela.

Assim, os efeitos patrimoniais da união estável não podem ter início antes do preenchimento do requisito da durabilidade, ou seja, não há cabimento no entendimento de que há comunhão de aquestos sobre bens adquiridos no início da relação afetiva.

7. Ideias desconformes à situação fática da união estável: estado civil de conviventes e presunção da paternidade

Tamanha a equiparação da união estável ao casamento, que passou a ser desconsiderada a natureza jurídica fática da primeira em relação à natureza solene do segundo. Daí a ideia de estado civil de conviventes ou companheiros que chegou a ser proposta pelo Projeto de Lei n. 470 de 2013 (art. 61, parágrafo único) – que foi denominado "Estatuto das Famílias" – o qual foi arquivado,

[32] "Tem-se entendido no Superior Tribunal de Justiça que, embora os proventos em si devam permanecer como incomunicáveis, após sua obtenção, os respectivos rendimentos passam a ser bens comuns" MONTEIRO, Washington de Barros; TAVARES DA SILVA, Regina Beatriz. *Curso de Direito Civil, v. 2: direito de família*. São Paulo: Almedina, no prelo. Acórdão paradigma do Superior Tribunal de Justiça em sentido favorável à comunicação dos proventos do trabalho: STJ, REsp 1.024.169/RS, 3ª Turma, Rel. Ministra Nancy Andrighi, j. 13/04/2010.

em grande parte graças às críticas da ADFAS a essa proposta e a outras desse projeto que pretendia substituir todo o Livro do Direito de Família do Código Civil. Uma situação de fato, que se forma e se extingue no plano dos fatos como a união estável, pode gerar estado civil? Isto é um óbvio equívoco que dispensa maiores explicações.

Presunção da paternidade numa situação de fato, esta outra ideia de falta de senso. Uma situação de fato, com termo inicial incerto, que, mesmo se pactuado em escritura pública, o escrito não superará a verdade dos fatos, poderia acarretar presunção da paternidade? Se essa presunção não deveria existir nem mesmo no casamento, com a liberdade sexual feminina e os avanços da prova técnica do D.N.A com a presunção da paternidade pela recusa à realização deste exame (Código Civil, art. 1.597 e Lei 8.560/1992, art. 2º-A, parágrafo único), obviamente não seria adequado inseri-la na união estável.

8. Natureza fática da união estável e vantagens do respectivo pacto escrito

A união estável é uma situação de fato, que desnecessita para sua configuração de documento escrito, embora no Brasil seja possível a celebração de escrito particular ou público de seu reconhecimento.

Como meio de prova do início da relação, o pacto de união estável exerce papel importante.

Além de ser inegável que o instrumento público lavrado perante tabelionato de notas ou na presença de notário concede maior segurança à celebração da convenção[33], é de ser notado que, se o objeto do pacto for a eleição de regime de bens diferente do regime da comunhão parcial de bens, assim disposto no art. 1.725 do Código Civil, a forma do contrato obrigatoriamente será pública, por interpretação sistemática desse diploma legal. Explica-se: o art. 1.725 do Código Civil dispõe que "Na união estável, salvo contrato escrito entre os companheiros, aplica-se às relações patrimoniais, no que couber, o regime da comunhão parcial de bens", portanto, ao estabelecer que se aplicam à união estável, no que couberem, as regras da comunhão parcial ou comunhão

[33] TAVARES DA SILVA, Regina Beatriz. Artigo 1.725. In: TAVARES DA SILVA, Regina Beatriz (coord.). *Código Civil comentado*. 10ª Edição. São Paulo: Saraiva, 2016, p. 1.817.

de aquestos, devem ser consideradas as regras existentes nas disposições gerais dos regimes de bens do casamento, entre as quais a disposta no seu art. 1.640, parágrafo único: "Quanto à forma, reduzir-se-á a termo a opção pela comunhão parcial, fazendo-se o pacto antenupcial por escritura pública, nas demais escolhas"[34].

9. União estável e regime da separação obrigatória de bens

Voltando ao regime de bens, o Superior Tribunal de Justiça, em decisões acertadas[35], acolheu a tese que esta articulista defende há anos[36], segundo a qual, o regime da separação obrigatória previsto na lei civil deve ser aplicado também à união estável. Afinal, se há a tal equiparação ao casamento, se a lei civil manda aplicar o regime da comunhão parcial de bens, que é regime regulado com normas específicas no casamento (Código Civil, arts. 1.658 a 1.666), à união estável (Código Civil, art. 1.725) são aplicáveis as outras normas gerais dos regimes de bens do casamento constantes do Código Civil, entre elas a do regime da separação obrigatória de bens (Código Civil, art. 1.641). Se um dos companheiros tem mais de 70 anos, nada deve se comunicar na relação, na sua dissolução em vida ou pela morte, salvo se produto de esforço comum em capital ou trabalho, na devida interpretação da Súmula 377 do Supremo Tribunal Federal, segundo a qual "No regime de separação legal de bens, comunicam-se os adquiridos na constância do casamento."[37].

[34] *Ibidem.*

[35] STJ, AgInt no REsp 1.637.695/MG, 4ª Turma, Rel. Ministro Raul Araújo, j. 10/10/2019; STJ, EREsp 1.623.858/MG, rel. Ministro Lázaro Guimarães, 2ª Seção, j. 23/05/2018; STJ, AgRg no AREsp 675.912/SC, Rel. Ministro Moura Ribeiro, 3ª Turma, j. 2/6/2015; STJ, 1.124.859/MG, Rel. Ministra Maria Isabel Gallotti, 2ª Seção, j. 26/11/2014.

[36] V. TAVARES DA SILVA, Regina Beatriz. Artigo 1.725. In: TAVARES DA SILVA, Regina Beatriz (coord.). *Código Civil comentado.* 6ª Edição. São Paulo: Saraiva, 2008, p. 1.888.

[37] V. TAVARES DA SILVA, Regina Beatriz. Regime da separação de bens convencional e obrigatória. In: DELGADO, Mário Luiz; ALVES, Jones Figueirêdo (Coordenadores). *Questões controvertidas no novo Código Civil.* São Paulo: Método, 2004, v. 2. E também: TAVARES DA SILVA, Regina Beatriz; BRITO, Laura Souza Lima e. Sucessão do cônjuge e regime da separação de bens. In: TAVARES DA SILVA, Regina Beatriz; CAMARGO NETO, Theodureto de Almeida. *Grandes temas de Direito de Família e das Sucessões.* São Paulo: Saraiva, 2011. A Súmula 377 do STF, após a publicação dos estudos citados nesta nota sobre os seus precedentes, pelos

quais a comunicabilidade de bens depende de prova da sociedade de fato ou esforço comum, nos termos do art. 981 e 986 do Código Civil, passou a ser interpretada pelo Superior Tribunal de Justiça como deveria ter sido desde o início, tanto no casamento como na união estável, ou seja, não se aplica a comunicabilidade de aquestos no regime da separação obrigatória, salvo se provado o auxílio com capital ou trabalho na atividade do outro consorte que tem os bens em seu nome. Se assim não fosse, desnecessária seria a estipulação legal da separação obrigatória, já que valeriam as regras do regime da comunhão parcial, que é regime de bens legal ou vigorante em caso de falta de pacto em sentido contrário. "AGRAVO INTERNO NO RECURSO ESPECIAL. DIREITO DE FAMÍLIA. RECONHECIMENTO E DISSOLUÇÃO DE UNIÃO ESTÁVEL. COMPANHEIRO SEXAGENÁRIO. REDAÇÃO ORIGINAL DO ART. 1.641, II, DO CC/2002. APLICAÇÃO. REGIME DE SEPARAÇÃO OBRIGATÓRIA DE BENS. PARTILHA. BENS ADQUIRIDOS ONEROSAMENTE. NECESSIDADE DE PROVA DO ESFORÇO COMUM. AGRAVO INTERNO NÃO PROVIDO. 1. De acordo com a redação originária do art. 1.641, II, do Código Civil de 2002, vigente à época do início da união estável, impõe-se ao nubente ou companheiro sexagenário o regime de separação obrigatória de bens. 2. "No regime de separação legal de bens, comunicam-se os adquiridos na constância do casamento, desde que comprovado o esforço comum para sua aquisição" (EREsp 1.623.858/MG, Rel. Ministro LÁZARO GUIMARÃES, SEGUNDA SEÇÃO, julgado em 23/05/2018, DJe de 30/05/2018, g.n.). 3. Agravo interno a que se nega provimento." (STJ, AgInt no REsp 1.637.695/MG, 4ª T., relator Ministro Raul Araújo, j. 10/10/2019). "AGRAVO INTERNO NO AGRAVO REGIMENTAL NO AGRAVO EM RECURSO ESPECIAL. DIREITO DE FAMÍLIA. CASAMENTO. SEPARAÇÃO OBRIGATÓRIA DE BENS (ARTS. 258, II, DO CC/1916 E 1.641, II, DO CC/2002). PARTILHA. PATRIMÔNIO. ESFORÇO COMUM. PROVA. INDISPENSABILIDADE. SÚMULA Nº 377/STF. INTERPRETAÇÃO. ART. 1.829, I, DO CÓDIGO CIVIL. HERANÇA. CÔNJUGE. DESCENDENTES. CONCORRÊNCIA. IMPOSSIBILIDADE. LEGISLAÇÃO. APLICABILIDADE. USURPAÇÃO DE COMPETÊNCIA. REVOLVIMENTO PROBATÓRIO. IMPOSSIBILIDADE. SÚMULA Nº 7/STJ. 1. Recurso especial interposto contra acórdão publicado na vigência do Código de Processo Civil de 1973 (Enunciados Administrativos nºs 2 e 3/STJ). 2. A jurisprudência desta Corte encontra-se consolidada no sentido de que, no regime de separação obrigatória de bens, comunicam-se aqueles adquiridos na constância do casamento desde que comprovado o esforço comum para sua aquisição, consoante interpretação conferida à Súmula nº 377/STF. 3. O regime da separação convencional de bens, escolhido livremente pelos nubentes, à luz do princípio da autonomia de vontade (por meio do pacto antenupcial), não se confunde com o regime da separação legal ou obrigatória de bens, que é imposto de forma cogente pela legislação (arts. 1.641 do Código Civil de 2002 e 258 do Código Civil de 1916) e no qual efetivamente não há concorrência do cônjuge com o descendente. 4. Eventual direito à divisão de bens objeto de esforço comum depende de prova, o que não pode ser avaliado nesta fase processual por ensejar usurpação de competência e pelo óbice da Súmula nº 7/STJ. 5. Agravo interno não provido." (STJ, AgInt no AgRg no AREsp 233.788/MG, 3ª T., relator Ministro Ricardo Villas Bôas Cueva, j. 19/11/2018). "AGRAVO INTERNO NO RECURSO ESPECIAL. AÇÃO DE RECONHECIMENTO E DISSOLUÇÃO DE UNIÃO ESTÁVEL. COMPANHEIRO SEXAGENÁRIO. INDEFERIMENTO DE PROVA DOCUMENTAL PARA COMPROVAR A CAPACIDADE LABORATIVA E INDEPENDÊNCIA ECONÔMICA DA

Salve o Superior Tribunal de Justiça, salve o Tribunal de Justiça de São Paulo e outros Tribunais estaduais do Brasil, salve a boa Jurisprudência, porque não fosse ela, por força exclusiva e na interpretação literal da norma legal que estabelece os requisitos da união estável, oriunda da Lei 9.278 de 1996, teríamos a porta escancarada ao enriquecimento indevido.

10. Efeitos da dissolução por morte na união estável

Graças à Associação de Direito de Família e das Sucessões (ADFAS), que integrou, como *amicus curiae*, os processos judiciais de dois Recursos Extraordinários em que se firmou tese de repercussão geral, o companheiro não integra o elenco dos herdeiros necessários (Código Civil, art. 1.845) e pode ser excluído da herança por testamento[38].

COMPANHEIRA. CERCEAMENTO DE DEVESA. OCORRÊNCIA. EFEITOS PATRIMONIAIS DA UNIÃO ESTÁVEL. REGIME DA SEPARAÇÃO TOTAL. APLICAÇÃO DO ART. 1.641, II, DO CC. OPORTUNIDADE PARA COMPROVAR O ESFORÇO COMUM. RETORNO DOS AUTOS À ORIGEM. DECISÃO MANTIDA. RECURSO DESPROVIDO. 1. Não configura ofensa ao art. 535 do CPC/73 o fato de o col. Tribunal de origem, embora sem examinar individualmente cada um dos argumentos suscitados, adotar fundamentação contrária à pretensão da parte, suficiente para decidir integralmente a controvérsia. 2. Ocorre cerceamento de defesa quando, apesar de concluir pela desnecessidade da prova e afastar a ocorrência de prejuízo, confirma-se condenação que a prova indeferida visava afastar. 3. No que se refere aos efeitos patrimoniais decorrentes da existência da união estável, as instâncias ordinárias afastaram a aplicação da regra da separação obrigatória de bens, ao fundamento de que a disposição legal só se aplica ao casamento. Todavia, esta Corte tem entendimento de que estende-se à união estável a disposição do art. 1.641, II, do Código Civil, segundo o qual ao casamento de sexagenário, se homem, ou cinquentenária, se mulher, é imposto o regime de separação obrigatória de bens. 4. Por observar que a companheira não teve oportunidade de comprovar o esforço comum, deverá ser assegurado à autora o direito de comprovar o esforço na aquisição dos bens passíveis de serem compartilhados. 5. Devido ao parcial provimento do recurso, para reabertura da instrução, fica inviabilizado o pronto exame de todas as insurgências recursais, não sendo possível a aplicação do direito à espécie, nos termos da Súmula 456 do STF e do art. 1.034 do CPC/2015, quando se faz necessário o exame de matéria de fato ainda não devidamente esclarecida. 6. Agravo interno não provido." (STJ, AgInt no REsp 1.628.268/DF, 4ª T., relator Ministro Lázaro Guimarães – Desembargador convocado do TRF 5ª Região, j. 18/09/2018).

[38] TAVARES DA SILVA, Regina Beatriz. *A liberdade testamentária de quem vive em união estável*. Associação de Direito de Família e das Sucessões – ADFAS, São Paulo, 6 mai. 2020.

O Supremo Tribunal Federal, em julgamento ocorrido em 10 de maio de 2017, de relatoria do Ministro Roberto Barroso (Recursos Extraordinários 646.721/RS e 878.694/MG), lançou a seguinte tese de repercussão geral: "No sistema constitucional vigente é inconstitucional a diferenciação de regime sucessório entre cônjuges e companheiros, devendo ser aplicado em ambos os casos o regime estabelecido no artigo 1829 do Código Civil.".

A fim de reforçar a distinção entre casamento e união estável, aprovou-se o Enunciado 641 na VIII Jornada de Direito Civil, ocorrida em 26 e 27 de abril de 2018, nos seguintes termos:

> A decisão do Supremo Tribunal Federal que declarou a inconstitucionalidade do art. 1.790 do Código Civil não importa equiparação absoluta entre o casamento e a união estável. Estendem-se à união estável apenas as regras aplicáveis ao casamento que tenham por fundamento a solidariedade familiar. Por outro lado, é constitucional a distinção entre os regimes, quando baseada na solenidade do ato jurídico que funda o casamento, ausente na união estável.

Os acórdãos que foram proferidos nos dois Recursos Extraordinários geraram dúvidas porque omissos em relação ao artigo 1.845 do Código Civil, que estabelece o rol de herdeiros necessários, ou seja, elenca as pessoas com direito à legítima, que é uma parte da herança que não pode ser tocada e é preservada obrigatoriamente para quem ali está referido, segundo o texto legal, as pessoas civilmente casadas, além dos filhos e pais[39].

Foram interpostos Embargos de Declaração, em razão da omissão e da obscuridade constante dos acórdãos[40].

Disponível em: http://adfas.org.br/2020/05/06/liberdade-testamentaria-de-quem-vive-em--uniao-estavel/. Acesso em 28/07/2020.

[39] TAVARES DA SILVA, Regina Beatriz. Distinção entre a herança na união estável e no casamento. In: Associação de Direito de Família e das Sucessões – ADFAS, São Paulo, 18 jul. 2019. Disponível em: http://http://adfas.org.br/2019/07/18/distincao-entre-a-heranca-na--uniao-estavel-e-no-casamento/. Acesso em 02/08/2020.

[40] STF, ED no RE 646.721/RS, rel. Min. Luís Roberto Barroso, Plenário, j. 26/10/2018 (Embargos de Declaração interpostos pela ADFAS); STF, ED no RE 878.694/MG, rel. Min. Luís Roberto Barroso, Plenário, j. 26/10/2018 (Embargos de Declaração interpostos pelo IBDFAM).

A Associação de Direito de Família e das Sucessões apresentou as razões da inaplicabilidade do art. 1845 do Código Civil na sucessão em união estável, tendo em vista as notórias diferenças na constituição e na dissolução da união estável em face do casamento, além da autonomia da vontade que deve ser conservada na escolha do tipo de relação por quem quer constituir uma entidade familiar. O IBDFAM propunha a inclusão dos companheiros no elenco de herdeiros necessários, ou seja, a aplicação do art. 1.845 do Código Civil na união estável.

Curiosamente, muito embora fosse exatamente nos embargos da ADFAS que se defendia a inaplicabilidade do referido artigo 1.845 do diploma civil na união estável, as razões da Associação de Direito de Família e das Sucessões acabaram por ser, por via indireta, acolhidas nos embargos interpostos pelo IBDFAM, inobstante tenha ocorrido, em ambos, a rejeição.

Mas, o que importa efetivamente é que ali se decidiu o seguinte: "A repercussão geral reconhecida diz respeito apenas à aplicabilidade do art. 1.829 do Código Civil às uniões estáveis. Não há omissão a respeito da aplicabilidade de outros dispositivos a tais casos". Assim, em sessão virtual de 19.10.2018 a 25.10.2018, finalmente, o STF esclareceu a matéria. Com a participação da Associação de Direito de Família e das Sucessões – ADFAS, como *amicus curiae*, o STF diferenciou os efeitos sucessórios da união estável dos efeitos sucessórios do casamento, preservando a liberdade de um companheiro de excluir o outro da herança por meio de testamento.

Isso significa que está reservado o direito à metade dos bens da herança e a impossibilidade de exclusão da herança por disposição expressa em testamento do falecido apenas aos cônjuges (aqueles que vivem em casamento) e não aos companheiros (aqueles que vivem em união estável) [41].

Apenas a ordem de vocação hereditária foi alterada pelo STF na união estável, aplicando-se-lhe o disposto no art. 1.829 do Código Civil, o que está suficientemente claro no texto da decisão dos embargos acima citada.

[41] V. TAVARES DA SILVA, Regina Beatriz. Equiparação de cônjuge e companheiro na sucessão pelo STF limita-se à ordem de vocação hereditária. In: Associação de Direito de Família e das Sucessões – ADFAS, São Paulo, 22 nov. 2018. Disponível em: http://http://adfas.org.br/2018/11/22/equiparacao-de-conjuge-e-companheiro-na-sucessao-pelo-stf-limita-se-a--ordem-de-vocacao-hereditaria/. Acesso em 02/08/2020.

Assim, somente se não houver testamento, o companheiro ou a companheira concorre com os filhos do falecido, ou com os pais do falecido que não tem descendentes, ou é o único herdeiro se quem falece não tem descendentes ou ascendentes, nos termos da ordem de vocação hereditária do art. 1.829 do Código Civil. Este é o único entendimento possível em relação à tese de repercussão geral firmada no STF, ainda mais diante da decisão proferida em sede em embargos, antes citada[42]. Por mais que alguns vulgos doutrinadores

[42] "Recurso Especial. Civil. Processual Civil. Direito de Família e das Sucessões. União Estável. Art. 1.790 do CC/2002. Inconstitucionalidade. Art. 1.829 do CC/2002. Aplicabilidade. Vocação hereditária. Partilha. Companheiro. Exclusividade. Colaterais. Afastamento. Arts. 1.838 e 1.839 do CC/2002. Incidência. 1. Recurso especial interposto contra acórdão publicado na vigência do Código de Processo Civil de 1973 (Enunciados Administrativos nºs 2 e 3/STJ). 2. No sistema constitucional vigente, é inconstitucional a distinção de regimes sucessórios entre cônjuges e companheiros, devendo ser aplicado em ambos os casos o regime do artigo 1.829 do CC/2002, conforme tese estabelecida pelo Supremo Tribunal Federal em julgamento sob o rito da repercussão geral (Recursos Extraordinários nºs 646.721 e 878.694). 3. Na falta de descendentes e ascendentes, será deferida a sucessão por inteiro ao cônjuge ou companheiro sobrevivente, ressalvada disposição de última vontade. 4. Os parentes colaterais, tais como irmãos, tios e sobrinhos, são herdeiros de quarta e última classe na ordem de vocação hereditária, herdando apenas na ausência de descendentes, ascendentes e cônjuge ou companheiro, em virtude da ordem legal de vocação hereditária. 5. Recurso especial não provido" (STJ, REsp 1.357.117/MG, 3ª Turma, Rel. Min. Ricardo Villas Bôas Cueva, j. 13/03/2018). "Inventário. Decisão que assentou a qualidade de herdeiro do companheiro sobrevivente e excluiu os colaterais da herança. Recurso desprovido. Inventário. Insurgência contra a decisão que assentou a condição de herdeiro exclusivo do companheiro sobrevivente, destituindo o irmão da inventariança e excluindo os colaterais da herança. Não houve pedido de efeito. Companheiro sobrevivente que integra a ordem de vocação hereditária, na forma do artigo 1829 do Código Civil. Colaterais chamados a suceder o de cujus apenas na ausência de descentes, ascendentes e cônjuge/companheiro supérstite. Adoção do regime da separação convencional de bens que não afasta a qualidade de herdeira do companheiro. Escritura pública de união estável. Jurisprudência do STJ e deste Tribunal. Decisão mantida. Recurso desprovido" (TJSP, Ap. Cível 2149990-36.2020.8.26.0000, 10ª Câmara de Direito privado, Rel. Des. J.B. Paula Lima, j. 06/08/2020). "Inventário. Decisão que reconheceu o companheiro sobrevivente como herdeiro da de cujus. Recurso desprovido. Inventário. Insurgência contra a decisão que reconheceu a participação do companheiro supérstite na herança. Efeito ativo indeferido. Dissolvida a união estável pela morte, não há mais falar em regime de bens, incidentes as regras do direito sucessório. O companheiro supérstite integra a ordem de vocação hereditária na forma do art. 1829, I, do CC, concorrendo com os descendentes à herança. Equiparação dos regimes sucessórios dos cônjuges e companheiros, conforme tese firmada pelo STF em sede de repercussão geral. Tratando-se de bem particular da falecida, o convivente participa da divisão na qualidade de herdeiro. Decisão mantida. Recurso desprovido" (TJSP, Ap. Cível 2138464-72.2020.8.26.0000, 10ª Câmara de Direito privado, Rel. Des. J.B. Paula Lima, j.

tentem obnubilar os incautos, esperamos que os julgadores não extrapolem a lei e tampouco o decidido pelo STF.

No casamento é diferente porque o cônjuge é sempre herdeiro e não pode ser excluído totalmente da herança, podendo somente ser diminuída a parte do marido ou da esposa, no limite da cota disponível, ou seja, até 50% dos bens que compõem a herança (Código Civil, art. 1.845).

O mesmo se diga sobre a reserva legal da ¼ (quarta) parte, tendo em vista que cabe somente ao cônjuge a concorrência com os descendentes em quinhão que não seja inferior à quarta parte da herança, se for ascendente dos herdeiros com que concorrer (Código Civil, art. 1.832).

Note-se que se a relação afetiva terminar pela morte, o namorado sobrevivente terá mais facilidade de se arvorar em herdeiro, concorrendo com os filhos do falecido ou com seus pais na ordem de vocação hereditária prevista no art. 1.824 do Código Civil, se não houver testamento que exclua o parceiro sobrevivo da herança, em razão da referida tese firmada no STF, por maioria de votos. Isto porque namorados podem facilmente ser confundidos com companheiros diante da equivocada norma legal brasileira, que não estabelece a convivência *more uxorio* e tampouco sua duração mínima, como antes explicado.

08/07/2020). "Agravo de Instrumento. Inventário – Decisão que reconheceu a condição de herdeiro do companheiro da falecida em concorrência com descendentes – União estável que é incontroversa nos autos – Questão acerca da inconstitucionalidade do artigo 1.790 do Código Civil que já foi reconhecida pelo Supremo Tribunal Federal – Observância da ordem de vocação hereditária do artigo 1.829 do Código Civil – Companheiro que deve constar do plano de partilha como herdeiro em concorrência com descendentes da falecida – Manutenção da decisão agravada. Nega-se provimento ao recurso" (TJSP, Ag 2229867-59.2019.8.26.0000, 1ª Câmara de Direito Privado, Rel. Des.ª Christine Santini, j. 16--03--2020). "Apelação Cível. Constitucional e Civil. Inventário e partilha. Sucessão. Companheiro. Concorrência com descendente comum. Inconstitucionalidade do art. 1.790 do Código Civil. Aplicação do art. 1.829, do Código Civil. Conforme decidido pelo Supremo Tribunal Federal, em sede de repercussão geral (RE 878694 / MG), no sistema constitucional vigente é inconstitucional a distinção de regimes sucessórios entre cônjuges e companheiros, devendo ser aplicado, em ambos os casos, o regime estabelecido no art. 1.829 do CC/2002. A companheira, em concorrência com o filho em comum do casal, referente a patrimônio adquirido na constância da união estável, possui direito a 50% do montante, a título de meação. De outro lado, o filho, na qualidade de herdeiro, possui direito aos outros 50% dos bens" (TJDFT, Ap. Cível 0008277-04.2012.8.07.0005, 6ª Turma Cível, Rel. Des. Esdras Neves, j. 27/03/2019).

Ou, terão os herdeiros consanguíneos do falecido de chegar ao Superior Tribunal de Justiça[43] para fazer valer a interpretação de que a relação configurou o tal "namoro qualificado", uma expressão que foi adotada nessa Corte como um remédio indigesto a uma norma legal que gera insegurança jurídica[44]. Aliás diz-se indigesto porque sua eficácia depende do calvário de um processo judicial.

Mas, o importante é que, em razão dos trabalhos da ADFAS, o Supremo Tribunal Federal conservou a faculdade do companheiro e da companheira de realizar testamento excludente do convivente sobrevivente na união estável.

Considerações finais no Direito brasileiro

Espera-se que por meio deste Tratado da União de Fato, em que podemos abeberar as fontes de outros ordenamentos jurídicos, cujos países estão tão bem representados nesta obra, a união estável, tão usual em terras brasileiras, continue a receber estudos com toda a profundidade necessária para a apresentação de interpretações doutrinárias e sugestões legislativas que resguardem a segurança jurídica.

Referências

BORGARELLI, Bruno de Ávila. Et ideo facit sicut jumenta: sobre o 'Estatuto das Famílias do Século XXI' (PLC 3.369/2015). In http://adfas.org.br/2019/10/08/et-ideo-facit-sicut-jumenta-sobre-o-estatuto-das-familias-do-seculo-xxi-plc-3-369-2015/ . Acesso em 02 de agosto de 2020.

MALUF, Carlos Alberto Dabus; MALUF, Adriana Caldas do Rego Freitas Dabus. A união estável e o namoro qualificado: uma diferenciação. Revista de Direito de Família e das Sucessões (RDFAS), São Paulo: RDFAS, v. 9, n. 3, p. 52-68, jul.-set./2016.

MONTEIRO, Washington de Barros; TAVARES DA SILVA, Regina Beatriz. Curso de Direito Civil, v. 2: direito de família. São Paulo: Almedina Brasil, no prelo.

[43] Recurso citado anteriormente: STJ, REsp 1.454.643/RJ, 3.ª T., relator Ministro Marco Aurélio Bellizze, j. 03/03/2015.

[44] V. MALUF, Carlos Alberto Dabus; MALUF, Adriana Caldas do Rego Freitas Dabus. A união estável e o namoro qualificado: uma diferenciação, *op. cit.*, p. 60-62.

TAVARES DA SILVA, Regina Beatriz (Coordenadora). Código Civil comentado. 10ª Edição. São Paulo: Saraiva, 2016.

TAVARES DA SILVA, Regina Beatriz (Coordenadora). Código Civil comentado. 6ª Edição. São Paulo: Saraiva, 2008.

TAVARES DA SILVA, Regina Beatriz e BRITO, Laura Souza Lima. Sucessão do cônjuge e regime da separação de bens. In: TAVARES DA SILVA, Regina Beatriz; CAMARGO NETO, Theodureto de Almeida. Grandes temas de Direito de Família e das Sucessões. São Paulo: Saraiva, 2011.

TAVARES DA SILVA, Regina Beatriz. Monogamia: princípio estruturante do casamento e da união estável. In TAVARES DA SILVA, Regina Beatriz e BASSET, Ursula (Coordenadoras). Família e Pessoa: uma questão de princípios. São Paulo: YK, 2018, p. 571/617.

TAVARES DA SILVA, Regina Beatriz. Regime da separação de bens convencional e obrigatória. In DELGADO, Mário Luiz; ALVES, Jones Figueirêdo (Coordenadores). Questões controvertidas no novo Código Civil. São Paulo: Método, 2004, v. 2.

TAVARES DA SILVA, Regina Beatriz. Declaração de namoro: ato válido. In Folha Online, São Paulo, 01 nov. 2003. In https://www1.folha.uol.com.br/folha/cotidiano/ult95u66401.shtml Acesso em 02/08/2010.

____ Estatuto das famílias retoma proposições desastrosas. In http://adfas.org.br/2013/11/19/estatuto-das-familias-retoma-proposicoes-desastrosas/ Acesso em 02/08/2020.

____ Contrato de namoro. In http://adfas.org.br/2016/09/21/contrato-de-namoro/. Acesso em: 28/07/2020.

____ Amantes têm direito à pensão previdenciária? In http://adfas.org.br/2017/11/27/amantes-tem-direito-a-pensao-previdenciaria/. Acesso em 02/08/2020.

____ Pensão previdenciária para amantes e a jurisprudência do STF e do STJ. In http://adfas.org.br/2018/05/30/pensao-previdenciaria-para-amantes-e-a-jurisprudencia-do-stf-e-do-stj/. Acesso em 02/08/2020.

____ Equiparação de cônjuge e companheiro na sucessão pelo STF limita-se à ordem de vocação hereditária. In http://http://adfas.org.br/2018/11/22/equiparacao-de-conjuge-e-companheiro-na-sucessao-pelo-stf-limita-se-a-ordem-de-vocacao-hereditaria/. Acesso em 02/08/2020.

____ Distinção entre a herança na união estável e no casamento. In http://adfas.org.br/2019/07/18/distincao-entre-a-heranca-na-uniao-estavel-e-no-casamento/. Acesso em 02/08/2020.

____ Direitos para amantes propostos no PL Estatuto das Famílias do Século XXI estão em pauta no STF. In http://adfas.org.br/2019/09/19/beneficios-previdenciarios-para-amantes/ . Acesso em 02/08/2020.

____ Relações Paralelas em Pauta no STF. In http://adfas.org.br/2019/09/26/relacoes-paralelas-em-pauta-no-stf/. Acesso em 02/08/2020.

____ STF inicia julgamento sobre divisão de pensão por morte e uniões estáveis concomitantes. In http://adfas.org.br/2019/09/26/stf-inicia-julgamento-sobre-divisao-de-pensao-por-morte-e-unioes-estaveis-concomitantes/. Acesso em 02/08/2020.

____ A liberdade testamentária de quem vive em união estável. In http://adfas.org.br/2020/05/06/liberdade-testamentaria-de-quem-vive-em-uniao-estavel/. Acesso em: 28/07/2020.

____ Pensão previdenciária para amantes: a visão do direito e da psicanálise. In http://adfas.org.br/2020/12/08/pensao-previdenciaria-para-amantes-a-visao-do-direito-e--da-psicanalise/ Acesso em 09/12/2020.

____ O STF julga que amantes não têm direito à pensão previdenciária: a tese proposta pelo Ministro Relator Alexandre de Moraes. In http://adfas.org.br/2020/12/16/o-stf--julga-que-amantes-nao-tem-direito-a-pensao-previdenciaria-a-tese-proposta-pelo--ministro-relator-alexandre-de-moraes/ Acesso em 17/12/2020.

____ O posicionamento do Ministro Dias Toffoli sobre o tema de repercussão geral em pauta no STF (RE 1.045.273/SE). In http://adfas.org.br/2020/12/16/o-posicionamento-do-ministro-dias-toffoli-sobre-o-tema-de-repercussao-geral-em-pauta-no-stf-re-1--045-273-se/ Acesso em 17/12/2020.

5. LA LAXITUD DE LOS REQUISITOS DE LA UNIÓN ESTABLE Y LA EQUIPARACIÓN DE SUS EFECTOS A LOS DEL MATRIMONIO EN EL DERECHO BRASILEÑO

Regina Beatriz Tavares da Silva

1. La historia legislativa de los requisitos de la unión de facto en el derecho brasileño

Durante mucho tiempo preocupa la regulación legal de la llamada unión estable en tierras brasileñas. Las preocupaciones provienen de la Ley 9.278 de 10 de mayo de 1996, que derogó la Ley 8.971 de 29 de diciembre de 1994, que había estado en vigor durante menos de dos años hasta entonces, y terminó sirviendo como base para el Código Civil de 2002, debido a las limitaciones del Congreso Nacional en el proceso legislativo del Proyecto de Ley 634 de 1975, en su última fase de procedimientos en la Cámara de Diputados.

El proceso legislativo de las leyes federales brasileñas es bicameral, de modo que si comienza en la Cámara de los Diputados, como ocurrió con el Proyecto de Ley del vigente Código Civil, una vez aprobado, debe ser enviado al Senado Federal, donde es posible realizar amplias modificaciones, volviendo a la primera Casa del Congreso Nacional, para una nueva votación, una fase en la que, si recibe otras enmiendas, se enviará de nuevo a la discreción de los Senadores, para luego volver nuevamente a la apreciación de los Diputados, ya que su aprobación final debe tener lugar en la Casa donde se dio inicio.

El Proyecto de Código Civil, cuya tramitación comenzó el 11 de junio de 1975 y duró 27 años, después de ser aprobado en la primera fase de la Cámara de Diputados el 16 de mayo de 1984, fue enviado al Senado y, bajo la ponencia de Josaphat Marinho, recibió la inclusión de propuestas legislativas sobre unión estable, debido a las disposiciones del art. 226 de la Constitución Federal de 1988, que presentaban los siguientes requisitos: convivencia *more uxorio,* con una duración mínima de cinco años y posibilidad de reducción a tres años si hubiera el nacimiento de un hijo, aplicando los mismos impedimentos del matrimonio.

A su regreso a la Cámara de Diputados, el Proyecto de Código Civil recibió la ponencia de Ricardo Fiuza, quien pidió a esta escritora que reuniera especialistas, en llamada Comisión de Juristas, para llevar a cabo su mejora legislativa, cuando se le encomendó el análisis de las propuestas legislativas relacionadas con el Libro de Derecho de Familia, entre las que se encuentran las de la regulación de la unión estable, y el Título de Responsabilidad Civil del Libro de la Ley de Obligaciones.

Por dicha Comisión de Juristas se consideró excesivo el período de 5 años de convivencia constante en la redacción del proyecto en el Senado, aunque con su reducción a 3 años en la hipótesis de la existencia de un hijo, cuando esta escritora insistió en la inserción del término legal, con su reducción, en todo caso, a dos años, por lo tanto, inferior a lo que estaba en la redacción de la otra Casa del Congreso, y en el mantenimiento de la exigencia de *convivencia más uxorio* en el molde de la redacción senatorial.

El plazo de cinco años de escritura senatorial se basó en la Ley 8971 de 29 de diciembre de 1984, pero ya se entendía en ese momento muy extensa, de ahí la razón de la sugerencia que hice de su reducción a dos años, con o sin la existencia de un hijo común. La unidad de la convivencia o vivienda bajo el mismo techo, *more uxorio,* como si estuvieran casados los compañeros, pareció esencial entre los requisitos de unión estable, teniendo en vista su igualación de efectos, en la disolución en la vida, a los del matrimonio. Después de todo, si la entidad familiar de la unión estable debe tener la apariencia del matrimonio, sabiendo que en el matrimonio existe un deber de convivencia – misma vivienda o mismo domicilio– aceptando la duplicidad domiciliaria sólo frente a razones personales, familiares y profesionales justificadas (Código Civil, art. 1.569), así también debería prever la norma jurídica de la unión de hecho.

Recibido el apoyo de los Juristas Carlos Alberto Dabus Maluf y Joel Dias Figueira Junior, que también componían la citada Comisión, pero los demás miembros que estaban presentes en los Proyectos de Ley eran contrarios a estas propuestas y argumentaron que el artículo 226 de la Constitución Federal no establecía un plazo ni la unidad de la vivienda y que, por lo tanto, no estaría a la mano la ley federal establecer estos requisitos.

En la reiteración argumentativa, porque ya parecía sin razón el argumento utilizado por los otros miembros presentes en ese momento, esta escritora declinó de sus propuestas al oír del Diputado Fiuza que la finalización en el proceso legislativo, de conformidad con el reglamento del Congreso Nacional, anteriormente mencionado, se limitó a los ajustes en relación con los cambios legislativos promulgados desde la presentación del proyecto de ley del año de 1975, de modo que debería seguirse la redacción del artículo 1º de la Ley 9278 de 1996.

Si se realizase la disminución del plazo de cinco a dos años de la unión para producir efectos familiares, el proyecto de ley debería regresar al Senado, y la opción de la relatoría del proyecto de Código Civil vio la necesidad de la aprobación de un nuevo Código Civil, en vista del "cipoal" de las normas hasta entonces existentes en leyes de carácter extravagante o extraordinario, en vigor del anterior Diploma Civil anterior, del año 1916. No queríamos un *ping pong* legislativo, con la vuelta del proyecto de ley, en bloque, al Senado, posibles nuevas enmiendas, dada la creatividad natural de los legisladores, un nuevo regreso a la Cámara de Diputados, con tantos otros cambios y un proceso legislativo sin fin.

En resumen, debido a las limitaciones regimentales del Congreso Nacional, operadas por la Resolución 1/2000, que modificó la Resolución 1/70, según la cual en la Cámara donde se finaliza la tramitación de un proyecto de ley no es posible la modificación de la redacción proyectada en la otra Casa legislativa, sino que sólo corresponde a la integración de las innovaciones legislativas que se produjeron durante el curso de su procedimiento, además de correcciones a la redacción y a las inconstitucionalidades, para impedir que el proyecto volviese, en bloque y, por lo tanto, en su totalidad al Senado, la Comisión de Juristas optó por la integración en el proyecto de Código Civil de la redacción de la última ley vigente.

Así fue como el Código Civil – Ley n. 10.406 de 10 de enero de 2002 – mantuvo el mismo texto legal, con meras modificaciones denominativas, del art. 1º de la Ley 9.278 de 10 de mayo de 1996[1]: Art. 1.723. *Se reconoce como entidad familiar la unión estable entre el hombre y la mujer, configurada en la convivencia pública, continua y duradera y establecida con el objetivo de constituir una familia.*

Y, para completar los errores en la regulación legal de los requisitos de la unión estable, el ut supra mencionado artículo 1.723 establece en el párrafo 1º que *La unión estable no se constituirá si se producen los impedimentos del art. 1.521; no aplicando la incidencia del punto VI en caso de que la persona casada esté separada judicialmente o de hecho.* Según el art. 1.521, VI, las personas casadas no pueden casarse, pero pueden constituir una unión estable si están legalmente separadas o separadas sólo de hecho. Por lo tanto, la ley permite que los separados solamente de hecho constituyan una unión estable con otra persona, que incluso puede tener sentido, porque la ausencia de comunión de vida en el matrimonio pone fin a la vida matrimonial y a los derechos y deberes personales derivados del matrimonio, entre los que se encuentra el deber de fidelidad recíproca, pero las confusiones patrimoniales derivadas de este permiso legal son numerosas, después de todo a quien le pertenece el bien obtenido durante una separación de hecho: al cónyuge del que el conviviente no se separó legalmente o se divorció o al nuevo consorte? Mediante la interpretación sistemática del Código Civil, se puede concluir que el régimen de bienes de la nueva unión, constituida por la separación de hecho de uno de sus participantes que mantiene el estado civil de casado, es el de la separación obligatoria de bienes, debido a las disposiciones del art. 1.641 del mismo diploma civil, por el cual este régimen es obligatorio en el matrimonio de las personas que lo contratan con el incumplimiento de las causas suspensivas de la celebración del matrimonio, entre las que se encuentra el de los divorciados hasta que se haya aprobado o decidido el reparto de los bienes de la pareja, según el art. 1.523, III del Código Civil[2].

[1] "La convivencia a largo plazo, pública y continua de un hombre y una mujer, establecida con el objetivo de establecer una familia, es reconocida como una entidad familiar."

[2] V. MONTEIRO Y TAVARES DA SILVA, Regina Beatriz. *Curso de Direito Civil, v. 2: Direito de Família*. Sao Paulo: Almedina, en prensa de la editorial.

2. La inseguridad jurídica de la unión estable: requisitos débiles y efectos robustos

La unión de hecho o unión estable es uno de los institutos que genera más interpretaciones y, en consecuencia, la mayor inseguridad jurídica en Brasil, lo que se deriva de una gran paradoja: requisitos débiles y efectos jurídicos equiparados a los del matrimonio.

Se reitera que la norma legal dispone que el objetivo de la constitución de una familia, en relación pública, duradera y continua, tiene la fuerza de una unión estable (Código Civil, art. 1.723). en acatamiento de las normas reglamentarias del Congreso Nacional, en la época de la tramitación del proyecto legislativo, que posibilitaban la inserción de disposiciones legales que ya se encontraban en vigor, o sea la romántica e irresponsable norma de la Ley 9.278/1998, como se esclareció en el capítulo anterior.

Mientras que el matrimonio, como acto solemne, está precedido por proclamas, con formalidades en su celebración y en su disolución en la vida, la unión estable tiene un carácter fáctico, constituyéndose y extinguiéndose sin ninguna formalidad, lo que denota, con cierta facilidad, los graves problemas que pueden causar la equivalencia en los efectos de los dos institutos, con los riesgos de enriquecimiento indebido de quien desea aprovecharse de las fallas legales.

Los tribunales brasileños, en los que se predica la des judicialización, se encuentran atascados en demandas sobre uniones estables y, por muy alta que sea la calidad de los Magistrados brasileños, en el conocimiento y la atención en los juicios, la inseguridad jurídica de este instituto se revela para quienes vivieron este tipo de relación cuando se produce su disolución.

Ejemplo de judialización, con dudas que plagan a las partes y llevan al poder judicial a hacer "gimnasias" racionales y argumentativas de las más complejas está demostrada en el fallo del Tribunal de Justicia de São Paulo[3] sobre el caso Luiza Brunet y Lirio Parisotto, que fue comentado en un artículo anterior el conocimiento del entero contenido del juzgado, con base

[3] TJSP, 5ª Câmara de Direito Privado, Apelação Cível nº 1094671-33.2016.8.26.0100, Relator Des. Erickson Gavazza Marques, j. 21/08/2020.

a las noticias mediáticas[4]. Con la divulgación del fallo se constatan las confusiones que genera la norma jurídica en las vivencias afectivas, que derivan en juicios prolongados, como también dolorosos para las partes envueltas en ellos. Habiendo vivido en ciudades diferentes por más de 3 años, la relación se mantenía pública o notoria, pero el animus de constitución de familia era dudoso, según Luiza Brunet existía esa voluntad, pero según Lirio Parisotto se trataba de apenas un enamoramiento (*namoro*). Según el fallo, no hubo comprobación de intenciones de constitución de familia y los motivos para denegar la solicitud de Luiza Brunet se completaron con la falta de esfuerzo común, o sea de cuentas bancarias y tarjetas de crédito en conjunto, o de economía doméstica común. De ahí se verifica que la falta de requisito legal sobre la unicidad de domicilio crea otros requisitos que no son legales, pero que son alternativas judiciales, como la economía común.

La inseguridad jurídica causada por la norma legal para las parejas brasileñas es altamente preocupante, llevando a personas a optar por el celibato sentimental, para evitar futuros problemas. Esto es efectivamente el desprestigio legal al afecto de una norma que aparentemente incentiva ese sentimiento y protege la afectividad. Desprotege y aparta a las personas, eso sí hace la norma legal brasileña.

Sobre la posibilidad de configurar una unión estable sin unidad de hogar, no se puede negar que la norma legal no prevé la convivencia bajo el mismo techo como requisito de unión estable. Pero se debe tener en cuenta que *el casado casa quiere*, o sea esa es la regla general de quien quiere formar una familia, ya sea por medio del casamiento o por unión estable: vivir bajo el mismo techo.

Las excepciones no pueden ser transformadas en reglas de modo que, al igual que en el casamiento en que solamente dependiendo de causas excepcionales los cónyuges pueden tener domicilios diferentes – razones personales, profesionales y familiares – conforme lo establece el Código Civil (art. 1569)[5], debe ser admitida la unión estable con duplicidad de domicilio.

[4] TAVARES DA SILVA, Regina Beatriz. Namoro ou união estável? Eis a questão! *In* http://adfas.org.br/2020/08/24/namoro-ou-uniao-estavel-eis-a-questao/. Acesso em 24/08/2020.

[5] Código Civil, art. 1.569. *El domicilio de la pareja será elegido por ambos cónyuges, pero ambos cónyuges podrán ausentarse del domicilio conyugal para atender deberes públicos, el ejercicio de su profesión o intereses privados relevantes* – nuestra traducción.

Además, se debe señalar el equívoco en la argumentación sobre la posibilidad de una constitución de unión estable sin unidad de vivienda, sin una causa justa, que ocurrió con base en la *Súmula* 382 de la Supremo Tribunal Federal (STF), de 1964, según la cual: *La vida en común bajo el mismo techo, 'more uxorio', no es indispensable para la caracterización del concubinato.* El malentendido interpretativo consiste en la falta de contextualización temporal de esta *Súmula*, editada en un momento en que la relación no era realmente vista como una entidad familiar en la legislación y, por lo tanto, no tenía los efectos familiares de la obligación de alimentos y la presunción jurídica del esfuerzo común del régimen de comunión de gananciales. Sólo en 1988, con la Constitución de la República Federativa de Brasil, la unión de hecho alcanzó el nivel legal de entidad familiar, pasando a denominarse unión estable, y solamente en 1994 la Ley 8971 comenzó a establecer derechos de pensión alimenticia y sucesorios, ampliados a derechos patrimoniales en la disolución en vida en 1996 por la Ley 9278. Así que en 1964, año de la edición de la *Súmula* STF n. 382, la unión de hecho, entonces llamada concubinato, no producía los efectos de un matrimonio, siendo tratada en ese momento como una relación de derecho de las obligaciones, razón por la cual nada importaba la vivienda bajo el mismo techo o unicidad de la vivienda en la atribución de derechos derivados de una sociedad de facto, en la que se exigía la prueba del esfuerzo común, sin la presunción legal de comunión parcial de bienes, prevista en el artículo 5º de dicha Ley 9278 de 1996 y actualmente en el artículo 1.725 del Código Civil[6].

3. Efectos de la unión estable en la disolución en la vida

En total desajuste con la debilidad en los requisitos de la unión estable, en Brasil se realiza la equivalencia de sus efectos a los del matrimonio civil en la disolución en la vida, lo que es también el resultado de esa desafortunada Ley 9.278 de 1996.

El régimen de bienes previsto por la ley en la unión estable (Código Civil, art. 1.725) es el mismo del casamiento (Código Civil, art. 1.640, *caput*), la comunión parcial o comunión de gananciales, en la que se comunica todo lo

[6] *Ibidem*

que se adquiere onerosamente durante la relación (Código Civil, artículos 1.658 a 1.666).

Es debida pensión alimenticia, de naturaleza asistencial, además de una eventual prestación compensatoria, por parte del compañero que tiene posibilidades en beneficio de lo que tiene necesidades (Código Civil, art. 1.724 c/c art. 1.694, *caput* e 1º)[7].

[7] "Derecho civil. Familia. Recurso especial. Acción de reconocimiento y disolución de una sociedad de facto c.c. pedido de alimentos. Unión estable. Caracterización. Situación de dependencia económica de la alimentación de la alimentada caracterizada. Obligación de proporcionar alimentos configurados. Reducción del valor en función de los elementos facticos del proceso. Restricciones legales sobre el deber de proporcionar mantenimiento entre compañeros no declarados en la sentencia recurrida. Inviabilidad al analizar el problema. Inmutabilidad de la situación fáctica tal como lo describe el Tribunal de Estado. – Se examina la obligación de mantener alimentos entre los acompañantes, con la peculiaridad de que la demandante basa sus razones recursivas: i) en la supuesta vulneración, por parte del derecho de ser, de los deberes inherentes a las relaciones personales entre compañeros, con el deber de respeto (art. 1.724 de la CC/02); (ii) en el supuesto "procedimiento indigno" de la antigua compañera en relación con el acreedor de alimentos (art. 1.708, párrafo único, CC/02); y, si no se aceptan las reivindicaciones anteriores, iii) en la reducción de los alimentos sólo para aquellos indispensables para la subsistencia de la alimentada, bajo la perspectiva de que la situación de necesidad resultaría de la culpa del reclamante (art. 1.694, n.o 2, cc/02). – Sin embargo, aunque la tesis del solicitante sea compatible con el ordenamiento jurídico actual, parece que el TJ/CA, en su versión de los hechos "inmutable en esta sede especial", no imputó al acusado ninguna conducta indigna o que hubiera incumplido los deberes entre compañeros, tampoco declaró que la situación de necesidad resultaría de la culpa de la alimentada, por lo que es imposible analizar el curso bajo los contornos presentados por la demandante. – Sobre la base del principio de solidaridad familiar, el deber de proporcionar manutención entre cónyuges y compañeros es de cuidado, debido al vínculo matrimonial o unión estable que un día unió a la pareja, a pesar de la interrupción de la convivencia, y el deber legal de asistencia mutua está en pie. – Teniendo en cuenta que el TJ/CA ha revisado, en términos técnicos, la cuestión, reduciendo el valor a un nivel compatible con las necesidades y posibilidades determinadas por las partes, no hay nada que retocar en la sentencia recurrida, que aseguró a la ex compañera el derecho a recibir alimentos, en función de la situación de dependencia experimentada por ella, durante aproximadamente 29 años, en relación con la demandante, fuerte en el art. 7 de la Ley No 9.278/96, en vigor en el momento de la ruptura de la unión estable, reputando el porcentaje del 8% sobre los salarios de la ex compañero, como suficiente para el mantenimiento y la supervivencia del demandado. – Cabe señalar, por último, que la rotación del sustrato técnico del caso, circunscrita a lo que se extrae de la sentencia recurrida, que definió las variables extraídas de las necesidades del acreedor y las posibilidades del deudor de alimentos, está vedada en la vía recursa elegida, el contenido de Sumula 7 del STJ" (STJ, Recurso Especial n. 995.538/AC, 3ª T., Rel. Maria Nancy Andrighi, j. 04/03/2010) – nuestra traducción.

Y, como si eso no fuera suficiente, una situación de hecho comenzó a ser equiparada por el Supremo Tribunal Federal al solemne acto de matrimonio también en efectos de sucesión en tesis de Repercusión General firmada en los Recursos Extraordinarios n. 646.721/RS y n. 878.694/MG[8]. El cónyuge tiene ahora los mismos derechos hereditarios que el cónyuge, es decir, la persona casada, salvo la libertad testamentaria de quien vive en unión de hecho, es decir, la inaplicabilidad de la herencia necesaria del cónyuge al conviviente, que no está incluido en la lista del artículo 1.845 del Código Civil, gracias a los argumentos de ADFAS, como *amicus curiae*, como se analizará más adelante. Se estableció la siguiente tesis de repercusión general: *Es inconstitucional distinguir los regímenes sucesorios entre cónyuges y compañeros previstos en el art. 1.790 de CC/2002, debiendo aplicarse, tanto en las hipótesis del matrimonio como en las de la unión estable, el régimen del art. 1.829 de CC/2002.*

En suma, delante de una norma legal hecha de manera apresurada e irresponsable, la Ley 9.278/1996, con un romanticismo que no debería tener lugar en el ordenamiento jurídico, norma que debió repetirse en el Código Civil de 2002, por las razones ya aclaradas, encajan interpretaciones tan variadas y desatinadas.

4. Declaración de "enamoramiento" o "noviazgo"

Previamente, antes de desarrollar este título, es necesario establecer los diferentes significados de "namoro" y de "noivado" en Brasil, que no son los mismos en todos los países.

En Argentina y España el "namoro" de los brasileños es denominado noviazgo. Se denomina de esa manera a la relación entre dos personas que se encuentran unidas simplemente por el afecto, nada más. Las dos personas están enamoradas.

Por otro lado, en Brasil el noviazgo, cuya traducción literal al portugués es "noivado", se llama compromiso en Argentina y España. Consiste en un compromiso verbal de establecer en un tiempo determinado la constitución

[8] STF, Recurso Extraordinário n. 646.721/RS y Recurso Extraordinario n. 878.694/MG, Plenario, Rel. Ministro Luís Roberto Barroso, j. 10/05/2017.

de una familia, donde los integrantes de la pareja acostumbran colocar mutuamente un anillo en la mano derecha que, luego al momento de contraer matrimonio, se cambia de mano para colocarlo en la mano izquierda. En el "noivado" brasileño, llamado compromiso en los países indicados, las personas se comprometen, transcurrido un determinado tiempo y fijando una fecha especial, con el objeto de contraer matrimonio y formar una familia.

Hace un tiempo atrás, previo a un casamiento existían dos etapas bien diferenciadas – noviazgo ("namoro") y compromiso ("noivado") – que integraron las costumbres brasileñas. En aquellas épocas no había como confundir "namoro" o "noivado" con una entidad familiar. Ni los enamorados ni los novios dormían uno en casa del otro; si ellos hubiesen tenido relaciones sexuales estas se practicaban en lugares distintos a sus hogares.

Con el cambio de costumbres, novios y novias comenzaron a pasar la noche en casa del otro, incluso en presencia de sus padres cuando son dos chicos jóvenes. En cuanto al simbolismo del anillo, luego del inicio de una relación más efectiva, pasó a adoptarse la costumbre de colocar un anillo en la mano derecha, aunque no existiese todavía la pretensión en un plazo determinado de realizar un casamiento. Tanto los mayores como los jóvenes empezaron a realizar lo que se denomina "test drive" antes del casamiento, viviendo juntos.

Al mismo tiempo una unión estable que era excepcional pasó a ser adoptada con mas frecuencia entre las parejas.

Todo esto trajo muchos y graves problemas en la identificación de lo que es efectivamente la unión estable, especialmente, de los flojos requisitos previstos en la Ley. Dos enamorados o novios pasaron a confundirse con compañeros o convivientes, ya que la norma legal establece el objetivo de constitución de familia como requisito de unión estable y ni siquiera dispone sobre la obligatoriedad de vivir bajo el mismo techo.

Con el fin de evitar que un noviazgo pueda dar lugar a un enriquecimiento indebido si uno de los participantes en la relación tiene la intención de aprovechar indebidamente su terminación, esta escritora, al final de las tramitaciones del actual Código Civil brasileño, presentó la idea de un medio de prueba para que los novios estén seguros: la "declaração de namoro".

Para no salir del lugar común, vinieron críticas apresuradas sobre la idea. Fue entonces cuando fue publicado un artículo por el que se reiteró la aclaración de que no se trata de un contrato, porque la naturaleza de la relación de noviazgo no es jurídica, es, además, sólo afectiva[9]. Un contrato crea, modifica o termina una relación jurídica, de conformidad con los artículos 421 y siguientes del Código Civil, por lo que obviamente no puede servir a una relación que no tenga efectos jurídicos, el "namoro" o noviazgo.

En el artículo mencionado, fue presentada la naturaleza jurídica de dicho documento en el que se puede declarar entre sí la existencia de una relación afectiva distinta de una entidad presente familiar: la declaración de enamoramiento o noviazgo. Y citado su fundamento en el art. 107 del Código Civil, ya que se trata de un acto por el que dos personas afirman que se aman y aún no han formado una familia, que puede llevarse a cabo mediante un documento privado o por escritura pública, que se redacta en una escribanía, preferentemente en presencia de dos testigos que confirman el noviazgo y la ausencia de una unión de hecho entre los declarantes[10].

Sin embargo, siempre subrayando que la finalidad de esta declaración no puede apropiarse indebidamente. Sólo tendrá validez si retrata la realidad, de enamoramiento simple, sin constitución familiar. Después de todo, no hay manera de convertir el vino (unión estáble o unión de hecho) en agua (enamoramiento)[11].

E incluso con esta aclaración, continuaran los conceptos erróneos, quizás derivados de la ignorancia, intencional o no, por desgracia lo que no es nada inusual en los medios supuestamente jurídicos. Y tales conceptos equivocados permanecen hasta el día de hoy, lo cual es sorprendente, cuando presenta este tipo de declaración, que es sólo un medio de prueba y que sólo es válida hasta la fecha de su firma[12]. Pero continuemos, en ADFAS, en este grupo de juristas preocupados por algunas decisiones erróneas o que por rumbos turbios o borrosos pueden tomar algunos asuntos de derecho de familia y sucesiones, que pueden ser debidamente tratados, aclarando los errores de algunos incautos inducidos por quienes actúan de mala fe.

9 TAVARES DA SILVA, Regina Beatriz. *Declaração de namoro: ato válido. In* Folha Online, São Paulo, 01 nov. 2003. Disponible *in* https://www1.folha.uol.com.br/folha/cotidiano/ult95u66401.shtml Acceso el 02/08/2010.

10 *Ibidem.*

11 *Ibidem.*

12 TAVARES DA SILVA, Regina Beatriz. *Contrato de namoro. In* Associação de Direito de Família e das Sucessões – ADFAS, São Paulo, 21 set. 2016. Disponíble en: http://adfas.org.br/2016/09/21/contrato-de-namoro/. Acceso el 28/07/2020

La ley brasileña contempla el enriquecimiento indebido de aquellos que quieren aprovecharse al final de la relación o incluso vengarse de aquellos que han deshecho la relación afectiva.

El Superior Tribunal de Justicia comenzó a utilizar la[13] expresión "noviazgo calificado" o sea "enamoramiento calificado" para clasificar la relación que

[13] "CARACTERÍSTICA ESPECIAL Y CARACTERÍSTICA ADHESIVA ESPECIAL. ACCIÓN DE RECONOCIMIENTO Y DISOLUCIÓN DE LA UNIÓN ESTABLE, SUPUESTAMENTE ENTENDIDA EN LOS DOS AÑOS ANTERIORES AL MATRIMONIO, C.C. COMPARTIENDO LOS BIENES ADQUIRIDOS EN ESE PERÍODO. 1. RECLAMO DE NO-PROOF DEL HECHO CONSTITUTIVO DEL DERECHO DE AUTOR. PREQUESTIONING. Ausencia. 2. UNIÓN ESTABLE. SIN CONFIGURACION. NOVIOS QUE, DEBIDO A CONTINGENCIAS E INTERESES PRIVADOS (TRABAJO Y ESTUDIO) EN EL EXTRANJERO, HAN PASADO COABITAR. FORTALECIMIENTO DE LA RELACIÓN, CULMINANDO EN EL COMPROMISO Y MÁS TARDE EN EL MATRIMONIO. 3. FECHAS CALIFICADAS. Comprobar. REPERCUSIONES DE EQUIDAD. falta de. 4. CELEBRACION DEL MATRIMONIO, CON LA ELECCION DEL REGIME DE COMUNIÓN PARCIAL DE BIENES. TÉRMINO A PARTIR DEL CUAL LOS ENTONCES NOVIOS/ NOVIOS, MADUROS QUE FUERON, COMPRENDIDOS POR BIEN CONSOLIDAR, CONSCIENTE Y VOLUNTARIAMENTE, LA RELACIÓN AMOROSA EXPERIMENTADA, PARA CONSTITUIR, EFECTIVAMENTE, UN NÚCLEO FAMILIAR, ASÍ COMO COMUNICAR EL PATRIMONIO HAURIDO. Observancia. Necesita. 5. RECURSO ESPECIAL PROPORCIONADO, EN LA PARTE CONOCIDA; Y CARACTERISTICA ADHESIVA PERJUDICADA. 1. El contenido normativo contenido en el Artes. 332 y 333, II, de la ley de adjetivos civiles, no fue objeto de debate o deliberación por la instancia anterior, circunstancia que indica el desconocimiento o no del asunto, en ausencia de la prescripción correlacionada e indispensable. 2. No se a partir de os argumentos adoptados al final por el Tribunal de Origen (en el momento del juzgamiento de los embargos infractores), cualquier elemento que a demuestre, en el período anterior al matrimonio, la constitución de una familia, en el sentido jurídico de la palabra, en la que existe necesariamente el acompañamiento de vidas y esfuerzos, con pleno y sin restricciones de apoyo moral y material entre los convivientes. La sola proyección de la formación de una familia, los informes de vida expectante en el extranjero con el novio, cohabitación, causada, se enfatiza, por la contingencia y los intereses particulares de cada uno, como se describe en los casos ordinarios, que se filtran insuficientes para verificar la *affectio maritalis* y, por lo tanto, la configuración de la unión estable. 2.1 El propósito de establecer una familia, que es un requisito de regencia como requisito esencial para la constitución de una unión estable -al distinguir incluso a esta entidad familiar del llamado "enamoro calificado"- no constituye una mera proclamación, para el futuro, de la intención de formar una familia. Es más completo. Esto debe aparecer presente a lo largo de la convivencia, desde el compartir efectivo de vidas, con apoyo moral y material sin restricciones entre los compañeros. Es decir: la familia debe, de hecho, permanecer constituida. 2.2. Tampoco la convivencia, por sí sola, muestra la constitución de una unión estable (aunque pueda constituir, más a menudo que no, un indicio pertinente), especialmente si se considera la particularidad de los expedientes, en los que las partes, por contingencias e intereses particulares (él, para trabajar; ella, por estudio)

no llega a una unión de hecho o estable, que está en zona gris, lo que ocurrió como un remiendo a una norma jurídica que genera inseguridad jurídica. El estudio detallado del noviazgo calificado es hecho por Carlos Alberto Dabus Maluf y Adriana Caldas de Rego Freitas Dabus[14].

fueran, en diferentes momentos, en el extranjero, y, como novios que eran, no dudaron en residir juntos. Este comportamiento, por supuesto, resulta ser absolutamente habitual en los tiempos actuales, imponiéndose al derecho, lejos de la crítica y los estigmas, para adaptarse a la realidad social. 3. A partir del análisis preciso del caso por caso, se ha informado de que las partes contendientes, en el período inmediatamente anterior a la celebración de su matrimonio (de enero de 2004 a septiembre de 2006), no experimentaron una unión estable, sino más bien un enamoro calificado, en el que, en virtud del fortalecimiento de la relación proyectada para el futuro -y no para el presente- el propósito de establecer una entidad familiar, a lo que posteriormente se realizara el casamiento. 4. Es pertinente señalar que las partes, aunque pudieron, no utilizaron, como sugirió la demandante, en su solicitud, el instituto de conversión de la unión estable en matrimonio, previsto en el art. 1.726 del Código Civil. No se trata de una renuncia, como de forma impropia votó quien juzgó la apelación en su origen. Se ocupa, de hecho, de la manifestación clara de la voluntad de las partes que, desde el matrimonio, y no antes, de constituir su propia familia. La celebración del matrimonio, con la elección del régimen de comunión parcial de bienes, en la hipótesis del caso, explica claramente el término del que tratan los entonces novios/novias ya, maduros que fueron, bien entendidos para consolidar, consciente y voluntariamente, la relación amorosa experimentada para constituir, efectivamente, un núcleo familiar, así como comunicar la herencia el patrimonio habido. La cronología de la relación se puede resumir como esta: enamoro, compromiso y casamiento. Y, como se sabe, no hay repercusión patrimonial resultante de las dos primeras especies de relación. 4.1 En el contexto impracticable del expediente, no es factible reconocer la unión estable compuesta, básicamente, en los dos años anteriores al matrimonio, con el único fin de comunicar el bien adquirido exclusivamente por el demandado. De hecho, la adquisición de un apartamento, aunque estuviera destinado a la residencia de los entonces novios, integró inequívocamente el proyecto de la pareja para, en un futuro próximo, constituir efectivamente la familia a través del matrimonio. Por lo tanto, sin embargo, la novia/prometida no viene a derecho para hacer una mediación de dicho bien. 5. Apelación especial prevista, en la parte conocida. Característica adhesiva especial deteriorada." (STJ, Recurso Especial n.1.454.643/RJ, 3er T., Ponente Ministro Marco Aurélio Bellizze, j. 03/03/2015) – nuestra traducción.

[14] V. MALUF, Carlos Alberto Dabus; MALUF, Adriana Caldas do Rego Freitas Dabus. A união estável e o namoro qualificado: uma diferenciação. *Revista de Direito de Família e das Sucessões*, São Paulo: ADFAS, v. 9, n. 3, p. 52-68, jul.-set./2016.

5. Otros males causados por la debilidad de los requisitos legales de la unión estable: el llamado "poliamor" y los intentos de su institucionalización

De esta regulación abierta de la norma legal brasileña surgieron otras interpretaciones desastrosas, las que encuadrarían en la poligamia, en otras palabras, que tres, cuatro o cinco personas, el número que fuera, pudieran vivir con hijos menores en "unión estable" o unión de hecho, con los mismos efectos del matrimonio entre los participantes de esta relación y también ante la seguridad social pública (INSS, así llamado en Brasil) o privada, ante el seguro o plan de salud, ante el club deportivo etc. ADFAS ha conseguido acabar con esta interpretación que dos escribanías brasileñas estaban haciendo, mediante una solicitud de medidas al Consejo Nacional de Justicia[15]. ADFAS se amparó en la Constitución Federal en esta solicitud de medidas, juzgado bajo la relatoría del Ministro João Otávio de Noronha, es decir, la norma constitucional contenida en el art. 226, párrafo 3º, por la cual la unión estable está formada solamente por dos personas[16]. Los fundamentos de ADFAS tuvieron que ir más allá, por la oposición que se hizo a su "pedido de providências" (solicitud de medidas), hasta el punto de demostrar que la soberanía nacional

[15] Conselho Nacional de Justiça (CNJ), Pedido de Providências n. 0001459-08.2016.2.00.0000, 48ª Sesión Extraordinaria, Rel. Ministro Joao Otávio de Noronha, j. 26/06/2018, cuyo fallo se publica *in* http://adfas.org.br/2018/06/26/cnj-julga-procedente-o-pedido-de-providencias--da-adfas-de-vedacao-de-lavratura-de-escrituras-publicas-de-relacoes-poliafetivas-como--unioes-estaveis/. Acceso el 02/08/2020.

[16] La norma constitucional establece que "a los efectos de la protección del Estado, la unión estable entre el hombre y la mujer es reconocida como entidad familiar, y la ley debe facilitar su conversión al matrimonio", y el Supremo Tribunal Federal ha dado una interpretación de acuerdo con la Constitución Federal para excluir cualquier significado del artículo 1.723 del Código Civil, anteriormente mencionado, lo que impide el reconocimiento de la unión entre personas del mismo género que una entidad familiar. Aquí se recuerda que el fallo de la Corte Suprema, en todos los votos de sus Ministros, cada uno con su propia forma de escribir, afirma que las uniones homosexuales, para ser vistas como entidades familiares, deben ser monógamas, salvo el voto del Ministro Relator que no se refiere claramente a la monogamia. Aquí hay que tener en cuenta que un fallo, al tratarse de un órgano colegiado, es válido por el conjunto de votos emitidos y no solo por el voto del relator o ponente. (STF, ADI 4.277/DF y ADPF 132, Relator Ministro Ayres Britto, Corte Plena, j. 05/05/2011) – nuestra traducción.

no puede ser cuestionada por las costumbres de otros países que adoptan la poligamia[17].

Otras ideas igualmente destructivas de la familia surgieron de la norma jurídica descuidada sobre la unión estable, como la atribución de derechos a los cómplices del adulterio o a los amantes, como en los Proyectos de Ley denominados Estatuto de las Familias, PLC n. 2.285/2007 y PLS n. 470/2013, ambos elaborados por el Instituto Brasileiro de Direito de Família (IBDFAM) y archivados en el Congreso Nacional, luego de la alerta de la autora de este texto a los Diputados (en el primer) y a los Senadores (en el segundo) sobre la existência del dispositivo puesto en párrafo para tratar de ocultar la propuesta de que al cómplice de adulterio se le concedieron derechos de pensión alimenticia, de reparto de bienes y de indemnización, al final de la relación de mancebia[18]. En un intento más de destruir a la familia, el Proyecto de Ley titulado Estatuto de las Familias del Siglo XXI (PLC n. 3.369 / 2015) propuso que cualquier relación en la que hubiera afecto se considerase una unión familiar, con el fin de atribuir al adulterio los derechos correspondientes a una relación familiar por parte del Poder Público[19]; este Proyecto de Ley, luego

[17] V. memoriais da ADFAS e julgamento completo do Conselho Nacional de Justiça In http://adfas.org.br/2018/06/27/julgamento-completo-do-pedido-da-adfas-ao-cnj-para-a-vedacao--de-escrituras-de-poliamor-como-uniao-estavel/ . Acesso em 02 de agosto de 2020. V. TAVARES DA SILVA, Regina Beatriz. Monogamia: princípio estruturante do casamento e da união estável. In TAVARES DA SILVA, Regina Beatriz e BASSET, Ursula (Coordenadoras). Família e Pessoa: uma questão de princípios. São Paulo: YK, 2018, p. 571/617

[18] PLC n. 2.285/2007: Art. 64. A união estável não se constitui: I – entre parentes na linha reta, sem limitação de grau; II – entre parentes na linha colateral até o terceiro grau, inclusive; III – entre parentes por afinidade em linha reta. Parágrafo único. A união formada em desacordo aos impedimentos legais não exclui os deveres de assistência e a partilha de bens; e PLS n. 470/2013: Art. 14. As pessoas integrantes da entidade familiar têm o dever recíproco de assistência, amparo material e moral, sendo obrigadas a concorrer, na proporção de suas condições financeiras e econômicas, para a manutenção da família. Parágrafo único: A pessoa casada, ou que viva em união estável, e que constitua relacionamento familiar paralelo com outra pessoa, é responsável pelos mesmos deveres referidos neste artigo, e, se for o caso, por danos materiais e morais. TAVARES DA SILVA, Regina Beatriz. Estatuto das famílias retoma proposições desastrosas. In http://adfas.org.br/2013/11/19/estatuto-das-familias-retoma--proposicoes-desastrosas/ Acesso em 02/08/2020.

[19] Art. 2º São reconhecidas todas as formas de união entre duas ou mais pessoas que para este fim se constituam e que se baseiem no amor, na socioafetividade, independentemente de consanguinidade, gênero, orientação sexual, nacionalidade, credo ou raça, incluindo seus filhos ou pessoas que assim sejam consideradas. Parágrafo único. O Poder Público proverá

de un debate en una emisora de radio entre el respectivo relator adjunto y la suscriptora de este texto[20], fue retirado de la agenda de la Comisión de la Cámara de Diputados.

Lo que es más grave, la idea de otorgar derechos a los amantes llegó al Supremo Tribunal Federal en el Recurso Extraordinario 1.045.273/SE. El tema fue propuesto por el hoy jubilado Ministro Ayres Brito como si tuviera repercusión general, presentado de manera engañosa porque llevó, a primera vista, a creer que se trataba de un debate sobre la posibilidad de reconocimiento legal de una unión estable homoafectiva[21], como si este asunto volviera a estar en la agenda del STF, aun frente al fallo previamente dictado por la misma Corte Suprema, en la ADPF 132 y la ADI 4277, el 5 de mayo de 2011, mediante el cual se reconoció la posibilidad de constituir una unión estable para dos personas del mismo género, en interpretación del artículo 1.723 del Código Civil. Sería irrazonable volver a debatir en la misma Corte si la relación entre dos personas del mismo sexo podía o no constituir una unión estable, lo cual fue debidamente aclarado por ADFAS, en su calidad de *amicus curiae*, en el Recurso Extraordinário 1.045.273/SE[22].

Nos asombró más ver que la "ementa" de la decisión de repercusión general llevava a la siguiente pregunta: ¿podría una relación por ser homosexual romper el principio de monogamia? En otras palabras, por tratarse de una

reconhecimento formal e garantirá todos os direitos decorrentes da constituição de famílias na forma definida no *caput*. V. BORGARELLI, Bruno de Ávila: Et ideo facit sicut jumenta: sobre o 'Estatuto das Famílias do Século XXI' (PLC 3.369/2015). In http://adfas.org.br/2019/10/08/et-ideo-facit-sicut-jumenta-sobre-o-estatuto-das-familias-do-seculo-xxi-plc-3-369-2015/ . Acesso em 02 de agosto de 2020. V. TAVARES DA SILVA, Regina Beatriz: Direitos para amantes propostos no PL Estatuto das Famílias do Século XXI estão em pauta no STF. In http://adfas.org.br/2019/09/19/beneficios-previdenciarios-para-amantes/ . Acesso em 02 de agosto de 2020.

[20] http://adfas.org.br/2019/08/22/professora-regina-beatriz-debateu-com-o-deputado-tulio-gadelha/ Acesso em 02/08/2020.

[21] CONSTITUCIONAL. CIVIL. PREVIDENCIÁRIO. UNIÃO ESTÁVEL HOMOAFETIVA. UNIÕES ESTÁVEIS CONCOMITANTES. PRESENÇA DA REPERCUSSÃO GERAL DAS QUESTÕES CONSTITUCIONAIS DISCUTIDAS. Possuem repercussão geral as questões constitucionais alusivas à possibilidade de reconhecimento jurídico de união estável homoafetiva e à possibilidade de reconhecimento jurídico de uniões estáveis concomitantes. (STF, Pleno, ARE 656.298-SE, Rel. Min. Ayres Britto, j. 01.03.2012).

[22] http://adfas.org.br/2019/09/26/regina-beatriz-faz-sustentacao-oral-no-stf/ . Acesso em 02/08/2020.

relación entre dos hombres, ¿existiría como unión estable junto a otra relación en forma de unión estable entre uno de ellos y una mujer? Después de todo, recordemos que el 5 de mayo de 2011, el STF expresó que la relación entre personas del mismo género debe ser similar a una relación heterosexual para que se considere una unión estable y produzca los respectivos efectos legales. Por lo tanto, el STF marcó la monogamia en la unión estable homosexual. Y lo hizo en cumplimiento de lo dispuesto en la Constitución Federal, que, en su art. 226, párrafo 3º, sigue el principio de monogamia, al calificar como entidad familiar la unión estable entre dos personas, en el texto constitucional "el hombre y la mujer" y en la interpretación del STF también "dos hombres" o "dos mujeres"[23].

El tema n. 529 fué firmado por el Ministro Ayres Brito en los siguientes términos – "Posibilidad de reconocimiento legal de una unión estable y una relación homoafectiva, con el consiguiente reparto de pensión por fallecimiento".

Posteriormente, el proceso pasó al Relator Ministro Alexandre de Moraes, quien emitió un voto brillante, seguido de otros también muy bien redactados por los Ministros Gilmar Mendes y Ricardo Levandowski – adoptando, el Relator, acompañado de sus pares antes mencionados, los argumentos presentados en *amicus curiae* de ADFAS y destacando que no cabe ceder derechos

[23] Ministra Cármen Lúcia: "Pede-se seja obrigatório o reconhecimento, no Brasil, da legitimidade da união entre pessoas do mesmo sexo, como entidade familiar, desde que atendidos os requisitos exigidos para a constituição da união estável entre homem e mulher e que os mesmos direitos e deveres dos companheiros nas uniões estáveis estendam-se aos companheiros nas uniões entre pessoas do mesmo sexo.". Voto do Ministro Ricardo Lewandowski: "...reconhecida a união homoafetiva como entidade familiar aplicam-se a ela as regras do instituto que lhe é mais próximo, qual seja, a união estável heterossexual, mas apenas nos aspectos em que são assemelhados...". Voto do Ministro Gilmar Mendes: "... por isso, nesse momento, limito-me a reconhecer a existência da união entre pessoas do mesmo sexo... e, com suporte na teoria do pensamento do possível, determinar a aplicação de um modelo de proteção semelhante – no caso, o que trata da união estável –, naquilo que for cabível, nos termos da fundamentação aqui apresentada, sem me pronunciar sobre outros desdobramentos...". Voto do Ministro Cezar Peluso: "... E se deve preenchê-la, segundo as regras tradicionais, pela aplicação da analogia, diante, basicamente, da similitude – não da igualdade –, da similitude factual entre ambas as entidades de que cogitamos: a união estável entre o homem e a mulher e a união entre pessoas do mesmo sexo. E essa similitude entre ambas situações é que me autoriza dizer que a lacuna consequente tem que ser preenchida por algumas normas na solução da questão posta.".

de seguridad social en el concubinato[24]. Este es el verdadero tema que estaba en la agenda de la Corte Suprema, como el Ministro Alexandre de Moraes consignó: "La cuestión constitucional a decidir se restringe a la posibilidad de que el Estado reconozca la coexistencia de dos uniones paralelas estables y el consiguiente reparto de la pensión por fallecimiento del compañero supérstite, independientemente de ser heterosexual o homosexual". En la misma sesión de juicio, celebrada el 25 de septiembre de 2019, en el mencionado RE, la divergencia fue abierta por el Ministro Luiz Edson Fachin, seguido por el Ministro Luís Roberto Barroso, por la Ministra Rosa Weber, por la Ministra Cármen Lúcia y por el Ministro Marco Aurélio Mello, en la que se decía que en la unión estable o de hecho no existen los mismos impedimentos del matrimonio (Código Civil, art. 1.521), con la atribución de derechos de seguridad social en una relación paralela, es decir, en una relación de adulterio[25], el juicio fue suspendido cuando el Ministro Dias Toffoli solicitó una vista del expediente[26].

Otro argumento de la referida divergencia en la Suprema Corte fue que la Ley de Seguridad Social es autónoma y no está vinculada a las normas del Derecho de Familia y Sucesiones. ADFAS explicó, como *amicus curiae*, que, si bien esta rama del derecho es autónoma en relación al Derecho de Familia y Sucesiones, sus fuentes están en los conceptos de familia: no existe pensión por fallecimiento sin parentesco, o vínculo matrimonial, o unión estable[27]. De no ser así, sería posible ceder derechos de seguridad social a terceros, distintos de los cónyuges y familiares enumerados en la Ley General de Seguridad Social (Ley nº 8.213 de 24 de julio de 1991), tal vez se podria atribuir el

[24] http://adfas.org.br/2019/09/26/regina-beatriz-faz-sustentacao-oral-no-stf/ . Acesso em 02/08/2020.

[25] TAVARES DA SILVA, Regina Beatriz. Pensão previdenciária para amantes: a visão do direito e da psicanálise. In http://adfas.org.br/2020/12/08/pensao-previdenciaria-para-amantes-a--visao-do-direito-e-da-psicanalise/ Acesso em 09/12/2020.

[26] TAVARES DA SILVA, Regina Beatriz. Relações Paralelas em Pauta. In http://adfas.org.br/2019/09/26/relacoes-paralelas-em-pauta-no-stf/. Acesso em 02/08/2020. STF inicia julgamento sobre divisão de pensão por morte e uniões estáveis concomitantes. In http://adfas.org.br/2019/09/26/stf-inicia-julgamento-sobre-divisao-de-pensao-por-morte-e-unioes-estaveis--concomitantes/. Acesso em 02/08/2020.

[27] TAVARES DA SILVA, Regina Beatriz. Amantes têm direito à pensão previdenciária?. In http://adfas.org.br/2017/11/27/amantes-tem-direito-a-pensao-previdenciaria/. Acesso em 02/08/2020.

beneficio de pensión por fallecimiento a un vecino o a un empleado doméstico por el cual se sintiese un afecto, con esta interpretación en disconformidad con la Constitución Federal, cuyo art. 226, el párrafo 3º establece expresamente la monogamia en las uniones convivenciales o estables.

La divergencia abierta en la Corte Suprema pretendía desigualar los dos institutos, al afirmar que solo en el matrimonio no existirían derechos para los concubinos o amantes y que en una unión estable no habría impedimentos para la atribución de derechos al adultério, porque el concubinato previsto por la ley, como relación extramarital, sería limitado, en interpretación literal, a quienes no puedan contraer matrimonio (Código Civil, art. 1.727). Esta sería una incongruencia inaceptable en el Supremo Tribunal Federal, em razón del fallo de repercusión general prolatado el 10 de mayo de 2017 en los Recursos Extraordinarios n. 878.694/MG y n. 646.721/RS, en el cual el STF emitió la tesis de que la unión estable y el matrimonio pasan a tener los mismos efectos sucesorios en el orden de vocación hereditaria, salvo la libertad testamentaria de los compañeros, es decir, la inaplicabilidad de la herencia exigida en la unión estable con la no inclusión de los convivientes en la lista del art. 1.845 del Código Civil, como se detalla a continuación. Este argumento de ADFAS, expresado en memoriales presentados después de la primer Sección, fue aceptado por el ministro Dias Toffoli en su brillante voto, prolatado en la segunda Sección, cuando señaló la creciente atribución de efectos legales similares a los dos institutos: matrimonio y unión estable[28].

No olvidemos, como lo menciona el Relator, Ministro Alexandre de Moraes, que los derechos de la seguridad social abren la puerta a la atribución de otros derechos, destacando que es una claridad solar que el Recurso trató asuntos de Derecho de Familia, aunque tiene repercusiones en Ley de Seguridad Social. No se trataba simplemente de una cuestión de seguridad social, como sugería la divergencia. Aunque autónomos, el Derecho de la Seguridad Social y el Derecho de Familia dialogan entre sí, por lo que es imposible concluir con la inclusión de un concubino como beneficiario de la pensión *post*

28 TAVARES DA SILVA, Regina Beatriz. O posicionamento do Ministro Dias Toffoli sobre o tema de repercussão geral em pauta no STF (RE 1.045.273/SE). In http://adfas.org.br/2020/12/16/o-posicionamento-do-ministro-dias-toffoli-sobre-o-tema-de-repercussao-geral-em-pauta-no-stf-re-1-045-273-se/ Acesso em 17/12/2020.

mortem porque la unión estable, como el matrimonio, se rige por el principio de monogamia, como reafirmado por el Relator en su magistral voto.

Así, el Ministro Relator destacó que la longevidad de la relación mancebia o bigamia es de poca importancia, ya que tanto el STF como el Superior Tribunal de Justicia (STJ) han reafirmado el contenido de la legislación constitucional e infraconstitucional, que prohíbe el reconocimiento de relaciones simultáneas para los propósitos de la Ley (RE 397.762, j. del 6/03/2008; RE 590.779, j. del 2/10/2009, ambos del Relator del Ministro Marco Aurélio), como se había destacado en lo realizado por ADFAS, con una extensa pesquisa jurisprudencial, en su amicus curiae[29].

El 11 de diciembre de 2020, el proceso de este RE volvió a la agenda, en la segunda y última sesión, cuando los Ministros Toffoli, Nunes Marques y Luiz Fux votaron con el Relator, el Ministro Alexandre de Moraes[30], emitiendo la siguiente tesis de repercusión general:

> "La preexistencia del matrimonio o de la unión estable de uno de los convivientes, salvo excepción del artículo 1723, párrafo 1º del Código Civil, impide el reconocimiento de un nuevo vínculo por el mismo período, incluso a efectos de la seguridad social, por consagración del deber de fidelidad y monogamia por el orden jurídico-constitucional brasileño" (nuestra traducción).

En el voto del Ministro Dias Toffoli encontramos fundamentos muy relevantes que sustentaron la tesis establecida, incluso a demostrar que la buena fe no puede ser considerada para efectos de atribuir efectos a dos relaciones estables concurrentes, ya que el matrimonio celebrado en bigamia y buena fe sólo surtirá efecto hasta que sea anulado, en los términos del artículo 1.561 del

[29] Pensão previdenciária para amantes e a jurisprudência do STF e do STJ. In http://adfas.org.br/2018/05/30/pensao-previdenciaria-para-amantes-e-a-jurisprudencia-do-stf-e-do-stj/ . Acesso em 02/08/2020.

[30] TAVARES DA SILVA, Regina Beatriz. O STF julga que amantes não têm direito à pensão previdenciária: a tese proposta pelo Ministro Relator ALEXANDRE DE MORAES. In http://adfas.org.br/2020/12/16/o-stf-julga-que-amantes-nao-tem-direito-a-pensao-previdenciaria--a-tese-proposta-pelo-ministro-relator-alexandre-de-moraes/ Acesso em 17/12/2020.

Código Civil, no se aceptando dos matrimonios simultáneos, salvo en el caso previsto en el art. 1.723, párrafo 1er del mismo Diploma Legal[31].

Observamos que los votos de los Ministros Nunes Marques y Luiz Fux, quienes acompañaron al Ministro Relator Alexandre de Moraes y fueron prolatados en la segunda Sesión, celebrada virtualmente del 11.12.2020 al 12.12.2020, no fueron analizados en este texto porque aún no estaban disponibles en la fecha de su última revisión.

En suma, ante la ley federal romantizada e incompleta, la contaminación de estos defectos legislativos acaba conduciendo incluso a interpretaciones disconformes a la Constitución Federal, como la abierta por la divergencia en RE 1.045.273 / SE, con el intento de institucionalizar la bigamia, como destacó el Ministro Relator Alexandre de Moraes.

6. ¿Cuándo comienzan los efectos de la unión de hecho frente a los requisitos previstos por ley?

Si la ley no establece un plazo, no deja de prever que la relación debe ser duradera, esto es innegable. Así, no son solo pocos días, ni unos meses, los que pueden constituir una unión estable, por más acortado el tiempo que se consolida hoy en día en la sociedad tecnológica en la que vivimos.

Todo tiene que ser rápido, *express*, de una velocidad que duele en el alma de aquellos que ni siquiera pueden reflejar tener que dar respuestas rápidas por *whatsapp*, e-mail, *correo electrónico* y otros medios de comunicación.

Pero no es por eso que por unos meses de relación afectiva puede dar a una unión la estabilidad que lleva el propio nombre del instituto. Imaginemos que el período de dos años sería un plazo razonable de duración para la configuración de una unión convivencial o de hecho. Si es así, o incluso si los signos de los tiempos consideran un plazo más corto, el requisito de durabilidad lo establece la ley.

[31] TAVARES DA SILVA, Regina Beatriz. O posicionamento do Ministro Dias Toffoli sobre o tema de repercussão geral em pauta no STF (RE 1.045.273/SE). In http://adfas.org.br/2020/12/16/o-posicionamento-do-ministro-dias-toffoli-sobre-o-tema-de-repercussao-geral-em-pauta-no-stf-re-1-045-273-se/ Acesso em 17/12/2020.

¿Cómo entonces, si para la configuración de la unión estable la ley exige que la relación sea duradera, los efectos jurídicos del patrimonio sobre la disolución en vida y *post mortem* pueden remontarse al inicio de la relación sin cumplir con ese requisito? Si uno de los integrantes al comienzo de la relación recibiera sus salarios, o bonificación, o distribución de beneficios, aplicando parte o la totalidad de estos ingresos en una cuenta bancaria, sabiendo que los ingresos se comunican cuando salen de la fuente de pago[32], interpretación que se hace del derecho civil (Código Civil, art. 1.659, punto VI, y art. 1.660, punto V), ¿este bien consistente en la aplicación financiera se comunicaría con el otro participante? Según el entendimiento común y actual, la respuesta es sí.

Es necesario cumplir con los requisitos del art. 1.723 del Código Civil, incluido el de la durabilidad, aunque sin plazo previsto en la ley, para que una unión estable comience a producir sus efectos, única forma de paliar el error legislativo de no prever el inicio y brindar cierta seguridad jurídica al instituto en la pantalla.

Así, los efectos patrimoniales de la unión estable no pueden comenzar antes del cumplimiento del requisito de durabilidad, es decir, no cabe el entendimiento de que existe comunión de gananciales sobre los bienes adquiridos al inicio de la relación afectiva.

7. Ideas en desconformidad con la situación de hecho de la unión estable: estado civil de los convivientes y presunción de paternidad

Tal es la igualación de la unión estable al matrimonio, que la naturaleza jurídica de hecho de la primera no se consideró en relación con el carácter solemne del segundo. De ahí la idea del estado civil de los convivientes o compañeros que llegó a ser propuesta por el Proyecto de Ley n. 470 de 2013 (art. 61,

[32] "En el Superior Tribunal de Justicia se ha entendido que, aunque los propios ingresos deben permanecer incomunicados, después de obtenerlos, los ingresos respectivos se convierten en bienes comunes" MONTEIRO, Washington de Barros; TAVARES DA SILVA, Regina Beatriz. *Curso de Direito Civil, v. 2: Direito de Família*. São Paulo: Almedina, en prensa de la editorial. Paradigma de sentencia del Tribunal Superior de Justicia en sentido favorable a la comunicación del producto de trabajo: STJ, Recurso Especial n. 1.024.169/RS, 3ª T., Rel. Ministra Nancy Andrighi, j. 13/04/2010.

párrafo único) – que se llamó "Estatuto de las Familias"- que fue archivado, en gran parte gracias a las críticas de ADFAS a esta propuesta y otras de este proyecto que pretendía sustituir a todo el Libro de Derecho de Familia del Código Civil. ¿Una situación de hecho, que se forma y extingue en el plano de los hechos como la unión estable, puede generar estado civil? Este es un concepto erróneo obvio que prescinde de más explicaciones.

Presunción de paternidad en una situación de facto, esta otra idea sin sentido. ¿Una situación de hecho, con un término inicial incierto, que, aunque se acuerde en escritura pública, la escritura no superará la verdad de los hechos, y podría conducir a la presunción de paternidad? Si esta presunción no debería existir ni siquiera en el matrimonio, con la libertad sexual femenina y avances en la prueba técnica de la A.D.N. con la presunción de paternidad para la negativa a realizar este examen (Código Civil, art. 1.597 y Ley 8.560/1992, art. 2º – A, párrafo único), obviamente no sería apropiado insertarlo en la unión de hecho.

8. Carácter factico de la unión de hecho y las ventajas del respectivo pacto

La unión estable es una situación de hecho, que no requiere para su configuración de documento escrito, aunque en Brasil es posible celebrar la escritura privada o pública de su reconocimiento.

Una de las ventajas del pacto escrito es la prueba del inicio de la unión convivencial.

Además, es innegable que el instrumento público elaborado en una escribanía ante un escribano público conceda una mayor seguridad a la celebración de la convención[33], cabe señalar que, si el objeto del pacto es la elección de un régimen de bienes distinto del régimen de comunión de gananciales, según lo dispuesto en el art. 1.725 del Código Civil, la forma del contrato será obligatoriamente pública, por interpretación sistemática de este Derecho jurídico. Se explica: el artículo 1.725 del Código Civil dispone que "En la unión estable, a menos que un contrato escrito entre los compañeros, se aplica a las relaciones

[33] TAVARES DA SILVA, Regina Beatriz. Artículo 1.725. *In* TAVARES DA SILVA, Regina Beatriz (coord.). *Código Civil comentado.* 10ª Edición. São Paulo: Saraiva, 2016, p. 1.817.

patrimoniales, en lo que es cabible, el régimen de comunión de gananciales", por lo tanto, al establecer que las reglas de comunión de gananciales se aplican a la unión estable, deben ser consideradas las reglas existentes en las disposiciones generales del régimen de bienes del casamiento, las cuales están dispuestas en su art. 1.640, parágrafo único: "En lo que respecta a la forma, la opción de comunión de gananciales se reducirá a término, haciendo el acuerdo pre nupcial por escritura pública, en las demás opciones"[34].

9. Unión estable y régimen de la separación obligatoria de bienes

Volviendo al régimen de bienes, el Superior Tribunal de Justicia, en resoluciones acertadas[35] aceptó la tesis que esta escritora ha defendido durante años[36], según la cual, el régimen de separación obligatoria previsto en la ley civil también debe aplicarse a la unión de hecho. Después de todo, si existe una tal equiparación con el casamiento, si la ley civil ordena aplicar el régimen de comunión de bienes gananciales, que está regulado con normas específicas en el casamiento (Código Civil, arts. 1.658 a 1.666), a la unión estable (Código Civil, art. 1.725) son aplicables las otras normas generales de los regímenes de bienes del matrimonio contenidas en el Código Civil, incluido el régimen de separación obligatoria de bienes (Código Civil (art. 1.641). Si uno de los compañeros tiene más de 70 años, nada se debe comunicar en la relación, en su disolución en la vida o la muerte, a menos que sea producto de un esfuerzo común en capital o trabajo, en la interpretación adecuada de la *Súmula* 377 del Supremo tribunal Federal, según el cual "En el régimen de separación legal de bienes, se comunican los adquiridos en la constancia del casamiento.".[37]

[34] *Ibiden.*

[35] STJ Agravo Interno en Recurso Especial n. 1.637.695/MG, 4ª T., Rel. Ministro Raul Araújo, j. 10/10/2019; STJ, Embargos de Divergência em Recurso Especial n. 1.623.858/MG, Rel. Ministro Lázaro Guimarães, 2ª Sección, j. 05/23/2018; STJ, Agravo Regimental en Recurso Especial n. 675.912/SC, Rel. Ministro Moura Ribeiro, 3ª T., j. 6/2/2015; STJ, 1.124.859/MG, Rel. Ministra María Isabel Gallotti, 2ª Sección, j. 11/26/2014.

[36] V. TAVARES DA SILVA, Regina Beatriz. Artículo 1.725. *In* TAVARES DA SILVA, Regina Beatriz (Coordinadora). *Código Civil comentado.* 6ª Edición. São Paulo: Saraiva, 2008, p. 1.888.

[37] V. TAVARES DA SILVA, Regina Beatriz. Regime de bens da separação convencional e obrigatória. *In* DELGADO, Mário Luiz; ALVES Figueiredo (Coordinadores). *Questões*

controvertidas no novo Código Civil. Sao Paulo: Método, 2004, v. 2. Y v. también: TAVARES DA SILVA, Regina Beatriz y BRITO, Laura Souza Lima. Sucessão do cônjuge e regime da separação de bens. *In* TAVARES DA SILVA, Regina Beatriz; CAMARGO NETO, Theodureto de Almeida *Grandes temas de Direito de Família e das Sucessões.* São Paulo: Saraiva, 2011. La *Súmula* 377 del Tribunal Supremo, tras la publicación de los estudios citados en esta nota sobre sus precedentes, en el que la comunicación de los bienes depende de la prueba de la sociedad de hecho o del esfuerzo común, de acuerdo con los artículos 981 y 986 del Código Civil, ha sido interpretada por el Tribunal Superior como debería haber sido desde el principio, tanto en el matrimonio como en la unión estable, es decir, la comunibilidad de los aquestos no se aplica en el régimen de separación obligatoria, a menos que se demuestre la ayuda con capital o trabajo en la actividad de la otra consorte que tiene los bienes en su nombre. De no ser así, sería innecesaria la estipulación legal de la separación obligatoria, ya que serían válidas las reglas del régimen de comunión parcial, que es un régimen de bienes legal en ausencia de pacto en contrario. "AGRAVO INTERNO EN RECURSO ESPECIAL. DERECHO DE FAMILIA. RECONOCIMIENTO Y DISOLUCION DE UNIÓN ESTABLE. COMPAÑERO SEXAGENARIO. ESCRITURA ORIGINAL DE ART. 1.641, II, CC/2002. APLICACIÓN. RÉGIMEN DE SEPARACIÓN OBLIGATORIA DE BIENES. COMPARTIR. BIENES COMPRADOS. NECESIDAD DE PRUEBA DE ESFUERZO COMÚN. AGRAVO INTERNO NO PROPORCIONADO. 1. Según la redacción original del art. 1.641, II, del Código Civil de 2002, en vigor en el momento del comienzo de la unión estable, el régimen de separación obligatoria de bienes se impone a la pareja nubente o sexagenaria. 2. "En el régimen de separación legal de bienes, se comunican los adquiridos en la constancia del matrimonio, siempre que se demuestre el esfuerzo común para su adquisición" (EREsp 1.623.858/MG, Rel. Ministro LÁZARO GUIMARÃES – SEGUNDA SECCION, j. 05/23/2018, DJe de 05/30/2018, g.n.). 3. Agravo interno no proporcionado." (STJ, Agravo Interno en Recurso Especial n. 1.637.695/MG, 4a T., Rel. Ministro Raul Araújo, j. 10/10/2019). "AGRAVO INTERNO EN AGRAVO DE REGIMENTO EN RECURSO ESPECIAL. DERECHO DE FAMILIA. CASAMIENTO. SEPARACIÓN OBLIGATORIA DE BIENES (ARTS. 258, II, DO CC/1916 Y 1.641, II, DO CC/2002). COMPARTIR. PATRIMONIO. ESFUERZO COMÚN. PRUEBA. INDISPENSABILIDAD. SUMULA N. 377/STF. INTERPRETACIÓN. ART. 1.829, I, DEL CÓDIGO CIVIL. HERENCIA. CÓNYUGE. DESCENDIENTES. CONPETENCIA. IMPOSIBILIDAD. LEGISLACIÓN. APLICABILIDAD. USURPACION DE CONCURSO. PROCESO PROBATORIO. IMPOSIBILIDAD. *SÚMULA* n. 7/STJ. 1. Recurso especial interpuesto contra sentencia publicada en el término del Código de Procedimiento Civil de 1973 (Declaraciones Administrativas n. 2 y 3/STJ). 2. La jurisprudencia del Tribunal de Justicia se consolida en el sentido de que, en el régimen de separación obligatoria de bienes, se comunican los adquiridos en la constancia del matrimonio siempre que se demuestre el esfuerzo común para su aquisición, según la interpretación dada a la Sumula n. 377/STF. 3. El régimen de separación convencional de bienes, libremente elegido por los nubentes, a la luz del principio de autonomía de voluntad (mediante el pacto antenupcial), no se confunde con el régimen de separación legal u obligatoria de bienes, que se impone de manera obligatoria por la legislación (arts. 1.641 del Código Civil de 2002 y 258 del Código Civil de 1916) y en el que efectivamente no existe concurso entre el descendiente y el cónyuge. 4. Todo derecho a la división de activos sujetos a esfuerzo común depende de pruebas que no puedan apreciarse

Salve al Superior Tribunal de Justicia, salve el Tribunal de Justicia de Sao Paulo y a otros Tribunales Estaduales de Brasil, salve la buena jurisprudencia, porque si no fuese por ella, por la fuerza exclusiva y en la interpretación literal de la norma legal que establece los requisitos de la unión de hecho, oriunda de la Ley 9.278 de 1996, tendríamos la puerta abierta para el enriquecimiento indebido.

en esta etapa procesal para la posibilidad de usurpación de la jurisdicción y por el obstáculo de la Sumula n. 7/STJ. 5. Agravo Interno no concedido." (STJ, Agravo Interno en Agravo Regimental en Recurso Especial n. 233.788/MG, 3ª T., Rel. Ministro Ricardo Villas Boas Cueva, j. 19/11/2018). "AGRAVO INTERNO EN EL RECURSO ESPECIAL. RECONOCIMIENTO DE LA UNIÓN ESTABLE Y ACCIÓN DE DISOLUCIÓN. COMPAÑERO SEXAGENARIO. RECHAZO DE LA PRUEBA DOCUMENTAL PARA PROBAR LA CAPACIDAD LABORAL Y LA INDEPENDENCIA ECONÓMICA DEL COMPAÑERO. CERCEAMENTO DEVESA. OCURRENCIA. EFECTOS PATRIMONIALES DE LA UNIÓN ESTABLE. REGIME DE SEPARACION TOTAL. SOLICITUD DEL ART. 1.641, II, CC. OPORTUNIDAD DE PROPORCIONAR EL ESFUERZO COMUNO. DEVOLUCION DE LOS AUTOS AL ORIGIN. DECISION MANTENIDA. RECURSO DESPROVIDO. 1. No constituye una ofensa al art. 535 del CPC/73 el hecho de que el Tribunal de Origen, aunque sin examinar cada una de las alegaciones formuladas individualmente, adopta razones contrarias a la alegación de la parte, suficientes para pronunciarse plenamente sobre la diferencia. 2. Ocurre un impedimento de defensa cuando, a pesar de concluir que las pruebas no son necesarias y se rechaza la ocurrencia de daño, se confirma que las pruebas rechazadas estaban destinadas a descartar. 3. Por lo que se refiere a los efectos de propiedad derivados de la existencia de una unión estable, los organismos ordinarios han apartado de la aplicación de la regla de separación obligatoria de bienes, por considerar que la disposición legal sólo se aplica al matrimonio. Sin embargo, esta Corte tiene un entendimiento que extiende a la unión estable la disposición del Art. 1.641, II, del Código Civil, según el cual se impone el régimen obligatorio de separación de bienes el matrimonio de una persona sexagenaria, ya sea hombre, o cincuenta años, si es mujer. 4. Tomando nota de que el conviviente no tuvo la oportunidad de demostrar el esfuerzo común, se debe garantizar al autor el derecho a probar el esfuerzo en la adquisición de los bienes que pueden ser compartidos. 5. Debido a la disposición parcial del recurso, para la reapertura de la instrucción, es imposible examinar con prontitud todas las insurgencias recursivas, y no es posible aplicar el derecho a la especie, de conformidad con la Sumula 456 de la Corte Suprema y el art. 1.034 del CPC/2015, cuando es necesario examinar la cuestión de hecho que aún no ha sido debidamente aclarada. 6. Agravo Interno no concedido." (STJ, Agravo Interno no Recurso Especial n. 1.628.268/DF, 4ª T., Rel. Ministro Lázaro Guimarães, j. 18/09/2018) – nuestra traducción.

10. Efectos de la disolución por muerte en la unión de hecho

Gracias a la Associação de Direito de Família e das Sucessões (ADFAS), que integró, como *amicus curiae*, el procedimiento judicial de dos Recursos Extraordinarios en los que se estableció la tesis de repercusión general, el conviviente no integra la lista de los herederos necesarios (Código Civil, art. 1.845) y puede ser excluido de la herencia por testamento[38].

El Supremo Tribunal Federal, en un fallo dictado el 10 de mayo de 2017, de la Relatoría del Ministro Roberto Barroso (Recurso Extraordinario 646.721/RS y 878.694/MG), lanzó la siguiente tesis de repercusión general: "En el actual sistema constitucional es inconstitucional la diferenciación del régimen sucesorio entre cónyuges y compañeros, debiéndose aplicar en ambos casos el régimen establecido en el artículo 1829 del Código Civil".

Con el objeto de reforzar la diferencia entre casamiento y unión estable, se aprobó el Enunciado 641en la VIII Jornada de Derecho Civil ocurrida el 26 y 27 de abril de 2018, en los siguientes términos:

> "La decisión del Supremo Tribunal Federal, que declaró la inconstitucionalidad del art. 1.790 del Código Civil, no importa la equiparación absoluta entre el casamiento y la unión de hecho. Se extienden a la unión de hecho apenas las reglas que son aplicables al casamiento que tengan por fundamento la solidaridad familiar. Por otro lado, es constitucional la distinción entre los regímenes, cuando basándose en la solemnidad del acto jurídico que forma al casamiento, la cual es ausente en la unión de hecho." (nuestra traducción).

Los fallos dictados en los dos Recursos Extraordinarios generaron dudas porque se omitieron en relación con el artículo 1.845 del Código Civil, que establece el rol de los herederos necesarios, o sea, enumera a las personas con derecho a la legítima, que es parte de la herencia que no se puede tocar

[38] TAVARES DA SILVA, Regina Beatriz. *A liberdade testamentária dos que vivem em união estável*. Associação de Direito de Família e das Sucessões – ADFAS, São Paulo, 6 de mayo. 2020. Disponible en: http://adfas.org.br/2020/05/06/liberdade-testamentaria-de-quem-vive-em--uniao-estavel/ . Acceso el 28/07/2020.

y se conserva necesariamente para aquellos que se mencionan allí, según el texto legal, las personas civilmente casadas, además de los hijos y los padres[39].

Fueron interpuestos los Embargos de Declaración, debido a la omisión y a la oscuridad contenidas en los fallos [40].

La Associação de Direito de Família e das Sucessões presento las razones de la inaplicabilidad del art. 1845 del Código Civil en la sucesión en unión estable, habida cuenta de las notorias diferencias en la constitución y disolución de la unión estable ante el matrimonio, además de la autonomía de la voluntad que debe ser preservada en la elección del tipo de relación por aquellos que quieren constituir una entidad familiar. El IBDFAM propuso la inclusión de compañeros en la lista de los herederos necesarios, es decir, la aplicación del art. 1.845 del Código Civil en la unión de hecho.

Curiosamente, aunque precisamente en los embargos de ADFAS se defendió la inaplicabilidad del artículo 1.845 del Código Civil en la unión de hecho, las razones de la Associação de Direito de Família e das Sucessões (ADFAS) fueron finalmente aceptadas a través de los embargos presentados por el IBDFAM, aunque hubo, en ambos, rechazos.

Pero lo que realmente importa es que allí se decidió lo siguiente: "La repercusión general reconocida se refiere únicamente a la aplicabilidad del art. 1.829 del Código Civil a las uniones estables. No hay omisión en cuanto a la aplicabilidad de otros dispositivos a tales casos". Así, en una sesión virtual del 19.10.2018 al 25.10.2018, finalmente, el Supremo Tribunal Federal aclaró el asunto. Con la participación de la Associação de Direito de Família e das Sucessões (ADFAS), como *amicus curiae*, el STF diferenció los efectos de sucesión de la unión estable de los efectos de sucesión del matrimonio, preservando la libertad de un compañero para excluir al otro de la herencia por medio de un testamento.

[39] TAVARES DA SILVA, Regina Beatriz. *Distinção entre herança na união estável e no casamento*. En: Associação de Direito de Família e das Sucessões – ADFAS, São Paulo, 18 jul. 2019. Disponible en: http://http://adfas.org.br/2019/07/18/distincao-entre-a-heranca-na-uniao-estavel-e-no-casamento/. Acceso el 02/08/2020.

[40] STF ED en RE 646.721/RS, Rel. Min. Luís Roberto Barroso, Plenaria j. 26/10/2018 (Declaración Embargos aportados por ADFAS); STF, ED en RE 878.694/MG, Rel. Min. Luís Roberto Barroso, Plenaria, j. 26/10/2018 (Declaración Embargos aportados por IBDFAM).

Esto significa que se reserva el derecho a la mitad del patrimonio de la herencia y la imposibilidad de exclusión de la herencia por disposición expresada en la voluntad del difunto sólo a los cónyuges (aquellos que viven en matrimonio) y no a los compañeros (aquellos que viven en unión de hecho o estable)[41].

Solamente el orden de la vocación hereditaria ha sido modificada por el Supremo Tribunal Federal en la unión de hecho, aplicándole las disposiciones del art. 1.829 del Código Civil, lo cual es suficientemente claro en el texto de la decisión de los embargos antes mencionados.

Sólo si no hay testamento, el compañero o compañera compite con los hijos del difunto, o con los padres del difunto que no tiene descendientes, o es el único heredero si la persona que muere no tiene descendientes ni ascendientes, de acuerdo con el orden de vocación hereditaria del art. 1829 del Código Civil. Este es el único entendimiento posible en relación con la tesis de Repercusión General firmada en el STF, aún más en vista de la decisión dictada en caso de embargos, antes citada[42]. Por mucho que algunos de los

[41] V. TAVARES DA SILVA, Regina Beatriz. *Equiparação entre cônjuge e companheiro na sucessão pelo STF limita-se a ordem de vocação hereditária*. In: Associação de Direito de Família e das Sucessões – ADFAS, São Paulo, 22 de noviembre. 2018. Disponible en: http://http://adfas.org.br/2018/11/22/equiparacao-de-conjuge-e-companheiro-na-sucessao-pelo-stf-limita-se--a-ordem-de-vocacao-hereditaria/. Acceso el 02/08/2020.

[42] "Característica especial. Procedimiento Civil. Derecho de Familia y Sucesión. Unión estable. Art. 1.790 de CC/2002. Inconstitucionalidad. Art. 1.829 de la CC/2002. Aplicabilidad. Vocación hereditaria. Compartir. Compañero. Exclusividad. Colaterales. Afastamento. Art. 1.838 y 1.839 CC/2002. Incidencia. 1. Recurso especial interpuesto contra sentencia publicada en el término del Código de Procedimiento Civil de 1973 (Declaraciones Administrativas n. 2 y 3/STJ). 2. En el sistema constitucional actual, la distinción de los regímenes sucesorios entre cónyuges y parejas es inconstitucional, y el régimen del artículo 1.829 de la CC/2002 debe aplicarse en ambos casos, como exige el Tesis establecido por la Corte Suprema en el juicio bajo el rito de repercusión general (Recurso Extraordinário n. 646.721 y 878.694). 3. En ausencia de descendientes y ascendientes, se concederá toda la sucesión al cónyuge o pareja superviviente, a menos que se promulgue la última voluntad. 4. Los parientes colaterales, como hermanos, tíos y sobrinos, son herederos de la cuarta y última clase en el orden de la vocación hereditaria, heredando sólo en ausencia de descendientes, ascendientes y cónyuge o compañero, en virtud del orden legal de la vocación hereditaria. 5. Recurso especial no proporcionada" (STJ, REsp 1.357.117/MG, 3ª Turma, Rel. Min. Ricardo Villas Boas Cueva, j. 13/03/2018). "Inventario. Decisión que basó la calidad del heredero del compañero sobreviviente y excluyó las garantías de herencia. Recurso negado. Inventario. Insurgencia contra la decisión que se basa en la condición de único heredero del compañero sobreviviente,

supuestos adoctrinadores traten de obnubilar a los incautos, esperamos que los jueces no salgan de la ley o lo decidido por el Supremo Tribunal Federal.

En el matrimonio es diferente porque el cónyuge es siempre heredero y no puede ser excluido por completo de la herencia, y sólo se puede reducir la parte del marido o de la esposa, dentro del límite de la cuota disponible,

desatando al hermano del inventario y excluyendo las oleadas colaterales de la herencia. No hubo ninguna solicitud de efecto. Compañero sobreviviente que forma parte del orden de la vocación hereditaria, en forma de artículo 1829 del Código Civil. Los colaterales llamados a suceder a los del *de cujus* sólo en ausencia de ascendientes, ascendientes y supérstite cónyuge/pareja. Adopción del régimen de separación convencional de bienes que no descarta la calidad de la heredera del compañero. Escritura pública de unión estable. Jurisprudencia de la Corte Suprema y de este Tribunal. Decisión mantenida. Recurso desprovisto» (TJSP, Ap. Civil 2149990-36.2020.8.26.0000, 10a Cámara de Derecho Privado, Rel. Des. J.B. Paula Lima, j. 06/08/2020). «Inventario. Decisión que reconoció al compañero sobreviviente como heredero del *de cujus*. Recurso negado. Inventario. Insurgencia contra la decisión que reconoció la participación del compañero supérstite en la herencia. Efecto adverso rechazado. Disuelve la unión estable por la muerte, ya no se habla de régimen de propiedad, incidentes las reglas de la ley de sucesiones. El compañero supérstite integra el orden de la vocación hereditaria en la forma del Art. 1829, I, del CC, compitiendo con los descendientes a la herencia. Ecualización de los regímenes sucesorios de los cónyuges y parejas, según la tesis firmada por el Tribunal Supremo en caso de repercusión general. En el caso del difunto, el conviviente participa en la división como heredero. Decisión mantenida. Recurso negado" (TJSP, Ap. Civil 2138464-72.2020.8.26.0000, 10ª Cámara de Derecho Privado, Rel. Des. J.B. Paula Lima, j. 08/07/2020). "Agravo de Instrumento. Inventario – Decisión que reconoció la condición de heredero del acompañante del difunto en concurso con los descendientes – Unión Estable que es indiscutible en el expediente – Pregunta sobre la inconstitucionalidad del artículo 1.790 del Código Civil que ya ha sido reconocido por la Corte Suprema – Observancia de la orden vocacional hereditaria del Artículo 1.829 del Código Civil – Compañero que debe ser incluido en el plan de compartición como heredero en concurso con los descendientes de los fallecidos – Mantenimiento de la decisión agravada. La apelación es desestimada" (TJSP, Ag 2229867-59.2019.8.26.0000, 1ª Cámara de Derecho Privado, Rel. Des. Christine Santini, j. 16-03-2020). "Apelación Civil. Constitucional y Civil. Inventario y compartir. Sucesión. Conviviente. Concurso con descendiente común. Inconstitucionalidad del Art. 1.790 del Código Civil. Aplicación del Art. 1.829 del Código Civil. Según lo decidido por la Corte Suprema, en caso de repercusión general (RE 878.694/MG), en el actual sistema constitucional es inconstitucional la distinción de regímenes sucesorios entre cónyuges y convivientes, y debe aplicarse, en ambos casos, el régimen establecido en el art. 1.829 CC/2002. El compañero, en concurso con el hijo común de la pareja, refiriéndose a los bienes adquiridos en la constancia de la unión estable, tiene derecho al 50% de la cantidad, como una división de bienes. Por otro lado, el hijo, como heredero, tiene derecho al otro 50% de los activos" (TJDFT, Ap. Civil 0008277-04.2012.8.07.0005, 6ª Turma Civil, Rel. Des. Esdras Neves, j. 27/03/2019) – nuestra traducción.

es decir, hasta el 50% de los bienes que componen la herencia (Código Civil, art. 1.845).

Lo mismo ocurre con la reserva legal de 1/4 (cuarta parte), teniendo en vista que cabe solamente al cónyuge concurrir con los descendientes en participación que no sea inferior a la cuarta parte de la herencia, si es ascendente de los herederos con los que concurre (Código Civil, art. 1.832).

Cabe señalar que, si la relación afectiva termina con la muerte, el novio sobreviviente tendrá más facilidad para convertirse en heredero, concurriendo con los hijos del difunto o con sus padres en el orden de vocación hereditaria previsto en el art. 1.824 del Código Civil, si no hay testamento que excluya al acompañante sobreviviente de la herencia, debido a la tesis firmada por el Supremo Tribunal Federal, por mayoría de votos. Esto se debe a que los novios pueden confundirse fácilmente con compañeros frente a la norma jurídica brasileña equivocada, que *no establece la coexistencia más uxorio* ni su duración mínima, cómo se explicó anteriormente.

O bien, tendrán los herederos consanguíneos del difunto que llegar al Superior Tribunal de Justicia[43] para hacer cumplir la interpretación de que la relación configuró el "noviazgo calificado", expresión que fue adoptada en este Tribunal como un "medicamento" indigerible a una norma legal que genera inseguridad jurídica[44]. De hecho, se dice indigerible porque su eficacia depende del calvario de un proceso judicial.

Mas lo importante es que en razón de los trabajos realizados por ADFAS, el Supremo Tribunal Federal mantuvo la facultad del compañero y de la compañera para realizar testamento que excluye al sobreviviente de una unión de hecho.

Consideraciones finales en el Derecho Brasileño

Se espera que, a través de este Tratado de la Unión de Hecho, en el que pudimos beber de las fuentes de otros sistemas jurídicos, cuyos países están tan

[43] Característica citada anteriormente: STJ, REsp 1.454.643/RJ, 3er T., Relator Ministro Marco Aurélio Bellizze, j. 03/03/2015.

[44] V. MALUF, Carlos Alberto Dabus; MALUF, Adriana Caldas de Rego Freitas Dabus. Unión estable y citas calificadas: una diferenciación, *op. cit.*P. 60-62.

bien representados en este trabajo, la unión estable, tan habitual en tierras brasileñas, siga recibiendo estudios con toda la profundidad necesaria para la presentación de interpretaciones doctrinarias y sugerencias legislativas que salvaguarden la seguridad jurídica.

Referencias

BORGARELLI, Bruno de Ávila. Et ideo facit sicut jumenta: sobre o 'Estatuto das Famílias do Século XXI' (PLC 3.369/2015). In http://adfas.org.br/2019/10/08/et-ideo-facit-sicut-jumenta-sobre-o-estatuto-das-familias-do-seculo-xxi-plc-3-369-2015/ . Acesso em 02 de agosto de 2020.

MALUF, Carlos Alberto Dabus; MALUF, Adriana Caldas do Rego Freitas Dabus. A união estável e o namoro qualificado: uma diferenciação. Revista de Direito de Família e das Sucessões (RDFAS), São Paulo: RDFAS, v. 9, n. 3, p. 52-68, jul.-set./2016.

MONTEIRO, Washington de Barros; TAVARES DA SILVA, Regina Beatriz. Curso de Direito Civil, v. 2: direito de família. São Paulo: Almedina Brasil, no prelo.

TAVARES DA SILVA, Regina Beatriz (Coordenadora). Código Civil comentado. 10ª Edição. São Paulo: Saraiva, 2016.

TAVARES DA SILVA, Regina Beatriz (Coordenadora). Código Civil comentado. 6ª Edição. São Paulo: Saraiva, 2008.

TAVARES DA SILVA, Regina Beatriz e BRITO, Laura Souza Lima. Sucessão do cônjuge e regime da separação de bens. In: TAVARES DA SILVA, Regina Beatriz; CAMARGO NETO, Theodureto de Almeida. Grandes temas de Direito de Família e das Sucessões. São Paulo: Saraiva, 2011.

TAVARES DA SILVA, Regina Beatriz. Monogamia: princípio estruturante do casamento e da união estável. In TAVARES DA SILVA, Regina Beatriz e BASSET, Ursula (Coordenadoras). Família e Pessoa: uma questão de princípios. São Paulo: YK, 2018, p. 571/617.

TAVARES DA SILVA, Regina Beatriz. Regime da separação de bens convencional e obrigatória. In DELGADO, Mário Luiz; ALVES, Jones Figueirêdo (Coordenadores). Questões controvertidas no novo Código Civil. São Paulo: Método, 2004, v. 2.

TAVARES DA SILVA, Regina Beatriz. Declaração de namoro: ato válido. In Folha Online, São Paulo, 01 nov. 2003. In https://www1.folha.uol.com.br/folha/cotidiano/ult95u66401.shtml Acesso em 02/08/2010.

____ Estatuto das famílias retoma proposições desastrosas. In http://adfas.org.br/2013/11/19/estatuto-das-familias-retoma-proposicoes-desastrosas/ Acesso em 02/08/2020.

____ Contrato de namoro. In http://adfas.org.br/2016/09/21/contrato-de-namoro/. Acesso em: 28/07/2020.

____ Amantes têm direito à pensão previdenciária? In http://adfas.org.br/2017/11/27/amantes-tem-direito-a-pensao-previdenciaria/. Acesso em 02/08/2020.

____ Pensão previdenciária para amantes e a jurisprudência do STF e do STJ. In http://

adfas.org.br/2018/05/30/pensao-previdenciaria-para-amantes-e-a-jurisprudencia-do--stf-e-do-stj/. Acesso em 02/08/2020.

____ Equiparação de cônjuge e companheiro na sucessão pelo STF limita-se à ordem de vocação hereditária. In http://http://adfas.org.br/2018/11/22/equiparacao-de-conjuge-e-companheiro-na-sucessao-pelo-stf-limita-se-a-ordem-de-vocacao-hereditaria/. Acesso em 02/08/2020.

____ Distinção entre a herança na união estável e no casamento. In http://adfas.org.br/2019/07/18/distincao-entre-a-heranca-na-uniao-estavel-e-no-casamento/. Acesso em 02/08/2020.

____ Direitos para amantes propostos no PL Estatuto das Famílias do Século XXI estão em pauta no STF. In http://adfas.org.br/2019/09/19/beneficios-previdenciarios-para--amantes/ . Acesso em 02/08/2020.

____ Relações Paralelas em Pauta no STF. In http://adfas.org.br/2019/09/26/relacoes--paralelas-em-pauta-no-stf/. Acesso em 02/08/2020.

____ STF inicia julgamento sobre divisão de pensão por morte e uniões estáveis concomitantes. In http://adfas.org.br/2019/09/26/stf-inicia-julgamento-sobre-divisao-de--pensao-por-morte-e-unioes-estaveis-concomitantes/. Acesso em 02/08/2020.

____ A liberdade testamentária de quem vive em união estável. In http://adfas.org.br/2020/05/06/liberdade-testamentaria-de-quem-vive-em-uniao-estavel/. Acesso em: 28/07/2020.

____ Pensão previdenciária para amantes: a visão do direito e da psicanálise. In http://adfas.org.br/2020/12/08/pensao-previdenciaria-para-amantes-a-visao-do-direito-e--da-psicanalise/ Acesso em 09/12/2020.

____ O STF julga que amantes não têm direito à pensão previdenciária: a tese proposta pelo Ministro Relator Alexandre de Moraes. In http://adfas.org.br/2020/12/16/o-stf--julga-que-amantes-nao-tem-direito-a-pensao-previdenciaria-a-tese-proposta-pelo--ministro-relator-alexandre-de-moraes/ Acesso em 17/12/2020.

____ O posicionamento do Ministro Dias Toffoli sobre o tema de repercussão geral em pauta no STF (RE 1.045.273/SE). In http://adfas.org.br/2020/12/16/o-posicionamento-do-ministro-dias-toffoli-sobre-o-tema-de-repercussao-geral-em-pauta-no-stf-re-1--045-273-se/ Acesso em 17/12/2020.

CHILE

1. EL ACUERDO DE UNIÓN CIVIL DEL DERECHO DE FAMILIA CHILENO. EN ESPECIAL DE LA RESPONSABILIDAD CIVIL POR DAÑOS CAUSADOS AL CONVIVIENTE CIVIL Y DE SU UTILIZACIÓN COMO MEDIO DE FRAUDE A LA LEY

Alexis Alberto Mondaca Miranda

Introducción

El presente trabajo estudia la regulación del acuerdo de unión civil en el Derecho de Chile por parte de la Ley Nº 20.830[1]. La mencionada ley representa un verdadero hito en el Derecho de familia chileno. En efecto, con anterioridad a su publicación, la única disciplina jurídica de las relaciones afectivas era la correspondiente al matrimonio: Ley de Matrimonio Civil de 1884 y Ley Nº 19.947, Nueva Ley de Matrimonio Civil de 2004[2].

La Ley Nº 20.830 representa la primera regulación de las uniones de hecho y fue aprobada por el Congreso Nacional después de un arduo debate que dividió a la sociedad chilena. En dicho debate se incluyó la conveniencia de regular o no un matrimonio entre personas del mismo sexo, lo que permite

[1] Publicada en el Diario Oficial de Chile de fecha 21 de abril de 2015, pero comenzó su vigencia seis meses después.

[2] Publicada el 17 de mayo del año señalado en el Diario Oficial, su vigencia fue diferida para seis meses posteriores a su publicación.

entender los efectos muy similares al matrimonio que se prescribieron a propósito del acuerdo de unión civil.

Con anterioridad a la Ley Nº 20.830, las consecuencias patrimoniales derivadas de las uniones de hecho fueron resueltas por la jurisprudencia sobre la base del cuasicontrato de comunidad, de la sociedad de hecho y del principio del enriquecimiento sin causa. Lo indicado explica que el objetivo inicial de la nombrada legislación fue consagrar una disciplina patrimonial de las uniones de hecho, pero, en definitiva, según indicaremos más adelante, se normaron efectos que excedieron el ámbito meramente patrimonial. Es importante precisar al lector que la Ley Nº 20.830 no regula todas las uniones de hecho existentes en Chile, sino que solamente a las que han decidido formalizar su relación sentimental mediante la figura del acuerdo de unión civil.

Considerando todo lo indicado, el objetivo de este texto es dar un panorama general sobre el acuerdo de unión civil chileno, y profundizar sobre la legitimación activa del concubino para pedir indemnizaciones de perjuicios por determinados daños causados a su pareja y el uso del acuerdo de unión civil como un medio de fraude a la ley.

1. Disciplina general del acuerdo de unión civil

En esta parte analizaremos el concepto, las características, requisitos, efectos y el término del acuerdo de unión civil.

1.1. Concepto

Según el inciso 1º del artículo 1 de la Ley Nº 20.830, el acuerdo de unión civil "es un contrato celebrado entre dos personas que comparten un hogar, con el propósito de regular los efectos jurídicos derivados de su vida afectiva en común, de carácter estable y permanente". Las partes de este contrato se llaman "convivientes civiles".

La definición transcrita es muy criticable desde una doble perspectiva. En primer lugar, indica que las partes del contrato "comparten un hogar común", cuestión que no se entiende, dado que estamos hablando de uniones libres. Además, en la práctica, este requisito no ha tenido importancia alguna. En segundo término, caracteriza a la vida en común como "estable y permanente", lo que nos permite preguntar: ¿cuándo una unión afectiva posee tales características?; ¿lo anterior se logra en seis meses, dos meses, etc.? Con todo, a nadie le ha interesado determinar si las parejas que han celebrado el acuerdo de unión civil han sido estables y permanentes.

1.2. Características

El acuerdo de unión civil presenta las siguientes características: tiene la naturaleza jurídica de un contrato, no exige diversidad de sexo, las partes deberán compartir un hogar, su objetivo es regular los efectos jurídicos derivados de la vida afectiva en común y la unión afectiva ha de ser estable y permanente. A su vez, como contrato, posee las características que a continuación señalamos: bilateral, oneroso, solemne, principal, típico, no admite modalidades ni gravámenes, no puede prometerse su celebración y es *intuito personae.*

a) Tiene la naturaleza jurídica de un contrato. Hemos visto que así le define el artículo 1 de la Ley Nº 20.830, en consecuencia, se trata de una convención creadora de derechos y obligaciones[3].
b) No exige diversidad de sexo, a diferencia de lo que sucede con el matrimonio. En efecto, como señala la definición legal, puede ser "*celebrado entre dos personas*", sin importar si se trata de una unión de homosexuales o de heterosexuales. Incluso, estimamos, dada la amplia redacción legal, podría celebrarse entre un heterosexual y un homosexual.
c) Los convivientes civiles deberán compartir un hogar, tema ya comentado y criticado.

[3] En contra se ha indicado que es un acto jurídico de Derecho de familia, dado que, entre otros motivos, la definición legal "contenida en el artículo primero de la Ley n.º 20.830", establece que el contrato "busca regular los efectos jurídicos de su vida afectiva en común". Súmese a lo indicado que el mismo artículo primero prescribe que "los convivientes civiles son considerados parientes para los efectos señalados en el artículo 42 del Código Civil, esto es para los casos en que la ley señala que debe oírse a los parientes", OPAZO, Mario. *Es realmente un contrato el acuerdo de unión civil.* Revista de Derecho. Universidad del Externado. 33. 2017, p. 104.

d) Se celebra con el propósito de regular los efectos jurídicos derivados de la vida afectiva en común de los convivientes civiles. Veremos que sus efectos son muy amplios.
e) La unión ha de ser estable y permanente, aspecto al que también ya nos hemos referido.
f) Teniendo en vista que es un contrato, se caracteriza por ser: bilateral, oneroso, solemne, principal, típico o nominado, no admite modalidades ni gravámenes (artículo 3 de la Ley Nº 20.830), no puede prometerse su celebración y es *intuito personae.*

1.3. Requisitos

Debemos distinguir entre los requisitos de existencia y los requisitos de validez.

a) Requisitos de existencia

Son dos: el consentimiento de los contrayentes y debe celebrarse ante un Oficial del Servicio de Registro Civil e Identificación. Así, se exige el acuerdo de voluntades propio de todo acto jurídico bilateral y la intervención estatal mediante el nombrado funcionario público.

b) Requisitos de validez

Son requisitos de validez el consentimiento libre y espontáneo, la ausencia de impedimentos y el ser los convivientes civiles mayores de edad y tener la libre administración de sus bienes.

Con respecto al consentimiento libre y espontáneo, en la letra de la ley, artículo 8, se regulan dos vicios: el error en la identidad de la persona del otro contrayente y la fuerza, en los términos de los artículos 1456 y 1457 del Código Civil. A diferencia de la Nueva Ley de Matrimonio Civil, no se reguló el error en las cualidades. De este modo, torpemente, el legislador ha causado incertidumbres innecesarias sobre el efecto dirimente del mencionado error. Con todo, si revisamos las discusiones en el Congreso Nacional, queda claro que la intención del legislador fue excluir el error en las cualidades del elenco de vicios del consentimiento en el acuerdo de unión civil, dado su origen de Derecho canónico[4].

Nos parece inadecuada la falta de tratamiento explícito del error en las cualidades. Lo anterior se vincula con la siguiente conclusión: el consentimiento matrimonial está más protegido que el consentimiento de los futuros convivientes civiles. Como hemos indicado en otra oportunidad, no encontramos motivos para dicha diferencia, dado que veremos que la Ley Nº 20.830 otorgó al acuerdo de unión civil efectos muy similares al matrimonio. Además, el origen de una institución (Derecho canónico, Derecho germano, etc.) no es causal para su exclusión del Derecho positivo, dicha decisión debe basarse estrictamente en razones técnicas[5].

El dolo tampoco fue tratado expresamente, pero entendemos que adquiere efecto invalidante de un modo indirecto, esto es, en la medida que sea la causa de un error en la identidad física. Así, lo que interesa es el resultado, la voluntad viciada, pero no el origen de ésta, el que puede provenir de un error espontáneo o de en un error provocado. Aplicamos en este punto mismos razonamientos que en su momento empleamos para afirmar el efecto dirimente del dolo en sede matrimonial[6].

Al igual que en el matrimonio, no deben existir impedimentos dirimentes, sean absolutos o relativos. En este sentido, según el artículo 9º de la Ley Nº 20.830: "No podrán celebrar este contrato entre sí los ascendientes y descendientes por consanguinidad o afinidad, ni los colaterales por consanguinidad en el segundo grado". Agrega la mencionada norma: "Tampoco podrán celebrarlo las personas que se encuentren ligadas por un vínculo matrimonial no disuelto o un acuerdo de unión civil vigente".

4 "Nunca he estado de acuerdo con este tipo de error en las cualidades, que está inspirado en el Derecho canónico y que envuelve en realidad una causal de divorcio disfrazada de nulidad", TAPIA, Mauricio. *Acuerdo de unión civil: una revisión de su justificación, origen y contenido*, en Hernández, Gabriel y Tapia, Mauricio (coordinadores). Estudios sobre Nueva Ley de Acuerdo de Unión Civil. Ed. Thomson Reuters: Santiago de Chile, 2016, p. 37.

5 MONDACA, Alexis. *Los vicios de la voluntad en la Ley Nº 20.830, que establece el acuerdo de unión civil en el Derecho de familia chileno*. Anuario Uruguayo Crítico de Derecho de Familia y Sucesiones. 6. 2018, pp. 7-25.

6 MONDACA, Alexis. *El error inducido por dolo como causal de nulidad del matrimonio civil en la Ley Nº 19.947: aceptación y consecuencias de su regulación*. Ius et Praxis. 2. 2010, pp. 121-146.

Según el artículo 10 de la Ley Nº 20.830: "La persona que, teniendo la patria potestad de un hijo o la guarda de otra, quiera celebrar un acuerdo de unión civil, deberá sujetarse a lo prescrito en los artículos 124 a 127 del Código Civil". En consecuencia, el contratante que se encuentre incluido en el supuesto descrito, deberá realizar un inventario solemne de los bienes de sus hijos o pupilos que esté administrando y les pertenezcan como herederos o con cualquiera otro título. En caso de omisión culpable, el contratante respectivo perderá el derecho de suceder como legitimario o como heredero abintestato al hijo cuyos bienes ha administrado.

El artículo 11 de la Ley Nº 20.830 regula una situación especial relativa al fin de un acuerdo de unión civil: la mujer que se encuentre embarazada no podrá contraer matrimonio (con un hombre distinto de quien fue su pareja) ni celebrar un nuevo acuerdo antes del parto, y si no hay señales de preñez, antes de cumplirse los doscientos setenta días subsiguientes al término del acuerdo. Añade el inciso 2º del artículo 11 que: "se podrán rebajar de este plazo todos los días que hayan precedido inmediatamente a dicha expiración y en los cuales haya sido absolutamente imposible el acceso del conviviente varón a la mujer".

Finalmente, los convivientes deben ser mayores de edad y tener la libre administración de sus bienes[7].

Refuerza lo dicho sobre la similitud de la regulación del acuerdo de unión civil con el tratamiento jurídico del matrimonio el tenor del artículo 23 de la ley en análisis: "Todas las inhabilidades, incompatibilidades y prohibiciones que las leyes y reglamentos establecen respecto de los cónyuges se harán extensivas, de pleno derecho, a los convivientes civiles".

[7] Sin perjuicio de lo señalado, el disipador interdicto puede celebrar por sí el contrato. Además, puede celebrarse por mandato según el tenor del inciso 3 y 4 del artículo 5 de la Ley Nº 20.830: el mandatario debe estar facultado especialmente para este efecto, el mandato debe otorgarse por escritura pública en la que se señalen los nombres, apellidos, nacionalidad, profesión u oficio y domicilio de los contrayentes; el mandatario necesita facultad expresa para pactar por su mandante la comunidad de bienes regulada en el artículo 15.

1.4. Efectos

El acuerdo de unión civil produce una serie de efectos de gran entidad. Así, genera efectos personales, en sede de estado civil, en materia de parentesco, patrimoniales, afiliativos y previsionales.

Con respecto a los efectos personales, según el artículo 14 de la Ley Nº 20.830, "Asimismo, estarán obligados a solventar los gastos generados por su vida en común, de conformidad a sus facultades económicas y al régimen patrimonial que exista entre ellos". Es decir, no existe una obligación alimenticia entre los convivientes civiles. Prueba de ello es que la regulación del Código Civil sobre derecho de alimentos no sufrió modificación alguna con la vigencia de la Ley Nº 20.830. Además, no se reguló un deber de fidelidad en el acuerdo de unión civil, a diferencia de la situación existente en el matrimonio[8].

En sede de estado civil, se ha creado un nuevo estado civil, el de "conviviente civil". Nos llama la atención que una unión libre origine un estado civil. Al término del contrato se vuelve al estado civil poseído con anterioridad, salvo que termine el acuerdo de unión civil por haberse contraído matrimonio, así se establece en los artículos 1 y 26 de la ley que comentamos.

En materia de parentesco, de acuerdo a la segunda parte del inciso 1º del artículo 1 de la Ley Nº 20.830, los convivientes civiles serán considerados parientes para los efectos previstos en el artículo 42 del Código Civil, esto es, cuando según la ley deba escucharse a los parientes. Lo dicho, sin perjuicio de los casos en que válidamente dos parientes pueden celebrar un acuerdo de unión civil. Es importante destacar que nace parentesco por afinidad entre el conviviente civil y los consanguíneos del otro contratante, mientras se encuentre vigente el contrato, situación regulada en el artículo 4 de la Ley Nº 20.830[9].

[8] Prescribe la primera parte del artículo 131 del Código Civil: "Los cónyuges están obligados a guardarse fe". Por su parte, según el artículo 132, el adulterio constituye una grave infracción al deber de fidelidad que impone el matrimonio y genera la aplicación de las sanciones legales correspondientes.

[9] Agrega este artículo que: "La línea y grado de afinidad de una persona con un consanguíneo de su conviviente civil se califica por la línea o grado de consanguinidad de dicho conviviente civil."

A propósito de los relevantes efectos patrimoniales, debemos pronunciarnos sobre los siguientes puntos: régimen de bienes, bienes familiares, derechos sucesorios, compensación económica y posibilidad de solicitar indemnización de perjuicios. Como ya hemos adelantado, lo último será objeto de un pronunciamiento especial.

El régimen de bienes del acuerdo de unión civil es el de separación de bienes, por lo que según el artículo 15 los convivientes civiles conservarán la propiedad, goce y administración de los bienes adquiridos antes de la celebración del contrato a cualquier título y de los que adquieran durante la vigencia de éste. Lo dicho se produce salvo que se pacte el régimen de comunidad al momento de celebrar el contrato, "del que se dejará constancia en el acta y en el registro especial de acuerdos de unión civil que lleva el Servicio de Registro Civil e Identificación". En dicho caso, se aplican las siguientes reglas: los bienes adquiridos a título oneroso durante la vigencia del contrato se considerarán indivisos por mitades entre los convivientes civiles, menos los muebles de uso personal necesario del conviviente que los ha adquirido; se tendrá por fecha de adquisición de los bienes la que conste en el respectivo título translaticio de dominio (regla similar a la del artículo 1736 del Código Civil relativo al matrimonio); y se aplicarán a la comunidad las reglas del Párrafo 3º del Título XXXIV del Libro IV del Código Civil, es decir, la regulación del cuasicontrato de comunidad[10].

Respecto de los bienes familiares, con independencia del régimen de bienes, se aplican las normas de bienes familiares del Código Civil, en consecuencia, pueden ser declarados bienes familiares: el bien inmueble de propiedad de uno o de ambos contratantes que sirva de residencia principal de la familia; los bienes muebles que guarnecen el hogar; y los derechos y acciones que los convivientes civiles tengan en sociedades propietarias de un inmueble que sea residencia principal de la familia. El principal efecto derivado de la declaración de bien familiar implica una limitación de las facultades del contratante propietario, el que no podrá enajenar y gravar o prometer enajenar y gravar los bienes familiares, sin la autorización del conviviente civil no propietario,

[10] El régimen de comunidad, durante el contrato, puede ser sustituido por el régimen de separación total de bienes. En dicho caso se aplican las reglas del artículo 1723 del Código Civil, texto pensado inicialmente de modo exclusivo para el matrimonio.

ello en aplicación del inciso 1º del artículo 142 del Código Civil. Con relación a las acciones o derechos en una sociedad, rige el inciso 2º del artículo 146 del nombrado Código, esto es, para disponer de tales derechos o acciones el contratante socio requiere autorización del otro conviviente civil o de la justicia en subsidio. Además, requiere autorización para realizar los actos que correspondan como socio o accionista relativos al bien familiar.

El conviviente civil tiene los mismos derechos sucesorios que el cónyuge sobreviviente. Se trata de uno de los efectos patrimoniales de mayor relevancia. A mayor detalle, según el artículo 16: "Cada conviviente civil será heredero intestado y legitimario del otro y concurrirá en su sucesión de la misma forma y gozará de los mismos derechos que corresponden al cónyuge sobreviviente. El conviviente civil podrá también ser asignatario de la cuarta de mejoras". En otras palabras: concurre, según corresponda, en el primer (junto con los descendientes) y segundo orden de sucesión (junto con los ascendientes); es legitimario (heredero forzoso, cuya cuota no puede ser violada en un testamento); es asignatario de cuarta de mejoras (por lo que podría ser beneficiado vía testamento con la asignación de la cuarta parte del acervo líquido); es titular del derecho de adjudicación preferente, de uso y habitación del artículo 1337 regla 10 del Código Civil (derecho que recae sobre la vivienda principal de la familia, así como del mobiliario que la guarnece, siempre que ellos formen parte del patrimonio del difunto); y puede ser desheredado por las mismas causales que el cónyuge[11]. Debemos destacar que, a diferencia de otros países, no se exige un tiempo mínimo de duración del contrato para que operen los referidos efectos sucesorios[12].

Los convivientes civiles tienen derecho a compensación económica al igual que los cónyuges, esto es, poseen el derecho a que se les compense por el hecho de haberse dedicado al cuidado de los hijos o a las labores propias del hogar común, si por ello no han podido desarrollar una actividad remunerada o lo hicieron en menor medida de lo que podían y querían. Dicha figura procede en los términos de los artículos 62 a 66 de la Ley Nº 19.947 si ha terminado el contrato por mutuo acuerdo, voluntad unilateral o por declaración de nulidad.

[11] Estas causales están reguladas en el artículo 1208 del Código Civil.

[12] Con todo, según el artículo 18: "Los derechos sucesorios y la condición de legitimario que esta ley otorga al conviviente civil sobreviviente sólo tendrán lugar si el acuerdo de unión civil celebrado con el difunto no ha expirado a la fecha de la delación de la herencia."

En el campo filiativo también se han establecido efectos muy relevantes. Según el artículo 2 de la Ley Nº 20.830, rige la presunción de paternidad respecto del contratante varón en los mismos términos que respecto del marido (artículo 184 del Código Civil). Incluso, puede alegarse el desconocimiento de la preñez de la mujer. Llama la atención lo anterior, dado que, según hemos indicado, no existe deber jurídico de fidelidad entre los convivientes civiles, a diferencia de lo que sucede en el matrimonio. Con respecto a la custodia, se ha modificado el artículo 226 del Código Civil, de forma tal que en caso de inhabilidad del padre o madre, podrá concederse el cuidado personal del niño al respectivo conviviente civil.

Finalmente, también se han regulado efectos del acuerdo de unión civil en el campo previsional: un conviviente civil puede ser carga del otro contratante para tales efectos.

1.5. Término

Las causales de término del acuerdo de unión civil se encuentran tratadas en el artículo 26 de la Ley Nº 20.830. Tales son: muerte natural o presunta de uno de los convivientes civiles, lo último de conformidad a lo dispuesto en el artículo 43 de la Ley Nº 19.947. Terminará también por la comprobación judicial de la muerte de uno de los convivientes civiles efectuada por el juez del último domicilio que el difunto haya tenido en Chile, en los términos prescritos en los artículos 95 y 96 del Código Civil; matrimonio de los convivientes civiles entre sí, cuando proceda; mutuo acuerdo, el que deberá constar por escritura pública o acta otorgada ante Oficial del Registro Civil; voluntad unilateral de uno de los convivientes civiles, la que deberá constar del mismo modo[13]; y por declaración judicial de nulidad del acuerdo. La sentencia ejecutoriada

[13] Deberá notificarse el cese unilateral al otro conviviente civil, mediante gestión voluntaria ante el tribunal con competencia en materias de familia. Se podrá comparecer personalmente. La notificación deberá practicarse por medio de receptor judicial, dentro de los veinte días hábiles siguientes a la subinscripción de la referida escritura o acta, al margen de la inscripción del acuerdo de unión civil, efectuada en el registro especial que establece el artículo 6°. La falta de notificación no afectará el término del acuerdo de unión civil, pero hará responsable al contratante negligente de los perjuicios que la ignorancia de dicho término pueda ocasionar al otro contratante. No se exige lo indicado si el miembro de la pareja a quien debe notificarse se encuentra desaparecido, o se ignora su paradero o ha dejado de estar en comunicación con

en que se declare la nulidad del acuerdo de unión civil deber ser subinscrita al margen de la inscripción a que se hace mención en el artículo 6º de la Ley Nº 20.830 y no será oponible a terceros sino desde la aludida subinscripción[14].

2. Legitimación activa

Establece el artículo 20 de la Ley Nº 20.830 que el conviviente civil tendrá legitimación activa para reclamar las indemnizaciones emanada de los daños a que hubiere lugar por el hecho ilícito de un tercero que provocase la muerte de su conviviente civil o que lo imposibilite para ejercer por sí mismo las acciones legales correspondientes, "sin perjuicio de las otras indemnizaciones a que tenga derecho, con arreglo a las prescripciones del derecho común."

Con dicho artículo desaparece una interesante discusión de la doctrina chilena en orden a la reclamación de la concubina(o) por los daños sufridos por su concubino(a). A mayor detalle, dentro de los requisitos del daño, se analiza su licitud. Así, se explica que es evidente que la protección que otorga el ordenamiento jurídico está dirigida a la protección de intereses lícitos; luego, aquello que es ilícito no es merecedor de los resguardos que establece el Derecho. De lo anterior, se deduce, sin mayor dificultad, que el daño para que sea indemnizable debe afectar a un interés lícito o legítimo. Para que el interés sea legítimo o lícito no es necesario que esté establecido expresamente por el legislador. En principio, es lícito todo interés, salvo que sea contrario a las leyes o a las buenas costumbres[15].

Con relación a este requisito del daño, como hemos indicado, se discutía si el concubino o concubina tenía un interés legítimo susceptible de protección

los suyos. En todo caso, no podrá alegarse ignorancia transcurridos tres meses de efectuada la subinscripción.

14 Son causales de nulidad del acuerdo de unión civil: ser menor de edad o incapaz absoluto; privación del uso de razón; trastorno o anomalía psíquica, carencia del suficiente juicio o discernimiento, en los términos previstos en el artículo 5 de la Ley Nº 19.947; la hipótesis de "homicidio" prevista en el artículo 7 del mismo cuerpo legal; falta de consentimiento libre y espontáneo; impedimento de parentesco; y vínculo matrimonial no disuelto o un acuerdo de unión civil vigente.

15 BARROS, Enrique. *Tratado de responsabilidad extracontractual*. Ed. Jurídica de Chile: Santiago de Chile, 2010, p. 223.

por el Derecho (aunque la jurisprudencia admitía indemnizar a los convivientes), piénsese, por ejemplo, en la muerte del varón, ¿podía, en tal caso, la mujer solicitar la correspondiente indemnización? Sobre el particular la doctrina se había dividido. Alessandri indicaba que no procedía la indemnización porque la acción de la concubina se fundaba en su propia inmoralidad. Agregaba que el Derecho no debía amparar a los inmorales, sin embargo, señalaba que distinta era la situación de los hijos ilegítimos que sí podían demandar, ya que su acción no se fundaba en la inmoralidad, porque era moral que un padre satisficiera las necesidades de los hijos[16].

Corral señalaba que el concubinato, si bien es cierto no era reprimido por el sistema jurídico, ello no significaba que debía ser protegido ni afianzado. Lo dicho porque entendía que las uniones de hecho no debían tener la misma protección que la familia basada en el matrimonio. Sin perjuicio de ello, concluía que debía aceptarse la demanda de la concubina porque se fundaba en una relación de afecto, pero no en un vínculo jurídico[17].

Rodríguez planteó otra visión y señalaba que había que distinguir si una persona casada se encontraba en un adulterio, en tal caso la acción de la concubina(o) no debía aceptarse porque se basaba en un interés ilegítimo. Por el contrario, si los concubinos eran solteros, sí podía aceptarse la demanda, porque sucedía lo contrario, o sea, el interés era lícito[18].

Volviendo al artículo 20, éste se refiere a dos supuestos: primero, la muerte de un conviviente civil y, segundo, la imposibilidad de éste para ejercer por sí mismo las acciones legales correspondientes. En ambas situaciones podrá demandarse la indemnización de los correspondientes perjuicios tanto materiales o patrimoniales como morales o extrapatrimoniales.

En las hipótesis planteadas estamos en presencia de típicos casos de daños por repercusión o por rebote. En dicho sentido, en ambos supuestos la víctima directa es el conviviente civil que ha resultado muerto o gravemente lesionado en virtud del hecho ilícito de un tercero, mientras que el otro conviviente civil

[16] ALESSANDRI, Arturo. *De la responsabilidad extracontractual en el Derecho civil chileno*. Ed. Jurídica de Chile: Santiago de Chile, 2010, pp. 154-155.

[17] CORRAL, Hernán. *Lecciones de responsabilidad civil extracontractual*. Ed. Jurídica de Chile: Santiago de Chile, 2013, pp. 140-141.

[18] RODRÍGUEZ, Pablo. *Responsabilidad extracontractual*. Ed. Jurídica de Chile: Santiago de Chile, 2010, pp. 263-264.

es una víctima indirecta, esto es, el hecho dañoso no ha recaído en él, pero se ve afectado por el daño causado al otro conviviente.

Centrándonos en la primera hipótesis, según ya hemos indicado, la víctima por repercusión puede demandar tanto daño material como daño moral, según corresponda. Procederá el daño patrimonial si en virtud de la muerte del otro contratante se ve privado del auxilio económico de éste, por ejemplo, si recibía algún tipo de ayuda pecuniaria. El daño moral será admisible si por el hecho ilícito se ha producido una lesión, perturbación o molestia en la psiquis, esto es, estamos frente a la típica partida de daño moral denominada "*pretium doloris*", sin perjuicio de la posibilidad de demandar partidas más modernas de daño moral.

La segunda hipótesis exige como resultado dañoso la imposibilidad del conviviente civil para ejercer por sí las acciones civiles correspondientes. Razonando sobre la base de la distinción entre imposibilidad física y psíquica, Corral entiende que debe tratarse de una imposibilidad de naturaleza psíquica, como un estado de inconsciencia, comatoso o vegetativo. El nombrado autor acertadamente descarta la imposibilidad física, porque en tal evento no existe impedimento alguno para ejercer las acciones de indemnización que correspondan acudiendo a un mandatario judicial[19].

Puede llamar la atención al lector extranjero el tenor del artículo 20 de la Ley Nº 20.830. En efecto, podría surgir la siguiente interrogante: ¿por qué el legislador chileno reguló en términos expresos en los supuestos mencionados la legitimación activa de los convivientes civiles? A lo anterior puede agregarse la siguiente consideración: en la Nueva Ley de Matrimonio Civil no se reguló ninguna norma similar relativa a los cónyuges, mismo panorama se aprecia en el Código Civil.

Para responder a lo anterior, es necesario recordar lo indicado con respecto a la discusión que dividía a la doctrina chilena sobre la licitud del interés de la concubina(o) en los juicios por muerte de su pareja. Aunque, como hemos señalado, la jurisprudencia en las décadas anteriores a la aprobación de la Ley Nº 20.830 se había uniformado aceptando indemnizaciones de perjuicio en

[19] CORRAL, Hernán. *Responsabilidad civil por daños causados por un tercero a uno de los integrantes de una unión civil*, en Lepín, Cristian y Gómez de la Torre, Maricruz (coordinadores). Estudios de Derecho Familiar I. Actas Primeras Jornadas Nacionales. Facultad de Derecho. Universidad de Chile. Ed. Thomson Reuters: Santiago de Chile, 2016, p. 302.

favor de la concubina(o) por los daños por ésta experimentados a raíz de la muerte de su pareja, con el claro texto del artículo 20 no existe posibilidad alguna de un resurgimiento del referido debate[20].

En nuestra opinión, en sede de matrimonio, no es menester una regulación similar a la contenida en el artículo 20 de la Ley Nº 20.830, puesto que nadie ha dudado de la legitimación activa de un cónyuge para efectos de juicios indemnizatorios provocados por daños sufridos por el otro cónyuge.

Sin perjuicio de lo anterior, deben cumplirse con las exigencias propias del *onus probandi*. En consecuencia, no se trata de casos de presunciones de daños. Efectivamente, el conviviente civil deberá acreditar por los medios de prueba legales todos los requisitos de la responsabilidad extracontractual. Así, en el evento de demandar indemnización por daño moral, deberá acreditar el perjuicio extrapatrimonial alegado y, en consecuencia, no deberán los jueces atenuar los estándares probatorios correspondientes[21].

[20] Considérese, también, que según la letra c) del artículo 108 del Código Procesal Penal: "*se considera víctima al ofendido por el delito (...) al conviviente.*

[21] Se trata de otra de las tantas aplicaciones de la norma básica del *onus probandi* del artículo 1698 del Código Civil. No obstante lo dicho, la jurisprudencia en algunos fallos ha sostenido que bastan pruebas de carácter indirecto para tener por acreditado el daño moral, por ejemplo, la ficha médica o la declaración del cirujano bastarían para probar el sufrimiento. En otros fallos, todavía más cuestionables, se ha estimado que ni siquiera es necesaria la aportación de probanzas indirectas, así por ejemplo, se ha fallado que sería "obvio" el sufrimiento de la madre a raíz de la muerte de su hijo; lo mismo respecto del sufrimiento de una hermana, en ambos casos se está en presencia de una realidad que se impone, que emana de la naturaleza del ilícito y que, por tanto, no se debe probar el daño moral. En otros fallos, se ha concluido que se está en presencia de una prueba imposible, sería en extremo dificultoso acreditar aspectos subjetivos o extrapatrimoniales. La doctrina no está de acuerdo con que el daño moral no requiera prueba, porque de ello se podrían derivar consecuencias injustas como reparar daños que nunca han existido: reparar un supuesto daño moral por la muerte de los padres a favor de una hija que no mantenía ningún contacto con los padres o que fue víctima de violencia o de abuso sexual, es decir, el mero vínculo de parentesco no revela la existencia del daño moral; éste debe ser probado. No se trata de exigir una prueba exacta del monto del daño, pero, a lo menos, se deben aportar antecedentes a partir de los cuales se pueda dar por acreditado el daño. En concreto, respecto al precio del dolor, se acepta como medio de prueba idóneo un informe de peritos (psiquiatra), CORRAL, *op. cit.*, 2013, pp. 163-167.

3. El acuerdo de unión civil como un instrumento de fraude a la ley

En las últimas décadas se ha producido un auge en los movimientos migratorios que tienen como destino Chile. Así, han ingresado a territorio chileno inmigrantes de diversos países, principalmente de Colombia, Haití y Venezuela, los que se han sumado a las inmigraciones tradicionales provenientes de Perú y de Bolivia. Mayoritariamente los inmigrantes se han instalado en Santiago, capital de Chile, y en el extremo norte de dicho país. En este último caso, es innegable que uno de los factores que explican las aludidas migraciones es la riqueza que proviene de la industria minera, cuyos principales yacimientos se encuentran en la zona norte de Chile.

Lo anterior ha provocado un aumento en las órdenes de expulsión emanadas de la autoridad administrativa en virtud de la comisión de diversos ilícitos de distinta entidad imputados a los inmigrantes. En efecto, podemos estar en presencia de una infracción de poca o gran entidad. Un típico ejemplo de lo primero está dado por la permanencia en territorio chileno una vez expirado el plazo legal de 90 concedido a los que ingresan a Chile en calidad de turista. Pero, también existen expulsiones fundadas en la perpetración de ilícitos graves, como homicidio o delitos sexuales.

Como es comprensible, los inmigrantes amenazados por una medida de expulsión intentan encontrar un mecanismo jurídico para evitar la ejecución del acto administrativo[22]. En la parte que nos interesa, han alegado que la expulsión provocaría la separación de las familias, lo que contraviene tanto el artículo 1º de la Constitución Política de Chile, precepto que establece que es un deber del Estado proteger a la familia y propender a su fortalecimiento, como diversos tratados internacionales que protegen a la familia. En otros términos, se ha sostenido que la sanción de expulsión sería desproporcionada si se analiza el daño que ella provocaría a los lazos de familia del inmigrante. La comentada invocación de la tutela que el ordenamiento jurídico debe otorgar a la familia en muchas ocasiones ha sido exitosa, es decir, ha fundado la revocación en sede judicial de las órdenes administrativas de expulsión.

[22] En este sentido, se han presentado acciones de amparo (*habeas corpus*) y, en menor medida, recursos de reclamación de expulsión.

Lo recientemente indicado ha llegado a oídos de la comunidad inmigrante. Teniendo en vista lo anterior, especialmente en los últimos años, en el Derecho chileno se ha podido apreciar la realización de simulaciones de vínculos familiares con el objetivo de lograr algún beneficio en sede de residencia, obtener un trabajo o para prevenir o revocar una expulsión. En otras palabras, se trata de la construcción interesada de algún nexo de familia con el objetivo de alcanzar alguna ventaja[23].

Pareciera ser que el primer vínculo simulado, para los efectos descritos, fue el matrimonio, lo que nos conduce a hablar de los matrimonios de conveniencia, de complacencia, blancos o grises, entre otras denominaciones[24]. En pocas palabras, se trata de matrimonios en los que no existe la intención de formar una auténtica comunidad de vida conyugal ni de cumplir con los fines propios del matrimonio[25]; se usa el matrimonio como un mero medio para el logro de un determinado fin. Lamentablemente en Chile no existen mecanismos eficaces, sean éstos *a priori* o *a posteriori,* que permitan detectar, aunque sea, las simulaciones matrimoniales más burdas. Nada impide que lo mismo suceda con las uniones de hecho e, incluso, con la filiación.

Para una mejor explicación de este punto, específicamente con respecto a la posibilidad de simulación del acuerdo de unión civil, es necesario referirnos a la regulación de la celebración de dicho contrato por parte de la Ley Nº 20.830. En conformidad a lo establecido en el inciso 1º del artículo 5 de la nombrada ley: “El acuerdo de unión civil se celebrará en el Servicio de Registro Civil e Identificación, ante cualquier oficial, quien levantará acta de todo lo obrado, la que será firmada por él y por los contrayentes”. Sin perjuicio de lo anterior, el artículo nombrado permite la celebración en el lugar que señalaren los contrayentes, siempre que se hallare ubicado dentro del territorio jurisdiccional del Oficial de Registro Civil. Agrega el inciso 2º del artículo 5: “Los contrayentes deberán declarar, bajo juramento o promesa, por escrito,

[23] MONDACA, Alexis. *Los nexos de familia y la revocación de las resoluciones de expulsión de extranjeros,* en Lepín, Cristian y Gómez de la Torre, Maricruz (coordinadores). Estudios de Derecho Familiar I. Actas Primeras Jornadas Nacionales. Facultad de Derecho. Universidad de Chile. Ed. Thomson Reuters: Santiago de Chile, 2016, pp. 373-390.

[24] CARRASCOSA, Javier. *Matrimonios de conveniencia y nacionalidad española.* Anales de Derecho. Universidad de Murcia. 20, 2002, pp. 7-34.

[25] En el caso chileno, estos fines se expresan en el artículo 102 del Código Civil: vivir juntos, procreación y auxilio mutuo.

oralmente o por lenguaje de señas acerca del hecho de no encontrarse ligados por vínculo matrimonial no disuelto o un acuerdo de unión civil vigente". Lo anterior debe ser complementado con lo establecido en el artículo 10 del Reglamento de la Ley Nº 20.830, para efectos del presente trabajo, nos interesa exclusivamente la letra f romano iv: "Si consienten libre y espontáneamente en celebrar el acuerdo de unión civil, y de la respuesta afirmativa, dejar constancia en el acta de celebración".

Es suficiente con una rápida lectura de los textos transcritos para poder sostener que el legislador chileno no se ha preocupado de la existencia de un verdadero consentimiento en el caso del acuerdo de unión civil, es decir, se aprecia el mismo panorama existente en el matrimonio. Basta que los contrayentes afirmen por alguno de los modos que indica el artículo 5 que no se encuentran casados o que no forman parte de un acuerdo de unión civil vigente, y, tal como se expresa en el artículo 10 del Reglamento, que declaren consentir de modo libre y espontáneo. En suma, es sencillo en Chile simular un acuerdo de unión civil con miras a la obtención de un beneficio en sede migratoria, por lo que dicho contrato puede ser el medio para la concreción de un fraude en sede de extranjería.

Por lo indicado, es importante que los jueces no permitan el descrito abuso del acuerdo de unión civil. Para ello es relevante que en el juicio respectivo se acredite que el vínculo de familia alegado tenga un correlato en la realidad. Es decir, no basta con la mera existencia jurídica de un acuerdo de unión civil, sino que éste debe poseer, además, una "existencia social". En dicho sentido, deberá el inmigrante probar, a lo menos, que comparte un hogar común con la otra parte del acuerdo de unión civil y que existe una vida afectiva en común.

Conclusiones

En virtud del trabajo realizado podemos arribar a las siguientes conclusiones:

El Derecho de familia chileno por primera vez en su historia, con la Ley Nº 20.830, ha regulado las uniones de hecho bajo la modalidad de un contrato llamado acuerdo de unión civil. Pero, se trata de una disciplina que no contempla a las uniones libres que no decidan formalizar su situación mediante el nombrado contrato. Como hemos indicado, se han concedido al acuerdo de unión civil efectos jurídicos de la mayor entidad, lo que le asemeja al matrimonio.

Debemos destacar el artículo 20 de la Ley Nº 20.830, precepto que en términos explícitos consagra la legitimación activa del conviviente civil para demandar por los daños que un tercero cause a su pareja. Lo anterior, en los supuestos en que el resultado dañoso implique la muerte de la pareja o la imposibilidad de ésta para ejercer por sí las acciones correspondientes. Con lo anterior se pone fin a la discusión que dividió a la doctrina chilena sobre el interés lícito de la concubina para efectos de pedir indemnizaciones de perjuicios.

Finalmente, debe destacarse la inexistencia de mecanismos jurídicos que permitan detectar en Chile las simulaciones de acuerdos de unión civil. En este sentido, se aprecia el mismo panorama existente en el matrimonio. Por lo dicho, sería deseable la implementación de medidas que impidan una indebida y abusiva utilización del acuerdo de unión civil (y de otros vínculos de familia), es decir, una indagación sobre la presencia de un verdadero consentimiento entre los futuros convivientes civiles.

Referencias

ALESSANDRI, Arturo. *De la responsabilidad extracontractual en el Derecho civil chileno.* Ed. Jurídica de Chile: Santiago de Chile, 2010.

BARROS, Enrique. *Tratado de responsabilidad extracontractual.* Ed. Jurídica de Chile: Santiago de Chile, 2010.

CARRASCOSA, Javier. *Matrimonios de conveniencia y nacionalidad española.* Anales de Derecho. Universidad de Murcia. 20, 2002.

CORRAL, Hernán. *Responsabilidad civil por daños causados por un tercero a uno de los integrantes de una unión civil,* en Lepín, Cristian y Gómez de la Torre, Maricruz (coordinadores). Estudios de Derecho Familiar I. Actas Primeras Jornadas Nacionales. Facultad de Derecho. Universidad de Chile. Ed. Thomson Reuters: Santiago de Chile, 2016.

CORRAL, Hernán. *Lecciones de responsabilidad civil extracontractual.* Ed. Jurídica de Chile: Santiago de Chile, 2013.

MONDACA, Alexis. *Los vicios de la voluntad en la Ley Nº 20.830, que establece el acuerdo de unión civil en el Derecho de familia chileno.* Anuario Uruguayo Crítico de Derecho de Familia y Sucesiones. 6. 2018.

MONDACA, Alexis. *Los nexos de familia y la revocación de las resoluciones de expulsión de extranjeros,* en Lepín, Cristian y Gómez de la Torre, Maricruz (coordinadores). Estudios de Derecho Familiar I. Actas Primeras Jornadas Nacionales. Facultad de Derecho. Universidad de Chile. Ed. Thomson Reuters: Santiago de Chile, 2016.

MONDACA, Alexis. *El error inducido por dolo como causal de nulidad del matrimonio civil en la Ley Nº 19.947: aceptación y consecuencias de su regulación*. Ius et Praxis. 2. 2010.

OPAZO, Mario. *Es realmente un contrato el acuerdo de unión civil*. Revista de Derecho. Universidad del Externado. 33. 2017.

RODRÍGUEZ, Pablo. *Responsabilidad extracontractual*. Ed. Jurídica de Chile: Santiago de Chile, 2010.

TAPIA, Mauricio, *Acuerdo de unión civil: una revisión de su justificación, origen y contenido*, en Hernández, Gabriel y Tapia, Mauricio (coordinadores). Estudios sobre Nueva Ley de Acuerdo de Unión Civil. Ed. Thomson Reuters: Santiago de Chile, 2016.

1. O ACORDO DA UNIÃO CIVIL DO DIREITO DE FAMÍLIA CHILENO. EM PARTICULAR, A RESPONSABILIDADE CIVIL POR DANOS CAUSADOS À CONVIVENTE E SEU USO COMO MEIO DE FRAUDE À LEI

Alexis Alberto Mondaca Miranda

Introdução

Este artigo examina a regulamentação do acordo de união civil na lei chilena pela Lei nº 20.830[1]. A lei acima mencionada representa um verdadeiro marco no direito de família chileno. Antes de sua publicação, a única disciplina jurídica das relações afetivas era a do casamento: Ato de Casamento Civil de 1884 e Lei nº 19.947, Nova Lei do Casamento Civil de 2004[2].

A Lei nº 20.830 representa a primeira regulamentação das uniões de fato e foi aprovada pelo Congresso Nacional após um árduo debate que dividiu a sociedade chilena. Este debate incluiu a conveniência de regular ou não o casamento entre pessoas do mesmo sexo, o que torna possível compreender os efeitos muito semelhantes do casamento que foram prescritos com base no acordo de união civil.

[1] Publicada no Diário Oficial do Chile em 21 de abril de 2015, mas começou a vigorar seis meses depois.

[2] Publicado em 17 de maio do ano citado no Diário Oficial, sua validade foi adiada por seis meses após à sua publicação.

Antes da Lei nº 20.830, as consequências patrimoniais decorrentes das uniões de fato foram resolvidas pela jurisprudência com base no quase-contrato de comunhão[3], na sociedade de fato e no princípio do enriquecimento injusto. Isso explica porque o objetivo inicial da referida legislação era consagrar uma disciplina patrimonial das uniões de fato, mas, em suma, como indicaremos posteriormente, foram normatizados efeitos que excediam a área puramente patrimonial. É importante afirmar ao leitor que a Lei nº 20.830 não regulamenta todas as uniões de fato existentes no Chile, mas apenas aqueles que decidiram formalizar sua relação amorosa pela figura do acordo de união civil.

Considerando tudo isso, o objetivo deste texto é dar uma visão geral do acordo de união civil chileno e aprofundar a questão da legitimação ativa do concubino para buscar indenizações advindas de prejuízos por danos causados ao seu parceiro e o uso do acordo de união civil como meio de fraude da lei.

1. Disciplina geral do acordo de união civil

Nesta parte, analisaremos o conceito, as características, requisitos, efeitos e o fim do acordo de união civil.

1.1. Conceito

De acordo com o inciso 1º do artigo 1, da Lei nº 20.830, o Acordo de União Civil "é um contrato celebrado entre duas pessoas que compartilham um lar, com o objetivo de regular os efeitos jurídicos decorrentes de sua vida afetiva comum, estável e permanente". As partes deste contrato são chamadas de "conviventes civis".

[3] N.T. A figura do *cuasicontrato de comunidad* não encontra tradução precisa para o português. O direito chileno mantém, como fonte de obrigações, a classificação justiniana, de contrato, quase-contrato, delito e quase-delito (art. 2284, CC). Diz-nos o art. 2285, CC, que há naquele país três principais quase-contratos: "la agencia oficiosa, el pago de lo no debido y la comunidad", ou seja, à gestão de negócios, ao pagamento indevido e à comunhão (ou condomínio). Diz-nos. o art. 2304, CC, que é uma espécie de quase-contrato a comunhão de uma coisa universal ou singular, entre duas ou mais pessoas, sem que nenhuma delas tenha contratado sociedade ou celebrado outra convenção a ele relativa,

A definição transcrita é muito criticável a partir de uma dupla perspectiva. Em primeiro lugar, indica que as partes do contrato "compartilham uma casa comum", uma questão que não é compreendida, dado que estamos falando de uniões livres. Além disso, na prática, essa exigência não tem tido qualquer importância. Em segundo lugar, caracteriza a vida em comum como "estável e permanente", o que nos permite perguntar: quando uma união afetiva possui tais características? Se alcança em seis meses, dois meses...? No entanto, a ninguém interessou esclarecer se os casais que concluíram o acordo de união civil eram estáveis e permanentes.

1.2. Características

O acordo de união civil tem as seguintes características: tem a natureza jurídica de um contrato, não exige diversidade de sexo, as partes devem compartilhar um lar, seu objetivo é regular os efeitos legais decorrentes da vida afetiva em comum e a união afetiva deve ser estável e permanente. Por sua vez, como contrato, possui as características que indicamos abaixo: bilateral, oneroso, solene, principal, típico, não admite modalidades nem gravames, não se pode prometer sua celebração e é *intuito personae.*

a) Tem a natureza jurídica de um contrato. Vimos que assim o define o artigo 1º da Lei nº 20.830, portanto, é uma convenção que cria direitos e obrigações[4].
b) Não requer diversidade de sexo, ao contrário, ao contrário do que ocorre com o casamento. De fato, como aponta a definição legal, pode ser *"celebrado entre duas* pessoas", independentemente de ser uma união de homossexuais ou heterossexuais. Até acreditamos que, dada a ampla

[4] Ao contrário foi indicado que é um ato legal do direito de família, dado que, entre outras razões, a definição legal "contida no primeiro artigo da Lei n.º 20.830", estabelece que o contrato "busca regular os efeitos jurídicos de sua vida afetiva em comum". Junte-se a isso que o mesmo artigo primeiro prescreve que "os conviventes civis são considerados parentes para os efeitos indicados no artigo 42 do Código Civil, isto é, para casos em que a lei assinala que parentes devam ser ouvidos", OPAZO, Mario. *Es realmente un contrato el acuerdo de unión civil.* Revista de Derecho. Universidad del Externado. 33. 2017, p. 104.

redação legal, poderia ser realizada entre um heterossexual e um homossexual.

c) Os conviventes civis deverão compartilhar um lar, assunto já comentado e criticado.
d) É celebrado com o propósito de regular os efeitos legais decorrentes da vida afetiva comum dos conviventes civis. Veremos que seus efeitos são muito amplos.
e) A união deve ser estável e permanente, aspecto a que também já nos referimos.
f) Por se tratar de contrato, caracteriza-se por ser: bilateral, oneroso, solene, principal, típico ou nomeado, não admite modalidades nem gravames (artigo 3º da Lei nº 20.830), sua celebração não pode ser prometida e é *intuito personae.*

1.3. Requisitos

Devemos distinguir entre os requisitos de existência e os requisitos de validade.

a) Requisitos de existência

São dois: o consentimento dos conviventes e deve ser realizado perante um Oficial do Serviço de Registro e Identificação Civil. Assim, é necessária a concordância de vontades próprias de qualquer ato jurídico bilateral e a intervenção estatal por funcionário público nomeado.

b) Requisitos de validade

São requisitos de validade o consentimento livre e espontâneo, ausência de impedimentos e serem os conviventes civis maiores de idade e terem a livre administração de seus bens.

No que diz respeito ao consentimento livre e espontâneo, na letra da lei, artigo 8º, são regulamentados dois vícios: o erro na identidade da pessoa do outro convivente e a coação, nos termos dos artigos 1456 e 1457 do Código Civil. Ao contrário da Nova Lei do Casamento Civil, o erro de qualidades não foi regulamentado. Assim, o legislador causou incertezas desnecessárias sobre o efeito dirimente desse erro. No entanto, se revisarmos as discussões no Congresso Nacional, fica claro que a intenção do legislador era excluir o erro sobre as qualidades do elenco de defeitos de consentimento no acordo de união civil, dada a sua origem de Direito canônico[5].

Consideramos inadequada a falta de tratamento explícito para o erro sobre as qualidades. Isso está ligado à seguinte conclusão: o consentimento do casamento é mais protegido do que o consentimento de futuros conviventes civis. Como já indicamos em outra ocasião, não encontramos razões para tal diferença, pois veremos que a Lei nº 20.830 concedeu ao acordo de união civil efeitos muito semelhantes ao casamento. Além disso, a origem de uma instituição (Direito Canônico, Direito Germânico etc.) não é motivo para sua exclusão do Direito positivo, cuja decisão deve ser baseada estritamente em razões técnicas [6].

A intencionalidade também não foi tratada expressamente, mas entendemos que adquire efeito invalidante, de forma indireta, ou seja, na medida em que é a causa de um erro na identidade física. Assim, o que importa é o resultado, a vontade falha, mas não a origem dela, que pode vir de um erro espontâneo ou de um erro causado. Aplicamos neste momento o mesmo raciocínio que usamos na época para afirmar o efeito do dolo na sede matrimonial[7].

Como no casamento, não deve haver impedimentos diretos, sejam absolutos ou relativos. Nesse sentido, de acordo com o artigo 9º da Lei nº 20.830: "Ascendentes e descendentes não podem firmar esse contrato entre si os ascendentes e os descentes por endogamia ou afinidade, os colaterais por consanguinidade segundo grau". Acrescenta a regra acima mencionada:

[5] "Eu nunca concordei com esse tipo de erro de qualidades, que é inspirado na lei canônica e na verdade envolve uma causal de divórcio disfarçada de nulidade", TAPIA, Maurício. *Acuerdo de unión civil: una revisión de su justificación, origen y contenido*, en Hernández, Gabriel y Tapia, Mauricio (coordinadores). Estudios sobre Nueva Ley de Acuerdo de Unión Civil. Ed. Thomson Reuters: Santiago de Chile, 2016, p. 37.

[6] MONDACA, Alexis. *Los vicios de la voluntad en la Ley Nº 20.830, que establece el acuerdo de unión civil en el Derecho de familia chileno*. Anuario Uruguayo Crítico de Derecho de Familia y Sucesiones. 6. 2018, pp. 7-25.

[7] MONDACA, Alexis. *El error inducido por dolo como causal de nulidad del matrimonio civil en la Ley Nº 19.947: aceptación y consecuencias de su regulación*. Ius et Praxis. 2. 2010, pp. 121-146.

"Também não poderão celebrá-lo as pessoas que se encontrem ligadas por um vínculo matrimonial não dissolvido ou um acordo de união civil existente."

De acordo com o artigo 10 da Lei nº 20.830: "A pessoa que, portadora da autoridade parental sobre um filho ou a guarda de outra, quiser celebrar um acordo de união civil, estará sujeita aos requisitos do artigo 124 a 127 do Código Civil". Consequentemente, o convivente que estiver incluído no caso descrito realizará um inventário solene dos bens de seus filhos ou pupilos que ele esteja administrando e pertencentes a eles como herdeiros ou sob qualquer outro título. Em caso de omissão culpável, o respectivo convivente perderá o direito de ser sucessor como legitimário[8] ou como herdeiro *ab intestato* do filho cujos bens ele administrou.

O artigo 11 da Lei nº20.830 regulamenta uma situação especial relativa ao fim de um acordo de união civil: uma mulher grávida não pode se casar (com um homem diferente de quem foi seu parceiro) ou firmar um novo acordo antes do parto e, se não houver sinais de gravidez, antes do término dos duzentos e setenta dias após a celebração do acordo. Acrescenta o parágrafo 2º do artigo 11º que: "se poderá deduzir deste prazo todos os dias que tenham precedido imediatamente a dita expiração e nos quais tenha sido absolutamente impossível o acesso do convivente à mulher".

Finalmente, os conviventes devem ter idade legal e ter a livre administração de seus bens[9].

Reforça a semelhança do acordo de união civil com o matrimônio o teor do artigo 23 do ato em análise: "Todas as incapacidades, incompatibilidades e proibições que as leis e regulamentos estabelecem em relação aos cônjuges serão estendidas, na íntegra, aos conviventes civis".

[8] NT. Herdeiro necessário.

[9] Sem prejuízo do anterior, a liminar do dissipador pode concluir o contrato por conta própria. Além disso, pode ser mantido por mandato de acordo com a redação do inciso 3 e 4 do artigo 5º da Lei nº 20.830: o representante deve ser particularmente habilitado para este fim, o mandato deve ser concedido por escritura pública indicando os nomes, sobrenomes, nacionalidade, profissão ou cargo e domicílio dos contratados; o representante precisa de autoridade expressa para firmar pacto por seu mandante a comunidade de bens regulamentada no artigo 15.

1.4. Efeitos

O acordo de união civil produz uma série de efeitos de grande monta. Assim, gera efeitos pessoais, no que diz respeito ao estado civil, em questões de parentesco, patrimônio, filiação e planejamento.

Em relação aos efeitos pessoais, de acordo com o artigo 14 da Lei nº 20.830, "também serão obrigados a cobrir os custos gerados por sua vida em comum, de acordo com seus poderes econômicos e o regime econômico entre eles". Ou seja, não há obrigação alimentar entre os conviventes civis. Prova disso é que a regulamentação do Código Civil sobre direito alimentar não foi alterada com a vigência da Lei nº 20.830. Além disso, o dever de fidelidade não foi regulamentado no acordo de união civil, ao contrário da situação existente no casamento[10].

Com relação ao estado civil, foi criado uma nova figura, o estado de "convivente civil". Chama-nos a atenção que uma união livre dê origem a um estado civil. Ao final do contrato, volta-se ao estado civil anterior, a menos que o acordo de união civil termine por meio da contração de matrimônio, conforme previsto nos artigos 1º e 26º da referida lei.

Em matéria de parentesco, de acordo com a segunda parte do inciso 1º do artigo 1 da Lei nº 20.830, os conviventes civis serão considerados parentes para os fins previstos no artigo 42 do Código Civil, ou seja, quando, de acordo com a lei, os parentes devem ser ouvidos. Isso ocorre sem prejuízo dos casos em que dois parentes podem validamente firmar um acordo de união civil. É importante ressaltar que o parentesco nasce por afinidade entre o convivente civil e os consanguíneos do outro contraente, enquanto vigore o contrato, situação regulamentada no artigo 4º da Lei nº 20.830[11].

Em relação aos efeitos patrimoniais relevantes, devemos nos pronunciar sobre os seguintes pontos: regime patrimonial, bens familiares, direitos de herança, compensação financeira e possibilidade de solicitar indenização

[10] Prescreve a primeira parte do Artigo 131 Código Civil: "Os cônjuges são obrigados a manter a fé". Por sua vez, de acordo com Artigo 132, o adultério constitui uma grave violação do dever de fidelidade imposto pelo casamento e leva à aplicação das respectivas sanções legais.

[11] Adiciona este artigo que: "A linha e o grau de afinidade de uma pessoa com um consanguíneo de seu convivente civil se qualificam pela linha ou grau de consanguinidade de tal convivente civil."

por prejuízos. Como já adiantamos, este último será objeto de um pronunciamento especial.

O regime patrimonial do acordo da União Civil é o de separação de bens, de modo que, de acordo com o artigo 15, os conviventes civis devem manter a posse, o gozo e a administração dos bens adquiridos antes da celebração do contrato a qualquer título, bem como daqueles que adquirirem durante sua vigência. Isso ocorre a menos que o regime de comunhão seja acordado no momento da celebração do contrato, "que será registrado na ata e no registro especial de acordos de união civil realizados pelo Serviço de Registro Civil e Identificação". Nesse caso, aplicam-se as seguintes regras: a cada convivente caberá uma fração ideal dos bens adquiridos a título oneroso durante a vigência do contrato, considerados estes indivisos, exceto os móveis de pessoal necessários ao convivente que o adquiriu; a data de aquisição dos bens será aquela contida no respectivo título derivado de domínio (regra semelhante à do artigo 1736 do Código Civil relativa ao casamento); e se aplicarão à comunhão as regras do parágrafo 3º do Título XXXIV do Livro IV do Código Civil, ou seja, a regulamentação do quase contrato de comunhão[12].

Em relação aos bens de família, independentemente do regime patrimonial, aplicam-se as regras sobre a propriedade familiar do Código Civil, consequentemente, podem ser declarados bens familiares: o imóvel de propriedade de um ou de ambos os conviventes que sirva como residência principal da família; os bens móveis que equipam o lar; e os direitos e ações que os conviventes civis tenham em sociedade de propriedade de um imóvel que seja a residência principal da família. O principal efeito decorrente da declaração de propriedade familiar implica uma limitação dos poderes do titular convivente, que não pode alienar e gravar ou prometer alienar e gravar bens de família, sem a autorização do convivente civil não proprietário, nos termos do parágrafo 1º do artigo 142 do Código Civil. No que diz respeito a ações ou direitos em uma empresa, aplica-se o parágrafo 2º do artigo 146 do Código mencionado, ou seja, para dispor de tais direitos ou ações, o sócio contratante requer anuência do outro convivente civil ou da justiça em substituição.

[12] O regime de comunhão, durante o Contrato, pode ser substituído pelo sistema de separação total de bens. Neste caso, aplicam-se as regras do artigo 1723 do Código Civil, texto inicialmente destinado exclusivamente ao casamento.

Além disso, requer autorização para realizar os atos correspondentes como sócio ou acionista relacionados ao bem familiar.

O convivente civil tem os mesmos direitos sucessórios do cônjuge sobrevivente. Trata-se de um dos efeitos patrimoniais de maior relevância. Em maior detalhe, de acordo com o artigo 16º: "Cada convivente civil será herdeiro intestado e legitimário[13] do outro e concorrerá em sua sucessão da mesma forma e desfrutará dos mesmos direitos que o cônjuge sobrevivente. Ao convivente civil também pode ser designada a "*cuarta de mejoras*[14]". Em outras palavras: concorre, conforme corresponda, na primeira (juntamente com os descendentes) e na segunda ordem de sucessão (juntamente com os ascendentes); é legitimário (herdeiro necessário, cuja cota não pode ser violada em um testamento); a ele pode ser atribuída a "*cuarta de mejoras*"(com o que poderia ser beneficiado via testamento com a atribuição de um quarto do acervo líquido); detém o direito de preferência, uso e habitação do artigo 1337 da regra 10 do Código Civil (direito que recai sobre a moradia principal da família, bem como os móveis que a equipam, desde que façam parte do patrimônio do falecido); e pode ser deserdado pelas mesmas causas que o cônjuge[15]. Deve-se notar que, ao contrário de outros países, não é necessário um tempo mínimo de duração do contrato para que tais efeitos sucessores operem[16].

Os conviventes civis têm direito à compensação financeira assim como cônjuges, ou seja, têm o direito de serem compensados pelo fato de terem se envolvido no cuidado dos filhos ou no trabalho da casa comum, se, para isso, não tiver sido capaz de realizar uma atividade remunerada ou o tenham feito em menor grau que o possível ou desejado por eles. Esse valor figura nos artigos 62 a 66 da Lei nº 19.947, caso o contrato tenha sido rescindido por acordo mútuo, vontade unilateral ou por declaração de nulidade.

[13] N.T. Herdeiro necessário.

[14] N.T., No direito chileno (art. 1184, CC), a metade dos bens, após deduções e adições legais, divide-se entre os herdeiros necessários (legitimários). Um quarto é denominado "cuarta de las mejoras" e pode ser atribuído aos herdeiros legítimos, sejam ou não necessários, conforme dispuser o autor da herança. Apenas a quarta parte final pode ser disposta livremente.

[15] Esses fundamentos estão regulamentados no artigo 1208 do Código Civil.

[16] No entanto, de acordo com o artigo 18: "Os direitos de herança e o status de legitimidade concedido por esta lei ao convivente civil sobrevivente só ocorrerão se o acordo de união civil celebrado com o falecido não expirar na data da vocação da herança."

No campo da filiação, também foram estabelecidos efeitos muito relevantes. De acordo com o artigo 2º da Lei nº 20.830, existe a presunção de paternidade em relação ao convivente masculino nos mesmos termos referentes ao marido (art. 184 do Código Civil). Até a ignorância da gravidez das mulheres pode ser alegada. O que é impressionante, já que, como vimos, não há dever legal de fidelidade entre os conviventes civis, ao contrário do casamento. Em relação à custódia, o artigo 226 do Código Civil foi alterado de tal forma que, em caso de incapacidade do pai ou da mãe, o cuidado pessoal da criança poderá ser concedido ao respectivo convivente civil.

Por fim, foram regulados também os efeitos da união civil no campo previdenciário: um convivente civil pode ser cobrado pelo outro contratante para tai fins.

1.5. Término

As causas de término do acordo de união civil estão estabelecidas no artigo 26 da Lei Nº 20.830. São: norte natural o presumida de um dos conviventes civis, neste último caso de acordo com o disposto no artigo 43 da Lei Nº 19.947. Terminará também por comprovação judicial da morte de um dos conviventes civis, efetuada pelo juiz do último domicilio que o falecido tenha tido no Chile, nos termos previsto nos artigos 95 y 96 do Código Civil; matrimônio dos conviventes civis entre si, quando proceda; mútuo acordo, o qual deverá constar de escritura pública ou ata outorgada ante Oficial do Registro Civil; vontade unilateral de um dos conviventes civis, a qual deverá constar do mesmo modo[17]; e por declaração judicial de nulidade do acordo de união civil. A sentença que declare a nulidade do acordo de união civil deve ser averbada

[17] A cessação unilateral será notificada ao outro convivente civil, por gestão voluntária perante o tribunal com jurisdição em assuntos familiares. Pode-se comparecer pessoalmente. A notificação deve ser por destinatário judicial, dentro de vinte dias úteis da subinscrição da referida escritura ou ata, além da inscrição do contrato de união civil, realizada no registro especial previsto no artigo 6º. A falta de notificação não afetará o término do acordo da união civil, mas responsabilizará o contratante negligente por quaisquer danos que esse termo possa causar ao outro contratante. O indicado não é exigido se o membro do casal a quem se deve notificar estiver desaparecido, ou seu paradeiro for ignorado ou não estiver mais em comunicação com os seus. De qualquer forma, a ignorância não pode ser alegada após três meses da subinscrição.

à margem da inscrição a que se refere o artigo 6º da Lei Nº 20.830 e não será oponível a terceiros, salvo a partir da referida averbação[18].

Legitimação ativa

Estabelece o artigo 20 da Lei Nº 20.830 que o convivente civil terá legitimação ativa para reclamar as indenizações por danos que, por ato ilícito, um terceiro provoque ao co-convivente, notadamente a morte ou que o impossibilite de exercer por si mesmo as ações legais correspondentes, "sem prejuízo as outras indenizações a que tenha direito, de acordo com os requisitos do direito comum".

Com este artigo, uma discussão interessante da doutrina chilena desaparece e que era referente à reivindicação pelo concubino quanto aos danos sofridos por seu convivente. O tema deve ser visto, em maior detalhe, dentro dos requisitos do dano, quando sua legalidade é analisada. Fca claro que a proteção proporcionada pelo sistema jurídico visa a proteção de interesses lícitos; então, o que é ilícito não é digno das salvaguardas estabelecidas pela lei. A partir do exposto, segue-se, sem qualquer dificuldade, que o dano a ser compensado deve afetar um interesse lícito ou legítimo. Para que o interesse assim o seja, não precisa ser expressamente estabelecido pelo legislativo. Em princípio, qualquer interesse é lícito, a menos que seja contrário às leis ou aos bons costumes[19].

Quanto a essa exigência do dano, como indicamos, foi discutido se a concubina ou concubino tinha interesse legítimo passível de proteção pelo Direito (embora a jurisprudência permitisse indenizar os conviventes). Consideremos, por exemplo, a morte do homem. Poderia, nesse caso, a mulher solicitar a correspondente indenização? A este respeito, a doutrina era dividida. Alessandri indicava que a compensação não era possível porque a ação da

[18] São motivos para a nulidade da união civil: ser menor de idade ou incapaz absoluto; privação do uso da razão; transtorno psíquico ou anormalidade, falta de julgamento ou discernimento suficiente, nos termos previstos no artigo 5º da Lei Nº 19.947; a hipótese de «homicídio» prevista no artigo 7º do mesmo órgão jurídico; falta de consentimento livre e espontâneo; comprometimento do parentesco; vínculo conjugal não dissolvido ou um acordo de união civil vigente.

[19] BARROS, Enrique. *Tratado de responsabilidad extracontractual*. Ed. Jurídica de Chile: Santiago de Chile, 2010, p. 223.

concubina baseava-se em sua própria imoralidade. Acrescentava que a lei não deveria cobrir os imorais, no entanto, apontava que era diferente a situação dos filhos ilegítimos que, sim, a poderiam exigir, uma vez que sua ação não se baseava na imoralidade, pois era moral que um pai atendesse às necessidades de seus filhos[20].

Corral apontava que o concubinato, embora não fosse de fato reprimido pelo sistema judicial, não significava que devesse ser protegido nem afiançado. Isso porque entendia que as uniões de fato não deveriam ter a mesma proteção que a família baseada no casamento. Sem prejuízo disso, concluía que a reivindicação da concubina deveria ser aceita porque se baseava em uma relação de afeto, mas não em um vínculo legal[21].

Rodriguez levantou outra visão e observou que era necessário distinguir se uma pessoa casada estava em adultério, em tal caso a ação do(a) concubino(a) não deveria ser aceita porque fora baseada em um interesse ilegítimo. Já se os concubinos fossem solteiros, a demanda poderia ser aceita, pois o contrário era verdadeiro, ou seja, o interesse era lícito[22].

Voltando ao artigo 20º, este se refere a duas situações: primeiro, a morte de convivente civil e segundo, sua impossibilidade para tomar a ação judicial correspondente por conta própria. Em ambas as situações, pode-se buscar indenização pelos correspondentes danos, tanto materiais ou patrimoniais, quanto morais ou extrapatrimoniais.

Nas hipóteses levantadas estamos na presença de casos típicos de danos reflexos ou por ricochete. Nesse sentido, em ambos os casos, a vítima direta é o convivente civil que foi morto ou gravemente ferido em virtude do delito de terceiros, enquanto o outro é uma vítima indireta, ou seja, o dano não recaiu sobre ele, mas o afeta.

Com foco na primeira hipótese, como já indicamos, a vítima por reflexo pode exigir tanto dano material quanto moral, conforme o caso. Procederá o dano patrimonial se em virtude da morte do outro convivente, for privado

[20] ALESSANDRI, Arturo. *De la responsabilidad extracontractual en el Derecho civil chileno.* Ed. Jurídica de Chile: Santiago de Chile, 2010, pp. 154-155.

[21] CORRAL, Hernán. *Lecciones de responsabilidad civil extracontractual.* Ed. Jurídica de Chile: Santiago de Chile, 2013, pp. 140-141.

[22] RODRÍGUEZ, Pablo. *Responsabilidad extracontractual.* Ed. Jurídica de Chile: Santiago de Chile, 2010, pp. 263-264.

de sua assistência financeira, por exemplo, se ele recebia alguma forma de auxílio financeiro. O dano moral será admissível se pelo ato indevido houver uma lesão, perturbação ou desconforto na psique, ou seja, estamos diante do típico título de dano moral chamado *"pretium doloris"*, sem prejuízo da possibilidade de se discutir figuras mais modernas de dano moral.

A segunda hipótese requer como resultado danoso a impossibilidade de o convivente civil realizar as ações civis correspondentes. Racionalizando com base na distinção entre impossibilidade física e psíquica, Corral entende que deve ser uma impossibilidade de natureza psíquica, como estado de inconsciência, comatoso ou vegetativo. O autor descarta acertadamente a impossibilidade física, pois em tal caso não há impedimento algum para o exercício das ações de indenização por meio de mandatário judicial[23].

Ao leitor estrangeiro pode chamar a atenção o teor do artigo 20 da Lei nº 20.830. De fato, a seguinte pergunta poderia surgir: por que a legislatura chilena regulou em termos expressos, nos casos acima mencionados, a legitimação ativa dos conviventes civis? A seguinte consideração pode ser adicionada: a Nova Lei do Casamento Civil não regulamentou regras semelhantes para os cônjuges e o mesmo quadro pode ser visto no Código Civil.

Para responder a isso, é necessário recordar o que foi indicado em relação à discussão que dividia a doutrina chilena sobre a legalidade do interesse do(a) concubino(a) nos julgamentos pela morte de seu parceiro. Embora, como salientamos, a jurisprudência nas décadas anteriores à aprovação da Lei nº 20.830 tenha sido uniformizada, aceitando indenização em favor do(a) concubino(a) pelos danos sofridos em decorrência da morte de seu parceiro, com o claro texto do artigo 20 não há qualquer possibilidade de ressurgimento desse debate[24].

Em nossa opinião, no momento do casamento, não há necessidade de regulamentação semelhante à contida no artigo 20 da Lei nº 20.830, uma vez que

[23] CORRAL, Hernán. *Responsabilidad civil por daños causados por un tercero a uno de los integrantes de una unión civil*, em Lepín, Cristian y Gómez de la Torre, Maricruz (coordinadores). Estudios de Derecho Familiar I. Actas Primeras Jornadas Nacionales. Facultad de Derecho. Universidad de Chile. Ed. Thomson Reuters: Santiago de Chile, 2016, p. 302.

[24] Considere ainda que de acordo com a letra (c) do artigo 108 do Código de Processo Penal: *"se considera vítima ao ofendido pelo delito (...) ao convivente"*.

ninguém duvida da legitimidade ativa de um cônjuge para fins de julgamentos de indenização causados por danos sofridos pelo outro cônjuge.

Sem prejuízo, devem ser cumpridas exigências próprias do *onus probandi*. Consequentemente, não se trata de danos presumidos. De fato, o convivente civil deve comprovar, por todos os meios de prova legítimos, os requisitos da responsabilidade extracontratual. Assim, no caso de requerer indenização por dano moral, deve comprovar o alegado prejuízo extrapatrimonial e, consequentemente, os juízes não devem atenuar os *standards* probatórios pertinentes[25].

2. O acordo da União Civil como instrumento de fraude da lei

Nas últimas décadas, houve um boom nos movimentos migratórios com destino ao Chile. Assim, imigrantes de vários países, principalmente da Colômbia, Haiti e Venezuela, entraram em território chileno, juntando-se à imigração tradicional do Peru e da Bolívia. A maioria dos imigrantes se estabeleceu em Santiago, capital do Chile, e no extremo norte do país. Neste último caso, é inegável que um dos fatores que explicam as migrações mencionadas é a

[25] Trata-se de outra das muitas aplicações da norma básica do *onus probandi* do artigo 1698 do Código Civil. No entanto, a jurisprudência em alguns acórdãos considerou que bastam provas de caráter indireto para comprovar o dano moral, por exemplo, o prontuário médico ou a declaração do cirurgião seriam suficientes para provar o sofrimento. Em outros acórdãos ainda mais questionáveis, tem sido considerado que não é necessária nem mesmo a provisão de provas indiretas, por exemplo, foi considerado que seria "óbvio" o sofrimento da mãe após a morte de seu filho; o mesmo no que diz respeito ao sofrimento de uma irmã, em ambos os casos está-se ante uma realidade que se impõe, emanando da natureza do ilícito e, portanto, o dano moral não deve ser comprovado. Outros acórdãos concluíram que se está na presença de evidências impossíveis, seria extremamente difícil provar aspectos subjetivos ou extra patrimoniais. A doutrina não concorda que o dano moral não requer prova, pois isso pode resultar em consequências injustas, como reparar danos que nunca existiram: reparar um suposto dano moral pela morte dos pais em favor de uma filha que não teve contato com os mesmos ou que foi vítima de violência ou abuso sexual, ou seja, o mero vínculo de parentesco não revela a existência de danos morais; isso deve ser atestado. Não se trata de exigir uma prova exata da quantidade de dano, mas, pelo menos, é preciso fornecer evidências a partir das quais o dano possa ser comprovado. Em particular, no que diz respeito ao preço da dor, se aceita como um meio de prova idôneo um relatório de especialistas (Psiquiatra), Curral, *Op. Cit.*, 2013, Pp. 163-167.

riqueza proveniente da indústria mineradora, cujos principais depósitos estão localizados na parte norte do Chile.

Isso levou a um aumento das ordens de expulsão emitidas pela autoridade administrativa em virtude da prática de vários delitos de diferente natureza imputados aos imigrantes. De fato, podemos estar na presença de infrações de pequena ou grande monta. Um exemplo típico do primeiro caso, se dá pela permanência em território chileno uma vez expirado o período legal de 90 concedidos àqueles que entram no Chile como turistas. Mas também há expulsões baseadas na perpetração de crimes graves, como homicídio ou crimes sexuais.

Compreensivelmente, os imigrantes ameaçados por uma medida de expulsão tentam encontrar um mecanismo legal para impedir a execução do ato administrativo[26]. Na parte que nos interessa aqui, têm argumentado que a expulsão levaria à separação das famílias, o que contraria tanto o artigo 1º da Constituição Política do Chile, uma norma que afirma que é dever do Estado proteger a família e promover seu fortalecimento, bem como vários tratados internacionais que protegem a família. Em outras palavras, tem sido argumentado que a pena de expulsão seria desproporcional se considerado o dano que ela causaria aos laços familiares do imigrante. A referida invocação da tutela que o sistema jurídico deve conceder à família em muitas ocasiões vem sendo bem sucedida, ou seja, fundamentou a revogação no tribunal de justiça das ordens administrativas de expulsão.

A notícia chegou aos ouvidos da comunidade de imigrantes. Diante do exposto, e especialmente nos últimos anos, o Direito chileno tem presenciado a realização de simulações de vínculos familiares com o objetivo de obter algum benefício de obter residência, obter um emprego ou impedir ou revogar uma expulsão. Em outras palavras, trata-se da fabricação interessada de algum vínculo familiar com o objetivo de obter alguma vantagem[27].

Parece que o primeiro vínculo simulado, para os propósitos descritos, foi o casamento, o que nos leva a falar sobre casamentos de conveniência,

[26] Nesse sentido, ações foram apresentadas ações de amparo (*habeas corpus*) e, em menor grau, recursos de reclamação de expulsão.

[27] MONDACA, Alexis. *Los nexos de familia y la revocación de las resoluciones de expulsión de extranjeros*, en Lepín, Cristian y Gómez de la Torre, Maricruz (coordinadores). Estudios de Derecho Familiar I. Actas Primeras Jornadas Nacionales. Facultad de Derecho. Universidad de Chile. Ed. Thomson Reuters: Santiago de Chile, 2016, pp. 373-390.

complacência, branco ou cinza, entre outras denominações[28]. Em suma, são casamentos em que não há intenção de formar uma comunhão genuína de vida conjugal ou de cumprir os propósitos do casamento[29]; usa-se o casamento como um mero meio para alcançar um determinado propósito. Infelizmente, não há mecanismos eficazes no Chile, seja a *priori* ou a *posteriori*, para detectar simulações de casamento, mesmo as mais grosseiras. Nada impede que o mesmo se passe com uniões de fato e até mesmo com a filiação.

Para uma melhor explicação desse ponto, especificamente no que diz respeito à possibilidade de simulação do acordo da União Civil, é necessário referir-se à regulamentação da celebração desse contrato pela Lei nº 20.830. De acordo com as disposições do inciso 1 do artigo 5º da referida lei: "O acordo de união civil será celebrado no Serviço de Registro Civil e Identificação, ante qualquer oficial, que deverá elaborar ata de tudo o que fizeram, a qual será assinada por ele e pelos contraentes". Sem prejuízo do exposto, o referido artigo permite a conclusão no local indicado pelos contraentes, desde que esteja localizado dentro da jurisdição do Oficial de Registro Civil. Acrescenta o inciso 2 do artigo 5º: "Os contraentes deverão declarar, sob juramento ou promessa, por escrito, oralmente ou por linguagem de sinais sobre o fato de que eles não estão vinculados por vínculo conjugal não dissolvido ou por acordo de união civil vigente". Acresça-se o estabelecido no artigo 10, do Regulamento da Lei nº 20.830, que, para efeitos do presente trabalho, nos interessa exclusivamente quanto à letra f), inciso IV: "Se consentem livre e espontaneamente em celebrar o acordo da União Civil e, da resposta afirmativa, deixar registro na ata de celebração".

Uma leitura rápida dos textos transcritos é suficiente para poder argumentar que o legislador chileno não se se preocupou com a existência de um verdadeiro consentimento no caso do acordo de união civil, o que também se verifica no que diz respeito ao casamento. Basta que os contraentes afirmem, de qualquer forma referida no artigo 5º, que não são casados ou não fazem parte de um acordo de união civil existente, e, conforme expresso no artigo 10º do Regulamento, que declaram consentir de modo livre e espontâneo.

[28] CarrascosaJavier. *Casamentos de conveniência e nacionalidade espanholas*. Registros legais. Universidade de Múrcia. 20, 2002, pp. 7-34.

[29] No caso chileno, esses propósitos estão expressos no artigo 102 do Código Civil: viver em conjunto, procriação e assistência mútua.

Em suma, é fácil no Chile simular um acordo de união civil com vistas a obter lucro no que concerne à imigração, de modo que o contrato pode ser o meio para a concretização de uma fraude no caso de estrangeiros.

Por isso, é importante que os juízes não permitam o abuso descrito do acordo de união civil. Para isso, é relevante que o respectivo julgamento prove que o suposto vínculo familiar tem correlação na realidade. Ou seja, a mera existência jurídica de um acordo de união civil não é suficiente, mas também deve ter uma "existência social". Nesse sentido, o imigrante deve provar, no mínimo, que divide uma casa comum com a outra parte ao acordo de união civil e que há uma vida afetiva comum.

Conclusões

Em virtude do trabalho realizado podemos chegar às seguintes conclusões:

O Direito de família chileno pela primeira vez em sua história, com a Lei nº 20.830, regulamentou as uniões de fato sob a forma de um contrato chamado acordo de união civil. Mas é uma disciplina que não contempla as uniões livres que não decidam formalizar sua situação pelo contrato nomeado. Como indicamos, ao acordo de união civil foram concedidos efeitos legais da maior envergadura, o que o aproxima do casamento.

Devemos destacar o artigo 20 da Lei nº 20.830, que, em termos explícitos, consagra a legitimidade ativa do convivente civil para processar por danos que um terceiro causa ao seu parceiro. Isso nos casos em que o resultado nocivo implica a morte do parceiro ou a impossibilidade do membro do casal exercer por si as ações correspondentes. Isso põe fim à discussão que dividiu a doutrina chilena sobre o interesse legal da concubina com o propósito de buscar indenização por danos.

Por fim, deve-se destacar a ausência de mecanismos legais para detectar simulações de acordos de União Civil no Chile. Nesse sentido, vê-se a mesma situação que existe quanto ao casamento. Portanto, seria desejável a implementação de medidas que impeçam o uso indevido e o abuso do acordo de união civil (e de outros laços familiares), ou seja, uma investigação sobre a presença de verdadeiro consentimento entre os futuros conviventes civis.

Referencias

ALESSANDRI, Arturo. *De la responsabilidad extracontractual en el Derecho civil chileno.* Ed. Jurídica de Chile: Santiago de Chile, 2010.

BARROS, Enrique. *Tratado de responsabilidad extracontractual.* Ed. Jurídica de Chile: Santiago de Chile, 2010.

CARRASCOSA, Javier. *Matrimonios de conveniencia y nacionalidad española.* Anales de Derecho. Universidad de Murcia. 20, 2002.

CORRAL, Hernán. *Responsabilidad civil por daños causados por un tercero a uno de los integrantes de una unión civil,* en Lepín, Cristian y Gómez de la Torre, Maricruz (coordinadores). Estudios de Derecho Familiar I. Actas Primeras Jornadas Nacionales. Facultad de Derecho. Universidad de Chile. Ed. Thomson Reuters: Santiago de Chile, 2016.

CORRAL, Hernán. *Lecciones de responsabilidad civil extracontractual.* Ed. Jurídica de Chile: Santiago de Chile, 2013.

MONDACA, Alexis. *Los vicios de la voluntad en la Ley Nº 20.830, que establece el acuerdo de unión civil en el Derecho de familia chileno.* Anuario Uruguayo Crítico de Derecho de Familia y Sucesiones. 6. 2018.

MONDACA, Alexis. *Los nexos de familia y la revocación de las resoluciones de expulsión de extranjeros,* en Lepín, Cristian y Gómez de la Torre, Maricruz (coordinadores). Estudios de Derecho Familiar I. Actas Primeras Jornadas Nacionales. Facultad de Derecho. Universidad de Chile. Ed. Thomson Reuters: Santiago de Chile, 2016.

MONDACA, Alexis. *El error inducido por dolo como causal de nulidad del matrimonio civil en la Ley Nº 19.947: aceptación y consecuencias de su regulación.* Ius et Praxis. 2. 2010.

OPAZO, Mario. *Es realmente un contrato el acuerdo de unión civil.* Revista de Derecho. Universidad del Externado. 33. 2017.

RODRÍGUEZ, Pablo. *Responsabilidad extracontractual.* Ed. Jurídica de Chile: Santiago de Chile, 2010.

TAPIA, Mauricio, *Acuerdo de unión civil: una revisión de su justificación, origen y contenido,* en Hernández, Gabriel y Tapia, Mauricio (coordinadores). Estudios sobre Nueva Ley de Acuerdo de Unión Civil. Ed. Thomson Reuters: Santiago de Chile, 2016.

2. ANÁLISIS CRÍTICO DEL RÉGIMEN LEGAL CONTENIDO EN LA LEY 20.830 QUE CREA EL ACUERDO DE UNIÓN CIVIL

Alejandra Illanes Valdés

Introducción

Hasta el año 2015, Chile careció de un estatuto jurídico que regulará los efectos civiles de las uniones convivenciales. Nuestro sistema se alineaba con los regímenes abstencionistas, que seguían dominando el derecho comparado.

En efecto, hasta la entrada en vigencia de la Ley 20.830, ocurrida el 22 de octubre de 2015, las situación jurídica de los convivientes sólo era reconocida en normas disgregadas en distintos cuerpos legales, a la que se sumaban un contingente de fallos judiciales que, basados en la aplicación de reglas o principios generales, les reconocían ciertos derechos patrimoniales, normalmente nacidos con ocasión del termino de la relación.

Superada la discusión extendida por gran parte del siglo XX, respecto de la legitimidad del concubinato, y basados en las estadísticas que daban cuenta que un importante número de familias fundadas en este tipo de uniones, el nuevo siglo nos recibió con diversos proyectos de ley destinados a otorgarles amparo patrimonial. Se trataba de entregar un marco de protección limitado, para una realidad distinta al matrimonio.

Durante la discusión parlamentaria, al objetivo antedicho, se sumó la necesidad evidenciada de dar respuesta a las parejas del mismo sexo, imposibilitadas de contraer matrimonio, habida cuenta de la exigencia de heterosexualidad de los contrayentes requerida en el Código Civil, lo cual, junto con sellar el carácter de estatuto familiar del acuerdo de unión civil (AUC), le privó de la esperable autonomía en relación con el matrimonio, sumiéndole en una verdadera crisis de identidad, que la ha sometido a duras criticas durante su corta existencia.

El objetivo del presente trabajo, en el marco de una obra colectiva destinada a conocer el tratamiento jurídico de las uniones de hechos en distintos ordenamientos comparados, es exponer el régimen legal existente en Chile, principalmente a la luz de la ley antes citada, observar los problemas que se han suscitado en su aplicación práctica, y dar cuenta de lo que hoy visualizamos como desafíos pendientes.

1. Situación de las unines convivenciales antes de la Ley 20.830

El Código Civil de Bello, de 1855, siguiendo los postulados del *Code Civil* francés, no contempló un marco regulatorio destinado a reconocer y amparar las uniones convivenciales; consecuencia lógica de un cuerpo normativo destinado a alentar el matrimonio como base única de la familia, a lo menos, de aquella digna de protección jurídica.

Si se revisan las obras clásicas de derecho de familia chileno, es posible afirmar que el siglo XX estuvo marcado por importantes discusiones en torno a la legitimidad de las uniones de hecho –concubinato– y respecto de la necesidad o no de atender a las problemáticas patrimoniales que las aquejaban. Se trataba de una cuestión relevante, habida consideración del importante contingente de familias no matrimoniales que, desde siempre, habían existido en nuestro país.

En el plano legal, los primeros signos de reconocimiento se vinculan a la protección por medio de normas de seguridad social, destinadas a proteger a la madre de los hijos del trabajador que hubiere estado viviendo a expensas de éste hasta el momento de su muerte (leyes 16.744 y 18.490); normas que, en todo caso, tenían como supuesto de aplicación la existencia de hijos comunes. Se trataba entonces de un resguardo oblicuo o indirecto.

En un sentido mucho más concreto, se expresaban las reglas contenidas en el Código Penal[1] y Código Procesal Penal[2], que reconocían a los convivientes el carácter de víctima del delito de parricidio y de legitimados activos para querellarse criminalmente por los delitos cometidos en contra del conviviente.

En el mismo sentido obró la incorporación del conviviente como víctima de violencia intrafamiliar, contenido en el artículo 5º de la Ley 20.066[3].

Pero al margen del amparo legal de las relaciones de convivencia, en materias específicas como las que se han esbozado, particular relevancia fue adquiriendo el derrotero jurisprudencial, marcado por un contingente importante de fallos judiciales que, fundados en reglas o principios generales del derecho civil, comenzaron a reconocer derechos patrimoniales a los convivientes.

Dentro de las materias abordadas en los fallos citados, que incluyeron la legitimación del concubino para demandar indemnización de perjuicios por daño moral en carácter de víctima por repercusión o rebote, la posibilidad de utilizar el concubinato para enervar la acción de precario, entre otras, especial relevancia tuvieron las demandas destinadas a obtener reconocimiento de derechos sobre los bienes adquiridos por uno de los concubinos durante la

[1] Art. 390: "El que conociendo las relaciones que los ligan mate a su padre, madre o hijo, a cualquier otro de sus ascendientes o descendientes o a quien es o ha sido su cónyuge o su conviviente, será castigado como parricida, con la pena de presidio mayor en su grado máximo a presidio perpetuo calificado.

[2] Art.108: Concepto. Para efectos de este Código, se considera víctima al ofendido por el delito. En los delitos cuya consecuencia fuere la muerte del ofendido y en los casos que éste no pudiere ejercer los derechos que en este Código se le otorgan, se considerará víctima:
a) al cónyuge o al conviviente civil y a los hijos; (...)".
b) a los ascendientes.
c) al conviviente;
d) a los hermanos, y
e) al adoptado o adoptante. Para los efectos de su intervención en el procedimiento, la enumeración precedente constituye un orden de prelación, de manera que la intervención de una o más personas pertenecientes a una categoría excluye a las comprendidas en las categorías siguientes".

[3] Artículo 5º. "Violencia intrafamiliar. Será constitutivo de violencia intrafamiliar todo maltrato que afecte la vida o la integridad física o psíquica de quien tenga o haya tenido la calidad de cónyuge del ofensor o una relación de convivencia con él; o sea pariente por consanguinidad o por afinidad en toda la línea recta o en la colateral hasta el tercer grado inclusive, del ofensor o de su cónyuge o de su actual conviviente".

vigencia de la vida en común, reclamados al término de la relación, ya fuere por muerte u otra causa.

Aunque no es posible establecer con datos estadísticos cuál era el nivel de éxito que tenían estos requerimientos, la literatura da cuenta de una abundante jurisprudencia que, recurriendo a figuras tales como la sociedad de hecho, el cuasicontrato de comunidad o los contratos de servicios innominados, reconocían derechos patrimoniales en favor del conviviente demandante[4].

Es importante destacar, en todo caso que, si bien la base en que descansaban los requerimientos era el concubinato, los fallos daban cuenta que no era la convivencia en sí la que justificaba la atribución de derechos, sino que el esfuerzo mancomunado y, en todo caso, el aporte hecho por el demandante.

Muestra de lo anterior es lo resuelto por la Corte Suprema al sostener que: *"la comunidad de bienes entre concubinos no emana del concubinato, ni de la circunstancia de haberse adquirido durante el lapso de tiempo en que hicieron vida matrimonial, sino del hecho de haberse acreditado que los bienes fueron adquiridos con el producto del trabajo realizado conjuntamente"*[5].

En este mismo sentido, pero refiriéndose expresamente al aporte hecho por el demandante, se resolvía que: *"acreditándose la vida en común de los concubinos, contratos suscritos y la labor desplegada por uno de ellos en la adquisición de bienes y la ocupación doméstica del otro en el hogar común, revelan la voluntad de ambos de formar una comunidad relativa a los bienes que tenían, y que pudieran adquirir en el futuro mediante la mutua convivencia, detentando cada uno un derecho sobre las cosas comunes, idéntico al de los socios en el haber social, debiendo partirse aquellos acorde a las normas prescritas en el artículo 227 Nº1 del Código Orgánico de Tribunales"*[6].

[4] En este sentido RAMOS PAZOS, René. *Derecho de Familia*, Tomo II. 5. Ed. Santiago: Editorial Jurídica de Chile, 2005, p. 640.

[5] Corte Suprema, Revista Derecho y Jurisprudencia, t. 50, sec. 1ª, p. 470. Citada por RAMOS PAZOS, ob. cit. p. 641.

[6] Corte Pedro Aguirre Cerda, 6 de diciembre de 1989, Revista Derecho y Jurisprudencia, t. 86, sec. 2ª, p. 127; citada en *supra*..

2. La necesidad de regulación y el estatuto familiar como respuesta. Crisis de identidad del AUC

Tal como señaláramos en la introducción, el siglo XXI comenzó con profusas iniciativas legales destinadas a darles un marco regulatorio general a las uniones convivenciales. Durante la década de los dos mil, se llegaron a contabilizar cerca de diez proyectos de ley en esta materia[7].

Si estamos a la fundamentación contenida tanto en el proyecto de ley sobre acuerdo de vida en común, Boletín Nª7.011-07, de 29 de junio de 2010, como el contenido en el proyecto sobre acuerdo de vida en parejas, Mensaje Presidencial 156-359, de 8 de agosto de 2011, los que fusionados sentaron las bases de la Ley 20.830, la necesidad de regulación se sustentó en tres ideas principales: protección de la familia como pilar fundamental de la sociedad; necesidad de regular las uniones de hecho para dar mayor certeza a los derechos y obligaciones que de ellas emanaban y el resguardo del carácter heterosexual del matrimonio.

En efecto, a la época de discusión de la ley en examen, Chile ya contaba con la condena de la Corte Interamericana de Derechos Humanos, contenida en el fallo *Atala Riffo*, que explicitaba el deber estatal de proteger la vida familiar, más allá del matrimonio[8]; de ahí la necesidad de dar muestras concretas de apertura a nuevas formas de hacer familia[9].

[7] En este sentido, CORNEJO, Pablo. *Acuerdo de Unión Civil: una nueva regulación Familiar*, p. 5; visible en: https://www.academia.edu/19730027/El_acuerdo_de_uni%C3%B3n_civil_Una_nueva_regulaci%C3%B3n_familiar (última consulta: 28 de julio de 2020).

[8] Corte Interamericana de Derechos Humanos, caso Atala Riffo y Niñas vs. Chile, 24 de febrero de 2012, visible en: http://www.corteidh.or.cr/docs/casos/articulos/resumen_239_esp.pdf. (última consulta: 28 de julio de 2020). La Corte constata que en la Convención Americana no se encuentra un concepto cerrado de familia, ni mucho se protege sólo un modelo "tradicional" de la misma". Agrega que, "El concepto de vida familiar no está reducido únicamente al matrimonio y debe abarcar otros lazos familiares de hecho donde las partes tienen vida en común por fuera del matrimonio". Sobre este punto agrega, que el lenguaje utilizado por la Corte Suprema de Chile, haciendo alusión a la convivencia de la Sra. Atala con su pareja del mismo sexo, relacionado con la supuesta necesidad de las niñas de crecer en una familia estructurada normalmente y apreciada en su medio social, "y no en una familia excepcional, refleja una percepción limitada y estereotipada del concepto de familia que no tiene base en la Convención al no existir un modelo especifico de familia".

[9] En este sentido, señala el Profesor Gabriel Hernández: "...la LAUC, en general, se instala en la línea de protección de los principios y valores democráticos de derecho, es decir, de los

Las estadísticas, por su parte, daban cuenta que cerca de dos millones de personas en nuestro país convivían sin estar casados, en uniones de hecho, carentes de un estatuto capaz de definir y proteger los derechos y obligaciones atribuibles a ese estado.

Sin embargo, sobre las consideraciones anotadas, la idea de resguardar el carácter heterosexual del matrimonio fue, a nuestro entender, lo que, no sólo selló el carácter familiar atribuido a la institución en análisis, sino que también terminó privándole de una identidad propia. El acuerdo de unión civil, según veremos, no es un matrimonio, pero se le parece demasiado[10].

La caracterización anotada, que sumerge a la figura del acuerdo de unión civil chileno en una verdadera crisis de identidad, respecto del matrimonio, ha traído como consecuencia, no sólo una crítica en torno al rigor técnico empleado, al haberse extendido los efectos matrimoniales a una realidad que era distinta, sino que también la ha sometido al constante reproche de que, habiéndose querido satisfacer una multiplicidad de objetivos, no se ha cumplido con ninguno de ellos.

El acuerdo de unión civil, según se verá, no ampara a las uniones de hecho, sino que sólo a quienes la formalicen en una unión de derecho, ni tampoco

derechos humano, como el respecto a la diversidad de formas de vida, igualdad y no discriminación, intimidad y libre desarrollo de la personalidad y a formar una familia". HERNÁNDEZ, Gabriel, *Valoración, aspectos destacados y critica de la Ley que Crea el Acuerdo de Unión Civil*, en *Estudios sobre la nueva Ley que Crea el Acuerdo de Unión Civil*. Santiago: Thomson Reuters, 2016, p. 2.

[10] En este sentido se afirma: "la naturaleza jurídica del AUC es confusa: no es matrimonio pero tiene estructura de tal al habérsele trasplantado gran parte de los derechos matrimoniales (prácticamente ningún deber). Esta falencia proviene de la poca claridad de la propuesta original; el mensaje con que se acompañó del ex Presidente Piñera concebía al AUC como parte de las políticas de fortalecimiento de la familia y de aceptación de su diversidad, pero se definía como un contrato de efectos meramente patrimoniales". ESPEJO, Nicolás; LATHROP, Fabiola, *Salir del Closet: la necesidad del matrimonio homosexuales y los límites del AUC*, en *Estudios sobre la nueva Ley que Crea el Acuerdo de Unión Civil*. Santiago: Thomson Reuters, 2016, p. 11. En un sentido contrario encontramos la opinión de Pablo Cornejo, en cuyo concepto: "El principal mérito del acuerdo fue crear una nueva institución familiar, distinta del matrimonio, sobre una base igualitaria, sin reproducir las visiones de género propias de éste y sin discriminar entre sus destinatarios, de una manera que se logra promover a las vez el pluralismo familiar y la igualdad de las relaciones de familia; siendo esta una razón que nos lleva a pensar que estamos en presencia de una nueva institución que reclama su propios lugar en el derecho de familia y cuya legitimación por su uso en la práctica seguramente la hará subsistir en el tiempo. CORNEJO, Pablo. *Después del Acuerdo de Unión Civil. ¿Queda un lugar para la convivencia?*, en *Revista de Derecho de Familia*, Tomo I. Santiago: Thomson Reuters, 2014, p. 75.

ha resuelto la demandas de quienes abogan por la necesidad de contar con una ley de matrimonio igualitario.

En lo que respecta a la situación de las parejas de hecho, se sostiene que: "las cifras sugieren que el AUC no ha sido un incentivo para que esos dos millones de chilenos que convivirían de hecho regularicen su situación. Los que conviven de hecho en su gran mayoría siguen igual"[11].

En lo que refiere a los requerimientos planteados por parejas del mismo sexo, el acuerdo de solución amistosa suscrito por Chile ante la Comisión Interamericana de Derechos Humanos, de junio del año 2016 que compromete al Estado a "impulsar en conjunto con los peticionarios un proceso de discusión pública, que se inicia con la suscripción del presente acuerdo, en torno al matrimonio igualitario", materializado en el proyecto del ley enviado por el ejecutivo en agosto de 2017 al Congreso, da cuenta que este sucedáneo de matrimonio igualitario tampoco ha sido aceptado como respuesta adecuada.

3. Caracterización de la figura

De conformidad con lo dispuesto en el artículo 1º de la Ley 20.830: *"El acuerdo de unión civil es un contrato celebrado entre dos personas que comparten un hogar, con el propósito de regular los efectos jurídicos derivados de su vida afectiva en común, de carácter estable y permanente. Los contrayentes se denominan convivientes civiles y serán considerados parientes para los efectos previstos en el artículo 42 del Código Civil".*

A partir de la definición anotada, y de la reglamentación contenida en la Ley antes citada es posible anotar las siguientes características:

3.1. El AUC no se reconoce ni reglamenta en el Código Civil

A diferencia de aquellas legislaciones que, al regular las uniones convivenciales, han introducido sendas reformas a sus codificaciones civiles, el legislador chileno opta por una regulación independiente.

[11] RODRÍGUEZ, María Sara, *El acuerdo de unión civil en Chile. Aciertos y desaciertos*, en *Revista Ius et Praxis* 24-2, 2018, p. 143.

Si observamos lo que ocurre en materia de matrimonio, en que la Ley de Matrimonio Civil, Nº 19.947, también es una ley especial, podemos entender que se ha seguido el mismo derrotero.

Sin embargo, a pesar de la semejanza anotada, las críticas igualmente se han dejado caer. Lo anterior se debe a que, tal como expone el profesor Mauricio Tapia, el estatuto del AUC se construye en parte importante con remisiones normativas al Código Civil o la Ley de Matrimonio Civil, en términos tales, que las normas contenidas en estos cuerpos legales han resultado modificadas, sin que ello haya quedado suficientemente explicitado es sus textos.

Lo anterior es posible observar, tanto en lo que ocurre en materia de bienes familiares, sucesión por causa de muerte o compensación económica, estatutos que han venido a ser directamente impactados por la Ley de AUC, sin que ello se haya traducido en las pertinentes modificaciones legales. Se trata, en definitiva, de reformas ocultas[12].

3.2. Sólo protege a las parejas que celebren el acuerdo y lo registren en los términos que señala la ley

A pesar de que, tal como indicáramos precedentemente, el estatuto en comento se gesta a partir de la necesidad de otorgar amparo a parejas que conviven sin estar casadas – uniones de hecho–, el legislador nacional se decanta en definitiva por un estatuto que, en estricto rigor, prescinde de lo fáctico y se ajusta a lo formal. Se estima que, bajo esta formula, se respeta la libertad individual y se resguarda adecuadamente la seguridad jurídica[13].

[12] Mauricio Tapia señala sobre el particular que: "El AUC se ideó como una ley autónoma, separada del Código Civil. No obstante, sus normas modificaron o complementaron el Código Civil de manera 'indirecta' o 'tácita'. Esto es, prácticamente todas las modificaciones se hacen "sin tocar" el Código Civil, en circunstancia que deja a los ciudadanos, a los abogados, y a los jueces la difícil tarea de "interpretar" sus disposiciones y determinar cómo se efectúa esa modificación, lo que inevitablemente dará lugar a dificultades y controversias". TAPIA, Mauricio, *Acuerdo de Unión Civil: una revisión de su justificación, origen y contenido,* en *Estudios sobre la nueva Ley que Crea el Acuerdo de Unión Civil*. Santiago: Thomson Reuters, 2016, p. 30.

[13] En el medio nacional, el profesor Pablo Cornejo ha explicitado las ventajas de nuestro sistema, señalando que: "En esta materia existen varias razones que favorecen la adopción de un modelo formal. Por una parte resulta conveniente estructurar la unión civil en torno a la celebración de un contrato, porque crea un instituto que es más fácil de funcionar para los abogados, para los jueces, para los distintos operadores jurídicos. Al momento en que se

En efecto, tal como se deriva de lo dispuesto en los artículos 1, 2, 5 y 6 de la Ley 20.830, este régimen se aplica exclusivamente a aquellas parejas que celebren el contrato, denominado acuerdo de unión civil, ante el Servicio de Registro Civil e Identificación, del cual deberá levantarse acta, que deberá inscribirse en un registro creado especialmente al efecto.

Sin perjuicio de la consideración anotada, esto es, que el legislador chileno opta por la protección de las uniones de derecho, la falta de convivencia efectiva entre los contratantes, la ausencia de vida afectiva en común, no debiera ser un aspecto irrelevante para el derecho, pues en caso contrario estaríamos aceptando la utilización de esta figura como instrumento de fraude a la ley.

Tal como se ha expuesto acertadamente en nuestro medio: "En el caso extremo en que no exista una convivencia que regular y en que los convivientes civiles no hayan buscado sino celebrar el acuerdo con la finalidad fraudulenta de obtener un beneficio sucesorio o de seguridad social, creemos que el acuerdo no pasará de ser un contrato desprovisto de objeto, un acto simulado que,

produce algún conflicto que debe ser regulado, si nos encontramos frente a una convivencia, consistente en una mera realidad de hecho, se producirá el problema acerca de cómo esa realidad de hecho lograr ser reconocida dentro del sistema, lo que ocurrirá por regla general solamente una vez que existe una crisis en la relación de pareja y exigiendo que se sustancia un juicio. En este momento, tendrá que iniciarse un proceso, en el cual se declare que existió una convivencia y, como consecuencia de la declaración de esa convivencia, se procederá a atribuirse determinados efectos. El problema se va a producir con los efectos que se deriven de esta convivencia una vez que ésta deje de existir, como ocurre típicamente con la necesidad de liquidar un patrimonio". Agrega, " Por el contrario, en el caso de una regulación de tipo formal, la regulación opera confiriendo una protección antes incluso de que se produzca la crisis en la relación de pareja, dado que se trata de efectos que están asociados a la celebración misma del contrato y que pueden ser anticipados por las partes. Son las partes quienes optan por someterse a esta regulación y al momento de hacerlo, quedan sujetos a sus efectos jurídicos. Con ello se produce un segundo efecto beneficioso, que se refleja en la reducción de los costos que implica el funcionamiento del sistema. En el caso de un acuerdo formal, basta con establecer si existe o no el contrato, para que sea conferida la protección, sin que sea necesario acreditar nada más en juicio". El contrato implica un acuerdo de voluntades, implica una manifestación de voluntad en orden a someterse a un determinado efecto jurídico. Desde esta perspectiva, se puede considerar que en el marco de un sistema que respeta la libertad personal y la libertad de matrimonio (visto desde un estatus negativo) no resulta adecuado extender los efectos de una regulación que se basa en una voluntad manifestada en la celebración de un contrato, implica un resguardo para los propios convivientes, quienes solamente se verán afectados por esta regulación en la medida que se consienta en ella", CORNEJO, Pablo, ob. cit., pp. 15-16.

por más que pueda haber sido celebrado ante un oficial civil cumpliendo con las solemnidades establecidas por la ley, debe ser considerado ex post como ineficaz, por la aplicación de nuestras reglas civiles"[14].

3.4. Ampara sólo relaciones monógamas

El legislador de la Ley 20.830, tal como lo hace a su turno la Ley de Matrimonio Civil, sólo ampara relaciones monógamas[15].

El artículo 9, inciso segundo, señala a este respecto que, no podrán celebrar acuerdo de unión civil: *"las personas que se encuentren ligadas por un vínculo matrimonial no disuelto o un acuerdo de unión civil vigente".*

3.5. Puede ser celebrado por parejas de distinto y del mismo sexo

Tal como se dijera en líneas anteriores, el acuerdo de unión civil se plantea ante la comunidad como una opción para parejas que no quieren o no pueden casarse, encontrándonos en este último caso con las parejas del mismo sexo, impedidas de contraer matrimonio en Chile, en función de lo dispuesto en el artículo 102 del Código Civil.

La consideración de esta característica es clave para explicar la contundencia de los derechos que, en definitiva, se reconocieron a este tipo de unión, y la perdida de identidad respecto de lo que es el matrimonio. Pues el acuerdo de unión civil, tal como expresáramos, sin ser matrimonio, se le parece demasiado[16].

[14] CORNEJO, Pablo, ob. cit., p. 79.

[15] En efecto, la Ley de Matrimonio Civil establece en su artículo 5 numeral 2 que, no podrán contraer matrimonio: *"Los que se hallaren ligados por un acuerdo de unión civil vigente, a menos que lo celebren con su conviviente civil".*

[16] En este sentido señala Pablo Cornejo "No puede olvidarse que un punto de partida razonable al momento de discutir el acuerdo era suponer que, mientras para las parejas de distinto sexo, que pueden el día de hoy acceder a la institución matrimonial, el contenido de la nueva regulación debería considerar el establecimiento de claras diferencias con aquella institución que es rechazada, tanto en lo que concierne a la forma de su celebración como a sus efectos; para las parejas del mismo sexo que en esa época no contaban con otra forma de reconocimiento de su relación, resultaba relevante el establecimiento de una figura que les proporcione un acto que marque el inicio de su relación, por todas las implicancias que les están asociadas, y cuyo contenido sea lo más denso posible". CORNEJO, Pablo, ob. cit., p. 72.

3.6. Confiere el estado civil de *conviviente civil*

El artículo 1 luego de definir el acuerdo de unión civil agrega que: *"Los contrayentes se denominarán convivientes civiles y serán considerados parientes para los efectos previstos en el artículo 42 del Código Civil", especificando en el inciso segundo que, "Su celebración conferirá el estado civil de convivientes civiles".*

La circunstancia de haberle atribuido al AUC la aptitud de generar estado civil para los contrayentes, es consecuente con el carácter de estatuto familiar impresa a la figura.

No obstante ello, se trata de un aspecto particularmente polémico hasta el día del hoy, no sólo por estimarse que carecería del elemento característico del estado civil: su condición más o menos permanente, difícil de sostener a la luz de las causales de terminación del acuerdo y de su forma de operar, sino que también, porque a su terminación los convivientes recuperan el estado civil que tenían antes de su celebración; lo que resulta inconsistente con la marca indeleble que se estima debieran dejar en las personas su paso por un determinado estado civil.

En efecto, el artículo 1º en su inciso final agrega, "El término de este acuerdo restituirá a los contrayentes el estado civil que tenían antes de celebrar el contrato"[17].

3.7. Constituye un estatuto familiar

Uno de los aspectos especialmente controvertidos en su oportunidad, fue si correspondía plantear la regulación de las uniones convivenciales

[17] Sobre este particular comenta Joaquin Polit, "Si el estado civil es una calidad del individuo, más o menos permanente y si en el caso del matrimonio, a su término (y dependiendo de la causal) los ahora excónyuges quedan con estado civil de divorciado(a), viudo(a) e, incluso, sin disolverse el vínculo (sólo algunos deberes) se puede acceder al estado de separado judicialmente, no se entiende por qué en el caso del AUC, a su término, incluso por muerte de uno de los contrayentes, el estado del exconviviente civil va a ser el que tenía antes de celebrar el acuerdo, como si correspondiese que se volviese a ser no sólo soltero (que sería lo más adecuado, dentro de esta deficiente técnica legislativa) sino que divorciado(a) o viudo (a). La verdad que esta inconsistencia en la redacción de la ley genera situaciones ilógicas en el marco de lo que es y representa para la sociedad un atributo de la persona como es el estado civil". POLIT, Joaquín, *A propósito del Acuerdo de Unión Civil*, en *Estudios sobre la nueva Ley que Crea el Acuerdo de Unión Civil*. Santiago: Thomson Reuters, 2016, p. 53.

como un estatuto familiar o dejarlo como una figura de corte netamente patrimonial.

Aunque en sus orígenes la interrogante era legítima, el cariz que fueron tomando los proyectos de ley que se presentaron al Congreso, y particularmente de aquellos que sirvieron de sustento a la Ley 20.830, es posible afirmar que el legislador chileno se inclinó en definitiva, y a nuestro entender sin lugar a dudas, por un estatuto familiar. Así lo demuestran las reglas que atribuyen estado civil, parentesco, filiación y competencia a los Tribunales de Familia, sólo por mencionar algunos.

Tal como sostiene en el medio nacional el profesor Gabriel Hernández, "finalmente el acuerdo de unión civil (AUC) queda perfilado como una figura de índole familiar, con lo que la nueva normativa se termina situando en las antípodas del Proyecto de Ley de Acuerdo de Vida en Pareja, que es su antecedente y que lo concibió mayormente como un acto de derecho patrimonial". Agrega, "No cabe duda acerca de que, al fin, la mencionada ley reconoce en términos positivos los distintos tipos de familia, acomodándose a la actual realidad chilena y mundial y de la que, desde hace bastantes años, dan cuenta diversos estudios"[18].

3.8. Puede terminar por voluntad unilateral de cualquiera de los convivientes

Dentro de las causales de terminación del AUC previstas en el artículo 26 de la Ley, y poniendo en serios aprietos las expresiones de estabilidad y permanencia previstas en su definición, se reconoce a cualquiera de los convivientes el derecho, irrenunciable, a ponerle término por voluntad unilateral; la cual, según se prescribe, "deberá constar por escritura pública o acta otorgada ante oficial del Registro Civil", y subinscribirse al margen de la inscripción del acuerdo de unión civil".

En relación con la causal en comento, se dispone la obligación de notificar al otro conviviente, mediante gestión voluntaria ante el tribunal con competencia en materia de familia; sin embargo, cabe consignar, que la notificación no es una solemnidad; no es trámite esencial. En este sentido se dispone que,

[18] HERNÁNDEZ, Gabriel, ob. cit.

"La falta de notificación no afectará el término del acuerdo de unión civil", sin perjuicio de la responsabilidad para el conviviente negligente de los perjuicios que la ignorancia de dicho término pueda ocasionar al otro contratante". Concluye el legislador señalando a estos respectos "En todo caso, no podrá alegarse ignorancia transcurridos tres meses de efectuada la subinscripción a que se refiere el inciso precedente".

4. Efectos del Acuerdo de Unión Civil

4.1. Efectos personales

Sin perjuicio de las consecuencias que produce el AUC en el estado civil de los convivientes (artículo 1, inciso 2º), en sus relaciones de parentesco (artículo 1, inciso 1º y artículo 4º) y, según veremos más adelante, en el plano de la filiación, el artículo 14 limita los efectos personales del AUC, entendidos como derechos y deberes, al deber de ayuda mutua.

Dispone a estos respectos la norma citada: *"Los convivientes civiles se deberán ayuda mutua. Asimismo, estarán obligados a solventar los gastos generados por su vida en común, de conformidad a sus facultades económicas y al régimen patrimonial que exista entre ellos"*.

La comparación de este deber único de ayuda mutua, versus aquellos que engendra el matrimonio, si bien es la nota característica de esta figura, no ha estado exenta de críticas, pues, produciendo efectos tan limitados en el plano personal, resultan inexplicables la importación que hace la Ley 20.830 de instituciones fundadas directamente en deberes matrimoniales, que no tienen cabida en el AUC.

Un caso concreto de inconsecuencia es lo que ocurre con la presunción de paternidad, pues el artículo 21 de la Ley 20.830 la hace aplicable a los convivientes civiles de distinto sexo, en los mismos términos que a un matrimonio, a pesar de que a aquellos no le son aplicables los deberes legales de fidelidad y de cohabitación, que fundamentan la presunción en comento[19].

[19] Art. 21: *"Para efectos de la presunción de paternidad, en caso de convivientes civiles de distinto sexo se estará a las normas que la regulan en el artículo 184 del Código Civil"*.

4.2. Efectos patrimoniales

Es sin duda, en el ámbito patrimonial, que la Ley 20.830 dota al AUC de un contenido robusto.

En primer término, el artículo 15 atribuye a los convivientes civiles un régimen patrimonial. Este es, en principio, la separación total de bienes; admitiendo el legislador la posibilidad de que sustituya, en el acto de celebración del AUC, por un régimen de comunidad de gananciales; el cual se rige por la norma recién citada y por reglas del cuasicontrato de comunidad, previstas en el párrafo 3º del Título XXXIV del Libro IV del Código.

Segundo, permite que los convivientes puedan demandar la declaración de bien familiar del inmueble de propiedad de uno o ambos convivientes, que sirva de residencia principal de la familia (artículo 15), en los términos previstos en los artículos 141 y siguientes del Código Civil, para un matrimonio.

Tercero, reconoce a favor del conviviente supérstite los mismos derechos hereditarios que el cónyuge sobreviviente, tanto en la sucesión testada como intestada (arts. 16 y siguientes).

Cuarto, reconoce legitimación activa a los convivientes civiles para reclamar las indemnizaciones derivadas de los perjuicios a que hubiere lugar por el hecho ilícito de un tercero que hubiere causado el fallecimiento de su conviviente civil o que lo imposibilite para ejercer por sí mismo las acciones legales correspondientes (art.20).

Quinto, reconoce el derecho a demandar compensación económica, con ocasión del término del AUC, en favor de aquél de los convivientes que, como consecuencia de haberse dedicado al cuidado de los hijos o a las labores propias del hogar común, no hubiere podido desarrollar una actividad remunerada o lucrativa durante la vigencia del acuerdo o lo hubiere hecho en menor medida de lo que quería y podía. Figura que se rige en la forma prevista en los artículos 62 a 66 de la Ley de Matrimonio Civil (art.27)

Sexto, tanto en el sistema público como en el sistema privado de salud, el acuerdo de unión civil permite a cualquiera de los convivientes civiles ser carga del otro[20].

[20] Boletín SUSESO Nº 3 de 2019, Acuerdo de Unión Civil: La seguridad social y los convivientes civiles (en materias de competencia de esta Superintendencia), visible en: www.suseso.cl (última consulta: 28 de julio de 2020).

Séptimo, el conviviente civil tiene derecho a pensión de sobrevivencia, sólo en el sistema de AFP (esto es, se excluye de los beneficios otorgados por el I.P.S y la Ley 16.744), siempre que el acuerdo se hubiere celebrado al menos un año antes del fallecimiento o tres años, si el acuerdo se celebró cuando el causante ya recibía pensión de vejez o invalidez.

Finalmente, cabe consignar que, no obstante el artículo 14 de la Ley 20.830 establece que los convivientes "estarán obligados a solventar los gastos generados por su vida en común, de conformidad con sus facultades económicas y al régimen patrimonial que exista entre ellos", esto no se traduce en una obligación alimenticia. Los convivientes civiles no son alimentarios forzosos.

5. Tensiones y desafíos

Teniendo presente la doctrina acumulada a la fecha, y un tiempo prudente de aplicación del estatuto de AUC, introducido en la legislación chilena en el año 2015, dos son los aspectos que siguen penando la reforma: la determinación de la situación de los convivientes de facto y la situación jurídica de los hijos en dicho contexto.

5.1. Uniones de hecho post reforma

Habida cuenta de que el legislador chileno opta por regular las uniones convivenciales como contratos solemnes, en que la aplicación del estatuto protector está supeditado al cumplimiento de solemnidades legales ante el Registro Civil, sin resolver la situación jurídica de quienes mantengan una relación de facto, surge como interrogante válida el determinar la situación jurídica en que debemos situar a las auténticas uniones de hecho, tras la reforma.

Las interrogantes, lógicamente, deben circunscribirse a aquellas materias que no tienen una sanción expresa en la ley, teniendo en cuenta lo que indicáramos en un inicio, en cuanto a la existencia de reglas anteriores a la reforma que reconocen efectos al concubinato, y que le sobrevivieron.

El examen de la doctrina más difundida en nuestro país, y de los escasos fallos judiciales que existen a la fecha, posteriores a la reforma, referidos principalmente al reconocimiento de derechos patrimoniales sobre bienes adquiridos durante la vigencia del concubinato y, en menor medida, a la legitimación activa en hipótesis de ilícitos civiles, dan cuenta de una tendencia en orden a mantener los criterios aplicados a dichas uniones antes de la reforma.

Lo anterior, sin embargo, no debe ser entendido como una rebelión ante la voluntad del legislador, ni de lo querido por los convivientes al abstenerse de celebrar un acuerdo de unión civil, sino que como la consecuencia lógica de que, más allá del concubinato, el derecho no puede permanecer indiferente, ante la existencia de un esfuerzo mancomunado en la adquisición de bienes, para el primer caso, y en la existencia de un interés legítimo digno de ser amparad, para el segundo.

En lo que refiere al reconocimiento y liquidación de una comunidad de hecho, en el contexto de una demanda intentada por una concubina, la Corte Suprema ha ratificado en el 2017 su criterio al señalar que: "*...la convivencia no es presunción de una comunidad de bienes como pretende la recurrente. En efecto, la pretensión de la demandante le imponía el deber de acreditar que los bienes fueron adquiridos en común por ambas partes, lo que no ocurrió. Y así también lo ha resuelto esta Corte Suprema en sentencia de veintiséis de abril de 2011, refiriéndose a este punto en los siguientes términos: Que entonces, al resolver ha de tenerse en cuenta que, para impetrar el reconocimiento del derecho sobre bienes adquiridos durante el período de vida en común, no basta con esgrimir la relación de convivencia. Así se ha dicho que la comunidad de bienes entre los concubinos no emana del concubinato, ni de la circunstancia de haberse adquirido durante el lapso en que hicieron vida matrimonial, sino del hecho de haberse acreditado que los bienes fueron adquiridos con el producto del trabajo realizado conjuntamente (Corte Suprema, R.D.J, t.50, sec,1º, p.470). De lo anotado se colige que la existencia de una comunidad precedida por una unión no matrimonial, como la que se invoca en la especia, debe ir acompañada de la comprobación de los aportes realizados en común, o que existió un trabajo, industria u otra actividad conjunta que dio pábulo al cuasicontrato en referencia*"[21].

En relación al tema de la legitimación del conviviente de hecho para demandar indemnización de perjuicios derivada de la muerte del concubino, la Corte de Apelaciones de Rancagua en 2016, ha ratificado el criterio sostenido por la Excma. Corte Suprema (Rol Nª6.524-2010) al sostener que: "*tratándose de la muerte de una persona con la que se mantenía una relación afectiva y de convivencia*

[21] Corte Suprema, 21 de febrero de 2017, causa Rol Nº 87.777-2016.

por más de siete años, quien además era el padre del hijo, también demandante, es dable presumir el dolor que para ambos ha significado tal pérdida, aflicción que constituye el daño moral que se ha demandado". Agrega la Corte en el considerando séptimo: *"Las uniones de hecho no matrimoniales o convivenciales, están determinadas por la existencia de la unión de hecho de dos personas, en que el elemento voluntad o consentimiento -esencial en todo negocio jurídico- se desplaza frente al carácter fáctico de la citada relación a la 'afectividad', como aparece en el caso de marras"*[22].

No obstante la aparente uniformidad de criterios, expresados en los fallos que transcribimos, concordamos con quienes afirman que habría sido conveniente haber contado con una norma de cierre en la Ley 20.830, capaz de zanjar las situaciones de los convivientes de hecho, por haber sido estos precisamente los inspiradores de la necesidad de legislar[23].

5.2. Hijos en el contexto del AUC[24]

Una de las críticas que con mayor frecuencia se realizan en torno a la regulación del Acuerdo de Unión Civil, es que habiéndose inclinado finalmente el legislador por consagrar un estatuto familiar, los hijos sean los grandes ausentes.

En este sentido se pronuncia Mauricio Tapia sosteniendo que, uno de los graves problemas de la institución en comento es que "constituye un matrimonio egoísta, que hace abstracción de una realidad humana: las personas no sólo deciden vivir juntas para compartir sus días, sino también para proyectar ese afecto a través de los hijos, ya sean biológicos o adoptados"[25].

[22] Corte de Apelaciones de Rancagua, 29 de junio de 2016, Rol Nº 2.564-2015 Civil.

[23] En este sentido se ha afirmado: "Parece conveniente una norma el establecimiento de una regla de clausura que regule las relaciones patrimoniales entre quienes conviven "de hecho" y no se sometan al régimen del AUC, que estimamos serán la mayoría de las parejas. Existen normas simples que podrían incorporarse para regular los efectos patrimoniales de la unión de hecho, y que podrían tener un impacto en términos de alcance tan relevante como los del AUC". RIOSECO, Andrés, *Acuerdo de Unión Civil: ¿regulación patrimonial en perjuicio de las parejas de hecho?*, en *Estudios sobre la nueva Ley que Crea el Acuerdo de Unión Civil.* Santiago: Thomson Reuters, 2016, p. 89.

[24] ILLANES, Alejandra, *Derecho del niño a vivir en familia en el contexto del Acuerdo de Unión Civil*, en *Revista Universitaria de Investigación Jurídica Ad Libitum La Serena: nuevas perspectivas del Derecho de Familia, régimen de responsabilidad y Acuerdo de Unión Civil*, pp. 62-78.

[25] TAPIA, Mauricio op. cit., p. 27.

Así también lo pone de manifiesto Marcela Acuña San Martin, al señalar que, "Si el legislador pretendió regular no una simple unión individual, sino que efectivamente una forma de familia, ¿es posible olvidar la consideración de los hijos o de los niños? En un país que ha asumido la obligación de adecuar su regulación interna en términos de efectivizar todos los derechos de los niños, en todas las situaciones en que puedan estar implicados, no se puede olvidar considerarlos, si es ello es necesario"[26].

En efecto, el AUC no aborda adecuadamente la situación de los hijos, pues sólo se refiere a ellos en aspectos muy puntales; tal como dan cuenta los artículos 10, 21, 27 y 45.

En el artículo 10 de la Ley 20.830, el legislador obliga a la madre o padre que tuviere bajo patria potestad a su hijo, y quisieren celebrar el acuerdo de unión civil, al trámite de las segundas nupcias consagrado en los artículos 124 a 127 del Código Civil.

El artículo 21, carente de un necesario rigor jurídico, extiende la presunción de paternidad consagrada en el artículo 184 del Código Civil en favor de los hijos matrimoniales, a los hijos de convivientes civiles[27].

El artículo 27, por su parte, reconoce en favor de los convivientes civiles el derecho a demandarse compensación económica, conforme a las reglas de los artículos 62 a 66 de la Ley de Matrimonio Civil; lo que implica, bajo el supuesto fijado en esta regulación, que el cuidado de los hijos queda amparado como causa suficiente para demandar compensación económica; figura que si bien protege directamente al conviviente más débil indirectamente favorece a sus hijos.

[26] ACUÑA, Marcela, *La consideración de los Hijos en la regulación de las relaciones de pareja*. Estudios de Derecho familiar I. Santiago: Thomson Reuters, 2016, p. 236.

[27] En relación con esta disposición, Maricruz Gómez de la Torre sostiene, "Al extender los efectos del artículo 184 del Código Civil a los hijos que nacen durante el AUC se rompe la estructura del Código Civil y con la fundamentación de la presunción *pater is est*, sustentada en la cohabitación y en el deber de fidelidad de la mujer casada. Pareciera que el legislador sustenta el establecimiento de la presunción en el compromiso que los padres asumen al convivir. De tal manera que aquellos que se someten al estatuto jurídico del matrimonio o del AUC sus hijos están siendo beneficiados con la certeza de que tener padre desde el nacimiento, sin necesidad de que el conviviente civil deba reconocer al hijo". GÓMEZ DE LA TORRE, Maricruz, *La presunción de paternidad en la Ley de Acuerdo de Unión Civil*, en *Estudios sobre la nueva Ley que Crea el Acuerdo de Unión Civil*. Santiago: Thomson Reuters, 2016, p. 111.

Finalmente, el artículo 45 de la Ley en comento modifica el artículo 226 del Código Civil, en el sentido de otorgarle al conviviente civil la calidad la calidad de tercero privilegiado para asumir el cuidado personal de un niño frente a la inhabilidad física o moral de ambos padres; lo cual, si bien representa un avance importante en el reconocimiento y protección de las familias ensambladas, resulta aún insuficiente.

La situación jurídica de los niños en el contexto de uniones civiles formadas por personas del mismo sexo, es, sin embargo, una situación que no tuvo suficiente atención, dejando espacio abierto al arbitrio judicial, que no ha tardado en aparecer.

Conclusiones

La Ley 20.830 del año 2015, incorporó en el ordenamiento jurídico chileno la figura del AUC, dejando atrás la postura del legislador original de abstenerse de reglamentar las uniones convivenciales.

El AUC se incorpora en nuestro ordenamiento como un estatuto familiar, abierto a parejas de distinto y del mismo sexo, cuya aplicación está subordinada a la celebración de un contrato solemne ante la Autoridad Civil.

El legislador patrio, en aras de proteger la seguridad jurídica y la libertad personal, opta por un sistema que privilegia lo formal por sobre lo factual. Esta decisión implica, que las uniones de hecho – en sentido estricto- quedan al margen de la reglamentación comentada.

En lo que refiere a los efectos del AUC, el perfil alcanzado por la figura, durante su tramitación legislativa, lo acercó en extremo al matrimonio, desentendiéndose del rigor técnico que exigía una figura nueva para una realidad distinta. Tal como hemos expresado precedentemente, el AUC no es un matrimonio, pero se le parece demasiado.

Luego de haber participado en el congreso organizado por ADFAS, en que hemos tenido el privilegio de conocer la regulación de las uniones convivenciales de otros países, presentada de manera inmejorables por quienes más saben de ellas, nos damos cuenta que los sistemas jurídicos son perfectibles y vale la pena trabajar por ello. Actividades de alto rigor académico y auténtica generosidad intelectual, contribuyen poderosamente al cumplimiento de ese objetivo.

Referencias

ACUÑA, Marcela, *La consideración de los Hijos en la regulación de las relaciones de pareja*, en *Estudios de Derecho familiar I*. Santiago: Thomson Reuters, 2016.

CORNEJO, Pablo, *Acuerdo de Unión Civil: una nueva regulación Familiar*, visible en: https://www.academia.edu/19730027/El_acuerdo_de_uni%C3%B3n_civil_Una_nueva_regulaci%C3%B3n_familiar.

CORNEJO, Pablo, *Después del Acuerdo de Unión Civil. ¿Queda un lugar para la convivencia?*, en *Revista de Derecho de Familia*, Tomo I. Santiago: Thomson Reuters, 2014.

ESPEJO, Nicolás; LATHROP, Fabiola, *Salir del Closet: la necesidad del matrimonio homosexuales y los límites del AUC*, en *Estudios sobre la nueva Ley que Crea el Acuerdo de Unión Civil*. Santiago: Thomson Reuters, 2016.

GÓMEZ DE LA TORRE, Maricruz, *La presunción de paternidad en la Ley de Acuerdo de Unión Civil*, en *Estudios sobre la nueva Ley que Crea el Acuerdo de Unión Civil*. Santiago: Thomson Reuters, 2016.

HERNÁNDEZ, Gabriel, *Valoración, aspectos destacados y critica de la Ley que Crea el Acuerdo de Unión Civil*, en *Estudios sobre la nueva Ley que Crea el Acuerdo de Unión Civil*. Santiago: Thomson Reuters, 2016.

ILLANES, Alejandra, *Derecho del niño a vivir en familia en el contexto del Acuerdo de Unión Civil*, en *Revista Universitaria de Investigación Jurídica Ad Libitum La Serena: nuevas perspectivas del Derecho de Familia, régimen de responsabilidad y Acuerdo de Unión Civil*.

POLIT, Joaquín, *A propósito del Acuerdo de Unión Civil*, en en *Estudios sobre la nueva Ley que Crea el Acuerdo de Unión Civil*. Santiago: Thomson Reuters, 2016.

RAMOS PAZOS, René, *Derecho de Familia, quinta edición actualizada*, Tomo II. Santiago: Editorial Jurídica de Chile, 2005.

RIOSECO, Andrés, *Acuerdo de Unión Civil: ¿regulación patrimonial en perjuicio de las parejas de hecho?*, en *Estudios sobre la nueva Ley que Crea el Acuerdo de Unión Civil*. Santiago: Thomson Reuters, 2016.

RODRÍGUEZ, Maria Sara, *El acuerdo de unión civil en Chile. Aciertos y desaciertos*, en *Revista Ius et Praxis* 24-2, 2018.

TAPIA, Mauricio, *Acuerdo de Unión Civil: una revisión de su justificación, origen y contenido*, en *Estudios sobre la nueva Ley que Crea el Acuerdo de Unión Civil*. Santiago: Thomson Reuters, 2016.

2. ANÁLISE CRÍTICA DO REGIME JURÍDICO CONTIDO NA LEI 20.830 QUE CRIA O ACORDO DA UNIÃO CIVIL

Alejandra Illanes Valdés

Introdução

Até 2015, o Chile não tinha um estatuto legal que regulasse os efeitos civis das uniões convivenciais. Nosso sistema se alinhava com regimes abstencionistas, que continuavam a dominar o direito comparado.

Até a entrada em vigor da Lei 20.830, que ocorreu em 22 de outubro de 2015, a situação jurídica dos conviventes só era reconhecida em regras divididas em diferentes órgãos jurídicos, às quais foram acrescentadas um contingente de decisões judiciais que, com base na aplicação de regras ou princípios gerais, reconheciam certos direitos patrimoniais, geralmente nascidos no final da relação.

Superada a discussão estendida por grande parte do século XX em relação à legitimidade do concubinato e com base nas estatísticas que contabilizaram um número significativo de famílias fundadas nesse tipo de uniões, o novo século nos recebeu com vários projetos de lei destinados a conceder-lhes proteção patrimonial. Tratava-se de fornecer um marco de proteção para uma realidade diferente do casamento.

Durante a discussão parlamentar, ao objetivo acima mencionado, acrescentou-se a evidente necessidade de dar resposta a casais do mesmo sexo, impossibilitados de contrair matrimônio, tendo em vista a exigência de heterossexualidade dos contraentes requerida no Código Civil, que, juntamente com a vedação do estatuto familiar do acordo de união civil (AUC), a privou da autonomia esperada em relação ao casamento, somando-a a uma verdadeira crise de identidade, que a submeteu a duras críticas durante sua curta existência.

O objetivo deste trabalho, no contexto de uma obra coletiva voltada para conhecer o tratamento jurídico das uniões de fato em diferentes sistemas comparados, é estabelecer o regime jurídico existente no Chile, principalmente à luz da referida lei, observar os problemas que surgiram em sua aplicação prática e prestar contas do que hoje vemos como desafios pendentes.

1. Situação das uniões convivenciais antes da Lei 20.830

O Código Civil de Bello, de 1855, seguindo os postulados do *Code Civil francês*, não contemplava um marco regulatório destinado a reconhecer e proteger as uniões convivenciais; consequência lógica de um órgão normativo destinado a incentivar o casamento como base única da família, pelo menos aquela digna de proteção jurídica.

Se revisamos as obras clássicas do direito de família chileno, é possível dizer que o século XX foi marcado por importantes discussões em torno da legitimidade das uniões de fato – concubinato – e em relação à necessidade ou não de resolver os problemas patrimoniais que os afligiam. Essa foi uma questão relevante, dado o importante contingente de famílias não matrimoniais que sempre existiram em nosso país.

No âmbito jurídico, os primeiros sinais de reconhecimento estão vinculados à proteção por meio de regras previdenciárias, destinadas a proteger a mãe dos filhos do trabalhador que vivia às custas deste até o momento de sua morte (Leis 16.744 e 18.490); regras que, em todo caso, tinham como suposto de aplicação a existência de filhos comuns. Era então uma salvaguarda oblíqua ou indireta.

Em um sentido muito mais específico, foram expressas as regras contidas no Código Penal[1] e no Código de Processo Penal[2], que reconheceram os conviventes viúvos como vítimas do crime de parricídio e de legitimados ativos para reclamar criminalmente pelos crimes cometidos contra os companheiros.

Na mesma linha, deu-se a incorporação do convivente como vítima de violência doméstica, contida no artigo 5º da Lei 20.066[3].

Mas, além da proteção jurídica das relações de convivência, em questões específicas como as que foram delineadas, foi adquirindo particular relevância o caminho da jurisprudência, marcado por um contingente significativo de julgamentos judiciais que, com base em regras gerais ou princípios do direito civil, passaram a reconhecer direitos patrimoniais aos conviventes.

Entre os assuntos abordados nas decisões acima mencionadas, que incluía a legitimidade do concubino para reivindicar indenização por danos morais como vítima por repercussão ou ricochete, a possibilidade de utilização do concubinato para energizar a ação de precariedade, entre outras, de particular relevância teve as demandas destinadas a obter o reconhecimento de direitos nos bens adquiridos por um dos concubinos durante a vida em comum, reivindicados ao término da relação, seja por morte ou outra causa.

[1] Art. 390: "Quem, conhecendo as relações que os unem, mate seu pai, mãe ou filho, qualquer outro de seus ascendentes ou descendentes ou que seja ou tenha sido seu cônjuge ou seu convivente, será punido como parricida, com a pena de prisão maior em seu grau máximo para prisão perpétua qualificada.

[2] Art.108: Conceito. Para efeitos deste Código, se considera vítima ao ofendido pelo delito. Nos delitos cuja consequência seja a morte do ofendido e nos casos em que este não puder exercer os direitos a ele concedidos neste Código, ele será considerado vítima:
a) o cônjuge ou convivente civil e filhos;
b) os ascendentes;
c) o convivente;
d) os irmãos, e
e) o adotado ou adotante. Para efeitos de sua intervenção no processo, a lista anterior constitui uma ordem de prioridade, de modo que a intervenção de uma ou mais pessoas pertencentes a uma categoria exclua àquelas que se enquadram nas seguintes categorias".

[3] Artigo 5º. "Violência doméstica. Será considerado violência doméstica qualquer maltrato que afete a vida ou a integridade física ou psíquica de quem seja ou tenha sido cônjuge do agressor ou tenha uma relação de convivência com ele; ou seja parente por consanguinidade ou afinidade ao longo da linha reta ou na linha colateral até e incluindo o terceiro grau, do ofensor ou de seu cônjuge ou de seu convivente atual."

Embora não seja possível estabelecer com dados estatísticos qual era o nível de sucesso desses requerimentos, a literatura dá conta de uma riqueza de jurisprudência que, utilizando figuras como a sociedade de fato, *o* quase contrato de comunhão[4] ou os contratos de serviços não nomeados, reconheciam direitos patrimoniais em favor do convivente requerente[5].

É importante notar, de qualquer forma, que, embora o fundamento em que se respaldavam os pedidos tenha sido o concubinato, os acórdãos deram conta de que não era a convivência em si que justificava a atribuição de direitos, mas o esforço conjunto e, em todo caso, a contribuição feita pelo requerente.

Um sinal do exposto acima é a conclusão da Corte Suprema ao argumentar que: *"a comunhão de bens entre concubinos não emana do concubinato, nem do fato de terem sido adquiridos durante o período de tempo em que fizeram vida de casado, mas pelo fato de ter como comprovar que os bens foram adquiridos com o produto do trabalho realizado em conjunto"*[6].

Na mesma linha, mas referindo-se expressamente à contribuição feita pelo requerente, decidiu-se que: *"ao comprovar a vida comum dos concubinos, dos contratos celebrados e do trabalho realizado por um deles na aquisição de bens e na ocupação doméstica do outro na casa comum, revelam a disposição de ambos em formar uma comunhão relativa aos bens que possuíam, e que poderiam adquirir no futuro por meio da convivência mútua, detendo cada um o direito às coisas comuns, idêntico aos de sócios na forma social, as partes devem basear-se nas regras previstas no artigo 227 nº 1 do Código Orgânico dos Tribunais"*[7].

[4] N.T. A figura do *cuasicontrato de comunidad* não encontra tradução precisa para o português. O direito chileno mantém, como fonte de obrigações, a classificação justiniana, de contrato, quase-contrato, delito e quase-delito (art. 2284, CC). Diz-nos o art. 2285, CC, que há naquele país três principais quase-contratos: "la agencia oficiosa, el pago de lo no debido y la comunidad", ou seja, à gestão de negócios, ao pagamento indevido e à comunhão (ou condomínio). Diz-nos. o art. 2304, CC, que é uma espécie de quase-contrato a comunhão de uma coisa universal ou singular, entre duas ou mais pessoas, sem que nenhuma delas tenha contratado sociedade ou celebrado outra convenção a ele relativa,

[5] Nesse sentido RAMOS PAZOS, René. *Derecho de Familia*, Tomo II. 5. Ed. Santiago: Editorial Jurídica de Chile, 2005, p. 640.

[6] Corte Suprema, Revista Derecho y Jurisprudencia, t. 50, sec. 1ª, p. 470. Citada por RAMOS PAZOS, ob. cit. p. 641.

[7] Corte Pedro Aguirre Cerda, 6 de dezembro de 1989, Revista Derecho y Jurisprudencia, t. 86, sec. 2ª, p. 127; supracitada.

2. A necessidade de regulamentação e o status familiar como resposta. Crise de identidade do AUC

Como observado na introdução, o século XXI começou com extensas iniciativas jurídicas destinadas a dar um marco regulatório geral às uniões convivenciais. Durante a década de 1920, cerca de dez projetos de lei foram contabilizados nesta área[8].

Se nos basearmos tanto no projeto de lei do acordo de vida em comum, Boletim nº 7.011-07 de 29 de junho de 2010, quanto no conteúdo do Projeto de Lei do Acordo de Vida dos Casais, Mensagem Presidencial 156-359, de 8 de agosto de 2011, os quais fundidos assentaram as bases da Lei 20.830, a necessidade de regulamentação baseou-se em três ideias principais: a proteção da família como pilar fundamental da sociedade; a necessidade de regular as uniões de fato para dar maior certeza aos direitos e obrigações que emanam delas e a salvaguarda da natureza heterossexual do casamento.

De fato, no momento da discussão da lei em análise, o Chile já tinha a condenação da Corte Interamericana de Direitos Humanos, contida na decisão *Atala Riffo,* que explicitava o dever do Estado de proteger a vida familiar, para além do casamento[9]; daí a necessidade de dar sinais concretos de abertura a novas formas de fazer uma família[10].

[8] Nesse sentido, CORNEJO, Pablo. *Acuerdo de Unión Civil: una nueva regulación Familiar*, p. 5; disponível em: https://www.academia.edu/19730027/El_acuerdo_de_uni%C3%B3n_civil_Una_nueva_regulaci%C3%B3n_familiar (última consulta: 28 de julio de 2020)

[9] Corte Interamericana de Direitos Humanos, Atala Riffo e filhas vs. Chile, 24 de fevereiro de 2012, disponível em: http://www.corteidh.or.cr/docs/casos/articulos/resumen_239_esp.pdf. (última consulta: 28 de julho de 2020). A Corte observa que a Convenção Americana não encontra um conceito fechado de família, nem protege a um único modelo "tradicional" desta." Acrescenta que: "O conceito de vida familiar não é reduzido apenas ao casamento e deve abranger outros laços familiares de fato onde as partes têm vida em comum fora do casamento." Nesse ponto, acrescenta, que a linguagem utilizada pela Suprema Corte do Chile, em alusão à convivência da Sra. Atala com sua parceira de mesmo sexo, relacionada à suposta necessidade de as meninas crescerem em uma família normalmente estruturada e apreciada em seu ambiente social, "e não em uma família excepcional, reflete uma percepção limitada e estereotipada do conceito de família que não tem base na Convenção por não existir um modelo específico de família".

[10] Nesse sentido, o professor Gabriel Hernández observa: "... a LAUC, em geral, coloca-se na linha de proteção dos princípios e valores democráticos de direito, ou seja, os direitos humanos, como o respeito à diversidade de modos de vida, igualdade e não discriminação,

As estatísticas, por sua vez, contabilizaram que quase dois milhões de pessoas em nosso país viviam juntas sem se casar, em uniões de fato, sem um estatuto capaz de definir e proteger os direitos e obrigações atribuíveis a esse estado.

No entanto, para além das considerações expressas, a ideia de salvaguardar o caráter heterossexual do casamento foi, em nossa opinião, o que não apenas selou o caráter familiar atribuído à instituição em análise, mas acabou privando-a de uma identidade própria. O acordo de união civil, como veremos, não é um casamento, mas se parece muito com ele[11].

A caracterização anotada, que mergulha a figura do acordo de união civil chilena em uma verdadeira crise de identidade, no que diz respeito ao casamento, resultou, não apenas em uma crítica ao rigor técnico empregado, uma vez que os efeitos conjugais foram estendidos a uma realidade diferente, mas também a submeteu à constante repreensão de que, tendo desejado atender a uma multiplicidade de objetivos, acabou por não cumprir nenhum.

O acordo de união civil, como se verá, não apoia uniões de fato, mas apenas aquelas que se formalizam em uma união de direito; tampouco resolveu

privacidade e livre desenvolvimento da personalidade e para formar uma família." Hernández Gabriel, *Valoración, aspectos destacados y critica de la Ley que Crea el Acuerdo de Unión Civil*, em *Estudios sobre la nueva Ley que Crea el Acuerdo de Unión Civil.* Santiago: Thomson Reuters, 2016, p. 2.

[11] Nesse sentido, afirma: "a natureza jurídica do AUC é confusa: não é casamento, mas tem tal estrutura, já que grande parte dos direitos matrimoniais foram transplantados (praticamente nenhum dever). Essa deficiência decorre da falta de clareza da proposta original; a mensagem com a qual se acompanhou do ex Presidente Piñera concebeu ao AUC como parte das políticas de fortalecimento da família e aceitação de sua diversidade, mas foi definida como um contrato de efeitos puramente patrimoniais". ESPEJO, Nicolás; LATHROP, Fabiola, *Salir del Closet: la necesidad del matrimonio homosexuales y los límites del AUC*, em *Estudios sobre la nueva Ley que Crea el Acuerdo de Unión Civil.* Santiago: Thomson Reuters, 2016, p. 11.
Na direção oposta encontramos a visão de Pablo Cornejo, em cujo conceito: "O principal mérito do acordo foi criar uma nova instituição familiar, distinta do casamento, em igualdade de condições, sem reproduzir as visões de gênero deste último e sem discriminar entre seus beneficiários, de forma a promover tanto o pluralismo familiar quanto a igualdade das relações familiares; sendo esta uma razão que nos leva a pensar que estamos na presença de uma nova instituição que reivindica seu próprio lugar no direito de família e cuja legitimidade por seu uso na prática certamente a fará subsistir no tempo. CORNEJO, Pablo. *Después del Acuerdo de Unión Civil. ¿Queda un lugar para la convivencia?*, em *Revista de Derecho de Familia*, Tomo I. Santiago: Thomson Reuters, 2014, p. 75.

as exigências daqueles que defendem a necessidade de uma lei matrimonial igualitária.

Em relação à situação dos casais de fato, argumenta-se que: "Os números sugerem que o AUC não tem sido um incentivo para aqueles dois milhões de chilenos que conviveriam de fato a regularizar sua situação. Para aqueles que convivem de fato, na grande maioria, tudo continua igual"[12].

Quanto aos requerimentos apresentados por casais do mesmo sexo, o acordo de liquidação amigável assinado pelo Chile à Comissão Interamericana de Direitos Humanos, de junho de 2016 que obriga o Estado a "promover em conjunto com os peticionários um processo de discussão pública, que começa com a assinatura deste acordo, em torno do casamento igualitário", materializado no projeto de lei enviado pelo executivo em agosto de 2017 ao Congresso, nota-se que este substituto para o casamento igualitário também não foi aceito como uma resposta adequada.

3. Caracterização do instituto

De acordo com o artigo 1º da Lei 20.830: *"O acordo de União Civil é um contrato celebrado entre duas pessoas que compartilham uma casa, com o objetivo de regular os efeitos legais decorrentes de sua vida afetiva em comum, de natureza estável e permanente. Os contraentes são chamados de conviventes civis e serão considerados parentes para os fins previstos no artigo 42 do Código Civil".*

A partir da definição observada, e das normas contidas na referida Lei é possível anotar as seguintes características:

3.1. O AUC não é reconhecido ou regulamentado no Código Civil

Ao contrário das legislações que, ao regulamentar as uniões convivenciais, introduziram reformas em suas codificações civis, o legislador chileno opta por uma regulamentação independente.

[12] RODRÍGUEZ, María Sara, *El acuerdo de unión civil en Chile. Aciertos y desaciertos*, em *Revista Ius et Praxis* 24-2, 2018, p. 143.

Se olharmos para o que está acontecendo em matéria de casamento, em que a Lei do Casamento Civil, nº 19.947, também é uma lei especial, podemos entender que se seguiu a mesma rota.

No entanto, apesar da semelhança observada, as críticas ainda persistem. Isso porque, como afirma o professor Mauricio Tapia, o estatuto do AUC contém, em parte importante, referências normativas ao Código Civil ou à Lei do Casamento Civil, de modo que as regras contidas nesses estatutos jurídicos foram alteradas, sem que isso tenha ficado suficientemente explícito em seus textos.

Isso pode ser observado, tanto em matéria de bens familiares, sucessão por morte ou compensação econômica, estatutos que passaram a ser diretamente impactados pela Lei do AUC, sem que isso tenha se traduzido nas alterações legais pertinentes. Trata-se, em suma, de reformas ocultas[13].

3.2. Protege apenas os casais que firmem o acordo e o registrem nos termos indicados por lei

Embora, como indicamos acima, o estatuto em questão seja extraído da necessidade de conceder proteção aos casais que vivem juntos sem serem casados – uniões de fato – o legislativo nacional optou por um estatuto que, a rigor, prescinde do factual e se apega ao formal. Considera-se que, sob esta formulação, a liberdade individual é respeitada e a segurança jurídica adequadamente salvaguardada[14].

[13] Mauricio Tapia ressalta sobre o assunto que: "o AUC foi concebido como uma lei autônoma, separada do Código Civil. No entanto, suas regras alteraram ou complementaram o Código Civil de forma "indireta" ou 'tácita'. Ou seja, praticamente todas as alterações são feitas "intocadas" pelo Código Civil, numa circunstância que deixa a cidadãos, advogados e juízes a difícil tarefa de "interpretar" suas disposições e determinar como tal modificação é feita, o que inevitavelmente levará a dificuldades e controvérsias." Mauricio, *Acuerdo de Unión Civil: una revisión de su justificación, origen y contenido,* en *Estudios sobre la nueva Ley que Crea el Acuerdo de Unión Civi*l. Santiago: Thomson Reuters, 2016, p. 30.

[14] No meio nacional, o professor Pablo Cornejo expressou as vantagens do nosso sistema, observando que: "Nessa área existem várias razões que favorecem a adoção de um modelo formal. Por um lado, é conveniente estruturar a união civil em torno da celebração de um contrato, pois cria um instituto mais fácil de funcionar para advogados, para juízes, para diferentes operadores jurídicos. No momento em que há um conflito que deve ser regulado, se nos depararmos com uma convivência, consistindo em uma mera realidade de fato, haverá o problema sobre como

Como é evidente nos artigos 1º, 2º, 5º e 6º da Lei 20.830, esse regime se aplica exclusivamente aos casais que celebram o contrato, denominado acordo de união civil, perante o Serviço de Registro Civil e Identificação, a partir do qual dever-se-á lavrar ata, que deve ser registrada em cadastro especialmente criado para esse fim.

Sem prejuízo da consideração observada, ou seja, que o legislativo chileno optou pela proteção das uniões de direito, a falta de convivência efetiva entre os contratantes, a ausência de vida afetiva em comum, não deveria ser um aspecto irrelevante para o direito, pois caso contrário estaríamos aceitando o uso dessa figura como instrumento de fraude da lei.

Como foi justamente declarado em nosso meio: "No caso extremo em que não há uma convivência para regular e no qual os conviventes civis procuraram apenas celebrar o acordo com a finalidade fraudulenta de obter benefício sucessório ou previdenciário, acreditamos que o acordo não passará de um contrato desprovido de objeto, um ato simulado que, por mais que possa ter sido concluído perante um oficial civil cumprindo as solenidades estabelecidas por lei, deve ser considerado *ex post* como ineficaz, pela aplicação de nossas regras civis"[15].

essa realidade será de fato reconhecida dentro do sistema, o que acontecerá como regra geral apenas quando houver uma crise na relação do casal e exigir que um julgamento seja feito. Neste ponto, terá de ser iniciado um processo, no qual se declara que houve coexistência e, como resultado da declaração dessa convivência, certos efeitos serão atribuídos. O problema ocorrerá com os efeitos que surgem dessa convivência uma vez que ela deixa de existir, como é tipicamente o caso com a necessidade de liquidar um patrimônio". Adiciona "Ao contrário, no caso de uma regulação formal, o regulamento opera por meio da concessão de proteção mesmo antes da crise ocorrer na relação, uma vez que são efeitos que estão associados à celebração do próprio contrato e que podem ser antecipados pelas partes. São as partes que optam por submeter-se a este regulamento e, no momento em que o fazem, estão sujeitas aos seus efeitos legais. Isso produz um segundo efeito benéfico, que se reflete na redução dos custos envolvidos na operação do sistema. No caso de um acordo formal, basta estabelecer se o contrato existe ou não, para que a proteção seja conferida, sem que seja necessário comprovar qualquer outra coisa em juízo". O contrato envolve um acordo de vontades, implica uma manifestação de vontade em ordem para se submeter a um certo efeito legal. Nessa perspectiva, pode-se considerar que, no contexto de um sistema que respeite a liberdade pessoal e a liberdade de casamento (visto a partir de um status negativo) não seja apropriado estender os efeitos de uma regulamentação baseada em uma vontade manifestada na celebração de um contrato, implicando uma salvaguarda para os próprios conviventes, que só serão afetados por este regulamento na medida em que se consinta sobre ele" , Cornejo, Pablo, ob. cit. pp. 15-16.

15 Cornejo, Pablo, ob. cit, p. 79.

3.4. Ampara apenas relacionamentos monogâmicos

A Lei 20.830, tal como faz, por sua vez, a Lei do Casamento Civil, abrange apenas relações monogâmicas[16]

O artigo 9 inciso segundo estabelece, em relação a isso, que não poderão celebrar um acordo de união civil: *"as pessoas que se encontrem ligadas a um vínculo matrimonial não dissolvido ou a um acordo de união civil vigente".*

3.5. Pode ser celebrado por casais de diferentes e do mesmo sexo

Como dito em linhas anteriores, o acordo de união civil é apresentado à comunidade como uma opção para casais que não querem ou não podem se casar, encontrando-nos neste último caso com casais do mesmo sexo, impedidos de se casar no Chile, de acordo com as disposições do artigo 102 do Código Civil.

A consideração dessa característica é fundamental para explicar a força dos direitos que foram reconhecidos nesse tipo de união e a perda de identidade em relação ao que é o casamento. Pois o acordo de união civil, como expressamos, sem ser um casamento, com ele muito se assemelha[17].

3.6. Confere o estado civil *convivente civil*

O artigo 1º após a definição do acordo de União Civil *acrescenta que: "Os contraentes serão chamados de conviventes civis e serão considerados parentes para os fins previstos no artigo 42 do Código Civil", especificando no inciso segundo que, "Sua celebração conferirá o estado civil de conviventes civis".*

[16] De fato, a Lei do Casamento Civil prevê no artigo 5º numeral 2 que não poderão contrair matrimônio: *"Aqueles que estão vinculados a um acordo de união civil existente, a menos que o celebrem com seu convivente civil."*

[17] Nesse sentido, observa Pablo Cornejo "Não se pode esquecer que um ponto de partida razoável ao discutir o acordo era supor que, enquanto para casais de diferentes sexos, que hoje podem acessar a instituição do casamento, o conteúdo do novo regulamento deveria considerar estabelecer diferenças claras com aquela instituição que é rejeitada, tanto no que diz respeito à forma de sua celebração quanto de seus efeitos; para casais do mesmo sexo que não tinham outra forma de reconhecimento de seu relacionamento na época, era relevante estabelecer uma figura que lhes fornecesse um ato que marcasse o início de seu relacionamento, para todas as implicações associadas a ele, e cujo conteúdo seja o mais denso possível." CORNEJO, Pablo, ob. cit., p. 72.

A circunstância de se atribuir ao AUC a capacidade de gerar estado civil para os contraentes é congruente com o caráter de estatuto familiar atribuído ao instituto.

No entanto, este é um aspecto particularmente controverso até hoje, não apenas por estimar-se que carece do elemento característico do estado civil: sua condição mais ou menos permanente, que é difícil de sustentar à luz dos fundamentos para o término do acordo e da forma como ele opera, mas também porque no seu término os conviventes recuperam o estado civil que tinham antes de sua celebração, o que é inconsistente com a marca indelével que se estima deveriam deixar nas pessoas sua passagem por um determinado estado civil.

De fato, o artigo 1º em seu inciso final acrescenta: "O prazo deste contrato restaurará aos contratantes o estado civil que tinham antes de celebrar o contrato"[18].

3.7. Constitui um estatuto familiar

Um dos aspectos particularmente controversos foi se era apropriado considerar a regulamentação das uniões convivenciais como um estatuto familiar ou deixá-lo como uma figura de corte puramente patrimonial.

Embora a questão fosse originalmente legítima, o cariz que foram tomando os projetos de lei apresentados ao Congresso, e particularmente daqueles que serviram de apoio à Lei 20.830, é possível dizer que o legislador chileno se curvou definitivamente, e em nossa opinião, sem lugar a dúvida, por um estatuto familiar. Isso é demonstrado pelas regras que atribuem estado civil, parentesco, filiação e jurisdição aos Tribunais de Família, apenas para mencionar alguns.

[18] Sobre este assunto, comenta Joaquin Polit, "Se o estado civil é uma qualidade do indivíduo, mais ou menos permanente e se no caso do casamento, no seu final (e dependendo do causal) os ex cônjuges agora são deixados com estado civil de divorciado, viúvo e até mesmo, sem dissolver o vínculo (apenas alguns deveres) pode acessar o estado de separação judicialmente, não se entende por que no caso do AUC, ao seu término, incluindo por morte de um dos contraentes, o estado do ex convivente civil será o que ele tinha antes do acordo ser celebrado, como se voltasse a ser novamente não apenas solteiro (o que seria o mais apropriado, dentro desta pobre técnica legislativa), mas sim divorciado ou viúvo. A verdade é que essa inconsistência na elaboração da lei gera situações ilógicas no âmbito do que é e representa para a sociedade um atributo da pessoa como é o estado conjugal". POLIT, Joaquín, *A propósito del Acuerdo de Unión Civil*, em *Estudios sobre la nueva Ley que Crea el Acuerdo de Unión Civil*. Santiago: Thomson Reuters, 2016, p. 53.

Como argumenta o professor Gabriel Hernández no meio nacional, "finalmente o Acordo da União Civil (AUC) é perfilado como uma figura de índole familiar, acabando assim por se colocar nas antípodas do Projeto de Lei do Acordo de Vida dos Casais, que é seu antecedente e que o concebeu principalmente como um ato de direito patrimonial". Ele acrescenta: "Não há dúvida de que, finalmente, a referida lei reconhece em termos positivos os diferentes tipos de família, adaptando-se à realidade chilena e global atual e que, já há muitos anos, são contabilizados por diversos estudos"[19].

3.8. Pode terminar por vontade unilateral de qualquer um dos conviventes

Dentro dos fundamentos para a rescisão do AUC prevista no artigo 26 da Lei, e colocando em sérios problemas as expressões de estabilidade e permanência previstas em sua definição, a qualquer um dos conviventes é concedido o direito, irrenunciável, de dissolvê-la unilateralmente; o qual, conforme prescrito, "deve ser registrado por escritura pública ou ato concedido ao oficial do Registro Civil", e assinado fora do registro do acordo de união civil".

Em relação à causa em questão, estabelece-se a obrigação de notificar ao outro convivente, mediante procedimento voluntário perante o tribunal com jurisdição no campo da família; no entanto, cabe assinalar, que a notificação não é uma solenidade; não é um procedimento essencial. Nesse sentido, prevê-se que, "a não notificação não afetará o prazo do acordo de união civil", sem prejuízo da responsabilidade para o convivente negligente pelos danos que o desconhecimento desse termo possa causar ao outro contratante". O legislador conclui apontando a respeito: "De qualquer forma, a ignorância não pode ser alegada três meses após a inscrição referida no parágrafo anterior".

4. Efeitos do Acordo da União Civil

4.1. Efeitos pessoais

Sem prejuízo das consequências da AUC sobre o estado civil dos conviventes (artigo 1º, inciso 2º) em suas relações de parentesco (artigo 1º, inciso 1º e artigo 4º)

[19] Hernández, Gabriel, ob. cit.

e, como veremos mais adiante, no plano da filiação, o artigo 14 limita os efeitos pessoais do AUC, entendidos como direitos e deveres, ao dever de assistência mútua.

A regra acima mencionada prevê a este respeito: *"Os conviventes civis serão mutuamente assistidos. Também serão obrigados a cobrir os custos gerados por sua vida em comum, de acordo com seus poderes econômicos e o regime patrimonial existente entre eles"*.

A comparação desse dever único de auxílio mútuo, *versus* aqueles gerados pelo casamento, embora seja a nota característica desta figura, não tem sido isenta de críticas, pois, produzindo efeitos tão limitados no plano pessoal, é inexplicável a importação de instituições diretamente fundadas em deveres conjugais que faz a Lei 20.830 e que não têm lugar na AUC.

Um caso específico de incongruência é o que ocorre com a presunção de paternidade, uma vez que o artigo 21 da Lei 20.830 torna-a aplicável aos conviventes civis de diferentes sexos, nos mesmos termos de um casamento, ainda que não lhes sejam atribuídos os deveres legais de fidelidade e coabitação, que fundamentam a presunção citada[20].

4.2. Efeitos patrimoniais

É, sem dúvida, no campo patrimonial, que a Lei 20.830 fornece à AUC um conteúdo robusto.

Em primeiro lugar, o artigo 15 confere aos conviventes civis um regime patrimonial. Este é, em princípio, a separação total de bens; admitindo ao legislativo a possibilidade de substituí-lo, no ato de celebração do AUC, por um regime de comunhão de aquestos; que é regido pela regra supracitada e pelas regras de quase contrato de comunhão, previstas no parágrafo 3º do Título XXXIV do Livro IV do Código.

Em segundo lugar, permite que os conviventes possam processar a declaração de bem familiar do imóvel de propriedade de um ou ambos os conviventes, que serve como residência principal da família (artigo 15), nos termos previstos nos artigos 141 e seguintes do Código Civil, para um casamento.

[20] Art. 21: *"Para efeitos da presunção de paternidade, em caso de convivintes civis de diferentes sexos, serão estabelecidas as regras que a regem no artigo 184 do Código Civil"*.

Em terceiro lugar, reconhece em favor do convivente sobrevivente os mesmos direitos hereditários que o cônjuge sobrevivente tanto na sucessão testada quanto na intestada (arts. 16 e seguintes).

Em quarto lugar, reconhece legitimação ativa aos conviventes civis para reivindicar indenizações por danos decorrentes do ato ilícito de terceiro que tenha causado a morte de seu convivente civil ou que o impossibilite de exercer si mesmo a tomada da ação judicial correspondente (art.20).

Em quinto lugar, reconhece o direito de exigir compensação financeira, ao final do AUC, em favor do convivente que, em decorrência de ter se envolvido no cuidado das crianças ou no trabalho da família comum, não tenha podido realizar uma atividade remunerada ou lucrativa durante a vigência do acordo ou o tenham feito em menor grau do que queria e poderia, figura que é regida na forma prevista nos artigos 62 a 66 da Lei do Casamento Civil (Art.27).

Em sexto lugar, no sistema público como no sistema privado de saúde, o acordo de união civil permite que qualquer um dos conviventes civis seja responsabilidade do outro[21].

Em sétimo lugar, o convivente civil tem direito à pensão de sobrevivência, somente no sistema AFP (ou seja, é excluído dos benefícios concedidos pelo I.P.S. e pela Lei 16.744), desde que o acordo tenha sido celebrado pelo menos um ano antes da morte ou três anos, caso o acordo tenha sido celebrado quando o *de cujus* já recebia uma pensão por idade ou invalidez.

Por fim, ressalta-se que, apesar do artigo 14 da Lei 20.830, afirmar que os conviventes "serão obrigados a cobrir os custos gerados por sua vida em comum, de acordo com seus poderes econômicos e o regime patrimonial entre eles", isso não resulta em obrigação de prestar alimentos. Os conviventes civis não são credores alimentários forçosos.

5. Tensões e desafios

Tendo em vista a doutrina acumulada até hoje, e um tempo prudente de aplicação do estatuto do AUC, introduzido na legislação chilena em 2015,

[21] Boletim SUSESO nº 3 de 2019, Acuerdo de Unión Civil: La seguridad social y los convivientes civiles (en materias de competencia de esta Superintendencia), disponível em: www.suseso.cl (última consulta: 28 de julio de 2020).

dois são os aspectos que continuam a castigar a reforma: a determinação da situação dos conviventes de fato e a situação jurídica dos filhos nesse contexto.

5.1. Uniões de fatos pós-reforma

Uma vez que o legislador chileno opta por tratar as uniões convivenciais como contratos solenes, nos quais a aplicação do estatuto protetivo depende do cumprimento de solenidades legais perante o Registro Civil, sem resolver a situação jurídica daqueles que mantenham relação de fato, surge como questão válida determinar a situação jurídica em que devemos situar as autênticas uniões de fato, após a reforma.

As questões, logicamente, devem limitar-se a assuntos que não tenham uma regulamentação expressa na lei, tendo em vista o que indicamos em um primeiro momento, quanto à existência de regras pré-reforma que reconheçam efeitos sobre o concubinato, e que a ele sobreviveram.

O exame da doutrina mais difundida em nosso país, e as poucas decisões judiciais que existiam até hoje, após a reforma, referem-se principalmente ao reconhecimento dos direitos patrimoniais sobre os bens adquiridos durante a vigência do concubinato e, em menor grau, à legitimação ativa em caso de ilícitos civis, dão conta de uma tendência a fim de manter os critérios aplicados a tais uniões antes da reforma.

Isso, no entanto, não deve ser entendido como uma rebelião diante da vontade do legislador, nem do que é desejado pelo convivente ao abster-se de celebrar um acordo de união civil, mas como consequência lógica de que, para além do concubinato, o direito não pode permanecer indiferente, diante da existência de um esforço conjunto na aquisição de bens, para o primeiro caso, e na existência de um interesse legítimo digno de ser amparado, para este último.

No que diz respeito ao reconhecimento e liquidação de uma comunhão de fato, no contexto de uma ação judicial tentada por uma concubina, a Corte Suprema ratificou em 2017 seu critério, observando que: *"... a convivência não traz uma presunção de comunhão de bens como afirma o apelante. A pretensão do requerente lhe impunha o dever de provar que os bens foram adquiridos em comum por ambas as partes, o que não aconteceu. E assim também decidiu esta Corte Suprema no julgamento de 26 de abril de 2011, referindo-se a este ponto nos seguintes termos:*

que então, ao resolver, há de ter-se em conta que para impor o reconhecimento do direito sobre os bens adquiridos durante o período da vida comum, não é suficiente argumentar a relação de convivência. Assim, tem-se dito que a comunhão de bens entre concubinos não emana do concubinato, nem do fato de terem sido adquiridos durante o período em que fizeram vida de casado, mas pelo fato de comprovar que os bens foram adquiridos com o produto do trabalho realizado em conjunto (Corte Suprema, R.D.J, t.50, sec,1º, p.470). Observa-se que a existência de uma comunhão precedida por uma união não matrimonial, como a invocada na espécie, deve ser acompanhada pela comprovação das contribuições feitas em comum, ou que houve um trabalho, indústria ou outra atividade conjunta que sustentou o quase contrato em questão"[22].

No que diz respeito à questão da legitimidade do convivente de fato para reivindicar indenizações decorrentes da morte do concubino, a Corte de Apelações de Rancagua em 2016, ratificou o critério sustentado pela Suprema Corte (Rol nº 6.524-2010) ao argumentar que: *"no caso da morte de uma pessoa com quem uma relação afetiva e de convivência foi mantida por mais de sete anos, e que além disso foi o pai do filho, também demandante, é necessário presumir a dor que para ambos significou tal perda, aflição que constitui o dano moral que tem sido exigido".* A Corte acrescenta no considerando sétimo: *"Uniões de fato não matrimoniais ou convivenciais são determinadas pela existência da união de fato de duas pessoas, na qual o elemento de vontade ou consentimento – essencial em qualquer negócio jurídico – é deslocado para o caráter factual da referida relação com a 'afetividade', como é consabido"*[23].

Apesar da aparente uniformidade dos critérios, expressa nos acórdãos que transcrevemos, concordamos com aqueles que afirmam que seria apropriado ter tido uma regra de encerramento na Lei 20.830, capaz de remover as dificuldades das situações dos conviventes de fato, porque estas tinham sido precisamente a inspiração da necessidade de legislar[24].

[22] Corte Suprema, 21 de fevereiro de 2017, Processo de Interpretação nº 87.777-2016.

[23] Corte de Apelações de Rancagua, 29 de junho de 2016, Rol Nº. 2.564-2015 Civil.

[24] Nesse sentido, foi declarado que: "Parece apropriado estabelecer uma regra que regule as relações patrimoniais entre aqueles que convivem "de fato" e não se submetem ao regime do AUC, que acreditamos ser a maioria dos casais. Existem regras simples que poderiam ser incorporadas para regular os efeitos econômicos da união de fato, e que poderiam ter um impacto em termos de escopo tão relevantes quanto os do AUC." RIOSECO, Andrés, *Acuerdo de Unión Civil: ¿regulación patrimonial en perjuicio de las parejas de hecho?*, en *Estudios sobre la nueva Ley que Crea el Acuerdo de Unión Civil.* Santiago: Thomson Reuters, 2016, p. 89.

5.2. Filhos no contexto da AUC[25]

Uma das críticas mais frequentes à regulamentação do Acordo de União Civil é que tendo o legislador finalmente se curvado para consagrar um estatuto familiar, os filhos sejam os grandes ausentes.

Nesse sentido, Mauricio Tapia se pronuncia, argumentando que, um dos graves problemas da instituição em questão é que "constitui um casamento egoísta, que abstrai uma realidade humana: as pessoas não só decidem viver juntas para compartilhar seus dias, mas também para projetar esse afeto através dos filhos, sejam biológicos ou adotados"[26].

Marcela Acuña San Martin também afirma: "Se o legislador não pretendia regulamentar uma simples união individual, mas, de fato, uma forma de família, é possível esquecer a consideração de filhos ou crianças? Em um país que assumiu a obrigação de adaptar sua regulação interna em termos de efetivação de todos os direitos das crianças, em todas as situações em que elas possam estar envolvidas, não se pode esquecer de considerá-las, se isso for necessário"[27].

O AUC não aborda adequadamente a situação dos filhos, uma vez que se refere a eles apenas em aspectos muito pontuais, conforme previsto nos artigos 10, 21, 27 e 45.

No artigo 10 da Lei 20.830, o legislador obriga a mãe ou o pai que tem seu filho sob autoridade parental, e gostaria de celebrar o acordo de união civil, à tramitação de segundas núpcias consagrada nos artigos 124 a 127 do Código Civil.

O artigo 21, sem o rigor jurídico necessário, estende a presunção de paternidade consagrada no artigo 184 do Código Civil em favor dos filhos oriundos do casamento, aos filhos de conviventes civis[28].

[25] ILLANES, Alejandra, *Derecho del niño a vivir en familia en el contexto del Acuerdo de Unión Civil*, en *Revista Universitaria de Investigación Jurídica Ad Libitum La Serena: nuevas perspectivas del Derecho de Familia, régimen de responsabilidad y Acuerdo de Unión Civil*, pp. 62-78.

[26] Tapia, Maurício op. cit., p. 27.

[27] ACUÑA, Marcela, *La consideración de los Hijos en la regulación de las relaciones de pareja*. Estudios de Derecho familiar I. Santiago: Thomson Reuters, 2016, p. 236.

[28] Em relação a essa disposição, Maricruz Gómez de la Torre argumenta: "Ao estender os efeitos do artigo 184 do Código Civil às crianças nascidas durante o AUC, se rompe a estrutura do Código Civil e com fundamentação da presunção *pater is est*, apoiada pela coabitação e

O artigo 27, por sua vez, reconhece em favor dos conviventes civis o direito de reivindicar indenização financeira, de acordo com as regras dos artigos 62 a 66 da Lei do Casamento Civil, o que implica, sob a suposição estabelecida neste regulamento, que o cuidado dos filhos está previsto como causa suficiente para exigir compensação financeira, situação que, ao mesmo tempo em que protege diretamente o convivente mais fraco, indiretamente favorece seus filhos.

Por fim, o artigo 45 da referida Lei altera o artigo 226 do Código Civil, no sentido de dar ao convivente civil a qualidade de um terceiro privilegiado para assumir o cuidado pessoal de uma criança diante da incapacidade física ou moral de ambos os pais, fato que, embora represente um avanço importante no reconhecimento e proteção das famílias reunidas, ainda é insuficiente.

O estatuto jurídico das crianças no contexto das uniões civis formadas por pessoas do mesmo sexo, no entanto, é uma situação que não teve atenção séria, deixando espaço aberto à arbitragem judicial, que não tardou em aparecer.

Conclusões

A Ley 20.830, de 2015, incorporou no sistema jurídico chileno a figura do AUC, deixando para trás a posição do legislador original de se abster de regular as uniões convivenciais.

O AUC é incorporado ao nosso sistema jurídico como estatuto familiar, aberto a casais de diferentes e do mesmo sexo, cuja aplicação está subordinada à celebração de um contrato solene perante a Autoridade Civil.

O legislador pátrio, a fim de proteger a segurança jurídica e a liberdade pessoal, opta por um sistema que privilegia o formal sobre o factual. Esta decisão implica que as uniões de fato – estritamente – estão fora dos regulamentos comentados.

pelo dever de fidelidade da mulher casada. Parece que o legislativo apoia o estabelecimento da presunção no compromisso que os pais assumem ao conviver. Assim, aqueles que se submetem ao estatuto legal do casamento ou do AUC estão se beneficiando da certeza de que têm um pai desde o nascimento, sem a necessidade de o convivente civil reconhecer a criança." GÓMEZ DE LA TORRE, Maricruz, *La presunción de paternidad en la Ley de Acuerdo de Unión Civil*, en *Estudios sobre la nueva Ley que Crea el Acuerdo de Unión Civil*. Santiago: Thomson Reuters, 2016, p. 111.

Quanto aos efeitos do AUC, o perfil alcançado pela figura, durante seu processamento legislativo, aproximou-o do casamento, separando-se do rigor técnico exigido por uma nova figura para uma realidade diferente. Como já dissemos acima, o AUC não é um casamento, mas é muito parecido com um.

Após participar do congresso organizado pela ADFAS, no qual tivemos o privilégio de conhecer a regulação das uniões de convivência de outros países, apresentada de forma imbatível por aqueles que mais conhecem sobre elas, percebemos que os sistemas jurídicos são passíveis de aperfeiçoamento e vale a pena trabalhar por isso. Atividades de alto rigor acadêmico e autêntica generosidade intelectual contribuem poderosamente para o cumprimento desse objetivo.

Referências

ACUÑA, Marcela, *La consideración de los Hijos en la regulación de las relaciones de pareja*, en *Estudios de Derecho familiar I*. Santiago: Thomson Reuters, 2016.

CORNEJO, Pablo, *Acuerdo de Unión Civil: una nueva regulación Familiar*, visible en: https://www.academia.edu/19730027/El_acuerdo_de_uni%C3%B3n_civil_Una_nueva_regulaci%C3%B3n_familiar.

CORNEJO, Pablo, *Después del Acuerdo de Unión Civil. ¿Queda un lugar para la convivencia?*, en *Revista de Derecho de Familia*, Tomo I. Santiago: Thomson Reuters, 2014.

ESPEJO, Nicolás; LATHROP, Fabiola, *Salir del Closet: la necesidad del matrimonio homosexuales y los límites del AUC*, en *Estudios sobre la nueva Ley que Crea el Acuerdo de Unión Civil*. Santiago: Thomson Reuters, 2016.

GÓMEZ DE LA TORRE, Maricruz, *La presunción de paternidad en la Ley de Acuerdo de Unión Civil*, en *Estudios sobre la nueva Ley que Crea el Acuerdo de Unión Civil*. Santiago: Thomson Reuters, 2016.

HERNÁNDEZ, Gabriel, *Valoración, aspectos destacados y critica de la Ley que Crea el Acuerdo de Unión Civil*, en *Estudios sobre la nueva Ley que Crea el Acuerdo de Unión Civil*. Santiago: Thomson Reuters, 2016.

ILLANES, Alejandra, *Derecho del niño a vivir en familia en el contexto del Acuerdo de Unión Civil*, en *Revista Universitaria de Investigación Jurídica Ad Libitum La Serena: nuevas perspectivas del Derecho de Familia, régimen de responsabilidad y Acuerdo de Unión Civil*.

POLIT, Joaquín, *A propósito del Acuerdo de Unión Civil*, en en *Estudios sobre la nueva Ley que Crea el Acuerdo de Unión Civil*. Santiago: Thomson Reuters, 2016.

RAMOS PAZOS, René, *Derecho de Familia, quinta edición actualizada*, Tomo II. Santiago: Editorial Jurídica de Chile, 2005.

RIOSECO, Andrés, *Acuerdo de Unión Civil: ¿regulación patrimonial en perjuicio de las parejas de hecho?*, en *Estudios sobre la nueva Ley que Crea el Acuerdo de Unión Civil.* Santiago: Thomson Reuters, 2016.

RODRÍGUEZ, Maria Sara, *El acuerdo de unión civil en Chile. Aciertos y desaciertos*, en *Revista Ius et Praxis* 24-2, 2018.

TAPIA, Mauricio, *Acuerdo de Unión Civil: una revisión de su justificación, origen y contenido*, en *Estudios sobre la nueva Ley que Crea el Acuerdo de Unión Civil.* Santiago: Thomson Reuters, 2016.

COLÔMBIA

1. DE LA UNIÓN MARITAL AL "MATRIMONIO DE HECHO": DESARROLLO LEGAL Y JURISPRUDENCIAL EN COLOMBIA

Ilva Myriam Hoyos Castañeda

Introducción

Hoy en día, instituciones como el matrimonio y la unión de hecho consideradas típicamente civilistas no pueden ser analizadas desde una simple perspectiva *iusprivatista*, porque, al haber sido incorporadas en constituciones y en tratados de derechos humanos deben ser miradas en relación con estos derechos.

Es preciso recordar que la "constitucionalización", que conlleva la "convencionalización", de cualquier institución jurídica lleva implícita diversos efectos, entre los que se pueden mencionar: (i) la fuerza normativa de la constitución o convención; (ii) la supremacía de la constitución o convención en el sistema de fuentes normativas; (iii) la eficacia o aplicación directa de la constitución o de la convención; (iv) la garantía judicial de los derechos a través del control concreto y abstracto, a *priori* y a *posteriori*, encomendado a órganos especiales y a jueces ordinarios; (v) el denso contenido normativo de la constitución o convención, basado en principios, derechos y subreglas constitucionales[1]; y (vi) la expresión valorativa de la constitución o convención

[1] PRIETO Sanchis, Luis. *Justicia constitucional y Derechos fundamentales*, Madrid, Trotta, 2003, pp. 116-117.

de los valores y deseos de una sociedad, en este sentido, una y otra son vivientes y dinámicas.

Precisamente, desde una consideración *iusfundamental* presentaré las notas esenciales de la "unión marital de hecho" en Colombia, nombre que la Ley 54 de 1990 le dio a la institución que, en otros países, es considerada como unión de hecho[2]. Para tal efecto, haré uso de algunas decisiones de la Corte Constitucional, tanto en sede de tutela como en sede constitucional, como de algunas sentencias de la Sala de Casación Civil de la Corte Suprema de Justicia.

Dividiré este escrito en tres momentos y finalizaré con una conclusión. Defenderé la tesis de que, a pesar de que se considere que la unión marital se distingue del matrimonio, ha ido diluyéndose esa distinción, más bien, con el trascurso del tiempo se ha ido consolidando la figura de lo que impropia, pero realmente, puede llamarse "matrimonio de hecho".

1. Primer momento: los antecedentes de la "Unión marital de hecho"

1.1. Algunos antecedentes legales

Un primer esbozo de la unión marital de hecho se encuentra, de manera muy incipiente, en el Código Civil colombiano, adoptado mediante la Ley 84 de 1873, con base en el Código Civil chileno, que no le confería efectos a la unión estable entre un hombre y una mujer y se distinguía del matrimonio. Sólo el artículo 328 establecía como presunción de paternidad el concubinato, en los siguientes términos: "Los hijos de la concubina de un hombre eran tenidos

[2] Consultar sobre la unión marital de hecho: BOHÓRQUEZ ORDUZ, Antonio, *Unión marital de hecho y sociedad patrimonial. Una línea jurisprudencial inconclusa*, Bogotá, Ediciones Doctrina y Ley, 2019; GARCÍA RESTREPO, Álvaro Fernando y ROCA BETANCUR, Luz Stella. *Unión marital de hecho y sociedad patrimonial*, Bogotá, Ediciones Doctrina y Ley, 2ª ed., 2001; LAFONT PIANETTA, Pedro. *Derecho de familia. Unión marital de hecho*, Bogotá, Librería del Profesional, 1992; MEDINA PABÓN, Juan Enrique. *Derecho civil, derecho de familia*, Bogotá, Ed, Universidad del Rosario, 5ª ed., 2018; PARRA BENÍTEZ, Jorge. *Derecho de familia*, Bogotá, Ed. Temis, 2ª ed., 2018; SUÁREZ FRANCO, Roberto. *Derecho de familia*, Bogotá, Ed. Temis, 10ª ed., 2017; QUIROZ MONSALVO, Aroldo. *Manual civil. Matrimonio civil y religioso. Unión marital de hecho. Nuevo régimen de guardas*, Bogotá, Ediciones Doctrina y Ley, 3ª ed., 2014; TORRADO, Helí Abel, *Derecho de familia: Unión marital de hecho. De la sociedad patrimonial entre compañeros permanentes*, Bogotá, Ed. Universidad Sergio Arboleda, 6ª ed., 2019.

como hijos de éste, a menos que compruebe que durante el tiempo en que debió verificarse la concepción estuvo imposibilitado para tener acceso a la mujer". El mismo Código precisaba que "no se tendrá como concubina de un hombre sino la mujer que vive públicamente con él, como si fueran casados, siempre que uno u otro sean solteros o viudos" (art. 329).

Estas normas fueron derogadas, pero no reemplazadas en la Ley 153 de 1887 que incluyó un título preliminar al Código Civil e incorporó en esa misma codificación el Título III de la Constitución Política de 1886, "De los derechos civiles y garantías sociales" (arts. 19-52), en cumplimiento del artículo 52 constitucional, según el cual las disposiciones de ese Título "no podrán ser alteradas sino por acto reformatorio de la Constitución". En materia de familia, sólo el artículo 50 establecía que "las leyes determinarán lo relativo al estado civil de las personas, y los siguientes derechos y deberes" (art. 50).

Simultáneamente el Código Penal de 1890, Ley 19, tipificó los delitos de "amancebamientos públicos"[3] (arts. 451 a 456), los cuales estuvieron vigentes hasta la promulgación de la Ley 95 de 1936 que adoptó un nuevo Código Penal y no incluyó en su normativa esta clase de delitos.

La ausencia de legislación sobre la unión de hecho no eximió al Legislador para que adoptara normas tanto de carácter civil o de carácter laboral a favor de los hijos extramatrimoniales. Así, por ejemplo, la Ley 45 de 1936 no sólo cambió la denominación "hijos adulterinos" por "hijos naturales", sino mejoró su participación en la sucesión intestada, al asignarles la mitad de lo que les correspondería a los hijos legítimos. Este marco protector se amplió con la Ley 75 de 1968 a través de la cual se estableció la presunción legal de paternidad natural y con la Ley 29 de 1982 que reconoció la igualdad de derechos y obligaciones de los hijos legítimos, extramatrimoniales y adoptivos (art. 1º).

[3] El artículo 451 de la Ley 19 de 1890 tipificó el delito de amancebamiento público en la siguiente forma: "Las personas de diferente sexo que, sin estar casadas, hicieren vida como tales, en una misma casa, de manera pública y escandalosa, sufrirán el hombre, la pena de confinamiento por uno á tres años en lugar que diste por lo menos nueve miriámetros de su domicilio, y que sea distinto de aquél en que su cómplice deba sufrir su condena y del en que tenga su domicilio, vecindad ó residencia; y la mujer la pena de arresto por cuatro meses á un año, y concluida no podrá ir al lugar en que el hombre esté sufriendo su condena mientras no acabe de cumplirla".

En materia laboral y seguridad social pueden mencionarse, entre otras normas, la Ley 90 de 1946 a través de la cual se reconocieron prestaciones sociales a favor de la concubina y, si no existía cónyuge legítima, fue reconocida como beneficiaria de indemnizaciones causadas por razón de invalidez o muerte del concubino. También el Decreto 2623 de 1980 reconoció ese derecho a la mujer soltera, siempre y cuando hubiese sido inscrita como compañera y hubiera tenido vida marital con el asegurado en los tres (3) años anteriores a la muerte o hubiera procreado hijos reconocidos por él mismo.

1.2. Los alcances de la jurisprudencia de la Corte Suprema de Justicia sobre las uniones maritales de hecho

Antes de ser aprobada la normativa específica sobre las uniones de hecho, la Sala de Casación Civil de la Corte Suprema de Justicia desarrolló a nivel jurisprudencial diversas vías para proteger los derechos patrimoniales de los concubinos, en especial los de la mujer concubinaria.

A continuación, presentaré, de manera muy sintética, las tres vías de esa jurisprudencia:

(i) Equiparar las relaciones patrimoniales entre concubinos a una sociedad de hecho: la causa o el origen de esa sociedad no sería el concubinato, es decir, el mantenimiento de manera permanente de relaciones sexuales, porque de ser así se configuraría una causal de nulidad, sino el aporte de uno de los concubinos a la empresa o trabajo del otro. Esta tesis, defendida en 1935[4], exigía cumplir los requisitos de la legislación civil para su configuración y probar la existencia de la sociedad de hecho para proceder a su liquidación. En estos casos, se requería probar (a) la existencia de una serie de hechos de explotación común; (b) la acción paralela y simultánea entre los presuntos asociados, tendiente a la consecución de beneficios; (c) la colaboración entre ellos se ha desarrollado en pie de igualdad, es decir, que uno de ellos no haya estado, con respecto al otro u otros, en un estado de dependencia;

[4] Corte Suprema de Justicia, Sala de Casación Civil, Sentencia del 20 de noviembre de 1935 (MP. Eduardo Zuleta Ángel), en *Gaceta Judicial*, XLII, p. 476.

(d) la no configuración de simple indivisión, tenencia, guarda, conservación o vigilancia de bienes comunes, sino de verdaderas actividades encaminadas a obtener beneficios. Del mismo modo, para la Sala de Casación Civil de la Corte Suprema de Justicia, en relación con la llamada "sociedad de hecho entre concubinos", además de los requisitos precedentes, debía probarse: (e) que "la sociedad no haya tenido por finalidad el crear, prolongar o estimular el concubinato, pues si esto fuere así, el contrato sería nulo por causa ilícita, en razón de su móvil determinado. En general, la ley ignora las relaciones sexuales fuera del matrimonio, sea para hacerlas producir efectos, sea para deducir de ellos una incapacidad civil; y por ello, en principio, no hay obstáculo para los contratos entre concubinos; pero cuando el móvil determinante en esos contratos es el de crear o mantener el concubinato, hay lugar a declarar la nulidad por la aplicación de la teoría de la causa"[5]; (f) que, como "el concubinato no crea por sí solo comunidad de bienes, ni sociedad de hecho, es preciso, para reconocer la sociedad de hecho entre concubinos, que se pueda distinguir claramente lo que es la común actividad entre los concubinos en una determinada empresa creada por el propósito de realizar beneficios, de lo que es el simple resultado de una común vivienda y de una intimidad extendida al manejo, conservación o administración de los bienes de uno y otro o de ambos"[6].

La Sala de Casación Civil fue perfilando en el desarrollo de su jurisprudencia los elementos esenciales para el surgimiento de la sociedad de hecho entre los concubinos que incluían los de los contratos en general, es decir, la capacidad, el consentimiento para la unión, la causa y el objeto lícito. Además de la *affectio societatis*, exigió las relaciones sexuales notorias y estables.

Para la Corte Suprema, era necesaria la concomitancia de la relación concubinaria y la relación de hecho; además, que esa sociedad no

[5] Ibídem.

[6] Ibídem.

tuviera por fin continuar el concubinato, fomentarlo o estimularlo, pues entonces sería ilícita la causa y la sociedad sería nula. Y tal situación es clara, porque el concubinato no puede ser elemento constitutivo del contrato social; sino que meramente puede ser un factor circunstancial de éste. El concubinato "no genera por sí ningún tipo de sociedad o de comunidad de bienes entre concubinarios. La cohabitación, per se, no da nacimiento a la compañía patrimonial"[7]. Si puede constituirse una compañía de carácter lucrativo, civil o comercial, regular o de hecho y celebrarse toda clase de contratos, porque los concubinos no están unidos por un vínculo totalmente incompatible con esas convenciones, y porque, como personas jurídicas independientes, gozan de libertad para concertar esos mismos contratos sobre cualquier clase de decisiones;

(ii) Los concubinos tienen el derecho de reclamar por la acción *pro socio* o por la acción *in rem verso* o frente a un posible enriquecimiento sin justa causa de su concubino: debe probarse el cumplimiento de los siguientes requisitos: (a) el enriquecimiento o aumento del patrimonio del concubino; (b) el empobrecimiento correlativo y (c) el enriquecimiento sin causa[8]. La Corte Suprema de Justicia mediante la figura

[7] Corte Suprema de Justicia, Sala de Casación Civil, Sentencia de 18 de octubre de 1973 (MP. Germán Giraldo Zuluaga), en *Gaceta Judicial* CXLVII, p. 87. Sobre el mismo tema consultar: Sentencia de 23 de febrero de 1976 (MP. Humberto Murcia Ballén), en *Gaceta Judicial* CLII, Nº 2393, p. 32; Sentencia de 26 de agosto de 1976 (MP. Germán Giraldo Zuluaga), en *Gaceta Judicial* CLII, Nº 2393, p. 338; Sentencia de 6 de febrero de 1987 (MP. José Alejandro Bonivento Fernández), en *Gaceta Judicial* CLXXXVIII, Nº 2427, 1987, primer semestre, p.16.

[8] Se trataría de una sociedad surgida de los hechos y por los hechos y la evaluación de su realidad se debe llevar a cabo con prescindencia del concubinato, para lo cual es indispensable tener en cuenta los siguientes aspectos cuya protección, de otro modo, crearía confusión, y por ende, podría conducir a la admisión de la sociedad conyugal de bienes de carácter irregular: (i) la convivencia entre los concubinos no genera por sí sola comunidad de bienes, incluso por más prolongada que fuere aquélla; (i) la razón de ser de la sociedad no se halla en la mera cohabitación sino en el aporte de bienes, o más generalmente, en la recíproca colaboración de la pareja en una actividad económica con miras al logro de un propósito común; (iii) el concubinato, por sí solo, carece de aptitud legal para formar una sociedad de bienes, tampoco la tiene para hacer presumir su existencia, lo que, a su vez, no quiere decir que, paralelamente a la relación netamente personal o afectiva entre concubinos, no pueda apuntar otra de neta significación patrimonial; (iv) el concubinato no proyecta ninguna influencia sobre la

del enriquecimiento sin justa causa evitó, por tanto, que, en el caso de los concubinos, uno de ellos se enriqueciera a costa del otro, sin recibir participación de las ganancias.

De esta forma, la acción *pro socio* la tendría uno de los concubinos dentro de una sociedad mercantil para demandar y obtener el reparto de utilidades; la acción *in rem verso* la tendría el concubino que ha colaborado con el otro en sus empresas;

(iii) La sociedad de hecho existente entre concubinos es una sociedad conyugal de carácter irregular y tiene efectos patrimoniales similares a los del matrimonio: La Sala de Casación Civil de la Corte Suprema de Justicia, en sentencia de 7 de febrero de 1990, unos meses antes de haber sido proferida la Ley 54 de 1990, consideró que se trataría de "una sociedad surgida de los hechos y por los hechos"[9], cuya evaluación debía hacerse con prescindencia del concubinato, además preciso: (a) que la convivencia entre los concubinos no da origen, así sea prolongada en el tiempo, a una comunidad de bienes; (b) que el surgimiento de la sociedad no se halla en la mera cohabitación "sino en el aporte de bienes, o más generalmente, en la recíproca colaboración de la pareja en una actividad económica con miras al logro de un propósito común"[10]; (c) que el concubinato "carece de aptitud legal para formar una sociedad de bienes, tampoco la tiene para hacer presumir su existencia"[11], sin embargo eso no significa que paralelamente a esa relación personal o afectiva entre los concubinos no pueda surgir una relación de carácter patrimonial; (d) que el concubinato no proyecta influencia alguna sobre la sociedad conyugal de carácter irregular y si se llegare a probar que el propósito de esa sociedad era mantener el concubinato, la sociedad sería ilícita; (e) que la unión amorosa entre los

sociedad, ello sólo es en la medida en que ésta no haya surgido, justamente con el propósito de mantener a aquél, pues si es así, viene a ser palmaria la ilicitud de la sociedad.

[9] Corte Suprema de Justicia, Sala de Casación Civil, Sentencia de 7 de febrero de 1990 (MP. Héctor Marín Naranjo), *Gaceta Judicial*, CC, p. 29.

[10] Ibídem.

[11] Ibídem.

concubinos no deja ver la actividad económica paralela que, dirigida a una meta común, ellos pueden desarrollar; (f) que "los derechos y obligaciones dimanantes del concubinato deben ser regulados, con algunas restricciones porque sería inmoral desconocer tales derechos"[12]; (g) que la legislación ha reconocido derechos, en especial a la concubina, sobre todo en el campo de la seguridad social, "esos derechos, en lo que respecta a una sociedad de bienes creada o surgida a raíz de la sola convivencia *more uxorio* extramatrimonial, no existen"[13]

Este complejo marco normativo y jurisprudencial sirve de contexto para entender las razones que llevaron al Legislador, en 1990, a regular la institución de la unión de hecho. Regulación, como podrá advertirse, más centrada en cuestiones de carácter patrimonial y que ha implicado precisiones de las decisiones judiciales para establecer subreglas respecto de los derechos de carácter personal que han terminado por asimilar cada vez más al matrimonio.

2. Segundo momento: la legalización de la unión de hecho y su incorporación constitucional

El Legislador mediante la Ley 54 de 1990 de 28 de diciembre definió la unión marital de hecho y el régimen patrimonial entre compañeros permanentes. Lo hizo a través de nueve artículos, que han sido modificados por algunas decisiones de la Corte Constitucional y respecto de los cuales ha habido, en igual forma, pronunciamientos de la Sala Civil de la Corte Suprema de Justicia.

La temática abordada, en sus rasgos generales, en la citada ley es la siguiente:

(a) **Vigencia**: El Legislador contempló que la legislación adoptada empezaría a regir "a partir de la vigencia" (art. 1º) de la Ley 54 y que se aplicaría "para todos los efectos civiles" (ibídem)[14].

[12] Ibídem.

[13] Ibídem.

[14] La Ley 54 de 1990, "Por la cual se definen las uniones de hecho y régimen patrimonial entre compañeros permanentes", ha sido modificada por la Ley 1564 de 2012 (Código General del

La cuestión de la vigencia de esta ley no estuvo exenta de polémica. En una controvertida decisión de abril de 2001, la Sala de Casación Civil de la Corte Suprema de Justicia consideró que la Ley 54 no sólo tenía efectos hacia el futuro, sino que esos efectos debían comenzar dos años después de la promulgación de la norma, que sucedió el 31 de diciembre de 1990, es decir que la regulación de la unión marital de hecho empezaba desde el 1º de enero de 1992. A juicio de la Corte, el principio de irretroactividad de la ley es "una garantía para la protección de los derechos adquiridos, pero también de los intereses legítimos, porque cuando de conductas se trata está de por medio el valor fundamental de la libertad merecedor de la mayor de las tutelas, que se manifiesta precisamente en la opción de elegir de conformidad con la significación legal que a la misma se le ha dado"[15].

Por su parte, en relación con esta temática, la Corte Constitucional mediante Sentencia C-239 de 1994, consideró que, en principio, la Ley 54 "se aplica a partir de su vigencia, pero que "corresponderá al juez, en cada caso concreto, determinar su aplicación"[16]. También afirmó que la pretensión del actor de solicitarle la declaratoria de inexequibilidad o inconstitucionalidad de la expresión "a partir de la vigencia de la presente ley es nada menos que el determinar que la ley tiene efecto retroactivo. Conducta que no puede asumir la Corte [..., porque] solo el legislador al dictar una ley puede establecer su carácter retroactivo. Pero el juez al momento de aplicarla, no puede desconocer las situaciones jurídicas concretas ya consolidadas"[17].

Quince años después de haber sido promulgada la Ley 54 de 1990, la Sala de Casación Civil de la Corte Suprema de Justicia, liderada

Proceso), la Ley 979 de 2005, "por medio de la cual se modifica parcialmente la Ley 54 de 1990 y se establecen unos mecanismos ágiles para demostrar la unión marital de hecho y sus efectos patrimoniales entre compañeros permanentes".

[15] Corte Suprema de Justicia, Sala de Casación Civil, Sentencia de 20 de abril de 2001 (MP. José Fernando Ramírez Gómez), Exp. Nº 5883.

[16] Corte Constitucional, Sentencia C-239 de 19 de mayo de 1994 (MP. Jorge Arango Mejía).

[17] Ibídem.

por el magistrado que había salvado su voto, defendió la tesis de la retrospectividad de la citada ley. De esta forma, interpreta el artículo 1º, según el cual, "a partir de la vigencia de la presente ley y para todos los efectos civiles, se denomina unión marital de hecho", considerando que no puede defenderse la tesis de los derechos adquiridos, porque antes de la citada norma no existía normatividad alguna que "regulara los efectos patrimoniales del otrora llamado 'concubinato"[18]. Donde existe "anomia no hay derechos adquiridos"[19]. Además, afirmó que uno de los propósitos de la normativa adoptada en 1990 era excluir las odiosas nomenclaturas utilizadas para referirse a esas uniones, "a las que se otorgó un calificativo más acorde con su significación social actual, sino también el de resaltar el principio de vigencia inmediata de la ley"[20].

La tesis de la retrospectividad de la Ley 54 de 1990 fue ratificada por la Sala de Casación Civil en Sentencia de 2011[21].

(b) **Noción**: Por unión marital de hecho se entiende "la formada entre *un hombre y una mujer,* que sin estar casados, hacen una comunidad de vida permanente y singular" (art. 1º, Ley 54 de 1990). La expresión "un hombre y una mujer" fue declarada exequible por la Corte Constitucional mediante Sentencia C-683 de 2015, "bajo el entendido que, en virtud del interés superior del menor, dentro de su ámbito de aplicación están comprendidas también las parejas del mismo sexo que conforman una familia". Antes de esta decisión jurisprudencial, la misma Corte mediante Sentencia C-075 de 2007 había declarado que la protección legal de las uniones maritales de hecho, adoptada en la Ley 54 de 1990 y modificada en la Ley 979 de 2005, debía aplicarse, en igual forma, a las parejas homosexuales.

[18] Corte Suprema de Justicia, Sala de Casación Civil, Sentencia de 27 de octubre de 2005 (MP. Carlos Ignacio Jaramillo Jaramillo), Exp. Nº 2000-00591.

[19] Ibídem.

[20] Ibídem.

[21] Corte Suprema de Justicia, Sala de Casación Civil, Sentencia 12 de diciembre de 2011 (MP. Arturo Solarte Rodríguez), Exp. Nº 2003.01261.

En el tercer momento de este artículo analizaré con más detenimiento los elementos esenciales de la unión marital de hecho y, entre ellos, la heterosexualidad.

(c) **Compañero permanente y compañero permanente**: son el "*hombre y la mujer,* que forman parte de la unión marital de hecho" (art. 1º, Ley 54 de 1990). Hoy en día por las decisiones citadas de la Corte Constitucional, compañero o compañera permanente son también las personas que integran las parejas del mismo sexo que conforman una familia.

La expresión "compañero permanente" fue utilizada en el parágrafo del artículo 27 de la Ley 21 de 1982, "Por la cual se modifica el régimen del Subsidio Familiar y se dictan otras disposiciones", es decir se incorporó al ordenamiento jurídico ocho años antes de ser promulgada la Ley 54, aún sin existir una regulación de la unión marital de hecho.

(d) **Presunción de la sociedad patrimonial**: Entre los compañeros permanentes se presume la sociedad patrimonial y hay lugar a declararla en los siguientes casos: (a) Cuando exista unión marital de hecho durante un lapso no inferior a dos años, entre un hombre y una mujer sin impedimento legal para contraer matrimonio[22] (art. 2, literal (a), Ley 54 de 1990); y (b) Cuando exista una unión marital de hecho por un lapso no inferior a dos años e impedimento legal para contraer matrimonio por parte de uno o de ambos compañeros permanentes, siempre y cuando la sociedad o sociedades conyugales anteriores hayan sido disueltas antes de la fecha en que se inició la unión marital de hecho (art. 2º, literal (b) de la Ley 54 de 1990)[23].

[22] Consultar de la Corte Constitucional: Sentencia C-257 del 6 de mayo de 2015 (MP. Gloria Stella Ortiz Delgado); Sentencia C-700 del 16 de octubre de 2013 (MP. Alberto Rojas Ríos); Sentencia C-158 del 7 de marzo de 2007 (MP. Humberto Antonio Sierra Porto).

[23] Consultar de la Corte Constitucional: Sentencia C-193 del 20 de abril de 2016 (MP. Luis Ernesto Vargas Silva); Sentencia C-257 del 6 de mayo de 2015 (MP. Gloria Stella Ortiz Delgado); Sentencia C-700 del 16 de octubre de 2013 (MP. Alberto Rojas Ríos).

Unión marital de hecho y sociedad patrimonial entre los compañeros permanentes son instituciones jurídicas diversas, aunque interrelacionadas, no se identifican. Las decisiones de las Altas Cortes no siempre han sido coincidentes al explicar esas relaciones e incluso en algunas de ellas, sobre todo, las más cercanas a la fecha de promulgación de la Ley 54, las confundieron.

En algunas de las decisiones de la Sala de Casación Civil de la Corte Suprema de Justicia se han hecho precisiones, entre otras, sobre las siguientes temáticas: (a) la unión marital de hecho no se identifica con la sociedad patrimonial entre los compañeros permanentes, porque puede existir la primera sin que se configure la segunda[24]; (b) la exigencia de la liquidación de la sociedad conyugal anterior de uno de los compañeros permanentes como requisito para declarar la sociedad patrimonial es contraria a la Constitución, porque basta simplemente su disolución. Por esta razón la Corte aplicó la excepción de inconstitucionalidad y profirió sentencia sustitutiva[25]; (c) la sociedad patrimonial

[24] Corte Suprema de Justicia, Sala de Casación Civil, Sentencia de 20 de septiembre de 2000 (MP. Silvio Fernando Trejos Bueno. Exp. Nº 6117.

[25] La Corte afirma en uno de sus considerandos que no es compatible con la Constitución "que una cosa invisiblemente innecesaria tenga el poder de anonadar el derecho sustancial, cuya primacía asegura aquella; porque difícilmente podría explicarse que en un Estado edificado sobre el fin de garantizar el orden político, económico y social justo, se permita que los derechos de las personas que han cumplido con la quintaesencia de lo que es la unión marital de hecho, después de consagrados esfuerzos comunes para subvenir las necesidades familiares, incluida quizá la prole, se escapen, como azogue de entre los dedos, no más que por el prurito legal de algo que sobra como es la liquidación de una sociedad conyugal anterior; cuando menos sería un valladar que no guarda ninguna proporcionalidad absolutamente desmesurado; y es igualmente difícil imaginar que de modo tan rudo se lograra alcanzar lo que la misma ley previó expresamente: corregir una fuente de injusticias para un número creciente de compatriotas que, a falta de protección legal, ven desaparecer el fruto del "esfuerzo compartido". Es abiertamente injusto que lo sustancial dependiese por entero de lo trivial. ¿Se puede ser áspero y blando a la vez? Y mayormente si, por otra parte, la liquidación es asunto que suele quedar al arbitrio de los cónyuges, o ex-cónyuges en su caso, por supuesto que el ordenamiento no hace imperioso que ella se cumpla en un tiempo determinado; e inicuo fuera que, al amparo de esto, precisamente no se liquidara para eludir los derechos surgidos de la unión marital; aserto que de suspicacia no tiene mucho, pues qué pensar de una persona que forma nueva pareja pero se refugia luego en semejante pretexto liquidatorio; y qué de aquella otra (o eventualmente de sus herederos) que a despecho de ver que su cónyuge se marchó de

es independiente de la relación afectiva[26]; (d) la *affectio societatis* de la sociedad de hecho no prescinde de la relación familiar entre los compañeros permanentes[27]; (e) la exigencia de un año de anterioridad para que se configure la unidad marital de hecho y de dos años para que surja la sociedad patrimonial es inconstitucional, razón por la cual la Corte Suprema de Justicia aplicó la excepción de inconstitucionalidad y profirió sentencia sustitutiva[28]; y (f) la existencia de la unión marital de hecho es presupuesto para que haya sociedad patrimonial entre los compañeros permanentes[29].

Algunas de estas temáticas también han sido abordadas por la jurisprudencia de la Corte Constitucional. Merece mencionarse la declaratoria de inexequibilidad del requisito de la disolución, mediante la Sentencia C-700 de 2013, en la que la Corte distinguió las acciones de "disolver" y "liquidar. La disolución "es aquel hecho que extingue una relación jurídica de ejecución sucesiva, cuya consecuencia es la generación de

su lado y hace comunidad de vida con otro, no hace nada por liquidar la sociedad conyugal". Sentencia de 10 de septiembre de 2003 (MP. Manuel Isidro Ardila Velásquez).

[26] Corte Suprema de Justicia, Sentencia de 28 de octubre de 2005 (MP. Cesar Julio Valencia Copete), Exp. Nº 7007.

[27] La Sala de Casación Civil consideró que "no puede exigirse, en forma tan radical, para el reconocimiento de la sociedad de hecho entre concubinos, que la conjunción de aportes comunes, participación en las pérdidas y ganancias y la *affectio societatis* surja con prescindencia de la unión extramatrimonial y que no tenga por finalidad crear, prolongar o estimular dicha especie de unión, pues, por el contrario en uniones concubinarios con las particularidades de la aquí examinada no puede escindirse tajantemente la relación familiar y la societaria, habida cuenta que sus propósitos económicos pueden estar inmersos en esa comunidad de vida". Corte Suprema de Justicia, Sala de Casación Civil, Sentencia de 27 de junio de 2005 (MP. Pedro Octavio Munar Cadena). Exp. Nº 7188.

[28] En una de las consideraciones, la Sala de Casación Civil afirmó que "la existencia de un vínculo matrimonial no impide, ni debe condicionar de ningún modo, la configuración de la sociedad patrimonial entre compañeros permanentes, pues lo que toma el lugar de privilegio no es el vínculo sino la situación de la sociedad conyugal, pues halló necesario el legislador exigir que esta haya quedado disuelta, como antecedente de la nueva unión". Corte Suprema de Justicia, Sentencia del 4 de septiembre de 2006 (MP. Edgardo Villamil Portilla).

[29] Para la Sala de Casación Civil, es ostensible la autonomía de la unión marital de hecho y de la sociedad patrimonial, esta última corresponde a una figura con entidad propia que puede o no surgir como consecuencia de la primera. Corte Suprema de Justicia, Sentencia del 11 de septiembre de 2013 (MP. Arturo Solarte Rodríguez). Exp. Nº 2001.0011.

un patrimonio liquidable"[30]. La liquidación "es el fenómeno mediante el cual se cuantifica una masa partible (se liquida un patrimonio) y se distribuye para satisfacer los derechos de quienes en ella participaron (adjudicación)"[31]. Para la Corte esa distinción es significativa para valorar si existe desproporción en la exigencia de "liquidación" de la sociedad conyugal anterior y, por tanto, evitar la existencia simultánea de sociedades conyugales y patrimoniales. Concluyó que sí se da una desproporción y declaró inexequible la expresión "y liquidadas contenida en el literal b) del artículo 2º de la Ley 54 de 1990, modificado por el artículo 1º de la Ley 979 de 2005".

(e) Bienes que forman parte de la sociedad patrimonial: El patrimonio o capital producto del trabajo, de la ayuda y del socorro mutuos pertenece por partes iguales a ambos compañeros permanentes (art. 3, Ley 54 de 1990). No forman parte de los bienes de esa sociedad, los adquiridos en virtud de donación, herencia o legados ni de los que se hubieren adquirido antes de iniciar la unión marital de hecho, pero sí lo serán los réditos, las rentas, los frutos o mayor valor que produzcan esos bienes durante la unión marital de hecho (Parágrafo, art. 3º, Ley 54 de 1990)

En Sentencia C-278 de 2014, la Corte Constitucional consideró que, a diferencia, de la sociedad conyugal, que surge con el matrimonio, la sociedad patrimonial se configura previa existencia de la unión marital de hecho y el cumplimiento de los requisitos establecidos en la legislación. Mientras de la primera puede hablarse de un haber absoluto, de la segunda ese haber es relativo, porque no entran todos los bienes de los compañeros permanentes, sino aquellos que sean producto del trabajo, la ayuda y el socorro mutuos, lo cual implica "que se haya conformado un capital común"[32];

30 Corte Constitucional, Sentencia C-700 de 16 de octubre de 2013 (MP. Alberto Rojas Ríos).

31 Ibídem.

32 Corte Constitucional, Sentencia C-278 del 7 de mayo de 2014 (MP. Mauricio González Cuervo).

(f) **Medios para declarar la existencia de una unión marital de hecho**: (a) por escritura pública ante notario por mutuo consentimiento de los compañeros permanentes; (b) por acta de conciliación suscrita por los compañeros permanentes; (c) por sentencia judicial, mediante los medios ordinarios de prueba (art. 4º, Ley 54 de 1990, modificada por la Ley 979 de 2005)[33];

(g) **Disolución de la sociedad patrimonial entre compañeros permanentes**: Se disuelve por los siguientes hechos: (a) por mutuo consentimiento de los compañeros permanentes elevado a escritura pública ante notario; (b) por acuerdo entre compañeros permanentes suscrito mediante escritura pública ante notario; (c) por sentencia judicial; (d) por la muerte de uno o ambos compañeros permanentes; y (e) por sentencia judicial (art. 5º, Ley 54 de 1990);

(h) **Personas legitimadas para pedir la declaración, disolución y liquidación de la sociedad patrimonial**: cualquiera de los compañeros permanentes está legitimado para solicitarla. Si la causa de la disolución de esa sociedad es la muerte de uno o de ambos compañeros permanentes, podrá hacerse dentro del respectivo proceso de sucesión, siempre y cuando previamente se haya logrado su declaración (art. 6º, Ley 54 de 1990, modificado por el art. 4º de la Ley 979 de 2005);

(i) **Normativa aplicable para la liquidación de la sociedad patrimonial entre compañeros permanentes**: Las normas contenidas en el libro 4º, Título XXII, capítulos I al VI del Código Civil siempre y cuando esa liquidación se hubiese hecho antes del 31 de diciembre de 2013, a partir del 1º de enero de 2014, fecha en la que entró a regir la Ley 1564 de 2012, las normas aplicables son las contenidas en el Código General del Proceso (art. 7º, Ley 54 de 1990);

[33] Corte Constitucional, Sentencia C-985 del 26 de septiembre de 2005 (MP. Alfredo Beltrán Sierra).

(j) **Prescripción de las acciones para obtener la disolución y liquidación de la sociedad patrimonial entre compañeros permanentes:** Un año a partir de la separación física y definitiva de los compañeros, del matrimonio con terceros o de la muerte de uno o de ambos compañeros (art. 8º, Ley 54 de 1990)[34].

Seis meses después de haber sido promulgada la Ley 54 de 1990, la Asamblea Nacional Constituyente adoptó la Constitución Política, el 4 de julio de 1991, en la que se incluyeron diversas normas sobre la familia, incluyendo la conformada por vínculos naturales o jurídicos.

El texto del inciso primero del artículo 42 constitucional es el siguiente: "La familia es el núcleo fundamental de la sociedad. Se constituye por vínculos naturales o jurídicos, por la decisión libre de un hombre y una mujer de contraer matrimonio o por la voluntad responsable de conformarla".

A partir de ese y de otros textos constitucionales, la institución jurídica de la unión marital de hecho ha ido desarrollándose al amparo de decisiones de la Corte Constitucional tanto en sede de constitucionalidad como de tutela, así como de la Corte Suprema de Justicia. Estas decisiones no siempre han sido compatibles entre sí. A continuación presentaré, a través de cinco notas, la manera como lo unión marital de hecho ha ido asimilándose al matrimonio, lo cual ha implicado una desnaturalización de las dos instituciones.

3. Tercer momento: la unión marital de hecho y su asimilación con el matrimonio

La Constitución Política no ha equiparado el matrimonio con la unión marital de hecho. La jurisprudencia constitucional y la jurisprudencia civil, a pesar de que han partido de la tesis de que son figuras jurídicas diferentes, han ido en la línea de asimilarlas, a partir de señalar más las coincidencias que las diferencias entre una y otra instituciones.

[34] Corte Constitucional, Sentencia C-563 del 2 de septiembre de 2015 (MP. Jorge Ignacio Pretelt Chaljub)

La Corte Constitucional mediante Sentencia C-239 de 1994 se pronunció sobre la constitucionalidad del artículo 1º y del inciso primero del artículo 7º de la Ley 74 de 1990. En esta ocasión consideró: "Es erróneo sostener que la Constitución consagre la absoluta igualdad entre el matrimonio y la unión libre, o unión marital de hecho. Sostener que entre los compañeros permanentes existe una relación idéntica a la que une a los esposos, es afirmación que no resiste el menor análisis, pues equivale a pretender que pueda celebrarse un verdadero matrimonio a espaldas del Estado, y que[,] al mismo tiempo, pueda éste imponerle reglamentaciones que irían en contra de su rasgo esencial, que no es otro que el de ser una *unión libre*"[35].

La tesis de la diferenciación de los institutos jurídicos del matrimonio y de la unión marital de hecho fue defendida por la Corte Constitucional en Sentencia C-0174 de 1996[36], al precisar que hay derechos y obligaciones legales diferentes para los cónyuges y compañeros permanentes, en razón de la distinción entre el matrimonio y las uniones maritales de hecho, tales como las formas del matrimonio, la edad y capacidad para contraerlo, los derechos y deberes de los cónyuges; los efectos civiles de los matrimonios religiosos, la cesación de esos efectos por divorcio y la concesión de los efectos civiles a la sentencias proferidas por las autoridades religiosas.

En 2000, la Corte Constitucional mediante la Sentencia C-533 de 2000 reiteró la tesis de las diferencias sustanciales entre el matrimonio y la unión marital de hecho. En efecto, consideró que "el matrimonio no es la mera unión de hecho, ni la cohabitación entre los cónyuges. Los casados no son simplemente personas que viven juntas. Son más bien personas jurídicamente vinculadas"[37]. En el matrimonio, los derechos y las obligaciones surgen del pacto conyugal o del consentimiento e involucran derechos fundamentales, tales como, la libertad, la dignidad, la intimidad y el libre desarrollo de la personalidad. Por su parte, "la unión libre", ésta es la expresión usada, se produce por el "solo hecho de la convivencia y en ella los compañeros nada se deben en el plano de la vida en común"[38]. Ellos, así fue precisado, son "libres en la

[35] Corte Constitucional, Sentencia C-239 del 19 de mayo de 1994 (MP. Jorge Arango Mejía).
[36] Corte Constitucional, Sentencia C-0174 de 1996 (MP. Jorge Aranjo Mejía).
[37] Corte Constitucional, Sentencia C-533 de 2000 (MP. Vladimiro Naranjo Mesa).
[38] Ibídem.

determinación de continuar en ella o de terminarla o de guardar fidelidad a su pareja"[39].

En esa misma línea, la Corte Constitucional en Sentencia C-821 de 2005, al pronunciarse sobre algunas normas de la Ley 25 de 1992, en especial las relativas a la infidelidad, expresó que ese comportamiento, que afecta directamente los lazos afectivos, "puede llegar a ser la causa principal de disolución de las familias de hecho"[40], la cual no requiere su declaratoria judicial.

Al pronunciarse la Corte Constitucional en Sentencia C-577 de 2011 contra la demanda de inconstitucionalidad del artículo 113 del Código Civil, relativo a la definición de matrimonio, reiteró que la diferencia entre el matrimonio y la unión marital de hecho radica en "la decisión libre de conformar una familia que se traduce en la constitución de una unión de carácter extramatrimonial que no tiene fundamento en el consentimiento expresado, sino 'en el solo hecho de la convivencia' y en la cual 'los compañeros nada se deben en el plano de la vida en común, y son libres en la determinación de continuar en ella o de terminarla o de guardar fidelidad a su pareja'"[41]. A pesar de las coincidencias de las instituciones jurídicas, afirma la Corte, que la igualdad entre una y otra no es absoluta entre el matrimonio y la unión libre o unión marital de hecho, pues aunque tenga efectos económicos o patrimoniales, no son aplicables, porque, precisamente, en razón de la libre autodeterminación, puede no contraer matrimonio y, por lo tanto, "excluir la totalidad de su régimen jurídico, luego la relación entre compañeros permanentes no es idéntica a la que une a los esposos, ni cabe pretender que así sea, porque ello supondría 'que celebrarse un verdadero matrimonio a espaldas del Estado, y que, al mismo tiempo, pueda este imponerle reglamentaciones que irían en contra de su rasgo esencial, que no es otro que el de ser una unión libre'"[42].

Finalmente, la misma Corte, en Sentencia C-257 de 2015, insistió, una vez más, que la unión marital de hecho se distingue del matrimonio, porque exige el cumplimiento de una serie de formalidades legales y da origen a un catálogo de derechos y obligaciones, aceptados libremente de las partes contrayentes.

[39] Ibídem.

[40] Corte Constitucional, Sentencia C-821 de 2005 (MP. Rodrigo Escobar Gil).

[41] Corte Constitucional, Sentencia C-577 de 2011 (MP. Gabriel Eduardo Mendoza Martelo).

[42] Ibídem.

Precisó, en igual forma, que la unión de un hombre y una mujer, sin formalidad alguna, "da lugar a una comunidad de vida permanente y singular, sin que sea su voluntad asumir los derechos y obligaciones que la ley impone a los cónyuges"[43]. La Corte, teniendo en cuenta ese trato diferenciado, reiteró que no sólo resulta constitucional, sino necesaria una regulación diversa. Incluso, continúa diciendo, que desconocer las diferencias existentes entre las dos instituciones podría implicar anular una de las dos opciones, constitucionalmente protegidas, con las que cuentan los ciudadanos para conformar una familia. Esas diferencias no implican una equivalencia sustancial entre el matrimonio y la unión marital de hecho: las dos instituciones dan origen a una familia y merecen igual protección constitucional.

Por su parte, la Corte Suprema de Justicia en Sentencia de 20 de abril de 2001[44] expresó que, sin que necesariamente se pueda concluir la asimilación entre el matrimonio y la unión marital de hecho, en una y otra institución se configura de forma legítima la familia. En relación con la unión marital de hecho, precisó que su misma denominación sustituyó los términos de concubinato y amancebamiento, los cuales eran peyorativos y discriminatorios.

Es muy variada y prolífica la jurisprudencia de la Sala de Casación Civil de la Corte Suprema de Justicia sobre la relación entre la unión marital de hecho y el matrimonio. A pesar de que han reconocido sus diferencias, han ido identificando, cada vez más, la unión marital con el matrimonio[45].

A continuación, intentaré precisar en qué sentido la unión marital de hecho ha terminado asimilándose al matrimonio y ha adquirido un carácter amorfo, porque no es matrimonio, pero tampoco concubinato. Desarrollaré esta cuestión a través de cinco notas.

[43] Corte Constitucional, Sentencia C-257 de 6 de mayo de 2015 (MP. Gloria Stella Ortiz Delgado).

[44] Corte Suprema de Justicia, Sala de Casación Civil, Sentencia de 20 de abril de 2001 (MP. José Fernando Ramírez Gómez), Exp. Nº 5883.

[45] Corte Suprema de Justicia, Sala de Casación Civil, *Antología jurisprudencial, 1886-2006*, Bogotá, 2007, Sigma Editores. Y la jurisprudencia citada en este escrito.

3.1 La unión marital de hecho es una institución jurídica conformadora de familia

Desde la exposición de motivos de la Ley 54 de 1990, esta cuestión fue una de las consideraciones presentadas para justificar la regulación de la nueva institución jurídica, que posteriormente fue abordada en la Asamblea Nacional Constituyente y ha sido ampliamente desarrollada en la jurisprudencia de las Altas Cortes.

El *iter* legislativo y jurisprudencial puede sintetizarse en la siguiente forma:

(a) *Iter* de la Ley 54 de 1990: En la exposición de motivos del proyecto de ley, radicado bajo el Nº 107 de 1988, se expresó que la regulación de las "uniones de hecho" o "uniones libres" o "uniones concubinarias" era una "necesidad originada en el desarrollo de la sociedad"[46]. E insistió que se ha dejado a la "familia natural" sin protección legal y se ha vuelto "la espalda a una realidad social que amenaza con desbordar los límites de la irregularidad para convertirse en un asunto de dimensión general"[47]. Afirmó, igualmente, que no se pueden ignorar a los "hijos nacidos de relaciones extramatrimoniales"[48].

La justificación central radicó en considerar a la familia como una "realidad sociológica definida", es fuente de derechos, deberes y múltiples relaciones, la cual exige una protección del Estado, así su origen sea el sacramento del matrimonio o el simple acuerdo de voluntades entre un hombre y una mujer, manifestada por los hechos de una comunidad de vida. En el desarrollo del debate parlamentario se introdujo la expresión "unión marital de hecho" para proteger la unión libre de "un hombre y una mujer";

[46] Congreso de la República, "Exposición de Motivos, Proyecto de Ley Nº 107 de 1988", en *Anales del Congreso* Nº 79, miércoles 31 de agosto de 1988, p. 15.

[47] Consultar: "Ponencia para primer debate en Senado, Proyecto de Ley Nº 107 de 1988, en *Anales del Congreso*, Nº 80 de 1989, martes 19 de septiembre de 1989, pág. 3; "Ponencia para segundo debate en Senado, Proyecto de Ley Nº 107 de 1988, en *Anales del Congreso*, Nº 140 de 1990, martes 4 de diciembre de 1990.

[48] Ibídem.

(b) En la discusión del actual artículo 42 de la Constitución Política por parte de la Asamblea Nacional Constituyente, una de las cuestiones abordadas fue, precisamente, la de la familia. En la ponencia de la Comisión Quinta se expresó, por ejemplo, que, "en los casos en que un hombre y una mujer se unan con la decisión de vivir juntos, tienen pleno derecho a conformar y desarrollar"[49] la base de la sociedad que es la familia. Interpretando una necesidad nacional, así también se consideró, y teniendo en cuenta la realidad en que vive más de la cuarta parte de nuestra población, se deben "complementar las normas legales vigentes sobre 'uniones maritales de hecho y régimen patrimonial entre compañeros permanentes'"[50];

(c) El *iter* jurisprudencial ha sido prolífico en reconocer que la unión marital de hecho es conformadora de familia.

En Sentencia C-105 de 1994, la Corte Constitucional se pronunció sobre la constitucionalidad de numerosas normas del Código Civil por hacer uso de los términos "legítimos", "legítima" o "legítimo" que otorgaban una distinta protección a los hijos matrimoniales. Al declarar la inconstitucionalidad de las mencionadas palabras, la Corte precisó que, según la Constitución, "son igualmente dignas de respeto y protección las familias originadas en el matrimonio o constituidas al margen de éste"[51]. En virtud del principio de igualdad, no puede existir discriminación basada en el origen familiar, "ya sea ejercida contra los hijos o contra descendientes de cualquier grado"[52], razón por la cual constitucionalmente hay "igualdad de derechos entre los hijos legítimos, extramatrimoniales y adoptivos"[53]. En consecuencia, "toda norma que establezca una discriminación basada en el origen

[49] Asamblea Nacional Constituyente, Informe-Ponencia para Primer Debate en Plenaria. *Gaceta Constitucional* No. 85, p 5.

[50] Ibídem.

[51] Corte Constitucional, Sentencia C-239 de 19 de mayo de 1994 (MP Jorge Arango Mejía).

[52] Ibídem.

[53] Ibídem.

familiar, es contraria a la Constitución"[54]. La Corte en esta decisión judicial no hizo mención al término "unión marital de hecho", utilizó la expresión "unión extramatrimonial".

En Sentencia C-098 de 1996, la Corte Constitucional se pronunció sobre la expresión "un hombre y una mujer" de los artículos 1º y 2º de la Ley 54 de 1990, declaradas exequibles, ante todo, por considerar que esta norma "sin equiparar a los miembros de las uniones libres y a los cónyuges vinculados por matrimonio avanza en el sentido de reconocer jurídicamente su existencia y regular sus derechos y deberes patrimoniales"[55]. Para la Corte, la ausencia de la referencia expresa en el texto de las parejas del mismo sexo no implica discriminación hacia ellas ni tampoco de la opción sexual de las personas. Se trata más bien de una opción política ordenada "a proteger a las uniones maritales heterosexuales sin perjudicar las restantes y sin que estas últimas sufrieran detrimento o quebranto alguno"[56], lo cual no excluye, que "el Legislador, en un único acto, eliminara todas las injusticias, discriminaciones y males existentes, pero dado que en realidad ello no es posible, esta Corte no puede declarar la inexequibilidad de una ley que resuelve atacar una sola injusticia a la vez, salvo que al hacerlo consagre un privilegio ilegítimo u odioso o la medida injustamente afecte a las personas o grupos que todavía no han sido favorecidos"[57].

En esa misma Sentencia, la Corte Constitucional hizo algunas consideraciones respecto de la unión marital de hecho, entre las que deben resaltarse las siguientes: (i) es una de las formas legítimas de constituir la familia; (ii) es una unión libre entre un hombre y una mujer, "aunque no tengan entre sí vínculos de sangre ni contractuales formales"[58], protegida por el Estado y la sociedad, al dar origen a la institución

[54] Ibídem.

[55] Corte Constitucional, Sentencia C-098 de 7 de marzo de 1996 (MP. Eduardo Cifuentes Muñoz).

[56] Ibídem.

[57] Ibídem.

[58] Ibídem.

familiar; (iii) es una manera como el Legislador ha reivindicado y protegido un grupo anteriormente discriminado, no censurable de las uniones homosexuales.

A partir de la Sentencia C-577 de 2011[59], la Corte Constitucional definió a la familia como una comunidad de personas, unidas por vínculos naturales o jurídicos, fundada en el amor, el respeto y la solidaridad, caracterizada por la unidad de vida que une o vincula a sus integrantes. Los tipos de familia pueden ser muy variados: las generadas en vínculos de sangre, por adopción o crianza; las monoparentales, las ensambladas, las integradas por personas del mismo sexo.

Con base en la definición de familia, adoptada en 2011, la Corte en Sentencia C-278 de 2014[60] precisó que el concepto de familia, al estar inserto en la sociedad, tiene un carácter dinámico, variado y plural. Por eso incluye, además, de las originadas en el matrimonio, a las uniones maritales de hecho y a las constituidas por parejas del mismo sexo.

Es muy amplia, en igual forma, la jurisprudencia de la Sala Civil de la Corte Suprema de Justicia que reconoce a la unión marital de hecho como unión configuradora de familia, baste mencionar la Sentencia de 2005[61], ya citada. En esta ocasión, la Sala declaró la retrospectividad de la Ley 54 de 1990, aduciendo, entre otras razones, que "la urgente y laudable necesidad de disciplinar la unión marital de hecho reconocida y advertida expresamente por el legislador"[62] estaba encaminada, precisamente, a resolver una "grave injusticia" y proteger en debida forma a la familia natural.

[59] Corte Constitucional, Sentencia C-577 de 26 de julio de 2011 (MP. Gabriel Eduardo Mendoza Martelo).

[60] Corte Constitucional, Sentencia C-278 de 7 de mayo de 2014 (MP. Mauricio González Cuervo).

[61] Corte Suprema de Justicia, Sala de Casación Civil, Sentencia de 28 de octubre de 2005 (MP. Carlos Ignacio Jaramillo Jaramillo), Exp. Nº 2000-00591.

[62] Ibídem.

3.2 De la unión marital de hecho entre un hombre y una mujer a la unión de personas del mismo sexo

Los artículos 1º y 2º de la Ley 54 de 1990 incluyeron la expresión "un hombre y una mujer" como uno de los requisitos para configurar la unión marital de hecho, en el entendido de que el requisito de la heterosexualidad era esencial a la naturaleza de esa unión, que se asimila al matrimonio. De ahí viene, precisamente, su nombre: unión marital. Hasta 1997, la Corte Constitucional mediante Sentencia C-075 de 2007 declaró la exequibilidad condicionada de la Ley 54 de 1990, tal como fue modificada por la Ley 979 de 2005, en el sentido que el régimen de protección contenida se aplica, en igual forma, a las parejas homosexuales.

En la citada Sentencia C-075, la Corte consideró que la Ley 54 de 1990, incluyendo las modificaciones de la Ley 979 de 2005, aplicada sólo a las parejas heterosexuales excluye de su protección a las parejas homosexuales, lo cual resulta discriminatorio. De esta forma, sin dejar de reconocer las diferencias objetivas entre unas y otras parejas, "fundadas en la necesidad de proteger a la mujer y a la familia, no es menos cierto que hoy por hoy puede advertirse que las parejas homosexuales presentan requerimientos análogos de protección y que no existen razones objetivas que justifiquen un tratamiento diferenciado"[63]. A partir de esta premisa, concluye que es contrario a la Constitución que se establezca un régimen legal de protección exclusivamente para las parejas heterosexuales, razón por la cual declaró la exequibilidad de la Ley 54 de 1990, al considerar que el régimen de protección establecido se aplica a las parejas homosexuales. De esta forma, si la pareja homosexual cumple con las condiciones previstas en la ley para las uniones maritales de hecho, esto es, "la comunidad de vida permanente y singular, mantenida por un periodo de al menos dos años, accede al régimen de protección allí dispuesto, de manera que queda amparada por la presunción de sociedad patrimonial y sus integrantes pueden, de manera individual o conjunta, acudir a los medios previstos en la ley para establecerla cuando así lo consideren adecuado"[64]. Para la Corte, no se advierte omisión legislativa ni un propósito discriminatorio

[63] Corte Constitucional, Sentencia C-075 de 7 de febrero de 2007 (MP. Rodrigo Escobar Gil).
[64] Ibídem.

ni una intención explícita de un trato diferenciado, razón por la cual decidió que las normas relativas a los compañeros permanentes deben aplicarse a las parejas del mismo sexo.

Por otra parte, en Sentencia C-577 de 2011, la Corte reiteró la tesis de que las uniones homosexuales si cumplen los requisitos de la Ley 54 de 1990 son configuradoras de familia. Sin embargo, "no toda diferencia de trato entre parejas heterosexuales y homosexuales puede tomarse como discriminatoria per se, ni considerarse fundada en la orientación sexual de las personas, en la medida que puede surgir de las diferencias que existen entre unas parejas y otras"[65].

El desarrollo jurisprudencial, en relación con la equiparación de las uniones maritales heterosexuales y las uniones homosexuales, continuó en la Sentencia SU 617 de 2014[66] a través del cual ordenó continuar el trámite administrativo de un proceso de adopción, suspendido por ser los compañeros permanentes del mismo sexo. Al año siguiente, la misma Corporación en Sentencia C-071 de 2015[67], al pronunciarse, una vez más, sobre el artículo 1º de la Ley 54 de 1990 y otras normas de la Ley 1098 de 2006 o Código de la Infancia y la Adolescencia, las declaró exequibles en el entendido de que en su ámbito de aplicación también están comprendidas las parejas del mismo sexo cuando la solicitud de adopción recaiga en el hijo biológico de su compañero o compañera permanente. En esta misma línea, la Corte en Sentencia C-683 de 2015 se volvió a pronunciar sobre la constitucionalidad del artículo 1º de la Ley 54 de 1990 y otras normas del Código de la Infancia y la Adolescencia relativas a la adopción, las cuales fueron declaradas exequibles, en el entendido de que "en virtud del interés superior del menor, dentro de su ámbito de aplicación están comprendidas también las parejas del mismo sexo que conforman una familia"[68]. Justificó, entre otras consideraciones, su decisión en la tesis de que no es válido excluir de los procesos de adopción a

[65] Corte Constitucional. Sentencia C-577 de 26 de julio de 2011 (MP. Gabriel Eduardo Mendoza Martelo).

[66] Corte Constitucional, Sentencia SU-617 de 28 de agosto de 2014 (MP. Luis Guillermo Guerrero Pérez).

[67] Corte Constitucional, Sentencia C-071 de 18 de febrero de 2015 (MP. Jorge Iván Palacio Palacio).

[68] Corte Constitucional, Sentencia C-683 de 4 de noviembre de 2015 (MP. Jorge Iván Palacio Palacio).

las parejas del mismo sexo que conforman una familia. "Una hermenéutica en tal sentido genera un déficit de protección de los niños, niñas y adolescentes en situación de abandono, lo que a su vez desconoce el interés superior del menor, representado en su derecho a tener una familia, por cuanto esta es una medida de protección plenamente idónea para garantizar su desarrollo armónico e integral y el ejercicio pleno de sus demás derechos (art. 44 CP).

El desarrollo jurisprudencial ha permitido poner de relieve que la expresión usada en el artículo 42 de la Constitución Política "un hombre y una mujer" como elemento constitutivo del matrimonio y de la unión marital de hecho ha sido reemplazado por la Corte Constitucional. Hoy en día, ambas instituciones jurídicas pueden configurarse por parejas del mismo sexo.

3.3 La unión marital de hecho como comunidad de vida permanente y singular

El artículo 1º de la Ley 54 de 1990 exige como uno de los presupuestos para que se configure la unión marital "la comunidad de vida permanente y singular". Este elemento también ha tenido desarrollo jurisprudencial, en especial en la Sala de Casación Civil de la Corte Suprema de Justicia.

En efecto, en Sentencia de 25 de octubre de 1994, la Sala de Casación Civil afirmó que la expresión unión marital de hecho fue una tendencia para reemplazar el término concubinato. La definió como "la comunidad formada por un hombre y una mujer respecto de los cuales ningún impedimento hay para que puedan casarse, y constituida esa comunidad para formar una familia, es decir de manera permanente y estable, es incuestionable que, faltando tan solo la constitución del vínculo conyugal, tiene que recibir un tratamiento jurídico semejante por muchos aspectos al que merece la unión conyugal"[69]. La permanencia y la estabilidad, por tanto, justifican la protección legal de estas uniones como familia, con lo cual no se incluyen las uniones pasajeras. "De manera que no se protege de modo alguno una relación repudiada por la ley ni una vinculación transitoria que no tenga el propósito de conformar una familia"[70].

[69] Corte Suprema de Justicia, Sala de Casación Civil, Sentencia de 25 de octubre de 1994 (MP. Eduardo García Sarmiento), Exp. 3000.

[70] Ibídem.

Seis años más tarde, en 2000, la Corte Suprema precisó aún más el requisito de la unicidad o de la "comunidad de vida permanente y singular" entre los compañeros permanentes. La permanencia hace referencia a la duración, debe ser firme. Pero también en esa unión debe darse la constancia, la perseverancia y, ante todo, la estabilidad de la comunidad de vida, la cual excluye relaciones pasajeras o casuales. De esta forma, así lo precisó la Corte, se descartan las uniones con un número plural de personas, "evidentemente todas o algunas de estas relaciones no alcanzan a constituir una unión marital de hecho"[71]. Para que exista, por tanto, unión marital de hecho "debe estar precedida de una comunidad de vida que por definición implica compartir la vida misma formando una unidad indisoluble como núcleo familiar, ello además de significar la existencia de lazos afectivos obliga a cohabitar compartiendo techo; y de carácter permanente, lo cual significa que la vida en pareja debe ser constante y continua por lo menos durante dos años, reflejando así la estabilidad que ya la Corte reconoció como aspecto fundamental de la relación, reduciendo a la condición de poco serias las uniones esporádicas o efímeras que no cumplen con tal requisito"[72].

En 2001, la Corte Suprema explicitó el requisito de la comunidad de vida permanente y singular. Si el presupuesto para la conformación de una familia es presupuesto de la unión marital de hecho, se requiere la existencia de "una comunidad de vida permanente y singular". Esa comunidad forma "una unidad indisoluble como núcleo familiar"[73], lo cual implica la existencia de lazos afectivos y cohabitar compartiendo techo, lecho, mesa y asumir en forma permanente y estable el quehacer existencial, esto es, un proyecto de vida y hogar comunes. Esa comunidad o consorcio de vida está integrado por "elementos fácticos objetivos como la convivencia, la ayuda y el socorro mutuos, las relaciones sexuales y la permanencia y subjetivos otros, como el ánimo mutuo de pertenencia, de unidad y la *affectio maritalis*, que unidos además a la descendencia común y a las obligaciones y deberes que de tal hecho

[71] Corte Suprema de Justicia, Sala de Casación Civil, Sentencia de 20 de septiembre de 2000 (MP. Silvio Fernando Trejos Bueno), Exp. Nº 6117.

[72] Ibídem.

[73] Corte Suprema de Justicia, Sala de Casación Civil. Sentencia de 12 de diciembre de 2001 (MP. Jorge Santos Ballesteros), Exp. Nº 67212.

se derivan, concretan jurídicamente la noción de familia"[74]. La comunidad de vida, por tanto, está unida no a la exigencia de una duración o un plazo abstracto, sino "concretada en la vida en común con el fin de poder deducir un principio de estabilidad que es lo que le imprime a la unión marital de hecho, la consolidación jurídica para su reconocimiento como tal"[75]. Desde esta perspectiva, esa comunidad de vida permanente y singular se refiere a la pareja que de manera voluntaria "ha decidido vivir juntos, convivir de manera ostensible y conocida por todos, con el ánimo y la intención de formar una familia con las obligaciones y derechos que esto conlleva"[76].

En 2012, la Corte Suprema de Justicia precisó los requisitos sustanciales de la unión marital de hecho, entre otros, (i) la comunidad de vida permanente, que implica, en principio, "estabilidad, compartir 'vida en común', cohabitar, ayudarse en las distintas circunstancias que se presentan durante la 'convivencia', por lo que se excluyen 'las relaciones meramente pasajeras o casuales'"[77] y (ii) la comunidad de vida singular, es decir, solo debe tratarse de esa "unión", lo cual descarta la existencia concomitante de uniones de la misma especie.

En 2016, la Sala de Casación Civil insistió en la tesis, expresada en otros precedentes, según la cual la comunidad de vida está directamente relacionada con la intención de formar familia, no en la voluntad interna, sino, al margen de cualquier ritualidad o formalismo, en los hechos de donde emana y le otorgan el carácter de una "relación vivencial de los protagonistas, con independencia de las diferencias anejas, como es natural entenderlo, propias del desenvolvimiento de una relación de dicha naturaleza, ya sean personales, profesionales, laborales, económicas, en fin, y de los mecanismos para superarlas"[78]. Lo esencial, por tanto, es la convivencia marital, respetuosa de la individualidad de cada una de las personas que integran la unión. A través de esa convivencia, "se conforma una auténtica comunión física y mental, con sentimientos de fraternidad, solidaridad y estímulo para afrontar las diversas

[74] Ibídem.

[75] Ibídem.

[76] Ibídem.

[77] Corte Suprema de Justicia, Sala de Casación Civil, Sentencia de 28 de noviembre de 2012 (MP. Ruth Marina Díaz Rueda), Exp. Nº 2006-00173.

[78] Corte Suprema de Justicia, Sala de Casación Civil, Sentencia de 7 de mayo de 2016 (MP. Álvaro Fernando García Restrepo), Exp. Nº 2016-15173.

situaciones del diario existir"[79]. En este sentido, así lo afirma la Corte, es "proyecto de vida similar al de los casados, con objetivos comunes, dirigido a la realización personal y en conjunto, y a la conformación de un hogar doméstico, abierto, si se quiere a la fecundidad"[80]. La permanencia de la unión denota estabilidad, continuidad y perseverancia en la comunidad de vida, al margen de elementos accidentales involucrados en su devenir, como acaece con el trato sexual, la cohabitación o su notoriedad, las cuales pueden existir o dejar de existir. Para la Corte, esos hechos accidentales no pueden aniquilar "los elementos internos de carácter psíquico en la pareja que fundan el entrecruzamiento de voluntades, inteligencia y afectos para hacerla permanente y duradera"[81]. Precisamente, en esto radica la singularidad o exclusividad de la unión de hecho y ha de entenderse como una "respuesta al principio de monogamia aplicable a la familia natural"[82], como célula básica de la sociedad. Ello no significa que se prohíban las relaciones simultáneas de la misma índole entre uno o ambos compañeros permanentes con terceras personas, de ser ello así, esas uniones no tendrían reconocimiento legal.

Ahora bien, en esta misma Sentencia, la Corte Suprema se pronunció en relación con el deber de fidelidad mutuo, según lo dispuesto en el artículo 42 constitucional, según el cual "las relaciones de familia se basan en la igualdad de derechos y deberes de la pareja y en el respeto recíproco de todos sus integrantes". Ese deber no se destruye por la infidelidad de un compañero al otro, porque la unión "solo se disuelve con la separación física y definitiva de los compañeros permanentes"[83]. En todo caso, afirma la Sala que esa infidelidad puede conducir a la ruptura de la unión marital de hecho, "pues constituye una afrenta a la lealtad y al respeto recíproco debido"[84]. Sin embargo, ello no excluye el perdón o la tolerancia y, por tanto, la continuidad en la comunidad de vida.

[79] Ibídem.
[80] Ibídem.
[81] Ibídem.
[82] Ibídem.
[83] La misma Sala de Casación Civil cita y acoge la Sentencia de 5 de septiembre de 2005, Exp. Nº 00150.
[84] Corte Suprema de Justicia, Sala de Casación Civil, Sentencia de 7 de mayo de 2016 (MP. Álvaro Fernando García Restrepo), Exp. Nº 2016-15173.

La Sala de Casación Civil precisó en otra Sentencia de 2016 que la comunidad de vida que se genera en la unión marital de hecho no se necesariamente implica relaciones sexuales, ni tampoco la imposibilidad que se den intermitencias temporales de techo, porque se trata de elementos accidentales que pueden existir o dejar de existir. El eje central de la unión marital de hecho, así como del matrimonio, "no es propiamente la satisfacción de necesidades sexuales, sino otros valores de su surgimiento, como el auxilio, socorro y ayuda mutua"[85].

En 2018, la Sala de Casación Civil sintetizó las notas esenciales de la unión marital de hecho en las siguientes: (i) comunidad de vida de quienes "deciden unirse con la finalidad de alcanzar objetivos comunes y desarrollar un proyecto de vida compartido"[86]; (ii) singularidad, es decir, según palabras de la misma Corte, "los consortes no pueden establecer compromisos similares con otras personas"[87], porque si alguno de ellos, o los dos, mantienen uniones con otras personas o un vínculo matrimonial en el que no estén separados de los cuerpos los cónyuges, esta circunstancia impide la configuración de la unión marital de hecho; (iii) permanencia o "la conjunción de acciones y decisiones proyectadas establemente en el tiempo, que permitan inferir la decisión de conformar un hogar y no simplemente de sostener encuentros esporádicos"[88]; (iv) inexistencia de impedimentos legales que hace ilícita la unión, como sucede, por ejemplo, con el incesto y (v) convivencia ininterrumpida por dos años, la cual hace presumir la conformación de la sociedad patrimonial.

Estas notas o rasgos esenciales permiten advertir la equiparación entre la unión marital y el matrimonio como formas de constituir familia. El régimen patrimonial, por su parte, "cuando las personas son plenamente capaces, debe cimentarse en la soberana voluntad de los cónyuges o compañeros"[89].

85 Corte Suprema de Justicia, Sala de Casación Civil, Sentencia de 25 de octubre de 2016 (MP. Luis Armando Tolosa Villabona), Exp. Nº 15173-2016.

86 Corte Suprema de Justicia, Sala de Casación Civil, Sentencia de 12 de febrero de 2018 (MP. Arnoldo Wilson Quiroz Monsalvo), Exp. Nº 128-2018.

87 Ibídem.

88 Ibídem.

89 Corte Suprema de Justicia, Sala de Casación Civil, Sentencia de 13 de julio de 2020 (MP. Arnoldo Wilson Quiroz Monsalvo), Exp. Nº 698920.

La jurisprudencia de la Sala de Casación Civil ha decantado los requisitos de la unión marital de hecho y ha descartado, por ejemplo, (i) la notoriedad[90], que es un indicio y si se encuentra probada puede llevar al juez a valorar la existencia de la unión entre los compañeros permanentes; (ii) la temporalidad, porque la Ley 54 de 1990 no exige tiempo de convivencia para que se configure propiamente la unión. El tiempo de los dos años, regulado en el artículo 2º de la Ley 54 de 1990, es para que se presuma la sociedad patrimonial entre los compañeros permanentes; (iii) la carencia de vínculo conyugal anterior, exigencia para la presunción de la sociedad patrimonial, no de la unión marital.

La unión personal entre los compañeros permanentes se traduce en derechos y deberes entre ellos, que tienen, a su vez, carácter constitucional. Así, por ejemplo, se han protegido, en relación con estasa uniones y con el matrimonio, el deber de protección integral de la familia[91]; el principio-derecho de igualdad[92]; la dignidad humana, el libre desarrollo de la personalidad y la autonomía[93]; y el interés superior del niño[94].

En todo caso, las notas de la unión marital de hecho se encuentran en entredicho porque en 2012 Colombia adoptó una decisión jurisprudencial protegiendo una "relación poliamorosa" y considerando que la constitucionalización de la familia ha implicado el reconocimiento de realidades sociológicas diversas. Si bien, es cierto que el Tribunal Superior de Medellín reconoció la pensión de sobreviviente a una pareja permanente del mismo sexo, el reto está en saber si la "singularidad" de la unión será una simple nota de carácter histórico[95].

90 Corte Suprema de Justicia, Sala de Casación Civil, Sentencia de 24 de octubre de 2016 (MP. Luis Armando Tolosa Villabona).

91 Corte Constitucional, Sentencia C-1033 de 27 de noviembre de 2002 (MP. Jaime Córdoba Triviño).

92 Corte Constitucional, Sentencia C-875 de 23 de agosto de 2005 (MP. Rodrigo Escobar Gil).

93 Corte Constitucional, Sentencia C-075 de 7 de febrero de 2007 (MP. Rodrigo Escobar Gil).

94 Corte Constitucional, Sentencia C-683 de 4 de noviembre de 2015 (Jorge Iván Palacio Palacio).

95 Los hechos conocidos se dieron en relación con la sustitución pensional del causante: Dos hombres que sostenían una "relación poliamorosa" con el causante por más de diez años solicitaron la pensión de sobrevivientes de su otro compañero. La progenitora del causante fallecido también la solicitó, expresando que era soltero y, por tanto, tenía afirmó que tenía derecho a la pensión. Los tres hombres, para formalizar su unión y dejar en claro que querían compartir patrimonio como una sociedad y que buscaban como efecto la sustitución pensional

en el caso de la muerte de alguno de los integrantes de la que llaman "su familia", acudieron ante un notario para firmar un contrato y expresaron: "Deseamos conformar un régimen económico cuya base es la relación de 'trieja' que tenemos". También afirmaron: "consagramos el deber de auxiliarnos mutuamente y en el evento de ser necesaria la afiliación como trieja al Sistema de Seguridad Social para la salud, y la pensión de sobreviviente o por sustitución a favor recíproco o cualquier otra cobertura que como trieja, podamos tener acceso".
El Tribunal Superior de Medellín, en Sentencia de 28 de mayo de 2019, entre otras consideraciones, expresó: (i) que el vínculo familiar se logra a partir de diversas situaciones de hecho, entre ellas la libre voluntad de conformar la familia al margen del sexo o la orientación de sus integrantes, señalando que la existencia de una pareja no es un aspecto definitorio de la familia, ni menos un requisito para su reconocimiento constitucional; (ii) que la unión entre los dos hombres demandantes y el causante es una "relación poliamorosa" que tiene los componentes de permanencia y comunidad y, además, se da el acoplamiento de una familia que se sustenta en la búsqueda común de los medios de subsistencia, en la compañía mutua o en el apoyo moral y en la realización de un proyecto compartido; (iii) que reconocer la pensión de sobrevivientes significa: (a) aceptar que en la "relación poliamorosa" se da la permanencia y la comunidad entre las personas, además de la búsqueda común de los medios de subsistencia, en la compañía mutua o en el apoyo moral y en la realización de un proyecto compartido; (b) admitir que la "relación poliamorosa" está constitucionalmente protegida y es, por tanto, titular de derechos y deberes, reconocidos, al ser núcleo fundamental de la sociedad, y sus miembros son beneficiarios de la pensión de sobrevivientes; (c) dar de manera clara y contundente alcance al modelo constitucional de 1991, así como la autonomía para conformar una familia; y (d) reparar la iniquidad institucionalizada respecto de las familias diversas, porque "la familia está donde están los afectos". Además, una persona puede amar a dos personas y las tres amarse entre sí. En esa tríada, los tres están involucrados con cada uno de manera amorosa o romántica.
El Tribunal, en síntesis, justificó la pensión de sobrevivientes a personas que conforman "relación poliamorosa" afirmando: "La regla de decisión que ofrece la sentencia C-577 de 2011, al indicar que no existen razones jurídicamente atendibles que permitan sostener que entre los miembros de la pareja del mismo sexo no cabe predicar el afecto, el respeto y la solidaridad que inspiran su proyecto de vida en común, con vocación de permanencia; o que esas condiciones personales solo merecen protección cuando se profesan entre parejas heterosexuales; resulta claramente aplicable para un caso como el que hoy se somete a la jurisdicción, referido a tres personas, que sin importar el género, han decidido amarse e integrar una familia, debiéndose valorar de manera objetiva y sin prejuicio alguno, el componente afectivo y emocional que alienta su convivencia, componente personal que se encuentra en las uniones de pareja del mismo o diferente sexo; o en cualquier otra unión que, pese a no estar caracterizada por la heterosexualidad de quienes la conforman, constituye familia [...]. Acreditándose ese componente afectivo y emocional que alienta su convivencia y que se traduce en solidaridad, manifestaciones de afecto, socorro y ayuda mutua, que se encuentra en las parejas homosexuales o heterosexuales, mal puede pretenderse que la decisión de ese proyecto de vida sea desconocido para poder acceder a los beneficios y protección de la seguridad social, servicio público y derecho irrenunciable". Tribunal Superior de Medellin, Sentencia de 5 de junio de 2019 (MP. Ana María Zapata Pérez). Nº Radicado: 050013105007 2015-01955 01.

3.4 La unión marital de hecho es constitutiva de estado civil

La aceptación de la tesis que la unión marital de hecho es constitutiva de estado civil no ha estado exenta de discrepancias al interior de las Altas Cortes. Hoy en día ya es una tesis aceptada y la que otrora fuera una diferencia entre el matrimonio y la unión marital de hecho ha pasado a ser un nuevo punto de contacto entre las dos instituciones jurídicas.

De conformidad con el Decreto 1260 de 1970, se entiende por estado civil de una persona "su situación jurídica en la familia y en la sociedad" y "determina su capacidad para ejercer ciertos derechos y contraer ciertas obligaciones" (art. 1º). Entre sus características la legislación resalta ser "indivisible, indisponible e imprescriptible" (ibídem). Su asignación es competencia de la ley. Deriva de los hechos, los actos y las providencias que lo determinan y la calificación legal de ellos.

Si bien es cierto, que el artículo 1º de la Ley 54 de 1990 hizo uso de la expresión "para todos los efectos civiles", la jurisprudencia inicial de la Corte Suprema de Justicia no le reconoció a esta norma carácter sustancial, sino definitorio de la unión marital de hecho[96]. De manera expresa en 2001, la Sala de Casación Civil afirmó que en "el ordenamiento jurídico colombiano no se ha establecido constitucional ni legalmente, el estado civil de compañero permanente derivado de la unión marital de hecho"[97]. A pesar de esta afirmación, en la misma providencia se expresó que, "si bien la unión marital de hecho y la constitución de la familia por vínculos naturales, a voluntad de la pareja, puede llegar a constituir un estado civil, lo cierto es que todavía no se ha expedido la ley que haga tal asignación, ni hay norma que permita asimilarlo como tal"[98]. En otra decisión judicial de 2001, la Sala reiteró esta tesis y añadió que el estado civil de la unión marital de hecho tampoco puede deducirse "por el reconocimiento de los derechos legales específicos de distinto orden hasta ahora conferidos a los compañeros permanentes, incluso algunos por

[96] Corte Suprema de Justicia, Sala de Casación Civil, Auto de 24 de junio de 1997, citado en Auto de 10 de marzo de 2004 (MP. José Fernando Ramírez Gómez), Exp. Nº 2000-00332.

[97] Corte Suprema de Justicia, Sala de Casación Civil, Auto de 20 de noviembre de 2001 (MP. Silvio Fernando Trejos Bueno), Exp. Nº 096.

[98] Ibídem.

vía jurisprudencial, los cuales, valga decirlo, no se eliminan ni merman por el hecho de constituir la unión marital el estado dicho"[99].

Solo hasta 2008 la Sala de Casación Civil de la Corte Suprema de Justicia rectificó la doctrina anterior, no sin antes reiterar que la jurisprudencia ha "introducido cambios que tienden a darle a la unión marital de hecho un tratamiento jurídico equiparable o semejante al del matrimonio y a todo lo que gira alrededor de esas situaciones"[100]. Si las dos instituciones se asimilan, debe reconocerse, en igual forma, que la unión marital genera el estado civil de "compañero o compañera permanente", porque la Ley 54 de 1990, "no se limita a definir el fenómeno natural en cuestión ni a señalar sus elementos, sino que precisa el objeto de la definición, al nominar como compañeros permanentes, 'para todos los efectos civiles', al hombre y a la mujer que deciden en forman voluntaria y responsable conformarla"[101]. La Corte Suprema apeló en esta decisión a uno de los considerandos de la Corte Constitucional en Sentencia C-0174 de 1996, en el sentido de que la unión marital de hecho en "determinadas circunstancias establece o modifica el estado civil de quienes hacen parte de ella y la ley en consecuencia, acorde con la Constitución, determina en estos casos el estado civil, lo asigna, lo mismo que los consiguientes derechos y deberes. Derechos y deberes entre los miembros de la unión marital de hecho, y entre estos y los hijos si los hubiere"[102].

La Sala de Casación Civil no desconoce, empero, que, en ciertos casos, puede confluir la condición de casado con el de compañero permanente, sin que ello implique la afectación del principio de la indivisibilidad del estado civil, porque, por una parte, "la fuente ontológica de una y otra situación es distinta"[103]; y, por otra, "los mismos hechos hacen que la unión marital tenga la virtud de establecer o modificar el estado civil de quienes hacen parte de ella"[104]. De esta forma, así como el matrimonio genera estado civil, de

99 Corte Suprema de Justicia, Sala de Casación Civil, Auto de 28 de noviembre de 2001 (MP. Silvio Fernando Trejos Bueno), Exp. Nº 0096-01.

100 Corte Suprema de Justicia, Sala de Casación Civil, Auto de 18 de junio de 2008 (MP. Jaime Alberto Arrubla Paucar), Exp. Nº 2004-00205.

101 Ibídem.

102 Corte Constitucional, Sentencia C-0174 de 29 de abril de 1996 (MP. Jorge Arango Mejía).

103 Corte Suprema de Justicia, Sala de Casación Civil, Auto de 18 de junio de 2008 (MP. Jaime Alberto Arrubla Paucar), Exp. Nº 2004-00205.

104 Ibídem.

manera similar, la unión marital constituye estado civil, "pues aparte de no ser una relación cualquiera, no es algo que sea externo a las personas que la conforman, por el contrario, trasciende a ellas, es decir, a la pareja misma y a cada uno de sus miembros individualmente considerados, con cierto status jurídico en la familia y la sociedad"[105].

Para la Corte Suprema, la declaratoria de la unión marital, por la situación familiar y del estado civil que generan, es de orden público "y es indisponible e imprescriptible, lo cual no obsta para que las partes la declaren por mutuo consenso en escritura pública o en acta de conciliación (art. 4º, Ley 54 de 1990), en tanto el estado civil dimana de los hechos, actos o providencias que lo determinan (art. 2º, Decreto 1260 de 1970), en el caso de la unión marital declarada por los compañeros permanentes; sin que tal posibilidad se entienda como dispositiva del estado civil, por mandato legal indisponible, so pena de nulidad absoluta, pues el legislador autoriza conciliar las diferencias respecto de la existencia de la unión"[106].

De esta forma, la unión marital genera el estado civil de compañeros permanentes y esa situación ante la familia y la sociedad tiene, como todo estado civil, carácter imprescriptible.

3.5 Matrimonio, unión marital de hecho y concubinato

La Sala de Casación Civil de la Corte Suprema de Justicia ha distinguido desde 2016, aunque de manera aislada, entre el matrimonio, la unión marital de hecho y el concubinato. Ninguna de las tres instituciones se reduce a satisfacer necesidades personales, sino que tienen repercusiones en el ámbito patrimonial, así como en el ámbito social.

También, así lo sostiene la Corte, las uniones concubinarias corresponden a una realidad social, histórica y jurídica, todavía existente. Son fuente de un vínculo económico y permiten a sus integrantes responder a las exigencias de la vida común que comparten. La diferencia radica en que las primeras dos, al estar normativizadas, no necesitan demostrarse porque la ley las presume.

[105] Ibídem.

[106] Corte Suprema de Justicia, Sala de Casación Civil, Sentencia de 11 de marzo de 2009 (MP. William Namén Vargas).

El concubinato, por el contrario, debe acreditarse como una sociedad civil irregular o comercial.

La convivencia *more uxorio* es similar al matrimonio: la pareja hace vida común y duradera con la finalidad de formar una familia, cohabitar e integrar un hogar. Sus integrantes llevan una vida común con carácter permanente. No es matrimonio, sino una relación paralela, caracterizada por una comunidad de hecho en la que se dan relaciones sexuales por fuera del matrimonio o de carácter extramatrimonial, sea de una persona casada con otra soltera o de dos solteras, quienes sin contraer matrimonio se unen. El arquetipo de esta unión es la unión marital de hecho, aunque, a partir de la Ley 54 de 1990, no se confunde con ella. Es decir que con el matrimonio y las uniones maritales "subsisten uniones de personas carentes de vínculo legal entre sí, o simples convivientes que no reúnen los requisitos de la Ley 54 de 1990"[107].

En esta Sentencia de 2016, la Corte define la "unión de hecho no matrimonial de convivencia afectiva y común, libremente consentida y con contenido sexual, sin que revista las características del matrimonio o de la unión marital, pero que supone continuidad, estabilidad, permanencia en la vida común y en las relaciones sexuales"[108]. A diferencia del matrimonio, que es contrato, la relación concubinaria es un hecho, que se enmarca en la familia constituida por vínculos naturales, según el artículo 42 constitucional. No genera sociedad patrimonial ni de gananciales, tampoco sociedad universal, pero sí una sociedad de hecho si hay (i) aportes recíprocos de cada integrante; (ii) *ánimus lucrandi* o participación en las utilidades o beneficios y (iii) *ánimus lucrandi* o *affectio societatis*, es decir, la intención de colaborar en una empresa o proyecto común.

4. A manera de conclusión

El desarrollo legal y jurisprudencial de la unión marital de hecho ha permitido advertir su similitud con el matrimonio. En efecto, exige la legitimación para

[107] Corte Suprema de Justicia, Sala de Casación Civil, Sentencia del 22 de junio de 2016 (MP. Luis Armando Tolosa Villabona), Exp. Nº 8225-2016.
[108] Ibídem.

conformarla, es decir, personas plenamente capaces y ausencia de vínculo matrimonial entre ellos. Esa comunidad de vida ha sido caracterizada, inicialmente como una situación fáctica, posteriormente como la exteriorización de la voluntad de los compañeros de conformar una familia. Se trata de una unión de carácter personal: une personas, no solo un hombre y una mujer, sino parejas del mismo sexo, en el entendido de que la diferencia de sexos y la funcionalidad sexual, según reiterada jurisprudencia constitucional, no son esenciales para contraer matrimonio y, por tanto, tampoco para la unión marital. La ayuda, la convivencia, el socorro mutuo y las relaciones sexuales son sus elementos objetivos. El ánimo mutuo de pertenencia, la unidad y la *affectio maritalis* son los elementos subjetivos. Además, esa forma de vida es permanente y singular, es decir, personas idóneas se unen para compartir un proyecto de vida común con la intención de hacerlo indefinidamente. Esta unión se distingue de la sociedad patrimonial que se da entre compañeros permanentes.

La unión marital de hecho es, por tanto, expresión de la voluntad responsable de conformar una familia y de establecer entre los compañeros permanentes una comunidad de vida. A pesar de que, hasta la fecha, la jurisprudencia de las Altas Cortes ha insistido en la tesis de que esa voluntad no es jurídica, sino fáctica, porque no hay un acuerdo o vínculo jurídico, sino un vínculo natural que se exterioriza en una cadena de hecho; la legislación y la jurisprudencia han venido a suplir esa deficiencia. La voluntad, envuelta en los hechos o en la suma de comportamientos plurales y reiterados que son reveladores de la intención de mantenerse juntos como compañeros, ha sido, a su vez, considerada como elemento revelador de la permanencia de la unión.

La unión marital de hecho es una institución, por tanto, jurídica y, en cuanto tal, regula derechos y deberes entre los compañeros permanentes, así como en los miembros de la familia que se configura con la unión.

Al desnaturalizarse la unión marital de hecho, ha terminado por configurarse una institución hibrida. Inicialmente, en la década de los noventa, más distante del matrimonio. Más recientemente, más cercana a la institución matrimonial. Pero, precisamente, por darse esa situación amorfa, no resulta una labor interpretativa fácil determinar en qué se diferencia la unión marital del matrimonio. Esto tiene una consecuencia más significativa: la unión marital de hecho va camino a convertirse en un "matrimonio de hecho". Pero esto es diluir, en esta sociedad líquida, al matrimonio. En efecto, si el "matrimonio" se cualifica como un "hecho", en verdad, ya no es "matrimonio". Para decirlo con otras palabras, desnaturalizar la institución del matrimonio implica necesariamente desnaturalizar la institución de la unión marital de hecho.

El reto de la sociedad actual parece estar ya no solo en tipificar el matrimonio y la unión marital de hecho, sino en responder a la manera como la legislación y la jurisprudencia, desde una perspectiva de derechos humanos y de derecho constitucional, respondan a las llamadas "relaciones poliamorosas". Es de esperar que esa tipificación rescate la esencia del matrimonio, como vínculo jurídico entre un hombre y una mujer, generador de derechos y deberes entre los cónyuges y configurador de una comunidad de vida que tiene trascendencia social, al ser constitutiva de familia.

1. DA UNIÃO CONJUGAL AO "CASAMENTO DE FATO": DESENVOLVIMENTO JURÍDICO E JURISPRUDENCIAL NA COLÔMBIA

Ilva Myriam Hoyos Castañeda

Introdução

Atualmente, instituições como o casamento e a união de fato, consideradas tipicamente civilizatórias não podem ser analisadas de uma *perspectiva iusprivatista*, pois, tendo sido incorporadas a constituições e tratados de direitos humanos, devem ser analisadas em relação a esses direitos.

Deve-se lembrar que a "constitucionalização", o que inclui a "convencionalização", de qualquer instituição jurídica, traz efeitos implícitos, incluindo: (i) a força normativa da constituição ou convenção; (ii) a supremacia da constituição ou convenção no sistema de fontes normativas; (iii) a eficácia ou aplicação direta da constituição ou convenção; (iv) garantia judicial de direitos por meio de revisão concreta e abstrata, a *priori* e a *posteriori*, confiada a órgãos especiais e juízes ordinários; (v) O denso teor normativo da constituição ou convenção, com base em princípios constitucionais, direitos e sub-regras; e (vi) a expressão valorativa da constituição ou convenção dos valores e desejos de uma sociedade, nesse sentido, ambos são vivos e dinâmicos[1].

[1] PRIETO Sanchis, Luis. *Justicia constitucional y Derechos fundamentales*, Madrid, Trotta, 2003, pp. 116-117.

Precisamente, a partir de uma consideração *iusfundamental,* apresentarei as notas essenciais da chamada "*unión marital de hecho* « na Colômbia, nome que a Lei 54 de 1990 deu à instituição que, em outros países, é considerada uma união de fato. Para isso, farei uso de algumas decisões da Corte Constitucional[2], tanto na sede da tutela quanto na sede constitucional, bem como em alguns julgamentos da Câmara de Cassação Cível da Suprema Corte de Justiça[3] [4].

Dividirei este escrito em três momentos e finalizarei com uma conclusão. Defenderei a tese de que, embora a união conjugal seja considerada diferente do casamento, essa distinção foi se diluindo e, ao longo do tempo, foi se consolidando a figura do que é, imprópria, porém corretamente chamada de "casamento de fato".

[2] N.T. A Corte Constitucional colombiana foi criada com a Constituição de 1991 daquele país, com o fim de guardar a carta política daquele país. São 9 magistrados indicados pelo Senado, para períodos de 8 anos.

[3] N.T. A Suprema Corte de Justiça tem existência histórica anterior à Constituição de 1991, funciona como corte de cassação e máxima instância da jurisdição ordinária, além de julgar o Presidente e os Congressistas. Está dividida em *Salas* – Câmaras na nossa tradução.

[4] Consultar sobre união conjugal de fato: BOHÓRQUEZ ORDUZ, Antonio, *Unión marital de hecho y sociedad patrimonial. Una línea jurisprudencial inconclusa*, Bogotá, Ediciones Doctrina y Ley, 2019; GARCÍA RESTREPO, Álvaro Fernando y ROCA BETANCUR, Luz Stella. *Unión marital de hecho y sociedad patrimonial*, Bogotá, Ediciones Doctrina y Ley, 2ª ed., 2001; LAFONT PIANETTA, Pedro. *Derecho de familia. Unión marital de hecho*, Bogotá, Librería del Profesional, 1992; MEDINA PABÓN, Juan Enrique. *Derecho civil, derecho de familia*, Bogotá, Ed, Universidad del Rosario, 5ª ed., 2018; PARRA BENÍTEZ, Jorge. *Derecho de familia*, Bogotá, Ed. Temis, 2ª ed., 2018; SUÁREZ FRANCO, Roberto. *Derecho de familia*, Bogotá, Ed. Temis, 10ª ed., 2017; QUIROZ MONSALVO, Aroldo. *Manual civil. Matrimonio civil y religioso. Unión marital de hecho. Nuevo régimen de guardas*, Bogotá, Ediciones Doctrina y Ley, 3ª ed., 2014; TORRADO, Helí Abel, *Derecho de familia: Unión marital de hecho. De la sociedad patrimonial entre compañeros permanentes*, Bogotá, Ed. Universidad Sergio Arboleda, 6ª ed., 2019.
Direito de família, Bogotá, Ed. Temis, 2ª ed., 2018; SUAREZ FRANCO, Roberto. *Direito de família*, Bogotá, Ed. Temis, 10ª ed., 2017; QUIROZ MONSALVO, Aroldo. *Manual civil. Casamento civil e religioso. União conjugal, de fato. Novo regime de guarda*, Bogotá, Doutrina e Edições de Direito, 3ª ed., 2014; TORRADO, Helí Abel, *Direito de família: União conjugal de fato. Da sociedade patrimonial entre companheiros permanentes*, Bogotá, Universidade Ed. Sergio Arboleda, 6ª ed., 2019.

1. Primeiro momento: os antecedentes da "união conjugal de fato"

1.1. Alguns antecedentes legais

Um primeiro esboço da união conjugal encontra-se, de maneira ainda incipiente, no Código Civil Colombiano, adotado pela Lei 84 de 1873, com base no Código Civil chileno, que não conferiu efeitos sobre a união estável que não fosse o casamento entre um homem e uma mulher. Apenas o artigo 328 estabeleceu como presunção de paternidade o concubinato, como segue: "Os filhos da concubina de um homem eram considerados como filhos deste, a menos que se comprove que durante o tempo em que houve a concepção estivesse ele impossibilitado de acessar à mulher". O mesmo Código especificava que " a concubina de um homem não será outra que não a mulher que vive publicamente com ele, como se casada fosse, desde que uma ou outra sejam solteiras ou viúvas" (art. 329).

Essas regras foram revogadas, mas não substituídas na Lei 153 de 1887, que incluiu um título preliminar ao Código Civil e incorporou na mesma codificação o Título III da Constituição Política de 1886, "dos Direitos civis e garantias sociais" (arts. 19-52), em cumprimento ao artigo constitucional 52, segundo o qual as disposições desse Título "só podem ser alteradas por ato de reforma da Constituição". No campo da família, apenas o artigo 50 prevê que "as leis determinarão o estado civil das pessoas e os seguintes direitos e deveres" (art. 50).

Simultaneamente, o Código Penal de 1890, Lei 19, tipificou criminalmente os atos de "amancebamentos públicos"[5] (arts. 451 a 456), os quais estiveram em vigor até a promulgação da Lei 95 de 1936 que adotou um novo Código Penal e não incluiu em suas normas tais crimes.

A ausência de legislação sobre a união de fato não isentou o Legislativo de adotar regras civis ou trabalhistas em favor de filhos extramatrimoniais.

[5] O artigo 451 da Lei 19 de 1890 criminalizou o crime de amancebamento público da seguinte forma: "Pessoas de diferentes sexos que, sem casar, vivem a vida como tal, na mesma casa, publicamente e escandalosamente, sofrerão o homem, a pena de confinamento de um a três anos em lugar distante de sua casa pelo menos nove miriâmetros (9 vezes 10 mil metros), e que seja diferente daquele em que seu cúmplice cumprirá pena e do qual tenha seu domicílio, vizinhança ou residência; e a mulher é condenada à prisão por quatro meses a um ano, e concluída, não poderá ir ao local onde o homem está sofrendo sua sentença até que ele termine de cumpri-la."

Assim, por exemplo, a Lei 45 de 1936 não só alterou o nome "crianças adulterinas" para "crianças naturais", como melhorou sua participação na sucessão testamentária ao atribuir-lhes metade do que seria deixado para crianças legítimas. Esse quadro protetivo foi ampliado com a Lei 75 de 1968, que estabelece a presunção jurídica de paternidade natural, e com a Lei 29 de 1982 que reconheceu os direitos e obrigações iguais das crianças legítimas, extramatrimoniais e adotivas (art. 1).

Com relação ao emprego e à seguridade social podem ser mencionadas, entre outras, a Lei 90 de 1946, que reconhece benefícios sociais em favor da concubina e, caso não houvesse cônjuge legítimo, foi reconhecida como beneficiária de indenização por invalidez ou morte do concubino. O Decreto 2623 de 1980 também reconheceu esse direito a uma única mulher, desde que ela tivesse sido registrada como companheira e tivesse tido vida conjugal com o segurado nos três anos anteriores à morte ou tivesse filhos reconhecidos por ele.

1.2. O escopo da jurisprudência da Corte Suprema de Justiça sobre uniões conjugais de fato

Antes da aprovação das regras específicas sobre uniões de fato, a Câmara Cível da Suprema Corte de Justiça desenvolveu no plano jurisprudencial vários caminhos para proteger os direitos econômicos dos concubinos, especialmente os das mulheres em tal situação.

Em seguida, apresentarei, de uma forma muito sintética, as três vias dessa jurisprudência:

(i) Equiparar as relações patrimoniais entre concubinos a uma sociedade de fato: a causa ou origem dessa sociedade não seria o concubinato, ou seja, a manutenção permanente das relações sexuais – pois se assim o fosse, se configuraria uma causa de nulidade –, mas a contribuição de um dos concubinos para a empresa ou trabalho do outro. Esse argumento, defendido em 1935[6], exigia o cumprimento dos requisitos do direito civil para sua configuração e para comprovar a existência

[6] Corte Suprema de Justicia, Sala de Casación Civil, Sentença de 20 de novembro de 1935 (MP. Eduardo Zuleta Ángel), em *Gaceta Judicial*, XLII, p. 476.

da sociedade de fato para proceder à sua liquidação. Nesses casos, era necessário provar (a) a existência de uma série de atos de exploração comum; b) a ação paralela e simultânea entre os supostos parceiros, visando a obtenção de benefícios; c) a colaboração entre eles desenvolvida em pé de igualdade, ou seja, um deles não tenha estado, em relação ao outro ou aos outros, em um estado de dependência; d) a não configuração de condomínio simples, posse, armazenamento, conservação ou vigilância de bens comuns, mas de atividades reais voltadas à obtenção de benefícios. Da mesma forma, para a Câmara Cível da Suprema Corte de Justiça, em relação à chamada "sociedade de fato entre concubinos", além dos requisitos acima, era preciso provar: (e) que "a sociedade não se tenha formado com a intenção de criar, prolongar ou estimular o concubinato, pois se fosse esse o caso, o contrato seria anulado por causa ilícita, devido a seu motivo particular. Em geral, a lei ignora a relação sexual fora do casamento, seja para fazê-las produzir efeitos, ou para deduzir delas uma deficiência civil; e, portanto, em princípio, não há obstáculo aos contratos entre concubinos; mas quando a motivação determinante nesses contratos é criar ou manter o concubinato, há um lugar para declarar nulidade pela aplicação da teoria da causa"[7]; f) que, como "o concubinato não cria por si só uma comunhão de bens, nem uma sociedade de fato, é necessário, para reconhecer a sociedade de fato entre concubinos, que se possa distinguir claramente qual é a atividade comum entre os concubinos em um determinado empreendimento criado com o propósito de realizar benefícios, a partir do que é o simples resultado de um lar comum e uma intimidade estendida à gestão, conservação ou administração dos bens de um ou ambos"[8].

A *Câmara de Cassação Cível* foi traçando no desenvolvimento de sua jurisprudência os elementos essenciais para o surgimento da sociedade de fato entre concubinos, o que incluía os comuns aos contratos em geral, ou seja, a capacidade, o consentimento para união, a causa e o

[7] Ibídem
[8] Ibídem

objeto legal. Além *da affectio societatis,* exigiu relações sexuais notórias e estáveis.

Para a Suprema Corte de Justiça, a concomitância da relação concubinária e da relação de fato era necessária; além disso, que essa sociedade não tinha a intenção de continuar em concubinato, incentivá-lo ou estimulá-lo, porque então a causa seria ilegal e a sociedade seria nula e sem efeito. E tal situação é clara, porque o concubino não pode ser um elemento constituinte do contrato social; mas pode ser apenas um fator circunstancial deste. O concubinato "não gera, por si só, qualquer tipo de sociedade ou comunhão de bens entre concubinários. A coabitação, por si só, não dá origem à comunhão de bens"[9]. Pode-se constituir uma companhia de caráter lucrativo, civil ou comercial, regular ou de fato e celebrar todos os tipos de contratos, porque os concubinos não estão unidos por um vínculo totalmente incompatível com essas convenções, e porque, como pessoas jurídicas independentes, são livres para concertar esses mesmos contratos em qualquer tipo de decisão;

(ii) Os concubinos têm o direito de reivindicar pela *ação pro socio* ou pela ação *in rem verso* ou contra possível enriquecimento sem justa causa de seu concubino. Os seguintes requisitos devem ser comprovados: (a) enriquecimento ou aumento do patrimônio do concubino; b) empobrecimento correlativo e (c) enriquecimento sem causa[10].

[9] *Corte Suprema de Justicia, Sala de Casación Civil,* Acórdão de 18 de outubro de 1973 (MP. Germán Giraldo Zuluaga), em *Gazeta Judicial* CXLVII, p. 87. Sobre o mesmo assunto consultar: Acórdão de 23 de fevereiro de 1976 (MP. Humberto Murcia Ballén), em *Gazeta Judicial* CLII, Nº 2393, p. 32; Acórdão de 26 de agosto de 1976 (MP. Germán Giraldo Zuluaga), em *Gazeta Judicial* CLII, Nº 2393, p. 338; Acórdão de 6 de fevereiro de 1987 (MP. José Alejandro Bonivento Fernández), em *Gazeta Judicial* CLXXXVIII, Nº 2427, 1987, primeiro semestre, p.16.

[10] Seria uma sociedade decorrente dos fatos e pelos fatos e a avaliação de sua realidade deve ser realizada sem levar em conta o concubinato, para a qual é essencial levar em conta os seguintes aspectos cuja proteção de outra forma criaria confusão, podendo, portanto, levar à admissão da sociedade conjugal de propriedade irregular: (i) a convivência entre concubinos não gera, por si só, uma comunidade de bens, ainda que por muito tempo; (ii) a razão de ser da sociedade não reside na mera coabitação, mas na contribuição dos bens, ou, mais geralmente, na colaboração recíproca do casal em uma atividade econômica com vistas a alcançar um

A Corte Suprema de Justiça, por meio da figura de enriquecimento sem justa causa, evitou, portanto, que no caso dos concubinos, um deles fosse enriquecido às custas do outro, sem receber uma parte dos ganhos.

Dessa forma, *a ação pro-socio* seria realizada por um dos concubinos dentro de uma sociedade comercial para demandar e obter da partilha de bens; a ação *in rem verso* seria realizada pelo concubino que colaborou com o outro *em* suas empresas;

(iii) A sociedade de fato existente entre concubinos é uma sociedade conjugal de natureza irregular e tem efeitos patrimoniais semelhantes aos do casamento: a Câmara Cível da Suprema Corte de Justiça em julgamento de 7 de fevereiro de 1990, poucos meses antes da Lei nº 54 de 1990 ter sido editada, considerou que seria "uma sociedade decorrente de fatos e pelos fatos"[11], cuja avaliação deveria ser feita com a ausência do concubino, e além disso esclareceu: (a) que a convivência entre os concubinos não dá origem, ainda que seja prolongada no tempo, a uma comunhão de bens; b) que o surgimento da sociedade não advém da mera coabitação "mas da contribuição de bens, ou mais geralmente, da colaboração recíproca do casal em uma atividade econômica com vistas a alcançar um propósito comum"[12]; c) que o concubino "carece de aptidão jurídica para formar uma sociedade de bens, nem tem que presumir sua existência"[13], no entanto, isso não significa que, paralelamente a essa relação pessoal ou afetiva entre os concubinos, não possa

propósito comum; (iii) o concubinato, por si só, carece de capacidade legal para formar uma sociedade de bens, nem tem a capacidade de presumir sua existência, o que, por sua vez, não significa que, paralelamente à relação puramente pessoal ou afetiva entre os concubinos, não possa apontar para outra de significância patrimonial líquida; (iv) o concubinato não projeta qualquer influência na sociedade, existe apenas na medida em que esta não tenha surgido, precisamente com o propósito de manter a sociedade, pois se assim for, torna-se evidente a ilegalidade da sociedade.

[11] *Corte Suprema de Justicia, Sala de Casación Civil,* Acórdão de 7 de febrero de 1990 (MP. Héctor Marín Naranjo), *Gaceta Judicial,* CC, p. 29.

[12] Idem.

[13] Idem

> surgir uma relação de natureza patrimonial; d) que o concubinato não projeta qualquer influência sobre a sociedade conjugal irregular e se provado que o propósito dessa sociedade era manter o concubinato, a sociedade seria ilegal; e) que a união amorosa entre os concubinos não demonstre a atividade econômica paralela que, visando um objetivo comum, possa desenvolver; f) que "os direitos e obrigações consequentes do concubinato devem ser regulamentados, com algumas restrições, pois seria imoral ignorar tais direitos"[14]; g) que a legislação tenha reconhecido direitos, em particular à concubina, especialmente no campo da seguridade social, "esses direitos, no que diz respeito a uma sociedade de bens criada ou decorrente da mera convivência *more uxório* extramatrimonial, não existem»[15].

Esse complexo marco regulatório e jurisprudencial serve como contexto para compreender as razões que levaram o Legislativo, em 1990, a regulamentar a instituição da união de fato. A regulação, como se pode ver, focalizou-se mais em questões de natureza patrimonial e que tem envolvido esclarecimentos de decisões judiciais para estabelecer sub-regras relativas aos direitos pessoais que acabaram assemelhando-a cada vez mais ao casamento.

2. Segundo momento: a legalização da união de fato e sua incorporação constitucional

O Legislador, pela Lei nº 54 de 1990, de 28 de dezembro, definiu a união conjugal de fato e o regime patrimonial entre conviventes permanentes. Fez isso através de nove artigos, que foram modificados por algumas decisões da Corte Constitucional e para as quais houve, da mesma forma, pronunciamentos da Câmara Cível do Suprema Corte de Justiça.

O tema abordado, em suas características gerais, na referida lei é o seguinte:

[14] Idem.

[15] Ibid.

(a) **Vigência**: O Legislador considerou que a legislação aprovada passaria a governar "a partir da vigência" (art. 1º) da Lei 54 e que se aplicaria "para todos os fins civis" (ibid.)[16].

A questão da validade desta lei não esteve isenta de controvérsia. Em decisão polêmica de abril de 2001, a Câmara Cível da Corte Suprema de Justiça considerou que a Lei 54 não só tinha efeitos para o futuro, mas que esses efeitos deveriam começar dois anos após a promulgação da regra, que ocorreu em 31 de dezembro de 1990, ou seja, que a regulamentação da união conjugal realmente começou a partir de 1º de janeiro de 1992. Na opinião da Corte, o princípio da não retroatividade da lei é "uma garantia para a proteção dos direitos adquiridos, mas também dos interesses legítimos, pois quando se trata de condutas, está em jogo o valor fundamental da liberdade merecedor da maior dentre as tutelas, manifestado precisamente na escolha de acordo com a significância jurídica lhe é dada"[17].

Por sua vez, em relação a esta questão, a Corte Constitucional, pelo Acórdão C-239 de 1994, considerou que, em princípio, a Lei 54 "se aplica a partir de sua vigência, mas que "caberá ao juiz, em cada caso individual, determinar sua aplicação"[18]. Também afirmou que a pretensão do ator de pedir-lhe a declaração de inexequibilidade ou inconstitucionalidade do termo "a partir da vigência desta lei seria nada menos que determinar que a lei tem efeito retroativo. Conduta que a Corte não pode assumir [..., porque] somente o legislador na emissão de uma lei pode estabelecer sua natureza retroativa. Mas o juiz, ao aplicá-la, não pode ignorar as situações jurídicas específicas já consolidadas"[19].

[16] A Lei 54 de 1990, "Pela qual são definidos as uniões de fato e os regimes patrimoniais entre companheiros permanentes", foi alterada pela Lei 1.564 de 2012 (Código Geral de Processo), Lei 979 de 2005, "pela qual a Lei 54 de 1990 é parcialmente alterada e mecanismos ágeis são estabelecidos para demonstrar a união conjugal de fato e seus efeitos econômicos entre os companheiros permanentes".

[17] *Corte Suprema de Justicia, Sala de Casación Civil*, Acórdão de 20 de abril de 2001 (MP. José Fernando Ramírez Gómez), Exp. Nº 5883.

[18] *Corte Constitucional*, Acórdão C-239 de 19 de maio de 1994 (MP. Jorge Arango Mejía).

[19] Ibid.

Quinze anos após a promulgação da Lei 54 de 1990, a Câmara Cível da Corte Suprema de Justiça, liderada pelo magistrado que havia resguardado seu voto, defendeu a tese da retroatividade dessa lei. Dessa forma, interpreta o artigo 1º, segundo o qual, "a partir da validade desta lei e de todos os efeitos civis, chama-se união conjugal de fato", considerando que a tese dos direitos adquiridos não pode ser defendida, pois antes dessa regra não havia normatividade alguma que "regulasse os efeitos patrimoniais do antes chamado 'concubinato'[20]. Onde há "anomia não há direitos adquiridos"[21]. Além disso, afirmou que um dos propósitos das regulamentações adotadas em 1990 era excluir as nomenclaturas odiosas utilizadas para se referir a essas uniões, "às quais lhes foram dadas uma qualificação mais alinhada com sua atual significância social, mas também para destacar o princípio da validade imediata da lei"[22].

A tese sobre retroatividade da Lei 54 de 1990 foi ratificada pela Câmara Cível no Acórdão de 2011[23].

(b) **Noção**: Por união conjugal de fato entende-se "aquela formada entre um homem e uma *mulher, que,* sem serem casados, formam uma comunhão de vida permanente e singular" (art. 1º, Lei 54 de 1990). A expressão "um homem e uma mulher" foi declarada exequível pela Corte Constitucional pelo acórdão C-683 de 2015, "sob o entendimento de que, em virtude do interesse superior do menor, no seu âmbito de aplicação também se incluem casais do mesmo sexo que formem uma família". Antes dessa decisão, a própria Corte, pelo acórdão C-075 de 2007, havia declarado que a proteção jurídica das uniões conjugais de fato, aprovada na Lei 54 de 1990 e alterada pela Lei 979 de 2005, deveria se aplicar igualmente aos casais homossexuais.

[20] *Corte Suprema de Justicia, Sala de Casación Civil,* Acórdão de 27 de outubro de 2005 (MP. Carlos Ignacio Jaramillo Jaramillo), Exp. 2000-00591.

[21] Ibid.

[22] Ibid.

[23] *Corte Suprema de Justicia, Sala de Casación Civil,* Acórdão 12 dezembro de 2011 (MP. Arturo Solarte Rodríguez), Exp. Nº 2003.01261.

No terceiro momento deste artigo, analisarei mais detidamente os elementos essenciais da união conjugal de fato e, entre eles, da heterossexualidade.

(c) **Companheiro permanente e companheiro permanente**: são o "*homem e a mulher,* que fazem parte da união conjugal de fato" (art. 1º, Lei 54 de 1990). Hoje, pelas decisões acima mencionadas da Corte Constitucional, companheiro ou companheira permanente são também as pessoas que integram os casais do mesmo sexo que formam uma família.

O termo "companheiro permanente" foi utilizado no parágrafo do artigo 27 da Lei nº 21 de 1982, "Pela qual se altera o regime de pensão por família e outras disposições são editadas", ou seja, foi incorporada à ordem jurídica oito anos antes da promulgação da Lei 54, mesmo sem qualquer regulamentação da união conjugal de fato.

(d) **Presunção da sociedade patrimonial:** Entre os companheiros permanentes é presumida a sociedade patrimonial e há espaço para declará-la nos seguintes casos: (a) Onde houver união conjugal de fato por um período não inferior a dois anos, entre um homem e uma mulher sem impedimento legal ao casamento[24] (art. 2, (a), Lei 54 de 1990); e (b) Quando houver união conjugal de fato por um período não inferior a dois anos e impedimento legal ao casamento por um ou ambos os companheiros permanentes, desde que a sociedade ou sociedades conjugais anteriores tenham sido dissolvidas antes da data em que começou a união conjugal de fato (art. 2º, literal (b) da Lei 54 de 1990)[25].

[24] Consulta à Corte Constitucional: Acórdão C-257 de 6 de maio de 2015 (MP. Gloria Stella Ortiz Delgado); Acórdão C-700 de 16 de outubro de 2013 (MP. Alberto Rojas Ríos); Acórdão C-158 de 7 de março de 2007 (MP. Humberto Antonio Serra Porto).

[25] Consulta à Corte Constitucional: Acórdão C-193 de 20 de abril de 2016 (MP. Luis Ernesto Vargas Silva); Frase C-257 de 6 de maio de 2015 (MP. Gloria Stella Ortiz Delgado); Acórdão C-700 de 16 de outubro de 2013 (MP. Alberto Rojas Ríos).

União conjugal de fato e sociedade patrimonial entre os companheiros permanentes são situações jurídicas diversas, embora interrelacionadas, não se identificam. As decisões dos Tribunais Superiores nem sempre foram coincidentes ao explicar essas relações e até mesmo em algumas delas, especialmente as mais próximas da data da promulgação da Lei 54, as confundiram.

Algumas das decisões da Câmara Cível da Suprema Corte de Justiça apresentaram-se esclarecimentos, entre outros, sobre os seguintes temas: (a) a união conjugal de fato não está de fato identificada com a sociedade patrimonial entre os companheiros permanentes, pois a primeira pode existir sem que esta última seja criada[26]; b) a exigência da liquidação da sociedade conjugal anterior de um dos companheiros permanentes como condição para declarar a sociedade patrimonial é contrária à Constituição, pois sua dissolução é suficiente. Por essa razão, a Corte aplicou a exceção de inconstitucionalidade e proferiu um acórdão substitutivo[27]; c) a sociedade patrimonial é independente da

[26] *Corte Suprema de Justicia, Sala de Casación Civil,* Acórdão de 20 de setembro de 2000 (MP. Silvio Fernando Trejos Bueno, 86. Exp. Nº 6117.

[27] A Corte afirma em um de seus *consideranda* que não é compatível com a Constituição "que uma coisa invisivelmente desnecessária tenha o poder de reduzir a nada o direito substancial, cuja primazia assegura aquela; porque dificilmente poderia ser explicado que em um Estado constituído com o propósito de garantir a ordem política, econômica e social justa, se permita que os direitos das pessoas que cumpriram a quintessência do que é a união conjugal de fato, depois de consagrados esforços comuns para subsidiar as necessidades familiares, incluindo talvez a prole, se esvaiam por entre os dedos, por nenhum motivo outro que o da comichão legal de algo que sobra, como a liquidação de uma sociedade conjugal anterior; quando muito, seria um obstáculo que não guarda nenhuma proporcionalidade, absolutamente excessivo; e é igualmente difícil imaginar que, de forma tão rude, o que a mesma lei expressamente prevê possa ser alcançado: corrigir uma fonte de injustiça para um número crescente de compatriotas que, na ausência de proteção legal, veem o fruto do "esforço compartilhado" desaparecer. É abertamente injusto que o substancial dependesse inteiramente do trivial. É possível ser áspero e macio ao mesmo tempo? E principalmente se, por outro lado, a liquidação é uma questão que geralmente é deixada a critério dos cônjuges, ou ex-cônjuges, quando apropriado, é claro que a ordem não torna imperativo que ela cumpra um determinado tempo; e injusto seria que, sob seu amparo, precisamente não se liquidasse para esquivar-se dos direitos decorrentes da união conjugal; afirmo que de perspicácia não tem muito, pois o que mais se pode pensar de uma pessoa que forme nova união, mas depois se refugia em tal pretexto de liquidação; e daquela outra (ou eventualmente de seus herdeiros) que a despeito

relação afetiva[28]; d) *a affectio societatis* da sociedade de fato não dispensa a relação familiar entre companheiros permanentes[29]; e) a exigência de um ano de antecedência para que se configure unidade conjugal de fato e de dois anos para que surja a sociedade patrimonial é inconstitucional, razão pela qual a Suprema Corte de Justiça aplicou a exceção de inconstitucionalidade e proferiu um acórdão substitutivo[30]; e (f) a existência da união conjugal de fato é um pressuposto para que haja sociedade de patrimonial entre os companheiros permanentes[31].

Algumas dessas questões também foram abordadas pela jurisprudência da Corte Constitucional. Vale ressaltar a declaração de inexequibilidade da exigência de dissolução, pelo Acórdão C-700 de 2013, no qual a Corte distinguiu as ações de "dissolver" e "liquidar. A dissolução "é aquele fato que extingue relação jurídica de execução sucessiva, consequência da qual é gerada um patrimônio liquidável"[32].

de ver que seu companheiro se foi de seu lado e firma uma comunidade de vida com outra, não faz nada para liquidar a sociedade conjugal." Acórdão de 10 de Setembro de 2003 (MP. Manuel Isidro Ardila Velasquez).

28 *Suprema Corte de Justicia*, Acórdão de 28 de outubro de 2005 (MP. Cesar Julio Valencia Copete), Exp. Nº 7007.

29 A Câmara Cível considerou que "não pode ser tão radicalmente necessário para o reconhecimento da sociedade de fato entre concubinos, que a combinação de contribuições comuns, participação em perdas e ganhos e o *affectio societatis* prescinda a união extramatrimonial e que não tenha por finalidade criar, prolongar ou estimular tal tipo de união, pois, pelo contrário, em uniões concubinárias com as particularidades do aqui examinado, a relação familiar e corporativa não pode ser cuidadosamente dividida, uma vez que seus propósitos econômicos podem estar imersos nessa comunidade de vida". Corte Suprema de Justicia, Sala de Casación Civil, Acórdão de 27 de junio de 2005 (MP. Pedro Octavio Munar Cadena). Exp. Nº 7188.

30 Em uma das considerações, a Câmara Cível afirmou que "a existência de vínculo matrimonial não impede, nem deve condicionar de nenhum modo, a configuração da sociedade patrimonial entre companheiros permanentes, pois o que toma o lugar do privilégio não é o vínculo, mas a situação da sociedade conjugal, uma vez que o legislador considerou necessária a exigência de que ela estivesse dissolvida, como precedente da nova união". *Corte Suprema de Justicia*, Acórdão de 4 de setembro de 2006 (MP. Edgardo Villamil Portilla).

31 Para a Câmara Cível, a autonomia da união conjugal de fato e da sociedade patrimonial é ostensiva, esta última corresponde a uma figura com sua própria entidade que pode ou não surgir como resultado da primeira. *Corte Suprema de Justicia*, Acórdão de 11 de setembro de 2013 (MP. Arturo Solarte Rodríguez). Exp. Nº 2001.0011.

32 Corte Constitucional, Acórdão C-700 de 16 de outubro de 2013 (MP. Alberto Rojas Ríos).

A liquidação "é o fenômeno pelo qual uma massa partível é quantificada (se liquidada um patrimônio) e distribuída para satisfazer os direitos daqueles que dela participaram (adjudicação)"[33]. Para a Corte, essa distinção é significativa para avaliar se há desproporção na exigência de "liquidação" da sociedade conjugal anterior e, portanto, para impedir a existência simultânea de sociedades conjugais e econômicas. Concluiu que ocorreu uma desproporção e declarou inexequível a expressão "e liquidadas contidas na letra b) do artigo 2º de la Ley 54 de 1990, modificado pelo artigo 1º da Lei 979 de 2005"

(e) **Bens que fazem parte da sociedade patrimonial:** O patrimônio ou capital produto de trabalho, ajuda e socorro mútuo pertencem igualmente a ambos os companheiros permanentes (art. 3, Lei 54 de 1990). Não fazem parte dos bens dessa sociedade, aqueles adquiridos por doação, herança ou legados ou aqueles adquiridos antes do início da união conjugal de fato, embora façam a renda, os frutos ou o maior valor produzido por esses bens durante a união conjugal de fato (Parágrafo, art. 3º, Lei 54 de 1990)

No Acórdão C-278 de 2014, a Corte Constitucional considerou que, ao contrário da sociedade conjugal, que surge com o casamento, a sociedade patrimonial é criada após a existência de união conjugal de fato e o cumprimento dos requisitos estabelecidos na legislação. Enquanto sobre a primeira se possa falar de um haver absoluto, com relação à segunda tal haver é relativo, pois nem todos os bens dos companheiros permanentes entram, apenas aqueles que são produto do trabalho, ajuda e socorro mútuos, o que implica "que um capital comum foi formado"[34];

(f) **Meios de declarar a existência de uma união conjugal de fato:** (a) por escritura pública perante um tabelião por consentimento

[33] Ibid.

[34] Corte Constitucional, Acórdão C-278 de 7 de maio de 2014 (MP. Mauricio González Cuervo).

mútuo de companheiros permanentes; (b) por ato de conciliação assinado pelos companheiros permanentes; (c) por decisão judicial, por meio ordinário de prova (art. 4º, Lei 54 de 1990, alterada pela Lei nº 979 de 2005)[35];

(g) **Dissolução da sociedade patrimonial entre companheiros permanentes**: É dissolvida pelos seguintes fatos: (a) por consentimento mútuo de companheiros permanentes levado à escritura pública perante o cartório; (b) por acordo entre companheiros permanentes assinados por escritura pública perante o cartório; (c) por decisão judicial; (d) pela morte de um ou ambos os companheiros permanentes; e (e) por decisão judicial (art. 5o, Lei 54 de 1990);

(h) **Pessoas habilitadas a solicitar a declaração, dissolução e liquidação da sociedade patrimonial:** qualquer um dos companheiros permanentes tem direito a solicitar. Se a causa da dissolução dessa sociedade for a morte de um ou ambos os companheiros permanentes, poderá ser feita dentro do respectivo processo sucessório, desde que sua declaração tenha sido previamente obtida (art. 6º, Lei 54 de 1990, alterada pelo artigo 4º da Lei 979 de 2005);

(i) **Regras aplicáveis para a liquidação da sociedade patrimonial entre companheiros permanentes**: As regras contidas no Livro 4, Título XXII, Capítulos I a VI do Código Civil desde que tal liquidação tivesse sido feita antes de 31 de dezembro de 2013, a partir de 1º de janeiro de 2014, data em que a Lei 1.564 de 2012 entrou em vigor, as regras aplicáveis são aquelas contidas no Código Geral de Processo (Art. 7, Lei 54 de 1990);

(j) **Prescrição das ações para obtenção da dissolução e liquidação da sociedade patrimonial entre companheiros permanentes:** A partir de um ano da separação física e definitiva dos companheiros,

[35] Corte Constitucional, Acórdão C-985 de 26 de setembro de 2005 (MP. Alfredo Beltran Sierra).

casamento com terceiros ou morte de um ou ambos os companheiros (art. 8º, Lei 54 de 1990)[36].

Seis meses após a promulgação da Lei 54 de 1990, a Assembleia Nacional Constituinte aprovou a Constituição Política em 4 de julho de 1991, que incluía várias regras sobre a família, incluindo aquela conformada por vínculos naturais ou jurídicos.

O texto do primeiro parágrafo do artigo 42º constitucional diz o seguinte: "A família é o núcleo fundamental da sociedade. É constituída por laços naturais ou legais, pela livre decisão de um homem e uma mulher de se casar ou pela vontade responsável de formá-la."

A partir desse e de outros textos constitucionais, a instituição jurídica da união conjugal de fato foi desenvolvida sob decisões da Corte Constitucional tanto em sede de constitucionalidade, quanto de tutela, bem como na Corte Suprema de Justiça. Essas decisões nem sempre foram compatíveis entre si. À continuação apresentarei, através de cinco notas, a forma como a união conjugal de fato foi assimilando-se ao casamento, o que implicou uma desnaturação das duas instituições.

3. Terceiro momento: união conjugal de fato e sua assimilação com o casamento

A Constituição Política não equiparou o casamento com a união conjugal de fato. A jurisprudência constitucional e a jurisprudência civil, embora tenham se aproveitado da tese de que são figuras jurídicas diferentes, têm ido na linha de assemelhá-las, começando por apontar mais coincidências que diferenças entre as instituições.

A Corte Constitucional, pelo acórdão C-239 de 1994, decidiu sobre a constitucionalidade do artigo 1º e o primeiro parágrafo do artigo 7º da Lei 74 de 1990. Nesta ocasião, ele considerou: "É errado argumentar que a Constituição consagra a igualdade absoluta entre o casamento e a livre união, ou a união

36 Corte Constitucional, Acórdão C-563 de 2 de setembro de 2015 (MP. Jorge Ignacio Pretelt Chaljub)

conjugal de fato. Argumentar que há uma relação idêntica entre os companheiros permanentes à que reúne os cônjuges, é uma afirmação que não resiste à menor análise, pois equivale a fingir que é possível celebrar um casamento verdadeiro pelas costas do Estado, e que, ao mesmo tempo, possa ele impor regulamentos que iriam contra sua característica essencial, que nada mais é do que ser uma *união livre*"[37].

A tese sobre a diferenciação dos institutos jurídicos do casamento e da união conjugal de fato foi defendida pela Corte Constitucional no Acórdão C-0174 de 1996[38], ao especificar que existem direitos e obrigações legais diferentes para cônjuges e companheiros permanentes, devido à distinção entre casamento e uniões conjugais de fato, tais como as formas do casamento, a idade e a capacidade de contraí-lo, os direitos e deveres dos cônjuges; os efeitos civis dos casamentos religiosos, a cessação desses efeitos pelo divórcio e a concessão de efeitos civis às sentenças emitidas pelas autoridades religiosas.

Em 2000, a Corte Constitucional, mediante Acórdão C-533 de 2000, reiterou a tese sobre as diferenças substanciais entre o casamento e a união conjugal de fato. Na verdade, ela considerou que "o casamento não é a mera união de fato, nem a convivência entre os cônjuges. Pessoas casadas não são apenas pessoas que vivem juntas. São, melhor dizendo, pessoas juridicamente vinculadas[39]. No casamento, direitos e obrigações surgem do pacto conjugal ou consentimento e envolvem direitos fundamentais, como liberdade, dignidade, privacidade e o livre desenvolvimento da personalidade. Por sua vez, a "união livre", esta é a expressão utilizada, é produzida pelo "único fato de convivência e nela os companheiros nada se devem no plano da vida em comum"[40]. Eles, como especificado, são "livres na determinação de continuar nela ou de terminá-la ou de manter a fidelidade ao seu parceiro"[41].

Na mesma linha, a Corte Constitucional, no Acórdão C-821 de 2005, que julga certas regras da Lei 25 de 1992, especialmente as relativas à infidelidade, afirmou que tal conduta, que afeta diretamente os vínculos afetivos,

[37] Corte Constitucional, Acórdão C-239 de 19 de maio de 1994 (MP. Jorge Arango Mejía).

[38] Corte Constitucional, Acórdão C-0174 de 1996 (MP. Jorge Aranjo Mejía).

[39] Corte Constitucional, Acórdão C-533 de 2000 (MP. Vladimiro Naranjo Mesa).

[40] Ibid.

[41] Ibid.

"pode se tornar a principal causa de dissolução das famílias de fato"[42], a qual não requer sua declaração judicial.

A Corte Constitucional no Acórdão C-577 de 2011 apreciou o pedido de inconstitucionalidade do artigo 113 do Código Civil, referente à definição de casamento, e reiterou que a diferença entre casamento e união conjugal de fato reside na "livre decisão de formar uma família que resulte na constituição de uma união extramatrimonial que não tem base no consentimento expresso , e sim "apenas no fato da convivência" e no qual "os companheiros nada se devem no plano da vida em comum, e são livres na determinação de continuar nela ou de findá-la ou de manter a fidelidade ao seu parceiro"[43]. Apesar das coincidências das instituições jurídicas, a Corte afirma que a igualdade entre um e outro não é absoluta entre casamento e livre união ou união conjugal de fato, pois mesmo que tenha efeitos econômicos ou patrimoniais, não são aplicáveis, pois, precisamente por causa da livre autodeterminação, pode não se casar e, portanto, "excluir todo o seu regime jurídico , então a relação entre companheiros permanentes não é idêntica à que existe entre esposos, nem pode-se afirmar que é, porque isso significaria "que um verdadeiro casamento seja celebrado pelas costas do Estado, e que, ao mesmo tempo, possa este impor regulamentos que iriam contra sua característica essencial, que nada mais é do que ser uma união livre"[44].

Por fim, a própria Corte, no Acórdão C-257 de 2015, insistiu, mais uma vez, que a união conjugal de fato se distingue do casamento, pois exige o cumprimento de uma série de formalidades legais e dá origem a um catálogo de direitos e obrigações, livremente aceitos das partes contratantes. Afirmou, da mesma forma, que a união de um homem e de uma mulher, sem qualquer formalidade, "dá origem a uma comunhão de vida permanente e singular, sem que seja sua vontade assumir os direitos e obrigações que a lei impõe aos cônjuges"[45]. A Corte, levando em conta esse tratamento diferenciado, reiterou que não só é constitucional, mas necessário que haja uma regulamentação diversa. Ele continua dizendo que ignorar as diferenças entre as duas

[42] Corte Constitucional, Acórdão C-821 de 2005 (MP. Rodrigo Escobar Gil).

[43] Corte Constitucional, Acórdão C-577 de 2011 (MP. Gabriel Eduardo Mendoza Martelo).

[44] Ibid.

[45] Corte Constitucional, Acórdão C-257 de 6 de maio de 2015 (MP. Gloria Stella Ortiz Delgado).

instituições pode significar anular uma das duas opções constitucionalmente protegidas para os cidadãos formarem uma família. Essas diferenças não implicam uma equivalência substancial entre o casamento e a união conjugal de fato: as duas instituições dão origem a uma família e merecem proteção constitucional igual.

Por sua vez, a Suprema Corte de Justiça, em Julgamento de 20 de abril de 2001[46], afirmou que, sem necessariamente concluir a assimilação entre casamento e união conjugal de fato, em ambas as instituições a família se configura legitimamente. No que diz respeito à união conjugal de fato, afirmou que seu mesmo nome substituiu os termos de concubinato e amancebamento, que eram pejorativos e discriminatórios.

A jurisprudência da Câmara Cível da Corte Suprema de Justiça sobre a relação entre união conjugal de fato e casamento é muito variada e prolífica. Embora tenham reconhecido suas diferenças, eles têm cada vez mais identificado a união conjugal com o casamento[47].

Em seguida, tentarei especificar em que sentido a união conjugal de fato acabou assemelhando-se ao casamento e adquiriu um caráter amorfo, porque não é casamento, mas também não é concubinato. Vou desenvolver essa questão através de cinco notas.

3.1 A união conjugal de fato é uma instituição jurídica formadora de família

Desde a exposição de motivos da Lei 54 de 1990, essa questão foi uma das considerações apresentadas para justificar a regulamentação da nova instituição jurídica, que posteriormente foi abordada na Assembleia Nacional Constituinte e tem sido amplamente desenvolvida na jurisprudência das *Altas Cortes* (Tribunais Superiores).

O *iter* legislativo e jurisprudencial pode ser sintetizado da seguinte forma:

(k) *Iter* da Lei 54 de 1990: Na exposição de motivos do projeto de lei, instituído no nº 107 de 1988, expressou-se que a regulamentação de

[46] *Suprema Corte de Justicia*, Câmara de Apelação Cível, Acórdão de 20 de abril de 2001 (MP. José Fernando Ramírez Gómez), Exp. Nº 5883.

[47] *Suprema Corte de Justicia*, Corte Civil, *Antologia de jurisprudência, 1886-2006*, Bogotá, 2007, Sigma Editores. E a jurisprudência citada nesta carta.

"uniões de fato" ou "uniões livres" ou "uniões concubinárias" era uma "necessidade originada do desenvolvimento da sociedade"[48]. E insistiu que a "família natural" ficara sem proteção legal, voltando as costas "para uma realidade social que ameaça sobrecarregar os limites da irregularidade para se tornar uma questão de dimensão geral"[49]. Ele também afirmou que "filhos nascidos de relações extramatrimoniais não podem ser ignorados"[50].

A justificativa central radicava-se em considerar a família como uma "realidade sociológica definida", sendo fonte de direitos, deveres e múltiplas relações, a qual exige a proteção do Estado, seja sua origem o sacramento do casamento ou o simples acordo de vontades entre um homem e uma mulher, manifestada pelos fatos de uma comunhão de vida. No desenvolvimento do debate parlamentar, foi introduzida a termo "união conjugal de fato" para proteger a livre união de "um homem e uma mulher";

(l) Na discussão do atual artigo 42 da Constituição Política pela Assembleia Nacional Constituinte, um dos temas abordados foi justamente o da família. A apresentação do Quinto Comitê afirmou, por exemplo, que "nos casos em que um homem e uma mulher se unem com a decisão de viver juntos, eles têm o pleno direito de formar e desenvolver"[51] a base da sociedade que é a família. Interpretando uma necessidade nacional, por isso também foi considerada, e tendo em conta a realidade em que vive mais de um quarto da nossa população, devemos "complementar as normas legais existentes sobre 'uniões conjugais de fato e regime patrimonial entre companheiros permanentes'"[52];

[48] Congreso de la República, "Exposición de Motivos, Proyecto de Ley Nº 107 de 1988", em *Anales del Congreso* Nº 79, quarta-feira 31 de agosto de 1988, p. 15.

[49] Consultar: "Ponencia para primer debate en Senado, Proyecto de Ley Nº 107 de 1988, em *Anales del Congreso,* Nº 80 de 1989, terça-feira 19 de septiembre de 1989, pág. 3; "Ponencia para segundo debate en Senado, Proyecto de Ley Nº 107 de 1988, en *Anales del Congreso,* Nº 140 de 1990, quarta-feira 4 de diciembre de 1990.

[50] Ibid.

[51] Assembleia Nacional Constituinte, Relatório-Apresentação para Primeiro Debate em plenário. *Gazeta Constitucional* Nº 85, p 5.

[52] Ibid.

(m) O *iter* jurisprudencial tem sido prolífico ao reconhecer que a união conjugal de fato é conformadora de família.

No Acórdão C-105 de 1994, a Corte Constitucional decidiu sobre a constitucionalidade de inúmeras regras do Código Civil para fazer uso dos termos "legítimos", "legítima" ou "legítimo" que concediam proteção diferente aos filhos oriundos do casamento. Ao declarar a inconstitucionalidade das palavras acima referidas, a Corte afirmou que, de acordo com a Constituição, "as famílias originárias ou constituídas fora do casamento são igualmente dignas de respeito e proteção"[53]. Sob o princípio da igualdade, não pode haver discriminação baseada na origem familiar, "seja exercida contra filhos ou contra descendentes de qualquer grau"[54], razão pela qual constitucionalmente há "direitos iguais entre filhos legítimos, extraconjugais e adotivos"[55]. Assim, "qualquer regra que estabeleça discriminação com base na origem familiar é contrária à Constituição". A Corte, nesta decisão judicial, não fez menção ao termo "união conjugal de fato", utilizando o termo "união extraconjugal"[56].

No Acórdão C-098 de 1996, a Corte Constitucional decidiu sobre o termo "um homem e uma mulher" nos artigos 1º e 2º da Lei 54 de 1990, declarados exequíveis, em primeiro lugar, sob a alegação de que esta regra "sem equiparar membros de uniões livres e cônjuges vinculados pelo casamento, está avançando no sentido de reconhecer legalmente sua existência e regular seus direitos e deveres patrimoniais".[57] Para a Corte, a ausência da referência expressa no texto aos casais do mesmo sexo não implica discriminação contra eles ou contra a escolha sexual das pessoas. Em vez disso, é uma opção política ordenada "a proteger as uniões conjugais heterossexuais sem prejudicar as demais e sem

[53] Corte Constitucional, Acórdão C-239 de 19 de maio de 1994 (MP Jorge Arango Mejía).

[54] Ibid.

[55] Ibid.

[56] Ibid.

[57] Corte Constitucional, Acórdão C-098 de 7 de março de 1996 (MP. Eduardo Cifuentes Muñoz).

que esta última seja prejudicada ou quebrada"[58], o que não exclui, que "o Legislador, em um único ato, eliminasse todas as injustiças, discriminações e males existentes, mas como isso não é realmente possível, esta Corte não pode declarar a inexequibilidade de uma lei que resolve atacar uma única injustiça por vez, a menos que ao fazê-lo consagre um privilégio ilegítimo ou odioso ou a medida afete injustamente pessoas ou grupos que ainda não tenham sido favorecidos"[59].

Nesse mesmo acórdão, a Corte Constitucional fez algumas considerações sobre a união conjugal de fato, entre as quais devem ser destacadas as seguintes: (i) é uma das formas legítimas de constituição da família; (ii) é uma união livre entre um homem e uma mulher, "mesmo que não tenham vínculos de sangue ou contratuais formais uns com os outros"[60], protegidos pelo Estado e pela sociedade, ao dar origem à instituição familiar; (iii) é uma forma como o Legislador reivindicou e protegeu um grupo anteriormente discriminado, e não censurando as uniões homossexuais.

A partir do acórdão C-577 de 2011[61], a Corte Constitucional definiu a família como uma comunidade de pessoas, unida por laços naturais ou legais, fundada no amor, no respeito e na solidariedade, caracterizada pela unidade da vida que une ou vincula seus membros. Os tipos familiares podem ser muito variados: aquelas geradas em vínculos sanguíneos, por adoção ou criação; monoparentais, montadas, integradas por pessoas do mesmo sexo.

Com base na definição de família, adotada em 2011, a Corte em Acórdão C-278 de 2014[62] afirmou que o conceito de família, estando

[58] Ibid.
[59] Ibid.
[60] Ibid.
[61] Corte Constitucional, Acórdão C-577 de 26 de julho de 2011 (MP. Gabriel Eduardo Mendoza Martelo).
[62] Corte Constitucional, Acórdão C-278 de 7 de maio de 2014 (MP. Mauricio González Cuervo).

inserido na sociedade, tem caráter dinâmico, variado e plural. É por isso que também inclui aquelas originadas em casamento, uniões conjugais de fato e aquelas compostos por casais do mesmo sexo.

Da mesma forma, a jurisprudência da Câmara Cível da Supremo Corte de Justiça que reconhece a união conjugal de fato como uma união configuradora de família é muito ampla, basta mencionar o acórdão de 2005[63], já mencionado. Na ocasião, a Câmara declarou a retrospectiva da Lei 54 de 1990, argumentando, entre outras coisas, que "a necessidade urgente e louvável de disciplinar a união conjugal de fato, expressamente reconhecida e advertida pelo legislador"[64], visava justamente resolver uma "grave injustiça" e proteger adequadamente a família natural.

3.2 Da união conjugal de fato entre um homem e uma mulher para a união de pessoas do mesmo sexo

Os artigos 1º e 2º da Lei nº 54 de 1990 incluíram o termo "homem e mulher" como um dos requisitos para a constituição da união conjugal de fato, no entendimento de que a exigência de heterossexualidade era essencial para a natureza dessa união, que é similar ao casamento. É exatamente daí que vem seu nome: união conjugal. Até 1997, a Corte Constitucional, pelo acórdão C-075 de 2007, declarou a exequibilidade condicional da Lei 54 de 1990, alterada pela Lei 979 de 2005, no sentido de que o regime de proteção nele contido se aplica, da mesma forma, aos casais homossexuais.

No citado Acórdão C-075, a Corte considerou que a Lei 54 de 1990, que inclui alterações na Lei 979 de 2005, aplicada apenas a casais heterossexuais exclui casais homossexuais de sua proteção, o que é discriminatório. Dessa forma, ao reconhecer as diferenças objetivas entre casais, "fundadas na necessidade de proteger as mulheres e a família, não é menos verdade que hoje se pode notar que os casais homossexuais têm requerimentos semelhantes de proteção e que não há razões objetivas para justificar o tratamento

[63] *Suprema Corte de Justicia*, Câmara de Apelação Cível, Acórdão de 28 de outubro de 2005 (MP. Carlos Ignacio Jaramillo Jaramillo), Exp. 2000-00591.

[64] Ibid.

diferenciado"[65]. Com base nessa premissa, conclui-se que é contrário à Constituição que seja estabelecido um regime de proteção legal exclusivamente para casais heterossexuais, razão pela qual declarou a exequibilidade da Lei 54 de 1990, considerando que o regime de proteção estabelecido se aplica aos casais homossexuais. Dessa forma, se o casal homossexual atender às condições previstas na lei para as uniões conjugais de fato, ou seja, "a comunhão de vida permanente e singular, mantida por um período de pelo menos dois anos, aderir ao regime de proteção ali previsto, de modo que ela seja protegida pela presunção da sociedade patrimonial e seus membros podem, individualmente ou em conjunto, ir aos meios previstos na lei para estabelecê-lo quando julgarem apropriado"[66]. Para a Corte, não há qualquer notificação de omissão legislativa ou finalidade discriminatória ou intenção explícita de tratamento diferenciado, razão pela qual decidiu que as regras sobre parceiros permanentes devem ser aplicadas a casais do mesmo sexo.

Por outro lado, no Acórdão C-577 de 2011, a Corte reiterou a opinião de que as uniões homossexuais, se atenderem aos requisitos da Lei 54 de 1990, são configuradores familiares. No entanto, "nem toda diferença no tratamento entre casais heterossexuais e homossexuais pode ser considerada discriminatória em si, nem considerada baseada na orientação sexual das pessoas, na medida em que ela pode surgir das diferenças entre uns e outros casais"[67].

O desenvolvimento da jurisprudência, em relação à equiparação de uniões conjugais heterossexuais e uniões homossexuais, continuou no Acórdão SU 617 de 2014[68], por meio do qual ordenou dar continuidade ao trâmite administrativo de um processo de adoção, suspenso por serem os companheiros permanentes pertencentes ao mesmo sexo. No ano seguinte, a mesma Corte, no Acórdão C-071 de 2015[69], ao pronunciar-se, mais uma vez, sobre o artigo 1º da Lei 54 de 1990 e outras regras da Lei 1098 de 2006, ou Código da Criança e do Adolescente, declarou-lhes exequíveis sobre o entendimento de que seu

[65] Corte Constitucional, Acórdão C-075 de 7 de fevereiro de 2007 (MP. Rodrigo Escobar Gil).

[66] Ibid.

[67] Corte Constitucional. Acórdão C-577 de 26 de julho de 2011 (MP. Gabriel Eduardo Mendoza Martelo).

[68] Corte Constitucional, Acórdão SU-617 de 28 de agosto de 2014 (MP. Luis Guillermo Guerrero Pérez).

[69] Corte Constitucional, Acórdão C-071 de 18 de fevereiro de 2015 (MP. Jorge Iván Palacio Palacio).

escopo também inclui casais do mesmo sexo quando o pedido de adoção recai sobre o filho biológico de seu parceiro ou companheiro permanente. Nessa mesma linha, a Corte em Acórdão de 683 de 2015 voltou a decidir sobre a constitucionalidade do artigo 1º da Lei 54 de 1990 e outras normas do Código da Criança e do Adolescente relativas à adoção, que foram declaradas exequíveis, sobre o entendimento de que "em virtude do interesse superior do menor, no seu âmbito de aplicação estão também compreendidos os casais do mesmo sexo que compõem uma família"[70]. Justificou, entre outras considerações, sua decisão no argumento de que não é válido excluir dos processos de adoção casais do mesmo sexo que compõem uma família. "Uma hermenêutica nesse sentido cria uma carência na proteção de crianças e adolescentes abandonados, que por sua vez não conhece o interesse superior do menor, representado em seu direito de ter uma família, uma vez que esta é uma medida protetiva plenamente adequada para garantir seu desenvolvimento harmonioso e integral e o pleno exercício de seus outros direitos (art. 44 CP).

O desenvolvimento da jurisprudência deixou claro que o termo usado no artigo 42 da Constituição Política "um homem e uma mulher" como elemento constituinte do casamento e da união conjugal de fato foi substituído pela Corte Constitucional. Hoje, ambas as instituições jurídicas podem ser criadas por casais do mesmo sexo.

3.3 A união conjugal de fato como uma comunhão de vida permanente e singular

O artigo 1º da Lei 54 de 1990 exige como um dos pressupostos para o estabelecimento da união conjugal "a comunhão de vida permanente e singular". Esse elemento também teve desenvolvimento de jurisprudência, especialmente na Câmara Cível da Corte Suprema de Justiça.

Com efeito, no Acórdão de 25 de outubro de 1994, a Câmara Cível afirmou que o termo união conjugal de fato era uma tendência para substituir o termo concubinato. Definiu-a como "a comunhão formada por um homem e uma mulher sobre os quais não haja impedimento para que possam se casar,

[70] Corte Constitucional, Acórdão C-683 de 4 de novembro de 2015 (MP. Jorge Iván Palacio Palacio).

e essa comunhão é constituída para formar uma família, ou seja, de maneira permanente e estável, é inquestionável que, faltando apenas a constituição do vínculo conjugal, tenha que receber tratamento jurídico semelhante por muitos aspectos a que a união conjugal merece"[71]. Permanência e estabilidade justificam, portanto, a proteção jurídica dessas uniões como família, o que não inclui as uniões passageiras. "Portanto, não há proteção de uma relação repudiada por lei ou de um vínculo transitório que não se destine a formar uma família"[72].

Seis anos depois, em 2000, a Suprema Corte tornou ainda mais preciso o requisito de singularidade ou de "comunhão de vida permanente e singular" entre os companheiros permanentes. A permanência refere-se à duração, deve ser firme. Mas nesta união também deve dar-se a constância, a perseverança e, sobretudo, a estabilidade da comunhão de vidas, o que exclui as relações passageiras ou casuais. Assim, como afirma a Corte, são descartadas uniões com um número plural de pessoas, "obviamente todas ou algumas dessas relações não constituem uma união conjugal de fato"[73]. Para que exista, portanto, a união conjugal de fato "deve ser precedida por uma comunhão de vidas que, por definição, envolve compartilhar a própria vida formando uma unidade indissolúvel como núcleo familiar, além de significar a existência de vínculos afetivos, obriga a coabitação, compartilhando o teto; e de natureza permanente, o que significa que a vida em casal deve ser constante e contínua por pelo menos dois anos, refletindo assim a estabilidade já reconhecida pela Corte como aspecto fundamental da relação, reduzindo uniões esporádicas ou efêmeras que não atendam a tal exigência à condição de pouco sérias"[74].

Em 2001, o Suprema Corte Federal estabeleceu a exigência da comunhão de vida permanente e singular. Se o pressuposto para a formação de uma família é pressuposto da união conjugal de fato, é necessária a existência de "uma comunhão de vida permanente e única". Esta comunhão forma "uma

[71] *Corte Suprema de Justicia*, Câmara de Apelação Cível, Acórdão de 25 de outubro de 1994 (MP. Eduardo García Sarmiento), Exp. 3000.

[72] Ibid.

[73] *Suprema Corte de Justicia*, Câmara de Apelação Cível, Acórdão de 20 de setembro de 2000 (MP. Silvio Fernando Trejos Bueno), Exp. Nº 6117.

[74] Ibid.

unidade indissolúvel como núcleo familiar"[75], o que implica a existência de vínculos afetivos e coabitação compartilhando teto, cama, mesa e assumindo de forma permanente e estável a tarefa existencial, ou seja, um projeto de vida e lar comuns. Esta comunhão ou consórcio de vida consiste em "elementos factuais objetivos como a convivência, o auxílio e o socorro mútuos, as relações sexuais e a permanência e outros subjetivos, como o incentivo mútuo do pertencimento, unidade e *afeto conjugal,* que, juntamente com os descendentes comuns e as obrigações e deveres que, neste fato derivam, especificam legalmente a noção de família"[76]. A comunhão da vida, portanto, não está vinculada à exigência de uma duração ou tempo abstrato, mas "concretada na vida comum para poder deduzir um princípio de estabilidade que é o que imprime à união conjugal de fato, consolidação legal para seu reconhecimento como tal".[77] Nessa perspectiva, tal comunhão de vida permanente e única refere-se ao casal que voluntariamente "decidiu viver junto, conviver de forma ostensiva e conhecida por todos, com o incentivo e a intenção de formar uma família com as obrigações e direitos que isso acarreta"[78].

Em 2012, o Suprema Corte de Justiça declarou os requisitos substanciais da união conjugal de fato, entre outros, (i) a comunhão da vida permanente, o que implica, em princípio, "estabilidade, compartilhar 'vida em comum', coabitar, auxiliar nas diversas circunstâncias que surgem durante a 'convivência', excluindo, portanto, 'relações meramente passageiras ou casuais'[79] e (ii) a comunhão de vida singular , ou seja, deve tratar-se apenas dessa "união", o que exclui a existência concomitante de uniões da mesma espécie.

Em 2016, a Câmara Cível enfatizou a tese, expressa em outros precedentes, de que a comunhão de vida está diretamente relacionada à intenção de formar uma família, não na vontade interna, mas, além de qualquer ritualidade ou formalismo, nos fatos dos quais emana e lhe dá o caráter de uma "relação de experiência dos protagonistas, independentemente das diferenças, é claro,

[75] *Suprema Corte de Justicia*, Câmara de Apelação Cível. Acórdão de 12 de dezembro de 2001 (MP. Jorge Santos Ballesteros), Exp. Nº 67212.

[76] Ibid.

[77] Ibid.

[78] Ibid.

[79] Suprema Corte de Justiça, Câmara Cível, Acórdão de 28 de novembro de 2012 (MP. Ruth Marina Díaz Rueda), Exp. Nº 2006-00173.

típicas do desempenho de tal relação, seja pessoal, profissional, laboral, econômica, e os mecanismos para superá-las"[80]. O essencial, portanto, é a convivência conjugal, respeitosa com a individualidade de cada uma das pessoas que compõem a união. Por meio dessa convivência, forma-se "autêntica comunhão física e mental, com sentimentos de fraternidade, solidariedade e incentivo para enfrentar as diversas situações da existência cotidiana"[81]. Nesse sentido, assim o afirma a Corte, é "um projeto de vida semelhante ao de pessoas casadas, com objetivos comuns, voltados à realização pessoal e conjunta, e à formação de um lar doméstico, aberto, se assim se desejar, à fertilidade"[82]. A permanência da união denota estabilidade, continuidade e perseverança na comunhão de vida, à margem de elementos acidentais envolvidos em sua existência, como ocorre com o trato sexual, coabitação ou sua notoriedade, que podem existir ou deixar de existir. Para a Corte, tais fatos acidentais não podem aniquilar "os elementos internos de natureza psíquica no casal que fundam o entrecruzamento de vontades, inteligência e afetos para torná-lo permanente e duradouro"[83]. Precisamente, essa é a singularidade ou exclusividade da união de fato e deve ser entendida como uma "resposta ao princípio da monogamia aplicável à família natural"[84], como célula básica da sociedade. Isso não significa que sejam proibidas relações simultâneas da mesma natureza entre um ou ambos os companheiros permanentes com terceiros, se assim o for, tais uniões não teriam reconhecimento legal.

No entanto, nesse mesmo acórdão, a Suprema Corte Federal decidiu sobre o dever de fidelidade mútua, conforme previsto no artigo 42, segundo o qual "as relações familiares se baseiam em direitos e deveres iguais do casal e no respeito mútuo de todos os seus membros". Esse dever não é destruído pela infidelidade de um companheiro ao outro, pois a união "só se dissolve com a separação física e definitiva dos companheiros permanentes"[85]. De qualquer forma, a Câmara afirma que tal infidelidade pode levar ao colapso da união

[80] Suprema Corte de Justiça, Câmara Cível, Acórdão de 7 de maio de 2016 (MP. Álvaro Fernando García Restrepo), Exp. Nº 2016-15173.

[81] Ibid.

[82] Ibid.

[83] Ibid.

[84] Ibid.

[85] A mesma Câmara Cível cita e acolhe o Acórdão 5 de setembro de 2005, Exp. Nº 00150.

conjugal de fato, "pois constitui uma afronta à lealdade e ao devido respeito mútuo"[86]. No entanto, isso não exclui o perdão ou a tolerância e, portanto, a continuidade na comunhão da vida.

A Câmara Cível afirmou em outro acórdão de 2016 que a comunhão de vida gerada na união conjugal de fato não envolve relações sexuais, nem a impossibilidade de intermitência temporária de teto, pois são elementos acidentais que podem existir ou deixar de existir. O eixo central da união conjugal, na verdade, bem como o casamento, "não é realmente a satisfação das necessidades sexuais, mas outros valores de seu surgimento, como ajuda, auxílio e socorro e mútuos"[87].

Em 2018, a Câmara Cível manteve as seguintes notas essenciais da união conjugal de fato: (i) comunhão de vida para aqueles que "decidem se unir para alcançar objetivos comuns e desenvolver um projeto de vida compartilhada"[88]; (ii) singularidade, ou seja, nas palavras da mesma Corte, "os consortes não podem assumir compromissos semelhantes com outras pessoas"[89], pois se um , ou ambos, têm uniões com outras pessoas ou um vínculo conjugal em que os cônjuges não estão separados dos corpos, essa circunstância impede a configuração da união conjugal de fato; (iii) permanência ou "a conjunção de ações e decisões projetadas de forma estável ao longo do tempo, que permitem a decisão de formar um lar e não simplesmente realizar encontros esporádicos"[90]; (iv) a ausência de impedimentos legais que tornem a união ilegal, como é o caso, por exemplo, de incesto e (v) convivência ininterrupta por dois anos, o que faz presumir a formação da sociedade patrimonial.

Essas notas ou traços essenciais tornam possível alertar a equiparação entre a união conjugal e o casamento como formas de compor uma família.

[86] *Suprema Corte de Justicia*, Câmara de Apelação Cível, Acórdão de 7 de maio de 2016 (MP. Álvaro Fernando García Restrepo), Exp. Nº 2016-15173.

[87] *Suprema Corte de Justicia*, Câmara de Apelação Cível, Acórdão de 25 de outubro de 2016 (MP. Luis Armando Tolosa Villabona), Exp. Nº 15173-2016.

[88] *Suprema Corte de Justicia*, Câmara de Apelação Cível, Acórdão de 12 de fevereiro de 2018 (MP. Arnoldo Wilson Quiroz Monsalvo), Exp. Nº 128-2018.

[89] Ibid.

[90] Ibid.

O regime patrimonial, por sua vez, "quando as pessoas são plenamente capazes, deve ser baseado na vontade soberana dos cônjuges ou companheiros"[91].

A jurisprudência da Câmara Cível decantou os requisitos da união conjugal de fato e excluiu, por exemplo, (i) notoriedade[92], que é um indício e, se comprovada, pode levar o juiz a avaliar a existência da união entre companheiros permanentes; (ii)temporalidade, porque a Lei 54 de 1990 não exige tempo de convivência para que a união seja criada. O tempo dos dois anos, regulamentado no artigo 2º da Lei 54 de 1990, é para que a sociedade patrimonial seja presumida entre companheiros permanentes; (iii) a falta de vínculo conjugal prévio, exigência para a presunção da sociedade patrimonial, não da união conjugal.

A união pessoal entre companheiros permanentes resulta em direitos e deveres entre eles, que por sua vez têm caráter constitucional. Assim, por exemplo, o dever de proteção integral da família tem sido protegido, em relação a essas uniões e ao casamento[93]; o princípio-direito da igualdade[94]; dignidade humana, o livre desenvolvimento da personalidade e autonomia[95]; e os interesses superiores do menor[96].

De qualquer forma, as notas de união conjugal de fato são postas em causa porque, em 2012, a Colômbia adotou uma decisão jurisprudencial protegendo uma "relação poliamorosa" e considerando que a constitucionalização da família envolveu o reconhecimento de diversas realidades sociológicas. Embora seja verdade que a Corte Superior de Medellín reconheceu a pensão do sobrevivente de um casal permanente do mesmo sexo, o desafio é se a "singularidade" da união será uma simples nota de natureza histórica[97].

[91] *Suprema Corte de Justicia*, Câmara de Apelação Cível, Acórdão de 13 de julho de 2020 (MP. Arnoldo Wilson Quiroz Monsalvo), Exp. Nº 698920.

[92] *Suprema Corte de Justicia*, Câmara de Apelação Cível, Acórdão de 24 de outubro de 2016 (MP. Luis Armando Tolosa Villabona).

[93] Corte Constitucional, Acórdão C-1033 de 27 de novembro de 2002 (MP. Jaime Córdoba Triviño).

[94] Corte Constitucional, Acórdão C-875 de 23 de agosto de 2005 (MP. Rodrigo Escobar Gil).

[95] Corte Constitucional, Acórdão C-075 de 7 de fevereiro de 2007 (MP. Rodrigo Escobar Gil).

[96] Corte Constitucional, Acórdão C-683 de 4 de novembro de 2015 (Jorge Iván Palacio Palacio).

[97] Os fatos conhecidos se deram em relação à substituição da pensão do *de cujus*: Dois homens que tiveram uma "relação poliamorosa" com o *de cujus* por mais de dez anos solicitaram a pensão de seu outro parceiro. A progenitora do falecido também solicitou, afirmando que

ele era solteiro e, portanto, havia declarado que tinha direito à pensão. Os três homens, para formalizar sua união e deixar claro que queriam compartilhar o patrimônio como sociedade e que buscavam como efeito a substituição da pensão no caso da morte de um dos membros dos quais chamam de "família", vieram perante um tabelião para assinar um contrato e expressaram: "Queremos formar um regime econômico cuja base é a relação de 'trisal' que temos". Eles também afirmaram: "Consagramos o dever de ajudar-nos mutuamente e no caso de ser necessária a afiliação como *trisal* ao Sistema de Seguridade Social para a Saúde, e a pensão do sobrevivente ou para substituição em favor mútuo ou qualquer outra cobertura que, como *trisal*, possamos ter acesso."

A Corte Superior de Medellín, em julgamento de 28 de maio de 2019, entre outras considerações, afirmou: (i) que o vínculo familiar é alcançado a partir de várias situações de fato, incluindo o livre arbítrio para formar a família à margem do sexo ou a orientação de seus membros, observando que a existência de um casal não é um aspecto definidor da família, nem um requisito menos de reconhecimento constitucional; (ii) que a união entre os dois demandantes e o autor da denúncia é uma "relação poliamorosa" que tem os componentes da permanência e da comunidade e, além disso, há o acoplamento de uma família que se baseia na busca comum por meios de subsistência, companheirismo mútuo ou apoio moral e na implementação de um projeto compartilhado; (iii) que reconhecer a pensão do sobrevivente significa: (a) aceitar que a "relação poliamorosa" proporciona permanência e comunidade entre os indivíduos, além da busca comum por meios de subsistência, em companheirismo mútuo ou em apoio moral e na implementação de um projeto compartilhado; b) Admitir que a "relação poliamorosa" é constitucionalmente protegida e, portanto, é detentora de direitos e deveres, reconhecidos, como núcleo fundamental da sociedade, e seus membros são beneficiários da pensão do sobrevivente; c) Dar um escopo claro e vigoroso ao modelo constitucional de 1991, bem como à autonomia para formar uma família; e (d) reparar a iniquidade institucionalizada em relação às diversas famílias, porque "a família é onde estão os afetos". Além disso, uma pessoa pode amar duas pessoas e as três se amarem entre si. Nessa tríade, todos os três estão envolvidos com cada um de uma forma amorosa ou romântica.

A Corte, em suma, justificou a pensão do sobrevivente às pessoas que compõem uma "relação poliamorosa" afirmando: "A regra de tomada de decisão oferecida em julgamento no C-577 de 2011, ao indicar que não existem razões legalmente atendíveis para apoiar o fato de que o casal do mesmo sexo não pode pregar o afeto, o respeito e a solidariedade que inspiram seu projeto de vida em comum, com vocação para a permanência; ou que essas condições pessoais só merecem proteção quando são professadas entre casais heterossexuais; é claramente aplicável em um caso como o anterior à jurisdição de hoje, referindo-se a três pessoas, que independentemente do sexo decidiram amar e integrar uma família, tendo que avaliar objetivamente e sem preconceitos, o componente afetivo e emocional que incentiva sua convivência, componente pessoal encontrado em uniões parceiras do mesmo sexo ou diferentes; ou em qualquer outra união que, apesar de não ser caracterizada pela heterossexualidade daqueles que a compõem, constitui família [...]. Atestando esse componente afetivo e emocional que incentiva sua convivência e que se traduz em solidariedade, manifestações de afeto, socorro e ajuda mútuos, que é encontrada em casais homossexuais ou heterossexuais, mal se pode pretender que a decisão desse projeto de vida não seja reconhecida poder acessar os benefícios e a proteção da seguridade social, do serviço público e do direito de irrenunciável."

3.4 A união conjugal de fato é constitutiva do estado civil

A aceitação da tese de que a união conjugal de fato é constitutiva do estado civil não tem sido isenta de discrepâncias dentro dos Tribunais Superiores. Hoje já é uma tese aceita e o que antes era uma diferença entre casamento e união conjugal de fato passou a ser um novo ponto de contato entre as duas instituições jurídicas.

De acordo com o Decreto 1260 de 1970, o estado civil de uma pessoa é "seu status legal na família e na sociedade" e "determina sua capacidade de exercer determinados direitos e assumir certas obrigações" (art. 1). Entre suas características, a legislação destaca ser "indivisível, indisponível e imprescritível" (ibid.). Sua atribuição é responsabilidade da lei. Deriva dos fatos, atos e providências que o determinam e da qualificação jurídica deles.

Embora seja verdade que o artigo 1º da Lei 54 de 1990 usou o termo "para todos os efeitos civis", a jurisprudência inicial do Suprema Corte de Justiça não deu a essa regra uma natureza substancial, mas definitiva, de união conjugal de fato[98]. Expressamente em 2001, a Câmara Cível declarou que "no ordenamento jurídico colombiano não foi estabelecido constitucional ou juridicamente, o estado civil do companheiro permanente derivado da união conjugal de fato"[99]. Apesar dessa afirmação, a mesma providência afirmou que, "embora a união conjugal de fato e a constituição de família por laços naturais, por vontade do casal, possam se tornar um estado conjugal, a verdade é que a lei que faz tal atribuição ainda não foi emitida, nem existe uma regra para entendê-la como tal"[100]. Em outra decisão judicial de 2001, a Câmara reiterou essa opinião e acrescentou que o estado civil da união conjugal de fato tampouco pode ser inferido "pelo reconhecimento dos direitos jurídicos específicos de ordem distinta até agora conferidos aos companheiros permanentes, incluindo alguns

Tribunal Superior de Medellín, Acórdão de 5 de junho de 2019 (MP. Ana María Zapata Pérez). N.: 050013105007 2015-01955 01.

[98] *Suprema Corte de Justicia*, Sala de Casación Civil, Ordem de 24 de junho de 1997, citada em Auto de 10 de março de 2004 (MP). José Fernando Ramírez Gómez), Exp. 2000-00332.

[99] *Suprema Corte de Justicia*, Sala de Casación Civil, Ordem de 20 de novembro de 2001 (MP. Silvio Fernando Trejos Bueno), Exp. Nº 096.

[100] Ibid.

por jurisprudência, que, vale dizer, não são eliminados ou diminuídos pelo fato de constituir união conjugal o dito estado"[101].

Foi somente até 2008 que a Câmara Cível da Corte Suprema de Justiça corrigiu a doutrina acima, não sem antes reiterar que a jurisprudência "introduziu mudanças que tendem a dar à união conjugal tratamento jurídico comparável ou semelhante ao do casamento e tudo o que gira em torno dessas situações"[102]. Se as duas instituições são assemelhadas, deve-se reconhecer, da mesma forma, que a união conjugal gera o estado civil de "companheiro ou companheira permanente", pois a Lei 54 de 1990, "não apenas define o fenômeno natural em questão ou aponta seus elementos, mas requer o objeto de definição, nomeando como companheiros permanentes, 'para todos os efeitos civis', ao homem e à mulher que decidem formá-la de forma voluntária e responsável"[103]. A Suprema Corte valeu-se nesta decisão de um dos *consideranda* da Corte Constitucional no Acórdão C-0174 de 1996, no sentido de que a união civil de fato em "certas circunstâncias estabelece ou modifica o estado civil daqueles que fazem parte dela e a lei em conformidade, de acordo com a Constituição, determina nesses casos o estado civil, atribui-o, bem como os direitos e deveres consequentes. Direitos e deveres entre membros da união conjugal de fato, e entre eles e filhos, se os houver"[104].

A Câmara Cível não desconhece, no entanto, que, em certos casos, poderá confluir o *status* de casado com o de um companheiro permanente, sem afetar o princípio da indivisibilidade do estado civil, pois, por um lado, "a fonte ontológica de uma situação é diferente"[105]; e, por outro lado, "os mesmos fatos fazem com que a união conjugal tenha a virtude de estabelecer ou modificar o estado civil daqueles que fazem parte dela"[106]. Assim, assim como o casamento gera estado civil, da mesma forma, a união conjugal constitui um estado civil, "pois além de não ser qualquer relação, não é algo que seja externo às pessoas

[101] *Suprema Corte de Justicia*, Sala de Casación Civil, Ordem de 28 de novembro de 2001 (MP. Silvio Fernando Trejos Bueno), Exp. 0096-01.

[102] *Suprema Corte de Justicia*, Sala de Casación Civil, Ordem de 18 de junho de 2008 (MP. Jaime Alberto Arrubla Paucar), Exp. Não 2004-00205.

[103] Ibid.

[104] Corte Constitucional, Acórdão C-0174 de 29 de abril de 1996 (MP. Jorge Arango Mejía).

[105] *Suprema Corte de Justicia*, Sala de Casación Civil, Ordem de 18 de junho de 2008 (MP. Jaime Alberto Arrubla Paucar), Exp. Não 2004-00205.

[106] Ibid.

que o compõem, pelo contrário, transcende-os, ou seja, o próprio casal e cada um de seus membros individualmente considerados, com um certo status jurídico na família e na sociedade"[107].

Para a Suprema Corte de Justiça, a declaração de união conjugal, pela situação familiar e do estado civil que geram, é de ordem pública "e é indisponível e imprescritível, o que não impede as partes de declará-la por consenso mútuo em ato de ação pública ou conciliação (art. 4º, Lei 54 de 1990), na medida em que o estado civil decorre dos fatos, atos ou providências que o determinam (art. 2º, Decreto 1260 de 1970), no caso do estado civil declarado pelos companheiros permanentes; sem tal possibilidade de ser entendido como operacional do estado civil, por mandato jurídico indisponível, sujeito à nulidade absoluta, uma vez que o legislador autoriza a reconciliação das diferenças em relação à existência da união"[108].

Dessa forma, a união conjugal gera o estado civil dos companheiros permanentes e essa situação diante da família e da sociedade tem, como todo estado conjugal, um caráter imprescritível.

3.5 Casamento, união conjugal de fato e concubinato

A Câmara Cível da Corte Suprema de Justiça tem feito, desde 2016, ainda que isoladamente, distinção entre casamento, união conjugal de fato e concubinato. Nenhuma das três instituições se resume a atender às necessidades pessoais, mas elas têm impacto tanto no campo patrimonial quanto na esfera social.

Além disso, como afirma a Corte, as uniões concubinárias correspondem a uma realidade social, histórica e jurídica, ainda existente. Elas são a fonte de um vínculo econômico e permitem que seus membros respondam às demandas da vida comum que compartilham. A diferença está em que os dois primeiros, sendo normatizados, não precisam ser demonstrados porque são presumidos por lei. O concubinato, por outro lado, deve ser estabelecido como sociedade civil irregular ou comercial.

[107] Ibid.

[108] *Suprema Corte de Justicia*, Sala de Casación Civil, Acórdão de 11 de março de 2009 (MP. Guilherme Namén Vargas).

A convivência *more uxorio* é semelhante ao casamento: o casal faz uma vida comum e duradoura para formar uma família, coabitar e integrar um lar. Seus membros levam uma vida comum permanentemente. Não é o casamento, mas uma relação paralela, caracterizada por uma comunhão de fato na qual a relação sexual é conduzida fora do casamento ou de caráter extraconjugal, seja de uma pessoa casada com outro solteiro ou dois solteiros, que sem casamento se juntam. O arquétipo dessa união é a união conjugal de fato, embora, a partir da Lei 54 de 1990, não se confunda com ela. Em outras palavras, com o casamento e as uniões conjugais "subsistem uniões de pessoas desprovidas de vínculos legais uns com os outros, ou meros conviventes que não reúnem os requisitos da Lei 54 de 1990"[109].

Neste acórdão de 2016, a Corte define a "união de fato não conjugal de convivência afetiva e comum, livremente consentida e com conteúdo sexual, sem ter as características do casamento ou união conjugal, mas que implica continuidade, estabilidade, permanência na vida comum e relações sexuais"[110]. Ao contrário do casamento, que é um contrato, a relação concubinária é um fato, que faz parte da família constituída por vínculos naturais, de acordo com o artigo constitucional 42. Não gera uma sociedade patrimonial nem de bens aquestos, nem gera uma sociedade universal, mas uma sociedade de fato se houver (i) contribuições recíprocas de cada membro; (ii) *animus lucrandi* ou participação em lucros ou benefícios e (iii) *animus lucrandi* ou *affectio societatis*, ou seja, a intenção de colaborar em uma empresa ou projeto.

4. A modo de conclusão

O desenvolvimento jurídico e jurisprudência da união conjugal tem de fato mostrado sua semelhança com o casamento. Na verdade, requer a legitimidade para formá-lo, ou seja, pessoas plenamente capazes e a ausência de um vínculo matrimonial entre eles. Essa comunhão de vida tem se caracterizado, inicialmente como situação factual, posteriormente como a externalização da

[109] *Suprema Corte de Justicia*, Corte Civil, Frase 22 de junho de 2016 (MP. Luis Armando Tolosa Villabona), Exp. Nº 8225-2016.

[110] Ibid.

vontade dos companheiros de formar uma família. É uma união de natureza pessoal: une pessoas, não só um homem e uma mulher, mas casais do mesmo sexo, sobre a compreensão de que a diferença de gênero e a funcionalidade sexual, segundo a jurisprudência constitucional estabelecida, não são essenciais para o casamento e, portanto, para a união conjugal. Ajuda, convivência, socorro mútuo e relações sexuais são seus elementos objetivos. O incentivo mútuo do pertencimento, da unidade e a *affectio maritalis* são os elementos subjetivos. Além disso, esse modo de vida é permanente e singular, ou seja, pessoas idôneas se reúnem para compartilhar um projeto de vida comum com a intenção de fazê-lo indefinidamente. Esta união se distingue da sociedade patrimonial que se dá entre os companheiros permanentes.

A união conjugal é, portanto, uma expressão da vontade responsável pela formação de uma família e pela criação de uma comunhão de vida entre os companheiros permanentes. Embora, até o momento, a jurisprudência dos Tribunais Superiores tenha insistido na tese de que essa vontade não é legal, mas factual, porque não há acordo ou vínculo jurídico, mas um elo natural que seja externalizado em uma cadeia de fatos; legislação e jurisprudência vieram para suprir essa deficiência. A vontade, envolta nos fatos ou na soma de comportamentos plurais e repetidos que revelam a intenção de se unirem como companheiros, por sua vez, tem sido considerada como um elemento revelador da permanência da união.

A união conjugal de fato é, portanto, uma instituição legal e, como tal, regula direitos e deveres entre companheiros permanentes, bem como nos familiares que se configuram com a união.

Ao desnaturalizar-se a união conjugal de fato, acabou-se por configurar como uma instituição híbrida. Inicialmente, na década de 1990, mais distante do casamento. Mais recentemente, mais perto da instituição matrimonial. Mas, precisamente por causa dessa situação amorfa, não é tarefa interpretativa fácil determinar como a união conjugal difere do casamento. Isso tem uma consequência mais significativa: a união conjugal de fato está a caminho de se tornar um "casamento de fato". Mas isso é diluir, nesta sociedade líquida, o casamento. Ora, se o "casamento" é qualificado como um "fato", na verdade, não é mais "casamento". Em outras palavras, desnaturar a instituição do casamento envolve necessariamente desnaturar a instituição da união conjugal de fato.

O desafio da sociedade atual parece não ser mais apenas a tipificação do casamento e da união conjugal de fato, mas responder à forma como a legislação e a jurisprudência, do ponto de vista dos direitos humanos e do direito constitucional, respondem às chamadas "relações poliamorosas". Espera-se que essa tipificação resgate a essência do casamento, como elo legal entre um homem e uma mulher, um gerador de direitos e deveres entre cônjuges e o configurador de uma comunhão de vida que tem significado social, por ser constitutivo da família.

PERU

1. LA UNIÓN DE HECHO EN EL DERECHO PERUANO

Columba del Carpio Rodríguez

Introducción

El Perú es un país de identidad étnica y cultural diversa. Alrededor del 30% de la población pertenece o tiene su origen en las comunidades campesinas y nativas, siendo que las primeras pertenecen mayoritariamente al pueblo originario quechua (22.3%), quienes habitan en la zona del ande peruano y las nativas en la Amazonía. En tanto que, el 60% de la población que mayoritariamente se congrega en las ciudades de las 3 regiones naturales es mestiza[1]; sin embargo la población de las ciudades se ve incrementada por las migraciones de las poblaciones campesinas, quienes se agrupan en los cinturones de las ciudades, otrora barrios marginales o pueblos jóvenes y ahora mejor conocidos como asentamientos humanos. Se advierte desde ya la heterogeneidad poblacional incrementada por los desplazamientos, en varias ocasiones por la sequía y la subsecuente pobreza.

Es en este marco sociocultural que debe efectuarse el análisis jurídico del concubinato o unión de hecho, pues de lo contrario se correría el riesgo de efectuar un análisis sesgado y alejado de la realidad.

Así, en el Perú el concubinato reconoce la existencia de 2 fuentes, pues, por una parte, España con la conquista trae a estas tierras, la conocida figura de la

[1] Datos del INEI, según el último Censo 2017, pregunta sobre autoidentificación étnica.

barraganía, practicada libremente por los españoles con mujeres autóctonas, como anota el gran historiador peruano Ricardo Palma en sus "Anales de la Inquisición"[2]; y, por otra, una forma de unión de hecho conocida como *Servinakuy* como la expresión de una costumbre ancestral de la población originaria del Perú, por lo menos desde el Incanato, en cuya naturaleza jurídica no existe consenso entre los investigadores, pues unos sostienen que es un matrimonio de prueba, en tanto que para otros es un matrimonio consuetudinario.

Decretada la excomunión por el Concilio de Trento (1545) de quienes practicaran en estas tierras estas uniones de hecho, sin el sagrado vinculo sacramental del matrimonio, y desatada la persecución de los concubinos por el Tribunal de la Inquisición, una de cuyas sedes se hallaba a la sazón en la ciudad de Lima, la ancestral costumbre del *servinacuy* siguió practicándose, como una clara expresión de la identidad de resistencia[3], costumbre que ha llegado hasta nuestros días, cuya práctica continua.

De otro lado, también se tiene noticia del incremento de las uniones concubinarias en las ciudades del país, una de cuyas razones sería el largo trámite que seguir para contraer matrimonio, con sus 4 momentos: formulación del proyecto matrimonial, publicidad, declaración de aptitud para casarse y finalmente la celebración del enlace matrimonial, actuando como un favor disuasivo y favoreciendo el referido incremento de las uniones de hecho. Prueba de ello son los matrimonios masivos que organizan y celebran las municipalidades, en los que gran número de convivientes se acogen a ellos para regularizar su situación legal .

Una clara muestra de por lo menos esos 2 factores son los altos porcentajes de las uniones de hecho en zonas rurales, a pesar de la existencia del matrimonio en comunidades campesinas y nativas previsto en el Art. 262 del Código Civil. Así, según la fuente oficial del Instituto Nacional de Estadística e Informativa (INEI) el último censo nacional de 2017 arrojó en la Zona rural la existencia del 31.9% de parejas de convivientes, frente al 26% de casadas; mientras que en la Zona Urbana: 25.6% de casados, frente al 25.4% de convivientes.

[2] PALMA, Ricardo. *Anales de la Inquisición*, en DIAZ VALDIVIA, Héctor. *Derecho de Familia*. Arequipa-Perú, 1998.

[3] CASTELLS, Manuel. *La Era de la Información: Economía, Sociedad y Cultura*, Volumen 2: *El Poder de la Identidad*. Alianza Editorial S.A.: Madrid-España, 1998.

Estos son los antecedentes y datos de la unión de hecho en el Perú, cuyo conocimiento es necesario antes de iniciar el análisis jurídico, acorde con la realidad nacional.

1. El Principio Constitcional del Reconocimiento de la Union de Hecho

Iniciada la vida republicana, el Perú al igual que varios países de la región americana siguiendo la tradición del Code de Napoleón, adoptó la corriente jurídica del abstencionismo respecto al concubinato, cerrando los ojos a una realidad de antigua data, como se tiene analizado. Entretanto se producían en la sociedad peruana una serie de situaciones en las cuales muchas de las mujeres que se encontraban integrando uniones de hecho eran abandonadas a su suerte con varios hijos, por el conviviente, quien se iba llevando el patrimonio que habían forjado juntos. Esta situación resultaba insostenible y a la mujer así abandonada le quedaba solo la demanda de enriquecimiento indebido que se fue abriendo paso al impulso de la jurisprudencia nacional.

Hubieron sí, varias leyes como la 8439 de 20 de agosto de 1936, y la 8569 de 27 de agosto de 1937, mediante las cuales se comprendía a la concubina como una de las receptoras de la Compensación por Tiempo de Servicios (CTS) en caso del fallecimiento del trabajador; la Ley 13517 de Barrios Marginales o Pueblos Jóvenes que disponía el otorgamiento del título de propiedad del lote en favor de ambos convivientes; los Decretos Leyes 17716 de 24 de junio de 1969 sobre Reforma Agraria, que disponía que en caso de caducidad de la compra venta de la parcela de terreno por muerte del campesino, sin haber cancelado el precio, se le adjudicara gratuitamente a la conviviente y a los hijos menores de edad; y, la 20598 de 30 de abril de 1974 sobre las Empresas de Propiedad Social, que también reconocía derechos a la conviviente al fallecimiento del trabajador. Igualmente existió una mención referencial del concubinato, en el inciso 4 del artículo 366 del Código Civil de 1936 para el caso de investigación paterno extramatrimonial[4].

[4] RODRÍGUEZ ITURRI, Roger. *Instituciones del Derecho Familiar no Patrimonial Peruano, Colección Lo Esencial del Derecho 34*. Fondo Editorial de la Pontificia Universidad Católica del Perú (PUCP): Lima-Perú, mayo 2018, p.37

Fue así como recién la Constitución de 1979 consagra el principio de reconocimiento de la Unión de Hecho en su Art. 9:

> La unión estable de un varón y una mujer, libres de impedimento matrimonial, que forman un hogar de hecho por el tiempo y en las condiciones que señala la ley, da lugar a una sociedad de bienes que se sujeta al régimen de la sociedad de gananciales en cuanto es aplicable.

Con similar texto, la Constitución vigente de 1993 consagra dicho principio. Sin embargo fue la anterior Carta Política la que significó la base constitucional para la regulación de la institución en el Código Civil vigente de 1984, como vamos analizar luego.

El texto del Artículo 5º de la Constitución de 1993 que contiene el principio de reconocimiento de la unión de hecho es el siguiente:

> La unión estable de un varón y una mujer, libres de impedimento matrimonial, que forman un hogar de hecho, da lugar a una sociedad de bienes sujeta al régimen de sociedad de gananciales en cuanto sea aplicable.

Prima facie debe tenerse en cuenta que la referencia a "el tiempo y las condiciones que señala la ley" que no se ha repetido en la nueva Constitución por obvia razón, fueron fijados por el Código Civil de 1984, el que resulta preconstitucional respecto a la Carta Política del 93.

Ahora bien, se advierte desde ya, que la Constitución peruana presta su reconocimiento a la unión estable, esto es, con cierto tiempo de duración -al que nos referiremos luego al analizar el contenido correspondiente del Código Civil vigente- unión de varón y mujer, así lo dice expresamente la Carta, lo que desde ya excluye a cualquier otra relación como las homoafectivas por ejemplo o que esté integrada por persona diferente a la pareja de varón y mujer; pareja que debe estar libre de impedimento matrimonial y que forman un hogar de hecho, lo que quiere decir que reconoce al concubinato perfecto o propio; y, cumplidos sean dichos requisitos se generará una sociedad de bienes sujeta al régimen de la sociedad de gananciales.

El primer efecto expresamente considerado en ambos textos constitucionales de 1979 y de 1993 es el patrimonial, al establecer que la referida unión estable "da lugar a una sociedad de bienes sujeta al régimen de sociedad de gananciales en cuanto sea aplicable", lo que quiere decir que fue una respuesta al clamor social, escuchado en primer término por la jurisprudencia nacional, sobre el desamparo económico en que quedaba la mujer y los hijos al ser abandonados por el conviviente y padre, respectivamente.

Sin embargo, el referido principio, así consagrado en la Constitución de 1993, no se contrae solo a ello, pues **es fuente del derecho humano a fundar una familia**, derecho que debe entenderse como desvinculado del origen de la familia, En efecto, el Art. 4º de dicha Constitución junto con establecer la protección de las personas en situación de vulnerabilidad, también establece la protección de la familia en estos términos:

La comunidad y el Estado protegen especialmente al niño, al adolescente, a la madre y al anciano en situación de abandono. También protegen a la familia y promueven el matrimonio. Reconocen a estos últimos como institutos naturales y fundamentales de la sociedad.

Esto quiere decir que se protege a la familia sin importar su origen matrimonial o extramatrimonial; en cambio, en la Constitución peruana de 1979 se diseña el modelo de familia matrimonial, el que fue seguido por el Código Civil de 1984 vigente. Este modelo fue a su vez tomado de los principales instrumentos universales sobre derechos humanos en los cuales se vincula a la familia con el matrimonio a diferencia del sistema americano en el que no existe dicha vinculación.

Así, en la Declaración Americana de los Derechos y Deberes del Hombre (1948) no hay tal vinculación, como se advierte del Art. VI que consagra el derecho que tiene toda persona a constituir una familia, que es el elemento fundamental de la sociedad y a recibir protección para ella.

La *ratio* del art. 4º de la Carta Política del Perú es proteger a la única familia que considera tal, sin tener en cuenta su base de constitución legal *(uxorio)* o de hecho *(more uxorio)*. De este modo se considera al matrimonio y a la unión de hecho como vínculo fundante de la familia constitucionalmente protegida.

Es más, el nuevo texto constitucional ya no sólo protege a la familia matrimonial, sino a toda clase de familias y, además, de las provenientes de las uniones de hecho, protege también a las monoparentales y a las reconstituidas.

En ese sentido, el Tribunal Constitucional peruano, en la sentencia recaída en el Expediente Nº 09332-2006-PA/TC, caso Sholz Pérez, sobre las diferentes clases de familia pone de relieve lo siguiente:

> "así cambios sociales, y jurídicos.....han significado un cambio en la estructura de la familia tradicional nuclear conformada alrededor de la figura del *pater familias*, consecuencia de ello es que se hayan generado familias con estructura distinta a la tradicional, como son las surgidas de las uniones de hecho, las monoparentales o las que en doctrina se han denominado familias reconstituidas".

El Tribunal Constitucional precisa que la familia reconstituida es aquélla originada en la unión matrimonial o de hecho en donde uno o ambos de sus integrantes tienen hijos provenientes de una relación previa.

Sin embargo debe tenerse presente que, la protección que se brinda a la familia extramatrimonial es sin perjuicio del principio de promoción del matrimonio, consagrado en el mismo artículo 4º de la Constitución del 93. Al respecto el autor Alex Plácido sostiene que:

Surgiendo la familia de este tipo de uniones merece una protección sin desconocer que debe promoverse el matrimonio como base de su constitución, por lo que la regulación jurídica de la unión de hecho tendrá por objeto imponerle mayores cargas legales, haciéndola menos atractiva, lo que virtualmente favorecerá al matrimonio[5].

2. El Desarrollo Constitucional en el Código Civil de 1984

2.1. Requisitos para el Reconocimiento de la Unión de Hecho

El Art. 4º de la Constitución Política de 1979 ha sido desarrollado en un solo artículo, el 326 del Código Civil de 1984, dispositivo que por tanto resulta

[5] PLACIDO V. Alex Fernando. "Los principios constitucionales de la regulación jurídica de la familia", en *Actualidad Jurídica*, suplemento mensual de Gaceta Jurídica Nº 100, Lima-Perú, marzo 2002 p.88

preconstitucional respecto a la Carta Política del 93; sin embargo ha tenido una modificación, siendo su texto actual el siguiente:

La unión de hecho, voluntariamente realizada y mantenida por un varón y una mujer, libres de impedimento matrimonial, para alcanzar finalidades y cumplir deberes semejantes a los del matrimonio, origina una sociedad de bienes que se sujeta al régimen de sociedad de gananciales, en cuanto le fuere aplicable, siempre que dicha unión haya durado por lo menos dos años continuos.

La posesión constante de estado a partir de fecha aproximada puede probarse, con cualquiera de los medios admitidos por la ley procesal, siempre que exista un principio de prueba escrita.

La unión de hecho termina por muerte, ausencia, mutuo acuerdo o decisión unilateral. En este último caso el Juez puede conceder, a elección del abandonado, una cantidad de dinero por concepto de indemnización o una pensión de alimentos, además de los derechos que le correspondan de conformidad con el régimen de sociedad de gananciales. Tratándose de la unión de hecho que no reúna las condiciones señaladas en este artículo, elinteresado tiene expedita, en su caso, la acción de enriquecimiento indebido.

> Las uniones de hecho que reúnan las condiciones señaladas en el presente artículo, producen respecto de sus miembros, derechos y deberes sucesorios, similares a los del matrimonio, por lo que las disposiciones contenidas en los artículos 725, 727, 730, 731, 732, 822, 823, 824, y 825 del Código Civil se aplicarán al integrante sobreviviente de la unión de hecho en los términos en que se aplicarían al cónyuge.

De conformidad con el citado artículo 326 del C.C. los requisitos para considerar la unión estable de hecho son los siguientes:

a) Es de carácter voluntario. El libre consentimiento es un requisito de primer orden.
b) Tiene que tratarse de una pareja heterosexual, varón y mujer, descartándose así a las parejas homoafectivas o poligámicas;
c) La pareja debe estar libre de impedimento matrimonial, entendiéndose cualquier clase de impedimento absolutos, relativos o especiales,

esto es, cualquiera de los contenidos en los arts. 241 a 243 del Código Civil, siendo el más relevante el del casado;

d) La pareja tiene que formar un hogar de hecho, en relación con este requisito debe considerarse lo siguiente:
   i) La relación debe discurrir de modo tal que se advierta que se ha unido de hecho para alcanzar la finalidad y cumplir deberes semejantes a los del matrimonio (ánimo del *connubio*), es lo que se conoce como "apariencia del estado matrimonial" así lo establece el artículo que se comenta y guarda relación con los efectos personales derivados del matrimonio extensibles en alguna medida a la unión estable de hecho;
   ii) Debe ser permanente, siendo el término de duración no menor a 2 años continuos;
   iii) Debe ser notoria y pública, cognoscible por terceros. No debe ser oculta ni clandestina

Tratándose de la unión de hecho que no reúna estos requisitos según el artículo 326 del C.C., vale decir, que se trate de un concubinato impropio al estar afectado de impedimento matrimonial, como por ejemplo el del casado o no se respete la diversidad de sexos o la monogamia, entonces la unión de hecho no produce los efectos contenidos en el referido dispositivo legal, quedando expedita la acción de enriquecimiento indebido.

Esta acción, como se conoce, tiene el carácter de residualidad. Es el último remedio jurídico frente a la arbitrariedad[6]. Esta acción procede cuando ha mediado empobrecimiento de un sujeto y el correlativo enriquecimiento del otro, sin que medie causa que lo justifique, esto es, debe existir nexo causal y siempre que el perjudicado no pueda hacer uso de otra acción para reclamar el resarcimiento, en aplicación de los artículos 1954 y 1955 del Código Civil. En este caso. el empobrecimiento del integrante abandonado del concubinato impropio y el enriquecimiento del otro que se va llevándose los bienes que obtuvieron juntos.

[6] VARSI ROSPIGLIOSI, Enrique. *Tratado de Derecho de Familia, la Nueva Teoría Institucional y Jurídica de la Familia, tomo II.* Gaceta Jurídica-Universidad de Lima: Lima-Perú, octubre 2011, p.417.

2.2. Formas de Reconocimiento

Para que la unión de hecho goce de los efectos establecidos por la ley debe estar reconocida, con cuyo fin debe acreditarse la apariencia del estado, la cual se acreditará con cualquiera de los medios probatorios previstos en la ley procesal, siempre que exista principio de prueba escrita. Esta exigencia ha sido atemperada por los fallos judiciales que han efectuado una interpretación creativa de la norma, muy en especial cuando la unión de hecho se lleva a cabo en zonas rurales en las cuales es difícil muchas veces reunir esta clase de medios probatorios.

a) **Trámite Notarial**.- Si la pareja está de acuerdo con efectuar voluntariamente dicho reconocimiento, se podrá acoger a la Ley 29560 de Competencia Notarial, a cuyo fin presentará una solicitud al Notario adjuntando: el certificado domiciliario, el certificado negativo de unión de hecho expedido por el Registro Personal y otros documentos que acrediten la existencia de la unión y su duración no menor a 2 años continuos, se ofrecerá además 2 testigos que así lo declaren. Extracto de la solicitud de reconocimiento la mandará publicar el Notario en el diario oficial o judicial y otro de mayor circulación. Transcurridos 15 días hábiles desde la última publicación sin que se haya formulado oposición, el Notario extenderá la Escritura Pública de reconocimiento de la unión estable de hecho y remitirá los partes al Registro Personal.
b) **Trámite Judicial**.- Si no están de acuerdo ambos integrantes de la pareja convivencial, entonces cualquiera de ellos podrá acudir ante el Juez de Familia quien resulta competente de conformidad con el Art. 53º de la Ley Orgánica del Poder Judicial

El plazo para interponer la demanda no está sujeto a plazo prescriptorio y podrá demandarse en el tiempo que la parte interesada lo juzgue conveniente. La razón de la imprescriptibilidad estriba en que en la unión de hecho está sustentada en el derecho humano a fundar una familia. Así lo ha remarcado la Jurisprudencia Corte Suprema de la República del Perú en la Casación pronunciada el 7 de marzo de 2014 por la Sala Civil Transitoria[7].

[7] Casación 1532-2013-Lambayeque, de 7 de marzo de 2014 de la Sala Civil Transitoria de la Corte Suprema de Justicia de la República del Perú. Ponente: Señora del Carpio Rodríguez.

Como anotábamos líneas arriba, según la norma jurídica de Familia, la posesión constante de estado a partir de fecha aproximada puede probarse, con cualquiera de los medios admitidos por la ley procesal, siempre que exista un principio de prueba escrita. Dentro de estos medios probatorios está la prueba testimonial, advirtiéndose que el trámite notarial, cuando hay acuerdo entre las partes, exige la declaración de 2 testigos sobre la existencia de la unión por no menos de 2 años, tiempo mínimo requerido por la ley. La exigencia de prueba escrita si nos parece excesiva y en ese sentido viene abriéndose paso la jurisprudencia nacional.

La posesión del estado convivencial es, pues, otra de las exigencias para la configuración y reconocimiento de la unión estable. "Todos los elementos característicos de la unión de hecho se relacionan con la posesión constante de estado, la que implica una situación de facto, análoga a la que encontramos en el estado de familia generado por el matrimonio"[8]. Es el ejercicio de los deberes y observancia de los derechos del estado familiar de convivencia. Tener un estado, según Planiol y Ripert[9] es gozar del título, de las ventajas que se derivan de él y hacerse cargo de los deberes, como el estado de hijo, de padre, de cónyuge (de conviviente).

Ahora bien, si los convivientes en un momento determinado ponen fin al estado de convivencia, pueden dejar constancia de tal hecho en la misma escritura pública de reconocimiento, sin necesidad de publicación del acto, en la que se podrá liquidar el patrimonio social. El cese de la convivencia se inscribe en el Registro Personal.

3. Efectos Jurídicos de la Unión De Hecho

La unión de hecho propia en el Perú, esto es, la unión estable, voluntariamente aceptada y mantenida por un varón y una mujer, libres de impedimento matrimonial, por no menos de 2 años continuos, para alcanzar fines y cumplir deberes semejantes a los del matrimonio es fuente de efectos de diferentes

[8] VARSI ROSPIGLIOSI, Enrique. Ibid. p.423.

[9] PLANIOL y RIPERT, en BORDA, Guillermo. *Tratado de Derecho Civil. Familia, tomo II. 9ª Edición, tomo II.* La Ley: Buenos Aires, 2008, p. 66

índole entre la pareja, como son los de carácter personal, patrimonial, sucesorios, de filiación de los hijos procreados durante la unión estable y otorga el derecho a los convivientes para adoptar.

3.1 Efectos Personales

"Es en este aspecto donde la tesis de la apariencia del estado matrimonial demuestra su real aplicación. Se parte de considerar que en una unión de hecho la vida se desarrolla de modo similar a la que sucede en el matrimonio"[10]; por lo tanto de esta unión *more uxorio* se derivarán consecuencias personales.

Los deberes de fidelidad, asistencia y cohabitación en el matrimonio están previstos en los Arts. 288 y 289 del Código Civil. Sin embargo, el tratamiento y las consecuencias jurídicas de los deberes familiares de la unión de hecho son diferentes a los de la institución matrimonial: se presentan como deberes de carácter natural, pues no se concede a los integrantes de la pareja ninguna acción.

a) **Fidelidad:** El deber de fidelidad guarda relación con el requisito de singularidad expresada en "la unión estable de varón y mujer", apariencia matrimonial monogámica.
b) **Cohabitación** Es lo que distingue la unión de hecho estable de una mera relación momentánea o circunstancial. La pareja debe habitar en un domicilio común en el cual deben tener una comunidad de vida, la que conlleva la comunidad de lecho. De allí que la norma constitucional al reconocer el principio de la unión estable incida en que los convivientes forman un hogar de hecho.
c) **Asistencia:** Solidaridad y apoyo mutuo entre la pareja. El principal deber de asistencia en el matrimonio es, como se sabe, el de los alimentos, el que no se halla establecido para el conviviente, salvo en caso de abandono, al que nos referiremos luego.

[10] PLACIDO V. Alex. Material de la Academia de la Magistratura: Décimo Primer curso de Preparación para el Ascenso en la Carrera Judicial y Fiscal, módulo 5, Derecho de Familia, Niño y Adolescente. Lima-Perú, octubre 2009.

3.2 Efectos Patrimoniales

Los efectos patrimoniales son una consecuencia muy importante de la unión estable. No olvidemos que la consagración del principio del reconocimiento de la unión de hecho fue urgida por la disparidad patrimonial que se producía entre quienes la integraban cuando el conviviente se iba del hogar de hecho abandonando a la conviviente y los hijos, y lo peor era que se llevaba todos los bienes que habían adquirido juntos.

Entonces, en un primer momento la Constitución de 1979 y luego la vigente de 1993 consagra que cumplidos los requisitos para que se configure la unión de hecho propia o concubinato perfecto, esto es, libre de impedimentos matrimoniales, se tiene por establecida la comunidad de bienes semejante a la sociedad de gananciales, donde en consecuencia existirán bienes comunes y bienes sociales, y para que surta total efecto será necesario el reconocimiento de dicha unión en trámite notarial o judicial, según si la pareja está o no de acuerdo en efectuarlo, procediéndose a continuación de su reconocimiento a la liquidación de la sociedad

Ahora bien, como se advierte, la pareja no puede optar por otra clase de régimen diferente al de los gananciales, como por ejemplo la separación de patrimonios, tampoco podría solicitar el cambio de régimen luego de establecida la convivencia.

Como se tiene analizado, el efecto patrimonial de la unión estable respecto al establecimiento de la sociedad de gananciales encuentra un límite en el término “en cuanto fuera pertinente” formula que utiliza el texto constitucional del 79 y la repite el del 93 y que ha sido reproducido por el Código Civil vigente, pertinencia que debe atender a la naturaleza del régimen patrimonial.

En esa línea, no será pertinente la aplicación del Art. 296, según el cual los cónyuges pueden variar de régimen patrimonial, como acabamos de analizar los convivientes no están autorizados para ello; igualmente es impertinente la aplicación del Art. 312 que restringe el derecho a contratar entre los cónyuges sobre bienes propios. Tampoco es pertinente la aplicación del Art. 324 que establece la pérdida de gananciales por el cónyuge culpable de la separación de hecho.

Se pregunta, si uno de los convivientes puede efectuar donaciones a terceras personas, la respuesta es positiva y, en el caso que la unión estuviera reconocida, existe un límite en el monto de las donaciones, si el donante tiene herederos forzosos, el que viene dado por el Art.1629 del Código Civil que establece que:

Nadie puede dar por vía de donación más de lo que puede disponer por testamento.

La donación es inválida en todo lo que exceda de esta medida.

El exceso se regula por el valor que tengan o debían tener los bienes al momento de la muerte del donante.

4. Derechos Sucesorios del Conviviente

El legislador atendiendo a un insistente pedido del foro y de algún sector académico, da la Ley 30007 de 17 de abril 2013, por la cual los convivientes tienen derechos sucesorios, similares a los de los cónyuges, agregándose de este modo el parágrafo 5º al Art. 326 del Código Civil:

> Las uniones de hecho que reúnan las condiciones señaladas en el presente artículo, producen respecto de sus miembros, derechos y deberes sucesorios, similares a los del matrimonio, por lo que las disposiciones contenidas en los artículos 725, 727, 730, 731, 732, 822, 823, 824, y 825 del Código Civil se aplicarán al integrante sobreviviente de la unión de hecho en los términos en que se aplicarían al cónyuge.

Los citados artículos de aplicación al sobreviviente de la unión estable de hecho reconocida, se refieren a lo siguiente: Art. 725 al porcentaje de libre disposición del testador; 727 a la libre disposición total cuando el causante no tiene herederos forzosos; 730 referido a la legítima del cónyuge (en este caso del conviviente); 731 y 732 al derecho de habitación vitalicia y usufructo, respectivamente; 822 y 823 concurrencia del cónyuge (o conviviente) con descendientes y la opción por el usufructo de la denominada "tercera conyugal"; 824 concurrencia del cónyuge (o conviviente) con ascendientes; y, el 825 sobre sucesión exclusiva del cónyuge (o del conviviente).

Como se sabe la legítima del cónyuge no fue reconocida por el Derecho Romano, solo en el Bajo Imperio, en las Novelas de Justiniano, se le otorgó la herencia del marido, que se reducía al usufructo de la cuarta parte. Bajo la influencia del Derecho español y francés (Code de 1804) el Código Civil peruano de 1852 siguiendo el rumbo de la cuarta conyugal de Justiniano, con el propósito de satisfacer una necesidad alimentaria, continuó reconociéndole únicamente el usufructo de la cuarta parte de la herencia.

El Código Civil de 1936 fue el que consideró al cónyuge sobreviviente como heredero forzoso; sin embargo limitó su condición de legitimario a la cuantía de los gananciales, que si éstos llegaban o excedían el monto de su cuota hereditaria perdía su calidad de heredero. Limitación que ha sido totalmente suprimida por el Código Civil vigente de 1984, como lo establece el Art. 730º.

Mutatis mutandi, pasaremos a analizar brevemente tal calidad de heredero pero refiriéndonos directamente al conviviente en aplicación de la fórmula que utiliza la Ley 30007 que le concede la calidad de heredero "se aplicarán al integrante sobreviviente de la unión de hecho, en los términos en que se aplicarían al cónyuge".

En principio, el integrante sobreviviente de la unión estable de hecho es heredero forzoso o legitimario del premuerto. La vocación hereditaria recíproca de los convivientes tiene como fuente al reconocimiento notarial o judicial de la unión estable de hecho, unión que debe estar vigente al momento de la apertura de la sucesión, vale decir que no hubiere terminado en alguna de las formas que establece el tantas veces mencionado artículo 326 del Código Civil a las que nos referiremos luego.

4.1. De la Legítima del Conviviente

El conviviente es ahora heredero forzoso del tercer orden hereditario previsto en el Art. 816 del Código Civil; sin embargo concurre a la herencia con los herederos de los dos primeros órdenes, como son los hijos y demás descendientes (primer orden) y padres y demás ascendentes (segundo orden), aplicando siempre el principio de exclusión sucesoria contenido en el art. 817 del Código Sustantivo, los parientes más próximos en grado excluyen a los más remotos, salvo el caso de representación sucesoria. En caso de no existir herederos de los dos primeros órdenes, el conviviente será heredero exclusivo y le corresponderá por tanto la totalidad de la herencia. La cuantía de la legítima del cónyuge será invariablemente de los 2/3 de la herencia, pues 1/3 corresponde al de libre disposición del testador.

a) **Concurrencia del conviviente con hijos y otros descendientes del causante:** En este supuesto el conviviente hereda una parte igual a la de un hijo. Esta regla se aplica cuando concurre a la herencia con hijos y otros descendientes en representación sucesoria.
   En el supuesto que el conviviente concurra únicamente con otros descendientes, como por ejemplo nietos del causante, de conformidad con el Art. 819 la legítima tendrá que distribuirse por cabezas. En este caso el Art. 823 del CC. otorga al conviviente la facultad de sustituir su calidad de heredero por la de usufructuario de la tercera parte de la legítima, supuesto igualmente aplicable cuando concurra con numerosos hijos del causante, salvo que hubiere optado por los derechos de habitación y usufructo a los que luego nos referiremos, cual una tercera conyugal.
b) **Concurrencia del Conviviente con Padres y otros Ascendientes del Causante:** En este supuesto el conviviente hereda una parte igual a los padres u otros ascendientes del causante, en aplicación del Art. 824 del CC.
   i) Si el conviviente concurre con ambos padres del causante su cuota será la tercera parte de la legítima, pero si fuera con uno solo de ellos, su cuota será la mitad de la legitima
   ii) En caso de concurrencia con otros ascendientes del causante, la cuota del cónyuge será también igual a la de uno de ellos. De manera tal que si concurre con los 4 abuelos, su participación será de la 1/5 parte de la legítima y así sucesivamente.
c) **El Derecho de Habitación y Usufructo del Conviviente:** Los Arts. 731 y 732 en concordancia con la última parte del art. 326 del C.C., en su tenor modificado por la Ley 30007 le dan al conviviente los derechos de habitación y usufructo vitalicios sobre la casa habitación en la que estuvo instalado el hogar de hecho, cuando tenga que concurrir con otros herederos. Este derecho a ser ejercido por el sobreviviente de la unión estable queda sujeto a las siguientes reglas:

i) El valor del inmueble debe ser mayor que la suma de la legítima y los gananciales del conviviente, de modo tal que el derecho de habitación va a recaer sobre la diferencia o el excedente;
ii) La referida diferencia afectará como carga, en primer lugar a la cuota de libre disposición del causante, o los legados; y, en segundo término, a la legítima de los demás herederos en proporción a sus cuotas hereditarias, quedándoles la nuda propiedad;
iii) Estos derechos de habitación y usufructo no impiden la partición de los demás bienes, entre los herederos concurrentes, con excepción del conviviente;
iv) En caso de que el conviviente afrontara una difícil situación económica, que le impida sostener la casa-habitación, puede hacer uso del derecho de usufructo sobre la diferencia ya anotada entre el valor del inmueble y la suma de la legítima y gananciales del conviviente;
v) Durante el disfrute de los derechos de habitación o usufructo la casa-habitación tendrá la condición legal de patrimonio familiar;
vi) Los referidos derechos de habitación o usufructo se extinguen en caso de muerte, matrimonio, nuevo concubinato o renuncia del sobreviviente, quedando expedita la partición del inmueble.

5. La Filiación de los Hijos Provenientes de la Unión de Hecho

La filiación de los hijos extramatrimoniales en general, y de la proveniente de la unión estable de hecho, en particular, no ha sido una cuestión pacífica en el Perú, pues no ha habido consenso respecto a si la norma legal aplicable encierra un supuesto de presunción de paternidad o es más bien solo la apertura de la investigación judicial de dicha paternidad. Según el Art. 402 inciso 3º del Código Civil vigente de 1984:

> La paternidad extramatrimonial **puede** ser judicialmente declarada: Cuando el presunto padre hubiera vivido en concubinato con la madre en la época de la concepción. Para este efecto se considera que hay concubinato cuando un varón y una mujer, sin estar casados entre si, hacen vida de tales.

Según el maestro Héctor Cornejo Chávez[11], ponente del Libro III del Código Civil sobre Derecho de Familia, parafraseando a Josserand[12], si se admite el segundo criterio, no basta que el demandante pruebe uno de los supuestos del artículo 402, sino que además debe acreditar los extremos necesarios para que se declare la paternidad: que la relación sexual dio por resultado el embarazo de la madre; que como resultado de él se produjo el parto; y, que el demandante es la misma persona que la madre alumbró en tal parto.

El Ponente del libro III sagazmente se inclina por que se trataría más bien de una presunción que la plantea en los siguientes términos:

a) Acreditada en el juicio la hipótesis alegada – que ha de ser una de las cinco enumeradas en el artículo 402 – **se presume** que el demandado es el padre.
b) Esta presunción, sin embargo, no es *juris et de jure* sino solo *juris tantum,* pues permite al demandado la prueba en contrario.
c) Empero, las únicas pruebas que el demandado puede ofrecer es el análisis de la sangre (u otras de validez científica, según el añadido de la Comisión Revisora), que, eventualmente, demuestren que el demandado no puede ser el padre, en cuyo caso se desestima la demanda aunque se haya probado por la parte actora el escrito indubitado, la posesión constante o cualquiera de las otras hipótesis del artículo 402.

El párrafo c) es según la redacción original que tenía el referido artículo 402, el que ha sido modificado por la Ley 28475 del 8 de enero del 2005 que poniéndose a tono con el adelanto científico hace cobrar fuerza a *contrario sensu* a la tesis de la presunción de la paternidad extramatrimonial, como en efecto así la denomina el legislador:

[11] CORNEJO CHÁVEZ, Héctor. *Derecho Familiar Peruano, Tomo II.* Studium ediciones: Lima, 1985, p.131.

[12] El maestro Cornejo Chávez refiere que Josserand comentando un dispositivo de la ley francesa enteramente semejante en su redacción al Código Civil peruano, se inclina por el segundo criterio, pues el dispositivo no dice que dado uno de esos supuestos se declarará la paternidad, sino que **podrá** ser declarada, si se acreditan, los extremos necesarios. Ibidem.

> 402.6. Cuando se acredite el vínculo parental entre el presunto padre y el hijo a través de la prueba del ADN u otras pruebas genéticas o científicas con igual o mayor grado de certeza. Lo dispuesto en el presente inciso no es aplicable respecto del hijo de la mujer casada cuyo Marido no hubiese negado la paternidad. El Juez desestimará **las presunciones** de los incisos precedentes cuando se hubiera realizado una prueba genética u otra de validez científica con igual o mayor grado de certeza.

En este estado de cosas, somos del criterio que se está frente a una presunción legal de paternidad que favorece la filiación del hijo proveniente de una unión de hecho, a lo que se adiciona que en este único supuesto, la ley no exige la existencia de un concubinato propio o perfecto.

6. La Adopción por Parejas no Matrimoniales

A la pareja convivencial se le ha otorgado el derecho a la adopción por la Ley 30311 que modifica los Arts. 378 y 382 del Código Civil y que también incide en los Arts. 2 y 5 de la Ley 26981 de Procedimientos de Adopción de Menores de Edad declarados judicialmente en Abandono o Desprotección Parental.

Con anterioridad a la modificación y bajo el lema de "dotar a una familia a un niño que carece de ella" cuando se reconocía como pasible de protección únicamente a la familia matrimonial, antes de la vigencia de la Constitución de 1993, sólo podían adoptar las parejas casadas, no estando permitida la adopción por solteros ni convivientes. Con el nuevo concepto amplio de familia, remarcado por el Tribunal Constitucional del Perú, en el referido caso Sholz Pérez, Ibid ítem 2, p. 4 del presente artículo, ahora pueden acceder a la adopción la pareja de convivientes y también las personas solteras. Estas últimas, concedida la adopción, constituirán de este modo una familia monoparental.

7. Formas de Terminación de la Union de Hecho

La unión estable de hecho, según el mismo artículo 326 del Código Civil fenece en los siguientes casos:

a) Por muerte sea de carácter natural o legal (muerte presunta) pues significa la extinción de la persona física de uno de los convivientes;
b) Por ausencia, según el supuesto del art. 49 del C.C. que establece que transcurridos 2 años desde que se tuvo la última noticia del desaparecido se podrá solicitar la declaración de ausencia;
c) Por mutuo acuerdo, es decir, por decisión libre y voluntaria de los convivientes de poner fin a la unión de hecho;
d) Por decisión unilateral, causal que proponemos debe interpretarse como intempestiva y maliciosa que, por ejemplo, deje en desventaja económica al otro conviviente y que se configure así el abandono.

En este último caso el Juez puede conceder, a elección del abandonado, una cantidad de dinero por concepto de indemnización o una pensión de alimentos, sin perjuicio de los derechos que le correspondan de conformidad con el régimen de sociedad de gananciales.

Conclusiones

Perú es un país de identidad étnica y cultural diversa, en el cual un buen porcentaje de la población pertenece a las comunidades campesinas herederas de la antigua práctica de convivencia denominada *servinacuy*. Esta realidad unida al largo y tedioso trámite para contraer matrimonio, que no se condice con el principio de promoción del matrimonio que consagra la Constitución peruana, ejercen significativa influencia en el porcentaje cada vez mayor de uniones de hecho, según el último censo poblacional de 2017.

Es un principio constitucional el reconocimiento de la unión estable de hecho, consagrado en la Constitución de 1979 y reiterado en la vigente de 1993, sustentado en la apariencia del estado matrimonial, reconociéndole expresamente la consecuencia jurídica patrimonial de dar lugar a una comunidad de bienes sujeta al régimen de la sociedad de gananciales.

El artículo 326 del Código Civil peruano es la norma de desarrollo constitucional que precisa los requisitos que debe reunir la unión estable de varón y mujer cuyos integrantes forman un hogar de hecho, con las características de singularidad, heterosexualidad, voluntariedad y notoriedad por no menos de

2 años continuos. Del texto de dicho artículo se derivan efectos de carácter personal y patrimonial similares a los del matrimonio, sin que los convivientes puedan variar el régimen de sociedad de gananciales establecido en la ley.

La Constitución peruana de 1993 consagra el doble principio de protección de la familia y promoción del matrimonio, el que debe interpretarse en el sentido que dicha protección se extiende a toda clase de familias, sin discriminar su origen, como son la matrimonial y la extramatrimonial proveniente de la unión de hecho estable, la que también se sustenta en el derecho a fundar una familia.

No debe perderse de vista que el principio de promoción del matrimonio significa que si bien es cierto el Constituyente ha optado por el reconocimiento de la unión de hecho y brindar protección a toda clase de familias; sin embargo la fórmula constitucional significa que la mejor forma de ejercer el derecho a fundar una familia es mediante la institución del matrimonio, pues aporta mayor estabilidad y seguridad a la pareja y a los hijos.

Como se ve, la unión estable de hecho no se equipara jurídicamente a la unión matrimonial; no obstante lo cual existe una tendencia del legislador de reconocer cada vez mayores derechos al conviviente, como los concedidos en los últimos años, derechos sucesorios y a poder adoptar, generando un cierto desacuerdo en algunos sectores de la doctrina nacional porque se sostiene que de este modo se estaría rebasando el contenido de la norma constitucional de promoción del matrimonio.

Referencias

BERNALES BALLESTEROS, Enrique. *La Constitución de 1993, Análisis Comparado.* CIEDLA-Konrad Adenauer Stiffung: Lima-Perú, 1996

BORDA, Guillermo. *Tratado de Derecho Civil. Familia, tomo II. 9ª Edición, tomo II.* La Ley: Buenos Aires, 2008.

DIAZ VALDIVIA, Héctor. *Derecho de Familia.* UNSA: Arequipa-Perú, 1998.

DIAZ VALDIVIA, Héctor. Derecho de Sucesiones. UNSA: Arequipa-Perú, 1999

CORNEJO CHÁVEZ, Héctor. *Derecho Familiar Peruano, Tomo II.* Studium ediciones: Lima, 1985.

CORRAL TALCIANI, Hernán. *Derecho y Derechos de la Familia.* Editora Jurídica Grijley: Lima-Perú, 2005.

FERNANDEZ ARCE, César. *Derecho de Sucesiones, Colección lo Esencial del Derecho 14*. Fondo Editorial de la Pontificia Universidad Católica del Perú: Lima-Perú, marzo 2017.

FERRERO, Augusto. *Tratado de Derecho Civil, tomo V, volumen II Derecho de Sucesiones*. Universidad de Lima: Lima-Perú, junio 1994.

MEDINA, Graciela. *Daños en el Derecho de Familia*. Rubinzal Culzioni Editores: Santa Fe--Argentina, 2008.

PLACIDO V. Alex. "Los principios constitucionales de la regulación jurídica de la familia", en *Actualidad Jurídica*, suplemento mensual de Gaceta Jurídica Nº 100, Lima-Perú, marzo 2002.

PLACIDO V. Alex. Material de la Academia de la Magistratura: Décimo Primer curso de Preparación para el Ascenso en la Carrera Judicial y Fiscal, módulo 5, Derecho de Familia, Niño y Adolescente. Lima-Perú, octubre 2009.

RODRÍGUEZ ITURRI, Roger. *Instituciones del Derecho Familiar no Patrimonial Peruano, Colección Lo Esencial del Derecho 34*. Fondo Editorial de la Pontificia Universidad Católica del Perú (PUCP): Lima-Perú, mayo 2018.

VARSI ROSPIGLIOSI, Enrique. *Tratado de Derecho de Familia, la Nueva Teoría Institucional y Jurídica de la Familia, tomo II*. Gaceta Jurídica-Universidad de Lima: Lima-Perú, octubre 2011.

VEGA MERE, Yuri. *Las Nuevas Fronteras del Derecho de Familia, Familias de Hecho, Ensambladas y Homosexuales*. Editora Jurídica Motivensa. Lima-Perú, 2009.

1. A UNIÃO DE FATO NO DIREITO PERUANO

Columba del Carpio Rodríguez

Introdução

O Peru é um país de identidade étnica e cultural diversificada. Cerca de 30% da população pertence ou se origina das comunidades camponesas e nativas, sendo as primeiras pertencem, principalmente, ao povo indígena quechua (22,3%), que vive nos Andes peruanos e na mata nativa da Amazônia. Enquanto 60% da população que se reúne, em sua maioria, nas cidades das 3 regiões naturais é mestiça [1]; no entanto, a população das cidades aumenta devido à migração das populações camponesas, que se agrupam nas periferias das cidades, outrora chamados bairros marginais ou povoados jovens, e, agora, mais conhecidas como assentamentos humanos. É de se advertir que a heterogeneidade populacional aumente com os deslocamentos, derivados, em várias vezes, da seca e pobreza subsequente.

É nesse contexto sociocultural que deve ser realizada a análise jurídica do concubinato ou união de fato, caso contrário haveria o risco de uma análise tendenciosa e distante da realidade.

Assim, no Peru o concubinato reconhece a existência de duas fontes: por um lado, a conquista Espanhola traz para essas terras a figura conhecida da *barraganía*, praticada livremente pelos espanhóis com mulheres indígenas

[1] Os dados do INEI, de acordo com o último Censo de 2017, questionam sobre a autoidentificação étnica.

– como escreve o grande historiador peruano Ricardo Palma em seus "Anais da Inquisição"[2]; e, por outro , uma forma de união de fato conhecida como *Servinakuy* como expressão de um costume ancestral da população originária do Peru, pelo menos desde o Incanato, em cuja natureza jurídica não há consenso entre os pesquisadores, pois alguns argumentam que é um casamento experimental, enquanto para outros é um casamento consuetudinário.

Mesmo com excomunhão decretada pelo Conselho de Trento (1545) nessas terras para aqueles que praticavam essas uniões de fato, sem o sagrado vínculo sacramental do casamento, e desencadeada a perseguição aos que viviam em concubinato pelo Tribunal da Inquisição, com uma de suas sedes, à época, na cidade de Lima, o costume ancestral da *servinacuy* ainda assim continuou a ser praticado, como uma clara expressão da identidade de resistência [3], um costume que chegou aos nossos dias, cuja prática contínua.

Por outro lado, há também notícias do aumento das uniões concubinárias nas cidades do país, sendo uma de suas principais razões a grande burocracia a ser seguida para contrair matrimônio, com seus 4 momentos: formulação do projeto matrimonial, publicidade, declaração de aptidão para casar e, finalmente, a celebração do vínculo matrimonial, agindo como um favor dissuasivo e favorecendo o referido aumento das uniões de fato. Prova disso são os casamentos em massa organizados e celebrados pelos municípios, aos quais recorrem um grande número de conviventes para regularizar sua situação jurídica.

Uma amostra clara desses dois fatores são os percentuais das uniões de fato nas áreas rurais, apesar da existência de casamento em comunidades camponesas e nativas prevista no artigo 262 do Código Civil. Assim, segundo a fonte oficial do Instituto Nacional de Estatística e Informação (INEI), o último censo nacional de 2017 mostrou, na área rural, a existência de 31,9% de casais conviventes, contra 26% de casados; enquanto na Zona Urbana: 25,6% casados, contra 25,4% de conviventes.

[2] PALMA, Ricardo. *Anales de la Inquisición* , em DIAZ VALDIVIA, Hector. *Derecho de Familia.* Arequipa-Peru, 1998.

[3] CASTELLS, Manuel. *La Era de la Información: Economía, Sociedad y Cultura,* Volume 2: *El Poder de la Identidad.* Alianza Editorial S.A.: Madrid-Espanha, 1998.

Estes são os dados e antecedentes da união de fato no Peru, cujo conhecimento é necessário antes de iniciar a análise jurídica, de acordo com a realidade nacional.

1. O Princípio Constitucional do Reconhecimento da União de Fato

Iniciada a vida republicana, o Peru, assim como vários países da região americana que seguiram a tradição do Código de Napoleão, adotou a corrente legal do abstencionismo em relação ao concubinato, fechando os olhos para uma realidade de longa data, conforme analisado. Enquanto isso, na sociedade peruana produzia-se uma série de situações em que muitas das mulheres que integravam uniões de fato eram abandonadas à própria sorte, e com vários filhos, pelo convivente, o qual ia embora levando o patrimônio que haviam construído juntos. Essa situação era insustentável e a mulher abandonada tinha apenas a demanda por enriquecimento indevido, que foi abrindo caminho pelo impulso da jurisprudência nacional.

Havia várias leis como 8439 de 20 de agosto, 1936, e 8569 de 27 de agosto de 1937, por meio das quais se incluía a concubina como um dos beneficiários da Compensação por Tempo de Serviço (CTS) em caso de morte do trabalhador; Lei 13.517 sobre Bairros Marginais ou Jovens que previa a concessão do título de propriedade do lote em favor de ambos os conviventes; Decretos Lei 17.716, de 24 de junho de 1969, sobre Reforma Agrária, que previa que, em caso de caducidade de compra e venda de parte do terreno por morte do camponês, sem ter cancelado o preço, deveria ser concedido gratuitamente à companheira e aos filhos menores; e a 20598, de 30 de abril de 1974, sobre As Empresas de Propriedade Social, que também reconheciam direitos à convivente em caso de morte do trabalhador. Houve também menção de referência ao concubinato, no parágrafo 4º do artigo 366 do Código Civil de 1936 para o caso de investigação extraconjugal paterna[4].

[4] Rodriguez ITURRI, Roger. *Instituciones del Derecho Familiar no Patrimonial Peruano, Colección Lo Esencial del Derecho 34.* Fundo Editorial da Pontifícia Universidade Católica do Peru (PUCP): Lima-Peru, maio de 2018, p.37

Era assim que a Constituição de 1979 consagrava o princípio do reconhecimento da União de Fato em seu artigo 9º:

> A união estável de um homem e uma mulher, livres de impedimento matrimonial, que formam um lar de fato pelo tempo e nas condições assinaladas pela lei, dá lugar a um regime de bens que se sujeita a um regime de comunhão de bens sempre que for aplicável.

Com texto semelhante, a atual Constituição de 1993 consagra esse princípio. No entanto, foi a Carta Política anterior que trouxe a base constitucional para a regulamentação da instituição no atual Código Civil de 1984, como discutiremos posteriormente.

O texto do artigo 5º da Constituição de 1993, que contém o princípio do reconhecimento da união de fato é o seguinte:

> A união estável de um homem e uma mulher, livre de impedimentos conjugais, que formam um lar de fato, dá origem a uma sociedade de bens sujeitos ao sistema de comunhão de aquestos, quando aplicável.

Prima facie deve-se ter em mente que a referência ao "tempo e às condições indicados pela lei", não repetida na nova Constituição por razão óbvia, foi fixada pelo Código Civil de 1984, que é pré-constitucional em relação à Carta Política de 93.

No entanto, já é evidente que a Constituição peruana dá seu reconhecimento à união estável, ou seja, aquela com certo tempo de duração – a que nos referiremos posteriormente ao analisar o conteúdo correspondente do atual Código Civil – união de homem e mulher, assim diz expressamente a Carta, que exclui qualquer outra relação, como a homoafetiva, por exemplo, ou que seja composta por qualquer pessoa que não seja o casal de homem e mulher; que deve estar livre de impedimento conjugal e que forme um lar de fato, o que significa que ela reconhece o chamado concubinato perfeito, ou próprio; e, cumprindo esses requisitos, uma sociedade de bens é gerada sujeita ao regime de comunhão de aquestos.

O primeiro efeito expressamente considerado nos textos constitucionais de 1979 e 1993 é o patrimonial, ao estabelecer que a referida união estável "dá origem a uma sociedade de bens sujeitos ao regime de comunhão de aquestos assim que for aplicável", o que significa que foi uma resposta ao clamor social, atendido em primeira estância pela jurisprudência nacional, sobre o desamparo econômico em que mulher e filhos ficavam ao ser abandonados pelo companheiro e pai, respectivamente.

No entanto, esse princípio, assim consagrado no Constituição de 1993, não se limita apenas a isso, uma vez que **é fonte do direito humano de fundar uma família**, um direito que deve ser entendido como desvinculado da origem da família. Com efeito, seu artigo 4º, além de estabelecer a proteção das pessoas em situação de vulnerabilidade, também estabelece a proteção da família nesses termos:

> A comunidade e o Estado protegem especialmente à criança, ao adolescente, à mãe e ao idoso em situação de abandono. Também protegem à família e promovem o casamento. Reconhecem a estes último como instituições naturais e fundamentais da sociedade.

Isso significa que a família é protegida independentemente de sua origem matrimonial ou extramatrimonial; já a Constituição peruana de 1979 é projetada segundo o modelo da família formada pelo casamento, que foi seguido pelo Código Civil de 1984, vigente. Este modelo, por sua vez, foi retirado dos principais instrumentos universais de direitos humanos em que a família está ligada ao casamento em oposição ao sistema americano no qual não há tal ligação.

Assim, na Declaração Americana dos Direitos e Deveres de Homem (1948) não há tal ligação, como evidenciado pelo art. VI que consagra o direito de cada pessoa de formar uma família, que é o elemento fundamental da sociedade, e de receber proteção para ela.

A *ratio* do artigo 4º da Carta Política do Peru é proteger a única família que considera como tal, sem levar em conta sua base de constituição legal *(uxorio)* ou de fato *(more uxorio)*. Desta forma, o casamento e a união de fato são considerados como um vínculo fundador da família constitucionalmente protegida.

Além disso, o novo texto constitucional não protege mais apenas a família oriunda do matrimônio, mas a todos os tipos de família, e, daquelas provenientes das uniões de fato, também protege as que são monoparentais e as reconstituídas.

Nesse sentido, o Tribunal Constitucional peruano, no acórdão do processo nº 09332-2006-PA/TC, caso Sholz Pérez, sobre os diferentes tipos de família, destaca o seguinte:

> "tais mudanças sociais e legais.....significaram uma mudança na estrutura da família nuclear tradicional formada em torno da figura do *pater famílias,* e, como consequência, famílias com estrutura diferente da tradicional foram geradas, como as decorrentes das uniões de fato, as monoparentais ou aquelas que têm sido chamadas, pela doutrina, de famílias reconstituídas".

O Tribunal Constitucional afirma que a família reconstituída é originária da união matrimonial ou de fato, na qual um ou ambos os seus membros têm filhos de um relacionamento anterior.

Deve-se ter em mente, no entanto, que a proteção oferecida à família extramatrimonial não prejudica o princípio da promoção do casamento, consagrado no artigo 4º da Constituição de 93. A este respeito, o autor Alex Plácido argumenta que:

A família oriunda deste tipo de uniões merece proteção sem desconhecer que se deve promover o matrimônio como base para sua constituição, por isso a regulação jurídica da união de fato terá por objetivo impor maiores cargas legais, tornando-a menos atrativa, o que virtualmente favorecerá o matrimônio[5].

2. Desenvolvimento Constitucional no Código Civil de 1984

2.1. Requisitos para reconhecimento da união de fato

O artigo 4º da Constituição Política de 1979 foi desenvolvido em um único artigo, 326 do Código Civil de 1984, dispositivo que, portanto, é pré-constitucional

[5] PLACIDO V. Alex Fernando. Los principios constitucionales de la regulación jurídica de la familia", en *Actualidad Jurídica,* suplemento mensual de Gaceta Jurídica Nº 100, Lima-Peru, março de 2002 p.88

em relação à Carta Política de 93; no entanto, sofreu uma alteração, sendo o texto atual o seguinte:

A união de fato, voluntariamente realizada e mantida por homem e mulher, livres de impedimento matrimonial, para alcançar finalidades e cumprir deveres semelhante aos do casamento, origina uma sociedade de bens se sujeita ao regime de comunhão aquestos, quando aplicável, sempre que dita união tenha durado por pelo menos dois anos contínuos.

A posse constante de estado a partir de data aproximada pode ser provada, por qualquer um dos meios admitidos pela lei processual, desde que exista um princípio de prova escrita.

A união de fato se dissolve por morte, ausência, mútuo acordo ou decisão unilateral. Neste último caso, o Juiz pode conceder, em favor do abandonado, uma quantia a título de indenização ou uma pensão de alimentos, além dos direitos correspondentes ao regime de comunhão de bens aquestos.

Em se tratando de união de fato que não reúna as condições assinaladas neste artigo, o interessado tem emitida, em seu favor, a ação de enriquecimento indevido.

As uniões de fato que reúnam as condições assinaladas no presente artigo produzem sobre seus membros direitos e deveres sucessórios, similares aos produzidos no matrimônio, de modo que os artigos 725, 727, 730, 731, 732, 822, 823, 824 e 825 do Código Civil se aplicarão ao membro sobrevivente da união de fato nos termos em que se aplicariam ao cônjuge.

De acordo com o artigo 326 do C.C. os requisitos para considerar estabelecida a união de fato são os seguintes:

a) É de natureza voluntária. O consentimento livre é um requisito de primeira ordem.
b) Tem que ser um casal heterossexual, homem e mulher, descartando-se, assim, casais homofetivos ou polígamos;
c) O casal deve estar livre de impedimento conjugal, sendo entendido qualquer tipo de impedimento, sejam eles absolutos, relativos ou especiais, ou seja, qualquer um dos contidos nos art. 241 a 243 do Código Civil, sendo o mais relevante o do casado;
d) O casal deve formar um lar de fato. Quanto a este requisito, deve ser considerado o seguinte:

i) A relação deve transcorrer de tal forma que se faça notar que a união de fato se deu para alcançar a finalidade e cumprir deveres semelhantes aos do casamento (ânimo do *connubio)*, é o que se conhece como "aparência do Estado conjugal" assim previsto pelo artigo que é comentado e se relaciona com os objetos pessoais decorrentes do casamento estendidos até certo ponto à união estável de fato;

ii) Deve ser permanente, sendo o término de duração não menor a 2 anos contínuos;

iii) Deve ser notório e público, reconhecível por terceiros. Não deve ser escondido ou clandestino

No caso da união de fato não atender a esses requisitos nos termos do artigo 326 do C.C, pode-se dizer que se trata de um concubinato impróprio porque é afetado por impedimento matrimonial, como a do homem casado ou a diversidade dos sexos ou monogamia; nesses casos, a união não produz os efeitos contidos nesse dispositivo legal, sendo movida ação de enriquecimento indevido.

Essa ação, como é conhecida, tem o caráter de residualidade. É o último remédio legal contra a arbitrariedade[6]. Procede quando há empobrecimento de um sujeito e correlativo enriquecimento de outro, sem que ele se justifique, ou seja, deve haver nexo causal e desde que o lesado não possa fazer uso de outra ação para reivindicar a reparação, em aplicação dos artigos 1954 e 1955 do Código Civil. Neste caso, o empobrecimento do membro abandonado de concubinato impróprio e o enriquecimento do outro que que parte tirando os bens que obtiveram juntos.

2.2. Formas de Reconhecimento

Para que a união de fato goze dos efeitos estabelecidos por lei, deve ser reconhecida, a fim de comprovar a aparência do estado, o qual se comprovará com qualquer um dos meios probatórios previstos no direito processual, desde

[6] VARSI ROSPIGLIOSI, Enrique. *Tratado de Derecho de Familia, la Nueva Teoría Institucional y Jurídica de la Familia, tomo II., Volume II.* Diário Jurídico-Universidade de Lima: Lima-Peru, outubro de 2011, p.417.

que haja princípio de prova escrita. Essa exigência tem sido temperada pelas decisões judiciais que têm feito uma interpretação criativa da regra, especialmente quando a união é de fato realizada em áreas rurais onde muitas vezes é difícil reunir tais meios probatórios.

a) **Trâmite Notarial** – Se o casal concordar em realizar voluntariamente tal reconhecimento, poderá recorrer à lei 29.560 de *Competencia Notarial*, para submeter uma solicitação ao Cartório anexando: a certidão domiciliar, a certidão negativa de união de fato emitida pelo Registro Pessoal e outros documentos que comprovem a existência da união e sua duração não inferior a 2 anos contínuos, além de apresentar duas testemunhas. Trecho do pedido de reconhecimento será enviado para publicação do Cartório no diário oficial ou judicial e outro de maior circulação. Após 15 dias úteis da última publicação sem oposição, o Tabelião estenderá a Escritura Pública de Reconhecimento da união estável de fato e encaminhará as partes ao Registro Pessoal.
b) **Procedimento Judicial** – Se ambos os membros do casal em convivência não concordarem, então qualquer um deles pode ir perante o Juiz de Família competente de acordo com o artigo 53 da Lei Orgânica do Poder Judiciário.

O prazo para interpor a ação não está sujeito a prescrição e pode ser processado no tempo que a parte interessada julgar adequada. A razão da imprescritibilidade se apoia em que união de fato é baseada no direito humano de começar uma família. Isso foi apontado pela Jurisprudência do Supremo Tribunal Federal da República do Peru na Casação entregue em 7 de março de 2014 pela Câmara Civil Transitória[7].

Como observamos linhas acima, de acordo com a regra legal da Família, pode ser comprovada a posse constante de estado a partir de data aproximada com qualquer um dos meios admitidos pelo direito processual, desde que haja princípio da prova escrita. Entre essas provas probatórias está a prova de depoimento, alertando que o procedimento notarial, quando houver acordo

[7] 1532-2013-Lambayeque, 7 de março de 2014 da Sala Civil Transitoria de la Corte Suprema de Justicia de la República del Perú. Relator: Sra. Carpio Rodríguez.

entre as partes, requer a declaração de duas testemunhas sobre a existência da união por pelo menos 2 anos, tempo mínimo exigido por lei. A exigência de prova escrita nos parece excessiva e, nesse sentido, jurisprudência nacional está abrindo caminho.

A posse do estado convivencial é, portanto, mais um dos requisitos para a configuração e reconhecimento da união estável. "Todos os elementos característicos da união de fato estão relacionados à posse constante de estado, o que implica uma situação de fato, análoga à encontrada no estado familiar gerado pelo casamento"[8]. É o exercício dos deveres e a observância dos direitos do estado familiar de convivência. Ter um estado, segundo Planiol e Ripert[9], é desfrutar do título, das vantagens que derivam dele e cuidar dos deveres, como o estado do filho, do pai, do cônjuge (convivente).

No entanto, se os conviventes, em um determinado momento, colocarem um fim ao estado de convivência, podem registrar tal fato na mesma escritura pública de reconhecimento, sem a necessidade de publicar o ato, no qual o patrimônio comum pode ser liquidado. A cessação da convivência está registrada no Registro Pessoal.

3. Efeitos Legais da União de Fato

A união de fato no Peru, ou seja, a união estável, voluntariamente aceita e mantida por um homem e uma mulher, livre de impedimento conjugal, por nada menos que 2 anos contínuos, para atingir propósitos e cumprir deveres semelhantes aos do casamento, é fonte de diferentes efeitos entre o casal, como são os de caráter pessoal, patrimonial, sucessórios, filiação da prole gerada durante a união estável e outorga aos conviventes o direito à adoção.

3.1 Objetos Pessoais

"É nesse aspecto que a tese do aparecimento do estado matrimônial demonstra sua real aplicação. É preciso considerar que em uma união de fato a vida se

[8] VARSI ROSPIGLIOSI, Enrique. Ibid. p.423.

[9] PLANIOL y RIPERT, en BORDA, Guillermo. *Tratado de Derecho Civil. Familia, tomo II. 9ª Edición, tomo II.* La Ley: Buenos Aires, 2008, p. 66

desenvolve de forma semelhante à que acontece no casamento" [10]; portanto, essa união *more uxorio* terá consequências pessoais.

Os deveres de fidelidade, assistência e coabitação no casamento estão previstos nos Art. 288 e 289 do Código Civil. No entanto, o tratamento e as consequências legais dos deveres familiares da união de fato são diferentes dos da instituição matrimonial: são apresentados como deveres naturais, uma vez que nenhuma ação é concedida aos membros do casal.

a) **Fidelidade:** O dever de fidelidade diz respeito à exigência de singularidade expressa na "união estável de homem e mulher", aparência conjugal monogâmica.
b) **Coabitação** É o que distingue a união estável de fato de mera relação momentânea ou circunstancial. O casal deve viver em uma casa comum na qual devem ter uma vida compartilhada, o que implica a compartilhamento de leito. Assim, a norma constitucional, ao reconhecer o princípio da união estável, incide quando os conviventes formam um lar de fato.
c) **Assistência:** Solidariedade e apoio mútuo entre o casal. O principal dever de assistência no casamento é, como se sabe, o dos alimentos, que não está estabelecido para os conviventes, exceto no caso de abandono, ao qual nos referiremos posteriormente.

3.2 Efeitos Patrimoniais

Os efeitos patrimoniais são uma consequência muito importante da união estável. Não esqueçamos que a consagração do princípio do reconhecimento da união de fato foi instada pela disparidade patrimonial que se dava entre aqueles que a integravam quando o convivente deixava a casa de fato, abandonando a convivente e seus filhos, e, mais grave, quando levava todos os bens que haviam adquirido juntos.

Então, a princípio, a Constituição de 1979 e posteriormente a de 1993, vigente consagra que, cumpridos os requisitos para o estabelecimento da união

[10] PLÁCIDO V. Alex. Material da Academia de Magistrados: Décimo curso de Preparação para Promoção na carreira judiciária e fiscal, módulo 5, Direito da Família, da Criança e do Adolescente. Lima-Peru, outubro de 2009.

de fato própria – ou de concubinato perfeito, ou seja, livre de impedimentos conjugais, estabelece-se a comunhão de bens semelhantes à comunhão de bens aquestos, onde, consequentemente, haverá bens comuns e bens sociais, e, para que tenha pleno efeito, será necessário reconhecer tal união em processos judiciais ou notarial, dependendo se o casal concorda ou não em realizá-la, procedendo-se, após o seu reconhecimento, na liquidação da sociedade conjugal.

Como se observa, o casal não pode optar por um regime diferente ao de comunhão de aquestos, como a separação de bens, nem poderia solicitar a mudança de regime após a criação da convivência.

Como discutido, o efeito patrimonial da união estável em relação à comunhão de aquestos encontra um limite no termo "na medida em que é relevante", utilizado pelo texto constitucional de 79 , repetido no de 93, e que foi reproduzido pelo atual Código Civil, sendo que esta "relevância" que atender à natureza do regime patrimonial.

Nesse sentido, no caso dos conviventes não está autorizada a aplicação do artigo 296º, segundo o qual os cônjuges podem variar de regime patrimonial, como acabamos de analisar; o mesmo ocorre quanto à aplicação do artigo 312 que restringe o direito de contratação entre cônjuges quanto a bens próprios. Também não é pertinente a aplicação do artigo 324, que estabelece a perda de bens aquestos pelo cônjuge culpado da separação de fato.

Quanto à possibilidade de um dos conviventes poder fazer doações a terceiros, a resposta é positiva e, no caso de que a união esteja reconhecida, há um limite na quantidade de doações, caso o doador tenha herdeiros necessários, o que é dado pelo art.1629 do Código Civil que estabelece:

Ninguém pode dar por meio de doação mais do que pode dispor por testamento.

A doação é inválida em tudo o que excede essa medida.

O excesso é regulado pelo valor que tenham, ou deveriam ter, os bens no momento da morte do doador.

4. Direitos Sucessórios do Convivente

O legislador, atendendo a insistente pedido dos tribunais e de algum setor acadêmico, promulgou a Lei 30.007, de 17 de abril de 2013, segundo a qual os convientes têm direitos sucessórios, semelhantes aos dos cônjuges, acrescentando assim o parágrafo 5º ao Art. 326 do Código Civil:

> As uniões de fato que atendendam às condições estabelecidas neste artigo, produzem em relação aos seus membros, direitos e deveres sucessórios, semelhantes aos do casamento, de modo que as disposições contidas nos artigos 725, 727, 730, 731, 732, 822, 823, 824 e 825 do Código Civil se aplicarão ao membro sobrevivente da união de fato nos termos em que se aplicariam ao cônjuge.

Os artigos acima aplicam-se ao sobrevivente da união de fato reconhecida e referem-se ao seguinte: Art. 725 ao percentual de livre disposição do testador; 727 à livre disposição livre total quando o falecido não tem herdeiros necessários; 730 relativa à legitimidade do cônjuge (neste caso o convivente); 731 e 732 ao direito de um habitação vitalícia e usufruto, respectivamente; 822 e 823 concorrência do cônjuge (ou convivente) com descendentes e a escolha pelo usufruto da chamada "terceira conjugal"[11]; 824 concorrência do cônjuge (ou convivente) com ascendentes; e, 825 na sucessão exclusiva do cônjuge (ou do convivente).

Como se sabe, a legítima do cônjuge não foi reconhecida pelo Direito Romano; apenas no Baixo Império, nas Novelas de Justiniano, foi concedida a herança do marido, que se reduzia ao usufruto da quarta parte. Sob a influência do Direito Espanhol e Francês (Código de 1804), o Código Civil peruano de 1852, seguindo o caminho da quarta conjugal de Justiniano, com o objetivo de satisfazer uma necessidade alimentar, continuou a reconhecer apenas o usufruto da quarta parte da herança.

O Código Civil de 1936 considerou o cônjuge sobrevivente como um herdeiro necessário; no entanto, limitou seu status de legitimidade à quantidade de bens, que se chegassem ou excedessem à sua cota hereditária, o fariam perder seu status de herdeiro. Limitação que foi completamente suprimida pelo atual Código Civil de 1984, conforme estabelecido no artigo 730º.

[11] N.T. o art. 823, do Código Civil Peruano, estabelece que, nas hipóteses do art. 822, o cônjuge pode optar por usufruto da terceira parte da herança, salvo se houver obtido os direitos previstos nos arts. 731 e 732. Assim, a referência à "terceira conjugal" diz respeito ao usufruto dessa fração, conforme as condições ali estabelecidas.

Mutatis mutandi, consideraremos brevemente tal qualidade de herdeiro, mas referindo-se diretamente ao convivente na aplicação da fórmula utilizada pela Lei 30.007 que lhe concede a filiação de herdeiro "aplicar-se-á ao membro sobrevivente da união de fato, nos termos em que se aplicariam ao cônjuge".

Em princípio, o membro sobrevivente da união estável de fato é um herdeiro necessário ou legítimo dos pré-mortos. A vocação hereditária recíproca dos vivos tem como fonte o reconhecimento em cartório ou judicial da união estável de fato, união que deve estar em vigor no momento da abertura da sucessão, ou seja, que não terminou em nenhuma das formas estabelecidas pelo já tantas vezes mencionado artigo 326 do Código Civil a que nos referiremos posteriormente.

4.1. Da legitimidade do Convivente

O convivente é agora um herdeiro necessário de terceira ordem hereditária previsto no artigo 816 do Código Civil; no entanto, concorre à herança com os herdeiros das duas primeiras ordens, como filhos e outros descendentes (primeira ordem) e pais e outros ascendentes (segunda ordem), sempre aplicando o princípio da exclusão sucessória contido no artigo 817 do Código Substantivo, os parentes mais próximos em grau excluem os mais remotos, exceto no caso de representação sucessória. Na ausência de herdeiros das duas primeiras ordens, o convivente será um herdeiro exclusivo e, portanto, a ele corresponderá a totalidade da herança. O valor do direito do cônjuge será invariavelmente 2/3 da herança, uma vez que 1/3 corresponde ao da livre disposição do testador.

a) **Concorrência do convivente com os filhos e outros descendentes do falecido:** Neste caso, o convivente herda uma parte igual à de um filho. Essa regra se aplica quando concorre à herança com filhos e outros descendentes em representação sucessória.
   Caso o convivente concorra unicamente com outros descendentes, como netos do *de cujus,* de acordo com o artigo 819, a legítima terá de ser distribuído por cabeças. Neste caso, o artigo 823, do Código Civil, dá ao viúvo o poder de substituir seu status de herdeiro pelo de usufruidor da terceira parte do legítimo, possibilidade igualmente

aplicável quando concorra com numerosos filhos do *de cujus*, a menos que tenha optado pelos direitos de habitação e usufruto a que mais tarde nos referiremos, como uma "terceira conjugal".

b) **Concorrência do Convivente com Pais e outros Ancestrais do *de cujus*:** Neste caso, o convivente herda uma parte igual à dos pais ou outros antepassados do *de cujus*, em aplicação do artigo 824 do CC.
   (i) Se o convivente concorre com ambos os pais do *de cujus*, sua cota será um terço do legítimo, mas se fosse com apenas um deles, sua parte será metade da legítima
   (ii) No caso de concorrência com outros antepassados do *de cujus*, a parte do cônjuge também será igual à de um deles. De tal maneira que, se concorre com os 4 avós, sua participação será da 1/5 parte da legítima e assim por diante.

c) **O Direito de Habitação e Usufruto do Convivente:** Arts. 731 e 732, de acordo com a última parte do Art. 326, do C.C., conforme alterado pela Lei 30.007, dão ao convivente os direitos de habitação e usufruto vitalício sobre a casa em que o lar de fato foi instalado, quando tenha que concorrer com outros herdeiros. Este direito a ser exercido pelo sobrevivente da união estável está sujeito às seguintes regras:
   (i) O valor do imóvel deve ser maior do que a soma da legítima e dos bens aquestos do convivente, de tal modo que o direito de habitação recaia sobre a diferença ou excedente;
   (ii) A referida diferença afetará, em primeiro lugar, a cota de livre disposição do *de cujus*, ou os legados; e, em segundo lugar, à legítima dos demais herdeiros em proporção às suas cotas hereditárias, restando-lhes a propriedade nua;
   (iii) Esses direitos de habitação e usufruto não impedem a partição dos demais bens, entre os herdeiros concorrentes, com exceção do convivente;
   (iv) No caso de o convivente enfrentar uma situação econômica difícil, que o impeça de sustentar a habitação, poderá fazer uso do direito de usufruto sobre a diferença já observada entre o valor do imóvel e a soma da legítima e aquestos do convivente;
   (v) Durante o gozo dos direitos de habitação ou usufruto, a habitação terá o status legal de patrimônio familiar;

(vi) Os direitos de habitação ou usufruto supracitados são extintos em caso de morte, casamento, novo concubinato ou renúncia do sobrevivente, sendo expedida a partição do bem.

5. Filiação dos Filhos Provenientes das Uniões de Fato

A filiação de crianças extramatrimoniais em geral, e a proveniente da união estável de fato, em particular, não tem sido uma questão pacífica no Peru, uma vez que não houve consenso se a regra legal aplicável contém uma presunção de paternidade ou se é apenas a abertura da investigação judicial de tal paternidade. De acordo com o artigo 402, inciso 3º, do Código Civil Vigente, de 1984:

> A paternidade extraconjugal **pode** ser declarada judicialmente: Quando o suposto pai viveu em concubinato com a mãe no momento da concepção. Para este efeito, considera-se que há concubinato quando um homem e uma mulher, sem estarem casados vivem como se assim o fossem.

Segundo o professor Héctor Cornejo Chávez[12], relator do Livro III do Código Civil de Direito de Família, parafraseando Josserand[13], se o segundo critério for aceito, não basta que o requerente prove um dos pressupostos do artigo 402º, mas também deve comprovar os extremos necessários para que a paternidade seja declarada: que a relação sexual resultou na gravidez da mãe; que, como resultado isso ocorreu o parto; e que o requerente seja a mesma pessoa a quem a mãe deu à luz naquele parto.

O Relator do Livro III sagazmente inclina-se a indicar que se trataria mais de uma presunção nos seguintes termos:

[12] CORNEJO CHÁVEZ, Héctor. *Derecho Familiar Peruano, Tomo II.* Studium ediciones: Lima, 1985, p.131 .

[13] El Professor Cornejo Chavez cita Josserand comentando um dispositivo da lei francesa inteiramente semelhante em sua escrita ao Código Civil peruano, inclina-se para o segundo critério, porque o dispositivo não diz que dada uma dessas suposiçõess será declarada a paternidade, e sim que é **possível** declará-la, se comprovados os extremos necessários. Ibid.

a) Comprovada em juízo a hipótese alegada – que deve ser uma das cinco listadas no Artigo 402- o réu é presumido pai.
b) Essa presunção, entretanto, não é *juris et de jure*, mas apenas *juris tantum*, uma vez que permite ao réu provar o contrário.
c) No entanto, a única evidência que o réu pode oferecer é o exame de sangue (ou outro de validade científica, de acordo com a adição do Comitê de Revisão), que, possivelmente, comprove que o réu não pode ser o pai, nesse caso o processo é arquivado, mesmo que a parte autora tenha apresentado documento autêntico , a posse constante ou qualquer das outras hipóteses do artigo 402.

O parágrafo (c) está de acordo com a redação original do artigo 402º, que foi alterada pela Lei 28.475 de 8 de janeiro de 2005, que, em consonância com o avanço científico, reforça, *a contrario sensu*, o argumento da presunção de paternidade extramatrimonial, como o legislativo assim a chama:

> 402.6. Quando se comprove o vínculo parental entre suposto pai e filho por meio de teste de DNA ou outros testes genéticos ou científicos com igual ou maior grau de certeza.
> As disposições deste parágrafo não se aplicam ao filho da mulher casada cujo marido não tenha negado a paternidade.
> O Juiz desconsiderará **as presunções** dos incisos precedentes quando foi realizado um teste genético ou outro de validez científica com igual ou maior grau de certeza.

Neste estado de coisas, somos do critério que está diante de uma presunção legal de paternidade que favorece a filiação da criança a partir de uma união de fato, à qual acrescenta-se que, neste único caso, a lei não exige a existência de um concubinato próprio ou perfeito.

6. Adoção por casais não-matrimoniais

Ao casal convivencial foi outorgado o direito de adotar pela Lei 30.311 que altera os Arte. 378 e 382 do Código Civil e que também afeta os Art. 2 e 5 da Lei 26.981 sobre Procedimentos de Adoção de menores declarados judicialmente em Abandono ou Desproteção Parental.

Antes da emenda e sob o lema "fornecer uma família a uma criança que não a tem" quando se reconhecia como protetora unicamente a família matrimonial, antes da Constituição de 1993, apenas casais casados poderiam adotar, não sendo permitida a adoção por solteiros ou conviventes. Com o novo conceito amplo de família, destacado pelo Tribunal Constitucional do Peru, no já citado caso Sholz Pérez, Ibidem item 2, p. 4 deste artigo, agora pode ter acesso à adoção o casal de convivente e também as pessoas solteiras – caso em que, concedida a adoção, constituirão, assim, uma família monoparental.

7. Formas de Término da União de Fato

A união estável de fato, de acordo com o artigo 326 do Código Civil, dissolve-se nos seguintes casos:

a) Pela morte, seja de caráter natural ou legal (morte presumida), significa a extinção da pessoa física de um dos convivente;
b) Por ausência, de acordo com o suposto no artigo 49 do C.C. que prevê que, dois anos após obtida a última notícia da pessoa desaparecida, poderá ser solicitada a declaração de ausência;
c) Por acordo mútuo, isto é, pela decisão livre e voluntária dos conviventes de acabar com a união de fato;
d) Por decisão unilateral, a causalidade que propomos deve ser interpretada como intempestiva e maliciosa, por exemplo, deixando o outro convivente em desvantagem econômica e, assim, configurando o abandono.

Neste último caso, o Tribunal poderá conceder,conforme escolha do convivente abandonado, uma quantia em dinheiro à título de indenização ou pensão de alimentos, sem prejuízo dos direitos que lhe correspondam no regime de aquestos.

Conclusões

O Peru é um país de identidade étnica e cultural diversificada, no qual uma boa porcentagem da população pertence às comunidades camponesas, herderias da antiga prática de convivência chamada *servinacuy*. Essa realidade, aliada ao longo e tedioso trâmite para a convolação do casamento – que não é coerente com o princípio da promoção do casamento consagrado na Constituição peruana –, exerce influência significativa sobre o percentual crescente de uniões de fato, de acordo com o último censo populacional de 2017.

Trata-se de princípio constitucional o reconhecimento da união estável de fato, consagrada na Constituição de 1979 e reiterada na atual de 1993, com base na aparência de estado de casado, reconhecendo-se expressamente a consequência jurídica de dar origem a uma sociedade de bens sujeitos ao regime de comunhão de aquestos.

O artigo 326, do Código Civil peruano, é a regra de desenvolvimento constitucional que especifica os requisitos que devem ser atendidos pela união estável de homem e mulher, cujos membros formam um lar de fato, com as características de singularidade, heterossexualidade, voluntariedade e notoriedade por não menos de 2 anos contínuos. Do texto do artigo mencionado derivam efeitos de natureza pessoal e patrimonial semelhantes aos verificados no casamento, sem que o convivente seja capaz de variar o sistema de comunhão de bens aquestos estabelecido na lei.

A Constituição peruana de 1993 consagra o duplo princípio de proteção familiar e promoção do casamento, que deve ser interpretado no sentido de estender tal proteção a todos os tipos de família, sem discriminar sua origem, seja ela matrimonial ou extramatrimonial proveniente da união de fato estável, a qual também se baseia no direito de iniciar uma família.

Não se deve ignorar que o princípio de promover o casamento significa que, embora o Constituinte tenha optado por reconhecer a união de fato e fornecer proteção a todos os tipos de famílias, a fórmula constitucional, no entanto, significa que a melhor maneira de exercer o direito de iniciar uma família é através da instituição do casamento, uma vez que traz maior estabilidade e segurança ao casal e aos filhos.

Como se vê, a união estável de fato não equivale legalmente à união matrimonial; apesar disso, há uma tendência do legislador de reconhecer cada vez mais direitos ao convivente, como os concedidos nos últimos anos, direitos sucessórios e à adoção, gerando alguma discordância em alguns setores da doutrina nacional, pois argumenta-se que isso estaria, portanto, excedendo o conteúdo da regra constitucional para a promoção do casamento.

Referências

BERNALES BALLESTEROS, Enrique. *La Constitución de 1993, Análisis Comparado*. CIEDLA-Konrad Adenauer Stiffung: Lima-Perú, 1996

BORDA, Guillermo. *Tratado de Derecho Civil. Familia, tomo II. 9ª Edición, tomo II*. La Ley: Buenos Aires, 2008.

DIAZ VALDIVIA, Héctor. *Derecho de Familia*. UNSA: Arequipa-Perú, 1998.

DIAZ VALDIVIA, Héctor. Derecho de Sucesiones. UNSA: Arequipa-Perú, 1999

CORNEJO CHÁVEZ, Héctor. *Derecho Familiar Peruano, Tomo II*. Studium ediciones: Lima, 1985.

CORRAL TALCIANI, Hernán. *Derecho y Derechos de la Familia*. Editora Jurídica Grijley: Lima-Perú, 2005.

FERNANDEZ ARCE, César. *Derecho de Sucesiones, Colección lo Esencial del Derecho 14*. Fondo Editorial de la Pontificia Universidad Católica del Perú: Lima-Perú, marzo 2017.

FERRERO, Augusto. *Tratado de Derecho Civil, tomo V, volumen II Derecho de Sucesiones*. Universidad de Lima: Lima-Perú, junio 1994.

MEDINA, Graciela. *Daños en el Derecho de Familia*. Rubinzal Culzioni Editores: Santa Fe-Argentina, 2008.

PLACIDO V. Alex. "Los principios constitucionales de la regulación jurídica de la familia", en *Actualidad Jurídica*, suplemento mensual de Gaceta Jurídica Nº 100, Lima-Perú, marzo 2002.

PLACIDO V. Alex. Material de la Academia de la Magistratura: Décimo Primer curso de Preparación para el Ascenso en la Carrera Judicial y Fiscal, módulo 5, Derecho de Familia, Niño y Adolescente. Lima-Perú, octubre 2009.

RODRÍGUEZ ITURRI, Roger. *Instituciones del Derecho Familiar no Patrimonial Peruano, Colección Lo Esencial del Derecho 34*. Fondo Editorial de la Pontificia Universidad Católica del Perú (PUCP): Lima-Perú, mayo 2018.

VARSI ROSPIGLIOSI, Enrique. *Tratado de Derecho de Familia, la Nueva Teoría Institucional y Jurídica de la Familia, tomo II*. Gaceta Jurídica-Universidad de Lima: Lima-Perú, octubre 2011.

VEGA MERE, Yuri. *Las Nuevas Fronteras del Derecho de Familia, Familias de Hecho, Ensambladas y Homosexuales*. Editora Jurídica Motivensa. Lima-Perú, 2009.

2. APORTES HISTÓRICOS Y JURÍDICOS PARA UNA COMPRENSIÓN DE LA UNIÓN DE HECHO EN EL PERÚ

Rafael Santa María D'Angelo

Introducción

La riqueza en la formación jurídica nos muestra la posibilidad de integrar al conocimiento del Derecho, aportes históricos que nos permitan comprender mejor el desarrollo de sus instituciones[1].

Desde esta perspectiva, la experiencia peruana nos evidencia una síntesis cultural, fruto del encuentro de dos culturas: la incaica y la hispana. Ciertamente, el Perú nace a partir de la llegada de los españoles, antes de eso lo que existía era el Tahuantinsuyo, el Imperio Inca. Asimismo, no sería correcto referirse al Perú solamente como una colonia hispana sin hacer referencia al pasado: al Imperio Incaico y a las culturas pre incas. Esta síntesis, más que una situación histórica dada, permite el reconocimiento de una identidad peruana, la identidad mestiza.

Esta realidad cultural nos mostró en el Derecho Peruano una integración de elementos consuetudinarios, propios de la cultura Incaica, y del Derecho Indiano, como legado hispano.

[1] Cfr. DAVID, René- JAUFFRET- SPINOSI, Camille, *I grandi sistemi giuridici contemporanei*, 10ma. Edizione, Padova, Cedam. 1994. pp. 4.

Una de estas instituciones, con notables referencias históricas y jurídicas en el Perú, fue la familia, comprendida en la actualidad como instituto natural.

Ahora bien, con estas consideraciones iniciales, en el presente trabajo mostraremos una reflexión integrada sobre la unión de hecho, en la que se relacionan elementos históricos, como *el servinacuy* y el *Ayllu;* y jurídicos, en su referencia estructural al matrimonio y la familia, considerados ambos a nivel constitucional como garantía institucional.

Como propuesta integradora del conocimiento jurídico, respecto a la unión de hecho en el Perú, esta sintética reflexión, tiene un carácter propositivo susceptible de mayores aportes en el futuro.

1. Del *servinacuy* al *Ayllu* en el Derecho Pre hispano

El Perú Antiguo nos mostró un legado muy basto en costumbres y tradiciones socio-culturales[2].

En relación a la familia, se consideró al *Ayllu* como la célula básica a nivel social en el Imperio Incaico, jerarquizada por la autoridad del indio jefe de la familia, con claro aporte de todos sus miembros al desarrollo de la misma y del Imperio[3].

El respeto a esta institución estaba muy ligado a la alta valoración que se tenía del matrimonio. De esto se entiende la especificidad y rigidez de las reglas, tanto en la edad de los contrayentes como en las conductas que asumían a lo largo de su vida. El incumplimiento a las reglas contraídas en el matrimonio estaba sujeto a sanciones drásticas, al punto extremo que el adulterio era castigado con la pena de muerte.

En este contexto, en la costumbre andina, el matrimonio consideraba además un interés económico, de ello se explica el *servinacuy* o "matrimonio a prueba". Por medio de éste se establece un compromiso entre el pretendiente y el padre de la futura esposa. El pretendiente recibe a su hija con la prole y si la unión no llega a formalizarse o a adquirir carácter definitivo; el padre

[2] Cfr. BASADRE, Jorge. *Historia del Derecho Peruano.* 2ª ed., Ediciones Gráficas S.A. Lima, 1984. pp. 78.

[3] Cfr. GIURATO, Toto, *Perú Milenario. Tomo I. Pre Incaico- Incaico.* 12ª ed., Ecos. Lima, 1947. pp. 148.

de la novia, se obliga a devolver al pretendiente los obsequios recibidos o su equivalente en dinero o en trabajo[4].

Esta situación del "matrimonio a prueba" tendió a asegurar relaciones matrimoniales, a efecto de fortalecer a la familia en el Imperio Incaico. El *Ayllu* se desarrolló como una empresa de trabajo.

Se entiende así que la unión de hecho – llamada *Servinacuy* – de cara al matrimonio, se comprendía como una prueba, para, de ser el caso, materializarlo y fortalecer a la familia – el *Ayllu* – considerada como un eje insustituible de desarrollo durante el Imperio Inca.

2. Unión de hecho y matrimonio en el actual Derecho Peruano

Con la llegada española a tierras incaicas, se apreció una síntesis de este encuentro incaico- hispano, síntesis que más que responder a un factor ideológico o subjetivo, responde a un hecho claro y objetivo que se enfatiza con el nacimiento de una nueva raza, de una nueva cultura, de una nueva historia, de una nueva identidad mestiza[5].

Ciertamente estas sucesiones históricas comprendieron transiciones y convivencias entre tradiciones incaicas con las hispanas[6]. Esto se apreció en el Derecho en el período colonial, conocido como Derecho indiano[7].

[4] Ibídem. pp. 178- 179.

[5] "...el Perú es fruto de una historia de integración de sangres y de culturas, y que esa integración define lo nuestro y señala nuestra identidad. Esta es la verdad que la historiografía confirma; lo repito una vez más: la historia ha creado nuestro país por el camino de la síntesis, difícil pero cierta...." DE LA PUENTE CANDAMO, José Agustín, *Reflexiones sobre la identidad Nacional,* Revista Persona y Cultura Nº 4, Universidad Católica San Pablo. Arequipa- Perú. pp. 46.

[6] Cfr. ALZAMORA VALDEZ, Mario, *La Filosofía del Derecho en el Perú,* Editorial Minerva. Lima, 1968. pp. 48.

[7] "...al conjunto de disposiciones que se aplicaron en las Indias, incluidas Asia y Oceanía. Dentro de él quedaron comprendidas: las normas creadas en la Península destinadas específicamente para las Indias ("derecho indiano" propiamente dichos); las normas creadas por las autoridades castellanas destinadas en las Indias ("derecho indiano criollo"); el derecho castellano que, a falta de disposiciones específicamente indianas, se aplica como derecho subsidiario en las Indias; la costumbre, ya fuera metropolitana, criolla o indígena; la jurisprudencia de los tribunales metropolitanos y criollos; y la doctrina de los juristas, metropolitanos

La convivencia de éste con las costumbres andinas y criollas produjo un fenómeno de síntesis que tuvo como consecuencia adaptar las normas existentes a casuísticas no previstas por ellas.

Ahora bien, el paso de la colonia – virreinato a la República supuso considerar no necesariamente rupturas, sino encontrar elementos de enlace y progreso en la evolución histórica[8].

Bajo esta premisa histórica, desarrollaremos a continuación una explicación de la regulación de la unión de hecho en el Perú, con énfasis en destacar, además de su conceptualización y características, la referencia puesta por el constituyente peruano al matrimonio y a la familia, consideradas como garantía institucional.

2.1 La unión de hecho y la referencia al matrimonio como garantía institucional

El artículo 4º de la Constitución Política del Perú señala que la comunidad y el Estado: "...protegen a la familia y promueven el matrimonio. Reconocen a estos últimos como institutos naturales y fundamentales de la sociedad..."[9].

Esta tutela constitucional reconocida "institucionalmente" a la familia y al matrimonio marca una protección especial que realiza el Constituyente que lo diferencia del denominado *ius connubbi.*

Así, el Tribunal Constitucional Peruano (en adelante el TC), ha señalado:

> "...En efecto, ni siquiera el amplio margen de configuración del matrimonio que la Constitución le otorga al legislador, le permite a este disponer del instituto mismo. Su labor, en ese sentido, no puede equipararse a lo propio del Poder Constituyente, sino realizarse dentro de los márgenes limitados de un poder constituido (...) De manera que,

y criollos...." SÁNCHEZ- ARCILLA BERNAL, José. *Historia del derecho español.* Producciones Editoriales. Barcelona, 2005. pp. 290.

[8] Cfr. DE LA PUENTE CANDAMO, José Agustín, Op. cit., pp. 41- 42.

[9] Para una mayor comprensión de la garantía institucional resulta muy recomendable el libro del profesor peruano UGARTE MOSTAJO, Daniel. *La garantía institucional del matrimonio en la Constitución de 1993. La heterosexualidad como rasgo esencial de la institución matrimonial.* Palestra-Fondo Editorial de la Universidad Católica San Pablo. Arequipa, 2014.

> desde una perspectiva constitucional, no cabe el equiparamiento del matrimonio como institución con el derecho de contraer matrimonio, aunque entre ambos existan evidentes relaciones..."[10].

Bajo esta referencia constitucional, la unión de hecho viene considerada por el artículo 5º de la Constitución Política Peruana como: "la unión estable de un varón y una mujer, libres de impedimento matrimonial, que forman un hogar de hecho, da lugar a una comunidad de bienes sujeta al régimen de sociedad de gananciales en cuanto sea aplicable"[11].

Resultan destacables los elementos que el constituyente enfatiza respecto de la unión de hecho, los cuales guardan relación con el matrimonio: la estabilidad, la heterosexualidad y el régimen patrimonial de sociedad de gananciales.

El TC, con relación a estos elementos, ha señalado que la unión de hecho: "...se trata de una unión monogámica heterosexual, con vocación de habitualidad y permanencia (...), que deberá sujetarse a la regulación de la sociedad de gananciales..."[12].

Considerando los elementos antes referidos, que nos permiten contextualizar y comprender las particularidades de la regulación de la unión de hecho en el Perú, a continuación, se desarrollarán sus principales aspectos regulatorios vigentes.

Como ya se refirió, la unión de hecho se encuentra expresamente consagrada y reconocida, en la Carta Magna de 1993, así como en el Código Civil de 1984, en los artículos 5º y 326º respectivamente.

Para la regulación constitucional, la unión de hecho es la unión estable de varón y mujer que forman un hogar de hecho, y que además debe encontrarse libre de impedimento matrimonial. Por su parte, la regulación civil, refiere que se configura una unión de hecho cuándo varón y mujer mantienen

[10] STC Exp. Nº 2868-2004-AA/TC, F.J. 13.

[11] Este artículo resulta muy similar al considerado por la Constitución Política del Perú de 1979 en su artículo 9º: "La unión establece de un varón y una mujer, libres de impedimento matrimonial, que forman un hogar de hecho por el tiempo y en las condiciones que señala la ley, da lugar a una sociedad de bienes que se sujeta al régimen de la sociedad de gananciales en cuanto es aplicable".

[12] STC Nº 06572-2006-AA. FJ. 16.

voluntariamente una relación libre de impedimento matrimonial para alcanzar finalidades y cumplir deberes semejantes a los del matrimonio, siempre que dicha unión haya durado por lo menos dos años continuos.

Como puede notarse, la regulación civil añade el requisito de la temporalidad en la configuración de la unión de hecho, convirtiéndolo en un elemento esencial para que este tipo de uniones adquiera reconocimiento jurídico. Asimismo, la exigencia del cumplimiento de finalidades y deberes semejantes al matrimonio, ha llevado a buen sector de la doctrina nacional a afirmar que la regulación de la unión de hecho en el Perú, se sostiene sobre la teoría de la apariencia matrimonial, afirmación con la que coincidimos plenamente.

Sin embargo, junto a la unión de hecho que cumple con las condiciones exigidas por la ley, denominada como unión de hecho propia, subsisten aquellas parejas que: "no podrían contraer nupcias debido a que uno de ellos o los dos tiene ya un vínculo matrimonial con tercera persona, o se encuentran impedidos de casarse por cualquier otra causa", a este tipo de convivencias el TC, ha tenido a bien denominar como unión de hecho impropia, concubinato en sentido amplio o adulterino.

Por tanto, el Derecho Peruano, solo reconoce consecuencias jurídicas a la unión de hecho en la cual varón y mujer que no son casados, pero legalmente podrían casarse, hacen vida de tales, ya que, para las uniones de hecho impropias, el legislador ha previsto únicamente la acción de enriquecimiento indebido.

En el Perú, és cada vez más grande el número de parejas que optan por la unión de hecho, y así lo demuestra el último censo realizado en el país. Del total de personas que mantienen una relación de pareja, el número de personas que conviven se ha incrementado, pasando del 21,1% de la población en 1981, al 43,4% en el 2017. Mientras que la población casada ha decrecido en un 12,7%, al pasar, entre el año 1981 y el 2017, de 67,9% a 41,8%[13].

Esta circunstancia ha generado complejos conflictos jurídicos tanto respecto de la relación de pareja de los concubinos, como respecto de las relaciones jurídicas con los hijos.

[13] Cfr. INEI. *INEI difunde Base de Datos de los Censos Nacionales 2017 y el Perfil Sociodemográfico del Perú. 2017:* Recuperado a partir de: http://m.inei.gob.pe/prensa/noticias/inei-difunde--base-de-datos-de-los-censos-nacionales-2017-y-el-perfil-sociodemografico-del-peru-10935/ (20 de junio de 2020)

Se entiende así al Alto Tribunal Peruano al referir que:

> "... la unión de hecho debe estar destinada a cumplir deberes semejantes a los del matrimonio. Es decir, de varón y mujer como pareja teniendo entre ellos consideraciones, derechos, deberes y responsabilidades iguales obligados al sostenimiento del hogar que han formado con la obligación mutua a la alimentación, la fidelidad, la asistencia y que haya durado cuando menos dos años..."[14]

De lo anterior, podemos decir que la unión de hecho presupone elementos estructurales propios del matrimonio, el mismo que viene reconocido en el Perú – junto a la familia – como institutos jurídicos garantizados constitucionalmente.

Ahora bien, considerando las semejanzas anteriormente expuestas, es oportuno mencionar que la unión de hecho difiere sustantivamente del matrimonio en cuanto al vínculo conyugal. Lo consentido en la unión de hecho es el deseo de vivir como marido y mujer sin serlo. Esto no se trata de un simple contratar o negociar entre partes, sino de un vínculo que comporta una profunda unidad entre varón y mujer, que sella la condición de ser – y no parecer – esposo y esposa. Precisamente, por este vínculo, el derecho constitucional peruano promueve al matrimonio, a diferencia de la unión de hecho.

2.2. Características y reconocimiento de la unión de hecho en el Perú

En el Derecho Peruano, tanto la regulación constitucional como civil, delinean los elementos constitutivos de la unión de hecho.

Desde esa perspectiva, la unión de hecho que alcance reconocimiento legal en el Perú es una unión heterosexual, conformada por varón y mujer, lo cual excluye toda posibilidad de reconocimiento a las uniones de personas del mismo sexo.

Asimismo, la pareja debe mantener una comunidad de lecho, cohabitando con perspectiva de permanencia, de por lo menos dos años continuos.

[14] STC Exp. Nº 09708-2006-AA/TC FJ. 1.

La relación de pareja debe ser pública y notoria, por tanto, no podría pretender reconocimiento una relación clandestina o secreta.

También se exige la exclusividad y singularidad de la unión, se trata entonces de una relación enmarcada en el deber de fidelidad y la monogamia, respectivamente. Consecuentemente, las relaciones de parejas poligámicas, no son reconocidas jurídicamente por el Derecho Peruano.

Debe tratarse de una unión libre de impedimento matrimonial, como ya señalamos, esta característica diferencia a la unión de hecho propia de la impropia.

Se entiende así que conforme a la regulación vigente, la unión de hecho en el Perú, es heterosexual, con perspectiva de permanencia exigiéndose una convivencia mínima de dos años, notoria, singular y exclusiva; y, finalmente debe encontrarse libre de impedimento matrimonial[15].

En relación al reconocimiento de la unión de hecho, ésta implica probar su existencia, la misma que se acredita a través de la posesión constante del estado de concubino. Ello, está expresamente establecido en el artículo 326º del Código Civil peruano, el cual refiere en su segundo párrafo que la posesión constante de estado a partir de fecha aproximada puede probarse con cualquiera de los medios admitidos por la ley procesal, siempre que exista un principio de prueba escrita.

Se entiende por posesión constante de estado: "...el ejercicio de los derecho y el cumplimiento de los deberes inherentes a la situación familiar de la persona. Entre los elementos que se pueden distinguir en la posesión de estado (...): el uso del apellido, el tratamiento recibido y la consideración social que una persona sostenga en su vida..."[16]

El reconocimiento puede tramitarse judicial o notarialmente y, en ambos casos, requiere su posterior inscripción en SUNARP (Superintendencia Nacional de los Registros Públicos). Cabe aclarar que tanto el reconocimiento

[15] Coinciden en la descripción de estos mismos elementos característicos de la unión de hecho: 1) AGUILAR LLANOS, Benjamín. *Las Uniones de Hecho: Implicancias jurídicas y las resoluciones del Tribunal Constitucional.* Persona y Familia Nº 4 (1) 2015. p. 13. 2) ZUTA VIDAL, Erika Irene. *La unión de hecho en el Perú, los derechos de sus integrantes y desafíos pendientes.* IUS ET VERITAS Nº 56 (Julio) 2018. pp. 188-189.

[16] FERNÁNDEZ ARCE, César & BUSTAMANTE OYAGUE, Silvia. *La unión de hecho en el Código Civil peruano de 1984: Análisis de su conceptualización jurídica desde la perspectiva exegética y jurisprudencial. Derecho y Sociedad* (15) 200. pp. 227.

judicial como notarial son de carácter declarativo más no constitutivo, ya que éste último se configuraría con el hecho mismo de la convivencia.

Se acude a la vía judicial, a solicitud unilateral de una de las partes, en el supuesto que uno de ellos no se encuentre de acuerdo; asimismo, en caso de fallecimiento de una de las partes y cuando no exista certeza sobre la existencia de la unión de hecho.

El reconocimiento notarial, se introdujo con la Ley Nº 29560[17], la cual otorga competencia al notariado público, para el reconocimiento de la unión de hecho, siempre que ambas partes se encuentren de acuerdo con el trámite de inscripción. El notario eleva a escritura pública la declaración del reconocimiento de la unión de hecho y remite parte al Registro Personal del lugar de su domicilio. En este último registro, se precisa la fecha de inicio y, de ser el caso, de finalización de la unión de hecho.

Con lo que respecta al plazo para pretender su reconocimiento, la Corte Suprema ha determinado que la declaración de unión de hecho goza de imprescriptibilidad y puede ser ejercida por los convivientes o por sus hijos: "...cualquiera de los ex convivientes, puede solicitar judicialmente la declaración de unión de hecho, sin que esa pretensión se encuentre sujeta a algún plazo prescriptorio"[18], el criterio de la Corte es sumamente relevante considerando que el derecho vigente no reconoce efectos jurídicos personales ni patrimoniales a las uniones de hecho que no hayan formalizado su unión.

Corresponderá al desarrollo de los efectos jurídicos personales y patrimoniales de las uniones de hecho lo que abordaremos en el siguiente apartado.

2.3. Efectos jurídicos personales y patrimoniales de la unión de hecho

Al referirnos a los efectos personales y patrimoniales de las uniones de hecho, es necesario incidir que es la propia regulación civil, la que le atribuye finalidades y deberes semejantes al matrimonio.

Desde esa perspectiva a la unión de hecho se le atribuyen los mismos deberes-derechos personales que nacen del matrimonio: fidelidad y

[17] Ley que amplía la Ley Nº 26662, Ley de Competencia Notarial en Asuntos no Contenciosos, y la Ley Nº 26887, Ley General de Sociedades, 10 de julio de 2010.

[18] Casación Nº 1532-2013- Lambayeque. Considerando 12 y 13.

asistencia[19], cohabitación[20] que constituye una característica esencial para la configuración de la unión de hecho; y, respecto de los hijos, el deber de alimentarlos y cuidarlos[21].

Sobre el deber alimentario durante la vigencia de la unión de hecho, parte de la doctrina nacional interpreta que se trataría de una obligación natural y no de una obligación jurídica[22], pues la normativa civil exigiría que la convivencia haya terminado para la asignación de una pensión alimentaria, la que incluso es alternativa y excluyente a la pretensión de una suma de dinero por concepto de indemnización, en el caso que el cese de la unión de hecho sea por decisión unilateral[23].

Pese a que el mismo legislador atribuye a la unión de hecho, finalidades y deberes similares al matrimonio, ha omitido reconocer el parentesco por afinidad entre los concubinos[24]; Asimismo, no ha considerado como un impedimento absoluto para la celebración del matrimonio, a la unión de hecho debidamente inscrita en el Registro Personal de la SUNARP[25].

[19] CODIGO CIVIL (1984), artículo 288º.- Los cónyuges se deben recíprocamente fidelidad y asistencia.

[20] Ídem, artículo 289º.- Es deber de ambos cónyuges hacer vida común en el domicilio conyugal. El juez puede suspender este deber cuando su cumplimiento ponga en grave peligro la vida, la salud o el honor de cualquiera de los cónyuges o la actividad económica de la que depende el sostenimiento de la familia.

[21] IDEM, artículo 291º.- Si uno de los cónyuges se dedica exclusivamente al trabajo del hogar y al cuidado de los hijos, la obligación de sostener a la familia recae sobre el otro, sin perjuicio de la ayuda y colaboración que ambos cónyuges se deben en uno y otro campo.

[22] Cfr. ZUTA VIDAL, Erika. Op. cit. pp. 192.

[23] CODIGO CIVIL (1984), artículo 326º.- La unión de hecho termina por muerte, ausencia, mutuo acuerdo o decisión unilateral. En este último caso, el juez puede conceder, a elección del abandonado, una cantidad de dinero por concepto de indemnización o una pensión de alimentos, además de los derechos que le correspondan de conformidad con el régimen de sociedad de gananciales.

[24] Ídem, artículo 237º.- El matrimonio produce parentesco de afinidad entre cada uno de los cónyuges con los parientes consanguíneos del otro. Cada cónyuge se halla en igual línea y grado de parentesco por afinidad que el otro por consanguinidad.
La afinidad en línea recta no acaba por la disolución del matrimonio que la produce. Subsiste la afinidad en el segundo grado de la línea colateral en caso de divorcio y mientras viva el ex-cónyuge.

[25] Ídem, artículo 241º.- No pueden contraer matrimonio: 1. Los adolescentes. El juez puede dispensar este impedimento por motivos justificados, siempre que los contrayentes tengan, como mínimo, dieciséis años cumplidos y manifiesten expresamente su voluntad de casarse. 2.- Las personas con capacidad de ejercicio restringida contempladas en el artículo 44

Respecto a la posibilidad de adoptar, la Ley nº 30311, Ley que permite la adopción de menores de edad declarados judicialmente en abandono por parte de las parejas que conforman una unión de hecho, del año 2015, faculta que aquellas parejas que han inscrito su unión puedan adoptar un niño en igualdad de condiciones que el matrimonio.

Por último, sobre el derecho a la seguridad social, el nuevo TUPA (Texto Único de Procedimientos Administrativos) de ESSALUD del año 2016, exige la presentación de documentación que acredite que la una unión de hecho se encuentra debidamente registrada[26].

En lo que se refiere a la atribución de derechos patrimoniales, la unión de hecho genera una comunidad de bienes a la que se le aplica el régimen de sociedad de gananciales, desde el inicio de la convivencia. Situación diferente con el matrimonio, en la cual los contrayentes pueden optar por el régimen de separación de patrimonios[27], el régimen de sociedad de gananciales es único y forzoso para la unión de hecho. Asimismo, la unión de hecho no puede constituir patrimonio familiar[28], tratándose de un derecho exclusivo del matrimonio.

Como hemos visto, tanto los efectos personales como patrimoniales de la unión de hecho exigen su reconocimiento y su respectiva inscripción en el registro personal de SUNARP.

A continuación, en el último apartado, revisaremos las principales consecuencias jurídicas de la disolución de la unión de hecho en el Perú.

numeral 9, en tanto no exista manifestación de la voluntad expresa o tácita sobre esta materia. 3 y 4.- Derogados 5.- Los casados.

[26] Cfr. ZUTA VIDAL, Erika. Op. cit. pp. 191-193.

[27] CODIGO CIVIL (1984), artículo 295º.- Antes de la celebración del matrimonio, los futuros cónyuges pueden optar libremente por el régimen de sociedad de gananciales o por el de separación de patrimonios, el cual comenzará a regir al celebrarse el casamiento. Si los futuros cónyuges optan por el régimen de separación de patrimonios, deben otorgar escritura pública, bajo sanción de nulidad. Para que surta efecto debe inscribirse en el registro personal. A falta de escritura pública se presume que los interesados han optado por el régimen de sociedad de gananciales.

[28] En este sentido, si bien el inciso 4 del artículo 493º del Código Civil, permite que el padre o madre solteros, constituyan patrimonio familiar sobre los bienes de su propiedad, el concubino, no ha sido considerado como beneficiario en el artículo 495º del mismo cuerpo legal.

2.4. Consecuencias jurídicas de la disolución de la unión de hecho

Para determinar las consecuencias jurídicas derivadas de la disolución de la unión de hecho es necesario referirnos a los supuestos en los que ésta se extingue. La unión de hecho se extingue por: muerte, ausencia, común acuerdo, decisión unilateral o matrimonio entre los concubinos[29].

Sobre el primer supuesto, la muerte de uno de los miembros de la pareja, el artículo 326º del Código Civil ha previsto que el concubino supérstite, tiene derechos similares al matrimonio, considerándose incluso como un heredero forzoso[30].

En caso que en vida de los concubinos, no se haya realizado la inscripción de la unión de hecho en el registro respectivo, el sobreviviente puede pretender su reconocimiento judicialmente.

De la misma manera, el integrante sobreviviente de la unión de hecho, tiene derecho a las pensiones de invalidez y sobrevivencia, así como la pensión de jubilación del causante[31]. Sin embargo, el sistema público de pensiones no reconoce la referida pensión de viudez para los concubinos.

Al respecto, la jurisprudencia del TC, en el caso conocido como Anaya[32] negó el derecho a la pensión de viudez considerando que la unión de hecho no puede tener los mismos efectos previsionales del matrimonio. Este criterio de interpretación fue posteriormente corregido por el supremo intérprete constitucional, en el caso Rosas Domínguez[33], en el cual el juzgador reconoce que los integrantes de las uniones de hecho gozan también del derecho a la pensión de viudez, al considerarlas como bienes sociales.

Con relación al supuesto de decisión unilateral, ha sido asimilado al abandono injustificado y se ha previsto que el abandonado puede solicitar al juez de forma optativa, una cantidad de dinero por concepto de indemnización o

[29] Este último supuesto no ha sido previsto en el segundo párrafo del artículo 326º del Código Civil.

[30] CODIGO CIVIL (1984), artículo 724º.- Son herederos forzosos los hijos y los demás descendientes, los padres y los demás ascendientes, el cónyuge o, en su caso, el integrante sobreviviente de la unión de hecho.

[31] Reglamento del D.S. Nº 004-98-EF-Reglamento del TUO de la Ley del Sistema Privado Administración de Fondos de pensiones, artículo 117.

[32] STC Exp. Nº 06572-2006-PA/TC.

[33] Ibídem

una pensión de alimentos, además de los derechos que le correspondan tras la liquidación de la sociedad de gananciales.

Con lo expuesto hasta aquí hemos pretendido desarrollar los principales aspectos de la regulación de la unión de hecho en el Perú en la legislación vigente, sin embargo no podemos dejar de mencionar la propuesta de modificación del artículo 326º del Código Civil, así como la incorporación de los artículos 326Aº y 326Bº del Anteproyecto de reforma del Código Civil peruano, publicado el 6 de febrero de 2020 y aprobado mediante Resolución Ministerial 46-2020-JUS.

La propuesta de redacción del artículo 326º del mencionado texto legislativo, presenta una sola variación sustancial referida a la sustitución del principio de prueba escrita para acreditar la existencia de la unión de hecho, actualmente exigido, permitiendo cualquiera de los medios admitidos por la ley procesal.

De otro lado, el proyecto pretende la incorporación de los artículos 326Aº el cual permitiría que la unión de hecho opte por el régimen de separación de patrimonios. Por su parte, el artículo 326Bº pretende enumerar los supuestos de extinción de la unión de hecho, considerando en su último inciso el matrimonio civil celebrado por alguno de sus miembros en fecha posterior a la inscripción registral de la unión de hecho, el cual no se refiere necesariamente al matrimonio entre los miembros de la unión de hecho, lo cual nos conduce a interpretar que la inscripción o no de la unión de hecho, no impedirá que uno sus miembros contraigan matrimonio con un tercero, siempre que hubiera puesto fin a la sociedad de gananciales y dispuesto su respectiva liquidación. Creemos que la interpretación propuesta, refuerza no sólo el principio constitucional de promoción del matrimonio, sino que además refleja la especial preferencia del legislador por el matrimonio.

Conclusión

La integración de elementos históricos y jurídicos sobre la unión de hecho en el Perú nos muestra particularidades que han sido destacadas, desde la síntesis cultural propia de la identidad peruana.

En lo histórico, la comprensión en el Perú antiguo del *servinacuy*, como un "matrimonio a prueba" tendiente a asegurar – de ser el caso – un matrimonio capaz de fortalecer a la familia, también denominada *Ayllu*. Claramente, no se entendía el desarrollo del Imperio Inca, desligado del aporte familiar.

En lo jurídico, la garantía institucional a nivel constitucional del matrimonio y la familia, también reconocidas como institutos naturales.

Bajo esta perspectiva, la regulación de la unión de hecho y su interpretación a nivel jurisdiccional en el Derecho Peruano apuntan a encontrar un referente en el matrimonio, al considerar elementos fundamentales como la estabilidad, la heterosexualidad y el régimen patrimonial de sociedad de gananciales. Precisamente, son estos elementos que permiten la formalidad a su reconocimiento, los efectos jurídicos personales, patrimoniales y la disolución de la unión de hecho.

Finalmente, una perspectiva de la unión de hecho reflejada en el matrimonio permite asegurar familias más fortalecidas. Es por esto por lo que se entiende la promoción constitucional del matrimonio y la familia.

Referencias

Doctrina

AGUILAR LLANOS, Benjamín. *Las Uniones de Hecho: Implicancias jurídicas y las resoluciones del Tribunal Constitucional*. Persona y Familia Nº 4 (1), 2015.

ALZAMORA VALDEZ, Mario, *La Filosofía del Derecho en el Perú*, Editorial Minerva, Lima, 1968.

BASADRE, Jorge. *Historia del Derecho Peruano*. 2ª ed., Ediciones Gráficas S.A. Lima, 1984.

DAVID, René- JAUFFRET- SPINOSI, Camille, *I grandi sistemi giuridici contemporanei*, 10ma. Edizione. Padova. Cedam. 1994.

DE LA PUENTE CANDAMO, José Agustín, *Reflexiones sobre la identidad nacional*, Revista Persona y Cultura Nº 4, Universidad Católica San Pablo. Arequipa- Perú. pp. 28- 56

FERNÁNDEZ Arce, César & BUSTAMANTE OYAGUE, *Silvia. La unión de hecho en el Código Civil peruano de 1984: Análisis de su conceptualización jurídica desde la perspectiva exegética y jurisprudencial*. Derecho y Sociedad (15), 2000.

FERNÁNDEZ REVOREDO, *Manual de derecho de familia. 1ª ed.*, Fondo editorial Universidad Católica del Perú. Lima, 2013.

GIURATO, Toto, *Perú Milenario*, Tomo I. Pre Incaico- Incaico. 12ª ed., Ecos. Lima, 1947.

INEI. *INEI difunde Base de Datos de los Censos Nacionales 2017 y el Perfil Sociodemográfico del Perú. 2017:* Recuperado a partir de: http://m.inei.gob.pe/prensa/noticias/inei-difunde-base-de-datos-de-los-censos-nacionales-2017-y-el-perfil-sociodemografico-del-peru-10935/.

SÁNCHEZ- ARCILLA BERNAL, José. *Historia del Derecho Español*. Producciones Editoriales. Barcelona, 2005.

UGARTE MOSTAJO, Daniel. *La garantía institucional del matrimonio en la Constitución de 1993. La heterosexualidad como rasgo esencial de la institución matrimonial*. Palestra- Fondo Editorial de la Universidad Católica San Pablo. Arequipa, 2014.

ZUTA VIDAL, Erika Irene. *La unión de hecho en el Perú, los derechos de sus integrantes y desafíos pendientes*. IUS ET VERITAS Nº 56 (Julio) 2018. pp.186-197.

Jurisprudencia del Tribunal Constitucional Peruano

STC Exp. Nº 2868-2004-AA/TC, 24 de noviembre de 2004.

STC Exp. Nº 09708-2006-AA/TC, 11 de enero de 2007.

STC Exp. Nº06572-2006-AA/TC, 6 de noviembre de 2007.

Jurisprudencia complementaria

Casación nº 1532-2013- Lambayeque, declaración de unión de hecho.

Normativa peruana

Constitución Política (1979).

Constitución Política (1993).

Código Civil (1984).

Reglamento del D.S. Nº 004-98-EF-Reglamento del TUO de la Ley del Sistema Privado Administración de Fondos de pensiones (1998).

Ley que amplía la Ley Nº 26662, Ley de Competencia Notarial en Asuntos no Contenciosos, y la Ley Nº 26887, Ley General de Sociedades (2010).

Ley que amplía la Ley Nº 26662, Ley de Competencia Notarial en Asuntos no Contenciosos, y la Ley Nº 26887, Ley General de Sociedades (2010).

Ley Nº 30311, Ley que permite la adopción de menores de edad declarados judicialmente en abandono por parte de las parejas que conforman una unión de hecho (2015).

Decreto Supremo Nº 014-2016-TR, que actualiza el Texto Único Ordenado del seguro social de Salud- ESSALUD (2016).

Resolución Ministerial Nº 0046-2020-JUS, que dispone la publicación del ante proyecto de reforma del Decreto Legislativo Nº 295, Código Civil, conjuntamente con su Exposición de Motivos, en el Portal Institucional del Ministerio de Justicia y Derechos Humanos (2020).

2. CONTRIBUIÇÕES HISTÓRICAS E LEGAIS PARA O ENTENDIMENTO DA UNIÃO DE FATO NO PERU

Rafael Santa María D'Angelo

Introdução

A riqueza na formação jurídica nos mostra a possibilidade de integrar ao conhecimento do direito as contribuições históricas que nos permitem compreender melhor o desenvolvimento de suas instituições[1].

Nessa perspectiva, a experiência peruana nos mostra uma síntese cultural, resultado do encontro de duas culturas: a inca e a hispânica. Certamente, o Peru nasceu com a chegada dos espanhóis; antes, o que existia era o Tahuantinsuyo, o Império Inca. Da mesma forma, não seria certo referir-se ao Peru apenas como uma colônia hispânica sem fazer referência ao passado: o Império Inca e as culturas pré-incas. Esta síntese, mais que uma dada situação histórica, permite o reconhecimento de uma identidade peruana: a identidade mestiça.

Essa realidade cultural nos mostrou no Direito peruano uma integração de elementos consuetudinários, típicos da cultura Inca, e do Direito Indígena, como um legado hispânico.

[1] CFR. DAVID, René-JAUFFRET-SPINOSI, Camille, *I grandi sistemi giuridici contemporanei*, Edizione, Padova, Cedam. 1994. pp. 4.

Uma dessas instituições, com notáveis referências históricas e legais no Peru, foi a família, agora entendida como um instituto natural.

Porém, com essas considerações iniciais, neste trabalho mostraremos uma reflexão integrada sobre a união de fato, em que elementos históricos como servinacuy e *el servinacuy* e o *Ayllu se relacionam*, e jurídica, em sua referência estrutural ao casamento e à família, ambas consideradas no âmbito constitucional como garantia institucional.

Como uma proposta integradora do conhecimento jurídico, no que diz respeito à união de fato no Peru, esta sintética reflexão tem um caráter propositivo suscetível de maiores contribuições no futuro.

1. De *Servinacuy* a *Ayllu* no Direito Pré-Hispânico

O Antigo Peru nos mostrou um legado muito forte nos costumes e tradições socioculturais[2].

Em relação à família, *Ayllu* foi considerada a célula básica no nível social do Império Inca, hierárquica pela autoridade do chefe indígena da família, com clara contribuição de todos os seus membros para o desenvolvimento da mesma e do Império[3].

O respeito por esta instituição estava intimamente ligado à alta valorização do casamento. Isso significa que havia especificidade e rigidez das regras, tanto na idade dos contraintes quanto nos comportamentos que assumiram ao longo de suas vidas. O não cumprimento das regras ajustadas no casamento estava sujeito a sanções drásticas, ao ponto extremo de que o adultério era punível com a pena de morte.

Nesse contexto, no costume andino, o casamento também considerava um interesse econômico, o que explica *servimcuy*, ou "casamento experimental". Por meio dele, se estabelece um compromisso entre o pretendente e o pai da futura noiva. O pretendente recebe sua filha com a prole e, se a união não se formalizar nem adquire caráter definitivo, o pai da noiva compromete-se

[2] Cfr. BASADRE, Jorge. *Historia del Derecho Peruano.* 2ª ed., Ediciones Gráficas S.A. Lima, 1984. pp. 78.

[3] Cfr. GIURATO, Toto, Toto, *Perú Milenario. Tomo I. Pre Incaico- Incaico.* 12ª ed., Echoes. Lima 1947.p. 148.

a devolver ao pretendente os presentes recebidos ou seu equivalente em dinheiro ou trabalho[4].

Essa situação de "casamento experimental" tendia a garantir relações conjugais, a fim de fortalecer a família no Império Inca. O *Ayllu* foi desenvolvido como uma empresa de trabalho.

Assim, entende-se que a união de fato – chamada *Servinacuy* – frente ao casamento, foi entendida como prova, para, em sendo o caso, materializá-la e fortalecer a família – o *Ayllu* –, considerada como um eixo insubstituível de desenvolvimento durante o Império Inca.

2. União de fato e casamento na atual lei peruana

Com a chegada espanhola às terras incas, notou-se uma síntese desse encontro inca-hispânico, uma síntese que, mais que responder a um fator ideológico ou subjetivo, responde a um fato claro e objetivo que se enfatiza com o nascimento de uma nova raça, de uma nova cultura, de uma nova história, de uma nova identidade mestiça[5].

Certamente essas sucessões históricas incluíram transições e convivências entre tradições incas e hispânicas[6]. Isso foi ajustado no Direiot do período colonial, conhecido como [7] Direito Indígena. Sua convivência com os costumes

[4] Ibid. Qp. 178-179.

[5] "... O Peru é o resultado de uma história de integração de sangues e culturas, e que essa integração nos define e aponta nossa identidade. Esta é a verdade que a historiografia confirma. Repito mais uma vez: a história criou nosso país no caminho da síntese, difícil, mas verdadeira...." DA PONTE CANDAMO, José Agustín, *Reflexiones sobre la identidad Nacional*, Revista Persona and Culture nº 4, Universidad Católica San Pablo. Arequipa – Peru. Qp. 46.

[6] Cfr. ALZAMORA VALDEZ, Mario, *La Filosofía del Derecho en el Perú* , Editorial Minerva. Lima, 1968. Qp. 48.

[7] "... ao conjunto de disposições que foram implementadas nas Índias, incluindo Ásia e Oceania. Incluía: as regras criadas na Península especificamente para as Índias ("Direito Indígena" propriamente ditas); as regras criadas pelas autoridades castelhanas pretendidas nas Índias ("Direito indígena crioulo"); Direito espanhol que, na ausência de disposições especificamente indígenas, aplica-se como uma direito subsidiário nas Índias; costume, seja metropolitano, crioulo ou indígena; a jurisprudência dos tribunais metropolitanos e crioulos; e a doutrina dos juristas, metropolitanos e crioulos...." SNCHEZ- ARCILLA BERNAL, José. *Historia del derecho español.* Produções Editoriais. Barcelona, 2005. Pp. 290.

andinos e crioulos produziu um fenômeno de síntese que teve a consequência de adaptar as regras existentes às situações não previstas por elas.

No entanto, a passagem da colônia / vice-reinado para a República significou considerar não necessariamente rupturas, mas encontrar elementos de ligação e progresso na *evolução histórica*[8].

Sob essa premissa histórica, desenvolveremos então uma explicação da regulação da união de fato no Peru, com ênfase, além de sua conceituação e características, no papel atribuído pelo constituinte peruano ao casamento e à família, considerados como garantia institucional.

2.1 A união de fato e a referência ao casamento como garantia institucional

O artigo 4º da Constituição Política do Peru estabelece que a comunidade e o Estado: "... protegem a família e promovem o casamento. Eles reconhecem este último como institutos naturais e fundamentais da sociedade..." [9].

Essa proteção constitucional reconhecida "institucionalmente" à família e ao casamento marca uma proteção especial dada pela Constituinte e que os diferencia do chamado *ius connubbi.*

Assim, o Tribunal Constitucional peruano (doravante o TC) declarou:

> "... Mesmo a ampla margem de configuração do casamento que a Constituição concede ao legislativo não lhe permite livrar-se do próprio instituto. Seu trabalho, nesse sentido, não pode ser equiparado ao próprio poder constituinte, mas pode ser realizado dentro das margens limitadas de um poder constituído (...) Assim, do ponto de vista constitucional, o casamento não pode ser equiparado ao direito de casar, mesmo que haja relações evidentes entre os dois[10].

[8] Cfr. DO CANDAMO PUENTE, José Agustín, Op. cit., pp. 41- 42.

[9] Para uma maior compreensão da garantia institucional é altamente recomendado o livro do professor peruano UGARTE MOSTAJO, Daniel. *La garantía institucional del matrimonio en la Constitución de 1993. La heterosexualidad como rasgo esencial de la institución matrimonial.* Palestra-Fundo Editorial da Universidade Católica de San Pablo. Arequipa, 2014.

[10] STC Exp. Nº 2868-2004-AA/TC, F.J. 13.

Sob essa referência constitucional, a união de fato é considerada pelo artigo 5º da Constituição Política Peruana como: "a união estável de um homem e de uma mulher, livres de impedimento conjugal, formando um lar de fato, dá origem a uma comunidade de bens sujeitos ao regime comunhão aquestos, conforme aplicável"[11].

Vale ressaltar os elementos enfatizados pelo constituinte, no que diz respeito à união de fato, que estão relacionados ao casamento: estabilidade, heterossexualidade e o regime patrimonial da comunhão de bens.

O TC em relação a esses elementos apontou que a união de fato: "... é uma união monogâmica heterossexual, com vocação de habitualidade e permanência (...), que deve estar sujeita à regulação da comunhão de aquestos..."[12].

Considerando os elementos mencionados acima, que nos permitem contextualizar e compreender as particularidades da regulação da união de fato no Peru, a seguir serão tratados seus principais aspectos regulatórios vigentes.

Como já mencionado, a união de fato é expressamente consagrada e reconhecida, na Carta Magna de 1993, bem como no Código Civil de 1984, nos artigos 5º e 326º, respectivamente.

Para a regulamentação constitucional, a união de fato é a união estável de homem e mulher que formam um lar de fato, e que também deve ser livre de impedimentos conjugais. A legislação civil, por sua vez, refere-se a uma união de fato quando homem e mulher voluntariamente mantêm uma relação livre de impedimento conjugal, para alcançar propósitos e cumprir deveres semelhantes aos do casamento, desde que tal união tenha durado pelo menos dois anos contínuos.

Como se pode notar, a legislação civil acrescenta a exigência de temporalidade na configuração da união de fato, tornando-se um elemento essencial para que tais uniões adquiram reconhecimento jurídico. Da mesma forma, a exigência do cumprimento de propósitos e deveres semelhantes ao casamento, levou bom setor da doutrina nacional a afirmar que a regulação da união de

[11] Este artigo é muito semelhante ao considerado pela Constituição Política do Peru de 1979 no artigo 9º: "A união estabelecida por um homem e uma mulher, livres de impedimento conjugal, que formam um lar de fato pelo tempo e sob as condições indicadas pela lei, dá origem a uma sociedade de bens que está sujeita ao regime de comunhão de aquestos como é aplicável".

[12] STC nº 06572-2006-AA. FJ. 16.

fato no Peru baseia-se na teoria da aparência matrimonial, afirmação com a qual concordamos plenamente.

No entanto, juntamente com a união de fato que atende às condições exigidas por lei, chamada união de fato própria, permanecem aqueles casais que: "não poderiam se casar porque um ou ambos já têm um vínculo matrimonial com terceira pessoa, ou estão impedidos de se casar com qualquer outra causa"; a esse tipo de convivência o TC achou por bem denominar como união de fato imprópria, concubinato no sentido amplo ou adultério.

Portanto, o direito peruano só reconhece as consequências legais para a união de fato na qual homens e mulheres que não são casados, mas legalmente poderiam se casar, vivem a vida como se casados fossem, uma vez que, para uniões de fato impróprias, o legislador prevê apenas a ação de enriquecimento indevido.

No Peru, é cada vez maior o número de casais que optam pela união de fato, o que é demonstrado pelo último censo realizado no país. Do total de pessoas que mantêm um relacionamento, o número daquelas que vivem juntas aumentou de 21,1% da população, em 1981, para 43,4% em 2017. Enquanto a população casada diminuiu 12,7% – ao passar de 67,9% para 41,8% entre 1981 e 2017[13].

Isso criou conflitos jurídicos complexos tanto no que diz respeito à relação de casal entre os concubinos quanto no que diz respeito às relações jurídicas com os filhos.

Entende-se, portanto, que a Alta Corte peruana se refere a isso:

> "... a união de fato deve ser destinada a desempenhar deveres semelhantes aos do casamento. Ou seja, de homem e mulher como um casal, tendo entre si igual considerações, direitos, deveres e responsabilidades obrigados a apoiar a casa que formaram com a obrigação mútua de alimentação, fidelidade, assistência e que tenha durado pelo menos dois anos..."[14].

[13] Cfr. INEI. *INEI difunde Base de Datos de los Censos Nacionales 2017 y el Perfil Sociodemográfico del Perú. 2017:* Recuperado a partir de: http://m.inei.gob.pe/prensa/noticias/inei-difunde-base-de-datos-de-los-censos-nacionales-2017-y-el-perfil-sociodemografico-del-peru-10935/ (20 de junho de 2020)

[14] STC Exp. Nº 09708-2006-AA/TC FJ. 1.

A partir disso, podemos dizer que a união de fato pressupõe elementos estruturais do casamento, o qual que é reconhecido no Peru – juntamente com a família – como institutos jurídicos garantidos constitucionalmente.

No entanto, tendo em vista as semelhanças acima estabelecidas, deve-se notar que a união de fato difere substantivamente do casamento no que diz respeito ao vínculo conjugal. O que é consensual na união de fato é o desejo de viver como marido e mulher sem sê-lo. Este não é um simples contrato ou negociação entre as partes, mas um vínculo que envolve uma profunda unidade entre homem e mulher, que sela a condição de ser – e não parecer – marido e mulher. Precisamente por causa desse vínculo, o direito constitucional peruano promove o casamento, ao contrário da união de fato.

2.2. Características e reconhecimento da união de fato no Peru

No direito peruano, tanto a regulação constitucional quanto a civil descrevem os elementos constituintes da união de fato.

Nessa perspectiva, a união de fato que alcança o reconhecimento legal no Peru é uma união heterossexual, composta por homem e mulher, o que exclui qualquer possibilidade de reconhecimento de uniões de pessoas do mesmo sexo.

Além disso, o casal deve manter uma comunidade de leitos, convivendo com uma perspectiva de permanência, de pelo menos dois anos contínuos.

A relação do casal deve ser pública e notória, por isso não se poderia buscar o reconhecimento de uma relação clandestina ou secreta.

Também se exige a exclusividade e singularidade da união; trata-se, portanto, de uma relação marcada pelo dever de fidelidade e pela monogamia, respectivamente. Consequentemente, as relações de casais polígamos não são reconhecidas juridicamente pelo Direito Peruano.

Deve ser uma união livre de impedimentos conjugais, como já apontamos, essa característica diferencia a união de fato própria da imprópria.

Entende-se, portanto, que de acordo com a regulamentação vigente, a união de fato no Peru, é heterossexual, com perspectiva de permanência exigindo uma convivência mínima de dois anos, perceptível, singular e exclusiva; e, finalmente, deve estar livre de impedimento conjugal[15].

No que diz respeito ao reconhecimento da união de fato, esta implica em comprovar sua existência, a mesma que é atestada através da posse constante do estado de concubino. Isso está expressamente previsto no artigo 326 do Código Civil peruano, que refere, em seu segundo parágrafo, que a posse constante do Estado a partir de uma data aproximada, pode ser comprovada por qualquer um dos meios admitidos pelo direito processual, desde que haja um princípio de prova escrita.

Se entende por posse constante do estado: "o exercício dos direitos e cumprimentos dos deveres inerentes à situação familiar da pessoa. Entre os elementos que podem distinguir-se na posse de estado (...): o uso do sobrenome, o tratamento recebido e a consideração social que uma pessoa sustente em sua vida..."[16].

O reconhecimento pode tramitar por via judicial ou notarial e, em ambos os casos, requer sua posterior inscrição na SUNARP (Superintendencia Nacional de los Registros Públicos). Cabe ressaltar que tanto o reconhecimento judicial como o notarial são de caráter declarativo, mas não constitutivo, já que este último se configuraria com o próprio fato da convivência.

Recorre-se à via judicial, a pedido unilateral de uma das partes, caso uma delas não concorde, ou ainda, no caso da morte de uma das partes e quando não haja certeza quanto à existência da união de fato.

O reconhecimento notarial foi introduzido com a lei Nº 29560[17], que confere jurisdição ao cartório público, para o reconhecimento da união de fato, desde que ambas as partes concordem com o processo de registro. O tabelião submete ao ato público a declaração de reconhecimento da união de fato e

[15] Eles coincidem com a descrição desses mesmos elementos característicos da união de fato: 1) AGUILAR LLANOS, Benjamin. *As Uniões de Fato: Implicações legais e decisões do Tribunal Constitucional.* Pessoa e Família Nº 4 (1) 2015. p. 13. 2) ZUTA VIDAL, Erika Irene. *A união de fato no Peru, os direitos de seus membros e desafios pendentes.* IUS ET VERITAS Nº 56 (julho) 2018. Pp. 188-189.

[16] FERNANDEZ ARceCésar & BUSTAMANTE OYAGUE, Silvia. *La unión de hecho en el Código Civil peruano de 1984: Análisis de su conceptualización jurídica desde la perspectiva exegética y jurisprudencial. Derecho y Sociedad* (15) 200. pp. 227.

[17] Lei que amplia a Lei Nº 26662, *Ley de Competencia Notarial en Asuntos no Contenciosos*, e a Lei Nº 26887, *Ley General de Sociedades*, 10 de julio de 2010.

dá parte ao Registro Pessoal do local de seu domicílio. Este último registro especifica a data de início e, se aplicável, a conclusão da união de fato.

Em relação ao prazo para buscar reconhecimento, a Corte Suprema determinou que a declaração de união de fato é imprescritível e pode ser exercida pelos conviventes ou seus filhos: "... qualquer um dos ex conviventes pode solicitar judicialmente a declaração de união de fato, sem que tal reivindicação esteja sujeita a qualquer prazo prescritivo", a abordagem do Tribunal é extremamente relevante considerando que o direito atual não reconhece efeitos jurídicos, pessoais ou econômicos a uniões de fato que não tenham sido formalizadas.

Corresponderá ao desenvolvimento dos efeitos jurídicos pessoais e econômicos das uniões de fato que abordaremos na próxima seção.

2.3. Efeitos jurídicos pessoais e econômicos da união de fato

Ao tratar dos efeitos pessoais e econômicos das uniões de fato, é necessário destacar que é a própria regulação civil que lhes atribui propósitos e deveres semelhantes ao casamento.

A partir desta perspectiva, se atribui à união de fato os mesmos deveres-direitos pessoais oriundos do casamento: fidelidade e assistência[18], coabitação[19], que é uma característica essencial para a configuração da união de fato; e, no que diz respeito aos filhos, o dever de alimentá-los e cuidar deles[20].

Quanto ao direito de alimentos durante o período da união de fato, parte da doutrina nacional o interpreta como uma obrigação natural e não uma obrigação jurídica[21], pois a legislação civil exigiria que a convivência fosse encerrada para só então haver a atribuição de uma pensão alimentícia, que

[18] CODIGO CIVIL (1984), artigo 288º – Os cônjuges se devem fidelidade e assistência recíprocas.

[19] Idem, artículo 289°- É dever de ambos os cônjuges compartilhar uma vida comum no lar conjugal. O juiz pode suspender tal dever se seu cumprimento colocar em grave risco a vida, a saúde ou a honra de qualquer um dos cônjuges ou a atividade econômica da qual dependa o sustento da família.

[20] IDEM, artículo 291°- Se um dos cônjuges se dedica exclusivamente ao trabalho doméstico e ao cuidado dos filhos, a obrigação de sustentar a família recai sobre o outro, sem prejuízo da ajuda e colaboração que ambos os cônjuges se devem em um e outro âmbito.

[21] Cfr. ZUTA VIDAL, Erika. Op. cit. pp. 192.

é, inclusive, alternativa e excludente da reivindicação de uma quantia de dinheiro para compensação para a hipótese de o encerramento da união de fato dar-se por decisão unilateral[22].

Ainda que o mesmo legislador atribua à união de fato finalidades e deveres similares ao casamento, se omitiu de reconhecer o parentesco por afinidade entre os concubinos[23]. Igualmente, não considerou a união de fato devidamente inscrita no Registro Pessoal da SUNARP[24] como um impeditivo absoluto para a celebração do matrimônio.

Em relação à possibilidade de adoção, a Lei nº 30.311, do ano de 2015, que permite a adoção de menores declarados judicialmente em abandono por casais que formam união de fato, dá poderes para que os casais com união registrada possam adotar uma criança em condições iguais ao casamento.

Por fim, sobre o direito à previdência social, o novo TUPA (Texto Único de Procedimentos Administrativos) de 2016 exige a apresentação de documentação que comprove que uma união de fato está devidamente registrada[25].

No que diz respeito à atribuição dos direitos econômicos, a união de fato gera uma comunhão de bens à qual se aplica o regime de comunhão de aquestos, desde o início da convivência. Situação diferente à do casamento, na qual os contraentes podem optar pelo regime de separação de bens[26], o regime

[22] CODIGO CIVIL (1984), artículo 326°- A união de fato se encerra por morte, ausência, mútuo acordo ou decisão unilateral. Neste último caso, o juiz pode conceder, em favor do abandonado, uma quantia a título de indenização ou uma pensão alimentícia, além dos direitos que lhe correspondam em conformidade com o regime de comunhão de bens.

[23] Idem, artículo 237°- O matrimônio produz parentesco de afinidade entre cada um dos cônjuges com os parentes consanguíneos do outro. Cada Cônjuge se encontra em igual linha e grau de parentesco por afinidade que o outro por consanguinidade.

A afinidade em linha reta não termina na dissolução do matrimônio que as produziu. Subsiste a afinidade no segundo grau da linha colateral em caso de divórcio e enquanto o ex cônjuge viver.

[24] Idem, artigo 241°- Não podem contrair matrimônio: 1. Os adolescentes. O juiz pode dispensar este impedimento por motivos justificados, sempre que os contraentes tenham, no mínimo, dezesseis anos completos e manifestem expressamente sua vontade de casar-se. 2. As pessoas com capacidades de exercício restritas contempladas no artigo 44, numeral 9, desde que não haja manifestação da vontade, expressa ou implícita, sobre o assunto. 3 y 4 – Revogados 5 – Os casados.

[25] Cfr. ZUTA VIDAL, Erika. Op. cit. pp. 191-193.

[26] CÓDIGO CIVIL (1984). Artigo 295°- Antes da conclusão do casamento, os futuros cônjuges podem optar livremente pelo regime de comunhão de bens ou pelo regime de separação patrimonial, que começará a vigorar no momento do casamento. Se os futuros cônjuges optarem

de comunhão de aquestos é único e obrigatório para a união de fato. Além disso, na união de fato, não se pode constituir bem de família[27], sendo esta possibilidade exclusivo do casamento.

Como vimos, tanto os efeitos pessoais quanto econômicos da união de fato requerem reconhecimento e sua respectiva inscrição no registro pessoal da SUNARP.

Em seguida, na última seção, revisaremos as principais consequências legais da dissolução da união de fato no Peru.

2.4. Consequências legais da dissolução da união de fato

Para determinar as consequências jurídicas decorrentes da dissolução da união de fato, é necessário referir-se aos casos nos quais isso se dá. A união de fato é extinta por: morte, ausência, acordo comum, decisão unilateral ou casamento entre conviventes[28].

No primeiro caso, a morte de um dos membros do casal, o artigo 326 do Código Civil, prevê que o companheiro sobrevivente tem direitos semelhantes aos concedidos no casamento, sendo considerado, inclusive, herdeiro necessário[29].

No caso de não se haver realizado, em vida, a o registro da união de fato, o sobrevivente pode pretender seu reconhecimento judicialmente.

Da mesma forma, o membro sobrevivente da união de fato tem direito à pensões por invalidez e pensões de subsistência , bem como à pensão de aposentadoria do falecido[30]. No entanto, o sistema público de pensões não reconhece a referida pensão por viuvez aos conviventes.

pelo regime de separação de bens, devem conceder escritura pública, sujeita à nulidade. Para que isso tenha efeito, deve estar inscrita no registro pessoal. Na ausência de escritura pública, presume-se que os interessados tenham optado pelo regime de comunhão de bens.

[27] Nesse sentido, embora o parágrafo 4º do artigo 493 do Código Civil permita que o pai ou a mãe solteiros constituam bens familiares sobre os bens de sua propriedade, o convivente, não foi considerado beneficiário no artigo 495 do mesmo órgão jurídico.

[28] Este último cenário não foi previsto no segundo parágrafo do artigo 326 do Código Civil.

[29] CODIGO CIVIL (1984), artículo 724º – São herdeiros necessários os filhos e os demais descendentes, os pais e demais ascendentes, o cônjuge, ou, sem sendo o caso, o integrante sobrevivente da união de fato.

[30] Regulamento do D.S. Nº 004-98-EF-TUO Regulamento da Lei do Sistema Privado sobre Fundos de Pensão, Artigo 117.

A esse respeito, a jurisprudência do TC, no caso conhecido como Anaya[31], negou o direito à pensão da viúva, tendo em vista que a união de fato não pode ter os mesmos efeitos planejados que o casamento. Esse critério de interpretação foi posteriormente corrigido pelo intérprete constitucional supremo, no caso Rosas Domínguez[32], no qual o tribunal reconhece que os membros das uniões de fato também gozam do direito à pensão por viuvez, ao considerá-los como bens conjugais comuns.

Em relação ao caso de decisão unilateral, a situação foi assimilada ao abandono injustificado e está previsto que o abandonado pode solicitar, opcionalmente, ao tribunal uma quantia em dinheiro para indenização ou uma pensão de alimentos, além dos direitos correspondentes a ele após a liquidação da comunhão de bens.

Com o exposto até aqui, pretendemos desenvolver os principais aspectos da regulação da união de fato no Peru na legislação vigente. Entretanto, não podemos deixar de mencionar a proposta de modificação do artigo 326º do Código Civil, assim como a incorporação dos artigos 326Aº e 326Bº do projeto de reforma do Código Civil peruano, publicado em 6 de fevereiro de 2020 e aprovado mediante Resolução Ministerial 46-2020-JUS.

A proposta de elaboração do artigo 326º desse texto legislativo tem uma única variação substancial relativa à substituição do princípio da prova escrita, a fim de estabelecer a existência da união de fato, atualmente exigida, permitindo qualquer um dos meios aceitos pelo direito processual.

Por outro lado, o projeto visa incorporar o artigo 326°A, que permitiria que a união de fato opte pelo regime de separação do patrimônio. Por sua vez, o artigo 326°B busca listar os casos de rescisão da união de fato, tendo em conta em seu último parágrafo o casamento civil celebrado por um de seus membros em ocasião posterior ao registro da união de fato e que não se refere, necessariamente, ao casamento entre os membros da dita união. O que nos leva a interpretar que o registro ou não da união de fato não impedirá que um de seus membros se case com terceiros, desde que tenha encerrado a comunhão de bens e disposto sua respectiva liquidação. Acreditamos que a interpretação proposta reforça não apenas o princípio constitucional

[31] STC Exp. Nº 06572-2006-PA/TC.

[32] Ibidem.

da promoção do casamento, mas também reflete a preferência especial do legislador por este.

Conclusão

A integração de elementos históricos e legais sobre a união de fato no Peru nos mostra particularidades que têm sido destacadas, a partir da síntese cultural típica da identidade peruana.

Historicamente, havia o entendimento no antigo Peru da *servinacuy*, como um "casamento experimental" visava garantir – se assim fosse – um casamento capaz de fortalecer a família, também chamado *Ayllu*. Claramente, não se podia compreender o desenvolvimento do Império Inca, desvinculado da contribuição familiar.

No direito, há a garantia institucional no nível constitucional do casamento e da família, também reconhecida como institutos naturais.

Nessa perspectiva, a regulação da união de fato e sua interpretação no âmbito judicial do direito peruano visam encontrar uma referência no casamento, considerando elementos fundamentais como estabilidade, heterossexualidade e o regime patrimonial da comunhão de bens. São precisamente esses elementos que permitem que a formalização de seu reconhecimento, os efeitos jurídicos pessoais, econômicos e a dissolução da união de fato.

Finalmente, uma perspectiva da união de fato baseada no casamento permite garantir famílias mais fortalecidas. É por isso que a promoção constitucional do casamento e da família é entendida.

Referências

Doutrina

AGUILAR LLANOS, Benjamin. *As Uniões de Fato: Implicações Legais e as Decisões do Tribunal Constitucional.* Pessoa e Família Nº 4 (1), 2015.

ALZAMORA VALDEZ, Mario, *A Filosofia do Direito no Peru,* Editorial Minerva, Lima, 1968.

BASADRE, Jorge. *História da Lei Peruana.* 2ª ed., Ediciones Gráficas S.A. Lima, 1984.

DAVID, René-JAUFFRET-SPINOSI, Camille, *I grandi sistemi giuridici contemporanei*, 10th. A Edizione. Padova. O Cedam. 1994.

DA PONTE CANDAMO, José Agustín, *Reflexões sobre Identidade Nacional*,Persona e Cultura Revista nº 4, Universidad Católica San Pablo. Arequipa- Peru. p.28-56

FERNANDEZ Arce, César & BUSTAMANTE OYAGUE, *Silvia. A união de fato no Código Civil peruano de 1984: Análise de sua conceituação jurídica a partir de uma perspectiva exegetical e jurisprudência.* Direito e Companhia (15), 2000.

FERNANDEZ REVOREDO, *Manual de Direito de Família. 1º ed.*, Fundo Editorial Universidad Católica del Perú. Lima, 2013.

GIURATO, Toto, *Peru Millennium*, Volume I. Pre Inca- Inca. 12th ed., Ecos. Lima, 1947.

O Inei. *O INEI divulga o Banco de Dados Censitário Nacional 2017 e o Perfil Sociodemográfico do Peru. 2017:* Recuperado de: http://m.inei.gob.pe/prensa/noticias/inei-difunde-base-de--datos-de-los-censos-nacionales-2017-y-el-perfil-sociodemografico-del-peru-10935/.

SNCHEZ- ARCILLA BERNAL, José. *História da Lei Espanhola.* Produções Editoriais. Barcelona, 2005.

UGARTE MOSTAJO, Daniel. *A garantia institucional do casamento na Constituição de 1993. A heterossexualidade como característica essencial da instituição*docasamento. Palestra- Fundo Editorial da Universidade Católica de San Pablo. Arequipa, 2014.

ZUTA VIDAL, Erika Irene. *A união de fato no Peru, os direitos de seus membros e desafios pendentes.* IUS ET VERITAS Nº 56 (julho) 2018. p.186-197.

Jurisprudência do Tribunal Constitucional peruano

STC Exp. Nº 2868-2004-AA/TC, 24 de novembro de 2004.
STC Exp. Nº 09708-2006-AA/TC, 11 de janeiro de 2007.
STC Exp. Nº 06572-2006-AA/TC, 6 de novembro de 2007.

Jurisprudência complementar

Casa nº 1532-2013- Lambayeque, declaração de união de fato.

Regulamentos peruanos

Constituição Política (1979).
Constituição Política (1993).
Código Civil (1984).

Regulamentação da Lei nº 004-98-EF-TUO da Lei de Administração de Fundos de Pensão do Sistema Privado (1998).

Lei que prorroga a Lei nº 26.662, Lei de Concursos Notários em Assuntos Não Contencioso, e a Lei nº 26.887, Lei Geral das Empresas (2010).

Lei que prorroga a Lei nº 26.662, Lei de Concursos Notários em Assuntos Não Contencioso, e a Lei nº 26.887, Lei Geral das Empresas (2010).

Lei nº 30.311, Lei que permite a adoção de menores declarados judicialmente em abandono por casais formando união de fato (2015).

Decreto Supremo nº 014-2016-TR, que atualiza o Texto Único Orado da Previdência Social de Saúde – ESSALUD (2016).

Resolução Ministerial nº 0046-2020-JUS, que prevê a publicação da minuta anterior da reforma do Decreto Legislativo nº 295, Código Civil, juntamente com sua Declaração Explicativa, no Portal Institucional do Ministério da Justiça e Direitos Humanos (2020).

URUGUAI

1. LA UNIÓN CONVIVENCIAL EN URUGUAY Y SUS DIFERENCIAS CON EL MATRIMONIO

Beatriz Ramos Cabanellas

Introducción

En la actualidad el originario Código Civil Uruguayo (CCU) del año 1869 continúa vigente en la gran mayoría de sus disposiciones sin perjuicio de leyes aprobadas con posterioridad al mismo.

Desde un principio este código reconoció a la pareja heterosexual unida por matrimonio y la puso en el centro de la regulación de la familia.

Hasta finales del año 2007 el matrimonio era la única relación de pareja que producía efectos jurídicos en nuestro país.

Y esto, porque en su origen el referido Código mantenía silencio respecto al concubinato y sólo se lo mencionaba como causal de separación de cuerpos al referirse al adulteriodel marido cuando se cometiera en el hogar conyugal, con escándalo público ocuando tuviera concubina.

Al transcurrir el tiempo se fueron introduciendo otras modificaciones referidas a la investigación de la paternidad –art. 241 Numeral 4º CCU (hoy derogado) y al derecho real de habitación y uso –arts. 881-3, 881-5 y 881-6 CC.

Es decir, que si bien en nuestra sociedad existían parejas que convivían en unión de hecho, nuestro ordenamiento jurídico no les reconocía derechos y sólo algunas disposiciones las contemplaba pero en forma colateral.

En base a ello se puede afirmar que nuestro país hasta finales del año 2007 perteneció al grupo de países abstencionistas en cuanto a la regulación de las uniones de hecho.

Desde la vigencia del Código Civil hasta la actualidad la sociedad uruguaya fue experimentando una serie de cambios que incidieron en forma directa en la conformación de la familia.

Al respecto y en referencia a la familia de nuestro país, la Demógrafa Wanda Cabella expresó[1] "En veinte años, todos los indicadores demográficos de la vida familiar experimentaron cambios que condujeron a una imagen muy diferente de las familias que se formaban durante los años setenta. Si las generaciones que alcanzaron su adultez en esos años fueron las protagonistas de la revolución sexual y contraceptiva, la siguiente generación protagonizó lo que Carlos Filgueira (1996) llamó "la revolución de los divorcios"

Entre los grandes cambios observados se señala la proliferación de las uniones de hecho y un aumento drástico de la natalidad extramatrimonial.

En cuanto a la formación de las parejas se observa que durante los últimos años hubo un descenso sostenido del número de parejas que optaron por el matrimonio y un aumento sistemático en la proporción de parejas que se unieron de hecho[2].

Ya desde los años setenta se registró una tendencia descendiente de la nupcialidad. Entre los años 1975 a 1989 la variación porcentual de este indicador alcanzó una reducción de 16.5 % (de 11.9 a 10.0), mientras que entre los años 1989 y 2004 la tasa se redujo a 47.4 %.

En términos comparativos, el valor actual de la tasa es muy similar al encontrado en países como Francia y Suecia y bastante más bajo al registrado en varios países de América Latina.

Otro aspecto que merece destaque en el comportamiento reciente de la nupcialidad es su falta de reacción a los factores externos.

[1] Cabella Wanda, "Los cambios recientes de la familia uruguaya: la convergencia hacia la segunda transición demográfica" en "Familias en Cambio en un mundo en cambio", Clara Fassler , coordinadora, Ediciones Trilce, Montevideo

[2] Cabella Wanda, "Los cambios recientes de la familia uruguaya: la convergencia hacia la segunda transición demográfica" en "Familias en Cambio en un mundo en cambio", Clara Fassler , coordinadora, Ediciones Trilce, Montevideo

Durante la mayor parte del siglo pasado, la tasa de nupcialidad presentó oscilaciones cíclicas en respuesta a las coyunturas económicas, registrando un aumento de los matrimonios en los períodos de prosperidad y caídas en los ciclos recesivos.

Es decir, en otros términos que actualmente la cantidad de matrimonios no aumenta en los períodos prósperos de la economía. Esta monotonía de la curva de la tasa de nupcialidad lleva a pensar que se trata verdaderamente de un cambio estructural.

En el período que va desde el año 1987 al 2004 el número de esas parejas se triplicó

Más precisamente se comprobó que a partir del año 1992 se produjo una notable expansión de las uniones consensuales.

Las denominadas uniones libres siguen siendo más frecuentes en los sectores más desfavorecidos, con menos educación y los pobres.

También este tipo de unión se encuentra con mayor frecuencia entre los estratos más jóvenes de la población, aunque en este último caso hay un número importante de parejas que pasados los años contrae matrimonio.

Al denominarse a esta clase de unión como "libre" parecería que existen otras cuyos integrantes no gozan de tal "libertad", lo cual no es correcto ya que una de las características fundamentales del matrimonio es la libertad de los contrayentes considerándose todo vicio del consentimiento por error o violencia pasibles de producir la nulidad del mismo (artículo 91 del Código Civil).

Desde el comienzo de este trabajo es importante destacar que en Uruguay se denomina unión concubinaria a lo que en otros países se denomina unión convivencial, unión de hecho, etc.

Como explicaré más adelante, a partir de enero de 2008 con la vigencia de la ley 18246 en nuestro país se reguló la unión convivencial de las parejas de distinto o igual sexo.

Dicha ley regula la denominada "unión concubinaria" y reconoce la existencia de otras uniones de hecho pero no las regula.

Esto es así, en la medida en que el artículo 1º de la ley 18246 dispone: "La convivencia ininterrumpida de al menos cinco años en unión concubinaria genera los derechos y obligaciones que se establecen en la presente ley, sin perjuicio de la aplicación de las normas relativas a las **uniones de hecho no reguladas por ésta**". (negrilla nuestra)

En grandes líneas podemos decir que en nuestro país las uniones convivenciales se dividen en dos clases, por un lado aquella que la ley denomina "unión concubinaria" y que es la que cumple con las exigencias dispuestas por la ley 18246 y por otro lado las designadas por la ley citada como las "uniones de hecho no reguladas .." que son aquellas que no cumplen con dichos requisitos y si bien la ley reconoce su existencia en forma genérica no regula sus efectos.

1. La regulación legal de la Unión de hecho en el Uruguay: ¿Acierto u error?

Como señalé previamente nuestro país integró hasta el año 2007 la lista de países "abstencionistas" respecto a la regulación de las uniones consensuales.

Tal como surge de las cifras expuestas con anterioridad, esta ausencia de regulación no determinó que las uniones de hecho dejaran de existir, por el contrario aumentaron y quienes al principio se unían sin querer asumir compromisos posteriormente planteaban ante el Poder Judicial diversas reclamaciones derivadas de la unión que habían mantenido.

Estas reclamaciones, realizadas generalmente al finalizar la relación, por uno o ambos convivientes generaron la necesidad de resolver los problemas que en torno a ellas surgían, por lo que doctrina y jurisprudencia debieron recurrir a diversas construcciones con base en el derecho común con el fin de resolver las demandas planteadas en materia de alimentos, bienes, etc.

Resulta evidente que fue gracias a la labor de la doctrina y la jurisprudencia, que las dificultades en la precisión de los derechos que corresponden a los concubinos provenientes del silencio del legislador, no se hubieran transformado en una denegación de justicia.

No obstante muchas veces situaciones con características iguales recibían fallos distintos en función a la Sede Judicial que debía entender en el asunto.

Para ilustrar la dificultad que en algunas oportunidades ha planteado la aplicación de estas teorías a nivel jurisprudencial, basta con comentar que en un caso llegó a entenderse por el Juzgado de primera instancia que el concubinato podía tener por fundamento una acción mixta inclasificada, a diferencia del tribunal de segunda instancia, que entendió que se había configurado el enriquecimiento sin causa, mientras que la Suprema Corte de Justicia consideró aplicable la tesis de la sociedad de hecho[3].

Es decir para un mismo caso distintas soluciones.

La ley 18246 denominada ley de unión concubinaria fue sancionada el 18 de diciembre de 2007 y está vigente desde enero de 2008.

Antes de esta ley, se discutía respecto a la conveniencia de regular esta clase de uniones aunque ya se habían presentado diversos proyectos de ley en la materia.

Es así, que en nuestro país las opiniones estaban divididas, mientras algunos especialistas en materia de derecho de familia fundamentaban la conveniencia de su regulación legal, otros por el contrario argumentaban que estas uniones no debían ser reguladas en la medida en que sus integrantes manifestaban no querer estar sujetos a reglas.

Entre quienes propiciaban su regulación la solución a adoptar no era unánime. Es decir, si bien todos ellos coincidían en la necesidad de que se aprobara una ley en la materia no todos propiciaban la misma solución.

En efecto, algunos juristas[4] entendían adecuado una regulación única del matrimonio y no crear la figura de la unión concubinaria. En esta posición se proponía consagrar un matrimonio al cual se llegaba por dos vías: por la celebración ordinaria ante el Oficial de Estado Civil (matrimonio común o matrimonio in extremis) y por la homologación judicial de una convivencia previa.

Otros, como fue el caso de algunos legisladores que presentaron proyectos de ley en la materia, se inclinaron en general hacia la regulación de esta unión en forma diferenciada del matrimonio

El texto de la ley 18246 tiene defectos de técnica legislativa que enfrentan al intérprete a muy serias dudas, generadoras de una muy severa inseguridad jurídica.

Si bien con esta ley se buscó dar una solución uniforme en realidad se generó incertidumbre jurídica especialmente en el tema de las relaciones

[3] LJU. Tomo 23, año 1951, caso 3422., páginas 145 y siguientes. Suprema Corte de Justicia. Sentencia del 30 de mayo de 1951 (citado por Arezo en Revista de Doctrina y Jurisprudencia págs. 37 y 44).

[4] ArezoPíriz Enrique, Unión Concubinaria, Tercera Edición Corregida y aumentada, Asociación de Escribanos del Uruguay, 2011

patrimoniales entre los concubinos que era uno de los puntos que justamente se pretendía solucionar.

La falta de claridad de la ley en este punto ha llevado a que algunos autores y cierta jurisprudencia interpreten los textos legales desconociendo totalmente la finalidad de la ley.

Con esta falta de claridad dejó el legislador un tema trascendente en manos del intérprete cuando lo que se necesitaba eran reglas claras.

2. Matrimonio, Unión concubinaria y uniones de hecho

Como vimos en Uruguay, hasta la vigencia de la Ley Nº 18.246 la única forma reconocida para generar derechos y obligaciones entre los miembros de una pareja y frente a terceros era el matrimonio.

Nuestro originario código civil reguló un matrimonio monogámico, heterosexual e indisoluble con una clara autoridad marital y la consagración de diversos derechos y deberes de los cónyuges entre sí, para con sus hijos y frente a terceros.

El régimen matrimonial consagrado por el código civil uruguayo de 1869 fue similar al adoptado por otros códigos de la época y respondió a la estructura social de la misma.

En la actualidad el matrimonio civil continúa siendo monogámico pero desde principios del siglo XX es disoluble por divorcio y ya no tiene la característica de ser únicamente heterosexual en la medida en que puede ser celebrado por personas de igual o distinto sexo.

A partir de la sanción de la ley 19.075 (ley de matrimonio igualitario) podemos encontrar una definición de matrimonio en nuestro Código Civil.

En efecto, el artículo 1º de dicha ley sustituyó la redacción del artículo 83 del Código Civil disponiendo en su inciso primero: "El matrimonio civil es la unión permanente, con arreglo a la ley, de dos personas de distinto o igual sexo...".

Sin duda el matrimonio proporciona a sus integrantes una amplia cobertura legal.

Del mismo se origina un estado de familia, esto es, la familia matrimonial o legítima especialmente considerada por nuestro codificador.

Además de generar parentesco por consanguinidad, es el único instituto que da origen al parentesco por afinidad permitiendo una extensión de vínculos familiares que son privativos del mismo.

La culpa en el matrimonio tiene incidencia tanto en alimentos como en otros temas y entre sus integrantes existen una serie de derechos y deberes entre los que se regulan los auxilios recíprocos, la convivencia y el deber de fidelidad.

Es un acto que se celebra un determinado día y a partir del mismo se generan una serie de efectos personales y patrimoniales claramente determinados tanto para los cónyuges como frente a terceros.

A diferencia del matrimonio, que es un acto jurídico de naturaleza familiar que se perfecciona cuando en un momento determinado el Oficial de Estado Civil lo declara ante los contrayentes que han expresado su voluntad, la unión concubinaria se forma con el transcurso del tiempo.

De acuerdo al artículo 2º de la ley citada la unión concubinaria es".. la situación de hecho derivada de la comunidad de vida de dos personas –cualquiera sea su sexo, identidad, orientación u opción sexual– que mantienen una relación afectiva de índole sexual, de carácter exclusiva, singular, estable y permanente..."

Esta comunidad de vida de la pareja conviviente implica convivencia de "techo, lecho y mesa", que es la forma en que tradicionalmente se ha interpretado el concubinato "more uxorio".

De acuerdo a lo dispuesto por el artículo 1º para generar los derechos y obligaciones reconocidos por la citada ley esa convivencia debe ser ininterrumpida y durar como mínimo cinco años. De esta forma la ley ha querido conferir una protección especial a aquella unión de dos personas vinculadas afectiva y sexualmente que ha cumplido con las exigencias de la ley.

Es decir que de acuerdo a nuestro ordenamiento jurídico si una pareja convive en forma ininterrumpida por un plazo no menor de cinco años, cumpliendo con los caracteres señalados en el artículo 2º de la ley, **genera,** según el artículo 1º) "...los derechos y obligaciones" que se establecen en la propia ley.

En cuanto a los "caracteres" referidos por la ley en el artículo 2º hemos señalado en obra conjunta[5] con la Profesora Mabel Rivero de Arhancet que

[5] Ramos Cabanellas, B. y Rivero de Arhancet, M. (2016). *Unión concubinaria: análisis de la Ley 18.246.* (4a.ed.act.y reestr). Montevideo: Fundación de Cultura Universitaria.

son verdaderos "elementos constitutivos" de la unión, lo que implica que si no se cumple alguno de ellos no estamos ante una unión concubinaria protegida por el ordenamiento jurídico.

De acuerdo a la ley estos elementos constitutivos son:

En primer lugar, la convivencia de la pareja debe ser ininterrumpida.

Entendemos con la Prof. Rivero de Arhancet que la calidad de "ininterrumpida" debe entenderse con referencia al vínculo que une a los concubinos. Sería absurdo admitir que si una persona está hospitalizada algunos meses y el vínculo persiste, la unión se ha extinguido. Al contrario la interrupción se tendrá en cuenta cuando la misma es producto de la ruptura voluntaria del vínculo que une a la pareja.

En segundo lugar la ley exige que la convivencia de la unión sea exclusiva y singular.

La exclusividad significa que ninguno de sus integrantes pueda unirse en una situación similar con otra persona, pues en tal caso la exclusividad desaparece y a nuestro entender deja de producir los efectos conferidos por la ley.

En cuanto a que sea singular y exclusiva parece indicar situaciones muy similares, es decir una unión entre dos personas identificadas como integrantes de la misma y solamente esas dos personas, excluyéndose la posibilidad de otro vínculo concubinario o matrimonial en forma simultánea.

En un interesante caso el Tribunal de Apelaciones de Familia de 2º Turno[6] ha tenido en cuenta tales conceptos y confirmando la sentencia de primera instancia entendió la inexistencia de unión concubinaria porque uno de los integrantes de la pareja convivía en forma simultánea con su cónyuge, fundamentándolo como sigue: "...la Sala comparte íntegramente el análisis efectuado por la Sra. Jueza a-quo, coincidente con el criterio de la Fiscalía (fs. 67-74 u 102), en el sentido que, en la especie no se verifican los requisitos de "singularidad" y "exclusividad" exigidos por la Ley 18.246."

[6] Tribunal de Apelaciones de Familia 2º, sentencia . Nº 314, 10.11.2014 extraída del Anuario de Derecho Civil Uruguayo Tomo 45, Fundación de Cultura Universitaria.

Si bien la ley aceptó la Unión Concubinaria de una persona casada, esto no habilita a sostener que el conviviente de estado civil casado esté legitimado para vivir en forma simultánea ambas situaciones.

En tercer lugar la ley exige que la unión tenga estabilidad y permanencia. Lo que se requiere es que la unión concubinaria no tenga tal fragilidad en su vínculo que la pueda llevar a la desaparición, sino que tal vínculo debe ser firme y duradero. También en caso de conflicto será necesario aportar la prueba adecuada para demostrar que la unión concubinaria carecía de tales atributos.

En cuarto lugar se exige que la unión perdure por un plazo no menor a los cinco años.

El plazo constituye una condición de admisibilidad y por lo tanto debe cumplirse en forma inexorable.

Desde un inicio entendimos con Mabel Rivero de Arhancet que el plazo de cinco años no puede ser interrumpido por cualquier circunstancia de la que surja el quiebre del vínculo y su reanudación posterior, en cuyo caso no se pueden sumar los distintos plazos. Por ejemplo, luego de dos o tres años de convivencia la pareja se separa voluntariamente durante un año, al cabo del cual reanudan su relación, no pueden pretender computar los cinco años requeridos sumando los primeros de convivencia a los posteriores luego de la separación

En igual sentido se pronunció el Tribunal de Apelaciones de Familia de 1º Turno[7] expresando: "..Lo expresado significa que, se deberá alegar y probar en un proceso voluntario que, el concubinato ha perdurado por lo menos cinco años con lo cual se estaría cumpliendo con un requisito de admisibilidad, pues de lo contrario, como sucede en el libelo, la pretensión habrá de ser desechada". Si la convivencia no duró cinco años no estamos dentro de la situación prevista por la ley.

[7] Tribunal de Apelaciones de Familia de 1º, Sentencia Nº 10-90/2014 - 30/05/2014 extraída del Anuario Critico Uruguayo de Derecho de Familia y Sucesiones, Tomo III 2015, Fundación de Cultura Universitaria.

Además del cumplimiento de estos elementos constitutivos dispone la ley que para que estos efectos sean reconocidos es necesario cumplir con otras exigencias, que van más allá de las que surgen de la definición.

Y esto es así porque en Uruguay se reguló el reconocimiento de la unión concubinaria por proceso judicial, cuya sentencia debe inscribirse en el Registro Nacional de Actos Personales, Sección Uniones Concubinarias de acuerdo a lo previsto por el artículo 12 de la ley 18.246.

En efecto, la ley uruguaya requiere la intervención judicial al consagrar el proceso de reconocimiento judicial (artículos 5º y 6º).

Reconocer supone declarar la existencia de hechos ocurridos con anterioridad y en el caso de la unión concubinaria ese reconocimiento puede ser solicitado por los mismos convivientes actuando en forma individual o conjunta durante la vida de los mismos o por cualquier interesado en caso de fallecimiento de uno de ellos.

El artículo 4º de la Ley 18.246 dispone que son sujetos legitimados para promover el reconocimiento de la unión concubinaria, los propios concubinos actuando conjunta o separadamente y cualquier interesado una vez declarada la apertura legal de la sucesión de uno o ambos concubinos.

Una vez conformada de hecho la unión concubinaria, al haberse cumplido con los elementos constitutivos requeridos por la ley, cualquiera de los concubinos, actuando conjunta o separadamente, queda habilitado para promover la declaratoria judicial de reconocimiento. Es decir que durante este período la ley solamente habilita a los concubinos ya sea en forma individual o conjunta a promover la acción.

La unión concubinaria se conforma si se cumple con los elementos constitutivos prescritos por la ley. En este caso no hay un acto jurídico como en el matrimonio sino que hay una situación de hecho que si cumple con los elementos exigidos por la ley produce una serie de derechos y obligaciones en el ámbito personal y patrimonial.

Aquellas situaciones en las que no se cumpla con los elementos constitutivos de la unión concubinaria son consideradas por la misma ley como uniones de hecho no previstas en la misma.

Así por ejemplo una pareja que conviva pero que no cumpla con el plazo de cinco años de convivencia o que no tuviese exclusividad en su relacionamiento se podría considerar que conforma una unión de hecho.

Estas uniones de hecho, que la ley menciona en su artículo 1º pero no regula, podemos entender que frente a posteriores reclamaciones de los convivientes se les aplica soluciones del derecho común tales como el enriquecimiento sin causa o la sociedad de hecho.

3. Principales temas de la Unión convivencial en Uruguay y sus diferencias con el matrimonio

A pesar de que en la vida social es difícil distinguir una pareja matrimonial de una pareja con convivencia concubinaria, la regulación que el ordenamiento jurídico hace de ambas permite distinguir diferencias notorias tanto en lo referente a su forma de constitución como respecto a otros temas sustanciales.

Es evidente que el legislador al regular la unión concubinaria tuvo como referencia la pareja matrimonial y de allí derivan una serie de semejanzas, algunas producto de la realidad y otras de la regulación legal.

Así, en ambas relaciones (la matrimonial y la concubinaria) existe entre sus integrantes un vínculo afectivo de índole sexual y ambas pueden ser constituidas por personas de igual o distinto sexo.

También a ambas relaciones se ingresa con total libertad por parte de sus integrantes y se disuelve por la voluntad de uno o ambos o por la muerte.

Pero estas u otras semejanzas no disimulan las importantes diferencias que el ordenamiento jurídico reconoce a una y otra.

Es decir la ley 18246 reguló la unión concubinaria pero de ninguna forma la equiparó al matrimonio.

A continuación señalaré los principales aspectos regulados por la ley uruguaya respecto a la unión concubinaria y lo haré presentando las correspondientes diferencias con el matrimonio.

En primer lugar, como ya señalé, la unión concubinaria requiere para su reconocimiento judicial que la convivencia de la pareja transcurra durante un plazo de cinco años cumpliendo determinados requisitos. Cumplida la convivencia en forma ininterrumpida, exclusiva, singular y estable por un plazo de cinco años, cumpliendo con todos los elementos constitutivos, recién allí estaremos ante una unión concubinaria que requerirá el reconocimiento judicial para hacer valer los derechos generados durante el transcurso de la convivencia.

El matrimonio por el contrario no requiere convivencia previa por ser un acto jurídico familiar que se celebra un día determinado, ante un funcionario público, cumpliendo diversas formalidades, y a partir del mismo genera derechos y obligaciones.

En segundo lugar, si bien la unión concubinaria tiene determinados impedimentos dirimentes carece de algunos como el impedimento de ligamen anterior que es esencial en el matrimonio.

Por ello es posible que una persona de estado civil casada comience a convivir en unión concubinaria con una tercera persona, lo que no implica que la misma mantenga una relación de pareja con ambos.

Por su parte el matrimonio debe cumplir con estrictos impedimentos dirimentes previstos en el artículo 91 del Código Civil y en caso de incumplirse con alguno se genera su nulidad.

En tercer lugar, la unión concubinaria no genera por si misma filiación jurídica en la medida en que no nace la presunción de paternidad dentro de dicha unión. Los hijos que provengan de una pareja sujeta a unión concubinaria serán legalmente extramatrimoniales en la medida en que sean emplazados en la calidad de tal por los procedimientos establecidos en el Código Civil y Código de la Niñez y Adolescencia.

Por el contrario el matrimonio es fuente de legitimidad y su existencia constituye un elemento en la presunción relativa de paternidad legítima.

En cuarto lugar, con relación al régimen de bienes entre los convivientes hay acuerdo en doctrina[8] en cuanto a que se reguló en forma confusa y con defectos de técnica legislativa de importancia[9].

El tema no es menor si tenemos en cuenta que las reclamaciones patrimoniales entre concubinos eran sumamente frecuentes y constituían el principal problema que se pretendió resolver con la ley.

[8] Ramos Cabanellas, B. y Rivero de Arhancet, M. (2016). *Unión concubinaria: análisis de la Ley 18.246.* (4a.ed.act.y reestr). Montevideo: Fundación de Cultura Universitaria.;

[9] Carozzi Failde, E. (2008). *Ley de unión concubinaria: reformas en el derecho de familia y sucesorio.* Montevideo: Fundación de Cultura Universitaria.

La ley distingue si el reconocimiento judicial se obtiene durante la vigencia de la unión concubinaria o si es obtenido con posterioridad a su disolución.

El legislador uruguayo supuso que las parejas convivirían durante cinco años y transcurrido el plazo solicitarían ante la sede judicial el reconocimiento de su unión.

Pero la realidad demostró que las parejas adoptaron otro comportamiento y la mayoría de los reconocimientos judiciales se han solicitado con posterioridad a la disolución de la unión, ya sea que ésta se disuelva por voluntad de los concubinos o por muerte o ausencia de alguno de ellos.

El punto es de importancia ya que con el reconocimiento judicial de la unión y su posterior registración nace lo que la ley denomina "sociedad de bienes" entre los concubinos y frente a terceros.

A partir de allí se dispone que nace una sociedad de bienes que se sujetará a las normas de la sociedad conyugal (aplicable al matrimonio) en lo que resulte aplicable. Es decir se remite a aplicar las normas que rigen la sociedad conyugal del matrimonio pero no se dice que normas resultan aplicables.

Tal como referí con anterioridad la mayoría de las parejas no siguieron el camino previsto por el legislador y en la práctica recién peticionan el reconocimiento judicial de la unión cuando la disuelven por alguna de las causales previstas en el artículo 8 de la ley.

El problema principal se presenta cuando sin haberse reconocido judicialmente la unión uno solo de los convivientes adquiere un bien con caudal común de la unión, en ese caso la norma no da una solución clara ya que admite más de una interpretación por lo que entiendo que no se ha logrado cumplir el objetivo de la ley en este punto.

En quinto lugar; con relación a los deberes entre los convivientes se dispuso explícitamente el deber de asistencia recíproca personal y patrimonial en el artículo 3º de la ley.

En cuanto a la convivencia es esencial y un elemento constitutivo de la misma. Si no hay convivencia no existe la unión.

Con relación al deber de fidelidad hemos sostenido que es un deber jurídico del matrimonio pero no de la unión concubinaria y sobre esto el legislador no lo exige ni se pronuncia.

Es interesante recordar que entre los deberes que tienen los cónyuges entre sí, resultan explícitos los deberes de convivencia, auxilios recíprocos y fidelidad.

La ley 18.246 no dispuso el deber de fidelidad entre los convivientes pero ello no obsta a que dicha conducta deba ser tenida en cuenta en cada caso concreto en la medida en que dicho comportamiento puede afectar la comunidad de vida y el proyecto que la pareja de haya trazado[10].

Si bien existen situaciones en que claramente se puede distinguir la exclusividad que se exige a la pareja concubinaria de la infidelidad de uno o ambos integrantes, pueden existir situaciones en que dicha distinción aparece desdibujada.

Es importante señalar que la falta de exclusividad, esto es la existencia de otra relación similar, evita el nacimiento de la unión concubinaria, mientras que la infidelidad no afecta su constitución

Esta opinión ha sido adoptada en sentencia dictada por nuestro foro[11]

En sexto lugar, la doctrina no es unánime en cuanto a si la unión concubinaria genera estado civil.

En obra anterior[12] señalamos que la unión concubinaria no genera estado civil. Fundamentamos nuestra opinión en que no genera filiación ni parenstesco y no dispuso la ley su inscripción en el Registro de Estado Civil como sucede con otros actos jurídicos entre ellos el matrimonio.

Posteriormente, el Profesor Arturo Yglesias[13] se manifestó en igual opinión negando estado civil a la unión concubinaria regulada por la ley.

En opinión opuesta a la nuestra el jurista uruguayo Arezo Piriz entendió que la unión concubinaria, tal como ha sida legislada, genera un verdadero estado civil nuevo, que puede generar obligaciones alimentarías, derechos sucesorios.

10 Ramos Cabanellas, B. y Rivero de Arhancet, M. (2016). *Unión concubinaria: análisis de la Ley 18.246.* (4a.ed.act.y reestr). Montevideo: Fundación de Cultura Universitaria

11 Tribunal de Apelaciones de Familia 2º, sentencia . Nº 314, 10.11.2014 extraída del Anuario de Derecho Civil Uruguayo Tomo 45, Fundación de Cultura Universitaria.

12 Ramos Cabanellas, B. y Rivero de Arhancet, M. (2016). *Unión concubinaria: análisis de la Ley 18.246.* (4a.ed.act.y reestr). Montevideo: Fundación de Cultura Universitaria

13 Yglesias, A. (2008). Consideraciones sobre la ley de Unión Concubinaria. *Anuario de Derecho Civil Uruguayo*, 38, 827-838.

En sentencia dictada por el Tribunal de Apelaciones de Familia de Primer Turno[14] se entendió que; ".. sin lugar a dudas la unión concubinaria no fue asimilada al matrimonio y sin perjuicio de reconocer la opinabilidad del punto, comparte la opinión de la doctrina que le niega a la unión concubinaria la posibilidad de crear un nuevo estado de familia, en cuanto no se llega a reunir los requisitos necesarios para ello al no generar parentesco, no atribuye filiación, no se registra en el Registro de Estado Civil.."

En séptimo lugar, me interesa destacar los derechos del concubino sobreviviente en caso de muerte de su pareja.

La ley 18246 reconoció la unión concubinaria y concedió derechos sucesorios al concubino supérstite, lo hizo en forma diferente a como lo dispuso el Código Civil respecto al cónyuge sobreviviente.

En efecto, luego de estudiar ambos regímenes se puede arribar a una primera conclusión: los derechos sucesorios del cónyuge supérstite son más amplios que los reconocidos al concubino sobreviviente.

En efecto, el concubino sobreviviente, si cumple con los requisitos legales, puede ser beneficiario de dos asignaciones forzosas: 1) los derechos reales de habitación y uso (DRHU), artículo 11 inc. 3º de la ley 18.246 y 2) la asignación forzosa de alimentos (artículos 871 a 873 CC).

Los derechos sucesorios del cónyuge sobreviviente son mayores que los del concubino que sobrevivió al casusante.

El cónyuge sobreviviente tiene más derechos en la medida que tiene derecho a porción conyugal, derechos reales de habitación y uso y eventualmente a la asignación forzosa de alimentos.

A su vez el conviviente sobreviviente concurre como heredera en el segundo orden de llamamiento compartiendo la misma clase con el cónyuge supérstite y repartiendo lo que corresponde según el número de años que duró cada una de esas relaciones.

Como vemos la regulación del matrimonio y la de la unión concubinaria presentan diferencias de importancia presentando la ley 18246

[14] Tribunal de Apelaciones de Familia de 1º, Sentencia Nº 10-80/2014- 18/06/2014 extraída del Anuario Uruguayo Critico de Derecho de Familia y Sucesiones Tomo III año 2015, Fundación de Cultura Universitaria

que reguló ésta última diversos defectos de técnica legislativa que dificultan su interpretación y por ende la finalidad de la propia ley.

4. En conclusión

Desde su vigencia (año 1869) el Código Civil Uruguayo reconoció al matrimonio monogámico como la única relación de pareja que produce efectos jurídicos ya que nuestro país hasta el año 2007 perteneció al grupo de países abstencionistas en cuanto a la regulación de las uniones de hecho.

Con el correr del tiempo la sociedad uruguaya fue experimentando una serie de cambios que incidieron en forma directa en la conformación de la familia, observándose que a partir del año 1975 hubo un descenso sostenido del número de matrimonios y un aumento sistemático en la proporción de parejas que se unieron de hecho. Las cifras y su evolución se exponen en este trabajo.

En diciembre de 2007 se aprobó la ley 18246 que regula la unión convivencial la que debe cumplir con determinadas exigencias (exclusividad, singularidad, estabilidad y permanencia) y exige a la pareja mantener una convivencia ininterrumpida por un plazo mínimo de cinco años para que les resulte aplicable. A esto se suma que esa unión requiere la intervención judicial al consagrar el proceso de reconocimiento judicial (artículos 5º y 6º).

En grandes líneas podemos decir que en Uruguay existen por lo menos dos clases de uniones convivenciales, por un lado la denominada "unión concubinaria" que es la unión de hecho que ha cumplido con los requisitos dispuesto por la ley 18.246 y por ende es regulada y protegida por la misma y por otro lado las que la propia ley denomina uniones de hecho no reguladas por ella.

Resulta evidente que el legislador al regular la unión concubinaria tuvo como referencia la pareja matrimonial y de allí derivan una serie de semejanzas, algunas producto de la realidad y otras de la regulación legal. Entre las semejanzas marcamos que en ambas relaciones (la matrimonial y la concubinaria) existe entre sus integrantes un vínculo afectivo de índole sexual y ambas pueden ser constituidas por personas de igual o distinto sexo.

Pero estas semejanzas no disimulan las importantes diferencias que el ordenamiento jurídico reconoce a una y otra ya que la ley 18246 reguló la unión concubinaria pero de ninguna forma la equiparó al matrimonio.

Los principales aspectos que reguló la ley y sus marcadas diferencias con el matrimonio son explicitadas en este trabajo.

1. A UNIÃO CONVIVENCIAL NO URUGUAI E SUAS DIFERENÇAS EM RELAÇÃO AO MATRIMÔNIO

Beatriz Ramos Cabanellas

Introdução

Na atualidade, continua em vigor o Código Civil Uruguaio (CCU) do ano de 1869 na grande maioria de suas disposições, sem prejuízo de leis aprovadas posteriormente.

Desde sua origem, o Código reconheceu o casal heterossexual, unido por matrimônio, e o colocou no centro da regulação da família.

Até o final do ano de 2007, o matrimônio era a única relação conjugal que produzia efeitos jurídicos em nosso país.

E isto porque em sua origem o referido Código era silente quanto ao concubinato e só o mencionava como causa de separação de corpos ao referir-se ao adultério do marido cometido no lar conjugal, com escândalo público ou quando tivesse concubina.

Com o passar do tempo, foram sendo introduzidas outras modificações relativas à investigação de paternidade – art. 241, número 4º, CCU, que hoje está derrogado, e também ao direito real de habitação e uso – arts. 881-3, 881-5 e 881-6, todos do CCU.

Vale dizer, ainda que em nossa sociedade existissem casais que convivem em união de fato, nosso ordenamento não lhes reconhecia direitos e só algumas regras os contemplavam, mas de forma colateral.

Com base nisso, pode-se afirmar que nosso país até o final do ano de 2007 pertenceu ao grupo de nações que se abstiveram quanto a regulação das uniões de fato.

Desde a vigência do Código Civil até a atualidade, a sociedade uruguaia veio experimentando uma série de modificações que incidiram de forma direta na conformação da família.

Ao tratar da família em nosso país, a demógrafa Wanda Cabella indicou que, "em vinte anos, todos os indicadores demográficos da vida familiar experimentaram mudanças que conduziram a uma imagem muito diferente das famílias que se formavam durante os anos setenta. Se as gerações que alcançaram a fase adulta nesses ano foram protagonistas da revolução sexual e contraceptiva, a seguinte geração protagonizou o que Carlos Filgueira (1996) chamou 'a revolução dos divórcios'"[1].

Entre as grandes mudanças observadas, assinala-se a proliferação das uniões de fato e aumento drástico da natalidade extramatrimonial.

No que diz respeito à formação dos casais, observa-se que durante os últimos anos houve decréscimo constante do número de pessoas que optaram pelo matrimônio e, por outro lado, aumento sistemático da proporção daqueles que se uniram de fato[2].

Desde os anos 1970, registrou-se uma tendência descendente da nupcialidade. Entre os anos de 1975 a 1989, a variação porcentual deste indicador alcançou uma redução de 16,5% (de 11,9 a 10,0), enquanto entre os anos de 1989 e 2004, a taxa se reduziu em 47,4%.

Em termos comparativos, o valor atual da taxa é muito similar ao encontrado em países como França e Suécia e bastante inferior ao registrado em vários países da América Latina.

Outro aspecto que merece destaque no comportamento recente da nupcialidade é a sua falta de reação a fatores externos.

Durante a maior parte do século passado, a taxa de nupcialidade apresentou oscilações cíclicas em resposta às conjunturas econômicas, registrando um

[1] WANDA, Cabella. Los cambios recientes de la familia uruguaya: la convergencia hacia la segunda transición demográfica. IN *Familias en Cambio en un mundo en cambio.* Clara Fassler (coord.), Montevideo: Ediciones Trilce, S/D

[2] Idem

aumento dos matrimônios nos períodos de prosperidade e quedas durantes os ciclos recessivos.

Vale dizer, em outros termos, que atualmente a quantidade de matrimônios não aumenta nos períodos prósperos da economia. Esta monotonia da curva da taxa de nupcialidade leva a pensar que se trata verdadeiramente de uma mudança estrutural.

No período que vai desde o ano de 1987 a 2004, o número desses casais triplicou.

Mais precisamente, comprovou-se que a partir do ano 1992 se produziu notável expansão das uniões consensuais.

As denominadas uniões livres seguem sendo mais frequentes nos setores mais desfavorecidos, com menos educação e mais pobres.

Este tipo de união se encontra com maior frequência nos estratos mais jovens da população, porém neste caso há um número importante de casais que, passados os anos, contrai o matrimônio.

Ao se denominar esta classe de união como "livre", poderia parecer que existem outras cujos integrantes não gozam de tal "liberdade", o que não é correto, pois uma das características fundamentais do matrimônio é a liberdade dos contraentes, considerando-se que os vícios de consentimento, por erro ou coação capazes de conduzir a sua nulidade (art. 91, do Código Civil).

Assim, já no início deste trabalho, é importante destacar que no Uruguai, denomina-se união concubinária aquela que em outros países se chama união convivencial, união de fato, etc.

Como explicarei adiante, a partir de janeiro de 2008, com a entrada em vigor da Lei n. 18.246 em nosso pais, regulou-se a união convivencial de casais homo ou heterossexuais. Esta lei regula a chamada "união concubinária" e reconhece a existência de outras uniões de fato, mas não as regula. Isso se dá, porque o artigo 1º da Lei n. 18.246 dispõe que "a convivência ininterrupta de ao menos cinco anos em união concubinária gera os direitos e obrigações previstos na presente lei, sem prejuízo da aplicação de normas relativas **a uniões de fato aqui não reguladas**" (grifo nosso).

De modo geral, podemos dizer que em nosso país as uniões convivenciais dividem-se em duas classes. Por um lado, há aquela que a lei denomina "união concubinária" e que requer o cumprimento das exigências estabelecidas pela Lei n. 18.246. Por outro lado, há aquelas ditas "uniões de fato não reguladas", ou seja, aquelas que não cumprem os aludidos requisitos e, ainda que a lei reconheça sua existência genericamente, não regula seus efeitos.

1. A regulação legal da união de fato no Uruguai: acerto ou erro?

Como destaquei anteriormente, nosso país integrou até o ano de 2007 a lista de países "absenteístas" com relação à regulação das uniões consensuais.

Como evidenciado pelos dados expostos anteriormente, essa ausência de regulação não fez com que as uniões de fato deixassem de existir, mas, ao contrário, elas aumentaram e quem em princípio se unia sem querer assumir compromissos posteriormente apresentavam perante o Poder Judiciário reclamações relativas às uniões de fato que haviam mantido.

Estas reclamações, geralmente formuladas ao final da relação, por um ou ambos conviventes, geraram a necessidade de resolver os problemas que em torno delas surgiam, sendo que a doutrina e jurisprudência recorreram a diversas construções com base no direito comum com o fim de solucionar os pedidos formulados em matéria de alimentos, bens, etc.

Resta evidente que foi graças ao lavor da doutrina e da jurisprudência que as dificuldades relativas à definição dos direitos dos concubinos, e advindas do silêncio legislativo, não se transformaram em denegação de justiça.

Não obstante, muitas vezes, situações com características iguais eram julgadas de forma distinta, conforme o juízo que conhecia do tema.

Para ilustrar a dificuldade que em algumas oportunidades surgiu da aplicação destas teorias pela jurisprudência, basta mencionar que, em primeira instância, chegou-se a concluir que o concubinato poderia ser conhecido em ação mista inominada (*acción mixta inclasificada*), quando, em segunda instância, o Tribunal entendeu que estava configurado o enriquecimento sem causa. A Suprema Corte de Justiça, por sua vez, considerou aplicável a tese da sociedade de fato[3]. Vale dizer, houve para um mesmo caso distintas soluções.

[3] LJU. Tomo 23, año 1951, caso 3422., páginas 145 y siguientes. Suprema Corte de Justicia. Sentencia del 30 de mayo de 1951 (citado por Arezo en Revista de Doctrina y Jurisprudencia págs. 37 y 44).

A Lei n. 18.246, denominada lei de união concubinária, foi sancionada em 18 de dezembro de 2007, e vigora desde janeiro de 2008. Antes dela, discutia-se sobre a conveniência de regular essa classe de uniões, conquanto já existissem diversos projetos de lei sobre o tema.

Em nosso país, as opiniões encontravam-se divididas. Enquanto alguns especialistas em matéria de direito de família argumentavam a favor da conveniência de sua regulamentação por lei, outros, ao contrário, afirmavam que estas uniões não deveriam ser regulamentadas, pois seus integrantes manifestavam não querer estar sujeitos a regras.

Dentre aqueles que postulavam a regulamentação, o teor desta não era unânime. Vale dizer, ainda que fosse neles coincidente o desejo de aprovação de uma lei sobre o tema, nem todos apontavam a mesma solução. Alguns juristas[4] entendiam ser adequada a existência de um matrimônio, sem criação da união concubinária. A proposta envolvia a consagração de um matrimônio ao qual se chegaria por duas vias: celebração ordinária perante o Registro Civil (matrimônio comum e matrimônio *in extremis*) e por homologação judicial de convivência prévia.

Outros, como foi o caso de alguns parlamentares que apresentaram projeto de lei a esse respeito, inclinavam-se, de modo geral, por regular esta união de forma diferenciada do matrimônio.

O texto da Lei n. 18.246 contém defeitos de técnica legislativa, que deixam o intérprete diante de relevantíssimos dilemas, geradores de grande insegurança jurídica. Embora se tenha, com esta lei, buscado uma solução uniforme, na verdade foi criada incerteza jurídica, especialmente no que diz respeito às relações patrimoniais entre os concubinos, um dos pontos que se pretendia solucionar. A falta de clareza da lei neste ponto levou alguns autores, e certa jurisprudência, a interpretar os textos legais desconsiderando suas finalidades.

Com esta falta de clareza, o legislador deixou nas mãos do intérprete tema de importância transcendente quando o que se necessitava eram regras claras.

[4] AREZOPÍRIZ, Enrique. *Unión Concubinaria*, 3ª Ed. Corregida y aumentada. Montevideu: Asociación de Escribanos del Uruguay, 2011.

2. Matrimônio, união concubinária e uniões de fato

Como vimos no Uruguai, até a entrada em vigor da Lei nº 18.246, a única forma reconhecida de gerar direitos e obrigações entre os membros de um casal, e contra terceiros, era o casamento.

Nosso Código Civil original regulamentou o casamento monogâmico, heterossexual e indissolúvel com uma autoridade marital clara, consagrando, ainda, vários direitos e deveres dos cônjuges entre si, para com seus filhos e frente a terceiros.

O regime matrimonial consagrado no Código Civil Uruguaio de 1869 era semelhante ao adotado por outros Códigos da época e correspondia à estrutura social então comum.

Atualmente, o casamento civil continua a ser monogâmico, mas desde o início do século XX é dissolúvel pelo divórcio e já não tem a característica de ser unicamente heterossexual, pois pode ser celebrado por pessoas do mesmo sexo ou de sexos distintos.

A partir da promulgação da Lei n. 19.075, que regulou o casamento igualitário, podemos encontrar uma definição de casamento em nosso Código Civil. Com efeito, o artigo 1.º da referida Lei substituiu a redação do artigo 83, do Código Civil, prevendo no seu primeiro parágrafo: "O casamento civil é a união permanente, nos termos da lei, de duas pessoas do mesmo sexo ou de sexo diferente".

Sem dúvida, o casamento oferece aos seus membros ampla cobertura jurídica. Dele se origina um estado de família, ou seja, a família matrimonial ou legítima, especialmente considerada por nosso codificador. Além de gerar parentesco por consanguinidade, é o único instituto que dá origem ao parentesco por afinidade, permitindo a extensão dos laços familiares que lhe são exclusivos.

A culpa no casamento atinge tanto o direito a alimentos como outras questões. Entre os seus membros existe uma série de direitos e deveres, entre os quais se regulam a assistência recíproca, a convivência e o dever de fidelidade.

É um ato que se celebra num determinado dia e a partir dele surge uma série de efeitos pessoais e patrimoniais claramente determinados tanto para os cônjuges como contra terceiros.

Ao contrário do casamento, que é um ato jurídico de natureza familiar que se aperfeiçoa quando, em determinado momento, o Oficial do Registro

Civil o declara aos contratantes que o manifestaram, a união concubinária se forma com o transcurso do tempo.

De acordo com o artigo 2º, da citada lei, a união concubinária é "..a situação de fato derivada da comunhão de vida de duas pessoas, qualquer que seja o seu sexo, identidade, orientação ou opção sexual, que mantêm uma relação afetiva de índole sexual, de caráter exclusivo, singular, estável e permanente..."

Esta comunhão de vida do casal convivente implica convivência de "teto, leito e mesa", que é a forma segundo a qual tradicionalmente se interpreta a convivência "more uxório".

De acordo com o estipulado no artigo 1º, para gerar direitos e obrigações reconhecidos pela mencionada lei, essa convivência deve ser ininterrupta e durar no mínimo cinco anos. Dessa forma, a lei quis conferir proteção especial à união de duas pessoas vinculadas afetiva e sexualmente, que tenham cumprido as exigências da lei.

De acordo com nosso ordenamento jurídico, se um casal convive de forma ininterrupta por um prazo inferior a cinco anos, cumprindo com os requisitos assinalados no artigo 2º, **surgem**, em conformidade com o artigo 1º, "... os direitos e obrigações" que se estabelecem na própria lei.

No que diz respeito aos "requisitos" referidos pela lei em seu artigo 2º, assinalamos em obra conjunta[5] com a Professora Mabel Rivero de Arhancet que são verdadeiros "elementos constitutivos" da união, o que implica que, se não cumpre algum deles, não estamos diante de uma união concubinária protegida pelo ordenamento jurídico.

De acordo com a lei, estes elementos constitutivos são:

Em primeiro lugar, a convivência do casal deve ser ininterrupta.

Entendemos com a Profa. Rivero de Arhancet que a qualidade de "ininterrupta" deve entender-se aquela relativa ao vínculo que une os concubinos. Seria absurdo admitir que, se uma pessoa está hospitalizada por alguns meses e o vínculo persiste, a união tenha sido extinta. Ao contrário, a interrupção existirá quando houver ruptura voluntária do vínculo que une o casal.

[5] RAMOS CABANELLAS, B. y RIVERO DE ARHANCET, M. (2016). *Unión concubinaria: análisis de la Ley 18.246*. (4a.ed.act.y reestr). Montevideo: Fundación de Cultura Universitaria.

Em segundo lugar, a lei exige que a convivência da união seja exclusiva e singular.

A exclusividade significa que nenhum de seus integrantes pode unir-se em uma situação similar com outra pessoa, pois em tal caso a exclusividade desaparece e, conforme entendemos, deixa de produzir os efeitos atribuídos por lei.

Quanto aos caracteres da singularidade e exclusividade, a lei parece indicar situações muito similares, vale dizer uma união entre duas pessoas identificadas como integrantes da união e apenas essas duas pessoas, excluindo-se a possibilidade de outro vínculo concubinário o matrimonial de forma simultânea.

Há um caso interessante no Tribunal de Apelações de Família (*Tribunal de Apelaciones de Familia de 2º Turno*)[6], que tomou em consideração tais conceitos e confirmou a sentença de primeira instância para afastar a existência de união concubinária porque um de seus integrantes convivia de forma simultânea com seu cônjuge. Na ocasião, fundamentou-se que "...a Turma compartilha integralmente a análise feita pela Sra. Juíza *a quo*, coincidente com o critério da Promotoria (fs. 67-74 u 102), no sentido de que, na espécie, não se verificam os requisitos de 'singularidade' e 'exclusividade' exigidos pela Lei n. 18.246."

Ainda que a lei aceite a união concubinária de uma pessoa casada, isso não leva a sustentar que o convivente de estado civil casado esteja legitimado para conviver de modo simultâneo em ambas as situações.

Em terceiro lugar, a lei exige que a união tenha estabilidade e permanência.

O que se requer é que a união concubinária não tenha fragilidade em seu vínculo que a possa levar ao desaparecimento, mas que este vínculo seja firme e duradouro. Em caso de conflito, será necessário apresentar prova adequada de que a união concubinária carecia de tais atributos.

Em quarto lugar, exige-se que a união perdure por prazo não inferior a cinco anos.

[6] Tribunal de Apelaciones de Familia 2º, sentencia . Nº 314, 10.11.2014 extraída del Anuario de Derecho Civil Uruguayo Tomo 45, Fundación de Cultura Universitaria.

> O prazo constitui uma condição de admissibilidade e, portanto, deve cumprir-se de forma inexorável.
> Desde o início, entendemos, com Mabel Rivero de Arhancet, que o prazo de cinco anos não pode ser interrompido por qualquer circunstância que implique quebra do vínculo e reassunção posterior, caso em que não se podem somar os prazos distintos. Por exemplo, após dois ou três anos de convivência, o casal se separa voluntariamente durante um ano, ao final do qual reassume sua relação, quando não pode computar os cinco anos exigidos somando os primeiros de convivência aos posteriores à separação.
> De mesmo modo, o Tribunal de Apelações de Família (*Tribunal de Apelaciones de Familia de 1º Turno*)[7] asseverou que "...o expressado significa que, se deverá alegar e provar em um processo voluntário que o concubinato perdurou por ao menos cinco anos com os quais se cumpre o requisito de admissibilidade, pois, caso contrário, como sucede no libelo, a pretensão deverá ser rechaçada". Se a convivência não durou cinco anos, não estamos dentro da situação prevista por lei.

Além do cumprimento desses requisitos constitutivos, dispõe a lei que estes efeitos serão reconhecidos desde que cumpram-se outras exigências, que extrapolam a definição.

Isso se passa porque, no Uruguai, regulou-se o reconhecimento da união concubinária por processo judicial, cuja sentença deve inscrever-se no Registro nacional de Atos Pessoais, na Seção de Uniões Concubinárias, conforme o previsto no artigo 12, da Lei n. 18.246.

Com efeito, a lei uruguaia requer a intervenção judicial ao consagrar o processo de reconhecimento judicial (artigos 5º e 6º).

Reconhecer pressupõe declarar a existência de fatos ocorridos com anterioridade e, no caso da união concubinária, esse reconhecimento pode ser solicitado pelos dois conviventes, atuando de forma individual ou conjunta, ou por qualquer interessado em caso de falecimento de um deles.

[7] Tribunal de Apelaciones de Familia de 1º, Sentencia Nº10-90/2014 - 30/05/2014 extraída del Anuario Critico Uruguayo de Derecho de Familia y Sucesiones, Tomo III 2015, Fundación de Cultura Universitaria.

O artigo 4º, da Lei n. 18.246, dispõe que são sujeitos legitimados para promover o reconhecimento da união concubinária os próprios concubinos, atuando conjunta ou separadamente, e qualquer interessado uma vez declarada a abertura legal da sucessão de um ou amos concubinos.

Uma vez conformada de fato a união concubinária, estando cumpridos os requisitos constitutivos previstos na lei, qualquer dos concubinos, atuando conjunta ou separadamente, está habilitado para promover a declaração judicial de reconhecimento. Vale dizer, durante este período, a lei somente habilita os concubinos, individual ou conjuntamente, para promover a ação.

Conforma-se a união concubinária se cumprem-se os requisitos constitutivos prescritos na lei. Neste caso, não há um ato jurídico como o matrimônio, mas há uma situação de fato que surge com os elementos exigidos na lei, produzindo uma série de direitos e obrigações no âmbito pessoal e patrimonial.

Naquelas situações em que não se cumprem os elementos constitutivos da união concubinária, têm-se, nos termos da lei, uniões de fato ali não previstas.

Assim, se, por exemplo, um casal que convive mas não cumpre com o prazo de cinco anos de convivência, ou que não tenha exclusividade em seu relacionamento, poderia-se dizer que conforma uma união de fato.

Estas uniões de fato que a lei prevê em seu artigo 1º, mas que não regula, podemos entender que, frente a posteriores reclamações dos conviventes, aplica-se-lhes soluções de direito comum, tais como o enriquecimento sem causa ou sociedade de fato.

3. Principais problemas da união convivencial no Uruguai e suas diferenças para com o matrimônio

A pesar de, na vida social, ser difícil distinguir um casal matrimonial ou concubinário, a regulação que o ordenamento jurídico de ambos permite perceber diferenças notórias tanto no que se refere a sua forma de constituição como no que concerte a outros temas substanciais.

É evidente que o legislador, ao regular a união concubinária, teve como referência o casal matrimonial e daí deriva uma série de semelhanças, algumas frutos da realidade e outras da regulação legal.

Em ambas relações, a matrimonial e a concubinária, existe entre seus integrantes um vínculo afetivo de índole sexual, podendo ser constituídas por pessoas de mesmo sexo ou não.

Também em ambas relações os seus integrantes ingressam com ampla liberdade, dissolvendo-se por vontade de um, dos dois ou por morte.

Entretanto, estas e outras semelhanças não escondem as importantes diferenças que o ordenamento jurídico reconhece a uma e a outra.

Vale dizer, a Lei n. 18.246 regulou a união concubinária, mas de modo algum a equiparou ao casamento.

A seguir, indicarei os principais aspectos estabelecidos pele lei uruguaia a respeito da união concubinária assim como as respectivas diferenças para com o matrimônio.

Em primeiro lugar, como anteriormente indicado, a união concubinária requer para seu reconhecimento judicial que a convivência do casal transcorra durante um prazo de cinco anos nos quais certos requisitos devem estar presentes.

Cumprida a convivência de forma ininterrupta, exclusiva, singular e estável, por um prazo de 5 anos, existindo ainda todos os elementos constitutivos, então estaremos diante de uma união concubinária que exigirá o reconhecimento judicial para fazer valer os direitos gerados durante o transcurso da convivência.

O casamento, ao contrário, não exige convivência prévia por ser ato jurídico familiar que se celebra em dia determinado, perante funcionário público, cumprindo diversas formalidades e, a partir de então, geram-se direitos e obrigações.

Em segundo lugar, conquanto a união concubinária tenha determinados impedimentos dirimentes, não se veem outros, como o impedimento de vínculo anterior que é essencial para o matrimônio.

Por isso, é possível que uma pessoa de estado civil casada comece a conviver em união concubinária com terceiro, o que não implica que mantenha relação de casal com ambos.

Por sua vez, o casamento deve preencher rígidos impedimento dirimentes, previstos no artigo 91, do Código Civil, sendo nulo caso não se cumpra com um deles.

Em terceiro, lugar, a união concubinária não gera por si filiação jurídica na medida em que não faz surgir a presunção de filiação dentre desta união. Os filhos que provenham de um casal em união concubinária são legalmente extramatrimoniais porque não surgem com essa qualidade, conforme os procedimentos estabelecidos no Código Civil e no Código da Infância e da Adolescência.

Ao contrário, o casamento é fonte de legitimidade e sua existência constitui um elemento na presunção relativa de paternidade.

Em quarto lugar, no que diz respeito ao regime de bens entre conviventes, a doutrina[8] está de acordo quanto à conclusão de que o tema está regulado de forma confusa e com relevantes defeitos de técnica legislativa[9].

A situação é ainda mais grave se temos em consideração que as reclamações patrimoniais entre concubinos eram bastante frequentes e constituíam o principal problema que se pretendia resolver com a lei.

A lei distingue as situações em que o reconhecimento judicial é obtido durante a vigência da união concubinária daquelas em que se obtém posteriormente a sua dissolução.

O legislador uruguaio supôs que os casais conviveriam por cinco anos e, transcorrido este prazo, solicitariam o reconhecimento de sua união. Entretanto, a realidade demonstrou que os casais adotaram outro comportamento e a maioria dos reconhecimentos judiciais são formulados posteriormente à dissolução da união, quer se encerre por vontade dos concubinos, por morte ou por ausência de um deles.

O ponto é relevante, pois com o reconhecimento judicial da união e seu posterior registro nasce aquilo que lei denomina "sociedade de bens" entre os concubinos e perante terceiros.

A partir de então nasce uma sociedade de bens que estará sujeita às normas da sociedade conjugal (aplicável ao matrimônio) naquilo que for cabível. Vale dizer, remete-se à aplicação das normas que regem a sociedade conjugal do matrimônio, mas não se diz quais as normas são efetivamente aplicáveis.

8 RAMOS CABANELLAS, B. y RIVERO DE ARHANCET, M. (2016). *Unión concubinaria: análisis de la Ley 18.246*. (4a.ed.act.y reestr). Montevideo: Fundación de Cultura Universitaria.

9 CAROZZI FAILDE, E. (2008). *Ley de unión concubinaria: reformas en el derecho de familia y sucesorio*. Montevideo: Fundación de Cultura Universitaria.

Tal como mencionei anteriormente, a maioria dos casais não seguiu o caminho previsto pelo legislador e, na prática, só buscam o reconhecimento judicial da união quando a dissolvem por alguma das causas previstas no art. 8 da Lei.

O problema principal apresenta-se quando, sem haver reconhecido judicialmente a união, um dos conviventes adquire um bem de raiz comum à união, caso em que a norma não oferece uma solução clara e admite mais de uma interpretação, razão pela qual entendo a lei não logrou cumprir seu objetivo neste ponto.

Em quinto lugar, com relação aos deveres entre conviventes, o art. 3º da Lei dispôs expressamente o dever de assistência recíproca, pessoal e patrimonial.

A convivência é essencial e elemento constitutivo. Se não há convivência, não existe união.

Com relação ao dever de fidelidade, sustentamos que é um dever jurídico do matrimônio, mas não da união concubinária, sendo que a este respeito o legislador não a exige nem se pronuncia.

É interessante recordar que dentre os deveres que têm os cônjuges entre si, são explícitos os de convivência, auxílio recíproco e fidelidade.

A Lei n. 18.246 não dispôs sobre o dever de fidelidade entre os conviventes, mas isso não obsta que isso seja considerado em cada caso concreto na medida em que este comportamento pode afetar a comunidade de vida e o proveito que o casal haja planejado[10].

Há, entretanto, situações em que claramente se pode distinguir a exclusividade que se exige do casal concubinário da infidelidade de um ou ambos integrantes. Podem existir situações em que esta distinção aparece obnubilada.

É importante assinalar que a falta de exclusividade, isto é, a existência de outra relação similar impede o nascimento da união concubinária, enquanto a infidelidade não afeta sua constituição.

Essa opinião foi adotada em sentença proferida em nossa jurisdição[11].

[10] RAMOS CABANELLAS, B. y RIVERO DE ARHANCET, M. (2016). *Unión concubinaria: análisis de la Ley 18.246.* (4a.ed.act.y reestr). Montevideo: Fundación de Cultura Universitaria

[11] Tribunal de Apelaciones de Familia 2º, sentencia . Nº 314, 10.11.2014 extraída del Anuario de Derecho Civil Uruguayo Tomo 45, Fundación de Cultura Universitaria.

Em sexto lugar, a doutrina não é unânime quanto ao fato de a união concubinária gerar estado civil.

Em publicação anterior[12], assinalamos que a união concubinária não gera estado civil. Fundamentamos nossa opinião na circunstância de também não gerar filiação ou parentesco e de não ter a lei exigido sua inscrição no Registro de Estado Civil, como sucede com outros atos jurídicos, dentre os quais o matrimônio.

Posteriormente, o Professor Arturo Yglesias[13] manifestou-se com igual opinião, negando estado civil à união concubinária e regulada por lei.

Em sentido contrário, o jurista uruguaio Arezo Piriz entendeu que a união concubinária, tal como legislada, gera um verdadeiro estado civil novo, que pode gerar obrigações alimentícias e direitos sucessórios.

Em sentença proferida pelo Tribunal de Apelações de Família, (*Tribunal de Apelaciones de Familia de Primer Turno*)[14] entedeu-se que, "sem lugar a dúvidas, a união concubinária não foi assemelhada ao casamento e, sem prejuízo de se reconhecer a controvérsia sobre o ponto, subscreve-se a opinião doutrinária que nega à união concubinária a possibilidade de criar um novo estado de família porque que não chega a reunir os requisitos necessários para isso ao não gerar parentesco, não atribuir filiação e não ser passível de inscrição no Registro de Estado Civil"

Em sétimo lugar, interessa-me destacar os direitos do concubino sobrevivente em caso de morte de seu par.

A Lei n. 18.246 reconheceu a união concubinária e concedeu direitos sucessórios ao concubino supérstite, mas de forma diversa do que dispõe o Código Civil com relação ao cônjuge sobrevivente.

Com efeito, ao analisar ambos regimes, pode-se chegar a uma primeira conclusão: os direitos sucessórios do cônjuge supérstite são mais amplos que aqueles reconhecidos ao concubino sobrevivente.

[12] RAMOS CABANELLAS, B. y RIVERO DE ARHANCET, M. (2016). *Unión concubinaria: análisis de la Ley 18.246.* (4a.ed.act.y reestr). Montevideo: Fundación de Cultura Universitaria

[13] YGLESIAS, A. (2008). Consideraciones sobre la ley de Unión Concubinaria. *Anuario de Derecho Civil Uruguayo,* 38, 827-838.

[14] Tribunal de Apelaciones de Familia de 1º, Sentencia Nº 10-80/2014- 18/06/2014 extraída del Anuario Uruguayo Critico de Derecho de Familia y Sucesiones Tomo III año 2015, Fundación de Cultura Universitaria

O concubino sobrevivente, caso atenda aos requisitos legais, pode ser beneficiário de duas atribuições obrigatórias: 1) direito real de habitação e uso (DRHU), nos termos do art. 11, inc. 3º, da Lei n. 18.246; e 2) alimentos (arts. 871 a 873, CC).

Os direitos sucessórios do cônjuges sobreviventes são maiores que do concubino que sobreviveu ao 'de cujus'.

O cônjuge sobrevivente tem mais direitos na medida em que tem direito à meação, direito real de habitação e uso, além eventualmente de direito a alimentos.

Por sua vez, a convivente sobrevivente concorre como herdeira no segundo grau da ordem de vocação, compartilhando a mesma classe do cônjuge supérstite e repartindo o que lhe cabe, conforme o número de anos que durou cada uma dessas relações.

Como vemos, a regulamentação do casamento e da união concubinária apresentam importantes diferenças, sendo que a Lei n. 18246, ao tratar desta última situação, apresenta diversos defeitos de técnica legislativa que dificultam sua interpretação e, portanto, sua própria finalidade.

Conclusão

Desde a sua vigência, no ano 1869, o Código Civil Uruguaio reconheceu o casamento monogâmico como a única relação conjugal que produz efeitos jurídicos já que nosso país, até 2007, pertenceu ao grupo das nações que se abstiveram quanto à regulamentação das uniões de fato .

Com o passar do tempo, a sociedade uruguaia passou por uma série de mudanças que impactaram diretamente na formação da família, sendo que, a partir de 1975, houve uma diminuição sustentada do número de casamentos e aumento sistemático da proporção de casais que se uniram de fato. As figuras e sua evolução foram expostas neste trabalho.

Em dezembro de 2007, foi aprovada a Lei n. 18.246, que regulamenta a união convivencial, que deve atender a determinados requisitos (exclusividade, singularidade, estabilidade e permanência), exigindo-se que o casal a mantenha convivência ininterrupta por um período mínimo de cinco anos.

Acrescenta-se que esta união requer intervenção judicial em processo de reconhecimento judicial (artigos 5º e 6º).

Em linhas gerais, podemos dizer que no Uruguai existem pelo menos dois tipos de uniões convivenciais, por um lado a chamada "união concubinária", que é a união de facto que cumpre os requisitos previstos na Lei n. 18.246, e, portanto, está regulamentada e protegida pelas mesmas e, por outro lado, aquelas que própria lei denomina uniões de fato não reguladas.

É evidente que o legislador, ao regulamentar a união concubinária, teve como referência o casamento matrimonial e daí deriva uma série de semelhanças, algumas fruto da realidade e outras da regulamentação legal. Entre as semelhanças, destacamos que em ambas as relações (matrimonial e a concubinária) existe um vínculo afetivo de natureza sexual entre seus membros e ambas podem ser constituídas por pessoas do mesmo sexo ou de sexo diferente.

Entretanto, essas semelhanças não disfarçam as diferenças importantes que o ordenamento jurídico assinala a uma e a outra, pois a Lei n. 18.246 regulamentou a união estável, mas de forma alguma a equiparou ao casamento.

Os principais aspectos que a lei regulamentou e suas diferenças marcantes com o casamento foram explicitados neste trabalho.

3. EUROPA

ESPANHA

1. LA SITUACIÓN JURÍDICA DE LAS PAREJAS DE HECHO EN ESPAÑA*

María José Bravo Bosch

La recopilación de la normativa existente en España relativa a las parejas de hecho no resulta en absoluto tarea fácil. No existe ningún marco normativo común para que las Comunidades Autónomas puedan regular la situación en sus respectivos territorios con respecto a las parejas de hecho[1], sino que lo que prevalece es la situación contraria.

Las protagonistas, a la hora de acometer un tema de tanto calado jurídico como el de las personas que optan por no contraer matrimonio pero desean compartir una situación de hecho que quieren esté regulada para preservar sus derechos y conocer sus obligaciones, fueron las Comunidades Autónomas, seguramente con la mejor de las intenciones para regular situaciones injustas

* Quiero agradecer la invitación cursada por la Presidente de ADFAS, Regina Beatriz Tavares da Silva, para pronunciar una conferencia en el marco del Congreso Internacional: "Unión de hecho en el escenario iberoamericano", celebrado online entre el 26 de junio y el 3 de julio de 2020, origen de este trabajo.

1 Talavera Fernández, P. A., *La unión de hecho y el derecho a no casarse*. Granada, 2001, declara, en relación con un marco normativo común, en p. 364: "La definitiva ley estatal que creara la figura de la unión de hecho podría recoger una disposición adicional (además del articulado correspondiente a integrar en el CC) consagrando dicha equiparación en los siguientes términos: Los derechos y obligaciones establecidos para los cónyuges en las normas estatales de derecho público, dirigidos a proteger y beneficiar el desarrollo de una relación de pareja, serán de igual aplicación a los miembros de la unión de hecho estable".

en supuestos concretos, pero aumentaron las diferencias territoriales en un tema tan sensible como el de las uniones de hecho.

En ocasiones, al referirnos a esa inexistencia del marco normativo común, que hubiera repercutido sin duda positivamente, surge una crítica hipersensible por parte de algunos, que creen que postulamos ideas propia de jacobinos, decididamente centralistas, con respecto a la regulación jurídica de las parejas de hecho, pero no se trata de eso, ni estamos hablando de imponer desde la centralidad normas obligatorias que frenen el marco autonómico.

Es la realidad cotidiana la que nos muestra la mejora sustancial que hubiera supuesto legislar con unas normas mínimas y comunes para las diferentes administraciones autonómicas que habrían ayudado a prevenir el fraude y a una correcta coordinación administrativa entre distintas comunidades. Estas reglas claras y comunes a todo el espacio jurídico español, hubieran redundado en unas condiciones mínimas de posibilitación a la hora de constituirse como pareja de hecho, independientemente de las características propias y diferenciadoras de los diferentes territorios que conforman el Estado español.

Sirva de ejemplo la posibilidad real de que exista una pareja de hecho inscrita en una Comunidad Autónoma, y otra pareja de facto en otra Comunidad constituida por uno de los miembros de esa otra pareja, debido a la inexistencia de datos compartidos entre Comunidades para comprobar si las parejas registradas lo están con otras personas en otros territorios españoles, como reconocen funcionarios encargados de las tareas de Registro de dichas parejas[2], algo que debería escandalizar la conciencia colectiva, y más si tenemos claro nuestro concepto de ciudadanos en la nueva era digital.

Por supuesto que ese marco normativo común no supondría la excelencia registral en las diferentes administraciones, pero podría regular determinados requisitos de inscripción, y de datos compartidos para evitar los actos que acabo de citar que sin duda están fuera de toda legalidad, y que perjudican la imagen, concepto y objetivos que deberían tener las parejas en situación de hecho.

[2] https://confilegal.com/20180817-regulacion-parejas-hecho-espana/, en donde se insiste en que los registros no están interconectados, por lo que los datos de uniones de hecho de cada Comunidad Autónoma son independientes, y al no ser compartidos pueden llevar a situaciones realmente inusitadas.

Otro ejemplo perjudicial lo constituye las distintas exigencias para conseguir que la convivencia *more uxorio* sea considerada una unión de hecho. La comunidad autónoma andaluza intentó exigir un periodo de convivencia previa a los miembros de una unión antes de conseguir ser inscritos como pareja de hecho, pero una Sentencia del Tribunal Constitucional del año 2013 sobre la Ley Foral de Uniones de Hecho de Navarra, aprobada en el año 2000, declaró inconstitucional la exigencia de una convivencia previa a una pareja de hecho por parte de una Comunidad Autónoma, fundamentándolo en la incompatibilidad con la dignidad de la persona[3].

[3] Sentencia 93/2013, de 23 de abril de 2013, BOE 123, de 23 de mayo de 2013, páginas 46 a 82. Recurso de inconstitucionalidad 5297-2000. Interpuesto por 83 Diputados del Grupo Parlamentario Popular del Congreso en relación con la Ley Foral 6/2000, de 3 de julio, para la igualdad jurídica de las parejas estables. Competencias sobre legislación civil, principio de seguridad jurídica, derechos al libre desarrollo de la personalidad y a la intimidad personal y familiar, protección de la familia: nulidad de diversos preceptos legales autonómicos. Votos particulares. En dicho recurso también se planteaba la lesión del art. 149.1.8 CE, que establece la competencia exclusiva del Estado sobre «las relaciones jurídico-civiles relativas a las formas de matrimonio». Pero la Sentencia declara: "Por su parte, la competencia exclusiva de Navarra en materia de Derecho civil foral encuentra cobertura constitucional en el art. 149.1.8 CE, precepto en el que se alude a «la conservación, modificación y desarrollo por las Comunidades Autónomas de los derechos civiles, forales o especiales, allí donde existan», lo que ha de interpretarse en los términos de nuestra reiterada doctrina (por todas, STC 156/1993, de 6 de mayo, FJ 1). En similares términos se pronuncia el art. 48 LORAFNA. Es indudable, a la vista de la expresión que acaba de verterse, que Navarra «goza de una amplia libertad de configuración legal» en el ejercicio de su competencia en materia de Derecho civil foral (STC 236/2000, de 16 de octubre, FJ 3)". Además, continúa: "Ahora bien, el declarado objeto de la regulación del legislador foral no es el matrimonio sino la convivencia estable *more uxorio* desarrollada al margen del matrimonio, según la definición establecida en el art. 2.1 de la Ley Foral 6/2000. Importa en este momento destacar que, como afirmamos en la STC 184/1990, de 15 de noviembre, FJ 3, en la Constitución, el matrimonio y la convivencia extramatrimonial no son realidades equivalentes".
Lo relevante es sobre todo el apartado 2 del artículo 2 de la Ley en el que ofrece una definición de pareja, concretando en el apartado 2 los criterios que permiten deducir la estabilidad de la misma, que son el motivo principal del recurso:
«Se entenderá que la unión es estable cuando los miembros de la pareja hayan convivido maritalmente como mínimo un período ininterrumpido de un año salvo que tuvieran descendencia común, en cuyo caso bastará la mera convivencia, o salvo que hayan expresado su voluntad de constituir una pareja estable en documento público. En el caso de que un miembro de la pareja o ambos estén ligados por vínculo matrimonial, el tiempo de convivencia transcurrido hasta el momento en que el último de ellos obtenga la disolución o, en su caso, la nulidad, se tendrá en cuenta en el cómputo del período indicado de un año.»

A mayor abundamiento, las parejas de hecho no tienen acceso a la Ley 40/2003, de 18 de noviembre, de Protección a las Familias Numerosas[4], puesto que es una ley estatal, otro hándicap sin duda a la hora de tener reconocidos ciertos derechos, por lo menos equiparables en cierta medida al matrimonio civil, como los relativos a temas sociales, Seguridad Social y cuestiones de fiscalidad.

La Sentencia declara la inconstitucionalidad del párrafo segundo de dicho art. 2.2, en cuanto que se refiere al cómputo del plazo de un año de convivencia previsto en el párrafo anterior, dejando claro que el modelo imperativo de convivencia previa no resulta acorde con el régimen dispositivo característico de las uniones de hecho.

[4] BOE 277, de 19/11/2003: "Artículo 2. Concepto de familia numerosa. 1. A los efectos de esta ley, se entiende por familia numerosa la integrada por uno o dos ascendientes con tres o más hijos, sean o no comunes. 2. Se equiparan a familia numerosa, a los efectos de esta ley, las familias constituidas por: a) Uno o dos ascendientes con dos hijos, sean o no comunes, siempre que al menos uno de éstos sea discapacitado o esté incapacitado para trabajar. b) Dos ascendientes, cuando ambos fueran discapacitados, o, al menos, uno de ellos tuviera un grado de discapacidad igual o superior al 65 por ciento, o estuvieran incapacitados para trabajar, con dos hijos, sean o no comunes. c) El padre o la madre separados o divorciados, con tres o más hijos, sean o no comunes, aunque estén en distintas unidades familiares, siempre que se encuentren bajo su dependencia económica, aunque no vivan en el domicilio conyugal. En este supuesto, el progenitor que opte por solicitar el reconocimiento de la condición de familia numerosa, proponiendo a estos efectos que se tengan en cuenta hijos que no convivan con él, deberá presentar la resolución judicial en la que se declare su obligación de prestarles alimentos. En el caso de que no hubiera acuerdo de los padres sobre los hijos que deban considerarse en la unidad familiar, operará el criterio de convivencia. d) Dos o más hermanos huérfanos de padre y madre sometidos a tutela, acogimiento o guarda que convivan con el tutor, acogedor o guardador, pero no se hallen a sus expensas. e) Tres o más hermanos huérfanos de padre y madre, mayores de 18 años, o dos, si uno de ellos es discapacitado, que convivan y tengan una dependencia económica entre ellos. El padre o la madre con dos hijos, cuando haya fallecido el otro progenitor. 3. A los efectos de esta ley, se consideran ascendientes al padre, a la madre o a ambos conjuntamente cuando exista vínculo conyugal y, en su caso, al cónyuge de uno de ellos. Se equipara a la condición de ascendiente la persona o personas que, a falta de los mencionados en el párrafo anterior, tuvieran a su cargo la tutela o acogimiento familiar permanente o preadoptivo de los hijos, siempre que éstos convivan con ella o ellas y a sus expensas. 4. Tendrán la misma consideración que los hijos las personas sometidas a tutela o acogimiento familiar permanente o preadoptivo legalmente constituido. Los menores que habiendo estado en alguna de estas situaciones alcancen la mayoría de edad y permanezcan en la unidad familiar, conservarán la condición de hijos en los términos establecidos en el artículo 3 de la presente ley. 5. A los efectos de esta ley, se entenderá por discapacitado aquel que tenga reconocido un grado de minusvalía igual o superior al 33 por ciento y por incapaz para trabajar aquella persona que tenga reducida su capacidad de trabajo en un grado equivalente al de la incapacidad permanente absoluta o gran invalidez".

La Ley 40/2003 reconoce varios beneficios sociales, así como en el ámbito de las actividades y servicios públicos o de interés general, vivienda y régimen fiscal. En su Exposición de Motivos da cuenta, de forma resumida, del contenido positivo de la ley con respecto a los integrantes de una familia numerosa:

> "En materia social, se prevén beneficios por la contratación de cuidador en familias numerosas cuando ambos ascendientes trabajen fuera del hogar ; también se establece la posibilidad de establecer por negociación colectiva un régimen de preferencias en materia de derechos de los trabajadores, acción social, movilidad geográfica, modificación sustancial de las condiciones de trabajo y extinción del contrato de trabajo a favor de los trabajadores por cuenta ajena que formen parte de familias numerosas. En materia de actividades y servicios públicos o de interés general, se prevé un régimen de derechos de preferencia en diversos ámbitos, entre los que cabe citar el acceso a becas y ayudas, la admisión en centros educativos o a viviendas protegidas. Se establece también un régimen de exenciones y bonificaciones en tasas y precios en materia de educación, transporte o acceso a bienes y servicios culturales. Asimismo, en el área de educación, el subsidio de educación especial e incremento de la prestación por infortunio familiar del seguro escolar. Se prevé que las Administraciones públicas adopten las medidas necesarias para que se conceda un trato favorable a las familias numerosas en servicios de interés general. Finalmente, por lo que se refiere a estas materias, se prevé que la Administración General del Estado promueva la responsabilidad social de las empresas y agentes sociales a fin de que se conceda un trato favorable a las familias numerosas en el acceso al mercado laboral, vivienda, crédito y actividades de ocio y culturales. En el ámbito de la vivienda, la ley prevé una serie de beneficios específicos para las familias numerosas en cuanto a su acceso a viviendas sujetas a regímenes de protección pública, que se articulan con los sucesivos planes de vivienda que aprueba periódicamente el Gobierno. En materia fiscal, se prevé la garantía legal de que la Administración General del Estado, en el ámbito de sus competencias, debe establecer beneficios a favor de las

familias numerosas para compensar las cargas familiares y favorecer la conciliación de la vida familiar y laboral de los padres y madres trabajadores".

Bien es cierto que la Ley 40/2003 también regula las infracciones, obligaciones y sanciones necesarias, pero los beneficios tienen un protagonismo sustancial en el contenido de la propia Ley. Y como acabamos de señalar, los integrantes de una unión de hecho no pueden acogerse a ninguno de estos beneficios aunque tengan dentro de su núcleo de convivencia *more uxorio* un número de miembros que los hiciera merecedores de la extensión de los beneficios fiscales, sociales y otros derechos recogidos por el legislador en atención a las necesidades de una familia numerosa, porque no son considerados familia en ningún caso, y por ende, tampoco numerosa.

Las uniones de hecho parece que fueron pensadas en un primer momento para las parejas del mismo sexo, puesto que no podían contraer matrimonio, pero incluso esa imposibilidad legal fue pronto superada por la Ley 13/2005, de 2 de julio de 2005, que modificó el Código Civil en materia de matrimonio, de la que debemos destacar: "Artículo único Modificación del Código Civil en materia de derecho a contraer matrimonio. El Código Civil se modifica en los siguientes términos:

Uno. Se añade un segundo párrafo al artículo 44, con la siguiente redacción:

El matrimonio tendrá los mismos requisitos y efectos cuando ambos contrayentes sean del mismo o de diferente sexo".

De este modo, las parejas del mismo sexo no se veían obligadas a legalizar en cierto modo su unión mediante el reconocimiento de la pareja como una unión de hecho, puesto que ya tenían a su disposición, evidentemente con carácter voluntario, la posibilidad de contraer matrimonio[5].

[5] El cambio que supuso para el colectivo LGTB queda reflejado en las palabras de García Rodrigo, B., (Presidenta de la Federación Estatal de Lesbianas, Gays, Transexuales y Bisexuales), *La Ley 13/2005 de "matrimonio igualitario" y la FELGTB*, en *RJUAM*, nº 27, 2013-I, p. 323: "El cambio legislativo producido con la Ley 13/2005 ha constituido un histórico avance al ampliar la protección legal a la realidad familiar del colectivo LGTB, tanto de nuestras parejas como de nuestros hijos. Tras décadas de invisibilidad y marginación, supuso el reconocimiento de nuestra dignidad en una sociedad avanzada, plural y diversa, proporcionándonos un paraguas legal que garantiza la inserción de nuestras realidades familiares en la sociedad y proporciona el mejor contexto para desarrollar un proyecto de vida a decenas de miles de personas con sus

Por último, otro elemento importante que tensiona negativamente la existencia real de las uniones de hecho lo constituye la equiparación de las parejas de hecho registradas al matrimonio a los efectos de solicitar la residencia de familiar de ciudadano comunitario[6], reconocida en a Sentencia del Tribunal Supremo de 3 de noviembre de 2010, que ha provocado un incremento exponencial en las inscripciones registrales de parejas de hecho, muchas de ellas revestidas de autenticidad pero carentes de fundamento jurídico mínimo necesario.

Las ventajas derivadas de dicha equiparación, unidas a unos requisitos mucho menos exigentes, que facilitaban los permisos deseados, supuso que las inscripciones crecieran de forma desmesurada, al mismo tiempo que los fraudes reconocidos en parejas de hecho que en realidad no son tales, sino que inscriben su supuesta unión para conseguir la equiparación al matrimonio en cuestión de extranjería y de permiso de residencia.

Puede parecer, después de explicar los aspectos negativos que se encuentran alrededor de las convivencias de facto, que estemos en contra de las uniones de hecho, pero muy al contrario, estamos a favor de su existencia, pero también de su correcta regulación, y no de la omisión, supuestamente deliberada por parte del Estado[7], a la hora de regular un marco normativo común sobre una materia tan importante como la relativa a las parejas de hecho.

La unión estable de pareja podemos decir que es un enlace extramatrimonial con ánimo de permanencia entre dos personas mayores de edad o menores emancipados, que conviven de un modo estable. La situación de las parejas de hecho se caracteriza por existir una vida paraconyugal plena, aunque sin

respectivas familias extensas, insertándolas en pie de igualdad en la sociedad, produciendo efectos transformadores sobre quienes más derecho tienen a la felicidad: los menores. Saberse iguales y saberse protegidos por la ley ha sido el mayor triunfo conseguido por el matrimonio igualitario para el colectivo LGTB, la conciencia –incluso inconsciente– de que la ley nos ampara y nos reconoce, de que la igualdad nos alcanza y que la dignidad nos iguala, ha proporcionado a lesbianas, gais, transexuales y bisexuales el lugar en la sociedad y la felicidad que toda norma legal ha de conferir a la ciudadanía".

6 https://www.parainmigrantes.info/las-parejas-de-hecho-despues-de-la-sentencia-del--supremo/, en donde explican las consecuencias de la Sentencia del Supremo y se ofrecen a resolver las dudas pertinentes.

7 García Rubio, Mª P., en *Derecho de Familia*, (DÍEZ PICAZO, G., Coord.), Navarra, 2012, pp. 1486 y ss., en donde llega a hablar de inconstitucionalidad por omisión por parte del legislador estatal.

efectuar formalidades legales. Su unión se reconoce con determinados efectos jurídicos siempre que se cumplan los requisitos establecidos, que varían dependiendo de la Comunidad Autónoma en la que se inscriban.

La Constitución Española de 1978 no regula expresamente estas uniones estables de pareja, aunque tampoco las prohíbe, e incluso en varios de sus preceptos se entiende que la admite, reconoce y protege.

Por ejemplo, en el artículo 14 CE relativo al principio de igualdad de todos: "Los españoles son iguales ante la ley, sin que pueda prevalecer discriminación alguna por razón de nacimiento, raza, sexo, religión, opinión o cualquier otra condición o circunstancia personal o social".

Del mismo modo, el artículo 39 de la Constitución protege a la familia, amparo que se extendería indudablemente a las parejas de hecho[8]: "Artículo 39.1. Los poderes públicos aseguran la protección social, económica y jurídica de la familia. 2. Los poderes públicos aseguran, asimismo, la protección integral de los hijos, iguales éstos ante la ley con independencia de su filiación, y de las madres, cualquiera que sea su estado civil. La ley posibilitará la investigación de la paternidad. 3. Los padres deben prestar asistencia de todo orden a los hijos habidos dentro o fuera del matrimonio, durante su minoría de edad y en los demás casos en que legalmente proceda. 4. Los niños gozarán

[8] La extensión protectora, ahora habitual con respecto a las parejas de hecho, y entendida como algo normal, era no hace mucho tiempo objeto de disputas doctrinales y de debate continuo, reflejado también en las decisiones jurisprudenciales. Vid. al respecto, Sánchez Martínez, O., *Constitución y parejas de hecho. El matrimonio y la pluralidad de estructuras familiares*, en *Revista Española de Derecho Constitucional*, nº 58, 2000, p. 59, al referirse al único punto que el Tribunal Constitucional (STC 189/1990; 222/1992; 47/1993), entendía discriminatorio en aquellos momentos, como era la imposibilidad de subrogación del arrendamiento al conviviente: "Pobre resultado de la protección constitucional de la familia del artículo 39 CE. La poderosa razón que el Tribunal Constitucional esgrime para justificar la desigualdad de efectos jurídicos entre matrimonio y unión de hecho es que la Constitución reconoce expresamente el derecho al matrimonio y un régimen jurídico que, por mandato constitucional, corresponde a la ley. Mientras que no existe ni tal derecho ni tal legalidad imperativa para otras formas de convivencia. Que el legislador haya extendido algunos efectos jurídicos del cónyuge al conviviente de hecho, e incluso que pueda hacer extensible otros, no significa que sea inconstitucional no hacerlo salvo que otra cosa supusiera «coartar o dificultar irrazonablemente la autonomía de la voluntad del hombre y de la mujer que deciden convivir more uxorio». Y según su jurisprudencia salvo que del derecho de subrogación en un arrendamientos urbano se trate, parece que toda diferencia legal actual de tratamiento entre unos y otros es objetiva y razonable por la consagración constitucional del derecho al matrimonio".

de la protección prevista en los acuerdos internacionales que velan por sus derechos".

Con respecto a la regulación autonómica, son varias las Comunidades Autónomas que regulan la unión de hecho[9], entre ellas:

[9] https://www.notariosenred.com/2016/10/hay-diferencia-de-regulacion-de-las-parejas--de-hecho-en-espana-segun-la-comunidad-autonoma/, destacan aspectos importantes con respecto a la regulación autonómica de las uniones de hecho: "Pues bien, a diferencia del matrimonio, que cuenta con una regulación general aplicable en todo el territorio nacional, las parejas de hecho se han regulado únicamente por leyes dictadas por las Comunidades Autónomas. Para determinar exactamente, entre ellas, qué Ley se aplica a cada persona, se utilizan varios criterios: algunas normas utilizan el criterio de la vecindad civil (es un concepto jurídico que determina qué Ley autonómica se aplica a la persona, y depende de circunstancias como el nacimiento o la residencia continuada en una Comunidad Autónoma un determinado plazo), otras, en cambio, el de la mera residencia o empadronamiento de al menos uno de ellos. A nivel estatal, sólo se contemplan algunos aspectos en relación con distintas materias, a fin de equipararlas a los cónyuges: así, por ejemplo, en la Ley de Arrendamientos Urbanos se reconoce al conviviente la posibilidad de continuar en la posición de arrendatario, cuando éste fallece o abandona el hogar familiar. Una vez que la pareja está constituida, el funcionamiento de la vida en común puede establecerse por medio de pactos y de forma libre por las partes. Eso sí, con algunos límites, porque por encima de esa libertad estará siempre la protección del interés de los hijos menores, que será la misma sean estos matrimoniales, extramatrimoniales o nacidos de una pareja estable no casada.
También pueden existir límites en el ámbito patrimonial. Por ejemplo, en ciertas Comunidades como Cataluña, se exige el consentimiento del conviviente para disponer de la vivienda familiar (esto es, para venderla o hipotecarla), aunque fuera propiedad de uno sólo de ellos.
Cuando la pareja opta por formalizar su unión ante un notario, puede establecer en la escritura todas las cuestiones referentes a su vida en común, acordar cómo se va a pagar las facturas o cómo repartirán los bienes comprados conjuntamente en caso de desavenencias, lo que resulta de gran utilidad, especialmente en el aspecto económico. Por ello resulta conveniente plasmar en una escritura pública, contando con el asesoramiento de un notario, lo que las partes hayan acordado, ya que los notarios informaremos, no sólo de lo que se puede o no pactar, sino también de qué Ley autonómica se aplica.
A falta de pacto expreso entre las partes, podría intentar demostrarse la existencia de pactos tácitos derivados de su vida en común, pero implicaría tener que acudir a un procedimiento judicial que puede resultar largo y costoso, y que podemos ahorrar constituyéndola en escritura pública.
Pero no sólo es importante pactar sobre el funcionamiento normal de la pareja, sino que también conviene dejar claro qué pasará si las cosas no funcionan. En ese caso, surge la pregunta de si se puede pedir una pensión compensatoria para la parte más desfavorecida, cuestión que algunas legislaciones autonómicas contemplan, mientras que otras no lo recogen. De nuevo es fundamental el asesoramiento notarial, a fin de poder pactar compensaciones entre los convivientes, en su caso.
En el ámbito sucesorio existen también importantes diferencias entre las parejas de hecho y los matrimonios. Si bien algunas legislaciones equiparan al sobreviviente con el viudo a

1. Ley Foral 6/2000, de 3 de julio, para la igualdad jurídica de las parejas estables, de Navarra.
2. Ley 11/2001, de 19 de diciembre, de Uniones de Hecho de la Comunidad de Madrid.
3. Ley 18/2001, de 19 de diciembre, de parejas estables, de Illes Balears.
4. Ley del Principado de Asturias 4/2002, de 23 de mayo, de Parejas Estables.
5. Ley 5/2002, de 16 de diciembre, de Parejas de Hecho, de Andalucía.
6. Ley 5/2003, de 6 de marzo, para la regulación de las parejas de hecho en la Comunidad Autónoma de Canarias.
7. Ley 5/2003, de 20 de marzo, de Parejas de Hecho de la Comunidad Autónoma de Extremadura.
8. Ley 2/2003, de 7 de mayo, reguladora de las parejas de hecho, del País Vasco.
9. Ley 1/2005, de 16 de mayo, de Parejas de Hecho de la Comunidad Autónoma de Cantabria.
10. Ley 2/2006, de 14 de Junio, de Derecho Civil de Galicia.
11. La Ley 25/2010, de 29 de julio, del libro segundo del Código civil de Cataluña, relativo a la persona y la familia, regula la convivencia estable en pareja en su Capítulo IV del título III.
12. El Título VI del Libro Segundo del Decreto Legislativo 1/2011, de 22 de marzo, del Gobierno de Aragón, por el que se aprueba, con el título de «Código del Derecho Foral de Aragón», el Texto Refundido de las Leyes civiles aragonesas contiene la regulación de las parejas estables no casadas.
13. Ley 5/2012, de 15 de octubre, de Uniones de Hecho Formalizadas de la Comunitat Valenciana.
14. Ley 7/2018, de 3 de julio, de Parejas de Hecho de la Comunidad Autónoma de la Región de Murcia.

efectos de otorgarle derechos en la herencia del que fallece primero, para proteger a la pareja, suele resultar más conveniente otorgar un testamento ante notario a fin de asegurar la transmisión de bienes a su favor.
Por último, señalar que en algunas Comunidades se equipara al matrimonio igualmente en ciertos aspectos fiscales".

En España, por lo tanto, son catorce las Comunidades Autónomas que han legislado sobre este tema[10], estableciendo una ley sobre parejas de hecho, aunque las obligaciones y derechos difieren según el lugar de residencia.

Por otro lado, Castilla-La Mancha, Castilla y León, y La Rioja no tienen una ley reguladora de los registros de las parejas de hecho, aunque actúan jurídicamente mediante Decreto[11].

En el caso concreto de la Comunidad Autónoma de Galicia, que comenzó su regulación autonómica en materia de parejas de hecho con la Ley 2/2006, de 14 de Junio, de Derecho Civil de Galicia, podemos ver como se avanzó rápidamente en la temática específicamente referida a las parejas de hecho, ya que la primera modificación tuvo lugar con la Ley 10/2007, de 28 de junio, de reforma de la disposición adicional tercera de la Ley 2/2006, de 14 de junio, de derecho civil de Galicia[12], cuyo artículo único, dio una nueva redacción a la disposición adicional tercera de la ley anterior, con el siguiente tenor literal:

> "1. A los efectos de la aplicación de la presente ley, se equiparan al matrimonio las relaciones maritales mantenidas con intención o vocación de permanencia, con lo que se extienden a los miembros de la

[10] Serrano Chamorro, M.E., *Las parejas de hecho y su marco legal*, Madrid, 2014, p.12, en donde se refiere a esta multitud de normas: " Estamos en un mismo país con una dispersión legislativa tan plural que efectivamente puede ser discriminatoria la aplicación de unas y otras normas. Se ha criticado mucho que España no tenga una ley estatal sobre parejas de hecho, máxime cuando su número ha ido en aumento, pero tras las recientes sentencias del Tribunal Constitucional, entiendo que el panorama ha cambiado".

[11] En Castilla-la Mancha, a través del Decreto 124/2000, de 11 de julio, se regula la creación y el régimen de funcionamiento del registro de parejas de hecho de la comunidad autónoma de Castilla-la Mancha. En Castilla y León se regula por el Decreto 117/2002, de 24 de octubre, en el que se crea el Registro de Uniones de Hecho en Castilla y León y se regula su funcionamiento. En la Rioja se regula por el Decreto 30/2010, de 14 de mayo, por el que se crea el Registro de Parejas de Hecho de La Rioja.

[12] La primera versión, recogida en la ley 2/2006, decía así: "A los efectos de aplicación de la presente ley se equiparan al matrimonio las relaciones maritales mantenidas con intención o vocación de permanencia, con lo cual se extienden, por tanto, a los miembros de la pareja los derechos y obligaciones que esta ley reconoce a los cónyuges.
Tendrá la consideración de relación marital análoga al matrimonio la formada por dos personas que lleven conviviendo al menos un año, pudiéndose acreditar tal circunstancia por medio de la inscripción en el registro, manifestación expresa mediante acta de notoriedad o cualquier otro medio admisible en derecho. En caso de tener hijos en común será suficiente con acreditar la convivencia".

> pareja los derechos y las obligaciones que la presente ley reconoce a los cónyuges.
> 2. Tendrán la condición de parejas de hecho las uniones de dos personas mayores de edad, capaces, que convivan con la intención o vocación de permanencia en una relación de afectividad análoga a la conyugal y que la inscriban en el Registro de Parejas de Hecho de Galicia, expresando su voluntad de equiparar sus efectos a los del matrimonio. No pueden constituir parejas de hecho:
> a) Los familiares en línea recta por consanguinidad o adopción.
> b) Los colaterales por consanguinidad o adopción hasta el tercer grado.
> c) Los que estén ligados por matrimonio o formen pareja de hecho debidamente formalizada con otra persona.
> 3. Los miembros de la unión de hecho podrán establecer válidamente en escritura pública los pactos que estimen convenientes para regir sus relaciones económicas durante la convivencia y para liquidarlas tras su extinción, siempre que no sean contrarios a las leyes, limitativos de la igualdad de derechos que corresponden a cada conviviente o gravemente perjudiciales para cada uno de los mismos.
> Serán nulos los pactos que contravengan la anterior prohibición".

Esta rápida modificación tuvo que ver con la necesaria adaptación en lo que respecta a la adquisición de condición de pareja. La redacción vigente condiciona la adquisición a un acto voluntario de los convivientes, sin que se adquiera automáticamente por la convivencia, como declaraba la versión original con la exigencia de un año, con problemas de constitucionalidad[13], con el requisito formal, de carácter constitutivo, de inscripción en un registro establecido al efecto.

Como podemos ver, la inscripción en el Registro de parejas de Hecho de Galicia tiene carácter constitutivo[14], y es voluntaria. La regulación se estableció

[13] La versión definitiva recogida en la ley 10/2007, encuentra un mejor encaje con la doctrina del Tribunal Constitucional expresada en la Sentencia de 23 de abril de 2013, relativa a la Ley Foral Navarra que hemos visto anteriormente, que declaraba inconstitucional una redacción muy similar a la de la Disposición Adicional 3ª de la Ley Gallega en su primera versión.

[14] Como prueba de relevancia de la inscripción constitutiva en el Registro de parejas de hecho de Galicia, tenemos la Sentencia del TSJ Galicia, Sala de lo Social, nº 701/2015,

mediante el Decreto 248/2007, de 20 de diciembre, por el que se crea y se regula el Registro de Parejas de Hecho de Galicia, cuyo artículo 5º recoge los requisitos para la inscripción en el Registro de Parejas de Hecho:

> "Las inscripciones en el registro se realizarán previa solicitud de los miembros de la pareja de hecho acompañada de la documentación acreditativa del cumplimiento de los siguientes requisitos: a) Ser mayores de edad. b) No tener relación de parentesco en línea recta por consanguinidad o adopción ni colateral por consanguinidad o adopción hasta el tercer grado. c) Manifestar la voluntad de constitución de pareja de hecho. d) No estar ligados por matrimonio. e) No formar pareja de hecho debidamente formalizada con otra persona. f) No estar incapacitados judicialmente para regir su persona. g) Tener uno de los miembros de la pareja la vecindad civil gallega. h) Acreditar el empadronamiento de los miembros de la pareja en el mismo domicilio de algún municipio de la Comunidad Autónoma de Galicia".

En el ámbito concreto de los derechos adquiridos, queremos traer a colación un ejemplo, que demuestra el avance del reconocimiento sustancial de las uniones de hecho. La Ley de Arrendamientos Urbanos de 1964, en el artículo 58, mantenía que la subrogación legal, en caso de fallecimiento del arrendatario, sólo operaba a favor del cónyuge, descendientes, ascendientes y hermanos convivientes del difunto desde dos años antes del fallecimiento de éste.

Sin embargo, una Sentencia del Tribunal Constitucional, del 11 de diciembre de 1992, declaró la inconstitucionalidad del artículo 58 de la LAU, siempre que se interpretase restrictivamente excluyendo del derecho de subrogación de vivienda al conviviente *more uxorio*, es decir, el que había compartido con la persona titular del arrendamiento hasta su fallecimiento.

En este caso, la sentencia se inclinó a favor de la protección al conviviente incluso por encima de la protección a los hijos, que quedaban en el orden de

de 28/01/2015, Rec. 763/2013, en donde se deniega una prestación de viudedad al solicitante al no constar la inscripción de su unión en el Registro, como exige la Ley 2/2006, de 14 de junio, de derecho civil de Galicia, ni tampoco el correspondiente documento público en el que conste la constitución de la pareja de hecho.

prioridad por debajo del conviviente, criterio fijado en el artículo 58.2 de la Ley de Arrendamientos Urbanos de 1964.

En la actualidad, como muestra de los derechos adquiridos por la convivencia *more uxorio* de las parejas de hecho, el artículo 16 de la Ley de Arrendamientos Urbanos de 24 de diciembre de 1994, regula expresamente la subrogación arrendaticia de la vivienda a favor del conviviente, extendiendo ya desde aquella fecha el ansiado derecho y los beneficios consiguientes a las parejas homosexuales.

Como conclusión, podemos afirmar que las parejas de hecho han superado con creces su invisibilidad anterior, y la renuencia secular a reclamar nada, quizás ante el temor a ver no sólo denegados sino reprimidas sus limitadas equiparaciones. En la actualidad, las parejas de hecho se han vuelto visibles[15]: reclaman ante cualquier amenaza que perciban hacia sus legitimaciones, demandan habitualmente, litigan, recurren y pretenden con esta presencia continua antes los tribunales que se les reconozcan lo que consideran sus derechos.

No existe duda alguna de que la atención jurídico-patrimonial que reclaman las parejas de hecho ante los tribunales ordinarios e incluso ante el Tribunal Constitucional la han conseguido[16], además de que el número cada vez mayor de convivientes que optan por las uniones de hecho consiga una mayor y mejor fuerza para litigar antes la lesión de sus intereses como colectivo.

La cuestión reside en preguntarnos, de forma multidisciplinar y no solo desde un punto de vista jurídico, puesto que la sociedad es la que ha puesto de relieve en los últimos tiempos esta forma de convivencia como una unión habitual, sobre la supuesta incongruencia de estas parejas, ya que sí voluntariamente no han querido acogerse a la normativa jurídica, no resulta fácil comprender su pretensión a la hora de la reclamación cierta de que se les apliquen las normas.

[15] Rodríguez Boente, S., *Matrimonios y parejas de hecho: ¿equiparación o distinción?*, en *Guía práctica sobre el régimen jurídico de las parejas de hecho*, Pamplona, 2012, p. 25.

[16] La atención prestada por el Tribunal Constitucional ante esta nueva realidad jurídica ha llevado a algunos autores, como Serrano Chamorro, M.E., *Las parejas de hecho y su marco legal*, cit. p. 14, a declarar que resulta innecesaria una ley estatal al respecto, después de los últimos fallos constitucionales que completan el escenario legal relativo a las parejas de hecho.

Dicho de otra forma: Si las leyes son obligatorias para todos los ciudadanos españoles, el reclamar la aplicación de las leyes cuándo nos apartamos consciente y voluntariamente de ellas parece algo extraño, cuando no interesado.

Son muchas las cuestiones que podrían plantearse. Además, la dispersión legislativa española es tan plural que puede resultar discriminatoria la aplicación de ciertas normas en función del territorio en el que nos encontremos.

Seguramente, la regulación de las parejas de hecho buscase desde el principio la legalización de determinadas situaciones fácticas, fuera de la ley, que necesitaban ser reconocidas jurídicamente e introducidas en el espectro legislativo para dar cumplida cuenta de la protección necesaria preconizada por la Constitución.

La cuestión ahora es decidir si hemos ido más allá de los objetivos de justicia necesaria que nos habíamos planteado en la transición, o si, por el contrario, a pesar de la legislación actual que contempla una ingente diversidad de supuestos jurídicamente protegidos, hemos decidido recoger exhaustivamente cualquier posible matiz que colme las lagunas legales que toda legislación pueda tener.

1. A SITUAÇÃO LEGAL DOS CASAIS DE FATO NA ESPANHA *

María José Bravo Bosch

A compilação dos regulamentos existentes na Espanha relativos a casais de fato não é de forma alguma uma tarefa fácil. Não há um marco regulatório comum para que as Comunidades Autônomas regulamentem a situação em seus respectivos territórios no que diz respeito aos casais de fato[1]; ao contrário, o que prevalece é a situação oposta.

As protagonistas, quando se trata de empreender uma questão de tanto detalhe jurídico quanto a de pessoas que optam por não se casar, mas querem compartilhar uma situação de fato a qual desejam que seja regulada para preservar seus direitos e conhecer suas obrigações, foram as Comunidades Autônomas, certamente com a melhor das intenções de regular situações injustas em casos específicos, mas aumentaram as diferenças territoriais em uma questão tão sensível quanto a das uniões de fato.

* Quero agradecer ao convite da Presidente da ADFAS, Regina Beatriz Tavares da Silva, para ministrar uma palestra no âmbito do Congresso Internacional: "União de Fato no Cenário Ibero-Americano", realizado online entre 26 Junho e 3 de Julho de 2020, origem deste trabalho.

[1] Talavera Fernández, P. A., *La unión de hecho y el derecho a no casarse*. Granada, 2001, declara, em relação a um marco regulatório comum, p. 364: "A lei estadual definitiva que criou a figura da união de fato poderia incluir uma provisão adicional (além de articulação correspondente para ser integrada ao CC) consagrando tal igualdade nos seguintes termos: Os direitos e obrigações estabelecidos para os cônjuges em regras estaduais de direito público, destinadas a proteger e beneficiar o desenvolvimento de uma relação, será de igual aplicação aos membros da união de fato estável".

Às vezes, quando nos referimos a essa ausência do marco regulatório comum, que sem dúvida teria tido um impacto positivo, surge uma crítica hipersensível por parte de alguns que acreditam que nós postulamos ideia própria de jacobinos, decididamente centralista, no que diz respeito à regulação jurídica de casais de fato; mas não é ocaso, nem estamos falando em impor a partir da centralidade regras obrigatórias que dificultem o marco autônomo. É a realidade cotidiana que nos mostra a melhoria substancial que significaria legislar com padrões mínimos e comuns para as diferentes administrações regionais que teriam ajudado a prevenir fraudes e corrigir a coordenação administrativa entre diferentes comunidades. Essas regras, claras e comuns a toda a área jurídica espanhola, teriam resultado em condições mínimas de habilitação no momento da constituição de um casal de fato, independentemente das características próprias e diferenciais dos diversos territórios que compõem o Estado espanhol.

Exemplos são a possibilidade real de haver um casal de fato registrado em uma Comunidade Autônoma e outro casal de fato em outra Comunidade constituído por um dos membros daquele primeiro, devido à ausência de dados compartilhados para verificar se casais registrados estão com outras pessoas em outros territórios espanhóis, como reconhecido pelos funcionários encarregados das tarefas de registro desses casais[2], algo que deve escandalizar a consciência coletiva, e mais se considerarmos nosso conceito de cidadãos na nova era digital.

É claro que esse marco regulatório comum não significaria excelência recorde nas diferentes administrações, mas poderia trazer certos requisitos de registro e dados compartilhados para evitar os atos que acabo de citar, os quais, sem dúvida, estão fora de toda legalidade, e que prejudicam a imagem, conceito e objetivos que os casais de fato deveriam ter.

Outro exemplo prejudicial são os diferentes requisitos para garantir que a coexistência *more uxorio* seja considerada uma união de fato. A comunidade autônoma andaluza tentou exigir um período de convivência entre os membros de um casal antes de conceder-lhes registro como um casal de fato, mas

[2] https://confilegal.com/20180817-regulacion-parejas-hecho-espana/ Onde se insiste que os registros não estão interligados, de modo que os dados união de fato de cada Comunidade Autônoma são independentes, e por não serem compartilhados podem levar a situações realmente incomuns.

um Acórdão do Tribunal Constitucional do ano de 2013 sobre a Lei Foral de Uniões de Fato em Navarra, aprovado no ano de 2000, declarou inconstitucional a exigência de uma convivência prévia a um casal de fato por uma Comunidade Autônoma, fundamentando-a na incompatibilidade com a dignidade da pessoa[3].

[3] Acórdão 93/2013 de 23 de abril de 2013 BOE 123, 23 de maio de 2013, páginas 46 a 82. Recurso de inconstitucionalidade 5297-2000. Interposto por 83 Deputados do Grupo Parlamentar Popular do Congresso em relação à Lei Foral 6/2000, de 3 de julho, para a igualdade jurídica de casais estáveis. Competências sobre direito civil, princípio da segurança jurídica, direito ao livre desenvolvimento da personalidade e privacidade pessoal e familiar, proteção da família: nulidade de diversos preceitos jurídicos autônomos. Votos privados. O recurso também levantou lesão ao artigo 149.1.8 CE, que estabelece a competência exclusiva do Estado sobre as "relações jurídico-civis relativas às formas de casamento". Mas o Acórdão afirma: "Por sua vez, a competência exclusiva de Navarra em matéria de direito civil foral encontra cobertura constitucional no art. 149.1.8 CE, que se refere à "preservação, modificação e desenvolvimento pelas Comunidades Autônomas de direitos civis, forais ou especiais, onde quer que existam", o que deve ser interpretado nos termos de nossa doutrina repetida (para todos, STC 156/1993 de 6 de maio, FJ 1). Em termos semelhantes, pronuncia-se o artigo 48º LORAFNA. Não há dúvida, à luz da expressão que se acaba de verter, que Navarra "goza de uma ampla liberdade de configuração legal" no exercício de sua competência em matéria de direito civil foral (STC 236/2000 de 16 de outubro, FJ 3)". Além disso, continua: "No entanto, o tema declarado da regulamentação do legislador foral não é o casamento, mas a convivência estável *more uxorio* desenvolvida fora do casamento, conforme definido no artigo 2.1 da Lei Foral 6/2000. É importante neste momento que, como afirmamos na STC 184/1990, de 15 de novembro, FJ 3, na Constituição, casamento e convivência extraconjugal não são realidades equivalentes".
O relevante é, sobretudo, o parágrafo 2º do artigo 2 da Lei que Oferece uma definição de casal especificando no parágrafo 2º os critérios para permitir deduzir estabilidade dele, que são a principal razão para a ação:
"A união será considerada estável quando os membros do casal tenham vivido juntos por pelo menos um ano, a menos que tenham descendência comum, nesse caso a mera coexistência será suficiente, ou a menos que tenham expressado vontade de formar parceria estável em um documento público. Caso um membro do casal ou ambos estejam vinculados por vínculo matrimonial, o tempo de convivência decorrido até o momento em que o último deles obtém a dissolução ou, se for o caso, a nulidade, será levado em conta no cálculo do período indicado de um ano."
O Acórdão declara a inconstitucionalidade do segundo parágrafo do artigo 2.2, no que diz respeito ao cálculo do período de um ano de convivência previsto no parágrafo anterior, deixando claro que o modelo imperativo de convivência prévia não está de acordo com o regime de dispositivos característico das uniões de fato.

Além disso, os casais de fato não têm acesso à Lei 40/2003, de 18 de novembro, Proteção das Famílias Numerosas[4], por tratar-se de lei estadual, outra deficiência certamente quando se trata de ter reconhecidos determinados direitos, pelo menos comparável até certo ponto ao casamento civil, como os relativos a questões sociais, Previdência Social e questões tributárias.

A Lei 40/2003 reconhece diversos benefícios sociais, bem como no campo das atividades e serviços públicos ou no regime de interesse público, habitação e tributação. Em seu Memorando Explicativo, resume o conteúdo positivo da Lei em relação aos membros de uma grande família:

[4] Boe 277, 19/11/2003: "Artigo 2º. Conceito de família numerosa. 1. Para efeitos desta lei, se entende por família numerosa aquela em que haja um ou dois ascendentes com três ou mais filhos, sejam eles comuns ou não. 2. Se equiparam às famílias numerosas para os efeitos desta lei aquelas constituídas por: a) Um ou dois ascendentes com dois filhos, sejam ou não comuns, desde que pelo menos um deles seja deficiente ou incapaz de trabalhar. b) Dois ascendentes, quando ambos forem deficientes, ou pelo menos um deles tenha um grau de incapacidade igual ou superior a 65%, ou não possa trabalhar, com dois filhos, sejam eles comuns ou não. c) O pai ou mãe separados ou divorciados, com três ou mais filhos, sejam eles ou não comuns, mesmo estando em diferentes unidades familiares, desde que estejam sob sua dependência econômica, ainda que não morem no domicílio conjugal. Neste caso, o pai que optar por solicitar o reconhecimento de status familiar de grande porte, propondo para este fim que as crianças que não vivem com ele sejam levadas em conta, deve apresentar uma decisão judicial declarando sua obrigação de lhes fornecer comida. Caso não haja concordância entre os pais sobre os filhos a serem considerados na unidade familiar, vigorará o critério de convivência. d) Dois ou mais irmãos órfãos de pai e mãe submetidos à tutela, acolhimento ou tutoria vivendo com o tutor, acolhedor ou guardião, mas não sejam por estes sustentados. e) Três ou mais irmãos órfãos de pai e mãe, com mais de 18 anos de idade, ou dois, se um deles for deficiente, que convivam e tem uma dependência econômica entre si. O pai ou a mãe com dois filhos, quando o outro progenitor houver falecido. 3. Para efeitos desta lei, são considerados ascendentes o pai, a mãe ou ambos quando exista vínculo conjugal e, quando apropriado, o cônjuge de um deles. Se equipara à condição de ascendente a pessoa ou as pessoas que, na ausência das mencionadas no parágrafo anterior, sejam responsáveis pela tutela familiar permanente ou pré-adotiva dos filhos, desde que vivam com ele e às suas custas. 4. Terão a mesma consideração filhos de pessoas sujeitas a tutela permanente ou legalmente constituída ou alojamento familiar. Menores que, tendo estado em qualquer uma dessas situações, atinjam a maioridade e permaneçam na unidade familiar, manterão o status de filhos nos termos previstos no artigo 3º desta Lei. 5. Para efeitos desta lei, se entenderá como deficientes àquela pessoa que tenha reconhecido um grau de incapacidade igual ou superior a 33% e por incapaz para o trabalho aquela que tenha reduzida sua capacidade de trabalhar a um grau equivalente ao de incapacidade permanente absoluta ou grande incapacidade".

> "Em questões sociais, estão previstos benefícios pela contratação de cuidador em famílias grandes quando ambos os ascendentes trabalham fora de casa; prevê ainda a possibilidade de estabelecer, por meio de negociação coletiva, um sistema de preferências no campo dos direitos dos trabalhadores, a ação social, mobilidade geográfica, modificação substancial das condições de emprego e rescisão do contrato de trabalho em favor dos empregados que fazem parte das grandes famílias. Nas áreas de atividades e serviços públicos ou de interesse público, é disponibilizado um sistema de direitos de preferência em diversos âmbitos, entre os quais cabe citar acesso à bolsas e auxílios, admissão em escolas ou moradia protegida. Também está estabelecido um sistema de isenções e bônus de taxas e preços na área da educação, transporte ou acesso a bens e serviços culturais. Além disso, na área da educação, o subsídio de educação especial e o aumento do benefício por infortúnio familiar do seguro escolar. Espera-se que as administrações públicas tomem as medidas necessárias para garantir um tratamento favorável às famílias numerosas em serviços de interesse geral. Por fim, no que diz respeito a essas questões, espera-se que a Administração Geral do Estado promova a responsabilidade social das empresas e dos agentes sociais, a fim de conceder tratamento favorável às famílias numerosas no acesso ao mercado de trabalho, habitação, crédito e lazer e atividades culturais. Na área habitacional, a lei prevê uma série de benefícios específicos para as famílias numerosas em termos de acesso à moradia sujeita a regimes de proteção pública, que são articulados com sucessivos planos habitacionais regularmente aprovados pelo Governo. Em matéria tributária, a garantia legal prevê que a Administração Geral do Estado, dentro de suas competências, deve estabelecer benefícios em favor das famílias numerosas, a fim de compensar os encargos familiares e promover a reconciliação da vida familiar e profissional dos pais trabalhadores"."

É verdade que a Lei 40/2003 também regulamenta as infrações, obrigações e penalidades necessárias, mas os benefícios têm destaque substancial no conteúdo da própria Lei. E como acabamos de salientar, os membros de uma união de fato não podem usufruir de nenhum desses benefícios, mesmo que tenham em seu núcleo de convivência *more uxorio* um número de membros que os tornassem aptos à extensão dos direitos fiscais, sociais e outros recolhidos pelo legislador em atenção às necessidades de uma família numerosa, pois não são considerados família em nenhum caso.

As uniões de fato parecem ter sido inicialmente destinadas a casais do mesmo sexo, uma vez que não podiam se casar, mas mesmo essa impossibilidade jurídica foi logo superada pela Lei 13/2005, de 2 de julho de 2005, que alterou o Código Civil sobre o casamento, do qual devemos destacar: "Emenda do Artigo Único do Código Civil sobre o direito de casar. O Código Civil é alterado da seguinte forma:

Um. É adicionado um segundo parágrafo ao artigo 44º, da seguinte forma:

O casamento terá os mesmos requisitos e efeitos quando ambos os contratantes forem do mesmo sexo ou de sexo diferente."

Assim, casais formados por membros do mesmo sexo não estavam mais obrigados a legalizar sua união por meio de reconhecimento de união de fato, uma vez que já tinham à sua disposição, obviamente de forma voluntária, a possibilidade de se casarem[5].

Por fim, outro elemento importante que afeta negativamente a existência real das uniões de fato reside na equiparação entre casais de fato registrados a casais oriundos do casamento, o que é possível com o propósito de solicitar

[5] A mudança que trouxe para o coletivo LGTB se reflete nas palavras de García Rodrigo, B., (Presidente Federação Estadual de Lésbicas, Gays, Transgêneros e Bissexuais), e a *Ley 13/2005 de "matrimonio igualitario" y la FELGTB*, en *RJUAM*, nº 27, 2013-I, p. 323: "A mudança legislativa produzida pela Lei 13/2005 tem sido um avanço histórico ao estender a proteção jurídica à realidade familiar do coletivo LGBT, tanto de nossos parceiros quanto de nossos filhos. Após décadas de invisibilidade e marginalização, foi o reconhecimento de nossa dignidade em uma sociedade avançada, plural e diversificada, nos proporcionando um guarda-chuva legal que garante a inserção de nossas realidades familiares na sociedade e fornece o melhor contexto para desenvolver um projeto de vida para dezenas de milhares de pessoas com suas respectivas famílias estendidas, inserindo-as em pé de igualdade na sociedade, produzindo efeitos transformadores sobre aqueles que têm mais direito à felicidade: os menores. Conhecer-se igual e ser protegido pela lei tem sido o maior triunfo alcançado pelo casamento igualitário para o coletivo LGBT, a consciência – mesmo inconsciente – de que a lei nos protege e nos reconhece, de que a igualdade se estende a nós de que a dignidade nos iguala, tem proporcionado a lésbicas, gays, transgêneros e bissexuais o lugar na sociedade e a felicidade que toda norma legal deve conferir aos cidadãos".

a residência de um familiar de um cidadão comunitário[6], direito reconhecido no Acórdão do Supremo Tribunal Federal de 3 de novembro de 2010, o que levou a um aumento exponencial no registro de casais de fato, muitos deles cobertos de autenticidade, mas sem uma base jurídica mínima necessária.

As vantagens derivadas dessa equiparação, aliadas a requisitos muito menos rigorosos, que facilitaram as licenças desejadas, fizeram com que os registros crescessem excessivamente, ao mesmo tempo em que as fraudes reconhecidas em casais de fato que não o são realmente, mas registram sua suposta união a fim de alcançar a igualdade no casamento por questões de imigração e permissões de residência.

Pode parecer, depois de explicar os aspectos negativos que se encontram ao redor das convivências de fato, que somos contra as uniões de fato, mas, muito pelo contrário, somos a favor de sua existência, bem como de sua correta regulação, e não da omissão, supostamente deliberada por parte do Estado[7], quanto a um marco regulatório comum sobre um assunto tão importante quanto o relativo aos casais de fato.

A união estável de casais pode ser considerada como um vínculo extraconjugal com a intenção de permanência entre dois idosos ou menores emancipados, que convivem de forma estável. A situação dos casais é, de fato, caracterizada por uma vida paraconjugal plena, embora sem formalidades legais. A sua união é reconhecida com certos efeitos jurídicos, desde que sejam cumpridos os requisitos estabelecidos, que variam dependendo da Comunidade Autônoma em que estão registrados.

A Constituição espanhola de 1978 não regula expressamente essas uniões estáveis embora tão pouco as proíba, e mesmo em vários de seus preceitos entende-se que as admite, reconhece e protege.

Por exemplo, no artigo 14º da CE, relativo ao princípio da igualdade de todos: "Os espanhóis são iguais perante alei, sem que prevaleça qualquer tipo

[6] https://www.parainmigrantes.info/las-parejas-de-hecho-despues-de-la-sentencia-del--supremo/ Onde se explicam as consequências da Sentença Suprema e se oferecem para resolver as dúvidas relevantes.

[7] García Rubio, Mª P., en *Derecho de Familia*, (DÍEZ PICAZO, G., Coord.), Navarra, 2012, pp. 1486 y ss., onde chega a falar de inconstitucionalidade por omissão por parte do legislativo estadual.

de discriminação com base em nascimento, raça, sexo, religião, opinião ou qualquer outra condição ou circunstância pessoal ou social".

Da mesma forma, o artigo 39 da Constituição protege a família, uma proteção que, sem dúvida, se estenderia a casais de fato[8]: "Artigo 39.1. O poder público garante a proteção social, econômica e jurídica da família. 2. O poder público também garante a proteção integral dos filhos, iguais perante a lei, independentemente de sua filiação, e das mães, seja qual for o seu estado civil. A lei permitirá investigar a paternidade. 3. Os pais devem prestar assistência em todos os âmbitos aos filhos havidos dentro ou fora do casamento, durante sua menoridade e em outros casos quando legalmente apropriado. 4. As crianças gozarão da proteção prevista nos acordos internacionais que garantem seus direitos".

No que diz respeito à regulação autônoma, existem várias Comunidades Autônomas que regulam a união de fato, incluindo[9]:

[8] A extensão protetora, agora comum em relação aos casais de fato, e entendida como normal, era, até pouco tempo objeto de disputas doutrinárias e debate contínuo, refletido também nas decisões Jurisprudenciais. Vid. sobre isso, Sánchez Martínez, O., *Constitución y parejas de hecho. El matrimonio y la pluralidad de estructuras familiares*, en *Revista Española de Derecho Constitucional*, nº 58, 2000, p. 59, referindo-se ao único ponto que o Tribunal Constitucional (STC 189/1990; 222/1992; 47/1993) entendeu ser discriminatório naquela época, assim como a impossibilidade de sub-rogação do contrato ao convivente: "Pobre resultado da proteção constitucional da família do artigo 39º da CE. A poderosa razão pela qual o Tribunal Constitucional propõe justificar a desigualdade dos efeitos legais entre o casamento e a união de fato é que a Constituição reconhece expressamente o direito ao casamento e um regime jurídico que, por mandato constitucional, corresponde à lei. Sendo que não há tal direito nem tal legalidade obrigatória para outras formas de convivência. O fato de o legislador ter estendido alguns efeitos jurídicos do cônjuge convivente de fato, e mesmo que possa estender outros, não significa que seja inconstitucional não fazê-lo a menos que, caso contrário, tenha como objetivo "perturbar ou dificultar injustificadamente a autonomia da vontade do homem e da mulher que decidam viver *more uxorio*". E de acordo com sua jurisprudência, a menos que o direito de barriga de aluguel em um arrendamento urbano esteja em causa, parece que qualquer diferença legal atual no tratamento entre um e outro é objetiva e razoável pela consagração constitucional do direito ao casamento".

[9] https://www.notariosenred.com/2016/10/hay-diferencia-de-regulacion-de-las-parejas-de-hecho-en-espana-segun-la-comunidad-autonoma/ Destaca aspectos importantes no que diz respeito à regulação autônoma das uniões de fato: "Ao contrário do casamento, que tem uma regulamentação geral aplicável em todo o território nacional, os casais têm sido regulados apenas por leis emitidas pelas Comunidades Autônomas. Para determinar exatamente qual lei se aplica a cada pessoa, são utilizados vários critérios: algumas regras utilizam o critério de vizinhança civil (é um conceito legal que determina qual lei autônoma se aplica à pessoa,

1. Lei Foral 6/2000, de 3 de julho, para a igualdade jurídica de casais estáveis, de Navarra.
2. Lei 11/2001, de 19 de dezembro, das Uniões de Fato da Comunidade de Madrid.
3. Lei 18/2001, de 19 de dezembro, de casais estáveis, das Ilhas Baleares.
4. Lei do Principado das Astúrias 4/2002, de 23 de maio, de Casais Estáveis.

e depende de circunstâncias como o nascimento ou a permanência em uma Comunidade Autônoma por determinado período de tempo), outras, por outro lado, a da mera residência ou registro de pelo menos uma delas. No âmbito estadual, apenas alguns aspectos são contemplados em relação a diferentes assuntos, a fim de equipará-los aos cônjuges: assim, por exemplo, a Lei de Arrendamentos Urbanos reconhece ao convivente a possibilidade de continuar em posição de arrendatário, quando este morre ou sai da casa da família. Uma vez que o casal é constituído, o funcionamento da vida juntos pode ser estabelecido por meio de pactos e livremente formado pelas partes. No entanto, com alguns limites, pois acima dessa liberdade sempre haverá a proteção do interesse de filhos menores, que será a mesma sejam esses casamentos, extraconjugais ou nascidos de um casal estável não casado.
Também pode haver limites no âmbito patrimonial. Por exemplo, em certas comunidades, como a Catalunha, se exige o consentimento do convivente para disposição da habitação da família (isto é, vendê-la ou hipotecá-la), mesmo que fosse propriedade de apenas um deles.
Quando o casal opta por formalizar sua união perante um cartório, pode estabelecer na escritura todas as questões relativas à sua vida comum, concordar sobre como as contas serão pagas ou como distribuirão os bens comprados juntos em caso de desacordo, o que é de grande utilidade, especialmente no aspecto econômico. Portanto, é apropriado registrar em uma escritura pública, com o conselho de um tabelião, aquilo que as partes concordaram, uma vez que os cartórios informarão não apenas o que pode ou não ser acordado, mas também quais leis autônomas são aplicadas.
Na ausência de um acordo expresso entre as partes, poderia ser julgada a existência de pactos tácitos decorrentes de sua vida comum, mas envolveria ter que ir a um processo judicial que pode ser longo e caro, e do qual podemos nos salvar constituindo-os em escritura pública.
Mas não importa apenas concordar sobre o funcionamento normal do casal, mas também deixar claro o que acontecerá se as coisas não funcionarem. Nesse caso, surge a questão se uma pensão compensatória pode ser solicitada para a parte mais desfavorecida, uma questão que algumas legislações regionais preveem, enquanto outras não a incluem. Mais uma vez, o conselho autenticado em cartório é essencial, a fim de poder concordar com a compensação entre os conviventes, se houver.
No âmbito sucessório também há diferenças importantes entre casais de fato e casamentos. Embora algumas leis igualem o sobrevivente ao viúvo com o propósito de conceder-lhe direitos na herança daquele que morre primeiro, para proteger o parceiro, muitas vezes é mais apropriado outorgar um testamento perante um tabelião, a fim de garantir a transferência de bens a seu favor.
Finalmente, cabe notar que em algumas comunidades o casamento também é equiparado em certos aspectos fiscais".

5. Lei nº 5/2002, de 16 de dezembro, sobre Casais de Fato, da Andaluzia.
6. Lei 5/2003, de 6 de março, para a regulamentação de casais de fato na Comunidade Autônoma das Ilhas Canárias.
7. Lei nº 5/2003, de 20 de março, de Casais de Fato da Comunidade Autônoma de Extremadura.
8. Lei 2/2003, de 7 de maio, que regulamenta casais de fato, do País Basco.
9. Lei 1/2005, de 16 de maio, de Casais de Fato da Comunidade Autônoma da Cantábria.
10. Lei 2/2006, de 14 de junho, sobre Direito Civil da Galícia.
11. A Lei 25/2010, de 29 de julho, do segundo livro do Código Civil da Catalunha, relativo à pessoa e à família, regulamenta a convivência estável em pares no Capítulo IV do Título III.
12. Título VI do Segundo Livro do Decreto Legislativo 1/2011, de 22 de março, do Governo de Aragão, que aprova, sob o título de 'Código de Direito Foral de Aragão', o Texto Consolidado das Leis Civis Aragonesas contém a regulamentação de casais estáveis não casados.
13. Lei 5/2012, de 15 de outubro, de Uniões de Fato Formalizadas da Comunidade Valenciana.
14. Lei 7/2018, de 3 de julho, de Casais de Fato da Comunidade Autônoma da Região de Múrcia.

Na Espanha, portanto, existem quatorze comunidades Autónomas que legislaram sobre este assunto, estabelecendo uma lei sobre casais de fato, embora as obrigações e direitos difiram de acordo com o local de residência[10].

Por outro lado, Castilla-La Mancha, Castilla y León e La Rioja não possuem uma lei que regula os registros de casais de fato, embora atuem juridicamente por decreto[11].

[10] Serrano Chamorro, M.E., *Las parejas de hecho y su marco legal*, Madrid, 2014, p.12, onde se refere a essa infinidade de regras: "Estamos no mesmo país com uma dispersão legislativa tão plural que a aplicação de algumas e outras regras pode de fato ser discriminatória. Tem sido muito criticado que a Espanha não tenha uma lei estadual sobre casais de fato, especialmente quando seu número vem aumentando, mas após as recentes decisões do Tribunal Constitucional, entendo que o quadro mudou".

[11] Em Castilla – La Mancha, por meio do Decreto 124/2000 de 11 de julho, regulamenta-se o regime de criação e operação do registro de casais de fato da comunidade autônoma de Castilla – La Mancha. Em Castela e Leão é regulamentado pelo Decreto 117/2002,

No caso específico da Comunidade Autônoma da Galícia, que iniciou sua regulamentação autônoma sobre casais de fato com a Lei 2/2006, de 14 de junho, sobre Direito Civil da Galícia, podemos ver o quão rápido foi feito progresso sobre o tema especificamente referente a casais de fato, uma vez que a primeira alteração ocorreu com a Lei 10/2007, de 28 de junho, sobre a reforma do terceiro dispositivo adicional da Lei 2/2006, de 14 de junho, sobre o direito civil da Galícia[12], cujo único artigo deu uma nova redação ao terceiro dispositivo adicional do artigo anterior, com a seguinte redação:

> "1. Para efeitos da aplicação desta lei, as relações conjugais mantidas com intenção ou vocação de permanência equivalem ao casamento, estendendo aos membros do casal os direitos e obrigações que essa lei reconhece aos cônjuges.
> 2. Terão a condição de casais de fato as uniões de duas pessoas em idade legal, capazes, que convivam com a intenção ou vocação de permanência em uma relação de afetividade semelhante à conjugal e que o registrem no Registro de Casais de Atos da Galícia, expressando sua vontade de equiparar seus efeitos aos do casamento. Não podem constituir casais de fato:
> a) Parentes em linha reta por consanguinidade ou adoção.
> b) Colaterais por consanguinidade ou adoção até o terceiro grau.
> c) Aqueles que estão vinculados por matrimônio ou formem casal de fato devidamente formalizado com outra pessoa.
> 3. Os membros da união de fato poderão estabelecer em escritura pública os pactos que julgarem apropriados para governar suas relações

de 24 de outubro, no qual se cria o Registro de Uniões de Fato em Castela e Leão e sua operação é regulamentada. Em Rioja é regulamentado pelo Decreto 30/2010, de 14 de maio, que cria o *Registro de Parejas de Hecho de La Rioja*.

12 A primeira versão, contida na Lei 2/2006, dizia o seguinte: "Para efeitos de aplicação desta lei, as relações conjugais com intenção ou vocação de permanência são equiparadas ao casamento, estendendo aos membros do casal os direitos e obrigações que essa lei reconhece aos cônjuges.
Será considerada como uma relação conjugal semelhante ao casamento aquela composta por duas pessoas que vivem juntas há pelo menos um ano, e tal circunstância pode ser estabelecida por meio de registro, manifestação expressa por ato de notoriedade ou qualquer outro meio admissível em lei. No caso de haver filhos em comum, será suficiente para comprovar a convivência".

> econômicas durante a convivência e liquidá-las após sua extinção, desde que não sejam contrárias às leis, limitativos da igualdade de direitos que correspondem a cada convivente ou seriamente prejudicial a cada um deles.
> Os pactos que contrariam a proibição anterior serão anulados".

Essa mudança rápida teve a ver com a adaptação necessária em termos de aquisição de *status* de casal. A atual redação condiciona a aquisição a um ato voluntário dos conviventes, sem ser adquirida automaticamente por convivência, conforme estabelecido pela versão original com a exigência de um ano, com problemas de constitucionalidade[13], com exigência formal, de natureza constituinte, de registro estabelecido para esse fim.

Como podemos ver, a inscrição no Registro de Casais de fato da Galícia tem[14] caráter constitutivo, e é voluntária. O regulamento foi estabelecido pelo Decreto 248/2007, de 20 de dezembro, que cria e regulamenta o Registro de Casais de Fato da Galícia, cujo artigo 5º inclui os requisitos para inscrição no Cadastro de Casais de Fato:

> "As inscrições no registro serão feitas a pedido dos membros do casal de fato acompanhada de documentação que comprove o cumprimento dos seguintes requisitos: a) Ter idade legal. b) Não ter relação de parentesco em linha reta por endogamia ou adoção nem colateral por endogamia ou adoção até o terceiro grau. c) Manifestar a vontade de estabelecer uma união de fato. d) Não estar ligado por matrimônio. e) Não ter união de fato devidamente formalizada com outra pessoa. f) Não ser incapaz de governar judicialmente sua pessoa. g) Ter um

[13] A Versão definitiva, colhida na Lei 10/2007, se encaixa melhor com a doutrina do Tribunal Constitucional expressa no Acórdão de 23 de abril de 2013, relativa à Lei Foral Navarra, já vista antes, que declarava inconstitucional uma redação muito semelhante à da Disposição Adicional 3ª da Lei Galega em sua Primeiro Versão.

[14] Como prova de relevância do registro constitutivo no Registro de casais de fato da Galícia, temos o Acórdão do TSJ Galícia, Sala Social, Nº 701/2015, 28/01/2015, Rec. 763/2013, em que ao requerente é negado benefício de viuvez por não incluir o registro de sua união no Registro, conforme exigido pela Lei nº 2/2006, de 14 de junho, sobre direito civil da Galícia, nem o documento público correspondente contendo a constituição do casal de fato.

dos membros do casal *vecindad civil* galega[15]. h) Credenciar o registro dos membros do casal no mesmo endereço de um município da Comunidade Autônoma da Galícia".

No âmbito concreto dos direitos adquiridos, gostaríamos de lançar mão de um exemplo, que demonstre o progresso do reconhecimento substancial das uniões de fato. A Lei de Arrendamentos Urbanos de 1964, no artigo 58, sustentava que a sub-rogação legal, em caso de morte do arrendatário, operava apenas em favor do cônjuge, descendentes, antepassados e irmãos que convivessem com o falecido a partir de dois anos antes de sua morte.

No entanto, um acórdão do Tribunal Constitucional, de 11 de Dezembro de 1992, declarou a inconstitucionalidade do artigo 58 da LAU, desde que fosse interpretado restritivamente, excluindo do direito de sub-rogação da habitação ao convivente *more uxorio*, ou seja, aquele que havia compartilhado do arrendamento com o titular do contrato até sua morte.

Neste caso, o acórdão inclinou-se a favor da proteção do convivente, inclusive acima da proteção dos filhos, que estavam abaixo do convivente na ordem de prioridade, critério previsto no artigo 58.2 da Lei de Arrendamento Urbano de 1964.

Atualmente, como sinal dos direitos adquiridos pela convivência *more uxorio* de casais de fato, o artigo 16 da Lei de Locação Urbana de 24 de Dezembro de 1994 regulamenta expressamente a sub-rogação alugada de moradia em favor do convivente, estendendo a partir dessa data o anseio pelo direito e os consequentes benefícios para os casais do mesmo sexo.

Em conclusão, podemos dizer que os casais de fato excederam, em muito, sua invisibilidade anterior, e a relutância secular em não reivindicar nada, talvez com medo de ver não apenas negadas, mas reprimidas suas limitadas igualdades. Hoje, os casais de fato tornaram-se visíveis[16]: eles reclamam contra quaisquer ameaças percebidas às suas legitimidades, rotineiramente exigem, litigam, apelam e pretendem com essa presença contínua perante os tribunais que aquilo que consideram ser seus direitos seja reconhecido.

[15] N.T. A *vencidad civil* não encontra tradução perfeita, pois é uma espécie de cidadania local, que vincula o nacional à legislação de uma das províncias e a sua legislação.

[16] Rodríguez BOente, S., *Casamentos e casais de fato: igualdade ou distinção?*EN *Guia prático para o regime jurídico de casais de fato*, Pamplona, 2012, p. 25.

Não há qualquer dúvida de que os casais de fato conseguiram a atenção jurídico-patrimonial perante os tribunais ordinários e até mesmo perante o Tribunal Constitucional[17], sem mencionar o crescente número de conviventes que optam por uniões de fato e que alcançam, como coletividade, maior e melhor força para litigar diante do prejuízo de seus interesses.

A questão reside em nos perguntarmos, de forma multidisciplinar e não apenas do ponto de vista jurídico, uma vez que é a sociedade que tem destacado nos últimos tempos essa forma de convivência como união comum, sobre a alegação de incongruência desses casais, uma vez que eles não queriam voluntariamente se beneficiar da legislação jurídica, não é fácil compreender sua reivindicação de que que as regras se aplicam a eles.

Em outras palavras: se as leis são obrigatórias para todos os cidadãos espanhóis, reivindicar a aplicação de leis quando nos afastamos consciente e voluntariamente delas parece uma coisa estranha, quando não interesseira.

Há muitas questões que poderiam ser levantadas. Além disso, a dispersão legislativa espanhola é tão plural que a aplicação de certas regras pode ser discriminatória dependendo do território em que estamos localizados.

Certamente, a regulamentação dos casais de fato buscou desde o início a legalização de determinadas situações fáticas, fora da lei, que precisavam ser legalmente reconhecidas e introduzidas no espectro legislativo para dar plena conta da necessária proteção defendida pela Constituição.

A questão agora é saber se fomos além dos objetivos da justiça necessária que tínhamos levantado na transição, ou se, pelo contrário, apesar da legislação vigente que prevê uma vasta diversidade de pressupostos legalmente protegidos, decidimos capturar exaustivamente qualquer possível nuance que preencha as lacunas legais que toda essa legislação possa ter.

[17] A atenção dada pelo Tribunal Constitucional a essa nova realidade jurídica trouxe alguns autores, como Serrano Chamorro, M.E., *Casais de fato e seu arcabouço legal*, cit. p. 14, para declarar que é desnecessário uma lei estadual sobre isso, Depois as últimas decisões constitucionais completar o cenário legal para casais de fato.

PORTUGAL

1. NOTAS SOBRE A UNIÃO DE FACTO EM PORTUGAL

André Gonçalo Dias Pereira

Introdução

A República Portuguesa é um Estado unitário (artigo 6.º da Constituição), pelo que o regime jurídico da união de facto se aplica a todo o território nacional.

O Direito de Família encontra-se regulado no Livro IV do Código Civil de 1966. Este Código entrou em vigor no dia 1 de junho de 1967 e segue a sistematização germânica, tendo sido revogado o *Código Seabra*, de 1867, que seguia a estrutura e a metodologia do *Code Napoléon*, de 1804[1].

Em 1977, para adaptar à Constituição democrática que resultou da Revolução do 25 de abril de 1974, foi realizada uma profunda revisão do Direito da Família e das Sucessões (Livros IV e V). Com esta reforma, entre outras alterações progressistas, consagrou-se a igualdade entre o marido e a mulher, eliminou-se a discriminação de filhos fora do casamento e valorizou-se a posição do cônjuge sobrevivo.

Apesar de referências esparsas no Código Civil, designadamente consagrando um direito de alimentos em caso de morte do companheiro (artigo 2020.º), a união de facto foi regulada posteriormente e por lei

[1] Cf. OLIVEIRA, Nuno Manuel Pinto de/ PEREIRA, André Gonçalo Dias, *Tort Law in Portugal*, Kluwer, 2020, p. 23.

extravagante, primeiro pela Lei n.º 135/1999, de 28 de agosto, e, volvidos menos de dois anos, pela Lei n.º 7/2001, de 11 de maio – *Lei de proteção das uniões de facto*. Esta legislação decorreu de movimentos sociais que visavam o reconhecimento de formas alternativas de constituição de família[2], resultantes da laicização da sociedade e de uma progressiva liberalização dos costumes, e, por outro lado, visou dar alguma tutela jurídica aos *casais de pessoas do mesmo sexo*[3].

A Lei da União de Facto (LUF) foi alterada, de forma significativa, pela Lei n.º 23/2010, de 30 de agosto, tendo ainda sofrido modificações pela Lei n.º 2/2016, de 29 de fevereiro (elimina discriminações em razão da orientação sexual no acesso à adoção, apadrinhamento civil e demais relações jurídicas familiares), pela Lei n.º 49/2018, de 14 de agosto (que prevê o regime jurídico do maior acompanhado), e pela (Lei n.º 71/2018, de 31 de dezembro (Lei do Orçamento de Estado de 2019)[4].

A união de facto configura uma *relação jurídica familiar*. Por um lado, esta relação social beneficia de uma significativa regulação jurídica, como veremos, por outro, o artigo 36.º da Constituição abre-se a uma ideia de família "não matrimonializada". Esta norma constitucional tem vindo a ser interpretada no sentido de se reconhecer, a par do direito de contrair casamento, *um direito de constituir família*, independentemente da existência do vínculo matrimonial. Assim, o reconhecimento da relevância da união de facto pelo legislador ordinário, como relação jurídica familiar, resulta de uma imposição constitucional, em virtude do teor da referida norma da Constituição da República Portuguesa[5]. Todavia, tal exigência não implica que seja atribuído às "famílias

[2] OLIVEIRA, Guilherme de, "'Fique em casa' – Notas para uma taxonomia dos familiares", *JULGAR*, *Online*, julho de 2020, p. 13, considera "justo considerar a *união de facto* como uma relação de família. Esta relação de convivência tem todas as características do matrimónio, com exceção de não assentar numa celebração formal. A união de facto preenche todas as funções essenciais que o Estado e a Sociedade esperam de uma Família – a procriação, a socialização das crianças, a companhia, o cuidado, o encargo e partilha de recursos."

[3] O casamento de pessoas do mesmo sexo viria a ser admitido pela Lei n.º 9/2010, de 31 de maio.

[4] Alterando o artigo 6.º, no que respeita à prova da união de facto para efeitos de prestações por morte.

[5] Também o Tribunal Europeu dos Direitos Humanos (TEDH) interpreta o artigo 8º da Convenção Europeia dos Direitos Humanos no sentido de nele se incluir não só as famílias constituídas com base no casamento – como sucede no artigo 12.º – mas, também, as *famílias de facto*, assumindo, como critério relevante, a "efetividade de laços interpessoais" – cf. Ac. Markx c. Bélgica (13/06/1979); Johnston e outros c. Irlanda (18/12/1986); Inze c. Áustria

não matrimonializadas" um estatuto idêntico ao que é conferido aos cônjuges, *"desde que as diferenciações não sejam arbitrárias, irrazoáveis ou desproporcionadas e tenham em conta todos os direitos e interesses em jogo (ex: direitos dos filhos)"*[6].

1. Noção

> *"A união de facto é a situação jurídica de duas pessoas que, independentemente do sexo, vivam em condições análogas às dos cônjuges há mais de dois anos"* (número 2 do artigo 1.º).

De acordo com a Lei n.º 7/2001, exige-se a prova de *dois anos de vida em condições análogas às dos cônjuges*. As pessoas vivem em comunhão de leito, mesa e habitação (*tori, mensae et habitationis*)[7].

Relações sexuais fortuitas, passageiras ou mesmo *relações de namoro* prolongadas não configuram união de facto.

Distingue-se ainda a *união de facto* do *concubinato duradouro*, por mais longo que este seja; neste caso não há coabitação, não se criando a "aparência externa" de casamento, nem a convicção interna de uma união, no plano jurídico[8]. Assim, "no concubinato duradouro não há comunhão de mesa e habitação, verificando-se apenas um relacionamento sexual estável"[9].

(28/11/1987) e Vermeire c. Bélgica (29/11/1991). Cf. ALMEIDA, Susana, *O Respeito pela Vida (Privada e) Familiar na Jurisprudência do Tribunal Europeu dos Direitos do Homem: A tutela das Novas Formas*, Coimbra Editora, 2008.

[6] Cf. CANOTILHO, J. J. G. e MOREIRA, Vital, *Constituição da República Portuguesa Anotada*, Vol. I, 4.ª Edição Revista, Coimbra Editora, 2007; HÖRSTER, H. E., "Inconstitucionalidade da Tributação Conjunta dos Cônjuges", in *Revista de Direito e Economia da Universidade de Coimbra*, Ano III, n.º 2, Julho – Dezembro, 1977; DIAS, Cristina, "Da Inclusão Constitucional da União de Facto: Nova Relação Familiar", in *Estudos em Homenagem ao Prof. Doutor Jorge Miranda*, Vol. VI, Faculdade de Direito da Universidade de Lisboa, Coimbra Editora, 2012.

[7] Cf. OLIVEIRA, Guilherme de, *Manual de Direito da Família*, Coimbra, Almedina, 2020, p. 399 e ss.

[8] O concubinato duradouro produz alguns efeitos jurídicos no domínio do direito da filiação, por exemplo. Assim, no âmbito de uma ação de investigação da paternidade, está prevista uma *presunção* de paternidade *"c) Quando, durante o período legal da concepção, tenha existido comunhão duradoura de vida em condições análogas às dos cônjuges ou concubinato duradouro entre a mãe e o pretenso pai"* (artigo 1871.º, n.º 1, al. c).

[9] PINHEIRO, J. Duarte, *O Direito da Família Contemporâneo*, Lisboa, 6.ª ed., 2.ª reimpressão, 2019, p. 524.

A lei portuguesa não tem também enquadramento específico para as situações de união sem comunhão de habitação (*LAT – "living apart together")*. Aqui – explica Duarte Pinheiro – *"as partes decidem residir habitualmente em locais distintos, sem abdicar de outros elementos que permitem identificar a existência de um casal: comunhão sexual, fidelidade e entreajuda. Verifica-se um propósito bilateral de vida a dois, mas as partes não residem nem pretendem residir no mesmo local"*[10].

Não há, portanto, requisitos formais para a constituição da relação de união de facto, nomeadamente a celebração de contrato escrito ou um registo. A constituição da relação faz-se judicialmente por *prova da vida em condições análogas às dos cônjuges* e não há requisitos formais. Inexiste, deste modo, um momento em que se possa reconhecer e individualizar uma declaração de vontade formal[11].

Todavia, com o escopo de obter vantagens de direito fiscal, direito da segurança social e direito laboral, podem os companheiros obter uma declaração da Junta de Freguesia, na qual atestam, sob compromisso de honra e sob cominação de *crime de falsas declarações*, que vivem em condições análogas às dos cônjuges há mais de dois anos. Trata-se não de uma formalidade constitutiva da relação jurídica, mas de um *meio de prova extrajudicial* que visa exercer alguns direitos dos âmbitos referidos.

2. Deveres familiares

A união de facto, embora seja hodiernamente compreendida como uma nova relação jurídica familiar, a somar ao casamento, ao parentesco, à afinidade e à adoção (expressamente enumeradas no artigo 1576.º do Código Civil), configura uma relação entre duas pessoas *de natureza diferente do casamento*. Assim sendo, algum tipo de normas típicas do casamento, quer pela sua raiz histórica e cultural, radicada em dimensões antropológicas profundas, não se verificam (ainda) na união de facto.

[10] PINHEIRO, Jorge Duarte, *O Direito da Família Contemporâneo*, Lisboa, 2019, p.558.

[11] Não há o "momento declarativo inicial", como evidencia Francisco BRITO PEREIRA COELHO, "Os factos no casamento e o direito na união de facto: breves observações", in OLIVEIRA, Guilherme de (Coord.), *Textos de Direito da Família (para Francisco Pereira Coelho)*, Imprensa da Universidade de Coimbra, 2016.

Não se poderá afirmar a existência de um *específico dever de fidelidade* dos companheiros, fundado na lei. Poderá um caso concreto de infidelidade causar danos à honra e à integridade psíquica do companheiro que, em tese e em casos extraordinários, se poderia admitir uma reação jurídica baseada na responsabilidade civil extracontratual. O único dever pessoal que se pode configurar é um dever geral de respeito, que será mais intenso "sempre que existe uma relação de intimidade, proximidade ou dependência entre as pessoas"[12]. Não há também – juridicamente previsto – o *dever de lealdade*, afirmado na lei (artigo 1724.º do Código Civil brasileiro de 2002)[13] e na doutrina brasileira[14].

Por outro lado, não está prevista a proibição de doação ou disposição testamentária a favor do cúmplice do adultério. Norma dessa índole está prevista no artigo 2196.º do Código Civil para o casamento, aplicável ao contrato de doação, nos termos do artigo 953.º[15].

Em rigor, parece difícil configurar, em caso de união de facto, a prática de *adultério*, no plano estritamente jurídico[16].

[12] PINHEIRO, Jorge Duarte, *O Direito da Família Contemporâneo*, 2019, p. 532.

[13] Artigo 1.724: *"As relações pessoais entre os companheiros obedecerão aos deveres de lealdade, respeito e assistência, e de guarda, sustento e educação dos filhos."*

[14] Cf. SILVA, Regina Beatriz Tavares da/ FIUZA, Ricardo, *Código Civil Comentado*, 10.ª edição, Editora Saraiva, 2016, p. 1814; MONTEIRO, Washington de Barros/ SILVA, Regina Beatriz Tavares da, *Curso de Direito Civil, Direito de Família*, 2, 43.ª edição, Editora Saraiva, 2016, p. 89; FARIAS, Cristiano Chaves de/ ROSENVALD, Nelson, *Curso de Direito Civil – Famílias*, 11.ª edição, Editora JusPodium, 2019, p. 505; LOBO, Paulo, *Direito Civil – Famílias*, Vol. 5, 9.ª edição, Saraiva, 2019, p. 175: "o conceito de lealdade não se confunde com o de fidelidade, restrito aos cônjuges."

[15] Somos de opinião que a solução da nulidade aí prevista é demasiado radical e pode ser desproporcionalmente limitadora do direito à intimidade da vida privada e familiar (artigo 26.º da Constituição da República Portuguesa). Imagine-se que – com consentimento de ambos os cônjuges – se verifica a existência de relações de leito ocasionais (ou frequentes) com um terceiro. Será proporcional e adequado – face ao referido direito à intimidade da vida privada e familiar – que *um credor* possa vir a requerer a *nulidade* de uma doação realizada nesse contexto, como resulta do artigo 286.º do Código Civil? Visto que a nulidade pode ser requerida por "qualquer interessado". A nosso ver, o regime da anulabilidade, permitindo ao outro cônjuge requerer a anulação da doação ou deixa testamentária, seria o regime mais adequado à conformação dos interesses em jogo.

[16] XAVIER, Rita Lobo, "Novas sobre a União "More Uxorio" em Portugal", in *Estudos Dedicados ao Prof. Doutor Mário Júlio de Almeida Costa*, Universidade Católica, 2002, critica a política legislativa nesta matéria, considerando que consubstancia uma *tremenda ambiguidade*, visto que, não se pode exigir ao Estado e à sociedade em geral que aceitem, reconheçam e atribuam

3. Monogamia

3.1 União de facto e casamento?

A lei impede a aplicação do regime de proteção de união de facto se uma das partes for casada.

Todavia, admite a exceção de um *casamento no âmbito do qual tenha sido decretada a separação de pessoas e bens.* Se é verdade que os cônjuges no regime de separação de pessoas e bens não têm o dever de coabitação (nem de coabitação sexual), também é verdade que se mantêm os deveres do casamento, incluindo o *dever de fidelidade.* Donde, esta norma é contraditória, pois permite a proteção do regime de união de facto, no âmbito do qual há necessariamente comunhão de leito e simultaneamente uma (ou as duas pessoas) continuam casadas, *embora sob o regime de separação de pessoas e bens.*

O casamento em *regime de separação de pessoas e bens* é um casamento que muitas vezes vem a terminar por divórcio. Assim, um dos cônjuges pode requerer a conversão da separação em divórcio, (número 1 do artigo 1795.º-D (*Conversão da separação em divórcio*): "decorrido um ano sobre o trânsito em julgado da sentença que tiver decretado a separação judicial de pessoas e bens sem consentimento do outro cônjuge ou por mútuo consentimento, sem que os cônjuges se tenham reconciliado, *qualquer deles pode requerer que a separação seja convertida em divórcio.*" E, (número 2) *"Se a conversão for requerida por ambos os cônjuges, não é necessário o decurso do prazo referido no número anterior."*

Ainda assim, este regime de *separação de pessoas e bens* pode terminar por *reconciliação* e retornar a um casamento pleno. Segundo o artigo 1795.º-C: *"1. Os cônjuges podem a todo o tempo restabelecer a vida em comum e o exercício pleno dos direitos e deveres conjugais"*[17].

efeitos a este tipo de relações, sem que, a par disso, os membros destas sejam, igualmente, chamados a assumir responsabilidades entre si e face a terceiros.

[17] Acrescenta o artigo 1795.º-C do Código Civil que: "2. *A reconciliação pode fazer-se por termo no processo de separação ou por escritura pública, e está sujeita a homologação judicial, devendo a sentença ser oficiosamente registada. 3 – Quando tenha corrido os seus termos na conservatória do registo civil, a reconciliação faz-se por termo no processo de separação e está sujeita a homologação do conservador respectivo, devendo a decisão ser oficiosamente registada. 4. Os efeitos da reconciliação produzem-se a partir da homologação desta, sem prejuízo da aplicação, com as necessárias adaptações, do disposto nos artigos 1669.º e 1670.º*"

Ora, não deixa de se verificar uma contradição normativa no âmbito de um sistema jurídico de matriz monogâmica. Contradição que passa por se admitir o reconhecimento de uma união de facto em que uma das pessoas ou ambas mantiverem um casamento no regime da separação de pessoas e bens[18]. Embora nestes casamentos não haja (não deva haver) coabitação, incluindo coabitação sexual, não deixa de ser um momento de fratura da rigidez monogâmica a aceitação do reconhecimento dos efeitos da união de facto nestas circunstâncias, em que um ou ambos os companheiros mantêm um casamento em regime de separação de pessoas e bens, ademais porque esta relação jurídica não é uma antecâmara do divórcio, pode ser um "pousio" com vista a uma renovação e reconciliação daquele casamento.

Ora, apesar desta rutura na matriz monogâmica, seria mais adequado impedir os efeitos – que, como veremos, são de pendor assistencial e alimentício – ao companheiro da união de facto mais vulnerável (carecido da relativamente humilde proteção que a lei da união de facto lhe confere), *apenas* (?) porque o outro é casado em separação de pessoas e bens? A lei entendeu que não.

3.2 Dupla união de facto?

Por seu turno, a lei não admite uma *dupla união de facto*. Se ambas as partes têm que manter relações análogas às dos cônjuges (comunhão de leito, mesa e teto) durante dois anos, parece difícil que isso se verifique em simultâneo em duas casas. E, se tal acontecer, de acordo com a lei não é possível reconhecer as duas relações, visto que se exige o requisito de ser uma união "em condições análogas às dos cônjuges", o que significa "uma vivência íntima exclusiva entre duas pessoas"[19].

[18] Artigo 2.º da Lei da União de Facto (Lei n.º 7/2001): *"c) Casamento não dissolvido, salvo se tiver sido decretada a separação de pessoas e bens"*.

[19] PINHEIRO, Jorge Duarte, *O Direito da Família Contemporâneo*, 2019, p. 527. O Autor aponta, porém, que à semelhança do regime do casamento putativo, se não deverá negar proteção legal da união de facto ao companheiro de boa-fé. E aponta o mesmo caminho quando está em causa uma pessoa de boa-fé unida de facto a um companheiro casado (e não separado de pessoas e bens). Se a primeira hipótese nos parece razoável, dada a ausência de um sistema de registo da união de facto, já no caso do casamento, não acompanhamos o Autor, visto que o status de casado é registado e público, pelo que não me parece ser juridicamente aceitável a

3.3 União de facto poligâmica?

Quanto a haver uma entidade familiar de *união de facto composta por mais de duas pessoas*, tal não é possível, dada a definição do número 2 do artigo 1.º: "*a situação jurídica de* **duas pessoas** *que, independentemente do sexo, vivam em condições análogas às dos cônjuges há mais de dois anos.*"

Todavia, há uma outra lei que protege ***entidades para-familiares***, nas quais não tem que haver comunhão de leito – a **Lei n.º 6/2001, de 11 de maio, que *adota medidas de proteção das pessoas que vivam em economia comum.***

Esta lei visa conceder um *conjunto mínimo de direitos a pessoas que ou não mantêm coabitação de leito ou se o mantêm preferem manter na intimidade tal requisito*, por receio de discriminação em razão da orientação sexual. Recordamos que a lei foi gizada há já quase vinte anos, período durante o qual a sociedade portuguesa evoluiu muito no que observa ao respeito e não discriminação das pessoas no que respeita à orientação sexual.

Segundo o número 1 do artigo 2.º (sublinhados nossos): "*Entende-se por economia comum a situação de pessoas que vivam em* ***comunhão de mesa e habitação*** há ***mais de dois anos*** *e tenham estabelecido uma vivência em comum de entreajuda ou partilha de recursos.*"

O número é disruptivo na estrutura tradicional das relações familiares. Com efeito, admite a aplicação deste regime ("economia em comum") "*a agregados constituídos por* ***duas ou mais pessoas***, desde que pelo menos *uma delas seja maior de idade" (sublinhados nossos).*

Estará aqui aberta a porta a uma relação poligâmica com efeitos jurídicos?

Vejamos:

Por um lado, o número 3 delimita o objeto desta situação jurídica, determinando: "*São impeditivos da produção dos efeitos jurídicos decorrentes da aplicação da presente lei:*

a) A existência entre as pessoas de vínculo contratual, designadamente sublocação e hospedagem, que implique a mesma residência ou habitação comum;

hipótese da boa-fé do unido de facto. Para tal hipótese poderá valer, como veremos, o regime da vida em economia em comum, cuja proteção material é mais limitada.

b) *A obrigação de convivência por prestação de actividade laboral para com uma das pessoas com quem viva em economia comum;*
c) *As situações em que a economia comum esteja relacionada com a prossecução de finalidades transitórias;*
d) *Encontrar-se alguma das pessoas submetida a situação de coacção física ou psicológica ou atentatória da autodeterminação individual."*

Com tais impedimentos, as situações que podem caber no âmbito de aplicação desta lei[20] são, muitas vezes, reconduzíveis à união de facto, mas não exigem a prova (a declaração) da comunhão de leito.

E poderá abranger uma "união de facto" de mais de duas pessoas? Se bem interpretamos, nada impede que uma *comunidade poligâmica (lato sensu)* possa fazer valer-se das normas desta lei. Não por ser uma relação poligâmica ou poliândrica, mas porque há duas ou mais pessoas em *economia em comum*: *comunhão de mesa e habitação.*

Por seu turno, esta lei não tem as limitações previstas para a Lei da União de Facto. Designadamente *não se exclui a sua aplicação no caso de uma das partes ser casada com um terceiro.*

Questão aparentemente difícil é a de saber se pode haver uma aplicação da lei da economia em comum nos casos em que se verifica uma situação fáctica de união de facto.

O Acórdão do Tribunal da Relação do Porto, de 06-12-2018 (Relator: José Igreja Matos), aplica a lei da "vida *economia em comum*", concedendo o direito de uso e habitação a uma pessoa que invocou o estatuto da união de facto:

> *"A circunstância de a pessoa sobreviva viver em união de facto com o proprietário da casa de morada comum não retira o direito em causa ainda que aquela seja casada com terceiro à data da morte do proprietário."*

[20] PINHEIRO, Jorge Duarte, *O Direito da Família Contemporâneo*, p.550, identifica situações de vida em comum familiar (ex: irmãos que continuam a viver em comunhão de mesa e habitação, após a morte de progenitores comuns) e não familiar (ex: profissionais, sem laços familiares entre si, que vivem na mesma casa, situada numa zona onde todos exercem as respetivas profissões, jantam juntos e cumprem um esquema de rotação no desempenho das tarefas domésticas).

Tese diferente havia sido seguida pelo tribunal de primeira instância recorrido neste processo. Pelo interesse da discussão jurídica, iremos acompanhar de perto a argumentação dos tribunais neste processo.

Decidiu o tribunal de primeira instância:

> *"se uma situação factual se reconduz à união de facto, e inevitavelmente, à economia comum – como é o caso dos autos – deverão ser aplicados em conjunto os dois regimes, incluindo todas as excepções de cada regime. Donde, terá que se aplicar também aos casos de economia comum a excepção prevista no art.º 2.º al. c) da Lei nº7/2001 que não considera como protegida a união de facto em que alguma das pessoas seja casada, salvo se tiver sido decretada a separação de pessoas e bens."*

Terá que ser assim, pois de outro modo teríamos a "*subversão do objectivo do legislador*". E prossegue a sentença:

> *"Como já afirmado, duas pessoas que vivam em união de facto vivem, inevitavelmente, em economia comum. Ora, se não se aplicassem os requisitos negativos de um e outro regime a estas situações, bastaria que fosse invocado o regime da economia comum para contornar as restrições aplicáveis à união de facto."*

Todavia, o Tribunal da Relação do Porto divergiu desta tese. E fundamenta da seguinte forma:

> *"caso a autora apenas vivesse em economia comum com o falecido companheiro, não existindo qualquer intimidade entre ambos, aquela gozaria do direito real de habitação, ainda que fosse casada com outrem e independentemente da intimidade subjacente a tal casamento; mas existindo intimidade com aquele que consigo compartilhava a casa já perderia o direito em causa. Julgamos que a interpretação mais assertiva será aquela que se atem ao preceituado legal; deste modo, considerados os factos apurados (a existência, ao longo da coabitação "more uxorio" e à data da morte do membro da união de facto proprietário da casa de morada comum de casamento anterior não dissolvido por parte do membro sobrevivo), considerando que o art.º 2º, alínea c) da Lei n.º 7/2001 estabelece como facto impeditivo dos efeitos jurídicos decorrentes da mesma Lei, entre outros, o "casamento anterior não dissolvido, salvo se tiver sido decretada*

separação judicial de pessoas e bens", concluímos estar no presente caso apartado o regime jurídico relativo às uniões de facto mas a autora sempre poderá beneficiar das medidas de protecção das pessoas que vivam em economia comum tanto mais que a Lei n.º 6/2001, de 11 de maio, que contem o regime de protecção das pessoas que vivam em economia comum há mais de dois anos, é clara ao estatuir que não constitui facto impeditivo da aplicação do respectivo regime jurídico a coabitação em união de facto (cf. art.º 1º).

Destarte, considerando-se economia comum a situação de pessoas que vivam em comunhão de mesa e habitação há mais de dois anos e tenham estabelecido uma vivência em comum de entreajuda ou partilha de recursos (art.º 2º, n.º 1, idem), dúvidas não restam de ***que a requerente viveu com o falecido em economia comum e poderá beneficiar da medida de protecção prevista no cit. art.º 5º, n.º 1, ou seja, do direito real de habitação na medida em que se verificam todos os requisitos da sua atribuição.***

A razão de ser desta protecção no que concerne à casa de morada nada tem a ver com a intimidade, ou ausência dela, entre aqueles que a habitam; nada se incomodará, em nada relevando, a existência de relações de índole matrimonial com terceiros por parte dos ocupantes do imóvel. Imaginemos uma economia comum entre várias pessoas unidas pela partilha da casa apenas por motivos de natureza profissional ou de amizade, por exemplo; também aqui existiria economia comum independentemente de existirem, ou não, relações de proximidade afectiva, presentes, passadas ou futuras, com os habitantes da casa ou com quaisquer outros terceiros.

O que releva, no essencial, é a protecção dos ocupantes – sejam dois ou mais – que, em economia comum, habitam uma dada casa e, por isso, nela devem poder permanecer, mesmo após o falecimento de um deles, o proprietário daquela.

Nesta medida, note-se como o n.º 2 do art.º 1.º da Lei n.º 7/2001 (União de Facto) dispõe que "[n]enhuma norma da presente lei prejudica a aplicação de qualquer outra disposição legal ou regulamentar em vigor tendente à protecção jurídica de uniões de facto ou de situações de economia comum".

É a chamada "cláusula de não retrocesso" relativamente ao âmbito de protecção jurídica das situações de união de facto. Nada justificará, como vimos, que ignoremos esta estatuição normativa desaplicando o regime relativo às situações de economia comum."

A argumentação do Tribunal da Relação do Porto revela-se convincente, quer no plano da *letra da lei*, quer no plano da *teleologia* do regime.

Quanto ao primeiro aspeto (argumento literal), o número do artigo 1.º da Lei n.º 6/2001 (Lei da vida em economia em comum) é claro ao prescrever: *"Não constitui facto impeditivo da aplicação da presente lei a coabitação em união de facto"* e o número do artigo 1.º da Lei n.º 7/2001 (Lei da União de Facto) reitera: *"nenhuma norma da presente lei prejudica a aplicação de qualquer outra disposição legal ou regulamentar em vigor tendente à protecção jurídica de uniões de facto ou de situações de economia comum."*

No plano teleológico, a preocupação da Lei n.º 6/2001 está em proteger pessoas que ficam numa *situação de vulnerabilidade* em caso de morte da outra com quem viviam em comunhão de mesa e habitação há mais de dois anos e tenham estabelecido uma vivência em comum de entreajuda ou partilha de recursos.

Acresce que se trata de uma proteção reduzida, que aliás se mantém intocada desde a aprovação da lei em 2001. Com efeito, apenas se prevê, no artigo 5.º (sublinhados nossos):

> *"1 – Em caso de morte da pessoa proprietária da casa de morada comum, as pessoas que com ela tenham vivido em economia comum há mais de dois anos nas condições previstas na presente lei têm* ***direito real de habitação*** *sobre a mesma,* ***pelo prazo de cinco anos****, e, no mesmo prazo,* ***direito de preferência na sua venda****."*.

Para além do prazo ser sempre *apenas de 5 anos* (podendo na união de facto atingir uma duração maior, igual à duração dessa união ou mesmo, por equidade, ser prolongada), há outras limitações à aquisição deste direito real menor:

> *"2 – O disposto no número anterior não se aplica caso ao falecido sobrevivam descendentes ou ascendentes que com ele vivessem há pelo menos um ano e pretendam continuar a habitar a casa, ou no caso de disposição testamentária em contrário.*
> *3 – Não se aplica ainda o disposto no n.º 1 no caso de sobrevivência de descendentes menores que não coabitando com o falecido demonstrem ter absoluta carência de casa para habitação própria."*

Trata-se de um regime diferente, menos protetor que o previsto para a união de facto. Por isso, mesmo a doutrina que entende que a união de facto constitui uma *relação jurídica familiar*, mantém este instituto da vida em economia comum como uma *relação para-familiar*[21].

Olhando para o caso concreto (e que poderá ser ampliado para a generalidade das situações), também não se denota uma admissão jurídica de uma situação fáctica ou social de *poliandria*. Com efeito, esta mulher era casada, mas vivia separada de facto há anos do seu marido; não se conclui (pela informação do processo) que se verificasse uma situação semelhante às "uniões estáveis paralelas" que são descritas na doutrina brasileira[22]. Aliás, a existência de "uniões estáveis paralelas" dificilmente se compagina com o conceito de *vida em economia comum*, que exige, repetimos: "*pessoas que vivam em comunhão de mesa e habitação há mais de dois anos* e *tenham estabelecido uma vivência em comum de entreajuda ou partilha de recursos.*" Ora, essa vivência em comum de entreajuda ou partilha de recursos exigirá, em regra, uma vivência quotidiana que dificilmente se coaduna (embora não seja impossível de vislumbrar) com uma dupla vida paralela ou uma economia em comum em duas habitações.

Por outro lado, este caso concreto coloca em evidência que o sistema de divórcio-sanção, baseado na *violação culposa dos deveres conjugais* que (em grande medida) vigorou até à Reforma de 2008 (Lei n.º 61/2008, de 31 de outubro), em muito contribuiu para estas situações sociais, em que uma mulher casada (mas separada de facto) mantinha uma união de muitos anos com outro

[21] Em sentido contrário, PINHEIRO, J. Duarte, *O Direito da Família Contemporâneo*, p. 555, considera a união de facto e a convivência em comum protegidas como relações parafamiliares, inseridas no âmbito daquilo a que chama "Direito Convivencial". Também era esta a visão de COELHO, F. P./ OLIVEIRA, G. de, nas 2.º, 3.ª e 4.ª edições. Julgamos que a crescente relevância sociológica desta forma de constituição de família e o aumento dos seus efeitos jurídicos não permitem manter esta posição. O facto de não haver uma declaração negocial ou um ato jurídico claro a dar origem à união de facto não justifica que a relação – depois de mantida durante mais de dois anos – não seja reconhecida interior e exteriormente como uma verdadeira relação de família. Assim, Guilherme de OLIVEIRA, em 2020, no seu *Manual*, apresenta a Relação de União de Facto (Parte III) a par com a Relação Matrimonial (Parte II), não dando a mesma relevância, naturalmente, à vida em economia em comum.

[22] Falando de "uniões estáveis paralelas" e manifestando abertura a esta possibilidade LOBO, Paulo, *Direito Civil – Famílias*, 2019, p. 183.

homem. Com efeito, mesmo que fosse possível juridicamente[23], não seria fácil – no plano emocional e social – para uma mulher que estava em *violação culposa dos deveres conjugais* pedir unilateralmente o divórcio[24].

4. Hetero e homossexualidade

Desde a reforma de 2011, a união de facto (de duas pessoas) pode ser de diferente ou do mesmo sexo. Nas palavras da lei, "*situação jurídica de duas pessoas que, independentemente do sexo, vivam em condições análogas às dos cônjuges há mais de dois anos.*"

A Lei n.º 2/2016, de 29 de fevereiro, aboliu as diferenças relativamente à **possibilidade de adotar**. Afirma o artigo 7.º (Adoção):

> "*Nos termos do atual regime de adoção, constante do livro IV, título IV, do Código Civil, é reconhecido a todas as pessoas que vivam em união de facto nos termos da presente lei o direito de adoção em condições análogas às previstas no artigo 1979.º do Código Civil, sem prejuízo das disposições legais respeitantes à adoção por pessoas não casadas.*"

Quanto ao acesso às técnicas de **Procriação Medicamente Assistida**, rege a Lei n.º 32/2006, após a alteração da Lei n.º 17/2016, que um *casal de pessoas do sexo feminino* (ou uma *mulher singular*) possa aceder a essas mesmas técnicas[25].

[23] Cf. a redação anterior do artigo 1781.º (Ruptura da vida em comum): São ainda fundamento do divórcio litigioso: a) A separação de facto por três anos consecutivos; b) A separação de facto por um ano se o divórcio for requerido por um dos cônjuges sem oposição do outro. Sobre o divórcio fundado em rutura da vida em comum, à luz do direito anterior cf. COELHO/ OLIVEIRA, *Curso de Direito da Família*, Vol. I, 2.ª edição, Coimbra Editora, 2001, p. 629.

[24] É muito vasta a bibliografia que analisa a mudança de paradigma da Reforma de 2008. Por todos, vide, OLIVEIRA, Guilherme, Manual de Direito da Família, Almedina, 2020, p. 268 ss. e bibliografia aí referida.

[25] A Lei n.º 17/2016, de 20 de junho, aditou um n.º 3 que alarga o âmbito do recurso da Procriação Medicamente Assistida (PMA) estabelecendo que "as técnicas de PMA podem ainda ser utilizadas por todas as mulheres independentemente do diagnóstico de infertilidade". Também de sublinhar é a alteração do n.º 1 do artigo 6.º que previa que "só as pessoas casadas que não se encontrem separadas judicialmente de pessoas e bens ou separadas de facto ou as que, sendo de sexo diferente, vivam em condições análogas às dos cônjuges há pelo menos

A heterossexualidade deixou de ser um requisito de acesso às técnicas de Procriação Medicamente Assistida, mas elas mantêm-se apenas ao alcance dos *casais de mulheres*, visto que o regime da *gestação de substituição* ainda não está em vigor e os projetos presentes na Assembleia da República consagram essa possibilidade apenas para *casais de sexo diferente* ou para *mulheres isoladas* que tenham problemas de saúde que impeçam de levar a cabo a gravidez, designadamente *"ausência de útero, de lesão ou de doença deste órgão que impeça de forma absoluta e definitiva a gravidez"*[26]. Ficam, assim, excluídos os casais de dois homens[27].

5. Aspetos patrimoniais

A Lei da União de Facto não regulamenta os aspetos patrimoniais como o regime de bens, o regime de dívidas e a partilha após o fim desta união.

Quanto ao **regime das dívidas**, concordamos com a tese segundo a qual se devem presumir a comunicabilidade das contraídas para acorrer aos encargos da vida familiar[28].

dois anos podem recorrer a técnicas de PMA"; enquanto a nova redação determina que *"podem recorrer às técnicas de PMA os casais de sexo diferente ou os casais de mulheres, respetivamente casados ou casadas ou que vivam em condições análogas às dos cônjuges, bem como todas as mulheres independentemente do estado civil e da respetiva orientação sexual"*.

26 Projetos de Lei n.º 71/XIV (BE) e n.º 247/XIV (PAN) em matéria de gestação de substituição. Estes projetos têm em vista que a gestação de substituição seja admitida "a título excecional e com natureza gratuita, nos casos de ausência de útero, de lesão ou de doença deste órgão que impeça de forma absoluta e definitiva a gravidez da mulher", sendo que o Projeto de Lei n.º 247/XIV/1.ª, do PAN, mantém a extensão dessa possibilidade a outras "situações clínicas que o justifiquem", como ainda se preconiza no n.º 8 do artigo 8.º da Lei n.º 32/2006, de 26 de julho, na sua atual redação, que a gestante possa revogar livremente o seu consentimento até ao momento do registo da criança nascida do processo de gestação de substituição, ou seja, até 20 dias após o nascimento desta.

27 Sobre esta matéria, cf. PEREIRA, André G. Dias, "Gestação de Substituição – Conflito entre a Assembleia da República e o Tribunal Constitucional: haverá um caminho?", in Atas das Jornadas Internacionais – Igualdade e Responsabilidade nas relações familiares, Escola de Direito da Universidade do Minho e Centro de Investigação em Justiça e Governação, 2020, pp.141-158, acessível em: http://bit.ly/atas-ji-irrf-rd

28 Era o que previa o Decreto da Assembleia da República n.º 349/X, de 2009, disposição que todavia acabou por não passar para o texto da Lei n.º 23/2010, de 30 de agosto, mas que resulta da boa interpretação do direito civil em geral, seja por "razões externas", pela *"aparência*

Quanto à **propriedade dos bens**, o Decreto n.º 349/X (que esteve na base da Lei n.º 23/2010, de 30 de agosto) previa expressamente, no seu artigo 5.º-A (número 1), que os conviventes pudessem "estipular cláusulas sobre a propriedade dos bens adquiridos durante a união"; também previa que se presumiria, independentemente da estipulação de tais cláusulas, a compropriedade dos móveis (número 2). Tais disposições não foram aprovadas no articulado do texto legislativo final. De todo o modo, a lei geral permite essas cláusulas contratuais e a presunção de compropriedade dos móveis também será o resultado a que se chegará por correta interpretação (ao menos por analogia) da presunção do mesmo teor estabelecida no número 2 do artigo 1736.º do Código Civil, que se aplica ao casamento no regime da *separação de bens.*

Quanto à **partilha**, após o fim da união de facto (em vida ou por morte), a doutrina faz apelo às normas das sociedades civis (de facto), mas sobretudo, atualmente, ao regime do *enriquecimento sem causa*[29]. Assim, na ausência de normas especiais, a união de facto exige grande mestria na interpretação dos institutos tradicionais de direito civil, designadamente das regras do enriquecimento sem causa e da posse de boa ou má-fé[30].

Nesse sentido, veja-se o Acórdão do Tribunal da Relação de Guimarães, de 18-10-2018 (Relator: José Alberto Moreira Dias), cujo sumário transcrevemos (sublinhados nossos):

> *"1 – Embora a relação de união de facto esteja reconhecida pelo legislador como realidade sociológica e goze da proteção legal que lhe é conferida pela Lei*

de casamento", OLIVEIRA, Guilherme de., "Notas sobre a Lei n.º 23/2010 (alteração da Lei da União de Facto)", *Lex Familiae, Revista Portuguesa de Direito da Família*, ano VII, n.º 14, Coimbra, Centro de Direito da Família/Coimbra Editora, 2010, p. 150 ss. e COELHO/ OLIVEIRA, *Curso de Direito da Família*, p. 75-6 e 409, seja razões "*internas*" relacionadas com a "existência de uma prática de *vida em comum*, e portanto com a *razoabilidade* de, sendo a dívida contraída para acorrer aos encargos relativos a essa vida em comum, *ambos* os sujeitos deverem responder por essas dívidas", como defende COELHO, Francisco Brito Pereira Coelho, *ob. Cit.*. No mesmo sentido, pelo menos para dívidas contraídas para ocorrer aos *encargos normais da vida familiar*, de pequena monta, PINHEIRO, Jorge Duarte, *O Direito da Família Contemporâneo*, 2019, p. 533

[29] Com efeito, não se verifica na união de facto um dos requisitos essenciais da sociedade de facto: a finalidade lucrativa.

[30] Cf. PONTES, Ana Rita Ferraz Laranja *Os efeitos patrimoniais decorrentes da cessação da união de facto: a divisão do património no final da vida em comum*, Tese Mestrado, Universidade Católica do Porto, 2014.

n.º 7/2001, de 11/05, e sucessivas atualizações, essa relação não é casamento, sequer pode ser equiparada ao casamento, e ***nenhuma repercussão tem ao nível do património dos membros da união de facto****.*

2 – *Sendo a união de facto uma forma de estar em família, a mesma implica para os conviventes a obrigação de, durante a união de facto,* ***contribuírem para as despesas normais e correntes do agregado familiar*** *e daí que, em caso de dissolução dessa relação, os conviventes não tenham direito à restituição desses contributos, designadamente, através do instituto de enriquecimento sem causa (existe uma causa justificativa para a realização desses contributos – a união de facto).*

3 – *Os* ***contributos*** *feitos pelos conviventes, durante a vigência da união de facto,* ***estranhos às despesas normais e correntes do agregado familiar****, como sejam,* ***despesas com a construção, reparação, conservação e/ou ampliação daquela que é a casa de morada de família do "casal"****, propriedade exclusiva de um dos conviventes, uma vez dissolvida a união de facto,* ***deixa de existir a causa jurídica justificativa para o convivente proprietário reter o contributo*** *feito pelo outro convivente para o pagamento dessas despesas, com o qual se encontra enriquecido, em detrimento do último, que ficou sem nada,* ***devendo esse convivente proprietário ser condenado à restituição desse contributo feito pelo outro, com fundamento no instituto do enriquecimento sem causa.***

4 – *Quanto aos contributos referidos em 3), existe uma presunção natural de não definitividade desses contributos e que os mesmos são feitos na pressuposição da manutenção da união de facto."*

Ou seja, o Tribunal estabelece uma distinção entre contributos para as despesas normais e correntes do agregado familiar e os contributos extraordinários (considerando aqui as despesas com a construção, reparação, conservação e/ou ampliação daquela que é a casa de morada de família do "casal"). Entende ainda o Tribunal que estes contributos "estranhos" são feitos na pressuposição da manutenção da união de facto e que após o término da mesma, deverá haver uma restituição do seu valor.

Num outro caso, merece referência o Acórdão do Tribunal da Relação do Porto, de 04-02-2019 (Relator: Manuel Domingos Fernandes), que explica, em sumário (sublinhados e negritos nossos):

> *"VII – A união de facto é insusceptível de, só por si, originar um património comum entre os seus membros.*
> *VIII – Não estipulando os membros da união de facto, no domínio da sua autonomia privada, cláusulas sobre a propriedade dos bens adquiridos na vigência da união, designadamente para o caso de ocorrer a morte de um deles ou a ruptura da união de facto-os denominados "**contratos de coabitação**"- não existe regulamentação específica aplicável à união de facto, geradora de um património comum dos conviventes.*
> *IX – Todavia cessada a união de facto, por efeito da morte de um dos membros ou por vontade de qualquer deles, o membro sobrevivo ou o outro sujeito da relação tem direito a participar na liquidação do património adquirido pelo esforço comum.*
> *X – Essa liquidação segundo determinada orientação, doutrinária e jurisprudencial, deve fazer-se de acordo com os princípios das sociedades de facto quando os respectivos pressupostos se verifiquem.*
> *XI – Todavia, a orientação maioritária jurisprudencial vai no sentido de que a forma para efectivar a liquidação do património adquirido pelo esforço comum é a de, em acção declarativa de condenação, o ex-membro da união de facto, que se considere empobrecido relativamente aos bens em cuja aquisição participou, pedir que o outro convivente seja condenado a reembolsá-lo, com fundamento no **instituto do enriquecimento sem causa.***
> *XII – Numa situação em que os unidos de facto contribuíram com proveitos comuns para a realização das obras na moradia propriedade de um deles, sem que se saiba a percentagem concreta em que cada um deles contribui, a medida da restituição não pode ser feita com referência ao valor real que tal moradia tinha antes das obras e depois das obras.*
> *XIII – Nessas situações o empobrecido terá direito apenas a metade do montante das despesas apuradas, pois que ambos os membros da união de facto contribuíram para a aquisição de um património comum, presumindo-se que cada um contribuiu em igual percentagem, sendo que a obrigação de restituição não se destina a reparar dano – que é o fim próprio da responsabilidade civil – mas tão só a suprimir o enriquecimento que alguém obteve à custa de outrem."*

Como se observa, a ausência de normas especiais leva a uma complexa argumentação jurídica convocando o instituto do enriquecimento sem causa.

O Tribunal entendeu que se presume que ambos contribuíram de igual modo para os encargos da vida familiar, pelo que ambos contribuíram – de igual modo – para a *aquisição de um património comum.*

6. Proteção da casa de morada da família em caso de rutura

Segundo o artigo 4.º da Lei da União de Facto (Protecção da casa de morada da família em caso de ruptura), aplica-se, com as necessárias adaptações, o disposto nos artigos 1105.º e 1793.º do Código Civil, em caso de rutura da união de facto.

Assim, no caso de a casa de morada de família *ser* ***arrendada***, aplica-se, com as necessárias adaptações o artigo 1105.º (Comunicabilidade e transmissão em vida para o cônjuge) (sublinhados nossos):

> *"1 – Incidindo o arrendamento sobre casa de morada de família, o seu destino é, em caso de divórcio ou de separação judicial de pessoas e bens, decidido por acordo dos cônjuges, podendo estes optar pela transmissão ou pela concentração a favor de um deles"*[31].

Se a casa de morada de família for **propriedade** de um dos companheiros (ou dos dois em regime de compropriedade), aplica-se o artigo 1793.º (sublinhados e negritos nossos):

> *"1. Pode o tribunal dar de arrendamento a qualquer dos cônjuges, a seu pedido, a casa de morada da família,* ***quer esta seja comum quer própria do outro****, considerando, nomeadamente, as necessidades de cada um dos cônjuges e o interesse dos filhos do casal"*[32].

[31] *2 – Na falta de acordo, cabe ao tribunal decidir, tendo em conta a necessidade de cada um, os interesses dos filhos e outros factores relevantes. 3 – A transferência ou a concentração acordadas e homologadas pelo juiz ou pelo conservador do registo civil ou a decisão judicial a elas relativa são notificadas oficiosamente ao senhorio."*

[32] *"2. O arrendamento previsto no número anterior fica sujeito às regras do arrendamento para habitação, mas o tribunal pode definir as condições do contrato, ouvidos os cônjuges, e fazer caducar o arrendamento, a requerimento do senhorio, quando circunstâncias supervenientes o justifiquem. 3. O regime fixado,*

Ou seja, pode o tribunal criar um *arrendamento forçado*, impondo ao proprietário um dever de ceder a coisa, mediante o pagamento de uma renda, caso essa solução seja mais em conformidade com as *necessidades de cada um dos cônjuges e o interesse dos filhos do casal*.

Esta norma foi criticada por Sandra Passinhas nos seguintes termos (sublinhados nossos): "*(...) a atribuição da casa de morada de família a um ex-unido,* ***quando não haja filhos****, ou* ***quando os filhos não fiquem a residir na casa****, é uma restrição ao direito de propriedade do seu titular não constitucionalmente justificada por outros direitos ou interesses legalmente protegidos*"[33].

Na nossa análise, e lançando mão do princípio da *interpretação conforme à Constituição*, e de uma *presunção de razoabilidade* das normas legais, consideramos que a norma não é inconstitucional[34], mas que deve ser aplicada com a maior cautela, para que a união de facto não se torne uma forma injusta de "*quase-expropriação por utilidade privada*". Ou seja, o tribunal deverá reservar

quer por homologação do acordo dos cônjuges, quer por decisão do tribunal, pode ser alterado nos termos gerais da jurisdição voluntária."

[33] PASSINHAS, Sandra, *Propriedade e personalidade no Direito Civil português*, Tese de Doutoramento, Faculdade de Direito da Universidade de Coimbra, 2014, p. 263.

[34] No mesmo sentido, cf. o Acórdão do Supremo Tribunal de Justiça de 28 de Novembro de 2017 (Relatora: Fátima Gomes), que afirma: "(...) *não há inconstitucionalidade por violação do direito de propriedade privada, uma vez que a constituição não veda em absoluto a criação de restrições ao direito de propriedade que sejam justificadas por valores socialmente aceites, considerados carentes de tutela.* Neste sentido, vejamos o que nos diz Tiago Nuno Pimentel Cavaleiro no escrito intitulado "A união de facto no ordenamento jurídico português. Análise de alguns aspectos de índole patrimonial", disponível em https://estudogeral.sib.uc.pt/bitstream/10316/28646/1/A%20uniao%20de%20facto%20no%20ordenamento%20juridico%20portugues.pdf, na nota 13, p. 9-10. Aí se afirma: "Mais tarde o TC, no seu Ac. n.º 1221/96 (processo n.º 278/94, disponível para consulta no site www.tribunalconstitucional.pt), veio consagrar igualmente a extensão à união de facto das regras da atribuição da casa de morada de família quando é bem próprio ou comum dos cônjuges (artigo 1793.º do CC). Foi, no entanto, uma abertura tímida uma vez que os citados acórdãos fundamentaram a extensão das referidas regras na proibição da discriminação dos filhos nascidos fora do casamento."
Sandra Passinhas critica que o legislador tenho ido além, bem além, da jurisprudência do Tribunal Constitucional, pois esta visava proteger os filhos (inclusive os nascidos fora do casamento), a redação da lei de 2010 pode proteger também ex-companheiros sem filhos. Pela nossa parte, repetimos, não nos parece que o juízo de inconstitucionalidade (violação do direito de propriedade privada) seja de defender, pois pode caber dentro do âmbito da liberdade legislativa, com vista a tutelar interesses dignos de proteção legal: a saúde, a vida privada e familiar e o direito ao trabalho do ex-companheiro não proprietário ou não comproprietário. Os tribunais deverão ter a prudência e a ponderação de fazer justiça numa apreciação casuística.

esta norma que permite o *arrendamento forçado* a casos em que se faça prova de que o companheiro não proprietário tem efetivas necessidades (constitucionalmente tuteladas) de habitar *naquele* imóvel, por exemplo, por razões de saúde (tem um elevador ou um acesso fácil para uma pessoa com dificuldades de locomoção), ou porque o seu trabalho está vinculado àquele edifício (exemplo: porteiro do prédio), entre outras hipóteses que a riqueza da vida possa revelar. E, por outro lado, que o proprietário tenha *alternativas viáveis* para residir. Assim, os "outros direitos ou interesses legalmente protegidos" que a Autora entende faltarem para justificar a norma, deverão ser encontrados, mobilizados e fundamentados em cada caso concreto.

7. Proteção da casa de morada da família em caso de morte

7.1 Se a casa for propriedade do companheiro falecido

No caso de morte, a lei prevê uma proteção mais ampla, consagrando:

1. um **direito real de uso e habitação** por 5 anos[35] (ou ainda mais tempo em razão da duração da união de facto[36] ou da especificidade da relação concreta[37]);
2. direito de **arrendamento forçado**, após o gozo do direito de uso e habitação[38]
3. um **direito real de preferência**[39].

[35] Artigo 5.º: *"1 – Em caso de morte do membro da união de facto proprietário da casa de morada da família e do respectivo recheio, o membro sobrevivo pode permanecer na casa, pelo prazo de cinco anos, como titular de um direito real de habitação e de um direito de uso do recheio."*

[36] *"2 – No caso de a união de facto ter começado há mais de cinco anos antes da morte, os direitos previstos no número anterior são conferidos por tempo igual ao da duração da união."*

[37] *"4 – Excepcionalmente, e por motivos de equidade, o tribunal pode prorrogar os prazos previstos nos números anteriores considerando, designadamente, cuidados dispensados pelo membro sobrevivo à pessoa do falecido ou a familiares deste, e a especial carência em que o membro sobrevivo se encontre, por qualquer causa."*

[38] *"7 – Esgotado o prazo em que beneficiou do direito de habitação, o membro sobrevivo tem o direito de permanecer no imóvel na qualidade de arrendatário, nas condições gerais do mercado, e tem direito a permanecer no local até à celebração do respectivo contrato, salvo se os proprietários satisfizerem os requisitos legalmente estabelecidos para a denúncia do contrato de arrendamento para habitação, pelos*

7.2 Se o casal vivesse em casa arrendada

Caso este casal vivesse em **casa arrendada**, prevê o número 10 (sublinhados nossos): *"Em caso de morte do membro da união de facto arrendatário da casa de morada da família, o membro sobrevivo beneficia da protecção prevista no artigo 1106.º do Código Civil, que por sua vez prevê a* ***não caducidade*** *do arrendamento para habitação por morte do arrendatário quando lhe sobreviva: a) Cônjuge com residência no locado; b) Pessoa que com ele vivesse em união de facto* ***há mais de um ano****; c) Pessoa que com ele vivesse em economia comum há mais de um ano.*

8. Direito de alimentos

8.1 No caso de rutura

No caso de separação (rutura da união de facto) dá-se a extinção da união de facto e *não há lugar a alimentos*. A doutrina dominante entende que não há o *dever de assistência* durante a união de facto; consequentemente, não nasce qualquer direito de alimentos após o fim dessa relação, salvo no caso de nascer uma obrigação natura, nos termos do artigo 402.º[40], mas que não é judicialmente exigível..

Todavia, pode haver pensão alimentícia *por via convencional*. Como afirma Tiago Cavaleiro:

> *"Os conviventes podem, com efeito, convencionar a constituição de uma obrigação de alimentos a vigorar exclusivamente durante a vigência da união de facto, cessando com a dissolução da união, ou sujeitar a sua eficácia a um outro acontecimento futuro e incerto (aposição de uma condição resolutiva) –*

senhorios, com as devidas adaptações. 8 – No caso previsto no número anterior, na falta de acordo sobre as condições do contrato, o tribunal pode fixá-las, ouvidos os interessados."

39 *"9 – O membro sobrevivo tem direito de preferência em caso de alienação do imóvel, durante o tempo em que o habitar a qualquer título."*

40 Artigo 402.º do Código Civil: "A obrigação diz-se natural, quando se funda num mero dever de ordem moral ou social, cujo cumprimento não é judicialmente exigível, mas corresponde a um dever de justiça." Neste sentido, PINHEIRO, Jorge Duarte, *O Direito da Família Contemporâneo*, p. 532.

v.g., a obrigação de alimentos cessará se o seu beneficiário contrariar casamento ou iniciar nova união de facto. Não será de estranhar também a aposição de uma condição suspensiva àquela obrigação: por exemplo, a obrigação de alimentos nascerá apenas com a ruptura da união de facto, com o nascimento do primeiro filho dos conviventes, com o desemprego de um dos conviventes (ou exconvivente), etc. As partes podem igualmente sujeitar a prestação de alimentos a um termo: por exemplo, a obrigação de alimentos cessará quando o filho dos conviventes (ou ex-conviventes) atingir os 18 anos, ou cessará decorridos cinco anos desde a data da dissolução da união de facto.
Pretendendo atingir fim semelhante, os conviventes podem recorrer, alternativamente, à figura do contrato-promessa (artigos 410.º e ss., do CCiv), optando pela celebração de um contrato-promessa de prestação de alimentos (bilateral quando os conviventes se obrigam à celebração do contrato prometido, promessa unilateral quando apenas um deles se obriga)"[41].

8.2 No caso de morte

Um dos efeitos patrimoniais atribuídos à união de facto encontra-se consagrado no artigo 2020.º do Código Civil, *nos termos do qual o membro sobrevivo da união de facto tem o direito de exigir alimentos da herança do falecido.* Tratava-se de uma inovação legislativa inserida por ocasião da Reforma do Código Civil de 1977 (Decreto-Lei n.º 496/77, de 25 de novembro) e que era o único arrimo normativo para conceder efeitos à união de facto.

A Lei n.º 23/2010, de 30 de agosto, alterou o artigo 2020.º do Código Civil, prevendo-se, agora, um regime mais simples, com as seguintes notas:

- o membro sobrevivo da união de facto tem o direito de exigir alimentos da herança do falecido (número 1);
- que este direito deve ser exercido no prazo de dois anos subsequentes à data da morte do autor da sucessão (número 2);

[41] CAVALEIRO, Tiago, *A união de facto no ordenamento jurídico português: análise de alguns aspectos de índole patrimonial*, Tese de Mestrado, Faculdade de Direito da Universidade de Coimbra, 2015, p. 31.

- e que o mesmo cessa se o membro sobrevivo contrair novo casamento, iniciar união de facto ou se tornar indigno do benefício pelo seu comportamento moral (artigo 2019.º do Código Civil, *ex vi* do número 3 do artigo 2020.º).

Como ensina Francisco Brito Pereira Coelho, à luz da definição legal de união de facto oferecida pelo número 2 do artigo 1.º da LUF e em consonância com os seus artigos 3.º, alíneas e), f) e g), e 6.º, números 1 e 2, devemos continuar a considerar que o membro sobrevivo só tem direito a alimentos quando *convivesse com o companheiro falecido há mais de dois anos em condições análogas às dos cônjuges*[42].

Por seu turno, e esta é uma alteração material da reforma de 2010, a exigência do prévio esgotamento da possibilidade de obtenção de alimentos através das pessoas enumeradas nas alíneas a) a d) do artigo 2009.º do Código Civil foi eliminada. Como escreve Guilherme de Oliveira, a Lei n.º 23/2010, de 30 de agosto, *"responsabiliza pela satisfação de alimentos* ***a herança do falecido****, sem que o interessado tenha de demandar previamente os seus familiares obrigados pelo artigo 2009.º (artigo 2020.º)"* (sublinhados nossos).

Outra mudança que afasta esta pensão alimentar de um regime meramente assistencialista e aproxima de uma pensão alimentar que tem raiz na própria relação jurídica familiar que agora terminou é o facto de se ter eliminado a exigência da comprovada situação de necessidade de alimentos. Dispõe – desde 2010 – o número 1 do artigo 6.º da LUF, que o membro sobrevivo da união

[42] COELHO, Francisco Brito Pereira, "Os factos no casamento e o direito na união de facto: breves observações", in OLIVEIRA, Guilherme de (Coord.), *Textos de Direito da Família (para Francisco Pereira Coelho)*, Imprensa da Universidade de Coimbra, 2016. O Autor apresenta os seguintes argumentos: a exigência dos dois anos visa impedir a concessão de alimentos ao membro sobrevivo de uma relação fugaz ou de uma aventura amorosa, ao membro sobrevivo de uma convivência em que tivesse havido, efetivamente, comunhão de mesa, leito e habitação mas carecida ainda de uma certa estabilidade no tempo (uma convivência relativamente recente seria suficiente para o nascimento daquele direito). Em segundo lugar, a exigência de o falecido, à data da sua morte, não ser casado ou que, sendo casado, se encontre nessa altura separado judicialmente de pessoas e bens continua a estar prevista, mas agora na alínea c) do artigo 2.º da LUF, que impede a atribuição de direitos ou benefícios, em vida ou por morte, fundados na união de facto quando haja casamento não dissolvido, salvo se tiver sido decretada a separação de pessoas e bens.

de facto beneficia dos direitos previstos nas alíneas e), f) e g) do artigo 3.º, *independentemente da necessidade de alimentos.*

Todavia, a pensão alimentícia – tal como de resto acontece no âmbito matrimonial – não visa manter um certo nível de vida. Afirma o número 3 do artigo 2016.º-A: *"O cônjuge credor não tem o direito de exigir a manutenção do padrão de vida de que beneficiou na constância do matrimónio."* Mas também não deve ser uma pensão de alimentos de miséria. O tribunal deverá encontrar o montante adequado ao caso concreto. Na fixação do montante dos alimentos (prevê o número 1 do mesmo artigo): *"deve o tribunal tomar em conta a duração do casamento, a colaboração prestada à economia do casal, a idade e estado de saúde dos cônjuges, as suas qualificações profissionais e possibilidades de emprego, o tempo que terão de dedicar, eventualmente, à criação de filhos comuns, os seus rendimentos e proventos, um novo casamento ou união de facto e, de modo geral, todas as circunstâncias que influam sobre as necessidades do cônjuge que recebe os alimentos e as possibilidades do que os presta"*[43].

9. Ausência de direitos sucessórios

Em Portugal, os companheiros na união de facto não beneficiam de direitos sucessórios 'ex lege', por sucessão 'ab instestato". O companheiro não é herdeiro legítimo, nem herdeiro legitimário[44]. O unido de facto continua a ter apenas direitos por morte do tipo assistencial, que também existem no casamento, mas o regime sucessório das duas figuras patenteia ainda uma grande disparidade de efeitos.

Poderá ser **herdeiro testamentário**, nos limites da quota disponível do *de cujus.* Se este tiver 1 filho, tem ½ de quota disponível; se tiver 2 ou mais filhos tem ⅓ de quota disponível. Se tiver um ou dois ascendentes tem ½ ou ⅓ caso se trate dos pais ou de ascendentes em segundo grau ou seguintes[45].

[43] *"2 – O tribunal deve dar prevalência a qualquer obrigação de alimentos relativamente a um filho do cônjuge devedor sobre a obrigação emergente do divórcio em favor do ex-cônjuge."*

[44] Vão surgindo algumas vozes críticas, como SILVA, Mariana Filipa Lopes da, *A União de Facto, o Casamento e os Direitos Sucessórios,* Tese de Mestrado, Faculdade de Direito da Universidade de Lisboa, 2019.

[45] *"Artigo 2157.º (Herdeiros legitimários) São herdeiros legitimários o cônjuge, os descendentes e os ascendentes, pela ordem e segundo as regras estabelecidas para a sucessão legítima. ...*

Francisco Brito Pereira Coelho propõe uma alteração legislativa no sentido de conceder um estatuto sucessório legal aos companheiros na união de facto, designadamente conceder o estatuto de *herdeiro legítimo*, num grau abaixo do concedido ao "cônjuges e aos filhos", em rigor apenas "aos filhos", pois – repetimos – se há um *cônjuge*, não é possível haver concomitantemente uma *união de facto*.

Afirma o Autor[46] (sublinhados nossos): *"Em relação à posição sucessória do unido de facto sobrevivo, cremos que se justificaria que pudesse integrar a escala de sucessíveis na sucessão legítima, porventura numa posição inferior à do cônjuge, descendentes e ascendentes."* O Autor invoca ainda o argumento de direito comparado – *"Vai neste sentido, note-se, o Código Civil de Macau (arts. 1983º e 1985º)."*

Assim, nem existe, de *jure condito*, equiparação jurídica entre conviventes e cônjuges, nem mesmo as vozes, como a de Francisco Brito Pereira Coelho, que propõem a concessão de um estatuto sucessório aos companheiros defendem a *sua equiparação*[47].

Em suma, no direito português, o *companheiro não tem qualquer direito sucessório*, não concorre com descendentes, nem ascendentes, nem com colaterais até ao 4.ª grau, nem sequer com o Estado[48]!

Artigo 2159.º *(Legítima do cônjuge e dos filhos) ... 2. Não havendo cônjuge sobrevivo, a legítima dos filhos é de metade ou dois terços da herança, conforme exista um só filho ou existam dois ou mais.*
Artigo 2160.º *(Legítima dos descendentes do segundo grau e seguintes): Os descendentes do segundo grau e seguintes têm direito à legítima que caberia ao seu ascendente, sendo a parte de cada um fixada nos termos prescritos para a sucessão legítima.*
Artigo 2161.º *(Legítima do cônjuge e dos ascendentes) ... 2. Se o autor da sucessão não deixar descendentes nem cônjuge sobrevivo, a legítima dos ascendentes é de metade ou de um terço da herança, conforme forem chamados os pais ou os ascendentes do segundo grau e seguintes."*

46 COELHO, Francisco BRITO PEREIRA, "Os factos no casamento e o direito na união de facto: breves observações", in OLIVEIRA, Guilherme de (Coord.), *Textos de Direito da Família (para Francisco Pereira Coelho)*, Imprensa da Universidade de Coimbra, 2016. Jorge D. PINHEIRO, *O Direito da Família...*, 2019, p. 560 também afirma: "impressiona, pela negativa, a exclusão do membro sobrevivo da união de facto do círculo de possíveis herdeiros legais do autor da sucessão (...)".

47 Em rigor, outros Autores defendem uma interpretação isolada, segundo a qual deveria haver uma equiparação entre o casamento e a união de facto, cf. CORTE-REAL, C. Pamplona / PEREIRA, J. Silva, *Direito da Família, Tópicos para uma reflexão crítica*, 2ª ed., Lisboa, 2011, p. 150, defendendo que se trata de um casamento informal.

48 Segundo o artigo 2133.º (Classes de sucessíveis): *"1. A ordem por que são chamados os herdeiros, sem prejuízo do disposto no título da adopção, é a seguinte: a) Cônjuge e descendentes; b) Cônjuge e ascendentes; c) Irmãos e seus descendentes; d) Outros colaterais até ao quarto grau; e) Estado."*

Talvez a "consciência jurídica geral" (Castanheira Neves) e as expetativas dos companheiros e a própria *aparência externa* já justificassem outra solução, mas que não passará pela equiparação. Em verdade, o princípio da autonomia da vontade poderia ser severamente limitado caso a jurisprudência seguisse esse caminho da equiparação.

Entretanto, os desenvolvimentos do direito civil português apontam numa direção oposta, ou seja, da autonomização da relação familiar/ conjugal face a uma situação sucessória. Com efeito, a Lei n.º 48/2018, de 14 de agosto, alterou o Código Civil, *reconhecendo a possibilidade de renúncia recíproca à condição de herdeiro legitimário na convenção antenupcial*. Tal estipulação apenas é admitida caso o regime de bens, convencional ou imperativo, *seja o da separação*[49].

Segundo o artigo 1707.º-A (Regime da renúncia à condição de herdeiro) (negritos nossos):

> *"1 – A renúncia pode ser condicionada à sobrevivência ou não de sucessíveis de qualquer classe, bem como de outras pessoas, nos termos do artigo 1713.º, não sendo necessário que a condição seja recíproca.*
> *2 – A renúncia apenas afeta a posição sucessória do cônjuge, não prejudicando designadamente o* ***direito a alimentos do cônjuge sobrevivo****, previsto no artigo 2018.º, nem as* ***prestações sociais por morte****."*

Tal como acontece no regime da união de facto há uma proteção imperativa – para além da eventual pensão de alimentos – da "casa de morada de família", prevendo-se:

(1) um **direito real de habitação periódica**[50],

[49] Cf. a detalhada análise de OLIVEIRA, Guilherme de, *Notas sobre o Projeto de Lei n.o 781/XIII (Renúncia recíproca à condição de herdeiro legal)*: http://www.guilhermedeoliveira.pt/resources/Notas-sobre-o-Projeto-de-Lei-781-XIII-.pdf

[50] *"3 – Sendo a casa de morada de família propriedade do falecido, o cônjuge sobrevivo pode nela permanecer, pelo prazo de cinco anos, como titular de um direito real de habitação e de um direito de uso do recheio. 4 – Excecionalmente, e por motivos de equidade, o tribunal pode prorrogar o prazo previsto no número anterior considerando, designadamente, a especial carência em que o membro sobrevivo se encontre, por qualquer causa. 5 – Os direitos previstos no n.º 3 caducam se o interessado não habitar a casa por mais de um ano, salvo se a razão dessa ausência lhe não for imputável. 6 – Os direitos previstos no n.º 3 não são conferidos ao cônjuge sobrevivo se este tiver casa própria no concelho da casa de morada*

(2) o **direito de arrendamento forçado**, findo o direito real de uso e habitação[51],

(3) e **um direito de preferência**[52].

Seria normativa e sistemicamente contraditório admitir, num ordenamento jurídico que confere tutela à **autonomia da vontade** no sentido de renunciar antecipadamente à condição de herdeiro, em caso de casamento, que se viesse, *por via jurisprudencial*, a impor um estatuto sucessório a pessoas que nem sequer contraíram casamento!

10. Direitos no domínio do direito do trabalho, direito da segurança social e direito fiscal

O número 1 do artigo 3.º da LUF estabelece que as pessoas que vivem em união de facto têm, para além dos direitos civis que já analisámos, os seguintes direitos no plano laboral, tributário e de segurança social:

- a beneficiar do regime jurídico aplicável às pessoas casadas em matéria de férias, feriados, faltas, licenças e de preferência na colocação dos trabalhadores da Administração Pública (al. b),
- a beneficiar de regime jurídico equiparado ao aplicável a pessoas casadas, vinculadas por contrato de trabalho, em matéria de férias, feriados, faltas e licenças (al. c),

da família, ou neste ou nos concelhos limítrofes se esta se situar nos concelhos de Lisboa ou do Porto. (...) 10 – Caso o cônjuge sobrevivo tenha completado 65 anos de idade à data da abertura da sucessão, o direito de habitação previsto no n.º 3 é vitalício."

51 *"7 – Esgotado o prazo em que beneficiou do direito de habitação, o cônjuge sobrevivo tem o direito de permanecer no imóvel na qualidade de arrendatário, nas condições gerais do mercado, e tem direito a permanecer no local até à celebração do respetivo contrato, salvo se os proprietários satisfizerem os requisitos legalmente estabelecidos para a denúncia do contrato de arrendamento para habitação, pelos senhorios, com as devidas adaptações. 8 – No caso previsto no número anterior, na falta de acordo sobre as condições do contrato, o tribunal pode fixá-las, ouvidos os interessados."*

52 *"9 – O cônjuge sobrevivo tem direito de preferência em caso de alienação do imóvel, durante o tempo em que o habitar a qualquer título."*

- à aplicação do regime do imposto sobre o rendimento das pessoas coletivas nas mesmas condições dos sujeitos passivos casados e não separados de pessoas e bens (al. d),
- a proteção social na eventualidade de morte do beneficiário, por aplicação do regime geral, de regimes especiais da segurança social ou da própria LUF (al. e),
- às prestações por morte resultantes de acidente de trabalho ou doença profissional, por aplicação dos regimes jurídicos respetivos e da LUF (al. f).
- e à pensão de preço de sangue e por serviços excecionais e relevantes prestados ao país, por aplicação dos respetivos regimes jurídicos e da LUF (al. g).

11. Prestações alimentícias derivadas de regimes de proteção social

As prestações sociais por morte vêm elencadas no número 1 do artigo 3.º da Lei n.º 7/2001 na sua atual redação. Relativamente à pensão de sobrevivência e subsídio por morte, na versão atual da LUF, o unido de facto sobrevivo encontra-se mais protegido, uma vez que o regime aqui previsto é agora igual ao que regula este aspeto no casamento.

Segundo a Lei n.º 7/2001 na sua redação originária, o acesso a estas prestações dependia de se demonstrar a necessidade de alimentos do membro sobrevivo do casal e ainda de se terem esgotado as duas vias particulares de satisfação dessas necessidades alimentares. A primeira via era a satisfação pelos obrigados a alimentos e a segunda era através da herança do falecido, ponto que iremos ver em seguida.

Este texto legal encontrava a sua justificação na circunstância de os unidos de facto não se terem vinculado a um dever de assistência recíproca como ocorre no casamento, pelo que não se podia depreender que a morte de um deles diminuía os rendimentos disponíveis[53]. No número 1 do artigo 6.º da atual redação da LUF, foi dispensada qualquer prova de necessidade de alimentos,

[53] XAVIER, Rita Lobo, "A União de Facto...", ob. Cit., pág. 687.

tal como acontece relativamente ao cônjuge sobrevivo, assim reforçando o reconhecimento da dimensão de verdadeira relação familiar à união de facto[54].

Conclusão

A união de facto, em Portugal, configura já uma verdadeira relação jurídica familiar, mas cuja raiz se encontra no reconhecimento de uma relação de facto, que se revela duradoura (2 anos) e de forte densidade existencial (comunhão de mesa, leito e habitação). O direito intervém em dois momentos:

- durante a relação para atribuir alguns benefícios, sociais, fiscais e do foro laboral aos companheiros e para garantir todo um direito da filiação muito semelhante ao que vigora para o casamento, designadamente no acesso à PMA e à adoção, criando uma presunção de paternidade[55], na regulação das responsabilidades parentais, em termos semelhantes ao casamento, com vista a promover o envolvimento e o engajamento de ambos os progenitores na educação da criança (artigo 1911.º do Código Civil)[56] e mesmo no acesso à nacionalidade e a outros efeitos pessoais;
- no momento de rutura por separação, conferindo uma proteção modesta, com vista a proteger a parte mais vulnerável, concedendo proteção da casa de morada de família;
- quando o fim da união de facto se dá por morte, a proteção expande-se a um direito de alimentos contra a herança e há ainda o direito pelos

[54] SILVA, Mariana, *A União de Facto, o Casamento e os Direitos Sucessórios*, 2019, p. 48, vê nesta evolução um argumento importante no sentido da necessidade de ampliar a proteção jurídica da união de facto, designadamente ao nível sucessório.

[55] Mas só no caso de ser intentada uma ação de investigação da paternidade e não uma presunção que opera no registo civil, o que nos parece ser ainda a solução conforme a um regime de união de facto que não consta do registo.

[56] O artigo 1911.º faz uma remissão em bloco para o regime do casamento *1 – Quando a filiação se encontre estabelecida relativamente a ambos os progenitores e estes vivam em condições análogas às dos cônjuges, aplica-se ao exercício das responsabilidades parentais o disposto nos artigos 1901.º a 1904.º* e do divórcio "*2 – No caso de cessação da convivência entre os progenitores, são aplicáveis as disposições dos artigos 1905.º a 1908.º, bem como o disposto no n.º 2 do artigo 1909.º, sempre que os progenitores pretendam regular por mútuo acordo o exercício das responsabilidades parentais.*"

danos não patrimoniais causados pela morte do companheiro (artigo 496.º, n.º 2 do Código Civil)[57]. Todavia, não são reconhecidos direitos sucessórios (exceto a possibilidade de ser herdeiro testamentário).

A matriz monogâmica está plasmada na lei portuguesa, nem se reconhecendo juridicamente uniões estáveis paralelas, nem fenómenos de "poliamorismo" ou uma união estável constituída por mais de duas pessoas.

Todavia, uma outra lei, a Lei n.º 7/2001, que adota medidas de proteção das pessoas que vivam em economia comum, dada a largueza dos seus pressupostos[58], pode acolher alguma proteção jurídica (ainda que muito escassa, sobretudo no âmbito da "proteção da casa de morada", direitos fiscais e laborais) a situações sociais com essas configurações.

[57] Cf. PEREIRA, André G. Dias, "Wrongful death and unmarried partnership in Portuguese Law: a polychromatic dialogue of legal sources in a Civil Law System", Johannes Michael RAINER/ Erik VAN DEN HAUTE (Coord.), *Liber Amicorum David Pugsley*, Bruxelles, Bruylant, 2013, p. 241-250

[58] Recordamos o artigo 2.º da Lei n.º 6/2001: "1. Entende-se por economia comum a situação de pessoas que vivam em comunhão de mesa e habitação há mais de dois anos e tenham estabelecido uma vivência em comum de entreajuda ou partilha de recursos. 2 – O disposto na presente lei é aplicável a agregados constituídos por duas ou mais pessoas, desde que pelo menos uma delas seja maior de idade.

1. NOTAS SOBRE LA UNIÓN DE HECHO EN PORTUGAL

André Gonçalo Dias Pereira

Introducción

La República Portuguesa es un Estado unitario (artículo 6º de la Constitución), por lo que el régimen jurídico de la unión de hecho se aplica en todo el territorio nacional.

El Derecho de Familia está regulado en el Libro IV del Código Civil de 1966. Este Código entró en vigor el 1 de junio de 1967 y sigue a la sistematización germánica, habiendo sido derogado el Código *Seabra*, de 1867, que seguía la estructura y metodología del *Code Napoléon, de* 1804[1].

En 1977, para adaptarse a la constitución democrática resultante de la Revolución del 25 de abril de 1974, se llevó a cabo una revisión exhaustiva de la Ley de Familia y Sucesión (Libros IV y V). Con esta reforma, entre otros cambios progresivos, se consagró la igualdad entre marido y mujer, se eliminó la discriminación contra los hijos fuera del matrimonio y se valoró la posición del cónyuge sobreviviente.

A pesar de las escasas referencias en el Código Civil, en particular, al dedicar un derecho de alimentos en caso de fallecimiento del compañero (artículo 2020º), la unión de hecho fue regulada posteriormente por ley extravagante, primero por la Ley nº 135/1999, de 28 de agosto, y, después de menos de dos

[1] Cf. OLIVEIRA, Nuno Manuel Pinto de/ PEREIRA, André Gonalo Dias, *Tort Law in Portugal*, Kluwer, 2020, p. 23.

años, por la Ley Nº 7/2001, de 11 de mayo – Ley de Protección de las uniones de *hecho.* Esta legislación es el resultado de movimientos sociales destinados al reconocimiento de formas alternativas de constitución de familia[2], resultantes de la secularización de la sociedad y una liberalización progresiva de las costumbres, y, por otro lado, tenía por objeto dar cierta protección jurídica a las*parejas del mismo sexo*[3].

La Ley de Unión de Hecho (LUH) fue modificada significativamente por la Ley Nº 23/2010, de 30 de agosto, y también ha sido modificada por la Ley Nº. 2/2016, de 29 de febrero (elimina discriminación por motivos de orientación sexual en el acceso a la adopción, el padrinamiento civil y otras relaciones jurídicas familiares), por la Ley Nº 49/2018, de 14 de agosto (que prevé el régimen jurídico del mayor acompañado), y por la Ley Nº 71/2018 de 31 de diciembre (Ley de Presupuesto Del Estado 2019)[4].

La unión de hecho constituye una *relación jurídica familiar.* Por un lado, esta relación social se beneficia de una regulación jurídica significativa, como veremos, por otra parte, el artículo 36º de la Constitución se abre a una idea de una familia "no matrimonializada". Esta regla constitucional ha sido interpretada con el fin de reconocer, además del derecho a contraer matrimonio, el derecho a establecer una *familia,* independientemente de la existencia del vínculo matrimonial. Así pues, el reconocimiento de la pertinencia de la unión de hecho por el legislador ordinario, como relación jurídica familiar, resulta de una imposición constitucional, en virtud del contenido de dicha norma de la Constitución de la República Portuguesa[5]. Sin embargo, tal requisito

[2] OLIVEIRA, Guilherme de, "Fique em casa" – Notas para una taxonomía de los miembros de la familia", *JULGAR, en línea,* julio de 2020, p. 13, Considera "justo considerar la *unión de facto* como una relación familiar. Esta relación de convivencia tiene todas las características del matrimonio, excepto que no se basa en una celebración formal. De hecho, la unión cumple todas las funciones esenciales que el Estado y la sociedad esperan de una familia: la procreación, la socialización de los hijos, la empresa, el cuidado, la carga y el reparto de los recursos".

[3] El matrimonio entre personas del mismo sexo sería admitido por la Ley Nº 9/2010, de 31 de mayo.

[4] Modificación del artículo 6º en lo que respecta a la prueba de la unión de facto a efectos de las prestaciones por fallecimiento.

[5] El Tribunal Europeo de Derechos Humanos (TEDH) también interpreta que el artículo 8º de la Convención Europea de Derechos Humanos incluye no sólo a las familias establecidas sobre la base del matrimonio, como es el caso del artículo 12.o – pero, también, las *familias de hecho,* suponiendo, como criterio pertinente, la "eficacia de los vínculos interpersonales" –

no implica que a las "familias no matrimoniales" se les conceda un estatuto idéntico al conferido a los cónyuges, *"siempre que las diferenciaciones no sean arbitrarias, irrazonables o desproporcionadas y tenga en cuenta todos los derechos e intereses en juego (por ejemplo, los derechos de los hijos)"*[6].

1. Noción

> *"La unión d hecho es la situación jurídica de dos personas que, independientemente de su género, han estado viviendo en condiciones similares a las de dos cónyuges durante más de dos años"*
> (Número 2 del Artículo 1º).

De acuerdo con la Ley nº 7/2001, se requiere la prueba de dos años *de vida en condiciones similares a las de los cónyuges.* La gente vive en comunión de cama, mesa y vivienda (tori, *mensae et habitationis)*[7].

Las relaciones sexuales fortuitas y transitorias o incluso *las relaciones de enamoramientos prolongadas* no constituyen una unión de hecho.

También se distingue *la unión* de hecho *del concubinato perdurable,* por largo que sea; en este caso no hay convivencia, no existe la creación de la "apariencia externa" del matrimonio, ni la convicción interna de una unión, en el plan jurídico[8]. "Así, en el concubinato duradero no hay comunidad

cf. Ac. Markx c. Bélgica (13/06/1979); Johnston e outros c. Irlanda (18/12/1986); Inze c. Áustria (28/11/1987) e Vermeire c. Bélgica (29/11/1991). Cf. ALMEIDA, Susana, *O Respeito pela Vida (Privada e) Familiar na Jurisprudência do Tribunal Europeu dos Direitos do Homem: A tutela das Novas Formas*, Coimbra Editora, 2008

[6] Cf. CANOTILHO, J. J. G. y MOREIRA, Vital, *Constituição da República Portuguesa Anotada*, Vol. I, 4.ª Edição Revista, Coimbra Editora, 2007; HÖRSTER, H. E. , "Inconstitucionalidade da Tributação Conjunta dos Cônjuges in *Revista de Direito e Economia da Universidade de Coimbra*, Ano III, n.º 2, Julho – Dezembro, 1977; DIAS, Cristina, "Da Inclusão Constitucional da União de Facto: Nova Relação Familiar", in *Estudos em Homenagem ao Prof. Doutor Jorge Miranda*, Vol. VI, Faculdade de Direito da Universidade de Lisboa, Coimbra Editora, 2012.

[7] Cf. OLIVEIRA, Guilherme de, *Manual de Direito da Família*, Coimbra, Almedina, 2020, p. 399 e ss.

[8] El concubinato a largo plazo tiene algunos efectos jurídicos en el campo del derecho de afiliación, por ejemplo. Por lo tanto, en el contexto de una acción de investigación de paternidad, una *Presunción* Paternidad *"c) Cuando, durante el período legal de concepción, ha habido comunión*

de mesa y habitación, sino que solamente se da un relacionamiento sexual estable[9].

La legislación portuguesa tampoco tiene un marco específico para situaciones de unión sin comunión de vivienda *(LAT – "living apart together")*. Aquí – explica Jorge Duarte Pinheiro – *"las partes deciden residir habitualmente en diferentes lugares, sin renunciar a otros elementos que permiten identificar la existencia de una pareja: comunión sexual, fidelidad y ayuda. Hay un propósito bilateral de vida en pareja, pero las partes no residen o tienen la intención de residir en el mismo lugar"*[10].

Por lo tanto, no existen requisitos formales para el establecimiento de la relación de unión de hecho, en particular la celebración de un contrato escrito o de un registro. La constitución de la relación se realiza judicialmente *mediante una prueba de vida en condiciones similares a las de los cónyuges* y no existen requisitos formales. Por lo tanto, no hay tiempo en el que una declaración de voluntad formal pueda ser reconocida e individualizada[11].

Sin embargo, con el ámbito de obtener ventajas del derecho tributario, del Derecho de la Seguridad Social y del Derecho Laboral, los compañeros pueden obtener una declaración del Consejo Parroquial, en la que atestiguan, bajo compromiso de honor y en cumplimiento *del delito de declaraciones falsas,* que viven en condiciones análogas a las de los cónyuges durante más de dos años. No se trata de una formalidad que constituya la relación jurídica, sino de un *medio de prueba extrajudicial que* pretende ejercer determinados derechos en los ámbitos mencionados.

duradera de la vida en condiciones similares a las de los cónyuges o concubinato de larga duración entre la madre y el llamado padre" (Artículo 1871º, n.º 1, al. c)

[9] PINHEIRO, J. Duarte, *O Direito da Família Contemporâneo*, Lisboa, 6.ª ed., 2.ª reimpressão, 2019, p. 524.

[10] PINHEIRO, Jorge Duarte, *O Direito da Família Contemporâneo*, Lisboa, 6a ed., 2019, p.558

[11] No hay un "momento declarativo inicial", como lo demuestra Francisco BRITO PEREIRA COELHO, "Os factos no casamento e o direito na união de facto: breves observações", in OLIVEIRA, Guilherme de (Coord.), *Textos de Direito da Família (para Francisco Pereira Coelho)*, Imprensa da Universidade de Coimbra, 2016.

2. Deberes familiares

La unión de hecho, aunque ahora se entiende como una nueva relación jurídica familiar, además del matrimonio, el parentesco, la afinidad y la adopción (expresamente enumerada en el artículo 1576º del Código), constituye una relación entre dos personas de naturaleza diferente del *matrimonio.* Por lo tanto, algún tipo de normas típicas del matrimonio ya sea por su raíz histórica y cultural, arraigada en profundas dimensiones antropológicas, no existen (todavía) en la unión de hecho.

No se puede afirmar la existencia de un *deber específico de fidelidad de* los compañeros, fundado en la ley. Un caso específico de infidelidad podría causar daño al honor y a la integridad psíquica del compañero que, en la tesis y en casos extraordinarios, podría admitir una reacción legal basada en la responsabilidad civil extracontractual. El único deber personal que se puede configurar es un deber general d respeto que será más intenso "siempre que exista una relación de intimidad, proximidad o dependencia entre las personas"[12]. Tampoco hay, legalmente previsto, el *deber de lealtad,* afirmado en la ley (artículo 1724º del Código Civil Brasileño de 2002)[13] y en la doctrina brasileña[14].

Por otro lado, no hay prohibición de donación o disposición testamentaria a favor del cómplice del adulterio. Dicha norma está prevista en el artículo 2196º del Código Civil para el Matrimonio, aplicable al contrato de donación, de conformidad con el artículo 953º[15].

[12] PINHEIRO, Jorge Duarte, *O Direito da Família Contemporâneo,* 2019, p. 532.

[13] Art. 1.724º: *"Las relaciones personales entre los compañeros obedecerán los deberes de lealtad, respeto y asistencia, y de proteger, sostener y defender a sus hijos."*

[14] Cf. TAVARES DA SILVA, Regina Beatriz/ FIUZA, Ricardo, *Código Civil Comentado,* 10.ª edição, Editora Saraiva, 2016, p. 1814; MONTEIRO, Washington de Barros/ TAVARES DA SILVA, Regina Beatriz, *Curso de Direito Civil, Direito de Família,* 2, 43.ª edição, Editora Saraiva, 2016, p. 89; FARIAS, Cristiano Chaves de/ ROSENVALD, Nelson, *Curso de Direito Civil – Famílias,* 11.ª edição, Editora JusPodium, 2019, p. 505; LOBO, Paulo, *Direito Civil – Famílias,* Vol. 5, 9.ª edição, Saraiva, 2019, p. 175: "el concepto de lealtad no se confunde con el de fidelidad, restringido a los cónyuges."

[15] Creemos que la solución a la nulidad prevista en ella es demasiado radical y puede estar limitando desproporcionadamente el derecho a la intimidad de la vida privada y familiar (artículo 26º de la Constitución de la República Portuguesa). Imagínese que, con el consentimiento de ambos cónyuges, hay relaciones de cama ocasionales (o frecuentes) con un tercero. ¿Será proporcionado y apropiado – en vista del derecho a la intimidad de la vida privada y

Estrictamente hablando, parece difícil establecer, en caso de unión de hecho, la práctica del adulterio[16].

3. Monogamia

3.1 ¿Unión de hecho y matrimonio?

La ley impide la aplicación del régimen de protección de la unión de hecho si una de las partes está casada.

Sin embargo, acepta la excepción *de un matrimonio en el que se haya ordenado la separación de personas y bienes.* Si es cierto que los cónyuges en la separación de personas y el régimen de bienes no tienen el deber de convivencia (ni la convivencia sexual), también es cierto que se mantienen los deberes del matrimonio, incluido el *deber de fidelidad.* Así que, esta norma es contradictoria, porque permite la protección del régimen de unión de hecho, en cuyo contexto existe necesariamente la comunión en el lecho y simultáneamente una (o ambas personas) siguen casadas, *aunque bajo el régimen de separación de personas y bienes.*

El casamiento en una *separación de personas y bienes es* un matrimonio que a menudo llega a su fin por divorcio. Así, uno de los cónyuges puede solicitar la conversión de la separación en divorcio (número 1 del artículo 1795.º-D) (Conversión de la *separación en divorcio):* "después de la sentencia final que ha ordenado la separación legal de personas y bienes sin el consentimiento del otro cónyuge o por consentimiento mutuo, sin que los cónyuges se hayan

familiar – que un acreedor puede requerir la Nulidad de una donación realizada en este contexto, como se desprende del artículo 286º del Código Civil? Dado que la nulidad puede ser solicitada por "cualquier parte interesada". En nuestra opinión, el régimen de nulidad, que permite al otro cónyuge solicitar la anulación de la donación o deja testamentaria, sería el régimen más adecuado para la conformación de los intereses en juego.

[16] XAVIER, Rita Lobo, "Novas sobre a União "More Uxorio" em Portugal", in *Estudos Dedicados ao Prof. Doutor Mário Júlio de Almeida Costa*, Universidade Católica, 2002, critica la política legislativa en este ámbito, considerando que constituye una *Tremenda Ambigüedad* ya que el Estado y la sociedad en general no pueden ser obligados a aceptar, reconocer y dar efecto a este tipo de relaciones, sin que, además, sus miembros sean llamados también a asumir la responsabilidad por sí mismos y hacia terceros.

reconciliado, cualquiera de ellos puede solicitar que la separación se convierta en *divorcio*. "Y, (número 2) "Si la *conversión* es solicitada por ambos cónyuges, no es necesario el decurso del período mencionado en el párrafo anterior.»

Aun así, este régimen de la separación de personas y bienes *puede* terminar por la reconciliación y volver a un matrimonio pleno. Según el artículo 1795ºc: *"1. Los cónyuges pueden en todo momento restaurar la vida común y el pleno ejercicio de los derechos y deberes conyugales"*[17].

Sin embargo, sigue habiendo una contradicción normativa dentro de un sistema jurídico monógamo. Una contradicción en la admisión del reconocimiento de una unión de hecho en la que uno o ambos mantienen un matrimonio bajo la separación de personas y bienes[18]. Aunque en estos matrimonios no exista (o no deba existir) la convivencia, incluida la convivencia sexual, sigue siendo un momento de fractura de la rigidez monógama la aceptación del reconocimiento de los efectos de la unión de hecho en estas circunstancias, en las que una o ambas parejas mantienen un matrimonio en un régimen de separación de personas y bienes, además porque esta relación jurídica no es una antesala del divorcio, puede ser una "barbecho" con la ilusión de una renovación y la reconciliación.

Sin embargo, a pesar de esta ruptura en la matriz monógama, ¿sería más apropiado evitar los efectos – que, como veremos, son de carácter asistencial y alimenticio – al compañero de la unión de hecho más vulnerable (necesitado de la protección relativamente humilde que la ley de la unión de hecho le confiere), *sólo* (?) porque el otro está casado en separación de personas y bienes? La ley entendió que no.

[17] Añade el artículo 1795º-C del Código Civil que: "2. *La conciliación podrá ser rescindida en el procedimiento de separación o por escritura pública, y está sujeta a la aprobación judicial y la sentencia será de su propio registro público. 3 – Cuando sus términos se han ejecutado en el registro civil, la conciliación se termina en el proceso de separación y está sujeta a aprobación del conservador respectivo, y la decisión debe ser registrada por su propio tiempo. 4. Los efectos de la reconciliación se efectuarán mediante la aprobación de la conciliación, sin perjuicio de la aplicación, con las adaptaciones necesarias, de las disposiciones de los artículos 1669º y 1670º*".

[18] Artículo 2 de la Ley de la Unión de Facto (Ley Nº 7/2001): *"(c) el matrimonio no resuelto, a menos que se haya decretado la separación de personas y bienes."*

3.2 *¿Doble unión de hecho?*

Por su parte, la ley no permite una *doble unión de hecho.* Si ambas partes tienen que mantener relaciones similares a las de los cónyuges (cama, mesa y comunión de techo) durante dos años, parece difícil que esto ocurra simultáneamente en dos casas. Y si esto sucede, de acuerdo con la ley no es posible reconocer las dos relaciones, ya que se exige el requisito de ser una unión "en condiciones semejantes a la de los cónyuges", es decir, "una vivencia íntima exclusiva entre dos personas"[19].

3.3 *¿Unión de hecho polígama?*

En cuanto a la presencia de una *entidad familiar de hecho compuesta por más de dos personas,* esto no es posible, habida cuenta de la definición número 2 del artículo 1.º: "la *situación legal* de dos personas **que,** *independientemente de su género, han estado viviendo en condiciones similares a las de sus cónyuges durante más de dos años."*

Sin embargo, existe otra ley que protege a las entidades ***parafamiliares,*** en la que no tiene que haber comunión en cama – Ley Nº **6/2001, de 11 de mayo, que *adopta medidas*** para proteger a las personas que vivan en una ***economía común.***

Esta ley tiene por objeto otorgar *un conjunto mínimo de derechos a las personas que no mantienen la convivencia en cama o si* mantienen tal requisito en la intimidad por temor a la discriminación por motivos de orientación sexual. Recordamos que la ley ya se publicó hace casi veinte años, tiempo durante

[19] PINHEIRO, Jorge Duarte, *O Direito da Família Contemporâneo*, 2019, p. 527. El Autor señala, sin embargo, que, de manera semejante al régimen del matrimonio putativo, no se deberá negar protección legal de la unión de hecho al compañero de buena fe. Y señala el mismo camino cuando se trata de una persona de buena fe unida de hecho a un compañero casado (y no separado de personas y bienes). Si la primera hipótesis nos parece razonable, dada la ausencia de un sistema de registro de la unión de hecho, en el caso del matrimonio, no estamos de acuerdo con el Autor, ya que la condición de casado está registrada y es público, por lo que no me parece jurídicamente aceptable la hipótesis de la buena fe de los unidos de hecho. Para esta hipótesis valdrá la pena, como veremos, el régimen de vida en la economía común, cuya protección material es más limitada.

el cual la sociedad portuguesa ha evolucionado mucho en el respeto y la no discriminación de las personas con respecto a la orientación sexual.

Según el número 1 del artículo 2 (sin subrayados en el original): "*La* situación de las personas que han vivido en la comunión de mesa y vivienda durante ***más*** *de* **dos años** y han establecido una experiencia común de entre *ayudas o recursos compartidos se entiende como una* economía común."

El número es disruptivo en la estructura tradicional de las relaciones familiares. Permite la aplicación de este esquema ("economía común") *a los agregados que consisten en dos* o más ***personas***, *siempre* que al menos una de ellas sea mayor de *edad" (marcas nuestras).*

¿Estará abierta aquí la puerta a una relación polígama con efectos legales? A ver:

Por una parte, el número 3 delimita el objeto de esta situación jurídica, determinando: *"Son impeditivos para la* producción de efectos jurídicos derivados de la aplicación de la presente Ley *:*

(a) la existencia entre personas con una relación contractual, a saber, el subarrendamiento y la vivienda, que impliquen la misma residencia o vivienda común;
(b) la obligación convivencia por prestación actividad laboral a una de las personas con las que se viva en una economía común;
(c) situaciones en las que la economía común esté relacionada con la consecución de fines transitorios;
(d) una de las personas estar sometida a coerción física o psicológica o a una atentatoria de la autodeterminación individual."

Con tales impedimentos, las situaciones que pueden estar comprendidas en el ámbito de aplicación de esta ley [20] a menudo se vuelven a llevar a la unión de hecho, pero no requieren pruebas (la declaración) de la comunión de cama.

[20] PINHEIRO, Jorge Duarte, *O Direito da Família Contemporâneo*, p.550, identifica situaciones de vida en familia común (por ejemplo, hermanos que siguen viviendo en comunión de mesa y vivienda, después de la muerte de padres comunes y corrientes) y no familiares (por ejemplo, profesionales, sin vínculos familiares entre sí, que viven en la misma casa, situados en una zona donde todos ejercen sus respectivas profesiones, cenan y cumplen un esquema de rotación en el desempeño de las tareas del hogar).

¿Y puede cubrir una «unión de hecho» de más de dos personas? Si lo interpretamos correctamente, no hay nada que impida que una comunidad *polígama (lato sensu) haga* uso de las normas de esta ley. No porque sea una relación polígama o poliándrica, sino porque hay dos o más personas en la economía *común: la comunión de mesa y la vivienda.*

Por su parte, esta Ley no dispone de las limitaciones previstas para el acto Ley de la Unión de Hecho. En particular, *su aplicación no queda excluida si una de las partes está casada con un tercero.*

Aparentemente difícil es saber si puede haber una aplicación común de la economía en los casos en que hay una situación fáctica de unión de hecho.

La Sentencia del Tribunal de Apelación de Porto, de 06-12-2018 (Relator: José Igreja Matos), aplica la ley de la "vida económica *común*", "otorgando el derecho de uso y vivienda a una persona que invocó el estatuto de la unión de hecho:

> "La *condición de que la persona sobreviva viva en unión de hecho con el propietario de la casa de vivienda común no retira el derecho en cuestión, incluso si está casado con un tercero en el momento de la muerte del propietario.*"

Una tesis diferente había sido seguida por el tribunal de primera instancia recurrida en este caso. En aras de la discusión jurídica, seguiremos de cerca los argumentos de los tribunales en este caso.

El tribunal de primera instancia dictaminó:

> *"Si una situación fáctica conduce a la unión de hecho, e inevitablemente a la economía común, como es el caso de la jurisprudencia, los dos regímenes deben aplicarse conjuntamente, incluidas todas las excepciones a cada régimen.* Cuando, la excepción prevista en el *art.º 2.º al. c) de la Ley Nº 7/2001*, que no considere como una unión de hecho en la que ninguna de las personas esté casada, a menos que la separación de personas y bienes se haya decretado como protegida."
> Tendrá que ser así, porque de lo contrario tendríamos la *"subversión del objetivo del" legislador"*. Y la frase continúa:
> *"Como ya se ha dicho, dos personas que viven en unidad están viviendo inevitablemente en una economía común. Si los requisitos negativos de uno y otro*

régimen no se aplicasen a esas situaciones, bastaría con invocar el régimen de economía común para eludir las restricciones aplicables a la unión de hecho."

Sin embargo, el Tribunal de Apelación de Oporto difería de esta tesis. Y lo corrobora de la siguiente manera:

"si la autora sólo viviera en una economía común con su pareja fallecida, y no hubiera intimidad entre ellos, ella disfrutaría del derecho real de la vivienda, incluso si estuviera casada con otra persona e independientemente de la intimidad subyacente a dicho matrimonio; pero si hubiera intimidad con el que compartía la casa ya perdería el derecho en cuestión. Creemos que la interpretación más asertiva será la que está frente al precepto legal; así, teniendo en cuenta los hechos constatados (la existencia, a lo largo de la convivencia "more uxorio" y la fecha de muerte del miembro de la unión de hecho propietario de la casa de dirección común de matrimonio anterior no disuelto por el miembro vivo), mientras que el artículo 2º, letra c), de la Ley nº 7/2001 establece como un hecho para evitar los efectos jurídicos derivados de la misma Ley, entre otros, el "matrimonio anterior no disuelto, a menos que se haya decretado la separación legal de personas y bienes", llegamos a la conclusión de que el régimen jurídico relativo a las uniones de hecho ha sido separado en este caso, pero el demandante siempre puede beneficiarse de las medidas para proteger a las personas que viven en una economía común incluso más que la Ley Nº 6/2001, de 11 de mayo de 2001, que contiene el régimen de protección de las personas que viven en una economía común desde hace más de dos años, es evidente que no es un impeditivo la aplicación del régimen jurídico respectivo a la convivencia en una unión de hecho (cf. Art. 1º).
Así, teniendo en cuenta la economía común, la situación de las personas que han vivido en la comunión de mesa y vivienda durante más de dos años y han establecido una experiencia común de entre la ayuda o el intercambio de recursos (art.º 2º, n.º 1, idem), no hay duda de que el solicitante vivió con el difunto en una economía común y puede beneficiarse de la medida de protección prevista en el artículo 5, apartado 1, es decir, el derecho real a la vivienda en la medida en que se cumplen todos los requisitos de su asignación.
La razón de esta protección con respecto a la casa de la morada no tiene nada que ver con la intimidad, o ausencia de ella, entre los que la habitan; nada molestará, de ninguna manera, la existencia de relaciones matrimoniales con

> *terceros por parte de los ocupantes de la propiedad. Imaginemos una economía común entre varias personas unidas compartiendo la casa sólo por razones de naturaleza profesional o de amistad, por ejemplo; también habría una economía común aquí, independientemente de si hay o no relaciones de proximidad afectiva, presente, pasada o futura, con los habitantes de la casa o con terceros.* ***Lo que apunta esencialmente a la protección de los ocupantes – ya sean dos o más – que, en una economía común, viven en una casa determinada y, por lo tanto, deben poder permanecer en ella, incluso después de la muerte de uno de ellos, el propietario de esa casa.***
> *En este sentido, debe señalarse, ya que el n.º 2 del art.º 1.º de la Lei n.º 7/2001 (Unión de Hecho) dispone que "ninguna norma de esta Ley perjudica la aplicación de cualquier otra disposición legal o reglamentaria vigente para la protección jurídica de las uniones de hecho o situaciones de economía común".*
> *Es la llamada "cláusula de no retroceso" en relación con el alcance de la protección jurídica de las situaciones de uniones de hecho. No justificará, como hemos visto, que ignoremos esta institución normativa desaplicando el régimen relativo a situaciones de economía común".*

El argumento del *Tribunal de la Relación de Oporto* es convincente, tanto en lo que respecta a la letra de la *ley* como al *plan de* teleología del régimen.

En cuanto al primer aspecto (argumento literal), el número del artículo 1º de la Ley nº 6/2001 (Ley de la vida en la economía común) es claro cuando se prescribe: *"No* es un hecho impeditivo de la aplicación de esta Ley la *cohabitación en la unión de hecho"* y el número del artículo 1º de la Ley 7/2001 (Ley de la Unión de Hecho) reitera: "ninguna *disposición de esta Ley perjudica la aplicación de cualquier otra disposición legal o reglamentaria vigente para la protección jurídica de las uniones de hecho o situaciones de economía común."*

En el plan teleológico, la preocupación de la Ley Nº 6/2001 es proteger a las personas que se encuentran en *situación de vulnerabilidad* en caso de muerte de los demás con los que vivieron en la comunión de mesa y vivienda durante más de dos años y han establecido una experiencia común entre la ayuda o el intercambio de recursos.

Además, se trata de una protección reducida, que ha permanecido intacta desde que se aprobó la ley en 2001. De hecho, sólo se prevé en el artículo 5º (sin subrayados en el original):

> *"1 – En caso de la muerte de la persona propietaria de la casa de* domicilio común, las personas que han vivido con él en una economía común durante más de dos años en las condiciones establecidas en la presente Ley tienen ***derecho*** a la vivienda durante un período *de* ***cinco años y,*** *en el mismo período,* el derecho de preferencia en su ***venta***."

Además de que el plazo sea de sólo *5 años* (y en el período de unión de hecho pueda alcanzar una duración más larga, igual a la duración de dicha unión o incluso, para la ampliación de la equidad), existen otras limitaciones a la adquisición de este derecho real inferior:

> "2 – *Las disposiciones del párrafo anterior no se aplicarán si el difunto sobrevive a los descendientes o ascendientes que han vivido con él durante al menos un año y desean seguir habitando la casa, o en caso de una disposición testamentaria en sentido contrario.*
>
> *3 – Las disposiciones del no n.º 1 tampoco no se aplican en el caso de la supervivencia de los descendientes menores que, aunque no convivían con el fallecido, demuestran tener carencia absoluta de habitación para su propia vivienda."*

Se trata de un régimen diferente, menos protector que el previsto para la unión de hecho. Por lo tanto, incluso la doctrina que considera que la unión es en realidad una *relación jurídica familiar,* mantiene este instituto de vida en una economía común como una *relación parafamiliar*[21].

[21] Al contrario, PINHEIRO, J. Duarte, *O direito da Família Contemporâneo*, p.555, considera la unión de facto y la convivencia común protegidas como relaciones parafamiliares, inseridas en el ámbito de lo que nombra "Derecho Convivencial". Esta fue también la visión de COE-LHOF. P./ Oliveira, G. de, en las 2a, 3a y 4a ediciones.
Creemos que la creciente relevancia sociológica de esta forma de constitución familiar y el aumento de sus efectos jurídicos no permiten mantener esta posición. El hecho de que no exista una declaración de negociación o un acto jurídico claro que dé lugar a la unión de facto no justifica que la relación – después de mantenida durante más de dos años – no se reconozca dentro y fuera como una verdadera relación familiar. Por lo tanto, Guilherme de OLIVEIRA, en 2020, en su *Manual*, presenta la Relación de unión de facto (Parte III) a la par de la Relación Matrimonial (Parte II), sin dar la misma relevancia, por supuesto, a la vida en una economía común.

En cuanto al caso específico (y que puede ampliarse a la generalidad de las situaciones), tampoco se dispone de admisión legal de una situación política social de *poliandria*. De hecho, esta mujer estaba casada, pero ella había estado separada de su marido durante años; no se concluye (por la información del proceso) que hubo una situación similar a las "uniones estables paralelas" que se describen en la doctrina brasileña. Además, la existencia de[22] "uniones estables paralelas" apenas está en línea con el concepto de vida en una economía *común*, lo que requiere, repetimos: "las personas que han vivido en la *comunión de mesa y la vivienda durante más de dos años* y han establecido una experiencia común entre la ayuda o el intercambio de *recursos*. "Ahora bien, esa experiencia común de mutua ayuda o de intercambio de recursos requerirá, por regla general, una experiencia diaria que difícilmente se coaduna (aunque no sea imposible imaginarlo) con una doble vida paralela o una economía común en dos viviendas.

Por otra parte, este caso pone de relieve que el sistema de divorcio-sanción, basado en el incumplimiento culpable de los deberes matrimoniales que (en gran medida) ha vigorado hasta la Reforma de 2008 (Ley Nº 61/2008 de 31 de octubre), contribuyó en gran medida a estas *situaciones sociales*, en las que una mujer casada (pero separada de hecho) mantuvo muchos años de unión con otro hombre. De hecho, incluso si fuera posible legalmente[23], no sería fácil, emocional y socialmente, que una mujer que estaba en *violación culpable* de los deberes matrimoniales pidiera unilateralmente el divorcio[24].

[22] Hablando de "uniones estables paralelas" y expresando su apertura a esta posibilidad LOBO/ Paulo *Direito Civil – Famílias*, p. 183.

[23] Cf. la redacción anterior del Artículo 1781º (Ruptura de la vida en común): Siguen siendo la base del divorcio Litigioso: a) Separación de facto durante tres años consecutivos; b) la separación de facto durante un año si el divorcio es solicitado por uno de los cónyuges sin oposición del otro. Sobre el divorcio fundado en la ruptura de la vida en común, a la luz de la ley anterior cf. COELHO/ OLIVEIRA, *Curso de Direito da Família*, Vol. I, 2.ª edição, Coimbra Editora, 2001, p. 629.

[24] La bibliografía que analiza el cambio de paradigma de la Reforma de 2008 es muy vasta. Para todos, véase Guilherme de OLIVEIRA, Manual de Direito da Família, Almedina, 2020, p. 268 ss. y la bibliografía ahí referida.

4. Sexualidad hetero y homosexual

Desde la reforma de 2011, la unión de hecho (de dos personas) puede ser de diferente o de mismo sexo. En palabras de la ley, *"la condición jurídica de dos personas que, independientemente de su género, han estado viviendo en condiciones similares a las de los cónyuges durante más de dos años"*.

La Ley Nº 2/2016, de 29 de febrero, suprimió las diferencias respecto a la posibilidad **de adoptar.** El artículo 7 (Adopción) establece:

> "Con arreglo al actual régimen de adopción, establecido en el libro IV, título IV, del Código Civil, todas las personas que vivan en una unión de hecho en virtud de la presente Ley tendrán derecho a la adopción en condiciones similares a las *previstas en el artículo 1979º del Código Civil, sin perjuicio de las disposiciones legales relativas a la adopción por personas no casadas."*

En cuanto al acceso a **técnicas de procreación asistidas médicamente,** la ley Nº 32/2006 rige, después de la modificación de la Ley Nº 17/2016, que una pareja de mujeres (o una mujer *singular)* puedan acceder a esas mismas técnicas[25].

La heterosexualidad ya no es un requisito para el acceso a las técnicas procreación medicamente asistida, pero sólo permanecen al alcance de las parejas de mujeres, ya que el régimen *de embarazo* de reemplazo aún no está en vigor y los proyectos presentes en la Asamblea de la República consagran esta posibilidad sólo para parejas de *sexo* diferente o para mujeres *aisladas* que tienen problemas de salud que les impiden llevar a cabo el embarazo, "ausencia

[25] La Ley Noº 17/2016, de 20 de junio, añadió un n.º 3 que amplía el ámbito de aplicación del recurso de Procreación Medicamente Asistida (PMA) estableciendo que "Las técnicas de PMA todavía pueden ser utilizadas por todas las mujeres independientemente del diagnóstico de infertilidad". También hay que subrayar la modificación del n.º 1 do artigo 6º, que disponía que "sólo las personas casadas que no están legalmente separadas de personas y bienes o separadas de facto o aquellas que, siendo de sexo diferente, han estado viviendo en condiciones similares a las de los cónyuges durante al menos dos años pueden recurrir a técnicas PMA"; mientras que la nueva redacción determina que *"pueden recurrir a las PMA parejas de diferentes sexos o parejas de mujeres, respectivamente casados o casadas o que viven en condiciones similares a las de cónyuges, así como todas las mujeres independientemente del estado civil y la orientación sexual"*.

de útero, lesión o enfermedad de este órgano que absolutamente le impide el embarazo"[26]. Por lo tanto, las parejas de dos hombres son excluidas[27].

5. Aspectos patrimoniales

La Ley de la Unión de Hecho no regula aspectos patrimoniales como el régimen de bienes, el régimen de deuda y la partición tras el fin de dicha unión.

En cuanto **al régimen de deuda,** estamos de acuerdo con la tesis según la cual se debe presumir la comunicabilidad de las contraídas para acorrer a los encargos de la vida familiar[28].

[26] Proyectos de Ley Nº 71/XIV (BE) y Nº 247/XIV (PAN) sobre el embarazo de sustitución. Estos proyectos tienen en vista que el embarazo de reemplazo está permitido "excepcional y gratuitamente, en casos de ausencia de útero, lesión o enfermedad de este órgano que impida el embarazo de la mujer de forma absoluta y definitiva", y el Proyecto de Ley Nº 247/XIV/1ª del PAN mantiene la ampliación de esta posibilidad a otras "situaciones clínicas que lo justifican", como se sigue recomendando en el n.º 8 do artigo 8.º da Lei n.º 32/2006, de 26 de julio, en su redacción actual, que la mujer embarazada puede revocar libremente su consentimiento hasta la fecha de registro del niño nacido del proceso de embarazo de sustitución, es decir, hasta 20 días después del nacimiento del niño.

[27] Sobre este asunto, cf. PEREIRA, André G. Dias, "Gestação de Substituição – Conflito entre a Assembleia da República e o Tribunal Constitucional: haverá um caminho?", in Atas das Jornadas Internacionais – Igualdade e Responsabilidade nas relações familiares, Escola de Direito da Universidade do Minho e Centro de Investigação em Justiça e Governação, 2020, pp.141-158, disponible en: http://bit.ly/atas-ji-irrf-rd

[28] Era lo que preveía el Decreto de la Asamblea de la República n.º 349/X, de 2009 , disposición que, sin embargo, no pasó al texto de la Ley Nº 23/2010, de 30 de agosto, pero que resulta de la buena interpretación del derecho civil en general, ya sea por "razones externas", por el "*apariencia de boda,"* OLIVEIRA Guilherme de, "Notas sobre a Lei n.º 23/2010 (alteração da Lei da União de Facto)", *Lex Familiae, Revista Portuguesa de Direito da Família,* ano VII, n.º 14, Coimbra, Centro de Direito da Família/Coimbra Editora, 2010, p. 150 ss. e COELHO/ OLIVEIRA, *Curso de Direito da Família*, p. 75-6 e 409, sea razones "*Internas*" relacionadas con la "existencia de una práctica de *vida en común*, y por lo tanto con la *Razonabilidad* de, siendo la deuda contraída para hacer frente a la carga relativa a esa vida común, *ambos* los sujetos deben responder por estas deudas", como argumenta Francisco Brito Pereira COELHO, *ob. Cit.*. No mesmo sentido, pelo menos para dívidas contraídas para ocorrer aos *encargos normais da vida familiar,* de pequena monta, PINHEIRO, Jorge Duarte, *O Direito da Família Contemporâneo*, 2019, p. 533.

En cuanto a la **propiedad de bienes**, el Decreto n.º 349/X (que fue la base de la Ley Nº. 23/2010, de 30 de agosto) dejaba expresamente provisto, en su artículo 5.º-A (número 1), que los vivos podrían "estipular cláusulas sobre la propiedad de los bienes adquiridos durante la unión"; también disponía que, independientemente de la estipulación de tales cláusulas, se presumía la copropiedad de los muebles (número2). Esas disposiciones no se adoptaron en los escritos del texto legislativo definitivo. En cualquier caso, el Derecho general permite tales cláusulas contractuales y la presunción de titularidad de los muebles será también el resultado el que se obtendrá mediante una interpretación correcta (al menos por analogía) de la presunción del mismo contenido establecida en número 2 del artículo 1736.º do Código Civil, , que se aplica al matrimonio bajo el régimen de separación de la *propiedad.*

En cuanto al **reparto,** después del fin de la unión de hecho (en vida o por muerte), la doctrina apela a las normas de las sociedades civiles (de hecho) pero, antes que nada, actualmente, al régimen de *enriquecimiento injusto*[29]. Así pues, a falta de normas especiales, la unión de hecho requiere un gran dominio en la interpretación de los institutos tradicionales de derecho civil, en particular las normas de enriquecimiento injusto y de posesión de buena o mala fe[30].

En este sentido, véase la Sentencia del Tribunal de Apelación de Guimarés, de 18-10-2018 (Relator: José Alberto Moreira Dias), cuyo resumen transcribimos (sin marcas en el original):

> *"1 – Aunque la relación de unión de hecho es reconocida por el legislador como una realidad sociológica y goza de la protección jurídica que le confiere la Ley Nº 7/2001, de 11/05, y las actualizaciones sucesivas, esa* relación no es el matrimonio, ni siquiera puede equipararse al matrimonio, y no tiene ninguna repercusión en el patrimonio de los miembros de la unión de hecho.
> ***2 – Dado que la unión de hecho es una forma de ser miembro de la familia, implica para los convivientes*** *la obligación, durante la unión de hecho,*

[29] En efecto, no se verifica en la unión de hecho uno de los requisitos esenciales de la sociedad de hecho: la finalidade lucrativa.

[30] Cf. PONTES, Ana Rita Ferraz Laranja *Os efeitos patrimoniais decorrentes da cessação da união de facto: a divisão do património no final da vida em comum*, Tese Mestrado, Universidade Católica do Porto, 2014.

de contribuir a los gastos *normales y corrientes* del hogar y, por lo tanto, que, en caso de disolución de dicha relación, los convivientes no tienen derecho a la devolución de dichas contribuciones, en particular a través del instituto de enriquecimiento injusto (existe una justificación para la realización de *dichas contribuciones – la unión de hecho).*
3 – *Las aportaciones* realizadas por los *vivos, durante el* período de vigencia de la unión de hecho, *ajenas a los gastos normales y corrientes del hogar,* tales como *gastos con la construcción, reparación, conservación y/o ampliación de* lo que es la casa familiar de la "pareja", propiedad exclusiva de uno de los *convivientes, una vez disuelta la unión de hecho,* ya no existe la causa jurídica que justifica que el *propietario vivo conserve* la contribución del *otro conviviente para el* pago de dichos gastos, con los que se enriquece, en detrimento de este *último, que ha quedado sin nada, y* se debe ordenar al propietario vivo que devuelva esa contribución realizada por el *otro, sobre la base del instituto de enriquecimiento injusto.*
4 – *En cuanto a las contribuciones mencionadas en el apartado 3, existe una presunción natural de no definición de dichas contribuciones y de que se realizan en el supuesto del mantenimiento de la unión de hecho."*

En otras palabras, el Tribunal distingue entre las contribuciones a los gastos normales y corrientes del hogar y las contribuciones extraordinarias (considerando aquí los costos de construcción, reparación, conservación y/o ampliación de lo que es el hogar familiar de la "pareja"). El Tribunal de Justicia también considera que estas contribuciones "extrañas" se realizan en el supuesto del mantenimiento de la unión de hecho y que, una vez finalizada la misma, debe haber una devolución de su valor.

En otro caso, cabe mencionar la Sentencia del Tribunal de Apelación de Oporto, de 04-02-2019 (Relator: Manuel Domingos Fernandes), que explica, en resumen (el subrayado y la nuestra negrita son nuestros):

"VII – La unión de hecho es incapaz de, por sí misma, dar lugar a un patrimonio común entre sus miembros.
VIII – No estipulando los miembros de la unión de hecho, en el ámbito de su autonomía privada, cláusulas sobre la propiedad de los bienes adquiridos durante la unión, en particular en caso de fallecimiento de uno de ellos o de la

> *ruptura de la unión de hecho -los llamados "contratos de* ***convivencia"***-no existe una regulación específica aplicable *a la unión de hecho, que genera una propiedad común de los cohabitantes.*
> *IX – Sin embargo, la unión de hecho cesada, por el efecto de la muerte de uno de los miembros o a voluntad de cualquiera de ellos, el miembro que sobreviva u otro sujeto de la relación tendrá derecho a participar en la liquidación de los bienes adquiridos por el esfuerzo conjunto.*
> *X – Dicha liquidación de acuerdo con un determinado enfoque doctrinal y jurisprudencial se llevará a cabo de conformidad con los principios de las uniones de hecho,* cuando los respectivos presupuestos sean verificados.
> *XI – Sin embargo, el enfoque jurisprudencial mayoritario es que la forma de efectuar la liquidación de los bienes adquiridos por el esfuerzo conjunto es que, en acción declarativa de condenación, el ex miembro de la unión de hecho, que se considera empobrecido en relación con los bienes en los que participó, pida que se condene al otro vivo a pagarle, sobre la base* ***del instituto de enriquecimiento injusto.***
> *XII – En una situación en la que los unidos de hecho contribuyeron con renta común para la realización de las obras en la vivienda propiedad de uno de ellos, sin conocer el porcentaje concreto en el que haya contribuido cada uno, la medida de la devolución no se puede hacer con referencia al valor real que dicha vivienda tenía antes de las obras y después de las obras.*
> *XIII – En estas situaciones los empobrecidos tendrán sólo la mitad del importe de los gastos calculados,* ya que ambos miembros de la unión han contribuido a la adquisición de un bien común, suponiendo que cada uno haya contribuido *en igual porcentaje, y la obligación de restitución no tiene por objeto reparar los daños,* que es el fin adecuado de la responsabilidad civil, sino sólo suprimir el enriquecimiento que alguien ha obtenido a expensas de otros."

Como puede verse, la ausencia de normas especiales conduce a un argumento jurídico complejo que convoca al instituto de enriquecimiento injusto. El Tribunal de Justicia considera que se presume que ambos contribuyeron igualmente a las cargas de la vida familiar, contribuyendo así, de igual modo, a la adquisición de un bien *común.*

6. Protección de la residencia familiar en caso de ruptura

Según el artículo 4º de la Ley de la Unión de hecho (Protección del domicilio de la familia en caso de ruptura), las disposiciones de los artículos 1105º y 1793º del Código Civil se aplican, con las adaptaciones necesarias, en caso de ruptura de la unión de hecho.

Así, en el caso de ***arrendamiento*** de la vivienda familiar, se aplica, con las necesarias adaptaciones el artículo 1105º (Comunicabilidad y transmisión en vida al cónyuge) (sin subrayados en el original):

> *"1 – Ocurriendo arrendamiento sobre la casa de vivienda familiar, su destino es, en caso de divorcio o separación legal de personas y bienes, decidido por acuerdo de los cónyuges, que podrá optar* ***por la transmisión o concentración en favor de uno de ellos****"*[31].

Si la casa familiar **es** propiedad de uno de los compañeros (o los dos en un régimen de copropiedad), se aplica el artículo 1793º (sin subrayados o negritas en el original):

> *"1. El tribunal podrá arrendar a cualquiera de los cónyuges, a petición suya, el hogar de la familia,* sea esta común, sea propia ***del otro,*** teniendo en cuenta, *entre otras cosas, las necesidades de cada uno de los cónyuges y el interés de los hijos de la pareja"*[32].

Es decir, el tribunal puede crear un contrato de *arrendamiento forzoso,* imponiendo al propietario el deber de asignar la cosa, mediante el pago de un ingreso, si esa solución es más conforme a las necesidades de cada uno de los *cónyuges y el interés de los hijos de la pareja.*

[31] *2 – A falta de acuerdo, corresponde al tribunal decidir, teniendo en cuenta las necesidades de cada uno y otros factores relevantes. 3 – La transferencia o concentración acordada y aprobada por el juez o el conservador del registro civil o la decisión judicial relativa a ellos será notificada al arrendador."*

[32] *"2. El arrendamiento previsto en el párrafo anterior estará sujeto a las reglas del alquiler de viviendas, pero el tribunal podrá definir las condiciones del contrato, después de oír a los cónyuges, y hacer que el contrato expire, a petición del arrendador, cuando las circunstancias supervenientes lo justifiquen. 3. El régimen establecido, ya sea mediante la aprobación del acuerdo de los cónyuges o por decisión del tribunal, podrá modificarse en los términos generales de la jurisdicción voluntaria."*

Esta norma fue criticada por Sandra Passinhas en los siguientes términos (el subrayado es nuestro): *"(...) la asignación del hogar familiar a una expareja unida,* *cuando* no hay *hijos, o* cuando estos no residen en la *casa*, es una restricción *al derecho a la propiedad de su titular* no justificado *constitucionalmente* por otros *derechos o intereses legalmente protegidos"*[33].

En nuestro análisis, y utilizando el principio de interpretación de conformidad *con la* Constitución y una presunción de razonabilidad de las normas jurídicas, consideramos que la regla no es inconstitucional[34], sino que debe aplicarse con la máxima precaución, de modo que la unión no se convierta en una forma injusta de "casi *expropiación* por *utilidad* privada". Es decir, el tribunal debe reservar esta norma que permite el *alquiler* forzoso a los casos en los que se demuestre que el socio no propietario tiene que vivir en *esa* propiedad efectiva (protegida constitucionalmente) por ejemplo, por razones de salud (tiene ascensor o fácil acceso para una persona con dificultades de locomoción), o porque su trabajo está vinculado a ese edificio (por ejemplo,

[33] PASSINHAS, Sandra, *Propriedade e personalidade no Direito Civil português,* Tesis Doctoral, Faculdade de Direito da Universidade de Coimbra, 2014, p. 263

[34] En el mismo sentido, cf. la Sentencia de la Corte Suprema de Justicia de 28 de noviembre de 2017 (Relatora: Fátima Gomes), que dice: "(...) *no existe inconstitucionalidad por la violación del derecho de propiedad privada, ya que la constitución no prohíbe absolutamente la creación de restricciones al derecho a la propiedad que están justificadas por valores socialmente aceptados, considerados carentes de tutela.* En este sentido, veamos lo que Tiago Nuno Pimentel Cavaleiro nos dice en la redacción titulada " "A união de facto no ordenamento jurídico português. Análise de alguns aspectos de índole patrimonial", disponible en https://estudogeral.sib.uc.pt/bitstream/10316/28646/1/A%20uniao%20de%20facto%20no%20ordenamento%20juridico%20portugues.pdf, en la nota 13, p. 9-10. Dice: "Más tarde el TC, en su Ac. nº 1221/96 (asunto nº 278/94, disponible para consulta en el sitio web de www.tribunalconstitucional.pt), también estableció la ampliación a la unión de facto de las normas para el reparto de la vivienda familiar cuando es el bien propio o común de los cónyuges (artículo 1793 CC). Sin embargo, fue una apertura tímida, ya que esas sentencias se basaron en la prórroga de esas normas para prohibir la discriminación contra los hijos nacidos fuera del matrimonio."
Sandra Passinhas critica que el legislador ha ido más allá de la jurisprudencia del Tribunal Constitucional, porque tenía como objetivo proteger a los hijos (incluidos los nacidos fuera del matrimonio), la redacción de la ley de 2010 también puede proteger a los antiguos compañeros sin hijos. De nuestra parte, repetimos, no nos parece que la sentencia de inconstitucionalidad (violación del derecho de propiedad privada) es defensable, porque puede encajar en el ámbito de la libertad legislativa, con el fin de salvaguardar intereses dignos de protección jurídica: salud, vida privada y familiar y el derecho al trabajo del ex compañero no propietario o no copropietario. Los tribunales deben tener la prudencia y la consideración de hacer justicia en una evaluación caso por caso.

portero de construcción), entre otras hipótesis que la riqueza de la vida pueda revelar. Y, por otro lado, que el propietario tiene *alternativas viables* para residir. Por lo tanto, los "otros derechos o intereses legalmente protegidos" que la Autora considera que carecen para justificar la norma, deben ser encontrados, movilizados y justificados en cada caso específico.

7. Protección de la residencia familiar en caso de muerte

7.1 Si la casa es propiedad del compañero fallecido

En caso de muerte, la ley prevé una protección más amplia, consagrando:

1. un **derecho real de uso y vivienda durante** 5 años[35](o incluso más debido a la duración de la unión de hecho[36] o de la especificidad de la relación concreta)[37];
2. derecho de **arrendamiento forzoso,** después del disfrute del derecho de uso y vivienda[38]
3. un **derecho real de preferencia**[39].

[35] Art. 5o: *"1 – En caso de la muerte del miembro de la unión de facto que posee la casa de la familia y su relleno, el miembro vivo puede permanecer en la casa, por el plazo de cinco años, como titular de un derecho real a la vivienda y derecho a utilizar el relleno."*

[36] *"2 – En caso de que la unión de facto haya comenzado más de cinco años antes de la muerte, los derechos previstos en el párrafo anterior se otorgarán por un tiempo igual al de la duración de la unión."*

[37] *"4 – Excepcionalmente, y por razones de equidad, el tribunal podrá ampliar los plazos establecidos en las cuestiones anteriores, teniendo en cuenta, entre otras cosas, la atención prestada por el miembro supérstite a la persona del difunto o de sus familiares, y la carencia particular en la que el miembro supérstite esté, por cualquier razón."*

[38] *"7 – Una vez transcurrido el plazo en el que se ha beneficiado del derecho de vivienda, el miembro vivo tiene derecho a permanecer en el inmueble como arrendatario, en las condiciones generales del mercado, y tiene derecho a permanecer en el lugar hasta la celebración del contrato respectivo, a menos que los propietarios cumplan con los requisitos legalmente establecidos para la rescisión del contrato de alquiler de vivienda, por parte de los arrendadores, con las adaptaciones adecuadas. 8 – En el caso previsto en el apartado anterior, a falta de acuerdo sobre las condiciones del contrato, el órgano jurisdiccional podrá fijarlas, después de previa audiencia de los interesados."*

[39] *"9 – El miembro vivo tiene derecho de preferencia en caso de desechar la propiedad, durante el tiempo que la habita en cualquier aspecto."*

7.2 Si la pareja viviera en una casa arrendada

Si esta pareja vive en una casa alquilada, prevé el número 10 (sin subrayado en el original): *"En caso de* fallecimiento del arrendatario de hecho de la casa familiar, el miembro *supérstite* se beneficiará de la protección prevista en el artículo *1106º del* Código Civil, que a su vez prevé *la* no ***expiración*** del contrato de arrendamiento por la muerte del arrendatario cuando *sobreviva: a) Cónyuge con residencia en el alquiler; b) Persona que había vivido con él en unión de hecho* durante más de un *año; c) Persona que había vivido con él en una economía común durante más de un año.*

8. Derecho de alimentos

8.1 En caso de rotura

En caso de separación (ruptura de la convivencia) la unión de hecho se extingue y no **hay lugar para alimentos.** La doctrina dominante considera que no existe ningún deber de *asistencia* durante la unión de hecho; por consiguiente, no se nace ningún derecho de manutención después del final de dicha relación, salvo en el caso de nacer una obligación natura, en los términos del artículo 402º[40], pero que no es judicialmente exigible.

Sin embargo, puede haber pensión alimenticia *por medios convencionales.* Como afirma Tiago Cavaleiro:

> *"Los convivientes pueden, de hecho, acordar establecer una obligación de alimentos que esté en vigor exclusivamente durante la vigencia de la unión de hecho, cesando la disolución de la unión o sometiendo su eficacia a otro acontecimiento futuro e incierto (la imposición de una condición imponible), v.g., la obligación de manutención cesará si su beneficiario contrae matrimonio o inicia una nueva unión de hecho. Tampoco es de extrañar que una condición sea suspensiva a esta obligación:*

[40] Artículo 402º del Código Civil: "La obligación se dice natural, cuando fundada en simple deber de orden moral o social, cuyo cumplir no es judicialmente exigible, pero corresponde a un deber de justicia". En este sentido, PINHEIRO, Jorge Duarte, *O Direito da Família Contemporâneo*, p. 532.

> *por ejemplo, la obligación de manutención sólo nacerá con la ruptura de la unión de hecho, con el nacimiento del primer hijo de los convivientes, con el desempleo de uno de los convivientes (o ex convivientes), etc. Las partes también podrán someter la manutención a un plazo: por ejemplo, la obligación de manutención cesará cuando el hijo de los convivientes (o ex convivientes) alcance la edad de 18 años, o cese cinco años a partir de la fecha de disolución de la unión de hecho. Para lograr una finalidad similar, los convivientes pueden recurrir, alternativamente, a la figura del contrato de promesa (artículos 410º y ss., de la CC), optando por la celebración de un contrato de promesa para la prestación de mantenimiento (bilateral cuando los convivientes están obligados a celebrar el contrato prometido, promesa unilateral cuando sólo uno de ellos está obligado)"*[41].

8.2 En caso de muerte

Uno de los efectos patrimoniales atribuidos a la unión de hecho está consagrado en el artículo 2020º del Código Civil, *en virtud del cual el miembro supérstite de la unión de hecho tiene derecho a reclamar la manutención de la herencia del difunto.* Se trataba de una innovación legislativa insertada en el momento de la Reforma del Código Civil de 1977 (Decreto-Ley Nº 496/77, de 25 de noviembre) y que era el único arrimo normativo para otorgar efectos a la unión de hecho.

La Ley Nº 23/2010, de 30 de agosto, modificó el artículo 2020 del Código, previéndose, ahora se espera, un régimen más sencillo, con las siguientes notas:

- el miembro vivo de la unión de hecho tiene derecho a reclamar la manutención de la herencia del difunto (número 1);
- que este derecho debe ejercerse en el plazo de dos años a partir de la fecha de fallecimiento del autor de la sucesión (número 2);
- y que cesa si el miembro supérstite contrae un nuevo matrimonio, inicia una unión de hecho o se vuelve indigno del beneficio por su comportamiento moral (artículo 2019º del Código Civil, ex vi del número 3 do artigo 2020.º).

[41] CAVALEIRO, Tiago, *A união de facto no ordenamento jurídico português: análise de alguns aspectos de índole patrimonial*, Tesis de Maestría, Faculdade de Direito da Universidade de Coimbra, 2015, p. 31.

Como enseña Francisco Brito Pereira Coelho, a la luz de la definición jurídica de unión de hecho ofrecida por el artículo 1, apartado 2, de la LUH y de conformidad con los artículos 3, letras e), f) y g), y 6, números 1 y 2, debemos seguir considerando que el miembro supérstite sólo tiene derecho a la manutención cuando vive con su pareja fallecida durante más de dos *años en condiciones similares a las de los cónyuges*[42].

Por su parte, y se trata de un cambio sustancial respecto a la reforma de 2010, se ha eliminado el requisito del agotamiento previo de la posibilidad de obtener alimentos a través de las personas enumeradas en el artículo 2009º, letras a) a d), del Código Civil. Como escribe Guilherme de Oliveira, la Ley Nº 23/2010, de 30 a agosto, "*responsabiliza la* herencia del difunto por la satisfacción de los alimentos, sin que el interesado tenga que exigir de antemano a sus familiares vinculados por el *artículo 2009º (artículo 2020ª)*" (subrayados nuestros).

Otro cambio que elimina esta pensión alimentaria de un régimen meramente asistencialista y la aproxima a una pensión de manutención que se basa en la relación jurídica familiar que ahora ha terminado es el hecho de que se ha eliminado el requisito de la situación probada de necesidad de manutención. Dispone – desde 2010 –, número 1 del artículo 6.º de la LUH, en número de la LUH, que el miembro supérstite de la unión se beneficia de los derechos previstos en las letras e), f) y g) del artículo 3º, independientemente de la necesidad *de manutención.*

Sin embargo, la pensión alimenticia – como es el caso en el contexto matrimonial – no pretende mantener un cierto nivel de vida. Afirma el número 3

[42] COELHO, Francisco Brito Pereira, "Os factos no casamento e o direito na união de facto: breves observações", in OLIVEIRA, Guilherme de (Coord.), *Textos de Direito da Família (para Francisco Pereira Coelho)*, Imprensa da Universidade de Coimbra, 2016. El Autor presenta los siguientes argumentos: la exigencia de dos años tiene por objeto impedir la concesión de alimentos al miembro vivo de una relación fugaz o de una aventura amorosa, al miembro vivo de una convivencia en la que realmente se había producido la comunión de mesa, cama y vivienda, pero que todavía carecía de cierta estabilidad en el tiempo (una convivencia relativamente reciente sería suficiente para el nacimiento de ese derecho). En segundo lugar, el requisito de que el difunto, en el momento de su muerte, no esté casado o que, estando casado, esté ya legalmente separado de personas y bienes permanece previstos, pero ahora en el artículo 2, letra c), del LUH, que impide la cesión de derechos o prestaciones, en la vida o la muerte, fundadas en la unión de facto cuando haya casamiento no disuelto, a menos que se haya ordenado la separación de personas y bienes.

del artículo 2016.º-A: *"El* cónyuge acreedor *no tendrá derecho a exigir el mantenimiento del nivel de vida del que* se ha beneficiado en la constancia del *matrimonio. "Pero* tampoco debería ser una pensión de alimentos de miseria. El tribunal debe encontrar la cantidad apropiada para el caso. Al fijar el importe de la manutención (prevé el número 1 del mismo artículo): "el *tribunal tendrá en cuenta la duración del matrimonio, la colaboración prestada a la economía de la pareja, la edad y el estado de salud de los cónyuges, sus cualificaciones profesionales y oportunidades de trabajo, el tiempo que tendrán que dedicar, en su caso, a la crianza de los hijos ordinarios, sus ingresos, un nuevo matrimonio o unión de hecho y, en general, todas las circunstancias que influyen en las necesidades del cónyuge que recibe* la manutención y las posibilidades del que la proporciona" [43].

9. Ausencia de sucesión en el derecho

En Portugal, los compañeros de la unión de hecho no se benefician de los derechos sucesorios «*ex lege*», por sucesión «*ab instestato*». El compañero no es un heredero necesario ni un heredero legitimario[44]. Los unidos de hecho sólo tienen derechos por muerte de tipo asistencial, que también existen en el matrimonio, pero el régimen de sucesión de los dos casos sigue teniendo una gran disparidad de efectos.

Podrá **ser un heredero testamentario,** dentro de los límites de la cuota disponible del *de cujus*. Si el compañero/a tiene 1 hijo, tiene 1/2 cuota disponible; si tiene 2 o más hijos, tiene 1/3 de cuota disponible. Si tiene un o dos ascendientes, tienes 1/2 o 1/3 si son los padres o los ascendientes de segundo grado o siguientes[45].

[43] "2 – *El tribunal dará prevalencia a cualquier obligación de manutención en relación con un hijo del cónyuge deudor sobre la obligación emergente de divorcio a favor del excónyuge.*"

[44] Están surgiendo algunas voces críticas, como SILVA, Mariana Filipa Lopes de, *A União de Facto, o Casamento e os Direitos Sucessórios*, Tesis de Maestría, Facultad de Derecho, Universidad de Lisboa, 2019.

[45] *"Artículo 2157º (Herederos legitimarios) El cónyuge, los descendientes y los ascendientes son herederos legitimarios, por orden y de conformidad con las normas establecidas para la sucesión legítima. ... Artículo 2159º (Legítimo de cónyuge e hijos) ... 2. Si no hay cónyuge sobreviviente, el legítimo de los hijos es la mitad o dos tercios de la herencia, dependiendo de si hay un hijo o hay dos o más.*

Francisco Brito Pereira Coelho propone una enmienda legislativa para otorgar un estatuto de sucesión legal a los compañeros de la unión de hecho, a saber, la concesión del estatuto de heredero *legítimo,* en un grado inferior al concedido a "cónyuges e hijos", estrictamente sólo "a los hijos", porque – repetimos – si hay *cónyuge,* no es posible tener una unión de hecho al mismo *tiempo.*

El Autor[46]afirma (subrayados nuestros): "*En relación con la posición sucesoria del unido de* hecho *superstite,* creemos que estaría justificado que podría integrar la escala *de sucesiones en la sucesión legítima, tal vez en una posición inferior a la del cónyuge, descendientes y ascendientes.*" El Autor también invoca el argumento del derecho comparativo – "*Va* en *este sentido, hay que señalar, el Código Civil de Macao (arts. 1983º y 1985º).*"

Así, no existe, de *jure condito,* equivalencia jurídica entre convivientes y cónyuges, ni siquiera las voces, como la de Francisco Brito Pereira Coelho, quien propone la concesión de un estatuto sucesorio a los compañeros defienden su *igualación*[47].

En resumen, en la ley portuguesa, el compañero no tiene derecho de sucesión, no compite *con los descendientes,* ni los ascendientes, ni con garantía hasta el 4º grado, ¡ni siquiera con el Estado[48]!

Artículo 2160º (Legítima de los descendientes de segundo grado y siguientes): Los descendientes del segundo y siguiente grado tienen derecho a la legítimo que cabría a su ascendente, siendo la parte de cada uno de ellos fijada en los términos prescritos para la sucesión legítima.
Artículo 2161º (Cónyuge legítimo y ascendientes) ... 2. Si el autor de la sucesión no deja descendientes o cónyuge sobreviviente, el derecho de los ascendientes es la mitad o un tercio de la herencia, como se llama a los padres o ascendientes del segundo y siguiente grado."

46 COELHO, Francisco BRITO PEREIRA, "Os factos no casamento e o direito na união de facto: breves observações", in OLIVEIRA, Guilherme de (Coord.), *Textos de Direito da Família (para Francisco Pereira Coelho)*, Imprensa da Universidade de Coimbra, 2016. Jorge D. PINHEIRO, *O Direito da Família...*, 2019, p. 560 también afirma: "impresiona por la negativa, la exclusión del membro supérstite de la unión de hecho del círculo de posibles herederos legales del autor de la sucesión(...)".

47 Estrictamente hablando, otros autores abogan por una interpretación aislada, según la cual debe haber un equilibrio entre el matrimonio y la unión de facto CORTE-REAL, C. Pamplona / PEREIRA, J. Silva, *Direito da Família, Tópicos para uma reflexão crítica*, 2ª ed., Lisboa, 2011, p. 150, defendiendo que es un matrimonio informal.

48 De acuerdo con el artículo 2133º (Clases de sucesiones): "*1. El orden en que se llama a los herederos, sin perjuicio del dispuesto en el título de adopción, es el siguiente: a) Cónyuge y descendientes; b) Cónyuge y ascendientes; c) Hermanos y sus descendientes; d) Otros colaterales hasta el cuarto grado; e) Estado.*"

Tal vez la "conciencia jurídica general" (Castanheira Neves) y las expectativas de los compañeros y la *apariencia* externa en sí ya justificarían otra solución, pero eso no pasará por la igualación. En efecto, el principio de autonomía de la voluntad podría verse severamente limitado si la jurisprudencia siguiera ese camino de igualación.

Sin embargo, la evolución del punto civil portugués en la dirección opuesta, es decir, la autonomización de la relación familiar/conyugal ante una situación de sucesión. De hecho, la Ley Nº 48/2018, de 14 de agosto, modificó el Código Civil, *reconociendo la posibilidad de renuncia recíproca a la condición de legítimo heredero del acuerdo matrimonial.* Dicha estipulación sólo se aceptará si el sistema de bienes, convencional u obligatorio, *es el de la separación*[49].

De acuerdo con el Artículo 1707º-A (Régimen de renuncia a la condición de heredero) (nuestra negrita):

> *"1 – La renuncia puede estar supeditada a la supervivencia o no de sucesibles de cualquier clase, así como de otras personas, de conformidad con el artículo 1713º, y la condición no es necesaria para ser recíproca.*
> 2 – *La exención sólo afecta a la posición de herencia del cónyuge, no perjudicando gravemente el derecho* a la manutención del cónyuge ***supérstite,*** previsto en el *artículo 2018º, ni* a las prestaciones sociales por ***fallecimiento.***"

Al igual que en el régimen de unión de hecho, existe una protección obligatoria, además de cualquier mantenimiento, del "hogar familiar", y se espera:

(1) un **derecho real de vivienda periódica**[50],

[49] Cf. a detalhada análise de OLIVEIRA, Guilherme de, *Notas sobre o Projeto de Lei n.o 781/XIII (Renúncia recíproca à condição de herdeiro legal)*: http://www.guilhermedeoliveira.pt/resources/Notas-sobre-o-Projeto-de-Lei-781-XIII-.pdf

[50] *"3 – Si es la casa familiar propiedad del difunto, el cónyuge sobreviviente puede permanecer en ella, por un período de cinco años, como titular de un derecho real de vivienda y derecho a utilizar el relleno. 4 – Excepcionalmente, y por razones de equidad, el órgano jurisdiccional podrá prorrogar el plazo establecido en el apartado anterior teniendo en cuenta, en particular, la especial carencia en la que esté el miembro supérstite, por cualquier causa. 5 – Los derechos previstos en el apartado 3 expirarán si el interesado no vive en la casa durante más de un año, a menos que el motivo de dicha ausencia no sea imputado a él. 6 – Los derechos previstos en el número 3 no se confieren al cónyuge superviviente si el cónyuge tiene un hogar en el condado de la casa de la familia, o en este o en los municipios vecinos si se encuentra en los municipios de*

(2) derecho **al arrendamiento forzoso,** después del derecho real de uso y habitación[51],
(3) y **un derecho de preferencia**[52].

Sería normativo y sistémicamente contradictorio admitir, en un ordenamiento jurídico que da protección a la **autonomía de la voluntad** en el sentido de renunciar de antemano la a condición de heredero, en caso de matrimonio, que se impusiera, por medios *jurisprudenciales,* un estatuto de sucesión a las personas que ni siquiera han celebrado matrimonio.

10. Derechos en el ámbito del derecho laboral, derecho de la seguridad social y derecho tributario

El número 1 del artículo 3.º da LUH afirma que las personas que viven en una unión de hecho tienen, además de los derechos civiles que ya hemos examinado, los siguientes derechos a nivel laboral, fiscal y de seguridad social:

- a beneficiar del régimen jurídico aplicable a las personas casadas en relación con los días festivos, las vacaciones, las ausencias y, preferiblemente, la colocación de trabajadores de la administración pública, (al. b)),
- a beneficiarse de régimen jurídico equivalente al aplicable a las personas casadas, vinculadas por contrato de trabajo, en lo que respecta a vacaciones, festivos, ausencias y licencias (al.c)),

Lisboa o Porto. (...) 10 – Si el cónyuge sobreviviente ha cumplido 65 años de edad en la fecha de apertura de la sucesión, el derecho de vivienda previsto en el nº 3 es de por vida."

51 *"7 – Una vez expirado el plazo en el que ha tenido derecho a la vivienda, el cónyuge sobreviviente tiene derecho a permanecer en el inmueble como arrendatario, en las condiciones generales del mercado, y tiene derecho a permanecer en vigor hasta la celebración del contrato, a menos que los propietarios cumplan los requisitos legalmente establecidos para la rescisión del arrendamiento de viviendas, por los arrendadores, con las adaptaciones adecuadas. 8 – En el caso previsto en el apartado anterior, a falta de acuerdo sobre las condiciones del contrato, el órgano jurisdiccional podrá fijarlas, previa audiencia de los interesados."*

52 *"9 – El cónyuge sobreviviente tiene el derecho de preferencia en caso de disposición de la propiedad, durante el tiempo en que la habita en cualquier título."*

- la aplicación del régimen del impuesto sobre la renta de las sociedades en las mismas condiciones que los sujetos pasivos casados y no separados,
- protección social en caso de fallecimiento del beneficiario, mediante la aplicación del régimen general, de regímenes especiales de seguridad social o ley propia,
- beneficios de muerte resultantes de un accidente de trabajo o enfermedad laboral, por aplicación de los respectivos regímenes jurídicos
- y la pensión de precio de sangre y por servicios excepcionales y pertinentes prestados al país, mediante la aplicación de los respectivos regímenes jurídicos.

11. Beneficios alimentarios derivados de los regímenes de protección social

Las prestaciones por fallecimiento figuran en número 1 del artículo 3.º de la Ley n.º 7/2001 en su redacción actual.

Con respecto a la pensión de supervivencia y la prestación por fallecimiento del supérstite, en la versión actual del LUH, el unido de hecho supérstite está más protegido, ya que el régimen que aquí se proporciona es el mismo que regula este aspecto en el matrimonio.

Según la Ley nº 7/2001 en su redacción original, el acceso a estos beneficios dependía de demostrar la necesidad de mantenimiento del miembro vivo de la pareja y también de que se habían agotado las dos formas particulares de satisfacer esas necesidades alimentarias. La primera vía fue la satisfacción por los obligados a alimentos y la segunda fue a través de la herencia del difunto, un punto que veremos a continuación.

Este texto legal encontró su justificación en el hecho de que los unidos de hecho no estaban obligados por un deber de asistencia mutua como ocurre en el matrimonio, por lo que no podía ser inferido que la muerte de uno de ellos disminuía la renta disponible[53]. En el número 1 del artículo 6.º de la redacción actual del LUH, se prescindió de cualquier prueba de necesidad

[53] XAVIER, Rita Lobo, "A União de Facto...", ob. Cit., pág. 687.

de manutención, como es el caso del cónyuge superviviente, reforzando así el reconocimiento de la dimensión de la verdadera relación familiar a la unión de hecho[54].

Conclusión

En Portugal, la unión de hecho ya constituye una verdadera relación jurídica familiar, pero cuya raíz reside en el reconocimiento de una relación de hecho, que resulta ser duradera (2 años) y de fuerte densidad existencial (comunidad de mesa, cama y vivienda). El derecho interviene en dos momentos:

- durante la relación de asignar algunas prestaciones, sociales, fiscales y laborales a los cónyuges y garantizar todo un derecho de afiliación muy semejante al que existe en el matrimonio, en especial en el acceso a la PMA y a la adopción, creando una presunción de paternidad[55] en la regulación de las responsabilidades parentales, en términos similares al matrimonio, con el fin de promover la participación y el compromiso de ambos progenitores en la educación del hijo (artículo 1911º del Código Civil)[56]
- en el momento de la ruptura por separación, proporcionando una protección modesta, con el fin de proteger a la parte más vulnerable, otorgando protección del hogar familiar;
- cuando el fin de la unión de hecho tiene lugar por la muerte, la protección se amplía a un derecho de manutención contra la herencia y hay

[54] SILVA, Mariana *A União de Facto, o Casamento e os Direitos Sucessórios*, 2019, p. 48, considera en este desarrollo un argumento importante para la necesidad de ampliar la protección jurídica de la unión de facto, en particular a nivel de sucesión.

[55] Pero solo en caso de que se intente una acción de investigación de paternidad y no una presunción que opera en el registro civil, lo que nos parece ser aún la solución de acuerdo a un régimen de unión de hecho que no esté en registro.

[56] El artículo 1911º hace una referencia a bloque al régimen matrimonial *1 – Cuando la afiliación se establezca para ambos padres y vivan en condiciones similares a las de los cónyuges, el ejercicio de las responsabilidades parentales se aplicará a los artículos 1901º a 1904º.* y el divorcio "*2 – En caso de terminación de la convivencia entre los progenitores, se aplicarán las disposiciones de los artículos 1905º a 1908º, así como las disposiciones del artículo 1909º, apartado 2, cuando los padres deseen regular de mutuo acuerdo el ejercicio de las responsabilidades parentales.*"

> aún el derecho por los daños no patrimoniales causados por la muerte del compañero (artigo 496.º, n.º 2 do Código Civil)[57]. Sin embargo, los derechos de herencia (excepto la posibilidad de ser un heredero testamentario) no se reconocen.

La matriz monógama está moldeada por la ley portuguesa, ni reconociendo legalmente uniones estables paralelas, ni fenómenos de "poliamor" o una unión estable compuesta por más de dos personas.

Sin embargo, otra ley, la Ley nº 7/2001, que adopta medidas para proteger a las personas que viven en la economía común, dada la flojedad de sus supuestos, puede recibir cierta protección jurídica (aunque muy escasa, especialmente en el contexto de la "protección del hogar", los impuestos y los derechos laborales) a situaciones sociales con estas configuraciones[58].

[57] Cf. PEREIRA, André G. Dias, "Wrongful death and unmarried partnership in Portuguese Law: a polychromatic dialogue of legal sources in a Civil Law System", Johannes Michael RAINER/ Erik VAN DEN HAUTE (Coord.), *Liber Amicorum David Pugsley*, Bruxelles, Bruylant, 2013, p. 241-250

[58] Recordamos el artículo 2 de la Ley nº 6/2001: "1. La economía común se entiende como la situación de las personas que han vivido en la comunión de mesa y vivienda durante más de dos años y han establecido una experiencia común entre la ayuda o el intercambio de recursos. 2 – Las disposiciones de la presente Ley se aplicarán a los hogares formados por dos o más personas, siempre que al menos una de ellas sea mayor de edad."

2. DESENHO LEGAL DA UNIÃO DE FACTO EM PORTUGAL: DO REGIME EM VIDA AO ESTATUTO SUCESSÓRIO DO UNIDO DE FACTO SOBREVIVO

Cristina Dias
Rossana Martingo Cruz

1. Notas iniciais

A vivência da conjugalidade em união de facto tem sido procurada por uma parte considerável dos casais em Portugal. Não obstante, a sua configuração e os seus efeitos são muito distintos daqueles que decorrem do casamento.

Em Portugal, a união de facto não está regulada no Código Civil, mas sim num diploma próprio (a Lei n.º 7/2001, de 11 de maio)[1]. Esta união, como a própria nomenclatura sugere, não exige nenhuma formalização[2]. Como tal, esta informalidade na sua constituição não poderá implicar efeitos jurídicos demasiado vincados. Entre nós, continua a vigorar um caráter fragmentário na regulação da união de facto[3]. Não existe um regime jurídico denso e vigoroso

[1] Com as alterações introduzidas pelas Leis n.ºs 23/2010, de 30 de agosto; 2/2016, de 29 de fevereiro; 49/2018, de 14 de agosto; e 71/2018, de 31 de dezembro

[2] Sem prejuízo da necessidade de prova para invocar a proteção da lei, como referiremos adiante.

[3] "Nessa medida, continua a acolher-se, neste domínio, uma proteção fragmentária e especialmente dirigida a cenários de crise em que as debilidades dos seus membros se concretizam ou manifestam com mais intensidade." Pedro, Rute Teixeira, "Breves reflexões sobre a proteção

justamente porque é difícil saber onde traçar o limite entre o respeito pela liberdade de viver a conjugalidade na sombra da solenidade e, concomitantemente, não desproteger aqueles que materialmente vivem como pessoas casadas. Nesse sentido, a lei portuguesa é essencialmente previdenciária, acautelando a proteção em situações de crise (como a morte e a separação).

No presente texto apresentamos o diploma legal português: desde a sua génese ao seu regime; desde os seus destinatários às exceções de aplicabilidade; desde a proteção em caso de rutura ao estatuto sucessório do companheiro sobrevivo.

2. Breve evolução histórica da união de facto em Portugal[4]

Nem sempre a convivência análoga ao casamento foi protegida nos moldes atuais. Até à Revolução de 25 de abril de 1974, a união duradoura entre duas pessoas era considerada '*família ilegítima*'[5]. É com a Constituição de 76 e o advento da liberdade na constituição de família que se abrem as portas para uma regulamentação jurídica da união de facto, com a possibilidade de encarar – de forma mais ampla – o direito a constituir família.

No Código Civil português, a primeira referência à união de facto (enquanto convivência geradora de efeitos jurídicos) surge com a reforma de 1977 (Decreto-Lei n.º 496/77, de 25 de novembro), no art. 2020.º referente ao direito a alimentos[6]. Com este preceito, pela primeira vez, o legislador sob

do unido de facto quanto à casa de morada de família propriedade do companheiro falecido", in *Textos de Direito da Família para Francisco Pereira Coelho*, Coimbra, Imprensa da Universidade de Coimbra, 2016, p. 310.

[4] Este ponto ii), bem como o seguinte, terão eventuais repetições e, em alguns momentos, poderão conter uma versão muito resumida e adaptada de considerações já vertidas em Cruz, Rossana Martingo, *União de Facto versus casamento: questões pessoais e patrimoniais*, Coimbra, Gestlegal, 2019, para onde se remete para uma visão mais completa da figura da união de facto.

[5] "A convivência more uxorio era considerada como pura relação de facto, que apenas interessava, ainda como mero pressuposto de carácter heurístico, à determinação da paternidade (ilegítima) da criança concebida da união concubinária dos pais." Varela, Antunes, *Direito da Família*, 1.º volume, 5.ª edição Revista, actualizada e completada, Livraria Petrony, Lda, 1999, p. 25.

[6] Consagrava aquele preceito que: "1. Aquele que, no momento da morte de pessoa não casada ou separada judicialmente de pessoas e bens, vivia com ela há mais de dois anos em

a epígrafe de "união de facto"[7] cita a convivência em condições análogas às dos cônjuges há mais de dois anos como um ato gerador de efeitos jurídicos. No caso, conferia o direito de exigir alimentos da herança do unido de facto falecido, mediante certos requisitos[8].

Além desta referência no art. 2020.º do Código Civil em 1977, e ainda antes da existência de um diploma próprio sobre a união de facto, vários normativos dispersos iam desenhando um regime de proteção da união de facto, quer no âmbito social, previdencial, laboral, fiscal, etc. Porém, só em 1999 surge o primeiro diploma próprio que reúne medidas de proteção da união de facto: a Lei n.º 135/99, de 28 de agosto. Finalmente passa a existir um texto agregador do padrão de proteção das uniões de facto, sem prejuízo de continuarem a existir referências avulsas noutros diplomas. Todavia, pela primeira vez, o legislador faz transparecer de forma mais clara qual a sua ótica de proteção subjacente a esta convivência, 'institucionalizando-a'[9].

Esta lei de 1999 só protegia uniões entre pessoas de sexo diferente (n.º 1, do art. 1.º, da Lei n.º 135/99) e consagrava impedimentos à sua eficácia jurídica[10], proteção da casa de morada de família e benefícios sociais, previdenciárias, fiscais, laborais, bem como equiparação ao casamento no âmbito da adoção[11].

condições análogas às dos cônjuges tem direito a exigir alimentos da herança do falecido, se os não puder obter, nos termos das alíneas a) a d) do artigo 2009.º 2. O direito a que se refere o número precedente caduca se não for exercido nos dois anos subsequentes à data da morte do autor da sucessão. 3. É aplicável ao caso previsto neste artigo, com as necessárias adaptações, o disposto no artigo anterior." (art. 2020.º, redação do Decreto-lei n.º 496/77, de 25 de novembro).

[7] Outros artigos contemplavam a vivência em condições análogas às dos cônjuges, mas sem a designação de "união de facto". Por exemplo, n.º 3 do art. 1911.º na redação do Decreto-lei n.º 496/77, de 25 de novembro, alínea c) do n.º 1 do art. 1871.º, etc.

[8] O direito a exigir alimentos da herança após a morte será analisado no ponto iv) deste texto.

[9] Neste sentido, Coelho, Francisco Pereira e Oliveira, Guilherme de, *Curso de Direito da Família*, volume I, 5.ª edição, Imprensa Universidade de Coimbra, p. 67. *Vide* a este propósito, Xavier, Rita Lobo, "A união de facto e a lei civil no ensino de Francisco Pereira Coelho e na legislação atual" in *Textos de Direito da Família para Francisco Pereira Coelho*, Coimbra, Imprensa da Universidade de Coimbra, 2016, pp. 662 e ss..

[10] Designados de "exceções" – Art. 2.º da Lei n.º 135/99, de 28 de agosto. Ainda hoje, a atual Lei n.º 7/2001, de 11 de maio, mantém a mesma expressão.

[11] Art. 3.º da referida Lei.

Logo se verificou que a natureza da união de facto e a sua crescente preponderância social exigiam uma regulamentação mais completa. E, nessa sequência, pouco depois do primeiro passo legislativo tomado em 1999, surge a Lei n.º 7/2001, de 11 de maio. Esta já não limita a sua aplicação a uniões de pessoas de sexo diferente.

Foi pela mão desta Lei n.º 7/2001, de 11 de maio, que se reconheceram as uniões homossexuais, a par das heterossexuais. Tal foi um passo importante na proteção da convivência *more uxorio* entre pessoas do mesmo sexo[12]. Pois, até a entrada em vigor da Lei n.º 9/2010, de 31 de maio (lei que veio permitir o casamento civil entre pessoas do mesmo sexo), a única proteção concedida aos casais do mesmo sexo era a que constava na Lei n.º 7/2001, de 11 de maio.

Sem dúvida que o marco distintivo da Lei de 2001, face à sua antecessora, é a abrangência do seu objeto, destinando-se a todas as uniões de facto compostas por pessoas do mesmo sexo ou de sexo diferente.

Apesar de a Lei de 2001 subsistir até hoje, foi sofrendo algumas alterações ao longo dos anos[13]. A mais expressiva ocorreu em 2010, com a redação que lhe foi dada pela Lei n.º 23/2010, de 30 de agosto. Passa a ser atribuído um legado legal ao unido de facto sobrevivo relativo à casa de morada de família, sendo fortalecida a sua proteção[14]. Ao mesmo tempo, passa a lei a esclarecer os meios de prova da união de facto, aditando um artigo só com esse propósito[15].

Uns anos mais tarde, a Lei n.º 2/2016, de 29 de fevereiro, também alterou a Lei n.º 7/2001, de 11 de maio (mais propriamente o seu art. 7.º). A alteração de 2016 veio permitir a adoção por unidos de facto homossexuais. Deixa de existir qualquer entrave à adoção conjunta baseada na orientação sexual dos candidatos.

[12] Em modo crítico da intenção discriminatória dissimulada subjacente a esta mudança em 2001: "Este instituto surgiu de uma forma perversa, com o intuito de, mantendo o exclusivo acesso ao casamento por casais heterossexuais, criar um 'casamento' de sub-condição para os casais de pessoas do mesmo sexo. Com a agravante de camuflar essa discriminação na circunstância de a União de Facto se aplicar também a casais heterossexuais." Corte-Real, Carlos Pamplona, «Relance crítico sobre o Direito da Família português» in *Textos de Direito da Família para Francisco Pereira Coelho,* Coimbra, Imprensa da Universidade de Coimbra, 2016, p.120.

[13] Alterações das Leis n.ºs 23/2010, de 30 de agosto; 2/2016, de 29 de fevereiro; 49/2018, de 14 de agosto; e 71/2018, de 31 de dezembro.

[14] Art. 5.º da Lei n.º 7/2001, de 11 de maio. Para mais informações cfr. ponto iv) deste trabalho.

[15] Art. 2.º- A da Lei n.º 7/2001, de 11 de maio.

Em 2018, a Lei 7/2001, de 11 de maio sofreu duas alterações pontuais. A primeira ocorre pela mão da Lei n.º 49/2018, de 14 de agosto, que atualiza os impedimentos face ao novo regime português do maior acompanhado. Esta Lei n.º 49/2018, de 14 de agosto, criou o regime jurídico do maior acompanhado, eliminando os institutos da interdição e inabilitação e, por isso, foi necessário fazer a devida atualização no texto da lei (que tinha referência a essas incapacidades). Por fim, a última alteração surgiu com a Lei n.º 71/2018, de 31 de dezembro, e respeita ao regime do acesso das prestações por morte por parte do membro sobrevivo e a prova da união perante a entidade responsável por esse pagamento.

Se analisarmos toda a evolução legal da união de facto, verificamos que – sem prejuízo da significativa mudança de destinatários – em termos de regime, pouco foi substancialmente alterado. O legislador expandiu alguns dos seus efeitos, mas não adotou uma perspetiva totalmente diferenciadora desta entidade[16].

3. A constituição da união de facto e o seu regime em vida das partes

Conforme já apresentado, a união de facto em Portugal não está regulada no Código Civil, mas na Lei n.º 7/2001, de 11 de maio. E, nos termos do disposto no n.º 2 do art. 1.º, do referido diploma, a união de facto é a situação jurídica de duas pessoas que, independentemente do sexo, vivam em condições análogas às dos cônjuges há mais de dois anos. Normalmente, identifica-se a vivência em condições análogas às dos cônjuges numa comunhão de leito, mesa e habitação[17]. Esta tríplice comunhão corresponderá, em traços largos, ao dever de coabitação vigente no casamento. Pois, tradicionalmente, este dever

[16] Em consonância, "Apesar da paulatina dilatação da eficácia jurídica operada por tais leis, o modelo de intervenção do direito nesta área da vida mantém-se incólume." Pedro, Rute Teixeira, "Breves reflexões sobre a proteção do unido de facto quanto à casa de morada de família propriedade do companheiro falecido", *ob. cit.*, p. 308.

[17] Como afirma Guilherme Gama, a comunhão de vida compreende três aspetos: coabitação, débito conjugal (que pode ser dispensado em virtude de particularidades face ao casal em concreto) e, ainda, o aspeto económico (a vida em comum com vista à prosperidade). V. Gama, Guilherme Calmon Nogueira, *O companheirismo: uma espécie de família*, São Paulo, Editora Revista dos Tribunais, 1998, p. 190.

consubstancia *quoad thorum et mensam et habitationem*. Como tal, não significa somente habitar na mesma casa, mas implica uma comunhão de vida que irá muito para além disso.

Esta convivência assenta na vontade das partes, num *animus convivendi* que se renova a cada dia em que a união permanece. A vontade renovar-se-á enquanto existir *affectio maritalis* entre os conviventes (ou seja, uma afeição, estima e cumplicidade inerente a um relacionamento íntimo e estável). Esta *affectio* presume-se com o casamento, na convivência de facto será de pressupor enquanto a união se mantiver[18]. Embora sejam usadas, quase indistintamente, as expressões "união de facto"e convivência *more uxorio*, estas não traduzem exatamente a mesma realidade. A convivência *more uxorio* é uma constatação de um tipo de vivência afetiva coincidente com a de pessoas casadas. Já união de facto é a construção jurídica que o sistema português faz dessa convivência.

Poderá existir convivência *more uxorio* em situações que não consubstanciem união de facto protegida. Por exemplo, quando esteja em causa alguma das exceções do art. 2.º da Lei n.º 7/2001, de 11 de maio.

Em Portugal, impera a informalidade no entorno da união de facto. Não existe a sujeição a registo da união de facto. Ou seja, a união de facto no nosso sistema não se constitui, consolida-se com o tempo[19] [20]. O lapso temporal exigido para que a união seja protegida pela Lei n.º 7/2001, de 11 de maio, é de dois anos (nos termos do n.º 2, do art. 1.º, da Lei n.º 7/2001, de 11 de maio).

Prosseguindo com a análise da Lei n.º 7/2001, de 11 de maio, verificamos que o artigo 2.º consagra algumas circunstâncias impeditivas da atribuição de direitos ou benefícios[21] fundados em união de facto. A lei designa por

[18] A este propósito, cfr. Mesa Marrero, Carolina, *Las Uniones de Hecho – Análisis de las Relaciones Económicas y sus Efectos*, 3ª ed. Actualizada y aumentada, Navarra, Thomson Aranzadi, 2006, pp. 40 e ss..

[19] Ideia desenvolvida por Talavera Fernández, Pedro, *La unión de hecho y el derecho a no casarse*, Granada, Editorial Comares, 2001, pp. 67 e ss. Este autor defende que falar de constituição da união de facto será um contrassenso.

[20] Um dos primeiros diplomas para uniões de facto neste modelo fáctico foi a *Lag 1987/232 om sambors gemensamma hem* do ordenamento sueco. Sobre este primeiro diploma, cfr. González Beilfuss, Cristina, *Parejas de hecho y matrimonios del mismo sexo en la Unión Europea*, Madrid, Marcial Pons, Ediciones Jurídicas y Sociales, S.A, 2004, p. 21.
O ordenamento sueco manteve o modelo fáctico na *Sambolag*(2003.376, §1).

[21] Só os efeitos favoráveis. "A redação atual do art. 2.º da Lei n.º 7/2001 é muito clara no sentido de que os factos mencionados impedem que se produzam os efeitos da união de facto que se

"exceções" e não impedimentos como sucede no casamento[22], pese embora sejam realidades equivalentes. Optamos, assim, por manter a designação de impedimentos. São estes os impedimentos previstos no art. 2.º da Lei n.º 7/2001, de 7 de maio:

a) *Idade inferior a 18 anos à data do reconhecimento da união de facto;*
b) *Demência notória, mesmo com intervalos lúcidos, e a interdição ou inabilitação por anomalia psíquica, salvo se a demência se manifestar ou a anomalia se verificar em momento posterior ao do início da união de facto;*
c) *Casamento não dissolvido, salvo se tiver sido decretada a separação de pessoas e bens;*
d) *Parentesco na linha reta ou no 2.º grau da linha colateral ou afinidade na linha reta;*
e) *Condenação anterior de uma das pessoas como autor ou cúmplice por homicídio doloso ainda que não consumado contra o cônjuge do outro.*

Na sua maioria, estes impedimentos correspondem, tendencialmente, aos impedimentos (dirimentes) do casamento[23], sem prejuízo de algumas variações[24].

Desde a alteração dada pela Lei n.º 23/2010, de 30 de agosto, que a Lei n.º 7/2001, de 11 de maio, tem um preceito dedicado à prova na união de

traduzem na atribuição de direitos, efeitos favoráveis à união de facto, como os referidos no artigo seguinte. As circunstâncias especificadas neste artigo não impedem que se produzam outros efeitos, como os efeitos desfavoráveis à união de facto de que falaremos adiante. Não se entenderia que a paternidade não se presumisse, no caso de união de facto entre a mãe e o pretenso pai no período legal da conceção (art. 1871.º, n.º 1, al. c), CCiv), porque a relação fosse adulterina (Lei n.º 7/2001, art. 2.º, al. c)) ou incestuosa (al. d))." Coelho Francisco Pereira e Oliveira Guilherme de, *Curso de Direito da Família*, volume I, 5.ª edição, *ob. cit.*, p. 79.

22 Artigos 1600.º e seguintes do Código Civil português.

23 Caso o casamento venha a ser celebrado com algum impedimento dirimente, aquele será anulável (al. a) do art. 1631.º do Código Civil português).

24 Para evitar repetições o legislador italiano decide na própria lei que prevê a união civil, remeter para os impedimentos do casamento, acrescentando mais alguns – *vide* art. 1.º, n.º 4, alínea c), da *Legge 20 maggio 2016, n.º 76* e art. 87.º do Código Civil italiano. Identicamente faz o legislador brasileiro que, no art. 1.723, remete para os impedimentos do casamento do art. 1.521, passando depois a acrescentar outros. Também o legislador californiano atua no mesmo trâmite (§ 297 (2) do "*California Family Code*"). Pode evitar a prolixidade mas acarreta uma maior onerosidade ao intérprete (na dupla consulta).

facto: o art. 2.º-A[25] [26]. De acordo com o consignado no n.º 1 deste artigo, não sendo exigida prova documental específica, a união de facto pode provar-se por qualquer meio admissível. Ainda assim, o preceito prevê a possibilidade de a união de facto poder ser provada por declaração emitida pela junta de freguesia competente. Este documento deve ser acompanhado de declaração de ambos os conviventes, sob compromisso de honra, de que vivem em união de facto há mais de dois anos, bem como certidão de cópia do registo de nascimento de cada um deles. É também exigida a declaração por ambos os unidos de facto, sob compromisso de honra, de que vivem em união de facto há mais de dois anos (n.º 2 do art. 2.º-A). As falsas declarações prestadas neste âmbito serão puníveis nos termos da lei penal (n.º 5 do mesmo preceito legal).

Será importante ressalvar que esta declaração não será um meio de constituir ou oficializar a união de facto[27]. É, apenas, um meio de fazer prova da sua existência (caso seja necessário).

[25] Nem a Lei 135/99, de 28 de agosto, nem a versão original da Lei n.º 7/2001, de 11 de maio, continham qualquer disposição referente à prova da união.

[26] Art. 2.º-A Prova da união de facto: "1- Na falta de disposição legal ou regulamentar que exija prova documental específica, a união de facto prova-se por qualquer meio legalmente admissível. 2 – No caso de se provar a união de facto por declaração emitida pela junta de freguesia competente, o documento deve ser acompanhado de declaração de ambos os membros da união de facto, sob compromisso de honra, de que vivem em união de facto há mais de dois anos, e de certidões de cópia integral do registo de nascimento de cada um deles. 3 – Caso a união de facto se tenha dissolvido por vontade de um ou de ambos os membros, aplica-se o disposto no número anterior, com as necessárias adaptações, devendo a declaração sob compromisso de honra mencionar quando cessou a união de facto; se um dos membros da união dissolvida não se dispuser a subscrever a declaração conjunta da existência pretérita da união de facto, o interessado deve apresentar declaração singular. 4 – No caso de morte de um dos membros da união de facto, a declaração emitida pela junta de freguesia atesta que o interessado residia há mais de dois anos com o falecido, à data do falecimento, e deve ser acompanhada de declaração do interessado, sob compromisso de honra, de que vivia em união de facto com o falecido há mais de dois anos, à mesma data, de certidão de cópia integral do registo de nascimento do interessado e de certidão do óbito do falecido. 5 – As falsas declarações são punidas nos termos da lei penal."

[27] "A verdade é que, não se adoptando um 'registo' oficial da união de facto, as alternativas rareiam: ou se exigia que a prova dos factos fosse feita nos tribunais, ou se aceitava a prova por qualquer meio, incluindo a declaração emitida pela Junta de Freguesia." Oliveira, Guilherme de, "Notas sobre a Lei nº 23/2010, de 30 de Agosto: alteração à lei das uniões de facto" in *Lex familiae – Revista Portuguesa de Direito da Família*, Ano 7, n.º 14, Coimbra, 2010, p. 143.

Atendendo a que não existe registo da união de facto, não pode o legislador comprometer-se com efeitos vincados face a uma realidade que não tem como saber se as partes efetivamente querem beneficiar e que não tem como controlar.

Um dos aspetos em que se vislumbra esta impossibilidade prática (de verificação de que a união efetivamente existe) ocorre no estabelecimento da paternidade. Na união de facto não se prevê uma presunção de paternidade como a prevista no casamento (art. 1826.º e n.º 2 do art. 1796.º do Código Civil português). Como tal, um filho nascido no seio de uma união de facto estará dependente da vontade do seu pai em assumi-lo (através da perfilhação – reconhecimento voluntário da paternidade) ou de que seja intentada uma ação de investigação de paternidade contra o seu pai e que esta seja procedente (reconhecimento judicial). Não havendo registo da união, ou qualquer formalização fidedigna, seria difícil fazer operar uma presunção de paternidade.

A lei portuguesa não prevê muitos efeitos de proteção no âmbito do Direito da Família[28]. Porém, um desses efeitos será a proteção da casa de morada de família, mas apenas em caso de dissolução por rutura e por morte (arts. 4.º e 5.º da Lei n.º 7/2001, de 11 de maio). Ou seja, a proteção da casa de morada de família na união de facto só se materializa nas situações de pós-dissolução da mesma[29].

O art. 4.º da referida Lei n.º 7/2001, de 11 de maio, consigna que os artigos 1105.º e 1793.º do Código Civil português serão aplicáveis, com as necessárias adaptações, em caso de rutura da união de facto. O legislador remete para o regime da proteção da casa de morada de família após o divórcio, traçando aqui um paralelo com o mesmo (sem prejuízo das necessárias adaptações).

Nestes termos, se a casa de morada de família for arrendada devem as partes, em caso de rutura, decidir o seu destino por acordo, podendo optar pela transmissão ou concentração do arrendamento a favor de uma delas (n.º 1 do art. 1105.º do Código Civil aplicável, com as necessárias adaptações, por força da remissão do art. 4.º da Lei n.º 7/2001, de 11 de maio). Caso não consigam

[28] A maioria dos efeitos serão previdenciários, laborais, fiscais, etc. Cfr. art. 3.º da Lei n.º 7/2001, de 11 de maio.

[29] Ao contrário do que sucede no casamento em que existe proteção também durante a sua vigência (nomeadamente, art. 1673.º, n.º 2 do art. 1682.º-A e 1682.º-B, todos do Código Civil português).

lograr um acordo, cabe ao tribunal decidir, tendo em conta as necessidades das partes, os interesses dos filhos e outros fatores relevantes (n.º 2 daquele art. 1105.º, *ex vi* art. 4.º da Lei n.º 7/2001, de 11 de maio).

Quando a casa de morada de família pertence a um dos unidos de facto, ou a ambos, o direito de aí habitar pode ser concedido a qualquer um deles após a separação, nos termos do disposto no art. 1793.º do Código Civil (também *ex vi* art. 4.º da referida Lei n.º 7/2001, de 11 de maio). Caso os unidos de facto não alcancem um acordo quanto ao destino da casa de morada de família, o tribunal pode atribuir o direito a residir na casa a qualquer um deles, seja a casa de ambos (em compropriedade) ou até própria do outro unido de facto. Neste caso, surgirá uma relação de arrendamento entre os (outrora) unidos de facto. Esta relação pode ser constituída por acordo ou por sentença. Quando não haja acordo, o tribunal decidirá as questões atinentes à casa de morada de família, nos termos do disposto no art. 1793.º (*ex vi* art. 4º da Lei n.º 7/2001, de 11 de maio).

Por sua vez, caso ocorra dissolução da união de facto por morte também haverá proteção da casa de morada de família, que analisaremos *infra*.

Ao contrário do que sucede nas relações patrimoniais decorrentes do casamento, na união de facto não existe um regime de bens, nem têm aplicação as regras que disciplinam os efeitos patrimoniais do casamento independentes do regime de bens[30]. Como tal, as relações patrimoniais dos unidos de facto são sujeitas ao regime geral das relações obrigacionais e reais. A jurisprudência tem seguido, maioritariamente, o caminho do enriquecimento sem causa (arts. 473.º e seguintes do Código Civil português) e a obrigação natural (arts. 402.º e seguintes do mesmo diploma). Aquele para repor a justiça material em casos de evidente desigualdade (quando ocorra desconformidade patrimonial que precise de ser corrigida) e esta para permitir uma normalidade na vida familiar e evitar que a união de facto se possa tornar, aquando a sua dissolução, num detalhado exercício de contabilização de contribuições.

Nos termos do disposto no n.º 1 do art. 8.º da Lei n.º 7/2001, de 11 de maio, são três as causas que levam à dissolução da união de facto: a) *o falecimento*

[30] Nem entendemos que estas se possam aplicar analogicamente uma vez que não se trata de uma lacuna, mas sim uma opção do legislador. Além disso, atendendo ao nosso regime fáctico, seria gravoso impor-lhes um regime que não declararam querer.

de um dos membros; b) *vontade de um dos seus membros;* c) *o casamento de um dos membros.* Isto é, a união de facto pode cessar por rutura, morte e casamento[31].

Por sua vez, o n.º 2 daquele art. 8.º consagra que a dissolução por vontade de um dos membros (ou seja, por rutura) apenas terá de ser judicialmente declarada quando se pretendam fazer valer direitos que dependam dela. Ou seja, para que haja dissolução da união de facto por rutura, basta a manifestação de vontade de um dos seus membros, não havendo qualquer requisito de forma, ou qualquer intervenção estatal. Deste modo, a declaração judicial prevista no n.º 2 do art. 8.º daquela Lei n.º 7/2001, de 11 de maio, não é condição da cessação da união de facto, mas somente condição para que os direitos legalmente conferidos a um dos conviventes, em caso de rutura, sejam efetivados. Embora não seja necessária qualquer intervenção judicial para que opere a cessação da união de facto por rutura, já será, porém, preciso recorrer ao tribunal para invocar e provar a existência daquela união quando dela se pretendem retirar determinados efeitos.

4. Estatuto sucessório do unido de facto sobrevivo no direito português

Atendendo à relevância que vai assumindo na realidade social, afirmando-se mesmo como uma nova forma de família, impõe-se uma análise da posição sucessória do convivente sobrevivo na união de facto.

Chegou a ser discutida, na subcomissão responsável pela reforma do Código Civil em 1977, a inclusão na ordem da sucessão legal do unido de facto. Tal possibilidade não foi acolhida pela subcomissão e apenas se concedeu ao unido de facto um direito a alimentos, nos termos do art. 2020.º. Assim, o convivente sobrevivo tem o direito de exigir alimentos da herança do falecido, ainda que não se trate verdadeiramente de um direito sucessório (tal como acontece com o direito de apanágio do cônjuge)[32]. Portanto, quando exista uma união de

[31] Casamento entre os membros da união, ou casamento de um deles com terceiro.

[32] A atual redação do art. 2020.º resulta da Lei n.º 23/2010, de 30 de agosto. O n.º 1 do art. 2020.º na redação original dispunha que a pessoa que vivia com o autor da sucessão há mais de dois anos em condições análogas às dos cônjuges tinha o direito de exigir alimentos da herança do falecido, se os não pudesse obter nos termos das als. *a*) a *d*) do art. 2009.º, isto é, se não pudesse ser alimentado pelo seu cônjuge ou ex-cônjuge, descendentes, ascendentes

facto, nos termos da Lei n.º 7/2001, de 11 de maio, e estejam preenchidos os pressupostos gerais dos arts. 2003.º e segs., o convivente sobrevivo tem direito a uma pensão de alimentos a prestar pela herança do falecido.

Do ponto de vista sucessório, o convivente sobrevivo, não sendo herdeiro legal, pode ser herdeiro testamentário do falecido, nos termos gerais dos arts. 2179.º e segs. É de realçar, em todo o caso, que não pode existir qualquer caso de indisponibilidade relativa[33], previstos nos arts. 2192.º e segs., e, em especial, o previsto no art. 2196.º, n.º 1.

Em função do vínculo especial que o testador mantém com uma determinada pessoa a lei estabelece certas proibições de testar, certos casos de indisponibilidades relativas testamentárias. Trata-se "não de um modo de ser do sujeito em si, mas de uma especial ligação entre o sujeito e o conteúdo de determinado acto jurídico, que implica um particular modo de ser do sujeito para com certa(s) outra(s) pessoa(s)"[34]. As indisponibilidades previstas nos arts. 2192.º e segs., para além de pretenderem proteger o testador contra si mesmo (contra a sua eventual dependência, excesso de gratidão, fraqueza de vontade...), "visam também objetivos sociais e deontológicos, impedindo que certos cargos, funções ou posições propiciem a obtenção de benefícios testamentários inaceitáveis moral e juridicamente"[35].

Assim, é nula a disposição a favor da pessoa com quem o testador casado cometeu adultério (art. 2196.º, n.º 1). O n.º 2 do referido art. 2196.º considera, porém, não haver nulidade da disposição testamentária se o casamento já estava dissolvido[36] ou os cônjuges estavam separados de pessoas e bens à data da

ou irmãos. Isto significava que o art. 2020.º só seria aplicável se não houvesse possibilidade de prestação de alimentos nos termos do art. 2009.º. A questão originava alguma discussão jurisprudencial. V., AAVV, *2.ª Bienal de Jurisprudência*, Coimbra, Coimbra Editora, 2005, pp. 49-53.

[33] Sobre as indisponibilidades relativas testamentárias, v. Fernandes, Luís Carvalho, *Lições de Direito das Sucessões*, 4.ª ed., Lisboa, Quid Juris, 2012, pp. 469-478.

[34] Sousa, R. Capelo de, *Lições de Direito das Sucessões*, vol. I, 4.ª ed. renovada, Coimbra, Coimbra Editora, 2000, p. 174.

[35] Sousa, R. Capelo de, *ob. cit.*, p. 175.

[36] A referência ao casamento dissolvido não parece ter razão de ser. De facto, só haverá nulidade da disposição testamentária se o testador casado a fizer a favor da pessoa com quem cometeu adultério. Ora, se o casamento está dissolvido, seja por divórcio ou morte, o casamento deixa de existir e o testador deixa de ser casado. No mesmo sentido crítico v. Pitão, França, *A posição do cônjuge sobrevivo no atual direito sucessório português*, 4.ª ed., Coimbra, Almedina, 2005, p. 87

abertura da sucessão (al. *a*))[37] ou se a disposição se limitar a assegurar alimentos ao beneficiário, tratando-se, portanto, de um legado de alimentos (al. *b*)).

Face à Lei n.º 7/2001, de 11 de maio, na redação que lhe foi dada pela Lei n.º 23/2010, de 30 de agosto, o convivente sobrevivo goza ainda de direitos relativos à atribuição da casa de morada comum e à transmissão do direito de arrendamento (art. 5.º da referida lei e art. 1106.º do Código Civil).

O art. 5.º, n.º 1, da referida lei, atribui ao membro sobrevivo um direito real de habitação da casa de morada da família, propriedade do membro falecido, e um direito de uso do respetivo recheio, pelo prazo de cinco anos. Se os membros da união de facto eram comproprietários da casa de morada da família e do respetivo recheio, o sobrevivo tem os direitos referidos, em exclusivo (n.º 3). No caso de a união de facto ter começado há mais de cinco anos antes da morte, os mesmos direitos são conferidos por tempo igual ao da duração da união (n.º 2).

Excecionalmente, e por motivos de equidade, o tribunal pode prorrogar os prazos anteriormente referidos considerando, designadamente, cuidados dispensados pelo membro sobrevivo à pessoa do falecido ou a familiares deste, e a especial carência em que o membro sobrevivo se encontre, por qualquer causa (n.º 4).

Se o interessado não habitar a casa por mais de um ano, os direitos em causa caducam, salvo se a falta de habitação for devida a motivo de força maior (n.º 5)[38].

[37] Esta al. *a*) considera também não haver nulidade da disposição testamentária se os cônjuges estavam separados de facto há mais de seis anos. Cremos que a norma tem que ser interpretada à luz da atual redação do art. 1781.º. Isto é, a referência à separação de facto por seis anos articulava-se com o fundamento de divórcio previsto na al. *a*) do art. 1781.º na redação original da Reforma de 1977. Se os cônjuges estavam em condições de pedir o divórcio e a separação de pessoas e bens (por remissão do art. 1794.º), a situação da separação de facto podia ser equiparada a estas duas para admitir a validade da disposição testamentária. As alterações sofridas no regime jurídico do divórcio, sendo a mais recente a da Lei n.º 61/2008, de 31 de outubro, deram nova redação ao art. 1781.º e, no que aqui nos importa, basta a separação de facto por um ano consecutivo (al. *a*)). Assim, parece-nos que a disposição testamentária a favor da pessoa com quem o testador casado cometeu adultério deve ser válida se os cônjuges estavam separados de facto há mais de um ano.

[38] Além disso, o direito real de habitação previsto no n.º 1 do art. 5.º não é conferido ao membro sobrevivo se este tiver casa própria na área do respetivo concelho da casa de morada

A atribuição do direito real de habitação da casa de morada da família tem a natureza de um legado legal[39]. De facto, além da possibilidade de existência de legados testamentários e contratuais pode falar-se em legado legal, à luz do art. 5.º, que prevê um direito real de habitação, pelo prazo de cinco anos, a favor do convivente sobrevivo, relativamente à casa de morada comum[40].

Esgotado o prazo em que beneficiou do direito de habitação, o membro sobrevivo tem o direito de permanecer no imóvel na qualidade de arrendatário, nas condições gerais do mercado, e tem direito a permanecer no local até à celebração do respetivo contrato, salvo se os proprietários satisfizerem os requisitos legalmente estabelecidos para a denúncia do contrato de arrendamento para habitação, pelos senhorios, com as devidas adaptações (art. 5.º, n.º 7). Na falta de acordo sobre as condições do contrato, o tribunal pode fixá-las, ouvidos os interessados (n.º 8).

O membro sobrevivo tem também direito de preferência em caso de alienação do imóvel, durante o tempo em que o habitar a qualquer título (n.º 9).

No caso de a casa de morada da família ser arrendada, o membro sobrevivo beneficia da proteção prevista no artigo 1106.º do Código Civil. Assim, o direito ao arrendamento para habitação não caduca por morte do arrendatário quando lhe sobreviva pessoa que com ele vivesse no locado em união de facto há mais de um ano[41]. Se o arrendatário era o membro falecido, a sua

da família; no caso das áreas dos concelhos de Lisboa ou do Porto incluem-se os concelhos limítrofes (art. 5.º, n.º 6).

39 V. Fernandes, Luís Carvalho *ob. cit.*, p. 391, que considera existir um legado legítimo. Tal significa que pode ser afastado por vontade expressa do autor da sucessão. Ora, tal entendimento estava de acordo com a redação do art. 4.º, n.º 2, da Lei n.º 7/2001, de 11 de maio, na versão originária, que permitia que o autor da sucessão, por disposição testamentária, afastasse o direito de habitação sobre a casa de morada da família. A atual redação do art. 5.º garante a proteção da casa de morada da família do membro sobrevivo, mesmo contra a vontade do autor da sucessão, consagrando, assim, um legado legal imperativo.

40 Julgamos mesmo que este direito do unido de facto prevalece sobre o direito de propriedade de um terceiro que tenha adquirido e registado o bem (a casa) dos herdeiros após a morte do convivente.

41 Quanto à interpretação a dar a esta vida no locado há mais de um ano em articulação com a exigência de vida em comum há mais de dois anos para produção dos efeitos da união de facto, v. Xavier, Rita Lobo, "Concentração" ou transmissão do direito ao arrendamento habitacional em caso de divórcio ou morte", *in* AAVV, *Estudos em honra do Professor Doutor José de Oliveira Ascensão*, vol. II, Coimbra, Almedina, 2008, pp. 1040 e 1041. Entretanto, o art. 1106.º foi alterado pela Lei n.º 31/2012, de 12 de agosto, que, pensamos, esclarece esta questão. De

posição transmite-se ao membro sobrevivo; se no contrato de arrendamento constavam como arrendatários ambos os membros, a morte de um provoca a concentração do arrendamento no outro[42].

A transmissão do arrendamento ou a sua concentração no membro da união de facto sobrevivo deve ser comunicada ao senhorio, por carta registada com aviso de recepção (art. 9.º do NRAU – Lei n.º 6/2006, de 27 de fevereiro, com as alterações introduzidas pela Lei n.º 31/2012, de 14 de agosto e Lei n.º 43/2017, de 14 de junho). A falta de comunicação nestes termos não prejudica a transmissão ou a concentração do contrato, mas obriga o transmissário faltoso a indemnizar os danos derivados da omissão (art. 1107.º, n.º 2).

Importa ainda referir o regime de acesso às prestações por morte de que beneficia o membro sobrevivo, nos termos dos arts. 3.º, als. *e*), *f*), e *g*), e 6.º da Lei n.º 7/2001, de 11 de maio, com as alterações subsequentes.

Independentemente da necessidade de alimentos, o membro sobrevivo da união de facto beneficia de proteção social por aplicação do regime geral ou de regimes especiais de segurança social (subsídios por morte e pensão de sobrevivência); tem direito a prestações por morte resultante de acidente de trabalho ou doença profissional; e às pensões de preço de sangue e por serviços excecionais e relevantes prestados ao País (arts. 3.º, als. *e*), *f*), e *g*), e 6.º).

De mencionar, por fim, no caso de lesão de que proveio a morte de um dos membros da união de facto, o direito do sobrevivo de exigir ao autor da lesão uma indemnização pelos prejuízos sofridos. O convivente sobrevivo tem direito a uma indemnização por danos patrimoniais, se o falecido lhe prestava alimentos, nos termos do n.º 3 do art. 495.º, e por danos não patrimoniais. De facto, prevê o art. 496.º, n.ºs 2 e 3, que, por morte da vítima, se esta vivia em união de facto, o direito à indemnização por danos não patrimoniais cabe, em primeiro lugar, em conjunto, à pessoa que vivia com ela e aos filhos ou outros descendentes.

facto, o seu n.º 1, al. *b*), considera que o direito ao arrendamento para habitação não caduca por morte do arrendatário quando lhe sobreviva pessoa que com ele vivesse em união de facto há mais de um ano.

[42] O art. 1106.º apenas refere a transmissão do arrendamento por morte, mas parece ter sido um lapso do legislador, dado que a situação é referida no art. 1107.º. Neste sentido, v., Rita Lobo Xavier, *ob. e loc. cit.*, p. 1037.

As recentes alterações na estrutura da família, o progressivo aumento dos casais que vivem em união de facto e o entendimento de que o direito sucessório deve assegurar o destino dos bens do *de cuius* privilegiando aqueles que com este tinham uma maior relação afetiva e de entreajuda, levam alguns autores a considerar adequado uma equiparação da posição do convivente sobrevivo aos direitos sucessórios do cônjuge sobrevivo[43].

Os ordenamentos jurídicos europeus têm vindo a reconhecer efeitos jurídicos às uniões de facto, sendo progressivamente reconhecidas como novas formas de família. Assim, justificar-se-ia uma proteção sucessória semelhante à do cônjuge sobrevivo, especialmente no domínio da sucessão legítima e até legitimária, tal como noutros domínios jurídicos.

Para isso, julgamos ser necessária uma prova mais exigente e fiável da existência da união de facto (como um contrato reconhecido notarialmente ou o registo, como acontece noutros ordenamentos jurídicos) do que a prevista atualmente no art. 2.º-A da Lei n.º 7/2001, de 11 de maio, sob pena de se poder vir a atribuir efeitos sucessórios a meras relações de facto que não configuram verdadeiramente uma união de facto à luz do art. 1.º da referida lei.

Criticável poderá ser a natureza jurídica da legítima consagrada no direito português. Sem negar a importância de assegurar uma tutela adequada ao convivente sobrevivo, esta não tem necessariamente que passar pela consagração do convivente como herdeiro legitimário em propriedade.

5. Notas finais

O número crescente de uniões de facto justifica um olhar criterioso e cuidado sobre o seu regime legal.

O legislador português assume um equilíbrio difícil entre proteger aqueles que vivem a sua conjugalidade à margem do casamento e, ao mesmo tempo, não impor um regime que estes não declararam querer. Se, por um lado, o nosso regime fáctico traz algumas incertezas na sua aplicabilidade, por outro,

[43] Castelein, Christoph, "Introduction and objetives", *in* AAVV, *Imperative Inheritance Law in a Late-Modern Society – five perspetives*, Antwerp – Oxford – Portland, Intersentia, 2009, pp. 19 e 20.

uma solução mais efetiva também poderá ser suscetível de suscitar dúvidas e críticas. Talvez uma solução de maior acuidade pudesse trazer benefícios à coerência do sistema e às expectativas das partes[44]. Como vimos, alguns aspetos estão regulados na Lei n.º 7/2001, de 11 de maio, outros no Código Civil no Livro IV do Direito da Família e, outros ainda, exigem a aplicabilidade de regras gerais do Direito.

Apresentámos, ao longo do presente texto, a génese da figura legal portuguesa, os contornos do seu regime em vida e por morte. Esperamos que permita ao leitor uma visão integrada, ainda que resumida, da realidade jurídico-legal da união de facto em Portugal.

Referências

AAVV, *2.ª Bienal de Jurisprudência*, Coimbra, Coimbra Editora, 2005

Castelein, Christoph, "Introduction and objetives", *in* AAVV, *Imperative Inheritance Law in a Late-Modern Society – five perspetives*, Antwerp – Oxford – Portland, Intersentia, 2009

Coelho, Francisco Pereira e Oliveira, Guilherme de, *Curso de Direito da Família*, volume I, 5.ª edição, Imprensa Universidade de Coimbra

Corte-Real, Carlos Pamplona, «Relance crítico sobre o Direito da Família português» in *Textos de Direito da Família para Francisco Pereira Coelho*, Coimbra, Imprensa da Universidade de Coimbra, 2016

Cruz, Rossana Martingo, *União de Facto versus casamento: questões pessoais e patrimoniais*, Coimbra, Gestlegal, 2019

Fernandes, Luís Carvalho, *Lições de Direito das Sucessões*, 4.ª ed., Lisboa, Quid Juris, 2012

Gama, Guilherme Calmon Nogueira, *O companheirismo: uma espécie de família*, São Paulo, Editora Revista dos Tribunais, 1998

González Beilfuss, Cristina, *Parejas de hecho y matrimonios del mismo sexo en la Unión Europea*, Madrid, Marcial Pons, Ediciones Jurídicas y Sociales, S.A, 2004

[44] Veja-se, por exemplo, o ordenamento jurídico francês. Este contempla uma união registada, com um regime jurídico próprio ("Du pacte civil de solidarité" – PACS) e, ainda, uma união unicamente de facto onde existirá uma vida em comum, com carácter de estabilidade e continuidade, entre duas pessoas do mesmo sexo ou de sexo diferente (o "*concubinage*"). Cfr. arts. 515-1 a 515-7-1 do Código Civil francês. Desde modo, além do casamento, existem duas formas distintas de viver a conjugalidade: uma união com proteção e efeitos jurídicos (o PACS) e uma união socialmente aceite e sem um regime legal constituído ("*concubinage*"). Uma solução desta natureza parece respeitar o princípio da autonomia da vontade das partes. Sobre uma solução análoga, inspirada nesta, para o ordenamento jurídico português, v. Cruz, Rossana Martingo, *União de facto versus casamento: questões pessoais e patrimoniais*, Coimbra, Gestlegal, 2019.

Marrero, Carolina, *Las Uniones de Hecho – Análisis de las Relaciones Económicas y sus Efectos*, 3ª ed. Actualizada y aumentada, Navarra, Thomson Aranzadi, 2006

Oliveira, Guilherme de, "Notas sobre a Lei nº 23/2010, de 30 de Agosto: alteração à lei das uniões de facto"in *Lex familiae – Revista Portuguesa de Direito da Família*, Ano 7, n.º 14, Coimbra, 2010

Pedro, Rute Teixeira, "Breves reflexões sobre a proteção do unido de facto quanto à casa de morada de família propriedade do companheiro falecido", in *Textos de Direito da Família para Francisco Pereira Coelho*, Coimbra, Imprensa da Universidade de Coimbra, 2016

Pitão, França, *A posição do cônjuge sobrevivo no atual direito sucessório português*, 4.ª ed., Coimbra, Almedina, 2005

Sousa, R. Capelo de, *Lições de Direito das Sucessões*, vol. I, 4.ª ed. renovada, Coimbra, Coimbra Editora, 2000

Talavera Fernández, Pedro, *La unión de hecho y el derecho a no casarse*, Granada, Editorial Comares, 2001

Varela, Antunes, *Direito da Família*, 1.º volume, 5.ª edição Revista, actualizada e completada, Livraria Petrony, Lda, 1999

Xavier, Rita Lobo, "A união de facto e a lei civil no ensino de Francisco Pereira Coelho e na legislação atual"in *Textos de Direito da Família para Francisco Pereira Coelho*, Coimbra, Imprensa da Universidade de Coimbra, 2016

2. DISEÑO JURÍDICO DE LA UNIÓN DE HECHO EN PORTUGAL: DEL RÉGIMEN EN VIDA AL ESTATUTO DE SUCESIÓN DEL UNIDO DE HECHO SUPERVIVIENTE

Cristina Dias
Rossana Martingo Cruz

1. Notas iniciales

La experiencia de la conyugalidad en la unión de hecho ha sido buscada por una parte considerable de las parejas en Portugal. Sin embargo, su configuración y efectos son muy diferentes de los que surgen del matrimonio.

En Portugal, la unión de hecho no está regulada en el Código Civil, sino en su propio diploma (Ley No 7/2001 de 11 de mayo)[1]. Esta unión, como sugiere la propia nomenclatura, no requiere formalización[2]. Como tal, esta informalidad en su constitución no puede tener demasiados efectos jurídicos. Entre nosotros, todavía hay un carácter fragmentario en la regulación de la unión de hecho [3]. No existe un régimen jurídico denso y vigoroso precisamente porque

[1] Con las modificaciones introducidas por la Ley Nº 23/2010, de 30 de agosto; 2/2016 de 29 de febrero; 49/2018, de 14 de agosto; y 71/2018, de 31 de diciembre

[2] Sin perjuicio a la necesidad de prueba para invocar la protección de la ley, como mencionaremos a continuación.

[3] "En esa medida sigue acogiendo la protección fragmentaria y especialmente específica en este ámbito contra escenarios de crisis en los que las debilidades de sus miembros se realizan o manifiestan más intensamente." Pedro, Rute Teixeira, "Breves reflexões sobre a proteção do

es difícil saber dónde trazar el límite entre el respeto a la libertad de vivir la conyugalidad a la sombra de la solemnidad y, al mismo tiempo, no desproteger a los que viven materialmente como personas casadas. En ese sentido, la ley portuguesa da especial atención a la seguridad social, cautelando protección en situaciones de crisis (como la muerte y la separación).

En este texto presentamos el diploma jurídico portugués: de su génesis a su régimen; de sus destinatarios a las excepciones de aplicabilidad; de la protección en caso de ruptura al estado sucesorio del compañero superviviente.

2. Breve evolución histórica de la unión de hecho en Portugal[4]

La convivencia análoga al matrimonio no siempre estuvo protegida como actualmente. Hasta la Revolución del 25 de abril de 1974, la unión perdurable entre dos personas era considerada *"familia ilegítima"*[5]. Es con la Constitución de 1976 y el advenimiento de la libertad en la constitución de la familia que las puertas están abiertas a una regulación jurídica de la unión de hecho, con la posibilidad de hacer frente – más ampliamente – al derecho a formar una familia.

En el Código Civil portugués, la primera referencia a la unión de hecho (como convivencia que genera efectos jurídicos) surge con la reforma de 1977 (Decreto-Ley Nº 496/77, de 25 de noviembre) en el art. 2020 sobre el derecho de mantenimiento[6]. Con este precepto, por primera vez, el legislador bajo el

unido de facto quanto à casa de morada de família propriedade do companheiro falecido", in *Textos de Direito da Família para Francisco Pereira Coelho*, Coimbra, Imprensa da Universidade de Coimbra, 2016, p. 310.

[4] Este punto, así como lo siguiente, tendrá posibles repeticiones y, a veces, puede contener una versión muy resumida y adaptada de las consideraciones ya vertidas en Cruz, Rossana Martingo, *União de Facto versus casamento: questões pessoais e patrimoniais*, Coimbra, Gestlegal, 2019, adonde se remite a una visión más completa de la figura de la unión de hecho.

[5] "La convivencia *more* uxorio fue considerada como pura relación de hecho, que sólo interesaba, todavía como una mera presunción de carácter heurístico, a la determinación de la paternidad (ilegítima) del niño concebido de la unión concubinaria de los padres." Varela, Antunes, *Direito da Família*, 1.º volume, 5.ª edição Revista, actualizada e completada, Livraria Petrony, Lda, 1999, p. 25.

[6] Consagraba aquel precepto que: "1. Aquel que, en el momento de la muerte de una persona soltera o legalmente separada de personas y bienes, haya vivido con él durante más de dos

epígrafe de "unión de hecho" cita la convivencia[7] en condiciones análogas a las de los cónyuges durante más de dos años como un acto que genera efectos jurídicos. En este caso, confirió el derecho a reclamar alimentos de la herencia del unido fallecido, sujeto a ciertos requisitos[8].

Además de esta referencia en el art. 2020 del Código Civil en 1977, e incluso antes de la existencia de su propia ley sobre la unión de hecho, varias normas dispersas iban dibujando un régimen de protección de la unión de hecho, sea en el ámbito social, de seguridad, laboral, fiscal, etc. Sin embargo, solamente en 1999 llega la primera ley propia que reúne medidas para proteger la unión de hecho: la Ley n.º 135/99, de 28 de agosto. Finalmente, pasa a existir un agregador de texto de la norma de protección de las uniones de facto, sin perjuicio de la permanencia de referencias individuales en otros diplomas. Sin embargo, por primera vez, el legislador deja más claro cuál es su visión de la protección subyacente, "institucionalizándola"[9].

Esta ley de 1999 solo protegía uniones entre personas de sexo diferente (n.º 1, del art. 1.º, de la Ley n.º 135/99) y consagraba impedimentos a su eficacia jurídica[10], protección de la habitación de la familia y beneficios sociales, de seguridad social, fiscales, laborales, así como equidad con el casamiento en lo que respecta a la adopción[11].

años en condiciones análogas a las de los cónyuges tendrá derecho a reclamar la manutención de la herencia del difunto si no puede obtenerla, de conformidad con el artículo 2009, letras a) a d) 2. El derecho a que se refiere el párrafo anterior expirará si no se ejerce en el plazo de dos años a partir de la fecha de fallecimiento del autor de la sucesión. 3. Se aplicará al caso previsto en el presente artículo, con las adaptaciones necesarias, según lo dispuesto en el artículo anterior." (art. 2020, redacción del Decreto-Ley Nº 496/77 de 25 de noviembre).

[7] Otros artículos contemplaban la vivencia en condiciones análogas a las de los cónyuges, pero sin la designación de "unión de hecho". Por ejemplo, el párrafo 3 del Art. 1911 en la redacción del Decreto-Ley Nº 496/77, de 25 de noviembre, párrafo c), del párrafo 1 del Art. 1871, etc.

[8] El derecho a reclamar alimentos de la herencia después de la muerte se examinará en el punto iv) de este texto.

[9] En este sentido, Coelho, Francisco Pereira y Oliveira, Guillermo de, *Curso de Direito da Família*, volume I, 5.ª edição, Imprensa Universidade de Coimbra, p. 67. Véase a este propósito, Xavier, Rita Lobo, A união de facto e a lei civil no ensino de Francisco Pereira Coelho e na legislação atual" in *Textos de Direito da Família para Francisco Pereira Coelho*, Coimbra, Imprensa da Universidade de Coimbra, 2016, pp. 662 e ss.

[10] Designados de "excepciones" Art. 2º de la Ley Nº 135/99 de 28 de agosto. Incluso hoy en día, la actual Ley No 7/2001, de 11 de mayo, mantiene la misma expresión.

[11] Art. 3 de esa Ley.

Luego se ha verificado que la naturaleza de la unión de hecho y su creciente preponderancia social exigían una regulación más completa. Y, en esa secuencia, poco después del primer paso legislativo tomado en 1999, surge la Ley n.º 7/2001, de 11 de mayo. Esta deja de limitar su aplicación a las uniones de personas de sexo diferente.

Fue de la mano de esta Ley Nº 7/2001, de 11 de mayo, que se reconocieron las uniones homosexuales, junto con las heterosexuales. Este fue un paso importante en la protección de la convivencia *more uxorio* entre personas del mismo sexo[12]. Porque, hasta la entrada en vigor de la Ley Nº 9/2010 de 31 de mayo (ley que permitía el matrimonio civil entre personas del mismo sexo), la única protección otorgada a las parejas del mismo sexo era la contenida en la Ley Nº 7/2001 de 11 de mayo.

Sin duda, el marco distintivo de la Ley de 2001, frente a su predecesora, es el alcance de su objeto, destinándola a todas las uniones de facto compuestas por personas del mismo sexo o de sexo diferente.

Aunque la Ley de 2001 ha persistido hasta el día de hoy, ha sufrido algunos cambios a lo largo de los años[13]. El más significativo ocurrió en 2010, con la redacción que le fue dada por la Ley Nº 23/2010, de 30 de agosto. Ahora se atribuye un legado legal al conviviente de hecho sobreviviente en relación con el hogar familiar, y se fortalece su protección[14]. Al mismo tiempo, la ley comienza a aclarar los medios de prueba de la unión de hecho, añadiendo un artículo sólo para ese fin[15].

[12] En crítica de la intención discriminatoria disimulada subyacente a este cambio en 2001: "Este instituto surgió de una manera perversa, con la intención de mantener el acceso exclusivo al matrimonio por parte de parejas heterosexuales, para crear un 'matrimonio' de subcondición para las parejas del mismo sexo. Con el factor agravante de camuflar esta discriminación con la condición de que a la Unión Hecho también se aplique a las parejas heterosexualess." Corte-Real, Carlos Pamplona, "Relance crítico sobre o Direito da Família português" in *Textos de Direito da Família para Francisco Pereira Coelho*, Coimbra, Imprensa da Universidade de Coimbra, 2016, p.120.

[13] Enmiendas a las Leyes Nº 23/2010, de 30 de agosto; 2/2016 de 29 de febrero; 49/2018, de 14 de agosto; y 71/2018, de 31 de diciembre.

[14] Arte. 5o de los Ley No 7/2001, de 11 de mayo. Para más información cfr. punto iv) de este trabajo.

[15] Arte. 2o- A de la Ley No 7/2001, de 11 de mayo.

Unos años más tarde, la Ley Nº 2/2016, de 29 de febrero, también modificó la Ley Nº 7/2001, de 11 de mayo (más concretamente su art. 7). La enmienda de 2016 permitió la adopción por parte de homosexuales unidos de hecho. Ya no existe ningún obstáculo para la adopción conjunta basada en la orientación sexual de los candidatos.

En 2018, la Ley 7/2001 de 11 de mayo sufrió dos cambios únicos. La primera se produce de la mano de la Ley Nº 49/2018, de 14 de agosto, que actualiza los impedimentos al nuevo régimen portugués del mayor discapacitado con apoyo. Esta Ley Nº 49/2018, de 14 de agosto, creó el régimen jurídico del mayor apoyado, eliminando los institutos de interdicción e incapacidad y, por lo tanto, era necesario actualizar adecuadamente el texto de la ley (que tenía referencia a estas discapacidades). Por último, la última enmienda se produjo con la Ley No 71/2018, de 31 de diciembre, y se refiere al régimen de acceso a las prestaciones de muerte por parte del miembro sobreviviente y a la prueba de unión ante la entidad responsable de dicho pago.

Si examinamos todos los avances jurídicos de la unión de hecho, constatamos que -sin perjuicio del cambio significativo de los beneficiarios- en términos del sistema, poco se ha modificado sustancialmente. El legislador amplió algunos de sus efectos, pero no adoptó una perspectiva totalmente diferenciadora de esta entidad[16].

3. El establecimiento de la unión de hecho y su régimen en vida de las partes

Como ya se ha presentado, la unión de hecho en Portugal no está regulada en el Código Civil, sino en la Ley Nº 7/2001 de 11 de mayo. Y, en los términos de las disposiciones del párrafo 2 del Art. 1, de este Decreto, la unión de hecho es la situación jurídica de dos personas que, sin importar el sexo, han vivido en condiciones similares a las de los cónyuges durante más de dos años. Por lo general, se identifica la experiencia en condiciones análogas a

[16] En Línea "A pesar de la expansión gradual de la eficacia jurídica operada por dichas leyes, el modelo de intervención del derecho en este ámbito de la vida sigue ileso." Pedro, Rute Teixeira, "Breves reflexiones sobre la protección de la casa de facto unida en cuanto a la casa familiar propiedad del compañero fallecido", *ob. cit.*, p. 308.

las de los cónyuges en una comunión de cama, mesa y vivienda[17]. Esta triple comunión corresponderá, a grandes rasgos, al deber de convivencia vigente en el matrimonio. Porque, tradicionalmente, este deber consubstancia *quoad thorum et mensam et habitationem.* Como tal, no sólo significa vivir en la misma casa, sino que implica una comunión de vida que irá mucho más allá de eso.

Esta convivencia se basa en la voluntad de las partes, en un *animus convivendi* que se renueva cada día en el que permanece la unión. La voluntad se renovará siempre y cuando haya *afectaio maritalis* entre los convivientes (es decir, un afecto, estima y complicidad inherentes a una relación íntima y estable). Este *affectio* se presume con el matrimonio, en la convivencia de hecho será de asumir mientras se mantenga la unión[18]. Aunque las expresiones "unión de hecho" y la convivencia *more uxorio* se utilizan casi indistintamente, no traducen exactamente la misma realidad. La convivencia more *uxorio* es el hallazgo de un tipo de experiencia afectiva coincidente con la de los casados. De hecho, es la construcción jurídica que el sistema portugués hace de esta convivencia.

Puede haber convivencia *more uxorio* en situaciones que no constituyan una unión de hecho protegida. Por ejemplo, cuando cualquiera de las excepciones en el art. 2o de la Ley Nº 7/2001, de 11 de mayo.

En Portugal, la informalidad prevalece alrededor de la unión de hecho. No hay ningún derecho al registro de la unión de hecho. En otras palabras, ese tipo de unión en nuestro sistema no se constituye, se consolida con el tiempo[19] [20]. El plazo exigido para que la unión esté protegida por la Ley

[17] Como dice Guilherme Gama, la comunión de la vida comprende tres aspectos: la convivencia, la deuda conyugal (que se puede dispensar en virtud de particularidades frente a la pareja en particular) y también el aspecto económico(vida en común con vistas a la prosperidad). V. Gamma, Guilherme Calmon Nogueira, *Compañerismo: una especie de familia*, Sao Paulo, Editora Revista dos Tribunais, 1998, p. 190.

[18] A este propósito, cfr. Mesa MarreroCarolina *Las Uniones de Hecho – Análisis de las Relaciones Económicas y sus Efectos*, 3ª ed. Actualizada y aumentada, Navarra, Thomson Aranzadi, 2006, págs. 40 y Ss.

[19] Idea desarrollada por Talavera Fernández, Pedro, *La unión de hecho y el derecho a no casarse,* Granada, Editorial Comares, 2001, pp. 67 e ss. Este autor argumenta que hablar de la constitución de la unión de hecho será una contradicción.

[20] Uno de los primeros diplomas para las uniones de hecho en este modelo fáctico fue la *Lag 1987/232 om sambors gemensamma hem* del ordenamento sueco. Sobre este Primer diploma, cfr.

Nº 7/2001, de 11 de mayo, es de dos años (de conformidad con el apartado 2, del art. 1, de la Ley No 7/2001, de 11 de mayo).

Siguiendo con el análisis de la Ley Nº 7/2001, de 11 de mayo, observamos que el artículo 2 consagra algunas circunstancias que impiden la atribución de derechos o prestaciones[21] basadas en la unión de hecho. La ley designa "excepciones" y no impedimentos como en el matrimonio[22], a pesar de que son realidades equivalentes. Por lo tanto, optamos por mantener la designación de impedimentos. Estos son los impedimentos previstos en el art. 2º de la Ley Nº 7/2001, de 7 de mayo:

a. *menores de 18 años en el momento del reconocimiento de la unión de hecho;*
b. *Demencia notoria, incluso con intervalos lúcidos, e interdicción o incapacidad debido a la anomalía psíquica, a menos que la demencia se manifieste o la anomalía ocurra en un momento posterior al comienzo de la unión de hecho;*
c. *Matrimonio no disuelto, a menos que se haya ordenado la separación de personas y bienes;*
d. *Parentesco en línea recta o en el 2º grado de la línea colateral o afinidad en línea recta;*
e. *Condena previa de una persona como autor o cómplice de homicidio intencional, incluso si no consumado contra el cónyuge de la otra.*

González Beilfuss, Cristina, *Parejas de hecho y matrimonios del mismo sexo en la Unión Europea*, Madrid, Marcial Pons, Ediciones Jurídicas y Sociales, S.A, 2004, pág. 21.
La orden sueca mantuvo el modelo fáctico en el *Sambolag* (2003.376, §1).

[21] Sólo los efectos favorables. "La redacción actual del art. 2 de la Ley nº 7/2001 es muy clara en el sentido de que los hechos mencionados impiden que se produzcan los efectos de la unión de hecho que dan lugar a la asignación de derechos, efectos favorables a la unión de hecho, como los mencionados en el artículo siguiente. Las circunstancias especificadas en este artículo no impiden que se produzcan otros efectos, como los efectos adversos sobre la unión de hecho de los que hablaremos a continuación. No se entendería que no se presupondría la paternidad, en el caso de la unión de hecho entre la madre y el aspirante a padre en el período jurídico de la concepción (art. 1871, apartado 1, al. c), CCiv), porque la relación era adulterina (Ley Nº 7/2001, art. 2, al. c)) o incestuosa (al. d))." Conejo Francisco Pereira e Oliveira Guilherme de, *Curso de Direito da Família*, volume I, 5.ª edição, *ob. cit.*, p. 79.

[22] Artículos 1600 y siguientes del Código Civil portugués.

La mayoría de estos impedimentos tienden a estar relacionados con los impedimentos (dirimentes) del matrimonio[23], sin perjuicio de algunas variaciones[24].

Desde la modificación dada por la Ley Nº 23/2010, de 30 de agosto, que la Ley Nº 7/2001 de 11 de mayo, tiene un precepto dedicado a la prueba en la unión de hecho: el art. 2º-A [25] [26]. Según el apartado 1 del presente artículo, no siendo requeridas pruebas documentales específicas, la unión de hecho puede demostrarse por cualquier medio admisible. Sin embargo, el precepto prevé la posibilidad de que la unión de hecho pueda ser probada mediante una declaración emitida por el consejo parroquial competente. Este documento debe ir acompañado de una declaración de ambos residentes,

[23] Caso el matrimonio se celebrare con algún impedimento dirimente, será anulable (al. a) del art. 1631º del Código Civil portugués).

[24] Para evitar repeticiones, el legislador italiano decide en la propia ley que prevé la unión civil referirse a los impedimentos del matrimonio, añadiendo algunos más – véase art. 1.º, n.º 4, alínea c), da *Legge 20 maggio 2016, n.º 76* e art. 87.º do Código Civil italiano. Lo mismo hace el legislador brasileño, en el art. 1.723, se refiere a los impedimentos del matrimonio del art. 1.521 y, a continuación, agrega otros. La legislatura de California también actúa en el mismo procedimiento (§ 297 (2) del "*California Family Code*"). Puede evitar la prolijidad, pero conduce a una mayor onerosidad al intérprete (en la doble consulta).

[25] Ni la Ley 135/99, de 28 de agosto, ni la versión original de la Ley Nº 7/2001, de 11 de mayo, contenían ninguna disposición relativa a la prueba de la unión.

[26] Art. 2º – Prueba de unión de hecho: "1- A falta de una disposición legal o reglamentaria que exija pruebas documentales específicas, la unión se demuestra de hecho por cualquier medio legalmente admisible. 2 – En caso de prueba de unión de hecho mediante declaración emitida por el consejo parroquial competente, el documento irá acompañado de una declaración de ambos miembros de la unión de hecho, en virtud de un compromiso de honor, de que han vivido en una unión de hecho durante más de dos años, y certificados de copia completa del registro de nacimiento de cada uno de ellos. 3 – Si la unión de hecho ha sido disuelta por la voluntad de uno o ambos miembros, se aplicarán las disposiciones del párrafo anterior, con las adaptaciones necesarias, y la declaración en virtud del compromiso de honor mencionará cuando la unión de hecho haya cesado; si uno de los miembros de la unión disuelta no está dispuesto a respaldar la declaración conjunta de la existencia pasada de la unión de hecho, el interesado debe presentar una declaración única. 4 – En caso de fallecimiento de uno de los miembros de la unión de hecho, la declaración emitida por el consejo parroquial da fe de que el interesado había vivido con el difunto durante más de dos años, en el momento de la muerte, y debe ir acompañada de una declaración del interesado, bajo un compromiso de honor, de que había vivido en una unión de hecho con el difunto durante más de dos años, en la misma fecha, un certificado de una copia completa del acta de nacimiento del interesado y un certificado de defunción del fallecido. 5 – Las declaraciones falsas son castigadas bajo el derecho penal."

bajo compromiso de honor, de que han vivido en una unión de hecho durante más de dos años, así como de un certificado de copia del registro de nacimiento de cada uno de ellos. También están ambos unidos de hecho obligados a declarar, bajo el compromiso de honor, que han estado viviendo en una unión de hecho durante más de dos años (art. 2). 2a A). Las declaraciones falsas hechas en este contexto serán punibles en virtud del derecho penal (párrafo 5 del mismo precepto legal).

Será importante señalar que esta declaración no será un medio para establecer o oficiar la unión de hecho[27]. Es sólo un medio para probar su existencia (si es necesario).

Dado que no hay constancia de la unión de hecho, el legislador no puede comprometerse con una realidad que no tiene forma de saber si las partes realmente quieren beneficiarse y que no puede controlar.

Uno de los aspectos en los que se prevé esta imposibilidad práctica (de verificar que la unión existe realmente) se produce en el establecimiento de la paternidad. La unión de hecho no prevé una presunción de paternidad como la prevista en el matrimonio (art. 1826.º y n.º 2 del art. 1796.º del Código Civil Portugués). Como tal, un niño nacido dentro de una unión de hecho dependerá de la voluntad de su padre de asumirlo (mediante la elaboración de perfiles – el reconocimiento voluntario de la paternidad) o de que se interponga una acción de investigación de paternidad contra su padre y que esté bien fundada (reconocimiento judicial). Si no hay antecedentes de la unión, ni una formalización fiable, sería difícil hacer valer una presunción de paternidad.

La legislación portuguesa no prevé muchos efectos protectores en virtud del Derecho de Familia[28]. Sin embargo, uno de estos efectos será la protección del hogar familiar, pero sólo en caso de disolución por ruptura y muerte (art. 4.º e 5.º da Lei n.º 7/2001, de 11 de mayo). En otras palabras, la protección

[27] "La verdad es que, al no adoptar un "registro" oficial de la unión de hecho, las alternativas eran raras: o se requería una prueba de los hechos en los tribunales, o se aceptaban pruebas por cualquier medio, incluida la declaración emitida por el Consejo Parroquial." Oliveira, Guilherme de, "Notas sobre la Ley Nº 23/2010, de 30 de agosto: modificación de la ley de las uniones de hecho" En *Lex familiae – Portuguesa de Direito da Família*, Ano 7, n.º 14, Coimbra, 2010, p. 143.

[28] La mayoría de los efectos serán la seguridad social, el trabajo, los impuestos, etc. Cfr. art. 3º de la Ley Nº 7/2001, de 11 de mayo.

del hogar familiar en la unión de hecho sólo se materializa en las situaciones posteriores a su disolución[29].

El art. 4 de la referida Lei n.º 7/2001, de 11 de mayo significa que los artículos 1105º y 1793º del Código Civil portugués se aplicarán, con las adaptaciones necesarias, en caso de ruptura de la unión de hecho. El legislador se refiere al régimen de protección del hogar después del divorcio, haciendo un paralelismo con él en este caso (sin perjuicio de las adaptaciones necesarias).

En consecuencia, si la casa de residencia familiar es arrendada, deben las partes, en caso de ruptura, decidir su destino por acuerdo, y pueden optar por transferir o concentrar el arrendamiento en favor de uno de los suyos (n.º 1 del art. 1105.º del Código Civil aplicable, con las necesarias adaptaciones, por fuerza de la remisión del art. 4.º de la Ley n.º 7/2001, de 11 de mayo). Si no pueden llegar a un acuerdo, corresponde al órgano jurisdiccional decidir, teniendo en cuenta las necesidades de las partes, los intereses de los niños y otros factores pertinentes (apartado 2 de dicha materia. 1105.º, *ex vi* art. 4.º da Lei n.º 7/2001, de 11 de mayo).

Cuando la casa de residencia de la familia pertenezca a uno de los unidos de hecho, o a ambos, el derecho a vivir allí podrá concederse a cualquiera de ellos después de la separación, de conformidad con lo dispuesto en el art. 1793º del Código Civil (también *ex vi* art. 4 de dicha Ley No 7/2001, de 11 de mayo). Si los unidos de hecho no llegan a un acuerdo sobre el destino de la casa familiar, el tribunal puede conceder el derecho a residir allí a cualquiera de ellos, ya sea la casa de ambos (en copropiedad) o incluso de propiedad misma del otro unido de hecho. En este caso, surgirá una relación de arrendamiento entre los (anteriormente) unidos de hecho. Esta relación puede constituirse por acuerdo o por sentencia. Cuando no haya acuerdo, el tribunal decidirá los asuntos relacionados con el hogar familiar, de conformidad con las disposiciones del art. 1793º (ex *vi* art. 4 de la Ley Noº 7/2001, de 11 de mayo).

A su vez, en caso de disolución de la unión de hecho por muerte también habrá protección del hogar familiar, que examinaremos *a continuación*.

A diferencia de las relaciones patrimoniales derivadas del matrimonio, en la unión de hecho no existe un régimen de propiedad, ni se aplican las normas

[29] Para contrario a lo que sucede en el matrimonio donde hay protección también durante el (en particular, el arte. 1673, art. 2. 1682a y 1682b, todo el Código Civil portugués).

que rigen los efectos de propiedad del matrimonio independientemente del régimen de propiedad[30]. Como tal, las relaciones de propiedad de los de facto unidos están sujetas al régimen general de relaciones obligatorias y reales. La jurisprudencia ha seguido principalmente el camino del enriquecimiento injusto (arts. 473 y siguientes del Código Civil portugués) y la obligación natural (arts. 402 y seguimiento del mismo diploma). El de restablecer la justicia material en casos de desigualdad evidente (cuando hay una no conformidad patrimonial que debe corregirse) y esto para permitir una normalidad en la vida familiar y evitar que la unión de hecho se convierta, en el momento de su disolución, en un ejercicio detallado de contabilización de las contribuciones.

De conformidad con el párrafo 1 del Art. 8 de la Ley Nº 7/2001, de 11 de mayo, hay tres causas que conducen a la disolución de la unión de hecho: *a) la muerte de uno de los miembros;* b) *la voluntad de uno de sus miembros;* c) *el matrimonio de uno de los miembros.* Es decir, la unión de hecho puede cesar por ruptura, muerte y matrimonio [31].

A su vez, el apartado 2º de dicho art. 8º afirma que la disolución por voluntad de uno de los miembros (es decir, por ruptura) sólo tendrá que ser declarada judicialmente cuando tenga por objeto hacer valer los derechos que dependen de ella. En otras palabras, para que la unión de hecho se disuelva por ruptura, basta con que uno de sus miembros exprese la voluntad, sin necesidad de forma, ni ninguna intervención estatal. Así pues, la declaración judicial prevista en el apartado 2º del art. 8º de dicha Ley Nº 7/2001, de 11 de mayo, no es un requisito para el cese de la unión de hecho, sino únicamente una condición para que se erijan los derechos legalmente conferidos a uno de los residentes, en caso de ruptura. Aunque no es necesaria ninguna intervención judicial para que la terminación de la unión de hecho cese por ruptura, sin embargo, ya será necesario ir a los tribunales para invocar y probar la existencia de dicha unión cuando de ella se pretenda sacar determinados efectos.

[30] No creemos que estos pueden aplicarse de manera análoga ya que no es una laguna, sino una opción del legislador. Además, en vista de nuestro sistema, sería grave imponerles un régimen que no declararon que querían.

[31] Boda entre los miembros de la unión, o el matrimonio de uno de ellos con un tercero.

4. Estatuto sucesorio del unido de hecho sobreviviente en el derecho portugués

Dada la relevancia que se asume en la realidad social, incluso afirmándose como una nueva forma de familia, es necesario analizar la posición de sucesión de los convivientes supérstites que viven en la unión de hecho.

El subcomité responsable de la reforma del Código Civil en 1977 discutió el orden de la sucesión en favor de lo conviviente unido de hecho. Tal posibilidad no fue aceptada por el subcomité y sólo se concedió un derecho de alimentos al unido de hecho de conformidad con el Art. 2020. Por lo tanto, lo conviviente supérstite tiene derecho a exigir los alimentos de la herencia del causante, aunque esto no es realmente un derecho de sucesión (como es el caso del derecho de *apanágio* del cónyuge) [32]. Por lo tanto, cuando hay una unión de hecho, de conformidad con la Ley Nº 7/2001 de 11 de mayo, y se cumplen los supuestos generales de los arts. 2003 y siguientes, el conviviente supérstite tiene derecho a una pensión alimentícia a cargo de la herencia del difunto.

Desde el punto de vista de la sucesión, el conviviente supérstite, no siendo un heredero legal, puede ser el heredero testamentário del difunto, en los términos generales de los arts. 2179 y siguientes. Cabe señalar, de todo modo, que no puede haber ningún caso de indisponibilidad [33] relativa, previstos en los arts. 2192 y sig., y en particular, según lo dispuesto en el Art. 2196, nº 1.

Dependiendo del vínculo especial que el testador mantiene con una persona en particular, la ley establece ciertas prohibiciones de testar, ciertos casos de indisponibilidad relativas testamentarias. No es "una forma de ser del sujeto en sí, sino una conexión especial entre el sujeto y el contenido de

[32] La redacción actual del art. 2020 es el resultado de la Ley Nº 23/2010 de 30 de agosto. El nº1 del art. 2020º en el texto original disponía que la persona que había vivido con el autor de la sucesión durante más de dos años en condiciones análogas a las de los cónyuges tenía derecho a reclamar la manutención de la herencia del difunto si no podía obtenerla de conformidad con las *als. a*) a *d*) del art. 2009, es decir, si no pudiera ser alimentado por su cónyuge o ex-cónyuge, descendientes, ascendientes o hermanos. Esto significaba el art. 2020º sólo se aplicaría si no hubiera posibilidad de proporcionar mantenimiento en el marco del Art. 2009º. La cuestión dio lugar a algunos debates jurisprudenciales. V. AAVV, *2a Bienal de Jurisprudencia*, Coimbra, Coimbra Editora, 2005, págs. 49-53.

[33] Sobre las indisponibilidades testamentarias relativas, v. Fernandes, Luis Carvalho, *Lições de Direito das Sucessões*, 4.ª ed., Lisboa, Quid Juris, 2012, pp. 469-478.

un acto jurídico determinado, lo que implica una forma particular de ser del sujeto hacia una(s) otra(s) persona(s)"[34]. Las indisponibilidades previstas en los arts. 2192º y sig., además de la intención de proteger al testador contra sí mismo (contra su eventual dependencia, exceso de gratitud, debilidad de la voluntad...), "también apuntan a objetivos sociales y deontológicos, impidiendo que determinadas funciones o posiciones obtengan beneficios testamentarios inaceptables moral y legalmente"[35].

Por lo tanto, la disposición a favor de la persona con la que el testador casado cometió adulterio es nula (art. 2196.º, n.º 1). El párrafo 2º del referido artículo 2196 considera, sin embargo, que la disposición testamentaria no es inválida si el matrimonio ya se disolvió[36] o los cónyuges fueron separados de las personas y los bienes en el momento de la apertura de la sucesión (al. a))[37] o si la disposición se limita a garantizar alimentos al beneficiario y, por lo tanto, es un legado de alimentos (al. *b*)).

Habida cuenta de la Ley Nº 7/2001, de 11 de mayo, en el texto que le ha dado la Ley Nº 23/2010, de 30 de agosto, el conviviente superviviente también goza de derechos relativos a la cesión de la casa de dirección común y

[34] Sousa, R. Capelo de, *Lições de Direito das Sucessões*, vol. I, 4.ª ed. renovada, Coimbra, Coimbra Editora, 2000, p. 174.

[35] Sousa, R. Capelo de, *ob. cit.*, p. 175.

[36] La referencia al casamiento disuelto no parece tener razón de ser. En verdad, sólo habrá nulidad de la disposición testamentaria si el testador casado lo hace a favor de la persona con la que ha cometido adulterio. Ahora, si el matrimonio se disuelve, ya sea por divorcio o muerte, el matrimonio deja de existir y el testador deja de ser casado. En el mismo sentido crítico v. Pitão, França, *A posição do cônjuge sobrevivo no atual direito sucessório português*, 4.ª ed., Coimbra, Almedina, 2005, p. 87.

[37] Esta al. *a*) también considera que la disposición testamentaria no es inválida si los cónyuges hubieran estado separados de facto durante más de seis años. Creemos que la norma debe interpretarse a la luz de la redacción actual del art. 1781º. Es decir, la referencia a la separación de facto durante seis años estaba vinculada a los motivos de divorcio previstos en la al. *a*) del art. 1781º en el texto original de la Reforma de 1977. Si los cónyuges estuvieran en condiciones de solicitar el divorcio y la separación de personas y bienes (por remisión de art. 1794º), la situación de la separación efectiva podría equipararse a estas dos para aceptar la validez de la disposición testamentaria. Los cambios sufridos en el régimen jurídico de divorcio, el más reciente es el de la Ley Nº 61/2008, de 31 de octubre, que dio una nueva redacción al art. 1781º y, en lo que aquí nos interesa, basta con separarse de facto por un año consecutivo (al. *a*)). Por lo tanto, nos parece que la disposición testamentaria en favor de la persona con la que el testador casado cometió adulterio debe ser válida si los cónyuges se separaron de facto hace más de un año.

a la transmisión del derecho de arrendamiento (art. 5º de esa ley y art. 1106º del Código Civil).

Art. 5.º, n.º 1, de dicha Ley, concede al miembro superviviente un derecho real de habitación de la casa de la familia, propiedad del miembro fallecido, y el derecho a utilizar el respectivo relleno por un período de cinco años. Si los miembros de la unión hecho eran copropietarios de la casa de la familia y su llenado, el conviviente superviviente tiene los derechos referidos en exclusivo (nº 3). En el caso de que la unión de hecho haya comenzado más de cinco años antes de la muerte, se confieren los mismos derechos por tiempo igual al de la duración de la unión (n.º 2).

Excepcionalmente, y por razones de equidad, el tribunal podrá ampliar los plazos mencionados anteriormente, considerando, en particular, la atención prestada por el miembro sobreviviente a la persona fallecida o a sus familiares, y la especial necesidad en la que se encuentre el miembro sobreviviente, por cualquier causa (n.º 4).

Si el interesado no vive en la casa durante más de un año, los derechos en cuestión expirarán, a menos que la falta de vivienda se deba a fuerza mayor (n.º 5)[38].

La asignación del derecho real de habitación de la casa familiar tiene la naturaleza de un legado legal[39]. De hecho, además de la posibilidad de la existencia de legados testamentarios y contractuales, se puede hablar de legado legal, a la luz del arte. 5º, que prevé un derecho real de vivienda, por un período de cinco años, en favor del conviviente superviviente, en lo que respecta a la casa de residencia común[40].

[38] Además, el derecho real de vivienda previsto en el apartado 1º del Art. 5º no se confiere al miembro sobreviviente si tiene su propia casa en el área del condado respectivo de la casa de la familia; en el caso de las zonas de los municipios de Lisboa o Oporto, incluyen los municipios vecinos (art. 5.º, n.º 6).

[39] V. Fernandes, Luis Carvalho *ob. cit.*, p. 391, que considera que existe un legado legítimo. Esto significa que puede ser eliminado por voluntad expresa del autor de la sucesión. Sin embargo, tal entendimiento estaba de acuerdo con la redacción del art. 4º, Nº 2, de la Ley Nº 7/2001, de 11 de mayo, en la versión original, que permitió al autor de la sucesión, por disposición testamentaria, eliminar el derecho de morada sobre la vivienda de la familia. La redacción actual del art. 5º. garantiza la protección del hogar de la familia del miembro sobreviviente, incluso contra la voluntad del autor de la sucesión, estableciendo así un legado jurídico imperativo.

[40] Incluso creemos que este derecho de los unidos de facto prevalece sobre el derecho de propiedad de un tercero que ha adquirido y registrado la propiedad (la casa) de los herederos

Una vez agotado el período en el que ha recibido el derecho a la vivienda, el miembro superviviente tiene derecho a permanecer en la propiedad como arrendatario, en las condiciones generales del mercado, y tiene derecho a permanecer en vigor hasta la celebración del contrato respectivo, a menos que los propietarios cumplan con los requisitos legalmente establecidos para la rescisión del contrato de alquiler de viviendas por parte de los arrendadores, con las adaptaciones adecuadas (art. 5.º, n.º 7). A falta de acuerdo sobre las condiciones del contrato, el tribunal podrá fijarlos, después de previa audiencia de los interesados (n.º 8).

El miembro superviviente también tiene derecho de preferencia en caso de disposición del inmueble, durante el tiempo en que lo habita en cualquier capacidad título (n.º 9).

En el caso de que se alquile la vivienda de la familia, el miembro superviviente se beneficia de la protección prevista en el artículo 1106º del Código Civil. Por lo tanto, el derecho de alquiler de viviendas no expira por la muerte del arrendatario cuando sobrevive a la persona que vivió con él en la unión de hecho en el inmueble arrendado durante más de un año [41]. Si el arrendatario era el miembro fallecido, su posición se transmite al miembro sobreviviente; si en el contrato de arrendamiento se enumeraron como inquilinos ambos miembros, la muerte de uno causa la concentración del contrato de arrendamiento en el otro [42].

La transferencia del arrendamiento o su concentración en el miembro de la unión de hecho superviviente se comunicará al arrendador por carta certificada con acuse de recibo art. 9.º do NRAU – Ley n.º 6/2006, de 27

después de la muerte del conviviente.

41 Cuánto a la interpretación a dar esta vida en el arrendado por más de un año en conjunción con el requisito de vida en común durante más de dos años para la producción de los efectos de la unión de hecho, véase. Xavier, Rita Lobo, ""Concentração" ou transmissão do direito ao arrendamento habitacional em caso de divórcio ou morte", *in* AAVV, *Estudos em honra do Professor Doutor José de Oliveira Ascensão*, vol. II, Coimbra, Almedina, 2008, págs. 1040 y 1041. Sin embargo, el art. 1106º fue modificad por la Ley Nº 31/2012, de 12 de agosto, que, creemos, aclara esta cuestión. De hecho, su n.º 1, al. *b*), considera que el derecho de alquiler de viviendas no expira por la muerte del arrendatario cuando sobrevive a una persona que ha vivido con él en una unión de hecho durante más de un año.

42 el Art. 1106º se refiere únicamente a la transferencia del arrendamiento por fallecimiento, pero parece haber sido un lapso del legislador, ya que la situación se menciona en el art. 1107º. En este sentido, véase Rita Lobo Xavier, *ob. y loc.*, p. 1037.

de febrero, con las modificaciones introducidas por la Ley Nº 31/2012 de 14 de agosto y la Ley Nº 43/2017 de 14 de junio). La falta de comunicación en estos términos se entiende sin perjuicio de la transmisión o concentración del contrato, pero obliga al cesionario a indemnizar los daños y perjuicios resultantes de la omisión (art. 1107.º, n.º 2)

También es importante mencionar el sistema de acceso a los beneficios de muerte del que disfruta el miembro sobreviviente, de acuerdo con los art. 3.º, als. *e)*, *f)*, e *g)*, e 6.º de la Ley n.º 7/2001, de 11 de mayo, con modificaciones posteriores.

Independientemente de la necesidad de manutención, el miembro sobreviviente de la unión de hecho se beneficia de la protección social en virtud del régimen general o de los regímenes especiales de seguridad social (prestaciones por muerte y pensión de supervivencia); tiene derecho a prestaciones por muerte resultantes de un accidente en el trabajo o enfermedad profesional; y a pensiones de precios de sangre y por servicios excepcionales y relevantes prestados al país (arts. 3.º, als. *e)*, *f)*, e *g)*, e 6.º).

Por último, en caso de lesiones que resulten en la muerte de uno de los miembros de la unión de hecho, el derecho del miembro sobreviviente a exigir una indemnización al autor por el daño sufrido. El conviviente sobreviviente tiene derecho a una indemnización por daños patrimoniales si el fallecido le proporcionaba alimentación, de conformidad con el n.º 3 do art. 495º, y por daños no patrimoniales. De hecho, proporciona art. 496.º, n.ºs 2 y 3, que, por muerte de la víctima, si esta vivía en unión de hecho, el derecho a indemnización por daños no materiales recae, en primer lugar, junto con la persona que vivía con él y los hijos u otros descendientes.

Los recientes cambios en la estructura de la familia, el aumento progresivo de las parejas que viven en unión de hecho y el entendimiento de que el derecho sucesorio debe garantizar el destino de los bienes *del cujus* favoreciendo a aquellos que tuvieron una relación afectiva y ayuda mutua, llevan a algunos autores a considerar apropiada la igualdad de la posición del conviviente sobrevivo a los derechos sucesores del cónyuge sobrevivo[43].

[43] Castelein, Christoph, "Introduction and objetives", *in* AAVV, *Imperative Inheritance Law in a Late-Modern Society – five perspetives*, Antwerp – Oxford – Portland, Intersentia, 2009, pp. 19 e 20.

Los ordenamientos jurídicos europeos han reconocido los efectos jurídicos sobre las uniones de hecho y se reconocen gradualmente como nuevas formas de familia. Por lo tanto, la protección de la sucesión similar a la del cónyuge superviviente estaría justificada, especialmente en el ámbito de la sucesión legítima e incluso legitimaria, como en otros ámbitos jurídicos.

Para ello, creemos que una prueba más exigente y fiable de la existencia de la unión de hecho (como un contrato o registro notarial, como es el caso en otros sistemas jurídicos) que la actualmente prevista en el art. 2.º – de la Ley n.º 7/2001, de 11 de mayo, bajo pena de atribuir efectos de sucesión a meras relaciones de hecho que no constituyen realmente una unión de hecho a la luz del art. 1º de esa ley.

Se podrá criticar la naturaleza jurídica de la legítima consagrada en el Derecho portugués. Sin negar la importancia de garantizar una protección adecuada para el conviviente superviviente, esto no necesariamente tiene que pasar por la consagración del conviviente como heredero legitimario en propiedad.

5. Notas finales

El creciente número de uniones de hecho justifica una mirada criteriosa y cuidadosa a su régimen jurídico.

El legislador portugués asume un difícil equilibrio entre proteger a quienes viven su conyugalidad al margen del matrimonio y, al mismo tiempo, no imponer un régimen que no hayan declarado desear. Si, por un lado, nuestro sistema plantea algunas incertidumbres en su aplicabilidad, por otro lado, una solución más eficaz también puede plantear dudas y críticas. Tal vez una solución más aguda podría aportar beneficios a la coherencia del sistema y a las expectativas de las partes[44]. Como hemos visto, algunos aspectos están

[44] Vase, por ejemplo, el sistema jurídico francés. Este contempla una unión registrada, con su propio régimen jurídico ("Du pacte civil de solidarité" – PACS) y también una unión sólo de hecho donde habrá una vida en común, con carácter de estabilidad y continuidad, entre dos personas del mismo sexo o de sexo diferente (el "*concubinage*"). Cfr. arts. 515-1 a 515-7-1 del Código Civil francés. Desde entonces, además del matrimonio, hay dos formas distintas de vivir la conyugalidad: una unión con protección y efectos jurídicos (el PACS) y una unión

regulados en la Ley Nº 7/2001 de 1º de mayo, otros en el Código Civil del Libro IV de Derecho de Familia y, aún otros, requieren la aplicabilidad de las normas generales del Derecho.

A lo largo de este texto, hemos presentado la génesis de la figura jurídica portuguesa, los contornos de su régimen en vida y por muerte. Esperamos que permita al lector una visión integrada, aunque breve, de la realidad jurídico-legal de la unión de hecho en Portugal.

Referencias

AAVV, *2.ª Bienal de Jurisprudência*, Coimbra, Coimbra Editora, 2005

Castelein, Christoph, "Introduction and objetives", *in* AAVV, *Imperative Inheritance Law in a Late-Modern Society – five perspetives*, Antwerp – Oxford – Portland, Intersentia, 2009

Coelho, Francisco Pereira e Oliveira, Guilherme de, *Curso de Direito da Família*, volume I, 5.ª edição, Imprensa Universidade de Coimbra

Corte-Real, Carlos Pamplona, «Relance crítico sobre o Direito da Família português» in *Textos de Direito da Família para Francisco Pereira Coelho*, Coimbra, Imprensa da Universidade de Coimbra, 2016

Cruz, Rossana Martingo, *União de Facto versus casamento: questões pessoais e patrimoniais*, Coimbra, Gestlegal, 2019

Fernandes, Luís Carvalho, *Lições de Direito das Sucessões*, 4.ª ed., Lisboa, Quid Juris, 2012

Gama, Guilherme Calmon Nogueira, *O companheirismo: uma espécie de família*, São Paulo, Editora Revista dos Tribunais, 1998

González Beilfuss, Cristina, *Parejas de hecho y matrimonios del mismo sexo en la Unión Europea*, Madrid, Marcial Pons, Ediciones Jurídicas y Sociales, S.A, 2004

Marrero, Carolina, *Las Uniones de Hecho – Análisis de las Relaciones Económicas y sus Efectos*, 3ª ed. Actualizada y aumentada, Navarra, Thomson Aranzadi, 2006

Oliveira, Guilherme de, "Notas sobre a Lei nº 23/2010, de 30 de Agosto: alteração à lei das uniões de facto"in *Lex familiae – Revista Portuguesa de Direito da Família*, Ano 7, n.º 14, Coimbra, 2010

Pedro, Rute Teixeira, "Breves reflexões sobre a proteção do unido de facto quanto à casa de morada de família propriedade do companheiro falecido", in *Textos de Direito da Família para Francisco Pereira Coelho*, Coimbra, Imprensa da Universidade de Coimbra, 2016

Pitão, França, *A posição do cônjuge sobrevivo no atual direito sucessório português*, 4.ª ed., Coimbra, Almedina, 2005

socialmente aceptada sin régimen jurídico constituído ("*concubinage*"). Tal solución parece respetar el principio de autonomía de las partes. En una solución análoga, inspirada en esto, para el sistema legal portugués, véase Cruz, Rossana Martingo, *União de facto versus casamento: questões pessoais e patrimoniais*, Coimbra, Gestlegal, 2019.

Sousa, R. Capelo de, *Lições de Direito das Sucessões,* vol. I, 4.ª ed. renovada, Coimbra, Coimbra Editora, 2000

Talavera Fernández, Pedro, *La unión de hecho y el derecho a no casarse,* Granada, Editorial Comares, 2001

Varela, Antunes, *Direito da Família,* 1.º volume, 5.ª edição Revista, actualizada e completada, Livraria Petrony, Lda, 1999

Xavier, Rita Lobo, "A união de facto e a lei civil no ensino de Francisco Pereira Coelho e na legislação atual"in *Textos de Direito da Família para Francisco Pereira Coelho,* Coimbra, Imprensa da Universidade de Coimbra, 2016